Jay B. Barney • William S. Hesterly

ADMINISTRAÇÃO ESTRATÉGICA E VANTAGEM COMPETITIVA 3ª ED
conceitos e casos

Jay B. Barney • William S. Hesterly

ADMINISTRAÇÃO ESTRATÉGICA E VANTAGEM COMPETITIVA 3ª ED
conceitos e casos

Tradução
Sonia Midori Yamamoto

Revisão Técnica
Prof. Dr. Pedro Zanni
Doutorando e Mestre em Administração de Empresas pela FGV-EAESP
Professor da FGV-EAESP e da BSP — Business School São Paulo

© 2011 by Pearson Education do Brasil
© 2010, 2008, 2006 by Pearson Education, Inc.

Tradução autorizada a partir da edição original, em inglês, Strategic management and competitive advantage, 3th edition, publicada pela Pearson Education, Inc., sob o selo Prentice Hall.

Todos os direitos reservados. Nenhuma parte desta publicação poderá ser reproduzida ou transmitida de qualquer modo ou por qualquer outro meio, eletrônico ou mecânico, incluindo fotocópia, gravação ou qualquer outro tipo de sistema de armazenamento e transmissão de informação, sem prévia autorização, por escrito, da Pearson Education do Brasil.

Diretor editorial: Roger Trimer
Gerente editorial: Sabrina Cairo
Editor de aquisição: Brunno Barreto
Coordenadora de produção editorial: Thelma Babaoka
Editora de texto: Arlete Sousa
Preparação: Bárbara Borges
Revisão: Renata Gonçalves e Érika Alonso
Capa: Celso Blanes sobre projeto original de Steve Frim e Wanda Espana, e ilustração de Gary Hovland
Editoração eletrônica e diagramação: Figurativa

Dados Internacionais de Catalogação na Publicação (CIP)
(Câmara Brasileira do Livro, SP, Brasil)

Barney, Jay B.
  Administração estratégica e vantagem competitiva / Jay B. Barney e William S. Hesterly ; tradução Midori Yamamoto ; revisão técnica Pedro Zanni . – 3. ed. – São Paulo : Pearson Prentice Hall, 2011.

  Título original: Strategic management and competitive advantage : concepts and cases.
  ISBN 978-85-7605-925-7

  1. Administração de empresas 2. Competitividade
  3. Planejamento empresarial 4. Planejamento estratégico I. Hesterly, William S.. II. Título.

10-14063   CDD-658.4012

Índices para catálogo sistemático:

1. Empresas : Planejamento : Administração executiva 658.4012
2. Estratégia empresarial : Administração executiva 658.4012
3. Planejamento estratégico : Administração executiva 658.4012

3ª reimpressão – dezembro 2013
Direitos exclusivos para a língua portuguesa cedidos à
Pearson Education do Brasil Ltda.,
uma empresa do grupo Pearson Education
Rua Nelson Francisco, 26
CEP 02712-100 – São Paulo – SP – Brasil
Fone: 11 2178-8686 – Fax: 11 2178-8688
vendas@pearson.com

Este livro é dedicado à minha família 'em expansão': minha esposa, Kim; nossos filhos, Lindsay, Kristian e Erin; nossos genros, Ryan e Dave; nossa nora, Amy; e, mais que tudo, nossos sete netos, Isaac, Dylanie, Audrey, Chloe, Lucas, Royal e Lincoln. Todos eles me ajudam a lembrar que nenhum sucesso poderia compensar um fracasso em casa.

Jay B. Barney
Columbus, Ohio

Este livro é para minha família, que me ensinou tudo aquilo que realmente importa na vida. Para minha esposa, Denise; meus filhos, Drew, Ian, Austin e Alex; minhas filhas, Lindsay e Jessica (e seus esposos, Matt e John); e meus netos, Ellie, Owen, Cade e Elizabeth.

William Hesterly
Salt Lake City, Utah

Sumário

PARTE 1
FERRAMENTAS DA ANÁLISE ESTRATÉGICA 1

Capítulo 1 O que é estratégia e o processo de administração estratégica? 2
Caso de abertura do capítulo: A indústria de download de música 2
Estratégia e processo de administração estratégica... 3
   Definição de estratégia... 4
   O processo de administração estratégica... 4
      A missão de uma empresa 4
      Algumas missões podem não afetar o desempenho da empresa 4
      Algumas missões podem melhorar o desempenho de uma empresa 6
      Algumas missões podem prejudicar o desempenho da empresa 6
      Objetivos.. 7
      Análises externa e interna 7
      Escolha estratégica 7
      Implementação da estratégia 8
O que é vantagem competitiva?... 9
O processo de administração estratégica, revisitado 10
Medindo a vantagem competitiva 10
   Medidas contábeis de vantagem competitiva 10
      Pesquisa em foco: Quão sustentáveis são as vantagens competitivas? 11
   Medidas econômicas de vantagem competitiva 12
   Relação entre medidas de desempenho econômicas e financeiras...................... 15
      Estratégia em detalhes: Estimando o custo médio ponderado de capital 16
      Ética e estratégia: Acionistas *versus* stakeholders 17
Estratégias emergentes *versus* estratégias intencionais...................................... 17
Por que você precisa saber sobre estratégia? 19
   Estratégia na empresa emergente: Estratégias emergentes e empreendedorismo 20
Resumo.. 20
Questões 21
Problemas.. 21
Notas 22

Capítulo 2 Avaliação do ambiente externo de uma empresa................................ 24
   Caso de abertura do capítulo: Ensino competitivo?....................................... 24
Entendendo o ambiente geral de uma empresa 25
O modelo estrutura-conduta-desempenho.. 28
O modelo de cinco forças de ameaças ambientais.. 29
   Ética e estratégia: É bom para a sociedade que uma empresa ganhe vantagem competitiva? 29

Estratégia em detalhes: O modelo de cinco forças e o modelo E-C-D 30
Ameaça de entrada **31**
    Economias de escala como barreira à entrada 32
    Diferenciação de produto como barreira à entrada 33
    Vantagens de custo independentes da escala como barreiras à entrada 33
    Política governamental como barreira à entrada 35
Ameaça de rivalidade **35**
Ameaça de substitutos **36**
Ameaça de fornecedores **36**
Ameaça de compradores **37**
Modelo de cinco forças e desempenho médio no setor **38**
Outra força ambiental: complementadores **39**
    Pesquisa em foco: Impacto das características do setor e da empresa no desempenho da empresa ... 40

Estrutura do setor e oportunidades ambientais 41
Oportunidades em setores fragmentados: consolidação **41**
Oportunidades em setores emergentes: vantagens do pioneiro **42**
    Vantagens do pioneiro e liderança tecnológica 42
    Vantagens do pioneiro e posse de ativos estrategicamente valiosos 42
    Vantagens do pioneiro e criação de custos de mudança para o consumidor ... 43
    Desvantagens dos pioneiros 43
Oportunidades em setores maduros: refinamento de produto, serviços e inovação de processo **43**
    Estratégia na empresa emergente: Microsoft cresce 44
    Refinando produtos atuais 45
    Ênfase no serviço 45
    Inovação de processo 45
Oportunidades nos setores em declínio: liderança, nicho, colheita e alienação **46**
    Liderança de mercado 46
    Nicho de mercado 47
    Colheita 47
    Alienação 47

Resumo 48
Questões 49
Problemas 49
Notas 50
Panorama brasileiro: Locação de filmes: realidade ou o fim? 52

Capítulo 3   Avaliação das capacidades internas de uma empresa 57
Caso de abertura do capítulo: Como a eBay perdeu seu rumo? 57

VBR da empresa 58
O que são recursos e capacidades? **58**
Premissas fundamentais da VBR **59**
    Estratégia em detalhes: Economia ricardiana e a visão baseada em recursos 60

O modelo VRIO 61
A questão do valor **61**
    Estratégia na empresa emergente: Planos de negócios são bons para os empreendedores? 62
    Recursos valiosos e o desempenho da empresa 62
    Aplicando a questão do valor 63
    Utilizando análise de cadeia de valor para identificar recursos e capacidades potencialmente valiosos ... 63
    Ética e estratégia: As externalidades e as consequências mais amplas da maximização do lucro 64
A questão da raridade **66**
A questão da imitabilidade **67**
    Formas de imitação: duplicação direta e substituição 67
    Por que pode ser custoso imitar os recursos e as capacidades de outra empresa? 68
    Pesquisa em foco: Pesquisa em administração estratégica de recursos humanos 70
A questão da organização **71**

Aplicando o modelo VRIO 72
Aplicando o modelo VRIO à Southwest Airlines **73**
    Escolhas operacionais da Southwest e sua relação com a vantagem competitiva 73
    Administração de pessoal da Southwest e sua relação com a vantagem competitiva 74

Imitação e dinâmica competitiva em um setor 75
Não responder à vantagem competitiva de outra empresa **75**

Mudando as táticas em resposta à vantagem competitiva de outra empresa 76
Mudando as estratégias em resposta à vantagem competitiva de outra empresa 77
Implicação da VBR 78
De quem é a responsabilidade pela vantagem competitiva de uma empresa? 78
Paridade competitiva e vantagem competitiva 79
Estratégias difíceis de implementar 79
Recursos socialmente complexos 80
O papel da organização 80
Resumo 80
Questões 81
Problemas 82
Notas 82
Panorama brasileiro: Sorvetes Jundiá: uma empresa em ascensão 85
Caso 1: Lojas Walmart em 2008 89

PARTE 2
ESTRATÉGIAS NO NÍVEL DE NEGÓCIO 105

Capítulo 4   Liderança em custo 106
Caso de abertura do capítulo: A companhia aérea de menor custo do mundo 106
O que é estratégia no nível de negócio? 108
O que é liderança em custo? 108
Fontes de vantagem de custo 108
Diferenças de tamanho e economias de escala 108
Diferenças de tamanho e deseconomias de escala 110
Diferenças de experiência e economias de curva de aprendizagem 111
Pesquisa em foco: Qual é o valor da participação de mercado — realmente? 113
Acesso diferencial de baixo custo a insumos de produção 113
Vantagens tecnológicas independentes da escala 114
Escolhas de política 114
Ética e estratégia: A corrida para a base 115
O valor da liderança em custo 116
Liderança em custo e ameaça à entrada 116
Liderança em custo e ameaça de rivalidade 116
Liderança em custo e ameaça de substitutos 116
Liderança em custo e ameaça de fornecedores poderosos 116
Liderança em custo e ameaça de compradores poderosos 116
Estratégia em detalhes: A economia da liderança em custo 117
Liderança em custo e vantagem competitiva sustentável 118
Raridade das fontes de vantagem de custo 118
Fontes raras de vantagem de custo 118
Fontes de vantagem de custo menos raras 119
Imitabilidade de fontes de vantagem de custo 119
Fontes de vantagem de custo fáceis de duplicar 119
Bases de liderança em custo que podem ser custosas de duplicar 120
Fontes de vantagem de custo custosas de duplicar 121
*Estratégia na empresa emergente: O Oakland A's: inventando uma nova maneira
de jogar um beisebol competitivo* 122
Substitutos para fontes de vantagem de custo 123
Organizando para implementar liderança em custo 123
Estrutura organizacional na implementação de liderança em custo 123
Responsabilidade do CEO em uma organização funcional 125
Controles gerenciais na implementação de liderança em custo 126
Políticas de remuneração na implantação de liderança em custo 126
Resumo 126
Questões 127

Problemas	127
Notas	128
Panorama brasileiro: Azul: "A Companhia aérea adequada para o Brasil"	129

Capítulo 5 Diferenciação de produto ... 133

Caso de abertura do capítulo: **Quem é Victoria e qual é seu segredo?**	133
O que é diferenciação de produto?	134
Bases de diferenciação de produto	135
Focando os atributos dos produtos ou serviços da empresa	136
Pesquisa em foco: Identificando as bases de diferenciação de produto	136
Focando as relações entre uma empresa e seus consumidores	137
Focando as associações internas e entre empresas	138
Diferenciação de produto e criatividade	140
O valor da diferenciação de produto	140
Diferenciação de produto e ameaças ambientais	140
Estratégia em detalhes: A economia da diferenciação de produtos	141
Diferenciação de produto e oportunidades ambientais	142
Ética e estratégia: Afirmações sobre produtos e os dilemas éticos na assistência à saúde	143
Diferenciação de produto e vantagem competitiva sustentável	144
Bases raras de diferenciação de produto	144
Imitabilidade de diferenciação de produto	144
Duplicação direta de diferenciação de produto	144
Substitutos para diferenciação de produto	148
Organizando para implementar diferenciação de produto	148
Estrutura organizacional e implementação de diferenciação de produto	148
Controles gerenciais e implementação de diferenciação de produto	149
Estratégia na empresa emergente: Somente empresas pequenas podem ser inovadoras?	150
Políticas de remuneração e implementação de estratégias de diferenciação de produto	151
Uma empresa pode implementar diferenciação de produto e liderança em custo simultaneamente?	153
Não, essas estratégias não podem ser implementadas simultaneamente	153
Sim, essas estratégias podem ser implementadas simultaneamente	154
Diferenciação, participação de mercado e liderança em baixo custo	154
Gerenciando contradições organizacionais	154
Resumo	155
Questões	156
Problemas	156
Notas	157
Panorama brasileiro: Baden-Baden: A cerveja feita à mão	158
Caso 2: A proposta do par de calças personalizado da Levi's	162

PARTE 3
ESTRATÉGIAS CORPORATIVAS ... 171

Capítulo 6 Integração vertical ... 172

Caso de abertura do capítulo: **Terceirização de pesquisas**	172
O que é estratégia corporativa?	173
O que é integração vertical?	173
O valor da integração vertical	174
Estratégia em detalhes: Medindo a integração vertical	175
Integração vertical e a ameaça do oportunismo	176
Integração vertical e capacidades da empresa	177
Integração vertical e flexibilidade	178
Pesquisa em foco: Testes empíricos das teorias de integração vertical	179
Aplicando as teorias ao gerenciamento de *call centers*	180

Investimentos em transação específica e gerenciamento de *call centers* 180
Capacidades e gerenciamento de *call centers* **180**
Flexibilidade e gerenciamento de *call centers* 181
Integrando diferentes teorias de integração vertical 181

Integração vertical e vantagem competitiva sustentável **181**
A raridade da integração vertical 181
Ética e estratégia: A ética da terceirização 182
Integração vertical rara 182
Desintegração vertical rara 183
Imitabilidade da integração vertical **183**
Duplicação direta de integração vertical 184
Substitutos para a integração vertical 184

Organizando para implementar a integração vertical 184
Estrutura organizacional e implementação de integração vertical 184
Solucionando conflitos funcionais em uma empresa com integração vertical 184
Estratégia na empresa emergente: Oprah, Inc. 185
Controles de gerenciamento e implementação de integração vertical **186**
O processo de orçamento 186
Processo de comitê gerencial de supervisão 186
Remuneração na implementação de estratégias de integração vertical **187**
Integração vertical baseada em oportunismo e política de remuneração 187
Capacidades e remuneração 187
Flexibilidade e remuneração 188
Alternativas de remuneração 188

Resumo 189
Questões 189
Problemas 190
Notas 191
Panorama brasileiro: A Hering e a cadeia de valor do setor de vestuário 192

Capítulo 7   Diversificação corporativa 196
Caso de abertura do capítulo: O líder mundial 196

O que é diversificação corporativa? 198
Tipos de diversificação corporativa **198**
Diversificação corporativa limitada **198**
Diversificação corporativa relacionada **199**
Diversificação corporativa não relacionada **200**

O valor da diversificação corporativa 200
Economias de escopo valiosas **200**
Diversificação para explorar economias de escopo operacionais 200
Pesquisa em foco: Em média, quão valiosas são as economias de escopo? 201
Estratégia na empresa emergente: Gore-Tex e as cordas de violão 206
Diversificação para explorar economias de escopo financeiras 208
Diversificação para explorar economias de escopo anticompetitivas 211
Tamanho da empresa e incentivos aos empregados para diversificar 212
Ética e estratégia: A globalização e a ameaça da empresa multinacional 213
Os próprios acionistas podem realizar essas economias de escopo? 214

Diversificação corporativa e vantagem competitiva sustentável 215
Estratégia em detalhes: Os outros stakeholders *da empresa e a diversificação para reduzir riscos* 215
Raridade da diversificação 216
Imitabilidade da diversificação 216
Duplicação direta da diversificação 217
Substitutos da diversificação 217

Resumo 218
Questões 218
Problemas 218
Notas 219
Panorama brasileiro: Hypermarcas: a Procter & Gamble brasileira 221

Capítulo 8 Organizando para implementar a diversificação corporativa ... 225

Caso de abertura do capítulo: A Tyco em dez anos ... 225

Estrutura organizacional e implementação de diversificação corporativa ... 226
- **Conselho de administração** ... 228
  - *Estratégia em detalhes: Conflitos de agência entre gerentes e acionistas* ... 229
- **Investidores institucionais** ... 230
- **Executivos seniores** ... 230
  - Formulação de estratégia ... 230
  - *Pesquisa em foco: A eficácia do conselho de administração* ... 231
  - Implementação de estratégia ... 232
  - A presidência: presidente do conselho, CEO e COO ... 232
- ***Staff* corporativo** ... 233
  - *Staff* corporativo e divisional ... 233
  - Envolvimento exagerado no gerenciamento de operações de divisão ... 233
- **Gerentes gerais de divisão** ... 234
- **Gerentes de atividade compartilhada** ... 234
  - Atividades compartilhadas como centros de custo ... 235
  - Atividades compartilhadas como centros de lucro ... 235

Controles de gerenciamento e implementação de diversificação corporativa ... 236
- **Avaliando o desempenho divisional** ... 236
  - Medindo o desempenho divisional ... 236
  - Economias de escopo e a ambiguidade do desempenho divisional ... 237
- **Alocando capital corporativo** ... 238
- **Transferindo produtos intermediários** ... 239
  - Determinando preços de transferência ótimos ... 239
  - Dificuldades na determinação de preços de transferência ótimos ... 239
  - Determinando preços de transferência na prática ... 240
  - *Estratégia na empresa emergente: Transformando grandes negócios em empreendedorismo* ... 241

Políticas de remuneração e implementação de diversificação corporativa ... 242
- *Ética e estratégia: A remuneração de executivos e a crise de crédito de 2008* ... 243

Resumo ... 244

Questões ... 244

Problemas ... 245

Notas ... 245
- *Panorama brasileiro: Camargo Corrêa, um grupo desafiante global* ... 247

Capítulo 9 Alianças estratégicas ... 250

Caso de abertura do capítulo: Quem fabrica video games? ... 250

O que é uma aliança estratégica? ... 251

Como alianças estratégicas criam valor? ... 252
- **Oportunidades em alianças estratégicas** ... 253
  - Melhorando operações atuais ... 253
  - Criando um ambiente competitivo favorável ... 254
  - *Estratégia em detalhes: Vencendo corridas de aprendizagem* ... 255
  - Facilitando a entrada ou a saída ... 256
  - *Pesquisa em foco: Alianças estratégicas facilitam o conluio tácito?* ... 257

Ameaças de aliança: incentivos para trapacear em alianças estratégicas ... 258
- Seleção adversa ... 259
- Dano moral ... 259
- Apropriação ... 259
- *Estratégia na empresa emergente: Disney e Pixar* ... 260

Alianças estratégicas e vantagem competitiva sustentável ... 261
- **Raridade das alianças estratégicas** ... 261
  - *Ética e estratégia: Quando o assunto é aliança, 'o crime compensa'?* ... 262
- **Imitabilidade das alianças estratégicas** ... 263
  - Duplicação direta de alianças estratégicas ... 263
  - Substitutos para alianças estratégicas ... 263

Organizando para implementar alianças estratégicas ... 265
- **Contratos explícitos e sanções legais** ... 266

Investimentos em participação acionária 266
Reputação da empresa 266
Joint-ventures 268
Confiança 269

Resumo 270

Questões 270

Problemas 271

Notas 271

Panorama brasileiro: Raízen: aliança estratégica na área de energia sustentável 273

Capítulo 10 Fusões e aquisições 276

Caso de abertura do capítulo: Uma fusão misteriosa 276

O que são fusões e aquisições? 278

O valor das fusões e aquisições 278
Fusões e aquisições: o caso não relacionado 279
Fusões e aquisições: o caso relacionado 279
Tipos de relação estratégica 279
Lucros econômicos relativos a aquisições 282
Estratégia na empresa emergente: Retirando o retorno sobre o investimento 283

O que a pesquisa diz sobre retornos em fusões e aquisições? 283
Estratégia em detalhes: Avaliando os efeitos das aquisições sobre o desempenho 284
Por que existem tantas fusões e aquisições? 285
Garantir a sobrevivência 285
Fluxo de caixa livre 285
Problemas de agência 286
Arrogância gerencial 286
Potencial para lucros econômicos 286

Fusões e aquisições e vantagem competitiva sustentável 287
Economias de escopo valiosas, raras e particulares 287
Economias de escopo valiosas, raras e custosas de imitar 288
Inesperadas economias de escopo valiosas entre empresas compradoras e alvo 288
Implicações para gerentes de empresas compradoras 289
Buscar economias de escopo raras 289
Omitir informações para outros compradores 289
Omitir informações para empresas-alvo 290
Evitar vencer guerras de oferta 290
Fechar o negócio rapidamente 290
Operar em mercados de aquisição *thinly traded* 291
Service Corporation International: um exemplo 291

Implicações para gerentes de empresas-alvo 292
Buscar informações sobre os compradores 292
Convidar outros compradores para participar da concorrência 292
Retardar, mas não interromper a aquisição 293
Pesquisa em foco: Os efeitos da resposta da gerência sobre o patrimônio, em uma aquisição hostil 293

Organizando para implementar uma fusão ou aquisição 296
Integração pós-fusão e implementação de uma estratégia de diversificação 296
Desafios especiais na integração pós-fusão 296

Resumo 297

Questões 298

Problemas 298

Notas 299

Panorama brasileiro: Mercado brasileiro de móveis e eletrodomésticos em transformação: o caso Ricardo Eletro e Insinuante 300

Capítulo 11 Estratégias internacionais 303

Caso de abertura do capítulo: Os russos vêm aí 303

O valor das estratégias internacionais 305
Estratégia na empresa emergente: Empresas empreendedoras internacionais: o caso da Logitech 305

Obter acesso a novos clientes para produtos ou serviços existentes 306
    Internacionalização e faturamento 306
        Os consumidores fora do mercado doméstico estão dispostos a comprar? 306
        Os consumidores fora do mercado doméstico estão capacitados a comprar? 307
    Internacionalização e ciclos de vida de produto 309
        Estratégia em detalhes: Countertrade 310
    Internacionalização e redução de risco 311

Obter acesso a fatores de produção de baixo custo 311
    Matérias-primas 311
    Mão de obra 311
        Ética e estratégia: A corrida pelo menor custo 312
    Tecnologia 313

Desenvolver novas competências centrais 313
    Aprendendo com operações internacionais 313
        O propósito de aprender 313
        Transparência e aprendizagem 314
        Receptividade à aprendizagem 314
    Alavancar novas competências centrais em outros mercados 315

Alavancar as competências centrais existentes de novas maneiras 315

Administrar o risco corporativo 315
        Pesquisa em foco: Empresas familiares na economia global 316

O *trade-off* entre responsividade local e integração internacional 317

Estratégia transnacional 318

Riscos financeiro e político em estratégias internacionais 318
    Riscos financeiros: flutuação de câmbio e inflação 318
    Riscos políticos 319
        Tipos de risco político 319
        Quantificando riscos políticos 319
        Gerenciando o risco político 319

Pesquisas sobre o valor das estratégias internacionais 321
    Estratégias internacionais e vantagem competitiva sustentável 321
    A raridade de estratégias internacionais 321
    A imitabilidade das estratégias internacionais 322
        Duplicação direta de estratégias internacionais 322
        Substituição de estratégias internacionais 323

A organização de estratégias internacionais 323
    Internacionalizar-se: opções organizacionais 323
        Intercâmbios de mercado e estratégias internacionais 324
        Intercâmbios de mercado intermediários e estratégias internacionais 324
        Governança hierárquica e estratégias internacionais 325
        Administração de empresa internacionalmente diversificada 325
    Resumo 328
    Questões 328
    Perguntas 329
    Notas 329
        Panorama brasileiro: TOTVS: o software brasileiro é bom 331
        Caso 3: Terceirização do atendimento ao cliente da eBay 334
        Caso 4: Em busca de sinergias na indústria global do luxo 348
        Caso 5: A fusão Activision Blizzard 362

APÊNDICE 374

GLOSSÁRIO 377

ÍNDICE DE ASSUNTOS 388

SOBRE OS AUTORES 407

O que não está contemplado?

Modelos, conceitos e tópicos que não passam por um teste simples: "Isso ajuda os alunos a analisar casos e situações de negócios reais?".

O que está contemplado?

'VRIO' — um integrador (veja detalhes a seguir).

- Ampla o suficiente para ser aplicada à análise de uma variedade de casos e cenários de negócios reais.
- Simples o bastante para se compreender e ensinar.

Quais são os resultados?

- Oferece aos alunos as ferramentas de que eles necessitam para fazer análise estratégica. Nada mais. Nada menos.

Valor. Raridade. Imitabilidade. Organização.

O que é?

Este livro não é apenas uma lista de conceitos, modelos e teorias. É o primeiro livro universitário a introduzir **um modelo organizacional baseado em teoria e segmentado em capítulos** para acrescentar estrutura ao campo da administração estratégica.

'VRIO' (sigla que representa 'valor', 'raridade', 'imitabilidade' e 'organização') é um mecanismo que integra dois modelos teóricos existentes: a perspectiva de posicionamento e a visão baseada em recursos. É a principal ferramenta para se conduzir uma análise interna. Representa quatro perguntas que uma pessoa deve fazer sobre um recurso ou uma capacidade para determinar seu potencial competitivo:

1. A questão do valor: o recurso permite que a empresa explore uma oportunidade ambiental e/ou neutralize uma ameaça do ambiente?

2. A questão da raridade: o recurso é controlado atualmente por apenas um pequeno número de empresas competidoras?

3. A questão da imitabilidade: as empresas sem esse recurso enfrentam uma desvantagem de custo para obtê-lo ou para desenvolvê-lo?

4. A questão da organização: as outras políticas e processos da empresa estão organizados para dar suporte à exploração de seus recursos valiosos, raros e custosos de imitar?

Qual é o benefício do modelo VRIO?

O modelo VRIO é o alicerce organizacional do texto. Ele **cria um modelo de tomada de decisão para que seja utilizado pelos alunos** na análise de casos e situações de negócios.

Os alunos tendem a ver conceitos, modelos e teorias (em todos os seus cursos) como fragmentados e desconexos. Em estratégia, isso não é exceção. Essa visão estimula a pura memorização, não um verdadeiro entendimento. O VRIO, sendo um modelo consistente, conecta as ideias, e isso estimula um entendimento real, em vez da memorização.

Esse entendimento capacita os alunos a analisar melhor casos e situações de negócios — o objetivo do curso.

O modelo VRIO torna possível discutir a formulação e a implementação de uma estratégia simultaneamente, dentro de cada capítulo.

Uma vez que o modelo VRIO proporciona uma estrutura integradora simples, neste livro podemos lidar com questões amplamente ignoradas em outros — incluindo discussões sobre integração vertical, terceirização, lógica de opção real e fusões e aquisições, para citar apenas algumas delas.

OUTROS BENEFÍCIOS

Elemento	Descrição	Benefício
Casos de abertura do capítulo	Selecionamos empresas conhecidas da maioria dos estudantes. Os casos focalizam o sucesso do iTunes no segmento de download de músicas; como a Ryanair se tornou a companhia aérea de menor custo no mundo; como a Victoria's Secret diferenciou seus produtos, como a ESPN diversificou suas operações, e assim por diante.	Os casos estão fortemente integrados ao conteúdo, o que leva os alunos a desenvolverem habilidades de análise estratégica, estudando sobre empresas que conhecem.
Casos completos	Este livro contém casos seletivos no fim de cada parte, que ressaltam seus conceitos. Isso proporciona uma forte conexão com os conceitos dos capítulos para reforçar a compreensão de pesquisas recentes. Temos: (1) empresas orientadas à decisão; (2) recentes; (3) conhecidas dos estudantes; e (4) casos em que os dados são apenas parcialmente analisados.	Fornecem uma forte conexão com os conceitos dos capítulos, facilitando a capacidade dos alunos de aplicarem ideias do texto à análise de casos.
Estratégia em detalhes	Para professores e alunos interessados em entender o fundamento conceitual completo do assunto, incluímos o quadro "Estratégia em detalhes" em cada capítulo. O conhecimento em administração estratégica evolui rapidamente, de um modo que transcende o que normalmente se inclui em textos introdutórios.	Os professores podem personalizar seu curso conforme desejarem a fim de proporcionar material de aprimoramento aos alunos mais avançados.
Pesquisa em foco	Esse quadro destaca os achados de pesquisas recentes relacionados com alguns dos tópicos estratégicos discutidos no capítulo.	Mostra aos alunos a natureza evolutiva da estratégia.
Questões	Podem ser de natureza moral ou ética, forçando os alunos a utilizar conceitos estudados, aplicar conceitos para si ou estender as ideias do capítulo de forma criativa.	Requerem que os alunos pensem de maneira crítica.
Problemas	Nessa seção, os alunos aplicam as teorias e ferramentas do capítulo. Geralmente, os problemas requerem cálculos e podem ser usados como lição de casa. Se os alunos tiverem dificuldade com esses problemas, poderão se atrapalhar com os casos mais complexos. Esses problemas são, em grande parte, diagnósticos por natureza.	Aprimoram habilidades quantitativas e proporcionam uma ponte entre o material do capítulo e a análise prática.

Ética e estratégia	Destaca alguns dos dilemas mais importantes enfrentados pelas empresas ao formular e implementar estratégias.	Ajuda os alunos a tomar melhores decisões éticas como gerentes.
Estratégia na empresa emergente	Um número crescente de profissionais recém-formados trabalha para empresas de pequeno e médio porte. Esse quadro apresenta um exemplo dos problemas estratégicos enfrentados por quem trabalha nessas empresas.	Destaca os desafios únicos decorrentes da condução da análise estratégica em empresas emergentes, bem como nas pequenas e médias.

Prefácio

A primeira coisa que você notará ao folhear esta edição de nosso livro é que ele continua sendo bem mais conciso do que a maioria da literatura sobre administração estratégica. Não há o habitual aumento em número de páginas e volume de uma 'reedição'. Somos fortes defensores da filosofia de que, via de regra, menos é mais. A tendência geral é que livros didáticos fiquem cada vez mais extensos, pois os autores querem se certificar de que seus livros não deixem de fora nada do que está em outras obras. Temos outra visão. O princípio que norteia nossa decisão sobre o que incluir é: "Esse conceito ajuda os alunos a analisar casos e situações reais de negócios?". Para muitos dos conceitos que cogitamos, a resposta foi não. Mas, quando a resposta foi sim, o conceito foi incluído no livro.

Isso não quer dizer que não fizemos alterações nesta terceira edição do livro. A mais evidente — além dos novos casos de abertura de capítulo, exemplos e estudos de caso — é que incluímos um capítulo — o Capítulo 11, sobre estratégias internacionais. Um *feedback* consistente que recebemos a respeito das duas primeiras edições foi que às vezes era difícil cobrir todo o material de um capítulo em uma única aula. Para facilitar, excluímos o material sobre gestão internacional presente em cada capítulo e reunimos tudo em um capítulo à parte. O Capítulo 11 aplica a mesma estrutura básica usada em todos os demais, mas o faz visando à compreensão das opções de negócios internacionais com que as empresas se defrontam.

Algo que permanece inalterado nesta edição é que continuamos a apresentar uma perspectiva sobre o campo da administração estratégica. Ao planejar esta edição, relembramos nossa própria experiência educacional e os livros que funcionaram ou não para nós naquela época. Aqueles poucos que se destacaram como os melhores não só cobriam todos os vários tópicos de um determinado campo de estudo, mas forneciam uma estrutura que podíamos guardar em nossas mentes e que nos ajudavam a vislumbrar aquilo que estávamos estudando como um todo integrado, em vez de uma sequência desarticulada de temas vagamente inter-relacionados. Este texto continua a ser integrado em torno do modelo VRIO. Como aqueles de vocês que estão familiarizados com a teoria da estratégia baseada em recursos sabem, o modelo VRIO aborda as questões centrais sobre conquistar e sustentar vantagem competitiva. Aplicamos a lógica VRIO de vantagem competitiva a todos os capítulos. Ela é simples o bastante para se entender e ensinar, sem deixar de ser ampla o suficiente para se aplicar a uma extensa variedade de casos e cenários de negócios.

O uso constante do modelo VRIO não significa que qualquer dos conceitos essenciais a um curso sobre estratégia esteja faltando. Mantivemos todas as principais ideias e teorias que são essenciais a um curso desse gênero. Ideias como modelo de cinco forças, análise da cadeia de valor, estratégias genéricas e estratégia corporativa estão todas no livro. Como o modelo VRIO proporciona uma única estrutura integrativa, podemos abordar aqui questões que são amplamente ignoradas em outros lugares — incluindo discussões sobre integração vertical, terceirização, lógica de opções reais e fusões e aquisições, para citar alguns.

Também introduzimos flexibilidade na obra. Cada capítulo é composto por quatro seções breves que apresentam questões específicas com profundidade. Essas seções permitem aos instrutores adaptar o texto às necessidades particulares de seus alunos. O quadro "Estratégia em detalhes" apresenta exemplos de desafios estratégicos enfrentados por empreendimentos novos e emergentes; "Ética e estratégica" examina alguns dos dilemas éticos que os gerentes enfrentam diante de decisões estratégicas; "Pesquisa em foco" inclui pesquisas recentes relacionadas aos tópicos do capítulo em questão.

Outra novidade foi a inclusão dos casos — de muitos novos nesta edição — que oferecem aos alunos uma oportunidade de aplicar as lições aprendidas a situações de negócios. Os casos abrangem uma variedade de contextos, tais como de empreendedorismo, serviços, manufatura e internacionais. A força do modelo VRIO é que ele se aplica a todos esses cenários. Sua aplicação a muitos tópicos e casos ao longo do livro leva a uma real compreensão em vez de à memorização mecânica. O resultado é que os alunos descobrirão que possuem as ferramentas de que necessitam para fazer análise estratégica. Nada mais. Nada menos.

A terceira edição deste livro não muda seu foco central. Mas isso não quer dizer que não há mudanças importantes. Elas existem. Além de atualizar casos, exemplos e pesquisas, acrescentamos um novo capítulo sobre estratégia internacional. Questões de estratégia global tornaram-se tão cruciais — e nosso conhecimento sobre como conceber e implementar estratégias internacionais desenvolveu-se tanto — que não era mais possível cobrir esses conceitos em um tópico sobre "Perspectivas globais" e uma seção sobre dimensões internacionais de estratégia em cada capítulo. Agora, em vez disso, as estratégias internacionais têm um capítulo próprio — escrito a partir dos mesmos princípios organizacionais dos demais capítulos do livro.

EDIÇÃO BRASILEIRA

COMPANION WEBSITE

No Companion Website desta obra (www.pearson.com.br/barney), os seguintes materiais de apoio estão disponíveis:

Para professores:
- Manual do professor e notas dos casos (em inglês).
- Apresentações em PowerPoint.

Para estudantes:
- Exercícios autocorrigíveis (questões V ou F).

Agradecimentos

Obviamente, não se escreve um livro como este sozinho. Somos muito gratos a todos da Prentice Hall que apoiaram seu desenvolvimento. Queremos agradecer especialmente a Eric Svendsen, editor-chefe; Kim Norbutta, editora de aquisições; Claudia Fernandes, gerente de projeto editorial; Nikki Jones, gerente de marketing; Judy Leale, gerente editorial sênior; Ann Pulido, gerente de projeto de produção; e Steve Frim, diretor de arte.

Muitas pessoas estiveram envolvidas na revisão das versões iniciais deste livro. Seus esforços sem dúvida o aprimoraram substancialmente, e seu trabalho, geralmente nos bastidores, foi muito valioso para nós.

Agradecemos aos professores que participaram das revisões do livro:

Yusaf Akbar — Southern New Hampshire University
Pam Braden — West Virginia University, Parkersburg
Mustafa Colak — Temple University
Ron Eggers — Barton College
Michael Frandsen — Albion College
Michele Gee — University of Wisconsin, Parkside
Peter Goulet — University of Northern Iowa
Rebecca Guidice — University of Nevada Las Vegas
Laura Hart — Lynn University, College of Business & Management
Tom Hewett — Kaplan University
Phyllis Holland — Valdosta State University
Paul Howard — Penn State University
Richard Insinga — St. John Fisher College
Homer Johnson — Loyola University Chicago
Marilyn Kaplan — University of Texas, Dallas
Joseph Leonard — Miami University

Paul Maxwell — St. Thomas University, Miami
Stephen Mayer — Niagara University
Richard Nemanick — Saint Louis University
Hossein Noorian — Wentworth Institute of Technology
Ralph Parrish — University of Central Oklahoma
Raman Patel — Robert Morris College
Jiten Ruparel — Otterbein College
Roy Simerly — East Carolina University
Sally Sledge — Christopher Newport University
David Stahl — Montclair State University
David Stephens — Utah State University
Philip Stoeberl — Saint Louis University
Ram Subramanian – Grand Valley State University
Thomas Turk — Chapman University
Henry Ulrich — Central Connecticut State (em breve, UCONN)
Floyd Willoughby — Oakland University

PARTE

1

Ferramentas da análise estratégica

O que é estratégia e o processo de administração estratégica?

OBJETIVOS DE APRENDIZAGEM

Após a leitura deste capítulo, você estará apto a:

1. Definir o conceito de estratégia.
2. Descrever o processo de administração estratégica.
3. Definir vantagem competitiva e sua relação com a criação de valor econômico.
4. Descrever duas diferentes formas de medir a vantagem competitiva.
5. Explicar a diferença entre estratégias emergentes e intencionais.
6. Discutir a importância de entender a estratégia de uma empresa mesmo que você não seja um gerente sênior.

A indústria de download de música

Tudo começou com o Napster — fazer upload de arquivos de música digital e compartilhá-los com outras pessoas na Internet. Nada mais fácil. Discos rígidos em todo o mundo começaram a ficar repletos de vastas bibliotecas musicais, tudo grátis. Só havia um problema: esse tipo de transferência de dados era ilegal.

Mas a prática de downloads ilegais não parou. Na verdade, mesmo hoje em dia há 40 downloads de música ilegal para cada legal. Não surpreende que a indústria fonográfica continue a processar aqueles que se engajam nessa prática; mais de 12 mil processos judiciais foram impetrados ao redor do mundo até agora.

No entanto, declarar ilegais alguns downloads de música serviu somente para criar um novo mercado, com novas oportunidades competitivas: o mercado de download legal. Em poucos anos, o iTunes despontou como um evidente líder desse mercado e, em 2006, detinha mais de 88 por cento de participação. Em 2008, superou Best Buy e Walmart para tornar-se o maior vendedor de música nos Estados Unidos. A segunda empresa mais bem-sucedida no mercado de música on-line — a eMusic — detém menos de 10 por cento do mercado. Outros concorrentes, como a loja de música digital da Amazon e a MusicPass (da Sony BMG) possuem menos de 5 por cento.

O que explica o sucesso do iTunes? Trata-se de uma divisão da Apple, e entender seu sucesso implica reconhecer a ligação entre o site do iTunes e o iPod, o tocador de música portátil digital de incrível popularidade da Apple. O iPod é conhecido como um dos aparelhos de ouvir música mais simples e elegantes já criados. Os esforços para imitar a simplicidade de sua interface e software, de acordo com a maioria dos analistas, simplesmente fracassaram. Portanto, a Apple começou com um grande tocador de música, o iPod.

A empresa facilitou a conexão entre o iPod e o site do iTunes. Qualquer principiante em tecnologia é capaz de baixar músicas do iTunes para seus iPods em questão de minutos. É claro que, para tornar essa transferência a mais impecável possível, a Apple desenvolveu um software proprietário chamado FairPlay. Esse software restringe o uso de música baixada do iTunes a tocadores de MP3 da marca iPod. Isso significa que, quando você começa a fazer download de músicas do iTunes para seu iPod, é pouco provável que acesse outro site de música porque você teria que fazer download e pagar de novo.

Muito inteligente. Fabrique um grande tocador — o iPod —, desenvolva um software proprietário para downloads — o iTunes — e terá conquistado a fidelidade dos clientes. Também é muito lucrativo. À medida que o número de usuários de iPod e iTunes continuava a crescer, cada vez mais produtores musicais estavam dispostos a assinar acordos que permitiam à Apple distribuir suas músicas pelo iTunes. O resultado disso foi o domínio da Apple na indústria de download legal de músicas.

E alguém consegue alcançar o iTunes? Algumas empresas estão tentando.

Alguns pensam que o futuro da indústria de download de músicas dependerá de quanto as restrições ao uso de música baixada pela Internet serão eliminadas. Essas restrições são criadas pelo software de gestão de direitos digitais (do inglês, *digital rights management* — DRM) que 'embala' cada música baixada pelo iTunes. Inicialmente, as gravadoras insistiam na proteção do DRM, para garantir que seriam devidamente remuneradas pelo uso de suas músicas. Mas agora tudo indica que o sistema proprietário de DRM da Apple é uma das razões que permitiu ao iTunes criar e sustentar uma enorme vantagem nesse mercado.

Vamos acessar a Amazon. Em 2007, a Amazon.com anunciou que passaria a vender música sem as restrições de DRM em sua loja virtual. Igualmente importante é que a maioria das grandes gravadoras concordou em comercializar pela Amazon. Pouco tempo depois, Sony BMG, eMusic e Rhapsody anunciaram a criação de sites para baixar música sem DRM. Será que os downloads legais sem restrições de uso começariam a minar a enorme vantagem do iTunes?

Ainda é cedo para tirar conclusões, mas até o momento a vantagem competitiva do iTunes parece estar assegurada. É evidente que a Apple não ignorou essa potencial ameaça competitiva. Quase imediatamente, começou a vender donwloads de música sem DRM no iTunes, embora a um preço mais alto do que os restritos. Além disso, a Apple continuou a investir em seu tocador de MP3 e tecnologias correlatas. Primeiro, veio o iPhone, depois os iPods mais sofisticados que exibiam vídeos e jogos. Agora, alguns modelos de iPod possuem o mesmo sistema de interface 'por toque' que os do iPhone. Tudo isso tornou os iPods e produtos relacionados mais atrativos do que os tocadores de MP3 concorrentes, e as pessoas que compram os aparelhos da Apple tenderão a baixar músicas do iTunes em vez de qualquer outro site. Com isso, a Apple equiparou a oferta sem DRM e ao mesmo tempo reforçou as vantagens percebidas de seu hardware — essencialmente, implementando muitas das mesmas estratégias que a capacitaram a conquistar suas vantagens iniciais na indústria de download de música.

Contudo, a concorrência nesse segmento continua a evoluir. O que vem a seguir? Preste atenção na Nokia e em outros fabricantes de celulares!

Fontes: E. Smith, "Can anybody catch iTunes?", *The Wall Street Journal*, p. R1+, 27 nov. 2006; J. Chaffin e A. van Duyn, "Universal backs free music rival to iTunes", 29 ago. 2006. Disponível em: <www.ft.com>. Acesso em: 22 dez. 2010; P. Thurrott e K. Furman, "Illegal music downloads jump despite RIAA legal action", 22 jan. 2004. Disponível em: <www.connectedhomemag.com>. Acesso em: 22 dez. 2010; David Kravets, "Like Amazon's DRM-free music download? Thank Apple", 2007. Disponível em: <www.wired.com/entertainment/music/news/2007/09/drm_part_one>. Acesso em: 22 dez. 2010; Peter Kafka, "iTunes competitors: we're number 2, we're number 2", *Silicon Alley Insider*, 2008. Disponível em: <http://www.businessinsider.com/2008/3/itunes-competitors-we-re-number-2-no-we-re-number-2-amzn-aapl->. Acesso em: 22 dez. 2010; Peter Kafka, "How are those DRM-free MP3s selling?" *Silicon Alley Insider*, 2008. Disponível em: <http://www.businessinsider.com/2008/3/how-are-those-drm-free-mp3s-selling>. Acesso em: 22 dez. 2010.

Descobrir como o iTunes passou a dominar a indústria de download de músicas e o que a concorrência pode fazer a respeito determinará em larga medida o desempenho de uma empresa do setor. O processo pelo qual perguntas desse tipo serão respondidas é o processo de gestão estratégica; a resposta que uma empresa desenvolve para tais questões é a estratégia da empresa.

ESTRATÉGIA E PROCESSO DE ADMINISTRAÇÃO ESTRATÉGICA

Enquanto a maioria concorda que a habilidade de uma empresa para sobreviver e prosperar depende principalmente da escolha e da implementação de uma boa estratégia, há menor consenso sobre o que é uma estratégia e menos ainda sobre o que constitui uma boa estratégia. Na verdade, há quase tantas definições desses conceitos quanto livros escritos sobre eles.

Definição de estratégia

Neste livro, a **estratégia** de uma empresa é definida como sua teoria de como obter vantagens competitivas.[1] Uma boa estratégia é aquela que realmente gera tais vantagens. A teoria da Apple de como obter uma vantagem competitiva no mercado de download pago é vincular o negócio de download de músicas a tocadores MP3 específicos. A teoria da eMusic da Amazon e da Sony BMG é que os usuários não querem nenhuma restrição imposta ao uso de músicas baixadas pela Internet.

Cada uma dessas teorias de como ganhar vantagens competitivas no mercado de download pago de músicas — assim como toda teoria — é baseada em um conjunto de suposições e hipóteses sobre como a competição no setor tende a evoluir, e como essa evolução pode ser explorada para a obtenção de lucros. Quanto mais acuradas forem as suposições e hipóteses em refletir como a competição no setor realmente evolui, maior a probabilidade de que uma empresa obtenha vantagens competitivas com a implementação de suas estratégias. Se essas suposições e hipóteses forem pouco acuradas, então as estratégias da empresa dificilmente serão uma fonte de vantagem competitiva.

Mas esse é o desafio. Normalmente, é muito difícil predizer de maneira exata como a competição em um setor evoluirá e, portanto, raramente é possível saber com certeza se uma empresa está escolhendo a estratégia certa. Por isso, a estratégia de uma empresa é quase sempre uma teoria — é sua melhor aposta sobre como a competição vai se desenvolver e como essa evolução pode ser explorada para que se conquiste uma vantagem competitiva.

O processo de administração estratégica

Embora seja difícil saber com certeza se uma empresa está seguindo a melhor estratégia, é possível reduzir a probabilidade de erros. A melhor maneira de fazer isso é escolher a estratégia da empresa de forma cuidadosa e sistemática, além de acompanhar o processo de administração estratégica. O **processo de administração estratégica** é um conjunto sequencial de análises e escolhas que podem aumentar a probabilidade de uma empresa escolher uma boa estratégia, isto é, uma estratégia que gere vantagens competitivas. Um exemplo do processo de administração estratégica é apresentado na Figura 1.1. Não por acaso, este livro está organizado em torno desse processo.

A missão de uma empresa

O processo de administração estratégica começa quando uma empresa define sua missão. A **missão** de uma empresa é seu propósito de longo prazo. Missões definem tanto o que a empresa aspira ser no longo prazo como o que ela quer evitar nesse ínterim. Geralmente, são escritas na forma de **declarações de missão**. O Quadro 1.1 contém exemplos de diversas declarações de missão obtidas de empresas renomadas.

Algumas missões podem não afetar o desempenho da empresa

Conforme mostra o Quadro 1.1, a maioria das declarações de missão incorpora vários elementos comuns. Por exemplo, muitas definem o negócio em que a empresa atuará — automóveis para a Ford; hardware, software e serviços de computadores para a IBM. Algumas definem como uma empresa competirá nesses negócios — fazer tudo diretamente na Dell e apenas vencer na Oakland Raiders. Outras até mesmo definem os valores centrais com os quais uma empresa se compromete — a 'alma da Dell' e os valores da Anheuser-Busch.

FIGURA 1.1 Processo de administração estratégica

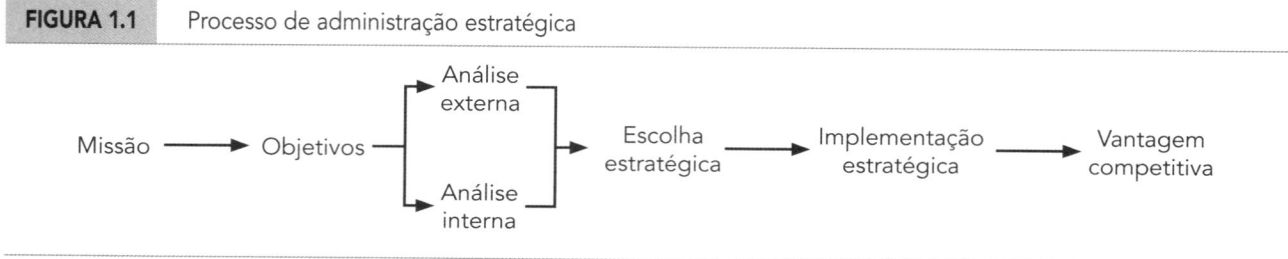

QUADRO 1.1 — Exemplos de declarações de missão extraídos de diversas empresas renomadas

JOHNSON & JOHNSON
Nossa crença

Acreditamos que nossa principal responsabilidade recai sobre médicos, enfermeiros e pacientes, sobre mães e pais e sobre todos aqueles que usam nossos produtos e serviços. Para atender a suas necessidades, tudo o que fazemos deve ser de alta qualidade. Devemos ser incansáveis na busca por reduzir nossos custos para manter preços razoáveis. Pedidos de clientes devem ser atendidos pronta e acuradamente. Nossos fornecedores e distribuidores devem ter margem para obter um lucro justo.

Somos responsáveis por nossos funcionários, os homens e as mulheres que trabalham conosco por todo o mundo. Todos devem ser considerados como indivíduos. Devemos respeitar sua dignidade e reconhecer seu mérito. Eles devem ter uma sensação de segurança em seus empregos. A remuneração deve ser justa e adequada, e as condições de trabalho, limpas, organizadas e seguras. Devemos atentar para formas de ajudar nossos funcionários a cumprir suas responsabilidades. Eles devem se sentir livres para fazer sugestões e reclamações. Deve haver igual oportunidade de emprego, desenvolvimento e promoção para os que sejam qualificados. Devemos designar gerentes competentes, e suas ações devem ser justas e éticas.

Temos responsabilidades em relação às comunidades em que vivemos e em relação à comunidade mundial também. Devemos ser bons cidadãos — apoiar bons projetos filantrópicos e arcar com nossa carga justa de impostos. Devemos encorajar melhorias urbanas e de saúde e educação. Devemos manter em boa ordem a propriedade que temos o privilégio de usar, proteger o meio ambiente e os recursos naturais.

Nossa responsabilidade final é para com nossos acionistas. Os negócios devem gerar um lucro sólido. Devemos experimentar novas ideias, realizar pesquisas, desenvolver programas inovadores e pagar pelos erros cometidos. Novos equipamentos devem ser adquiridos, novas instalações, providenciadas, e novos produtos, lançados. Reservas devem ser criadas para períodos de crise. Ao atuarmos de acordo com esses princípios, os acionistas deverão colher um retorno justo.

DELL
A Dell constrói sua tecnologia, seu negócio e suas comunidades por meio de relações diretas com clientes, funcionários e vizinhos. Com isso, estamos comprometidos a entregar valor a nossos clientes e agregar valor à nossa empresa, nossa vizinhaça, nossas comunidades e ao mundo em que vivemos por meio de ações de diversidade, ambientais e de cidadania global.

Os elementos essenciais da 'alma da Dell'

Clientes: acreditamos em conquistar a fidelidade de clientes proporcionando-lhes uma experiência superior a um grande valor.

O time Dell: acreditamos que nosso contínuo sucesso reside no trabalho em equipe e na oportunidade que cada membro da equipe tem para aprender, desenvolver-se e crescer.

Relações diretas: acreditamos em ser diretos em tudo o que fazemos.

Cidadania global: acreditamos em participar com responsabilidade no mercado global.

Vencer: temos uma paixão por vencer em tudo o que fazemos.

IBM
Na IBM, nós nos empenhamos para liderar na invenção, no desenvolvimento e na produção das tecnologias de informação mais avançadas do setor, incluindo sistemas de computação, softwares, sistemas de armazenagem e microeletrônica. Traduzimos essas tecnologias avançadas em valor para nossos clientes por meio de soluções profissionais, serviços e consultorias ao redor do mundo.

THE OAKLAND RAIDERS
Just Win Baby! (O que importa é vencer!)

Fontes: © Johnson & Johnson; utilizado com permissão da Dell Computer Corporation; utilizado com permissão da IBM; utilizado com permissão da The Oakland Raiders.

Na verdade, as declarações de missão normalmente contêm tantos elementos comuns que algumas pessoas têm questionado se tê-las realmente agrega valor para uma empresa.[2] Além disso, mesmo que uma declaração de missão revele algo único sobre uma empresa, se ela não influencia o comportamento em toda a organização, é pouco provável que tenha muito impacto nas ações da empresa. Afinal, o relatório anual da Enron de 1999 inclui a seguinte declaração de valores:

> *Integridade: trabalhamos com clientes e potenciais clientes de forma aberta, honesta e sincera. Quando dizemos que faremos algo, nós o faremos; quando dizemos que não podemos ou não vamos fazer algo, então não o faremos.*[3]

Essa declaração foi publicada exatamente ao mesmo tempo que a alta gerência da Enron estava envolvida em atividades que, por fim, fraudaram investidores, parceiros e os próprios funcionários da empresa — e acabaram levando alguns de seus executivos para a prisão.[4]

Algumas missões podem melhorar o desempenho de uma empresa

Apesar dessas advertências, pesquisas identificaram algumas empresas cujo senso de propósito e missão permeia tudo o que fazem. Algumas dessas **empresas visionárias**, ou empresas cuja missão norteia tudo o que fazem, foram compiladas por Jim Collins e Jerry I. Porras, em seu livro *Build to last* (Feitas para durar), e estão listadas no Quadro 1.2.[5] Uma característica interessante dessas empresas é sua lucratividade de longo prazo. De 1926 a 1995, um investimento de $ 1 em uma delas teria aumentado em valor para $ 6.536. Esse mesmo $ 1 investido em uma empresa de porte médio pelo mesmo período de tempo valeria $ 415 em 1995.

Essas empresas visionárias obtiveram retornos substancialmente superiores aos das empresas médias, apesar de muitas de suas declarações de missão sugerirem que a maximização de lucro, embora seja um objetivo corporativo importante, não é a principal razão de sua existência. Considere o que diz Jim Burke, ex-CEO da Johnson & Johnson (uma das empresas visionárias listadas no Quadro 1.2), sobre a relação entre o lucro e a missão de sua empresa:

> *Todo o nosso gerenciamento está voltado para o lucro diário. Isso faz parte do negócio de se estar nos negócios. Mas com frequência, neste e em outros setores, as pessoas tendem a pensar: "É melhor fazermos isso porque, se não o fizermos, aparecerá nos números no curto prazo". [Nossa missão] permite-lhes dizer: "Espere um momento, eu não preciso fazer isso". A alta gerência me disse que eles estão [...] interessados em que eu atue de acordo com esse conjunto de princípios.*[6]

Algumas missões podem prejudicar o desempenho da empresa

Embora algumas empresas tenham utilizado suas missões para desenvolver estratégias que criam vantagens competitivas significativas, as missões também podem prejudicar o desempenho corporativo. Por exemplo, algumas vezes a missão da empresa terá foco predominantemente interno e será definida apenas com referência a valores pessoais e prioridades de seus fundadores ou alta gerência, independentemente de esses valores e prioridades serem ou não consistentes com a realidade econômica que a empresa enfrenta. Estratégias derivadas de tais missões ou visões provavelmente não serão fontes de vantagens competitivas.

Por exemplo, a Ben & Jerry's Ice Cream foi fundada em 1977 por Ben Cohen e Jerry Greenfield, tanto como uma forma de produzir sorvete *superpremium* como de criar uma organização baseada nos valores da contracultura da década de 1960. Esse forte senso de missão levou a Ben & Jerry's a adotar algumas políticas muito pouco usuais em recursos humanos e em outras áreas. Dentre essas políticas, a empresa adotou um sistema de remuneração pelo qual seu empregado mais bem pago não poderia ganhar mais que cinco vezes a renda do empregado de menor salário. Mais tarde, essa proporção foi ajustada para sete para um. Porém, mesmo nesse nível, tal política de remuneração tornava muito difícil obter os talentos necessários na alta gerência para garantir o crescimento e a lucratividade da empresa sem aumentar exageradamente o pagamento dos funcionários de menor salário. Quando um CEO foi nomeado para a empresa em 1995, seu salário de $ 250 mil violou essa política de remuneração.

Na realidade, apesar de o mercado de sobremesas congeladas ter-se consolidado rapidamente no fim da década de 1990, a Ben & Jerry's Ice Cream permaneceu uma empresa independente, em parte por causa do comprometimento de Cohen e Greenfield em manter os valores sociais que ela personificava. Sem ter acesso à ampla

QUADRO 1.2 Uma amostra de empresas visionárias

3M	Marriott
American Express	Merck
Boeing	Motorola
Citicorp	Nordstrom
Ford	Philip Morris
General Electric	Procter & Gamble
Hewlett-Packard	Sony
IBM	Walmart
Johnson & Johnson	Walt Disney

Fonte: J. C. Collins e J. I. Porras, *Built to last: successful habits of visionary companies*, New York: Harper Colins Publishers, 1994. (© 1994 James C. Collins e Jerry I. Porras. Reimpresso com permissão.)

rede de distribuição e aos talentos gerenciais que estariam disponíveis caso a Ben & Jerry's tivesse se fundido com outra empresa, seu crescimento e sua lucratividade não avançavam. Finalmente, em abril de 2000, a Ben & Jerry's Ice Cream foi comprada pela Unilever. No entanto, o retorno de 66 por cento finalmente entregue aos acionistas da Ben & Jerry's em abril de 2000 havia sido retardado por muitos anos. Nesse caso, o comprometimento de Cohen e Greenfield com um conjunto de valores e prioridades pessoais foi, no mínimo, parcialmente inconsistente com as realidades econômicas do mercado norte-americano de sobremesas congeladas.[7]

Obviamente, considerando-se que a missão de uma empresa pode ajudar, prejudicar ou não ter nenhum impacto sobre seu desempenho, as missões em si não levam, necessariamente, uma empresa a escolher e implementar estratégias que gerem vantagens competitivas. Na realidade, conforme sugerido na Figura 1.1, embora definir a missão de uma empresa seja um passo importante no processo de administração estratégica, é apenas o primeiro deles.

Objetivos

Enquanto a missão de uma empresa é uma declaração ampla de seus propósitos e valores, seus **objetivos** são alvos específicos e mensuráveis que ela pode utilizar para avaliar até que ponto está realizando sua missão. Considere, por exemplo, a declaração de missão da 3M no Quadro 1.3. Essa declaração enfatiza a importância de encontrar produtos inovadores e produzir altos retornos para os acionistas. No entanto, é igualmente possível associar objetivos específicos a cada elemento da declaração de missão, como também demonstra o Quadro 1.3. Por exemplo, para a Missão do Investidor, possíveis objetivos podem incluir: crescimento em ganho por ação em média de 10 por cento ou mais ao ano, retorno de capital empregado de 27 por cento ou mais, pelo menos 30 por cento de vendas advindas de produtos que não tenham mais de quatro anos, e assim por diante.

Objetivos de alta qualidade estão estreitamente conectados a elementos da missão de uma empresa e são relativamente fáceis de medir e acompanhar ao longo do tempo. Objetivos de baixa qualidade ou não existem ou não estão conectados a elementos da missão de uma empresa, não são quantitativos e são difíceis de avaliar ou acompanhar no tempo. Obviamente, objetivos de baixa qualidade não podem ser utilizados pela gerência para avaliar quão bem uma missão está sendo realizada. Na verdade, um indicador de que uma empresa não está comprometida em realizar parte de sua declaração de missão é quando não há objetivos ou há apenas objetivos de baixa qualidade associados àquela parte da missão.

Análises externa e interna

As próximas duas fases do processo de administração estratégica — análises externa e interna — ocorrem mais ou menos simultaneamente. Ao conduzir uma **análise externa**, a empresa identifica as principais ameaças e oportunidades em seu ambiente competitivo. Também examina como a competição em seu ambiente provavelmente evoluirá e quais implicações tem essa evolução para as ameaças e oportunidades que está enfrentando. Nos últimos anos, desenvolveu-se considerável literatura sobre técnicas e métodos para conduzir análises externas. Essa literatura é o assunto central do Capítulo 2 deste livro.

Enquanto a análise externa é focada nas ameaças e oportunidades do ambiente em que uma empresa se insere, a **análise interna** ajuda a empresa a identificar suas forças e fraquezas organizacionais. Também a ajuda a entender quais de seus recursos e capacidades serão fontes mais prováveis de vantagem competitiva e quais serão fontes menos prováveis dessas vantagens. Por fim, a análise interna pode ser usada por empresas para identificar as áreas de sua organização que requerem melhorias e mudanças. Assim como no caso da análise externa, uma literatura considerável sobre técnicas e métodos para conduzir análises internas evoluiu nos últimos anos. Essa literatura é o assunto principal do Capítulo 3.

Escolha estratégica

Munida de uma missão, de objetivos e de análises externa e interna completas, uma empresa está pronta para realizar suas escolhas estratégicas, isto é, está pronta para escolher sua 'teoria de como obter vantagem competitiva'.

As escolhas estratégicas disponíveis para uma empresa enquadram-se em duas grandes categorias: estratégias no nível de negócios e estratégias no nível corporativo. **Estratégias no nível de negócios** são ações que as empresas praticam para obter vantagens competitivas em um único mercado ou setor e serão discutidas na Parte 2 desta obra. As duas estratégias mais comuns no nível de negócios são liderança em custos (Capítulo 4) e diferenciação de produto (Capítulo 5).

As **estratégias no nível corporativo**, por sua vez, são ações que as empresas praticam para obter vantagens competitivas operando em múltiplos mercados ou setores simultaneamente. Essas estratégias são o assunto da Parte 3 deste livro. Estratégias comuns no nível corporativo incluem estratégias de integração vertical (Capítulo 6),

QUADRO 1.3 — Declaração de missão da 3M

NOSSOS VALORES:
Agir com inabalável honestidade e integridade em tudo que fazemos.
Satisfazer nossos clientes com tecnologia inovadora e qualidade, valor e serviço superiores.
Fornecer aos investidores um retorno atrativo, por meio do crescimento global sustentado.
Respeitar nosso ambiente social e físico ao redor do mundo.
Valorizar e desenvolver a diversidade de talentos, iniciativas e capacidades de liderança de nossos funcionários.
Conquistar a admiração de todos aqueles que estejam associados à 3M no mundo todo.

Fonte: Cortesia da 3M Company.

Como foi sugerido em Abrahams (1995), esses valores podem ser expandidos para abranger objetivos específicos:

Satisfazer nossos clientes com qualidade e valor superiores:
- Proporcionando produtos e serviços da mais alta qualidade, consistentes com as exigências e preferências de nossos clientes.
- Tornando cada aspecto de cada transação uma experiência de satisfação para nossos clientes.
- Encontrando maneiras inovadoras de facilitar e melhorar a vida de nossos clientes.

Fornecer aos investidores um retorno atrativo, por meio do crescimento sustentado de alta qualidade:
Nossos objetivos são:
- Crescimento em ganho por ação em média de dez por cento ou mais ao ano.
- Retorno de capital empregado de 27 por cento ou mais.
- Retorno para acionistas em dividendos entre 20 e 25 por cento.
- Pelo menos 30 por cento das vendas ao ano advindas de produtos lançados nos últimos quatro anos.

Respeitar nosso ambiente social e físico:
- Cumprindo todas as leis e atendendo ou excedendo os regulamentos.
- Mantendo clientes, funcionários, investidores e público informados sobre nossas operações.
- Desenvolvendo produtos e processos que tenham um impacto mínimo sobre o meio ambiente.
- Mantendo-se em sintonia com as necessidades e preferências em constante mutação de nossos clientes, funcionários e sociedade.
- Com honestidade e integridade inabaláveis em todos os aspectos de nossas operações.

Ser uma empresa da qual os empregados têm orgulho de fazer parte:
- Respeitando a dignidade e o valor dos indivíduos.
- Encorajando a iniciativa e a inovação individual em uma atmosfera caracterizada por flexibilidade, cooperação e confiança.
- Desafiando as competências individuais.
- Valorizando a diversidade humana e proporcionando oportunidades iguais de desenvolvimento.

Fonte: J. Abrahams, The mission statement book, Berkeley, CA: Ten Speed Press, 1995, p. 400-402.

---

estratégias de diversificação (capítulos 7 e 8), estratégias de alianças (Capítulo 9), estratégias de fusão e aquisição (Capítulo 10) e estratégias globais (Capítulo 11).

Certamente, os detalhes da escolha de estratégias específicas podem ser muito complexos e serão discutidos adiante no livro. Contudo, a lógica por trás das escolhas estratégicas não é complexa. Baseado no processo de administração estratégica, o objetivo ao se fazer uma escolha estratégica é optar por uma estratégia que (1) respalde a missão da empresa, (2) seja consistente com os objetivos da empresa, (3) explore oportunidades no ambiente da empresa com seus pontos fortes e (4) neutralize ameaças no ambiente da empresa ao mesmo tempo que evite seus pontos fracos. Presumindo que essa estratégia seja implementada — último passo do processo de administração estratégica —, uma estratégia que esteja de acordo com esses quatro critérios muito provavelmente será fonte de vantagem competitiva para a empresa.

Implementação da estratégia

É claro que simplesmente escolher uma estratégia nada significará se ela não for implementada. A **implementação da estratégia** ocorre quando uma empresa adota políticas e práticas organizacionais consistentes com sua estratégia. Três políticas e práticas organizacionais específicas são particularmente importantes para a implementação de uma estratégia: a estrutura organizacional formal da empresa, seus sistemas formais e informais de controle gerencial e sua política de remuneração de funcionários. Uma empresa que adote uma estrutura organizacional, controles gerenciais e remuneração de funcionários consistentes com suas estratégias e que os reforce tem maior probabilidade de conseguir implementar essas estratégias do que outra que adote uma estrutura organizacional, controles gerenciais e remuneração de funcionários inconsistentes com suas estratégias. Estruturas organizacionais, controles gerenciais e políticas de remuneração específicos utilizados para implementar estratégias no nível de negócios — de liderança em custo e de diferenciação de produto — serão discutidos nos capítulos 4 e 5. O modo como essas políticas e práticas podem ser usadas para implementar estratégias no nível corporativo, incluindo integração vertical, alianças estratégicas, fusão e aquisição e estratégias globais será discutido nos capítulos 6, 9, 10 e 11, respectivamente. Porém, há tanta informação sobre implementação de estratégias de diversificação que um capítulo inteiro (Capítulo 8) é dedicado à discussão de como implementar essa estratégia de nível corporativo.

O QUE É VANTAGEM COMPETITIVA?

Naturalmente, o objetivo final do processo de administração estratégica é permitir que a empresa escolha e implemente uma estratégia que gere vantagem competitiva. Mas o que é vantagem competitiva? Em geral, uma empresa possui **vantagem competitiva** quando é capaz de gerar maior valor econômico do que suas concorrentes. O **valor econômico** é simplesmente a diferença entre os benefícios percebidos obtidos por um cliente que compra produtos ou serviços de uma empresa e o custo econômico total desses produtos ou serviços. Portanto, o tamanho da vantagem competitiva de uma empresa é a diferença entre o valor econômico que ela consegue criar e aquele de suas rivais.[8]

Considere as duas empresas apresentadas na Figura 1.2. Ambas competem no mesmo mercado pelos mesmos consumidores. No entanto, cada vez que vende um produto ou serviço, a Empresa I gera $ 180 de valor econômico, enquanto a Empresa II gera $ 150. Considerando-se que a Empresa I gera mais valor econômico sempre que vende um produto ou serviço, ela tem uma vantagem competitiva sobre a Empresa II. O tamanho dessa vantagem competitiva é igual à diferença entre o valor econômico que essas duas empresas criam, nesse caso, $ 30 ($ 180 – $ 150 = $ 30).

Como mostra a figura, a vantagem competitiva da Empresa I pode vir de diferentes fontes. Por exemplo, ela pode criar benefícios percebidos maiores para seus clientes do que a Empresa II. No painel A da figura, a Empresa I cria benefícios percebidos pelos consumidores no valor de $ 230, e a Empresa II, no valor de apenas $ 200. Assim, apesar de o custo ser o mesmo em ambas (igual a $ 50 por unidade vendida), a Empresa I cria mais valor econômico

FIGURA 1.2 Fontes de vantagem competitiva de uma empresa

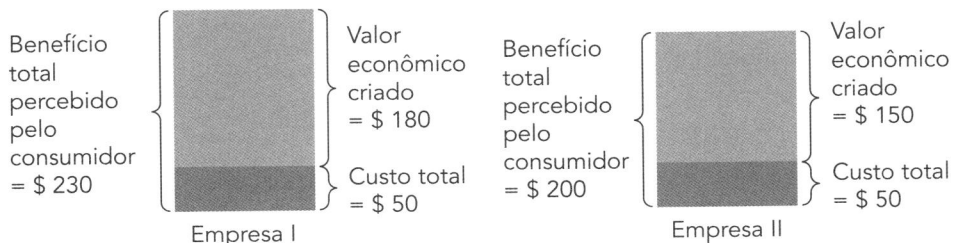

(A) Vantagem competitiva da Empresa I quando cria mais valor percebido pelo cliente

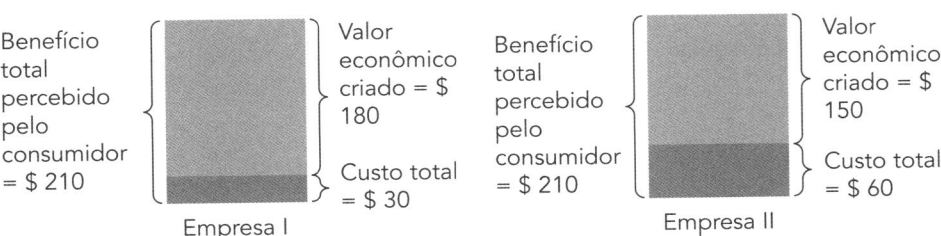

(B) Vantagem competitiva da Empresa I quando tem menores custos

($ 230 – $ 50 = $ 180) do que a Empresa II ($ 200 – $ 50 = $ 150). Na verdade, nessa situação, a Empresa I pode ter custos maiores do que a Empresa II e ainda criar maior valor econômico do que esta, se os custos mais altos forem compensados pela habilidade da Empresa I de criar benefícios percebidos maiores para seus clientes.

Contudo, como mostra o painel B da figura, essas duas empresas podem criar o mesmo nível de benefício percebido pelo consumidor (igual a $ 210 nesse exemplo), mas ter custos diferentes. Se os custos da Empresa I por unidade forem de apenas $ 30, ela gerará $ 180 de valor econômico ($ 210 – $ 30 = $ 180). Se os custos da Empresa II forem de $ 60, ela gerará apenas $ 150 de valor econômico ($ 210 – $ 60 = $ 150). Na realidade, a Empresa I pode criar um nível mais baixo de benefícios percebidos por seus consumidores do que a Empresa II e ainda assim criar mais valor econômico do que esta, desde que sua desvantagem em benefícios percebidos tenha sido mais do que compensada por sua vantagem em custo.

A vantagem competitiva de uma empresa pode ser temporária ou sustentável. Como resumido na Figura 1.3, uma **vantagem competitiva temporária** é aquela que dura um período muito curto. Uma **vantagem competitiva sustentável**, por outro lado, pode durar muito mais. Quanto tempo as vantagens competitivas sustentáveis podem durar é discutido no quadro "Pesquisa em foco". Empresas que criam o mesmo valor econômico do que suas rivais experimentam uma **paridade competitiva**. Finalmente, empresas que geram menos valor competitivo do que suas rivais têm uma **desvantagem competitiva**. É natural que desvantagens competitivas também possam ser temporárias ou sustentáveis, dependendo de quanto tempo durem.

O PROCESSO DE ADMINISTRAÇÃO ESTRATÉGICA, REVISITADO

Agora que completamos a descrição do processo de administração estratégica, é possível redesenhar esse processo, como mostrado na Figura 1.1, para incorporar as várias opções com que uma empresa se depara quando escolhe e implementa sua estratégia. Isso é feito na Figura 1.4, que mostra a organização da estrutura que será utilizada ao longo deste livro.

MEDINDO A VANTAGEM COMPETITIVA

Uma empresa tem *vantagem competitiva* quando cria mais valor econômico do que suas rivais, e *valor econômico* é a diferença entre os benefícios percebidos pelo consumidor associados à compra de produtos ou serviços de uma empresa e o custo para produzir e vender esses produtos ou serviços. Essas são definições aparentemente simples. No entanto, esses conceitos nem sempre são fáceis de medir diretamente. Por exemplo, os benefícios dos produtos ou serviços de uma empresa são sempre uma questão de percepção do consumidor, e percepções não são fáceis de medir. Além disso, os custos totais associados a produzir determinado produto ou serviço nem sempre são fáceis de identificar ou de associar a esse produto ou serviço. Apesar dos desafios bastante reais associados à mensuração da vantagem competitiva de uma empresa, surgiram duas abordagens. A primeira, estima a vantagem competitiva de uma empresa examinando seu desempenho contábil; a segunda, examinando seu desempenho econômico. Cada uma dessas abordagens é discutida a seguir.

Medidas contábeis de vantagem competitiva

O **desempenho contábil** de uma empresa é uma medida de sua vantagem competitiva calculada com o uso de informações publicadas no demonstrativo de lucros e perdas e no balanço da empresa. O demonstrativo de

FIGURA 1.3 Tipos de vantagem competitiva

Vantagem competitiva	Paridade competitiva	Desvantagem competitiva
Quando uma empresa cria mais valor econômico que suas concorrentes	Quando uma empresa cria o mesmo valor econômico que suas concorrentes	Quando uma empresa cria menos valor econômico que suas concorrentes

Vantagens competitivas temporárias
Vantagens competitivas que duram pouco

Vantagens competitivas sustentáveis
Vantagens competitivas que duram muito

Desvantagens competitivas temporárias
Desvantagens competitivas que duram pouco

Desvantagens competitivas sustentáveis
Desvantagens competitivas que duram muito

PESQUISA EM FOCO

Quão sustentáveis são as vantagens competitivas?

Há algum tempo os economistas se interessam em saber por quanto tempo as empresas conseguem sustentar vantagens competitivas. A teoria econômica tradicional prevê que tais vantagens têm vida curta em mercados altamente competitivos e sugere que qualquer vantagem competitiva obtida por uma empresa em particular será rapidamente identificada e imitada por outras empresas, garantindo a paridade competitiva em longo prazo. Porém, na vida real, vantagens competitivas geralmente duram mais do que a teoria econômica tradicional prevê.

Um dos primeiros estudiosos a examinar esse assunto foi Dennis Mueller. Em seu artigo, ele dividiu uma amostra de 472 empresas em oito categorias, dependendo de seu nível de desempenho em 1949. Ele, então, examinou o impacto do desempenho inicial de uma empresa em seu desempenho subsequente. A hipótese econômica tradicional era a de que todas as empresas na amostra convergiriam para um nível de desempenho médio. Isso não ocorreu. Na verdade, empresas que apresentavam bons desempenhos em um período de tempo anterior tendiam a ter bons desempenhos em períodos posteriores, e empresas que tinham desempenhos fracos anteriormente tendiam a ter desempenhos fracos em períodos posteriores também.

Geoffrey Waring deu prosseguimento ao trabalho de Mueller, explicando por que vantagens competitivas parecem persistir mais em alguns setores do que em outros. Waring descobriu que, dentre outros fatores, empresas que operam em setores que (1) lidam com informações complexas; (2) requerem que clientes tenham grande conhecimento para utilizar os produtos do setor; (3) requerem muita pesquisa e desenvolvimento; e (4) possuem economias de escala significativas são mais propensas a ter vantagens competitivas sustentáveis, se comparadas a empresas que operam em setores sem esses atributos.

Peter Roberts estudou a persistência da lucratividade em um setor em particular — a indústria farmacêutica norte-americana. Roberts descobriu que as empresas não só podem sustentar vantagens competitivas nesse setor, mas também que a habilidade para fazer isso é quase inteiramente atribuível à capacidade das empresas de inovar criando medicamentos novos e poderosos.

O trabalho mais recente nessa linha foi publicado por Anita McGahan e Michael Porter. Eles demonstraram que tanto o alto como o baixo desempenho podem perdurar por algum tempo. O alto desempenho persistente relaciona-se com atributos do setor no qual uma empresa atua e a corporação em que uma unidade de negócios funciona. Em contraste, o baixo desempenho persistente era causado por atributos de uma unidade de negócios em si.

De muitas formas, a diferença entre a pesquisa econômica tradicional e a pesquisa de administração estratégica é que a primeira tenta explicar por que vantagens competitivas não deveriam persistir, enquanto a segunda tenta explicar por que podem persistir. Até agora, a maioria das pesquisas empíricas sugere que empresas, pelo menos em alguns cenários, podem sustentar vantagens competitivas.

Fontes: D. C. Mueller, "The persistence of profits above the norm", *Economica*, n. 44, p. 369-380, 1977; P. W. Roberts, "Product innovation, product-market competition, and persistent profitability in the U.S. pharmaceutical industry", *Strategic Management Journal*, n. 20, p. 655-670, 1999; G. F. Waring, "Industry differences in the persistence of firm-specific returns", *The American Economic Review*, n. 86, p. 1253-1265, 1996; A. McGahan e M. Porter, "The emergence and sustainability of abnormal profits", *Strategic Organization*, v. 1, n. 1, p. 79-108, 2003.

FIGURA 1.4 Organização da estrutura

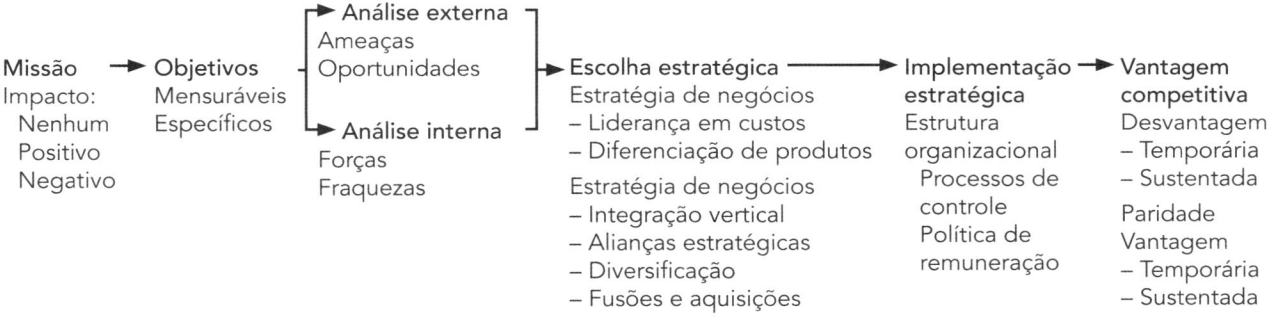

lucros e perdas e o balanço, por sua vez, são normalmente gerados utilizando-se padrões e princípios contábeis amplamente aceitos. A aplicação desses padrões e princípios torna possível comparar o desempenho contábil de uma empresa ao de outras, mesmo que não sejam do mesmo setor. No entanto, à medida que esses padrões e princípios não são utilizados na geração das demonstrações contábeis de uma empresa, ou na medida em que diferentes empresas utilizam diferentes padrões e princípios na geração de seus demonstrativos, pode ser difícil comparar o desempenho contábil das empresas. Conforme descrito no quadro "Estratégia na empresa emergente", esses assuntos podem ser particularmente desafiadores quando se compara o desempenho de empresas em diferentes países ao redor do mundo.

Um modo de utilizar as demonstrações financeiras de uma empresa para medir sua vantagem competitiva é por meio de **índices contábeis**. Trata-se simplesmente de números retirados das demonstrações financeiras de uma empresa e trabalhados a fim de descrever vários aspectos do desempenho dela. Alguns dos índices contábeis mais comuns que podem ser utilizados para caracterizar o desempenho de uma empresa são apresentados na Tabela 1.1. Esses índices podem ser agrupados em quatro categorias: (1) **índices de lucratividade**, ou índices com alguma medida de lucro no numerador e alguma medida de porte ou ativos da empresa em seu denominador; (2) **índices de liquidez**, que focam a habilidade de uma empresa de saldar suas dívidas de curto prazo; (3) **índices de alavancagem**, que focam o nível de flexibilidade financeira de uma empresa, incluindo sua habilidade de contrair mais dívida; e (4) **índices de atividade**, que focam o nível de atividade no negócio de uma empresa.

Naturalmente, esses índices, por si sós, dizem muito pouco. Para que revelem como está o desempenho de uma empresa, eles devem ser comparados com algum padrão. Em geral, esse padrão é a média dos índices contábeis de outras empresas do mesmo setor. Utilizando a análise de índices, uma empresa conquista um **desempenho contábil acima da média** quando seu desempenho é maior do que a média do setor. Tais empresas geralmente têm vantagens competitivas, sustentáveis ou não. Uma empresa obtém **desempenho contábil médio** quando seu desempenho é igual à média do setor. Essas empresas geralmente desfrutam apenas de paridade competitiva. Uma empresa obtém **desempenho financeiro abaixo da média** quando seu desempenho é menor do que a média do setor. Essas empresas geralmente experimentam desvantagem competitiva.

Considere, por exemplo, o desempenho da Apple Computer. Suas demonstrações financeiras para 2007 e 2008 estão na Tabela 1.2. Nessa tabela, as perdas aparecem entre parênteses. Diversos índices de desempenho financeiro foram calculados para a Apple nesses dois anos, na Tabela 1.3.

O desempenho financeiro da Apple melhorou consideravelmente de 2007 para 2008, de pouco mais de $ 24 bilhões para pouco menos de $ 32,5 bilhões. Entretanto, alguns índices de lucratividade sugerem que sua lucratividade caiu um pouco durante esse mesmo período, de um retorno do ativo total (ROA, do inglês *return on total assets*) de 0,138 para 0,122 e de um retorno sobre o patrimônio líquido (ROE, do inglês *return on equity*) de 0,241 para 0,23. De outro lado, a margem de lucro bruto da empresa aumentou de 0,34 para 0,343. Resumindo, suas vendas cresceram, sua lucratividade geral caiu um pouco, mas sua margem de lucro bruto cresceu ligeiramente. Esse padrão poderia refletir várias mudanças no negócio da Apple. Por exemplo, talvez a empresa esteja vendendo mais produtos, embora a margens menores, em 2008 em relação a 2007. Isso explicaria o ROA e o ROE mais baixos, mas não explicaria a margem de lucro bruto mais alta. Ou, talvez, parte das despesas operacionais da Apple tenha aumentado a uma taxa mais elevada do que o crescimento em suas receitas de vendas. Contudo, uma rápida análise da Tabela 1.2 indica que as despesas operacionais aumentaram a uma taxa aproximadamente igual às das vendas. A explicação dos números ligeiramente mais elevados de ROA e ROE em 2008 não tem relação com receitas e custos, mas com aumentos nos ativos totais da Apple e seu patrimônio líquido total. Ambos os números desse balanço aumentaram a uma taxa mais rápida do que o crescimento de vendas da empresa, levando a números de ROA e ROE ligeiramente mais baixos em 2008, em comparação com os de 2007.

De outro lado, os índices de liquidez e alavancagem da Apple permaneceram em grande parte inalterados ao longo desses dois anos. Com os índices de liquidez corrente e seca bem acima de dois, é evidente que a empresa possui caixa suficiente disponível para atender a quaisquer necessidades financeiras de curto prazo. E seus índices de alavancagem sugerem que ela ainda pode contar com alguma capacidade de contrair dívida para investimentos de longo prazo, caso surja a necessidade.

De modo geral, as informações nas tabelas 1.2 e 1.3 indicam que a Apple Computer, em 2007 e 2008, está, em termos financeiros, bastante saudável.

Medidas econômicas de vantagem competitiva

A grande vantagem das medidas financeiras de vantagem competitiva é que elas são relativamente fáceis de calcular. Todas as empresas de capital aberto devem disponibilizar suas demonstrações contábeis ao público. Até mesmo empresas de capital fechado geralmente liberam alguma informação sobre seu desempenho financeiro.

TABELA 1.1 Índices comuns para medir o desempenho financeiro de uma empresa

Índice	Cálculo	Interpretação
Índices de lucratividade		
1. Retorno do ativo total (ROA)	$\dfrac{\text{Lucro líquido após imposto de renda}}{\text{Ativo total}}$	Uma medida de retorno sobre o investimento total em uma empresa. Quanto maior, normalmente melhor.
2. Retorno sobre o patrimônio líquido (ROE)	$\dfrac{\text{Lucro líquido após imposto de renda}}{\text{Patrimônio líquido}}$	Uma medida de retorno sobre o investimento total do acionista em uma empresa. Quanto maior, normalmente melhor.
3. Margem de lucro bruto	$\dfrac{(\text{Vendas} - \text{custo dos produtos vendidos})}{\text{Vendas}}$	Uma medida das vendas disponíveis para cobrir despesas operacionais e ainda gerar lucro. Quanto maior, normalmente melhor.
4. Lucro por ação (LPA)	$\dfrac{\text{Lucro disponível aos acionistas ordinários}}{\text{Número de ações ordinárias}}$	Uma medida do lucro disponível para acionistas ordinários. Quanto maior, normalmente melhor.
5. Índice de preço/lucro (P/L)	$\dfrac{\text{Preço de mercado da ação ordinária}}{\text{Lucro por ação}}$	Uma medida de previsão de desempenho — um P/L alto tende a indicar que o mercado de ações prevê um forte desempenho futuro. Quanto maior, normalmente melhor.
6. Fluxo de caixa por ação	$\dfrac{\text{Lucros após imposto de renda} + \text{depreciação}}{\text{Número de ações ordinárias}}$	Uma medida dos recursos disponíveis para custear atividades acima do nível de custos atual. Quanto maior, normalmente melhor.
Índices de liquidez		
1. Índice de liquidez corrente	$\dfrac{\text{Ativo circulante}}{\text{Passivo circulante}}$	Uma medida da capacidade de uma empresa de saldar suas dívidas de curto prazo com ativos que podem ser convertidos em capital no curto prazo. Recomenda-se um intervalo entre 2 e 3.
2. Índice de liquidez seca	$\dfrac{(\text{Ativo circulante} - \text{estoques})}{\text{Passivo circulante}}$	Uma medida da capacidade de uma empresa de saldar suas dívidas de curto prazo sem se desfazer de seus estoques atuais. Uma proporção de 1 é considerada aceitável pela maioria dos setores.
Índices de alavancagem		
1. Índice de endividamento total	$\dfrac{\text{Exigível total}}{\text{Ativo total}}$	Uma medida do quanto das atividades de uma empresa foi financiado com endividamento. Quanto maior, maior o risco de insolvência.
2. Índice de endividamento sobre patrimônio líquido	$\dfrac{\text{Exigível total}}{\text{Patrimônio líquido}}$	Uma medida do endividamento proporcionalmente ao patrimônio líquido para financiar as atividades de uma empresa. Geralmente, menos que 1.
3. Índice de cobertura de juros	$\dfrac{\text{Lucro antes dos juros e do imposto de renda}}{\text{Despesa anual em juros}}$	Uma medida do quanto os lucros de uma empresa podem cair e ainda permitir que paguem os juros de suas dívidas. Deve estar acima de 1.
Índices de atividade		
1. Giro de estoque	$\dfrac{\text{Custo dos produtos vendidos}}{\text{Estoque}}$	Uma medida da velocidade com que o estoque de uma empresa gira.
2. Giro total do contas a receber	$\dfrac{\text{Vendas anuais}}{\text{Contas a receber}}$	Uma medida do tempo médio que uma empresa leva para realizar seu crédito de vendas.
3. Prazo médio de recebimento	$\dfrac{\text{Contas a receber}}{\text{Vendas médias diárias}}$	Uma medida do tempo necessário para uma empresa receber seus pagamentos após a realização de uma venda.

TABELA 1.2 Demonstrações financeiras da Apple Computer em 2007 e 2008 (em milhões de dólares)

	2007	2008
Vendas líquidas	24.006	32.479
Custo de produtos vendidos	15.852	21.334
Margem bruta	8.154	11.145
Despesas com vendas, gerais e administrativas	2.963	3.761
Outras despesas operacionais	782	1.109
Despesas operacionais totais	3.745	4.870
Receita (perda) operacional	4.409	6.275
Receita (perda) total, antes de impostos	5.008	6.895
Provisão para pagamento (ou benefício) de impostos	1.512	2.061
Receita líquida, depois dos impostos	3.496	4.834
Estoques	346	509
Total do ativo circulante	21.956	34.690
Ativo total	25.347	39.572
Total do passivo circulante	9.280	14.092
Total de exigíveis	10.815	18.542
Patrimônio líquido	14.532	21.030

TABELA 1.3 Alguns índices financeiros da Apple Computer em 2007 e 2008

	2007	2008
Retorno sobre ativos	0,138	0,122
Retorno sobre patrimônio líquido	0,241	0,230
Margem de lucro bruto	0,340	0,343
Índice de liquidez corrente	2,37	2,46
Índice de liquidez seca	2,33	2,43
Índice de endividamento total	0,427	0,469
Índice de endividamento sobre o patrimônio líquido	0,744	0,882

Uma vez que se tem acesso a essas informações, é fácil calcular vários índices contábeis. Comparar esses índices com as médias do setor pode dizer muito sobre a posição competitiva de uma empresa.

No entanto, medidas financeiras de vantagem competitiva possuem ao menos uma limitação significativa. Anteriormente, lucro econômico foi definido como a diferença entre o benefício percebido associado à compra de produtos ou serviços de uma empresa e o custo da produção e venda desse produto ou serviço. Entretanto, existe um componente importante do custo que normalmente não é incluído na maioria das medidas financeiras de vantagem competitiva: é o custo do capital que uma empresa emprega para produzir e vender seus produtos. O **custo do capital** é a taxa de retorno que uma empresa promete pagar a seus fornecedores de capital para estimulá-los a investir nela. Uma vez que esses investimentos são realizados, uma empresa pode utilizar esse capital para produzir e vender produtos e serviços. Porém, ela deve proporcionar o retorno prometido a suas fontes de capital se espera obter mais investimentos no futuro. **Medidas econômicas de vantagem competitiva** comparam o nível de retorno de uma empresa com seu custo do capital em vez de com o nível médio de retorno do setor.

De modo geral, existem duas categorias gerais de fontes de capital: **dívida** (capital de bancos e detentores de títulos de dívida — *bandholders*) e **participação acionária** (capital de indivíduos e instituições que adquiriram ações de uma empresa). O **custo da dívida** é igual aos juros que uma empresa precisa pagar a seus credores (considerando os impostos) para induzi-los a emprestar dinheiro a ela. O **custo da participação acionária** é igual à taxa de retorno que uma empresa deve prometer a seus acionistas para induzi-los a investir nela. O **custo médio ponderado de capital**, ou **WACC** (do inglês, **weighted average cost of capital**), de uma empresa é simplesmente a porcentagem de seu capital total que provém de dívida multiplicado pelo custo da dívida, mais a porcentagem total de seu capital que provém de ações multiplicado pelo custo das ações. Uma abordagem simples para medir o WACC de uma empresa é descrita no quadro "Estratégia em detalhes".

Conceitualmente, o custo do capital de uma empresa é o nível de desempenho que ela deve atingir para satisfazer os objetivos econômicos de dois de seus principais *stakeholders*: seus credores e seus acionistas. Uma empresa que ganha acima de seu custo do capital tem mais chances de atrair capital adicional, pois credores e acionistas se movimentarão para disponibilizar fundos adicionais para essa empresa. Diz-se, então, que ela está ganhando **acima do desempenho econômico normal** e poderá utilizar seu acesso a capital barato para crescer e expandir seu negócio. Já uma empresa que ganha o mesmo que seu custo do capital tem **desempenho econômico normal**. Esse nível de desempenho é reconhecido como 'normal' porque é o nível de desempenho que a maioria dos credores e acionistas de uma empresa espera. Empresas que têm desempenho econômico normal são capazes de obter o capital de que necessitam para sobreviver, apesar de não estarem prosperando. Para essas empresas, as oportunidades de crescimento podem ser um tanto limitadas. Em geral, empresas com paridade competitiva costumam ter desempenho econômico normal. Uma empresa que ganha menos que seu custo do capital, por sua vez, está em processo de insolvência. Esse **desempenho econômico abaixo do normal** implica que os credores e acionistas da empresa saiam à procura de meios alternativos de investir seu dinheiro, algum lugar onde possam ao menos ganhar o que esperam ganhar, isto é, um desempenho econômico normal. A menos que uma empresa com desempenho abaixo do normal mude, sua viabilidade de longo prazo estará em xeque. Obviamente, empresas que possuem desvantagem competitiva geralmente têm desempenhos econômicos abaixo do normal.

Medir o desempenho de uma empresa em relação ao custo do capital tem várias vantagens para a análise estratégica. A principal delas é a noção de que uma empresa que ganha pelo menos seu custo do capital está satisfazendo a dois de seus principais *stakeholders* — os credores e os acionistas. Apesar das vantagens de comparar o desempenho de uma empresa a seu custo do capital, essa abordagem também tem algumas limitações importantes.

Por exemplo, em alguns casos, pode ser difícil calcular o custo do capital de uma empresa. Isso é verdade principalmente se a empresa for de **capital fechado** — isto é, tem ações que não são vendidas nas bolsas, ou se for uma divisão de uma empresa maior. Nessas situações, pode ser necessária a utilização de índices contábeis para medir o desempenho da empresa.

Além disso, algumas pessoas sugeriram que, embora as medidas financeiras de vantagens competitivas subestimem a importância dos credores e acionistas ao avaliar o desempenho de uma empresa, as medidas econômicas de vantagem competitiva exageram a importância desses dois *stakeholders* em particular, normalmente em detrimento dos outros *stakeholders* da empresa. Esses assuntos serão discutidos detalhadamente no quadro "Ética e estratégia".

Relação entre medidas de desempenho econômicas e financeiras

A correlação entre medidas econômicas e financeiras de vantagem competitiva é alta. Isto é, empresas que têm bom desempenho utilizando uma dessas medidas costumam ter bom desempenho utilizando a outra. Da mesma forma, empresas que não têm bom desempenho utilizando uma dessas medidas costumam não ter bom desempenho utilizando a outra. Assim, as relações entre vantagem competitiva, desempenho financeiro e desempenho econômico, ilustradas na Figura 1.5, geralmente são sustentáveis.

FIGURA 1.5 Vantagem competitiva e o desempenho da empresa

Vantagem competitiva ⟶ Desempenho financeiro acima da média ⟶ Desempenho econômico acima do normal

Paridade competitiva ⟶ Desempenho financeiro na média ⟶ Desempenho econômico normal

Desvantagem competitiva ⟶ Desempenho financeiro abaixo da média ⟶ Desempenho econômico abaixo do normal

ESTRATÉGIA EM DETALHES

Estimando o custo médio ponderado de capital

O custo médio ponderado de capital (WACC) pode ser um parâmetro importante para comparar o desempenho de uma empresa. Porém, calcular esse número às vezes pode ser difícil. Felizmente, é possível obter toda a informação necessária para calcular o WACC de uma empresa — ao menos para empresas de capital aberto — com base nas informações publicadas por agências de rating, como Moody's, Standard & Poor's, Dun and Bradstreet e Value Line. Essas publicações estão disponíveis em todas as bibliotecas de grandes escolas de administração ao redor do mundo e também on-line.

Para calcular o WACC de uma empresa são necessárias cinco informações: (1) a classificação de risco da empresa; (2) sua alíquota marginal de imposto; (3) seu Beta; (4) a taxa livre de risco e a taxa de retorno de mercado nos anos que se está calculando o WACC da empresa; e (5) informações sobre a estrutura de capital da empresa.

Tipicamente, a classificação de risco de uma empresa será apresentada na forma de uma série de letras, por exemplo, AA ou BBB+. Pense nessas classificações como notas para o risco da empresa: um A é menos arriscado do que um AA, que por sua vez é menos arriscado do que um BBB+, e assim por diante. A qualquer momento, há uma taxa de juros determinada pelo mercado para uma empresa com uma classificação de risco específica. Suponha que a taxa de juros determinada pelo mercado para uma empresa com classificação de risco BBB foi de 7,5 por cento. Esse é o custo da dívida da empresa antes dos impostos. Porém, como nos Estados Unidos o pagamento de juros é dedutível do imposto de renda, esse custo de endividamento antes do imposto deve ser ajustado para as deduções obtidas pela empresa ao utilizar empréstimos. Se uma empresa é razoavelmente grande, então é quase certo que deverá pagar a maior alíquota marginal, que nos Estados Unidos tem sido de 39 por cento. Portanto, o custo da dívida após imposto nesse exemplo é de (1 − 0,39) (7,5) ou 4,58 por cento.

O Beta de uma empresa é uma medida da variação do valor da ação da empresa em relação ao mercado de ações em geral. Os Betas são publicados para a maioria das empresas de capital aberto. A taxa livre de risco é a taxa que o governo dos Estados Unidos deve pagar por seus títulos de dívida de longo prazo para conseguir que investidores os comprem, e a taxa de retorno do mercado é o retorno que investidores obteriam caso comprassem uma ação de cada um dos títulos disponíveis no mercado. Historicamente, essa taxa livre de risco tem sido baixa, por volta de 3 por cento. A taxa média de retorno de mercado está em 8,5 por cento nos Estados Unidos. Utilizando esses números, e assumindo que o Beta de uma empresa é igual a 1,2, o custo do capital acionário de uma empresa pode ser estimado usando o modelo de precificação de ativos de capital, ou CAPM, como segue:

Custo do capital acionário = Taxa livre de risco + (Taxa de retorno de mercado − Taxa livre de risco) Beta

Para nosso exemplo, essa equação é:
9,6 = 3,0 + (8,5 − 3,0) 1,2

Considerando que as empresas não recebem deduções de impostos ao utilizar capital acionário, o custo do capital acionário antes e após impostos é o mesmo.

Para calcular o WACC de uma empresa, basta multiplicar a porcentagem do capital total da empresa advindo de empréstimos pelo custo após impostos da dívida e somar isso ao percentual do capital da empresa advindo da venda de ações multiplicado pelo custo dele. Se uma empresa tem ativos totais no valor de $ 5 milhões e patrimônio acionário de $ 4 milhões, então deve ter empréstimos no valor de mercado de $ 1 milhão. O WACC para essa empresa hipotética será então:

WACC = (Capital acionário/Ativo total) Custo do patrimônio acionário + (Empréstimos/Ativo total) Custo da dívida após impostos
= 4/5 (9,6) + 1/5 (4,58)
= 7,68 + 0,916
= 8,59

Obviamente, as empresas podem ter estruturas de capital muito mais complexas do que nosso exemplo hipotético. Além disso, os impostos pagos por uma empresa podem ser bastante complicados de se calcular. Há também alguns problemas quanto à utilização do CAPM para calcular o custo do capital acionário de uma empresa. Entretanto, mesmo com esses empecilhos, essa abordagem normalmente dá uma aproximação razoável do custo médio de capital de uma empresa.

ÉTICA E ESTRATÉGIA

Acionistas *versus stakeholders*

Existe um debate considerável sobre o papel dos acionistas e credores de uma empresa em relação ao de seus outros *stakeholders* na definição e medição de seu desempenho. Esses outros *stakeholders* incluem fornecedores, clientes, funcionários e comunidades nas quais a empresa faz negócios. Tal como acionistas e credores, esses outros *stakeholders* investem na empresa e também esperam um retorno por seu investimento.

De um lado, alguns argumentam que, se uma empresa maximiza o patrimônio de seus acionistas, ela automaticamente vai satisfazer a todos os outros *stakeholders*. Essa visão depende do que se conhece como visão do requerente final, segundo a qual os acionistas só recebem um retorno por seu investimento em uma empresa depois que todas as reivindicações legítimas dos outros *stakeholders* forem satisfeitas. Assim, de acordo com essa visão, os acionistas só recebem retorno sobre seus investimentos na empresa após a remuneração dos funcionários, o pagamento dos fornecedores, o atendimento aos clientes e depois que a empresa tiver cumprido suas obrigações para com as comunidades nas quais atua. Ao maximizar o retorno para seus acionistas, uma empresa está garantindo que seus outros *stakeholders* sejam completamente recompensados por investir nela.

De outro lado, argumentam-se que os interesses dos acionistas e dos outros *stakeholders* normalmente são opostos, e que uma empresa que maximiza o patrimônio de seus acionistas não necessariamente satisfaz a seus outros *stakeholders*. Por exemplo, enquanto os clientes de uma empresa gostariam que ela vendesse produtos de alta qualidade a preços mais baixos, os acionistas podem querer que ela venda produtos de baixa qualidade a preços mais altos; isso obviamente aumentaria a quantidade de dinheiro livre para pagar os acionistas da empresa. Outro exemplo possível, enquanto os funcionários de uma empresa querem que ela adote políticas que levem a um desempenho constante durante longos períodos — porque isso levará à estabilidade no emprego —, os acionistas da empresa podem estar mais interessados em maximizar sua lucratividade em curto prazo, mesmo que isso prejudique a estabilidade do emprego dos funcionários. Os interesses dos acionistas e das comunidades também podem entrar em conflito, especialmente quando é muito custoso para a empresa adotar comportamentos de cunho ambientalista que poderiam diminuir seu desempenho no curto prazo.

Esse debate se manifesta de diversas maneiras. Por exemplo, muitos grupos que se opõem à globalização da economia fazem-no com base na ideia de que as empresas realizam escolhas de produção, marketing e outras escolhas estratégicas de modo a maximizar o retorno aos acionistas, muitas vezes em detrimento de seus outros *stakeholders*. Essas pessoas estão preocupadas com os efeitos da globalização sobre os empregados, sobre o meio ambiente e sobre a cultura, em economias em desenvolvimento nas quais empresas globalizadas às vezes estabelecem suas operações. Gerentes de empresas globalizadas respondem dizendo que têm a responsabilidade de maximizar o patrimônio dos acionistas. Dada a paixão que cerca o debate, é pouco provável que esses assuntos sejam resolvidos rapidamente.

Fontes: T. Copeland, T. Koller e J. Murrin, *Valuation*: measuring and managing the value of companies, New York: Wiley, 1995; L. Donaldson, "The ethereal hand: organizational economics and management theory", *Academy of Review*, n. 15, p. 369-381, 1990.

No entanto, é possível uma empresa ter desempenho financeiro acima da média e simultaneamente ter desempenho econômico abaixo da média. Isso pode ocorrer, por exemplo, quando uma empresa não está ganhando seu custo do capital, mas tem desempenho financeiro acima da média do setor. Também é possível uma empresa ter desempenho financeiro abaixo da média e desempenho econômico acima da média. Isso pode acontecer quando uma empresa tem custo do capital muito baixo e está ganhando a uma taxa acima desse custo, mas ainda assim abaixo da média do setor.

ESTRATÉGIAS EMERGENTES *VERSUS* ESTRATÉGIAS INTENCIONAIS

A maneira mais simples de se pensar sobre a estratégia de uma empresa é presumir que as empresas escolhem e implementam suas estratégias exatamente como descrito pelo processo de administração estratégica na Figura 1.1. Isto é, elas começam com uma missão e objetivos bem definidos, conduzem análises internas e externas, fazem escolhas estratégicas e, então, implementam suas estratégias. Não há dúvida de que essa sequência descreve o processo de escolha e implementação de estratégia em muitas empresas.

Por exemplo, a FedEx, líder mundial no ramo de entregas expressas, entrou nesse setor com uma teoria muito bem desenvolvida sobre como obter vantagem competitiva. Na realidade, Fred Smith, fundador da FedEx (originalmente conhecida como Federal Express), inicialmente articulou essa teoria em um trabalho do curso de administração de empresas da Universidade de Yale. Diz a lenda que ele recebeu apenas um 'C' no trabalho — mas a empresa fundada com base na teoria da vantagem competitiva no negócio de entregas expressas desenvolvida naquele trabalho vai muito bem. Fundada em 1971, a FedEx gerou, em 2008, pouco menos de $ 38 bilhões em vendas e lucrou mais de $ 1,125 bilhão.[9]

Outras empresas também iniciaram operações com uma estratégia bem definida e bem estruturada, mas encontraram a necessidade de modificar a tal ponto essa estratégia, depois de implementada no mercado, que ela guardava pouca semelhança com a teoria com a qual a empresa havia começado. **Estratégias emergentes** são teorias relativas a como conseguir vantagem competitiva em um setor, que surgem com o tempo ou que foram radicalmente modificadas depois de implementadas.[10] A relação entre as estratégias intencionais e as emergentes de uma empresa está ilustrada na Figura 1.6.

Diversas empresas renomadas têm estratégias que são pelo menos parcialmente emergentes. Por exemplo, a Johnson & Johnson era originalmente apenas um fornecedor de gaze antisséptica e emplastros. Seu negócio não era de produtos de consumo. Então, em resposta a reclamações sobre irritação causada por alguns de seus emplastros, a J & J começou a incluir um pequeno pacote de talco em cada um dos emplastros que vendia. Logo, clientes estavam pedindo para comprar o talco separadamente, e a empresa introduziu o "Talco para bebê da Johnson". Mais tarde, um funcionário inventou um curativo pronto para sua esposa usar. Aparentemente, ela sempre se cortava com as facas na cozinha. Quando os gerentes de marketing da J & J souberam dessa invenção, decidiram introduzi-la no mercado. Os produtos Band-Aid da J & J tornaram-se, desde então, a categoria de marca mais vendida pela empresa. A estratégia intencional da J & J era competir no mercado de suprimentos médicos, mas suas estratégias emergentes de produtos para consumidores agora geram mais de 40 por cento das vendas totais da empresa.

Outra empresa que apresenta o que se tornou uma estratégia emergente é a Marriot Corporation, originalmente um negócio de restaurantes. No fim da década de 1930, ela possuía e operava oito restaurantes. Porém, um desses restaurantes ficava próximo a um aeroporto de Washington, DC, e alguns gerentes notaram que os passageiros das companhias aéreas entravam no restaurante para comprar comida para suas viagens. J. Willard Marriot, o fundador da corporação Marriot, notou essa tendência e negociou um acordo com a Eastern Airlines, segundo o qual os restaurantes da Marriot entregariam embalagens com refeições diretamente para os aviões da Eastern. Esse acordo foi posteriormente estendido para incluir a American Airlines. Com o tempo, prover serviços de alimentação para companhias aéreas tornou-se um segmento de negócio importante para a Marriot. Embora a estratégia intencional inicial da empresa fosse operar no negócio de restaurantes, ela se envolveu no mercado emergente de fornecimento de refeições em mais de cem aeroportos ao redor do mundo.[11]

Algumas empresas praticamente só possuem estratégias emergentes. A PEZ Candy, Inc., por exemplo, produz e vende pequenos dispensadores plásticos de balas com a cabeça de personagens de filmes e desenhos animados,

FIGURA 1.6 Análise de Mintzberg da relação entre estratégias intencionais e realizadas

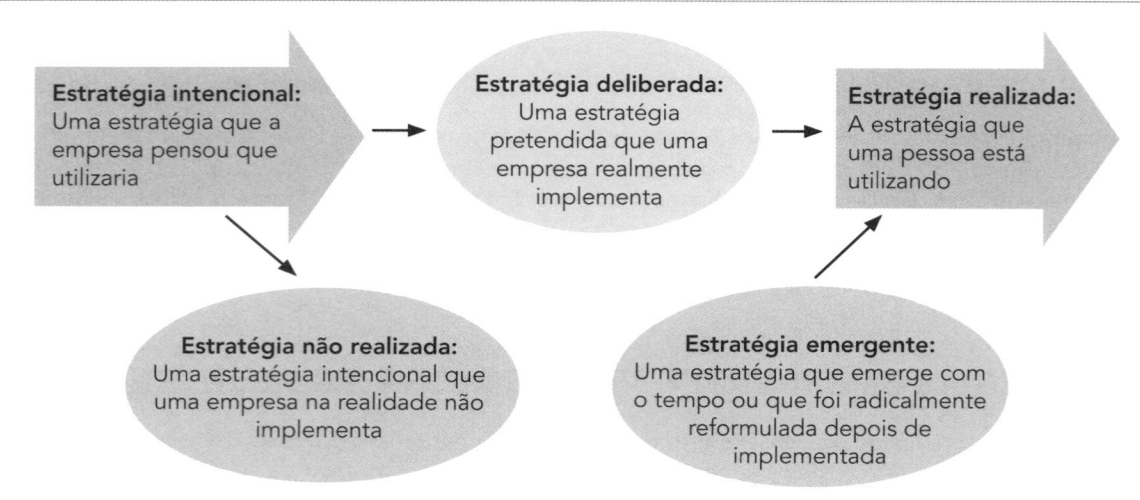

Estratégia intencional: Uma estratégia que a empresa pensou que utilizaria

Estratégia deliberada: Uma estratégia pretendida que uma empresa realmente implementa

Estratégia realizada: A estratégia que uma pessoa está utilizando

Estratégia não realizada: Uma estratégia intencional que uma empresa na realidade não implementa

Estratégia emergente: Uma estratégia que emerge com o tempo ou que foi radicalmente reformulada depois de implementada

Fontes: Extraído de H. Mintzberg e A. McHugh, "Strategy formation in an adhocracy", *Administrative Science Quarterly*, v. 30, n. 2, jun. 1985. (© 1985 Administrative Science Quarterly. Reproduzido com permissão.)

juntamente com o refil das balas. Essa empresa de capital fechado empenhou poucos esforços para acelerar seu crescimento e, ainda assim, a demanda por produtos atuais e antigos da PEZ continua a crescer. Na década de 1990, a PEZ dobrou o tamanho de sua operação de produção para acompanhar a demanda. Suas embalagens antigas tornaram-se algo como um item de coleção. Diversos eventos nacionais sobre itens colecionáveis da PEZ foram realizados, e algumas embalagens particularmente raras já foram leiloadas na Christie's. Essa demanda permitiu à PEZ aumentar seus preços sem aumentar sua publicidade, equipe de vendas ou inserções em filmes, tão tradicionais no mercado de balas.[12]

É claro que alguém pode argumentar que estratégias emergentes só são importantes quando as empresas fracassam em implementar processos eficazes de gerenciamento estratégico. Afinal, se esse processo fosse implementado de maneira eficaz, seria necessário alterar fundamentalmente uma estratégia que a empresa tivesse escolhido?

Na realidade, com frequência ocorre que, no momento em que uma empresa escolhe suas estratégias, parte da informação necessária para completar o processo de administração estratégica pode não estar disponível. Conforme sugerido anteriormente, nesse cenário, uma empresa tem de fazer simplesmente sua 'melhor aposta' sobre como a competição em um setor deve emergir. Em tal situação, a habilidade da empresa em mudar sua estratégia com rapidez para responder a tendências emergentes em um setor pode ser uma fonte de vantagem competitiva tão importante quanto a habilidade de concluir o processo de administração estratégica. Por todas essas razões, as estratégias emergentes podem ser particularmente importantes para empresas inovadoras, como descrito no quadro "Estratégia na empresa emergente".

POR QUE VOCÊ PRECISA SABER SOBRE ESTRATÉGIA?

À primeira vista, talvez não seja óbvio o motivo pelo qual os alunos precisam saber sobre estratégia e o processo de administração estratégica. Afinal, o processo de escolher e implementar uma estratégia é normalmente responsabilidade dos gerentes seniores de uma empresa, e a maioria dos estudantes provavelmente só ocupará essa posição em grandes corporações um bom tempo depois de formados. Por que, então, estudar estratégia e processo de administração estratégica agora?

Na verdade, existem ao menos três razões muito convincentes pelas quais é importante estudar estratégia e o processo de administração estratégica agora. Primeiro, porque isso deve lhe fornecer as ferramentas de que precisa para avaliar as estratégias de empresas que podem contratar você. Já vimos como a estratégia de uma empresa pode ter um impacto enorme em sua vantagem competitiva. Suas oportunidades de carreira em uma empresa são determinadas em grande parte pela vantagem competitiva dessa empresa. Portanto, ao escolher um lugar para começar ou continuar sua carreira, entender a teoria de uma empresa sobre como ela obterá vantagem competitiva pode ser essencial para a avaliação das suas próprias oportunidades. Empresas com estratégias que têm pouca probabilidade de ser fonte de vantagem competitiva raramente proporcionarão as mesmas oportunidades de carreira de empresas que geram tais vantagens. Ser capaz de distinguir esses tipos de estratégia pode ser muito importante em suas escolhas de carreira.

Em segundo lugar, uma vez que você esteja trabalhando para uma empresa, entender a estratégia dessa empresa e seu papel na implementação dessas estratégias pode ser muito importante para seu sucesso pessoal. Frequentemente, as expectativas de como você desempenha sua função em uma empresa mudarão, dependendo das estratégias que a empresa busca. Por exemplo, como veremos na Parte II deste livro, a função contábil desempenha um papel muito diferente em uma empresa que busca uma estratégia de liderança em custo, comparada a outra que busca uma estratégia de diferenciação de produto. O marketing e a manufatura também exercem papéis muito diferentes nesses dois tipos de estratégia. Sua eficiência em uma empresa pode ser diminuída ao se fazer a contabilidade, o marketing e a manufatura como se sua empresa almejasse liderança em custo, quando na realidade almeja diferenciação de produto.

Por fim, embora seja verdade que escolhas estratégicas nas grandes organizações estejam geralmente limitadas a gerentes seniores muito experientes, nas empresas menores e empreendedoras — mesmo que não seja logo após a formatura — você pode facilmente se ver fazendo parte do time de administração estratégica, implementando esse processo e escolhendo quais estratégias a empresa deve implementar. Nesse cenário, uma familiaridade com os conceitos essenciais que embasam a escolha e a implementação de uma estratégia pode mostrar-se muito útil.

ESTRATÉGIA NA EMPRESA EMERGENTE

Estratégias emergentes e empreendedorismo

Todo empreendedor — e pretendente a empreendedor — está familiarizado com essa prática: se você quer receber apoio financeiro para uma ideia, precisa escrever um plano de negócio. Geralmente, esses planos têm de 25 a 30 páginas. A maioria começa com um Sumário Executivo, depois passa para uma descrição rápida do escopo do negócio, da razão pela qual os clientes se interessarão pela ideia e de quanto custará para realizá-la, e termina com uma série de gráficos que projetam o fluxo de caixa da empresa para os próximos cinco anos.

Como essas ideias de negócio costumam ser novas e não comprovadas, ninguém — nem mesmo o empreendedor — sabe realmente se os clientes gostarão delas o suficiente para comprar dessa empresa. Ninguém sabe ao certo quanto custará para fabricar esses produtos ou serviços — eles nunca foram produzidos ou fornecidos antes. E, certamente, ninguém sabe como estará o fluxo de caixa da empresa nos cinco anos seguintes. Assim, não é incomum que empreendedores revisem constantemente seu plano de negócios para refletir novas informações que obtiveram sobre sua ideia de negócio e sua viabilidade. Não é incomum, inclusive, que empreendedores revisem fundamentalmente a ideia de seu negócio central à medida que começam a concretizá-lo seriamente.

A verdade é que a maioria das decisões sobre criar ou não uma empresa ocorre sob condições de incerteza e imprevisibilidade. Nesse cenário, a habilidade de ajustar-se imediatamente, ser flexível e remodelar sua ideia de negócio de maneira que seja mais consistente com os interesses do cliente pode ser um determinante central do sucesso de uma empresa. Isso, é claro, sugere que estratégias emergentes tendem a ser muito importantes para empresas empreendedoras.

Essa visão de empreendedorismo é diferente do estereótipo popular, segundo o qual se supõe que o empreendedor seja atingido por uma 'torrente ofuscante de *insights*' sobre uma oportunidade de mercado ainda não explorada. Na realidade, os empreendedores costumam ter pequenos *insights* sobre oportunidades de mercado. Mas esses períodos de *insight* são geralmente precedidos por períodos de desapontamento, na medida em que um empreendedor descobre que o que ele pensava ser um modelo de negócio novo e completo não é, na verdade, novo ou completo, ou ambos. Na visão popular, empreendedorismo diz respeito à criatividade, a ser capaz de enxergar oportunidades que outros não veem. Na realidade, o empreendedorismo pode ter mais a ver com tenacidade do que com criatividade. Afinal, os empreendedores constroem suas empresas passo a passo partindo da incerteza e imprevisibilidade que ameaçam sua tomada de decisão. Na visão popular, os empreendedores podem prever seu sucesso muito antes de ele ocorrer. Na realidade, embora eles possam sonhar com sucesso financeiro e outras formas de sucesso, geralmente não sabem o caminho exato que tomarão, tampouco como será de fato esse sucesso, até o terem alcançado.

Fontes: S. Alvarez e J. Barney, "How do entrepreneurs organize firms under conditions of uncertainty?", *Journal of Management*, v. 31, n. 5, p. 776-793, 2005; S. Alvarez e J. Barney, "Organizing rent generation an appropriation: toward a theory of the entrepreneurial firm", *Journal of Business Venturing*, n. 19, p. 621-636, 2004; W. Gartner, "Who is the entrepreneur? is the wrong question", *American Journal of Small Business*, n. 12, p. 11-32, 1988; S. Sarasvathi, "Causation and effectuation: toward a theoretical shift from economic inevitability to entrepreneurial contingency", *Academy of Management Review*, n. 26, p. 243-264, 2001.

RESUMO

A estratégia de uma empresa é sua teoria de como ganhar vantagens competitivas. Essas teorias, assim como todas as outras, são baseadas em premissas e hipóteses sobre como a concorrência em um setor deve evoluir. Quando essas premissas e hipóteses são consistentes com a verdadeira evolução da concorrência em um setor, a estratégia de uma empresa tem maior probabilidade de gerar uma vantagem competitiva.

Uma das maneiras pelas quais uma empresa pode escolher suas estratégias é por meio do processo de administração estratégica. Esse processo é um conjunto de análises e decisões que aumentam a probabilidade de a empresa ser capaz de escolher uma 'boa' estratégia, isto é, uma estratégia que levará à vantagem competitiva.

O processo de administração estratégica começa quando uma empresa identifica sua missão, ou sua finalidade de longo prazo; a missão é frequentemente escrita na forma de uma declaração de missão. Declarações de missão, em si, podem não ter impacto no desempenho, podem aumentar o desempenho de uma empresa ou, então, podem prejudicá-lo. Objetivos são marcos mensuráveis que as empresas usam para avaliar se estão ou não alcançando sua missão. As análises interna e externa são os processos por meio dos quais a empresa identifica suas ameaças e oportunidades ambientais e suas forças e fraquezas organizacionais. Utilizando essas análises, é possível a empresa fazer sua escolha estratégica. As estratégias podem ser classificadas em duas categorias: estratégias no nível de negócios (que incluem liderança em custos e diferenciação de produtos) e estratégias no nível corporativo (que incluem integração vertical, alianças estratégicas, diversificação e fusão e aquisição). Depois da escolha da estratégia, vem sua implementação, que envolve a escolha de estruturas organizacionais, políticas de controle gerencial e projetos de remuneração que apoiem as estratégias corporativas.

O objetivo do processo de administração estratégica é a concretização da vantagem competitiva. Uma empresa tem uma vantagem competitiva se estiver criando mais valor econômico do que suas rivais. Valor econômico é definido como a diferença entre os benefícios percebidos pelo consumidor na compra de um produto ou serviço de uma empresa e o custo econômico total de desenvolver e vender esse produto ou serviço. A vantagem competitiva pode ser temporária ou sustentável. Existe paridade competitiva quando uma empresa cria o mesmo valor econômico que suas rivais, e existe desvantagem competitiva quando ela cria menos valor econômico do que aquelas. A desvantagem competitiva também pode ser temporária ou sustentável.

Há duas medidas conhecidas da vantagem competitiva de uma empresa: desempenho financeiro e desempenho econômico. O primeiro mede a vantagem competitiva usando vários índices calculados com os demonstrativos de lucros e perdas e o balanço da empresa. O desempenho financeiro é comparado com o nível médio de desempenho em seu setor. Já o desempenho econômico compara o nível de retorno de uma empresa com seu custo do capital. O custo do capital de uma empresa é a taxa de retorno que ela precisou prometer pagar a seus investidores para induzi-los a investir na empresa.

Embora muitas empresas usem o processo de administração estratégica para escolher e implementar estratégias, nem todas as estratégias são escolhidas dessa maneira. Algumas delas surgem com o tempo, à medida que as empresas respondem a mudanças imprevistas na estrutura de competição em um setor.

Existem ao menos três razões pelas quais os alunos de graduação precisam saber sobre estratégia e processo de administração estratégica. Primeira: isso pode ajudá-los a decidir onde trabalhar. Segunda: uma vez que tenham um emprego, esse conhecimento pode ajudá-los a ser bem-sucedidos nesse trabalho. Terceira: se tiverem um emprego em uma pequena empresa empreendedora, poderão se envolver em estratégia e no processo de administração estratégica desde o princípio.

|||| QUESTÕES ||||

1. Algumas empresas divulgam amplamente ao público suas declarações de missão incluindo-as em relatórios anuais, em impressos da empresa e em publicidade corporativa. O que essa prática diz, se é que diz, sobre a capacidade de tais declarações serem fonte de vantagem competitiva sustentável para a empresa? Por quê?

2. Existe pouca evidência empírica de que ter uma declaração de missão formal escrita melhora o desempenho de uma empresa. No entanto, muitas empresas gastam uma quantidade considerável de tempo e dinheiro desenvolvendo declarações de missão. Por quê?

3. É possível distinguir entre uma estratégia emergente e uma racionalização das decisões passadas de uma empresa? Justifique.

4. Tanto a análise externa como a interna são importantes no processo de administração estratégica. A ordem em que essas análises são realizadas é importante? Em caso afirmativo, qual deve vir primeiro — a análise externa ou a interna? Se a ordem não é importante, por que não?

5. Uma empresa que possui uma desvantagem competitiva sustentável deve necessariamente encerrar suas atividades? E quanto a uma empresa com desempenho financeiro abaixo da média por um longo período? E uma empresa com desempenho econômico abaixo do normal por um longo período?

6. É possível que mais de uma empresa tenha vantagem competitiva ao mesmo tempo em um único setor? Uma empresa pode ter simultaneamente vantagem e desvantagem competitiva?

|||| PROBLEMAS ||||

1. Escreva objetivos para cada uma das declarações de missão a seguir:
   (a) Seremos um líder em inovações farmacêuticas.
   (b) A satisfação do cliente é nossa meta principal.
   (c) Prometemos entrega no prazo.
   (d) Qualidade de produto é nossa maior prioridade.

2. Reescreva cada um dos seguintes objetivos para torná-los mais úteis no direcionamento do processo de administração estratégica de uma empresa:
   (a) Lançaremos cinco medicamentos novos.
   (b) Entenderemos as necessidades de nossos clientes.

(c) Quase todos os nossos produtos serão entregues no prazo.
(d) O número de defeitos em nossos produtos diminuirá.

3. Empresas com os resultados financeiros apontados abaixo têm um desempenho econômico abaixo do normal, normal ou acima do normal?
   (a) ROA = 14,3%; WACC = 12,8%.
   (b) ROA = 4,3%; WACC = 6,7%.
   (c) ROA = 6,5%; WACC = 9,2%.
   (d) ROA = 8,3%; WACC = 8,3%.

4. Essas mesmas empresas têm um desempenho financeiro abaixo do normal, normal ou acima do normal?
   (a) ROA = 14,3%; ROA médio do setor = 15,2%.
   (b) ROA = 4,3%; ROA médio do setor = 4,1%.
   (c) ROA = 6,5%; ROA médio do setor = 6,1%.
   (d) ROA = 8,3%; ROA médio do setor = 9,4%.

5. É possível que uma empresa tenha simultaneamente retorno econômico acima do normal e retorno financeiro abaixo da média? E quanto ao retorno econômico abaixo do normal e retorno financeiro acima da média? Por quê? Se isso ocorrer, que medida de desempenho será mais confiável: desempenho econômico ou desempenho financeiro? Por quê?

6. Examine os seguintes sites corporativos e determine se as estratégias buscadas por essas empresas foram emergentes, deliberadas ou ambas. Justifique sua resposta com base em informações contidas nesses sites:
   (a) <www.walmart.com>
   (b) <www.ibm.com>
   (c) <www.homedepot.com>
   (d) <www.cardinal.com>

7. Usando as informações a seguir, calcule o ROA, o ROE, a margem de lucro bruta e o índice de liquidez seca dessa empresa. Se o WACC da empresa é 6,6 por cento e a empresa média no setor tem um ROA de 8 por cento, essa empresa tem um desempenho econômico acima ou abaixo do normal e um desempenho financeiro acima ou abaixo da média?

Vendas líquidas	6.134
Custo dos produtos vendidos	(4.438)
Despesas administrativas gerais e de vendas	(996)
Outras despesas	(341)
Receita de juros	72
Despesa de juros	(47)
Provisão para impostos	(75)
Outras receitas	245
Receita líquida	554
Caixa operacional	3.226
Contas a receber	681
Inventários	20
Outros ativos circulantes	0
Ativos circulantes totais	3.927
Propriedade, planta e equipamentos brutos	729
Depreciação acumulada	(411)
Valor de face dos ativos fixos	318
Ágio	0
Outros ativos operacionais líquidos	916
Ativos totais	5.161
Passivos circulantes líquidos	1.549
Dívida de longo prazo	300
Imposto de renda diferido	208
Ação preferencial	0
Lucros retidos	0
Ação ordinária	3.104
Outros passivos	0
Passivo total e patrimônio	5.161

|||| NOTAS ||||

1. Essa abordagem para definir estratégia foi sugerida pela primeira vez em P. Drucker, "The theory of business", *Harvard Business Review*, n. 75, p. 95-105, set.-out. 1994.
2. Idem, ibidem.
3. Veja Enron. Disponível em: <www.enron.com>. Acesso em: 22 dez. 2010.
4. Veja J. Emshwiller, D. Solomon e R. Smith, "Lay is indicted for his role in Enron collapse", *Wall Street Journal*, p. A1+, 8 jul. 2004; R. Gilmartin, "The fought the law", *BusinessWeek*, p. 82-83, 10 jan. 2005.
5. Esses resultados de desempenho foram originalmente apresentados em J. C. Collins e J. I. Porras, *Built to last*: successful habits of visionary companies, New York: HarperCollins, 1997.
6. Citado em J. C. Collins e J. I. Porras, *Built to last*: successful habits of visionary companies, New York: HarperCollins, 1997.
7. Veja J. Theroux e J. Hurstak, "Ben & Jerry's Homemade Ice Cream Inc.: keeping the mission(s) alive", *Harvard Business School*, Caso nº 9-392-025, 1993; A. Applebaum, "Smartmoney.com: Unilever feels hungry, buys Ben & Jerry's", *Wall Street Journal*, p. B1+, 13 abr. 2000.
8. Essa definição de vantagem competitiva tem uma longa história no campo da administração estratégica. Por exemplo, tem relação próxima com as definições fornecidas em Barney (1986, 1991) e Porter (1985). Também é consistente com a abordagem baseada em valor descrita em Peteraf (2001), Brandenburger e Stuart (1999) e Besanko, Dranove e Shanley (2000). Para mais discussões sobre essa definição, veja Peteraf e Barney (2004).

9. A história da FedEx está descrita em V. Trimble, *Overnight success*: Federal Express and Frederick Smith, its renegade creator, New York: Crown, 1993.
10. H. Mintzberg, "Patterns in strategy formulation", *Management Science*, v. 24, n. 9, p. 934-948, 1978; H. Mintzberg, "Of strategies, deliberate and emergent", *Strategic Management Journal*, v. 6, n.3, p. 257-272, 1985. Mintzberg tem sido muito influente na expansão do estudo da estratégia para incluir estratégias emergentes.
11. As histórias de estratégias emergentes da J & J e da Marriott podem ser encontradas em J. C. Collins, J. C. e J. I. Porras, *Built to last*: successful habits of visionary companies, New York: HarperCollins, 1997.
12. Veja M. J. McCarthy, "The PEZ fancy is hard to explain, let alone justify", *Wall Street Journal*, p. A1, 10 mar. 1993, para uma discussão sobre a surpreendente estratégia emergente da PEZ.

Avaliação do ambiente externo de uma empresa

OBJETIVOS DE APRENDIZAGEM

Após a leitura deste capítulo, você estará apto a:

1. Descrever as dimensões do ambiente geral com que uma empresa se depara e como ele pode afetar suas oportunidades e ameaças.
2. Descrever como o modelo estrutura-conduta-desempenho (E-C-D) sugere que a estrutura do setor pode influenciar as escolhas competitivas de uma empresa.
3. Descrever o 'modelo de cinco forças de atratividade' de setor e os indicadores de quando cada uma dessas forças melhorará ou reduzirá tal atratividade.
4. Descrever a diferença entre rivais e substitutos.
5. Discutir o papel dos complementos na análise da concorrência em um setor.
6. Descrever quatro estruturas genéricas de setor e oportunidades estratégicas específicas nesses setores.
7. Descrever o impacto de tarifas, quotas e barreiras não tarifárias no custo da entrada em novos mercados geográficos.

Ensino competitivo?

Em 1º de agosto de 2006, um novo estádio foi inaugurado em Glendale, no Arizona, Estados Unidos. Com 63.400 assentos permanentes, expansível para 73 mil, ele foi o primeiro estádio a ter teto retrátil e gramado deslizante. Pesando 18,9 bilhões de libras*, o campo gramado desliza 741 pés a um oitavo de milha por hora para fora dos muros do estádio, de modo que é possível ser banhado pelo sol do Arizona e proporcionar uma superfície de jogo saudável e segura a atletas profissionais e universitários. Desde a abertura, o estádio sediou inúmeros jogos da National Football League (NFL) e universitários, incluindo um do BCS National Championship e da Super Bowl XLII. Uma visão arquitetônica impressionante — descrita por muitos como uma nave espacial alienígena pousando no deserto —, o estádio incorpora a exce-

---
* 1 libra ≅ 0,45 Kg; 1 pé = 0,3048 m.

lência ao oferecer a torcedores e jogadores uma grande arena de esportes. Na verdade, há somente uma coisa incomum nesse estádio — seu nome. Chama-se University of Phoenix Stadium.[1]

No entanto, ter um estádio de futebol associado a uma universidade não é tão fora do comum assim nos Estados Unidos. Muitas universidades e faculdades de grande ou pequeno porte no país abrigam estádios de futebol no campus, e alguns deles levam o nome da escola ou do estado onde a escola se situa — a Ohio State University, por exemplo, possui o Ohio Stadium com 105 mil lugares; a University of Michigan, o Michigan Stadium de 110 mil lugares; a University of Texas, o Texas Memorial Stadium de 94 mil.

Entretanto, diferentemente dessas instituições de ensino, a University of Phoenix não possui um time de futebol nem líderes de torcida nem mascote nem técnico bem pago. Na realidade, não possui nem campus, no sentido tradicional de uma localização única onde a maioria de seus alunos assiste às aulas. Ao contrário, a University of Phoenix é uma universidade privada fundada em 1976, com mais de 330 mil alunos que estudam em 194 localidades em 39 estados norte-americanos, Porto Rico, distrito de Columbia, Holanda, Canadá e México. Seus alunos podem formar-se em mais de cem programas de graduação, muitos dos quais podem ser concluídos inteiramente on-line. Assim como o investimento da United Airlines no United Center em Chicago e do Chase no Chase Ball Park no Arizona, a University of Phoenix assinou como patrocinador do novo estádio em Glendale para divulgar sua marca a potenciais consumidores.

A University of Phoenix é um dos cada vez mais numerosos novos concorrentes no ensino superior. De acordo com seu fundador, doutor John Sperling, a University of Phoenix ingressou no setor para atender à crescente demanda por oportunidades de formação superior para adultos no mercado de trabalho. Comprometida em remover as barreiras que impedem adultos que trabalham de concluir seus estudos, a University of Phoenix tem sido a universidade de mais rápido crescimento nos Estados Unidos, praticamente desde sua fundação.[2]

A concorrência parece ter chegado ao setor de ensino superior. E não se restringe a novos concorrentes como a University of Phoenix. Após quase dois séculos de moderada competição entre universidades confinada quase exclusivamente ao campo esportivo, instituições de ensino agora se veem competindo pelos melhores alunos com atrativos pacotes financeiros, luxuosas academias de ginástica dentro do campus e avançados recursos de informática. As universidades passaram a competir para contratar os professores mais renomados na academia e no mercado editorial, que então concorrem entre si por verbas de pesquisa do governo e diversas organizações não governamentais. Os responsáveis por desenvolvimento de universidades e faculdades disputam a benevolência de potenciais doadores — pessoas que podem colaborar com a dotação de uma instituição de ensino, que, por sua vez, pode ser usada para financiar programas para professores, funcionários e alunos.

Na verdade, a concorrência no setor de ensino universitário nunca foi tão acirrada. Diante dos curadores, os presidentes das universidades passaram a ser responsáveis pelo desenvolvimento e pela implementação de estratégias destinadas a dar a suas escolas uma vantagem competitiva, o que ocorre embora a maioria das instituições de ensino norte-americanas sejam organizações sem fins lucrativos. Entretanto, o fato de essas organizações não buscarem maximizar seu lucro econômico não significa que elas não devam competir em um setor altamente concorrido.[3]

O processo de gestão estratégica descrito no Capítulo 1 sugeriu que um dos determinantes cruciais das estratégias de uma empresa são as ameaças e oportunidades em seu ambiente competitivo. Se uma empresa entende essas oportunidades e ameaças, está um passo mais próxima de ser capaz de escolher e implementar uma 'boa estratégia', isto é, uma estratégia que leve à vantagem competitiva.

Existem claramente novas ameaças — novos concorrentes como a University of Phoenix — e novas oportunidades no ensino superior. No entanto, não basta reconhecer que é importante entender as ameaças e oportunidades no ambiente competitivo de uma empresa. É necessário também um conjunto de ferramentas que os gerentes possam aplicar para concluir sistematicamente essa parte de análise externa do processo de gestão estratégica. Ademais, essas ferramentas devem estar fundamentadas sobre uma base teórica sólida, de forma que os gerentes saibam que elas não foram desenvolvidas de modo arbitrário. Felizmente, tais ferramentas existem e serão descritas neste capítulo.

ENTENDENDO O AMBIENTE GERAL DE UMA EMPRESA

Qualquer análise das ameaças e oportunidades com que uma empresa se depara deve começar com um entendimento do ambiente geral em que ela opera. O ambiente geral consiste de tendências amplas, no contexto em que uma empresa opera, que podem ter impacto em suas escolhas estratégicas. Conforme ilustra a Figura 2.1, o ambiente geral consiste de seis elementos inter-relacionados: mudanças tecnológicas, tendências demográficas, tendências culturais, clima econômico, condições legais e políticas e acontecimentos internacionais específicos. Cada um desses elementos será discutido a seguir.

FIGURA 2.1 — O ambiente geral enfrentado pelas empresas

Elementos do ambiente geral (em torno da Empresa):
- Mudanças tecnológicas
- Tendências demográficas
- Tendências culturais
- Clima econômico
- Condições legais e políticas
- Acontecimentos internacionais específicos

Em 1899, Charles H. Duell, chefe do escritório de patentes dos Estados Unidos, disse: "Tudo que pode ser inventado já foi inventado".[4] Ele estava enganado. As mudanças tecnológicas dos últimos anos tiveram impacto significativo na forma como as empresas fazem negócios e nos produtos e serviços que vendem. O impacto foi mais evidente para tecnologias baseadas na informação digital — incluindo computadores, a Internet, telefones celulares e assim por diante. Muitos de nós utilizamos rotineiramente produtos e serviços digitais que não existiam poucos anos atrás — tal como o TiVo. Entretanto, a rápida inovação tecnológica não se limitou a tecnologias digitais. A biotecnologia também teve um progresso rápido nos últimos dez anos. Novos tipos de medicamento estão sendo criados. E, igualmente importante, a biotecnologia promete desenvolver formas inteiramente novas para prevenir e tratar doenças.[5]

A **mudança tecnológica** cria tanto oportunidades — à medida que as empresas começam a explorar como usar a tecnologia para criar novos produtos e serviços — como ameaças — à medida que a mudança tecnológica as força a repensar suas estratégias tecnológicas. No Capítulo 1 vimos como uma inovação tecnológica — baixar música digital da Internet — realmente mudou a concorrência na indústria fonográfica.[6]

Um segundo elemento do ambiente geral de uma empresa são as tendências demográficas. **Demografia** é a distribuição de indivíduos em uma sociedade em termos de idade, gênero, estado civil, renda, etnia e outros atributos pessoais capazes de determinar padrões de compra. Conhecer essas informações básicas sobre uma população pode ajudar uma empresa a determinar se seus produtos ou serviços serão ou não atraentes para os consumidores e quantos clientes potenciais esses produtos e serviços terão.

Algumas tendências demográficas são muito bem conhecidas. Por exemplo, todo mundo já ouviu falar dos *baby boomers* — a geração nascida pouco depois da Segunda Guerra. Essa grande população teve impacto sobre as estratégias de muitas empresas, sobretudo à medida que foram envelhecendo e tendo mais renda disponível. No entanto, outros grupos demográficos também exerceram influência sobre estratégias corporativas. Isso se aplica especialmente ao setor automotivo. Por exemplo, as minivans foram inventadas para atender à demanda das 'mãetoristas' — mulheres que moravam fora dos centros urbanos e precisavam levar seus filhos menores a várias atividades. A série 3 da BMW parece ter sido idealizada para os *yuppies* — jovens das décadas de 1970 e 1980 que viviam em cidades e tinham a carreira em ascensão, enquanto os modelos Liberty da Jeep e o Xterra da Nissan parecem ter sido desenhados para a geração X — homens e mulheres jovens na faixa dos 20 anos na época, recém-formados ou prestes a se formar.

Nos Estados Unidos, uma tendência demográfica importante nos últimos 20 anos tem sido o crescimento da população hispânica. Em 1990, a porcentagem de afrodescendentes na população norte-americana era maior do que a de hispânicos. No entanto, em 2000 havia mais pessoas de ascendência latina no país do que de ascendência africana. A previsão é de que em 2010 os hispânicos constituirão mais de 15 por cento da população norte-americana, enquanto a parcela de afrodescendentes permanecerá constante em menos de 8 por cento. Essas tendências são particularmente observáveis no sul e no sudoeste do país. Por exemplo, dentre os jovens com menos de 18 anos, são hispânicos: 36 por cento em Houston, 39 por cento em Miami e San Diego, 53 por cento em Los Angeles e 61 por cento em San Antonio.[7]

As empresas, é claro, estão cientes do crescimento dessa população e de seu poder de compra. Na verdade, a renda disponível dos hispânicos nos Estados Unidos saltou 29 por cento — para $ 652 bilhões — de 2001 para

2003. Em resposta, as empresas começaram a usar um marketing dirigido a essa população. Em um ano, a Procter & Gamble gastou $ 90 milhões em marketing dirigido ao público de língua espanhola e também formou uma equipe de 65 funcionários bilíngues voltada para o marketing de produtos para hispânicos. Na realidade, a Procter & Gamble espera que a população hispânica seja o alicerce do crescimento de suas vendas na América do Norte.[8]

As empresas podem tentar explorar seu entendimento acerca de determinado segmento demográfico da população para criar uma vantagem competitiva — como foi o caso da Procter & Gamble com relação à população hispânica —, mas focar um segmento demográfico muito estrito pode limitar a demanda por produtos. A WB, rede de televisão alternativa criada pela Time Warner em 1995, enfrentou esse dilema. Inicialmente, a WB obteve sucesso na produção de programas para adolescentes — clássicos como os seriados *Dawson's creek* e *Buffy, a caçadora de vampiros*. No entanto, em 2003 a WB teve uma queda de 11 por cento na audiência e de $ 25 milhões na receita com publicidade. Embora não tenha abandonado seu público tradicional, a WB passou a produzir programas que visam a atrair espectadores mais velhos. Recentemente, a WB fundiu-se com a UPN para formar uma nova rede, a CW, que é uma *joint-venture* entre a CBS (proprietária da UPN) e a Time Warner (proprietária da WB).[9]

O terceiro elemento do ambiente geral de uma empresa são as tendências culturais. **Cultura** são os valores, as crenças e normas que guiam o comportamento em uma sociedade. Esses valores, essas crenças e normas definem o que é 'certo' e 'errado' em uma sociedade, o que é aceitável e inaceitável, o que é elegante ou não. Deixar de entender mudanças na cultura, ou diferenças entre culturas, pode ter um impacto muito grande na habilidade de ganhar vantagem competitiva.

Isso se torna mais evidente para empresas que operam em diversos países. Até mesmo diferenças de cultura aparentemente pequenas podem exercer impacto. Por exemplo, nos Estados Unidos, propagandas que terminam com uma pessoa mostrando a mão com o dedo indicador e o polegar unidos demonstram que o produto é bom. No Brasil, o mesmo gesto tem uma conotação vulgar e ofensiva. Anúncios norte-americanos com uma noiva vestida de branco podem ser muito confusos para os chineses, porque na China o branco é usado tradicionalmente nos funerais. Na Alemanha, são as mulheres que normalmente compram as alianças de noivado para os noivos, enquanto nos Estados Unidos são geralmente os homens que fazem isso. E o que pode ser uma forma apropriada de tratar colegas de trabalho mulheres no Japão ou na França deixaria a maioria dos homens seriamente encrencados nos Estados Unidos. Entender o contexto cultural em que uma empresa opera é importante para avaliar sua habilidade em gerar vantagens competitivas.[10]

O quarto elemento do ambiente geral de uma empresa é o clima econômico vigente. O **clima econômico** é a saúde geral dos sistemas econômicos em que uma empresa opera. A saúde da economia varia ao longo do tempo em um padrão distinguível: períodos de relativa prosperidade — quando a demanda por bens e serviços está alta e o desemprego, baixo — são seguidos por períodos de relativamente pouca prosperidade — quando a demanda por bens e serviços está baixa e o desemprego, alto. Quando a atividade econômica está relativamente baixa, diz-se que a economia está em recessão. Uma recessão severa, que dura vários anos, é conhecida como depressão. Esse padrão de alternância entre prosperidade, recessão e prosperidade é chamado de **ciclo de negócio**.

Ao longo da década de 1990, o mundo, e especialmente os Estados Unidos, experimentou um período de crescimento sustentado. Alguns observadores até especularam que o governo tinha se tornado tão hábil em manipular a demanda por meio do ajuste da taxa de juros que um período de recessão não deveria seguir necessariamente um período de crescimento sustentado. Obviamente, o ciclo de negócio mostrou sua face terrível duas vezes desde a década de 1990 — a primeira, com o estouro da bolha de tecnologia por volta de 2001 e, recentemente, na crise de crédito em 2008. A maioria dos observadores concorda atualmente que, embora a política governamental possa exercer significativo impacto sobre a frequência e o tamanho dos reveses econômicos, é improvável que essas políticas sejam capazes de evitá-los por completo.

O quinto elemento do ambiente geral de uma empresa são as **condições legais e políticas**, que se referem ao impacto das leis e do sistema legal nos negócios, juntamente com a natureza geral do relacionamento entre as empresas e o governo. Essas leis e o relacionamento entre os setores público e privado podem variar significativamente no mundo. Por exemplo, no Japão, as empresas e o governo são vistos, de modo geral, como parceiros com um relacionamento consistentemente estreito e cooperativo. Na realidade, observou-se que uma das razões para o crescimento extremamente lento da economia japonesa na última década é a relutância do governo em impor uma reestruturação econômica que prejudicaria o desempenho de algumas empresas do país — especialmente os maiores bancos japoneses. Nos Estados Unidos, por outro lado, a qualidade do relacionamento entre empresa e governo tende a variar ao longo do tempo. Em algumas administrações, uma rigorosa legislação antitruste e de padrões ambientais rígidos — ambos vistos como incompatíveis com os interesses das empresas — predomina. Em outras administrações, a legislação antitruste é menos rigorosa, e a imposição de padrões ambientais é postergada, sugerindo uma perspectiva mais favorável às empresas.

O último atributo a ser citado do ambiente geral de uma empresa são os **acontecimentos internacionais específicos**, que incluem guerras civis, golpes de Estado, terrorismo, guerras entre países, fome e recessão econômica em um país ou região. Todos esses acontecimentos específicos podem ter um impacto enorme na capacidade das estratégias de uma empresa para gerar vantagem competitiva.

Sem dúvida, um dos acontecimentos específicos mais importantes que ocorreram nas últimas décadas foram os ataques terroristas perpetrados na cidade de Nova York e em Washington em 11 de setembro de 2001. Além da trágica perda de vidas, esses ataques tiveram importantes implicações comerciais. Por exemplo, levou mais de cinco anos para que a demanda por transporte aéreo retomasse os níveis anteriores ao 11 de setembro. As companhias de seguros tiveram de pagar bilhões de dólares em sinistros imprevistos como resultado dos ataques. A indústria bélica viu a demanda por seus produtos disparar na medida em que os Estados Unidos e alguns de seus aliados iniciaram a guerra no Afeganistão e no Iraque.

O ambiente geral de uma empresa define o amplo contexto em que ela opera. Entender esse ambiente geral pode ajudar a empresa a identificar algumas das ameaças e oportunidades que enfrentará. Entretanto, o ambiente geral normalmente tem um impacto sobre as ameaças e oportunidades de uma empresa por meio do impacto em seu ambiente local. Portanto, embora a análise do ambiente geral da empresa seja um passo importante em qualquer aplicação do processo de gestão estratégica, ela deve vir acompanhada de uma análise de seu ambiente local, para que as ameaças e oportunidades sejam plenamente entendidas. Ferramentas específicas para analisar o ambiente local de uma empresa, juntamente com as perspectivas teóricas das quais essas ferramentas derivaram, são discutidas a seguir.

O MODELO ESTRUTURA-CONDUTA-DESEMPENHO

Na década de 1930, um grupo de economistas começou a desenvolver uma abordagem para entender o relacionamento entre o ambiente de uma empresa, seu comportamento e desempenho. O objetivo original desse trabalho foi descrever condições sob as quais a competição em um setor não se desenvolveria, o que ajudou os órgãos reguladores governamentais a identificar setores em que leis de estímulo à concorrência deveriam ser implementadas.[11]

A estrutura teórica que se desenvolveu a partir desse esforço ficou conhecida como **modelo estrutura-conduta-desempenho (E-C-D)**, que está resumido na Figura 2.2. O termo **estrutura**, nesse modelo, refere-se à estrutura do setor, medida por fatores como o número de concorrentes, a heterogeneidade dos produtos, o custo de entrada e saída e assim por diante. **Conduta** refere-se às estratégias que as empresas de um setor implementam. **Desempenho**, no modelo E-C-D, tem dois significados: o desempenho individual de empresas e o desempenho da economia como um todo. Embora ambas as definições de desempenho no modelo E-C-D sejam importantes, como foi sugerido no Capítulo 1, o processo de gestão estratégica é muito mais focalizado no desempenho de cada empresa do que no desempenho geral da economia. A relação entre esses dois tipos de desempenho às vezes pode ser complexa, conforme descrito no quadro "Ética e estratégia".

A lógica que associa a estrutura do setor à conduta e ao desempenho é bem conhecida. Atributos da estrutura do setor em que uma empresa opera definem a gama de opções e restrições a serem enfrentadas. Em alguns setores, as empresas têm pouquíssimas opções e muitas restrições. Em geral, as empresas nesses setores só conseguem ganhar paridade competitiva. Nesse cenário, a estrutura do setor determina totalmente a conduta da empresa e seu desempenho no longo prazo.

Entretanto, empresas de setores menos competitivos enfrentam menos restrições e possuem uma gama maior de opções de conduta. Algumas dessas opções podem permitir que tenham vantagens competitivas. No entanto,

FIGURA 2.2 O modelo estrutura-conduta-desempenho

Estrutura do setor
Número de empresas concorrentes
Homogeneidade dos produtos
Custos de entrada e saída

Conduta da empresa
Estratégias que a empresa busca ganhar
Vantagem competitiva

Desempenho
Nível de empresa: desvantagem competitiva, paridade, vantagem competitiva temporária ou sustentada
Sociedade: eficiência produtiva e alocativa, nível de emprego, progresso

ÉTICA E ESTRATÉGIA

É bom para a sociedade que uma empresa ganhe vantagem competitiva?

Um dos princípios básicos da teoria econômica é que a sociedade está mais bem servida quando seus setores são muito competitivos. Um setor é muito competitivo quando nele opera um grande número de empresas, quando os produtos e serviços que essas empresas vendem são semelhantes e quando não é muito custoso para elas entrar ou sair do setor. Na verdade, como está descrito no quadro "Estratégia em detalhes", diz-se que esses setores são *perfeitamente competitivos*.

As razões pelas quais a sociedade está mais bem servida quando os setores são perfeitamente competitivos são bem conhecidas. Nesses setores, as empresas precisam lutar constantemente para manter seus custos baixos, sua qualidade alta e, quando apropriado, inovar constantemente se quiserem até mesmo sobreviver. Custos baixos, alta qualidade e inovação apropriada são geralmente consistentes com os interesses dos clientes de uma empresa e, portanto, consistentes com o bem-estar geral da sociedade.

Na verdade, a preocupação com o **bem-estar social**, ou com o bem geral da sociedade, é a principal razão pela qual o modelo E-C-D foi desenvolvido. Esse modelo deveria ser usado para identificar setores nos quais não ocorria a competição perfeita e, portanto, em que o bem-estar social não estava sendo maximizado. Com esses setores identificados, o governo poderia, então, engajar-se em atividades para incrementar a competitividade deles, aumentando assim o bem-estar social.

Estudiosos de administração estratégica viraram o modelo E-C-D de cabeça para baixo, utilizando-o para descrever setores em que as empresas poderiam ganhar vantagens competitivas e alcançar um desempenho acima da média. No entanto, alguns questionaram: se a administração estratégica diz respeito a criar e explorar imperfeições competitivas nos setores, ela também diz respeito a diminuir o bem geral da sociedade para que as vantagens sejam obtidas por poucas empresas? Não surpreende que indivíduos que estejam mais interessados em melhorar a sociedade do que melhorar o desempenho de poucas empresas questionem a legitimidade moral do campo da gestão estratégica.

No entanto, existe outra visão sobre gestão estratégica e bem-estar social. O modelo E-C-D presume que quaisquer vantagens competitivas que uma empresa tenha em um setor prejudicam a sociedade. A visão alternativa é de que ao menos algumas das vantagens competitivas podem existir porque a empresa atende às necessidades dos clientes com mais eficiência do que os concorrentes. Sob essa perspectiva, as vantagens competitivas não são ruins para o bem-estar social.

É claro que ambas as perspectivas podem ser verdadeiras. Por exemplo, uma empresa como a Microsoft envolveu-se em atividades que alguns tribunais consideraram inconsistentes com o bem-estar social. De outro lado, a Microsoft também vende aplicativos de software que são rotineiramente classificados como os melhores do setor — ação consistente com o atendimento às necessidades do cliente de maneira a maximizar o bem-estar social.

Fontes: J. B. Barney, "Types of competition and the theory of strategy", *Academy of Management Review*, n. 11, p. 791-800, 1986; H. Demsetz, "Industry structure, market rivalry, and public policy", *Journal of Law and Economics*, n. 16, p.1-9, 1973; M. Porter, "The contribution of industrial organization to strategic management", *Academy of Management Review*, n. 6, p. 609-620, 1981.

mesmo quando as empresas têm mais opções de conduta, a estrutura do setor ainda limita a gama de opções. Além disso, como será mostrado em mais detalhes adiante neste capítulo, a estrutura do setor também tem um impacto sobre por quanto tempo as empresas podem esperar manter suas vantagens competitivas diante de uma competição crescente.

O MODELO DE CINCO FORÇAS DE AMEAÇAS AMBIENTAIS

Como estrutura teórica, o modelo E-C-D mostrou ser muito útil em oferecer informações tanto para pesquisa como para política governamental. No entanto, nesse formato, o modelo pode, às vezes, ser difícil de usar para identificar ameaças no ambiente local de uma empresa. Felizmente, vários estudiosos desenvolveram modelos de ameaças ambientais baseados no modelo E-C-D que são altamente aplicáveis na identificação de ameaças que se apresentam a uma empresa em particular. O mais influente desses modelos foi desenvolvido pelo professor Michael Porter e é conhecido como estrutura de cinco forças.[12] Ela identifica as cinco ameaças mais comuns que as empresas enfrentam em seus ambientes competitivos locais e as condições sob as quais essas ameaças têm maior ou menor probabilidade de estar presentes. A relação entre o modelo E-C-D e a estrutura de cinco forças está descrita no quadro "Estratégia em detalhes".

ESTRATÉGIA EM DETALHES

O modelo de cinco forças e o modelo E-C-D

A relação entre a estrutura de cinco forças e o modelo E-C-D aciona a relação entre as ameaças identificadas nessa estrutura e a natureza da competição em um setor. Quando as cinco ameaças são muito altas, a competição em um setor começa a se aproximar do que os economistas chamam de *competição perfeita*; quando elas são muito baixas, a competição em um setor começa a se aproximar do que os economistas chamam de *monopólio*. Entre a competição perfeita de um lado e o monopólio de outro, os economistas identificaram dois outros tipos de competição em um setor — *competição monopolista* e *oligopólio* — em que as cinco ameaças identificadas na estrutura são moderadamente altas. Esses quatro tipos de competição, e o desempenho esperado das empresas nesses diferentes setores, estão resumidos na Tabela A, a seguir.

Os setores são **perfeitamente competitivos** quando existe um número grande de empresas concorrentes, os produtos vendidos são homogêneos no que diz respeito a custo e atributos, e a entrada e saída são de baixo custo. Exemplos de setores perfeitamente competitivos incluem o mercado *spot* de petróleo. Empresas nesses setores podem esperar obter apenas paridade competitiva.

Nos **setores monopolisticamente competitivos**, existe um grande número de empresas concorrentes e baixo custo de entrada e saída. No entanto, ao contrário da competição perfeita, os produtos nesses setores não são homogêneos no que diz respeito a custo e atributos. Alguns setores monopolisticamente competitivos são os de creme dental, xampu, bolas de golfe e automóveis. Empresas nesses setores podem ganhar vantagens competitivas.

Oligopólios são caracterizados por um pequeno número de empresas concorrentes, por produtos homogêneos e por entrada e saída custosos. Exemplos de setores oligopolistas incluem os setores automotivo e de aço norte-americanos, na década de 1950, e o setor de cereais matinais nos Estados Unidos, nos dias de hoje. Atualmente, os quatro principais fabricantes de cereais matinais respondem por 90 por cento desses produtos vendidos no país. Empresas nesse setor podem ganhar vantagens competitivas.

Finalmente, **setores monopolistas** consistem de apenas uma empresa. A entrada nesse tipo de setor é muito custosa. Existem poucos exemplos de setores puramente monopolistas. Historicamente, por exemplo, os Correios dos Estados Unidos detinham o monopólio da entrega de correspondências residenciais. Entretanto, esse monopólio foi desafiado na entrega de pequenas encomendas pelo FedEx, nas encomendas grandes pela UPS e na entrega de correspondências pelo correio eletrônico. Os monopólios podem gerar vantagens competitivas — embora às vezes elas sejam administradas de maneira extremamente ineficiente.

Fonte: J. Bearney, *Gaining and sustaining competitive advantage*, 2. ed., Upper Saddle River, NJ: Prentice Hall, 2002.

TABELA A Tipos de competição e o desempenho esperado da empresa

Tipos de competição	Atributos	Exemplos	Desempenho esperado da empresa
Competição perfeita	Grande número de empresas Produtos homogêneos Baixo custo de entrada e saída	Mercado de ações Petróleo	Paridade competitiva
Competição monopolística	Grande número de empresas Produtos heterogêneos Baixo custo de entrada e saída	Cremes dentais Xampus Bolas de golfe Automóveis	Vantagem competitiva
Oligopólio	Pequeno número de empresas Produtos homogêneos Alto custo de entrada e saída	Setores automotivo e de aço norte-americanos na década de 1950 Setor atual de cereais matinais nos Estados Unidos	Vantagem competitiva
Monopólio	Uma empresa Entrada custosa	Entrega domiciliar de correspondências	Vantagem competitiva

Para uma empresa que busca vantagem competitiva, uma **ameaça ambiental** é qualquer indivíduo, grupo ou organização fora da empresa que vise a reduzir seu nível de desempenho. Ameaças aumentam os custos de uma empresa, diminuem sua receita ou reduzem seu desempenho de outras maneiras. Em relação ao E-C-D, ameaças ambientais são forças que tendem a aumentar a competitividade de um setor e forçar o desempenho de uma empresa ao nível de paridade competitiva. As cinco ameaças ambientais identificadas na estrutura de cinco forças são: (1) ameaça de entrada; (2) ameaça de rivalidade; (3) ameaça de substitutos; (4) ameaça de fornecedores, e (5) ameaça de compradores. A estrutura de cinco forças está resumida na Figura 2.3.

Ameaça de entrada

A primeira ameaça ambiental identificada na estrutura de cinco forças é a de nova entrada. **Novos entrantes** são empresas que iniciaram operações recentemente em um setor ou que ameaçam começar operações em breve. Para a Amazon.com, a Barnes & Nobles.com e a Borders.com são novos entrantes no negócio de compra de livros on-line. Em grande parte, a Amazon inventou essa maneira de vender livros, e tanto a Barnes & Nobles como a Borders entraram recentemente nesse mercado, embora ambas já operassem no canal tradicional de venda de livros. Para a ESPN, no setor de canais de esporte na TV, a rede Fox Sports Regional Network é um novo entrante. Ela consiste de vários canais regionais de esportes que transmitem eventos de esportes nacionais e regionais, noticiários de esportes e programas de entretenimento sobre esportes — incluindo *The best damn sports show period*.[13]

De acordo com o modelo E-C-D, novos entrantes são motivados a ingressar em um setor pelos lucros superiores que algumas empresas já nele estabelecidas podem auferir. Empresas que almejam esse lucro elevado entram no setor, aumentando assim o nível de concorrência e reduzindo o desempenho das empresas estabelecidas. Na ausência de barreiras, a entrada continuará enquanto as empresas do setor estiverem ganhando vantagens competitivas e cessará quando todas as empresas estabelecidas estiverem obtendo paridade competitiva.

Até que ponto a nova entrada representará uma ameaça ao desempenho de uma empresa estabelecida dependerá do custo de entrada. Se esse custo em um setor for maior do que o lucro potencial que um novo entrante pode obter ingressando, então a entrada não será acessível, e novos entrantes não serão uma ameaça para as empresas estabelecidas. Mas, se o custo de entrada for menor do que o retorno da entrada, esta ocorrerá até que os lucros derivados da entrada sejam menores do que os custos de entrada.

A ameaça de entrada depende do custo de entrada, e este, por sua vez, depende da existência e da 'altura' das barreiras à entrada. **Barreiras à entrada** são atributos da estrutura de um setor que aumentam o custo de entrada. Quanto maior é esse custo, mais altas são as barreiras. Com a existência de barreiras à entrada significativas, entrantes potenciais não ingressarão em um setor, embora as empresas estabelecidas ganhem vantagens competitivas.

Na literatura sobre E-C-D e estratégia, foram identificadas quatro barreiras importantes à entrada, que estão listadas no Quadro 2.1. São elas: (1) economias de escala; (2) diferenciação de produto; (3) vantagens de custo independentes da escala; e (4) regulamentações governamentais para entrada.[14]

FIGURA 2.3 Modelo de cinco forças de ameaças ambientais

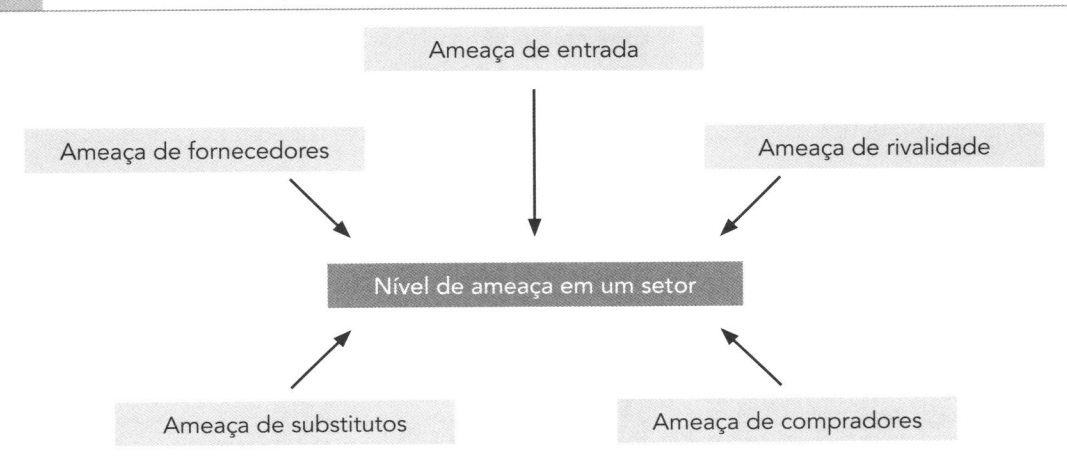

Fonte: Adaptado de M. E. Porter, *Competitive strategy*: techniques for anlysing industries and competitors, The Free Press, Simon & Schuster Adult Publishing Group, 1998. (Copyright © 1980, 1998 por The Free Press. Todos os direitos reservados.)

| QUADRO 2.1 | Barreiras à entrada em um setor |

1. Economias de escala.
2. Diferenciação de produto.
3. Vantagens de custo independentes da escala.
4. Regulamentações governamentais para entrada.

Economias de escala como barreira à entrada

Existem **economias de escala** em um setor quando os custos de uma empresa caem em função de seu volume de produção. **Deseconomias de escala** existem quando os custos de uma empresa aumentam em função de seu volume de produção. A relação entre economias de escala, deseconomias de escala e volume de produção de uma empresa está resumida na Figura 2.4. À medida que o volume de produção de uma empresa aumenta, seus custos começam a cair. Essa é uma manifestação de economias de escala. No entanto, a certa altura, o volume de produção de uma empresa torna-se muito grande e seus custos começam a aumentar. Essa é uma manifestação de deseconomias de escala. Para que economias de escala funcionem como uma barreira à entrada, a relação entre o volume de produção e os custos da empresa deve ter o formato da curva da Figura 2.4 — ela sugere que qualquer desvio, positivo ou negativo, de um nível ótimo de produção (o ponto X na figura) levará a empresa a experimentar custos de produção muito mais elevados.

Para perceber como as economias de escala agem como uma barreira à entrada, considere o cenário a seguir. Imagine um setor com os seguintes atributos: existem cinco empresas estabelecidas — cada empresa tem apenas uma fábrica; o nível ótimo de produção em cada uma dessas fábricas é de 4 mil unidades (X = 4.000); a demanda total para o produto desse setor está fixada em 22 mil unidades; a curva de economias de escala está ilustrada na Figura 2.4; e os produtos nesse setor são muito homogêneos. A demanda total no setor (22.000 unidades) é maior do que a oferta total (5 × 4.000 = 20.000 unidades). Todos sabem que, quando a demanda é maior do que a oferta, os preços sobem. Isso significa que as cinco empresas estabelecidas nesse setor terão níveis de lucro mais elevados. O modelo E-C-D sugere que, na ausência de barreira, esses lucros elevados devam motivar a entrada.

No entanto, veja a decisão de entrada sob o ponto de vista de entrantes potenciais. Certamente, as empresas estabelecidas estão obtendo lucros elevados, mas os entrantes potenciais enfrentam uma escolha nada palatável. De um lado, novos entrantes podem ingressar no setor com uma fábrica extremamente eficiente e produzir 4 mil unidades. Porém, essa forma de entrada fará a oferta do setor subir para 24 mil unidades (20.000 + 4.000). Repentinamente, a oferta será maior que a demanda (24.000 > 22.000), e todas as empresas do setor, incluindo o novo entrante, terão prejuízo. De outro lado, o novo entrante pode ingressar no setor com uma fábrica com porte abaixo do ótimo (por exemplo, mil unidades). Esse tipo de entrada deixa a demanda total do setor menor do que a oferta (22.000 > 21.000). No entanto, o novo entrante enfrenta uma séria desvantagem de custo nesse caso, porque não produz na posição de baixo custo da curva de economias de escala. Diante dessas alternativas insatisfatórias, o entrante potencial simplesmente não ingressa, embora as empresas estabelecidas estejam auferindo lucros.

É claro que existem outras opções para entrantes potenciais, além de ingressar a uma escala eficiente e perder dinheiro ou entrar a uma escala ineficiente e perder dinheiro. Por exemplo, entrantes potenciais podem tentar expandir o tamanho total do mercado (isto é, aumentar a demanda total de 22 mil para 24 mil unidades ou mais) e ingressar no tamanho ótimo. Entrantes potenciais também podem tentar desenvolver novas tecnologias de produção, deslocar a curva de economias de escala para a esquerda (e assim reduzir o tamanho ótimo da fábrica) e entrar. Ou, ainda, podem tentar fazer seus produtos parecerem muito especiais aos consumidores, possibilitando a

| FIGURA 2.4 | Economias de escala e custo de produção |

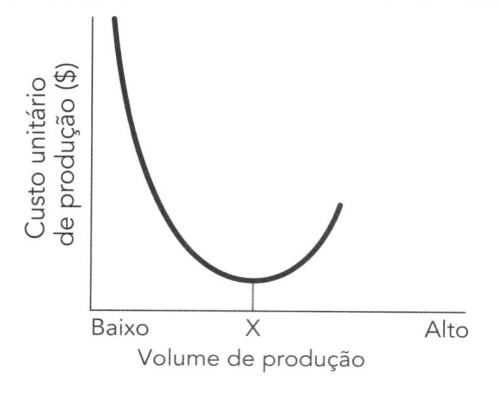

cobrança de preços mais altos para compensar os custos mais elevados de produção associados a uma fábrica 'de nível menor que ótimo'.[15]

Quaisquer dessas ações podem permitir a entrada em um setor. Entretanto, elas são custosas. Se o custo de engajar-se nessas atividades de 'eliminação de barreiras' for maior do que o retorno da entrada, a entrada não ocorrerá, mesmo que as empresas estabelecidas estejam auferindo lucros positivos.

Historicamente, economias de escala atuavam como uma barreira à entrada no mercado mundial de aço. Para explorar plenamente as economias de escala, as siderúrgicas tradicionais precisavam ser muito grandes. Se os novos entrantes no mercado do aço tivessem construído essas instalações de produção eficientes e grandes, seu efeito teria sido o aumento da oferta de aço acima da demanda, e o resultado teria sido a redução dos lucros tanto para novos entrantes como para empresas estabelecidas. Isso desencorajava uma nova entrada. No entanto, na década de 1970, o desenvolvimento da tecnologia alternativa de miniusina deslocou a curva de economias de escala para a esquerda, ao tornar fábricas menores muito eficientes na operação em alguns segmentos do mercado de aço. O efeito desse deslocamento foi a redução das barreiras à entrada no setor do aço. Entrantes recentes, incluindo empresas como a Nucor Steel e a Chaparral Steel, agora têm vantagens de custo significativas em relação às empresas do setor que utilizam tecnologias de produção obsoletas menos eficientes.[16]

Diferenciação de produto como barreira à entrada

Diferenciação de produto significa que empresas estabelecidas possuem identificação de marca e fidelidade do cliente que entrantes potenciais não possuem. Identificação de marca e fidelidade do cliente funcionam como barreiras à entrada, porque novos entrantes precisam não só absorver custos usuais associados a iniciar a produção em um novo setor como também absorver os custos associados a superar as vantagens de diferenciação das empresas estabelecidas. Se o custo de superar essas vantagens for maior do que o potencial de retorno da entrada em um setor, a entrada não ocorrerá, mesmo que as empresas estabelecidas estejam auferindo lucros positivos.

Existem inúmeros exemplos de setores em que a diferenciação de produto tende a servir como uma barreira à entrada. No setor de cervejas, por exemplo, investimentos substanciais feitos pela Budweiser, pela Miller e pela Coors (entre outras estabelecidas) em publicidade (algum dia esqueceremos os sapos da Budweiser?) e em reconhecimento de marca tornaram muito cara a entrada em grande escala no setor de cervejas dos Estados Unidos.[17] Na realidade, em vez de tentar entrar no mercado norte-americano, a InBev, uma grande cervejaria com sede na Bélgica, decidiu adquirir a Anheuser Busch.[18]

A E. & J. Gallo, uma vinícola norte-americana, enfrentou barreiras de diferenciação de produto em seus esforços para vender o vinho Gallo no mercado francês. O mercado de vinhos na França é imenso — os franceses consomem 16,1 galões* de vinho por pessoa por ano, totalizando um consumo de mais de 400 milhões de caixas de vinho, enquanto os consumidores norte-americanos bebem apenas 1,8 galão de vinho por pessoa por ano, em um total de menos de 200 milhões de caixas. Apesar dessa diferença, uma fidelidade intensa às vinícolas francesas locais tornou muito difícil para a Gallo entrar no enorme mercado francês — um mercado em que vinhos norte-americanos ainda são malvistos e só restaurantes tipicamente norte-americanos os oferecem em sua carta. A Gallo está tentando superar essa vantagem de diferenciação de produto das vinícolas francesas enfatizado suas raízes californianas — que muitos franceses consideram exótica — e dando menos ênfase ao fato de ser uma empresa norte-americana, origem empresarial que é menos atraente para muitos consumidores franceses.[19]

Vantagens de custo independentes da escala como barreiras à entrada

Além das barreiras citadas anteriormente, empresas estabelecidas podem ter toda uma gama de vantagens de custo, independentes de economias de escala, em comparação com novos entrantes. Essas vantagens de custo podem impedir a entrada porque novos entrantes se considerarão em desvantagem em relação às empresas estabelecidas. Novos entrantes podem engajar-se em atividades para superar essas vantagens de custos das empresas estabelecidas, mas, à medida que o custo de superá-las aumenta, o lucro econômico potencial da entrada é reduzido. Em alguns cenários, empresas estabelecidas que desfrutam de vantagens de custo, independentes da escala, podem obter lucros superiores e, ainda assim, podem não ser ameaçadas por novos entrantes, porque o custo de superar essas vantagens pode ser proibitivo. Exemplos dessas vantagens de custo, independentes da escala, são apresentados no Quadro 2.2 e incluem: (1) tecnologia proprietária; (2) *know-how* gerencial; (3) acesso favorável a matérias-primas; e (4) vantagens de custo de curva de aprendizagem.

Tecnologia proprietária

Em alguns setores, **tecnologia proprietária** (isto é, secreta ou patenteada) proporciona às empresas estabelecidas importantes vantagens de lucro em relação a entrantes potenciais. Para ingressar nesses setores, entrantes potenciais devem desenvolver tecnologias substitutas próprias ou correr o risco de copiar tecnologias patenteadas

---
* 1 galão ≅ 3,78 L.

> **QUADRO 2.2** Fontes de vantagens de custo, independentes da escala, que podem atuar como barreiras à entrada
>
> 1. **Tecnologia proprietária**: quando empresas estabelecidas possuem uma tecnologia secreta ou patenteada que torna seus custos menores do que o custo de entrantes potenciais, estes devem desenvolver tecnologias substitutas para competir. O custo de desenvolver essa tecnologia pode atuar como uma barreira à entrada.
> 2. **Know-how gerencial**: quando empresas estabelecidas dominam conhecimentos, competências e informações que levam anos para ser desenvolvidos, de que entrantes potenciais não dispõem. O custo de desenvolver esse *know-how* pode atuar como uma barreira à entrada.
> 3. **Acesso favorável a matérias-primas**: quando empresas estabelecidas têm acesso de baixo custo à matéria-prima, não desfrutado por entrantes potenciais. O custo de obter um acesso semelhante pode atuar como uma barreira à entrada.
> 4. **Vantagens de custo de curva de aprendizagem**: quando o volume cumulativo de produção das empresas estabelecidas proporciona a elas vantagens de custo não desfrutadas por entrantes potenciais. A desvantagem de custo das entrantes potenciais pode atuar como uma barreira à entrada.

de outras empresas. Ambas as atividades podem ser custosas. Diversas empresas, em uma ampla variedade de setores, descobriram os custos econômicos — às vezes substanciais — associados à violação de patente de tecnologias proprietárias. Por exemplo, na década de 1990, a Eastman Kodak teve de pagar $ 910 milhões à Polaroid, e a Intel, $ 700 milhões à Digital por violação de patente. Recentemente, a Roche Holding pagou $ 505 milhões à Igen International, e a Genentech, $ 500 milhões ao City of Hope National Medical Center. A Eolas teve de pagar $ 521 milhões por infringir a patente da Microsoft, e a Gateway, $ 250 milhões por violar a patente da Intergraph.

Na verdade, nos Estados Unidos, ao menos 20 empresas tiveram de pagar mais de $ 100 milhões a alguma outra por violação de patente. E isso não inclui as ações de violação de patente que são resolvidas fora dos tribunais, ações essas que envolvem bilhões de dólares. Obviamente, se um setor tem várias empresas com tecnologias proprietárias, essas tecnologias podem aumentar substancialmente o custo de entrada nesse setor.[20]

O número de processos de quebra de patentes nos Estados Unidos vem aumentando anualmente nos últimos 15 anos. Em 1991, foi de 1.171; em 2004 (o último ano para o qual há dados completos disponíveis), chegou a 3.075. Desde 1994, a indenização média por perdas e danos tem sido de $ 8 milhões. Atualmente, 60 por cento desses processos levam a uma compensação financeira. Infrações de patentes ocorrem em diversos setores, como equipamentos eletrônicos (14,6 por cento), produtos químicos (14 por cento), instrumentos de medição (13,4 por cento), equipamentos de informática (12,2 por cento) e serviços empresariais (9,8 por cento).[21]

Know-how *gerencial*

Ainda mais importante do que a tecnologia propriamente dita como barreira à entrada é o *know-how* gerencial acumulado por empresas estabelecidas ao longo de sua história.[22] **Know-how gerencial** consiste em conhecimento e informações, geralmente incontestáveis, necessários para competir nas atividades diárias de um setor.[23] O *know-how* inclui informações que levaram anos, ou, em alguns casos, décadas, para ser acumuladas e que permitem a uma empresa interagir com clientes e fornecedores, ser inovadora e criativa, fabricar produtos de qualidade e assim por diante. Geralmente, novos entrantes não terão acesso a esse *know-how*, e será oneroso adquiri-lo rapidamente.

Um setor em que esse tipo de *know-how* é uma barreira muito importante à entrada é o farmacêutico. O sucesso nesse setor depende essencialmente de competências de pesquisa e desenvolvimento de alta qualidade, e acumulá-las leva décadas. Novos entrantes enfrentam enormes desvantagens de custo por um longo período enquanto tentam desenvolver essas habilidades, e, portanto, a entrada no setor farmacêutico tem sido bastante limitada.[24]

Acesso favorável a matérias-primas

Empresas estabelecidas também podem ter vantagens de custo em relação a novos entrantes, com base em acesso favorável a matérias-primas. Se, por exemplo, existem apenas algumas fontes de minério de ferro de alta qualidade em uma região geográfica específica, as siderúrgicas que possuam acesso a essas fontes podem ter uma vantagem de custo sobre outras que precisem trazer seu minério de fontes distantes.[25]

Vantagens de custo de curva de aprendizagem

Foi demonstrado que, em determinados setores (como o de fabricação de aeronaves), o custo de produção cai com o acúmulo de volume de produção. Com o passar do tempo, as empresas estabelecidas ganham experiência na produção, e seus custos caem para um patamar abaixo daquele dos entrantes potenciais. Entrantes potenciais enfrentam custos substancialmente maiores enquanto adquirem experiência e, portanto, podem não entrar, apesar dos possíveis lucros superiores auferidos pelas empresas estabelecidas. Essas economias de curva de aprendizagem são discutidas detalhadamente no Capítulo 4.

Política governamental como barreira à entrada

Governos, por razões próprias, podem decidir aumentar o custo de entrada em um setor. Isso ocorre com mais frequência quando uma empresa opera como um monopólio regulamentado pelo governo. Nesse cenário, o governo conclui que está em melhor posição do que as forças competitivas do mercado para assegurar que produtos ou serviços específicos sejam disponibilizados para a população a preços razoáveis. Nos Estados Unidos, setores como o de geração de eletricidade e o de ensino fundamental e médio foram (e até certo ponto continuam sendo) protegidos da entrada competitiva por restrições governamentais.

Embora o governo norte-americano tenha agido no passado para restringir a entrada competitiva em muitos setores, o número desses setores e o nível dessa restrição diminuíram drasticamente nos últimos anos. Na realidade, nos Estados Unidos, a desregulamentação do setor de energia elétrica vem ocorrendo em ritmo acelerado. Embora a falência da Enron possa retardar o abrandamento das barreiras impostas pelo governo à entrada nesse setor, a maioria dos observadores concorda que a importância de tais restrições continuará a declinar no futuro. A entrada está ocorrendo inclusive no setor de ensino fundamental e médio, com a criação do que foi denominado *charter schools* — escolas particulares que oferecem alternativas educacionais aos sistemas das escolas públicas.

Ameaça de rivalidade

Novos entrantes são uma ameaça considerável à habilidade das empresas em manter ou melhorar seu nível de desempenho, mas não são a única no ambiente corporativo. Uma segunda ameaça ambiental da estrutura de cinco forças é a rivalidade — a intensidade da competição entre os concorrentes diretos de uma empresa. Tanto a Barnes & Nobles.com como a Borders.com tornaram-se rivais da Amazon.com. Redes como CBS, NBC, Fox, USA Networks e TNN, para citar algumas, são todas rivais da ESPN.

A rivalidade ameaça empresas, reduzindo seus lucros econômicos. Altos níveis de rivalidade em um setor são indicados por ações como cortes constantes de preços (por exemplo, descontos nos bilhetes aéreos), lançamento frequente de novos produtos (por exemplo, introdução contínua de produtos eletrônicos de consumo), campanhas de publicidade acirradas (por exemplo, Pepsi *versus* Coca) e ações e reações competitivas rápidas (empresas aéreas acompanhando rapidamente os descontos das concorrentes).

O Quadro 2.3 mostra alguns dos atributos de um setor que podem gerar altos níveis de rivalidade. Em primeiro lugar, a rivalidade tende a ser alta quando existe um número grande de empresas em um setor e elas tendem a ser praticamente do mesmo tamanho. É o que ocorre no setor de computadores pessoais. No mundo inteiro, mais de 120 empresas entraram no mercado de laptops e nenhuma delas domina em participação de mercado. Desde o início da década de 1990, os preços nesse mercado vêm caindo de 25 a 30 por cento ao ano. As margens de lucro dos fabricantes de laptops, que costumavam variar de 10 a 13 por cento, despencaram rapidamente para 3 e 4 por cento.[26]

Em segundo lugar, a rivalidade tende a ser alta quando o crescimento do setor é lento. Nesse caso, as empresas que buscam aumentar suas vendas devem conquistar uma fatia do mercado dos concorrentes estabelecidos. Isso tende a aumentar a rivalidade. Uma rivalidade intensa de preço surgiu no setor de *fast-food* nos Estados Unidos — com os Whoppers de 99 centavos de dólar do Burger King e os 'menus de um dólar' do Wendy's e do McDonald's —, quando houve o declínio do crescimento nesse setor.[27]

Em terceiro, a rivalidade tende a ser alta quando as empresas não conseguem diferenciar seus produtos em um setor. Quando a diferenciação de produto não é uma opção estratégica viável, as empresas costumam ser forçadas a competir apenas na base de preço. Uma competição intensa de preços é característica de setores com alta rivalidade. No setor de transporte aéreo, por exemplo, a competição intensa por rotas mais longas — tais como entre Los Angeles e Nova York e Los Angeles e Chicago — manteve seu preço baixo. Existe relativamente pouca diferença de opções de produto nessas rotas. No entanto, ao criar sistemas *hub-and-spoke*, certas companhias aéreas (American, United, Delta) conseguiram desenvolver regiões dos Estados Unidos nas quais são dominantes.

QUADRO 2.3 Atributos de um setor que aumentam a ameaça de rivalidade

1. Grande número de empresas concorrentes que são praticamente do mesmo tamanho.
2. Crescimento lento do setor.
3. Falta de diferenciação do produto.
4. Adição de capacidade em grandes incrementos.

Os sistemas *hub-and-spoke* permitem que as empresas aéreas diferenciem de modo parcial seus produtos geograficamente, reduzindo assim a rivalidade em segmentos desse setor.[28]

Por fim, a rivalidade tende a ser alta quando a capacidade de produção é adicionada em grandes incrementos. Se, para obter economias de escala, a capacidade de produção deve ser adicionada em grandes incrementos, é provável que um setor experimente períodos de excesso de oferta após a adição de nova capacidade. Esse excesso de capacidade frequentemente leva a corte de preços. Muito da crescente rivalidade no setor de jatos comerciais entre a Boeing e a AirBus pode ser atribuído às grandes adições de capacidade de manufatura feitas pela AirBus, quando ingressou no setor.[29]

Ameaça de substitutos

Uma terceira ameaça ambiental da estrutura de cinco forças são os substitutos. Os produtos ou serviços oferecidos por rivais de uma empresa atendem praticamente às mesmas necessidades do cliente, da mesma maneira que os produtos ou serviços oferecidos pela própria empresa. Os **substitutos** atendem praticamente às mesmas necessidades do cliente, mas de maneiras diferentes. Substitutos próximos da Amazon.com incluem a Barnes & Nobles.com e a Borders.com. A televisão é um substituto um tanto mais distante para a Amazon, porque a popularidade de suas comédias, seus dramas e documentários diminui a demanda por livros. Substitutos para o ESPN incluem revistas de esportes, o caderno de esportes nos jornais e a ida a eventos esportivos.

Os substitutos impõem um teto aos preços que as empresas de um setor podem cobrar e aos lucros que podem auferir. Em última análise, os substitutos tomam o lugar de produtos e serviços de um setor. Isso acontece quando um substituto é claramente superior aos produtos existentes. Alguns exemplos incluem calculadoras eletrônicas que substituem réguas de cálculo e calculadoras manuais; relógios a pilha que substituem relógios de corda; e CDs que substituem LPs (embora alguns especialistas continuem a defender a superioridade sonora dos LPs). Uma dúvida permanece sobre até que ponto o download de músicas substituirá os CDs.

Os substitutos estão desempenhando um papel cada vez mais importante na redução do lucro potencial em diversos setores. Por exemplo, na advocacia, serviços particulares de mediação e arbitragem estão se tornando substitutos viáveis de advogados. No setor editorial, textos digitalizados estão se tornando substitutos viáveis de livros impressos. Noticiários na televisão, especialmente serviços como a CNN, são substitutos muito ameaçadores para revistas semanais de notícias, incluindo a Time e a Newsweek. Na Europa, as chamadas superlojas estão ameaçando pequenos mercados de alimentos. Times de beisebol de ligas menores são substitutos parciais para os times das ligas de primeira linha. A TV a cabo é um substituto da TV aberta. Grupos de grandes varejistas são substitutos para os shopping centers tradicionais. Serviços privados de entrega de correspondência (como na Holanda e na Austrália) são substitutos do serviço postal do governo. Software de planejamento financeiro é um substituto parcial para profissionais de planejamento financeiro.[30]

Ameaça de fornecedores

A quarta ameaça ambiental da estrutura de cinco forças são os **fornecedores**. Eles disponibilizam para as empresas uma ampla variedade de matérias-primas, mão de obra e outros bens essenciais. Podem ameaçar o desempenho de empresas em um setor aumentando o preço ou reduzindo a qualidade de seus suprimentos. Quaisquer lucros que estiverem sendo auferidos em um setor podem ser transferidos para fornecedores dessa maneira. Para a Amazon, editoras e, recentemente, autores de livros são fornecedores cruciais, ao lado dos funcionários que proporcionam capacidades de programação e logística. Fornecedores cruciais da ESPN incluem ligas de esportes — como a NFL e a National Hockey League (NHL) —, assim como personalidades da TV que participam de seus programas.

Alguns atributos de fornecedores que podem levar a altos níveis de ameaça estão listados no Quadro 2.4. Primeiro, os fornecedores de uma empresa são uma grande ameaça se o setor de fornecedores for dominado por um

QUADRO 2.4 Indicadores da ameaça de fornecedores em um setor

1. Setor de fornecedores dominado por um número pequeno de empresas.
2. Fornecedores vendem produtos exclusivos ou altamente diferenciados.
3. Fornecedores *não* são ameaçados por substitutos.
4. Fornecedores ameaçam a integração vertical para a frente.
5. As empresas *não* são clientes importantes para os fornecedores.

número pequeno de empresas. Nesse cenário, uma empresa não tem outra opção a não ser comprar suprimentos desses fornecedores. Esses poucos fornecedores, portanto, têm enorme flexibilidade para cobrar preços altos, diminuir a qualidade ou espremer de alguma outra forma o lucro das empresas para as quais vendem. Muito do poder da Microsoft no setor de software reflete seu domínio no mercado de sistemas operacionais, no qual o sistema Windows permanece como padrão na maioria dos computadores pessoais. Ao menos até agora, se uma empresa quiser vender computadores pessoais, precisará interagir com a Microsoft. Será interessante ver computadores pessoais baseados no sistema Linux tornarem-se mais poderosos, limitando assim parte do poder da Microsoft como fornecedor.

Quando uma empresa tem a opção de comprar de grande número de fornecedores, contudo, estes têm menos poder de ameaçar os lucros da empresa. Por exemplo, à medida que o número de advogados aumentou nos Estados Unidos ao longo dos anos (mais de 40 por cento ao ano desde 1981; atualmente, perto de um milhão), advogados e escritórios de advocacia foram forçados a competir por trabalho. Alguns clientes corporativos forçaram escritórios de advocacia a reduzir seus honorários e a aceitar tarefas jurídicas simples por preços fixos menores.[31]

Segundo, fornecedores são uma grande ameaça quando o que fornecem é único ou altamente diferenciado. Existia apenas um Michael Jordan, como jogador de basquete, como porta-voz e como celebridade (mas não como jogador de beisebol). O *status* único de Jordan dava-lhe enorme poder de barganha como fornecedor e permitia-lhe ficar com muito do lucro econômico que de outra forma seria ganho pelo Chicago Bulls ou pela Nike. Atualmente, existe apenas um Le Bron James. Da mesma forma, a habilidade única da Intel de desenvolver, fabricar e vender microprocessadores proporciona-lhe um poder significativo de barganha como fornecedor no setor de computadores pessoais.

A exclusividade de fornecedores pode existir em praticamente todos os setores. No mundo altamente competitivo dos programas de entrevistas na televisão, por exemplo, alguns convidados, como fornecedores, podem ganhar uma fama surpreendente por suas características únicas. Por exemplo, uma mulher foi convidada a participar de oito programas de entrevistas. Seu argumento para a fama: ela era a décima esposa de um vigarista gay bígamo. Apresentadores desse tipo de programa também exercem um poder significativo como fornecedores. A King World, distribuidora do programa Oprah, tinha 40 por cento de sua receita proveniente do programa. Isso, é claro, deu à apresentadora do programa, Oprah Winfrey, uma alavancagem significativa na negociação com a King World.[32]

Terceiro, fornecedores são uma grande ameaça para empresas em um setor quando não são ameaçados por substitutos. Quando não existem substitutos efetivos, os fornecedores podem tirar vantagem de sua posição para extrair lucros econômicos das empresas a que atendem. A Intel (em microprocessadores) e a Microsoft (em sistemas operacionais para computadores pessoais) foram acusadas de explorar suas posições de produto único para extrair lucro dos clientes.

O poder dos fornecedores é restringido quando existem substitutos para seus produtos e serviços. No setor de latas, por exemplo, as de aço são ameaçadas por recipientes de alumínio e plástico como substitutos. Para continuar a vender para fabricantes de latas, as empresas de aço tiveram de manter preços mais baixos do que poderiam praticar em outro contexto. Assim, o poder potencial das siderúrgicas é restringido pela existência de produtos substitutos.[33]

Quarto, os fornecedores são uma ameaça maior para empresas quando conseguem ameaçar com credibilidade que irão entrar e começar a competir no setor de uma empresa. Isso é chamado de **integração vertical para a frente**, em que os fornecedores deixam de ser apenas fornecedores e passam a atuar como fornecedores e rivais. A ameaça de integração vertical para a frente é parcialmente uma função das barreiras à entrada em um setor. Quando um setor tem barreiras altas à entrada, os fornecedores enfrentam custos significativos de integração vertical para a frente, a qual, portanto, não representa uma ameaça tão séria para os lucros das empresas estabelecidas (a integração vertical será discutida em detalhes no Capítulo 6).

Finalmente, os fornecedores são uma ameaça para empresas quando estas não são parte importante do negócio deles. Siderúrgicas, por exemplo, não estão muito preocupadas em perder negócios com um escultor ou uma pequena construtora. No entanto, ficam muito preocupadas em perder negócios com grandes fabricantes de latas, fabricantes de eletrodomésticos da linha branca (isto é, de refrigeradores, máquinas de lavar, secadoras etc.) e montadoras de automóveis. Siderúrgicas, como fornecedoras, tendem a ser muito flexíveis e mostram-se dispostas a reduzir preços e a aumentar a qualidade para fabricantes de latas, fabricantes de eletrodomésticos da linha branca e montadoras. Clientes pequenos 'menos importantes', no entanto, geralmente estão sujeitos a aumentos de preços e a serviços e produtos de qualidade inferior.

Ameaça de compradores

Os **compradores** são a última ameaça ambiental da estrutura de cinco forças. Eles adquirem os produtos ou serviços de uma empresa. Enquanto os fornecedores agem para aumentar os custos de uma empresa, os compradores agem para reduzir o lucro dela. Os compradores da Amazon.com incluem todos aqueles que adquirem livros on-line, assim como aqueles que adquirem espaço publicitário no site da empresa. Os compradores da ESPN incluem todos aqueles que assistem a esportes na televisão, bem como os que adquirem espaço publicitário na rede. Alguns dos indicadores importantes da ameaça de compradores estão listados no Quadro 2.5.

Primeiro, se uma empresa tem apenas um comprador, ou um número pequeno de compradores, eles podem ser uma grande ameaça. As empresas que vendem um volume significativo de sua produção para o Departamento de Defesa dos Estados Unidos reconhecem a influência desse comprador em suas operações. Cortes nos gastos com defesa forçaram-nas a se empenhar ainda mais para reduzir seus custos e aumentar a qualidade para satisfazer a demanda governamental. Todas essas ações reduzem os lucros econômicos dessas empresas orientadas para a defesa.[34] Empresas que vendem para grandes cadeias varejistas também consideram difícil manter altos níveis de lucratividade. Varejistas poderosos — como o "Walmart" e o Home Depot — podem fazer exigências complexas e significativas de logística e de outros tipos a seus fornecedores, e se estes deixam de atender a essas exigências, podem ser dispensados pelo comprador. O efeito dessas exigências pode ser uma redução no lucro dos fornecedores.

Segundo, se os produtos e serviços que estão sendo vendidos aos compradores são padronizados e indiferenciados, a ameaça de compradores pode ser maior. Por exemplo, fazendeiros vendem um produto muito padronizado. É muito difícil diferenciar produtos como trigo, milho ou tomates (embora isso possa ser feito até certo ponto pelo desenvolvimento de novas espécies de cultivo, conforme o período de colheita, pelo plantio orgânico sem pesticidas etc.). Em geral, atacadistas de alimentos e intermediários sempre podem encontrar fornecedores alternativos para produtos alimentícios básicos. Esses inúmeros fornecedores alternativos aumentam a ameaça de compradores e forçam os fazendeiros a manter seus preços e lucros baixos. Se um fazendeiro tenta aumentar seus preços, os atacadistas e intermediários simplesmente compram de outro fazendeiro.

Terceiro, os compradores têm mais probabilidade de ser uma ameaça quando os fornecedores de quem compram representam uma parcela significativa dos custos de seu produto final. Nesse contexto, os compradores tendem a se preocupar muito com os custos de seus suprimentos e a buscar constantemente alternativas mais baratas. Por exemplo, no setor de alimentos enlatados, o custo da lata em si pode constituir até 40 por cento do preço final de um produto. Não surpreende que empresas como a Campbell Soup Company estejam muito preocupadas em manter o preço das latas que compram o mais baixo possível.[35]

Quarto, os compradores tendem a ser uma ameaça quando não estão obtendo lucros econômicos significativos. Nessas circunstâncias, eles tendem a ser muito sensíveis a custos e insistem que os fornecedores ofereçam o menor custo e a maior qualidade possível. Esse efeito pode ser exacerbado quando os lucros obtidos pelos fornecedores são maiores do que aqueles dos compradores. Nesse cenário, um comprador teria forte incentivo para entrar no ramo de seu fornecedor para capturar parte dos lucros econômicos auferidos por este. Essa estratégia de **integração vertical para trás** é discutida em detalhes no Capítulo 6.

Finalmente, os compradores são uma ameaça para empresas de um setor quando têm a habilidade de integrar verticalmente para trás. Nesse caso, tornam-se tanto compradores como rivais e bloqueiam certa porcentagem das vendas do setor. A extensão em que os compradores representam uma ameaça para a integração vertical, por sua vez, depende das barreiras à entrada em um setor. Caso existam barreiras significativas à entrada, os compradores podem não conseguir empreender uma integração vertical para trás, e sua ameaça às empresas é reduzida.

Modelo de cinco forças e desempenho médio no setor

O modelo de cinco forças possui três implicações importantes para administradores que buscam escolher e implementar estratégias. Primeiro, esse modelo descreve as fontes mais comuns de ameaças ambientais locais nos setores. São elas: a ameaça de entrada, a ameaça de rivalidade, a ameaça de substitutos, a ameaça de fornecedores e a ameaça de compradores. Segundo, pode ser usado para caracterizar o nível geral de ameaça em um setor. Por fim, como o nível geral de ameaça em um setor está, segundo a lógica E-C-D, relacionado ao nível médio de de-

QUADRO 2.5 Indicadores da ameaça de compradores em um setor

1. Número pequeno de compradores.
2. Os produtos vendidos são indiferenciados e padronizados.
3. Os produtos vendidos são uma porcentagem significativa dos custos finais de um comprador.
4. Os compradores *não* estão obtendo lucros econômicos significativos.
5. Os compradores ameaçam a integração vertical para trás.

sempenho de uma empresa no setor, o modelo de cinco forças também pode ser usado para prever o nível médio de desempenho das empresas em um setor.

É claro que raramente as cinco forças em um setor serão igualmente ameaçadoras ao mesmo tempo. Isso às vezes pode complicar a previsão do nível médio de desempenho em um setor. Considere, por exemplo, os quatro setores da Tabela 2.1. É fácil prever o nível médio de desempenho das empresas nos dois primeiros setores: no setor I, o desempenho será alto; no setor II, baixo; no entanto, nos setores III e IV é bem mais complicado. Nessas situações mistas, a verdadeira pergunta a se fazer ao prever o desempenho médio das empresas em um setor é: "Uma ou mais das ameaças a esse setor são poderosas o suficiente para se apropriar da maior parte dos lucros que as empresas desse setor podem gerar?" Se a resposta para essa pergunta for sim, então o nível médio de desempenho previsto será baixo. Caso contrário, será alto.

Ainda mais fundamental que isso, a estrutura de cinco forças pode ser usada somente para prever o nível médio de desempenho em um setor. Isso funcionará se o setor de uma empresa for o determinante principal de seu desempenho geral. No entanto, conforme descrito no quadro "Pesquisa em foco", os dados sugerem que o setor em que uma empresa opera está longe de ser o único determinante de seu desempenho.

Outra força ambiental: complementadores

Recentemente, os professores Adam Brandenburger e Barry Nalebuff sugeriram que outra força deveria ser acrescentada à estrutura de cinco forças de Porter.[36] Os autores fazem uma distinção entre concorrentes e o que chamam de complementadores de uma empresa. Se você fosse o CEO de uma empresa, poderia determinar a diferença entre seus concorrentes e seus complementadores da seguinte maneira: outra empresa é um **concorrente** se os clientes de sua empresa valorizam menos seu produto quando têm o produto dessa outra empresa do que quando têm apenas seu produto. Rivais, novos entrantes e substitutos podem ser vistos como exemplos específicos de concorrentes. Por outro lado, outra empresa é um **complementador** se os clientes de sua empresa valorizam mais seu produto quando têm o produto dessa outra empresa do que quando têm apenas seu produto.

Considere, por exemplo, a relação entre as produtoras de programas de televisão e as redes de TV a cabo. O valor dos produtos dessas empresas depende parcialmente da coexistência entre elas. Os produtores de televisão precisam de veículos para seus programas. O crescimento do número de canais na TV a cabo proporciona mais desses veículos e, portanto, aumenta o valor dessas empresas de produção. Por outro lado, as empresas de TV a cabo podem continuar a acrescentar canais, mas esses canais precisam de conteúdo. Portanto, o valor das empresas de TV a cabo depende da existência das produtoras. Como o valor das produtoras é maior quando existem redes de TV a cabo, e como o valor das redes de TV a cabo é maior quando existem produtoras, esses tipos de empresa são complementadoras.

Brandenburger e Nalebuff prosseguem argumentando que uma diferença importante entre complementadores e concorrentes é que os primeiros ajudam a aumentar o tamanho do mercado, enquanto os últimos dividem esse mercado entre um grupo de empresas. Com base nessa lógica, esses autores sugerem que, embora uma empresa geralmente desencoraje a entrada de concorrentes em seu mercado, ela normalmente estimulará a entrada de complementadores. Voltando ao exemplo anterior, as produtoras de programas de TV na verdade vão querer que as redes de TV a cabo cresçam, prosperem e adicionem constantemente novos canais, enquanto as redes de TV a cabo vão querer que as produtoras cresçam e criem constantemente programas novos e inovadores. Se houver uma desaceleração no crescimento de uma dessas empresas, o crescimento da outra será prejudicado.

TABELA 2.1 Estimando o nível médio de desempenho em um setor

	Setor I	Setor III	Setor III	Setor IV
Ameaça de entrada	Alto	Baixo	Alto	Baixo
Ameaça de rivalidade	Alto	Baixo	Baixo	Alto
Ameaça de substitutos	Alto	Baixo	Alto	Baixo
Ameaça de fornecedores	Alto	Baixo	Baixo	Alto
Ameaça de compradores	Alto	Baixo	Alto	Baixo
Desempenho médio esperado das empresas	Baixo	Alto	Misto	Misto

> **PESQUISA EM FOCO**
>
> ### Impacto das características do setor e da empresa no desempenho da empresa
>
> Já há algum tempo os estudiosos têm-se interessado pelo impacto relativo dos atributos do setor em que uma empresa opera e dos atributos de uma empresa, em si, em seu desempenho. O primeiro trabalho nessa área foi publicado por Richard Schmalansee. Usando os dados referentes ao período de um único ano, Schmalansee estimou a variação no desempenho das empresas atribuível aos setores em que elas operavam, comparados a outras fontes de variação de desempenho. Schmalansee concluiu que aproximadamente 20 por cento da variação no desempenho de uma empresa era explicado pelo setor em que ela operava — uma conclusão consistente com o modelo E-C-D e sua ênfase de que o setor é um determinante fundamental do desempenho de uma empresa.
>
> Richard Rumelt identificou alguns pontos fracos da pesquisa de Schmalansee. O mais importante deles é que Schmalansee só tinha dados do período de um ano para examinar os efeitos dos atributos do setor e da empresa no desempenho dela. Rumelt conseguiu usar dados de um período de quatro anos, o que lhe permitiu distinguir entre efeitos estáveis e transitórios do setor e da empresa no desempenho da empresa. Os resultados de Rumelt foram consistentes com os de Schmalansee em um sentido: Rumelt também constatou que cerca de 16 por cento da variação no desempenho de uma empresa se devia a efeitos do setor, comparados aos 20 por cento obtidos por Schmalansee. No entanto, apenas metade desse efeito era estável. O restante representava variações de ano para ano nas condições da empresa em um setor. Esse resultado é largamente inconsistente com o modelo E-C-D.
>
> Rumelt também examinou o impacto dos atributos de uma empresa em seu desempenho e constatou que mais de 80 por cento da variação no desempenho da empresa se devia a esses atributos, e que mais da metade desses 80 por cento (46,38%) se devia a efeitos estáveis da empresa. A importância das diferenças estáveis da empresa para explicar diferenças de desempenho também é inconsistente com o modelo E-C-D. Esses resultados são consistentes com outro modelo de desempenho de empresa, chamado de *visão baseada em recurso*, que será descrito no Capítulo 3.
>
> Desde a pesquisa de Rumelt, esforços para identificar fatores que expliquem a variação no desempenho de uma empresa foram intensificados. Pelo menos nove artigos abordando esse assunto foram publicados na literatura. Um dos mais recentes sugere que, embora o impacto do setor, da corporação e do negócio sobre o desempenho de uma unidade de negócio possa variar entre setores e corporações, de modo geral, os efeitos das unidades de negócio são maiores do que os efeitos tanto corporativos como setoriais.
>
> *Fontes*: R. P. Rumelt, "How much does industry matter?", *Strategic Management Journal*, n. 12, p. 167-185, 1991; R. Schmalansee, "Do markets differ much?", *American Economic Review*, n. 75, p. 341-351, 1985; V. F. Misangyi, H. Elms, T. Greckhamer e J. A. Lepine, "A new perspective on a fundamental debate: a multilevel approach to industry, corporate and business unit effects", *Strategic Management Journal*, v. 27, n. 6, p. 571-590, 2006.

Naturalmente, a mesma empresa pode ser um complementador para uma empresa e um concorrente para outra. Por exemplo, a invenção da televisão por satélite e a popularização da DirectTV e da Dish Network representam um desafio competitivo para as empresas de TV a cabo. Isto é, a DirectTV e, digamos, a Time Warner Cable são concorrentes uma para a outra. No entanto, a DirectTV e as produtoras de televisão são complementadores umas para as outras. Ao decidir entre estimular ou não a entrada de novos complementadores, uma empresa deve avaliar o valor extra que eles criarão diante do impacto competitivo dessa entrada sobre seus complementadores atuais.

Também pode ocorrer de uma única empresa ser tanto o concorrente como o complementador da mesma empresa. Isso é muito comum em setores nos quais é importante criar padrões tecnológicos. Por exemplo, sem padrões sobre o tamanho de um CD, como as informações serão armazenadas, como serão lidas etc., os consumidores não estarão dispostos a comprar um tocador de CDs. Com padrões definidos, no entanto, as vendas de uma tecnologia em particular podem disparar. Para desenvolver padrões de tecnologia, as empresas devem estar dispostas a cooperar. Essa cooperação significa que, no que diz respeito ao padrão de tecnologia, as empresas são complementadores. E, na verdade, quando elas atuam como complementadores, suas ações têm o efeito de aumentar o tamanho total do mercado. No entanto, uma vez que tenham cooperado para estabelecer padrões, começam a competir para conquistar o máximo do mercado que criaram em conjunto. Nesse sentido, essas empresas também são concorrentes.

Às vezes, é muito difícil entender quando empresas em um setor devem se comportar como complementadores e quando devem ser concorrentes. Uma empresa que interagiu com outras em seu setor como um concorrente tem ainda mais dificuldades em mudar sua estrutura organizacional, seus sistemas de controle formal e informal e sua política de remuneração para começar a interagir como um complementador, ao menos para alguns propósitos. Aprender a lidar com o que Brandenburger e Nalebuff chamam de dilema 'O Médico e o Monstro' associado a concorrentes e complementadores pode distinguir empresas excelentes daquelas apenas medianas.

ESTRUTURA DO SETOR E OPORTUNIDADES AMBIENTAIS

Identificar ameaças ambientais é apenas metade do trabalho de conduzir uma análise externa. Tal análise também deve identificar oportunidades. Felizmente, a mesma lógica E-C-D que possibilitou o desenvolvimento de ferramentas para a análise de ameaças ambientais também pode ser usada para se desenvolverem ferramentas para a análise de oportunidades ambientais. No entanto, em vez de identificar as ameaças comuns à maioria das empresas, a análise de oportunidades começa com a identificação de várias estruturas genéricas de setor e, em seguida, descreve as oportunidades estratégicas disponíveis em cada um dos diferentes setores.[37]

Evidentemente, existem muitas estruturas genéricas de setor. No entanto, quatro delas são muito comuns e serão o foco da análise de oportunidades neste livro. São elas: (1) setores fragmentados; (2) setores emergentes; (3) setores maduros; e (4) setores em declínio. Uma quinta estrutura de setor — setores internacionais — será discutida adiante no capítulo. Os tipos de oportunidade comumente associados a essas estruturas de setor são apresentados na Tabela 2.2.

Oportunidades em setores fragmentados: consolidação

Setores fragmentados são aqueles nos quais opera grande número de empresas pequenas ou de porte médio e não existe um pequeno grupo de empresas que domine a participação de mercado ou crie tecnologias dominantes. A maioria dos setores de serviços — incluindo varejo, construção e gráficas, para citar apenas alguns — é fragmentada.

Os setores podem ser fragmentados por diversas razões. Por exemplo, podem existir poucas barreiras à entrada em um setor, estimulando, assim, diversas empresas pequenas a entrar. Pode existir pouca ou nenhuma economia de escala, e, inclusive, algumas deseconomias de escala importantes, estimulando, então, as empresas a permanecer pequenas. Também pode haver necessidade de um controle rígido local sobre os empreendimentos de um setor — por exemplo, cinemas e restaurantes locais — para garantir a qualidade e minimizar prejuízos com roubos.

A principal oportunidade para as empresas em setores fragmentados é a implementação de estratégias que comecem a consolidar o setor em um pequeno número de empresas. As empresas que têm sucesso na implementação dessa estratégia de consolidação podem tornar-se líderes do setor e obter benefícios desse tipo de esforço, caso existam.

A consolidação pode ocorrer de várias formas. Por exemplo, uma empresa estabelecida pode descobrir novas economias de escala em um setor. No setor altamente fragmentado de casas funerárias nos Estados Unidos, a Service Corporation International (SCI) descobriu que o desenvolvimento de uma rede de casas funerárias lhe proporcionava vantagens na aquisição de suprimentos essenciais (caixões) e na alocação de recursos escassos (agentes e carros funerários). Ao adquirir várias casas funerárias anteriormente independentes, a SCI conseguiu reduzir seus custos e obter altos níveis de desempenho econômico.[38]

TABELA 2.2 Estrutura do setor e oportunidades ambientais

Estrutura do setor	Oportunidades
Setores fragmentados	Consolidação
Setores emergentes	Vantagens do pioneiro
Setores maduros	Refinamento de produto Investimento em qualidade de serviço Inovação de processo
Setores em declínio	Liderança Nicho Colheita Alienação

Empresas estabelecidas às vezes adotam novas estruturas de propriedade para ajudar a consolidar um setor. A Kampgrounds of America (KOA) usa contratos de franquia com operadores locais para oferecer áreas de *camping* a viajantes, no setor fragmentado de áreas privadas para acampamento. A KOA proporciona aos operadores treinamento profissional, competências técnicas e acesso à reputação da marca. Os operadores locais, por sua vez, proporcionam à KOA gerentes locais extremamente interessados no sucesso financeiro e operacional de seus *campings*. Contratos de franquia semelhantes têm sido fundamentais na consolidação de outros setores fragmentados, incluindo os de *fast-food* (McDonald's), amortecedores (Midas) e hotéis econômicos (La Quinta, Holiday Inn, Howard Johnson's).[39]

Os benefícios da implementação de uma estratégia de consolidação em um setor fragmentado produzem as vantagens que empresas maiores em tais setores obtêm graças à sua maior participação de mercado. Como será discutido no Capítulo 4, empresas com grande participação de mercado podem deter importantes vantagens de custo. Ter participação de mercado grande também ajuda uma empresa a diferenciar seus produtos.

Oportunidades em setores emergentes: vantagens do pioneiro

Setores emergentes são setores recém-criados ou recriados, formados por inovações tecnológicas, mudanças na demanda, surgimento de novas necessidades do consumidor etc. Nos últimos 30 anos, a economia mundial foi inundada por setores emergentes, incluindo os de microprocessadores, computadores pessoais, diagnóstico por imagens e biotecnologia, para citar alguns. As empresas desses setores deparam-se com um conjunto único de oportunidades, cuja exploração pode ser uma fonte de desempenho superior durante algum tempo para algumas empresas.

Essas oportunidades enquadram-se na categoria geral de vantagens dos pioneiros. Trata-se das vantagens desfrutadas por empresas que tomam decisões estratégicas e tecnológicas importantes no início do desenvolvimento de um setor. Nos setores emergentes, muitas regras e muitos procedimentos operacionais padronizados para competir e ter sucesso ainda precisam ser estabelecidos. As empresas pioneiras podem, em alguns casos, ajudar a estabelecer as regras do jogo e criar a estrutura do setor da maneira que lhes sejam especialmente benéficas. Em geral, as vantagens dos pioneiros podem originar-se de três fontes principais: (1) liderança tecnológica, (2) posse de ativos estrategicamente valiosos e (3) criação de custos de mudança para o consumidor.[40]

Vantagens do pioneiro e liderança tecnológica

Empresas que investem cedo em determinada tecnologia em um setor estão implementando uma **estratégia de liderança tecnológica**. Tal estratégia pode gerar duas vantagens em setores emergentes. Primeiro, as empresas que as implementarem podem obter uma posição de baixo custo baseada em seu maior volume cumulativo de produção com uma determinada tecnologia. Essas vantagens de custo tiveram implicações competitivas importantes em setores tão diversos quanto o de produção de dióxido de titânio pela DuPont e a vantagem competitiva da Procter & Gamble em fraldas descartáveis.[41]

Segundo, empresas que investem cedo em uma tecnologia podem obter proteções de patente que aumentam seu desempenho.[42] As patentes da Xerox no processo de xerografia e a patente da General Electric (GE) no design da lâmpada original de Edison foram importantes para o sucesso dessas empresas quando os dois setores estavam emergindo.[43] No entanto, embora haja algumas exceções (por exemplo, o setor farmacêutico e de produtos químicos especializados), as patentes em si parecem proporcionar oportunidades de lucro relativamente pequenas para os pioneiros, na maioria dos setores emergentes. Um grupo de pesquisadores concluiu que imitadores podem replicar as vantagens originadas de patentes dos pioneiros por cerca de 65 por cento do custo destes.[44] Esses pesquisadores também concluíram que 60 por cento de todas as patentes são imitadas no prazo de quatro anos após serem concedidas — sem que haja uma violação legal dos direitos adquiridos pelos pioneiros. Como discutiremos em detalhes no Capítulo 3, as patentes raramente são uma fonte de vantagem competitiva sustentável para as empresas, mesmo nos setores emergentes.

Vantagens do pioneiro e posse de ativos estrategicamente valiosos

Os pioneiros que investem apenas em tecnologia geralmente não obtêm vantagens competitivas sustentáveis. Entretanto, os pioneiros que ingressam em um setor para investir estrategicamente em recursos valiosos antes que seu valor seja amplamente reconhecido podem conquistar vantagens competitivas sustentáveis. **Ativos estrategicamente valiosos** são recursos requeridos para competir com sucesso em um setor. Empresas que conseguem adquirir esses recursos criam, efetivamente, barreiras formidáveis à imitação em um setor. Alguns ativos estrategicamente valiosos que podem ser adquiridos dessa maneira incluem acesso a matérias-primas, localizações geográficas particularmente favoráveis e posicionamento particularmente valioso de produto no mercado.

Quando, por exemplo, a empresa petrolífera Royal Dutch Shell (devido à sua competência superior em exploração) adquire concessões com maior potencial de desenvolvimento do que suas concorrentes, ganha acesso a matérias-primas de uma forma que pode gerar vantagens competitivas sustentáveis. Quando o "Walmart" abre lojas em cidades de médio porte antes da chegada de concorrentes, está dificultando a entrada da concorrência nesse mercado. Ou, ainda, quando os fabricantes de cereais matinais expandem suas linhas de produtos para incluir todas as combinações possíveis de trigo, aveia, farelo, milho e açúcar, estão usando uma vantagem de pioneiro para impedir a entrada de concorrentes.[45]

Vantagens do pioneiro e criação de custos de mudança para o consumidor

As empresas também podem ganhar vantagens de pioneiro em um setor emergente criando **custos de mudança para o consumidor**. Esses custos existem quando os clientes fazem investimentos a fim de usar os produtos ou serviços de uma empresa. Tais investimentos 'prendem' o cliente a determinada empresa e tornam mais difícil para ele começar a comprar de empresas diferentes.[46] Tais custos de mudança são fatores importantes em setores tão distintos quanto os de aplicativos de software para computadores pessoais, medicamentos e gêneros alimentícios.[47]

No setor de aplicativos de software para computadores pessoais, os usuários fazem investimentos consideráveis para aprender como usar um pacote de software em particular. Uma vez que tenham aprendido, é improvável que mudem para um software novo, mesmo que este seja superior ao que utilizam. Essa mudança requer aprender a usar o novo software e conhecer as semelhanças e diferenças em relação ao antigo. Por essas razões, alguns usuários continuarão a usar um software ultrapassado, mesmo que o desempenho do novo seja muito melhor.

Custos de mudança semelhantes podem existir em segmentos do setor de medicamentos. Uma vez familiarizados com determinado medicamento — suas aplicações e seus efeitos colaterais —, os médicos às vezes relutam em mudar para um novo, mesmo que ele prometa ser mais eficaz do que o antigo. Experimentar o medicamento novo requer aprender suas propriedades e efeitos colaterais. Mesmo que este medicamento tenha a aprovação do governo, seu uso requer que os médicos estejam dispostos a 'testar' a saúde de seus pacientes. Dadas essas questões, muitos médicos não se dispõem a adotar rapidamente novas terapias medicamentosas. Essa é uma das razões pela qual os laboratórios farmacêuticos gastam tanto tempo e dinheiro usando sua força de vendas para instruir seus clientes médicos. Esse tipo de instrução é necessário para fazer com que um médico se disponha a mudar de um medicamento antigo para um novo.

Custos de mudança para o cliente podem, inclusive, desempenhar um papel no setor de supermercados. Cada loja dispõe os produtos de uma forma própria. Após aprenderem onde os produtos estão localizados em determinada loja, os clientes tendem a não mudar de loja; muitos querem evitar a perda de tempo e a frustração de ficar vagando por uma loja nova, à procura de um produto escondido. De fato, o custo de mudar de loja pode ser grande o bastante para permitir que alguns supermercados cobrem preços maiores do que ocorreria se não houvesse os custos de mudança para o consumidor.

Desvantagens dos pioneiros

Obviamente, as vantagens de ser pioneiro em setores emergentes devem ser comparadas aos riscos associados a explorar essa oportunidade. Setores emergentes são caracterizados por grande incerteza. Quando empresas pioneiras tomam decisões estratégicas cruciais, talvez não esteja totalmente claro quais são as decisões certas. Em tais cenários de grande incerteza, uma estratégia alternativa razoável para pioneiros talvez seja manter a flexibilidade. Embora pioneiros procurem solucionar a incerteza com que se deparam tomando decisões de antemão e depois tentando influenciar a evolução de um setor emergente, eles usam a flexibilidade para solucionar essa incerteza, retardando decisões até que o caminho economicamente correto esteja claro e, depois, agindo rapidamente para tirar proveito desse caminho.

Oportunidades em setores maduros: refinamento de produto, serviços e inovação de processo

É comum que setores emergentes sejam formados pela criação de novos produtos ou tecnologias que mudam radicalmente as regras do jogo em um setor. Entretanto, com o tempo, essas novas maneiras de fazer negócio tornam-se amplamente conhecidas — à medida que as tecnologias se difundem pelos concorrentes e a taxa de inovação de novos produtos e tecnologias cai — e um setor começa a entrar na fase de maturidade de seu desenvolvimento. Conforme descrito no quadro "Estratégia na empresa emergente", essa mudança na natureza do setor de uma empresa pode ser difícil de reconhecer e criar-lhe problemas tanto estratégicos como operacionais.

Características comuns de **setores maduros** incluem: (1) lento crescimento na demanda total do setor; (2) desenvolvimento de clientes com experiência em compras recorrentes; (3) desaceleração nos aumentos de capaci-

ESTRATÉGIA NA EMPRESA EMERGENTE

Microsoft cresce

Começou com um e-mail de 5 mil palavras enviado por Steve Balmer, CEO da Microsoft, para todos os 57 mil funcionários. Enquanto e-mails anteriores do fundador da Microsoft, Bill Gates — incluindo o de 1995, exortando a empresa a aprender como 'surfar na Internet' —, inspiravam o avanço para a conquista de mais desafios tecnológicos, o assunto do e-mail de Balmer era a situação atual da Microsoft e exortava a empresa a se tornar mais 'focada' e eficiente. Balmer também anunciou que a empresa cortaria seus custos em $ 1 bilhão durante o próximo ano fiscal. Um observador descreveu o e-mail como do tipo que você esperaria ler na Procter & Gamble, não na Microsoft.

Então, veio outra notícia bombástica. Surpreendendo a todos, Balmer anunciou que a Microsoft distribuiria aos acionistas uma grande parcela dos $ 56 bilhões de sua reserva de caixa na forma de um dividendo especial. No que se acredita ter sido a maior dispersão de caixa jamais realizada, a Microsoft distribuiu $ 32 bilhões aos acionistas e usou cerca de $ 30 bilhões adicionais para recomprar ações. Bill Gates recebeu $ 3,2 bilhões em dividendos. Essas mudanças significam que a estrutura de capital da Microsoft ficaria mais semelhante à da, digamos, Procter & Gamble do que à de uma ambiciosa e empreendedora empresa de softwares.

O que aconteceu na Microsoft? Será que a gerência da empresa concluiu que o setor de softwares para computadores pessoais deixou de ser emergente e chegou a um ponto de amadurecimento em que a Microsoft precisaria mudar algumas de suas estratégias tradicionais? A maioria dos observadores acredita que o e-mail de Balmer e a decisão de reduzir suas reservas de caixa sinalizam que a Microsoft realmente chegou a essa conclusão. Na verdade, embora a maioria dos negócios centrais da Microsoft — seu sistema operacional Windows, seus aplicativos para computadores pessoais e softwares servidores — continue crescendo a uma taxa de $ 3 bilhões ao ano, se estivesse crescendo a taxas históricas, deveria estar gerando $ 7 bilhões de receita ao ano. Além disso, os novos negócios da Microsoft — videogames, serviços de Internet, software empresarial e software para telefones e computadores de mão — estão acrescentando menos de $ 1 bilhão em novas receitas a cada ano. Isto é, o crescimento nos novos negócios da Microsoft não está compensando o crescimento mais lento em seus negócios tradicionais.

Também existem outros indicadores da crescente maturidade do setor de software para computadores pessoais e das mudanças estratégicas da Microsoft. Por exemplo, durante 2003 e 2004, a Microsoft resolveu a maioria de seus litígios por antitruste, abandonou seu plano de opções de ações oferecidas aos funcionários em favor de um esquema de remuneração baseado em ações (popular entre empresas de crescimento lento), melhorou seus sistemas de recebimento e fornecimento de *feedback* de clientes e melhorou a qualidade de seus relacionamentos com alguns de seus principais rivais, incluindo a Sun Microsystems, Inc. Essas medidas são características de uma empresa que reconhece que as oportunidades de crescimento rápido existentes anteriormente já não existem mais.

Nesse ponto, a Microsoft deve escolher se irá revitalizar seu crescimento por meio de uma série de grandes aquisições ou se aceitará a taxa de crescimento mais lenta em seus mercados-alvo. Como descrito no caso de abertura do Capítulo 10, a empresa fez um esforço significativo, porém, no final das contas, malsucedido, de adquirir a Yahoo em uma tentativa de alavancar seu crescimento em serviços on-line, um forte indício de que a Microsoft, embora reconheça o crescimento mais lento em seu negócio principal, não abandonou por completo a ideia de crescer rapidamente em algumas partes de seu negócio.

Fontes: J. Greene, "Microsoft's midlife crisis", *BusinessWeek*, p. 88, 19 abr. 2004; R. Guth e S. Thurm, "Microsoft to dole out its cash hoard", *Wall Street Journal*, New York, NY, p. A1, 21 jul. 2004; S. Hamm, "Microsoft's worst enemy: success", *BusinessWeek*, p. 33, 19 jun. 2004; Microsoft Corporation. Disponível em: www.microsoft.com/billgates/speeches/2006/00-15transition.asp. Acesso em: 20 dez. 2010.

---

dade de produção; (4) desaceleração na introdução de novos produtos ou serviços; (5) aumento na quantidade de concorrência internacional; e (6) redução geral na lucratividade de empresas no setor.[48]

O setor de *fast-food* nos Estados Unidos tornou-se maduro nos últimos dez ou 15 anos. Na década de 1960, havia apenas três grandes redes nacionais no país: McDonald's, Burger King e Dairy Queen. Ao longo da década de 1980, essas três cadeias cresceram rapidamente, embora a taxa de crescimento do McDonald's tenha ultrapassado a das outras duas empresas. Durante esse período, no entanto, outras redes entraram no mercado. Entre elas estavam algumas nacionais, como Kentucky Fried Chicken (KFC), Wendy's e Taco Bell, e outras regionais fortes, como Jack in the Box e In and Out Burger. No início da década de 1990, o crescimento nesse setor diminuiu consideravelmente. O McDonald's anunciou que enfrentava dificuldades em encontrar locais para novas lojas que não prejudicassem as vendas daquelas já existentes. Exceto as operações fora dos Estados Unidos, onde a competição no setor de *fast-food* não era tão madura, a lucratividade da maioria das empresas norte-americanas do ramo não cresceu tanto na década de 1990 quanto entre as décadas de 1960 e 1980. Na realidade, em 2002, todas as principais redes ou não estavam ganhando muito dinheiro ou, como o McDonald's, estavam, na verdade, perdendo dinheiro.[49]

Oportunidades para empresas em setores maduros comumente passam do desenvolvimento de novos produtos e novas tecnologias em um setor emergente para uma ênfase maior no refinamento dos produtos e no aumento da qualidade do serviço, com foco na redução de custos de manufatura e no aumento da qualidade por meio da inovação de processos.

Refinando produtos atuais

Em setores maduros como o de detergentes domésticos, óleo para motor e eletrodomésticos, a tendência é que haja poucas grandes inovações tecnológicas — se houver alguma. No entanto, isso não significa que não haja inovações nesses setores. Neles, a inovação está focalizada na extensão e no aprimoramento de produtos e tecnologias existentes. No setor de detergentes domésticos, a inovação recentemente focou na mudança de embalagens e na venda de produtos mais concentrados. No setor de óleo para motor, recentes mudanças na embalagem (de latas para recipientes plásticos), aditivos que mantêm o óleo limpo por mais tempo e óleos formulados para operar em motores de quatro cilindros são exemplos desse tipo de inovação. No setor de eletrodomésticos, a disponibilidade de geladeiras com dispensador de cubos de gelo e de água na porta, de fogões de estilo industrial para uso residencial e de lava-louças que ajustam automaticamente o ciclo de lavagem dependendo do nível de sujeira da louça são melhorias recentes.[50]

Ênfase no serviço

Quando empresas em um setor têm uma habilidade limitada para investir em produtos e novas tecnologias radicais, os esforços para diferenciar produtos geralmente se voltam para a qualidade do atendimento ao cliente. Uma empresa capaz de desenvolver uma reputação de atendimento ao cliente de alta qualidade pode obter um desempenho superior, mesmo que seus produtos não sejam altamente diferenciados.

Essa ênfase em serviços tornou-se muito importante em diversos setores. Por exemplo, no setor de alimentos de conveniência, uma das principais razões para o crescimento lento do segmento de *fast-food* tem sido a expansão de outro, chamado de *casual dining*. Esse segmento inclui restaurantes como Chili's e Applebee's. A comida vendida em ambos é semelhante: hambúrguer, refrigerantes, saladas, frango, sobremesas — embora muitos consumidores acreditem que a qualidade da comida seja superior nos restaurantes de *casual dining*. No entanto, fora quaisquer diferenças percebidas na comida, o nível de serviço nos dois tipos de estabelecimento varia consideravelmente. Nos de *fast-food*, a comida é servida aos consumidores em uma bandeja; nos de *casual dining*, garçons e garçonetes servem a comida em pratos na mesa do cliente. Esse nível de serviço é uma das razões para o aumento da popularidade do *casual dining*.[51]

Inovação de processo

Os processos de uma empresa são as atividades em que ela se envolve para projetar, produzir e vender seus produtos e serviços. Assim, **inovação de processo** são os esforços de uma empresa para refinar e aprimorar seus processos vigentes. Vários autores estudaram a relação entre inovação de processo, inovação de produto e maturidade de um setor.[52] Esse trabalho, resumido na Figura 2.5, sugere que, nos estágios iniciais de desenvolvimento de um setor, a inovação de produto é muito importante. Entretanto, com o tempo, torna-se menos importante, e inovações de processo destinadas a reduzir custos de manufatura, aumentar a qualidade do produto e otimizar o gerenciamento adquirem maior relevância. Em setores maduros, as empresas costumam obter vantagens fabricando o mesmo produto que os concorrentes, mas a um custo menor. Como alternativa, as empresas podem fabricar, a um custo competitivo, um produto percebido como sendo de maior qualidade. Inovações de processo facilitam tanto a redução de custos como o aumento da qualidade.

O papel da inovação de processo em setores mais maduros talvez seja mais bem exemplificado pelo aprimoramento dos automóveis norte-americanos. Na década de 1980, empresas japonesas como Toyota, Nissan e Honda vendiam carros com qualidade significativamente superior aos das norte-americanas como General Motors, Ford e Chrysler. Diante dessa desvantagem competitiva, essas empresas empenharam-se em inúmeras reformas de processos para melhorar a qualidade de seus automóveis. Nos anos 1980, as montadoras norte-americanas foram processadas por painéis mal encaixados na estrutura interna do veículo, para-choques presos fora de alinhamento e por colocar o motor errado em um carro. Hoje em dia, as diferenças de qualidade entre carros novos fabricados no Estados Unidos e no Japão são muito pequenas. Na verdade, um famoso avaliador da qualidade inicial de fabricação — J. D. Powers — concentra-se, atualmente, para classificar a qualidade, em itens como a qualidade dos

FIGURA 2.5 Inovação de processo e produto e estrutura do setor

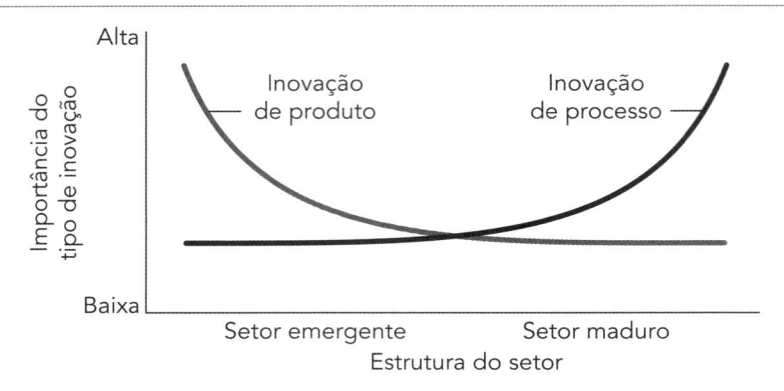

Fonte: R. H. Hayes e S. C. Wheelwright, "The dynamics of process-product life cycles", *Harvard Business Review*, Boston, MA, v. 57, n. 2, p. 127-136, mar.-abr. 1979.

porta-copos e a distância máxima em que o controle remoto de um carro funciona. Os problemas de qualidade realmente significativos da década de 1980 praticamente desapareceram.[53]

Oportunidades nos setores em declínio: liderança, nicho, colheita e alienação

Um **setor em declínio** é aquele que teve uma queda absoluta nas vendas por um período prolongado.[54] Obviamente, empresas em um setor em declínio deparam-se com mais ameaças do que oportunidades. A rivalidade em um setor em declínio tende a ser muito alta, assim como as ameaças de compradores, fornecedores e substitutos. No entanto, embora as ameaças sejam significativas, existem oportunidades que devem ser exploradas. As principais opções estratégicas que as empresas nesse tipo de setor encontram são liderança, nicho, colheita e alienação.

Liderança de mercado

Um setor em declínio frequentemente se caracteriza por excesso de capacidade de manufatura e distribuição, entre outros fatores. Uma demanda reduzida geralmente significa que as empresas nesse tipo de setor deverão enfrentar um considerável período de *shakeout* (rearranjo) até que o excesso de capacidade seja reduzido e equilibrado em relação à demanda. Após um *shakeout*, um número menor de empresas enxutas e 'focadas' pode desfrutar de um ambiente relativamente benigno, com poucas ameaças e várias oportunidades. Se a estrutura setorial que se espera que subsista a um *shakeout* for bastante atrativa, as empresas em um determinado setor antes do rearranjo de forças poderão ter um incentivo para resistir à tempestade de declínio — sobreviver até que a situação melhore a ponto de começarem a obter lucros superiores.

Se uma empresa decidir aguardar a tempestade de declínio passar, na esperança de encontrar condições ambientais melhores no futuro, deverá levar em conta várias etapas para melhorar suas chances de sobrevivência. A mais importante delas é a empresa firmar-se como **líder de mercado** do setor antes do *shakeout*, comumente abocanhando a maior fatia de mercado. A finalidade de assumir a liderança de mercado não é facilitar o conluio tácito (Capítulo 9) ou obter redução de custo por meio de economias de escala (Capítulo 6); pelo contrário, em um setor em declínio o objetivo do líder é facilitar a saída de empresas com pouca chance de sobreviver ao *shakeout*, dessa forma criando para si um ambiente competitivo mais favorável o mais rápido possível.

Líderes de mercado em setores em declínio podem facilitar a saída de empresas de diversas maneiras, tais como: comprar e em seguida encolher linhas de produtos de concorrentes; comprar e retirar do mercado a capacidade de manufatura do concorrente; fabricar peças de reposição para linhas de produtos de concorrentes e enviar sinais concretos de sua intenção de permanecer no setor e continuar como uma empresa dominante. Por exemplo, problemas de excesso de capacidade na indústria petroquímica europeia foram parcialmente resolvidos quando a Imperial Chemical Industries (ICI) trocou suas fábricas de polietileno pelas fábricas de cloreto de polivinila (PVC) da British Petroleum. Nesse caso, ambas as empresas puderam estancar o excesso de capacidade em mercados específicos (polietileno e PVC), ao mesmo tempo que emitiam sinais claros de sua intenção de permanecer nesses mercados.[55]

Nicho de mercado

Uma empresa que segue uma estratégia de liderança em um setor em declínio busca facilitar a saída de outras empresas, mas uma empresa que segue uma **estratégia de nicho** em um setor em declínio reduz seu escopo de operações e volta seu foco para segmentos restritos do setor. Se poucas empresas escolhem apenas um nicho, é provável que tenham um ambiente competitivo favorável, embora o setor como um todo esteja enfrentando uma retração na demanda.

Duas empresas que usaram uma estratégia de nicho em um mercado em declínio foram a GTE Sylvannia e a GE no setor de válvulas eletrônicas. A invenção do transistor, seguido pelo semicondutor, destruiu a demanda por esse tipo de válvula em novos produtos. GTE Sylvannia e GE rapidamente reconheceram que a venda de novos produtos em válvulas eletrônicas estava extinguindo-se. Em resposta, essas empresas começaram a se especializar no fornecimento de peças de reposição aos mercados de consumo e militar. Para obter altos lucros, elas tiveram de redirecionar seus esforços de vendas e redimensionar suas equipes de vendas e produção. Com o passar do tempo, cada vez menos empresas fabricavam essas válvulas, permitindo à GTE Sylvannia e à GE cobrar preços muito altos por peças de reposição.[56]

Colheita

Estratégias de liderança e nicho, embora diferentes em várias dimensões, possuem um atributo em comum: empresas que as implementam pretendem permanecer no setor, apesar de seu declínio. Já as empresas que perseguem uma **estratégia de colheita** em um setor em declínio não esperam permanecer no setor no longo prazo; ao contrário, empenham-se em uma retirada longa, sistemática e gradual, extraindo o máximo de valor possível nesse período.

A extração de valor durante a implementação de uma estratégia de colheita pressupõe que exista algum valor a ser colhido. Dessa forma, as empresas que adotam tal estratégia devem, de modo geral, ter obtido ao menos algum lucro em algum período de sua história, antes de o setor entrar em declínio. As empresas podem implementar uma estratégia de colheita reduzindo a variedade de produtos que vendem, reduzindo sua rede de distribuição, eliminando consumidores menos lucrativos, reduzindo a qualidade do produto, reduzindo a qualidade do serviço, adiando a manutenção e o reparo de equipamentos etc. No fim, após um período de colheita em um setor em declínio, as empresas podem vender suas operações naquele setor (para um líder de mercado) ou simplesmente encerrar as operações.

Em princípio, a oportunidade de colheita parece simples, mas, na prática, ela apresenta alguns desafios gerenciais consideráveis. O movimento em direção a uma estratégia de colheita geralmente implica que algumas das características de um negócio que foram por muito tempo fonte de orgulho da gerência devem ser abandonadas. Por conseguinte, uma empresa que tenha se especializado, antes da colheita, em serviço de alta qualidade, produtos de qualidade e excelente valor ao cliente, durante o período de colheita deverá ver a qualidade de serviço cair, a qualidade de produto deteriorar-se e os preços aumentarem. Essas mudanças podem ser difíceis de aceitar para os gerentes, resultando em uma rotatividade mais alta de pessoal. Também é difícil contratar gerentes de qualidade para uma empresa que segue uma estratégia de colheita, uma vez que esses profissionais estão mais propensos a buscar melhores oportunidades em outro lugar.

Por esses motivos, poucas empresas anunciam explicitamente sua estratégia de colheita. No entanto, exemplos podem ser encontrados. A GE parece estar seguindo uma estratégia de colheita no ramo de turbina elétrica. A United States Steel e a International Steel Group em certos segmentos do mercado de aço também.[57]

Alienação

A última oportunidade que as empresas encontram em um setor em declínio é a alienação. Assim como na estratégia de colheita, o objetivo da **alienação** é tirar uma empresa de um setor em declínio. No entanto, ao contrário da colheita, a alienação ocorre de maneira rápida, geralmente logo depois que um padrão de declínio se estabelece. Empresas sem vantagens competitivas estabelecidas podem considerar a alienação uma opção superior à colheita, porque têm poucas vantagens competitivas a explorar.

Na década de 1980, a GE usou essa rápida estratégia para virtualmente abandonar o ramo de produtos eletrônicos de consumo. A demanda total desse negócio era mais ou menos estável na década de 1980, mas a concorrência (sobretudo dos fabricantes asiáticos) aumentava consideravelmente. Em vez de permanecer no negócio, a GE vendeu a maior parte de suas operações e utilizou o capital para ingressar no setor de diagnóstico por imagens, no qual a empresa encontrou um ambiente mais favorável a um desempenho superior.[58]

No setor de defesa, a alienação é a estratégia declarada da General Dynamics, ao menos em alguns de seus segmentos de negócios. Os executivos da empresa logo reconheceram que o setor de defesa em retração não poderia suportar todas as empresas estabelecidas; quando concluíram que não poderiam permanecer como líder em alguns de seus negócios, decidiram aliená-los para concentrarem-se nos poucos remanescentes. Desde 1991, a General Dynamics vendeu negócios no valor de $ 2,83 bilhões, incluindo o de sistemas de mísseis, a divisão de aeronaves Cessna e a divisão de aeronaves táticas (fabricante do caça extremamente bem-sucedido F-16 e parceira no desenvolvimento da próxima geração de caças F-22). Essas alienações deixaram a General Dynamics com apenas três negócios: tanques blindados, submarinos nucleares e veículos de lançamento ao espaço. Durante esse período, a empresa retornou cerca de $ 4,5 bilhões aos investidores, viu o valor de sua ação subir para $ 110 e proporcionou um retorno aos acionistas que totalizou 555 por cento.[59]

É claro que nem todas as alienações são causadas pelo declínio em um setor. Em alguns casos, as empresas alienam certas operações para concentrar seus esforços nas operações remanescentes; em outros casos, alienam para levantar capital ou para simplificar operações. Esses tipos de alienação refletem uma estratégia de diversificação das empresas e são explorados em detalhes no Capítulo 11.

|||| RESUMO ||||

O processo de gestão estratégica requer que uma empresa conduza uma análise de ameaças e oportunidades em seu ambiente competitivo antes de fazer uma escolha estratégica. Essa análise começa com o entendimento do ambiente geral em que a empresa opera. Esse ambiente tem seis componentes: mudança tecnológica, tendências demográficas, tendências culturais, clima econômico, condições legais e políticas e acontecimentos internacionais específicos. Embora alguns desses componentes possam afetar uma empresa diretamente, isso costuma ocorrer por meio de seu impacto no ambiente local.

O modelo E-C-D permite a análise do ambiente local de uma empresa e vincula a estrutura do setor em que ela opera, suas alternativas estratégicas e seu desempenho. Nesse modelo, *estrutura* é definida como a estrutura do setor e inclui os atributos do setor que restringem as alternativas estratégicas e o desempenho de uma empresa. *Conduta* é definida como as estratégias da empresa. E o *desempenho* refere-se ao desempenho de uma empresa em um setor ou ao desempenho da economia como um todo — embora a primeira definição de desempenho seja mais importante para a maioria dos propósitos de gestão estratégica.

O modelo E-C-D pode ser usado para desenvolver ferramentas para a análise de ameaças em um ambiente competitivo; a mais influente dessas ferramentas é chamada de 'estrutura de cinco forças'. Essas cinco forças são: ameaça à entrada, ameaça de rivalidade, ameaça de substitutos, ameaça de fornecedores e ameaça de compradores. A ameaça à entrada depende da existência e da 'altura' das barreiras à entrada. Barreiras comuns à entrada incluem economias de escala, diferenciação de produto, vantagens de custo independentes da escala e normas governamentais. A ameaça de rivalidade depende do número e da competitividade das empresas em um setor. Essa ameaça é alta em um setor quando: existe um número grande de empresas concorrentes; as empresas concorrentes são basicamente do mesmo tamanho e têm a mesma influência; o crescimento no setor é lento; não há diferenciação de produto e a capacidade produtiva é adicionada em grandes incrementos. A ameaça de substitutos depende de quão semelhantes esses produtos e serviços são — em desempenho e custo — a produtos e serviços em um setor; enquanto todos os rivais atendem às mesmas necessidades do cliente praticamente da mesma forma, os substitutos atendem às mesmas necessidades do cliente, mas de maneiras muito diferentes. A ameaça de fornecedores em um setor depende do número e das características únicas dos produtos fornecidos a um setor. Essa ameaça aumenta quando: o setor de um fornecedor é dominado por poucas empresas; os fornecedores vendem produtos únicos ou altamente diferenciados; os fornecedores não são ameaçados por substitutos; os fornecedores ameaçam a integração vertical para a frente; as empresas não são clientes importantes para os fornecedores. Por fim, a ameaça de compradores depende do número e do tamanho dos clientes de um setor. Ela é maior quando: o número de compradores é pequeno; os produtos vendidos são indiferenciados e padronizados; os produtos vendidos representam uma porcentagem significativa do custo final de um comprador; os compradores não estão obtendo lucros significativos; os compradores ameaçam a integração vertical para trás. Os níveis dessas ameaças, tomados em conjunto, podem ser usados para determinar o desempenho médio esperado das empresas em um setor.

Uma força do ambiente de uma empresa não incluída na estrutura de cinco forças é a dos complementadores. Enquanto os concorrentes (incluindo rivais, novos entrantes e substitutos) competem entre si para dividir lucros em um mercado, os complementadores aumentam o tamanho total do mercado. Como CEO de uma empresa, você saberá que outra empresa é um complementador quando o valor de seus produtos, para os clientes, for maior quando eles forem combinados com os produtos dessa outra empresa do que quando usados sozinhos. Embora as empresas tenham fortes incentivos para reduzir a entrada de concorrentes, às vezes podem ter fortes incentivos para aumentar a entrada de complementadores.

O modelo E-C-D também pode ser usado no desenvolvimento de ferramentas para análise de oportunidades estratégicas em um setor. Isso é feito identificando-

-se estruturas genéricas de um setor e as oportunidades estratégicas disponíveis nos diferentes tipos de setor. Quatro estruturas comuns de setor são: setores fragmentados, setores emergentes, setores maduros e setores em declínio. A principal oportunidade nos setores fragmentados é a consolidação. Nos setores emergentes, as oportunidades mais importantes são: vantagens de liderança tecnológica do pioneiro, posse de ativos estrategicamente valiosos ou criação de custos de mudança para o consumidor. Em setores maduros, as principais oportunidades são: refinamento de produto, serviços e inovação de processos; e, nos setores em declínio, as oportunidades incluem liderança de mercado, nicho, colheita e alienação.

|||| QUESTÕES ||||

1. Um ex-colega de faculdade liga para você pedindo um empréstimo de $ 10 mil para que ele possa abrir uma pizzaria em sua cidade natal. Para justificar o pedido, ele argumenta que deve haver uma demanda significativa por pizza e outros lanches rápidos em sua cidade, uma vez que já existem muitos desses restaurantes lá, e todo mês abrem três ou quatro outros novos. Ele também argumenta que a demanda por comida de conveniência continuará a crescer e aponta o grande número de empresas que agora vendem comida congelada nos supermercados. Você vai emprestar o dinheiro para ele? Por quê?
2. De acordo com o modelo de cinco forças, uma ameaça potencial em um setor são os compradores. Entretanto, a menos que os compradores estejam satisfeitos, eles tendem a buscar satisfação em outro lugar. O fato de os compradores serem uma ameaça pode ser conciliado com a necessidade de satisfazê-los?
3. Políticas governamentais podem ter um impacto significativo na lucratividade média das empresas de um setor. No entanto, o governo não é incluído como uma ameaça potencial no modelo de cinco forças. Esse modelo deveria ser expandido para incluir o governo (tornando-o um modelo de 'seis forças')? Por quê?
4. Como você acrescentaria os complementadores ao modelo de cinco forças? Se um setor tem grande número de complementadores, isso o torna um setor mais atraente, menos atraente ou não há nenhum impacto sobre a atratividade? Justifique sua resposta.
5. A análise de oportunidades parece sugerir que existem oportunidades estratégicas em praticamente qualquer setor — inclusive naqueles em declínio. Se isso for verdade, é justo dizer que não existe um setor sem atrativos? Em caso afirmativo, que implicações isso tem no modelo de cinco forças? Em caso negativo, descreva um setor que não apresente oportunidades.
6. A evolução da estrutura de um setor de emergente para maduro e daí para em declínio é inevitável? Por quê?

|||| PROBLEMAS ||||

1. Conduza uma análise de cinco forças nos dois setores a seguir:

Setor farmacêutico

O setor farmacêutico consiste de empresas que desenvolvem, patenteiam e distribuem medicamentos. Embora não existam economias de produção significativas nesse setor, há economias importantes em pesquisa e desenvolvimento. Existe também diferenciação de produto, porque as empresas geralmente vendem produtos com nome de marca. As empresas competem em pesquisa e desenvolvimento. No entanto, uma vez que um produto é desenvolvido e patenteado, a competição é significativamente reduzida. Recentemente, o aumento da disponibilidade de genéricos — medicamentos sem nome de marca — tem ameaçado a lucratividade de algumas linhas de medicamentos. Uma vez desenvolvida uma droga eficiente, ela costuma sofrer poucas alterações — ou nenhuma. Medicamentos são fabricados a partir de componentes químicos geralmente disponibilizados por vários fornecedores. Os principais clientes incluem médicos e pacientes. Recentemente, o aumento de custos levou o governo federal e os planos de saúde a pressionar os laboratórios por uma redução nos preços.

Setor têxtil

O setor têxtil consiste de empresas que fabricam e distribuem tecidos para uso em roupas, estofados, tapetes etc. Várias empresas investiram pesadamente em tecnologias de manufatura sofisticadas, e muitas empresas de baixo custo sediadas na Ásia começaram a fabricar tecidos. Produtos têxteis não têm nome de marca. Recentemente, foram implementadas algumas tarifas de importação de têxteis. Há inúmeras empresas nesse setor; nos Estados Unidos, as maiores têm menos de dez por cento de participação de mercado. Tecidos tradicionais (como algodão e lã) foram recentemente ameaçados pelo desenvolvimento de materiais sintéticos (como náilon e raiom), embora muitas tecelagens tenham começado a produzir também com esses materiais. A maioria das matérias-primas está amplamente disponível, embora a oferta de alguns produtos sintéticos possa ficar escassa em alguns períodos. Existem inúmeros consumidores de produtos têxteis, mas o custo dos têxteis usualmente representa uma porcentagem alta do custo total do produto final. Muitos consumidores fazem compras pelo mundo buscando preços mais baixos.

2. Conduza uma análise de oportunidades dos setores a seguir:
   (a) Transporte aéreo nos Estados Unidos.
   (b) Indústria de cerveja nos Estados Unidos.
   (c) Seguro de propriedades e contra acidentes nos Estados Unidos.
   (d) Mídia digital portátil no mundo todo.
   (e) Entregas expressas de pequenas encomendas no mundo todo.

3. Para cada uma das seguintes empresas, identifique ao menos dois concorrentes (sejam eles rivais, novos entrantes ou substitutos) e dois complementadores.
   (a) Yahoo!
   (b) Microsoft
   (c) Dell
   (d) Boeing
   (e) McDonald´s

|||| NOTAS ||||

1. University of Phoenix Stadium. Glendale, AZ: Global Spectrum, 2007-2009. Disponível em: <www.universityofphoenixstadium.com>. Acesso em: 17 jun. 2009.
2. University of Phoenix. Disponível em: <www.upxnewsroom.com/facts>. Acesso em: 17 jun. 2009.
3. G. De Fraja e E. Iossa, "Competition among universities and the emergence of the elite institution", *Bulletin of Economic Research*, v. 54, n. 3 p. 275-293, 2002; Denise S. Gate, "The competition for top undergraduates by America's college and universities". *The Center Reports*, mai. 2001. Disponível em: <http://thecenter.ufl.edu>. Acesso em: 17 jan. 2011.
4. Veja *The big book of business quotations*. Nova York: Basic Books, 2003, p. 209.
5. Para uma discussão sobre desenvolvimentos recentes em pesquisa biotecnológica e os desafios para negócios que eles criaram, veja A. Weintraub, "Repairing the engines of life", *BusinessWeek*, p. 99, 24 mai. 2004.
6. Veja o caso inicial no Capítulo 1.
7. Veja B. Grow, "Hispanic nation", *Business Week*, p. 59, 15 mar. 2004.
8. Ibid.
9. B. Barnes, "The WB grows up", *Wall Street Journal*, New York, NY, p. B1, 19 jul. 2004; J. Seid, 'Gilmore girls' meet 'Smackdown', *CNN/Money*, 24 jan. 2006, Business News, colaboração de Paul La Monica. Disponível em: <money.cnn.com/2006/01/24/news/companies/cbs_warner>, Acesso em: fev. 2007.
10. Essas e outras diferenças culturais estão descritas em A. Rugman e R. Hodgetts, *International business*, Nova York: McGraw-Hill, 1995. Uma discussão das dimensões sobre as quais culturas de um país podem variar é apresentada em um capítulo posterior.
11. Contribuições iniciais para o modelo de desempenho da conduta estrutural incluem autores como E. S. Mason, "Price and production policies of large scale enterprises", *American Economic Review*, n. 29, p. 61-74, 1939; J. S. Bain, *Barriers to new competition*, Cambridge, MA: Harvard, 1956. Os maiores avanços nesse modelo estão resumidos em J. S. Bain, *Industrial organization*, Nova York: John Wiley and Sons, 1968; e F. M. Scherer, *Industrial market structure and economic performance*, Boston: Houghton Mifflin, 1980. As ligações entre esse modelo e o trabalho em gestão estratégica são discutidas por M. E. Porter, "The contribution of industrial organization to strategic management", *Academy of Management Review*, n. 6, 1981a, p. 609-620; J. B. Barney, "Types of competition and the theory of strategy: toward an integrative framework", *Academy of Management Review*, n. 1, 1986c, p. 791-800.
12. O modelo das cinco forças é descrito em detalhes em M. E. Porter, "How competitive forces shape strategy", *Harvard Business Review*, p. 137-156, mar.-abr. 1979; M. E. Porter, *Competitive strategy*, Nova York: Free Press, 1980.
13. Em 2005, a ESPN também entrou no negócio de transmissão a cabo de esportes universitários com o lançamento do canal ESPN-U. Veja ESPN TV. Disponível em: <http://sports.espn.go.com/espntv>. Acesso em: 20 dez. 2010.
14. Essas barreiras foram originalmente propostas por J. S. Bain, *Industrial organization*, Nova York: John Wiley & Sons, 1968; M. E. Porter, *Competitive strategy*, Nova York: Free Press, 1980. É realmente possível estimar a 'altura' de barreiras à entrada em um setor, comparando o custo de entrada no setor com barreiras e o custo para entrar no mesmo setor se as barreiras não existissem. A diferença entre esses custos é a 'altura' das barreiras à entrada.
15. Outra alternativa para uma empresa seria possuir e operar mais de uma fábrica. Se há economias de escopo nesse setor, uma empresa pode entrar e ganhar lucros acima do normal. Uma economia de escopo existe quando o valor de operar em dois negócios simultaneamente é maior do que o valor de operar nesses dois negócios separadamente. O conceito de economia de escopo é explorado em detalhes na Parte III deste livro.
16. Veja P. Ghemawat e H. J. Stander III, "Nucor at a crossroads", *Harvard Business School*, caso n° 9-793039, 1992.
17. Veja C. A. Montgomery e B. Wernerfelt, "Sources of superior performance: market share *versus* industry effects in the U.S. brewing industry", *Management Science*, n. 37, p. 954-959, 1991.
18. A. R. Sorkin e M. Merced, "Brewer bids $ 46 billion for Anheuser-Busch", *New York Times*, New York, NY, 12 jun. 2008.
19. S. Stecklow, "Gallo woos French, but don't expect Bordeaux by the jug", *Wall Street Journal*, New York, NY, p. A1, 26 mar. 1999.
20. Veja Bust Patents. San Francisco, CA. Disponível em: <www.bustpatents.com/awards.html>. Acesso em: fev. 2007.
21. Para consultar um relatório muito informativo escrito pela PWC sobre patentes e violação de patentes, veja Price Waterhouse Coopers (PWC). Disponível em: <www.pwc.com/images/us/eng/about/svcs/advisor>. Acesso em: fev. 2007.
22. Veja B. Kogut e U. Zander, "Knowledge of the firm, combinative capabilities, and the replication of technology", *Organization Science*, n. 3, p. 383-397, 1992; e I. Dierickx e K. Cool, "Asset stock accumulation and sustainability of competitive advantage", *Management Science*, n. 35, p. 1504-1511, 1989. Ambos enfatizam a importância do *know-how* como barreira de entrada em um setor. De maneira geral, recursos intangíveis são tidos como fontes particularmente importantes de vantagem competitiva sustentável. O assunto será discutido detalhadamente no Capítulo 5.
23. Veja M. Polanyi, *Personal knowledge:* towards a post critical philosophy, London: Routledge & Kegan Paul, 1962; e H. Itami, *Mobilizing, invisible assets*, Cambridge, MA: Harvard University Press, 1987.
24. Veja R. Henderson e I. Cockburn, "Measuring competence: exploring firm effects in pharmaceutical research", *Strategic Management Journal*, n. 15, p. 361-374, 1994.
25. Veja F. M. Scherer, *Industrial market structure and economic performance*, Boston: Houghton Mifflin, 1980.
26. Veja B. Saporito, "Why the price wars never end", *Fortune*, p. 6878, 23 mar. 1992; e M. Allen e M. Siconolfi, "Dell Computer drops planned share offering", *The Wall Street Journal*, New York, NY, p. A3, 25 fev. 1993.
27. J. Chartier, "Burger battle", *CNN/Money*, 11 dez. 2002, Business News. Disponível em: <http://money.cnn.com/2002/12/06/news/companies/fastfood/index.htm>. Acesso em: 20 dez. 2010.
28. Veja P. Ghemawat e A. McGAhan, "The U.S. airline industry in 1995", *Harvard Business School*, caso n° 9-795-113, 1995.
29. K. Labich, "Airbus takes off", *Fortune*, p. 102-108, 1º jun. 1992.
30. Veja E. J. Pollock, "Mediation firms alter the legal landscape", *Wall Street Journal*, New York, NY, p. B1, 22 mar. 1993; M. Cox, "Electronic campus: technology threatens to shatter the world of college textbooks", *Wall Street Journal*, New York, NY, p. A1, 1º jun. 1993; P. M. Reilly, "At a crossroads: the instant-new age leaves

Time magazine searching for a mission", *Wall Street Journal*, New York, NY, p. A1, 12 mai. 1993; C. Rohwedder, "Europe's smaller food shops face finis", *Wall Street Journal*, New York, NY, p. B1, 12 mai. 1993; S. Fatsis, "Major leagues keep minors at a distance", *Wall Street Journal*, New York, NY, p. B1, 8 nov. 1995; E. Norton e G. Stem, "Steel and aluminum vie over every ounce in a car's construction", *Wall Street Journal*, New York, NY, p. A1, 9 mai. 1995; T. P. Paré, "Why the banks line up against Gates", *Fortune*, p. 18, 29 mai. 1995; "Hitting the mail on the head", *The Economist*, p. 69-70, 30 abr. 1994; M. Pacelle, "Big Boxes' by discounters are booming", *Wall Street Journal*, New York, NY, p. A2, 17 jan. 1996; K. Pope e L. Cauley, "In battle for TV ads, cable is now the enemy", *Wall Street Journal*, New York, NY, p. B1, 6 mai. 1998.

31. S. Tully, "How to cut those #$%* legal costs", *Fortune*, p. 119-124, 21 set. 1992.
32. E. Jensen, "Tales are oft told as TV talk shows fill up airtime", *Wall Street Journal*, New York, NY, p. A1, 25 mai. 1993; E. Jensen, "King World ponders life without Oprah", *Wall Street Journal*, New York, NY, p. B1, 26 set. 1995.
33. Veja W. Dewitt, "Crown Cork & Seal/ Carnaud Metalbox", *Harvard Business School*, caso n° 9-296-019, 1997.
34. N. J. Perry, "What's next for the defense industry", *Fortune*, p. 94-100, 22 fev. 1993.
35. Veja "Crown Cork and Seal in 1989", *Harvard Business School*, caso n° 5-395224.
36. Veja A. Brandenburger e B. Nalebuff, *Coopetition*, Nova York: Doubleday, 1996.
37. Esta abordagem ao estudo de oportunidades também foi originalmente sugerida em M. E. Porter, *Competitive strategy*, Nova York: Free Press, 1980.
38. R. Jacob, "Service Corp. International: acquisitions done the right way", *Fortune*, p. 96, 16 nov. 1992.
39. M. E. Porter, *Competitive strategy*, Nova York: Free Press, 1980.
40. Para a discussão definitiva sobre vantagens do pioneiro, veja M. Lieberman e C. Montgomery, "First-mover advantages", *Strategic Management Journal*, n. 9, p. 41-58, 1998.
41. Veja P. Ghemewat, *Commitment*, Nova York: Free Press, 1991.
42. Veja R. J. Gilbert e D. M. Newbery, "Preemptive patenting and the persistence of monopoly", *American Economic Review*, 72(3), 1982, p. 514-526.
43. Veja T. F. Bresnahan, "Post-entry competition in the plain paper copier market", *American Economic Review*, 85, 1985, p. 15-19, para uma discussão sobre as patentes da Xerox; e A. A. Bright, *The electric lamp industry*. Nova York: Macmillan, 1949, para uma discussão sobre as patentes da GE.
44. Veja E. Mansfield, M. Schwartz e S. Wagner, "Imitation costs and patents: an empirical study", *Economic Journal*, 91, p. 907-918, 1981.
45. Veja O. W. Main, *The Canadian nickel industry*, Toronto: University of Toronto Press, 1955, para uma discussão sobre preferência na compra de ativos no setor de óleo e gás; P. Ghemawat, "Wal-Mart store's discount operations", *Harvard Business School*, caso n° 9-387018, 1986, para a estratégia de preempção do Walmart; R. Schmalansee, "Entry deterrence in the ready-to-eat breakfast cereal industry", *Bell Journal of Economics*, v. 9, n. 2 p. 305-327, 1978; e W. T. Robinson e C. Fornell, "Sources of market pioneer advantages in consumer goods industries", *Journal of Marketing Research*, v. 22, n. 3, p. 305-307, 1985, para uma discussão sobre preferência de compra no setor de cereais matinais. Nesse último caso, o ativo preferencial valioso é espaço em prateleira nos supermercados.
46. P. Klemperer, *Markets with consumer switching costs*. Ano. XXX f. Tese (Doutorado). Escola de Graduação em Administração da Stanford University, Standford, CA; e B. Wernerfelt, "A special case of dynamic pricing policy", *Management Science*, n. 32, p. 1562-1566, 1986.
47. Veja N. Gross, "The technology paradox", *BusinessWeek*, p. 691-719, 6 mar. 1995; R. S. Bond e D. F. Lean, *Sales, promotion, and product differentiation in two prescription drug markets*, Washington, DC: U.S. Federal Trade Commission; D. B. Montgomery, "New product distribution: an analysis of supermarket buyer decision", *Journal of Marketing Research*, n. 12, p. 255-264, 1975; A. Ries e J. Trout, *Marketing warfare*, Nova York: McGraw-Hill, 1986; e J. H. Davidson, "Why most new consumer brands fail", *Harvard Business Review*, Boston, MA, n. 54, p. 117-122, mar.-abr. 1976, para uma discussão sobre troca de custos nesses setores.
48. M. W. Porter, *Competitive strategy*, Nova York: Free Press, 1980.
49. R. Gibson, "McDonald's insiders increase their sales of company's stock", *Wall Street Journal*, New York, NY, p. A1, 14 jun. 1991; e J. Chartier, "Burger battle", *CNN/Money*, 11 dez. 2002, *Business News*. Disponível em: <http://money.cnn.com/2002/12/06/news/companies/fastfood/index.htm>. Acesso em: 11 dez. 2002. O McDonald's perdeu dinheiro por somente um trimestre. Desde então, reposicionou-se com bons lanches sofisticados e retomou a lucratividade.
50. Descrições desses refinamentos de produtos podem ser encontradas em P. Demetrakakes, "Household-chemical makers concentrate on downsizing", *Packaging*, v. 39, n. 1, p. 41, 1994; S. Reda, "Motor oil: Hands-on approach", *Stores*, v. 77, n. 5, p. 48-49, 1995; e J. Quinn, "KitchenAid", *Incentive*, v. 169, n. 5, p. 46-47, 1995.
51. J. Chartier, "Burger battle", *CNN/ Money*, 11 dez. 2002, *Business News*. Disponível em: <http://money.cnn.com/2002/12/06/news/companies/fastfood/index.htm>. Acesso em: 11 dez. 2002.
52. Veja R. H. Hayes e S. G. Wheelwright, "The Dynamics of process-product life cycles", *Harvard Business Review*, Boston, MA, p. 127, mar.-abr. 1979.
53. Veja www.jdpowers.com.
54. Veja M. E. Porter, *Competitive strategy*, Nova York: Free Press, 1980; K. R. Harrigan, *Strategies for declining businesses*, Lexington, MA: Lexington Books, 1980.
55. Veja F. J. Aguilar, J. L. Bower e B. Gomes-Casseres. "Restructuring European petrochemicals: imperial chemical industries, P. L. C.", Harvard Business School, caso n° 9-385-203, 1985.
56. Veja K. R. Harrigan, *Strategies for declining businesses*, Lexington, MA: Lexington Books, 1980.
57. Veja P. Klebnikov, "The powerhouse", *Forbes*, New York, NY, p. 46-52, 2 set. 1991; R. S. Rosenbloom e C. Christensen, "Continuous casting investments at USX corproation", Harvard Business School, caso n° 9-391-121.
58. E. A. Finn, "General Eclectic". *Forbes*, New York, NY, p. 74-80, 23 mar. 1987.
59. Veja L. Smith, "Can defense pain be turned to gain?", *Fortune*, p. 84-96, 8 fev. 1993; N. J. Perry, "What's next for the defense industry", *Fortune*, p. 94-100, 22 fev. 1993; J. Dial e K. J. Murphy, "Incentive, downsizing, and value creation at General Dynamics", *Journal of Financial Economics*, n. 37, p. 261-314, 1995.

PANORAMA BRASILEIRO

Locação de filmes: realidade ou o fim?

Introdução

O Brasil possuía o maior mercado de locação do mundo enquanto os europeus e norte-americanos preferiam comprar os filmes. Rebobinar uma fita VHS antes de devolvê-la na locadora era um hábito comum de quem frequentava as videolocadoras nos anos 1980.

Com a evolução tecnológica, o DVD passou a ser a mídia mais utilizada para o aluguel de filmes e o verbo rebobinar ficou antiquado. Nesse momento, a febre das locadoras atraiu não só as pessoas que recebiam seu FGTS para abrir o próprio negócio, como também grupos estrangeiros como a Blockbuster. Era possível ver nessa época uma ou mais locadoras em cada bairro. Estima-se que, entre 2003 e 2005, existiam no Brasil quase 14 mil locadoras de filme. Esse crescimento acelerado das locadoras foi bem lucrativo para os estúdios, uma vez que eles vendiam por R$ 100 um produto que saía da fábrica por R$ 5.

Com o passar do tempo, não só a concorrência se acirrou como também a pirataria aumentou, dificultando os tempos de glória. As locadoras foram resistentes por muito tempo à venda de filmes, pois achavam que isso arruinaria o seu negócio. Porém, nos anos 2000, enquanto ainda resistiam, grandes empresas varejistas saíram na frente, passando a vender filmes. Assim, a concorrência já não era mais apenas entre locadoras: surgiam os concorrentes indiretos, como as livrarias Fnac e Saraiva e a rede varejista Americanas. Os novos concorrentes tinham uma grande carta na manga: preços acessíveis!

Os preços atrativos tinham uma explicação: as redes compravam em grande quantidade e possuíam muito mais poder de barganha que uma videolocadora pequena de bairro. Além disso, ajudavam a promover os filmes e reforçar o hábito de compra. Nesse momento, os consumidores se perguntavam: "Por esse preço, R$ 9,90, não vale mais a pena comprar que alugar um filme?" Consequência: segundo o Sindicato das Empresas Videolocadoras do Estado de São Paulo (Sindem Vídeo), o número de locadoras em 2010 caiu para apenas 2 mil. (No caso norte-americano, é importante ressaltar que o mercado de videolocadoras se manteve bem de 1981 até o primeiro semestre de 1995, quando, então, começou a sofrer uma queda significativa. Recentemente, a Blockbuster pediu concordata nos Estados Unidos.)

Quando as locadoras se deram conta, estavam atuando em um cenário bem diferente daquele dos anos 1980, tanto em relação aos seus *players* como em relação aos consumidores, que começavam a apresentar novos hábitos. Hoje, século XXI, eles têm bastante facilidade de encontrar diversão e informação em sua própria casa sem se deslocar a uma videolocadora, pois há diversas formas de se assistir a um filme, como, por exemplo, por meio de TVs por assinatura, como NET, TVA e SKY, e seus serviços *pay-per-view* (PPV) — compra de programação específica.

Em 2010, observaram-se cerca de 2,3 milhões de novos assinantes de TV por assinatura, ou seja, atualmente existem cerca de 9,8 milhões de domicílios com TV por assinatura no Brasil. Segundo o Instituto Brasileiro de Geografia e Estatística (IBGE), há um número médio de 3,3 pessoas por residência, ou seja, a TV por assinatura alcança mais de 32,2 milhões de consumidores. A Tabela A apresenta o crescimento do número de assinantes ao longo dos anos. É importante observar também a quantidade de usuários com acesso à Internet na residência e no local de trabalho (Tabela B), segundo o IBOPE Nielsen Online.

Por último, vale a pena mencionar que 89 milhões de pessoas no Brasil têm o sistema de TV Digital, cuja cobertura abrange 425 municípios nos 26 estados brasileiros e no Distrito Federal.

Além das TVs por assinaturas, também é possível encontrar entretenimento na Internet. Na rede, encontram-se sites que possibilitam download de filmes ou deixam disponíveis vídeos pelo chamado sistema *streaming*, os quais podem ser vistos em televisores aparelhados com adaptadores específicos (*set-top box* da Telefônica e Saraiva Digital, por exemplo), adquiridos posteriormente ou já inseridos na fabricação de aparelhos próprios para essa recepção, como o modelo NetCast da LG.

Nos Estados Unidos, o site Hulu, criado pelas emissoras Fox e NBC Universal para ser um site de vídeo 2.0 em que estúdios de cinema e emissoras de TV testam formatos para colocar seus conteúdos na rede de forma segura e rentável, permite ao usuário acessar gratuitamente pela Internet 900 vídeos de cerca de cem parceiros — conectanto o computador ao aparelho de TV, é possível assistir a um programa que passou no dia anterior na TV, como *Saturday Night Live*, *Friends*, *Os Simpsons* e *Heroes*. Por mês, ele recebe mais de 120 milhões de acessos, quase sempre acompanhados de publicidade.

No Brasil, ainda não se tem algo igual ao site Hulu, mas já existe uma tentativa da Globo Vídeos, que tem 90 por cento de sua programação proveniente das produções realizadas pela rede Globo e pela Globosat. Seu conteúdo está disponível apenas a assinantes do portal da Globo.com, que podem acessar os programas na íntegra. O Portal Terra também tem investido em parcerias com emissoras como ESPN e CNN para as transmissões ao vivo de jogos de futebol.

TABELA A Crescimento do número de assinantes de TV por assinatura

Ano	Total de assinantes
2006	4.583.125
2007	5.348.571
2008	6.320.852
2009	7.473.476
Mar./2010	7.919.380

Fonte: Agência Nacional de Telecomunicações (Anatel), "TV por assinatura alcança 26 milhões de brasileiros", Portal Anatel, Brasília (DF), 26 abr. 2010. *Mais notícias*. Disponível em: <http://www.anatel.gov.br/Portal/exibirPortalNoticias.do?acao=carregaNoticia&codigo=20150>. Acesso em: 17 fev. 2011.

TABELA B Usuários de Internet com acesso na residência e no local de trabalho

Data/Milhares	Usuários ativos	Pessoas com acesso
Mar./09	25.457	38.231
Jun./09	33.166	44.452
Set./09	35.503	46.646
Dez./09	36.577	46.804
Jan./10	36.858	46.804
Fev./10	36.701	46.986
Mar./10	37.925	46.986
Abr./10	36.636	46.986
Maio/10	37.282	46.986
Jun./10	39.907	48.703
Jul./10	39.258	48.703
Ago./10	41.566	51.827
Set./10	40.564	51.827
Out./10	41.700	51.827
Nov./10	43.592	54.523
Dez./10	43.313	54.523

Fonte: Teleco: Inteligência em Telecomunicações, "Usuários de Internet", Teleco.com.br, São José dos Campos, 2 fev. 2011. *Seção Banda Larga*. Disponível em: <http://www.teleco.com.br/internet.asp>. Acesso em: 17 fev. 2011.

A Empresa: 2001 Vídeo

A 2001 Vídeo iniciou suas atividades em 1982 com uma loja na avenida Paulista. Possuía, na época, pouco mais de 200 títulos, um diferencial diante de outras videolocadoras em São Paulo. Em 1990, montou o setor de venda direta ao consumidor (*sell thru*), tornando-se no Brasil uma das líderes nas vendas de DVDs, posição beneficiada por sua exclusividade na comercialização de vários filmes. Além disso, a videolocadora tem importante papel cultural na cidade, com a promoção de cursos de cinema, ciclos temáticos, eventos, exposições e lançamentos de livros.

A 2001 Vídeo, que é considerada a mais completa videolocadora do País, preza pela excelência no atendimento, uma vez que possui funcionários especializados e treinados para orientar e sugerir filmes dependendo da necessidade do cliente. Outro ponto que merece destaque é a variedade do acervo, com filmes nacionais, europeus, clássicos e documentários. A videolocadora atua em um nicho de mercado *premium* com clientes fiéis que sempre trazem novos clientes. O *slogan* da 2001 Vídeo é: "O cinema está aqui".

A empresa, que é uma das três maiores redes de videolocadoras de São Paulo, possui hoje sete *megastores* próprias, localizadas em bairros nobres da capital paulista — Jardins, Moema, Cidade Jardim, Paulista, Pinheiros, Sumaré e Washington Luís[1] — e conta com mais de 170 mil clientes cadastrados, além do *e-commerce* com cerca de 115 mil clientes. Há também 16 mil filmes em DVD e Blu-ray, 4 mil livros sobre cinema e 60 mil outros produtos à venda nas lojas e no site.[2]

Sonia Abreu, uma das proprietárias da marca e sua diretora de marketing, não concorda com a ideia de que o mercado esteja se extinguindo. "Para mim, esse mercado não está extinto. Ainda não decretaram nossa morte", diz ela. Os lucros da empresa parecem embasar sua resposta. Em relação aos rendimentos, a 2001 Vídeo faturou, em 2010, R$ 12,5 milhões, dos quais 60 por cento vêm da locação, com mais de 60 mil empréstimos por mês; 6 por cento vêm da venda de livros; e o restante, do varejo. O *e-commerce* representa quase metade de todas as vendas. Sonia conclui que a 2001 Vídeo é uma empresa profissional, séria e que nunca teve queda na receita. Com isso, consegue passar pelas mudanças do mercado de forma estruturada. "Vamos continuar mudando como mudamos de VHS para DVD, para Blu-Ray, para 3D, e assim por diante. Mas sempre com um olho lá na frente."

A 2001 Vídeo recebeu vários prêmios, como o Vídeo Market Quality (do *Jornal do Vídeo*) e o prêmio Abril Vídeo, além de ser eleita a melhor videolocadora de São Paulo em janeiro de 1994 por várias revistas, entre elas a *Veja*, em pesquisa conduzida por mais de 50 especialistas.

Concorrência

Além de concorrentes como as grandes cadeias de varejo, a 2001 Vídeo encontra as locadoras virtuais, em que o cliente faz sua escolha no site e recebe o filme em casa. Nesse setor, destaca-se a brasileira NetMovies, que oferece filmes via celular e em lojas físicas. Mas ela não é a única concorrente: também marcam presença as videolocadoras Premiere Vídeo e 100% Vídeo, que ainda não fazem vendas pela Internet.

Com a missão de "levar a todos os nossos clientes e suas famílias o melhor em diversão, com um conceito de atendimento personalizado e acervo de qualidade em um ambiente acolhedor e moderno", a Premiere Vídeo possui seis lojas na cidade de São Paulo, nos bairros do Morumbi, Sumaré, Portal, Alto de Pinheiros e Brooklin, sendo uma delas, a Premiere Mix, loja de venda exclusiva de vídeos. Mas a Premiere também comercializa jogos, o que aumentou em 12 por cento seu faturamento em 2010. A comercialização dos jogos representa 40 por cento do faturamento. Sobre a suposta extinção do mercado de videolocadoras, Alberto Esteves, dono da Premiere, afirma: "Não é porque tem pizza delivery que as pizzarias acabaram. Acredito no mesmo raciocínio para as locadoras".

A 100% Vídeo, por sua vez, nasceu em 1986 em Campinas e hoje conta com mais de 80 lojas pelo Brasil. Em 1995, implementou o sistema de franquias e atualmente conta com 48 lojas na cidade de São Paulo. Ao todo, são 72 lojas em 12 estados. Possui parcerias com empresas de prestígio, como Fran's Café, Postos BR, Casa do Pão de Queijo, Livraria Nobel e McDonald's, e isso tem ajudado o fortalecimento de seu nome e sua marca junto do público consumidor. A empresa fechou 2009 com receita de $ 32 milhões.

A Blockbuster era uma concorrente de peso. Começou nos Estados Unidos em 1985, no Texas, e, em dois anos, já possuía 19 lojas de ambiente familiar e agradável, com o conceito de grande loja, variedade de lançamentos, promoções e ofertas de produtos complementares ao filme, como pipoca, sorvete e guloseimas, produtos complementares que equivaliam a 20% de seu faturamento.

A primeira loja da Blockbuster inaugurada em São Paulo foi em 1995 no Itaim, por meio de um acordo entre o Grupo Moreira Salles e a matriz norte-americana. Em pouco tempo, transformou-se na maior rede de locadoras do Brasil pelo sistema de franquia. Entretanto, em 2007, o grupo B2W, empresa que controla, entre outros, os sites de comércio eletrônico Americanas.com e Submarino, comprou os 127 pontos da operação brasileira da marca por US$ 186,2 milhões. O nome das lojas foi substituído por Americanas Express. Foi lançada em 2008 a Blockbuster Online, isto é, um serviço de aluguel de filmes pela Internet em que o cliente, por meio de uma assinatura mensal, os recebe em casa. Não há prazo para devolução nem multa por atraso. Fred Botelho, sócio-proprietário da rede 2001 Vídeo, comenta que alguns consumidores da Blockbuster não se adaptaram ao novo modelo de loja, que foi reduzido a um departamento que representa menos de 6,5 por cento da área total das Americanas Express, recebendo muitos desses em sua videolocadora. Isso resultou em um incremento de 30 por cento nas vendas logo depois que a Blockbuster foi incorporada às Americanas.

A pirataria também é um concorrente muito forte e difícil de enfrentar. Na época da fita VHS, ela se concentrava basicamente em áreas centrais da cidade de São Paulo — ruas da Santa Ifigênia, 25 de Março, Galeria Pagé —, famosas pela venda de produtos contrabandeados. Com o DVD, a pirataria ampliou-se e produtos pirateados ficaram cada vez mais próximos das pessoas: no ponto de ônibus, no vendedor ambulante, em cada esquina, encontram-se produtos

---

1. A loja dos Jardins foi inaugurada no dia 20 de janeiro de 2011, com um investimento de $ 500 mil. Seiscentas e cinquenta novas inscrições foram realizadas no fim de semana de inauguração.
2. Vale lembrar que o Blu-ray, que possui imagem em alta definição e som de qualidade, é o sucessor do DVD e requer um Blu-ray *player* ou um PlayStation 3. Recomenda-se também o uso de um aparelho de TV de alta definição (TV full HD de LCD, plasma ou LED) e um sistema de *home theater* para explorar todo o seu potencial.

pirateados em todos os lados. Considerando que 95 por cento das residências possuem um televisor e que os brasileiros costumam ficar cinco horas por dia em frente ao aparelho, pode-se supor o sucesso na venda dos DVDs piratas. (Os vídeos em Blu-ray não são passíveis de serem pirateados.)

Sonia Abreu afirma que a pirataria não assusta sua videolocadora, uma vez que a "pirataria trabalha muito o filme que tem um apelo comercial grande. Temos esses títulos, mas trabalhamos para atender a um público-alvo que é amante de cinema, que curte estar no ponto de venda, com um ambiente de cultura cinematográfica".

Considerações finais

O avanço tecnológico, a pirataria e os novos hábitos do consumidor do século XXI fizeram com que o mercado de videolocadora passasse por diversas transformações. Há cinco anos, a compra de filme feita por uma videolocadora em São Paulo pagava-se entre 30 e 45 dias; hoje, em três meses. No passado, um filme lançado no cinema demorava três meses para chegar a uma locadora e, depois, mais 30 dias para chegar às TVs por assinatura. Hoje, essas janelas estão cada vez menores.

Para driblar os contratempos do mercado, algumas videolocadoras, além de locarem os vídeos, investiram em um catálogo com filmes pouco comerciais, focando documentários e clássicos, que são difíceis de ser encontrados tanto com vendedores ambulantes como na Internet.

Atualmente, além da comercialização de vídeos, DVDs, videogames, sorvetes e pipocas, aposta-se também na tecnologia Blu-ray. Para Luciano Tadeu Damiani, presidente do Sindicato das Empresas Videolocadoras do Estado de São Paulo: "O horizonte é o Blu-ray, porque não dá para piratear. A alta definição não dá para piratear nem fazer download. Por isso, está se apostando nessa nova mídia. É uma sobrevida para as videolocadoras".

Algumas locadoras estão investindo em um público com mais de 30 anos de idade e em municípios com poucas alternativas de lazer, isto é, em cidades onde o cinema é pouco confortável e não apresenta variedade de títulos em cartaz. Essa falta de entretenimento pode ajudar a incentivar o mercado de video-locadoras em algumas cidades brasileiras.

Há pessoas que gostam muito de ir a uma locadora com a família para que todos escolham juntos um filme; outras gostam de comprar um filme para dar de presente. Simone de Lucia, 43 anos, diz: "Eu acho legal poder olhar as capas, escolher. É como um livro. A gente pode ler na Internet, mas não é a mesma coisa. Eu gosto mesmo de ler o livro de papel, de ter o livro. É assim também com filmes". Outra consumidora, a advogada Patrícia Diez, 41 anos, tem a mesma opinião sobre ir pessoalmente a uma loja: "Eu alugo bastante toda semana. Não tenho TV a cabo em casa e prefiro gastar o dinheiro comprando ou alugando filmes".

Outro ponto que deve ser mencionado é que houve uma melhora na qualidade dos cinemas nas grandes capitais brasileiras e muitas famílias preferem se encontrar em um cinema no fim de semana a ficar em frente a um computador assistindo a um filme. Observa-se, então, que os limites entre a TV e a Internet estão cada vez mais estreitos, uma vez que muitos aparelhos já têm acesso direto à Internet. A Internet, com o passar do tempo, está ficando cada vez mais poderosa. E como ficam as locadoras?

"Não consigo ver o fim do mercado de locação. Ele vai se alterar de acordo com a tecnologia. Mas não vai acabar", comenta Damiani sobre o futuro das videolocadoras, que, mesmo com as mudanças tecnológicas, ainda têm um público cativo.

QUESTÕES

1. Diante do panorama exposto, como será que as locadoras que sempre se preocuparam com seu ambiente físico em vez do virtual se comportarão nos próximos anos?
2. Será que o hábito de sair de casa para alugar um filme ficará no passado? Os consumidores do século XXI acreditam que o deslocamento até a locadora é um desperdício de tempo e combustível ou é um momento agradável?
3. Descreva as dimensões do contexto em que a 2001 Vídeo está inserida, apresentando as oportunidades e ameaças.
4. Descreva o modelo de cinco forças de atratividade do setor em questão.
5. Se você fosse um investidor, investiria no mercado de videolocadoras? Por quê?

REFERÊNCIAS

Folha de S.Paulo. Disponível em: <http://www1.folha.uol.com.br>. Acesso em: 17 fev. 2011.
Blockbuster. Disponível em: <http://www.blockbusteronline.com.br>. Acesso em: 17 fev. 2011.
Premiere. Disponível em: <http://www.premiereonline.com.br>. Acesso em: 17 fev. 2011.
100% Vídeo. Disponível em: <http://www.100video.com.br>. Acesso em: 17 fev. 2011.
Mundo das Marcas. Disponível em: <http://mundodasmarcas.blogspot.com>. Acesso em: 17 fev. 2011.
Revista *Ver Vídeo.* Disponível em: <http://www.vervideo.com.br>. Acesso em: 17 fev.2011.

Sindicato das Empresas Videolocadoras do Estado de São Paulo (Sindem Vídeo). Disponível em: <http://www.sindemvideo.org.br>. Acesso em: 17 fev. 2011.
Cinelog. Disponível em: <http://www.cinelog.com.br>. Acesso em: 17 fev. 2011.
Teleco. Disponível em: <http://www.teleco.com.br>. Acesso em: 17 fev. 2011.
Cinform Online. Disponível em: <http://www.cinform.com.br>. Acesso em: 17 fev. 2011.
NetMovies. Disponível em: <http://www.netmovies.com.br>. Acesso em: 17 fev. 2011.
Revista *Exame*. Disponível em: <http://exame.abril.com.br>. Acesso em: 17 fev. 2011.
Diário de Pernambuco. Disponível em: <http://www.diariodepernambuco.com.br>. Acesso em: 17 fev. 2011.
Valor Econômico. Disponível em: <http://www.valoronline.com.br>. Acesso em: 17 fev. 2011.

Caso elaborado pelo professora doutora Karen Perrotta Lopes de Almeida Prado, professora do Núcleo de Estudos de Marketing Aplicado do Centro de Ciências Sociais e Aplicadas (NEMA-CCSA) da Universidade Presbiteriana Mackenzie. A proposta deste caso é servir como referência para reflexão e discussão sobre o tema, e não avaliar as estratégias adotadas.

Avaliação das capacidades internas de uma empresa

OBJETIVOS DE APRENDIZAGEM

Após a leitura deste capítulo, você estará apto a:

1. Descrever as premissas fundamentais da visão baseada em recursos (VBR).
2. Descrever quatro tipos de recursos e capacidades.
3. Aplicar o modelo VRIO para identificar as implicações competitivas dos recursos e capacidades de uma empresa.
4. Aplicar a análise de cadeia de valor para identificar os recursos e as capacidades valiosos de uma empresa.
5. Descrever os tipos de recursos e capacidades que provavelmente são custosos de imitar.
6. Descrever como uma empresa utiliza sua estrutura, seus processos formais e informais de controle e sua política de remuneração para explorar seus recursos.
7. Discutir como a decisão de imitar ou não uma empresa com vantagem competitiva afeta a dinâmica competitiva de um setor.

Como a eBay perdeu seu rumo?

Em 23 de janeiro de 2008, Meg Whitman — a notória CEO da eBay — anunciou sua aposentadoria. Durante seus dez anos como CEO, Whitman transformou a eBay de um site de leilões on-line de modesta lucratividade em um diversificado gigante do comércio eletrônico com crescimento de resultado líquido de 53 por cento para $ 531 milhões sobre receitas que cresceram 27 por cento para $ 2,2 bilhões no quarto trimestre de 2007. Números nada ruins para a despedida de Whitman.

No entanto, a história da eBay é na verdade um pouco mais complicada do que esses simples números sugerem. A maior parte do crescimento recente da empresa advém de negócios que ela adquiriu — PayPal, o sistema de pagamento eletrônico, e Skype, o serviço telefônico livre pela Internet. Na realidade, o principal serviço de leilão eletrônico da eBay permaneceu bastante estável nos últimos anos. O número de usuários ativos manteve-se constante por quase um ano, em torno de 83 milhões. Novas ofertas de produtos no site apresentaram aumento de apenas 4 por cento, e o número de empresas que vendem produtos no eBay a preços fixos na realidade caiu.

O que aconteceu com o principal negócio da eBay? Primeiro, em uma tentativa de aumentar a lucratividade geral da empresa, Whitman aumentou as taxas cobradas dos vendedores para usar o serviço de leilão. Isso levou muitos deles a procurar alternativas.

Em segundo lugar, veio a concorrência. Por exemplo, apesar da considerável vantagem inicial da eBay, tanto no tocante ao software de leilões como a seu número de usuários, a Amazon.com tornou-se uma alternativa cada vez mais atrativa para leilões on-line. Muitos usuários consideram o sistema da Amazon mais fácil — e mais barato — de usar. Apenas recentemente a eBay começou a aprimorar seu sistema de leilão eletrônico de modo a oferecer serviços já disponíveis na Amazon — incluindo um novo software de busca que permite aos compradores visualizar fotos de produtos em vez de longas listas de descrições resumidas.

Além de serviços alternativos de leilão eletrônico, como Yahoo, outros sites na Internet também surgiram para competir com a eBay — como o site de classificados on-line chamado Craig's List. Em vez de tentar comprar e vender produtos por meio de leilão, muitos usuários preferem a simplicidade de comprar e vender na Craig's List.

Talvez parte do desafio da eBay com seu negócio de leilão pela Internet sejam seus esforços de expandir além de seu negócio principal. Com duas grandes aquisições em três anos — PayPal em outubro de 2002 e Skype em outubro de 2005 —, a administração da eBay teve de concentrar grande parte de seu esforço na integração dessas empresas. Tudo se complicou quando, dois anos após adquirir a Skype por $ 2,5 bilhões, a eBay amortizou $ 1,43 bilhão desse investimento — essencialmente, reconhecendo que havia pago muito pela aquisição.

De qualquer maneira, o novo CEO da eBay — John Donahoe — terá de encontrar um meio de revitalizar seu negócio principal de leilões. Antes o produto central da eBay, em torno do qual todos os seus outros serviços estavam organizados, o leilão eletrônico enfrenta o real desafio de tornar-se um negócio maduro, de lento crescimento e baixa lucratividade para a eBay.

Fonte: C. Holahan, 'eBay´s new tough love CEO", *BusinessWeek*, p. 58-59, 4 fev. 2008.

Historicamente, a eBay tem mantido a liderança em leilões on-line. Mas essa posição parece agora ameaçada. Quão sustentável era a vantagem original da eBay no mercado de leilões?

VBR DA EMPRESA

No Capítulo 2, vimos que é possível tomar alguns modelos teóricos desenvolvidos na economia — especificamente o modelo E-C-D — e aplicá-los para desenvolver ferramentas de análise das ameaças e oportunidades externas de uma empresa. Isso também se aplica à analise das forças e fraquezas internas de uma empresa. Entretanto, enquanto as ferramentas descritas no Capítulo 2 eram baseadas no modelo E-C-D, as descritas neste capítulo fundamentam-se na **VBR** da empresa. A VBR é um modelo de desempenho com foco nos recursos e nas capacidades controlados por uma empresa como fontes de vantagem competitiva.[1]

O que são recursos e capacidades?

Recursos, no modelo VBR, são definidos como ativos tangíveis e intangíveis que a empresa controla e que podem ser usados para criar e implementar estratégias. Entre os exemplos de recursos, podemos citar as fábricas (um ativo tangível) de uma empresa, seus produtos (um ativo tangível), sua reputação entre os clientes (um ativo intangível) e o trabalho em equipe entre seus gerentes (um ativo intangível). Os ativos tangíveis da eBay incluem seu site na Internet e software associado, e os intangíveis abrangem sua marca no negócio de leilões.

Capacidades formam um subconjunto dos recursos de uma empresa e são definidas como ativos tangíveis e intangíveis que permitem à empresa aproveitar por completo outros recursos que controla. Isto é, as capacidades, sozinhas, não permitem que uma empresa crie e implemente suas estratégias, mas permitem que ela utilize outros recursos para criar e implementar tais estratégias. Exemplos de capacidades podem incluir as competências de marketing de uma empresa, seu trabalho em equipe e a cooperação entre as gerências. Na eBay, a cooperação entre os desenvolvedores de software e o pessoal de marketing que possibilitou seu domínio no mercado de leilão on-line é um exemplo de capacidade.

Os recursos e as capacidades de uma empresa podem ser classificados em quatro amplas categorias: recursos financeircs, recursos físicos, recursos individuais e recursos organizacionais. **Recursos financeiros** incluem todo o dinheiro, de qualquer fonte, que as empresas utilizam para criar e implementar estratégias. Esses recursos financeiros incluem dinheiro de empreendedores, acionistas, credores e bancos. **Lucros retidos**, ou o lucro que uma empresa obteve anteriormente e investiu no negócio, também são um tipo importante de recurso financeiro.

Recursos físicos incluem toda a tecnologia física utilizada em uma empresa. Isso engloba a planta e os equipamentos da empresa, sua localização geográfica e seu acesso a matérias-primas. Exemplos específicos de planta e equipamentos que fazem parte dos recursos físicos de uma empresa são as tecnologias de hardware e software, robôs utilizados na produção e depósitos automatizados. A localização geográfica como um tipo de recurso físico é importante para empresas tão diversas quanto o Walmart (com sua operação em mercados rurais gerando, em média, retornos mais altos do que operações nos mercados urbanos mais competitivos) e L. L. Bean (uma empresa de vendas no varejo por catálogo que acredita que sua unidade rural no Maine ajuda seus funcionários a se identificar com o estilo de vida no campo de muitos de seus clientes).[2]

Recursos humanos incluem treinamento, experiência, discernimento, inteligência, relacionamentos e a visão *individual* dos gerentes e funcionários de uma empresa.[3] A importância dos recursos humanos de empreendedores famosos como Bill Gates (Microsoft) e Steve Jobs (Apple) é amplamente conhecida. Porém, recursos humanos valiosos não estão limitados apenas a empreendedores e altos executivos. Cada funcionário em uma empresa como a Southwest Airlines é tido como essencial para o sucesso da empresa. Seja a disposição do agente no portão de embarque de brincar com o passageiro estressado, ou um carregador de bagagens apressando-se para levar a bagagem de um passageiro para um avião, ou mesmo a decisão de um piloto de voar de uma maneira que economize combustível — todos esses recursos humanos são parte da base de recursos que permitiram à Southwest conquistar vantagens competitivas no extremamente competitivo setor de transporte aéreo norte-americano.[4]

Enquanto os recursos humanos constituem um atributo individual, os **recursos organizacionais** são um atributo de grupos de pessoas. Recursos organizacionais incluem a estrutura formal de reporte da empresa, seus sistemas formais e informais de planejamento, controle e coordenação, sua cultura e reputação, assim como relações informais entre grupos dentro da empresa e entre a empresa e aqueles em seu ambiente. Na Southwest Airlines, as relações entre recursos individuais são um recurso organizacional importante. Por exemplo, não é incomum ver pilotos da Southwest ajudando a fazer o carregamento das bagagens no avião para garantir a decolagem na hora certa. Esse tipo de cooperação e dedicação demonstra intensa lealdade entre os funcionários e a empresa — uma lealdade que se manifesta sob a forma de baixa taxa de rotatividade e alta produtividade, apesar de 80 por cento dos funcionários da Southwest serem sindicalizados.

Premissas fundamentais da VBR

A VBR baseia-se em duas premissas fundamentais sobre recursos e capacidades que as empresas podem controlar. Primeiro, empresas diferentes podem possuir conjuntos diferentes de recursos e capacidades, mesmo que estejam competindo no mesmo setor. Essa é a premissa da **heterogeneidade de recursos** das empresas. Heterogeneidade de recursos significa que, para determinado ramo de atividade, algumas empresas podem ser mais competentes em realizar essa atividade do que outras. Na manufatura, por exemplo, a Toyota continua mais competente do que, por exemplo, a General Motors (GM). Em design de produtos, a Apple continua mais competente do que a International Business Machine (IBM). Em motocicletas, a reputação da Harley Davidson destaca-a de seus concorrentes.

Em segundo lugar, algumas dessas diferenças de recursos e capacidades entre empresas podem ser duradouras. Isso ocorre porque pode ser muito custoso para empresas sem certos recursos e certas capacidades desenvolvê-los ou adquiri-los. Essa é a premissa da **imobilidade de recursos**. Por exemplo, a Toyota possui sua vantagem industrial há pelo menos 30 anos. A Apple tem sua vantagem de design sobre a IBM desde que foi fundada, na década de 1980. E a eBay tem conseguido manter sua reputação de marca desde o advento do mercado de leilão on-line. Não que a GM, a IBM e os concorrentes da eBay não estejam cientes de suas desvantagens competitivas. Na realidade, algumas dessas empresas — notadamente a GM e a IBM — fizeram progresso em lidar com suas desvantagens. Entretanto, apesar desses esforços, a Toyota, a Apple e, até certo ponto, a eBay continuam a desfrutar de vantagens sobre suas concorrentes.

Consideradas em conjunto, essas duas premissas permitem explicar por que algumas empresas superam outras, mesmo que estejam todas competindo no mesmo setor. Se uma empresa possui recursos e capacidades valiosos que poucas possuem, e se essas poucas empresas consideram muito custoso imitar esses recursos e essas capacidades, a empresa que detém esses ativos tangíveis e intangíveis pode obter uma vantagem competitiva sustentável. A lógica econômica subjacente ao VBR será discutida no quadro "Estratégia em detalhes".

ESTRATÉGIA EM DETALHES

Economia ricardiana e a visão baseada em recursos

As raízes teóricas da visão baseada em recursos remontam à pesquisa realizada por David Ricardo em 1817. Curiosamente, Ricardo nem mesmo estava estudando a lucratividade de empresas naquela época; ele estava interessado nas consequências econômicas da posse de mais ou menos terras férteis para agricultura.

Diferentemente de muitos outros insumos do processo de produção, a oferta total de terras é relativamente fixa e não pode ser significativamente aumentada em resposta a uma demanda ou a preços maiores. Tais insumos são considerados **inelásticos na oferta**, porque sua quantidade de oferta é fixa e não responde a aumentos de preços. Nesse cenário, é possível para aqueles que possuem maior qualidade de insumos obter vantagens competitivas.

O argumento de Ricardo relativo à terra como um insumo produtivo está resumido na Figura A. Imagine que haja muitos lotes de terras apropriados para o cultivo de trigo. Suponha também que a fertilidade desses diferentes lotes varie entre alta fertilidade (baixos custos de produção) e baixa fertilidade (altos custos de produção). Parece óbvio que, quando o preço de mercado do trigo estiver baixo, só será rentável produzir trigo para os fazendeiros com terras mais férteis. Apenas estes terão custos baixos o bastante para ganhar dinheiro quando o preço de mercado do trigo for baixo. À medida que sobe o preço de mercado para o trigo, os fazendeiros com terras progressivamente menos férteis poderão utilizá-las para plantar trigo. Essas observações levam à curva de oferta de mercado, no painel I da Figura A: conforme os preços (P) sobem, a oferta (O) também sobe. Em algum ponto dessa curva, a oferta será igual à demanda (D). Esse ponto determina o preço de mercado para o trigo, dadas a oferta e a demanda. Esse preço é chamado P^* na figura.

Agora considere a situação com dois tipos diferentes de fazendeiro. Ricardo assumiu que ambos seguem a lógica econômica tradicional, produzindo uma quantidade (q) tal que seu custo marginal (CM) se equipara à sua receita marginal, isto é, eles produzem trigo suficiente de modo que o custo de produzir a última saca de trigo seja igual à receita de vender a última saca de trigo. Porém, essa decisão para a fazenda com terras menos férteis (no painel II da figura) produz uma receita exatamente igual ao custo médio total (CMT) do único capital que esse fazendeiro supostamente utiliza — que é o custo de sua terra. De outro lado, o fazendeiro com terras mais férteis (no painel III da figura) tem custo médio total (CMT) menor que o preço determinado pelo mercado e, assim, é capaz de obter um lucro econômico acima do normal. Isso ocorre porque no preço determinado pelo mercado, P^*, $CM = CMT$ para o fazendeiro com terras menos férteis, enquanto $CM > CMT$ para o fazendeiro com terras mais férteis.

Na análise econômica tradicional, o lucro obtido pelo fazendeiro com terras mais férteis deveria levar outros fazendeiros a entrar nesse mercado, obter alguma terra e começar a produzir trigo. Entretanto, toda a terra que pode ser usada para produzir trigo de uma maneira que pelo menos gere um retorno normal, dado o preço de mercado P^*, já está em produção. Especificamente, não há mais terras férteis sobrando, e terras férteis (por suposição) não podem ser criadas. Isso é o que significa uma terra ser inelástica na oferta. Portanto, o fazendeiro com terras mais férteis e custos de produção mais baixos tem vantagem competitiva sustentável sobre aqueles com terras menos férteis e custos de produção mais elevados. Dessa forma, o fazendeiro com terras mais férteis é capaz de obter um lucro econômico acima do normal.

É claro que pelo menos dois eventos podem ameaçar essa vantagem competitiva sustentável. Em primeiro lugar, a demanda de mercado pode deslocar-se para baixo ou para a esquerda. Isso forçaria os fazendeiros com menos terras férteis a cessar a produção e também reduziria o lucro daqueles com terras mais férteis. Se a demanda deslocar-se ao extremo, esse lucro pode desaparecer por completo.

Segundo, os fazendeiros com menos terras férteis podem descobrir meios de baixo custo para aumentar a fertilidade de suas terras, desse modo reduzindo a vantagem competitiva de fazendeiros com terras mais férteis. Por exemplo, fazendeiros com terras menos férteis podem utilizar fertilizantes baratos para aumentar a fertilidade do solo. A existência desses fertilizantes de baixo custo sugere que, embora a oferta de *terra* possa ser fixa, a *fertilidade* pode não ser. Se um número razoável de fazendeiros puder aumentar a fertilidade de seu solo, os lucros originalmente obtidos pelos fazendeiros com terras mais férteis desaparecerão.

Evidentemente, o que a VBR faz é reconhecer que a terra não é o único insumo produtivo que é inelástico em oferta e que os fazendeiros não são as únicas empresas a se beneficiar de ter tais recursos à disposição.

Fonte: D. Ricardo, *Principles of political economy and taxation*, Londres: J. Murray, 1817.

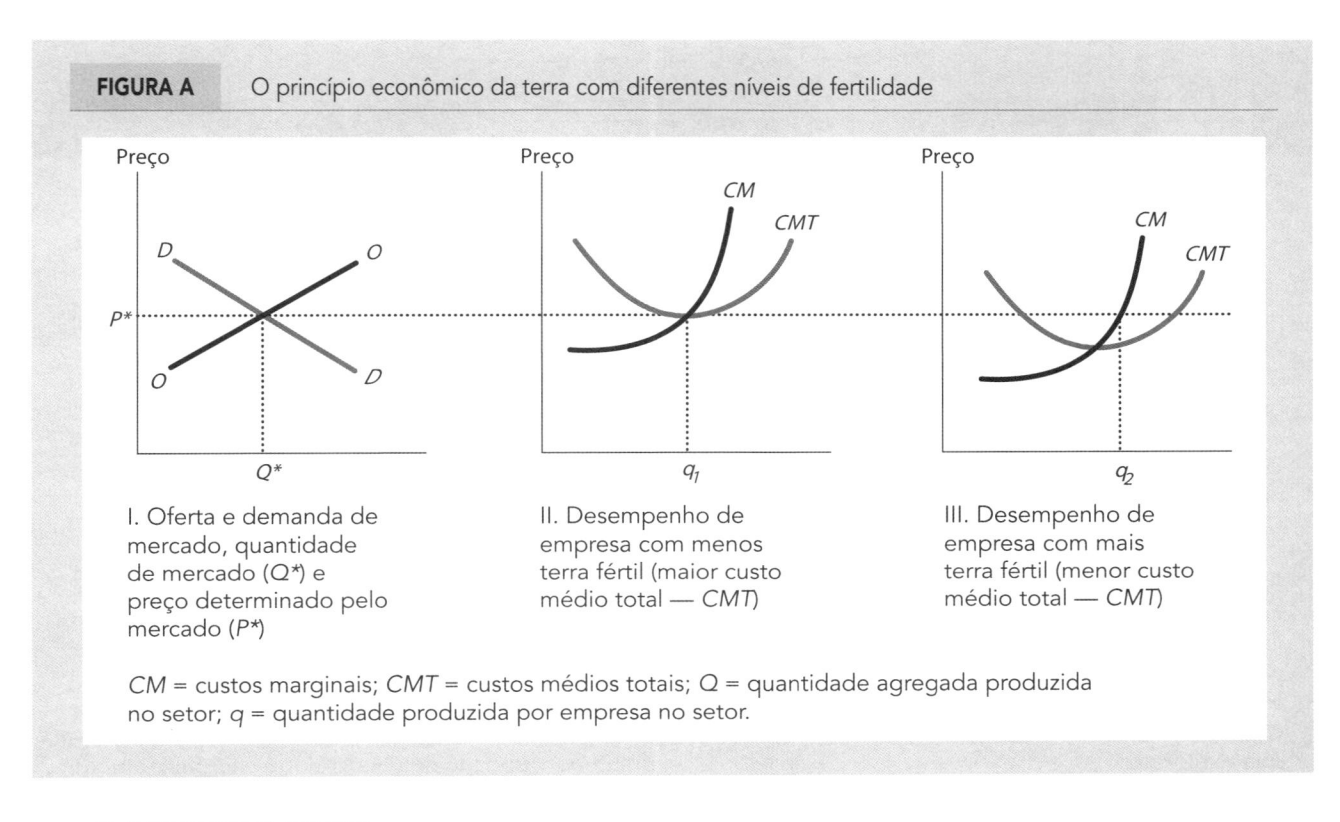

FIGURA A — O princípio econômico da terra com diferentes níveis de fertilidade

I. Oferta e demanda de mercado, quantidade de mercado (Q^*) e preço determinado pelo mercado (P^*)

II. Desempenho de empresa com menos terra fértil (maior custo médio total — CMT)

III. Desempenho de empresa com mais terra fértil (menor custo médio total — CMT)

CM = custos marginais; CMT = custos médios totais; Q = quantidade agregada produzida no setor; q = quantidade produzida por empresa no setor.

O MODELO VRIO

Munido da VBR, é possível desenvolver um conjunto de ferramentas para analisar os diferentes recursos e as diferentes capacidades que uma empresa pode possuir, bem como o potencial de cada um deles para gerar vantagens competitivas. Dessa forma, será possível identificar as forças e as fraquezas internas de uma empresa. A principal ferramenta para conduzir essa análise interna é chamada de modelo *VRIO*.[5] O **modelo VRIO** diz respeito a quatro questões que devem ser consideradas sobre um recurso ou uma capacidade para determinar seu potencial competitivo: as questões do **V**alor, da **R**aridade, da **I**mitabilidade e da **O**rganização. Essas quatro questões estão resumidas no Quadro 3.1.

A questão do valor

A **questão do valor** é: "Os recursos e as capacidades permitem que uma empresa explore uma oportunidade externa ou neutralize uma ameaça externa?" Se uma empresa responder 'sim' a essa pergunta, então seus recursos e suas capacidades são valiosos e podem ser considerados como *forças* da empresa. Se uma empresa responder 'não', quer dizer que seus recursos e suas capacidades são *fraquezas*. Não há nada inerentemente valioso referente a recursos e capacidades de uma empresa; em vez disso, eles são valiosos somente na medida em que permitem à empresa melhorar sua posição competitiva. Às vezes, os mesmos recursos e as mesmas capacidades podem ser forças em um mercado e fraquezas em outro. O quadro "Estratégia na empresa emergente" discute essa questão detalhadamente.

QUADRO 3.1 — Perguntas necessárias para conduzir uma análise baseada em recursos das forças e fraquezas internas de uma empresa

1. **A questão do valor**. O recurso permite que a empresa explore uma oportunidade ambiental e/ou neutralize uma ameaça do ambiente?
2. **A questão da raridade**. O recurso é controlado atualmente apenas por um pequeno número de empresas concorrentes?
3. **A questão da imitabilidade**. As empresas sem o recurso enfrentam uma desvantagem de custo para obtê-lo ou desenvolvê-lo?
4. **A questão da organização**. As outras políticas e os outros procedimentos da empresa estão organizados para dar suporte à exploração de seus recursos valiosos, raros e custosos para imitar?

ESTRATÉGIA NA EMPRESA EMERGENTE

Planos de negócios são bons para os empreendedores?

Uma empresa empreendedora, como qualquer outra, deve ser capaz de responder 'sim' à questão do valor. Isto é, a decisão de um empreendedor de organizar uma empresa com a finalidade de explorar uma oportunidade deve aumentar receitas ou reduzir custos além do que seria o caso, se ele não optasse por organizar uma empresa para explorar uma oportunidade.

Entretanto, é comum os empreendedores terem dificuldade em responder à questão do valor antes de efetivamente organizarem uma empresa e tentarem explorar uma oportunidade. Isso ocorre porque o impacto de explorar uma oportunidade sobre as receitas e os custos de uma empresa geralmente não pode ser conhecido, com certeza, antes que a oportunidade seja explorada.

Apesar desses desafios, os empreendedores são frequentemente solicitados a não só estimar o valor de quaisquer oportunidades que estejam pensando em explorar, mas também a fazê-lo com algum detalhamento e na forma escrita. Projeções sobre como a organização de uma empresa para explorar uma oportunidade afetará suas receitas e seus custos costumam constituir o cerne do **plano de negócio** de um empreendedor — um documento que resume como um empreendedor organizará uma empresa para explorar uma oportunidade, acompanhado das implicações econômicas de tal exploração.

Existem duas escolas de pensamento no tocante ao valor de empreendedores elaborarem planos de negócios. De um lado, alguns autores argumentam que elaborar um plano de negócio deve ser útil aos empreendedores, porque isso os força a ser explícitos sobre suas premissas, expõe essas premissas à crítica e análise de terceiros e os ajuda a concentrar seus esforços em desenvolver uma nova organização e explorar uma oportunidade. De outro lado, outros autores argumentam que elaborar um plano de negócio pode efetivamente prejudicar o desempenho de um empreendedor, porque redigir esse documento pode desviar sua atenção de atividades mais importantes, pode dar-lhe a ilusão de que detém mais controle sobre seu negócio do que o tem na realidade e pode induzi-lo a erros na tomada de decisões.

Pesquisas sustentam ambos os pontos de vista. Scott Shane e Frederic Delmar demonstraram que redigir um plano de negócio aumenta significativamente as chances de sobrevivência de uma empresa empreendedora. Em contraste, Amar Bhide revela que a maioria dos empreendedores passa por vários planos de negócios antes de chegar àquele que descreve uma oportunidade de negócio que eles efetivamente apoiam. Para Bhide, elaborar um plano de negócio é, na melhor das hipóteses, um meio de ajudar a criar uma nova oportunidade. Como a maioria dos planos de negócio é abandonada logo após sua elaboração, redigi-los tem valor limitado.

Um meio de resolver os conflitos entre estudiosos é aceitar que a elaboração de um plano de negócio pode ser muito útil em alguns casos e nem tanto em outros. Em particular, quando é possível aos empreendedores coletar informações suficientes sobre uma oportunidade de mercado em potencial de modo que possam descrever a probabilidade de diferentes resultados associados à exploração dessa oportunidade — um cenário descrito como *arriscado* na literatura sobre empreendedorismo —, o plano de negócio pode ser bastante valioso. No entanto, quando tal informação não pode ser capturada — um cenário descrito como *incerto* na literatura —, então redigir um plano de negócio seria de valor limitado, e suas desvantagens podem superar quaisquer vantagens que ele possa criar.

Fontes: S. Shane e F. Delmar, "Planning for the market: business planning before marketing and the continuation of organizing efforts", *Journal of Business Venturing*, n. 19, p. 767-785, 2004; A. Bhide, *The origin and evolution of new business*, New York: Oxford, 2000; R. H. Knight, *Risk, uncertainty, and profit*, Chicago: University of Chicago Press, [s.d.]; S. Alvarez e J. Barney, "Discovery and creation: alternative theories in the field of entrepreneurship", *Strategic Entrepreneurship Journal*, v. 1, n. 1, p. 11-26, 2006.

Recursos valiosos e o desempenho da empresa

Em alguns casos, é difícil saber com certeza se os recursos e as capacidades de uma empresa permitem-na explorar suas oportunidades ou neutralizar suas ameaças externas. Por vezes, isso requer informações operacionais detalhadas que podem não estar prontamente disponíveis. Outras vezes, o impacto total dos recursos e das capacidades de uma empresa em suas oportunidades e ameaças externas pode não ser conhecido por um tempo.

Uma maneira de identificar o impacto dos recursos e das capacidades de uma empresa em suas oportunidades e ameaças é examinar o impacto de seu uso nas receitas e custos. Em geral, empresas que utilizam seus recursos e suas capacidades para explorar oportunidades e neutralizar ameaças veem um aumento em suas receitas líquidas ou um decréscimo em seus custos líquidos, ou ambos, comparando-se à situação em que recursos e capacidades não eram utilizados dessa forma. Isto é, o valor desses recursos e dessas capacidades geralmente se manifesta como receitas mais altas ou custos mais baixos, ou ambos, uma vez que uma empresa passe a utilizá-los para explorar suas oportunidades e neutralizar suas ameaças.

Aplicando a questão do valor

A resposta para a questão do valor, para muitas empresas, tem sido 'sim'. Isto é, muitas empresas têm recursos e capacidades que são utilizados para explorar suas oportunidades e neutralizar suas ameaças, e o uso desses recursos e capacidades permite aumentar suas receitas líquidas ou diminuir seus custos líquidos. Por exemplo, a Sony tem muita experiência em projetar, produzir e vender tecnologia eletrônica miniaturizada. A empresa utilizou esses recursos e essas capacidades para explorar suas oportunidades, incluindo videogames, câmeras digitais, computadores e periféricos, computadores de mão, equipamentos de áudio e vídeo, equipamentos de áudio portáteis e para automóveis. A 3M usou seus recursos e suas capacidades em substratos, revestimentos e adesivos, juntamente com uma cultura organizacional que recompensa a criatividade e a iniciativa de assumir riscos, para explorar oportunidades em produtos de escritório, incluindo fitas adesivas e marcadores Post-it. Os recursos e as capacidades da Sony e da 3M — incluindo suas competências tecnológicas específicas e suas culturas organizacionais criativas — permitiram a essas empresas responder a novas oportunidades e até mesmo criá-las.[6]

Infelizmente, para outras empresas, a resposta para a questão do valor parece ser 'não'. A fusão entre AOL e Time Warner deveria criar um novo tipo de empresa de entretenimento e mídia; reconhece-se agora que a Time Warner foi incapaz de reunir os recursos necessários para criar valor econômico. A Time Warner perdeu $ 90 bilhões em valor em 2002; o preço de sua ação tem-se mantido em níveis recordes de baixa, e existem rumores de que será desmembrada em breve. Ironicamente, muitos dos segmentos desse conglomerado diversificado de mídias continuam a criar valor. Mas a empresa como um todo não concretizou as sinergias esperadas quando foi criada. Posto de outra forma, essas sinergias — como recursos e capacidades — aparentemente não são valiosas.[7]

Utilizando análise de cadeia de valor para identificar recursos e capacidades potencialmente valiosos

Uma maneira de identificar recursos e capacidades potencialmente valiosos controlados por uma empresa é estudar sua cadeia de valor. A **cadeia de valor** de uma empresa é um conjunto de atividades empresariais a que ela se dedica para desenvolver, produzir e comercializar seus produtos ou serviços. Cada etapa da cadeia de valor de uma empresa requer a aplicação e integração de diferentes recursos e capacidades. Como empresas diferentes podem fazer escolhas diferentes sobre as atividades da cadeia de valor às quais se dedicarão, podem acabar desenvolvendo diferentes conjuntos de recursos e capacidades. Isso pode acontecer inclusive se essas empresas estiverem operando no mesmo setor. Essas escolhas podem ter implicações sobre as estratégias que uma empresa está perseguindo e, como descrito no quadro "Ética e estratégia", também podem ter implicações para a sociedade em geral.

Considere, por exemplo, o setor petrolífero. A Figura 3.1 apresenta uma lista resumida de todas as atividades de negócios que devem ser desempenhadas para transformar petróleo em produtos para o consumidor, como a gasolina. Essas atividades incluem exploração, perfuração, bombeamento, transporte, compra e refinamento do óleo bruto, venda e transporte dos produtos refinados para distribuidores e venda dos produtos refinados para os clientes finais.

Empresas diferentes podem fazer escolhas diferentes sobre em quais desses estágios do setor petrolífero desejam operar. Portanto, essas empresas podem ter recursos e capacidades muito diferentes. Por exemplo, extrair petróleo é muito caro e requer recursos financeiros substanciais. Além disso, requer acesso à terra (recurso físico), aplicação de considerável conhecimento científico e técnico (recursos individuais) e um compromisso organizacional para assumir riscos (recursos organizacionais). Empresas que operam nesse estágio provavelmente têm recursos e capacidades muito diferentes de outras que, por exemplo, vendem produtos refinados do petróleo para clientes finais. Para ser bem-sucedida no estágio de varejo desse setor, uma empresa precisa de pontos de comercialização (como lojas e postos de gasolina), que são caros para construir e requerem tanto recursos financeiros como físicos. Esses pontos de comercialização, por sua vez, precisam de vendedores — recursos individuais —, e comercializar esses produtos para clientes utilizando anúncios publicitários e outros meios pode exigir um comprometimento com a criatividade — um recurso organizacional.

No entanto, até mesmo empresas que operam no mesmo grupo de atividades da cadeia de valor de um setor podem tratar essas atividades de maneiras muito distintas e, portanto, podem desenvolver recursos e capacidades muito diferentes associadas a elas. Por exemplo, duas empresas podem vender subprodutos de petróleo para clientes finais. Entretanto, uma delas pode vender apenas por meio de pontos de varejo que possui, enquanto a segunda empresa vende apenas em pontos de varejo que não possui. Os recursos financeiros e físicos da primeira

ÉTICA E ESTRATÉGIA

As externalidades e as consequências mais amplas da maximização do lucro

A administração estratégica adota a perspectiva dos donos de uma empresa ao discutir como ganhar e sustentar vantagens competitivas. Mesmo quando adota a perspectiva do *stakeholder* (veja o quadro "Ética e estratégia" do Capítulo 1), a forma como uma empresa pode melhorar seu desempenho e aumentar o patrimônio de seus donos continua sendo o foco central.

No entanto, um foco exclusivo no desempenho de uma empresa e no patrimônio de seus donos pode, às vezes, ter efeitos mais amplos — na sociedade e no meio ambiente — que nem sempre são totalmente reconhecidos. Economistas chamam esses efeitos de 'externalidades' porque são externos à questão central, na economia e na administração estratégica, de como as empresas podem maximizar seu desempenho. Eles são externos a essa questão porque as empresas geralmente não arcam com os custos totais das externalidades que seu comportamento maximizador de lucro cria.

As externalidades podem assumir muitas formas. As mais óbvias dizem respeito à poluição e ao meio ambiente. Se, por exemplo, no processo de maximizar seu desempenho, uma empresa toma parte em atividades que poluem o meio ambiente, o impacto dessa poluição é uma externalidade. Tal poluição reduz nossa qualidade de vida e prejudica o meio ambiente, mas a empresa que a criou muitas vezes não paga os custos totais de fazê-lo.

Outras externalidades têm relação com o impacto de uma empresa na saúde pública. Por exemplo, quando a indústria do tabaco quer maximizar seus lucros vendendo cigarros para crianças, elas também estão criando uma externalidade de saúde pública. Viciar crianças em cigarros pode ser bom para os lucros da empresa, mas aumenta as chances de elas desenvolverem câncer de pulmão, enfisema, problemas cardíacos e outras doenças relacionadas com o fumo. Obviamente, esses indivíduos absorvem a maior parte dos efeitos adversos dessas doenças, mas a sociedade também sofre com os altos custos da assistência médica resultante.

Posto de outra forma, embora adotar uma perspectiva simples de maximização de lucros ao escolher e implementar estratégias possa ter impactos positivos para a empresa, para seus donos e para outros *stakeholders*, também pode causar consequências negativas para a sociedade como um todo. Foram propostas duas soluções gerais para o problema das externalidades. Primeiro, os governos podem assumir a responsabilidade de monitorar e regular diretamente o comportamento de empresas em áreas nas quais esses tipos de externalidades tendem a se desenvolver. Segundo, os governos podem recorrer a processos legais e regulamentações para garantir que as empresas arquem diretamente com mais custos relacionados a quaisquer externalidades que seu comportamento possa gerar. Uma vez que essas externalidades sejam 'internalizadas', passa a ser uma questão de interesse próprio das empresas não empreender atividades que gerem externalidades negativas.

Os consumidores às vezes podem ajudar a controlar as externalidades geradas pelo comportamento de uma empresa, ajustando seus padrões de consumo para comprar produtos ou serviços apenas de empresas que não geram externalidades negativas. Os consumidores podem ser ainda mais proativos e comunicar às empresas quais estratégias são particularmente problemáticas. Por exemplo, muitos consumidores uniram-se para boicotar empresas com operações na África do Sul quando esse país ainda implementava a política do *apartheid*. Em última instância, essa pressão não apenas mudou as estratégias de muitas empresas, como também ajudou a mudar as políticas internas da África do Sul. Mais recentemente, pressões de consumidores sobre laboratórios farmacêuticos forçaram essas empresas a tornar mais acessíveis suas drogas contra Aids em países menos desenvolvidos da África, e pressões similares forçaram a Nike a reajustar os salários e as condições de trabalho das pessoas que fabricam seus calçados. Na medida em que existe uma demanda suficiente por 'empresas socialmente responsáveis' no mercado, pode fazer sentido para uma empresa, no que concerne à maximização de lucros, adotar um comportamento socialmente responsável por meio da redução de ações capazes de gerar externalidades negativas.

Fontes: "AIDS in África", *British Medical Journal*, p. 456, 1º jun.; J. S. Friedman, "Paying for apartheid", *Nation*, p.7+, 6 jun. 2003; L. Lee, "Can Nike still do it?", *BusinessWeek*, p. 121+, 21 fev. 2000.

---

empresa provavelmente serão bem diferentes dos da segunda, embora ambas possam ter recursos individuais e organizacionais semelhantes.

Estudar a cadeia de valor de uma empresa obriga-nos a pensar sobre os recursos e as capacidades de uma empresa de uma forma muito desagregada. Embora seja possível caracterizar os recursos e as capacidades de

FIGURA 3.1 Cadeia de valor simplificada das atividades de produtos de petróleo refinado, como gasolina e óleo lubrificante de motor

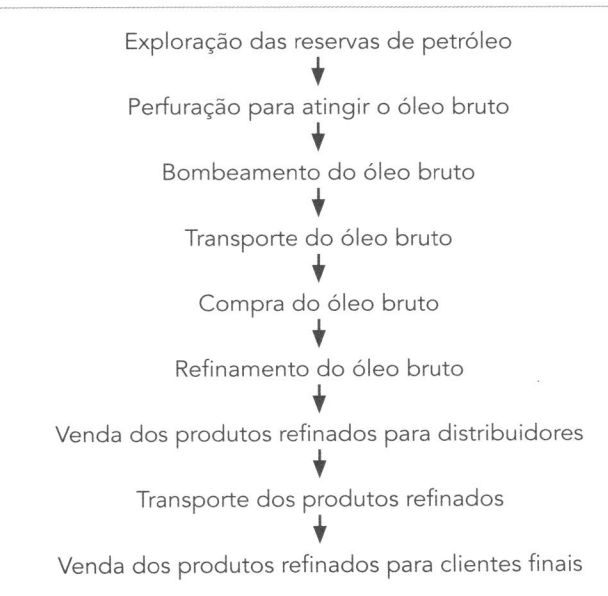

Exploração das reservas de petróleo
↓
Perfuração para atingir o óleo bruto
↓
Bombeamento do óleo bruto
↓
Transporte do óleo bruto
↓
Compra do óleo bruto
↓
Refinamento do óleo bruto
↓
Venda dos produtos refinados para distribuidores
↓
Transporte dos produtos refinados
↓
Venda dos produtos refinados para clientes finais

forma mais ampla, costuma ser mais útil pensar como cada uma dessas atividades que uma empresa realiza afeta seus recursos financeiros, físicos, individuais e organizacionais. Com esse entendimento, é possível começar a reconhecer fontes potenciais de vantagem competitiva para uma empresa de uma maneira detalhada.

Uma vez que esse tipo de análise pode ser muito útil para identificar os recursos e as capacidades financeiras, físicas, individuais e organizacionais controladas por uma empresa, diversas cadeias de valor genéricas foram desenvolvidas para identificá-las. A primeira, proposta pela empresa de consultoria McKinsey and Company, é apresentada na Figura 3.2.[8] Esse modelo relativamente simples sugere que a criação de valor quase sempre envolve seis atividades distintas: desenvolvimento tecnológico, design de produto, manufatura, marketing, distribuição e serviços. As empresas podem desenvolver capacidades distintas em qualquer uma dessas atividades ou em qualquer combinação delas.

Michael E. Porter também desenvolveu uma cadeia de valor genérica, que é[9] apresentada na Figura 3.3. Essa cadeia de valor divide atividades criadoras de valor em duas grandes categorias: atividades primárias e atividades de suporte. Atividades primárias incluem logística interna (compras, inventário etc.), produção, logística externa (armazenamento e distribuição), vendas e marketing, e serviços (suporte ao distribuidor e atendimento ao consumidor). Atividades de suporte incluem infraestrutura (planejamento, finanças, serviços de informação e jurídicos), desenvolvimento tecnológico (pesquisa e desenvolvimento, design de produto) e administração e desenvolvimento de recursos humanos. As atividades primárias estão diretamente relacionadas com a manufatura e a distribuição de um produto. Já as atividades de suporte auxiliam a empresa a realizar suas atividades primárias. Como ocorre no caso da cadeia de valor da McKinsey, uma empresa pode desenvolver forças e fraquezas em qualquer uma das atividades listadas na cadeia de valor de Porter, bem como em qualquer combinação delas. Essas atividades, e a forma como estão vinculadas entre si, indicam os tipos de recurso e capacidade que uma empresa provavelmente desenvolveu.

FIGURA 3.2 A cadeia de valor genérica desenvolvida pela McKinsey and Company

Desenvolvimento tecnológico	Design de produto	Manufatura	Marketing	Distribuição	Serviços
Fonte	Função	Integração	Preços	Canais	Canais
Sofisticação	Características	Matéria-prima	Publicidade/	Integração	Integração
Patentes	físicas	Capacidade	promoção	Inventário	Inventário
Escolhas de	Estética	Localização	Força de vendas	Armazenamento	Armazenamento
produtos/	Qualidade	Compras	Embalagem	Transporte	Transporte
processos		Produção de peças	Marca		
		Montagem			

FIGURA 3.3 — A cadeia de valor genérica desenvolvida por Porter

Atividades de suporte	Atividades de infraestrutura: planejamento, finanças, serviços jurídicos					
	Tecnologia: pesquisa, desenvolvimento, design					
	Administração e desenvolvimento de recursos humanos					
Atividades primárias	Compra Manutenção de estoque Manuseio de materiais	Produção	Armazenamento e distribuição	Vendas e marketing	Suporte ao distribuidor e atendimento ao consumidor	Margem

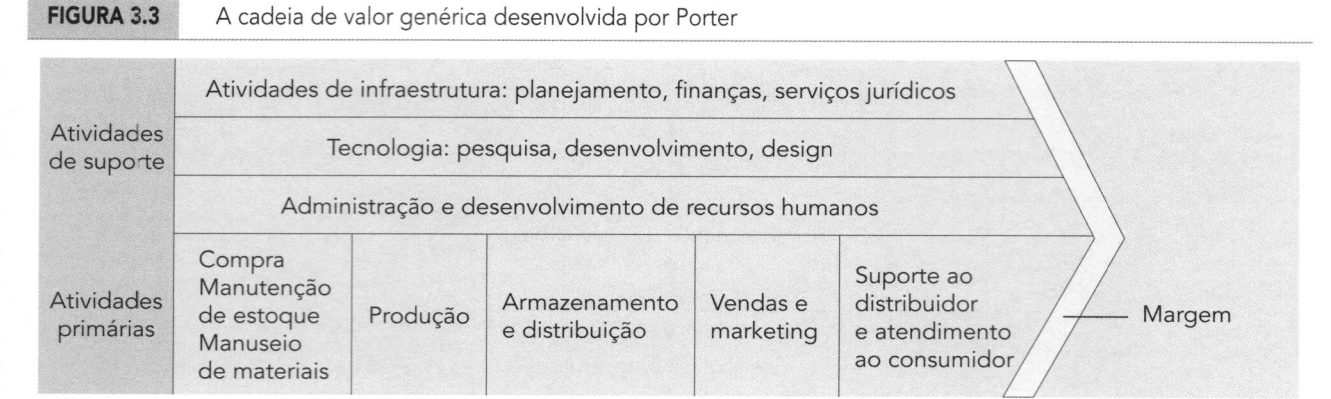

Fonte: Extraído de M. E. Porter, *Competitive advantage*: creating and sustaining superior performance, The Free Press, Simon and Schuster Adult Publishing Group, 1998. (Copyright © 1985, 1998 por Michael E. Porter. Todos os direitos reservados.)

A questão da raridade

Entender o valor dos recursos e das capacidades de uma empresa é uma primeira consideração importante para entender suas forças e as fraquezas internas. No entanto, se determinado recurso ou capacidade é controlado ou controlada por muitos concorrentes, então tal recurso dificilmente será uma fonte de vantagem competitiva para qualquer um deles. Em vez disso, recursos e capacidades valiosos, mas comuns (isto é, não raros), são fontes de paridade competitiva. Apenas quando um recurso não é controlado por inúmeros concorrentes é que tenderá a se tornar uma fonte de vantagem competitiva. Essas observações levam à **questão da raridade**: "Quantas empresas concorrentes já possuem determinados recursos e determinadas capacidades valiosos?"

Considere, por exemplo, a competição entre canais esportivos na televisão. As principais redes de televisão transmitem esportes. Além disso, existem vários canais somente de esporte na televisão a cabo, incluindo o mais conhecido de todos, a ESPN. Há muitos anos, a ESPN começou a transmitir os chamados esportes alternativos — *skateboarding*, *snowboarding*, *mountain bike* etc. A surpreendente popularidade desses programas levou a ESPN a agrupá-los em uma competição anual chamada X-Games. O 'X' representa 'extremo', e a ESPN definitivamente foi ao extremo ao incluir esportes nos X-Games, que agora envolvem modalidades como *sky-surfing*, mergulho, *bungee jumping*, entre outros. A ESPN transmite tanto uma edição de verão como uma de inverno dos X-Games. Nenhuma outra rede de esportes até agora assumiu tal compromisso com os chamados esportes extremos ou radicais, e isso lhe tem rendido altos dividendos — os esportes radicais têm um custo muito baixo de direitos de transmissão e obtêm uma audiência razoavelmente grande. Esse comprometimento com os esportes radicais tem sido uma fonte de vantagem competitiva pelo menos temporária para a ESPN.

É claro que nem todos os recursos e capacidades de uma empresa precisam ser raros e valiosos. Na verdade, a maioria das empresas possui uma base de recursos composta principalmente de recursos e capacidades valiosos, mas comuns. Esses recursos podem não ser fontes nem mesmo de vantagens competitivas temporárias, mas são essenciais se uma empresa quer ter paridade competitiva. Sob condições de paridade competitiva, embora nenhuma empresa ganhe vantagem competitiva, elas aumentam suas chances de sobrevivência.

Considere, por exemplo, um sistema de telefonia como um recurso ou uma capacidade. Como sistemas telefônicos estão amplamente disponíveis e como praticamente todas as organizações têm acesso a eles, esses sistemas não são raros e, portanto, não são fontes de vantagem competitiva. Porém, empresas que não possuem um sistema telefônico provavelmente estão dando a seus concorrentes uma importante vantagem e colocando-se em desvantagem competitiva.

Até que ponto um recurso ou uma capacidade valiosos devem ser raros para que tenham o potencial de gerar uma vantagem competitiva varia de uma situação para outra. Não é difícil perceber que se os recursos e as capacidades valiosos de uma empresa são absolutamente únicos dentre o grupo de concorrentes atuais e potenciais, eles podem gerar uma vantagem competitiva. No entanto, é possível que um número pequeno de empresas em um setor possua um recurso ou uma capacidade valiosos em particular e, ainda assim, obtenha vantagem competitiva. Em geral, contanto que o número de empresas que possuem determinado recurso ou determinada capacidade valiosos seja menor do que o número de empresas necessárias para criar uma dinâmica de concorrência perfeita em um setor, esse recurso ou essa capacidade podem ser considerados raros e uma fonte potencial de vantagem competitiva.

A questão da imitabilidade

Empresas com recursos raros e valiosos são comumente inovadores estratégicos, pois conseguem conceber e implementar estratégias que outras não conseguem por não disporem de recursos e capacidades relevantes. Essas empresas podem obter as vantagens de pioneirismo discutidas no Capítulo 2.

No entanto, recursos organizacionais raros e valiosos só podem ser fontes de vantagem competitiva sustentável se as empresas que não os possuem enfrentam uma desvantagem de custo para obtê-los ou desenvolvê-los, comparadas às empresas que já os possuem. Esses tipos de recursos são **imperfeitamente imitáveis**.[10] Essas observações levam à **questão da imitabilidade**: "As empresas que não possuem um recurso ou uma capacidade enfrentam uma desvantagem de custo para obtê-lo ou desenvolvê-lo em relação às empresas que já o possuem?"

Imagine um setor com cinco empresas essencialmente idênticas. Cada uma delas fabrica os mesmos produtos, utiliza a mesma matéria-prima e vende seus produtos para os mesmos clientes por meio do mesmo canal de distribuição. Não é difícil verificar que empresas nesse tipo de setor terão um desempenho econômico normal. Agora, suponha que uma dessas empresas, por qualquer razão, descubra ou desenvolva um recurso valioso nunca antes identificado e o utilize para explorar uma oportunidade ou neutralizar uma ameaça externa. Obviamente, essa única empresa ganhará uma vantagem competitiva sobre as outras.

Os concorrentes dessa empresa podem responder a essa vantagem competitiva pelo menos de duas maneiras. Eles podem ignorar o sucesso da empresa e continuar como estavam antes. Essa ação, é claro, os colocará em desvantagem competitiva. Ou essas empresas podem tentar entender por que aquela consegue ser bem-sucedida e então imitar seus recursos para implementar uma estratégia semelhante. Se os concorrentes não tiverem desvantagens de custo para adquirir ou desenvolver os recursos necessários, essa metodologia de imitação gerará paridade competitiva no setor.

No entanto, por razões que discutiremos adiante, as empresas concorrentes podem, às vezes, enfrentar uma importante desvantagem de custo para imitar os recursos valiosos de uma empresa de sucesso. Nesse caso, essa empresa inovadora pode conquistar uma **vantagem competitiva sustentável** — uma vantagem que não pode ser eliminada pela competição por meio de imitação estratégica. Empresas que possuem e exploram recursos raros, valiosos e custosos de imitar ao escolher e implementar suas estratégias podem desfrutar de um período de vantagem competitiva sustentável.[11]

Por exemplo, outros canais de esportes observaram o sucesso do X-Games da ESPN e estão começando a transmitir esses campeonatos. A NBC, por exemplo, desenvolveu sua própria versão do X-Games, chamada de Gravity Games, e até mesmo as Olimpíadas incluíram esportes que eram antes vistos como 'muito radicais'. Diversos canais de esportes da Fox transmitem programas de esportes radicais, e ao menos um canal a cabo novo (Fuel) transmite apenas esportes radicais. Ainda não dá para saber se esses esforços serão capazes de atrair os concorrentes que os X-Games atraem, se os vencedores desses outros campeonatos ganharão tanto *status* em seus esportes quanto os campeões dos X-Games e se esses outros campeonatos e programas ganharão a reputação desfrutada pela ESPN entre os telespectadores. É longo o caminho para determinar se a vantagem competitiva da ESPN em esportes radicais é temporária ou sustentável.[12]

Formas de imitação: duplicação direta e substituição

Em geral, a imitação pode ocorrer de duas maneiras: **duplicação direta** ou **substituição**. Empresas imitadoras podem tentar duplicar diretamente os recursos que a empresa com uma vantagem competitiva possui. Assim, o patrocínio de um campeonato alternativo de jogos radicais pela NBC pode ser visto como uma tentativa de duplicar diretamente os recursos que permitiram ao X-Games da ESPN tornar-se um sucesso. Se o custo dessa duplicação direta for muito alto, uma empresa com esses recursos e capacidades pode obter uma vantagem competitiva sustentável. Se esse custo não for muito alto, então quaisquer vantagens competitivas nesse cenário serão apenas temporárias.

Empresas imitadoras também podem tentar substituir outros recursos por um recurso caro, dominado por uma empresa com uma vantagem competitiva. Programas de esportes radicais e um canal a cabo de esportes radicais são substitutos em potencial para a estratégia do X-Games da ESPN. Esses programas apelam para praticamente o mesmo público que o X-Games, mas não requerem os mesmos recursos que a estratégia de X-Games requer (por exemplo, por não serem campeonatos, não exigem que a emissora reúna grande número de atletas de uma só vez). Se existem recursos substitutos e se as empresas imitadoras não enfrentam uma desvantagem de custo para obtê-los, então a vantagem competitiva de outras empresas será apenas temporária. No entanto, se esses recursos não tiverem substitutos, ou se o custo para adquiri-los for maior do que para obter os recursos originais, então as vantagens competitivas poderão ser sustentáveis.

Por que pode ser custoso imitar os recursos e as capacidades de outra empresa?

Vários autores estudaram as razões pelas quais pode ser custoso para uma empresa imitar os recursos e as capacidades de outra empresa. Foram identificadas quatro fontes de imitação custosa[13], que estão resumidas no Quadro 3.2 e são discutidas a seguir.

Condições históricas únicas

Uma empresa pode ter conseguido adquirir ou desenvolver seus recursos e suas capacidades com baixo custo devido a suas condições históricas únicas. Em muitos casos, a habilidade das empresas para adquirir, desenvolver e utilizar recursos depende de seu lugar no tempo e no espaço. Uma vez que o tempo e a história passem, empresas que não têm recursos dependentes de tempo e de espaço enfrentam uma desvantagem de custo significativa para obtê-los e desenvolvê-los, pois isso implicaria que recriassem a história.[14]

O comprometimento inicial da ESPN com esportes radicais é um exemplo dessas condições históricas únicas. O *status* e a reputação dos X-Games foram criados porque a ESPN conseguiu ser a primeira grande rede de esportes que levou essas competições a sério. Os X-Games aparentemente se tornaram o campeonato mais importante em muitos desses esportes radicais. De fato, para praticantes de *snowboarding*, ganhar uma medalha de ouro nos X-Games é quase tão importante quanto — senão mais importante que — ganhar uma medalha de ouro nas Olimpíadas de Inverno. Outros canais de esportes que esperam poder competir com os X-Games terão de superar o *status* da ESPN como 'a líder mundial em esportes' e sua vantagem histórica em esportes radicais. Sobrepujar essas vantagens provavelmente será muito custoso, tornando as ameaças competitivas de duplicação direta no mínimo menos significativas.

É claro que as empresas também podem aumentar os custos de imitar os recursos e as capacidades que controlam. A ESPN está fazendo isso ao expandir sua cobertura de esportes radicais e adotar uma campanha de marketing com apelo popular que engaja jovens atletas radicais em competições locais. O propósito desses esforços é claro: manter intacto o *status* da ESPN como a mais importante fonte de competições de esportes radicais.[15]

Há pelo menos duas maneiras pelas quais circunstâncias históricas únicas podem proporcionar uma vantagem competitiva sustentável a uma empresa. Na primeira, uma determinada empresa pode ser a pioneira no setor a reconhecer e explorar uma oportunidade, e o fato de ser a pioneira proporciona-lhe uma ou mais vantagens de pioneirismo discutidas no Capítulo 2. Assim, embora em princípio outras empresas possam ter explorado uma oportunidade, o fato de apenas uma empresa tê-lo feito torna mais custoso para as outras imitá-la.

Uma segunda maneira pela qual a história pode ter impacto sobre uma empresa baseia-se no conceito de **dependência de caminho**.[16] Diz-se que um processo é dependente de caminho quando os eventos iniciais em sua evolução têm efeitos significativos sobre eventos subsequentes. Na evolução da vantagem competitiva, a dependência de rumo sugere que uma empresa pode obter uma vantagem competitiva no período atual baseada na aquisição e no desenvolvimento de recursos em períodos anteriores. Nesses períodos anteriores, normalmente não está claro qual será o valor futuro total de um recurso em particular. Por causa dessa incerteza, as empresas conseguem adquirir ou desenvolver esse recurso por menos do que acabaria sendo seu valor futuro. No entanto, uma vez que o valor futuro do recurso seja revelado, outras empresas que buscam adquirir ou desenvolver o mesmo recurso precisarão pagar o valor total conhecido, o que geralmente é maior do que os custos incorridos pela empresa que adquiriu ou desenvolveu o recurso em algum período anterior. O custo de adquirir recursos duplicados e substitutos aumentará assim que seu valor total se torne conhecido.

QUADRO 3.2 Fontes de imitação custosa

Condições históricas únicas: Quando uma empresa obtém um acesso barato a recursos devido à sua posição no tempo e no espaço, outras empresas podem achar esses recursos caros para serem imitados. Tanto a vantagem do pioneirismo como a dependência de caminho podem criar condições históricas únicas.

Ambiguidade causal: Quando concorrentes não podem saber com certeza o que permite a uma empresa obter uma vantagem, essa vantagem pode ser difícil de imitar. Fontes de ambiguidade causal incluem situações em que vantagens competitivas são baseadas em recursos e capacidades 'dados como certos', quando existem múltiplas hipóteses não comprováveis sobre por que uma empresa tem uma vantagem competitiva e quando as vantagens de uma empresa são baseadas em conjuntos complexos de capacidades inter-relacionadas.

Complexidade social: Quando os recursos e as capacidades que uma empresa utiliza para ganhar vantagem competitiva envolvem relacionamentos interpessoais, confiança, cultura e outros recursos sociais que são custosos de imitar no curto prazo.

Patentes: Uma fonte de vantagem competitiva sustentável em apenas alguns setores, incluindo o farmacêutico e o de químicos especializados.

Por exemplo, considere uma empresa que comprou terras para criação de gado algum tempo atrás e descobriu agora um rico suprimento de petróleo nesse terreno. A diferença entre o valor do terreno como um fornecedor de petróleo (alto) e o valor desse terreno para criação de gado (baixo) é uma fonte de vantagem competitiva para essa empresa. Além disso, outras empresas que desejem adquirir esse terreno ou um adjacente agora terão de pagar pelo valor total do terreno como fonte de petróleo (alto), portanto, terão uma desvantagem de custo se comparadas com a empresa que adquiriu o terreno algum tempo atrás para criação de gado.

Ambiguidade causal

Uma segunda razão pela qual os recursos e as capacidades de uma empresa podem ser caros de imitar é que empresas imitadoras podem não entender a relação entre os recursos e as capacidades controlados por uma empresa, assim como a vantagem competitiva dela. Em outras palavras, a relação entre os recursos e as capacidades de uma empresa e sua vantagem competitiva pode ser **causalmente ambígua**.

A princípio, parece improvável que exista uma ambiguidade causal sobre as fontes de vantagem competitiva de uma empresa. Os gerentes de uma empresa provavelmente entendem as fontes de sua própria vantagem competitiva. Se eles entendem a relação entre recursos e vantagem competitiva, parece provável que gerentes de outras empresas também consigam descobrir essa relação e, assim, venham a ter um entendimento claro de quais recursos e capacidades devem duplicar ou buscar substituir. Se não há outras fontes de desvantagem de custo para empresas imitadoras, a imitação deveria levar à paridade competitiva e ao desempenho econômico normal.[17]

No entanto, nem sempre os gerentes de determinada empresa entendem a fundo a relação entre os recursos e as capacidades que controlam e a vantagem competitiva. Essa falta de entendimento pode ocorrer ao menos por três razões. Primeira: é possível que os recursos e as capacidades que geram a vantagem competitiva sejam tão 'dados como certos', tão corriqueiros para os gerentes, que eles não se dão conta deles.[18] Recursos e capacidades organizacionais, tais como trabalho em equipe entre a alta gerência, cultura organizacional, relacionamento entre outros empregados e relacionamentos com clientes e fornecedores, podem ser quase 'invisíveis' para os gerentes de uma empresa.[19] Se os gerentes de empresas com tais capacidades não entendem a relação destas com a vantagem competitiva, seus colegas de outras empresas enfrentarão desafios significativos para entender quais recursos devem imitar.

Uma segunda possível razão é que os gerentes podem ter múltiplas hipóteses sobre quais recursos e capacidades permitem que suas empresas ganhem vantagem competitiva, mas podem não conseguir avaliar quais desses recursos e dessas capacidades — sozinhos ou combinados — realmente criam vantagem competitiva. Por exemplo, se alguém perguntar a empreendedores bem-sucedidos o que lhes permitiu atingir o sucesso, eles provavelmente responderão com diversas hipóteses, como "trabalho duro, disposição para assumir riscos e um time de executivos de alta qualidade". Entretanto, se alguém perguntar a empreendedores malsucedidos o que aconteceu, eles também provavelmente sugerirão que suas empresas se caracterizavam por "trabalho duro, disposição para assumir riscos e um time de executivos de alta qualidade". É possível que todas essas características sejam recursos e capacidades importantes para o sucesso de empresas empreendedoras, mas outros fatores também podem ter papel importante. Sem experimentos rigorosos, é difícil estabelecer quais desses recursos têm uma relação causal com a vantagem competitiva e quais não têm.

Finalmente, é possível que não apenas alguns recursos e algumas capacidades permitam que uma empresa ganhe vantagem competitiva, mas que literalmente milhares desses atributos organizacionais, juntos, gerem tais vantagens. Quando os recursos e as capacidades que geram vantagem competitiva são redes complexas de relações entre indivíduos, grupos e tecnologia, a imitação pode ser custosa.

Sempre que as fontes de vantagem competitiva estiverem amplamente difundidas entre pessoas, localidades e processos de uma empresa, esses processos serão caros de imitar. Talvez o melhor exemplo de tal recurso seja o conhecimento em si. Quando o valioso conhecimento sobre os produtos, processos, clientes de uma empresa etc. está amplamente difundido dentro de uma organização, os concorrentes têm dificuldades para imitar esse conhecimento, e ele pode ser fonte de vantagem competitiva sustentável.[20]

Complexidade social

Uma terceira razão pela qual os recursos e as capacidades de uma empresa talvez sejam custosos de imitar é que eles podem ser um fenômeno social complexo, que extrapola a habilidade das empresas de gerenciar e influenciar sistematicamente. Quando as vantagens competitivas são baseadas em tais fenômenos sociais complexos, a habilidade de outras empresas de imitá-los, tanto por meio de duplicação direta como de substituição, é geralmente restrita. Os esforços para influenciar esses tipos de fenômeno provavelmente serão muito mais custosos do que seriam se eles se desenvolvessem de uma maneira natural ao longo do tempo em uma empresa.[21]

Diversos recursos e capacidades de uma empresa podem ser **socialmente complexos**. Exemplos incluem as relações interpessoais entre os gerentes, a cultura da empresa e sua reputação entre fornecedores e clientes.[22] Note que na maioria desses casos é possível especificar como esses recursos socialmente complexos adicionam valor para uma empresa. Assim, há pouca ou nenhuma ambiguidade causal envolvendo a relação entre os recursos e as capacidades da empresa e a vantagem competitiva. Porém, entender que uma cultura organizacional com certos atributos ou certas relações de qualidade entre gerentes pode melhorar a eficiência e a eficácia de uma empresa não é necessariamente o mesmo que dizer que empresas sem esses atributos podem empenhar esforços sistemáticos para criá-los ou que há para eles substitutos de baixo custo. Por ora, tal engenharia social talvez esteja além das habilidades da maioria das empresas. No mínimo, é muito mais caro empreendê-la do que seria se os recursos socialmente complexos evoluíssem naturalmente dentro de uma empresa.[23]

É interessante notar que empresas que buscam imitar tecnologias físicas complexas geralmente não enfrentam as desvantagens de custo de imitar fenômenos sociais complexos. Uma grande quantidade de tecnologia física (máquinas, ferramentas, robôs e outros) pode ser adquirida em mercados fornecedores. Mesmo quando uma empresa desenvolve uma tecnologia física própria única, a engenharia reversa tende a difundir essa tecnologia entre empresas concorrentes de maneira pouco custosa. Na verdade, os custos para imitar uma tecnologia física bem-sucedida são normalmente mais baixos do que os custos para desenvolver uma nova tecnologia.[24]

Embora a tecnologia física não seja em geral cara de imitar, sua aplicação em uma empresa provavelmente necessitará de uma grande variedade de recursos e capacidades organizacionais socialmente complexos. Esses recursos organizacionais podem ser caros de imitar, e, se forem raros e valiosos, a combinação de recursos complexos físicos e sociais poderá ser uma fonte de vantagem competitiva sustentável. A importância de recursos e capacidades socialmente complexos para o desempenho de uma empresa tem sido estudada em detalhes no campo da administração estratégica de recursos humanos, como descrito no quadro "Pesquisa em foco".

PESQUISA EM FOCO

Pesquisa em administração estratégica de recursos humanos

O foco da maioria dos testes empíricos da visão baseada em recursos aborda até que ponto a história, a ambiguidade causal e a complexidade social têm impacto na habilidade das empresas em obter e sustentar vantagens competitivas. Dentre os mais importantes desses testes, destacam-se pesquisas que examinam até que ponto as práticas de recursos humanos que tendem a gerar recursos e capacidades socialmente complexos estão relacionadas ao desempenho de uma empresa. Essa área de pesquisa é conhecida como *administração estratégica de recursos humanos*.

O primeiro desses testes foi conduzido como parte de um estudo maior a respeito de produção eficiente com baixo custo no setor automobilístico mundial. Um grupo de pesquisadores do Massachusetts Institute of Technology (MIT) desenvolveu medidas rigorosas do custo e da qualidade de mais de 70 fábricas que montavam *sedans* de tamanho médio ao redor do mundo. Eles descobriram que, à época em que realizaram o estudo, apenas seis dessas fábricas tinham simultaneamente baixos custos e alta qualidade de produção — uma posição que obviamente daria a essas fábricas uma vantagem competitiva em seus mercados.

Ao tentar entender o que distinguia essas seis fábricas das outras da amostra, os pesquisadores descobriram que, não surpreendentemente, as seis tinham a tecnologia mais moderna e atualizada. No entanto, muitas outras fábricas menos eficientes também tinham. O que distinguia essas fábricas eficientes não era a tecnologia de produção em si, mas suas práticas de recursos humanos (RH). Essas seis fábricas implementaram um conjunto de práticas que incluíam tomada de decisão participativa, ciclos de qualidade e ênfase na produção em equipe. Um dos resultados desses esforços — e outra característica diferencial dessas seis fábricas — era um alto nível de lealdade e compromisso dos funcionários com a fábrica aliado a uma crença de que os gerentes tratariam os funcionários de maneira justa. Esses recursos e essas capacidades socialmente complexos são justamente os tipos de recursos que a VBR sugere que deveriam ser fontes de vantagem competitiva sustentável.

Trabalhos posteriores deram continuidade a essa abordagem e examinaram o impacto de práticas de RH no desempenho de empresas fora do campo de manufatura. Utilizando uma variedade de medidas de desempenho empresariais e muitas medidas diferentes de práticas de RH, os resultados da pesquisa continuam bastante consistentes com a lógica baseada em recursos. Isto é, empresas que conseguem aplicar práticas de RH para desenvolver recursos humanos e organizacionais socialmente complexos conseguem obter vantagens competitivas sobre empresas que não utilizam essas práticas.

Fontes: J. P. Womack e D. Ross, *The machine that changed the world*, Nova York: Rawson, 1990; M. Huselid, "The impact of human resource management practices on turnover, productivity, and corporate financial performance", *Academy of Management Journal*, n. 38, p. 635-672, 1995; J. Barney e P. Wright, "On becoming a strategic partner", *Human Resource Management*, n. 37, p. 31-46, 1998.

Patentes

À primeira vista, pode parecer que as patentes de uma empresa tornariam muito custoso para concorrentes imitar seus produtos.[25] As patentes realmente têm esse efeito em alguns setores. Por exemplo, patentes na indústria farmacêutica e de químicos especiais efetivamente impedem outras empresas de comercializar os mesmos produtos até que a patente expire. Conforme sugerido no Capítulo 2, patentes também podem aumentar os custos de imitação em uma variedade de outros setores.

Porém, de outro ponto de vista, as patentes podem diminuir em vez de aumentar os custos de imitação. Quando uma empresa entra com um pedido de patente, é forçada a revelar uma quantidade significativa de informações sobre seu produto. Os governos requerem essa informação para garantir que a tecnologia em questão é patenteável. Ao obter uma patente, a empresa pode proporcionar informações importantes para concorrentes sobre como imitar sua tecnologia.

Além disso, a maioria dos avanços tecnológicos é difundida entre as empresas de um setor em um período relativamente curto de tempo, mesmo que a tecnologia em questão seja patenteada, porque tecnologia patenteada não é imune à imitação de baixo custo. As patentes podem restringir a duplicação direta por um tempo, mas podem, na verdade, aumentar as chances de substituição por tecnologias funcionalmente equivalentes.[26]

A questão da organização

O potencial de uma empresa para vantagem competitiva depende do valor, da raridade e da imitabilidade de seus recursos e suas capacidades. No entanto, para aproveitar esse potencial ao máximo, uma empresa deve estar organizada para explorar seus recursos e suas capacidades. Essas observações levam à **questão da organização**: "A empresa está organizada para explorar ao máximo o potencial competitivo de seus recursos e suas capacidades?"

Inúmeros componentes da organização de uma empresa são relevantes para a questão da organização, incluindo sua estrutura formal de reporte, seus sistemas formais e informais de controle gerencial e suas políticas de remuneração. A **estrutura formal de reporte** de uma empresa é uma descrição de quem na organização se reporta a quem; normalmente, está incorporada ao **organograma** da empresa. Os **sistemas de controle gerencial** incluem um número de mecanismos formais e informais para garantir que os gerentes estejam se comportando de maneira consistente com as estratégias da empresa. **Controles gerenciais formais** incluem o orçamento e os relatórios que mantêm as pessoas da alta administração informadas sobre as ações tomadas por pessoas nos níveis inferiores do organograma organizacional. Já os **controles gerenciais informais** podem incluir a cultura da empresa e a disposição dos empregados de monitorar o comportamento uns dos outros. **Políticas de remuneração** são as maneiras como as empresas pagam a seus funcionários. Tais políticas criam incentivos para que os funcionários sigam determinadas normas de comportamento.

Esses componentes da organização de uma empresa são muitas vezes chamados de **recursos e capacidades complementares** porque têm, isoladamente, capacidade limitada de gerar vantagem competitiva. Porém, quando combinados com outros recursos e outras capacidades, permitem que uma empresa aproveite todo o seu potencial para vantagem competitiva.[27]

Por exemplo, já foi sugerido que a ESPN pode ter vantagem competitiva sustentável no segmento de esportes radicais do setor de canais de esportes. Porém, se a gerência da ESPN não tivesse aproveitado suas oportunidades em esportes radicais expandindo a cobertura, garantindo que os melhores competidores viessem para os campeonatos da ESPN, criando mais campeonatos e mudando campeonatos antigos, seu potencial para vantagem competitiva não teria sido totalmente aproveitado. É claro que a ESPN pôde fazer tudo isso porque tem uma estrutura organizacional, controles gerenciais e políticas de remuneração de funcionários apropriados. Sozinhos, esses atributos da ESPN não poderiam ser fonte de vantagem competitiva; mas esse arranjo foi essencial para que ela percebesse seu pleno potencial para vantagem competitiva.

Ter uma organização apropriada permitiu à ESPN aproveitar todo o potencial de vantagem competitiva de seus outros recursos e outras capacidades. Uma organização inadequada impediu a Xerox de usufruir ao máximo da vantagem de alguns de seus recursos e suas capacidades mais valiosos, raros e caros de imitar.

Ao longo da década de 1960 e começo de 1970, a Xerox investiu em uma série de esforços de pesquisa muito inovadores para desenvolvimento de tecnologia. Para levar a cabo esse esforço de pesquisa, criou um centro independente de pesquisa em Palo Alto, no estado da Califórnia (Palo Alto Research Center — PARC), e reuniu um grupo de cientistas e engenheiros altamente criativos e inovadores para trabalhar lá. Com liberdade total, esses cientistas e engenheiros desenvolveram, no Xerox PARC, uma incrível variedade de inovações tecnológicas: o computador pessoal, o *mouse*, um software do tipo Windows, a impressora a *laser*, o 'escritório sem papel', a Ethernet etc. Uma visão retrospectiva deixa claro que o potencial de mercado dessas tecnologias era gigantesco. Além disso, como elas foram desenvolvidas no Xerox PARC, eram raras. A empresa poderia ter conquistado importantes vantagens de pioneirismo se tivesse sido capaz de traduzi-las em produtos, aumentando assim o custo de imitar as tecnologias.

A Xerox possuía os recursos e as capacidades, mas não tinha uma organização consolidada para tirar vantagem deles. Não existia estrutura para que as inovações desenvolvidas no Xerox PARC se tornassem conhecidas pelos gerentes da empresa. De fato, a maioria deles — até mesmo muitos da alta gerência — não tinha ciência desses avanços tecnológicos até meados da década de 1970. Quando finalmente tomaram conhecimento deles, muito poucas dessas tecnologias sobreviveram ao processo altamente burocrático de desenvolvimento de produtos da Xerox — um processo em que projetos de desenvolvimento de produtos eram divididos em centenas de tarefas diminutas, e o progresso de cada tarefa era revisado por dúzias de comissões enormes. Até mesmo inovações que sobreviveram ao processo de desenvolvimento de produtos não foram exploradas pelos gerentes da Xerox, porque a remuneração dos executivos dependia quase exclusivamente da maximização da receita atual. A lucratividade no curto prazo era relativamente menos importante nos cálculos de remuneração, e o desenvolvimento de mercados para vendas e lucratividade futuras era essencialmente irrelevante. A estrutura formal de reporte da Xerox, seus sistemas explícitos de controle gerencial e sua política de remuneração eram inconsistentes com a exploração de recursos valiosos, raros e difíceis de imitar que a empresa havia desenvolvido. Não é surpresa que ela tenha fracassado em explorar quaisquer de suas fontes potenciais de vantagem competitiva sustentável.[28]

APLICANDO O MODELO VRIO

As questões de valor, raridade, imitabilidade e organização podem ser agrupadas em um único modelo para se entender o potencial de retorno associado à exploração de quaisquer recursos e capacidades de uma empresa. Isso é feito na Tabela 3.1. A relação do modelo VRIO com as forças e fraquezas está apresentada na Tabela 3.2.

Se um recurso ou uma capacidade controlados por uma empresa não forem valiosos, eles não permitirão que a empresa escolha ou implemente estratégias que explorem oportunidades ou neutralizem ameaças ambientais. Organizar-se para explorar esse recurso aumentará os custos da empresa ou diminuirá sua receita. Esses tipos de recurso são fraquezas. As empresas precisarão remediar essas fraquezas ou evitar utilizá-las ao escolher e implementar estratégias. Se as empresas realmente explorarem tais recursos e capacidades, o esperado é que se coloquem em desvantagem competitiva, se comparadas a empresas que não possuem recursos pouco valiosos ou não os utilizam ao criar e implementar suas estratégias.

TABELA 3.1 O modelo VRIO

Um recurso ou uma capacidade é:

Valioso?	Raro?	Custoso de imitar?	Explorado pela organização?	Implicações competitivas
Não	–	–	Não	Desvantagem competitiva
Sim	Não	–	↑	Paridade competitiva
Sim	Sim	Não	↓	Vantagem competitiva temporária
Sim	Sim	Sim	Sim	Vantagem competitiva sustentável

TABELA 3.2 A relação entre o modelo VRIO e as forças e fraquezas organizacionais

Um recurso ou uma capacidade é:

Valioso?	Raro?	Custoso de imitar?	Explorado pela organização?	Implicações competitivas
Não	–	–	Não	Fraqueza
Sim	Não	–	↑	Força
Sim	Sim	Não	↓	Força e competência distintiva
Sim	Sim	Sim	Sim	Força e competência distintiva sustentável

Se um recurso ou uma capacidade são valiosos, mas não raros, sua exploração para desenvolver e aplicar estratégias gerará paridade competitiva. Explorar esses tipos de recurso geralmente não cria vantagens competitivas, mas deixar de explorá-los pode colocar uma empresa em desvantagem competitiva. Dessa maneira, recursos valiosos que não são raros podem ser considerados forças organizacionais.

Se um recurso ou uma capacidade são valiosos e raros, mas não custosos de imitar, explorá-los gerará uma vantagem competitiva temporária para a empresa. Aquela que explora esse tipo de recurso está, de uma maneira importante, conquistando uma vantagem de pioneirismo, porque é a primeira empresa capaz de explorar um recurso em particular. Porém, uma vez que os concorrentes tenham observado a vantagem competitiva, estarão aptos a adquirir ou desenvolver os recursos necessários para implementar essa estratégia por meio de duplicação direta ou substituição sem desvantagens de custo, se comparados com a pioneira. Com o tempo, qualquer vantagem competitiva que a pioneira tenha obtido será anulada pela concorrência à medida que outras empresas passem a imitar os recursos necessários para competir. Consequentemente, esse tipo de recurso ou capacidade pode ser visto como uma força organizacional e como uma **competência diferencial**.

Se um recurso ou uma capacidade são valiosos, raros e custosos de imitar, explorá-los gerará uma vantagem competitiva sustentável. Nesse caso, empresas concorrentes enfrentam desvantagens de custo significativas para imitar os recursos e as capacidades da empresa bem-sucedida. Conforme sugerido anteriormente, essa vantagem competitiva pode refletir as condições históricas únicas da empresa bem-sucedida, a ambiguidade causal sobre quais recursos imitar, a natureza social complexa desses recursos e dessas capacidades, ou quaisquer vantagens de patente que uma empresa possa ter. De qualquer modo, tentativas de anular, por meio da competição, as vantagens de empresas que exploram esses recursos não gerarão vantagem competitiva nem ao menos paridade competitiva, para as imitadoras. Mesmo que essas empresas consigam adquirir ou desenvolver os recursos ou capacidades em questão, os altos custos de fazê-lo as colocariam em desvantagem competitiva. Esses tipos de recurso e capacidade são forças organizacionais e **competências diferenciais sustentáveis**.

A questão da organização atua como um fator de ajuste no modelo VRIO. Por exemplo, se uma empresa tem recursos e capacidades valiosos, raros e custosos de imitar, mas deixa de se organizar para tirar deles o máximo de vantagem, parte de sua vantagem competitiva potencial pode perder-se (esse é o exemplo da Xerox). Uma organização extremamente falha, nesse caso, poderia na verdade levar uma empresa que tem potencial para vantagem competitiva a obter apenas paridade competitiva ou desvantagens competitivas.

Aplicando o modelo VRIO à Southwest Airlines

Para examinar como o modelo VRIO pode ser aplicado à análise de situações estratégicas reais, considere a posição competitiva da Southwest Airlines. Ao longo dos últimos 30 anos, essa tem sido a única companhia aérea nos Estados Unidos a manter sua lucratividade de modo consistente. Enquanto muitas de suas concorrentes norte-americanas entraram em falência, a Southwest manteve-se lucrativa. Como ela conseguiu conquistar essa vantagem competitiva?

Fontes potenciais dessa vantagem competitiva recaem em duas grandes categorias: escolhas operacionais feitas pela Southwest e a filosofia adotada pela empresa para administrar seu pessoal. No lado operacional, a Southwest optou por utilizar um único tipo de aeronave (Boeing 737), operar somente em pequenos aeroportos, evitar complicadas redes em formato de *hub-and-spoke* e, em vez disso, adotar um sistema ponto a ponto. No lado da administração de pessoal, apesar de ser altamente sindicalizada, a Southwest tem conseguido desenvolver um senso de comprometimento e lealdade entre seus funcionários. Não é incomum vê-los extrapolar as responsabilidades estritas de seu cargo, ajudando no que for necessário para fazer o avião decolar com segurança e pontualidade. Qual desses fatores — escolhas operacionais ou filosofia de administração de pessoal — tem maior probabilidade de ser fonte de vantagem competitiva sustentável?

Escolhas operacionais da Southwest e sua relação com a vantagem competitiva

Vamos considerar inicialmente as escolhas operacionais da Southwest. Em primeiro lugar, essas escolhas operacionais reduzem os custos da empresa ou aumentam a predisposição de seus clientes em pagar seu preço — isto é, essas escolhas operacionais são valiosas? É possível demonstrar que a maioria das escolhas operacionais da Southwest tem o efeito de reduzir seus custos. Por exemplo, ao utilizar somente um tipo de aeronave, ela é capaz de reduzir o custo de treinamento de sua equipe de manutenção, reduzir seu estoque de peças de reposição e reduzir o tempo de parada de seus aviões para reparo. Ao operar somente em aeroportos de menor porte, a empresa reduz as taxas que teria de pagar para poder aterrissar em aeroportos maiores. Seu sistema ponto a ponto de rotas evita os custos associados ao estabelecimento de grandes sistemas do tipo *hub-and-spoke*. De modo geral, essas escolhas operacionais são valiosas.

Em segundo lugar, essas escolhas operacionais são raras? Na maior parte dos casos, as escolhas operacionais da Southwest têm sido raras. Apenas recentemente grandes companhias aéreas estabelecidas e novos entrantes de menor porte começaram a implementar opções semelhantes.

Terceiro, essas escolhas operacionais são custosas de imitar? Várias transportadoras aéreas estabelecidas criaram subsidiárias para tentar superar ou igualar as escolhas operacionais da Southwest. Por exemplo, a Continental criou a divisão Continental Lite, a United criou a divisão Ted, e a Delta, a divisão Song. Todas essas divisões optaram por adotar um único tipo de aeronave, operar em aeroportos menores, seguir rotas ponto a ponto e assim por diante.

Além dessas empresas já estabelecidas no mercado, muitos novos entrantes no setor aéreo — tanto nos Estados Unidos como em outras partes do mundo — adotaram escolhas operacionais semelhantes às da Southwest. Nos Estados Unidos, podemos citar: AirTran Airlines, Allegiant Airlines, JetBlue, Skybus Airlines, Spirit Airlines e Virgin American Airlines.

Por conseguinte, apesar de serem valiosas e raras, as escolhas operacionais da Southwest parecem não ser custosas de imitar. Isso não chega a ser surpreendente, uma vez que essas escolhas possuem poucos dos atributos de recursos e capacidades que costumam ser onerosos de imitar. Não advêm de uma condição histórica única e não são dependentes de caminho nem causalmente ambíguas ou socialmente complexas.

Por fim, a Southwest está organizada para explorar plenamente suas escolhas operacionais? A maioria dos observadores concorda que sua estrutura, seus controles gerenciais e suas políticas de remuneração são compatíveis com suas escolhas operacionais.

Em suma, essa análise das escolhas operacionais da Southwest sugere que elas são valiosas, raras, mas não onerosas de imitar. Embora a empresa esteja organizada para explorar essas oportunidades, é provável que elas sejam apenas uma fonte de vantagem competitiva temporária para a Southwest.

Administração de pessoal da Southwest e sua relação com a vantagem competitiva

Uma análise VRIO semelhante pode ser conduzida em relação à filosofia da Southwest de administração de pessoal. Primeiro, essa filosofia é valiosa, isto é, ela reduz os custos da empresa ou aumenta a predisposição de seus clientes em pagar seu preço?

O comprometimento e a lealdade dos funcionários da Southwest é uma das justificativas para sua capacidade de obter níveis de produtividade mais altos do que o da maioria das companhias aéreas norte-americanas. Esse aumento de produtividade revela-se de inúmeras maneiras. Por exemplo, o tempo médio de reabastecimento e recarga de voos da Southwest gira em torno de 18 minutos, enquanto a média do setor é de 45 minutos. Os funcionários da Southwest são simplesmente mais eficientes em descarregar e carregar a bagagem, reabastecer e suprir as refeições de suas aeronaves do que os de outras empresas. Isso significa que os aviões da Southwest ficam em solo menos tempo e no ar mais tempo do que suas concorrentes. É claro que um avião só gera receita se está voando. Essa ideia aparentemente simples vale centenas de milhões de dólares em redução de custos para a Southwest.

Essa lealdade e esse espírito de equipe são raros no setor aéreo norte-americano? Nos últimos 15 anos, esse setor tem sido assolado por disputas trabalhistas. Muitas companhias áreas tiveram de cortar empregos, reduzir salários e estressar de outras formas sua relação com os funcionários. De modo geral, em comparação com as empresas estabelecidas, o relacionamento da Southwest com seus funcionários pode ser considerado raro.

Esse relacionamento é custoso de imitar? Certamente, as relações entre uma companhia aérea e seus funcionários possuem muitos atributos que os tornam onerosos de imitar. Elas surgem ao longo do tempo; são dependentes de caminho, causalmente ambíguas e socialmente complexas. É razoável esperar que as empresas estabelecidas, aquelas que já mantêm relações estressadas com seus funcionários, tenham dificuldade em imitar a forma de relacionamento que a Southwest mantém com seu pessoal. Portanto, em comparação com as empresas estabelecidas, a filosofia de administração de pessoal da Southwest é provavelmente valiosa, rara e custosa de imitar. Supondo-se que ela esteja adequadamente organizada (e esse parece ser o caso), isso significa que — em relação às empresas estabelecidas — a Southwest possui uma vantagem competitiva sustentável.

A situação pode ser um pouco diferente em relação aos novos entrantes do setor aéreo norte-americano. Essas empresas podem não ter um histórico de relações difíceis com seus funcionários. Como empreendimentos novos, elas podem ser capazes de desenvolver relacionamentos mais valiosos com seu pessoal desde o início. Isso sugere que, em relação aos novos entrantes, a filosofia de administração de pessoal da Southwest pode ser valiosa e rara, mas não custosa de imitar. Novamente, supondo-se que ela esteja adequadamente organizada, em comparação com seus novos concorrentes, a capacidade de administração de pessoal da Southwest pode ser uma fonte de vantagem competitiva meramente temporária.

IMITAÇÃO E DINÂMICA COMPETITIVA EM UM SETOR

Suponha que uma empresa em determinado setor conduziu uma análise de seus recursos e suas capacidades, concluiu que possui alguns recursos e algumas capacidades valiosos, raros e custosos de imitar e utiliza-os para escolher uma estratégia, a qual implementa com a estrutura organizacional, os controles gerenciais formais e informais e as políticas de remuneração apropriados. A VBR sugere que essa empresa ganhará vantagem competitiva mesmo que esteja operando no que um modelo das cinco forças (veja o Capítulo 2) classificaria como um setor muito pouco atrativo. Exemplos de empresas que possuem vantagens competitivas em setores pouco atrativos incluem Southwest Airlines, Nucor Steel, Walmart e Dell Computers, para citar apenas algumas.

Considerando-se que determinada empresa tem vantagem competitiva, como deveriam reagir as demais do setor? Decisões tomadas por outras empresas, dadas as escolhas estratégicas de uma empresa em particular, definem a natureza das **dinâmicas competitivas** que existem em um setor. Em geral, outras empresas de um setor podem responder às vantagens de um concorrente de três maneiras. Primeira: podem optar por não reagir. Por exemplo, quando a Airbus decidiu construir um superjumbo destinado a dominar os voos internacionais pelos próximos 30 anos, a Boeing limitou-se a redesenhar alguns aspectos de duas de suas aeronaves, o 777 e o 747. Segunda: podem optar por mudar algumas de suas táticas de negócios. Por exemplo, quando a Southwest Airlines começou a operar no aeroporto da Filadélfia e a cobrar tarifas muito baixas, a US Airways — que costumava dominar o mercado da Filadélfia — também baixou suas tarifas. Terceira: podem optar por mudar sua estratégia — sua teoria de como ganhar vantagem competitiva (veja o Capítulo 1). Por exemplo, quando a abordagem direta e com base na Internet da Dell para vender computadores pessoais se tornou dominante, a Gateway Computers decidiu abandonar suas lojas de varejo para se dedicar a abordagens diretas e com base na Internet.[29] A opção de respostas que uma empresa faz determina a estrutura da dinâmica competitiva em um setor.

Não responder à vantagem competitiva de outra empresa

Existem pelo menos três motivos para que uma empresa não responda à vantagem competitiva de outra. Primeiro, essa empresa pode ter sua própria vantagem competitiva. Responder à vantagem competitiva de outra empresa pode destruir, ou pelo menos comprometer, suas próprias fontes de vantagem competitiva. Por exemplo, a tecnologia digital de contagem do tempo tornou disponíveis relógios precisos para a maior parte dos consumidores a preços razoáveis. Empresas como a Casio têm uma vantagem competitiva nesse mercado devido à capacidade de miniaturização e eletrônica. Realmente, a participação de mercado e o desempenho da Casio continuam a aumentar ao longo dos anos. Como deveria a Rolex — uma fabricante de relógios muito caros e mecânicos — responder à Casio? A decisão da Rolex foi: *de jeito nenhum*. A Rolex tem como foco um segmento de mercado muito diferente daquele da Casio. Caso a Rolex mudasse sua estratégia — substituindo seu design mecânico de corda automática por um design digital tecnologicamente superior —, ela poderia facilmente comprometer sua vantagem competitiva em seu nicho de mercado.[30] Em geral, quando uma empresa já possui suas próprias fontes de vantagens competitivas, ela não responde a diferentes fontes de vantagem competitiva controladas por outra empresa.

Segundo, uma empresa pode não reagir à vantagem competitiva de outra empresa porque não tem os recursos e as capacidades para fazê-lo. Uma empresa com recursos e capacidades insuficientes ou inapropriados — sejam eles físicos, financeiros, humanos ou organizacionais — normalmente não conseguirá imitar os recursos de uma empresa bem-sucedida, seja por meio de duplicação direta ou por meio de substituição. Isso pode ser o que ocorre entre a USAir e a Southwest Airlines. Os recursos e as capacidades gerenciais da Southwest podem estar simplesmente além das habilidades da USAir de imitá-los. Nesse cenário, a USAir provavelmente se encontra em uma desvantagem competitiva sustentável.[31]

Por fim, uma empresa pode não responder às vantagens de um concorrente porque está tentando diminuir o nível de rivalidade no setor. Quaisquer ações empenhadas por uma empresa com o efeito de diminuir a rivalidade em um setor e que também não exija que as empresas desse setor se comuniquem diretamente ou negociem entre si podem ser vistas como **cooperação tácita**. A cooperação explícita, em que as empresas se comunicam diretamente e negociam umas com as outras, é discutida em detalhes na análise de alianças estratégicas no Capítulo 9.

Reduzir o nível de rivalidade em um setor pode ser benéfico para todas as empresas que nele operam. Essa decisão pode ter o efeito de reduzir a quantidade de bens e serviços fornecidos em um setor para um nível abaixo do competitivo, ação que terá como efeito o aumento dos preços desses bens ou serviços. Quando a cooperação tácita tem o efeito de reduzir a oferta e aumentar os preços, é conhecida como **conluio tácito**. Este pode ser ilegal em alguns cenários. Porém, as empresas também podem cooperar tacitamente em outras dimensões, além de quantidade e preço. Essas ações também podem beneficiar todas as empresas de um setor e, normalmente, não são ilegais.[32]

Por exemplo, é possível que empresas concordem tacitamente em não investir em certos tipos de pesquisa e desenvolvimento. Algumas formas de P&D são muito onerosas, e embora tais investimentos possam acabar gerando produtos ou serviços capazes de beneficiar os consumidores, talvez as empresas prefiram, ainda assim, evitar o gasto e o risco. Empresas também podem concordar tacitamente em não comercializar seus produtos de certas formas. Por exemplo, antes que as regulamentações as obrigassem, a maioria das empresas de cigarros já havia decidido não colocar máquinas de cigarros em locais normalmente frequentados por crianças, embora essas máquinas pudessem gerar receitas significativas. Além disso, empresas podem cooperar tacitamente concordando em não utilizar certas práticas de produção, como terceirização em países em desenvolvimento e práticas ambientalmente prejudiciais.

Todas essas ações podem ter o efeito de reduzir o nível de rivalidade em um setor, o que, por sua vez, pode ter o efeito de aumentar o nível médio de desempenho das empresas do setor. Entretanto, relações de cooperação tácita entre empresas às vezes são difíceis de manter. Geralmente, para que a cooperação tácita funcione, um setor deve ter os atributos estruturais descritos no Quadro 3.3. Primeiro, deve haver relativamente poucas empresas no setor. Comunicar e coordenar estratégias informalmente entre algumas empresas já é bastante difícil, e fica ainda mais difícil quando há um grande número de empresas em um setor. Por essa razão, a cooperação tácita é uma estratégia viável apenas quando o setor é um oligopólio (veja o Capítulo 2).

Segundo, empresas nesse setor devem ser homogêneas no que diz respeito aos produtos que vendem e às suas estruturas de custos. Produtos heterogêneos tornam muito fácil para uma empresa 'trapacear' em seus acordos de cooperação tácita modificando seus produtos, e custos heterogêneos significam que o nível ótimo de oferta para determinada empresa pode ser bem diferente do nível acordado pela cooperação tácita. Nesse cenário, uma empresa pode ter um forte incentivo para aumentar sua oferta e quebrar os acordos cooperativos.

Terceiro, existe, normalmente, um líder de mercado forte em um setor em que as empresas decidem cooperar tacitamente. É uma empresa relativamente grande que estabelece um exemplo do tipo de comportamento que será mutuamente benéfico no setor; e outras empresas no setor às vezes seguem esse exemplo. Na realidade, é comumente esse líder de mercado que decide não responder às ações competitivas de outra empresa no setor para manter as relações cooperativas.

Finalmente, a manutenção da cooperação tácita em um setor quase sempre requer a existência de barreiras altas à entrada. Se a cooperação tácita for bem-sucedida, o desempenho médio das empresas no setor aumentará. Porém, o nível de desempenho superior pode induzir outras empresas a entrar nesse setor (veja o Capítulo 2), e essa entrada aumentará o número de concorrentes no setor e tornará muito difícil manter relações de cooperação tácita. Portanto, deve ser muito custoso para novas empresas entrar em um setor a fim de que aqueles que já estão nele mantenham sua cooperação tácita. Quanto mais altos esses custos, maiores são as barreiras à entrada.

Mudando as táticas em resposta à vantagem competitiva de outra empresa

Táticas são as ações específicas que uma empresa empenha para implementar suas estratégias. Exemplos de táticas podem abranger decisões que as empresas tomam sobre vários atributos de seus produtos — incluindo tamanho, forma, cor e preço —, abordagens específicas de publicidade adotadas pela empresa e esforços específicos de vendas e marketing. Geralmente, as empresas mudam suas táticas muito mais frequentemente do que mudam suas estratégias.[33]

Quando empresas concorrentes utilizam estratégias semelhantes, as vantagens competitivas que qualquer uma delas poderia desfrutar em determinado momento são, provavelmente, o resultado das táticas que cada uma utiliza. Nesse cenário, não é incomum empresas concorrentes mudarem suas táticas, imitando às da empresa com vantagem competitiva, para reduzir essa vantagem. Embora mudar táticas dessa maneira gere apenas paridade competitiva, isso é normalmente melhor do que a desvantagem competitiva que essas empresas enfrentavam antes.

QUADRO 3.3 Atributos da estrutura de um setor que facilitam o desenvolvimento de cooperação tácita

1. Número pequeno de empresas concorrentes
2. Produtos e custos homogêneos
3. Líder de mercado
4. Altas barreiras à entrada

Diversos setores proporcionam exemplos excelentes desse tipo de interações táticas. Nos bens de consumo, por exemplo, se as vendas de uma empresa aumentam devido ao acréscimo de uma fragrância de limão a seu detergente, então a fragrância de limão começará a aparecer nos detergentes de todo o mundo. Se a Coca-Cola lança um refrigerante com metade do açúcar e metade dos carboidratos da Coca-Cola normal, o refrigerante da Pepsi com baixo teor de açúcar e carboidratos pode ficar muito atrás? E quando a Delta Airlines baixa o preço de suas passagens, a American e a United podem ficar muito atrás? Não é de surpreender que essas mudanças táticas, talvez por serem inicialmente valiosas e raras, não sejam caras de imitar e, portanto, caracterizem-se como meras fontes de vantagem competitiva temporária.

Em alguns casos, em vez de simplesmente imitar as táticas de uma empresa com vantagem competitiva, uma empresa com desvantagem pode 'saltar à frente' dos concorrentes ao desenvolver um conjunto inteiramente novo de táticas. A Procter & Gamble implementou essa estratégia quando introduziu seu detergente de roupas, Tide, em uma nova fórmula concentrada. Essa nova formulação requeria novos equipamentos para produção e embalagem — o recipiente menor não podia ser preenchido nas linhas de produção existentes no setor —, o que significava que os concorrentes do Tide gastariam mais tempo para imitar a tática do detergente concentrado para roupas do que em outras táticas presentes no setor. Mesmo assim, em poucas semanas outras empresas nesse mercado estavam introduzindo suas próprias versões do detergente concentrado para roupas.

Na verdade, algumas empresas podem tornar-se tão competentes em criar produtos inovadores e outras táticas que essa capacidade de inovação pode transformar-se em uma fonte de vantagem competitiva sustentável. Considere, por exemplo, o desempenho da Sony. A maioria dos observadores concorda que a Sony possui algumas competências especiais de administração e coordenação que lhe permite criar, projetar e produzir eletrônicos miniaturizados de alta qualidade para o público consumidor. Porém, praticamente toda vez que ela lança um novo produto miniaturizado, diversos de seus concorrentes rapidamente duplicam o produto por meio de engenharia reversa, reduzindo assim a vantagem tecnológica da Sony. De que maneira os recursos e as capacidades em miniaturização socialmente complexos da Sony podem ser uma fonte de vantagem competitiva sustentável, quando a maioria de seus produtos é rapidamente imitada com duplicação direta?

Após o lançamento de um novo produto, a Sony experimenta um rápido aumento nos lucros atribuídos às características únicas do novo produto. Esse aumento, no entanto, leva outras empresas a utilizar engenharia reversa no produto da Sony e lançar suas próprias versões. O acirramento da competitividade resulta em uma redução dos lucros associados a um novo produto. Assim, no nível individual de produtos, a Sony desfruta apenas de vantagens competitivas temporárias. Porém, ao examinar os retornos totais ganhos pela Sony sobre todos os seus produtos novos ao longo do tempo, torna-se clara a fonte de vantagem competitiva sustentável da empresa: ao explorar seus recursos e suas capacidades em miniaturização, a Sony é capaz de lançar constantemente produtos eletrônicos pessoais novos e empolgantes. Nenhum desses produtos gera uma vantagem competitiva sustentável. Mas, com o tempo, com a introdução de vários produtos, as vantagens da Sony quanto a seus recursos e suas capacidades levam a vantagens competitivas sustentáveis.[34]

Mudando as estratégias em resposta à vantagem competitiva de outra empresa

Por fim, as empresas às vezes respondem à vantagem competitiva de outra empresa mudando suas estratégias. Obviamente, isso não ocorre com muita frequência; normalmente, acontece apenas quando a estratégia de uma empresa tira a vantagem competitiva de outra. Nesse cenário, a empresa não conseguirá sequer paridade competitiva se mantiver sua estratégia, mesmo que a implemente com muita eficiência.

Mudanças nas preferências dos consumidores, na demografia e nas leis que regem um setor podem ter o efeito de tornar inútil o que um dia foi uma estratégia valiosa. No entanto, nada causa esse impacto com tanta frequência quanto as mudanças tecnológicas. Por exemplo, não importa quão bem-feita seja uma calculadora mecânica, ela é simplesmente inferior a uma calculadora eletrônica. Não importa quão eficiente o telégrafo tenha sido em sua época, é uma tecnologia inferior ao telefone. E não importa quão rápidos os dedos de uma pessoa possam movimentar as contas em um ábaco, uma caixa registradora eletrônica é uma maneira melhor de manter as vendas sob controle e calcular o troco em uma loja.

Quando as empresas mudam suas estratégias, devem passar por todo o processo de administração estratégica, como descrito no Capítulo 1. Porém, elas normalmente terão dificuldades para abandonar suas estratégias tradicionais. Para a maioria das empresas, a estratégia ajuda a definir o que fazem e o que são. Mudar a estratégia com frequência requer que uma empresa mude sua identidade e seus propósitos. São mudanças difíceis de fazer, e muitas empresas esperam para mudar suas estratégias até serem absolutamente forçadas a fazê-lo, devido a resultados financeiros desastrosos. Nessa altura, tais empresas não só precisam mudar sua estratégia — com tudo o que isso implica —, mas precisam fazê-lo por causa de uma pressão financeira considerável.

A habilidade de gerar vantagens competitivas, que praticamente toda estratégia tem, normalmente acaba, cedo ou tarde. Em geral, é muito melhor para uma empresa mudar sua estratégia antes que ela não seja mais viável; dessa forma, ela pode realizar uma mudança planejada para uma nova estratégia mantendo todos os recursos e as capacidades que já possui, enquanto desenvolve novos recursos e novas capacidades de que precisará para competir no futuro.

IMPLICAÇÃO DA VBR

A VBR e o modelo VRIO podem ser aplicados a empresas individuais para entendermos se elas ganharão ou não vantagens competitivas, quão sustentáveis essas vantagens competitivas serão e quais as suas fontes. Dessa forma, a VBR e o modelo VRIO podem ser considerados complementos importantes para a análise das ameaças e oportunidades descritas no Capítulo 2.

Porém, além do que esses modelos podem nos dizer sobre o desempenho competitivo de determinada empresa, a VBR tem implicações mais amplas para gerentes que buscam conquistar vantagens competitivas. Algumas dessas implicações estão listadas na Quadro 3.4 e são discutidas a seguir.

De quem é a responsabilidade pela vantagem competitiva de uma empresa?

A VBR sugere que vantagens competitivas podem ser encontradas em vários dos diferentes recursos e das diferentes capacidades que uma empresa controla. Esses recursos e essas capacidades não estão limitados àqueles diretamente controlados pela alta gerência da empresa. Portanto, a responsabilidade de criar, nutrir e explorar recursos e capacidades valiosos, raros e custosos de imitar para obter vantagem competitiva não está restrita à alta gerência, mas recai sobre todos os funcionários da empresa. Para fazer isso, os funcionários devem ir além de definir seus empregos em termos funcionais e, em vez disso, defini-los em termos competitivos e econômicos.

Considere um exemplo simples. Em uma visita recente a uma fábrica de automóveis muito bem-sucedida, foi pedido ao gerente da fábrica que descrevesse as responsabilidades de seu cargo. Ele disse: "Meu trabalho é administrar essa fábrica para ajudar a empresa a produzir e vender os melhores carros do mundo". Em resposta a uma pergunta semelhante, a pessoa responsável pela linha de produção também disse: "Meu trabalho é administrar esta linha de produção para ajudar a empresa a produzir e vender os melhores carros do mundo". Um funcionário da equipe de limpeza também foi questionado sobre suas responsabilidades. Apesar de não estar presente nas duas entrevistas anteriores, ele respondeu: "Meu trabalho é manter essa fábrica limpa para ajudar a empresa a produzir e vender os melhores carros do mundo".

Qual desses três funcionários mais provavelmente é uma fonte de vantagem competitiva para a empresa? Certamente, o gerente da fábrica e o gerente da linha de produção *devem* definir seus cargos em termos de ajudar a empresa a produzir e vender os melhores carros do mundo. Porém, é pouco provável que suas respostas a essa pergunta fossem diferentes das respostas de outros gerentes em outras fábricas ao redor do mundo. Posto de outra forma, embora seja valiosa a definição dos cargos dos dois gerentes em termos de permitir que a empresa faça e venda os melhores carros do mundo, é improvável que seja rara, portanto, é mais provável que seja uma fonte de paridade competitiva, não de vantagem competitiva. Contudo, um empregado da limpeza que define seu trabalho como ajudar a empresa a produzir e vender os melhores carros do mundo em vez de simplesmente limpar a fábrica

QUADRO 3.4 Implicações mais amplas da visão baseada em recursos

1. **A responsabilidade pela vantagem competitiva de uma empresa**: Vantagem competitiva é responsabilidade de todos os funcionários.
2. **Paridade competitiva e vantagem competitiva**: Se tudo o que uma empresa faz é o que a concorrência faz, ela só pode ganhar paridade competitiva. Para conquistar vantagem competitiva, é melhor uma empresa explorar seus próprios recursos valiosos, raros e custosos de imitar do que imitar os recursos valiosos e raros de um concorrente.
3. **Estratégias difíceis de implementar**: Contanto que o custo de implementação da estratégia seja menor do que o valor de sua implementação, o custo relativo de implementação da estratégia é mais importante para a vantagem competitiva do que o custo absoluto de implementar a estratégia. Empresas podem superestimar e subestimar sistematicamente sua singularidade.
4. **Recursos socialmente complexos**: A liberdade de tomada de decisão dos empregados, a cultura organizacional e o trabalho em equipe não só podem ser valiosos como também podem ser fontes de vantagem competitiva sustentável.
5. **O papel da organização**: A organização deve apoiar o uso de recursos valiosos, raros e custosos de imitar. Se surgirem conflitos entre esses atributos de uma empresa, mude a organização.

é, como muitos concordariam, incomum. Sendo rara, pode ser fonte de, no mínimo, uma vantagem competitiva temporária.[35]

O valor criado por um membro da equipe de limpeza ao definir seu trabalho nesses termos competitivos, em vez de utilizar termos funcionais, não é enorme, mas suponha que todos os funcionários dessa fábrica definam seus empregos nesses termos. De repente, o valor que talvez seja criado pode ser substancial. Além disso, a cultura organizacional e a tradição em uma empresa, que levariam os funcionários a definir seus cargos dessa maneira, provavelmente são custosas para outras empresas imitarem. Sendo assim, se essa abordagem para definir as responsabilidades dos cargos é amplamente difundida em determinada fábrica, parece provável que seja valiosa, rara e custosa de imitar e, portanto, uma fonte de vantagem competitiva sustentável, supondo-se que a empresa esteja organizada para usufruir desse recurso pouco usual.

Por fim, fica claro que a vantagem competitiva é muito importante para ser de propriedade exclusiva da alta gerência. Uma vez que funcionários de toda uma organização tenham autonomia para desenvolver e explorar recursos e capacidades valiosos, raros e custosos de imitar ao cumprir as responsabilidades de seus cargos, a empresa poderá obter vantagens competitivas sustentáveis.

Paridade competitiva e vantagem competitiva

A VBR sugere que se tudo o que uma empresa faz é criar valor da mesma maneira que seus concorrentes, o melhor desempenho que ela pode esperar conseguir é uma paridade competitiva. Para conseguir mais que uma paridade competitiva, uma empresa deve dedicar-se a atividades valiosas e raras. Deve fazer coisas para criar valor econômico, em que outras empresas nem ao menos pensaram ainda, quanto mais implementaram.

Isso é especialmente importante para empresas que se encontram em desvantagem competitiva. Uma empresa nessa situação certamente deve examinar seu concorrente mais bem-sucedido, entender o que determina esse sucesso e, quando o custo da imitação for bastante baixo, imitar suas ações. Desse modo, comparar o desempenho de uma empresa ao de seus concorrentes pode ser extremamente importante.

No entanto, se isso é tudo o que uma empresa faz, ela só pode esperar ganhar paridade competitiva. Conquistar vantagem competitiva depende de a empresa descobrir recursos e capacidades próprios únicos e como eles podem ser usados na escolha e implementação de estratégias. Para uma empresa que busca vantagem competitiva, é melhor ser excelente na maneira como desenvolve e explora recursos e capacidades próprios únicos do que ser excelente em como imita os recursos e as capacidades de outras empresas.

Isso não significa que, para ganhar vantagens competitivas, uma empresa deva sempre ser pioneira. Algumas empresas desenvolvem recursos e capacidades valiosos, raros e custosos de imitar sendo seguidores eficientes — isto é, imitando rapidamente e aprimorando as inovações de produto e tecnologia de outras empresas. Em vez de sugerir que as empresas devem sempre ser as pioneiras, a VBR sugere que, para obter vantagens competitivas, elas devem implementar estratégias que se baseiam em recursos e capacidades valiosos, raros e custosos de imitar, quaisquer que sejam esses recursos ou essas estratégias.

Estratégias difíceis de implementar

Quando as empresas contemplam diferentes opções estratégicas, elas frequentemente perguntam quão difícil e custoso será implementar estratégias diferentes. Contanto que o custo para implementar uma estratégia seja menor do que o valor gerado por essa estratégia, a VBR sugere que a questão crucial enfrentada pelas empresas não é "Uma estratégia é fácil de implementar ou não?", mas sim "É mais fácil para nós implementar essa estratégia do que é para nossos concorrentes?". Empresas que já possuem recursos valiosos, raros e custosos de imitar necessários para implementar uma estratégia considerarão, em geral, mais fácil (isto é, menos custoso) implementar uma estratégia do que empresas que precisam primeiro desenvolver os recursos necessários para depois implementar a estratégia proposta. Para empresas que já possuem recurso, a implementação de uma estratégia pode ser natural e rápida.

Na hora de compreender os custos relativos de implementação de uma estratégia, as empresas podem cometer dois erros. Primeiro, podem superestimar a singularidade dos recursos que controlam. Apesar de a história de cada empresa ser única e de duas equipes gerenciais nunca serem iguais, isso nem sempre significa que os recursos e as capacidades de uma empresa são raros. Empresas com históricos semelhantes operando em setores similares geralmente desenvolvem capacidades semelhantes. Se uma empresa superestima a raridade de seus recursos e suas capacidades, pode superestimar sua habilidade para gerar vantagens competitivas.

Por exemplo, quando perguntadas sobre quais são suas fontes mais críticas de vantagem competitiva, muitas empresas citarão o talento de sua alta gerência, a qualidade de sua tecnologia e o compromisso com a excelência em tudo o que fazem. Quando pressionadas a avaliar seus concorrentes, essas empresas admitirão que eles também têm altas gerências de talento, alta qualidade de tecnologia e comprometimento em tudo o que fazem. Embora esses três atributos possam ser fontes de paridade competitiva, eles não podem ser fontes de vantagem competitiva.

Segundo, empresas podem, às vezes, subestimar sua singularidade — e, assim, subestimar até que ponto as estratégias que utilizam podem ser fontes de vantagens competitivas sustentáveis. Quando empresas possuem recursos valiosos, raros e custosos de imitar, a implementação de estratégias pode ser relativamente fácil. Nesse contexto, parece razoável esperar que outras empresas consigam imitar rapidamente essa estratégia 'fácil de implementar'. É claro que esse não é o caso se os recursos controlados por uma empresa forem, de fato, raros e custosos de imitar.

Em geral, as empresas precisam tomar muito cuidado para não superestimar nem subestimar sua singularidade. Uma avaliação exata do valor, da raridade e da imitabilidade dos recursos é necessária para desenvolver um entendimento preciso dos custos relativos para implementar as estratégias e, portanto, a habilidade dessas estratégias em gerar vantagens competitivas. Muitas vezes, as empresas precisam contratar uma consultoria externa para ajudá-las a descrever a raridade e a imitabilidade de seus recursos. Embora os gerentes estejam muito mais familiarizados com os recursos controlados pela empresa do que pessoas de fora, estas podem proporcionar uma medida de objetividade ao avaliar a singularidade de uma empresa.

Recursos socialmente complexos

Nas últimas décadas, muito foi escrito sobre a importância da autonomia dos funcionários, da cultura empresarial e do trabalho em equipe para o desempenho de uma empresa. Grande parte desses trabalhos sugere que empresas que dão autonomia aos funcionários, que têm uma cultura de desenvolvimento e que estimulam o trabalho em equipe farão, em média, melhores escolhas estratégicas e implementarão essas estratégias com mais eficiência do que empresas sem esses atributos organizacionais. Utilizando a linguagem da VBR, a maior parte desses trabalhos sugeriu que a autonomia dos funcionários, a cultura empresarial e o trabalho em equipe, pelo menos em alguns cenários, são economicamente valiosos.[36]

A lógica baseada em recursos reconhece a importância do valor desses atributos organizacionais. Além disso, ela também sugere que esses recursos e capacidades socialmente complexos podem ser raros e custosos de imitar — e são esses atributos que possibilitam que recursos e capacidades socialmente complexos sejam fontes de vantagem competitiva sustentável. Posto de outra forma, a VBR, na realidade, amplia a análise tradicional dos atributos sociais complexos das empresas. Esses atributos podem não só ser valiosos, como também podem ser raros e custosos de imitar e, portanto, fontes de vantagem competitiva sustentável.

O papel da organização

Finalmente, a lógica baseada em recursos sugere que a estrutura de uma organização, seus sistemas de controle e suas políticas de remuneração devem dar suporte e habilitar os esforços da empresa para explorar plenamente os recursos e as capacidades valiosos, raros e custosos de imitar que ela controla. Esses atributos da organização, por si sós, em geral não constituem fontes de vantagem competitiva sustentável.

Essas observações sugerem que, se há um conflito entre os recursos que uma empresa controla e a organização da empresa, a organização deve ser mudada. Mas, frequentemente, uma vez que a estrutura, os sistemas de controle e as políticas de remuneração de uma empresa são estabelecidos, eles permanecem assim, independentemente de serem ou não consistentes com os recursos e as capacidades organizacionais. Nesses casos, uma empresa não conseguirá aproveitar todo o potencial competitivo de sua base de recursos. Se os recursos e as capacidades da empresa estão continuamente evoluindo, sua estrutura organizacional, seus sistemas de controle e suas políticas de remuneração também devem evoluir. Para que isso ocorra, os gerentes devem conhecer sua relação com os recursos e as capacidades da empresa, bem como as alternativas organizacionais.

RESUMO

A visão baseada em recursos (VBR) é uma teoria econômica que sugere que o desempenho das empresas é uma função dos tipos de recurso e capacidade que elas controlam. Os recursos são os ativos tangíveis e intangíveis que uma empresa utiliza para criar e implementar suas estratégias. Já as capacidades são um subgrupo de recursos e permitem que uma empresa tire vantagem de seus outros recursos. Recursos e capacidades podem ser categorizados em financeiros, físicos, humanos e organizacionais.

A VBR parte de duas premissas sobre recursos e capacidades: a premissa da heterogeneidade de recursos (de que alguns recursos e algumas capacidades podem estar heterogeneamente distribuídos entre empresas concorrentes) e a premissa da imobilidade de recursos (de que essa heterogeneidade pode ser de longa duração). Essas duas premissas podem ser utilizadas para descrever as condições sob as quais empresas ganharão vantagens competitivas explorando seus recursos.

Uma ferramenta para analisar as forças e fraquezas internas de uma empresa pode derivar da VBR. Chamada de modelo VRIO, essa ferramenta lança quatro questões sobre os recursos e as capacidades de uma empresa, para avaliar seu potencial competitivo. São elas: a questão do valor, a questão da raridade, a questão da imitabilidade e a questão da organização.

Os recursos e as capacidades de uma empresa são valiosos quando lhe permitem explorar oportunidades ou neutralizar ameaças externas. Tais recursos e capacidades valiosos são as forças de uma empresa. Recursos e capacidades que não são valiosos são as fraquezas de uma empresa. Utilizar recursos valiosos para explorar oportunidades e neutralizar ameaças externas terá como efeito o aumento das receitas líquidas ou a redução dos custos líquidos da empresa.

Uma maneira de identificar os recursos e as capacidades valiosos de uma empresa é examinar sua cadeia de valor. A cadeia de valor de uma empresa é a lista de atividades que ela desempenha para desenvolver, produzir e vender seus produtos ou serviços. Estágios diferentes nessa cadeia de valor requerem diferentes recursos e capacidades, e diferenças de escolhas na cadeia de valor das empresas podem levar a importantes diferenças entre os recursos e as capacidades controlados por empresas diferentes. Duas cadeias de valor genéricas foram desenvolvidas — uma pela McKinsey and Company e outra por Michael Porter.

Recursos e capacidades valiosos e comuns (isto é, não raros) podem ser fontes de paridade competitiva. Deixar de investir nesses recursos pode criar desvantagem competitiva para uma empresa. Recursos valiosos e raros podem ser, no mínimo, uma fonte de vantagem competitiva temporária. Existem menos empresas capazes de controlar tais recursos e explorá-los, ainda, como, no mínimo, uma fonte de vantagem competitiva temporária, do que empresas que gerarão dinâmicas de concorrência perfeita em um setor.

Recursos e capacidades valiosos, raros e custosos de imitar podem ser uma fonte de vantagem competitiva sustentável. A imitação pode ocorrer por meio da duplicação direta ou por substituição. Existem pelo menos quatro razões para que os recursos e as capacidades de uma empresa sejam custosos de imitar: condições históricas únicas, ambiguidade causal, recursos e capacidades socialmente complexos e patentes.

Para aproveitar o pleno potencial de seus recursos e suas capacidades, uma empresa deve estar organizada apropriadamente. A organização de uma empresa consiste de sua estrutura formal de reporte, de seus processos de controle formais e informais e de sua política de remuneração. Esses recursos são complementares, pois raramente são fontes individuais de vantagem competitiva.

O modelo VRIO pode ser usado para identificar implicações competitivas dos recursos e das capacidades de uma empresa — se são uma fonte de desvantagem competitiva, paridade competitiva, vantagem competitiva temporária ou vantagem competitiva sustentável — e até que ponto constituem forças ou fraquezas.

Quando uma empresa enfrenta um concorrente que possui uma vantagem competitiva sustentável, ela pode não responder, mudar suas táticas ou mudar suas estratégias. Há pelo menos três razões para que uma empresa decida não reagir, nesse cenário. Primeiro, uma resposta pode enfraquecer as próprias fontes de vantagem competitiva sustentável da empresa. Segundo, uma empresa pode não ter os recursos necessários para responder. Terceiro, uma empresa pode estar tentando criar ou manter uma cooperação tácita dentro de um setor.

A VBR tem uma série de implicações gerenciais mais amplas também. Por exemplo, essa lógica sugere que a vantagem competitiva é responsabilidade de cada funcionário. Também sugere que, se tudo o que uma empresa faz é imitar a concorrência, ela pode obter apenas paridade competitiva, e para conquistar vantagem competitiva é melhor explorar seus próprios recursos valiosos, raros e custosos de imitar do que imitar os recursos valiosos e raros de um concorrente. Além disso, de acordo com a lógica baseada em recursos, contanto que o custo de implementação de uma estratégia seja menor do que o valor de implementação dela, o custo relativo para implementá-la é mais importante para a vantagem competitiva do que o custo total. Segundo a VBR, ainda, empresas podem superestimar e subestimar sistematicamente sua singularidade. Quanto aos recursos e às capacidades de uma empresa, a lógica baseada em recursos sugere que a autonomia de funcionários, a cultura organizacional e o trabalho em equipe são não só valiosos, como também podem ser fontes de vantagem competitiva sustentável. Além disso, se surgirem conflitos entre os recursos valiosos, raros e custosos de imitar de uma empresa e sua organização, esta deverá ser modificada.

|||| QUESTÕES ||||

1. Qual dessas abordagens sobre formulação de estratégias tem mais probabilidade de gerar lucros econômicos: (a) avaliar oportunidades e ameaças externas e depois desenvolver recursos e capacidades para explorar essas oportunidades e neutralizar essas ameaças ou (b) avaliar os recursos e as capacidades internos e então procurar setores em que eles podem ser explorados? Por quê?

2. Qual empresa terá um nível de desempenho econômico maior: (a) uma empresa com recursos e capacidades valiosos, raros e custosos de imitar operando em um setor muito atraente ou (b) uma empresa com recursos e capacidades valiosos, raros e custosos de

imitar operando em um setor pouco atrativo? Considere que ambas as empresas estão apropriadamente organizadas. Explique sua resposta.
3. O que é mais essencial para a sustentabilidade da vida humana — água ou diamantes? Por que empresas que fornecem água para consumidores geralmente obtêm desempenho econômico inferior ao de empresas que fornecem diamantes?
4. Uma empresa que no momento experimenta paridade competitiva poderá ganhar vantagens competitivas sustentáveis estudando outra empresa que atualmente experimenta vantagem competitiva sustentável? Por quê?
5. Seu antigo colega de faculdade telefona e pede emprestado $ 10 mil para que possa abrir uma pizzaria em sua cidade natal. Ele está ciente de que há um alto nível de rivalidade nesse mercado, que o custo de entrada é baixo e que há inúmeros substitutos para pizza, mas acredita que sua pizzaria terá algumas vantagens competitivas sustentáveis. Por exemplo, ele terá uma variedade de cervejas importadas e um serviço de entregas noturnas. Você emprestará o dinheiro a ele? Por quê?
6. No texto, foi sugerido que a Boeing não reagiu ao anúncio da Airbus sobre o desenvolvimento de uma aeronave superjumbo. Assumindo que essa aeronave dará à Airbus uma vantagem competitiva no segmento de transporte aéreo de fornecimento de aviões para voos internacionais longos, por que a Boeing não reagiu?
    (a) Ela tem sua própria vantagem competitiva, que não quer abandonar?
    (b) Ela não tem os recursos e as capacidades necessários para responder?
    (c) Ela está tentando reduzir o nível de rivalidade nesse setor?
7. Que empresa mais provavelmente terá sucesso explorando suas fontes de vantagem competitiva sustentável no mercado doméstico aplicando-as em um mercado não doméstico altamente competitivo:
    (a) uma empresa de um país menos competitivo ou
    (b) uma empresa de um país mais competitivo? Por quê?

|||| PROBLEMAS ||||

1. Aplique o modelo VRIO nos cenários descritos a seguir. As ações descritas serão uma fonte de desvantagem competitiva, paridade, vantagem temporária ou vantagem competitiva sustentável? Por quê?
    (a) A Procter Gamble lança novas embalagens menores para seu detergente para roupas Tide.
    (b) A American Airlines anuncia uma redução geral de 5 por cento nas tarifas de passagens aéreas.
    (c) A empresa coreana de automóveis Hyundai anuncia uma garantia de dez anos ou de 150 mil quilômetros para seus carros.
    (d) A Microsoft torna mais fácil transferir dados e informações do Microsoft Word para o Microsoft Excel.
    (e) A Merck consegue coordenar o trabalho de seus químicos e biólogos no desenvolvimento de novas drogas.
    (f) A Ford patenteia um novo tipo de pedal de freio para seus carros.
    (g) A Ashland Chemical, uma empresa de produtos químicos especializados, patenteia um novo produto químico especializado.
    (h) Os New York Yankees assinam com o famoso lançador Randy Johnson um contrato de longo prazo.
    (i) Michael Dell utiliza o dinheiro que ganhou da Dell Computers para comprar o time de futebol norte-americano Dallas Cowboys.
    (j) Ted Turner usa o dinheiro que ganhou de seu império na mídia para comprar o time de beisebol Atlanta Braves.

2. Identifique três empresas para as quais você queira trabalhar. Utilizando o modelo VRIO, avalie até que ponto os recursos e as capacidades dessas empresas proporcionam potencial para obtenção de desvantagens competitivas, paridade, vantagens temporárias ou vantagens sustentáveis. Que implicações, caso haja alguma, essa análise gera para a empresa para a qual você gostaria de trabalhar?

3. Você foi designado para estimar o valor presente de um projeto potencial de construção para sua empresa. Como você utilizaria o modelo VRIO para construir a análise de fluxo de caixa, que é parte de qualquer cálculo de valor presente?

|||| NOTAS ||||

1. O termo 'visão baseada em recursos' foi criado por B. Wernerfelt, "A resource-based view of the firm", *Strategic Management Journal*, n. 5, p. 171-180, 1984. Alguns contribuidores iniciais importantes para essa teoria foram R. P. Rumelt, "Toward a strategic theory of the firm", em R. Lamb (ed.), *Competitive strategic management*, Upper Saddle River, NJ: Prentice Hall, 1984, p. 556-570; J. B. Barney, "Strategic factor markets: expectations, luck and business strategy", *Management Science*, n. 32, p. 1512-1514, 1986. Uma segunda leva de trabalhos teóricos importantes da visão baseada em recursos inclui J. B. Barney, "Firm resources and sustained competitive advantage", *Journal of Management*, n. 7, p. 49-64, 1991; I. Dierickx e K. Cool, "Asset stock accumulation and sustainability of competitive advantage", *Management Science*, n. 35, p. 1504-1511, 1989; K. R. Conner, "A historical comparison

of resource-based theory and five schools of thought within industrial organization economics: do we have a new theory of the firm?", *Journal of Management*, v. 17, n. 1, p. 121-154, 1991; M. A. Peteraf, "The cornerstones of competitive ad vantage: a resource-based view", *Strategic Management Journal*, n. 14, p. 179-191, 1993. Uma revisão de grande parte desse material teórico inicial pode ser encontrada em J. T. Mahoney e J. R. Pandian, "The resource-based view within the conversation of strategic manage ment", *Strategic Management Journal*, n. 13, p. 363-380, 1992. A perspectiva teórica também deu origem a uma crescente quantidade de trabalhos empíricos, incluindo T. H. Brush e K. W. Artz, "Toward a contingent resource-based theory", *Strategic Management Journal*, n. 20, p. 223-250, 1999; A. Marcus e D. Geffen "The dialectics of competency acquisition", *Strategic Management Journal*, n. 19, p. 1145-1168, 1998; T. H. Brush, P. Bromiley e M. Hendrickx, "The relative influence of industry and corporation on business segment performance", *Strategic Management Journal*, n. 20, p. 519-547, 1999; P. L. Yeoh e K. Roth, "An empirical analysis of sustained advantage in the U.S. pharmaceutical industry", *Strategic Management Journal*, n. 20, p. 637-653, 1999; P. Roberts, "Product innovation, product-market competition and persistent profitability in the U.S. pharmaceutical industry", *Strategic Management Journal*, n. 20, p. 655-670, 1999; R. Gulati, "Network location and learning", *Strategic Management Journal*, n. 20, p. 397-420, 1999; G. Lorenzoni e A. Lipparini, "The leveraging of interfirm relationships as a distinctive organizational capability", *Strategic Management Journal*, n. 20, p. 317-338, 1999; S. Majumdar, "On the utilization of resources", *Strategic Management Journal*, v. 19, n. 9, p. 809-831, 1998; R. Makadok, "Do interfirm differences in capabilities affect strategic pricing dynamics?", *Academy of Management Proceedings* 97, p. 30-34, 1997; B. S. Silverman, J. A. Nickerson e J. Freeman, "Profitability, transactional alignment, and organizational mortality in the U.S. trucking industry", *Strategic Management Journal*, n. 18, p. 31-52, 1997, edição especial de verão; T. C. Powell e A. Dent-Micallef, "Information technology as competitive advantage", *Strategic Management Journal*, v. 18, n. 5, p. 375-405, 1997; D. Miller e J. Shamsie, "The Resource-Based View of the firm in two environments", *Academy of Management Journal*, v. 39, n. 3, p. 519-543, 1996; S. Maijoor e A. Van Witteloostuijn, "An empirical test of the resource-based theory", *Strategic Management Journal*, n. 17, p. 549-569, 1996; W. P. Barnett, H. R. Greve e D. Y. Park, "An evolutionary model of organizational performance", *Strategic Management Journal*, n. 15, p. 11-28, 1994, edição especial de inverno; D. Levinthal e J. Myatt, "Co-evolution of capabilities and industry: the evolution of mutual fund processing", *Strategic Management Journal*, n. 17, p. 45-62, 1994; R. Henderson e I. Cockburn, "Measuring competence? Exploring firm effects in pharmaceutical research", *Strategic Management Journal*, n. 15, p. 63-84, 1994; G. P. Pisano, "Know ledge, integration, and the locus of learning: an empirical analysis of process development", *Strategic Management Journal*, n. 15, p. 85-100, 1994; E. J. Zajac e J. D. Westphal, "The costs and benefits of managerial incentives and monitoring in large U.S. corporations: When is more not better?", *Strategic Management Journal*, n. 15, p. 121-142, 1994.
2. P. Ghemawat, "Wal-Mart stores' discount operations," Harvard Business School, caso n. 9-387-018, 1986, sobre o Walmart; A. Kupfer, "The champion of cheap clones", *Fortune*, p. 115-120, 23 set. 1991; D. Holder, "L. L. Bean, Inc.-1974", Harvard Business School, caso n. 9-676-014, 1989, sobre a L. L. Bean. Algumas das ações mais recentes do Walmart, especialmente suas aquisições internacionais, estão descritas em J. R. Laing, "Blimey! Wal-Mart", *Barron's*, n. 79, p. 14, 1999. O desempenho letárgico da L. L. Bean nos anos 1990, junto com seu plano de resposta, está descrito em W. Symonds, "Paddling harder at L. L. Bean", *BusinessWeek*, p. 72, 7 dez. 1998.
3. Para uma discussão inicial sobre a importância do capital humano nas empresas, veja G. S. Becker, *Human capital*, Nova York: Columbia University Press, 1964.
4. J. L. Heskett e R. H. Hallowell, "Southwest Airlines: 1993 (A)", Harvard Business School, caso n. 9-695-023, 1993.
5. Veja Jay Barney, "Firm resources and sustained competitive advantage", *Journal of Management*, n. 17, p. 99-120, 1991.
6. Veja B. R. Schlender, "How Sony keeps the magic going", *Fortune*, p. 75-84, 24 fev. 1992; "The weakling kicks Back", *The Economist*, p. 46, 3 jul. 1999, para uma discussão sobre a Sony. Veja L. Krogh, J. Praeger, D. Sorenson e J. Tomlinson, "How 3M evaluates its R&D programs", *Research Technology Management*, n. 31, p. 10-14, 1988.
7. G. Anders, "AOL's true believers", *Fast Company*, p.96+, jul. 2002. Em um artigo recente do *The Wall Street Journal*, gerentes da AOL Time Warner admitiram não estar mais buscando sinergias entre seus negócios. Veja M. Karnitschnig, "That´s all, folks; after years of pushing synergy, Time Warner Inc. says enough", *The Wall Street Journal*, p. A1+, 2 jun. 2006.
8. Veja R. M. Grant, *Contemporary strategy analysis*, Cambridge, MA: Basil Blackwell, 1991.
9. M. E. Porter, *Competitive advantage*, Nova York: Free Press, 1987.
10. S. Lipman e R. Rumelt, "Uncertain imitability: an analysis of interfirm differences in efficiency under competition", *Bell Journal of Economics*, n. 13, p. 418-438, 1982; J. B. Barney, "Strategic factor markets: Expectations, luck and business strategy", *Management Science*, n. 32, p. 1512-1514, 1986; J. B. Barney, "Organizational culture: Can it be a source of sustained competitive advantage?", *Academy of Management Review*, n. 11, p. 656-665, 1986.
11. Note que a definição de vantagem competitiva sustentável apresentada aqui, apesar de diferente, é consistente com a definição dada no Capítulo 1. Especificamente, uma empresa que desfruta de uma vantagem competitiva por um longo período de tempo (a definição do Capítulo 1) não tem sua vantagem erodida pela competição pela imitação (a definição do Capítulo 3).
12. Veja B. Breen, "What's selling in America", *Fast Company*, p. 80+, jan. 2003.
13. Essas explicações sobre imitação custosa foram originalmente desenvolvidas por I. Dierickx e K. Cool, "Asset stock accumulation and sustainability of competitive advantage", *Management Science*, n. 35, p. 1504-1511, 1989; J. B. Barney, "Firm resources and sustained competitive advantage", *Journal of Management*, n. 7, p. 49-64, 1991; J. T. Mahoney e J. R. Pandian, "The resource-based view within the conversation of strategic management", *Strategic Management Journal*, n. 13, p. 363-380, 1992; M. A. Peteraf, "The cornerstones of competitive advantage: A resource-based view", *Strategic Management Journal*, n. 14, p. 179-191, 1993.
14. I. Dierickx e K. Cool, "Asset stock accumulation and sustainability of competitive advantage", *Management Science*, n. 35, p. 1504-1511, 1989. Em economia, o papel da história na determinação de resultados competitivos foi primeiro examinado por W. B. Arthur, "Competing technologies, increasing returns, and lock-in by historical events", *Economic Journal*, n. 99, p. 116-131, 1989.
15. Veja B. Breen, "What's selling in America", *Fast Company*, p. 80+, jan. 2003.
16. Esse termo foi sugerido originalmente por W. B. Arthur, "Competing technologies, increasing returns, and lock-in by historical events", *Economic Journal*, n. 99, p. 116-131, 1989. Um bom exemplo de dependência de caminho é o desenvolvimento do Vale do Silício e o importante papel que a Universidade de Stanford e algumas empresas pioneiras tiveram para criar a rede de organizações que se tornou o centro de muitos dos negócios de eletrônicos. Veja J. Al-ley, "The heart of Silicon Valley", *Fortune*, p. 86+, 7 jul. 1997.
17. R. Reed e R. J. DeFillippi, "Causal ambiguity, barriers to imitation, and sustainable competitive advantage", *Academy of Management Review*, v. 15, n. 1, p. 88-102, 1990. Os autores sugerem que a ambiguidade causal sobre as fontes de vantagem competitiva de uma empresa só precisa existir entre seus concorrentes para ser uma fonte de vantagem competitiva sustentável. Argumentam que gerentes de uma empresa podem entender completamente a fonte dessa vantagem, contudo, em um mundo em que funcionários mudam livremente de empresa, tal visão especial sobre as fontes de vantagem competitiva de uma empresa não permanecem propriedades exclusivas por muito tempo. Por essa razão, para que a ambiguidade causal seja uma fonte de vantagem competitiva, tanto a empresa tentando ganhar tal vantagem como os concorrentes tentando imitá-la devem sofrer níveis semelhantes de ambiguidade causal. Na realidade, o Walmart recentemente processou a Amazon.com por tentar roubar seus segredos contratando seus funcionários. Veja E. Nelson, "Wal-Mart accuses Amazon.com of stealing its secrets in lawsuit", *Wall Street Journal*, p. B10, 19 out. 1998. Para uma discussão sobre quão difícil é manter segredos, especialmente no mundo da Internet, veja A. Farnham, "How safe are your secrets?", *Fortune*, p. 114+, 8 set. 1997. As dimensões internacionais dos desafios associados a manter segredos são discutidas em E. Robinson, "China spies target corporate America", *Fortune*, p.118+, 30 mar. 1998.
18. H. Itami, *Mobilizing invisible assets*, Cambridge, MA: Harvard University Press, 1987.

19. Veja J. B. Barney e B. Tyler, "The attributes of top management teams and sustained competitive advantage", em M. Lawless e L. Gomez-Mejia (eds.), *Managing the high technology firm*, Greenwich, CT: JAI Press, 1990, p. 33-48, sobre trabalho em equipe na alta gerência; J. B. Barney, "Organizational culture: can it be a source of sustained competitive advantage?", *Academy of Management Review*, n. 11, p. 656-665, 1986, sobre cultura organizacional; R. M. Henderson e I. Cockburn, "Measuring competence? Exploring firm effects in pharmaceutical research", *Strategic Management Journal*, n. 15, p. 63-84, 1994, sobre relacionamentos entre funcionários; e J. H. Dyer e H. Singh, "The relational view: cooperative strategy and sources of interorganizational competitive advantage", *Academy of Management Review*, v. 23, n. 4, p. 660-679, 1998, sobre relacionamentos com fornecedores e clientes.

20. Para uma discussão sobre conhecimento como uma fonte de vantagem competitiva no negócio de imprensa popular, veja T. Stewart, "Getting real about brain power", *Fortune*, p. 201+, 27 nov. 1995; T. Stewart, "Mapping corporate knowledge", *Fortune*, p. 209+, 30 out. 1995. Para a versão acadêmica desse mesmo assunto, veja B. L. Simonin, "Ambiguity and the process of knowledge transfer in strategic alliances", *Strategic Management Journal*, v. 20, n. 7, p. 595-623, 1999; J. C. Spender, "Making knowledge the basis of a dynamic theory of the firm", *Strategic Management Journal*, n. 17, p. 109-122, 1996, edição especial de inverno; D. D. Hatfield, J. P. Liebeskind e T. C. Opler, "The effects of corporate restructuring on aggregate industry specialization", *Strategic Management Journal*, n. 17, p. 55-72, 1996; e R. M. Grant, "Toward a knowledge-based theory of the firm", *Strategic Management Journal*, n. 17, p. 109-122, 1996, edição especial de inverno.

21. J. Porras e P. O. Berg, "The impact of organizational development", *Academy of Management Review*, n. 3, p. 249-266, 1978, realizaram um dos poucos estudos empíricos sobre se os esforços sistemáticos para mudar recursos socialmente complexos são ou não eficazes. Eles descobriram que tais esforços normalmente não são eficazes. Apesar de esse estudo ser antigo, é improvável que os métodos atuais de mudança sejam mais eficazes do que os métodos examinados pelos autores.

22. Veja D. Hambrick, "Top management teams: key to strategic success", *California Management Review*, n. 30, p. 88-108, 1987, sobre times de alta gerência; J. B. Barney, "Organizational culture: Can it be a source of sustained competitive advantage?", *Academy of Management Review*, n. 11, p. 656-665, 1986, sobre cultura; M. E. Porter, *Competitive strategy*, Nova York: Free Press, 1980; e B. Klein e K. Leffler, "The role of market forces in assuring contractual performance", *Journal of Political Economy*, n. 89, p. 615-641, 1981, sobre relações com os clientes.

23. Veja L. C. Harris e E. Ogbonna, "Developing a market oriented culture: a critical evaluation", *Journal of Management Studies*, v. 36, n. 2, p. 177-196, 1999.

24. M. B. Lieberman, "The learning curve, diffusion, and competitive strategy", *Strategic Management Journal*, n. 8, p. 441-452, 1987, apresenta uma boa análise do custo de imitação no setor químico industrial. Veja também M. B. Lieberman e D. B. Montgomery "Firstmover advantages", *Strategic Management Journal*, n. 9, p. 41-58, 1988.

25. R. P. Rumelt, "Toward a strategic theory of the firm", em R. Lamb (ed.), *Competitive strategic management*, Upper Saddle River, NJ: Prentice Hall, 1984, p. 556-570, entre outros, cita patentes como uma fonte de imitação custosa.

26. Há, atualmente, um grande debate sobre o patenteamento de diferentes tipos de produto. Por exemplo, enquanto fontes tipográficas não podem ser patenteadas (e não têm *copyright*), a forma de exibi-las pode. Veja S. Thurm, "Copy this typeface? Court ruling counsels caution", *Wall Street Journal*, p. B1+, 15 jul. 1998.

27. Para uma discussão aprofundada sobre esses recursos complementares, veja R. Amit e P. J. H. Schoemaker, "Strategic assets and organizational rent", *Strategic Management Journal*, v. 14, n. 1, p. 33-45, 1993.

28. Veja D. T. Kearns e D. A. Nadler, *Prophets in the dark*, Nova York: HarperCollins, 1992; e D. K. Smith e R. C. Alexander, *Fumbling the future*, Nova York: William Morrow, 1988.

29. "Gateway will close remaining retail stores", *Wall Street Journal*, p. B2, 2 abr. 2004; D. Michaels, "AA Airbus, picturing huge jet was easy; building it was hard", *Wall Street Journal*, p. A1+, 27 maio. 2004; W. Zeller, A. Michael e L. Woellert, "The airline debate over cheap seats", *Wall Street Journal*, p. A1+, 24 maio. 2004.

30. "Casio", *Marketing*, p.95, 6 maio. 2004; K. Weisul, "When time is money — and art", *BusinessWeek*, p. 86, 21 jul. 2003.

31. Dito isso, existem algumas 'rachaduras' recentes na armadura de capacidades da Southwest. Seu CEO demitiu-se subitamente e o nível de lucratividade caiu vertiginosamente em 2004. Se esses são indicadores de que as forças-chave da Southwest estão sendo dissipadas ou se são problemas de curto prazo ainda não se sabe. Porém, o tropeço da Southwest daria à USAir alguma esperança. M. Trottman, S. McCartney e J. Lublin, "Southwest's CEO abruptly quits 'draining job'", *Wall Street Journal*, p. A1+, 16 jul. 2004.

32. Seria aconselhável consultar um advogado antes de se envolver nessas formas de cooperação tácita.

33. Esse aspecto da dinâmica competitiva em um setor é discutido em K. G. Smith, C. M. Grimm e M. J. Gannon, *Dynamics of competitive strategy*, Newberry Park, CA: Sage, 1992.

34. B. R. Schlender, "How Sony keeps the magic going", *Fortune*, p. 75-84, 24 fev. 1992.

35. Comunicação pessoal.

36. Veja, por exemplo, Peters T. e R. Waterman, *In search of excellence*, Nova York: Harper Collins, 1982; J. Collins e J. Porras, *Built to last*, Nova York: Harper Business, 1994; J. Collins, *Good to great*, Nova York: Harper Collins, 2001; W. G. Bennis e R. Townsend, *Reinventing leadership*, Nova York: Harper Collins, 2006.

PANORAMA BRASILEIRO

Sorvetes Jundiá: uma empresa em ascensão

Introdução

Moramos em um país tropical e bonito por natureza, como diz a canção, mas consumimos menos sorvete do que países europeus de clima frio, como França, Suíça e até os países escandinavos. O Brasil é o 10º produtor mundial de sorvetes e o 11º país em consumo mundial. Curiosamente, a Nova Zelândia é o maior país consumidor, e os neozelandeses consomem mais de cinco vezes o que os brasileiros consomem por ano.

Com o intuito de desenvolver o mercado e fazer com que ele atinja patamares condizentes com o seu potencial de consumo, foi criada, em 2002, a Associação Brasileira das Indústrias de Sorvetes (Abis), entidade que procura unir desde empresas de maquinário e equipamentos a produtores de insumos e empresas produtoras de sorvete, tanto com processamento industrial como artesanal.

O principal desafio da Abis é incentivar uma mudança cultural, pois até hoje os brasileiros veem o sorvete como uma guloseima para ser consumida no verão, o que torna a categoria altamente sazonal e restringe o potencial de consumo. A entidade já realizou diversas ações importantes, desde a inclusão do sorvete na merenda escolar na cidade de São Paulo até emplacar o sorvete como tema de samba-enredo de duas escolas de samba paulistanas, no carnaval de 2008.

A Abis vem trabalhando em busca de uma conscientização popular de que o sorvete não é apenas uma guloseima, mas um alimento nutritivo e que pode fazer parte do cardápio do dia a dia do brasileiro. A entidade defende que o sorvete é um alimento completo, pois contém proteínas, açúcares, gordura vegetal e/ou animal, vitaminas A, B1, B2, B6, C, D, K, cálcio, fósforo e outros minerais essenciais em uma nutrição balanceada. A tendência do setor aponta para a entrada do segmento de sorvetes na categoria dos alimentos lácteos, já que os sorvetes representam de 8 a 16 por cento da dose diária de cálcio recomendada. Seria uma ótima maneira de associar saúde e prazer à alimentação.

Além do incentivo da Abis, o aumento do poder de compra das classes C e D nos últimos anos fez o consumo total de sorvetes crescer quase 40 por cento e o consumo per capita, quase 30 por cento, entre 2002 e 2009.

Os picolés representam 19 por cento do mercado, disputado por marcas fortes como Kibon, da Unilever, e Nestlé. No meio desses gigantes, há uma empresa brasileira fundada em 1970, nos fundos de um armazém de secos e molhados, em Jundiaí, no interior de São Paulo. A Jundiá cresceu 181 por cento entre 2006 e 2009, muito mais do que o mercado, e alcançou níveis de participação de mercado expressivos em âmbito nacional, ainda que seja uma marca regional, incomodando os concorrentes. Foi a terceira marca mais vendida no País, em potes de dois litros, atrás apenas de duas grandes empresas do setor, e ocupa o primeiro lugar no interior de São Paulo em vendas de sorvetes na linha Impulso, segundo as revistas *Supermercado Moderno* e *Super Hiper*, respectivamente.

Percebendo que sorvete era um produto mais consumido pelas classes sociais mais altas, o fundador da Jundiá, Valdomiro Bergamini, pensou em um modelo de negócios que permitisse produzir sorvetes a um custo mais baixo para oferecer produtos com preço mais acessível, aumentando a penetração do segmento. Mantendo essa premissa, o filho do fundador, César Bergamini, juntou-se ao negócio e acrescentou algumas estratégias importantes, responsáveis pelo enorme crescimento da empresa.

A principal ferramenta de comunicação da marca era o boca a boca, e a distribuição era feita sobretudo por ambulantes. Os resultados alcançavam os objetivos, mas a empresa não crescia muito. A partir de 1995, acreditando no Plano Real, que deu um primeiro impulso ao consumo da classe média, a empresa começou sua expansão, contratando novo distribuidor e acelerando o processo para lançamento de novos produtos. Além disso, o preço acessível aliado ao aumento de renda das classes mais baixas levou à explosão do volume.

Para continuar crescendo, o desafio da Jundiá é ir além do estado de São Paulo, o que está sendo feito por meio do investimento no sistema de franquias. A segunda geração da família tem ajudado a desenvolver capacidades internas para levar a Jundiá a um novo patamar de competição.

O mercado de sorvetes

Difundir que o sorvete alimenta é um dos maiores desafios da Abis para estimular o consumo. O fato de os brasileiros acharem que o sorvete é uma guloseima é o principal entrave para o crescimento do setor.

Os brasileiros têm grande preocupação com a estética, portanto o sorvete é relegado ao rol de produtos consumidos esporadicamente, como um presente que damos a nós mesmos de vez em quando ("Depois de um dia como esses, mereço um sorvete."). É quase um pequeno pecado para alguns. Muitos acreditam que o sorvete não deve ser consumido por quem está resfriado, com dor de garganta etc. Além disso, não sendo considerado um alimento, o sorvete fica na parte dos supérfluos nas listas de compras de supermercado das donas de casa brasileiras.

O verão é a época do ano em que esse cenário muda. Com as altas temperaturas, o sorvete é um dos produtos mais consumidos para refrescar corpos e mentes. Nessa época do ano, as maiores marcas concentram sua verba de comunicação e fazem lançamentos de novos produtos.

Nos dois últimos verões, em cidades como Rio de Janeiro e Belo Horizonte, houve o crescimento das iogurterias. O sócio-proprietário da Yoggi, Henrique Almeida, acredita que as iogurterias estão virando uma febre em todo o País porque representam o mercado do sorvete sem culpa — um produto com baixíssimas calorias, embora os preços sejam altos, de R$ 6 a R$ 20.

Entre 2002 e 2009, o consumo total de sorvetes no Brasil cresceu 39,5 por cento, passando de 713 milhões de litros/ano para 995 milhões de litros/ano, enquanto o consumo per capita teve um aumento de 28,71 por cento, passando de 4,04 para 5,20 litros/ano. A perspectiva para 2010 era de que o setor tivesse a produção recorde de um bilhão de litros e o consumo per capita saltasse para 6 litros/ano.

Os picolés representam 19 por cento desse mercado, ou seja, aproximadamente 191 milhões de litros. O sorvete *soft* vem crescendo no *mix*: atualmente, são produzidos 89 milhões de litros, o que significa 9 por cento do mercado. Os sorvetes de massa são responsáveis por um volume estimado de 718 milhões de litros, 72 por cento do total. O faturamento geral do setor, incluindo a cadeia produtiva, já ultrapassa os $ 3 bilhões.

De acordo com dados do Euromonitor, os dez sabores mais consumidos no Brasil são: chocolate (28,8 por cento), baunilha (10,3 por cento), morango (9 por cento), creme (3,8 por cento), caramelo (3 por cento), coco (3 por cento), abacaxi (2,2 por cento), passas (2,2 por cento), maracujá (1,9 por cento) e rum (1,9 por cento).

A Jundiá

A Jundiá é uma empresa nacional, que começou com a produção de sorvetes de maneira artesanal, combinando leite com frutas. A fábrica é localizada em Itupeva, interior de São Paulo, produzindo dez linhas de sorvetes com mais de 80 sabores. São copos, picolés (divididos nas linhas *"premium* & bom-bom" e infantil), potes de dois litros e embalagens de dez litros para festas.

Segundo dados da Abis, a Jundiá foi a marca que mais vendeu picolés no interior de São Paulo, em 2009. Mas são os dados do pote de dois litros que mais surpreendem: foi a terceira marca mais vendida nacionalmente.

O crescimento expressivo no período de 2006 a 2009 deveu-se ao fato de a empresa ter investido no lançamento de novos produtos, seguindo as estratégias das maiores marcas do setor: Kibon e Nestlé. O objetivo é fazer um lançamento após o outro, sem perder o foco nos custos. Em 2009, a empresa lançou dez novos sabores, dentre eles um diferenciado picolé azul com sabor de algodão doce. Alguns novos produtos são misturas de sabores, como abacaxi ao vinho e pinha colada (coco com abacaxi ao rum).

A empresa também lançou algumas edições especiais, como iogurte com amora para rivalizar com as iogurterias, *sundae* de capuccino com chocolate e o brasileiríssimo sorvete de paçoca. Esses sorvetes, lançados como edição especial, podem, obviamente, fazer parte da linha regular se forem sucesso de vendas. Se não, servem para mostrar aos consumidores a capacidade inovadora da marca.

O fundador da empresa admite que "inventa, mas também copia", ou seja, incentiva seus funcionários a contar sempre que se deparam com um novo sabor no mercado para que a empresa possa avaliar a possibilidade de lançá-lo. O fato de ser uma empresa ainda pequena facilita a comunicação entre as áreas e a agilidade dos lançamentos.

A manutenção dos custos baixos, parte do modelo de negócios da empresa, permite que os sorvetes Jundiá cheguem às prateleiras com preços menores do que as marcas mais conhecidas no setor. Naturalmente, a marca foi ajudada pelo aumento do poder de compra das classes C e D, as quais passaram a incluir o sorvete em sua cesta de consumo.

Além dos custos de produção, a empresa procura fazer um investimento em comunicação considerado simples e barato, porém eficaz. Durante muitos anos, a marca se valeu simplesmente do boca a boca, mas isso a restringia geograficamente a algumas cidades do interior paulista. Onde ela ainda não é conhecida, a empresa recorre à degustação no ponto de venda, apostando que o consumidor percebe a qualidade de seus sorvetes.

Outra estratégia de comunicação foi o licenciamento dos personagens da Turma da Mônica. Os sorvetes voltados para o público infantil contam com os personagens de Mauricio de Souza para gerar maior empatia com os pequenos. No site da Jundiá há um link para o site da Turma da Mônica.

O investimento na ampliação da distribuição também foi importante para o crescimento da Jundiá. Durante muitos anos, os sorvetes foram vendidos por ambulantes em carrinhos pelas ruas. Em 1995, foi contratado um distribuidor que trabalhava com o concorrente Kibon e, portanto, conhecia os principais pontos de venda da região-alvo da Jundiá: o interior de São Paulo. Atualmente, os sorvetes são distribuídos em 18 mil pontos de venda no estado de São Paulo, entre supermercados, padarias, bares e lojas de conveniências.

A empresa pretende manter o ritmo de crescimento dos últimos anos, aproveitando também a tendência positiva do próprio setor. Para isso, Valdomiro e César Bergamini querem crescer por meio de franquias. Eles se juntaram a João Carlos Semenzato, experiente na área de franquias, por ter sido proprietário da rede de ensino profissionalizante Microlins, e dono da SMZTO Participações, *holding* de franquias multisetoriais.

Segundo o site, a franquia Casa do Sorvete Jundiá conta com 11 unidades, sendo dez em São Paulo e uma em São Gonçalo, no estado do Rio de Janeiro. Já há a previsão de abertura de quase uma dezena de lojas, e o objetivo é atingir cem unidades o mais rápido possível, conquistando o País.

Apesar do nome Casa do Sorvete, as franquias, além de sorvetes *self-service* e taças, vendem também salgados (como o indefectível pão de queijo), lanches, crepes, saladas, e conta até com uma "carta de café". Ao potencial franqueado, a empresa promete uma linha de produtos para todas as épocas do ano, minimizando a curva de sazonalidade dos sorvetes. Todos os produtos têm qualidade a preços acessíveis.

Segundo a SMZTO, há diversos formatos de franquia, com investimento máximo entre $ 64,9 mil (quiosques) e $ 159,9 mil (lojas com 85 m^2) e prazo de retorno entre 23 e 32 meses.

Para sair do sudeste do País, a Jundiá tem o desafio de ampliar a produção e investir em logística, pois o transporte de sorvetes para lugares distantes da fábrica não é trivial. São necessários caros caminhões com câmaras frigoríficas. E essa é a principal diferença entre as marcas nacionais e as regionais. Mas os proprietários têm planos agressivos para a Jundiá. Até o fim de 2010, a empresa esperava triplicar a produção de sorvetes.

Os concorrentes

O Brasil conta com 10 mil empresas responsáveis pela produção industrial e artesanal de sorvetes. Apesar do alto reconhecimento de marcas como Kibon e Nestlé, as micro e pequenas empresas representam mais de 90 por cento do mercado brasileiro. Portanto, além de incentivar uma mudança cultural, a Abis tem o papel de garantir que essas empresas atuem em conformidade com os requisitos das boas práticas de fabricação e da segurança alimentar, além de alguns requisitos importantes de responsabilidade socioambiental. Para isso, criou o Selo Abis de Qualidade, fornecido para empresas que adequaram integralmente suas linhas industriais e artesanais.

Trabalhando em conjunto com o Ministério do Desenvolvimento Agrário, a Abis espera capacitar a cadeia produtiva, melhorar a qualidade das polpas, garantir a segurança alimentar durante o processo produtivo e trazer maior credibilidade às empresas do setor por meio da adoção de práticas sustentáveis. O objetivo é a expansão do mercado nacional e a ampliação da possibilidade de exportação.

O mercado de sorvetes é muito pulverizado. É comum uma pequena cidade contar com uma sorveteria na praça principal, próxima ao velho coreto. Além das sorveterias locais, há dezenas de marcas regionais competindo nos refrigeradores dos supermercados, das padarias e das lojas de conveniência. Até o metro quadrado da areia das praias é muito disputado. Assim como a Jundiá faz sucesso no interior, a marca Rochinha é um clássico do litoral paulista, por exemplo.

As marcas Kibon e Nestlé têm presença nacional e muito em comum. Ambas são marcas de grandes multinacionais estrangeiras e muito agressivas em inovação e investimento em comunicação.

A Kibon é a grande líder e foi adquirida pela anglo-holandesa Unilever na década de 1990. A empresa já tinha experiência no mercado e presença mundial em sorvetes, mas decidiu investir no mercado brasileiro por meio da aquisição de uma marca já consagrada. Ela manteve o nome da marca e acrescentou alguns elementos, como o logo do coração, para garantir uma identidade de marca global.

A Nestlé desistiu da marca Yopa e decidiu usar o nome corporativo nos seus sorvetes. A linha de sorvetes Nestlé conta com o endosso de marcas fortes em outros segmentos de alimentos, como Molico (leite) e Alpino (chocolate). Assim, a empresa lançou o pote de sorvete de dois litros Nestlé Alpino e o iogurte congelado Nestlé Molico.

Considerações finais

O cenário no mercado de sorvetes parece promissor. As tendências do macroambiente são positivas, e o setor está mais organizado após a criação da Abis. O aumento de consumo é, sem dúvida, um incentivo para que as empresas invistam e apostem no crescimento. Entretanto, trata-se de um segmento de mercado com duas marcas muito fortes nacional e internacionalmente e diversas marcas com presença apenas regional ou local.

Os objetivos da Jundiá são agressivos. Para transformar uma marca regional em nacional, há muito a ser feito. O investimento em inovação de produto, distribuição e comunicação, com a manutenção de preços acessíveis, parece ser um bom caminho. Porém, a Jundiá precisa criar, nutrir e explorar recursos e capacidades valiosos, raros e custosos de imitar para obter vantagem competitiva.

QUESTÕES

1. Faça uma análise das estratégias adotadas pela Jundiá.
2. Identifique e classifique os recursos que a Jundiá parece controlar e que podem ser usados para criar e implementar suas estratégias.
3. Avalie os recursos e as capacidades da Jundiá aplicando o modelo VRIO.
4. Aplique a análise de cadeia de valor e identifique os recursos e as capacidades valiosos da Jundiá.
5. Identifique a relação entre o modelo VRIO e as forças e fraquezas da Jundiá.
6. Com base na aplicação do modelo VRIO, discuta com seus colegas se a Jundiá é capaz de ganhar vantagem competitiva.

REFERÊNCIAS

Sorvetes. Disponível em: <http://www.sorvetes.com.br>. Acesso em: 18 fev. 2011.

Associação Brasileira das Indústrias de Sorvetes (Abis). Disponível em: <http://www.abis.com.br>. Acesso em: 18 fev. 2011.

Portal Terra. Disponível em: <http://www.terra.com.br>. Acesso em: 18 fev. 2011.

SMZTO. Disponível em: <http://www.smzto.com.br>. Acesso em: 18 fev. 2011.

Jundiá. Disponível em: <http://www.jundia.com.br>. Acesso em: 18 fev. 2011.

Sorvetes Jundiá. Disponível em: <http://www.sorvetesjundia.com.br>. Acesso em: 18 fev. 2011.

Sorvetes Rochinha. Disponível em: <http://www.sorvetesrochinha.com.br>. Acesso em: 18 fev. 2011.

Kibon. Disponível em: <http://www.kibon.com.br>. Acesso em: 18 fev. 2011.

Nestlé. Disponível em: <http://www.nestle.com.br>. Acesso em: 18 fev. 2011.

Revista *Exame* PME. Disponível em: <http://http://exame.abril.com.br/pme>. Acesso em: 18 fev. 2011.

Jornal *O Estado de Minas*. Disponível em: <http://www.estaminas.com.br/>. Acesso em: 18 fev. 2011.

Caso elaborado pela professora doutora Daniela M. R. Khauaja, consultora e pesquisadora nas áreas de marketing e *branding*, professora e coordenadora da área de marketing da pós-graduação da Escola Superior de Propaganda e Marketing (ESPM). A proposta deste caso é servir como referência para reflexão e discussão sobre o tema, e não avaliar as estratégias adotadas.

CASO 1: LOJAS WALMART EM 2008*

Não faz muito tempo, por volta de 1979, o Walmart era um varejista regional pouco conhecido fora da região Sul dos Estados Unidos, com apenas 229 lojas de desconto, em comparação com as 1.891 lojas da líder do setor, a Kmart. Em menos de 25 anos, o Walmart cresceu a ponto de se tornar a maior corporação norte-americana em vendas. Com receita superior a $ 374 bilhões (veja tabelas 1 e 2), o Walmart eclipsou em muito a Kmart, cujas vendas caíram a uma fração das da concorrente. Outra medida do domínio do Walmart era que ele respondia pelas vendas[1] de aproximadamente 45 por cento de mercadorias em geral, 30 por cento de artigos de higiene pessoal e beleza e 29 por cento de gêneros não alimentícios dos Estados Unidos. A Forbes forneceu uma visão geral do sucesso do Walmart.

> Com 3.550 lojas nos Estados Unidos e mil supercenters que serão inaugurados nos próximos cinco anos, resta pouco para o Walmart realizar. Ele já vende mais brinquedos do que a Toys "R" Us, mais roupa do que a Gap e a Limited juntas e mais alimentos do que a Kroger. Se fossem uma economia propriamente dita, as lojas Walmart se classificariam em 30º lugar no mundo, bem atrás da Arábia Saudita. Crescendo 11 por cento ao ano, o Walmart atingiria meio trilhão de dólares em vendas no início da próxima década.[2]

Apesar de seu notável registro de sucesso, porém, o Walmart enfrentou muitos desafios. Diversos observadores acreditavam que a empresa encontraria cada vez mais dificuldade em sustentar seu extraordinário histórico de crescimento (veja Tabela 3). Ela enfrentou um mercado em amadurecimento em seu principal negócio, que provavelmente não registraria as taxas de crescimento que já apresentara. O crescimento nas vendas de lojas abertas há mais de um ano foi de somente 1,9 por cento em 2006, enquanto outros grandes varejistas — Target, Costco, Kroger, Safeway e Best Buy — registraram, todos, crescimento de pelo menos o dobro dessa taxa. Muitos investidores acreditavam que o Walmart atingira um ponto de saturação com suas lojas. Os supercenters haviam gerado um crescimento significativo para a empresa, mas não estava claro por quanto tempo eles poderiam sustentar as taxas de crescimento habituais. O Walmart abria novas lojas a uma velocidade prodigiosa, mas elas geralmente canibalizavam vendas com lojas da rede nas proximidades. A empresa enfrentava problemas também em outras áreas de negócios. As lojas de atacado Sam's Club de sua propriedade não haviam atingido os padrões da Costco, sua principal concorrente. As operações internacionais representavam outro desafio. Enfrentando crescimento lento no mercado doméstico, o Walmart tentava capitalizar oportunidades no exterior. Esses esforços internacionais, contudo, obtiveram apenas sucesso parcial, na melhor das hipóteses.

O Walmart também foi alvo de críticas contra seu histórico em questões sociais.[3] A empresa foi acusada de transferir a produção dos Estados Unidos para produtores de baixos salários no exterior. Alguns argumentaram que o Walmart praticamente sozinho havia depreciado o crescimento de salários na economia norte-americana. Para muitos, a empresa tornara-se o símbolo do capitalismo fora de controle. Na realidade, a revista Time perguntou: "O Walmart vai roubar o Natal?".[4] Grande parte das críticas dirigidas à empresa não iam além de retórica irritada. Em muitos casos, porém, o Walmart enfrentou rígida oposição da comunidade à construção de novas lojas.

Com tantos desafios, alguns analistas de investimentos questionavam se era possível uma empresa como o Walmart, que se aproximava dos $ 400 bilhões em vendas, sustentar taxas de crescimento tradicionalmente altas. Para isso, a empresa teria de enfrentar uma série de desafios, tais como mercados maduros, concorrência no varejo de desconto tanto de concorrentes tradicionais como dos especializados, esforços agressivos dos concorrentes para imitar produtos e processos do Walmart e expansão internacional. Na realidade, alguns acreditavam que a rede necessitava encontrar novos negócios, se pretendia manter seu histórico de sucesso.

O setor de varejo de desconto

O setor de varejo nos Estados Unidos evoluiu consideravelmente no decorrer do século XX. Até 1950, o varejo comumente seguia o formato da rede de lojas de departamento Main Street, que se caracterizavam por vender uma ampla variedade de mercadorias. As lojas de departamento também diferiam dos demais varejistas por enfatizarem o serviço e o crédito. Antes da Segunda Guerra Mundial, poucos estabelecimentos permitiam aos clientes apanhar os produtos diretamente das prateleiras. Em vez disso, vendedores atendiam aos fregueses nos balcões das lojas. Somente na década de 1950, as lojas de departamento de autosserviço co-

---

* Este estudo de caso foi preparado por William Hesterly para discussão em sala de aula.

TABELA 1 Lojas Walmart, demonstração de resultado, 2004-2008

Ano terminado em	1/31/08	1/31/07	1/31/06 *Reiterado 1/31/07	1/31/05 *Reiterado 1/31/07	1/31/04
Vendas líquidas	$374.526	$344.992	$308.945	$281.488	$256.329
Outros rendimentos	4.273	3.658	3.156	2.822	2.352
Rendimento de aluguel	—	—	—	—	—
Receita total	**378.799**	**348.650**	**312.101**	**284.310**	**258.681**
Custo de vendas	286.515	264.152	237.649	216.832	198.747
Geral & Adm.	70.288	64.001	55.739	50.178	44.909
Despesa operacional total	**356.803**	**328.153**	**293.388**	**267.010**	**243.656**
Rendimento operacional	**21.996**	**20.497**	**18.713**	**17.300**	**15.025**
Juros de dívida	(1.863)	(1.549)	(1.171)	(931)	(729)
Gasto com capital arrendado	(240)	(260)	(249)	(253)	(267)
Rendimento de juros	305	280	242	204	164
Rendimento líquido antes de impostos	**20.198**	**18.968**	**17.535**	**16.320**	**14.193**
Provisão para imposto de renda	6.908	6.365	5.803	5.589	5.118
Rendimento líquido após impostos	**13.290**	**12.603**	**11.732**	**10.731**	**9.075**
Participação minoritária	(406)	(425)	(324)	(249)	(214)
Rendimento líquido antes de itens extra	12.884	12.178	11.408	10.482	8.861
Rendimento de descontos	(153)	(894)	(177)	(215)	193
Mudança contábil	—	—	—	—	—
Rendimento líquido	**12.731**	**11.284**	**11.231**	**10.267**	**9.054**
Rendimento disponível excluindo itens extraordinários	**12.884**	**12.178**	**11.408**	**10.482**	**8.861**
Rendimento disponível incluindo itens extraordinários	12.731	11.284	11.231	10.267	9.054
Média ponderada básica de ações	4.066	4.164	4.183	4.259	4.363
LPA básico excluindo itens extraordinários	**3,17**	**2,92**	**2,73**	**2,46**	**2,03**
LPA básico excluindo item extraordinário	**3,13**	**2,71**	**2,68**	**2,41**	**2,08**
Ajustes	—	0,00	0,00	0,00	0,00
Rendimento líquido diluído	12.731	11.284	11.231	10.267	9.054
Média ponderada diluída de ações	4.072	4.168	4.188	4.266	4.373
LPA diluído excluindo itens extraordinários	**3,16**	**2,92**	**2,72**	**2,46**	**2,03**
LPA diluído incluindo item extraordinário	**3,13**	**2,71**	**2,68**	**2,41**	**2,07**
DPS — ações ordinárias	0,880	0,670	0,600	0,520	0,360
Dividendos brutos — ações ordinárias	3.586	2.802	2.511	2.214	1.569

Cifras da demonstração de resultado anual. Cifras em milhões, exceto ações em circulação. Cifras entre parênteses são prejuízos.

TABELA 2 Lojas Walmart, balanço anual, 2004-2008

Ano terminado em	1/31/08	1/31/07 *Reiterado 1/31/08	1/31/06 *Reiterado 1/31/07	1/31/05 *Reiterado 1/31/06	1/31/04 *Reiterado 1/31/05
Caixa/equivalentes	$5.569	$7.767	$6.193	$5.488	$5.199
Recebíveis	3.654	2.840	2.575	1.715	1.254
Custo de Inv.-Reposição	—	—	—	—	—
Reserva LIFO	—	—	—	—	—
Estoques	35.180	33.685	31.910	29.762	26.612
Despesas pré-pagas e outras	3.182	2.690	2.468	1.889	1.356
Custo recuperável	—	—	—	—	—
Desconto de ativos	—	—	679	—	0,00
Ativos correntes totais	**47.585**	**46.982**	**43.825**	**38.854**	**34.421**
Terreno	19.879	18.612	16.174	14.472	12.699
Prédio	72.533	64.052	55.208	46.574	40.192
Instalações	28.026	25.168	22.413	21.461	17.934
Trans. Equipamento	2.210	1.966	1.744	1.530	1.269
Depreciação	(28.773)	(24.408)	(20.937)	(18.637)	(15.684)
Arrendamentos líquidos	—	—	—	—	—
Arrendamentos de capital	5.736	5.392	5.392	4.556	4.286
Amortização	(2.594)	(2.342)	(2.127)	(1.838)	(1.673)
Goodwill	16.071	13.759	12.097	10.803	9.882
Outros ativos	2.841	2.406	2.516	2.379	2.079
Desconto de ativos	—	—	1.884	—	0,00
Ativos totais	**163.514**	**151.587**	**138.187**	**120.154**	**105.405**
Papéis comerciais	5.040	2.570	3.754	3.812	3.267
Contas a pagar	30.370	28.484	25.101	21.987	19.425
Passivo provisionado	15.799	14.675	13.274	12.120	10.671
Imposto de renda provisionado	1.016	706	1.340	1.281	1.377
Dívida de longo prazo	5.913	5.428	4.595	3.759	2.904
Outros débitos	316	285	284	223	196
Dívida de curto prazo	—	—	—	—	—
Descontos	—	—	477	—	0,00
Passivos correntes totais	**58.454**	**52.148**	**48.825**	**43.182**	**37.840**
Dívida de longo prazo	29.799	27.222	26.429	20.087	17.102
Arrendamentos de capital	3.603	3.513	3.667	3.171	2.997
Dívida de curto prazo total	**33.402**	**30.735**	**30.096**	**23.258**	**20.099**
Descontos	—	—	129	—	0.00
Imposto de renda diferido e outro	5.111	4.971	4.501	2.978	2.359
Participação minoritária	1.939	2.160	1.465	1.340	1.484
Passivos totais	**98.906**	**90.014**	**85.016**	**70.758**	**61.782**
Ações ordinárias	397	413	417	423	431
Pago em capital	3.028	2.834	2.596	2.425	2.135
Lucros retidos	57.319	55.818	49.105	43.854	40.206
Outros	3.864	2.508	1.053	2.694	851
Ajustes de transferência	—	—	—	—	—
Patrimônio líquido total	**64.608**	**61.573**	**53.171**	**49.396**	**43.623**
Total de passivos & participação acionária	**163.514**	**151.587**	**138.187**	**120.154**	**105.405**

TABELA 3 Lojas Walmart, desempenho operacional por segmento, 2006-2008

Segmento de lojas Walmart	Vendas líquidas do segmento. Aumento em relação ao ano fiscal anterior (%)	Resultado operacional do segmento (em milhões) ($)	Resultado operacional do segmento. Aumento em relação ao ano fiscal anterior (%)	Resultado operacional como porcentagem das vendas líquidas do segmento (%)
2008	5,8%	$17.516	5,4%	7,3%
2007	7,8%	16.620	8,9%	7,3%
2006	9,4%	15.267	9,8%	7,3%
Segmento internacional	Vendas líquidas do segmento. Aumento em relação ao ano fiscal anterior (%)	Resultado operacional do segmento (em milhões) ($)	Resultado operacional do segmento. Aumento em relação ao ano fiscal anterior (%)	Resultado operacional como porcentagem das vendas líquidas do segmento (%)
2008	17,5%	$4.769	11,8%	5,3%
2007	30,2%	4.265	24,1%	5,5%
2006	12,7%	3.438	6,6%	5,8%
Segmento Sam's Club	Vendas líquidas do segmento. Aumento em relação ao ano fiscal anterior (%)	Resultado operacional do segmento (em milhões) ($)	Resultado operacional do segmento. Aumento em relação ao ano fiscal anterior (%)	Resultado operacional como porcentagem das vendas líquidas do segmento (%)
2008	6,7%	$1.618	9,3%	3,6%
2007	4,5%	$1.480	5,2%	3,6%
2006	7,2%	$1.407	10,2%	3,5%

Fonte: Relatório anual.

meçaram a se disseminar. Lojas de varejo de desconto também começaram a surgir no fim da década de 1950. Elas enfatizavam os preços baixos e geralmente ofereciam menos serviço, crédito e privilégios em troca. Seu crescimento foi fomentado pela revogação das leis de comércio justo em muitos estados. Vários deles haviam aprovado tais leis durante a Depressão para proteger comerciantes locais de grandes redes como a Atlantic & Pacific Company. As leis fixavam preços para que os mercadores locais não ficassem em desvantagem de preço. A revogação dessas leis liberou os varejistas de desconto a oferecer preços abaixo do preço de venda sugerido pelos fabricantes.

Entre os varejistas de desconto, havia tanto as redes generalistas como as especializadas. As primeiras ofereciam uma ampla variedade de bens materiais e serviços. As especializadas, de outro lado, focavam um leque relativamente estrito de bens, tais como materiais de escritório ou artigos esportivos. Varejistas desse tipo, como Office Depot, Home Depot, Staples, Best Buy e Lowe's, passaram a ter cada vez mais sucesso na década de 1980. Um resultado do surgimento de ambos os tipos de loja de desconto foi o declínio de alguns dos varejistas tradicionais mais conhecidos. Redes generalistas com preços moderados como Sears e JCPenney viram sua participação de mercado encolher em resposta ao crescimento das concorrentes de desconto.

Uma série de fatores explicava por que os varejistas de desconto obtiveram tanto êxito em detrimento das antigas redes generalistas. A maior preocupação dos consumidores com o valor, um conceito amplamente definido, era talvez mais central. O valor no setor não era precisamente definido, mas envolvia preço, serviço, qualidade e conveniência. Um exemplo dessa orientação de valor estava no ramo de vestuário. Consumidores que até então rejeitavam as linhas de roupa com marca própria encontradas em lojas de desconto como fonte de estigma estavam cada vez mais comprando marcas próprias das redes Kmart, Target e Walmart. De acordo com uma estimativa, as lojas de desconto apresentavam crescimento de dois dígitos em vestuário, enquanto a venda de roupas nas lojas de departamentos declinava desde a década de 1990.

Outro aspecto da preocupação dos consumidores com o valor envolvia o preço. Os consumidores do varejo confiavam menos em marcas estabelecidas de uma ampla variedade de produtos e demonstravam maior inclinação a comprar as marcas próprias de empresas como JCPenney, Sears, Kmart e Walmart. A conveniência também assumia maior importância para os clientes. À medida que a demografia mudava e passava a incluir mais mães que trabalhavam fora e semanas de trabalho mais longas, muitos trabalhadores norte-americanos preferiam compras rápidas e eficientes. Mais consumidores desejavam concentrar as compras em um único local, ter um variado leque de produtos disponível em uma loja, para minimizar o tempo que gastavam fazendo compras. Essa tendência intensificou-se na década passada com a disseminação do conceito de supercenters, que reuniam as lojas de varejo de desconto tradicionais e os supermercados sob o mesmo teto. Essa nova modalidade cresceu até atingir mais de $ 100 bilhões em vendas em 2001 e abalou alguns dos conceitos tradicionais de varejo.

As empresas de maior porte levavam vantagem no varejo de desconto. A parcela de vendas no varejo que era canalizada para as redes com várias lojas havia crescido consideravelmente desde a década de 1970. O número de falências de negócios varejistas, por sua vez, aumentara acentuadamente em meados da década de 1990. A maioria delas era de lojas independentes e pequenas redes, mas algumas redes de desconto como Venture, Bradlee e Caldor haviam pedido falência. O maior porte permitia às empresas distribuir seus custos indiretos por mais lojas. Elas também podiam distribuir seus custos publicitários por uma base mais ampla. Entretanto, talvez a maior vantagem em relação ao tamanho estivesse nas relações com os fornecedores. Um tamanho maior levava a economias nas negociações de reduções de preço, mas também contribuía de outras formas importantes. Eram maiores as chances de os fornecedores envolverem-se em ações conjuntas com grandes redes de lojas, como propaganda cooperada e conexões para intercâmbio eletrônico de dados.

A Internet representava uma ameaça crescente aos varejistas de desconto à medida que mais pessoas se familiarizavam com as compras on-line. Em 2008, o número de usuários da Internet havia crescido significativamente em relação aos quase 37 milhões de apenas uma década atrás. Algumas estimativas consideravam o número de usuários de Internet superior a 70 por cento da população em 2008. As compras on-line eram atrativas por causa da conveniência e das opções disponíveis, mas o aspecto mais importante provavelmente era a competitividade dos preços. Alguns varejistas na Internet eram capazes de oferecer altos descontos tendo em vista seus custos indiretos inferiores. Além disso, os clientes podiam rapidamente comparar preços entre diversos fornecedores na Internet. Em 2008, ao menos a maioria dos principais varejistas, se não todos, vendia produtos por esse canal.

Grandes varejistas de desconto, como o Walmart, detinham considerável poder de barganha junto aos fornecedores em virtude de seu porte gigantesco. Além disso, muitos dos maiores fornecedores da empresa obtinham uma alta parcela de suas vendas do Walmart (veja Tabela 4). Fornecedores com vendas acima de $ 1 bilhão, tais como Newell, Fruit of the Loom, Sunbeam e Fieldcrest Cannon, extraíam mais de 15 por cento de suas vendas do Walmart. Muitos desses grandes fabricantes também vendiam uma parcela substancial de sua produção para Kmart, Target e outros varejistas de desconto. O poder de barganha do Walmart era considerável, mesmo se comparado com o de seus grandes concorrentes. Por exemplo, o Walmart respondia por mais de 28 por cento das vendas da Dial, e estimava-se que ela teria de dobrar as vendas para seus próximos sete maiores clientes para cobrir as vendas feitas ao Walmart.[5] Com frequência, fabricantes de menor porte dependiam muito mais dos grandes varejistas de desconto. Por exemplo, o Walmart representava até 50 por cento das receitas de muitos fornecedores pequenos.

Os produtos de marca própria oferecidos pelas lojas de desconto haviam se tornado muito mais importantes nos últimos anos e apresentavam novos desafios nas relações com fornecedores. Administrar marcas próprias exigia um alto nível de coordenação entre projetistas e fabricantes (geralmente estrangeiros). Investimento em sistemas capazes de rastrear a produção e o estoque também era necessário.

Investimentos de tecnologia em sofisticados sistemas de administração de estoque, modernos centros de distribuição e outros aspectos logísticos eram tidos como crucialmente importantes para todos os varejistas de desconto, os quais investiam grandes somas em tecnologia de computação e de telecomunicações para baixar seus custos nessas áreas. O uso disseminado do código de produto universal (do inglês, *Universal Product Codes* — UPC) permitiu aos varejistas rastrear com maior precisão itens distintos mantidos em estoque (do inglês, *shop keeping units* — SKUs) e melhorar a conciliação entre estoque e demanda. Os varejistas de desconto também utilizavam intercâmbio eletrônico de dados (do inglês, *electronic data interchange* — EDI) para reduzir o ciclo de distribuição. O EDI envolvia a transmissão eletrônica dos dados de vendas e estoque aos computadores dos fornecedores. Com frequência, o reabastecimento de estoques era acionado sem intervenção humana. Desse modo, o EDI eliminou a necessidade de várias etapas intermediárias em compras, tais como registro de dados pelo varejista, realização do pedido pelos compradores, registro de dados pelos fornecedores e até alguma programação de produção pelos gerentes de suprimento. O Walmart também pressionava pela adoção da identificação por radiofrequência (do inglês, *radio frequency identification* – RFID), uma nova tecnologia de rastreamento e identificação de produtos. O RFID prometia eliminar a necessidade de funcionários para escanear os códigos

TABELA 4 Parcela de vendas que os fornecedores obtêm do Walmart

Receitas	Total 1995 ($)	Do Walmart (%)	Margem operacional (%)	Variação de preço em 12 meses (%)
Newell/artigos e móveis para casa	$2.498	15%	20,7%	17%
Fruit of the Loom/vestuário	2.478	16	17,0	300
Rubbermaid/artigos de plástico e borracha	2.329	15	20,7	-10
Springs Industries/tecido acabado, móveis para casa	2.233	12	10,9	10
Westpoint Stevens/roupa de cama e mesa, móveis para casa	1.651	10	1,3	43
Sunbeam/eletrodomésticos	1.202	17	10,7	-33
Fieldcrest Cannon/roupa de cama e mesa, móveis para casa	1.095	18	9,4	-13
First Brands/produtos domésticos	1.053	12	15	38
Coleman/equipamento de lazer	902	10+	14,7	12
Huffy/equipamento de lazer	685	10+	4,6	-31
Roadmaster Industries/equipamento de lazer	675	28	8	-37
Paragon Trade Brands/fraldas	519	15	12,7	90
Playtex Products/produtos para cuidados pessoais	471	15	28,8	10
Ekco Group/artigos para casa	270	10+	17,8	-2
Royal appliance Manufacturing/aspiradores de pó	270	23	7	-19
Crown Crafts/produtos têxteis, móveis para casa	214	16	12,3	-39
Armor All Products/polimento e protetor para carros	204	20	20,5	-23
Toastmaster/eletrodomésticos	187	30	7,3	-38
Windmere/produtos para cuidados pessoais	185	18	10,6	-4
National Presto Industries/eletrodomésticos	123	35	19,8	3
Empire of Carolina/brinquedos	119	17	5,6	-11
General Housewares/artigos para casa	117	13	10,6	-32
Safety 1st/produtos para segurança infantil	70	18	16,9	-50
National Picture & Frame/molduras, espelhos	61	36	14,2	-3
Ohio Art/brinquedos	43	20	5,9	48

Cifras em milhões de dólares.

Fonte: Forbes, 11 mar. 1996.

UPC e também reduzir significativamente a depreciação, outro nome para furtos da parte de clientes e funcionários. Os fornecedores sabiam de antemão que o RFID seria custoso de implementar, mas estimava-se que os benefícios para o Walmart chegariam a $ 8 bilhões em economia com mão de obra e $ 2 bilhões com redução de furtos.

Outro importante aspecto da administração de estoque era a previsão acurada. Ter as quantidades certas de produtos nas lojas certas era essencial ao sucesso. Relatos de varejistas com uma abundância de equipamento de esqui em lojas da Flórida enquanto lojas em outras áreas com intensa queda de neve não tinham nada eram exemplos comuns dos desafios da administração de estoque. Os varejistas de desconto usavam variáveis como histórico de vendas da loja, existência de concorrentes, variação em demanda sazonal e mudanças no calendário anual para realizar suas previsões.

O escaneamento no ponto de venda (PDV) permitia aos varejistas obter informações de qualquer compra sobre valor em dólar da transação, categoria da mercadoria, cor, fornecedor e número de SKU. O escaneamento no PDV, embora valioso para a administração de estoque, também era considerado potencialmente relevante como ferramenta de marketing. Bancos de dados dessas informações proporcionavam aos varejistas a possibilidade de 'microssegmentar' seus clientes. Lojas de departamento sofisticadas usavam o marketing de banco de dados do PDV mais intensamente do que as de desconto. O Walmart, contudo, utilizava essas informações de modo extensivo. Por exemplo, dados do PDV indicaram que os clientes que compravam vídeos infantis geralmente compravam mais de um. Com base nessa constatação, o Walmart passou a colocar outros vídeos infantis próximos aos expositores dos vídeos mais vendidos.

A concorrência

A concorrência no varejo de desconto provinha tanto de lojas não especializadas como das especializadas. Entre as não especializadas, o Walmart era o maior, seguido por Target e Kmart. Este possuía aproximadamente dez vezes mais vendas dos que os próximos maiores, Dollar General e ShopKo. Entre as especializadas, as maiores incluíam redes de suprimentos para escritórios, como a Office Depot, com mais de $ 15 bilhões em vendas, e a Staples, com aproximadamente $ 19 bilhões, Toys "R" Us com mais de $ 11 bilhões e Best Buy, no ramo eletrônico, com quase $ 40 bilhões. Na categoria de clubes de compra, Costco e Sam's Club dominavam. A Costco era líder com mais de $ 71 bilhões em vendas em 2007, seguida por Sam's Club com $ 44 bilhões em receitas no mesmo ano. A BJ's Wholesale Club seguia bem atrás, com faturamento de $ 9 bilhões.

No passado o maior concorrente do Walmart, a Kmart havia sofrido uma longa queda em desempenho. Ela operava aproximadamente 1.400 lojas no início de 2008 com faturamento de vendas de $ 17,2 bilhões nesse ano, em comparação com os $ 36 bilhões de apenas seis anos antes. Tradicionalmente, a filosofia de desconto da Kmart diferia da adotada pelo Walmart. Os centros de descontos da Kmart visavam determinar preços próximos, mas não necessariamente inferiores, aos preços baixos diários do Walmart. Mais ênfase foi dada a itens em liquidação na Kmart. A estratégia de preços girava em torno de diversos itens-chave que eram anunciados nos 73 milhões de encartes de propaganda da empresa distribuídos em jornais todo domingo. Esses itens tinham o preço bem mais baixo do que o da concorrência. A implementação eficaz dessa estratégia foi obstruída pela dificuldade da Kmart em manter as prateleiras estocadas com itens em liquidação e pela disposição do Walmart em cobrir os preços de venda da Kmart. A tentativa de imitar a estratégia de preço baixo todo dia do Walmart falhou em gerar crescimento de vendas ao mesmo tempo que restringiu margens, de modo que a Kmart retomou sua tradicional estratégia de preço em 2003.

O desempenho da Kmart caiu drasticamente na década de 1990. Ela sofreu perdas superiores a $ 300 milhões de 1993 a 1995, ano em que viu sua avaliação de crédito cair abaixo de seu grau de investimento. Várias tentativas de revitalizar a empresa fracassaram em restabelecer sua lucratividade. Uma reestruturação que fechou mais de 200 lojas em meados da década de 1990 e mais 600 entre 2002 e 2003 não resultou em lucros no período de 2001 a 2004. As vendas por pé quadrado caíram para $ 212 em 2002, declinando dos $ 236 de um ano antes. Em 2004, havia algum indício de que toda a reestruturação seria recompensada, visto que a Kmart declarara lucro nos três primeiros trimestres do ano. Ela ainda padecia, contudo, de declínio nas vendas de lojas abertas há mais de um ano. Alguns sugeriam que a principal meta da Kmart era servir como 'vaca leiteira' para a ESL Investments Inc. e seu fundador Eddie Lampert. Assistida por $ 3,8 bilhões em créditos fiscais acumulados, a Kmart havia gerado mais de $ 2 bilhões em fluxo de caixa positivo nos três primeiros trimestres de 2004. Presumia-se que esse caixa seria usado para financiar outros investimentos da ESL.[6] Em 2005, Lampert orquestrou a fusão da Kmart com o tradicional ícone do varejo, a Sears, e tornou-se parte da Sears Holdings.

A Kmart tentou seguir o padrão do Walmart em muitas de suas atividades. A empresa expressou seu compromisso com a formação de uma forte cultura que enfatizasse o desempenho, o trabalho em equipe e o respeito aos indivíduos, que, assim como no Walmart, eram chamados de associados. Estabelecer essa cultura era particularmente desafiador em meio aos redimensionamentos da força de trabalho que levaram a Kmart de 373 mil funcionários em 1990 para 307 mil no fim de 1995 e, a seguir, em uma queda ainda mais acentuada, para 158 mil em 2004. A Kmart também adotara a estrutura departamental do Walmart dentro das lojas. Outra área em que a Kmart imitou a concorrente foi no oferecimento de uma perspectiva de ganho maior aos gerentes de loja. O bônus de cada gerente de loja estava atrelado a um índice de satisfação do cliente. A Kmart também buscou estreitar a defasagem entre ela e o Walmart em tecnologia e distribuição. A empresa fez grandes investimentos em tecnologia da informação em meados da década de 1990.

A estratégia da Kmart concentrava-se em três grandes ações. Primeiro, ela se definiu como 'a loja da vizinhança'. Grupos étnicos como asiáticos e afro-americanos constituíam um foco especial dessa estratégia de vizinhança. A cada gerente de loja foi dada autonomia para customizar seu sortimento de mercadorias de modo a se adequar às necessidades da comunidade local. Uma segunda ênfase na estratégia da Kmart recaía sobre produtos de marca. Entre suas marcas mais proeminentes estavam Martha Stewart em artigos para casa, Jaclyn Smith em roupa feminina e Route 66 em vestuário masculino e feminino. O programa 'top sellers' (maiores vendedores) também focalizou a melhoria das posições de vendas e estoque de cada um dos 300 itens mais vendidos da loja. Além disso, com mais alguns testes do protótipo da 'loja do futuro', esperavam-se melhorias significativas na experiência de compra dos clientes. O terceiro alicerce da estratégia da Kmart era racionalizar ainda mais suas operações. A empresa pretendia focar mais os produtos de maior desempenho e continuar a eliminar os SKUs de baixo desempenho para realocar espaço de prateleira aos itens mais lucrativos. Ela alegava que havia melhorado consideravelmente as práticas de administração de estoque para fins de previsão e reabastecimento que tanto haviam atormentado no passado. Essas práticas eram particularmente cruciais a um foco em produtos maciçamente anunciados.

A Target, outro grande concorrente nacional do Walmart, pertencia à Target Corporation, anteriormente Dayton Hudson Corporation, com sede em Minneapolis, no estado de Minnesota. Em 2007, suas 1.648 lojas haviam gerado $ 63,6 bilhões em vendas e $ 2,8 bilhões em lucros. A Target era considerada um 'varejista de desconto elitizado'. A renda média de seus clientes era consideravelmente superior à de seus principais concorrentes, e mais de 75 por cento deles haviam cursado ou completado o ensino superior.[7] A Target atraía uma clientela mais abastada por meio de um mix de produtos mais modernos e requintados e por meio de um ambiente de loja que diferia do da maioria das lojas de desconto em aspectos como corredores mais largos e melhor iluminação. A empresa também enfatizava muito mais o design de seus produtos e firmara parcerias com uma série de designers para desenvolver produtos para um amplo leque de peças de vestuário e artigos para casa. A Target também lançou seu próprio cartão de crédito, o Target Guest Card, para diferenciar-se dos demais varejistas. Sabia-se no setor que os preços na Target não eram de modo geral tão baixos quanto os do Walmart, mas eram inferiores aos das lojas de departamento do mercado de médias empresas, tais como JCPenney e Mervyn's. Como no caso do Walmart e da Kmart, os supercenters estavam no topo da lista de prioridades estratégicas da Target. Chamados de Super Targets, estavam localizados em várias cidades, e a empresa planejava crescer agressivamente nessa área. As promoções constituíam uma parte importante da estratégia de marketing da Target. Toda semana, mais de 100 milhões de seus encartes publicitários eram distribuídos em jornais dominicais. Promoções em datas comemorativas também eram enfatizadas. Como a Kmart, a Target tradicionalmente concentrava grande parte de seus esforços nas áreas metropolitanas. No início da década, mais da metade de suas lojas situava-se em 30 mercados metropolitanos. Anualmente, a empresa doava 5 por cento de seus lucros antes de impostos a organizações sem fins lucrativos. O St. Jude Children's Research Hospital e escolas locais eram tidos como as maiores prioridades filantrópicas da Target.

A história do Walmart

O Walmart foi fundado em 1962 por Sam Walton, quando o setor de varejo de desconto engatinhava. Duas empresas regionais haviam experimentado essa modalidade, mas naquele ano três grandes varejistas juntaram-se ao Walmart ingressando no setor de descontos. A Kresge Corporation começou a Kmart, Dayton Hudson deu início à Target, e o venerável F. W. Woolworth, a Woolco. Sam Walton havia se destacado como o franqueado mais bem-sucedido na rede de lojas de miudezas Ben Franklin, mas as lojas de desconto ameaçavam o sucesso de seus 18 estabelecimentos. Walton foi convencido de que essa modalidade de varejo teria um futuro promissor, muito embora a maioria dos varejistas fosse altamente cética em relação ao conceito. Na realidade, Walton foi prontamente contestado em seus esforços de convencer Ben Franklin e outros a prover suporte financeiro para sua proposta de negócio em descontos. Sem nenhuma grande rede disposta a apoiá-lo, Walton ofereceu sua casa e suas propriedades como garantia de financiamento para seu primeiro Walmart em Rogers, Arkansas.

Dos quatro novos empreendimentos em varejo de desconto iniciados naquele ano, o Walmart parecia o menos provável de obter êxito. A maioria de suas lojas localizava-se na região noroeste do estado de Arkansas e nas redondezas de Oklahoma, Missouri e Kansas. Walton começara sua carreira no varejo com Ben Franklin em pequenas cidades porque a esposa, Helen, não queria viver em qualquer cidade com mais de 10 mil habitantes. Ele escolhera o noroeste do Arkansas como sede porque lhe permitia tirar vantagem da temporada de caça à codorna em quatro estados. O Walmart era, nas palavras de Sam Walton, "subfinanciado e subcapitalizado"[8] no início. No entanto, ele buscou crescer o mais rápido possível por temer que novos concorrentes se apropriassem das oportunidades de crescimento, se não abrisse novas lojas em outras cidades. Após cinco anos, o Walmart possuía 19 lojas e vendas de $ 9 milhões, em comparação com as 250 lojas e os $ 800 milhões em vendas da Kmart.

Walton manteve muitas das práticas de atendimento ao cliente e sua satisfação que aprendera no negócio de lojas de miudezas. O foco do Walmart, entretanto, estava no preço. Walton pretendia ser o fornecedor de baixo preço de qualquer produto que vendesse. Como ele dizia,

> *Na verdade, hoje vejo que muito do que fizemos no início foi realmente feito de modo precário. Mas conseguimos vender nossa mercadoria com o menor preço possível e isso nos manteve em crescimento nos primeiros dez anos... A ideia era simples: quando os clientes pensassem em Walmart, eles deveriam pensar em preços baixos e satisfação garantida. Eles podiam ter certeza de que não encontrariam nada mais barato em qualquer outro lugar e, se não gostassem do que levaram, podiam devolvê-lo.*[9]

Em 1970, o Walmart havia se expandido para 30 lojas em pequenas cidades dos estados de Arkansas, Missouri e Oklahoma. Sam Walton, porém, tinha dívidas pessoais de alguns milhões de dólares. A expansão do Walmart para além de sua pequena região exigia uma infusão de capital acima do que a família Walton poderia prover. Por isso, Sam decidiu abrir o capital da empresa. A oferta pública inicial rendeu um capital de quase $ 5 milhões. No início da década de 1990, uma cota de cem ações da oferta pública inicial passaria do valor de $ 1.650 para mais de $ 3 milhões.

A outra questão que preocupou o Walmart em seus primeiros anos era encontrar um meio de manter seus custos baixos. Os grandes fornecedores relutavam em visitar o Walmart e, quando faziam negócio com a empresa, eles ditavam o preço e a quantidade do que lhe vendiam. Walton descreveu a situação como: "Não me importo em dizer que fomos vítimas de uma boa dose de arrogância de muitos fornecedores naquela época. Eles não precisavam de nós e por isso agiam dessa forma".[10] Outro problema que contribuía para os altos custos era a distribuição. Os distribuidores não atendiam o Walmart com a mesma atenção que dedicavam a seus concorrentes de maior porte. Walton concluiu que "a única alternativa era construir nosso próprio armazém para que pudéssemos comprar em volume a preços atrativos e estocar a mercadoria".[11]

O Walmart passou de 32 lojas em 1970 para 859 lojas 15 anos depois. Na maior parte desse período, a empresa manteve seu foco em pequenas cidades. Mais da metade de suas lojas ficava em localidades com população inferior a 25.000 habitantes. Por operar em pequenas cidades, o Walmart não tinha alta visibilidade no setor de varejo. Em 1985, porém, isso mudou. A Forbes nomeou Sam Walton o homem mais rico da América. Além disso, o Walmart começara a expandir-se de sua base de pequenas cidades na região sul e estabelecera presença em vários grandes centros. Na década de 1990, espalhou-se pelos Estados Unidos tanto em cidades grandes como nas pequenas.

O Walmart em 2008

No início de 2008, as atividades do Walmart haviam-se expandido para além de suas raízes históricas em centros de desconto domésticos. O número desses centros declinara para 1.075, sendo que em 1996 haviam chegado a 1.995. Muitos centros de desconto haviam sido convertidos em supercenters, que haviam aumentado aproximadamente seis vezes nos últimos dez anos, atingindo 2.256 estabelecimentos. Os Supercenters Walmart combinavam em uma só loja a variedade dos supermercados com o preço baixo dos centros de desconto. O Walmart também operava 570 Sam's Club no setor atacadista. Em 1999, a empresa inaugurou seu primeiro Neighborhood Markets, os chamados supermercados de vizinhança, e possuía 112 em operação em 2008.

Operações

Desde o início, o Walmart concentrou-se em preços baixos todo dia. Essa estratégia gerava economia de custos de propaganda e mão de obra, uma vez que os funcionários não tinham de rearranjar o estoque antes e depois das vendas. A empresa mudou seu *slogan* tradicional "Sempre o menor preço" na década de 1990 para "Sempre baixos preços. Sempre." Entretanto, apesar dessa mudança, o Walmart continuou a praticar preços abaixo dos da concorrência (veja Tabela 5). Quando se viu diante de uma queda nos lucros no fim da década de 1990, a empresa pensou em elevar as margens.[12] Em vez de precificar de 7 a 8 por cento abaixo da concorrência, alguns gerentes acreditavam que uma porcentagem em torno de 6 por cento inferior elevaria as margens brutas sem penalizar as vendas. Outros gerentes e diretores, entretanto, não acreditavam que aumentos de preço funcionariam no Walmart. Eles argumentavam que a cultura e a identidade da empresa estavam tão intimamente associadas a preço baixo que aumentos generalizados conflitariam com suas crenças fundamentais. Outra preocupação era a de que os concorrentes poderiam agarrar qualquer oportunidade para estreitar sua defasagem em relação ao Walmart. Embora a razão não fosse clara, algum estreitamento de preço aparentemente ocorreu em 2008. Um estudo demonstrou que a diferença de preço entre Walmart e Kroger havia encolhido para 7,5 por cento em 2007, em relação aos 15

TABELA 5 Comparação de preços entre Walmart, Kmart e Target, nov. 2008

Alguns preços são de venda.

Item	Walmart	Kmart	Target
Oral B Pulsar ProHealth Toothbrush	5,97	6,19	4,74
Crest ProHealth Toothpaste 6 oz.	3,62	3,99	3,79
Pantene Pro V 2-in-1 25.4 oz	5,88	7,79	5,29
Head & Shoulders Classic 14.2 oz	4,72	5,49	4,89
Edge Shave Gel 7 oz	2,27	2,79	1,89
Schick Extreme 3 8 pk	9,97	11,99	9,99
Gillette Mach 3 Disposable 3 pk	6,12	6,99	5,59
1-a-Day Women's Vitamins 100 tab	6,87	8,49	6,89
1-a-Day Energy Vitamins 50 tab	7,87	8,49	6,89
Bausch & Lomb ReNu	6,97	8,29	6,19
Advil Liquigel 40 tablets	6,48	7,29	5,34
Prestone Extended Life Antifreeze 1 gal	9	14,49	9,04
Penzoil Motor Oil 5W-30 1 qt	3,57	3,49	3,29
Armour All Glass Wipes 25	4,24	4,29	4,24
TopFlite D2 Straight Golf Balls 15	14,95	15,99	14,99
Perfect Pullup	77	99,99	99,99
Colemand Quickbed Queen	19,88	24,99	24,99
Crayola Colored Pencils 12 ct	1,88	2,59	1,99
Scott Double-Sided Tape	2,97	3,19	2,99

por cento alguns anos antes.[13] Alguns analistas previam que muitos compradores trocariam de varejista por consequência desse estreitamento.

Os preços baixos do Walmart deviam-se, ao menos em parte, a seu agressivo uso de tecnologia. A empresa foi pioneira na adoção de tecnologia nas operações de varejo por muitos anos e ainda possuía significativas vantagens sobre os concorrentes. Era líder em estabelecer conexões EDI com fornecedores. Sua tecnologia Retail Link fornecia a mais de 3.200 fornecedores dados do PDV e autorização para reabastecimento de mais de 3 mil lojas.[14] A sintonia fina do sistema Retail Link permitia ao Walmart reduzir estoque em 25 por cento de SKUs sem deixar de aumentar vendas em meados da década de 1990. De modo geral, os concorrentes enfrentavam altos custos para desenvolver um sistema de EDI proprietário comparável ao do Walmart. Conectar-se sem falhas com um grande número de fornecedores era uma tarefa intimidante por causa da complexidade e do custo de lidar com uma grande variedade de sistemas de computação e informação. No entanto, uma tendência recente foi o surgimento de intermediários que passaram a oferecer conexões EDI entre compradores e fornecedores. Com eles, os varejistas podiam simplesmente enviar todos os seus dados EDI a uma fonte e diversos fabricantes também poderiam reduzir suas dificuldades de conexão com um grande número de compradores ao usar um intermediário para transações com muitos clientes. Tais intermediários também tornaram o EDI uma alternativa mais viável para varejistas menores, que não tinham escala suficiente para implementar sistemas próprios. Em agosto de 2002, o Walmart informou aos fornecedores que eles precisariam realizar as trocas de dados pela Internet usando o AS2, um pacote de software da Isoft Corp. Os concorrentes haviam reagido à vantagem do Walmart em logística e EDI desenvolvendo trocas cooperadas, mas, apesar de seus esforços, uma grande defasagem persistia entre eles.[15] Com isso, o Walmart possuía uma vantagem considerável em informações sobre oferta e demanda, que reduzia tanto o número de itens com excesso de estoque como aqueles em falta.

Novembro de 2003 notabilizou-se por outra iniciativa tecnológica do Walmart. A empresa anunciou planos de implementar o RFID para todos os produtos até janeiro de 2005, uma meta que ainda não havia sido concretizada em 2008. O RFID, como o nome implica, envolve o uso de etiquetas que transmitem sinais de rádio. Esse método traz o potencial de rastrear estoque de um modo mais preciso do que os tradicionais e de chegar a reduzir grande parte da mão de obra envolvida em atividades como o escaneamento manual de códigos de barras dos itens que entram no estoque. Alguns analistas estimaram que a economia de custo do Walmart com o RFDI poderia chegar a $ 8 bilhões.[16] No início de 2008, alguns observadores de tecnologia da informação sugeriram que o Walmart só havia atingido resultados desanimadores com o RFID, enquanto muitos fornecedores se esforçavam para atender às demandas da empresa. Relata-se que alguns fornecedores do Sam's Club foram advertidos de que seriam multados por palete não etiquetado com RFID.

A tecnologia constituía apenas uma área em que o Walmart explorava vantagens com base em suas relações com fornecedores. O poder de barganha da empresa era claramente evidente nas condições de pagamento que tinha com seus fornecedores. Normalmente, eles ofereciam descontos de 2 por cento a clientes que pagavam as faturas em 15 dias. O Walmart costumava pagá-las em aproximadamente 30 dias a partir da data de compra, mas, ainda assim, geralmente recebia o desconto de 2 por cento sobre o montante bruto de uma fatura em vez do montante líquido.[17] Diversos fornecedores atribuíram problemas de desempenho às ações do Walmart. A Rubbermaid, por exemplo, incorreu em custos mais elevados de matéria-prima na década de 1990, os quais o Walmart não permitiu que fossem repassados sob a forma de aumento de preços. Ao mesmo tempo, o Walmart concedeu mais espaço de prateleira a concorrentes de custo inferior ao da Rubbermaid. Com isso, os lucros dela caíram 30 por cento, e ela foi forçada a cortar mais de mil empregos.[18] Além de pressionar por preços baixos, as grandes redes de desconto também demandavam que seus fornecedores assumissem cada vez mais custos de estoque e mercadoria. O Walmart exigia que grandes fornecedores, como a Procter & Gamble, alocassem grandes contingentes de funcionários em sua sede em Bentonville, Arkansas, para atender à sua conta.

Embora várias empresas, tais como Rubbermaid e o fabricante de picles Vlasic, tivessem sofrido drásticas quedas por serem pressionadas pelo Walmart, outras sugeriram que seu relacionamento com o Walmart as tornara muito mais eficientes.[19] Alguns críticos sugerem, porém, que essas pressões extremas por eficiência levaram muitos fornecedores a transferir a produção dos Estados Unidos para países como a China, que pagavam salários bem inferiores. O Walmart estabeleceu padrões para todos os fornecedores em questões como mão de obra infantil e segurança. Entretanto, uma auditoria de 2001 revelou que até um terço dos fornecedores internacionais da empresa cometiam "grave violação" contra os padrões.[20] O Walmart buscava meios de ajudar os fornecedores a reparar as infrações, mas não se sabe quão bem-sucedidos eram esses esforços.

Um artigo da *Fast Company* sobre o Walmart entrevistou diversos antigos fornecedores da empresa e concluiu que

Todos os entrevistados creditam ao Walmart uma integridade fundamental em seu modo de negociar, que é incomum no mundo de bens de consumo, varejo e supermercados. O Walmart não trapaceia seus fornecedores, mantém a palavra e paga suas faturas pontualmente. 'São pessoas duras, mas muito honestas; elas o tratam muito decentemente', diz Peter Campanella, ex-gerente da Corning.[21]

No cerne do sucesso do Walmart estava seu sistema de distribuição. Em grande parte, ele havia surgido da necessidade de atender a tantas lojas em pequenas cidades sem deixar de manter preços baixos. O Walmart usava centros de distribuição para atingir eficiências em logística. Inicialmente, esses centros eram instalações de grande porte — os primeiros tinham 72 mil pés quadrados — que atendiam de 80 a 100 lojas da rede em um raio de 250 milhas. Os centros mais novos eram consideravelmente maiores do que os antigos e, em alguns casos, atendiam a uma área geográfica mais ampla. Mais de 85 por cento dos produtos Walmart eram distribuídos pelos centros de distribuição, em contraste com apenas 50 por cento da Kmart. Com isso, o Walmart possuía muito mais centros de distribuição do que qualquer um de seus concorrentes. O *cross-docking* era uma prática especialmente importante desses centros.[22] Com ele, os bens eram entregues aos centros de distribuição e, com frequência, simplesmente carregados de uma doca a outra ou até de um caminhão a outro, sem sequer entrar em estoque. O *cross-docking* reduziu o custo de vendas do Walmart em 2 a 3 por cento, em comparação com os concorrentes. Esse método recebia grande atenção dos varejistas, e a maioria deles tentava implementá-lo para uma parcela maior de itens. Entretanto, era muito difícil de administrar, dada a estrita coordenação e o *timing* exigidos entre loja, fabricante e armazém. Como observou um fornecedor,

Todos, desde o condutor da empilhadeira até eu, o CEO, sabíamos que tínhamos de entregar pontualmente. Não dez minutos depois. Nem 45 minutos antes... A mensagem era clara: vocês têm essa janela de entrega de 30 segundos. Ou vocês estão lá ou estão fora.[23]

Por causa da sincronia de coordenação necessária, o *cross-docking* requeria um sistema de informações que conectasse lojas, armazéns e fabricantes eficazmente. A maioria dos grandes varejistas encontrava dificuldade em reproduzir o sucesso do Walmart nessa operação.

O foco do Walmart em logística manifestava-se de outras maneiras. Antes de 2006, a empresa empregava essencialmente duas redes de distribuição, uma para artigos em geral e outra para itens de supermercado. Em 2006, foram criados os High Velocity Distribution Centers, que distribuíam tanto artigos em geral como itens de supermercado que necessitassem de reabastecimento mais frequente. O sistema logístico do Walmart também incluía uma frota de mais de 2 mil caminhões próprios e era capaz de embarcar produtos rotineiramente dos centros de distribuição para as lojas em 48 horas a partir do recebimento de um pedido. As prateleiras das lojas eram reabastecidas duas vezes por semana, em média, em contraste com a média setorial de uma vez a cada duas semanas.[24]

De modo geral, as lojas Walmart possuíam muitos departamentos em áreas como bens de consumo/utilidades domésticas, bens duráveis, papelaria e doces, farmacêuticos, DVDs e eletrônicos, artigos esportivos, brinquedos, sapatos e joalheria. A seleção de produtos variava de uma região para outra. Gerentes de departamento e, em alguns casos, associados (ou funcionários) tinham autonomia para alterar preços em resposta à concorrência. Isso contrastava totalmente com a prática tradicional de muitas redes, nas quais os preços eram determinados pela matriz da empresa. O uso de tecnologia pelo Walmart era especialmente útil na determinação do mix de produtos em cada loja. A empresa usava dados históricos de venda e modelos complexos que incluíam muitas variáveis, tais como demografia local, para decidir quais itens deveriam ser colocados em cada loja.

Diferentemente de muitos de seus concorrentes, até 2006 o Walmart não tinha escritórios regionais. Em vez disso, vice-presidentes regionais trabalhavam na matriz da empresa em Bentonville, Arkansas. Estimava-se que a ausência de escritórios regionais representava para a empresa uma economia de até 1 por cento das vendas. Gerentes regionais visitavam as lojas semanalmente, de segunda a quinta-feira. Nos sábados, às 7h30 da manhã, vice-presidentes regionais e algumas centenas de gerentes e funcionários reuniam-se com a alta gerência para discutir os resultados da semana e discutir diferentes diretrizes para a semana seguinte. Os gerentes regionais, então, transmitiam as informações da reunião para os gerentes de campo via sistema de videoconferência existente em todas as lojas. Em 2006, o Walmart alterou essa política e determinou que muitos de seus 27 gerentes regionais morassem nas áreas sob sua supervisão.

Além do impacto que causava sobre os fornecedores, o Walmart era frequentemente criticado por sua política de emprego, que os críticos caracterizavam como de baixos salários e benefícios. Charles Fishman admitia que o Walmart economizava para seus clientes $ 30 bilhões em itens de supermercado e possivelmente até $ 150 bilhões em geral quando se considerava seu efeito sobre os preços dos concorrentes, mas ele estimava que se de um lado o Walmart gerou 125 mil empregos em 2005, de outro ele destruiu 127.500.[25] Outros argumentavam que as práticas de recrutamento de pessoal e negociação com fornecedores do Walmart resultavam em externalidades negativas sobre trabalhadores, comunidades e contribuintes. O professor de Harvard Pankaj Ghemawat argumentou que as estimativas de Fishman totalizavam economias a clientes que variavam de $ 12 milhões a $ 60 milhões para cada emprego perdido.[26] Ele também argumentou que, uma vez que o Walmart operava mais pesadamente em áreas de renda mais baixa do terço da população mais pobre dos Estados Unidos, era bem mais provável que os consumidores de baixa renda se beneficiassem dos preços baixos da empresa. Outra crítica ao Walmart era a de que ele frequentemente tirava pequenos varejistas do negócio ao abrir novas lojas em cidades pequenas e que a força de trabalho dessas zonas rurais ficava cada vez mais à mercê do Walmart, essencialmente redistribuindo riqueza dessas áreas para Bentonville. Jack e Suzy Welch defendiam o Walmart observando que os trabalhadores nessas áreas prosperavam após a abertura de uma de suas lojas:

> *Na maioria das cidades pequenas, o dono da loja dirigia o melhor carro, morava na melhor casa e era sócio do clube de campo. Enquanto isso, os funcionários não estavam propriamente compartilhando essa riqueza. Eles raramente possuíam seguro de vida ou plano de saúde e certamente não recebiam muito no tocante a treinamento ou altos salários. E poucos desses donos de loja tinham planos de crescimento ou expansão... um aniquilador de qualquer pretensão de trabalhadores em busca de uma carreira promissora.[27]*

Sam's Club

Uma notável exceção ao domínio do Walmart no varejo de desconto estava no segmento de clubes de atacado. Apesar de consideráveis esforços do Sam's Club do Walmart, a Costco era o líder estabelecido. O Sam's Club tinha muito mais lojas do que a concorrente — 579 *versus* 400 — entretanto, a Costco ainda gerava muito mais vendas — $ 72,5 bilhões *versus* $ 41,6 bilhões. As lojas da Costco apresentavam receita média expressivamente maior por loja do que as do Sam's Club (ver Tabela 6).

A um observador casual, Costco e Sam's Club pareciam muito semelhantes. Ambas cobravam taxas baixas de associação e eram 'armazéns' que vendiam bens a partir de paletes. Esses bens costumavam estar empacotados em quantidades maiores do que as oferecidas pelos varejistas comuns. Entretanto, por trás dessas semelhanças, havia diferenças relevantes. A Costco focava em proprietários de pequenos negócios e consumidores mais abonados, enquanto o Sam's, seguindo o padrão do Walmart, se posicionava mais para o mercado de massa médio. Em relação à Costco, o Sam's também se concentrava mais em cidades menores.

De acordo com sua estratégia de apelo mais sofisticado, a Costco estocava itens mais requintados e de marcas nobres do que o Sam's Club tradicional-

TABELA 6 Costco *versus* Sam's Club

	Costco	Sam's Club
Ano de fundação	1983	1983
Receita nos Estados Unidos (ano terminado em 31 de agosto de 2003)	$ 34,4 bilhões	$ 32,9 bilhões (est.)
Presidentes (ou equivalentes, desde a fundação)	um	sete
Portadores de cartão de associação	42 milhões	46 milhões
Salário médio dos membros	$ 95.333	N.A.
Taxas anuais de associação	$ 45	$ 30–35
Transação média	$ 94	$ 78
Vendas médias por pé quadrado	$ 797	$ 497
Remuneração-hora inicial	$ 10	N.A.
Rotatividade de pessoal por ano	23%	45% (Walmart)
Marca própria (como % das vendas)	15%	10%

Fonte: J. Heylar, "The only company Wal-Mart fears", *Fortune*, 24 nov. 2003.

mente fazia. Isso mudou um pouco quando o Sam's Club começou a estocar mais mercadorias de alto nível, após a década de 1990, mas alguns questionavam se seus clientes tradicionais realmente demandavam esse tipo de item. Um executivo da Costco ressaltou as diferenças entre as duas empresas ao descrever uma cena em que um cliente do Sam's reagiu a um preço de $ 39 por uma camiseta polo da Ralph Lauren ao dizer: "Você pode imaginar uma coisa dessas? Quem em sã consciência compraria uma camiseta por $ 39?". Apesar do foco em bens mais caros, a Costco concentrava-se intensamente na redução de custos e preços. A empresa estabeleceu uma meta de 10 por cento de margens e limitou as remarcações de preço (*markups*) em 14 por cento (em comparação com os habituais 40 por cento praticados pelas lojas de departamentos). Os gerentes eram desestimulados a ultrapassar as metas de margens.

Alguns analistas alegavam que o desempenho modesto do Sam's Club era resultado de sua estratégia de imitação. A Costco foi a primeira entre as duas a vender carne fresca e gasolina, além de lançar uma marca própria *premium* para muitos artigos. Em todo caso, o Sam's seguia a concorrente de 2 a 4 anos depois.

"Ao olhar o que a Costco fazia e tentar imitá-la, o Sam's não elaborou uma estratégia exclusiva para si", diz Michael Clayman, editor da publicação comercial Warehouse Club Focus. E pelo menos algumas das ações do tipo 'eu também' pioraram a situação. Logo após a fusão entre Costco e Price Club em 1993, o Sam's cresceu ao adquirir os clubes de atacado Pace da Kmart. Muitas das 91 lojas eram operações marginais em localizações marginais. Analistas dizem que a administração do Sam's Club perdeu o foco enquanto tentava integrar as lojas Pace a seu sistema.[28]

Para diminuir a defasagem em relação à Costco, em 2003 o Walmart começou a integrar mais suas atividades com as do Sam's Club. Os compradores de ambos coordenavam esforços para obter os melhores preços dos fornecedores.

Cultura

Talvez o aspecto mais diferenciado do Walmart fosse sua cultura. Em grande parte, a cultura da empresa era uma extensão da filosofia de Sam Walton e estava arraigada às primeiras experiências e práticas do Walmart. Eram enfatizados valores como parcimônia, trabalho árduo, inovação e melhoria contínua. Como Sam Walton escreveu,

Porque, onde quer que estejamos, sempre tentamos incutir em nosso pessoal a ideia de que nós do Walmart temos nosso próprio jeito de fazer as coisas. Pode ser diferente e pode ser que alguns funcionários precisem de um tempo de adaptação inicial. Mas é honesto, direto e basicamente muito simples de entender, basta querer. E, se outros querem ou não nos aceitar, o importante é que nos apegamos àquilo em que acreditamos porque isso já provou ser muito, muito bem-sucedido.[29]

A parcimônia do Walmart era compatível com sua obsessão pelo controle de custos. Um observador brincou que "o pessoal do Walmart fica em Mo 3, onde eles não deixam nem a luz acesa para você".[30]

Isso, porém, não estava longe de ser verdade. Sam Walton contou certa vez, sobre as primeiras viagens de compras a Nova York, que vários gerentes do Walmart dividiram o mesmo quarto de hotel e foram a toda parte a pé em vez de tomar um táxi. Um dos antigos gerentes descreveu como essas primeiras viagens ensinaram aos gerentes a trabalhar duro e manter os custos baixos:

> *Desde o início, Sam tentou incutir em nós que simplesmente não se vai a Nova York e se deixa levar pelo fluxo. Sempre andávamos por toda parte. Nunca tomávamos táxis. E Sam tinha uma equação para as viagens: as despesas jamais deviam exceder a 1 por cento de nossas compras, por isso a gente se amontoava naqueles pequenos quartos de hotel em algum lugar nas redondezas do Madison Square Garden... Nunca terminávamos o dia antes da meia-noite e meia e todos saíamos para uma cerveja, exceto o sr. Walton. Ele dizia: "Encontro vocês no café da manhã às seis". E nós dizíamos: "Sr. Walton, não há razão para nos encontrarmos tão cedo. Nem podemos entrar nos prédios tão cedo". E ele apenas respondia: "Encontraremos algo para fazer".[31]*

As raízes da ênfase do Walmart em inovação e melhoria contínua também podem ser vistas no caso do Sam's Club. O ímpeto de Walton por realizações evidenciou-se desde cedo em sua vida. Ele obteve o título de Eagle Scout no escotismo, antes de qualquer outro no estado de Missouri. Mais tarde, no ensino médio, ele jogou como zagueiro no time de futebol americano campeão invicto estadual e atuou na defesa do time de basquetebol campeão invicto estadual enquanto atuava como presidente do corpo estudantil. Esse mesmo ímpeto ficou evidente nos esforços iniciais de Walton no ramo de varejo. Ele estudou outros varejistas visitando suas lojas, fazendo perguntas intermináveis e tomando notas sobre várias práticas das lojas. Walton era rápido em adotar uma nova ideia, se ele achasse que aumentaria vendas e lucros. Quando, em seus primeiros dias na Ben Franklin, Walton leu sobre duas lojas de miudezas em Minnesota que estavam adotando o autosserviço, ele imediatamente viajou uma noite inteira de ônibus para conhecê-las. Ao retornar a Minnesota, ele converteu uma de suas lojas para o autosserviço, sendo, na época, apenas a terceira loja de miudezas nos Estados Unidos a fazer isso. Mais tarde, ele foi um dos primeiros a enxergar o potencial do varejo de desconto.

Walton também enfatizava a importância de sempre analisar como melhorar. Os gerentes do Walmart eram incentivados a criticar suas próprias operações. Eles se reuniam regularmente para discutir sobre as operações de suas lojas. As lições aprendidas em uma loja eram rapidamente disseminadas para as demais. Os gerentes da empresa também analisavam cuidadosamente as atividades de seus concorrentes e tentavam copiar as práticas que funcionavam bem. Sam Walton salientava a importância de observar o que as outras empresas faziam bem em vez de aquilo que elas faziam de errado. Outra maneira de o Walmart focalizar a melhoria desde seus primeiros dias era em informações e medições. Muito antes de a empresa ter qualquer computador, Sam Walton pessoalmente registrava mensurações sobre diversas variáveis de cada loja em um livro de registros que ele carregava consigo. A tecnologia da informação permitiu ao Walmart ampliar essa ênfase em informações e medições.

Operações internacionais

A entrada do Walmart na arena internacional do varejo foi até certo ponto recente. No ano não muito distante de 1992, toda a operação internacional da empresa limitava-se a 162.535 pés quadrados de área comercial no México. Embora fosse a divisão de mais rápido crescimento da empresa — passando de cerca de $ 59 bilhões em vendas em 2006 para mais de $ 90 bilhões em 2008 — o desempenho do Walmart nos mercados internacionais era instável, ou, de acordo com a Forbes, "no exterior, o Walmart ganhou um pouco — e perdeu muito".[32] Mais de 80 por cento da receita internacional da empresa provinha de apenas três países: Canadá, México e Reino Unido.

O Walmart tentou diversas abordagens e enfrentou diversos desafios nos vários países em que ingressou. A entrada no mercado internacional variou de desenvolvimento de *greenfield* a franquias, *joint-ventures* e aquisições. Cada país em que o Walmart entrava representava um novo e singular desafio. Na China, a empresa teve de lidar com uma cadeia reversa de suprimento. Teve de negociar em um ambiente japonês que era hostil a grandes redes e protecionista em relação a seus pequenos varejistas. Fortes concorrentes estrangeiros foram o problema no Brasil e na Argentina. Sindicatos trabalhistas perturbaram a entrada do Walmart na Alemanha, além de dificuldades imprevistas na integração das aquisições. Erros na escolha da localização das lojas prejudicaram a empresa na Coreia do Sul e em Hong Kong.

O Walmart tratava suas operações internacionais basicamente com a mesma filosofia que seguia nos Estados Unidos. "Somos ainda muito jovens nisso, ainda estamos aprendendo"[33], declarou John Menzer, principal executivo do Walmart International. A metodologia de Menzer consistia em delegar poder de decisão aos presidentes da rede de cada país. Seu pensamento era o de que isso facilitava a implementação mais rápida das decisões. Cada presidente decidia sobre suas próprias fontes de suprimento, leque de mercadorias e instalações. Menzer concluiu: "No final das contas, tudo que se tem é a velocidade. Acho que esse é nosso mais importante ativo".[34]

Na maioria dos países, concorrentes estabelecidos reagiram vigorosamente à entrada do Walmart. Por exemplo, a Tesco, maior rede supermercadista do Reino Unido, respondeu inaugurando supercenters. Na China, Lianhua e Huilan, os dois maiores varejistas, fundiram-se em 2003 em uma instituição estatal denominada Bailan Group. O Walmart também não estava sozinho entre os maiores varejistas internacionais em busca de novo crescimento na América do Sul e na Ásia. Um concorrente internacional, o varejista francês Carrefour, já era o líder no Brasil e na Argentina. O Carrefour expandiu-se para a China no fim da década de 1990 com um hipermercado em Xangai. Na Ásia, o Makro, um atacadista holandês, era o líder regional. Ambas as empresas europeias eram tidas como capazes e experientes. O varejista japonês Yaohan transferiu sua sede de Tóquio para Hong Kong com o objetivo de tornar-se o maior do mundo. Auxiliado pelo relacionamento próximo entre seu presidente Kazuo Wada e o sucessor de Mao, Deng Xiaoping, o Yaohan foi o primeiro varejo estrangeiro a obter uma licença para operar na China e planejava abrir mais de mil lojas lá. Como o Walmart, essas empresas internacionais eram motivadas à expansão internacional pela desaceleração no crescimento em seus próprios mercados domésticos. Alguns analistas temiam que o ritmo da expansão desses grandes varejistas fosse mais acelerado do que o do crescimento no mercado e poderia resultar em uma guerra de preços. Como o Walmart, esses concorrentes também encontraram dificuldade em mover-se para mercados internacionais e adaptar-se às diferenças locais. Tanto Carrefour como Makro sofreram visíveis fracassos em seus esforços internacionais. Folkert Schukken, presidente do Makro, observou esse desafio: "temos problema em vender o mesmo papel higiênico na Bélgica e na Holanda". O presidente do Carrefour, Daniel Bernard, concordou: "se as pessoas acham que se internacionalizar é uma solução a seus problemas em casa, elas aprenderão sangrando. O varejo global exige enorme investimento sem nenhuma garantia de retorno".[35]

O futuro

O CEO do Walmart, Lee Scott Jr., enfrentou uma série de decisões estratégicas cruciais em meados de 2008. A empresa deveria continuar a construir supercenters a um ritmo tão acelerado? Muitos analistas acreditavam que o Walmart devia concentrar-se em aumentar as vendas das lojas abertas há mais de um ano em vez de rapidamente abrir novas. Outros analistas, por sua vez, argumentavam que o crescimento de vendas declinava com o passar dos anos. Portanto, novas lojas aumentariam o crescimento geral. Uma questão central para o Walmart era o crescimento tanto da Costco como da Target como concorrentes. O elemento comum entre estas era seu apelo a um mercado médio que enfatizava moda, design e ambiente de loja muito mais em suas compras do que os clientes tradicionais do Walmart. Os observadores dividiam-se quanto ao curso de ação que o Walmart deveria tomar. Alguns acreditavam que o crescimento no mercado médio exigia que a empresa dedicasse mais atenção a esses consumidores, enquanto outros defendiam que Target e Costco haviam desenvolvido habilidades em design e moda que o Walmart poderia levar muitos anos para reproduzir. Um executivo do ramo de vestuário observou que "a Target possui um conhecimento sobre o que está acontecendo na moda comparável ao de um varejista de luxo, senão maior. Eles elevaram muito o padrão".[36] O Walmart contratou o executivo da Target, John E. Fleming, como principal executivo de *merchandising* naquilo que muitos tomaram como uma tentativa de lidar com essa defasagem. Entretanto, outra questão diante de Scott era se o Walmart devia ou não optar por um *spin-off* do Sam's Club, considerando-se que ele permanecia atolado em segundo lugar atrás da Costco. O Walmart realizou o que muitos consideraram uma grande mudança em setembro de 2008: mudou seu slogan de "Sempre preços baixos" para "Economize. Viva melhor." Essa mudança foi tida por alguns como um meio de combater as pressões sociais contra a empresa ao lembrar diretamente aos consumidores sobre os benefícios que obtinham no Walmart.

|||| NOTAS ||||

1. "Standard and Poor's Industry Surveys", *Retailing*, fev. 1998.
2. B. Upbin, "Wall-to-wall Wal-Mart", *Forbes*, 12 abr. 2004.
3. J. Nordlinger, "The new colossus: Wal-Mart is America's store, and the world's and its enemies are sadly behind", *National Review*, 19 abr. 2004.
4. Ibidem.
5. C. Fishman, "The Wal-Mart you don't know", *Fast Company*, dez. 2003.
6. R. Berner, "The next Warren Buffett?", *BusinessWeek*, 22 nov. 2004.
7. Standard and Poor's Industry Surveys, *Retailing: General*, 5 fev. 1998.
8. S. Walton, J. Huey, *Sam Walton*: made in America, Nova York: Doubleday, 1993, p. 63.
9. Ibidem, p. 64-65.
10. Ibidem, p. 66.
11. Forbes, p. 43, 16 ago. 1982.
12. S. Pulliam, "Wal-Mart considers raising prices, drawing praise from anlysts but concern from board", *Wall Street Journal*, p. C2, 8 mar. 1996.
13. A. Bianco, "Wal-Mart's midlife crisis", *BusinessWeek*, 30 abr. 2007.
14. "Standard and Poor's Industry Surveys", *Retailing: General*, 5 fev. 1998.
15. J. Useem, "America's most admired companies", *Fortune*, 18 fev. 2003.
16. M. Boyle, *Fortune*, p. 46, 10 nov. 2003.
17. M. Schifrin, "The big squeeze", *Forbes*, 11 mar. 1996.
18. Ibidem.
19. C. Fishman, "The Wal-Mart you don't know", *Fast Company*, dez. 2003.
20. Site do Walmart. Disponível em: <www.walmart.com>. Acesso em: 12 jan. 2011.

21. C. Fishman, "The Wal-Mart you don't know", *Fast Company*, p. 73, dez. 2003.
22. G. Stalk, P. Evans e L. E. Schulman, "Competing on capabilities: the new rules of corporate strategy", *Harvard Business Review*, p. 57-58, mar.-abr. 1992.
23. C. Fishman, "The Wal-Mart you don't know", *Fast Company*, p. 73, dez. 2003.
24. G. Stalk, P. Evans e L. E. Schulman, "Competing on capabilities: the new rules of corporate strategy", *Harvard Business Review*, p. 57-58, mar.-abr. 1992.
25. C. Fishman, "Wal-Mart and the decent society: who knew that shopping was so important", *Academy of Management Perspectives*, ago. 2006.
26. P. Ghemawat, "Business, society and the 'Wal-Mart effect'", *Academy of Management Perspectives*, ago. 2006.
27. J. Welch, S. Welch, "What's right about Wal-Mart", *BusinessWeek*, p. 112, 1 mai. 2006.
28. J. Helyar, "The only company Wal-Mart fears", *Fortune*, p. 158, 24 nov. 2003.
29. S. Walton, J. Huey, *Sam Walton*: made in America, Nova York: Doubleday, [s.d.], p. 85.
30. M. Loeb, "Editor's desk: the secret of two successes", *Fortune*, 2 mai. 1994.
31. S. Walton, J. Huey, *Sam Walton*: made in America, Nova York: Doubleday, [s.d.], p. 84.
32. B. Upbin, "Wall-to-wall Wal-Mart", *Forbes*, 12 abr. 2004.
33. Ibidem.
34. Ibidem.
35. C. Rapoport, "Retailers go global", *Fortune*, 20 fev. 1995.
36. A. Bianco, "Wal-Mart's midlife crisis", *BusinessWeek*, 30 abr. 2007.

PARTE

2

Estratégias no nível de negócio

Liderança em custo

OBJETIVOS DE APRENDIZAGEM

Após a leitura deste capítulo, você estará apto a:

1. Definir liderança em custo.
2. Identificar seis razões pelas quais as empresas podem ter custos diferentes.
3. Identificar quatro razões pelas quais as economias de escala podem existir e quatro razões pelas quais as deseconomias de escala podem existir.
4. Explicar a relação entre vantagens de custo devido a economias de curva de aprendizagem e a participação de mercado de uma empresa, assim como as limitações dessa lógica.
5. Identificar como a liderança em custo ajuda a neutralizar cada uma das principais ameaças em um setor.
6. Identificar as bases da liderança em custo que têm mais probabilidade de serem raras e custosas de imitar.
7. Explicar como as empresas usam uma estrutura organizacional funcional para implementar estratégias empresariais como liderança em custo.
8. Descrever os controles gerenciais formais e informais e as políticas de remuneração que as empresas usam para implementar estratégias de liderança em custo.

A companhia aérea de menor custo do mundo

Todos já ouviram falar de companhias aéreas de baixo custo — Southwest, AirTran e JetBlue, por exemplo. Mas você sabe qual é a de menor custo no mundo? Atualmente, essa empresa coloca à disposição 25 por cento de suas poltronas sem cobrar nada por elas. Seu objetivo é duplicar esse número dentro de dois anos. E, mesmo assim, de 2007 a 2008, suas receitas saltaram 21 por cento, atingindo $ 2,7 bilhões, enquanto seu resultado líquido cresceu 20 por cento chegando a $ 480,9 milhões. E isso apesar dos aumentos sem precedentes no preço do combustível nesse mesmo período!

O nome dessa companhia aérea é Ryanair. Sediada em Dublin, na Irlanda, ela realiza voos curtos por toda a Europa Ocidental. Em 1985, os fundadores da Ryanair iniciaram uma pequena empresa para voar entre a Irlanda e a Inglaterra. Por seis anos, ela mal equilibrou as contas. Então, em 1991, Michael O'Leary — atual CEO da Ryanair — foi trazido a bordo. Ele viajou para os Estados Unidos e estudou a companhia área de baixo custo e de maior sucesso no mundo naquela época — a Southwest Airlines. O'Leary ficou convencido de que, assim que o espaço aéreo europeu fosse desregulamentado, uma empresa que adotasse o modelo da Southwest — de rapidez de descarga, reabastecimento e recarga de um avião, sem amenidades nem classe executiva, voando para aeroportos regionais de menor porte e usando um único tipo de aeronave — poderia ser extremamente bem-sucedida. Os preços no mercado aéreo europeu foram totalmente desregulamentados em 1997.

Desde então, a Ryanair tornou-se uma empresa de custo ainda menor do que a Southwest. Por exemplo, como a Southwest, a Ryanair voa somente um tipo de aeronave — um Boeing 737-800. Entretanto, para reduzir seu custo, ela os encomenda sem veneziana para janelas e com poltronas não reclináveis. Isso poupa várias centenas de milhares de dólares por avião, além de diminuir os custos de manutenção contínua. Ambas as empresas tentam facilitar a compra de bilhetes pela Internet, desse modo economizando os custos de call centers e agentes de viagens. Entretanto, somente 59 por cento das passagens aéreas da Southwest são vendidas on-line, em comparação com 98 por cento no caso da Ryanair.

Esse foco em baixo custo permite à Ryanair ter os preços mais baixos por poltrona em seus aviões. A tarifa média da Southwest é de $ 92; a da Ryanair, $ 53. Mas, mesmo com esses preços baixos, a Ryanair ainda é capaz de obter margens satisfatórias.

No entanto, essas margens líquidas não advêm somente dos baixos custos da Ryanair. Elas também refletem o fato de que a tarifa paga inclui somente a poltrona e virtualmente nenhum outro serviço. O passageiro que deseja outros serviços tem de pagar a mais por isso. Por exemplo, você tem bagagem a embarcar? Isso lhe custará $ 9,90 por mala. Você quer comer alguma coisa no avião? Por $ 5,50 é servido um cachorro-quente não muito saboroso. Uma garrafa de água? Custa $ 3,50. Um cobertor ou travesseiro — custam $ 2,50 cada.

Além disso, os comissários de bordo tentarão vender-lhe todo tipo de extras para mantê-lo ocupado durante o voo. Isso inclui raspadinhas, perfume, câmeras digitais (a $ 137,50) e tocadores de MP3 (a $ 165). Em 2007, a Ryanair começou a oferecer o serviço de telefonia móvel durante os voos. Isso não apenas permitia aos passageiros ligar para os amigos e a família como também a Ryanair utilizou esse serviço para lançar jogos móveis em seus voos. Agora, na viagem de Londres a Paris, pode-se jogar vinte-e-um, pôquer e máquinas caça-níqueis.

Por fim, para aumentar ainda mais a receita, a Ryanair vende espaço em seus aviões para anúncios publicitários. Quando a bandeja da poltrona está levantada, pode-se ver um anúncio de telefone celular da Vodafone. Quando a bandeja é baixada, vê-se um anúncio da Hertz.

Todas essas ações possibilitam à Ryanair manter seus lucros altos enquanto mantém suas tarifas o mais baixo possível. E os resultados dessa estratégia têm sido impressionantes: de quase falida em 1991, a Ryanair passou a ser a maior companhia aérea internacional, transportando mais de 49 milhões de passageiros em 2008.

É evidente que esse sucesso não ocorreu sem alguma controvérsia. Por exemplo, em outubro de 2006, a Ryanair foi escolhida como a companhia aérea europeia mais repudiada em uma pesquisa com cerca de 4 mil leitores da *TripAdvisor*, um site britânico para pessoas que viajam bastante. A resposta da Ryanair é que geralmente esses viajantes frequentes têm a viagem paga pelas empresas onde trabalham. Se tivessem de pagar seus próprios bilhetes, prefeririam a Ryanair. Além disso, a firme postura antissindical da empresa tem-lhe causado problemas políticos em muitos dos países dominados por sindicatos para onde voa. Por fim, a Ryanair tem sido criticada por alguns de seus procedimentos frouxos de segurança de passageiros e bagagens, pela forma como trata passageiros com deficiência física e pela limpeza de seus aviões.

Contudo, se você quer viajar de Londres a Barcelona pagando $ 60 por um bilhete de ida e volta, é difícil encontrar uma empresa aérea que supere a Ryanair.

Fontes: K. Capell, "Wal-Mart with wings", *BusinessWeek*, p. 44-46, 27 nov. 2006; Ryanair [verbete], *Wikipedia*: The Free Encyclopedia. Disponível em: <en.wikipedia.org/wiki/Ryanair>. Acesso em: 13 jan. 2011; e Peter Arnold, Inc.

A Ryanair tem sido lucrativa em um setor — o de transporte aéreo — historicamente povoado por empresas falidas. E ela consegue isso implementando uma agressiva estratégia de baixo custo.

O QUE É ESTRATÉGIA NO NÍVEL DE NEGÓCIO?

A Parte 1 deste livro apresentou as ferramentas básicas necessárias para conduzir uma análise estratégica: ferramentas para analisar ameaças e oportunidades externas (Capítulo 2) e ferramentas para analisar as forças e fraquezas internas de uma empresa (no Capítulo 3). Após concluir essas duas análises, é possível começar a fazer escolhas estratégicas. Como foi explicado no Capítulo 1, as escolhas estratégicas encaixam-se em duas grandes categorias: estratégias no nível de negócio e estratégias no nível corporativo. As **estratégias no nível de negócio** são ações empreendidas pela empresa para conquistar vantagem competitiva em um único mercado ou setor. E as **estratégias no nível corporativo** são ações empreendidas pela empresa para conquistar vantagem competitiva em diversos mercados ou setores simultaneamente.

As duas estratégias no nível de negócio discutidas neste livro são liderança em custo (este capítulo) e diferenciação de produto (Capítulo 5). A importância dessas duas estratégias é tão difundida que elas costumam ser chamadas de **estratégias de negócio genéricas**.

O QUE É LIDERANÇA EM CUSTO?

Uma empresa que escolhe uma **estratégia de negócio de liderança em custo** foca ganhar vantagens por meio da redução de seus custos para níveis inferiores aos dos concorrentes. Isso não significa que essa empresa abandone outras estratégias de negócio ou corporativas. Na realidade, um foco *apenas* na redução de custos pode levar uma empresa a fazer produtos de baixo custo que ninguém quer comprar. Entretanto, uma empresa que utiliza uma estratégia de liderança em custo concentra muito de seus esforços em manter os custos baixos.

Diversas empresas utilizam estratégias de liderança em custo. A Ryanair claramente segue essa estratégia no setor aéreo, a Timex e a Casio, no segmento de relógios, e a BIC, no mercado de canetas e aparelhos de barbear descartáveis. Essas empresas fazem propaganda de seus produtos. Entretanto, os anúncios tendem a enfatizar confiança e preços baixos — os tipos de atributo de produto que comumente são enfatizados por empresas que usam estratégias de liderança em custo.

No setor automobilístico, a Hyundai implementou uma estratégia de liderança em custo com ênfase em carros baratos para transporte básico. Assim como a Ryanair, a Timex, a Casio e a BIC, a Hyundai gasta uma quantia considerável de dinheiro anunciando seus produtos, mas seus anúncios tendem a enfatizar o estilo esportivo e a economia de combustível de seu produto. O carro Hyundai posiciona-se como descontraído e barato, não como um esportivo de alto desempenho ou um símbolo de *status*. A habilidade da Hyundai de vender esses automóveis descontraídos e baratos depende de suas escolhas de design (manter as coisas simples) e de seus custos baixos de produção.[1]

Fontes de vantagem de custo

Existem muitas razões pelas quais uma empresa individual pode ter uma vantagem de custo sobre seus concorrentes. Vantagens de custo são possíveis até mesmo quando empresas concorrentes produzem produtos similares. Algumas das fontes mais importantes de vantagem de custo estão listadas no Quadro 4.1 e são discutidas nesta seção.

Diferenças de tamanho e economias de escala

Uma das fontes de vantagem de custo mais citadas é o tamanho da empresa. Quando existem economias de escala significativas de manufatura, marketing, distribuição, serviços ou outras funções de um negócio, as empresas maiores têm (até certo ponto) vantagem de custo sobre as menores. O conceito de economias de escala foi definido no Capítulo 2. Dizemos que existem **economias de escala** quando o aumento no tamanho da empresa (medido em termos de volume de produção) está associado a custos menores (medido em termos de custo médio

QUADRO 4.1 Fontes importantes de vantagens de custo para empresas

1. Diferenças de tamanho e economias de escala.
2. Diferenças de tamanho e deseconomias de escala.
3. Diferenças de experiência e economias de curva de aprendizagem.
4. Acesso diferencial de baixo custo a insumos de produção.
5. Vantagens tecnológicas independentes da escala.
6. Escolhas de política.

por unidade de produção), conforme ilustrado na Figura 4.1. À medida que o volume de produção de uma empresa aumenta, o custo médio por unidade diminui até que dado volume ótimo de produção (ponto X) seja atingido, após o qual o custo médio por unidade de produção começa a aumentar devido a **deseconomias de escala** (um conceito que será discutido detalhadamente adiante neste capítulo).

Se a relação entre volume de produção e custo médio por unidade de produção (ilustrada na Figura 4.1) for aplicável, e se uma empresa em um setor possuir o maior volume de produção (mas não superior ao nível ótimo X), então essa empresa terá uma vantagem de custo no setor em questão. Existem várias razões pelas quais aumentar o volume de produção em uma empresa pode reduzir seus custos. Algumas dessas razões mais importantes estão resumidas no Quadro 4.2 e são discutidas a seguir.

Volume de produção e maquinário especializado

Quando uma empresa tem altos níveis de produção, geralmente consegue comprar equipamentos de manufatura especializados que não podem ser mantidos por empresas menores. Gerentes de produção da BIC, por exemplo, enfatizaram essa importante vantagem de ter maiores volumes de produção. Um ex-diretor de produção da BIC certa vez observou:

> *Estamos no negócio de automação. Devido a nosso grande volume, um décimo de centavo de economia torna-se imenso... Uma vantagem do negócio de alto volume é que você pode ter o melhor equipamento e amortizá-lo inteiramente em um período curto de tempo (quatro a cinco meses). Estou sempre procurando equipamentos novos. Se encontro uma máquina que traz economia de custos, posso comprá-la. Não tenho limitação de verbas.*[2]

Somente empresas com o nível de produção da BIC no setor de canetas têm a habilidade de reduzir seus custos dessa maneira.

Volume de produção e custo da fábrica e dos equipamentos

Altos volumes de produção também podem permitir que uma empresa construa operações de manufatura maiores. Em alguns setores, o custo de construir essas grandes operações de manufatura, por unidade de produ-

FIGURA 4.1 Economias de escala

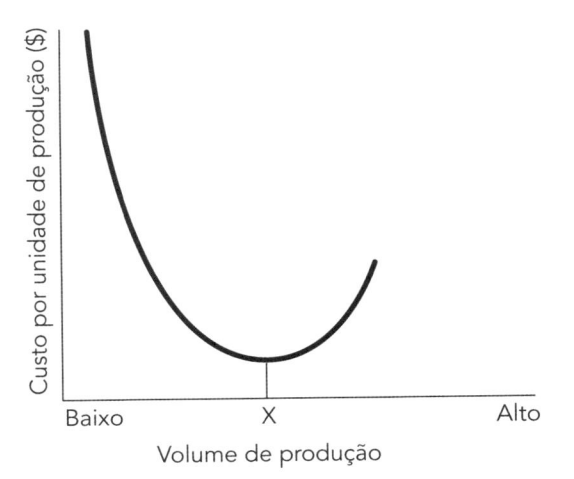

(Gráfico: eixo vertical "Custo por unidade de produção ($)", eixo horizontal "Volume de produção" variando de Baixo a Alto, com ponto X no mínimo da curva em formato de U.)

QUADRO 4.2 Por que volumes maiores de produção em uma empresa podem levar a custos menores

Com um volume maior de produção, as empresas podem:
1. Usar maquinário especializado.
2. Construir fábricas maiores.
3. Aumentar a especialização dos empregados.
4. Diluir os custos fixos entre mais unidades de produção.

E tudo isso pode diminuir o custo por unidade de produção.

ção, é menor do que o custo de construir operações de manufatura menores, por unidade de produção. Portanto, empresas com volumes grandes, tudo o mais permanecendo igual, serão capazes de construir operações de manufatura com custo menor por unidade e terão um custo médio de produção menor.

A relação entre volume de produção e custo de construir operações de manufatura é particularmente importante em setores caracterizados por **manufatura por processamento** — como o químico, o de refinamento de petróleo, o de papel e celulose etc. Devido à geometria física das instalações de manufatura por processamento, estima-se que o custo de construir uma fábrica de processamento com capacidade expandida aumente o correspondente à sua capacidade de produção elevada a uma potência de dois terços. Isso ocorre porque a área de superfície de alguns recipientes tridimensionais (tais como esferas e cilindros) aumenta em uma proporção menor do que o volume desses recipientes. Portanto, recipientes maiores armazenam volumes maiores e requerem menos material por unidade de volume para a estrutura externa de acondicionamento. Até certo ponto, aumentos de capacidade incorrem em um aumento proporcionalmente menor de custo para construir essa capacidade.[3]

Por exemplo, o custo para uma empresa construir uma fábrica com capacidade de mil unidades pode ser de $ 100, a um custo médio de $ 0,01 por unidade. Mas, supondo que a 'regra dos dois terços' se aplique, o custo para uma empresa construir uma fábrica com capacidade de 10 mil unidades pode ser de $ 465 ($465 = 10.000^{2/3}$), a um custo médio de $ 0,0046 por unidade. A diferença entre $ 0,01 e $ 0,0046 por unidade representa uma vantagem de custo para uma empresa de grande porte.

Volume de produção e especialização de pessoal

Altos volumes de produção também estão associados a altos níveis de especialização de pessoal. Conforme os trabalhadores se especializam em uma tarefa específica, podem tornar-se cada vez mais eficientes nessa tarefa, reduzindo, assim, os custos da empresa. Essa lógica aplica-se tanto a tarefas de manufatura especializadas (por exemplo, as funções de manufatura altamente especializadas de linha de montagem) como a funções administrativas especializadas (por exemplo, as funções administrativas altamente especializadas de contabilidade, finanças e vendas).

Empresas menores geralmente não possuem o volume de produção necessário para justificar esse nível de especialização de pessoal. Com volumes de produção menores, empregados altamente especializados talvez não tenham trabalho suficiente para se manter ocupados durante todo o expediente. Esse baixo volume de produção é uma das razões pelas quais empresas menores costumam empregar funcionários que desempenham múltiplas funções, ou, frequentemente, com carga horária de meio período e terceirizados para desempenhar funções altamente especializadas, como contabilidade, tributação e gestão de recursos humanos.

Volume de produção e custos fixos

Uma empresa com alto volume de produção pode-se dar ao luxo de diluir seu custo fixo entre mais unidades e, assim, reduzir esse custo por unidade. Suponha que, em determinado setor, a operação de diversas funções de contabilidade, controle e pesquisa e desenvolvimento, independentemente do tamanho da empresa, custe $ 100 mil. Evidentemente, uma empresa que produz mil unidades está impondo um custo de $ 100 por unidade para cobrir os custos fixos. No entanto, outra que produz 10 mil unidades está impondo um custo de $ 10 por unidade para cobrir os custos fixos. Novamente, o custo médio por unidade da empresa maior é mais baixo do que o custo médio por unidade da empresa menor.

Diferenças de tamanho e deseconomias de escala

Assim como economias de escala podem gerar vantagens de custo para empresas grandes, deseconomias de escala expressivas podem aumentar os custos, se as empresas crescerem muito. Como mostra a Figura 4.1, se o aumento do volume de produção ultrapassa o ponto ótimo (o ponto X na figura), isso pode levar a um aumento no custo por unidade. Se outras empresas do setor crescem além do tamanho ótimo, uma empresa menor (com um nível de produção próximo do ótimo) pode obter vantagem de custo mesmo quando todas as empresas do setor fazem produtos muito semelhantes. Algumas fontes importantes de deseconomia de escala estão listadas no Quadro 4.3 e são discutidas nesta seção.

QUADRO 4.3 Principais fontes de deseconomia de escala

Quando o volume de produção se torna muito grande, podem aumentar o custo por unidade:
1. Limites físicos para o tamanho eficiente.
2. Deseconomias gerenciais.
3. Desmotivação dos funcionários.
4. Distância de mercados e fornecedores.

Limites físicos para o tamanho eficiente

Aplicar a regra dos dois terços à construção de instalações de manufatura parece indicar que, ao menos para alguns setores, maior é sempre melhor. No entanto, existem algumas limitações físicas importantes para o tamanho de alguns processos de manufatura. Engenheiros constataram, por exemplo, que alguns fornos de cimento desenvolvem uma aerodinâmica interna instável com capacidade acima de 7 milhões de barris por ano. Outros sugeriram que passar a produção de reatores nucleares de instalações pequenas para outras imensas gera forças e processos físicos que, embora não detectáveis em instalações pequenas, podem tornar-se significativos em operações maiores. Essas limitações físicas para processos de manufatura refletem os aspectos da física e da engenharia por trás do processo de manufatura e sugerem quando a curva de custos da Figura 4.1 começará a subir.[4]

Deseconomias gerenciais

Embora a física e a engenharia por trás do processo de manufatura tenham um impacto importante sobre os custos de uma empresa, as deseconomias gerenciais talvez sejam uma causa ainda mais importante desses aumentos de custo. Conforme uma empresa aumenta de tamanho, frequentemente aumenta sua complexidade, e a habilidade dos gerentes para controlar e operar a empresa de maneira eficiente fica limitada.

Um exemplo conhecido de empresa que cresceu muito e com isso se tornou ineficiente é a fábrica de latas Crown, Cork and Seal's, com sede na Filadélfia. No início deste século, essa unidade fabril da Filadélfia gerenciava 75 linhas de produção diferentes de latas. No entanto, as fábricas mais eficientes do setor produziam de 10 a 15 linhas simultaneamente. A imensa fábrica da Filadélfia era simplesmente grande demais para operar com eficiência e caracterizava-se por grande número de paralisações, alta porcentagem de linhas ociosas e produtos de baixa qualidade.[5]

Desmotivação dos funcionários

Uma terceira fonte de deseconomias de escala depende da relação entre o tamanho da empresa, a especialização dos funcionários e a motivação deles. Já foi sugerido que uma das vantagens de volumes maiores de produção é que isso permite aos trabalhadores especializarem-se em tarefas de produção menores e mais específicas. Com a especialização, eles se tornam cada vez mais eficientes na tarefa que desempenham.

No entanto, uma pesquisa detalhada sugere que esses tipos de função altamente especializada podem ser desmotivadores para os empregados. Apoiando-se em teorias motivacionais baseadas na psicologia social, esse estudo sugere que, conforme os trabalhadores são distanciados do produto final resultante de um processo de manufatura, o papel que sua função desempenha no processo passa a ser cada vez mais obscuro. À medida que os trabalhadores se tornam um mero 'dente da engrenagem de manufatura', sua motivação diminui, e a produtividade e a qualidade sofrem.[6]

Distância de mercados e fornecedores

Uma última fonte de deseconomias de escala pode ser a distância entre uma instalação de manufatura grande e o local onde os produtos em questão serão vendidos, ou os locais onde as matérias-primas essenciais são adquiridas. Quaisquer reduções de custo atribuíveis à exploração de economias de escala na manufatura podem ser mais do que neutralizadas por custos altos de transporte associados à movimentação de entrada e saída dos suprimentos e produtos da instalação de manufatura. Empresas que constroem fábricas altamente eficientes sem reconhecer esses custos significativos de transporte podem colocar-se em uma posição de desvantagem competitiva em relação a empresas com fábricas ligeiramente menos eficientes, mas com localização mais próxima dos fornecedores e dos principais mercados.

Diferenças de experiência e economias de curva de aprendizagem

Uma terceira fonte possível de vantagens de custo para empresas em determinado ramo de negócios depende de seus diferentes níveis cumulativos de produção. Em algumas circunstâncias, empresas com maior experiência na produção de um produto ou serviço terão custos menores no setor e, portanto, uma vantagem baseada em custo. A relação entre volumes de produção cumulativos e custo foi formalizada no conceito de **curva de aprendizagem**. Essa relação está representada graficamente na Figura 4.2.

Curva de aprendizagem e economias de escala

Conforme ilustrado na Figura 4.2, a curva de aprendizagem é muito semelhante ao conceito de economias de escala. No entanto, existem diferenças importantes. Primeiro, enquanto economias de escala focam a relação entre volume de produção em um determinado ponto no tempo e o custo médio por unidade, a curva de aprendizagem foca a relação entre o volume de produção *cumulativo* — isto é, o quanto uma empresa produziu ao longo do tempo — e o custo médio por unidade. Segundo, enquanto se presume que haja deseconomias de escala quando uma empresa cresce demais, não existe um aumento correspondente de custos no modelo de curva de aprendizagem conforme o volume de produção cumulativo cresce. Em vez disso, os custos continuam a cair até que se aproximem do menor custo tecnologicamente possível.

FIGURA 4.2 Curva de aprendizagem e custos de produção

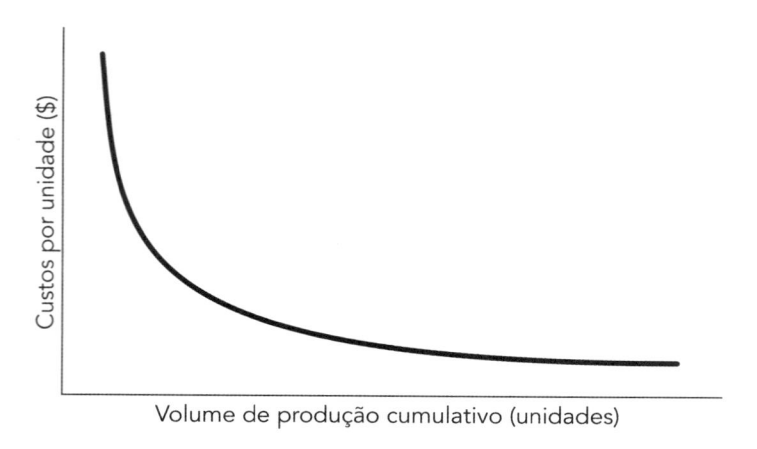

[Gráfico: Custos por unidade ($) no eixo vertical versus Volume de produção cumulativo (unidades) no eixo horizontal, mostrando uma curva decrescente.]

Curva de aprendizagem e vantagens de custo

O modelo de curva de aprendizagem baseia-se na observação de que os custos de produzir uma unidade de produto caem à medida que o volume de produção cumulativo aumenta. Essa relação foi observada pela primeira vez na construção de aeronaves antes da Segunda Guerra Mundial. Na época, a pesquisa mostrou que os custos com mão de obra por avião caíam 20 por cento toda vez que o volume de produção cumulativo dobrava.[7] Um padrão semelhante foi observado em diversos setores, embora a taxa de redução de custo pudesse variar. Alguns desses setores incluem a fabricação de navios, computadores, foguetes espaciais e semicondutores. Em todos esses casos, aumentos na produção cumulativa têm sido associados ao aprimoramento de métodos de trabalho, ao ajuste da operação de produção e ao aprendizado detalhado sobre como tornar a produção o mais eficiente possível.

No entanto, vantagens de custo da curva de aprendizagem não estão limitadas à manufatura. A curva de aprendizagem pode ser associada a qualquer função empresarial, da compra de matéria-prima à distribuição e atendimento. Também podem existir efeitos importantes de aprendizagem no setor de serviços. A curva de aprendizagem é aplicável sempre que o custo de realização de uma atividade empresarial cai como função do número cumulativo de vezes que a empresa empreendeu essa atividade.[8]

Curva de aprendizagem e vantagem competitiva

O modelo de curva de aprendizagem resumido na Figura 4.2 foi usado para desenvolver um modelo de vantagem competitiva baseada em custo que associa aprendizagem à participação de mercado e aos custos médios de produção.[9]

A lógica por trás dessa aplicação do modelo de curva de aprendizagem é simples: a primeira empresa que consegue se mover para baixo na curva de aprendizagem obtém vantagens de custo em relação a suas rivais. Para mover um processo de produção para baixo na curva de aprendizagem, uma empresa precisa ter altos níveis de volume de produção cumulativo. É claro que as empresas que têm sucesso em produzir altos volumes de produto precisam vender essa produção aos clientes. Ao vender essa produção, elas estão, efetivamente, aumentando sua participação de mercado. Portanto, para mover-se para baixo na curva de aprendizagem e obter vantagens de custo, as empresas devem adquirir agressiva participação de mercado.

Essa aplicação da lógica da curva de aprendizagem foi criticada por grande número de autores.[10] Destacam-se duas críticas em particular. Primeiro, embora a aquisição de participação de mercado tenda a permitir que uma empresa diminua seus custos de produção, trata-se de uma iniciativa cara. Na verdade, conforme descrito no quadro "Pesquisa em foco", o custo de adquirir participação pode, às vezes, elevar-se até se igualar a seu valor.

A segunda principal crítica a essa aplicação do modelo de curva de aprendizagem é que não existe espaço nessa lógica para quaisquer outras estratégias de negócio ou corporativas. Em outras palavras, essa aplicação da curva de aprendizagem supõe implicitamente que as empresas só podem competir na base de seus baixos custos e que nenhuma outra estratégia é possível. A maioria dos setores, entretanto, é caracterizada por oportunidades para pelo menos algumas dessas outras estratégias e, portanto, essa aplicação estrita do modelo de curva de aprendizado pode induzir a erros.[11]

Críticas à parte, ainda assim é possível afirmar que, em muitos setores, empresas com grandes níveis de produção cumulativa, tudo o mais permanecendo igual, terão custos médios de produção mais baixos. Portanto,

> ### PESQUISA EM FOCO
>
> #### Qual é o valor da participação de mercado — realmente?
>
> Pesquisas sobre a correlação existente entre participação de mercado e desempenho corporativo persistem há várias décadas. Trabalhos preliminares identificaram a participação de mercado como o principal fator determinante do desempenho corporativo. Na verdade, um artigo particularmente influente identificou a participação de mercado como *a chave* da lucratividade empresarial.
>
> Essa conclusão inicial sobre a relação entre participação de mercado e desempenho corporativo baseou-se na correlação positiva observada entre essas duas variáveis. Ou seja, empresas com alta participação de mercado tendem a ser altamente lucrativas; empresas com baixa participação de mercado tendem a ser menos lucrativas. A conclusão lógica dessa descoberta empírica parece ser a de que, se uma empresa deseja aumentar sua produtividade, ela deve aumentar sua participação de mercado.
>
> Devagar com isso. Ocorre que a correlação entre participação de mercado e lucratividade empresarial não é tão simples assim. Suponha que dez empresas cheguem à conclusão de que a chave de sua lucratividade é conquistar participação de mercado. Para tirar participação uma da outra, cada empresa provavelmente aumentará sua propaganda e outros gastos de marketing, além de reduzir seus preços. Isso tem o efeito de colocar um preço na participação de mercado que uma empresa busca adquirir — isto é, essas empresas concorrentes estão criando o que se poderia chamar de 'mercado por participação de mercado'. E, visto que existem dez empresas brigando por participação nesse mercado, é provável que ele seja altamente competitivo. Retornos da aquisição de participação em tais mercados competitivos por participação de mercado devem voltar a um nível econômico normal.
>
> Toda essa análise sugere que, embora possa haver uma correlação positiva transversal entre participação de mercado e desempenho corporativo — isto é, em um dado ponto do tempo, participação de mercado e desempenho corporativo podem estar positivamente correlacionados, enquanto as empresas buscam aumentar sua participação. Vários artigos examinaram essa hipótese. Dois dos mais influentes deles — um de autoria de Dick Rumelt e Robin Wensley e outro de Cynthia Montgomery e Birger Wernerfelt — demonstraram que mercados para participação de mercado costumam surgir em setores, que esses mercados são geralmente muito competitivos e que adquirir participação de mercado nesses mercados competitivos não melhora o desempenho econômico de uma empresa. Na realidade, em seu estudo sobre a consolidação do setor cervejeiro, Montgomery e Wernerfelt revelaram que empresas como Anheuser-Busch e Miller pagaram tanto pela participação de mercado que adquiriram que acabaram reduzindo sua lucratividade.
>
> O consenso geral na literatura atual parece ser o de que uma alta participação de mercado é resultante de um processo competitivo intrassetorial, não um objetivo apropriado de gerentes corporativos, *per se*. Dessa forma, empresas com estratégias particularmente valiosas vão naturalmente atrair mais clientes, o que, por sua vez, sugere que elas com frequência terão maior participação. Isto é, as estratégias valiosas de uma empresa geram tanto altos níveis de desempenho corporativo como alta participação de mercado. Isso, por sua vez, explica a correlação positiva entre ambos.
>
> *Fontes*: R. D. Buzzell, B. T. Gale e R. M. Sultan. "Market share – the key to profitability", *Harvard Business Review*, n. 53, p. 97-106, 1975; R. Rumelt e R. Wensley, "In search of the market share effect", *Proceedings of the Academy of Management Meetings*, p. 2-6, 1981; C. Montgomery e B. Wernerfelt, "Sources of superior performance: market share versus industry effects in the U.S. Brewing industry", *Management Science*, n. 37, p. 954-959, 1991.

a experiência em todas as fases da produção pode ser uma fonte de vantagem de custo, mesmo que buscar unicamente participação de mercado para obter tais reduções de custo não proporcione a uma empresa retornos acima do normal.

Acesso diferencial de baixo custo a insumos de produção

Além das vantagens de custo de economias de escala, deseconomias de escala e de curva de aprendizagem, o acesso diferencial de baixo custo a insumos de produção pode criar diferenças de custo entre empresas que produzem produtos similares em um setor. **Insumos de produção** são quaisquer suprimentos usados por uma empresa ao conduzir suas atividades de negócio; eles incluem mão de obra, capital, terras, matéria-prima, entre outros. Uma empresa que tem acesso diferencial de baixo custo a um ou mais desses fatores geralmente tem custos econômicos menores do que suas rivais.

Considere, por exemplo, uma empresa petrolífera com campos na Arábia Saudita, em comparação com uma empresa petrolífera com campos no mar do Norte. O custo de obter óleo bruto para a primeira empresa é consideravelmente menor do que para a segunda. A exploração no mar do Norte envolve construir enormes plataformas marítimas, abrigar os trabalhadores em cidades flutuantes e transportar o petróleo por um mar frequentemente turbulento. Explorar na Arábia Saudita requer apenas as tecnologias mais simples de prospecção, porque o petróleo se encontra relativamente próximo à superfície.

Para criar uma vantagem de custo, o custo de adquirir insumos produtivos de baixo custo deve ser menor do que as economias de custo geradas por esses fatores. Por exemplo, embora seja muito menos custoso explorar petróleo na Arábia Saudita do que no mar do Norte, se for muito caro adquirir os direitos de exploração na Arábia Saudita, em comparação com os custos dos direitos de explorar petróleo no mar do Norte, as vantagens de custo potenciais de explorar petróleo na Arábia Saudita podem ser perdidas. Assim como acontece com todas as fontes de vantagens de custo, as empresas devem tomar o cuidado de pesar o custo de adquirir essa vantagem contra o valor da vantagem para a empresa.

Acesso diferencial a matérias-primas como petróleo, carvão ou cobre podem ser determinantes importantes de uma vantagem de custo. No entanto, acesso diferencial a outros insumos produtivos pode ser igualmente importante. Por exemplo, talvez seja mais fácil (isto é, menos custoso) recrutar engenheiros eletrônicos altamente treinados para empresas localizadas próximas aos locais onde eles se formam do que para uma empresa de uma localidade mais distante. Esse custo menor de recrutamento é uma explicação parcial para o desenvolvimento de centros geográficos de tecnologia como o Vale do Silício, na Califórnia, a Rota 128, em Massachusetts, e o Research Triangle (Triângulo da Pesquisa), na Carolina do Norte. Nos três casos, as empresas estão fisicamente próximas a várias universidades que formam os engenheiros que são a fonte da vida de empresas de tecnologia avançada. A busca por mão de obra de baixo custo pode criar problemas éticos, conforme descrito no quadro "Ética e estratégia".

Vantagens tecnológicas independentes da escala

Outra fonte possível de vantagem de custo em um setor podem ser as diferentes tecnologias que as empresas empregam para gerenciar seu negócio. Já foi sugerido que empresas maiores talvez tenham vantagens de custo baseadas em tecnologia como um reflexo de sua habilidade em explorar economias de escala (por exemplo, a regra dos dois terços).

Tradicionalmente, a discussão sobre vantagens de custo baseadas em tecnologia tem foco em maquinário, computadores e outras ferramentas físicas que as empresas usam para gerenciar seus negócios. Claramente, em alguns setores, essas diferenças de tecnologia física entre empresas podem criar diferenças importantes de custo — mesmo quando as empresas em questão são aproximadamente do mesmo tamanho em termos de volume de produção. Na indústria do aço, por exemplo, avanços tecnológicos podem reduzir substancialmente o custo da produção do aço. Empresas com as tecnologias mais modernas na produção de aço desfrutam de vantagens de custo em relação a empresas de tamanho semelhante que não dispõem dessa tecnologia. Isso também se aplica à produção de semicondutores, automóveis, eletrônicos de consumo e uma grande variedade de outros produtos.[12]

Essas vantagens de custo resultantes de tecnologia física aplicam-se a empresas de serviços e também às de manufatura. Por exemplo, em seus primórdios, a Charles Schwab, uma corretora de valores líder, comprou um sistema de computador que lhe permitiu fechar as transações de investimentos dos seus clientes mais rapidamente e a um custo menor do que suas rivais.[13] A Kaiser-Permanente, maior operadora de planos de saúde dos Estados Unidos, investiu em uma tecnologia de informação que os médicos podem usar para evitar diagnósticos e procedimentos incorretos, os quais podem ter um efeito adverso na saúde dos pacientes. Ao evitar esses erros médicos, a Kaiser-Permanente pôde reduzir substancialmente seus custos do fornecimento de serviços de assistência médica.[14]

No entanto, o conceito de tecnologia pode ser facilmente ampliado para incluir não somente as ferramentas físicas que as empresas utilizam para gerenciar seus negócios, mas quaisquer processos de uma empresa usados dessa maneira. Esse conceito de tecnologia empresarial inclui não apenas o **hardware tecnológico** das empresas — as máquinas e os robôs — como também seu **software tecnológico** — coisas como a qualidade das relações entre os operários e a gerência, a cultura de uma organização e a qualidade dos controles gerenciais. Essas características de uma empresa podem ter impacto em seus custos econômicos.[15]

Escolhas de política

Até agora, essa discussão focou as razões pelas quais uma empresa pode obter uma vantagem de custo a despeito de produzir produtos semelhantes aos dos concorrentes. Quando as empresas produzem essencialmente os mesmos produtos, diferenças em economias de escala, vantagens de curvas de aprendizagem, acesso diferencial a insumos produtivos e diferenças em tecnologia podem criar vantagens de custo (e desvantagens) para elas. Entretanto, as empresas também podem fazer escolhas sobre os tipos de produto e serviço que venderão — escolhas que têm impacto sobre sua posição relativa de custo. Tais escolhas são chamadas de **escolhas de política**.

ÉTICA E ESTRATÉGIA

A corrida para a base

Um dos insumos produtivos mais importantes em quase todas as empresas é a mão de obra. Conseguir acesso diferenciado à mão de obra de baixo custo pode dar vantagem de custo a uma empresa.

Essa busca por mão de obra de baixo custo levou algumas empresas a atuar em uma 'corrida para a base'. É um fato conhecido que os salários da maioria dos trabalhadores dos Estados Unidos e da Europa Ocidental são muito maiores do que os dos trabalhadores de outras partes do mundo, menos desenvolvidas. Enquanto uma empresa pode ter de pagar a seus funcionários $ 20 a hora (em salários e benefícios) para fabricar tênis nos Estados Unidos, a mesma empresa pode ter de pagar apenas $ 1 por dia para um operário nas Filipinas, na Malásia ou na China para fabricar o mesmo produto — calçados que a empresa poderá vender por $ 150 o par nos Estados Unidos e na Europa. Portanto, muitas empresas buscam implantar sua manufatura no exterior como um meio de manter seus custos de mão de obra baixos.

Mas essa busca por mão de obra barata tem importantes consequências não intencionais. Primeiro, a localização da mão de obra mais barata no mundo varia com o tempo. Costumava ser o México a localidade com o custo de mão de obra mais baixo, depois foram a Coreia e as Filipinas, então a Malásia, seguida pela China. Conforme a infraestrutura de cada um desses países evolui a ponto de poder suportar a produção global, as empresas abandonam suas relações com empresas nesses países, em busca de custos ainda menores em outros países. A única maneira de países anteriormente provedores de 'mão de obra barata' competirem é diminuir ainda mais seus custos.

Isso às vezes leva a uma segunda consequência não intencional da 'corrida para a base': péssimas condições de trabalho e baixos salários nesses cenários de mão de obra barata. Operários ganhando $ 1 para trabalhar dez horas ao dia, seis dias por semana, pode parecer bom para os resultados da empresa, mas muitos observadores estão profundamente preocupados com as questões morais e éticas associadas a essa estratégia. Na realidade, várias empresas — incluindo Nike e Kmart — foram forçadas a aumentar os salários e melhorar as condições de trabalho de muitos de seus empregados em outros países.

Um resultado ainda mais terrível da 'corrida para a base' é o ressurgimento do que pode ser considerado trabalho escravo em alguns países da Europa Ocidental e partes dos Estados Unidos. Em busca da promessa de uma vida melhor, imigrantes ilegais são trazidos para esses países e forçados a trabalhar em fábricas ilegais, em alguns casos. Esses imigrantes ilegais são ocasionalmente forçados a trabalhar até 20 horas por dia, por pouco ou nenhum pagamento — supostamente para 'quitar' o preço de terem sido trazidos de seus países menos desenvolvidos. E por causa de sua situação ilegal e das barreiras de idioma, muitas vezes eles não se sentem habilitados a procurar as autoridades locais.

As pessoas que criam e gerenciam esses locais são criminosos e merecem desprezo. Mas e quanto às empresas que contratam os serviços dessas operações de produção ilegais e amorais? Elas também não são culpadas, tanto legal como moralmente?

Fontes: R. De George, "Ethics in international business — A contradiction in terms?", *Business Credit*, n. 102, p. 50+, 2000; G. Edmondson, K. Carlisle, I. Resch, K. Nickel Anhalt e H. Dawley, "Workers in bondage", *BusinessWeek*, p. 146+, 27 nov. 2000; D. Winter, "Facing globalization", *Ward's Auto World*, n. 36, p. 7+, 2000.

Em geral, as empresas que buscam implementar uma estratégia de liderança em custo optarão por fabricar produtos padronizados relativamente simples que vendem por preços relativamente baixos, em comparação com os produtos e preços que as empresas que perseguem outras estratégias de negócio ou corporativas escolhem. Esses tipos de produto normalmente têm altos volumes de vendas, o que tende (caso existam economias de escala significativas) a reduzir ainda mais os custos.

Esses tipos de escolha de produto e preço tendem a causar um impacto amplo nas operações de um líder em custos. Nessas empresas, a tarefa de reduzir custo não é delegada a uma única função ou a uma força-tarefa especial, mas é responsabilidade de cada gerente e empregado. A redução de custo às vezes se torna o principal objetivo da empresa. De fato, nesse cenário, a gerência deve estar constantemente alerta aos esforços de corte de custos, que reduzem a habilidade de uma empresa de atender às necessidades dos clientes. Esse tipo de cultura de corte de custos é essencial para a habilidade da Ryanair de implementar sua estratégia de liderança em custo.

O VALOR DA LIDERANÇA EM CUSTO   VRIO

Há pouca dúvida de que possam existir diferenças de custo entre empresas, mesmo quando elas vendem produtos muito semelhantes. Escolhas de política sobre os tipos de produto que as empresas de um setor escolhem fabricar também podem criar diferenças de custo importantes. Mas, sob que condições esses tipos de vantagem de custo realmente criam valor para uma empresa?

Foi sugerido no Capítulo 3 que uma maneira de saber se um recurso ou capacidade — como a habilidade de vantagem de custo que uma empresa tem — realmente cria valor para uma empresa é verificando se esse recurso ou capacidade permite ou não neutralizar ameaças externas ou explorar oportunidades externas. A habilidade de uma posição de liderança em custo em neutralizar ameaças externas será examinada aqui. A habilidade de tal posição em permitir que uma empresa explore oportunidades será vista na forma de um exercício. As consequências econômicas específicas da liderança em custo são discutidas no quadro "Estratégia em detalhes".

Liderança em custo e ameaça à entrada

Uma estratégia competitiva de liderança em custo ajuda a reduzir a ameaça de novos entrantes por meio da criação de barreiras à entrada baseadas em custo. Lembre-se de que muitas barreiras à entrada citadas no Capítulo 2, incluindo economias de escala e vantagens de custo independentes de escala, supõem que empresas estabelecidas têm custos menores do que entrantes potenciais. Se uma empresa estabelecida é um líder de custo por qualquer uma das razões citadas, então novos entrantes talvez tenham de investir pesadamente para reduzir seus custos antes da entrada. Frequentemente, novos entrantes usarão outra estratégia de negócio para entrar (por exemplo, diferenciação de produto) em vez de tentar competir em custos.

Liderança em custo e ameaça de rivalidade

Empresas com uma posição de baixo custo também reduzem a ameaça de rivalidade. Isso é possível por meio de estratégias de precificação que empresas de baixo custo podem utilizar e também por meio de seu impacto relativo sobre o desempenho de uma empresa de baixo custo e suas rivais de alto custo.

Liderança em custo e ameaça de substitutos

Conforme sugerido no Capítulo 2, substitutos tornam-se uma ameaça para uma empresa quando seu custo e desempenho, em relação aos produtos e serviços atuais de uma empresa, passam a ser mais atraentes para os consumidores. Portanto, quando o preço do petróleo sobe, seus substitutos tornam-se mais atraentes. Quando o custo e o desempenho das calculadoras eletrônicas melhoram, a demanda pelas automáticas desaparece.

Nessa situação, líderes em custo têm a habilidade de manter seus produtos e serviços atraentes em relação aos substitutos. Enquanto as empresas de alto custo precisam cobrar preços altos para cobrir seus custos, tornando os substitutos mais atraentes, os líderes de custo mantêm seus preços baixos e, ainda assim, ganham lucro econômico normal ou acima do normal.

Liderança em custo e ameaça de fornecedores poderosos

Fornecedores podem representar uma ameaça para uma empresa ao cobrar preços mais altos pelos produtos ou serviços que fornecem ou diminuir a qualidade desses produtos ou serviços. No entanto, quando um fornecedor vende para um líder de custo, essa empresa tem maior flexibilidade em absorver suprimentos mais caros do que uma empresa de alto custo. Suprimentos mais caros podem destruir qualquer lucro acima do normal das empresas de alto custo, mas permitem que uma empresa líder de custo continue ganhando um lucro acima do normal.

Liderança em custo baseada em grandes volumes de produção e economias de escala também pode reduzir a ameaça de fornecedores. Grandes volumes de produção implicam grandes compras de matérias-primas e outros suprimentos. Os fornecedores têm pouca probabilidade de prejudicar as vendas, ameaçando seus clientes. Na verdade, conforme sugerido anteriormente, os compradores geralmente conseguem usar seu volume de compras para conseguir descontos dos fornecedores.

Liderança em custo e ameaça de compradores poderosos

A liderança em custo também pode diminuir a ameaça de compradores. Compradores poderosos são uma ameaça para as empresas quando eles insistem em preços baixos ou qualidade e atendimento melhor de seus

ESTRATÉGIA EM DETALHES

A economia da liderança em custo

Outra maneira de demonstrar que a liderança em custo pode ser uma fonte de valor econômico é examinar diretamente os lucros econômicos gerados por uma empresa com uma vantagem de custo operando em um setor que seria muito competitivo. Isso é feito na Figura A.

As empresas ilustradas nessa figura são **tomadoras de preços** — isto é, os preços dos produtos ou serviços que vendem são determinados por condições de mercado, e não por decisões individuais de empresas. Isso implica que não há efetivamente diferenciação de produto nesse mercado e que as vendas de nenhuma empresa constituem uma grande porcentagem desse mercado.

O preço de bens ou serviços nesse tipo de mercado (P^*) é determinado pelas demandas e ofertas agregadas do setor. O preço do setor determina a demanda enfrentada por uma empresa individual nesse mercado. Como essas empresas são tomadoras de preços, a demanda enfrentada por uma empresa individual é horizontal — isto é, decisões de empresas sobre níveis de produção têm impacto insignificante sobre a oferta total do setor e sobre o preço determinado pelo mercado. Uma empresa nesse cenário maximiza seu desempenho econômico produzindo uma quantidade de produto (Q) tal que a receita marginal seja igual ao custo marginal (CM). A habilidade das empresas de obter lucro econômico nesse cenário depende das relações entre o preço determinado pelo mercado (P^*) e o custo total médio (CTM) de uma empresa na quantidade que deseja produzir.

Empresas no mercado ilustrado na Figura A enquadram-se em duas categorias. Todas as empresas, exceto uma, têm a curva de custo total médio CTM_2 e a curva de custo marginal CM_2. Entretanto, uma empresa nesse setor possui uma curva de custo total médio ATC_1 e curva de custo marginal CM_1. Note que CTM_1 é menor que CTM_2 nas quantidades de maximização de desempenho produzidas por esses dois tipos de empresa (Q_1 e Q_2, respectivamente). Nesse exemplo específico, empresas com curvas de custo total médio comuns estão obtendo lucro econômico zero, enquanto a empresa de baixo custo está ganhando um lucro econômico (igual à área sombreada na figura). Diversos outros exemplos poderiam ser construídos: a empresa líder em custo pode ganhar lucro econômico zero, enquanto as outras têm perdas econômicas; a empresa líder em custo pode obter um lucro econômico substancial, enquanto as outras ganham lucros econômicos menores; a empresa líder em custo pode obter uma pequena perda econômica, enquanto as outras incorrem em grandes perdas econômicas, e assim por diante. No entanto, em todos esses exemplos, o desempenho econômico do líder em custo é maior do que o desempenho de outras empresas no setor. Portanto, a liderança em custo pode ter importante impacto no desempenho econômico de uma empresa.

FIGURA A Liderança em custo e desempenho econômico

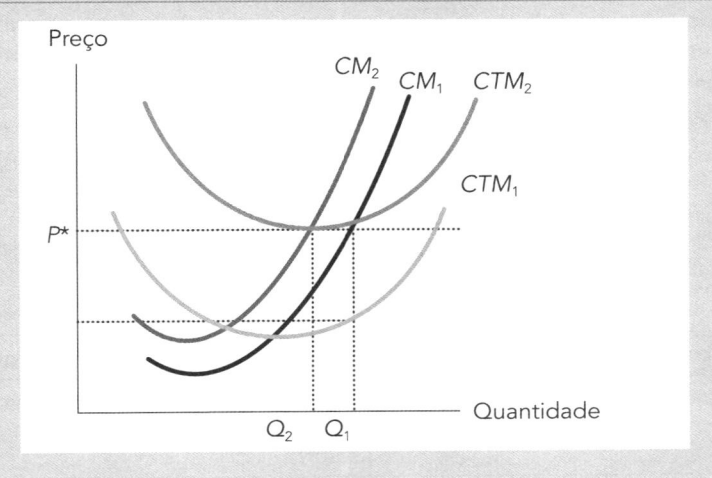

fornecedores. Preços mais baixos ameaçam a receita das empresas; maior qualidade pode aumentar-lhes os custos. Líderes de custo podem ter sua receita reduzida por ameaça de compradores e ainda manter um desempenho normal ou acima do normal. Essas empresas também conseguem absorver os custos maiores de qualidade ou atendimento melhor e mesmo assim ter vantagem de custo sobre a concorrência.

Os compradores também podem ser uma ameaça por meio da integração vertical para trás. Ser um líder de custo impede a integração vertical para trás, porque um comprador que integra verticalmente para trás geralmente não terá custos tão baixos quanto o líder de custo. Em vez de integrar verticalmente para trás e aumentar seu custo de suprimentos, compradores poderosos geralmente preferem continuar comprando de seus fornecedores de baixo custo.

Por fim, se a liderança em custo é baseada em grandes volumes de produção, então a ameaça dos compradores pode ser reduzida, porque estes podem depender de apenas algumas empresas para os produtos e serviços que adquirem. Essa dependência reduz a disposição dos compradores de ameaçar uma empresa vendedora.

LIDERANÇA EM CUSTO E VANTAGEM COMPETITIVA SUSTENTÁVEL VRIO

Considerando-se que a liderança em custo pode ser valiosa, uma pergunta importante passa a ser: "Sob quais condições as empresas que implementam essa estratégia de negócio serão capazes de manter essa liderança para obter uma vantagem competitiva sustentável?". Se várias empresas de um setor puderem implementar estratégias de liderança em custo, ou se nenhuma empresa enfrenta uma desvantagem de custo ao imitar uma estratégia de liderança em custo, então ser um líder de custo não gerará uma vantagem competitiva sustentável para uma empresa. Conforme sugerido no Capítulo 3, a habilidade de uma estratégia competitiva de liderança em custo valiosa de gerar uma vantagem competitiva sustentável depende de essa estratégia ser rara e custosa de imitar, seja por meio de duplicação direta ou de substituição. Conforme sugerido nas tabelas 4.1 e 4.2, a raridade e a imitabilidade de uma estratégia de liderança em custo depende, ao menos em parte, das fontes dessa vantagem de custo.

Raridade das fontes de vantagem de custo

Algumas das fontes de raridade de vantagem de custo listadas na Tabela 4.1 tendem a ser raras entre um grupo de empresas concorrentes; outras têm menos probabilidade de ser raras. Fontes de vantagem de custo que costumam ser raras incluem economias de curva de aprendizagem (ao menos em setores emergentes), acesso diferencial de baixo custo a insumos produtivos e software tecnológico. As fontes remanescentes de vantagem de custo têm menos probabilidade de ser raras.

Fontes raras de vantagem de custo

Nos primórdios da evolução de um setor, diferenças substanciais no volume de produção cumulativo de diferentes empresas são comuns. Na realidade, esse era um dos principais benefícios associados às vantagens do pioneiro, conforme se discutiu no Capítulo 2. Essas diferenças no volume de produção cumulativo, combinadas com economias substanciais de curva de aprendizagem, sugerem que, em alguns cenários, as vantagens de curva de aprendizagem podem ser raras e, portanto, uma fonte de vantagem competitiva ao menos temporária.

A definição de acesso diferencial de baixo custo a insumos produtivos implica que esse acesso costuma ser raro. Certamente, se um grande número de empresas concorrentes possui esse mesmo acesso, então isso não pode ser uma fonte de vantagem competitiva.

O software tecnológico também tende a ser raro entre empresas concorrentes. Esses atributos de software representam o caminho de cada empresa ao longo de sua história. Se essa história for única, então o software tecnológico que a empresa cria também pode ser raro. É claro que, se várias empresas concorrentes experimentam caminhos semelhantes ao longo de sua história, o software tecnológico nessas empresas tem pouca probabilidade de ser raro.

TABELA 4.1 Raridade das fontes de vantagem de custo

Fontes de vantagem de custo que tendem a ser raras	Fontes de vantagem de custo que não tendem a ser raras
Economias de curva de aprendizado (ao menos em empresas emergentes)	Economias de escala (exceto quando o tamanho de fábrica eficiente é aproximadamente igual à demanda total do setor)
Acesso diferencial de baixo custo a insumos produtivos	Deseconomias de escalas
Software tecnológico	Hardware tecnológico (a menos que uma empresa tenha competências de desenvolvimento de hardware proprietário)
	Escolha de política

Fontes de vantagem de custo menos raras

Quando o tamanho eficiente de uma empresa ou fábrica é significativamente menor do que o tamanho total de um setor, normalmente haverá inúmeras empresas ou fábricas eficientes nesse setor, e uma estratégia de liderança em custo baseada em economias de escala não será rara. Por exemplo, se o tamanho eficiente de uma empresa ou fábrica em um setor é de 500 unidades, e o tamanho total do setor (medido em unidades produzidas) é de 500 mil unidades, então é provável que existam inúmeras empresas ou fábricas eficientes nesse setor, e é pouco provável que economias de escala proporcionem uma vantagem competitiva baseada em custo a qualquer uma dessas empresas.

Vantagens de custo baseadas em deseconomias de escala também não devem ser raras. É incomum que inúmeras empresas adotem níveis de produção acima do ótimo. Se apenas poucas empresas forem muito grandes nesse sentido, então as várias empresas que competem nesse setor que *não* são muito grandes terão vantagens de custo em relação àquelas muito grandes. No entanto, como muitas empresas desfrutarão dessas vantagens de custo, elas não serão raras.

Uma exceção importante a essa generalização pode ocorrer quando mudanças na tecnologia reduzem significativamente a escala mais eficiente de uma operação. Dadas essas mudanças na tecnologia, várias empresas podem ser ineficientemente grandes. Se, por acaso, um número pequeno de empresas tiver o tamanho apropriado, então as vantagens de custo que obtêm dessa maneira serão raras. Tais mudanças na tecnologia tornaram grandes produtores integrados de aço 'muito grandes' em relação às minissiderúrgicas. Portanto, essas empresas menores têm uma vantagem de custo maior do que as empresas maiores integradas.

O hardware tecnológico também não tende a ser raro, principalmente se for desenvolvido por fornecedores e vendido no mercado aberto. No entanto, se uma empresa tem competências de desenvolvimento de tecnologia proprietária, pode possuir hardware tecnológico raro que crie vantagens de custo.

Por fim, as escolhas de política em si não tendem a ser uma fonte rara de vantagem de custo, especialmente se os atributos do produto ou serviço em questão forem fáceis de observar e descrever.

Imitabilidade de fontes de vantagem de custo

Mesmo quando determinada fonte de vantagem de custo é rara, ela deve ser custosa de imitar para que seja uma fonte de vantagem competitiva sustentável. Tanto a duplicação direta como a substituição são importantes como formas de imitação. Novamente, a imitabilidade de uma vantagem de custo depende, ao menos em parte, da fonte dessa vantagem.

Fontes de vantagem de custo fáceis de duplicar

Em geral, economias e deseconomias de escala são fontes de liderança em custo relativamente fáceis de copiar. Como pode ser visto na Tabela 4.2, essas fontes não se baseiam em história, incerteza ou capacidades e recursos socialmente complexos e, portanto, não são protegidas da duplicação por essas razões.

Por exemplo, se um número pequeno de empresas realmente obtém uma vantagem de custo com base em economias de escala, e se a relação entre produção em escala e custos é amplamente entendida entre as empresas concorrentes, então as empresas com desvantagem de custo ajustarão rapidamente sua produção para explorar essas economias de escala. Isso pode ser feito expandindo-se as operações atuais de uma empresa até o ponto em que ela explore economias, ou combinando operações antes separadas para obter essas economias. Ambas as ações permitem que uma empresa com desvantagem de custo comece a usar maquinário especializado, reduza o custo de instalações e equipamentos, aumente a especialização dos funcionários e dilua os custos fixos com mais eficiência.

Na realidade, talvez a única situação em que economias de escala não estão sujeitas à duplicação de baixo custo seja quando o tamanho eficiente das operações é uma porcentagem significativa da demanda total em um setor. Essa é a situação descrita na discussão sobre economias de escala como barreiras à entrada, no Capítulo 2. Por exemplo, conforme sugerido anteriormente, a BIC Corporation, com sua participação de mercado dominante no segmento de canetas descartáveis, aparentemente tem sido capaz de ganhar e manter uma importante vantagem de custo nesse mercado, com base em economias de escala. A habilidade da BIC de manter essa vantagem reflete o fato de que o tamanho ótimo de fábrica no segmento de canetas descartáveis é uma porcentagem significativa do mercado de canetas, e, portanto, economias de escala atuam como uma barreira à entrada nesse mercado.

Assim como as economias de escala, em muitos cenários, as deseconomias de escala não serão uma fonte de vantagem competitiva sustentável para empresas que *não* cresceram muito. No curto prazo, empresas experimentando deseconomias significativas podem encolher o tamanho de suas operações para se tornar mais eficientes. No longo prazo, empresas que deixam de ajustar seu tamanho têm desempenho econômico abaixo do normal e descontinuam as operações.

TABELA 4.2 Duplicação direta da liderança em custo

		Base para duplicação custosa		
	Fonte de vantagem de custo	História	Incerteza	Complexidade social
Duplicação de baixo custo possível	1. Economias de escala	—	—	—
	2. Deseconomias de escala	—	—	—
Pode ser custoso de duplicar	3. Economias de curva de aprendizado	*	—	—
	4. Hardware tecnológico	—	*	*
	5. Escolhas de política	*	—	—
Geralmente custoso de duplicar	6. Acesso diferencial de baixo custo a insumos produtivos	* * *	—	* *
	7. Software tecnológico	* * *	* *	* * *

— = não é fonte de imitação custosa;
* = pouca probabilidade de ser fonte de imitação custosa;
** = provável fonte de imitação custosa;
*** = grande probabilidade de ser fonte de imitação custosa.

Embora reduzir o tamanho das operações para melhorar a eficiência pareça um problema simples para gerentes de empresas ou fábricas, na prática é uma mudança geralmente difícil de implementar. Devido à incerteza, gerentes de uma empresa ou fábrica muito grande podem não entender que as deseconomias de escala tenham aumentado seus custos. Eles podem concluir que o problema é que os empregados não estão se empenhando o suficiente, que os problemas na produção podem ser solucionados etc. Essas empresas ou fábricas podem manter suas operações ineficientes por algum tempo, a despeito dos custos maiores do que a média do setor.[16]

Outros processos psicológicos também podem postergar o abandono de operações que são grandes demais. Um desses fenômenos é conhecido como **escalada do comprometimento**: às vezes, gerentes comprometidos com um curso de ação incorreto (aumento de custo ou redução de receita) *aumentam* seu comprometimento com essa ação à medida que as limitações se manifestam. Por exemplo, um gerente que acredita que o tamanho ótimo em um setor é maior do que o tamanho ótimo real permanece comprometido com operações grandes, a despeito dos custos maiores do que a média do setor.[17]

Por todas essas razões, os gerentes de empresas que enfrentam deseconomias de escala devem recorrer a uma consultoria externa para ajudá-los na redução de custos. Terceiros oferecem uma visão renovada dos problemas da organização e não estão comprometidos com as práticas que geraram os problemas no seu início.[18]

Bases de liderança em custo que podem ser custosas de duplicar

Embora vantagens de custo baseadas em economias de curva de aprendizagem sejam raras (sobretudo em setores emergentes), geralmente não são custosas de duplicar. Conforme sugerido no Capítulo 2, para que vantagens de custo de curva de aprendizagem sejam uma fonte de vantagem competitiva sustentável, a aprendizagem obtida por uma empresa deve ser proprietária. Trabalhos empíricos recentes sugerem que, na maioria dos setores, a aprendizagem não é proprietária — e, portanto, pode ser duplicada rapidamente, conforme empresas concorrentes se movem para baixo na curva de aprendizagem, aumentando seu volume de produção cumulativo.[19]

No entanto, o fato de a aprendizagem não ser custosa de duplicar na *maioria* dos setores não significa que nunca o seja. Em alguns setores, a habilidade das empresas de aprender com sua experiência de produção varia significativamente. Por exemplo, algumas empresas tratam erros de produção como falhas e punem sistematicamente os empregados que os cometem. Essas empresas efetivamente reduzem a iniciativa de assumir riscos de seus funcionários e, portanto, reduzem as oportunidades de aprender como melhorar seu processo de produção. Outras empresas, por sua vez, tratam erros de produção como oportunidades de aprender como melhorar seu processo de produção; estas tendem a se mover rapidamente para baixo na curva de aprendizagem e manter vantagens de custo, a despeito do volume de produção cumulativo dos concorrentes. Essas respostas diferentes a erros de produção refletem as diferenças de cultura organizacional dessas empresas. Como as culturas organizacionais são socialmente complexas, podem ser muito custosas de duplicar.[20]

Como o hardware tecnológico geralmente pode ser comprado de mercados fornecedores, não tende a ser difícil de duplicar. Em alguns casos, no entanto, ele pode ser proprietário, ou pode estar estreitamente associado a outros recursos custosos de duplicar controlados por uma empresa. Nesse caso, o hardware tecnológico *pode* ser custoso de duplicar.

É pouco comum, mas não impossível, escolhas de política, em si, serem uma fonte de vantagem de custo competitiva sustentável para uma empresa. Conforme sugerido anteriormente, se as políticas em questão têm foco em características de produto fáceis de observar e de descrever, então a duplicação é provável, e vantagens de custo baseadas em escolhas de política serão temporárias. No entanto, se as escolhas de política refletem processos de decisão complexos em uma empresa, trabalho em equipe entre diferentes partes do processo de design e manufatura, ou quaisquer dos compromissos com software discutidos anteriormente, então as escolhas de política podem ser uma fonte de vantagem competitiva sustentável, contanto que apenas poucas empresas tenham a habilidade de fazer essas escolhas.

Na verdade, a maioria das empresas bem-sucedidas que opera em setores pouco atraentes faz escolhas de política custosas de imitar porque refletem processos históricos, causalmente ambíguos e socialmente complexos. Assim, por exemplo, a estratégia de gestão da cadeia de suprimentos do Walmart — uma política com implicações claras de baixo custo — realmente reflete a história única da empresa, sua relação socialmente complexa com fornecedores e sua cultura organizacional única. E a estratégia de determinação de preços baixos da Ryanair — uma estratégia que reflete a posição de baixo custo da empresa — é possível devido à frota de aviões que ela desenvolveu ao longo do tempo, ao comprometimento de seus funcionários com o sucesso da empresa, a um fundador carismático e à sua cultura organizacional única. Como essas políticas refletem atributos dessas empresas custosos de imitar, podem ser fontes de vantagem competitiva sustentável.

Contudo, para essas e outras empresas, não são as escolhas políticas em si que criam vantagens de liderança em custo sustentáveis. Em vez disso, é a forma como essas políticas são refletidas nos processos históricos, causalmente ambíguos e socialmente complexos de uma empresa que as torna custosas de duplicar. É isso o que ocorre com o time de beisebol Oakland A's, conforme descrito no quadro "Estratégia na empresa emergente".

Fontes de vantagem de custo custosas de duplicar

Uma base da liderança em custo que é custosa de duplicar costuma ser o acesso diferenciado a insumos produtivos de baixo custo, além do software tecnológico. Isso porque esses insumos geralmente se baseiam em histórico, incerteza ou capacidades e recursos socialmente complexos. Conforme sugerido anteriormente, acesso diferenciado a insumos produtivos em geral depende da localização de uma empresa. Além disso, para ser uma fonte de lucros econômicos, essa localização valiosa deve ser obtida antes que todo o seu valor seja entendido. Esses dois atributos do acesso diferencial a insumos produtivos sugerem que, se realmente for raro, ele geralmente será custoso de duplicar.

Primeiro, algumas localizações são únicas e não podem ser duplicadas. Por exemplo, a maioria dos clubes privados de golfe gostaria de possuir campos com a beleza espetacular de Pebble Beach, em Monterey, no estado da Califórnia, mas só existe um Pebble Beach — um campo que margeia uma das paisagens litorâneas mais belas do mundo. Embora 'paisagem' seja um fator de produção importante na gestão de um campo de golfe, a reprodução da paisagem de Pebble Beach em outra localidade está simplesmente além de nossa tecnologia.

Segundo, mesmo que uma localidade não seja única, uma vez que seu valor é revelado, a aquisição dessa localidade provavelmente não gerará lucros econômicos. Assim, por exemplo, embora estar localizado no Vale do Silício proporcione acesso a alguns insumos produtivos de baixo custo importantes para empresas de eletrônicos, empresas que se mudaram para essa localidade depois que seu valor foi revelado têm custos substancialmente maiores do que aquelas que foram para lá antes de seu valor ser revelado por completo. Esses custos maiores reduzem de maneira eficaz o lucro econômico que de outra forma poderia ter sido gerado. Remetendo à discussão do Capítulo 3, esses argumentos sugerem que obter acesso diferenciado a insumos produtivos de uma maneira que gere lucros econômicos pode refletir o caminho único de uma empresa ao longo de sua história.

O software tecnológico tende a ser difícil de duplicar e frequentemente pode ser uma fonte de vantagem competitiva sustentável. Conforme sugerido no Capítulo 3, os valores, as crenças, a cultura e o trabalho em equipe que constituem esse software são socialmente complexos e podem estar imunes à duplicação competitiva. Empresas com vantagens de custo baseadas nesses recursos socialmente complexos incorporam economias de custo em cada aspecto de sua organização; elas focam constantemente a melhoria da qualidade e do custo de suas operações e têm funcionários que entendem o que significa ser líder e estão firmemente comprometidos com o que ser um líder de custo requer. Outras empresas podem falar sobre custos baixos; elas vivenciam a liderança em custo.

ESTRATÉGIA NA EMPRESA EMERGENTE

O Oakland A's: inventando uma nova maneira de jogar um beisebol competitivo

O beisebol nos Estados Unidos tem um problema. A maioria dos observadores concorda que é melhor para os torcedores quando há um equilíbrio competitivo na liga — isto é, se, no começo do ano, os torcedores de diversos times acreditam que seu time tem uma chance de chegar à Série Mundial e ser o campeão. No entanto, a realidade econômica da competição no beisebol é que apenas um pequeno número de times bem financiados em grandes cidades — os New York Yankees, os Los Angeles Dodgers, o Chicago Cubs e o California Angels — tem os recursos necessários para competir por uma vaga na Série Mundial ano após ano. O chamado 'mercado de pequenos times', como o Pittsburg Pirates ou o Milwaukee Brewers, pode conseguir competir uma vez ou outra, mas essas exceções provam a regra geral — times de grandes mercados geralmente vencem a Série Mundial.

Mas há a cidade de Oakland e o time Oakland A's. Oakland (com uma população pouco acima de 400 mil pessoas) é a menor — e menos glamorosa — das três cidades na área da baía de São Francisco, sendo as outras duas São Francisco e São José. O A's joga em um estádio obsoleto para um público médio de 26.038 torcedores, e está no 19º lugar no ranking dos 30 times da liga principal dos Estados Unidos. Em 2008, a folha de pagamento do A's foi de $ 48 milhões, aproximadamente um quinto da folha de pagamento do Yankees.

Apesar dessas dificuldades, de 1999 a 2008 o A's ou venceu em sua divisão ou ficou em segundo lugar em todos os anos, exceto em dois. Nesse período, o A's venceu 57 por cento dos jogos, ficando atrás apenas dos Yankees, que venceu em 60 por cento dos jogos nesse mesmo período. E o time ganhou dinheiro!

Qual é o 'segredo' do sucesso do A's? Seu gerente geral, William Lamar Beane, diz que está relacionado a três fatores: como os jogadores são avaliados, garantir que toda decisão sobre pessoal feita na organização seja consistente com a abordagem de avaliação e garantir que todas as decisões sobre pessoal sejam consideradas decisões de negócios.

O critério utilizado pelo A's para avaliar os jogadores é fácil o suficiente para ser expresso. Para os rebatedores, o A's foca na porcentagem de bases (por exemplo, a frequência com que um rebatedor atinge as bases) e no total de bases tomadas (uma medida da habilidade de um rebatedor para rebater forte) — isto é, eles focam a habilidade dos jogadores de chegar às bases e ganhar pontos. Para os lançadores, o A's focaliza a porcentagem de primeiros lançamentos que são *strikes* e a qualidade da velocidade da bola do lan-

---

Ryanair, Dell, Walmart e Southwest são exemplos de tais empresas. Se existem poucas empresas em um setor com esses tipos de crença e compromisso, então elas podem ganhar uma vantagem competitiva sustentável de sua vantagem de custo.

Substitutos para fontes de vantagem de custo

Em um sentido importante, todas as fontes de vantagem de custo mencionadas neste capítulo são, ao menos, substitutas parciais umas das outras. Assim, por exemplo, uma empresa pode reduzir seu custo explorando economias em produção de larga escala, e uma empresa concorrente pode reduzir seus custos explorando economias de curva de aprendizagem e grandes volumes de produção cumulativa. Se essas atividades diferentes têm efeitos similares na posição de custo de uma empresa e se são igualmente custosas de implementar, então são substitutos estratégicos umas das outras.

Por causa dos efeitos de substituição das diferentes fontes de vantagem de custo, não é incomum que empresas almejando liderança em custo busquem simultaneamente *todas* as atividades de redução de custo discutidas neste capítulo. A implementação desse *conjunto* de atividades de redução de custo pode ter poucos substitutos. Se duplicar esse grupo de atividades também é raro e difícil, então uma empresa pode ser capaz de ganhar uma vantagem competitiva sustentável de fazer isso.

Várias das outras estratégias discutidas nos capítulos seguintes também podem ter o efeito de reduzir os custos de uma empresa e, portanto, ser substitutos para as fontes de redução de custos discutidas neste capítulo. Por exemplo, uma motivação comum para empresas implementando estratégias de aliança estratégica é explorar economias de escala em combinação com outras empresas. Portanto, uma aliança estratégica que reduz os custos de uma empresa pode ser um substituto para uma empresa que explora economias de escala por conta própria para reduzir seus custos. Conforme será discutido detalhadamente no Capítulo 8, muitas das alianças estratégicas entre empresas exploradoras e fundidoras de alumínio são motivadas pela realização de economias de escala e redução de custo. Além disso, estratégias corporativas de diversificação frequentemente permitem às empresas explorar

çador. Fazer *strikes* em primeiros lançamentos e jogar uma boa bola veloz estão relacionados a manter corredores fora das bases. Portanto, não é de surpreender que o critério do A's para avaliar lançadores seja o inverso do critério para avaliar rebatedores.

Embora esses critérios de avaliação sejam fáceis de descrever, fazer com que toda a organização os aplique consistentemente na busca, na escolha, no desenvolvimento e no gerenciamento de jogadores é muito mais difícil. Quase todo jogador e torcedor de beisebol tem seu método favorito para avaliar jogadores. Entretanto, se você quer trabalhar na organização do A's, deve estar disposto a deixar de lado seu método favorito e avaliar os jogadores pelo método do A's. O resultado é que os jogadores que passam pelo sistema de desenvolvimento do A's — as ligas secundárias em que jogadores mais jovens são preparados até estarem prontos para jogar nas ligas principais — aprendem um único método de jogar beisebol, em vez de aprender uma nova abordagem para o jogo toda vez que mudam de gerentes ou treinadores. Uma das implicações dessa consistência é que o sistema de desenvolvimento do A's tem sido um dos mais produtivos no beisebol.

Esse sistema de desenvolvimento consistente permite que o A's trate como decisões de negócios todas as decisões sobre pessoal — incluindo aquelas sobre se devem ou não renovar o contrato de um jogador estrela ou deixá-lo ir para outro time. O A's simplesmente não tem os recursos necessários para jogar o jogo de contratações da mesma maneira que o Los Angeles Dodgers ou o New York Yankees. Quando esses times precisam de um tipo específico de jogador, simplesmente o contratam. O Oakland tem que recorrer mais a seu sistema de desenvolvimento. Mas como seu sistema de desenvolvimento tem um desempenho tão bom, o A's pode deixar os chamados '*superstars*' irem para outros times, sabendo que provavelmente terá um jogador mais jovem — e mais barato — nas ligas secundárias, apenas esperando pela chance de jogar no 'show' — o apelido dado por esses jogadores para as ligas principais. Isso permite ao A's manter baixo o custo com salários e permanecer rentável, apesar do público relativamente pequeno, e, ainda assim, colocar em campo um time que compete praticamente todo ano pelo direito de jogar na Série Mundial.

Uma questão importante é: quão sustentável é a vantagem competitiva do A's? Os critérios de avaliação, em si, não são fontes de vantagem competitiva sustentável. Entretanto, a natureza socialmente complexa de como esses critérios se aplicam consistentemente por toda a organização do A's pode ser uma fonte de vantagem competitiva ao permitir que o A's ganhe acesso diferenciado a insumos produtivos de baixo custo — nesse caso, jogadores de beisebol.

Fontes: K. Hammonds, "How to play Beane ball", *Fast Company*, p. 84+, mai. 2003; M. Lewis, *Moneyball*, Nova York: Norton, 2003; A. McGahan, J. F. McGuire e J. Kou, "The baseball strike", *Harvard Business Review*, caso n. 9-796-059, 1997.

economias de escala em vários negócios nos quais operam. Nesse cenário, cada um desses negócios — tratados separadamente — pode ter desvantagens de escala; mas, coletivamente, sua escala cria a mesma posição de baixo custo que aquela de uma empresa individual que explora plenamente economias de escala para reduzir custos em um único negócio (veja o Capítulo 9).

ORGANIZANDO PARA IMPLEMENTAR LIDERANÇA EM CUSTO

Como acontece com todas as estratégias, empresas que buscam implementar estratégias de liderança em custo devem adotar estrutura organizacional, controles gerenciais e políticas de remuneração que reforcem essas estratégias. Algumas questões fundamentais associadas ao uso dessas ferramentas de organização para implementar liderança em custo estão resumidas no Quadro 4.4.

Estrutura organizacional na implementação de liderança em custo

Conforme sugerido no Quadro 4.4, empresas que implementam estratégias de liderança em custo geralmente adotam o que é conhecido como **estrutura organizacional funcional**.[21] A Figura 4.3 apresenta um exemplo de estrutura organizacional funcional. Na realidade, essa estrutura é aquela usada para implementar todas as estratégias no nível de negócio que uma empresa possa perseguir, embora seja modificada quando utilizada para implementação das diferentes estratégias.

Em uma estrutura funcional, cada uma das principais funções de negócio é gerenciada por um **gerente funcional**. Por exemplo, se produção, marketing, finanças, contabilidade e vendas estiverem todas incluídas em uma organização funcional, então um gerente de produção, um gerente de marketing ou um gerente financeiro conduz todas essas funções. Em uma estrutura organizacional funcional, todos esses gerentes funcionais reportam-se a uma pessoa, a qual pode ter diferentes títulos: presidente, CEO, presidente do conselho ou fundador. No entanto, para os fins dessa discussão, essa pessoa será chamada de CEO (do inglês, *chief executive officer*).

QUADRO 4.4 Organizando para realizar todo o potencial de estratégias de liderança em custo

Estrutura da organização — estrutura funcional com
1. Poucos níveis na estrutura de reporte.
2. Relações de reporte simples.
3. Quadro executivo restrito.
4. Foco em uma gama pequena de funções de negócio.

Sistemas de controle gerencial
1. Sistemas rígidos de controle de custos.
2. Metas de custo quantitativas.
3. Supervisão estrita de custos de mão de obra, matéria-prima, estoque e outros.
4. Filosofia de liderança em custo.

Políticas de remuneração
1. Recompensas por redução de custo.
2. Incentivos para que todos os funcionários se envolvam na redução de custos.

FIGURA 4.3 Um exemplo de estrutura organizacional em forma de U

```
              Chief executive officer
                      CEO
    ┌───────────┬───────────┬───────────┬───────────┐
 Produção    Vendas     Pesquisa e   Recursos    Jurídico
                      desenvolvimento humanos
```

Em uma organização funcional, o CEO tem *status* único. Todos os demais nessa empresa são especialistas funcionais. O pessoal da produção fabrica, o pessoal do marketing olha para o mercado, o pessoal do financeiro cuida das finanças, e assim por diante. De fato, existe apenas uma pessoa na organização funcional que precisa ter uma perspectiva multifuncional: o CEO. Esse papel é tão importante que em alguns casos a organização funcional é chamada de **estrutura em forma de U**, em que U significa 'unitário' — porque existe apenas uma pessoa nessa organização que possui uma perspectiva corporativa multifuncional.

Quando usada para implementar uma estratégia de liderança em custo, essa estrutura em forma de U é mantida o mais simples possível. Conforme sugerido no Quadro 4.4, empresas que implementam estratégias de liderança em custo terão relativamente poucos níveis na estrutura de reporte. Estruturas de reporte complicadas, incluindo as **estruturas matriciais** em que um funcionário se reporta a duas ou mais pessoas, geralmente são evitadas.[22] O quadro executivo nessas empresas é mantido restrito. Elas não operam em uma grande variedade de funções de negócio, mas apenas naquelas poucas funções nas quais têm recursos e capacidades valiosos, raros e custosos de imitar.

Um exemplo excelente de empresa que utiliza uma estratégia de liderança em custo é a Nucor Steel. Líder no setor de minissiderúrgicas, a Nucor tem apenas cinco níveis em sua estrutura de reporte, comparados aos 12 a 15 de seus principais concorrentes, de alto custo. A maior parte das decisões operacionais na Nucor é delegada aos gerentes de fábrica, os quais têm total responsabilidade pelos lucros e perdas de suas operações. O quadro executivo da empresa é pequeno e focaliza seus esforços na responsabilidade pela receita e pelos custos e exploração de novos processos de produção para reduzir ainda mais as despesas operacionais e expandir as oportunidades de negócios. O ex-presidente da Nucor, Ken Iverson, acreditava que a empresa faz bem apenas duas coisas: construir fábricas com eficiência e dirigi-las com eficácia. Portanto, a Nucor concentra seus esforços nessas áreas e subcontrata fornecedores externos para muitas de suas outras funções de negócios, incluindo a compra de matérias-primas.[23]

Responsabilidade do CEO em uma organização funcional

O CEO tem duas responsabilidades básicas em uma organização estruturada em forma de U: (1) formular a estratégia da empresa e (2) coordenar as atividades dos especialistas funcionais da empresa para facilitar a implementação dessa estratégia. No caso especial de uma estratégia de liderança em custo, o CEO deve decidir em que bases tal estratégia será fundamentada — incluindo aquelas listadas no Quadro 4.1 — e, então, deve coordenar as funções na empresa, para assegurar que o potencial econômico dessa estratégia seja plenamente aproveitado.

Formulação de estratégia

Para formular a estratégia em uma organização estruturada em forma de U, o CEO deve aplicar o processo de administração estratégica descrito no Capítulo 1. Um CEO estabelece a missão da empresa e os objetivos associados. Ele avalia as ameaças e oportunidades ambientais, entende as forças e fraquezas da empresa e então escolhe uma ou mais das estratégias de negócio ou corporativas discutidas neste livro. No caso de uma estratégia de liderança em custo, a aplicação do processo de administração estratégica deve levar o CEO a concluir que a maior probabilidade de uma empresa atingir sua missão é adotar uma estratégia de liderança em custo no nível de negócio.

Embora a responsabilidade pela formulação da estratégia em uma organização estruturada em forma de U, em última análise, recaia sobre o CEO, essa pessoa deve basear-se no ponto de vista, na análise e no envolvimento dos gerentes funcionais da empresa. CEOs que deixam de envolver gerentes funcionais na formulação de estratégias correm grandes riscos. Primeiro, escolhas estratégicas realizadas sem a participação dos gerentes funcionais podem ter sido feitas sem informações completas. Segundo, limitar o envolvimento dos gerentes funcionais na formulação da estratégia pode limitar seu entendimento da estratégia escolhida e seu compromisso com ela. Isso pode reduzir seriamente a habilidade e a disposição dessas pessoas em implementar qualquer estratégia escolhida — inclusive de liderança em custo.[24]

Coordenando funções para implementação de estratégia

Mesmo a estratégia mais bem formulada é competitivamente irrelevante se não for implementada. E as estratégias só podem ser implementadas de maneira eficaz quando todas as funções de uma empresa estão alinhadas de forma consistente com elas.

Por exemplo, compare duas empresas que utilizam uma estratégia de liderança em custo. Todas as funções da primeira empresa — exceto o marketing — estão alinhadas a essa estratégia. Todas as funções da segunda empresa — incluindo o marketing — estão alinhadas a essa estratégia. Como o marketing não está alinhado com a estratégia de liderança em custo na primeira empresa, ela pode anunciar produtos que não vende. Isto é, pode anunciar seus produtos com base em seu estilo e desempenho, porém vender produtos que são confiáveis (mas sem estilo) e baratos (mas com desempenho fraco). Uma empresa que anuncia produtos que na verdade não vende tende a desapontar os clientes. Por outro lado, a segunda empresa, que tem todas as funções — incluindo o marketing — alinhadas com a estratégia escolhida, tende a anunciar os produtos que realmente vende e, portanto, tende a não desapontar seus clientes. No longo prazo, parece razoável esperar que a segunda empresa supere a primeira em desempenho, ao menos no que diz respeito a implementar uma estratégia de liderança em custo.

Evidentemente, é necessário haver alinhamento em todas as áreas funcionais de uma empresa, e não apenas no marketing. Além disso, a inconsistência de alinhamento pode ocorrer em qualquer área funcional da empresa. A Tabela 4.3 lista algumas inconsistências de alinhamento comuns entre a estratégia de liderança em custo de uma empresa e suas atividades funcionais.

TABELA 4.3 Inconsistências de alinhamento comuns entre funções de negócio e estratégia de liderança em custo

	Quando função e estratégias de liderança em custo *estão alinhadas*	Quando função e estratégias de liderança em custo *não estão alinhadas*
Produção	Eficiente, baixo custo, boa qualidade	Ineficiente, alto custo, má qualidade
Marketing	Enfatiza valor, confiabilidade e preço	Enfatiza estilo e desempenho
P&D	Foco em extensões de produto e melhoria de processos	Foco em tecnologia e produtos radicalmente novos
Finanças	Foco em baixo custo e situação financeira estável	Foco em instrumentos financeiros não tradicionais
Contabilidade	Coleta dados de custo e adota princípios de contabilidade conservadores	Não coleta dados de custo e adota princípios de contabilidade agressivos
Vendas	Foco em valor, confiabilidade e preço baixo	Foco em estilo e desempenho e preço alto

Controles gerenciais na implementação de liderança em custo

Conforme sugerido no Quadro 4.4, empresas com estratégias de liderança em custo geralmente são caracterizadas por sistemas muito rígidos de controle de custos, relatórios frequentes e detalhados de controle de custo, ênfase em metas quantitativas de custo e supervisão estrita de custos de mão de obra, matéria-prima, estoque e outros custos. Novamente, a Nucor é um exemplo de empresa de liderança em custo que implementou esses tipos de sistema de controle. Nela, grupos de empregados recebem metas semanais de melhoria de custo e produtividade. Os grupos que atingem ou superam essas metas recebem uma remuneração adicional. Gerentes de fábrica são responsáveis pelo desempenho de custo e lucro. Um gerente de fábrica que não atende às expectativas corporativas de desempenho não pode esperar uma carreira longa na Nucor. Sistemas semelhantes de redução de custos em grupo são utilizados por alguns dos principais concorrentes da empresa, incluindo a Chaparral Steel.[25]

Sistemas de controle gerencial menos formais também sustentam uma filosofia de redução de custo para empresas com estratégias de liderança em custo. Por exemplo, embora o Walmart seja uma das operações de varejo mais bem-sucedidas do mundo, sua sede no estado de Arkansas é simples. Na verdade, para alguns, a sede do Walmart parece um armazém. O estilo de sua decoração interna já foi descrito como uma 'estação rodoviária antiga'. O Walmart envolve inclusive seus clientes na redução de custos, pedindo-lhes para "ajudar a manter os custos baixos", por exemplo, retornando os carrinhos de compras para as áreas demarcadas no estacionamento.[26]

Políticas de remuneração na implantação de liderança em custo

Conforme sugerido no Quadro 4.4, a remuneração nas empresas com liderança em custo costuma estar diretamente associada aos esforços de redução de custo. Essas empresas costumam oferecer incentivos aos funcionários para que trabalhem em conjunto a fim de reduzir custos e aumentar ou manter a qualidade, e esperam que *cada* empregado assuma responsabilidade, tanto por custos como por qualidade. Por exemplo, uma despesa importante para varejistas como o Walmart são as 'perdas' — uma forma elegante de dizer que as pessoas roubam coisas. Cerca de metade das perdas na maior parte das lojas resulta de empregados que roubam os produtos de sua própria empresa.

O Walmart costumava ter um problema sério de perdas. Entre outras soluções (incluindo a contratação de 'saudadores' de clientes, cuja verdadeira função é desestimular o roubo nas lojas), a empresa desenvolveu um esquema de remuneração que distribui entre os funcionários, na forma de bônus, metade da economia de custos gerada pela redução das perdas. Com esse incentivo, os problemas de perdas do Walmart diminuíram significativamente.

RESUMO

Há diversas razões para que empresas que produzem essencialmente os mesmos produtos tenham custos diferentes. Algumas das mais importantes são: (1) diferenças de tamanho e economias de escala, (2) diferenças de tamanho e deseconomias de escala, (3) diferentes experiências e economias de curva de aprendizagem, (4) acesso diferenciado a insumos produtivos e (5) vantagens tecnológicas independentes de escala. Além disso, empresas que competem no mesmo setor podem escolher políticas sobre os tipos de produto e serviço para vender que podem ter um impacto importante em suas posições relativas de custo. A liderança em custo em um setor pode ser valiosa ao ajudar uma empresa a reduzir a ameaça de cada uma das cinco forças em um setor, descritas no Capítulo 2.

Cada uma das fontes de vantagem de custo discutidas neste capítulo pode ser fonte de vantagem competitiva sustentável, caso seja rara e custosa de imitar. Economias de curva de aprendizagem, acesso diferenciado a insumos produtivos e software tecnológico têm maior probabilidade de ser raras do que outras fontes de vantagem de custo. Acesso diferenciado a insumos produtivos e a software tecnológico tende a ser mais custoso de imitar — seja por meio de duplicação direta ou de substituição — do que outras fontes de vantagem em custo. Portanto, acesso diferenciado a insumos produtivos e a software tecnológico tem maior probabilidade de ser uma fonte de vantagem competitiva sustentável do que de vantagens de custo baseadas em outros recursos.

É claro que, para perceber todo o potencial dessas vantagens competitivas, uma empresa deve estar organizada de maneira apropriada. Organizar-se para implementar uma estratégia sempre envolve a estrutura organizacional da empresa, seus sistemas de controle gerencial e suas políticas de remuneração. A estrutura organizacional utilizada para implementar liderança em custo — e outras estratégias de negócio — é chamada de estrutura *funcional* ou estrutura *em forma de U*. Nessa estrutura, o CEO é a única pessoa que tem perspectiva corporativa. Ele tem duas responsabilidades: formular a estratégia da empresa e implementá-la por meio da coordenação das funções dentro dela. Assegurar que as funções da empresa estejam alinhadas com sua estratégia é essencial para a implementação bem-sucedida de uma estratégia.

Quando utilizada para implementar uma estratégia de liderança em custo, a estrutura em forma de U geralmente tem poucos níveis, relações simples de reporte, um pequeno quadro executivo e foco em um estreito conjunto de funções do negócio. Os sistemas de controle gerencial usados para implementar essas estratégias geralmente incluem controles de custo rígidos; metas de custo mensuráveis; supervisão estrita dos custos de mão de obra, matéria-prima, estoque e outros custos e uma cultura e mentalidade de liderança em custo. Finalmente, é comum as políticas de remuneração nessas empresas recompensarem a redução de custos e oferecerem incentivos para que todos na organização se tornem parte do esforço para reduzir os custos.

QUESTÕES

1. Ryanair, Walmart, Timex, Casio e Hyundai são todas citadas como exemplos de empresas que buscam estratégias de liderança em custo, mas essas empresas realizam grandes investimentos em publicidade, o que está provavelmente associado a uma estratégia de diferenciação de produto. Essas empresas estão realmente utilizando estratégias de liderança em custo ou estão em busca de estratégias de diferenciação de produto por meio da ênfase em seus custos baixos?

2. Quando existem economias de escala, empresas com grandes volumes de produção têm custo menor do que empresas com menores volumes de produção. Porém, a realização dessas economias de escala está longe de ser automática. Que ações as empresas podem empreender para garantir a realização de quaisquer economias de escala que sejam criadas por seu volume de produção?

3. As empresas envolvem-se em uma atividade chamada 'precificação avançada' quando estabelecem, durante os primeiros estágios da curva de aprendizagem, um preço para seus produtos que é mais baixo do que seus custos reais, em antecipação a custos mais baixos no futuro, depois que alguma aprendizagem significativa tenha ocorrido. Sob quais condições, caso haja alguma, a precificação avançada faz sentido? Quais riscos, se houver algum, as empresas enfrentam praticando precificação avançada?

4. Uma forma de pensar sobre como se organizar para implementar estratégias de liderança em custo é que as empresas que buscam essa estratégia devem ser altamente centralizadas, ter altos níveis de supervisão direta e manter os salários dos funcionários a um mínimo absoluto. Outra abordagem é descentralizar a autoridade de tomada de decisões — garantir que os indivíduos que sabem mais sobre redução de custos tomem essas decisões. Isso, por sua vez, implicaria supervisão menos direta e salários um pouco maiores. Por quê? Qual dessas duas abordagens parece mais razoável? Sob quais condições essas diferentes abordagens fariam mais ou menos sentido?

PROBLEMAS

1. A curva de economias de escala na Figura 4.1 pode ser representada algebricamente pela seguinte equação:
Custos médios = $a + bQ + cQ^2$
em que Q é a quantidade produzida por uma empresa, e a, b e c são coeficientes estimados a partir de dados do setor. Por exemplo, foi demonstrado que a curva de economias de escala para financeiras nos Estados Unidos é:
Custos médios = $2{,}38 - 0{,}615A + 0{,}54A^2$
em que A é o ativo total de uma financeira. Utilizando essa equação, qual é o tamanho ótimo de uma empresa dessas? (Dica: Teste diferentes valores para A e calcule os custos médios. Os custos médios mais baixos possíveis são o tamanho ótimo para uma financeira.)

2. A curva de aprendizagem ilustrada na Figura 4.2 pode ser representada algebricamente pela seguinte equação:
Tempo médio para produzir x unidades = $ax^{-\beta}$
em que x é o número total de unidades produzidas por uma empresa ao longo de sua história, a é a quantidade de tempo necessária para a empresa produzir sua primeira unidade e β é um coeficiente da taxa de aprendizagem da empresa.

Suponha que sejam necessárias 45 horas para uma equipe de operários montar seu primeiro produto ($a = 45$) e 40,5 horas para montar seu segundo produto. Quando uma empresa dobra sua produção (nesse caso, de 1 para 2 unidades) e diminui seu tempo de produção (nesse caso, de 45 horas para 40,5 horas), diz-se que ocorreu aprendizagem (nesse caso, uma curva de aprendizado de 40,5/45 ou 90 por cento). O β para uma curva de aprendizagem de 90 por cento é 0,3219. Portanto, a curva de aprendizagem dessa empresa é:
Tempo médio para produzir x unidades = $45x^{-0{,}3219}$
Qual é a quantidade média de tempo que a empresa levará para produzir seis produtos? (Dica: Simplesmente substitua x por 6 na equação e resolva.) Qual foi o tempo total necessário para que a empresa produzisse os seis produtos? (Dica: Simplesmente multiplique o número de unidades produzidas, 6, pelo tempo médio que levará para produzir esses seis produtos.) Qual é o tempo médio que levará para essa empresa produzir cinco

produtos? Qual é o tempo total para que produza cinco produtos? Portanto, qual é o tempo total para que produza seu sexto produto? (Dica: Subtraia o tempo total necessário para produzir cinco produtos do tempo total necessário para produzir seis produtos.)

Suponha que uma nova empresa comece a produzir os mesmos produtos. Considerando que ela não aprenda nada das empresas já estabelecidas no mercado, qual será sua desvantagem de custo quando montar seu primeiro produto? (Dica: Compare os custos de produção do sexto produto da empresa experiente com o custo de produção do primeiro produto da nova empresa.)

NOTAS

1. S. Weiner, "The road most traveled", *Forbes*, p. 60-64, 19 out. 1987.
2. C. R. Christensen, N. A. Berg e M. S. Salter, *Policy formulation and administration*: a casebook of senior management problems in business, 8. ed., Homewood, IL: Irwin, 1980, p. 163.
3. F. M. Scherer, *Industrial market structure and economic performance*, Boston: Houghton Mifflin, 1980; F. T. Moore, "Economies of scale: some statistical evidence", *Quarterly Journal of Economics*, n. 73, p. 232-245, 1959; L. J. Lau e S. Tamura, "Economies of scale, technical progress, and the nonhomothetic leontief production function", *Journal of Political Economy*, n. 80, p. 1167-1187, 1972.
4. F. M. Scherer, *Industrial market structure and economic performance*, Boston: Houghton Mifflin, 1980; C. Perrow, *Normal accidents*: living with high-risk technologies, Nova York: Basic Books, 1984.
5. R. G. Hamermesh e R. S. Rosenbloom, "Crown Cork and Seal Co., Inc", *Harvard Business School*, caso n. 9-388-096, 1989.
6. Veja J. R. Hackman e G. R. Oldham, *Work redesign*, Reading, MA: Addison-Wesley, 1980.
7. Essa relação foi observada pela primeira vez em 1925 pelo comandante da Base Aérea Wright-Patterson em Dayton, Ohio.
8. Curvas de aprendizagem foram estimadas para muitos setores. O artigo do Boston Consulting Group, "Perspectives on experience", Boston: BCG, 1970, apresenta curvas de aprendizagem para mais de 20 setores, enquanto M. Lieberman, em "The learning curve and pricing in the chemical processing industries", *Rand Journal of Economics*, n. 15, p. 213-228, 1984, estima curvas de aprendizagem para 37 produtos químicos.
9. B. Henderson, *The experience curve re viewed III — How does it work?*, Boston: Boston Consulting Group, 1974; Boston Consulting Group, *Perspectives on experience*, Boston: BCG, 1970.
10. G. Hall e S. Howell, "The experience curve from the economist's perspective", *Strategic Management Journal*, n. 6, p. 197-212, 1985.
11. C. W. L. Hill, "Differentiation *versus* low cost or differentiation and low-cost: a contingency framework", *Academy of Management Review*, v. 13, n. 3, p. 401-412, 1988.
12. Veja P. Ghemawat e H. J. Stander III, "Nucor at a crossroads", *Harvard Business School*, caso n. 9-793-039, 1992, sobre tecnologia na produção e vantagens de custo do aço; R. A. Shaffer, "Intel as conquistador", *Forbes*, p. 130, 27 fev. 1995, sobre a tecnologia na produção e vantagens de custo de semicondutores; K. Monteverde e D. Teece, "Supplier switching costs and vertical integration in the automobile industry", *Rand Journal of Economics*, v. 13, n. 1, p. 206-213, 1982; J. McCormick e N. Stone, "From national champion to global competitor: an interview with Thomson's Alain Gomez", *Harvard Business Review*, p.126-135, mai.-jun. 1990, sobre a tecnologia na produção e vantagens de custo de eletroeletrônicos.
13. E. Schultz, "Climbing high with discount brokers", *Fortune*, p. 219-223, outono 1989, edição especial.
14. E. Schonfeld, "Can computers cure health care?", *Fortune*, p. 111+, 30 mar. 1998.
15. Ibidem.
16. Veja M. W. Meyer e L. B. Zucker, *Permanently failing organizations*, Newbury Park, CA: Sage, 1989.
17. B. M. Staw, "The escalation of commitment to a course of action", *Academy of Management Review*, n. 6, p. 577-587, 1981.
18. W. S. Hesterly, *Top management succession as a determinant of firm performance and de-escalation*: an agency problem, 1989, Tese (Doutorado). University of California, Los Angeles, 1989.
19. J. B. Barney, "Organizational culture: Can it be a source of sustained competitive advantage?", *Academy of Management Review*, n. 11, p. 656-665, 1986.
20. Veja A. M. Spence, "The learning-curve and competition", *Bell Journal of Economics*, n. 12, p. 49-70, 1981, sobre por que aprendizagem precisa ser proprietário; E. Mansfield, "How rapidly does new industrial technology leak out?", *Journal of Industrial Economics*, v. 34, n. 2, p. 217-223, 1985; M. B. Lieberman, *The learningcurve, pricing and market structure in the chemical processing industries*, 1982, Tese (Doutorado). Harvard University, Boston, 1982; M. B. Lieberman, "The learning curve, diffusion, and competitive strategy", *Strategic Management Journal*, n. 8, p. 441-452, 1987, sobre por que geralmente não é proprietário.
21. O. Williamson, *Markets and hierarchies*, Nova York: Free Press, 1975.
22. S. M. Davis e P. R. Lawrence, *Matrix*, Reading, MA: Addison-Wesley, 1977.
23. Veja P. Ghemawat e H. J. Stander III, "Nucor at a crossroads", *Harvard Business School*, caso n. 9-793-039, 1992.
24. Veja S. W. Floyd e B. Woldridge, "Middle management involvement in strategy and its association with strategic type: A research note", *Strategic Management Journal*, n. 13, p. 153-167, 1992.
25. Ibidem.
26. S. Walton, *Sam Walton, made in America*: My story, Nova York: Doubleday, 1992.

PANORAMA BRASILEIRO

AZUL: "A COMPANHIA AÉREA ADEQUADA PARA O BRASIL"

Introdução

A Azul Linhas Aéreas foi citada na 47ª colocação no ranking 2011 de empresas mais inovadoras do mundo, divulgado pela revista *Fast Company*. Foi a única empresa brasileira na lista liderada por Apple, Twitter e Facebook. O privilégio de fazer parte desse ranking foi concedido porque a Azul foi considerada pela publicação "a companhia aérea adequada para o Brasil".

Além de empresa inovadora, a Azul foi eleita uma das 30 marcas mais desejadas do mundo pela revista Advertising Age, na publicação anual *Advertising Age Global Report — The World's Hottest Brands*. A companhia foi a única empresa aérea e uma das três marcas brasileiras, além de Natura e Havaianas, a receber esse reconhecimento.

O fundador da Azul, David Neeleman, trouxe para o Brasil o modelo da companhia aérea norte-americana JetBlue, uma empresa de baixo custo e baixo preço, mas capaz de oferecer bons serviços e até alguns luxos aos passageiros: maior espaço entre as poltronas, que são de couro, monitores de TV via satélite e uma estrutura de rotas ponto a ponto sem escalas. A nova companhia recebeu investimento de $ 200 milhões e começou a voar em dezembro de 2008.

Com reconhecido espírito empreendedor, o brasileiro David Neeleman começou sua carreira nos Estados Unidos no setor de turismo, vendendo pacotes para o Havaí. Sua primeira companhia aérea, a Morris Air, foi comprada pela Southwest — empresa que criou o modelo de negócios de baixo custo no setor aéreo —, em 1993, por $ 130 milhões. Afastado do mercado norte-americano por restrição contratual, Neeleman investiu na WestJet, atualmente a segunda maior empresa aérea do Canadá, até criar, em 1999, a JetBlue, que foi eleita nos Estados Unidos "a melhor companhia aérea em voos domésticos" por vários anos.

Em 2008, Neeleman afastou-se da JetBlue. Quando uma nevasca paralisou a companhia nos Estados Unidos, ele entrou em confronto com os acionistas e acabou demitido da empresa que criou. Nesse momento, decidiu investir no Brasil, onde, segundo ele, "é mais fácil ganhar dinheiro do que nos Estados Unidos". A JetBlue levou dez anos para conquistar 4 por cento de participação no mercado de voos domésticos, enquanto a Azul já tem 8 por cento em apenas dois anos. É a terceira colocada, perdendo apenas para as gigantes do setor, TAM e Gol.

A ideia de David Neeleman é usar toda a sua experiência no setor de aviação para consolidar uma empresa aérea brasileira de classe internacional. A companhia encerrou 2010 com 6 milhões de clientes, 26 aeronaves, 28 destinos e 3 mil funcionários.

Segundo a Agência Nacional de Aviação Civil (Anac), a Azul foi a empresa que mais cresceu em 2010, com aumento de mais de 100 por cento na demanda por voos em relação a 2009.

O mercado de aviação civil

O setor de aviação civil impõe uma rotina empresarial desafiadora porque exige altos investimentos de longo prazo, tem custos fixos muito altos e é sensível a turbulências imediatas. Diversos fatores do chamado macroambiente de marketing exercem influência imediata nesse setor. No ambiente natural, por exemplo, acontecimentos como os *tsunamis* afetam diretamente a possibilidade e o desejo das pessoas de viajar ou não para determinados pontos turísticos do planeta. Outros acontecimentos, como os atentados terroristas que utilizaram aviões para derrubar as torres gêmeas em Nova York, as guerras que indiretamente aumentam o preço do petróleo, as flutuações cambiais e as crises financeiras que abalam o poder de compra das pessoas, são exemplos de fatores externos (do macroambiente de marketing) que afetam o balanço das empresas do setor de aviação civil. Além disso, o ambiente político-legal exerce forte influência, uma vez que o governo brasileiro intervém com frequência no setor.

O setor aéreo brasileiro vive um momento histórico, com crescimento três vezes mais que a economia. O número de passageiros saltou de 50 milhões para 70 milhões nos últimos dois anos. No curto prazo, a demanda por transporte aéreo no mercado doméstico cresceu 16,43 por cento em janeiro de 2011, em comparação com o mesmo mês do ano anterior, mantendo-se o comportamento de crescimento do mercado, segundo a Anac. A oferta de assentos por parte das companhias áreas também cresceu 13,8 por cento nos voos domésticos em janeiro de 2011, ante o mesmo mês do ano anterior. No mesmo período, a taxa de ocupação passou de 76,87 para 78,65 por cento. No mercado internacional também houve aumento da demanda para as companhias aéreas brasileiras, com alta de 11,48 por cento sobre janeiro do ano anterior.

O Grupo TAM (que compreende a TAM e a Pantanal) mantém-se na liderança do setor, ocupando 85,2 por cento do mercado internacional operado pelas empresas brasileiras e 43,35 por cento do mercado doméstico, seguido pela Gol, com 37,27 por cento nos voos domésticos e 13,35 por cento nos internacionais.

As empresas de menor porte representam 19,38 por cento do mercado interno, com participação de 7,74 por cento da Azul e 5,53 por cento da Webjet, enquanto a Avianca (2,54 por cento) e a Trip (2,51 por cento) têm se revezado na disputa da quinta posição.

O futuro é promissor para o setor aéreo. A expectativa de crescimento do País para os próximos cinco anos e os dois grandes eventos do esporte mundial (Copa do Mundo e Olimpíadas) indicam um verdadeiro céu de brigadeiro para as empresas do setor. Porém, para garantir as excelentes condições de voo, é preciso que haja investimento urgente em infraestrutura, ampliação e modernização dos aeroportos e dos serviços aeroportuários. Potencialmente, esse é um gargalo para a expansão do setor.

Tudo Azul

Em 27 de março de 2008, David Neeleman anunciou que o Brasil ganharia uma nova empresa aérea. A escolha do nome da empresa foi o primeiro esforço de comunicação: a promoção 'Você Escolhe', que convidava os brasileiros a participar da escolha do nome da marca, contou com mais de 108 mil cadastros e mais de 150 mil votos, e foram escolhidas dez sugestões de nome. A disputa ficou entre Samba, que foi ligeiramente mais votado, e Azul. Ao final, o grupo de executivos liderado pelo fundador escolheu Azul Linhas Aéreas Brasileiras S.A.

Já com nome definido, foi apresentado o símbolo da marca: o mapa do Brasil, estampado na cauda das aeronaves, que simboliza "o desejo de servir, de aproximar e apresentar aos brasileiros, sem escalas, uma nova fase na história do transporte aéreo do país".

A escolha das aeronaves é crítica para empresas de baixo custo. Como já tinha feito para a JetBlue, Neeleman escolheu como fornecedor a Embraer, o que reforçou o atributo de brasilidade da marca. A entrega da primeira aeronave ocorreu em 11 de dezembro de 2008, e ela foi batizada 'Tudo Azul'. No dia 15 de dezembro, dois voos inaugurais foram realizados, de Campinas a Salvador e Porto Alegre.

Para completar sua frota e continuar o processo de expansão, além dos jatos Embraer, a companhia escolheu os ATR (turboélices), considerados ideais para percorrer curtas distâncias com o melhor custo-benefício, pois acrescentam apenas dez minutos de tempo de voo e consomem quase metade do combustível que um jato necessita para percorrer o mesmo trecho. A estratégia da empresa é operar conjuntamente seus ATR com os jatos Embraer, de maneira a oferecer ligações convenientes e econômicas a um número maior de cidades pouco servidas ou simplesmente desprovidas de transporte aéreo regular. A inovação desta ação está na comodidade ao cliente, que com apenas um processo de *check-in* poderá sair de polos regionais para grandes capitais nas cinco regiões brasileiras. Além disso, a companhia promete manter o conforto dos jatos, com poltronas de couro, espaço entre as fileiras, bagageiros com maior capacidade e significativa redução de ruídos em relação aos outros modelos turboélices.

A Azul traçou duas importantes estratégias. A primeira foi a segmentação de tarifas — política que prevê preços mais baixos para quem compra com antecedência — também feita pelas concorrentes. Entretanto, a entrada da Azul no mercado alterou muito os preços praticados: a diferença entre a tarifa mais baixa e a mais alta era de 50 por cento; depois da Azul, passou a ser de mais de 300 por cento. Com os preços tão baixos, a Azul atraiu para o setor novos usuários, que antes viajavam de ônibus.

A segunda estratégia foi a oferta de voos diretos, reconhecendo que as pessoas não gostam de fazer conexões. O foco em cidades menores também foi uma forma de diferenciar sua oferta em relação aos concorrentes e manter seus custos mais baixos. A empresa escolheu o aeroporto de Viracopos, em Campinas, pela proximidade com o maior mercado — São Paulo. Essa escolha é uma faca de dois gumes, pois, apesar das vantagens, faz com que a empresa fique fora de Congonhas, o aeroporto mais movimentado do País, o que pode limitar sua participação de mercado. Para minimizar essa desvantagem, a Azul arca com outro custo: conta com 35 ônibus para transportar passageiros do interior para a capital.

A empresa premiou 2 mil internautas que participaram da votação com passagens aéreas para que tivessem a chance de experimentar os serviços da nova companhia. Uma oferta de degustação e aposta no boca a boca via redes sociais.

Uma companhia aérea é formada basicamente por aeronaves e tripulantes. Para a Azul, são eles que dão vida e significado aos atributos da marca, devendo comportar-se como seus embaixadores. O treinamento oferecido busca uma execução impecável, mas, reconhecendo que isso é muito complicado de atingir, a empresa recomenda que se algo não sair como previsto, os clientes sejam tratados de forma que se encantem com a empresa mais do que se encantariam caso não tivessem enfrentado o problema. É também nessas situações que a Azul se mostra uma empresa de baixo custo que oferece alguns mimos.

A estratégia de comunicação da Azul prevê o uso intensivo de redes sociais, táticas diferenciadas de divulgação de produtos e serviços e uso criativo de meios para divulgação de diferentes mensagens.

Pelo segundo ano consecutivo, ela é a transportadora oficial da edição 2011 da Campus Party, considerada um dos maiores encontros de inovação, ciência, criatividade e entretenimento digital de todo o mundo. A Azul participou com um QG itinerante, o Geek Azul, com o qual desenvolveu ações de marketing nas redes sociais, desafios e concursos culturais. Aliás, não apenas no Campus Party a Azul costuma fazer promoções culturais (como a da escolha do nome da empresa) para premiar os ganhadores com *vouchers* para viagens. Essa é uma maneira de apresentar a empresa e estimular uma 'degustação' de seus serviços.

A Azul também realiza promoções-relâmpago, com venda de passagens aéreas com preço de táxi:

$ 10 ou $ 25. Além de atrair novos usuários, ainda reforça o posicionamento de preços baixos. Outra promoção é o 'Passaporte Azul', que dá direito a voar ilimitadamente da cidade de origem para diversas cidades durante um período estipulado.

Apesar de focar a venda direta de bilhetes, preferencialmente via Internet, a Azul reconhece a importância dos intermediários, ou seja, dos agentes de viagens para o setor. A empresa participa todos os anos da feira da Associação Brasileira de Agências de Viagens (ABAV), que é o maior evento do *trade* brasileiro, e premia os agentes que mais venderam bilhetes da Azul.

Embora não faça parte do modelo de negócios de empresas de baixo custo, a Azul lançou o que chama de 'Programa de Vantagens Tudo Azul' para competir com os programas de milhagens de seus concorrentes. As vantagens estão relacionadas ao acúmulo de créditos em dinheiro em função do valor gasto nas passagens, em vez de milhas.

Segundo a própria empresa, o papel da Azul é "estimular o tráfego aéreo e dinamizar a economia brasileira por meio de uma equação tão simples de entender quanto difícil de imitar: preços baixos com alta qualidade de serviços". O grande questionamento dos principais concorrentes é como fazer a conta fechar, ou seja, como ter uma companhia rentável com essa equação.

Baixo custo, baixo preço

A prática, mais conhecida pelo termo em inglês '*low cost, low fare*', teve início nos Estados Unidos, nos anos 1970. As empresas que adotaram esse modelo de negócios foram as norte-americanas Southwest e JetBlue, a inglesa EasyJet, a irlandesa Ryanair e a holandesa Buzz.

A Tabela A a seguir, resume e compara as características das empresas '*low cost, low fare*' com as características das grandes empresas estabelecidas (chamadas de 'empresas convencionais').

TABELA A Características das empresas "*low cost, low fare*"

Empresas 'low cost, low fare'	Grandes empresas estabelecidas
Voos ponto a ponto	'*Hub and spoke*', que, no jargão do setor, quer dizer que de um centro se atendem localidades que estão a uma distância de um determinado raio
Uso de aeroportos regionais ou secundários	Uso dos principais aeroportos do País ou do estado
Reservas feitas diariamente, com ênfase na Internet	Reservas feitas principalmente por agentes de viagens
Gerenciamento agressivo das receitas por assento por meio da oferta de preços diferenciados por antecedência na compra e no nível de ocupação	Gerenciamento de receita pela oferta de classes fixas de preço. As classes vão lotando em função das reservas
Check-in sem bilhete	Bilhetes emitidos para cada reserva
Frota padronizada	Grande frota de aviões de diferentes tamanhos
Cabine configurada em uma única classe	Cabine dividida em duas ou três classes
Não oferecimento de refeições a bordo	Refeições e drinques a bordo
Minimização de tripulação de cabine	Pessoal de cabine numeroso
Tempos curtos de parada nos aeroportos entre voos	Tempos longos de parada
Alta utilização dos aviões	Menor utilização dos aviões
Operação apenas atividades essenciais. Terceirização da maior parte das operações	Menor uso de terceirização

Fonte: D. Gilbert, D. Child e M. Bennet, 2001.

A estratégia de baixo custo e baixo preço não é nova no Brasil. A empresa pioneira foi a Gol Linhas Aéreas Inteligentes, que começou a voar em janeiro de 2001. O grupo Áurea, criador da empresa, começou em 1949 em Minas Gerais e hoje é o maior grupo de transporte rodoviário brasileiro. Constantino de Oliveira, mais conhecido como 'Seu Nenê', foi o grande investidor e declarou na abertura da empresa: "a Gol vai oferecer a tarifa mais baixa do mercado. Vamos evitar entrar no vermelho. E vamos ficar com preços à altura do povo brasileiro".

De fato, a Gol mudou o setor no Brasil, derrubando os preços e contribuindo para a falência de empresas que já não iam bem das pernas, como Vasp e Varig. Esta última foi adquirida pela própria Gol, o que fez com que a empresa crescesse mais do que era inicialmente previsto. Apesar de declarar que mantém o posicionamento de baixo custo, os preços da Gol já não são tão diferentes daqueles oferecidos pela principal concorrente, a TAM. Talvez toda a movimentação do mercado tenha aberto uma brecha para uma nova empresa de baixo custo na aviação brasileira.

O grande desafio no Brasil é conseguir manter uma empresa de fato de baixo custo, apesar dos altos custos do País, como infraestrutura, custos trabalhistas etc. O próprio Neeleman, fundador da Azul, em entrevista a um jornal, criticou o alto custo dos serviços no País, principalmente as tarifas de Internet e linhas telefônicas, o que, segundo ele, impediu a Azul de implantar por aqui um serviço de *call center* para atendimento de passageiros com os atendentes trabalhando em suas próprias casas, como na JetBlue.

Considerações finais

A Azul começou 2011 com plano de expansão que prevê a operação em mais 20 cidades, totalizando aproximadamente 50 destinos até o fim do ano. A estratégia da empresa é ligar cidades do interior às principais capitais do País com voos curtos, tarifas competitivas e com diversas frequências por dia. Até 2012, a companhia almeja servir as principais cidades brasileiras.

Ao estilo de suas administrações anteriores, David Neeleman se faz muito presente no dia a dia dos negócios, inclusive recebendo clientes, como fazia o Comandante Rolim da TAM até falecer, e fazendo palestras para novos funcionários. Ele declara que pretende jamais ter de abrir o capital da empresa. Devido ao alto investimento, a Azul tem acionistas, mas Neeleman detém o controle das ações com direito a voto. Entretanto, há rumores no setor de que a Azul se prepara para abrir capital em 2012.

QUESTÕES

1. Identifique as fontes de vantagens de custo para a Azul.
2. As vantagens de custo da Azul derivam da curva de aprendizagem ou da participação de mercado? Discuta.
3. "Uma estratégia competitiva de liderança em custo ajuda a reduzir a ameaça de novos entrantes por meio da criação de barreiras à entrada baseadas em custo". Se isso é verdade, por que a Gol não impediu a entrada da Azul no mercado?
4. Identifique quais são as bases da liderança em custo da Azul que têm mais probabilidade de serem raras e custosas de imitar.

REFERÊNCIAS

Agência Nacional de Aviação Civil (Anac). Disponível em: <http://www.anac.gov.br>. Acesso em: 1 mar. 2011.
Azul Linhas Aéreas Brasileiras. Disponível em: <http://www.voeazul.com.br>. Acesso em: 1 mar. 2011.
O Globo. Disponível em: <http://oglobo.globo.com>. Acesso em: 1 mar. 2011.
Jornal do Brasil (JB). Disponível em: <http://www.jb.com.br>. Acesso em: 1 mar. 2011.
Folha de S.Paulo. Disponível em: <http://www.folha.uol.com.br>. Acesso em: 1 mar. 2011.
Meio & Mensagem. Disponível em: <http://www.mmonline.com.br>. Acesso em: 1 mar. 2011.
Exame. Disponível em: <http://exame.abril.com.br>. Acesso em: 1 mar. 2011.
    I. Avrichir, M. Emboaba. O sistema de atividades da Gol Transportes Aéreos é semelhante ao das empresas *low cost low fares* do hemisfério norte? Um estudo de caso. In: Encontro Anual da Associação Nacional dos Programas de Pós-graduação em Administração — ENANPAD, n. 28, 2004, Curitiba. *Anais...* Curitiba: ANPAD, 2004.
    D. Gilbert, D. Child, EM. Bennett. A qualitative study of the current practices of no-frills airlines operating in the UK. *Journal of Vacation Marketing*, v. 7, n. 4, p. 301-315, 2002.
    D. M. R. Khauaja. *Fatores de marketing na construção de marcas sólidas*: Estudo exploratório com marcas brasileiras. 2005. Dissertação (Mestrado em Administração) — Programa de Pós-Graduação em Administração da Faculdade de Economia, Administração e Contabilidade da Universidade de São Paulo (FEA-USP), São Paulo, 2005.

Caso elaborado pela professora doutora Daniela M. R. Khauaja, consultora e pesquisadora nas áreas de marketing e *branding*, professora e coordenadora da área de marketing da pós-graduação da Escola Superior de Propaganda e Marketing (ESPM). A proposta deste caso é servir como referência para reflexão e discussão sobre o tema, e não para avaliar as estratégias adotadas.

Diferenciação de produto

OBJETIVOS DE APRENDIZAGEM

Após a leitura deste capítulo, você estará apto a:

1. Definir a diferenciação de produto.
2. Descrever as 11 bases de diferenciação de produto e como podem ser agrupadas em três categorias.
3. Descrever como a diferenciação de produto está, em última análise, limitada apenas pela criatividade gerencial.
4. Descrever como a diferenciação de produto pode ser usada para neutralizar ameaças ambientais e explorar oportunidades ambientais.
5. Descrever as diferentes bases de diferenciação de produto: as que não tendem a ser custosas de duplicar, as que podem ser custosas de duplicar e as que frequentemente são custosas de duplicar.
6. Descrever os principais substitutos da estratégia de diferenciação de produto.
7. Descrever como a estrutura organizacional, o controle de processos e as políticas de remuneração podem ser usados para implementar estratégias de diferenciação de produto.
8. Discutir se é possível uma empresa implementar estratégias de liderança em custo e diferenciação de produto simultaneamente.

Quem é Victoria e qual é seu segredo?

Sexy. Glamorosa. Misteriosa. A Victoria's Secret é líder mundial no varejo especializado em *lingerie* e produtos de beleza. Com vendas beirando os $ 6,1 bilhões em 2007, a Victoria's Secret vende seu *mix* de *lingerie sexy*, fragrâncias de prestígio e coleções que seguem as últimas tendências da moda, por meio das mais de mil lojas e dos mais de 400 milhões de catálogos que distribui por ano.

Mas todo esse *glamour* e sucesso deixa sem resposta duas dúvidas centrais sobre essa empresa: "Quem é Victoria?" e "Qual é o segredo dela?".

Victoria é uma ex-modelo que vive em um bairro

de classe alta de Londres. Ela tem um relacionamento sério e está pensando em constituir família. No entanto, esse instinto maternal contrabalança com o lado sexy e aventureiro de Victoria. Ela adora boa comida, música clássica e excelentes vinhos. Viaja com frequência e sente-se tão em casa em Nova York, Paris e Los Angeles quanto em Londres. Seu gosto no que se refere à moda é extravagante o suficiente para nunca ser sem graça, mas prático o suficiente para nunca ser extremo. A *lingerie* é parte essencial de seu guarda-roupa. Sexy e tentadora, mas nunca vulgar ou de mau gosto, a *lingerie* de Victoria é o complemento perfeito para seu estilo de vida. Mais importante, embora saiba que é bonita e *sexy*, Victoria também sabe que foi sua inteligência, não sua aparência, que lhe permitiu ter sucesso na vida.

Essa é a Victoria. É para essa mulher que os designers da Victoria's Secret desenham, a mulher para quem os publicitários da Victoria's Secret criam anúncios, a mulher para quem todos os assistentes de vendas da Victoria's Secret são treinados para vender.

E esse é seu segredo: Victoria na realidade não existe, ou, mais precisamente, o número de mulheres reais no mundo inteiro que são como Victoria é muito pequeno — não mais que um punhado. Então, por que uma empresa como a Victoria's Secret organiza todos os seus esforços de design, marketing e vendas para atender às necessidades de *lingerie* de uma mulher que, para todos os fins práticos, na realidade não existe?

A Victoria's Secret sabe que poucas de suas clientes são como Victoria. No entanto, está convencida de que muitas delas gostariam de ser tratadas como se fossem Victoria por algumas horas, quando vão a uma de suas lojas. A Victoria's Secret não está apenas vendendo *lingerie*, mas uma oportunidade, quase uma fantasia, de ser como Victoria — de viver em uma cidade excitante e *sexy*, viajar o mundo, ter gosto refinado, porém extravagante. Comprar e usar *lingerie* da Victoria's Secret é — mesmo que só por alguns momentos — uma oportunidade de vivenciar o estilo de vida de Victoria.

Do ponto de vista prático, construir uma empresa inteira em torno da satisfação das necessidades de um cliente que na verdade não existe cria alguns problemas interessantes. Você não pode simplesmente ligar para Victoria e perguntar a ela sobre tendências de seu estilo de vida; não pode criar um grupo de discussão entre pessoas como Victoria e pedir que avaliem novas linhas de *lingerie*. De certo modo, a Victoria's Secret não só inventou Victoria como também teve de inventar o estilo de vida dela — e a *lingerie*, os perfumes e os acessórios que combinam com esse estilo de vida. E, contanto que o estilo de vida que a empresa inventa para Victoria seja objeto de desejo, mas esteja um passo além do alcance de suas clientes reais, a Victoria's Secret continuará capaz de vender uma fantasia romântica — juntamente com sutiãs e calcinhas.

Fontes: Limited Brands. Disponível em: <www.limitedbrands.com>. Acesso em: 20 jan. 2011; *Victoria's Secret.* Disponível em: <www.victoriassecret.com>. Acesso em: 20 jan. 2011.

A Victoria's Secret usa a personagem imaginária 'Victoria' para ajudar a implementar sua estratégia de diferenciação de produto. Por mais bem-sucedido que seja esse esforço, porém, trata-se apenas de um dos muitos modos de diferenciação que uma empresa pode testar para seus produtos.

O QUE É DIFERENCIAÇÃO DE PRODUTO?

O Walmart é um exemplo de empresa que persegue uma estratégia de liderança em custo; já a Victoria's Secret é um exemplo de empresa que persegue uma estratégia de diferenciação de produto. **Diferenciação de produto** é uma estratégia de negócio por meio da qual as empresas buscam ganhar vantagem competitiva aumentando o valor percebido de seus produtos ou serviços em relação ao valor percebido dos produtos ou serviços de outras empresas. Essas outras empresas podem ser rivais daquela que busca diferenciação de produto ou empresas que oferecem produtos ou serviços substitutos aos dela. Ao aumentar o valor percebido de seus produtos ou serviços, uma empresa poderá cobrar preços mais altos, os quais, por sua vez, poderão aumentar os lucros do negócio e gerar vantagens competitivas.

Normalmente, uma empresa busca criar diferenças no valor relativo percebido de seus produtos ou serviços por meio da alteração das características objetivas deles. A Rolex busca diferenciar seus relógios dos da Timex e da Casio fabricando-os em ouro. A Mercedes busca diferenciar seus carros dos da Hyundai por meio de engenharia sofisticada e alto desempenho. A Victoria's Secret busca diferenciar sua experiência de compras da do Walmart e de outros varejistas por meio da mercadoria que vende e da forma como vende.

Embora seja comum as empresas alterarem as propriedades objetivas de seus produtos ou serviços para implementar uma estratégia de diferenciação de produto, a existência dessa diferenciação, no final das contas, é *sempre* uma questão de percepção do consumidor. Os produtos vendidos por duas empresas diferentes podem ser muito similares, mas se os consumidores acham que o primeiro é mais valioso que o segundo, então o primeiro produto tem uma vantagem de diferenciação.

No mundo das cervejas 'artesanais' ou das 'microcervejarias', por exemplo, a imagem entre os consumidores sobre onde uma cerveja é produzida pode ser muito diferente de como uma cerveja realmente é produzida. A Boston Beer Company, por exemplo, vende a cerveja Samuel Adams. Ao visitá-la, os consumidores verão uma pequena fileira de tanques de fermentação e dois tonéis com capacidade de dez barris sendo supervisionados por um mestre cervejeiro usando botas de borracha. No entanto, a cerveja Samuel Adams não é efetivamente produzida nessa pequena fábrica. Em vez disso, é produzida — em tanques de aço de 200 barris — em Cincinnati, no estado de Ohio, pela Hudepohl-Schoenling Brewing Company, uma cervejaria terceirizada que também fabrica as cervejas Hudy Bold e Little Kings Cream Ale. A marca Aloha Lager, da Maui Beer Company, é produzida em Portland, no estado do Oregon, e a Pete's Wicked Ale (uma cerveja artesanal que afirma ser produzida "um lote por vez. Cuidadosamente.") é feita em lotes de 400 barris pela Stroh Brewery Company, a fabricante da cerveja Old Milwaukee. No entanto, quanto mais os consumidores acreditarem haver diferenças entre essas cervejas 'artesanais' e as cervejas mais tradicionais — apesar de seus métodos de produção serem, em grande parte, comuns —, mais dispostos estarão a pagar mais por uma cerveja artesanal. Essa disposição em pagar mais sugere que existe uma base 'perceptiva' de diferenciação de produto importante para as cervejas artesanais.[1] Se produtos ou serviços são *percebidos* como diferentes, de uma forma que é valorizada pelos consumidores, então existe diferenciação de produto.

Assim como percepções podem criar diferenciação de produto entre produtos que são essencialmente idênticos, a ausência de diferenças percebidas entre produtos com características muito diferentes pode impedir a diferenciação de produto. Por exemplo, consumidores sem paladar apurado podem não ser capazes de distinguir dois vinhos diferentes, embora degustadores experientes conheçam bem essas diferenças. Aqueles que não distinguem essas diferenças, mesmo que elas existam, não estarão dispostos a pagar mais por um vinho do que por outro. Nesse sentido, pelo menos para esses consumidores, embora esses dois vinhos sejam diferentes, não se diferenciam.

A diferenciação de produto é sempre uma questão de percepção do consumidor, mas as empresas podem empreender uma variedade de ações para influenciar tais percepções. Essas ações podem ser consideradas como bases diferentes de diferenciação de produto.

Bases de diferenciação de produto

Uma grande variedade de autores, baseando-se tanto em pesquisas teóricas como empíricas, desenvolveu listas que descreviam maneiras pelas quais as empresas poderiam diferenciar seus produtos ou serviços.[2] Algumas delas estão relacionadas no Quadro 5.1. Embora a finalidade de todas essas bases de diferenciação de produto seja criar a percepção de que os produtos ou serviços de uma empresa são excepcionalmente valiosos, bases diferentes

QUADRO 5.1 Maneiras como empresas podem diferenciar seus produtos

Para diferenciar produtos ou serviços, as empresas podem focar diretamente em seus atributos:
1. Características do produto.
2. Complexidade do produto.
3. *Timing* do lançamento do produto.
4. Localização.

Ou nas relações entre a empresa e seus consumidores:
5. Personalização do produto.
6. Marketing de consumo.
7. Reputação do produto.

Ou, ainda, em associações internas e entre empresas:
8. Associação entre funções de uma empresa.
9. Associação com outras empresas.
10. *Mix* de produto.
11. Canais de distribuição.
12. Atendimento e suporte.

Fontes: M. C. Porter, *Competitive strategy*, Nova York: Free Press, 1980; R. E. Caves e P. Williamson, "What is product differentiation, really?", *Journal of Industrial Economics*, n. 34, p. 113-132, 1985.

de diferenciação de produto buscam atingir esse objetivo de maneiras diferentes. Por exemplo, as quatro primeiras bases de diferenciação de produto listadas no Quadro 5.1 buscam criar essa percepção por meio do foco direto nos atributos dos produtos ou serviços que a empresa vende. As três bases seguintes buscam criá-la ao desenvolver um relacionamento entre a empresa e seus consumidores. As últimas cinco buscam criá-la por meio de ligações dentro das empresas e entre elas. É claro que essas bases de diferenciação de produto não são mutuamente excludentes. Na realidade, as empresas frequentemente tentam diferenciar seus produtos ou serviços em muitas dessas dimensões simultaneamente. Um método empírico para identificar maneiras que empresas encontraram para diferenciar seus produtos é descrito no quadro "Pesquisa em foco".

Focando os atributos dos produtos ou serviços da empresa

As cuatro primeiras bases de diferenciação de produto listadas no Quadro 5.1 focam os atributos dos produtos ou serviços de uma empresa.

Características do produto

A maneira mais óbvia pela qual as empresas podem tentar diferenciar seus produtos é alterando as características dos produtos que vendem. Um setor em que as empresas estão constantemente mudando as características dos produtos para diferenciá-los é o automobilístico. A Chrysler, por exemplo, lançou o design '*cab forward*' para tentar dar a seus carros um visual diferenciado, enquanto a Audi usou um design curvo mais radical para diferenciar

---

PESQUISA EM FOCO

Identificando as bases de diferenciação de produto

De todas as bases de diferenciação de produto que podem existir em um mercado, como alguém identifica aquelas que realmente vêm sendo utilizadas? Uma pesquisa em administração estratégica e de marketing mostrou que as bases de diferenciação de produto podem ser identificadas utilizando-se a análise de regressão múltipla para estimar o que é chamado de **preço hedônico**. Um preço hedônico constitui a parte do preço de um produto ou serviço que é atribuível a uma característica específica desse produto ou serviço.

A lógica por trás dos preços hedônicos é bastante simples. Se os consumidores estão dispostos a pagar mais por um produto com um atributo específico do que estão dispostos a pagar pelo mesmo produto sem esse atributo, então o atributo diferencia o primeiro produto do segundo. Isto é, esse atributo é uma base de diferenciação nesse mercado.

Por exemplo, considere o preço de carros usados. O preço de mercado de um carro usado pode ser determinado por diversos guias para compra nesse mercado, os quais costumam estabelecer o preço-base de um carro usado. Esse preço-base normalmente inclui características do produto que são comuns a quase todos os carros — rádio, motor, ar quente. Como esses atributos de produto são comuns a quase todos os carros, eles não são bases de diferenciação de produto.

No entanto, além dessas características em comum, o preço-base dos carros é ajustado com base em algumas características menos comuns — um equipamento de som de alta definição, um motor mais potente, um ar-condicionado. O quanto o preço-base do carro é ajustado quando essas características são acrescentadas — $ 300 para um som de qualidade, $ 500 para um motor mais potente, $ 200 para um ar-condicionado — são os preços hedônicos para esses atributos de produto. Tais atributos diferenciam carros bem equipados de outros menos bem equipados e, contanto que os consumidores estejam dispostos a pagar mais por carros mais bem equipados, podem ser vistos como bases de diferenciação nesse mercado.

Técnicas de regressão múltipla são utilizadas para estimar esses preços hedônicos da maneira explicada a seguir. Para o exemplo simples de carros, a seguinte equação é estimada:

Preço = $a_1 + b_1$ *(Som)* + b_2 *(Motor)* + b_3 *(Ar-condicionado)*

onde *Preço* é o preço de varejo dos carros, *Som* é uma variável que descreve se um carro possui ou não um sistema de som de alta definição, *Motor* é uma variável que descreve se um carro possui ou não um motor potente e *Ar-condicionado* é uma variável que descreve se um carro possui ou não um ar-condicionado. Se os preços hedônicos para essas características fossem aqueles sugeridos anteriormente, os resultados dessa análise de regressão seriam:

Preço = $ 7800 + $ 300 *(Som)* + $ 500 *(Motor)* + $ 200 *(Ar-condicionado)*

onde $ 7800 é o preço-base para esse tipo de carro usado.

Fontes: D. Hay e D. Morris, *Industrial economics*: Theory and evidence, Oxford: Oxford University Press, 1979; K. Cowling e J. Cubbin, "Price, quality, and advertising competition", *Economica*, n. 38, p. 378-394, 1971.

os seus. Para situações de emergência, a General Motors (GM) introduziu o sistema On Star, que conecta instantaneamente os motoristas com uma linha direta 24 horas da GM, enquanto a Mercedes-Benz continuou a desenvolver seu sistema '*crumple zone*' para garantir a segurança dos passageiros em caso de colisão. Na construção da carroceria, a GM continua a desenvolver seu sistema '*uni-body*', no qual diferentes partes de um carro são soldadas umas às outras e então montadas em uma estrutura única, enquanto a Jaguar lançou uma carroceria 100 por cento de alumínio para ajudar a diferenciar seu modelo topo de linha de outros carros de luxo. A Mazda continua a mexer no motor e na suspensão de seu esportivo Miata, enquanto a Nissan lançou o 350 Z — uma extensão da famosa linha 240 Z — e a Porsche trocou o motor refrigerado a ar por um refrigerado a água na série 911, de carros esportivos. Todas essas mudanças — e muitas outras — nos atributos dos automóveis são exemplos de empresas buscando diferenciar seus produtos pela alteração de suas características.

Complexidade do produto

A complexidade do produto pode ser vista como um caso especial de alteração de características de produto para criar diferenciação. Em determinado setor, os produtos podem variar significativamente em complexidade. A 'caneta cristal' da BIC, por exemplo, tem pouquíssimos componentes, enquanto uma caneta Cross ou uma Mont Blanc têm muito mais componentes. Uma vez que essas complexidades de produto convencem os consumidores de que os produtos de algumas empresas são mais valiosos do que os de outras, a complexidade de produto pode ser uma base de diferenciação de produto.

Timing *do lançamento do produto*

Lançar um produto no momento certo também pode ajudar a criar diferenciação de produto. Conforme sugerido no Capítulo 2, em alguns cenários (isto é, em setores emergentes), o *crucial* é ser um pioneiro — lançar um produto antes das outras empresas. Ser o primeiro em setores emergentes pode permitir a uma empresa estabelecer padrões tecnológicos importantes, apropriar-se de ativos estrategicamente valiosos e desenvolver custos de mudança para o consumidor. Essas vantagens do pioneirismo podem criar uma percepção entre os consumidores de que os produtos ou serviços da empresa pioneira são de alguma forma mais valiosos do que os de outras empresas.[3]

A diferenciação de produto baseada em *timing*, no entanto, não depende apenas de ser um pioneiro. Uma empresa pode ser, por exemplo, um seguidor em um setor, mas lançar produtos ou serviços no momento certo e, assim, ganhar vantagem competitiva. Isso pode acontecer quando o sucesso definitivo de um produto ou serviço depende da disponibilidade de produtos ou tecnologias complementares. Por exemplo, o domínio do sistema operacional MS-DOS, da Microsoft, e, posteriormente, o domínio do Windows só foram possíveis porque a IBM lançou sua versão do computador pessoal. Sem o PC da IBM, teria sido difícil para qualquer sistema operacional — inclusive o MS-DOS — ter uma presença de mercado tão grande.[4]

Localização

A localização física de uma empresa também pode ser fonte de diferenciação de produto.[5] Considere, por exemplo, as operações da Disney em Orlando, no estado da Flórida. Começando com os parques Magic Kingdom e Epcot Center, a Disney construiu um destino turístico de classe mundial em Orlando. Ao longo dos anos, acrescentou inúmeras atrações a suas principais atividades de entretenimento, incluindo o MGM Studios, mais de 11 mil quartos de hotéis de propriedade da Disney, um centro de esportes de mais de $ 100 milhões, uma pista de corrida de automóveis, um bairro de entretenimento noturno e, mais recentemente, um parque temático de mais de $ 1 bilhão chamado The Animal Kingdom — tudo em Orlando ou nas imediações. Agora, as famílias podem viajar de todo o mundo para Orlando, sabendo que em um único local elas podem desfrutar toda uma variedade de aventuras da Disney.[6]

Focando as relações entre uma empresa e seus consumidores

O segundo grupo de bases de diferenciação de produto listadas no Quadro 5.1 focam as relações entre uma empresa e seus clientes.

Personalização do produto

Os produtos também podem ser diferenciados quando personalizados para aplicações específicas para o cliente. A personalização de produto é uma base importante de diferenciação em uma grande variedade de produtos, de software empresarial a bicicletas.

O software empresarial destina-se a dar suporte a todas as funções essenciais de negócio de uma empresa, incluindo recursos humanos, folha de pagamento, atendimento ao cliente, vendas, controle de qualidade etc. Os principais competidores nesse setor incluem a Oracle e a SAP. No entanto, embora essas empresas vendam pacotes básicos de software, a maioria das empresas considera necessário personalizá-los para atender às suas necessidades específicas de negócios. A habilidade de criar pacotes de software complexos que também possam ser personalizados para atender às necessidades específicas de um cliente é uma base importante de diferenciação de produto nesse mercado.

No setor de bicicletas, os consumidores podem gastar desde $ 50 em uma bicicleta até — bem, até quanto você quiser, podendo facilmente passar dos $ 10 mil. As bicicletas sofisticadas usam, é claro, os melhores componentes — como freios e marchas. Mas o que realmente as distingue é sua personalização. As empresas que vendem essas bicicletas personalizadas constroem uma estrutura resistente e leve feita sob medida para você e para seu estilo pessoal de andar. Uma vez que um ciclista habitual se acostume com determinada abordagem de personalização, é muito difícil que mude para fornecedores que tenham outra abordagem.

Marketing de consumo

A ênfase diferencial em marketing de consumo tem sido a base de diferenciação de produto em uma grande variedade de setores. Por meio da publicidade e de outros esforços de marketing, as empresas buscam mudar as percepções de clientes atuais ou potenciais, independentemente de os atributos específicos de seus produtos serem alterados ou não.

Por exemplo, no setor de refrigerantes, o Mountain Dew — um produto da PepsiCo — foi originalmente anunciado como uma bebida frutada, levemente gaseificada, com um sabor tão suave quanto o "orvalho da manhã nas montanhas". No entanto, a partir do fim da década de 1990, as ações de marketing do Mountain Dew mudaram drasticamente. "Tão suave quanto o orvalho da manhã nas montanhas" tornou-se algo como "refresque-se", e o Mountain Dew focou seus esforços de marketing em consumidores jovens, principalmente do sexo masculino, fãs de esportes radicais. Rapazes sobre *snowboards*, patins, *mountain bikes* e *skates* — sobretudo fazendo manobras radicais — tornaram-se peça-chave nos comerciais do Mountain Dew, que passou a patrocinar diversos campeonatos de esportes radicais, com destaque para os X-Games na ESPN. Note que esse reposicionamento radical do Mountain Dew dependeu inteiramente de mudanças no marketing de consumo. As características do produto não mudaram em nada.

Reputação

Talvez a relação mais importante entre uma empresa e seus consumidores dependa de sua reputação no mercado. De fato, a **reputação** de uma empresa não é mais do que um relacionamento social complexo entre uma empresa e seus consumidores. Uma vez desenvolvida, a reputação de uma empresa pode ser duradoura, mesmo que a base para tal reputação não exista mais.[7]

Uma empresa que tentou explorar sua reputação de entretenimento ousado foi a MTV, uma divisão da Viacom, Inc. Embora vários artistas famosos — incluindo Madonna — tivessem tido seus vídeos banidos da MTV, ainda assim o canal conseguiu desenvolver uma reputação de assumir riscos na televisão. A MTV acredita que seus telespectadores passaram a esperar o inesperado na programação do canal. Um dos primeiros esforços para explorar, e reforçar, essa reputação de assumir riscos foi *Beavis and Butthead*, um seriado de animação cujos protagonistas eram dois adolescentes com sérios problemas de desenvolvimento social e emocional. Mais recentemente, a MTV explorou sua reputação inventando um gênero totalmente novo de televisão — a '*reality* TV' — por meio de seus programas *Real World* e *House Rules*. Esses programas não apenas são baratos de produzir, como também reforçam a reputação da MTV de oferecer entretenimento um pouco arriscado, um pouco *sexy* e um pouco polêmico. Na realidade, a MTV obteve tanto sucesso em oferecer esse tipo de entretenimento que precisou criar uma rede a cabo totalmente nova — a MTV2 — para transmitir os videoclipes.[8]

Focando as associações internas e entre empresas

O terceiro grupo de bases de diferenciação de produto listadas no Quadro 5.1 foca as associações internas e entre empresas.

Associação entre funções

Uma maneira menos óbvia, mas ainda assim importante, pela qual uma empresa pode buscar diferenciar seus produtos é associar diferentes funções internas. Por exemplo, a pesquisa na indústria farmacêutica sugere que as empresas são diferentes porque conseguem integrar diferentes especialidades científicas — tais como genética, biologia, química e farmacologia — para desenvolver novas drogas. Empresas capazes de formar equipes interdisciplinares eficientes para explorar novas categorias de medicamentos possuem o que alguns chamam de competência arquitetural, isto é, a habilidade de usar a estrutura organizacional para facilitar a coordenação entre disciplinas científicas para conduzir pesquisas. Empresas que possuem tal competência são capazes de perseguir de maneira mais eficaz estratégias de diferenciação de produto — introduzindo drogas novas e potentes —, comparadas a empresas que não possuem essa competência. E no setor farmacêutico, no qual as empresas que lançam esses medicamentos podem experimentar retornos positivos muito grandes, a habilidade de coordenar funções é uma fonte importante de vantagem competitiva.[9]

Associação com outras empresas

Outra base de diferenciação de produto é a associação com outras empresas. Aqui, em vez de diferenciar produtos ou serviços com base na integração entre funções dentro de uma única empresa ou uma integração entre diferentes produtos, a diferenciação baseia-se na associação explícita entre produtos de diferentes empresas.

A popularidade dessa forma de diferenciação de produto cresceu nos últimos anos. Por exemplo, com o aumento da popularidade das corridas de *stock car* nos Estados Unidos, um número cada vez maior de corporações está buscando associar seus produtos ou serviços a nomes e carros na Nascar. Empresas como Kodak, Gatorade, McDonald's, Home Depot, The Cartoon Network, True Value e Pfizer (fabricante do Viagra) têm sido grandes patrocinadoras de equipes Nascar. Em um ano, a Coca-Cola Corporation atendeu a pedidos de mais de 200 mil máquinas dispensadoras com o tema Nascar; a Visa esforçou-se para atender à demanda de cartões de afinidade Nascar; e mais de um milhão de bonecas Barbie Nascar já foram vendidas pela Mattel — gerando receitas de cerca de $ 50 milhões. Note que nenhuma dessas empresas vende produtos para automóveis. Em vez disso, buscam associar-se à Nascar por causa da popularidade desse esporte.[10]

Em geral, associações entre empresas que diferenciam seus produtos são exemplos de estratégias de aliança estratégica cooperativa. As condições sob as quais essas alianças estratégicas criam valor e são fontes de vantagem competitiva serão discutidas em detalhes no Capítulo 9.

Mix de produto

Um dos resultados das associações entre funções dentro de uma empresa e das associações entre empresas podem ser mudanças no *mix* de produtos que uma empresa leva ao mercado. Esse *mix* de produtos ou serviços pode ser uma fonte de diferenciação de produto, especialmente quando (1) esses produtos ou serviços são associados tecnologicamente ou (2) quando um único grupo de consumidores adquire vários produtos ou serviços de uma empresa.

Por exemplo, a interconectividade tecnológica é um ponto extremamente importante para a venda no negócio de tecnologia da informação (TI) e, portanto, uma base importante de potencial diferenciação de produto. No entanto, uma interconectividade perfeita — em que os computadores da Empresa A conversam com os computadores da Empresa B por uma linha de dados da Empresa C, combinando o banco de dados criado pelo software da Empresa D com o banco de dados criado pelo software da Empresa E, para ser usado no *call center* que opera com a tecnologia da Empresa F — é extremamente difícil de concretizar. Por essa razão, algumas empresas de tecnologia da informação tentam alcançar a meta de interconectividade ajustando seu *mix* de produto, isto é, vendendo um pacote de produtos cuja interconectividade elas possam controlar e garantir aos consumidores. Essa meta de vender um pacote de tecnologias interconectadas pode influenciar as estratégias de pesquisa e desenvolvimento, de aliança estratégica e de fusões e aquisições de uma empresa, já que todas essas atividades podem influenciar o conjunto de produtos que uma empresa leva ao mercado.

Shopping centers são um exemplo do segundo tipo de associação entre um *mix* de produtos, em que os produtos têm um grupo comum de consumidores. Muitos consumidores preferem ir a um único lugar, comprar em várias lojas de uma vez, em vez de ir a vários lugares diferentes para fazer suas compras. Essa opção reduz o tempo de viagem e ajuda a transformar as compras em uma experiência social. Empresas construtoras de centros de compras reconheceram que o valor de várias lojas reunidas em determinada localidade é maior do que o valor dessas lojas isoladamente e investiram para ajudar a criar esse *mix* de oportunidades de compras no varejo.[11]

Canais de distribuição

Associações internas e entre empresas também podem ter um impacto sobre como uma empresa decide distribuir seus produtos, e canais de distribuição podem ser uma base de diferenciação de produto. Por exemplo, no setor de refrigerantes, a Coca-Cola, a PepsiCo e a Seven-Up distribuem suas bebidas por meio de uma rede de engarrafadoras independentes. Essas empresas fabricam os principais ingredientes de seus refrigerantes e despacham esses ingredientes para engarrafadoras locais, que acrescentam água gaseificada, embalam as bebidas em garrafas ou latas e distribuem o produto final para distribuidores em determinada área geográfica. Cada engarrafadora local tem direitos exclusivos de distribuição de determinada marca, em uma área geográfica.

A Canada Dry adotou uma rede de distribuição totalmente diferente. Em vez de recorrer a engarrafadoras locais, ela embala seu produto final em diversas localidades e depois despacha seus refrigerantes diretamente para atacadistas, que os distribuem para supermercados, lojas de conveniência e outros pontos de venda locais.

Uma das consequências dessas estratégias alternativas de distribuição é que a Canada Dry tem uma presença relativamente forte nos supermercados, mas uma presença relativamente pequena nas máquinas dispensadoras de refrigerantes. O mercado de máquinas de refrigerante é dominado por Coca-Cola e PepsiCo. Essas duas empresas têm distribuidores locais que mantêm e abastecem as máquinas dispensadoras. A Canada Dry não tem distribuidores locais e só consegue comercializar seus produtos em máquinas dispensadoras quando são adquiridos por distribuidores locais da Coca-Cola e da PepsiCo. Esses distribuidores locais podem comprar produtos da Canada

Dry, como o Canada Dry ginger ale, mas são proibidos por contrato de comprar os vários produtos da linha 'cola' da Canada Dry.[12]

Atendimento e suporte

Por fim, os produtos têm sido diferenciados pelo nível de atendimento e suporte associado a eles. Algumas empresas do mercado de eletrodomésticos, incluindo a General Electric (GE), não desenvolveram uma rede própria de atendimento e suporte e, em vez disso, utilizam uma rede independente de operações de atendimento e suporte nos Estados Unidos. Outras empresas no mesmo setor, incluindo a Sears, desenvolveram sua própria rede de serviços e suporte.[13]

Diferenciação de produto e criatividade

As bases da diferenciação de produto listadas anteriormente no Quadro 5.1 indicam uma ampla variedade de maneiras pelas quais empresas podem diferenciar seus produtos e serviços. No fim, entretanto, qualquer esforço de enumerar todas as maneiras possíveis de diferenciar produtos e serviços está fadado ao fracasso. A diferenciação de produto é, em última análise, uma expressão da criatividade de indivíduos e grupos nas empresas. Está limitada apenas pelas oportunidades que existem, ou que podem ser criadas, em um determinado setor e pela disposição e habilidade das empresas de explorar criativamente maneiras de aproveitar essas oportunidades. Não é absurdo esperar que no dia em que algum pesquisador acadêmico alegar que desenvolveu a lista definitiva de bases de diferenciação de produto, algum engenheiro, especialista em marketing ou gerente criativo pense em mais uma maneira de diferenciar seu produto.

O VALOR DA DIFERENCIAÇÃO DE PRODUTO

Para ter potencial de gerar vantagens competitivas, as bases de diferenciação de produto nas quais uma empresa compete devem ser valiosas. As condições de mercado sob as quais a diferenciação de produto pode ser valiosa são discutidas no quadro "Estratégia em detalhes". Generalizando, para serem valiosas, as bases de diferenciação de produto devem permitir que uma empresa neutralize suas ameaças e/ou explore suas oportunidades.

Diferenciação de produto e ameaças ambientais

A diferenciação de produto bem-sucedida ajuda uma empresa a responder a cada uma das ameaças ambientais identificadas no modelo de cinco forças. Por exemplo, a diferenciação de produto contribui para reduzir a ameaça de nova entrada forçando entrantes potenciais em um setor a absorver não só os custos-padrão de iniciar um negócio, mas também os custos adicionais associados a superar as vantagens de diferenciação de produto das empresas estabelecidas. A relação entre diferenciação de produto e novas entradas já foi discutida no Capítulo 2.

A diferenciação de produto reduz a ameaça de rivalidade porque cada empresa em um setor tenta desenvolver um nicho de produto próprio único. A rivalidade não é reduzida a zero, uma vez que esses produtos continuam competindo entre si por um grupo comum de consumidores, mas é de certa forma atenuada porque os consumidores que cada empresa busca são diferentes. Por exemplo, a Rolls-Royce e a Hyundai satisfazem as mesmas necessidades básicas do consumidor — transporte —, mas é pouco provável que clientes potenciais do Rolls Royce também estejam interessados em comprar um Hyundai, ou vice-versa.

A diferenciação de produto ajuda a reduzir a ameaça de substitutos ao fazer com que produtos atuais de uma empresa pareçam mais atraentes do que produtos substitutos. Por exemplo, alimentos frescos podem ser considerados substitutos para comida congelada. Para tornar alimentos congelados mais atraentes do que os frescos, produtos como Stouffer's e Swanson são comercializados maciçamente por meio de anúncios na televisão e nos jornais, displays nos pontos de venda e cupons.

A diferenciação de produto também pode reduzir a ameaça de fornecedores. Fornecedores poderosos podem aumentar os preços de seus produtos ou serviços. Frequentemente, esses aumentos nos custos devem ser repassados para os consumidores na forma de preços mais altos, se uma empresa não quiser ver sua margem de lucro minguar. Uma empresa sem um produto altamente diferenciado pode achar difícil repassar seu aumento de custos para os consumidores, porque estes têm diversas outras maneiras de adquirir produtos ou serviços similares dos concorrentes da empresa. No entanto, uma empresa com um produto altamente diferenciado pode ter clientes fiéis ou incapazes de adquirir produtos ou serviços similares de outras empresas. Esses tipos de consumidor tendem a aceitar aumentos nos preços. Portanto, um fornecedor poderoso pode aumentar seus preços, mas, até certo ponto, esses aumentos não reduzirão a lucratividade de uma empresa que vende um produto altamente diferenciado.

ESTRATÉGIA EM DETALHES

A economia da diferenciação de produtos

As duas visões clássicas da relação entre diferenciação de produto e valor empresarial, desenvolvidas separadamente e publicadas quase ao mesmo tempo, são de autoria de Edward Chamberlin e Joan Robinson.

Ambos, Chamberlin e Robinson, examinam diferenciação de produto e desempenho empresarial relativos à competição perfeita. Conforme explicado no Capítulo 2, em uma competição perfeita, assume-se que existam muitas empresas no setor, cada qual controlando uma pequena parcela do mercado, e os produtos ou serviços vendidos por essas empresas são considerados idênticos. Sob essas condições, as empresas enfrentam uma curva de demanda horizontal (porque não têm controle sobre os preços dos produtos que vendem) e maximizam seus desempenhos econômicos produzindo e vendendo uma produção tal que a receita marginal seja igual ao custo marginal. O desempenho econômico máximo que uma empresa em um mercado perfeitamente competitivo pode obter, supondo que não haja diferenças de custos entre as empresas, é um desempenho econômico normal.

Quando empresas vendem produtos diferenciados, elas ganham a habilidade de ajustar seus preços. Uma empresa pode vender seu produto a preços muito altos e produzir uma quantidade relativamente menor dele, ou pode vendê-lo a preços muito baixos e produzir uma quantidade relativamente maior. Essas trocas entre preço e quantidade produzida sugerem que empresas que vendem produtos diferenciados possuem uma curva de demanda com tendência para baixo, em vez da curva de demanda horizontal das empresas em um mercado de competição perfeita. Empresas que vendem produtos diferenciados e com uma curva de demanda com tendência para baixo estão em uma estrutura de setor descrita por Chamberlin como **competição monopolística**. É como se, dentro do nicho de mercado definido pelo produto diferenciado de uma empresa, ela possuísse um monopólio.

Empresas em mercados monopolisticamente competitivos continuam maximizando seus lucros econômicos produzindo e vendendo uma quantidade de produtos tal que a receita marginal seja igual ao custo marginal. O preço que empresas podem cobrar nesse ponto ótimo depende da demanda que enfrentam para seu produto diferenciado. Se a demanda for grande, então o preço cobrado poderá ser maior; se a demanda for pequena, então o preço cobrado deverá ser menor. Entretanto, se o custo médio total de uma empresa estiver abaixo do preço que ela pode cobrar (isto é, se o custo médio total for menor que o preço determinado pela demanda), então uma empresa que vende um produto diferenciado poderá obter um lucro econômico acima do normal.

Considere o exemplo apresentado na Figura A. Diversas curvas são relevantes nessa figura. Primeiro, note que a demanda (D) enfrentada por uma empresa nesse setor tem tendência para baixo. Isso significa que o setor não é perfeitamente competitivo e que a empresa tem algum controle sobre os preços que cobrará por seus produtos. Além disso, a curva de receita marginal (RM) tem tendência para baixo e sempre abaixo da curva de demanda. A receita marginal tem tendência para baixo porque, para vender níveis adicionais de produção de um único produto, a empresa deve estar disposta a baixar seu preço. A curva de receita marginal é menor do que a curva de demanda, pois esse preço mais baixo se aplica a todos os produtos vendidos pela empresa, não apenas a quaisquer produtos adicionais que ela venda. A curva de custo marginal (CM) tem tendência para cima, indicando que, para produzir uma quantidade adicional, uma empresa deve aceitar custos adicionais. A curva de custo médio total (CMT) pode ter uma variedade de formatos, dependendo das economias de escala, do custo dos insumos produtivos e de outros fenômenos de custo descritos no Capítulo 4.

Essas quatro curvas (demanda, receita marginal, custo marginal e médio total) podem ser usadas para determinar o nível de lucro econômico de uma empresa sob competição monopolística. Para maximizar o lucro, a empresa produz uma quantidade (Q_e) tal que o custo marginal seja igual à receita marginal. Para determinar o preço do produto de uma empresa nesse nível de produção, uma linha vertical é traçada do ponto em que o custo marginal é igual à receita marginal. Essa linha terá uma intersecção com a curva de demanda. No ponto em que essa linha vertical intercepta a demanda, uma linha horizontal é traçada até o eixo vertical (preço), para determinar o preço que uma empresa pode cobrar. Na figura, esse preço é P_e. No ponto P_e, o custo médio total é menor que o preço. A receita total obtida por uma empresa nessa situação (preço × quantidade) é indicada pela área sombreada na figura. A porção de lucro econômico dessa receita total é indicada pela parte hachurada da área sombreada na figura. Como essa área hachurada está acima do custo na figura, ela representa uma vantagem competitiva. Se essa área estivesse abaixo do custo médio total, ela representaria uma desvantagem competitiva.

Chamberlin e Robinson discutem o impacto da entrada no nicho de mercado definido pelo produto diferenciado de uma empresa. Como discutido no Capítulo 2, uma premissa básica dos modelos E-C-D é que a existência de desempenho econômico acima do normal motiva a entrada em um setor ou em um nicho de mercado dentro de um setor. Em setores monopolisticamente competitivos, essas entradas significam que a curva de demanda enfrentada por empresas já estabelecidas se desloca para baixo e para a esquerda. Isso significa que os clientes de uma empresa já estabelecida comprarão menos de sua produção se esta mantiver seu nível de preços, ou (equivalentemente) que uma empresa deverá baixar seus preços para manter o atual volume de vendas. No longo prazo, a entrada nesse nicho de mercado pode levar a uma situação em que o preço de bens e serviços vendidos quando uma empresa produz uma produção tal que o custo marginal é igual à receita marginal será exatamente igual ao custo médio total dessa empresa. Nesse ponto, a empresa tem lucro econômico zero, mesmo que venda um produto diferenciado.

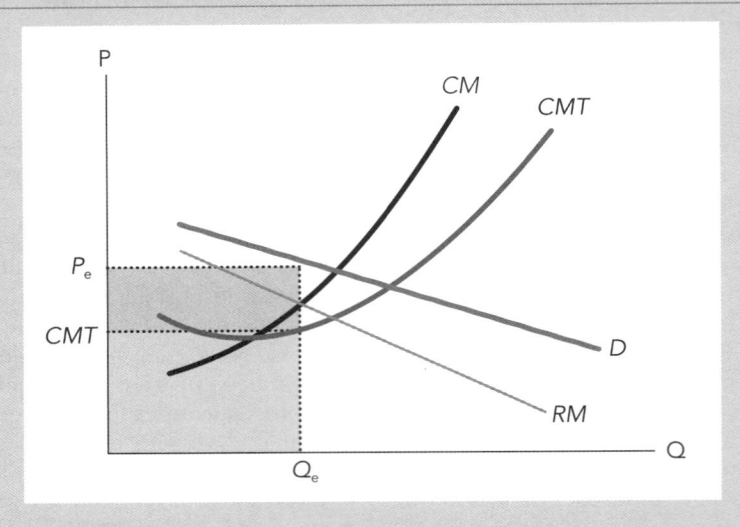

FIGURA A Diferenciação de produto e desempenho do negócio: a análise da competição monopolística

Fontes: E. H. Chamberlin, *The economics of monopolistic competition*. Cambridge, MA: MIT Press, 1933; J. Robinson, "What is perfect competition?", *Quarterly Journal of Economics*, n. 49, p. 104-120, 1934.

Por fim, a diferenciação de produto pode reduzir a ameaça dos compradores. Quando uma empresa vende um produto altamente diferenciado, desfruta de um 'quase-monopólio' nesse segmento de mercado. Compradores interessados em adquirir esse produto em particular devem comprá-lo de uma empresa específica. Qualquer poder potencial do comprador é reduzido pela habilidade de uma empresa de monopolizar o acesso do comprador a um produto ou serviço altamente valorizado.

Diferenciação de produto e oportunidades ambientais

A diferenciação de produto também pode ajudar uma empresa a tirar proveito de oportunidades ambientais. Por exemplo, em setores fragmentados, as empresas podem usar estratégias de diferenciação de produto para ajudar a consolidar um mercado. No setor de papéis para escritório, a Xerox usou seu nome de marca para se tornar o vendedor líder de papéis para copiadoras e impressoras. Argumentando que seu papel é fabricado especialmente para evitar o emperramento em suas copiadoras, a Xerox conseguiu criar uma marca para o que antes era uma *commodity* e facilitar a consolidação do que antes era um setor muito fragmentado.[14]

O papel da diferenciação de produto em setores emergentes foi discutido no Capítulo 2. Sendo pioneiras nesses setores, as empresas podem ganhar vantagens de diferenciação de produto com base em liderança tecnológica percebida, posse de ativos estrategicamente valiosos e fidelidade do comprador devido aos altos custos de mudança.

Nos setores maduros, os esforços de diferenciação de produto geralmente migram de tentativas de introduzir tecnologias radicalmente novas para refinamento de produto como base para a diferenciação. Por exemplo, no mercado maduro de venda de gasolina no varejo, as empresas procuram diferenciar seus produtos vendendo gasolina ligeiramente modificada (gasolina mais limpa, gasolina que limpa injetores de combustível etc.) e alterando o *mix* de produto (associando a venda de gasolina a lojas de conveniência). Nos mercados maduros, às vezes é difícil encontrar maneiras de realmente refinar um produto ou serviço. Em tais cenários, as empresas podem ficar tentadas a exagerar no quanto refinam e aprimoram seus produtos ou serviços. As implicações desse exagero são discutidas no quadro "Ética e estratégia".

ÉTICA E ESTRATÉGIA

Afirmações sobre produtos e os dilemas éticos na assistência à saúde

Uma das maneiras mais comuns de diferenciar um produto é fazer afirmações sobre seu desempenho. Em geral, produtos de alto desempenho têm preços superiores em relação aos de baixo desempenho. Porém, as vantagens de preço potenciais desfrutadas por produtos de alto desempenho podem levar as empresas a fazer afirmações sobre seus produtos que, no mínimo, forçam a credibilidade e, no máximo, simplesmente mentem sobre o que seus produtos podem fazer.

Algumas dessas afirmações são facilmente desconsideradas como exageros inofensivos. Poucas pessoas realmente acreditam que usar um tipo específico de creme dental clareador fará com que seus sogros gostem delas ou que não usar certo tipo de desodorante fará com que os clientes de um bar desmaiem se elas levantarem os braços para comemorar a vitória após um jogo de futebol. Esses exageros são inofensivos e apresentam poucos desafios éticos.

Entretanto, no campo da assistência à saúde, afirmações exageradas sobre o desempenho de produtos podem acarretar sérias consequências. Isso pode ocorrer quando um paciente toma uma medicação com afirmações exageradas sobre desempenho em detrimento de uma medicação com afirmações mais modestas, porém mais precisas. Um histórico de afirmações falsas de desempenho de um medicamento nos Estados Unidos levou à criação da Federal Drug Administration (FDA), uma agência federal reguladora encarregada de avaliar a eficácia de remédios antes que sejam lançados no mercado. Historicamente, a FDA adotou o 'padrão ouro' para a aprovação de medicamentos — um medicamento deve não só demonstrar que faz o que alega, como também demonstrar que não faz nenhum mal significativo para o paciente. Pacientes podem estar seguros de que medicamentos que passam pelo processo de aprovação da FDA atendem aos padrões mais altos do mundo.

No entanto, o 'padrão ouro' de aprovação cria importantes dilemas éticos — a maioria oriunda do tempo necessário para que um medicamento passe pelas inspeções da FDA. Esse processo pode levar de 5 a 7 anos. Durante os testes da FDA, pacientes que de outra forma poderiam se beneficiar com o medicamento não têm permissão para usá-lo porque ele ainda não recebeu a aprovação do órgão regulador. Portanto, embora o processo de aprovação da FDA possa funcionar muito bem para pessoas que talvez precisem de um remédio em algum momento no futuro, funciona mal para aquelas que precisam do remédio imediatamente.

Uma suspeita crescente, entre alguns consumidores, de que o processo da FDA possa impedir que medicamentos eficazes entrem no mercado contribuiu para o crescimento de tratamentos alternativos — geralmente, baseados em uma fórmula de ervas ou algo mais natural. Tais tratamentos são cuidadosos em ressaltar que suas afirmações — tudo, desde crescimento de cabelos e perda de peso a aumento do desempenho nos esportes e capacidade de deixar de fumar — não foram testadas pela FDA. Ainda assim, essas afirmações são feitas.

Algumas dessas afirmações de desempenho parecem ao menos razoáveis. Por exemplo, é amplamente aceito que a efedrina se comporta como uma anfetamina e, portanto, tem chances de aumentar a força e o desempenho esportivo. Outras afirmações — incluindo aquelas de que uma combinação de ervas pode realmente aumentar o tamanho da genitália masculina — parecem fantasiosas, na melhor das hipóteses. Na realidade, uma análise recente de tratamentos com ervas que fazem essa afirmação não identificou nenhum ingrediente que pudesse ter esse efeito e detectou uma quantidade inaceitavelmente alta de bactérias provenientes de fezes animais, capazes de causar sérios distúrbios estomacais. Empresas que vendem produtos com base em afirmações exageradas e infundadas enfrentam seus próprios dilemas éticos. Sem a aprovação da FDA para garantir a segurança e a eficácia do produto, o aviso "sob próprio risco" — ou informe ao consumidor — parece um bom conselho.

Fontes: J. Angwin, "Some 'enlargement pills' pack impurities", *Wall Street Journal*, n. 8, p. B1, abr. 2003; G. Pisano, "Nucleon, Inc", *Harvard Business School*, caso n. 9-692-041, 1991.

A diferenciação de produto também pode ser uma opção estratégica importante em um setor em declínio. Empresas que diferenciam produtos podem tornar-se líderes nesse setor (com base em sua reputação, ou atributos únicos de produto ou em alguma outra base de diferenciação de produto). Alternativamente, empresas altamente diferenciadas podem conseguir descobrir um nicho de mercado viável que lhes permitirá sobreviver, apesar do declínio geral no mercado.

Por fim, a decisão de implementar uma estratégia de diferenciação de produto pode ter impacto significativo na forma como uma empresa atua em um setor global. Por exemplo, várias empresas do setor varejista de roupas com vantagens de diferenciação de produto importantes em seu mercado doméstico estão começando a entrar no mercado norte-americano. Essas empresas incluem a sueca H&M Hennes & Mauritz AB com sua ênfase no 'barato chique', a holandesa Mexx (uma divisão da Liz Claiborne), a empresa espanhola Zara (uma divisão da Inditex SA) e a empresa francesa de moda esportiva Lacoste (uma divisão da Devanlay SA).[15]

DIFERENCIAÇÃO DE PRODUTO E VANTAGEM COMPETITIVA SUSTENTÁVEL VRIO

Estratégias de diferenciação de produto adicionam valor, permitindo que as empresas cobrem, por seus produtos e serviços, preços maiores do que seu custo médio total. As empresas que implementam essa estratégia com sucesso podem reduzir diversas ameaças ambientais e explorar várias oportunidades ambientais. Entretanto, conforme discutido no Capítulo 3, a habilidade de uma estratégia de adicionar valor deve estar associada a forças organizacionais raras e custosas de imitar, para gerar uma vantagem competitiva sustentável. Cada uma das bases de diferenciação de produto listadas anteriormente neste capítulo varia em relação a quão raras e custosas de imitar tendem a ser.

Bases raras de diferenciação de produto

O conceito de diferenciação de produto geralmente pressupõe que o número de empresas capazes de diferenciar seus produtos de determinada forma é, em algum ponto no tempo, menor do que o número de empresas necessárias para gerar uma dinâmica de competição perfeita. Na realidade, a razão pela qual empresas altamente diferenciadas podem cobrar preços maiores por seus produtos e serviços do que seu custo médio total é que elas usam uma base de diferenciação de produto que poucos concorrentes estão usando.

Em última análise, a raridade da estratégia de diferenciação de produto depende da habilidade de cada empresa em ser criativa para encontrar novas maneiras de diferenciar seu produto. Conforme sugerido anteriormente, empresas altamente criativas serão capazes de descobrir ou criar novas maneiras de fazer isso. Esses tipos de empresa estarão sempre um passo à frente da concorrência; afinal, as rivais sempre tentarão imitar a iniciativa mais recente de diferenciação de produto, enquanto essas empresas criativas já estarão em sua próxima iniciativa.

Imitabilidade de diferenciação de produto

Bases raras e valiosas de diferenciação de produto devem ser custosas de imitar para que sejam fontes de vantagem competitiva sustentável. Tanto a duplicação direta como a substituição, como abordagem de imitação, são importantes para entender a habilidade da diferenciação de produto para gerar vantagens competitivas.

Duplicação direta de diferenciação de produto

Conforme discutido no Capítulo 4, empresas que implementam com sucesso uma estratégia de liderança em custo podem decidir se querem ou não revelar essa opção estratégica para seus concorrentes ajustando seus preços. Se mantiverem seus preços altos — a despeito de suas vantagens de custo —, a existência dessas vantagens de custo pode não ser revelada aos concorrentes. É claro que outras empresas, como o Walmart — que estão confiantes de que suas vantagens de custo não podem ser duplicadas a um custo baixo —, estão dispostas a revelar tal vantagem cobrando preços menores por seus produtos e serviços.

Empresas que perseguem estratégias de diferenciação de produto geralmente não têm essa opção. Com bastante frequência, empresas que vendem um produto ou serviço altamente diferenciado revelam a base sobre a qual estão tentando diferenciar seu produto. Na verdade, fazem de tudo para avisar seus consumidores que estão diferenciando seus produtos; e, no processo de informar os clientes potenciais, também informam os concorrentes. Com efeito, se os concorrentes não estão certos de como uma empresa está diferenciando seu produto, tudo o que precisam fazer é comprá-lo. Sua própria experiência com o produto — suas características e atributos — dirá aos concorrentes tudo o que precisam saber sobre a estratégia de diferenciação de produto da empresa fabricante.

No entanto, saber como uma empresa está diferenciando seu produto não significa, necessariamente, que os concorrentes serão capazes de duplicar a estratégia a um custo baixo. A habilidade de duplicar uma estratégia de diferenciação de produto rara e valiosa depende da base sobre a qual uma empresa está diferenciando seus produtos. Conforme sugerido na Tabela 5.1, algumas bases de diferenciação — incluindo o uso de características de produto — geralmente são fáceis de duplicar. Outras — incluindo *mix* de produto, associações com outras empresas, personalização de produto, complexidade do produto e marketing de consumo — às vezes podem ser custosas de duplicar. Por fim, outras bases de diferenciação de produto — incluindo associações entre funções, *timing*, localização, reputação, canais de distribuição e atendimento e suporte — geralmente são custosas de duplicar.

Quão custosa será uma base de diferenciação de produto depende dos tipos de recurso e capacidade que essa base usa. Quando esses recursos e essas capacidades são adquiridos em circunstâncias históricas únicas, quando existe alguma incerteza sobre como construir esses recursos e essas capacidades ou quando eles são de natureza socialmente complexa, então as estratégias de diferenciação de produto que exploram esses tipos de recurso e capacidade serão custosas de imitar. Essas estratégias podem ser fontes de vantagem competitiva sustentável para uma empresa. No entanto, quando a estratégia de diferenciação de produto explora recursos e capacidades que não possuem esses atributos, essas estratégias tendem a ser menos custosas de duplicar, e, mesmo que sejam valiosas e raras, serão fontes de vantagem competitiva apenas temporária.

Bases de diferenciação de produto fáceis de duplicar

A base de diferenciação de produto da Tabela 5.1 identificada como sendo quase sempre fácil de duplicar são as características de produto. Isso é irônico, pois as características de produto são, de longe, a forma mais comum que as empresas usam para diferenciar seus produtos. Raramente, as características de produto possibilitam, por si sós, que uma empresa ganhe vantagens competitivas sustentáveis a partir de uma estratégia de diferenciação de produto.

Por exemplo, praticamente todas as características de produto usadas no setor automobilístico para diferenciar os produtos das diversas montadoras foram duplicadas. O design '*cab forward*' da Chrysler foi incorporado por muitas montadoras. O design curvo esportivo do Audi apareceu em carros fabricados pela Lexus e pela GM. O sistema On Star da GM foi duplicado pela Mercedes. A tecnologia '*crumple zone*' da Mercedes-Benz tornou-se o padrão do setor, assim como o método de construção '*uni-body*' da GM. Na verdade, somente o Mazda Miata, o Nissan 350 Z e o Porsche 911 permaneceram sem duplicação — e isso tem pouco a ver com as características de produto desses carros e muito mais com sua reputação.

A única situação em que características de produto possibilitam, por si sós, que uma empresa ganhe vantagens competitivas sustentáveis é quando são protegidas por patentes. No entanto, como foi discutido nos capítulos 2 e 3, até mesmo patentes proporcionam uma proteção apenas limitada para duplicação direta, exceto em cenários muito incomuns.

TABELA 5.1 Bases de diferenciação e o custo da duplicação

	Histórico	Incerteza	Complexidade social
Duplicação de baixo custo possível			
1. Características de produto	—	—	—
Pode ser custoso de duplicar			
2. *Mix* de produto	*	*	*
3. Associações com outras empresas	*	—	**
4. Personalização do produto	*	—	**
5. Complexidade de produto	*	—	*
6. Marketing de consumo	—	**	—
Geralmente custoso de duplicar			
7. Associações entre funções internas	*	*	**
8. *Timing*	***	*	—
9. Localização	***	—	—
10. Reputação	***	**	***
11. Canais de distribuição	**	*	**
12. Atendimento e suporte	*	*	**

— = não é fonte provável de duplicação custosa.
* = pouca probabilidade de ser fonte de duplicação custosa.
** = provável fonte de duplicação custosa.
*** = grande probabilidade de ser fonte de duplicação custosa.

Embora as características de produto, por si sós, não sejam em geral uma fonte de vantagem competitiva sustentável, elas podem ser uma fonte de vantagem competitiva temporária. Durante o período em que uma empresa tem vantagem competitiva temporária por implementar uma estratégia de diferenciação com base em características de produto, pode ser capaz de atrair novos consumidores. Uma vez que tais consumidores experimentem esse produto, podem descobrir outras características que o tornam atraente. Se essas outras características forem custosas de duplicar, podem ser uma fonte de vantagem competitiva sustentável, embora com frequência as características que originalmente atraíram o consumidor sejam rapidamente duplicadas pelos concorrentes.

Bases de diferenciação de produto que podem ser custosas de duplicar

Algumas bases de diferenciação de produto, por sua vez, podem ser custosas de duplicar, ao menos em algumas circunstâncias. A primeira delas, como vemos na Tabela 5.1, é o *mix* de produto.

Duplicar as características de produtos de outra empresa geralmente não é difícil. No entanto, se essa empresa leva uma série de produtos para o mercado, cada qual com características únicas, e, mais importante, se os produtos são altamente integrados entre si, então esse *mix* de produtos pode ser custoso de duplicar. Certamente, a integração tecnológica do *mix* de produtos vendidos pela IBM e por outras empresas tem sido relativamente difícil de duplicar por empresas que não fabricam tais produtos.

Contudo, quando essa base de vantagem de *mix* de produto é um cliente comum, então a duplicação costuma ser mais fácil. Portanto, embora ter um centro de compras que reúna várias lojas em um único local seja uma fonte de vantagem competitiva sobre lojas isoladas, não é fonte de vantagem competitiva para centros de compras que oferecem os mesmos serviços. Como continuam existindo oportunidades de construir tais centros de compras, o fato de eles facilitarem a um grupo comum de consumidores o ato de fazer compras não proporciona a nenhum deles uma vantagem competitiva sustentável.

Associações com outras empresas também podem ser custosas de duplicar, principalmente quando essas associações dependem de relacionamentos socialmente complexos. O modo como as associações entre empresas podem proporcionar fontes de vantagem competitiva sustentável será discutido em mais detalhes no Capítulo 9.

Da mesma maneira, a personalização de produto e a complexidade de produto frequentemente são bases de diferenciação fáceis de duplicar. Entretanto, em alguns casos, a habilidade de uma empresa de personalizar seus produtos para um de seus clientes depende dos relacionamentos estreitos que ela desenvolveu com esses clientes. Esse tipo de personalização de produto depende da disposição de uma empresa em compartilhar detalhes, geralmente proprietários, sobre suas operações, seus produtos, sua pesquisa e seu desenvolvimento ou outras características com uma empresa fornecedora. A disposição em compartilhar esse tipo de informação, por sua vez, depende da confiança entre essas empresas. A empresa que abre suas operações para um fornecedor deve confiar que ele não tornará essas informações amplamente disponíveis para os concorrentes. A empresa que fornece produtos personalizados deve confiar que seu cliente não tomará uma vantagem desleal disso. Se duas empresas desenvolveram esses tipos de relacionamento socialmente complexo, e poucas outras os tiverem, então associações com outras empresas serão custosas de duplicar e uma fonte de vantagem competitiva sustentável.

A personalização de produto vista tanto no software empresarial como em bicicletas sofisticadas tem essas características socialmente complexas. Em um sentido real, quando esses produtos são comprados, estabelece-se um relacionamento com o fornecedor — relacionamento que tende a durar por longo período. Uma vez que tal relacionamento é estabelecido, os parceiros não se sentem dispostos a abandoná-lo, a menos, é claro, que uma das partes tente tirar uma vantagem desleal da outra parte. Essa possibilidade é discutida no Capítulo 9.

Por fim, o marketing de consumo, embora seja uma forma muito comum de diferenciação de produto, geralmente é fácil de duplicar. Portanto, embora o Mountain Dew tenha se estabelecido como uma bebida dos esportes radicais, outras, como o Gatorade, também começaram a investir nesse segmento de mercado. É claro que, de vez em quando, uma campanha publicitária vai se disseminar inesperadamente e criar um reconhecimento de marca maior do que o esperado. No segmento de cervejas nos Estados Unidos, campanhas de marketing como "Tastes great, less filling", "Why ask why", os "Sapos da Budweiser" e "What's up?" tiveram esses efeitos incomuns. Se uma empresa, na relação com suas várias agências de publicidade, conseguir desenvolver sistematicamente essas campanhas superiores, então será capaz de obter uma vantagem competitiva sustentável. No entanto, se tais campanhas são imprevisíveis e, em grande parte, uma questão de sorte da empresa, não se pode esperar que sejam uma fonte de vantagem competitiva sustentável.

Bases de diferenciação de produto que geralmente são custosas de duplicar

As bases de diferenciação de produto remanescentes listadas na Tabela 5.1 costumam ser custosas de duplicar. Empresas que diferenciam seus produtos com essas bases podem obter uma vantagem competitiva sustentável.

Associações entre funções internas de uma empresa costumam ser uma base de diferenciação de produto custosa de duplicar. Enquanto associações com outras empresas podem ser tanto fáceis como custosas de duplicar, dependendo da natureza do relacionamento que existe entre empresas, associações entre funções internas de uma empresa geralmente requerem relações de confiança socialmente complexas. Existem inúmeros conflitos intrínsecos entre funções e divisões internas de uma empresa. Organizações que têm uma história e uma cultura que respaldam relações cooperativas entre divisões em conflito podem ser capazes de deixar de lado conflitos divisionais para cooperar na entrega de um produto diferenciado ao mercado. No entanto, empresas com um histórico de conflito entre fronteiras funcionais e divisionais enfrentam um desafio significativo, e custoso, para modificar esses padrões históricos socialmente complexos.

Na realidade, a pesquisa sobre competência arquitetural em laboratórios farmacêuticos sugere não só que algumas empresas possuem essa competência, mas também que outras empresas não a possuem. Além disso, apesar das vantagens significativas que empresas com essa competência acumulam, empresas sem essa competência são, em média, incapazes de desenvolvê-la. Tudo isso sugere que tal competência, se também for rara, tenderá a ser custosa de duplicar e, portanto, uma fonte de vantagem competitiva sustentável.

Também o *timing* é uma base de diferenciação de produto difícil de duplicar. Conforme sugerido no Capítulo 3, é difícil (se não impossível) recriar a história única de uma empresa. Se essa história dota uma empresa com recursos e capacidades especiais que ela pode usar para diferenciar seus produtos, essa estratégia de diferenciação pode ser uma fonte de vantagem competitiva sustentável. Rivais de uma empresa com uma vantagem de diferenciação de produto baseada em *timing* talvez precisem procurar maneiras alternativas de diferenciar seus produtos. Portanto, não é de surpreender que universidades que competem com outras mais antigas nos Estados Unidos encontrem maneiras alternativas de se diferenciar — por meio de seu tamanho, a qualidade de seus esportes, sua diversidade —, em vez de se basearem em sua idade.

Com frequência, a localização é uma base de diferenciação de produto difícil de duplicar. Isso ocorre especialmente quando a localização de uma empresa é singular. Por exemplo, uma pesquisa sobre as preferências de hotel de viajantes de negócios sugere que a localização é um determinante muito importante na decisão de se hospedar em um hotel. Hotéis que são acessíveis aos principais centros de transporte e comerciais são preferidos, sendo os demais aspectos iguais, a hotéis em outros tipos de localização. Na verdade, foi demonstrado que a localização é um critério de decisão mais importante para viajantes de negócios do que o preço. Se apenas poucos hotéis em uma cidade possuem essas localidades especiais e se não é possível construir outros hotéis, então hotéis com essa localização podem ganhar vantagens competitivas sustentáveis.

De todas as bases de diferenciação de produto listadas neste capítulo, talvez nenhuma seja mais difícil de duplicar do que a reputação de uma empresa. Conforme sugerido anteriormente, a reputação é, na realidade, um relacionamento socialmente complexo entre uma empresa e seus clientes, baseado em anos de experiência, compromisso e confiança. Reputações não são construídas rapidamente, tampouco podem ser compradas ou vendidas. Em vez disso, elas só podem ser desenvolvidas ao longo do tempo, com investimento consistente no relacionamento entre uma empresa e seus clientes. Uma empresa com reputação positiva pode desfrutar de vantagem competitiva significativa, enquanto outra com reputação negativa, ou nenhuma reputação, pode ter de investir montantes significativos durante longos períodos de tempo para alcançar a empresa diferenciada.

Canais de distribuição também podem ser uma base de diferenciação de produto custosa de duplicar, ao menos por duas razões. Primeira: relações entre uma empresa e seus canais de distribuição costumam ser socialmente complexas e, portanto, custosas de duplicar. Segunda: a oferta de canais de distribuição pode ser limitada. Empresas que já têm acesso a esses canais podem ser capazes de usá-los, mas empresas que não têm tal acesso podem ser forçadas a criar seus próprios canais ou desenvolver novos. Criar novos canais, ou desenvolver meios de distribuição, podem ser empreitadas difíceis ou custosas.[16] Esses custos são um dos principais motivos que embasam muitas *joint-ventures* internacionais (veja o Capítulo 9).

Finalmente, o nível de atendimento e o suporte podem ser uma base de diferenciação de produto custosa de duplicar. Na maioria dos setores, geralmente, não é muito custoso oferecer um nível mínimo de atendimento e suporte técnico. No segmento de eletrodomésticos, esse nível pode ser fornecido por uma rede independente de assistências técnicas. No de automóveis, pode ser fornecido por oficinas associadas às concessionárias. No de *fast-food*, pode ser fornecido por um nível mínimo de treinamento dos funcionários.

No entanto, avançar além desse nível mínimo de atendimento e suporte pode ser difícil por alguns motivos. Um deles é aumentar a qualidade do atendimento e suporte que pode envolver quantidades substanciais de treinamento custoso. O McDonald's criou um centro de treinamento sofisticado (Universidade do Hambúrguer) para manter seu alto nível incomum de atendimento no segmento de *fast-food*. A GE investiu bastante no treinamento de atendimento e suporte nos últimos anos. Muitas montadoras japonesas gastaram milhões no treinamento de funcionários para ajudar no suporte às concessionárias, antes de abrirem fábricas nos Estados Unidos.[17]

Mais importante do que os custos diretos do treinamento necessário para oferecer atendimento e suporte de alta qualidade, essas bases de diferenciação de produto frequentemente refletem a atitude de uma empresa e de seus funcionários em relação aos clientes. Em muitas empresas ao redor do mundo, o cliente tornou-se o 'bandido'. Isso é, sob muitos aspectos, compreensível. Os funcionários tendem a interagir com seus clientes com menos frequência do que interagem com outros funcionários. Quando realmente interagem com os clientes, trata-se, em geral, daqueles que fazem as reclamações dirigidas à empresa. Nesse cenário, pode-se desenvolver hostilidade ao cliente, a qual, é claro, é inconsistente com uma estratégia de diferenciação de produto baseada em atendimento e suporte ao cliente.

Em última análise, altos níveis de atendimento e suporte ao cliente são baseados em relações socialmente complexas entre empresas e clientes. Empresas que têm conflitos com seus clientes podem enfrentar alguma dificuldade em duplicar os altos níveis de atendimento e suporte oferecidos por concorrentes.

Substitutos para diferenciação de produto

As bases de diferenciação de produto descritas neste capítulo variam quanto à sua raridade e dificuldade de duplicar. No entanto, a habilidade das bases de diferenciação de produto de gerar uma vantagem competitiva sustentável também depende da existência de um substituto de baixo custo.

Os substitutos para bases de diferenciação de produto assumem duas formas. Primeira: muitas das bases de diferenciação de produto listadas no Quadro 5.1 podem ser substitutos parciais uns dos outros. Por exemplo, características de produto, personalização de produto e complexidade de produto são todas bases de diferenciação muito semelhantes e, portanto, podem atuar como substitutas umas das outras. Certa empresa pode desenvolver uma vantagem competitiva ao diferenciar seus produtos com base em personalização e acabar descobrindo que suas vantagens de personalização diminuíram porque outra empresa alterou as características de seus produtos. De modo semelhante, associações entre funções, entre empresas e *mix* de produto, como bases de diferenciação, também podem ser substitutas umas das outras. A IBM associa suas funções de vendas, suporte e consultoria para se diferenciar no mercado de computadores. Outras empresas de computador, no entanto, podem desenvolver relacionamentos estreitos com empresas de suporte e consultoria para computadores, a fim de diminuir essa vantagem de diferenciação de produto. Considerando que diferentes bases de diferenciação de produto com frequência são substitutas umas das outras, não surpreende que empresas persigam essas múltiplas bases simultaneamente.

Segunda forma: outras estratégias discutidas ao longo deste livro podem ser substitutas para muitas das bases de diferenciação de produto listadas no Quadro 5.1. Uma empresa pode tentar ganhar vantagem competitiva ajustando seu *mix* de produto, e outra empresa pode substituir por alianças estratégicas para criar o mesmo tipo de diferenciação de produto. Por exemplo, a ênfase contínua da Southwest Airlines em um serviço atencioso, sem atrasos e de baixo custo e a ênfase da United em sua associação com a Lufthansa e com outras empresas aéreas do mundo por meio do Star Alliance podem ambas ser vistas como esforços de diferenciação de produto que são, no mínimo, substitutos parciais.[18]

Em contraste, algumas das outras bases de diferenciação de produto discutidas neste capítulo têm poucos substitutos próximos óbvios. Elas incluem *timing*, localização, canais de distribuição e atendimento e suporte. Uma vez que essas bases também podem ser valiosas, raras e difíceis de duplicar, podem ser fontes de vantagem competitiva sustentável.

ORGANIZANDO PARA IMPLEMENTAR DIFERENCIAÇÃO DE PRODUTO   V R I O

Como foi sugerido no Capítulo 3, a habilidade de implementar uma estratégia depende de o ajuste da estrutura de uma empresa, seus controles gerenciais e sua política de remuneração serem consistentes com essa estratégia. Enquanto a implementação da estratégia para empresas que adotam uma estratégia de liderança em custo focaliza a redução dos custos da empresa e o aumento de sua eficiência, a implementação da estratégia para empresas que adotam uma estratégia de diferenciação de produto deve focar a inovação, a criatividade e o desempenho do produto. Enquanto empresas líderes em custo estão focadas no valor para o consumidor, empresas voltadas para diferenciação de produto preocupam-se com estilo. O Quadro 5.2 resume como a necessidade de estilo está refletida na estrutura, nos controles e nas políticas de remuneração de uma empresa.

Estrutura organizacional e implementação de diferenciação de produto

Tanto a estratégia de liderança em custo como a estratégia de diferenciação de produto são implementadas por meio de uma estrutura organizacional funcional em forma de U. Porém, enquanto a estrutura em forma de U usada para implementar uma estratégia de liderança em custo tem poucos níveis, relações simples de reporte, um pequeno quadro corporativo e foco apenas em poucas funções de negócios, a estrutura em U de uma empresa que implementa uma estratégia de diferenciação de produto é, de certa forma, mais complexa. Por exemplo, essas empresas frequentemente usam equipes interfuncionais e interdivisionais para gerenciar o desenvolvimento e a implementação de produtos novos, inovadores e altamente diferenciados. Essas equipes reúnem pessoas de diferentes negócios e diferentes áreas funcionais para cooperar no desenvolvimento de um novo produto ou serviço.

Uma empresa que vem usando equipes interfuncionais e interdivisionais com sucesso é a agência de publicidade britânica WPP, que é dona de várias agências de publicidade grandes, várias empresas de relações públicas, várias empresas de pesquisa de marketing, entre outras. Cada um desses negócios opera de maneira relativamente independente na maioria das áreas. No entanto, a corporação identificou alguns mercados em que a colaboração interfuncional e interdivisional é importante. Um desses mercados é o de assistência médica. Para explorar oportunidades nesse mercado, a WPP forma equipes de especialistas em publicidade, em pesquisa de mercado, em relações públicas etc., recrutados de cada um de seus negócios. As equipes interdivisionais resultantes são responsáveis pelo desenvolvimento de abordagens novas e altamente diferenciadas para criar estratégias de mercado para seus clientes no setor de assistência à saúde.[19] A criação de equipes interfuncionais e interdivisionais normalmente implica que uma empresa implementou alguma forma de estrutura matricial. Conforme sugerido no Capítulo 4, uma **estrutura matricial** existe quando as pessoas em uma empresa têm dois ou mais 'chefes' simultaneamente. Assim, por exemplo, se uma pessoa de uma das agências de publicidade da WPP é chamada para integrar temporariamente uma equipe interdivisional, ela tem dois chefes: o da equipe temporária para a qual foi chamada e seu chefe na agência de publicidade. Lidar com dois chefes ao mesmo tempo pode ser muito difícil, sobretudo quando existem conflitos de interesses entre eles — e, conforme veremos no Capítulo 8, os interesses desses chefes *frequentemente* entrarão em conflito.

Uma forma particularmente importante de equipe interfuncional ou interdivisional existe quando essa equipe é liberada de todas as responsabilidades na empresa e focaliza toda sua atenção no desenvolvimento de um novo produto ou serviço. O exemplo mais conhecido dessa abordagem de desenvolvimento de um produto diferenciado ocorreu na Lockheed Corporation durante as décadas de 1950 e 1960, quando pequenos grupos de engenheiros foram colocados em equipes cujo foco era desenvolver aviões militares altamente sofisticados e secretos. Essas equipes tinham uma seção na fábrica da Lockheed reservada para suas atividades, com acesso proibido a todos os outros funcionários. A piada era que esses intensos esforços criativos eram tão envolventes que os membros dessas equipes realmente esqueciam de tomar banho — daí o nome 'equipe-gambá'. Equipes-gambá foram usadas por inúmeras empresas para focar a energia criativa requerida para desenvolver e lançar produtos altamente diferenciados.[20]

Controles gerenciais e implementação de diferenciação de produto

Os dois primeiros controles gerenciais úteis para implementar a diferenciação de produto listados no Quadro 5.2 — diretrizes amplas de tomada de decisão e liberdade gerencial nos limites dessas diretrizes — geralmente andam juntos, embora pareçam um tanto contraditórios. Essas contradições potenciais são discutidas no quadro "Estratégia na empresa emergente". Lidar com essas contradições é um dos principais desafios das empresas que procuram implementar estratégias de diferenciação de produto.

QUADRO 5.2 Organizando para implementar estratégias de diferenciação de produto

Estrutura organizacional
1. Equipes interfuncionais e interdivisionais de desenvolvimento de produto.
2. Estruturas matriciais complexas.
3. Bolsões isolados de esforços criativos intensos — 'equipes-gambá'.

Sistemas de controle gerencial
1. Diretrizes amplas de tomada de decisão.
2. Liberdade gerencial nos limites dessas diretrizes.
3. Política de experimentação.

Políticas de remuneração
1. Recompensas por assumir riscos, não punir por falhas.
2. Recompensas pelo instinto criativo.
3. Mensuração de desempenho multidimensional.

> ## ESTRATÉGIA NA EMPRESA EMERGENTE
>
> ### Somente empresas pequenas podem ser inovadoras?
>
> Na década de 1950, um famoso economista chamado Joseph Schumpeter sugeriu que apenas empresas muito grandes e lucrativas tinham os recursos necessários para investir na criação de produtos e serviços altamente inovadores. Sua conclusão sugeria que injustiças sociais resultantes da concentração do poder econômico nas mãos de relativamente poucas organizações grandes e poderosas era simplesmente o preço que a sociedade tinha de pagar pelas inovações que podiam beneficiar os consumidores.
>
> A história da economia nos últimos 30 anos sugere que uma das principais suposições de Schumpeter — de que apenas grandes empresas conseguem ser inovadoras — está errada. Na realidade, ao longo desse período, ficou claro que muita inovação ocorreu por meio da criação de emergentes. Empresas como Dell, Microsoft, Intel, Apple, Home Depot, Cisco, Gateway, Sun, Office Depot, Nike, Oracle, PeopleSoft, Foot Locker, Amazon.com e Starbucks foram todas fontes de importantes inovações em seus setores e todas começaram como iniciativas de empreendedorismo nos últimos 35 anos. Na verdade, dado o impacto dessas e de outras iniciativas de empreendedorismo na economia mundial durante esse período, é possível chamar os últimos 30 anos de 'era do empreendedor'.
>
> O que as empresas emergentes têm que lhes permite desenvolver inovações que, às vezes, acabam dominando o mercado? Alguns estudiosos sugeriram que o tamanho pequeno e a falta de recursos que caracterizam as *start-ups* (empresas iniciantes), longe de limitar sua capacidade inovadora, na realidade facilitam a inovação.
>
> Por exemplo, empresas emergentes têm relativamente pouco a perder quando se envolvem em inovação. Se o mercado aceita sua inovação, ótimo; se não, passam para a próxima inovação. Empresas estabelecidas, por sua vez, podem estar consideravelmente comprometidas com uma tecnologia mais antiga, um sistema de distribuição mais antigo ou há mais tempo com determinado consumidor. Empresas estabelecidas podem não estar dispostas a canibalizar as vendas de seus produtos atuais por produtos novos e inovadores.
>
> Além disso, empresas emergentes têm relativamente poucos controles burocráticos. Informações e ideias fluem livremente nessas organizações. Esse fluxo de informações tende a facilitar a inovação. Empresas maiores, de outro lado, geralmente já têm implementados numerosos controles burocráticos que impedem a comunicação interfuncional e, portanto, retardam a inovação.
>
> Na realidade, alguns, inclusive, argumentaram que as pessoas que se sentem atraídas por pequenas empresas emergentes tendem a ser mais inovadoras do que aquelas que se sentem atraídas por empresas maiores, mais estáveis. As pessoas que se sentem confortáveis com risco e criatividade podem sentir-se atraídas por empresas emergentes, enquanto aquelas que se sentem menos confortáveis com risco e criatividade podem sentir-se atraídas por empresas maiores e mais estáveis.
>
> Independentemente das razões, muitas empresas grandes perceberam que não podem se dar ao luxo de ser superadas em inovação e flexibilidade pelas emergentes. Como resposta, empresas maiores começaram a adotar políticas e procedimentos que tentam criar o tipo de inovação e criatividade que geralmente vemos nas empresas emergentes. Algumas empresas — como a 3M (veja o Quadro 5.3) — obtiveram bastante sucesso nesse esforço. Outras não foram tão bem-sucedidas.
>
> *Fontes*: C. Christensen, *The innovator's dilemma*, Boston: Harvard Business School Press, 1997; J. Schumpeter, *Capitalism, socialism and democracy*, Nova York: Harper and Rowe, 1942; T. Zenger e E. Rasmusen, "Diseconomies of scale in employment contracts", *Journal of Law, Economics, and Organization*, n. 6, p. 65-98, 1990.

Diretrizes amplas de tomada de decisão ajudam a pôr ordem, o que de outra forma seria um processo caótico de tomada de decisão. Quando os gerentes não têm restrições em sua tomada de decisão, podem tomar decisões sem relação entre si e inconsistentes com a missão e os objetivos gerais da empresa. Isso resulta em decisões que não são implementadas ou são mal implementadas.

De outro lado, se essas diretrizes de tomada de decisão se tornam muito rígidas, podem suprimir a criatividade em uma empresa. Portanto, diretrizes de decisão devem ser rígidas o suficiente para garantir que as decisões tomadas sejam consistentes com a missão e os objetivos da empresa. No entanto, essas diretrizes devem ser amplas o suficiente para que a criatividade gerencial não seja destruída. Nas empresas bem administradas, que implementam estratégias de diferenciação de produto, contanto que as decisões gerenciais se enquadrem nas diretrizes amplas de tomada de decisão, os gerentes têm o direito de tomar — na verdade, espera-se que tomem — decisões criativas.

Uma empresa que se empenhou para atingir um equilíbrio entre caos e controle é a 3M. Em um esforço para proporcionar diretrizes que definam a abrangência das decisões aceitáveis na 3M, seus gerentes seniores desenvolveram princípios inovadores. O Quadro 5.3 apresenta esses princípios e define os limites do caos inovador na 3M. Dentro desses limites, espera-se que gerentes e engenheiros sejam criativos e inovadores no desenvolvimento de produtos e serviços altamente diferenciados.[21]

Outra empresa que lidou bem com essa tensão foi a British Airways (BA). A BA tem extensos programas de treinamento para ensinar aos comissários de bordo como oferecer atendimento de classe mundial, especialmente para seus clientes da classe executiva. Esse treinamento consiste de procedimentos operacionais padrão que dão propósito e estrutura aos esforços da BA de proporcionar um serviço diferenciado no setor altamente competitivo de companhias aéreas. Curiosamente, no entanto, a BA também treina seus comissários sobre quando violar esses procedimentos e políticas-padrão. Ao reconhecer que nenhum conjunto de controles gerenciais é capaz de prever todas as situações especiais que podem ocorrer no atendimento, a BA dá autonomia a seus funcionários para atender às necessidades específicas dos clientes. Isso permite à BA ter tanto uma diferenciação de produto claramente definida como flexibilidade para ajustar essa estratégia conforme a situação exige.[22]

Empresas também podem facilitar a implementação de uma estratégia de diferenciação de produto adotando uma **política de experimentação**. Tal política existe quando empresas se comprometem a empenhar, simultaneamente, diversos esforços relacionados de diferenciação de produto. Relações entre esses esforços de diferenciação sugerem que uma empresa tem uma visão sobre como determinado mercado tende a evoluir com o tempo. No entanto, a ocorrência simultânea desses vários esforços de diferenciação sugere que a empresa não está excessivamente presa a uma visão estreita sobre como um mercado tende a evoluir. Em vez disso, vários experimentos diferentes facilitam a exploração de diferentes futuros em um mercado. Com efeito, experimentos bem-sucedidos podem ajudar a definir a evolução futura de um mercado.

Considere, por exemplo, a Charles Schwab, uma corretora de valores inovadora. Diante da crescente concorrência de outras corretoras de serviços completos e da Internet, a Schwab empenhou-se em uma série de experimentos para descobrir a próxima geração de produtos capaz de oferecer a seus clientes e as diferentes maneiras como poderia diferenciar esses produtos. A Schwab investigou um software para simplificar a escolha on-line de fundos mútuos, a negociação on-line de futuros e a pesquisa de empresas on-line. Também estabeleceu uma aliança exploratória com a Goldman Sachs para avaliar a possibilidade de permitir que os clientes da Schwab invistam em ofertas públicas iniciais. Nem todos os experimentos da Schwab levaram ao lançamento de produtos altamente diferenciados. Por exemplo, com base em alguns investimentos experimentais, a empresa decidiu não entrar no mercado de cartões de crédito. Porém, ao experimentar diversas iniciativas de diferenciação de produto, conseguiu desenvolver uma gama de novos produtos para o segmento de serviços financeiros em acelerada mudança.[23]

Políticas de remuneração e implementação de estratégias de diferenciação de produto

As políticas de remuneração usadas para implementar diferenciação de produto listadas no Quadro 5.2 complementam a estrutura organizacional e os controles gerenciais do quadro. Por exemplo, uma política de experimentação tem pouco impacto sobre a habilidade de uma empresa de implementar estratégias de diferenciação de produto se, toda vez que um experimento inovador fracassa, as pessoas são punidas por assumir riscos. Portanto, políticas de remuneração que recompensam por se assumirem riscos e que louvam o instinto criativo ajudam uma empresa a implementar sua estratégia de diferenciação de produto.

Considere, por exemplo, a Nordstrom's, uma loja de departamentos que exalta seus funcionários por assumirem riscos e atitudes criativas ao procurar satisfazer às necessidades de seus clientes. Uma famosa história é a de um vendedor da Nordstrom's que permitiu que uma cliente devolvesse um jogo de pneus à loja porque não estava satisfeita com eles. O que torna essa história interessante — seja ela verdadeira ou não — é que a Nordstrom's não vende pneus. Mas esse vendedor se sentiu com o poder de tomar uma decisão que obviamente é arriscada, e essa decisão é louvada na Nordstrom's como um exemplo do tipo de serviço que os clientes da loja devem esperar.

A última política de remuneração listada no Quadro 5.2 é a mensuração de desempenho multidimensional. Ao implementar uma estratégia de liderança em custo, a remuneração deve focar proporcionar aos gerentes e demais funcionários os incentivos adequados para reduzir custos. Várias formas de bônus em dinheiro, ações, opções de ações etc. podem ser vinculadas ao cumprimento de metas específicas e usadas para criar incentivos a fim de obter vantagens de custo. Técnicas semelhantes podem ser usadas para criar incentivos que ajudam a implementar vantagens de diferenciação de produto. No entanto, como a implementação de uma estratégia de diferenciação geralmente envolve a integração de múltiplas funções de negócios, frequentemente por meio do uso de equipes

QUADRO 5.3 Princípios inovadores na 3M*

1. **Visão.** Declare a importância da inovação; torne-a parte da autoimagem de empresa.

    "Nossos esforços para estimular e apoiar a inovação são prova de que nós realmente pretendemos atingir nossa visão de nós mesmos [...], que pretendemos nos tornar o que queremos ser [...], como empresa e como indivíduos criativos."

2. **Previsão.** Descubra 'para onde vão' as tecnologias e os mercados. Identifique as necessidades articuladas e não articuladas dos clientes.

    "Se você está trabalhando em um dispositivo médico de diagnóstico por imagem de última geração, você provavelmente conversará com radiologistas, mas talvez também fale com pessoas que aprimoram imagens enviadas por sondas espaciais."

3. **Metas de expansão.** Defina metas que façam você e a empresa se esforçarem para promover melhorias consideráveis. Embora muitos projetos sejam almejados, aposte naqueles que mudam a base da concorrência e redefinem o setor.

    "Temos muitas metas de expansão na 3M. A primeira declara que queremos que 30 por cento das vendas totais venham de produtos lançados nos últimos quatro anos [...]. Para estabelecer um senso de urgência, recentemente acrescentamos outra meta: queremos que 10 por cento de nossas vendas venham de produtos que estão no mercado há apenas um ano [...]. A inovação é sensível ao tempo [...], você precisa agir rápido."

4. ***Empowerment.*** Contrate pessoas boas e confie nelas, delegue responsabilidades, proporcione recursos para o crescimento e saia do caminho. Seja tolerante com as iniciativas e com os erros que possam ocorrer com essa iniciativa.

    "William McKnight (ex-presidente da 3M) teve uma ideia de como institucionalizar a tolerância para esforços individuais. Ele disse que todos os funcionários técnicos podiam dedicar 15 por cento de seu tempo para um projeto que eles mesmos inventaram. Em outras palavras, poderiam gerir a si próprios por 15 por cento de seu tempo [...]. O número não é tão importante quanto a mensagem, que é: o sistema está ocioso. Se vocês têm alguma ideia boa, e o compromisso de reservar algum tempo para trabalhar nela e a coragem de deixar de atender a alguns desejos explícitos de seus gerentes, então prossigam com essa ideia.

    Posto de outra forma, queremos institucionalizar um pouco de rebelião em nossos laboratórios. Não podemos ter todas as pessoas agindo totalmente por conta própria [...]; acreditamos realmente em disciplina [...], mas, ao mesmo tempo, a gerência da 3M estimula um desrespeito saudável pela gerência da 3M. Isso não é o tipo de coisa que publicamos em nosso relatório anual, mas as histórias que contamos — com prazer — são frequentemente sobre funcionários da 3M que enganaram seus supervisores e tiveram sucesso.

    Também reconhecemos que quando deixamos as pessoas seguirem seus próprios comandos [...] ninguém acaba no mesmo lugar. Você não pode pedir que todas as pessoas tenham a mesma visão e marchem como um batalhão. Algumas pessoas são muito precisas e detalhistas [...], outras são pensadores vagos e visionários [...], e isso é exatamente o que queremos."

5. **Comunicações.** Faça trocas abertas e extensas de acordo com as regras básicas em fóruns criados para compartilhar ideias e nas quais o *networking* é uma responsabilidade de cada um. São necessários diversos métodos para compartilhar informações.

    "Quando inovadores se comunicam entre si, você pode alavancar suas descobertas. Isso tem uma importância fundamental porque permite que as empresas obtenham o máximo de retorno de seus investimentos substanciais em novas tecnologias. Também funciona como um estímulo para mais inovação. Na realidade, acreditamos que a habilidade de combinar e transferir tecnologias é tão importante quanto a descoberta de tecnologia."

6. **Recompensas e reconhecimento.** Enfatize o reconhecimento individual mais do que as recompensas monetárias, por meio do reconhecimento entre pares e pela escolha de vias de promoção gerencial e técnica. *"A inovação é uma atividade intensamente humana."*

    "Descrevi seis elementos da cultura corporativa da 3M que contribuem para uma tradição de inovação: visão, previsão, metas de expansão, empowerment, comunicação e reconhecimento [...]. A lista está muito organizada. A inovação na 3M é tudo, menos organizada. É sensata, no sentido de que nossos esforços são dirigidos para atingir nossas metas, mas a organização [...] e o processo [...] e, às vezes, as pessoas podem ser caóticos. Gerenciamos no caos, e essa é a forma certa de gerenciar se você quer inovação. Diz-se que a concorrência nunca sabe qual será nossa próxima invenção. O fato é que nem nós sabemos."

* Conforme IW. Coyne, *Building a tradition of innovation*, Londres: The Fifth U.K. Innovation Lecture, Department of Trade and Industry, 1996, citado em A. van de Ven, D. Polley, R. Garud e S. Venkatraman, *The innovation journey*, Nova York, NY: Oxford, 1999, p. 198-200.

de desenvolvimento de produto, esquemas de remuneração destinados a ajudar a implementação de tal estratégia devem reconhecer seu caráter interfuncional.

Portanto, em vez de focar apenas uma única dimensão do desempenho, essas empresas costumam examinar o desempenho do funcionário ao longo de múltiplas dimensões simultaneamente. Exemplos dessas dimensões incluem não apenas vendas e lucratividade do produto, mas também satisfação do cliente, disposição do funcionário em cooperar com outros negócios e funções de uma empresa, habilidade do funcionário em facilitar equipes interfuncionais e interdivisionais de maneira eficaz e habilidade do funcionário em realizar uma tomada de decisão criativa.

UMA EMPRESA PODE IMPLEMENTAR DIFERENCIAÇÃO DE PRODUTO E LIDERANÇA EM CUSTO SIMULTANEAMENTE?

Os argumentos desenvolvidos no Capítulo 4 e neste capítulo sugerem que estratégias de negócios de liderança em custo e diferenciação de produto, sob certas condições, podem criar vantagens competitivas sustentáveis. Dado o impacto benéfico de ambas as estratégias na posição competitiva de uma empresa, uma questão importante é: "Uma empresa pode implementar as duas estratégias simultaneamente?" Afinal, se cada uma delas separadamente pode melhorar o desempenho de uma empresa, não seria melhor implementar as duas?

Não, essas estratégias não podem ser implementadas simultaneamente

Uma rápida comparação dos requisitos organizacionais para implementar com sucesso estratégias de liderança em custo e de diferenciação de produto, apresentada no Quadro 5.4, resume uma perspectiva da questão acerca da possibilidade de ambas as estratégias poderem ou não ser implementadas simultaneamente. Sob esse aspecto, os requisitos organizacionais são essencialmente contraditórios. A liderança em custo requer relações de reporte simples, mas a diferenciação de produto implica vínculos interfuncionais e interdivisionais. A liderança em custo requer supervisão intensa de mão de obra, enquanto a diferenciação de produto exige uma supervisão menos intensa de funcionários criativos. A liderança em custo requer recompensa por redução de custos, enquanto a diferenciação de produto requer recompensa por instinto criativo. É razoável perguntar: "É possível uma única empresa combinar essas diversas competências e habilidades contraditórias?"

Alguns argumentam que empresas que tentam implementar ambas as estratégias acabarão não fazendo nenhuma delas bem. Essa lógica leva à curva apresentada na Figura 5.1. A figura sugere que, frequentemente, existem duas maneiras de obter um desempenho econômico superior em determinado setor: (1) vendendo produtos de preço alto e ganhando uma participação de mercado pequena (diferenciação de produto) ou (2) vendendo produtos de preço baixo e ganhando uma participação de mercado grande (liderança em custo). As empresas que não

QUADRO 5.4 Requisitos organizacionais para implementar estratégias de liderança em custo e estratégias de diferenciação de produto

Liderança em custo	*Diferenciação de produto*
Estrutura organizacional	**Estrutura organizacional**
1. Poucos níveis na estrutura de reporte. 2. Relações de reporte simples. 3. Quadro executivo pequeno. 4. Foco em uma gama pequena de funções de negócio.	1. Equipes interfuncionais e interdivisionais de desenvolvimento de produto. 2. Disposição em explorar novas estruturas para explorar novas oportunidades. 3. Bolsões isolados de esforços criativos intensos.
Sistemas de controle gerencial	**Sistemas de controle gerencial**
1. Sistemas rígidos de controle de custos. 2. Metas de custo quantitativas. 3. Supervisão estrita de custos de mão de obra, matéria-prima, estoque e outros. 4. Filosofia de liderança em custo.	1. Diretrizes amplas de tomada de decisão. 2. Liberdade gerencial nos limites dessas diretrizes. 3. Política de experimentação.
Políticas de remuneração	**Políticas de remuneração**
1. Recompensas por redução de custo. 2. Incentivos para que todos os funcionários se envolvam na redução de custos.	1. Recompensas por assumir riscos, e não punição por falhas. 2. Recompensas pelo instinto criativo. 3. Mensuração de desempenho interdimensional.

FIGURA 5.1 Implementação simultânea de estratégias competitivas de liderança em custo e de diferenciação de produto: ficando 'preso no meio'

Fonte: Adaptado de M. E. Porter, *Competitive strategy*: Techniques for analyzing industries and competitors, [S.l.]: The Free Press, Simon & Schuster Adult Publishing Group, 1998. (Copyright © 1980, 1998 por The Free Press. Todos os direitos reservados.)

optam por essas estratégias (preço médio, participação média de mercado) ou que implementam ambas as estratégias fracassam. Diz-se que tais empresas ficam 'presas no meio'.[24]

Sim, essas estratégias podem ser implementadas simultaneamente

Um trabalho mais recente contradiz os argumentos de estar 'preso no meio'. Esse trabalho sugere que empresas que têm sucesso tanto em liderança em custo como em diferenciação de produto geralmente podem esperar obter uma vantagem competitiva sustentável. Essa vantagem reflete ao menos dois processos.

Diferenciação, participação de mercado e liderança em baixo custo

Primeiro, empresas que conseguem diferenciar seus produtos e serviços com sucesso tendem a ver um aumento em seu volume de vendas. Isso ocorre especialmente se a base de diferenciação de produto for atraente para grande número de clientes potenciais. Portanto, a diferenciação de produto pode levar a maiores volumes de vendas. Já foi definido (no Capítulo 4) que um volume de vendas maior pode levar a economias de escala, aprendizagem e outras formas de redução de custo. Portanto, uma diferenciação de produto bem-sucedida pode, por sua vez, levar a reduções de custo e a uma posição de liderança em custo.[25]

Essa é a situação que melhor descreve o McDonald's. Essa empresa tradicionalmente segue uma estratégia de diferenciação de produto, enfatizando a limpeza, a consistência e a diversão em seus restaurantes. Ao longo do tempo, o McDonald's usou seu produto diferenciado para se tornar o líder de participação de mercado no setor de *fast-food*. Essa posição de mercado possibilitou-lhe reduzir seus custos, de forma que agora também é líder em custo no setor de *fast-food*. Portanto, o nível de lucratividade do McDonald's depende de suas duas estratégias — de diferenciação de produto e de liderança em baixo custo. Qualquer uma dessas duas estratégias em si seria difícil de superar; juntas, elas dão ao McDonald's uma vantagem competitiva muito custosa de imitar.[26]

Gerenciando contradições organizacionais

A diferenciação de produto pode levar a uma grande participação de mercado e custos baixos. Algumas empresas também podem desenvolver competências no gerenciamento das contradições que fazem parte da implementação simultânea de estratégias de baixo custo e diferenciação de produto. Uma pesquisa recente em fabricação de automóveis ajuda a descrever essas competências especiais.[27] A lógica tradicional na fabricação de automóveis é a de que as montadoras podem reduzir os custos de produção acelerando a linha de montagem ou aumentando a qualidade dos carros produzidos desacelerando a linha de montagem, enfatizando a produção baseada em equipe etc. Em geral, acreditava-se que as montadoras não podiam produzir simultaneamente carros de baixo custo e alta qualidade (isto é, de baixo custo *e* altamente diferenciados).

Vários pesquisadores do Massachusetts Institute of Technology (MIT) examinaram esse conceito tradicional. Eles começaram desenvolvendo medidas rigorosas do custo e da qualidade do desempenho das fábricas e então aplicaram essas medidas em mais de 70 outras fábricas que produziam carros de médio porte. Descobriram que seis montadoras no mundo inteiro, à época da pesquisa, tinham custos muito baixos e altíssima qualidade.[28]

Ao examinar o que tornava essas seis montadoras diferentes das outras, os pesquisadores encontraram uma ampla gama de políticas de produção, práticas gerenciais e variáveis culturais. Surgiram três conclusões igualmente importantes. Primeira: essas seis montadoras tinham o melhor hardware de tecnologia de produção disponível — robôs, máquinas de pintura guiadas por *laser* etc. No entanto, como muitas montadoras do estudo tinham essa mesma tecnologia, a tecnologia de produção em si não era suficiente para tornar essas seis especiais. Segunda: políticas e procedimentos nessas montadoras eram implementadas em uma variedade de técnicas de gerenciamento altamente participativas e voltadas para o trabalho em equipe, incluindo gestão participativa, produção em equipe e gestão da qualidade total. Terceira: os funcionários tinham um senso de lealdade e compromisso com a fábrica em que trabalhavam — uma convicção de que seriam tratados com justiça pelos gerentes.

Essa pesquisa mostra que as empresas *poderão* implementar simultaneamente estratégias de liderança em custo e de diferenciação de produto se aprenderem como gerenciar as contradições inerentes dessas duas estratégias. O gerenciamento dessas contradições, por sua vez, depende de relações socialmente complexas entre os empregados, entre os empregados e a tecnologia que usam, e entre os empregados e a empresa para a qual trabalham. Essas relações não são apenas valiosas (porque permitem que uma empresa implemente estratégias de liderança em custo e de diferenciação de produto), como também constituem uma fonte de vantagem competitiva sustentável socialmente complexa e, portanto, custosa de imitar.

Recentemente, muitos estudiosos abandonaram os argumentos 'presos no meio' originais; agora, sugerem que empresas de baixo custo devam ter níveis competitivos de diferenciação de produto para sobreviver e que empresas com diferenciação de produto devam ter níveis competitivos de custo para sobreviver.[29] Por isso, por exemplo, uma empresa de moda de luxo como a Versace — o que há de definitivo em diferenciação de produto — precisou contratar recentemente um novo CEO e um *controller* para ajudar a controlar seus custos.[30]

RESUMO

Existe diferenciação de produto quando os consumidores percebem os produtos de determinada empresa como mais valiosos do que os produtos de outra. Embora a diferenciação possa ter diversas bases, no final das contas, sempre é uma questão de percepção do consumidor. As bases de diferenciação de produto incluem: (1) atributos dos produtos ou serviços que uma empresa vende (incluindo características do produto, complexidade do produto, *timing* do lançamento do produto e localização), (2) relações entre uma empresa e seus clientes (incluindo personalização de produto, marketing de consumo e reputação) e (3) associações internas ou entre empresas (incluindo associações entre funções, associações com outras empresas, o *mix* de produto de uma empresa, seu sistema de distribuição e seu nível de atendimento e suporte). No fim, porém, a diferenciação de produto somente é limitada pela criatividade dos gerentes da empresa.

A diferenciação de produto é valiosa, pois permite a uma empresa definir preços mais altos do que poderia. Cada uma das bases de diferenciação de produto identificadas pode ser usada para neutralizar ameaças ambientais e explorar oportunidades ambientais. A raridade e a imitabilidade das bases de diferenciação de produto variam. Bases de diferenciação altamente imitáveis incluem características de produto. Bases relativamente imitáveis incluem *mix* de produto, associações com outras empresas, personalização de produto e marketing de consumo. Bases de diferenciação custosas de imitar incluem associações entre funções da empresa, *timing*, localização, reputação e atendimento e suporte.

A implementação de uma estratégia de diferenciação de produto envolve o gerenciamento da estrutura organizacional, controles gerenciais e política de remuneração. Estruturalmente, não é incomum que empresas que implementam uma estratégia de diferenciação de produto usem equipes interfuncionais e interdivisionais, juntamente com equipes com foco exclusivamente em um esforço de diferenciação de determinado produto, chamados de 'equipes-gambá'. Controles gerenciais que proporcionam liberdade de tomada de decisão gerencial dentro de diretrizes amplas de tomada de decisão podem ser úteis na implementação de estratégias de diferenciação de produto, assim como políticas de implementação. Por fim, políticas de remuneração que toleram iniciativas de risco e instinto criativo e que medem o desempenho do funcionário ao longo de múltiplas dimensões simultaneamente também podem ser úteis na implementação dessas estratégias.

Diversos atributos organizacionais são requeridos para implementar uma estratégia de diferenciação de produto com sucesso. Alguns argumentam que contradições entre essas características organizacionais e aquelas necessárias para implementar uma estratégia de liderança em custo significam que empresas que tentam usar ambas terão desempenho fraco. Uma pesquisa mais recente examina a relação entre diferenciação de produto, participação de mercado e custo baixo e observa que algumas empresas aprenderam a lidar com as contradições entre liderança em custo e diferenciação de produto.

|||| QUESTÕES ||||

1. Embora a liderança em custo seja, talvez, menos relevante para empresas que buscam diferenciação de produto, os custos não são totalmente irrelevantes. Que conselho sobre custos você daria a uma empresa que busca uma estratégia de diferenciação de produto?
2. As características de produto são, frequentemente, o foco dos esforços de diferenciação. No entanto, características de produto estão entre as bases de diferenciação mais fáceis de imitar e, portanto, a menos provável de ser uma fonte de vantagem competitiva sustentável. Isso parece paradoxal para você? Se sua resposta for negativa, por que não? Se for afirmativa, como você pode resolver esse paradoxo?
3. Quais são os pontos fortes e fracos de usar uma análise de regressão e preços hedônicos para descrever as bases de diferenciação de produto?
4. 'Competição monopolística' é o termo que Chamberlain desenvolveu para descrever empresas que perseguem uma estratégia de diferenciação de produto em um setor competitivo. No entanto, geralmente, empresas que operam em monopólios são menos eficientes e menos competitivas do que empresas que operam em cenários mais competitivos (veja o Capítulo 3). Esse mesmo problema existe para empresas que operam em um contexto de 'competição monopolística'? Por quê?
5. A implementação de uma estratégia de diferenciação de produto parece requerer simplesmente a combinação certa de controle e criatividade. Como saber se uma empresa tem a combinação certa? É possível avaliar essa combinação antes que problemas associados a não ter um equilíbrio se manifestem? Se sim, como? Se não, por quê?
6. Uma empresa com um produto altamente diferenciado pode aumentar seu volume de vendas. Um aumento no volume de vendas pode habilitar uma empresa a reduzir custos. Altos volumes com baixos custos podem levar uma empresa a apresentar lucros muito altos, parte dos quais a empresa pode usar para investir em diferenciar mais seus produtos. Que recomendação você daria a uma empresa cuja concorrência esteja desfrutando essa diferenciação de produto e vantagem de liderança de custo?

|||| PROBLEMAS ||||

1. Para cada um dos produtos listados, descreva ao menos duas maneiras como são diferenciados.
   (a) Sorvete Ben & Jerry.
   (b) The Hammer H2.
   (c) The X-Games.
   (d) The Pussycat Dolls.
   (e) Os filmes *Clube dos Cafajestes* e *Clube dos Pilantras*.
   (f) Frederick's of Hollywood.
   (g) Taco Bell.
2. Quais dessas bases de diferenciação de produto (da questão 1) tendem a ser fontes de vantagem competitiva sustentável? Por quê?
3. Suponha que você obteve os seguintes resultados de regressão, em que os coeficientes de regressão com asterisco (*) são estatisticamente significativos. O que você pode dizer sobre as bases de diferenciação de produto nesse mercado? (*Dica*: Um coeficiente de regressão é estatisticamente significativo quando é tão grande que seu efeito tem pouca probabilidade de ter surgido ao acaso.)
   Preço da casa (em dólares) = $ 125 000* + $ 15 000* (mais de três dormitórios)
   + $ 18 000* (mais de 350 metros quadrados de área construída)
   + $ 150 (tem encanamento) + $ 180 (tem quintal)
   + $ 17 000* (lote não maior que meio acre)
   Quanto você esperaria pagar por uma casa de quatro dormitórios, com 380 metros quadrados de área construída em um lote de um acre? Quanto pagaria por uma casa de quatro dormitórios, com 270 metros quadrados em um lote de um acre? Esses resultados dizem algo sobre a sustentabilidade de vantagens competitivas nesse mercado?
4. Qual dos seguintes controles gerenciais e das políticas de remuneração é consistente com a implementação de liderança em custo? Com diferenciação de produto? Com ambos? Com nenhum dos dois?
   (a) Opções de ações para toda a empresa.
   (b) Remuneração que recompensa cada função separadamente por alcançar seus próprios objetivos.
   (c) Uma previsão orçamentária financeira detalhada.
   (d) Um documento que descreve, em detalhes, como o processo de inovação se desenvolverá em uma empresa.
   (e) Uma política que reduz a remuneração de um gerente que lança um produto que fracassa no mercado.
   (f) Uma política que reduz a remuneração de um gerente que lança vários produtos que fracassam no mercado.
   (g) A criação de um comitê de aquisições para discutir como diferentes unidades de negócios podem reduzir seus custos.
5. Identifique três setores ou mercados que possuem a relação volume-lucro descrita na Figura 5.1. Quais empresas nesse setor estão implementando estratégias de liderança em custo? Quais estão implementando estratégias de diferenciação de produto? Existem empresas 'presas no meio'? Se existem, quais

são? Se não existem, por quê? Existem empresas implementando ambas as estratégias — de liderança em custo e de diferenciação de produto? Caso existam, quais são? Caso não existam, por quê?

IIII **NOTAS** IIII

1. Veja Y. Ono, "Who really makes that cute little beer? You'd be surprised", *Wall Street Journal*, p. A1+, 15 abr. 1996. Desde esse artigo de 1996, algumas dessas cervejarias artesanais mudaram a maneira como produzem cervejas para se tornarem mais consistentes com a imagem que tentam projetar.
2. Veja M. E. Porter, *Competitive strategy*, Nova York: Free Press, 1980; R. E. Caves e P. Williamson, "What is product differentiation, really?", *Journal of Industrial Organization Economics*, n. 34, p. 113-132, 1985.
3. M. B. Lieberman e D. B. Montgomery, "First-mover advantages", *Strategic Management Journal*, n. 9, p. 41-58, 1988.
4. P. Carroll, *Big blues*: The unmaking of IBM, Nova York: Crown Publishers, 1993.
5. Essas ideias foram desenvolvidas pela primeira vez em H. Hotelling, "Stability in competition", *Economic Journal*, n. 39, p. 41-57, 1929; D. Ricardo, *Principles of political economy and taxation*, Londres: J. Murray, 1817.
6. Veja M. Gunther, "Disney's call of the wild", *Fortune*, p. 120-124, 13 abr. 1998.
7. A ideia de reputação é tratada em B. Klein e K. Leffler, "The role of market forces in assuring contractual performance", *Journal of Political Economy*, n. 89, p. 615-641, 1981.
8. Veja M. Robichaux, "It's a book! A T-shirt! A toy! No, just MTV trying to be Disney", *Wall Street Journal*, p. A1+, 8 fev. 1995.
9. Veja R. Henderson e I. Cockburn, "Measuring competence? Exploring firm effects in pharmaceutical research", *Strategic Management Journal*, n. 15, p. 63-84, 1994.
10. Veja R. Johnson, "Speed sells", *Fortune*, p. 56-70, 12 abr. 1999. Na verdade, os fãs da Nascar ou amam ou odeiam Jeff Gordon.
11. P. Kotler, *Principles of marketing*, Upper Saddle River, NJ: Prentice Hall, 1986.
12. M. E. Porter e R. Wayland, "Coca-Cola vs. Pepsi-Cola and the soft drink industry", *Harvard Business School*, caso n. 9-391-179, 1991.
13. P. Ghemawat, "Sears, Roebuck and Company: The merchandise group", *Harvard Business School*, caso n. 9-794039, 1993.
14. J. Welsh, "Office-paper firms pursue elusive goal: Brand loyalty", *Wall Street Journal*, p. B6, 21 set. 1998,.
15. Veja E. White e K. Palmer, "U.S. retailing 101", *The Wall Street Journal*, p. B1+, 12 ago. 2003.
16. Veja J. F. Hennart, "A transaction cost theory of equity joint ventures", *Strategic Management Journal*, n. 9, p. 361-374, 1988.
17. C. H. Deutsch, "How is it done? For a small fee....", *New York Times*, p. 25, 27 out. 1991; L. Armstrong, "Services: The customer as 'honored guest'", *BusinessWeek*, p. 104, 25 out. 1991.
18. Veja D. Yoffie, "Swissair's alliances (A)", *Harvard Business School*, caso n. 9-794-152, 1994.
19. "WPP — Integrating icons", *Harvard Business School*, caso n. 9-396-249.
20. J. J. Orosz, "Big funds need a 'Skunk Works' to stir ideas", *Chronicle of Philanthropy*, p. 47, 27 jun. 2002.
21. A. van de Ven, D. Polley, R. Garud e S. Venkatraman, *The innovation journey*, Nova York: Oxford, 1999, p. 198-200.
22. S. Prokesch, "Competing on customer service: An interview with British Airways' Sir Colin Marshall", *Harvard Business Review*, p. 101, nov./dez. 1995. Aliás, se não perdessem nossa bagagem em Heathrow, eles seriam uma grande companhia aérea.
23. L. L. Position, "David S. Pottruck", *BusinessWeek*, p. EB 51, 27 set. 1999.
24. M. E. Porter, *Competitive strategy*, Nova York: Free Press, 1980.
25. C. W. L. Hill, "Differentiation *versus* low cost or differentiation and low cost: A contingency framework", *Academy of Management Review*, v. 13, n. 3, p. 401-412, 1988.
26. R. Gibson, "Food: At McDonald's, new recipes for buns, eggs", *Wall Street Journal*, p. B1, 13 jun. 1995.
27. Originalmente discutido no quadro "Estratégia em detalhes", no Capítulo 3.
28. J. P. Womack, D. I. Jones e D. Roos, *The machine that changed the world*, Nova York: Rawson, 1990.
29. M. E. Porter, *Competitive advantage*, Nova York: Free Press, 1985.
30. Teri Agins e Alessandra Galloni, "Facing a squeeze, Versace struggles to trim the fat", *Wall Street Journal*, p. A1+, 30 set. 2003.

PANORAMA BRASILEIRO

Baden-Baden: A cerveja feita à mão

Introdução

O inverno de Campos do Jordão, cidade conhecida como Suíça Brasileira, é sinônimo de temperatura baixa, ruas cheias, bares lotados, muito agito e badalação. No meio disso tudo, ir a Campos do Jordão e não passar pelo restaurante Baden-Baden, ponto turístico da cidade, para saborear os pratos típicos alemães e tomar sua cerveja caseira é como ir ao Rio de Janeiro e não visitar o Cristo Redentor.

O restaurante Baden-Baden foi fundado por José Vasconcelos em 1985, mas sua cerveja artesanal, cujo nome é uma homenagem ao restaurante, foi lançada apenas em 2000. A ideia de produzi-la partiu de quatro amigos — Alberto Ferreira, Aldo Bergamasco, Marcelo Moss e do próprio proprietário do restaurante Baden-Baden, José Vasconcelos —, admiradores de uma boa cerveja que sentiam falta no mercado brasileiro de um produto com gosto e aroma diferenciado da produção em larga escala. Esles buscavam um lugar onde as pessoas pudessem apreciar e comprar uma cerveja artesanal, algo que eles só encontravam na seção de importados de lojas especializadas. Nessa época, a principal referência de cerveja era a inglesa Spitfire, uma cerveja com sabor amargo, mas muito saborosa. Diante disso, surgiu a cerveja Baden-Baden, que segue o conceito de um movimento internacional chamado *The Craft Beer Renaissance* (Renascimento da Cerveja Artesanal), inciado nos Estados Unidos no fim dos anos 1970 e que hoje já faz parte da realidade brasileira. Esse conceito destaca as tradições milenares na produção de cerveja, opondo-se ao gosto padronizado das grandes empresas produtoras da bebida.

Nos Estados Unidos, existem cerca de 1.400 pequenos produtores e, no Brasil, "estima-se que haja 60 microcervejarias", afirma Marcelo Carneiro da Rocha, presidente da Associação Brasileira de Microcervejarias e sócio da Colorado, de Ribeirão Preto, São Paulo

O mercado de cerveja no Brasil, até 1999, era composto por diversas marcas, dentre as quais Skol, Brahma, Antarctica e Kaiser, que detinham maior participação de mercado. A partir de 1º de julho de 1999, houve a fusão entre a Companhia Antarctica Paulista e a Companhia Cervejaria Brahma, formando a Ambev — Companhia de Bebidas das Américas. A partir dessa data, a nova empresa passou a comandar cerca de 60 por cento do mercado. Em 2004, a Ambev realizou uma aliança estratégica com a empresa belga Interbrew, tornando-se, então, uma das principais cervejarias do mundo.

Em 2003, o Grupo Schincariol fez o reposicionamento de uma das marcas de seu portfólio, e a cerveja Schincariol passou a ser chamada de Nova Schin. Mudanças no nome, na embalagem e no produto em si obtiveram muito sucesso na época de seu lançamento: a Nova Schin passou a ser a marca desafiadora no mercado de cervejas. O novo produto movimentou o mercado, incomodando as marcas líderes consolidadas. Em quatro meses, a participação de mercado da Nova Schin cresceu de 8,5 para 15 por cento. Entretanto, a cerveja Nova Schin não conseguiu se sustentar ao longo do tempo.

Nos últimos tempos, a grande competição no mercado de cervejas está em produtos que possuem um posicionamento *superpremium*, como a Baden-Baden, a Eisenbahn, a Devassa, a Colorado, entre outras. Seu valor estimado gira em torno de $ 1,4 bilhão. Veja nas tabelas A e B a participação de mercado das cervejas por marcas e por fabricantes.

TABELA A Participação de mercado em relação às marcas de cerveja

Marcas	Participação de mercado (%)
Skol	32,7
Brahma	18,5
Antarctica	12,3
Nova Schin	10,3
Itaipava	6,2
Kaiser	4,0
Crystal	3,1
Bavaria	2,2
Sol	0,5

Fonte: AcNielsen, 2009.

TABELA B Participação de mercado em relação aos fabricantes de cerveja

Fabricante	Participação de mercado (%)
Ambev	70,0
Schincariol	11,6
Petrópolis	9,6
Femsa	7,2
Outras	1,6

Fonte: AcNielsen, 2009.

O Brasil ocupa a quarta posição mundial com a produção de um volume anual de 10,34 bilhões de litros de cerveja, perdendo apenas para a China (35 bilhões de litros/ano), os Estados Unidos (23,6 bilhões de litros/ano) e a Alemanha (10,7 bilhões de litros/ano). Em relação ao consumo *per capita*, o Brasil tem uma média de 47,6 litros/ano por habitante, ficando abaixo do total registrado por vários países, como México (50 litros/ano por habitante), Japão (56 litros/ano por habitante), Espanha (78,3 litros/ano por habitante), Estados Unidos (84 litros/ano por habitante), Austrália (92 litros/ano por habitante), Reino Unido (101,5 litros/ano por habitante), Alemanha (117,7 litros/ano por habitante) e República Checa (156 litros/ano por habitante). Vale destacar que o custo da cerveja no Brasil é um dos menores do mundo. Entretanto, na ponta do lápis, seu valor encarece devido à incidência de vários tributos.

Cerveja Baden-Baden

As matérias-primas da cerveja são água, malte, lúpulo e leveduras. Estima-se que existam no mundo atualmente mais de 20 mil versões de cervejas, e todas dependem da qualidade de seus ingredientes e do processo de fabricação. As cervejas podem ser classificadas de acordo com cinco características:

1. Tipo de fermentação: alta fermentação (*Ales*, cervejas com maior complexidade de aromas e sabores e mais frutadas) e baixa fermentação (*Lagers*, cervejas mais secas e refrescantes).

2. Extrato primitivo: leve (maior que 5 por cento e menor que 10,5 por cento), comum (maior que 10,5 por cento e menor que 12 por cento), extra (maior que 12,0 por cento e menor que 14 por cento) e forte (maior que 14 por cento)

3. Cor: clara e escura.

4. Teor alcoólico: sem álcool (menos de 0,5 por cento em volume de álcool) e com álcool (igual ou maior a 0,5 por cento em volume de álcool).

5. Teor de extrato final: baixo (até 2 por cento), médio (de 2 a 7 por cento), extra (maior que 12 por cento e menor que 14 por cento) e alto (mais de 7 por cento).

As versões das cervejas com alta fermentação são: Stout, Pale Ale e Red Ale. Já as de baixa fermentação são: Pilsener, Münchener, Vienna, Dortmunder, Einbeck, Bock, Export e Munich. Esses nomes têm origem nas cidades de onde vieram as receitas das cervejas.

A cerveja Baden-Baden é a primeira cerveja gastronômica do Brasil, introduzindo o conceito de harmonização de cervejas na gastronomia de alta qualidade. Ela pertence ao mercado *gourmet* de cervejas, assim como o café *gourmet* e o vinho. "O mercado de cervejas artesanais cresce de forma gradativa. Não é um produto de grande volume de consumo, mas hoje já existe uma cultura de 'cerveja *gourmet*', com as pessoas discutindo aroma e sabor, como ocorre com os vinhos", diz Luiz Alexandre de Oliveira, sócio da Opa Bier. Observa-se que o mercado *gourmet* de cerveja requer um preparo lento e muita atenção no manuseio e no tempo de fabricação para garantir um sabor especial à cerveja. Acredita-se que a qualidade da água defina onde será instalada a cervejaria.

No caso das cervejas Baden-Baden, é utilizada a água das próprias montanhas de Campos de Jordão, que é captada a quase 2 mil metros de altitude. Além da água, utilizam-se na cerveja Baden-Baden ingredientes selecionados com o objetivo de assegurar o título de uma das melhores cervejas artesanais do mundo. O processo de produção vai desde a sala de fabricação, fermentação, maturação, filtração, enchimento e pasteurização, até a aplicação manual do rótulo. Todas as etapas são vigiadas pelo mestre cervejeiro.

A microcervejaria Baden-Baden possui dez tipos de cervejas, sendo seis da linha convencional, três sazonais e uma que é produzida exclusivamente para o restaurante Baden-Baden. Os nomes das cervejas da linha convencional são: Red Ale, Cristal, Golden, Stout, Bock, Weiss. As sazonais são: Celebration Verão, Celebration Inverno e Celebration Christmas Beer. A cerveja exclusiva para o restaurante Baden-Baden é a Baden-Baden Tripel. Para celebrar os 20 anos do restaurante Baden-Baden, em 2005, foi feita uma edição limitada, com apenas 10 mil garrafas, de uma cerveja do tipo Double Bock, um pouco mais forte que uma Bock comum. Vale ressaltar que a cerveja Baden-Baden é pioneira em fabricar as cervejas com alta fermentação no Brasil e ofertar a versão Bock durante todo o ano.

Foi criado também o Chateau Baden-Baden, um local idealizado com a finalidade de apresentar e oferecer aos turistas experiências com as cervejas da marca Baden-Baden. Além disso, é possível visitar a microcervejaria Baden-Baden e conhecer todo o seu processo de produção artesanal, aprendendo sobre a composição da cerveja e recebendo dicas de como armazenar e consumir o produto. Ao final da visita, existe a opção de adquirir vários produtos com a marca Baden-Baden, como tulipas, camisetas, blusas e cervejas.

Em 2004, a cervejaria Baden-Baden conseguiu dobrar sua capacidade de produção, passando de 30 mil litros/mês para 60 mil litros/mês. Hoje, sua capacidade é de 120 mil litros/mês. Isso ocorreu devido ao investimento feito em tanques e a um novo pasteurizador, que permitiu a durabilidade de cinco meses para a cerveja sem o uso de nenhum conservante.

Atualmente, a cerveja Baden-Baden é comercializada nas regiões Sul, Sudeste e Centro-Oeste do Brasil. Seu *slogan*, que era "A cerveja de Campos do Jordão", agora é "Cerveja feita à mão". As vendas garantem à microcervejaria Baden-Baden um faturamento anual de cerca de $ 5 milhões, baixo quando comparado com outras marcas. Devido ao sucesso da microcervejaria, em janeiro de 2007 houve a compra da Baden-Baden pelo Grupo Schincariol por

$ 30 milhões. A ideia do grupo com essa compra foi concorrer no mercado *superpremium* de cervejas. Vale lembrar que o Grupo já possuía a Primus, com um posicionamento superior e com o preço 20 por cento acima da Nova Schin, mas que, no entanto, não obteve o êxito esperado.

O Grupo Schincariol

O Grupo Schincariol iniciou suas atividades em 1939, na cidade de Itu, no estado de São Paulo. No passado, sua produção era limitada a refrigerantes, sendo o mais tradicional a Itubaína sabor tutti-frutti. Em 1989, o grupo decidiu produzir sua primeira cerveja tipo Pilsener chamada Schincariol, um produto que se tornou importante para o Grupo, que começou a investir fortemente no segmento: cartorze fábricas já foram construídas, e a capacidade de produção do Grupo é de 4,5 bilhões de litros por ano, distribuídos entre cervejas, chopes, refrigerantes, sucos e águas. Hoje, o Grupo conta com 42 centros de distribuição.

A partir de 2007, o Grupo Schincariol iniciou uma série de aquisições: comprou, além da microcervejaria Baden-Baden, a Devassa Bem Loura, uma cerveja produzida artesanalmente no próprio bar, que teve como garota-propaganda Paris Hilton, filha do dono da cadeia de hotéis Hilton; adquiriu também a cervejaria Eisenbahn, sediada em Blumenau. Com essas ações, o Grupo Schincariol acredita não ficar dependente de uma única marca de seu portfólio, a Nova Schin. Até 2012, o Grupo pretende também ter 106 pontos de venda no país por meio de franquias, principalmente na região Sudeste. A ideia é que essas franquias representem dez por cento de seu faturamento. "Teremos três, talvez quatro, formatos de loja. Casas nos moldes das Cervejarias Devassa, 'lancheterias', quiosques e um outro conceito que estamos avaliando: o de um restaurante 'casual'", explica o diretor de franquias da cervejaria, Francisco Duarte.

Hoje, as marcas de cerveja *superpremium* do Grupo Schincariol são Devassa, Baden-Baden e Eisenbahn; e as cervejas em grande escala são Nova Schin, Primus, Cintra e Nobel. Baden-Baden e Eisenbahn garantem a liderança no mercado *superpremium*, com 40 por cento do segmento de cervejas de mais de $ 8 o litro. A ideia é manter a característica artesanal da cerveja Baden-Baden, com fabricação em Campos do Jordão e distribuição limitada, e preços que variam entre $ 7 e $ 18.

Considerações finais

Observa-se que a competição no mercado de cervejas *superpremium* ainda está começando, pois representa 4,5 por cento do volume total de bebida. O Grupo Schincariol acredita que há muito espaço para crescer nesse segmento. "Em regiões como o Leste Europeu, a proporção das cervejas *premium* sobre o mercado total chega a 35 por cento. Há muita oportunidade de crescimento no Brasil", afirma José Augusto Schincariol, integrante do conselho de administração da empresa fundada por sua família.

Dessa forma, será que a Schincariol conseguirá ampliar a distribuição e produção de seu portfólio artesanal, sem perder os diferenciais de exclusividade que os produtos carregam? De outro lado, o Grupo Schincariol pretende levar as marcas de cerveja recém-adquiridas para todo o mercado brasileiro, aumentando seu portfólio e a disputa com as marcas da AmBev e Femsa. Se a Schincariol não expandir a distribuição desses produtos, será que, com baixo volume, conseguirá competir em preço com cervejas de larga escala como a Bohemia?

QUESTÕES

1. Quais são as maneiras que a cervejaria Baden-Baden encontrou para diferenciar os seus produtos?
2. Apresente os recursos e as capacidades da cervejaria Baden-Baden utilizando o modelo VRIO. Não há risco de parte desses recursos e capacidades serem perdidos, uma vez que a Baden-Baden passou a ser de um grande grupo cervejeiro?
3. Como gestor da cervejaria Baden-Baden o que você faria em relação aos diferenciais do produto?

REFERÊNCIAS

Schincariol. Disponível em: <http://www.schincariol.com.br>. Acesso em: 19 fev. 2011.
Campos do Jordão Baden-Baden. Disponível em: <http://www.camposdojordaobadenbaden.com>. Acesso em: 19 fev. 2011.
Cerveja Baden-Baden. Disponível em: <http://www.cervejabadenbaden.com.br>. Acesso em: 19 fev. 2011.
Sindicato Nacional da Indústria da Cerveja (Sindicerv). Disponível em: <http://www.sindicerv.com.br>. Acesso em: 19 fev. 2011.
Exame. Disponível em: <http://exame.abril.com.br>. Acesso em: 19 fev. 2011.
Folha de S.Paulo. Disponível em: <http://www1.folha.uol.com.br>. Acesso em: 19 fev. 2011.
Época. Disponível em: <http://revistaepoca.globo.com>. Acesso em: 19 fev. 2011.
Gastromania. Disponível em: <http://www.gastromania.com.br>. Acesso em: 19 fev. 2011.
Mundo das Marcas. Disponível em: <http://mundodasmarcas.blogspot.com>. Acesso em: 19 fev. 2011.
Costi Bebidas. Disponível em: <http://www.costibebidas.com.br>. Acesso em: 19 fev. 2011.
Guia de Campos do Jordão. Disponível em: <http://www.guiadecamposdojordao.com.br>. Acesso em: 19 fev. 2011.
Valor Econômico. Disponível em: <http://www.valoronline.com.br>. Acesso em: 19 fev. 2011.
O Globo. Disponível em: <http://oglobo.globo.com>. Acesso em: 19 fev. 2011.

Departamento de Engenharia Química e Engenharia de Alimentos do Centro Tecnológico da Universidade Federal deSanta Catarina (EQA-CTC-UFSC). Disponível em: <http://www.enq.ufsc.br>. Acesso em: 19 fev. 2011.
Papo de Bar. Disponível em: <http://www.papodebar.com>. Acesso em: 19 fev. 2011.
F. A. Serralvo, K. P. L. de A. Prado e C. Leal. "Estratégias de marketing para o reposicionamento de marcas em mercados de produtos de consumo de massa no Brasil". *Organização e Gestão de Negócios*, v. 1, p. 119-139, 2006.
Pilsener. Disponível em: <http://www.cervejasdomundo.com/Lager.htm>
Pilsen. Disponível em: <http://www.mestre-cervejeiro.com/artigos/familias-e-tipos-de-cerveja.html>
Pilsen. Disponível em: <http://www.acerveja.com.br/vocesabia/tipo_cerveja.htm>
www.ambev.com.br

Caso elaborado pela professora doutora Karen Perrotta Lopes de Almeida Prado, professora do Núcleo de Estudos de Marketing Aplicado do Centro de Ciências Sociais e Aplicadas (NEMA-CCSA) da Universidade Presbiteriana Mackenzie. A proposta deste caso é servir como referência para reflexão e discussão sobre o tema, e não para avaliar as estratégias adotadas.

CASO 2: A PROPOSTA DO PAR DE CALÇAS PERSONALIZADO DA LEVI'S*

"Apresentarei minha recomendação a vocês até o fim da semana." Heidi Green desligou o telefone e examinou sua agenda para verificar quais compromissos poderiam ser adiados para a próxima semana. Era uma tarde chuvosa de dezembro de 1994, e ela ainda tinha de se reorganizar da correria pré-feriado para enviar a tempo os produtos aos varejistas.

Ela tinha três dias para preparar uma apresentação para o Comitê Executivo sobre um novo conceito chamado *Personal Pair* (Par Personalizado). A Custom Clothing Technology Corporation (CCTC) havia procurado a Levi Strauss com uma proposta de *joint-venture* que uniria os principais produtos da Levi's com as tecnologias emergentes de personalização em massa. Jeans poderiam ser personalizados em estilo para atender às necessidades e preferências únicas de cada cliente. Se a CCTC estivesse certa, isso atingiria o topo do mercado de jeans, gerando maiores margens de lucro por causa do preço *premium* e do processo de produção otimizada envolvidos.

De outro lado, a tecnologia era nova para a Levi Strauss, e a ideia poderia resultar em uma proposta de alto investimento e prolongado tempo de execução que mais tarde voltaria para assombrá-la, visto que ela seria a responsável por gerenciar o negócio. Os estudos de mercado iniciais pareciam promissores, mas não havia como saber qual seria a receptividade dos clientes ao programa, já que não existia nada semelhante no mercado. Ela também tinha dúvidas sobre se o programa funcionaria tão bem na prática quanto o plano sugeria.

Histórico e experiências da empresa

A Levi Strauss and Co. é uma empresa privada de propriedade da família de seu fundador, Levi Strauss. O imigrante bávaro foi o criador das calças de trabalho duráveis feitas com a lona usada em velas de navios, que eram reforçadas com seus rebites patenteados. Os atualmente famosos '*waist overalls*' (como o jeans era conhecido na época) foram originalmente criados há mais de 130 anos para uso dos mineiros da corrida do ouro na Califórnia. Posteriormente, foram usados como roupa de trabalho de fazendeiros e operários de fábrica. Na década de 1950, o jeans Levi's adquiriu *status* hollywoodiano, com celebridades como Marilyn Monroe, James Dean, Marlon Brando, Elvis Presley e Bob Dylan vestindo-o e dando-lhe um ar de *hippie* rebelde. O jeans se tornaria um manifesto político e um ícone norte-americano, e logo todos os jeans começaram a ser genericamente conhecidos como 'Levi's'. A seguir, a geração de *baby boomers* (do pós-guerra) adotou o jeans como um manifesto de moda, e de 1964 a 1975 as vendas anuais da empresa cresceram dez vezes, de $ 100 milhões a $ 1 bilhão.[2] No fim da década de 1970, a Levi's tornou-se sinônimo dos termos 'autêntico', 'genuíno', 'original' e 'real', e aquele que a vestia estava na verdade levantando uma bandeira. De acordo com alguns que admitem que a marca é mais reconhecida até do que Coca-Cola, Marlboro, Nike ou Microsoft, "a Levi Strauss foi e continua sendo tanto a maior empresa de vestuário do mundo como o fornecedor número um de *blue jeans* do mundo".

Embora o *blue jeans* continue sendo seu principal produto, a empresa sediada em São Francisco também vende calças feitas de veludo côtelé, sarja e outros tecidos, bem como *shorts*, camisas, jaquetas e casacos. A empresa, com sua marca de renome, mantém-se no topo de muitos mercados em que atua e vende em mais de 80 países. Mais da metade da receita da empresa resulta de suas vendas nos Estados Unidos; não obstante, Europa e Ásia são mercados altamente lucrativos. A América Latina e o Canadá representam mercados secundários, com contribuições menores para a lucratividade geral. Como o gráfico a seguir demonstra (Figura 1), a importação de vestuário cresceu mais aceleradamente do que a exportação no período.

FIGURA 1 Importação e exportação de vestuário (em bilhões)

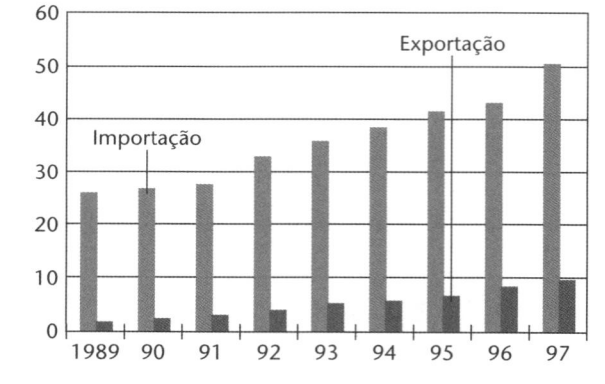

Fonte: U.S. Department of Commerce.

---

* Usado com permissão do professor Russell Coff e da Goizueta Business School.

A marca da empresa que não é feita de denim, a Dockers, foi lançada na década de 1986 e é vendida nos Estados Unidos, no Canadá, no México e na Europa. Embora seja composta de roupa feminina e masculina, a linha masculina de calças cáqui ocupa a liderança nas vendas norte-americanas de calças e vende bem para o público de *baby boomers*. As vendas de Dockers aumentaram regularmente com a adoção crescente de roupa casual no trabalho, e essa linha alternativa contribuiu para reduzir a dependência da Levi's no segmento de calças jeans.

A concorrência no mercado de jeans

O denim é "um dos tecidos para confecção de roupas que mais cresce em uso", e suas vendas têm aumentado aproximadamente 10 por cento ao ano. De acordo com algumas pesquisas, o consumidor médio norte-americano possui 17 itens em denim, incluindo de 6 a 7 pares de calças jeans.[3] Em 1990, a Levi Strauss and Company detinha a maior participação, com 31 por cento, seguida por Lee e Wrangler da VF Corporation (17,9 por cento), marcas de estilistas (6 por cento), The Gap (3 por cento) e marcas próprias de lojas de departamento (3,2 por cento). Em 1995, o jeans feminino havia se alçado a um mercado de $ 2 bilhões, do qual a Levi's detinha o primeiro lugar.

Entretanto, ao mesmo tempo, muitos fabricantes de jeans começaram a transferir sua produção para fábricas de menor custo no exterior, que proporcionavam vantagens de custo (sobretudo de mão de obra). Como o gráfico a seguir demonstra (Figura 2), essa tendência foi disseminada por toda a indústria de confecções e é claramente visível nas estatísticas de emprego. Na realidade, a JCPenney, um dos parceiros de longa data da Levi's, tornara-se um concorrente ao lançar uma opção mais barata, a marca Arizona. Eles e outros rivais haviam percebido que, ao terceirizar toda a produção para fábricas de baixo custo no exterior, poderiam entrar no negócio com uma vantagem de custo em relação à Levi Strauss.

A Levi's, como uma empresa privada que considerava ter forte 'consciência social', queria evitar ser tida como exploradora de trabalhadores em desvantagem. Por conseguinte, preferia que seus jeans fossem 'made in USA', e a Levi Strauss era líder na provisão de salário e pacotes de benefícios generosos a seus funcionários.

A empresa também não gostava da ideia de entrar em uma concorrência baseada em preço, com rivais comprometidos com a fabricação no exterior. Sua resposta tardia acarretou algumas incursões significativas de concorrentes nas arenas dos principais produtos da Levi's.

A Levi's também queria evitar a concorrência com base em preço por causa de seu histórico de reconhecimento de marca e fidelidade à marca. Estavam acostumados com o fato de que a marca Levi's detinha suficiente poder para justificar um preço *premium* razoável. Entretanto, no decorrer dos anos, a marca perdeu influência e, à medida que centenas de concorrentes com produtos similares se multiplicaram no cenário, surgiu a necessidade de criar características valorizadas para ajudar a diferenciar o produto aos olhos dos consumidores.

A Tabela 1 resume o desempenho financeiro da Levi's, no período de 1990 a 1994. Embora a empresa tenha obtido lucro em todo o período, o crescimento da receita claramente diminuiu, e o desempenho do resultado era bastante instável. Isso se sobressai em 1994, quando o resultado líquido caiu 35 por cento em decorrência da feroz concorrência por participação de mercado e margens declinantes.

Estrutura de custo

A Tabela 2 apresenta uma estimativa de custo e margens em relação a um par de jeans médio comercializado por meio de dois pontos de venda da Levi's. Grande parte de seus produtos era vendida por canais de atacado, para ser distribuída por varejistas concorrentes. Entretanto, a Levi's mantinha uma cadeia de Original Levi's Stores (OLS) principalmente para mantê-las mais próximas aos consumidores. O lucro por par de jeans era em torno de 30 por cento menor no canal atacadista ($ 2 em comparação com $ 3). Isso era acarretado pela margem de 30 por cento que cabia ao canal e que era até certo ponto contrabalançado pelos custos mais elevados de operação dos pontos de venda OLS (em especial, os custos adicionais de despesas gerais e administrativas para operar as lojas).

A Tabela 2 também indica o investimento contínuo por par de jeans. Uma vez considerado isso, os pontos de venda de atacado são aproximadamente duas vezes mais lucrativos — o retorno antes de impostos sobre o capital investido equivale a 15 por cento, em comparação com 8 por cento. De outro lado, os pontos de venda OLS exigem investimento adicional em estoque ($ 8/par), que era normalmente arcado

FIGURA 2 — Taxa de emprego no setor de vestuário nos Estados Unidos (operários de produção, em milhões)

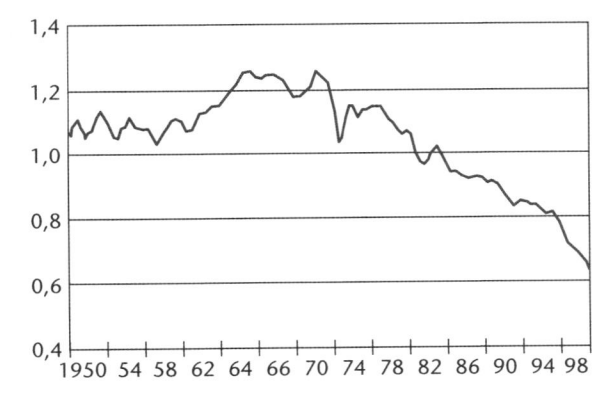

Fonte: Bureau of Labor Statistics.

TABELA 1 Desempenho financeiro da Levi Strauss

	1994	1993	1992	1991	1990
Demonstração do resultado					
Vendas líquidas	$ 6.074.321	$ 5.892.479	$ 5.570.290	$ 4.902.882	$ 4.247.150
Custo de mercadorias	$ 3.632.406	$ 3.638.152	$ 3.431.469	$ 3.024.330	$ 2.651.338
Lucro bruto	$ 2.441.915	$ 2.254.327	$ 2.138.821	$ 1.878.552	$ 1.595.812
Despesas gerais e administrativas	$ 1.472.786	$ 1.394.170	$ 1.309.352	$ 1.147.465	$ 922.785
Rendimento não operacional	–$ 18.410	$ 8.300	–$ 142.045	$ 31.650	–$ 36.403
Despesas com juros	$ 19.824	$ 37.144	$ 53.303	$ 71.384	$ 82.956
Rendimento antes de impostos	$ 930.895	$ 831.313	$ 634.121	$ 691.353	$ 553.668
Impostos	$ 373.402	$ 338.902	$ 271.673	$ 324.812	$ 288.753
Rendimento líquido antes dos itens extraordinários	$ 557.493	$ 492.411	$ 362.448	$ 366.541	$ 264.915
Itens extraordinários	–$ 236.517	$ 0	–$ 1.611	–$ 9.875	–$ 13.746
Rendimento líquido	$ 320.976	$ 492.411	$ 360.837	$ 356.666	$ 251.169
Crescimento					
Crescimento de vendas	3,1%	5,8%	13,6%	15,4%	
Crescimento do rendimento líquido	–34,8%	36,5%	1,2%	42,0%	
Principais índices financeiros					
Índice de liquidez seca	1,57	1,03	0,76	0,87	0,73
Despesas gerais e administrativas/Vendas	24,25	23,66	23,51	23,4	21,73
Giro de recebíveis	6,68	6,87	7,67	7,31	6,88
Giro de estoques	7,76	7,44	7,64	7,5	7,29
Total Dívida/Patrimônio líquido	2,57	10,57	34,39	71,82	22,21
Rendimento líquido/Vendas	5,28	8,36	6,48	7,27	5,91
Redimento líquido/Ativos totais	8,18	15,84	12,53	13,54	10,51

pelo varejista, além do capital empatado nas lojas de varejo ($ 20/par).

Personalização em massa

A personalização em massa utiliza tecnologias emergentes de comunicação e computação para contornar as limitações dos métodos tradicionais de produção em massa. Sob uma perspectiva estratégica, o conceito é baseado na ideia de que "o derradeiro nicho é um mercado de um".[4] Anteriormente, pensava-se que produtos altamente personalizados eram forçosamente onerosos de fabricar; entretanto, com o advento de várias tecnologias da informação, atender às necessidades do cliente de modo a oferecer-lhe flexibilidade e mais opções no mercado tem-se tornado cada vez mais econômico.

Uma revolução silenciosa está afetando a forma como as coisas são feitas e os serviços são entregues. Empresas com milhões de clientes estão começando a oferecer produtos desenvolvidos especialmente para você. Você pode, é claro, comprar um computador Dell montado para suas especificações exatas... Mas também pode adquirir pílulas com a mistura exata de vitaminas, minerais e ervas que quiser, óculos que se ajustam perfeitamente a seu rosto, CD's com trilhas musicais de

TABELA 2 Análise de lucratividade de jeans femininos

	Canal de venda	Canal de Original Levi's Store	Personal Pair?	Observações
Operações, por par				
Receita bruta	$35	$50		Preço de varejo $ 50 com margem de canal de 30 por cento. Remarcações médias de canal de $ 5; 60 por cento incorridos por manufatura.
Menos remarcações	(3)	(5)		
Receita líquida	32	45		
Custos				
Algodão	5	5		
Conversão de manufatura	7	7		Alto teor de mão de obra porque os jeans são costurados à mão. Rede de distribuição totalmente própria para o canal OLS. Acréscimo de $ 2 referente a atacado para loja.
Distribuição	9	11		
Total	21	23		
Custo dos produtos vendidos				
Margem bruta	11	22		
Despesas gerais e administrativas	9[1]	19[2]		
Lucro antes de impostos	$ 2	$ 3		
Imposto				
Investimento, por par				77 dias para canal atacadista da Levi's e 240 dias para lojas OLS, para incluir estoque no varejo. Reflete 27 dias de contas a pagar. Período de cobrança de 51 dias para atacado. Clientes no varejo pagam de imediato.
Estoque	$ 4	$ 12		
Menos contas a pagar	(1)	(1)		
Contas	4	0		
Contas a receber				Reflete um giro de vendas para ativo fixo de 5,33. Duplicado para canal OLS, por causa do investimento adicional de distribuição no varejo (estimativa). $ 2,4/loja OLS para 120 mil pares vendidos/ano (estimativa).
Capital de giro líquido	7	11		
Ativos imobilizados fábrica	5	5		
Ativos imobilizados distribuição	1	2		
Loja de varejo	0	20		
Investimento total	$ 13	$ 38		
Retorno antes de imposto sobre capital investido	15%	8%		

[1] A $ 9, um pouco mais alto do que as despesas gerais e administrativas de 25% da Levi's, por causa de problemas na cadeia de suprimento para jeans femininos.

[2] Os $ 10 adicionais refletem uma média de 22 por cento de despesas de loja para varejistas de vestuário (banco de dados Compact Disclosure).

Fonte: Adaptado de Carr, 1998.

sua escolha, cosméticos manipulados para combinar perfeitamente com seu tom de pele, livros acadêmicos com capítulos selecionados por seu professor, um empréstimo estruturado de acordo com seu perfil financeiro ou uma noite em um hotel onde todos conhecem seu vinho favorito. E, se sua filha não gostar de nenhuma das 125 bonecas Barbies da Mattel, ela logo poderá desenhar sua própria boneca.[5]

Existe, evidentemente, um equilíbrio delicado entre oferecer aos clientes flexibilidade suficiente para atender às suas necessidades — sem que com isso o processo de tomada de decisão se torne complicado e os custos da empresa saiam do controle — e tentar atender a necessidades ilusórias dos consumidores.

No início da década de 1990, a Levi Strauss deparou-se com dois tipos de concorrente. Havia fabricantes de baixo custo e alto volume com uma vantagem considerável sobre a Levi's, e havia também fabricantes de jeans a custo mais elevado que visavam ao público mais abastado. Como um fabricante de alto volume com uma desvantagem em custo, cada vez mais a Levi's ficava em posição desfavorável nas extremidades de alta e baixa renda do mercado de vestuário.

Proposta do *Personal Pair*

Os proponentes do projeto do *Personal Pair* visavam a um nicho que permitisse à Levi's evitar competição direta com os fabricantes de baixo custo e alto volume. Pesquisas de mercado revelavam que somente um quarto das mulheres estava realmente satisfeita com o ajuste de seus jeans, e a empresa esperava atrair clientes de renda mais alta dispostos a pagar um pouco mais por um ajuste perfeito.

Além disso, um modelo de personalização em massa poderia baixar os custos, bem como prover uma vantagem de diferenciação, já que a reengenharia de processos frequentemente resultava em maior eficiência a partir da implementação de novas tecnologias. Por exemplo, o modelo de personalização em massa, que opera com base na abordagem 'pull-driven', em que o consumidor direciona o processo de produção, reduziria os custos de distribuição e de estoques de produtos não vendidos.

O *Personal Pair* foi um programa de personalização de jeans possibilitado por uma *joint-venture* com a CCTC, localizada em Newton, Massachusetts. A CCTC abordou a Levi Strauss, descreveu o potencial de sua tecnologia e sugeriu que, juntas, as duas empresas poderiam entrar na arena da personalização em massa.

A proposta do *Personal Pair* refletiu uma forma de personalização colaborativa. Esse método ajuda os consumidores que consideram exagerada a gama de opções no mercado a restringir suas necessidades específicas. A empresa estabelece um diálogo com os clientes para auxiliá-los a compreender do que eles precisam, e com isso é capaz de oferecer produtos específicos que atendem a necessidades específicas. Os adeptos da personalização colaborativa podem restringir os estoques de produtos acabados a um mínimo, o que leva novos produtos ao mercado mais rapidamente. Isto é, eles fabricam produtos em um modo 'just-in-time' para atender a demandas específicas dos consumidores.

Como funcionaria

As Original Levi's Stores (OLS) seriam equipadas com uma rede de PCs e quiosques *Personal Pair*. Vendedores treinados tirariam as medidas de cintura, quadril e comprimento de perna dos clientes, resultando em uma de 4.224 possíveis combinações de tamanho — um aumento considerável em relação às 40 combinações geralmente disponíveis aos consumidores. A seguir, o computador geraria um número de código correspondente a um dos 400 protótipos de par de jeans mantidos no quiosque. Em três provas, mais medidas seriam tomadas e um ajuste perfeito seria obtido; o cliente pagaria pelo jeans e optaria por entrega pela Federal Express — FedEx ($ 5 extra) ou retirada na loja, com garantia de reembolso integral em cada par.

O pedido seria então enviado à CCTC em Boston por meio do software de computação Lotus Notes. Esse programa 'traduziria' o pedido e o associaria a um padrão preexistente na fábrica localizada no Tennessee. O padrão correto seria extraído, 'lido' e transferido à estação de corte, onde cada par seria cortado individualmente. Uma linha de costura composta por oito membros de equipe flexível processaria o pedido, o par seria encaminhado à lavanderia e, depois de inspecionado, seria embarcado para expedição. Um código de barras seria costurado em cada peça para simplificar os detalhes de renovação de pedido, e o cliente teria um par personalizado em três semanas.

Assim que o programa estivesse em processamento, a proposta sugeria que metade dos pedidos viriam de clientes estabelecidos. A renovação de pedido seria simplificada e fomentada pelo código de barras costurado em cada par. Além disso, novos pedidos da mesma peça poderiam ser tratados por meio de uma interface baseada na Internet.

Determinação de preço

Havia dúvida sobre qual proporção de um preço *premium* o novo produto exigiria. A proposta recomendava um ágio de $ 15 (sobre o valor-padrão ao consumidor final de $ 50/par) e grupos de discussão sugeriram que as mulheres, principalmente, considerariam esse um preço justo por um ajuste superior. Entretanto, outros argumentavam que essa unidade de preço era um tanto otimista, sugerindo que $ 5 ou $ 10 seria mais realista, dadas as alternativas de preço inferior.

Escopo planejado

A proposta original consistia em equipar quatro lojas OLS com quiosques *Personal Pair* e PCs especializados. Assim que os sistemas estivessem em pleno funcionamento, esse número seria expandido para mais de 60 quiosques por todo o território norte-americano e canadense. Além disso, eles previam abrir quiosques em Londres, onde estimavam que o produto justificaria um ágio de $ 19 sobre o preço original de $ 46 por jeans-padrão. As calças continuariam sendo fabricadas no Tennessee e seriam enviadas por FedEx.

Impacto de custo

Embora o novo processo fosse requerer alguns investimentos em tecnologia e mudanças de processo, estimava-se que muitos outros custos cairiam. Isso está ilustrado na cadeia de suprimento complexa para o canal de OLS (Figura 3) e na cadeia de suprimento relativamente simples para o programa Personal Pair proposto (Figura 4).

- A economia de custo contínua mais evidente seria em distribuição. Aqui, o pedido é transmitido eletronicamente, e o produto final, expedido diretamente para o cliente, por conta dele. Esses custos seriam praticamente eliminados no programa proposto.
- A manufatura e as matérias-primas não mudariam muito, visto que todos os jeans são costurados à mão e usariam os mesmos materiais tanto no processo tradicional como no personalizado em massa.
- A parcela das despesas gerais e administrativas atribuível às operações de varejo seria reduzida, se 50 por cento das vendas fossem renovações de pedido que não incorrem em custos incrementais nas lojas de varejo (economia de $ 5/par). Entretanto, a CCTC incorreria em seus próprios custos gerais e administrativos, que teriam de ser levados em conta (cerca de $ 3/par).
- Por fim, nenhum reajuste de preço seria necessário em um canal tão restrito, uma vez que não existiria estoque de produto acabado. No canal de varejo, cerca de um terço do jeans é vendido com desconto, para liquidar estoque antigo (os descontos são, em média, de 30 por cento).[6]

Impacto de investimento

Embora não se preveja muita alteração no *factory* PP&E (continuariam sendo utilizadas as mesmas instalações), uma série de outros fatores impactaria o capital investido empatado em um par de jeans (tanto positiva como negativamente), no programa proposto:

- Em primeiro lugar, seria necessário um aporte inicial de $ 3 milhões para integrar os sistemas de CCTC com os sistemas da Levi's. Isso era relativamente pouco, já que se tratava de integrar sistemas vigentes nas duas empresas.
- A CCTC também necessitaria de investimentos adicionais em tecnologia da informação (TI) estimados em $ 10/par, para manter o sistema e aperfeiçoá-lo regularmente à medida que os requisitos de escala aumentassem.
- Além disso, os quiosques tomariam cerca de um terço do espaço nas OLS (cerca de $ 7/par para o espaço de loja).

Reduções em capital investido:

- O estoque exigido era significativamente inferior no programa proposto. Estimativas recentes calcularam o estoque médio da Levi's em cerca de oito mesas.[7] Em contraste, o programa Personal Pair não exigia estoque de produto acabado e somente um pequeno estoque de matérias-primas (cerca de $ 1/par).
- Por fim, a proposta sugeria que as contas a receber acarretariam um ganho líquido de cerca de $ 2/par, uma vez que os clientes pagariam cerca de três semanas antes de receber o produto (como no modelo da Amazon.com).

Personalização em massa eficiente em custo

Para que uma empresa transforme qualquer produto existente em um que seja eficiente em custo para produção em massa, certas modificações devem ser feitas nele. A proposta do Personal Pair incorporava vários dos elementos fundamentais sugeridos como úteis para implementar programas bem-sucedidos de personalização em massa.[8]

Primeiro, é importante introduzir o componente diferenciador do produto (aquele que será personalizado) o mais tarde possível no processo de produção. Por exemplo, a tinta não é misturada pelo fabricante, mas no ponto de venda, após ser pedida por cada consumidor. Infelizmente, a fabricação de jeans personalizado não se presta a um componente diferenciador no fim do processo de produção. Portanto, nesse caso, a personalização teria de ocorrer no início do processo.

A seguir, será útil se o produto ou o processo de manufatura puder ser facilmente decomposto em módulos de produção. Desse modo, as etapas do processo poderão ser reordenadas. Por exemplo, um fabricante de malhas pode esperar até o último momento possível para tingir seus produtos de cores diferentes para cada estação, em vez de tingir a lã antes de tecer as malhas. Isso permite uma flexibilidade muito maior e ajuda o fabricante a acompanhar as tendências na moda. A proposta do Personal Pair sugeria que o processo de manufatura seria modificado para permitir melhor fluxo — equipes específicas seriam usadas para garantir maior flexibilidade e manuseio de produtos personalizados. Infelizmente, como os elementos no processo de fabricação de jeans nem sempre vêm juntos da mesma forma, seria importante que os funcionários acumulassem uma ampla gama de habilidades para acomodar problemas peculiares que não pudessem ser previstos.

Por fim, é útil que os produtos ou os subprocessos na cadeia de manufatura sejam padronizados. Isso permite uma produção e uma administração de estoque mais eficientes, seja para diferentes tipos de uso doméstico, seja para diferentes mercados (por exemplo, mercados internacionais e domésticos foram atendidos por um fabricante de impressoras que permitia o uso em ambas as voltagens, 110 V/220 V). Nesse ponto, a proposta de Personal Pair exigia um programa complexo de computação com padrões computadorizados que eram transmitidos diretamente para a área de corte.

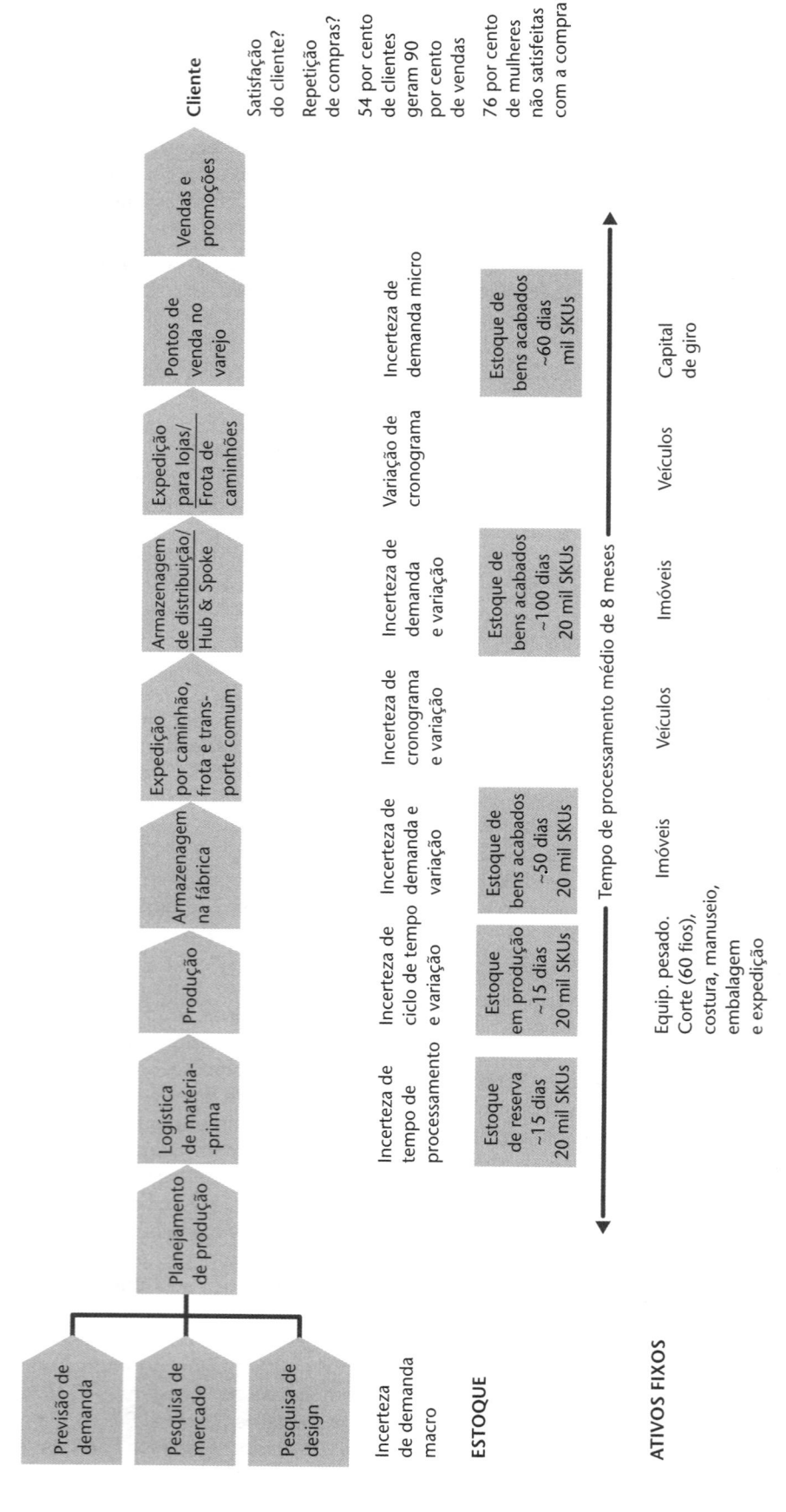

168 | Administração estratégica e vantagem competitiva

FIGURA 3 Cadeia de suprimento tradicional de uma Original Levi's Store

Etapa	Incerteza	Estoque
Planejamento de produção (Previsão de demanda, Pesquisa de mercado, Pesquisa de design)	Incerteza de demanda macro	
Logística de matéria-prima	Incerteza de tempo de processamento	Estoque de reserva ~15 dias 20 mil SKUs
Produção	Incerteza de ciclo de tempo e variação	Estoque em produção ~15 dias 20 mil SKUs
Armazenagem na fábrica	Incerteza de demanda e variação	Estoque de bens acabados ~50 dias 20 mil SKUs
Expedição por caminhão, frota e transporte comum	Incerteza de cronograma e variação	
Armazenagem de distribuição/Hub & Spoke	Incerteza de demanda e variação	Estoque de bens acabados ~100 dias 20 mil SKUs
Expedição para lojas/Frota de caminhões	Variação de cronograma	
Pontos de venda no varejo	Incerteza de demanda micro	Estoque de bens acabados ~60 dias mil SKUs
Vendas e promoções		
Cliente	Satisfação do cliente? Repetição de compras? 54 por cento de clientes geram 90 por cento de vendas. 76 por cento de mulheres não satisfeitas com a compra	

Tempo de processamento médio de 8 meses

ATIVOS FIXOS: Equip. pesado. Corte (60 fios), costura, manuseio, embalagem e expedição — Imóveis — Veículos — Imóveis — Veículos — Capital de giro

Fonte: Adaptado de Carr, 1998.

FIGURA 4 — Cadeia de valor do *Personal Pair*

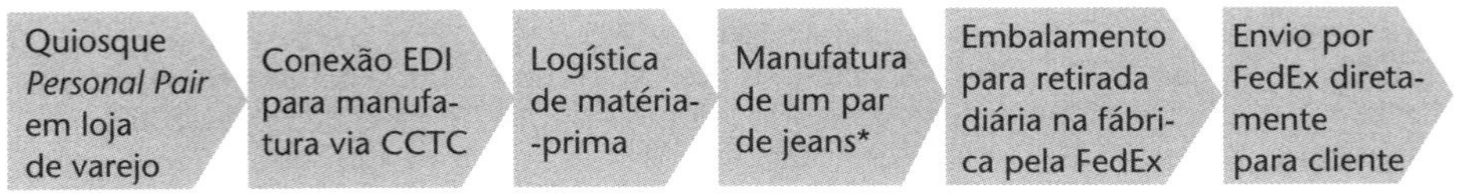

Quiosque *Personal Pair* em loja de varejo → Conexão EDI para manufatura via CCTC → Logística de matéria-prima → Manufatura de um par de jeans* → Embalamento para retirada diária na fábrica pela FedEx → Envio por FedEx diretamente para cliente

Observação: Embora esse método modifique o corte de 60 fios para um, isso não altera a manufatura, visto que os jeans eram, e são, costurados um par por vez.

Nem é preciso dizer que todas as partes do novo processo de personalização devem vir juntas de um "modo instantâneo, sem custo, sem falha e sem atrito".⁹

A decisão

Recostada na cadeira, com o olhar perdido na chuva que caía sobre a praça lá fora, Heidi pensava nos prós e contras da proposta. Eram diversos os riscos que ela não conseguia quantificar plenamente. Primeiro, havia a questão da habilidade da Levi Strauss em implementar novas tecnologias. Segundo, as economias de custo na proposta eram baseadas nas estimativas da CCTC em sua proposta para o programa. O programa continuaria sendo bem-sucedido, se os custos resultassem bem diferentes? Terceiro, pesquisas de mercado indicavam que as mulheres não estavam satisfeitas com o ajuste de suas calças. Quanto elas estariam dispostas a pagar por um ajuste melhor?

Em outro nível, ela pensava na concorrência. Se o programa tivesse sucesso, os concorrentes de baixo custo mergulhariam nesse mercado também? A Levi's detinha alguma vantagem ali? E se eles não seguissem adiante com a proposta? Algum concorrente faria parceria com a CCTC?

Bibliografia

1. Aron, L. J. "From push to pull: The supply chain management shifts. *Apparel Industry Magazine*, v. 59, n. 6, p. 58-59, 1998.
2. "Jeanswear gets squeezed: Plants close at Levi's". *Apparel Industry Magazine*, v. 60, n. 3, p. 10, 1999.
3. Billington, J. "How to customize for the real world". *Harvard Management Update*, Reprint#U9704A, 1997.
4. Bounds, W. "Inside Levi's race to restore a tarnished brand". *The Wall Street Journal*, p. B1, 4 ago. 1998.
5. Carr, L.; Lawler, W.; Shank, J. "Levi's Personal Pair cases A, B, and Teaching Note". F. W. Olin Graduate School of Business, Babson College, #BAB020, BAB021 e BAB520, dez. 1998.
6. Chaplin, H. "The truth hurts". *American Demographics*, v. 21, n. 4, p. 68-69, 1999.
7. Charlet, J-C.; Brynjolfsson, E. "Broad vision". *Stanford University Graduate School of Business Case #OIT-21*, mar. 1998.
8. Church, E. "Personal pair didin't fit into Levi's Strauss's plans". *The Globe and Mail*, p. B13, 27 mai. 1999.
9. Collett, S. "Levi shuts plants, misses trends". *Computerworld*, 1 mar. 1999, p. 16.
10. "Keeping the customer satisfied". The Economist, p. 9-10, 14 jul. 2001; "Mass customization: A long march". *The Economist*, p. 63-65, 14 jul. 2001. Special report.
11. Ellison, S. "Levi's ironing some wrinkles out of its sales". *The Wall Street Journal*, 12 fev. 2001, p. B9.
12. Espen, H. "Levi's blues". *New York Times Magazine*, p. 6, 21 mar. 1999.
13. Esquivel, J. R.; Belpedio, H. C. Textile and Apparel Suppliers Industry Overview, Morgan Stanley Dean Witter, p. 1-72, 14 mar. 2001.
14. Feitzinger, E.; Lee, H. L. "Mass customization at Hewlett-Packard: The power of postponement". *Harvard Business Review*, Reprint#97101, p. 116-121, jan.-fev. 1997.
15. FITCH Company Reports, Levi Strauss and Co., 15 fev. 2001. Disponível em: <www.fitchratings.com>. Acesso em: 21 jan. 2011.
16. FITCH Company Reports, Levi Strauss and Co., 31 out. 2000. Disponível em: <www.fitchratings.com>. Acesso em: 21 jan. 2011.
17. FITCH Company Reports, Levi Strauss and Co., 18 mar. 1999. Disponível em: <www.fitchratings.com>. Acesso em: 21 jan. 2011.
18. Gilbert, C. "Did modules fail Levi's ou did Levi's fail modules". *Apparel Industry Magazine*, v. 59, n. 9, p. 88-92, 1998.
19. Gilmore, J. H. "The four faces of mass customization". *Harvard Business Review*, Reprint#97103, p. 91-101, jan./fev. 1997.
20. Ginsberg, S. "Ripped Levi's: Blunders, bad luck take toll". *San Francisco Business Times*, v. 13, n. 18, 1998.
21. Hill, S. "Levi Strauss and Co.: Icon in revolution". *Apparel Industry Magazine*, v. 60, n. 1, p. 66-69, 1999.
22. Hill, S. "Levi Strauss puts a new spin on brand management". *Apparel Industry Magazine*, p. 46-47, nov. 1998.
23. Hofman, M. "Searching for the mountain of youth". *Inc.*, v. 21, n. 18, p. 33-36, 1999.
24. Homer, E. "Levi's zips up first ever private deal". *Private Placement Letter*, 23 jul. 2001.
25. Hunt, B. C.; Doehla, M. O. *First Union Report*. Denim Industry, 23 fev. 1999.
26. Jastrow, D. "Saying no to Web sales". *Computer Reseller News*, n. 871, p. 73, 29 nov. 1999.
27. Johnson, G. "Jeans war: Survival of the fittest". *Los Angeles*, p. C1, 3 dez. 1998.
28. King Jr., R. T. "Jeans therapy: Levi's factory workers assigned to teams, and morale takes a hit". *The Wall Street Journal*, p. A1, 20 mai. 1998.
29. Laberis, B. "Levi's shows it may not be driver it pretends to be". *Computerworld*, v. 33, n. 15, p. 36, 1999.
30. Lee, J. "Can Levi's ever be cool again?". *Marketing*, p. 28-29, 15 abr. 1999.
31. Lee, J. "Can Levi's be cool again?". *Business Week*, p. 144-148, 13 mar. 2000.
32. Levi Strauss and Company Promotional Materials.
33. Levine, B. "Fashion fallout from the Levi Strauss layoffs". *Los Angeles Times*, p. 1, 1 mar. 1999.
34. Magretta, J. "The power of virtual integration: An interview with Dell Computer's Michael Dell". *Harvard Business Review*, Reprint#98208, p. 73-84, mar.-abr. 1998.

35. Meadows, S. "Levi shifts on-line strategy". *Bobbin*, v. 41, n. 5, p. 8, 2000.
36. Merril Lynch Company Report, Levi Strauss and Co., Global Securities Research and Economics Group, 23 mar. 2001.
37. Merril Lynch Company Report, Levi Strauss and Co., Global Securities Research and Economics Group, 11 jan. 2001.
38. Merril Lynch Company Report, Levi Strauss and Co., Global Securities Research and Economics Group, 20 set. 2000.
39. Munk, N. "How Levi's trashed a great American brand". *Fortune*, v. 139, n. 7, p. 82-90, 1999.
40. "The view from outside: Levi's needs more than a patch". *The New York Times*, p. 4, 28 fev. 1999.
41. Pine, B. J. II. "Serve each customer efficiently and uniquely". *Network Transformation*, BCR, p. 2-5, jan. 1996.
42. Pine, B. J. II; Boyton, B. V.; Boyton, A. C. "Making mass customization work". *Harvard Business Review*, Reprint#93509, p. 108-116, set.-out. 1993.
43. Pressler, M. W. "Mending time at Levi's: Jeans maker struggles to recapture youth market, reshape its culture". *The Washington Post*, p. H01, 12 abr. 1998.
44. Reidy, C. "In marketplace, they're no longer such a great fit". *Boston Globe*, p. A1, 23 fev. 1999.
45. Reda, S. "Internet channel conflicts". *Stores*, v. 81, n. 12, p. 24-28, 1999.
46. Robson, D. "Levi showing new signs of fraying in San Francisco". *San Francisco Business Times*, v. 14, n. 10, p. 1, 1999.
47. Rosenbush, S. "Personalizing service on Web". *USA Today*, p. 15E, 16 nov. 1998.
48. Schoenberger, K. "Tough jeans, a soft heart and frayed earnings". *The New York Times*, p. 3, 25 jun. 2000.
49. Schonfeld, E. "The customized, digitized, have-it-your-way economy". *Fortune*, 28 set. 1998.
50. Stoughton, S. "Jeans market now a tight fit for Levi's; Denim leader missed marketing opportunities, failed to spot trends". *The Washington Post*, p. E1, 23 fev. 1999.
51. Trebay, G. "What's stonewashed, ripped, mended and $2,222?". *The New York Times*, col.1, p. 10, 17 abr. 2001, p. 10.
52. Voight, J. "Red, white and blue: An American icon fades away". *Adweek*, v. 40, n. 17, p. 28-35, 1999.
53. Watson, R. T.; Akselsen, S.; Pitt, L. F. "Attractors: Building mountains in the flat landscape of the World Wide Web". *California Management Review*, v. 40, n. 2, p. 36-54, 1998.
54. Zito, K. "Levi reveals rare look at inner secrets". San *Francisco Chronicle*, p. B1, 6 mai. 2000.

|||| **NOTAS** ||||

1. Este caso foi preparado por Farah Mihoubi, sob a supervisão do professor associado Russell Coff da Goizueta Business School, como base para discussão em classe, e não como exemplo de administração eficaz ou ineficaz. Informações coletadas de fontes publicadas e entrevistas com fontes empresariais. Copyright 2001, pela Goizueta Business School, Case and Video Series, Atlanta, Georgia, 30322, Estados Unidos. Todos os direitos reservados.
2. H. Espen, "Levi's blues", *New York Times Magazine*, p. 6, 21 mar. 1999.
3. B. Levine, "Fashion fallout from the Levi Strauss layoffs", *Los Angeles Times*, p. 1, 1 mar. 1999.
4. E. Schonfeld, "The customized, digitized, have-it-your-way economy", *Fortune*, 28 set. 1998.
5. Ibidem.
6. L. Carr, W. Lawler e J. Shank, "Levi's Personal Pair cases A, B, and Teaching Note", F. W. Olin Graduate School of Business, Babson College, #BAB020, BAB021 e BAB520, dez. 1998.
7. Ibidem.
8. J. Billington, "How to customize for the real world", *Harvard Management Update*, Reprint#U9704A, 1997.
9. B. J. II. Pine, "Serve each customer efficiently and uniquely", *Network Transformation*, BCR, p. 2-5, jan. 1996.

PARTE

3

Estratégias corporativas

Integração vertical

OBJETIVOS DE APRENDIZAGEM

Após a leitura deste capítulo, você estará apto a:

1. Definir integração vertical, integração vertical para a frente e integração vertical para trás.
2. Discutir como a integração vertical pode criar valor por meio da redução da ameaça do oportunismo.
3. Discutir como a integração vertical pode criar valor ao permitir que uma empresa explore seus recursos e suas capacidades valiosos, raros e custosos de imitar.
4. Discutir como a integração vertical pode criar valor ao permitir que uma empresa mantenha sua flexibilidade.
5. Descrever as condições sob as quais a integração vertical pode ser rara e custosa de imitar.
6. Descrever como a estrutura organizacional funcional, os controles gerenciais e as políticas de remuneração podem ser usados para implementar a integração vertical.

Terceirização de pesquisas

No início, apenas manufatura — de brinquedos, ração para cães e coisas do gênero — era terceirizada para a Ásia. Até aí, tudo bem, porque muito embora a manufatura pudesse ser terceirizada para China e Índia, o verdadeiro impulsionador de valor da economia ocidental — os serviços — jamais poderia ser terceirizado. Ou, pelo menos, era assim que pensávamos.

Então as empresas começaram a terceirizar *call centers*, declaração de impostos, e planejamento de viagens, e uma série de outros serviços para Índia e Filipinas. Aparentemente, tudo que poderia ser feito por telefone ou pela Internet custava menos na Ásia. Em alguns casos, a qualidade do serviço era comprometida, mas com treinamento e desenvolvimento tecnológico adicional, talvez até esses problemas pudessem ser solucionados. E isso era aceitável, pois o real impulsionador de valor da economia ocidental — pesquisa e propriedade intelectual — jamais poderia ser terceirizado. Ou, pelo menos, era assim que pensávamos.

Agora, ocorre que algumas das maiores indústrias farmacêuticas — como Merck, Eli Lilly e Johnson & Johnson — começaram a terceirizar alguns aspectos cruciais do processo de pesquisa e desenvolvimento farmacêutico para laboratórios na Índia. Isso parecia impossível apenas alguns anos atrás.

Na década de 1970, a Índia anunciou que não honraria as patentes farmacêuticas. Essa decisão política acarretou pelo menos duas importantes implicações para o setor farmacêutico indiano. Primeiro, levou ao surgimento de milhares de fabricantes de medicamentos genéricos lá — empresas que praticavam a engenharia reversa de drogas produzidas por empresas farmacêuticas norte-americanas e europeias para depois vendê-las nos mercados mundiais por uma fração de seu preço original. Segundo, praticamente nada de pesquisa e desenvolvimento farmacêutico ocorria na Índia. Afinal de contas, por que gastar todo o tempo e o dinheiro necessários para desenvolver uma nova droga, quando empresas de medicamentos genéricos podiam instantaneamente aplicar engenharia reversa em sua tecnologia e minar sua capacidade de gerar lucro?

Tudo isso mudou em 2003, quando o governo indiano reverteu suas políticas e passou a honrar as patentes farmacêuticas. Agora, pela primeira vez em mais de duas décadas, as empresas indianas poderiam explorar seus recursos de cientistas e engenheiros altamente capacitados e começar a se envolver em pesquisa original. Entretanto, desenvolver as habilidades necessárias para fazer pesquisa farmacêutica de classe mundial por conta própria é difícil e consome tempo. Por isso, as empresas indianas começaram a buscar parceiros em potencial no Ocidente.

No início, as empresas farmacêuticas ocidentais terceirizaram somente atividades laboratoriais rotineiras para seus novos parceiros indianos. Mas muitas dessas empresas descobriram que seus parceiros indianos eram bem administrados, detinham capacidade técnica potencialmente significativa e estavam dispostos a realizar trabalhos mais orientados à pesquisa. Desde 2007, um número surpreendentemente alto de empresas farmacêuticas ocidentais começou a terceirizar progressivamente mais etapas importantes do processo de pesquisa e desenvolvimento para seus parceiros indianos.

E o que as empresas ocidentais ganham com essa terceirização? Evidentemente — redução de custos. Custa cerca de $ 250 mil por ano empregar um químico com doutorado no Ocidente. Os mesmos $ 250 mil pagam cinco desses cientistas na Índia. Cinco vezes mais cientistas significa que as empresas farmacêuticas podem desenvolver e testar mais componentes com mais rapidez ao trabalhar com seus parceiros indianos do que conseguiriam com pessoal próprio. O mantra na indústria farmacêutica — "fracasse rápido e sem gastar muito" — é mais facilmente realizado quando grande parte dos testes iniciais de drogas potenciais é feita na Índia e não no Ocidente.

É claro que testar componentes desenvolvidos por empresas ocidentais não é exatamente fazer pesquisa básica de medicamentos. Jamais será possível terceirizar esse impulsionador central da economia ocidental. Ou será?

Fontes: M. Kripalani e P. Engardio, "The rise of India", *BusinessWeek*, p. 66+, 8 dez. 2003; K. J. Delaney, "Outsourcing jobs – and workers – to India", *Wall Street Journal*, p. B1+, 13 out. 2003; B. Eihhorn, "A dragon in R&D", *BusinessWeek*, p. 44+, 6 nov. 2006; P. Engardio e A. Weintraub, "Outsourcing the drug industry", *BusinessWeek*, p. 48-52, 5 set. 2008; Peter Arnold Inc.

A decisão de contratar outra empresa para realizar uma função específica do negócio é um exemplo de decisão que determina o nível de integração vertical de uma empresa. Isso ocorre tanto se a empresa contratada para executar esses serviços estiver sediada nos Estados Unidos como se estiver na Índia.

O QUE É ESTRATÉGIA CORPORATIVA?

Integração vertical é a primeira estratégia corporativa examinada em detalhes neste livro. Conforme sugerido no Capítulo 1, **estratégia de negócio** é a teoria de uma empresa sobre como ganhar vantagem competitiva em um único negócio ou setor. As duas estratégias de negócio discutidas neste livro são liderança em custo e diferenciação de produto. Já a **estratégia corporativa** é a teoria de uma empresa sobre como ganhar vantagem competitiva operando em vários negócios simultaneamente. Decisões sobre fazer ou não uma integração vertical costumam determinar se a empresa vai operar em um único negócio ou setor ou em múltiplos negócios ou setores. Outras estratégias corporativas discutidas neste livro incluem alianças estratégicas, diversificação e fusões e aquisições.

O QUE É INTEGRAÇÃO VERTICAL?

O conceito de cadeia de valor de uma empresa foi introduzido pela primeira vez no Capítulo 3. Relembrando, uma **cadeia de valor** é o conjunto de atividades que devem ser concretizadas para levar um produto ou serviço da matéria-prima ao ponto em que pode ser vendido para um consumidor final. A Figura 6.1 reproduz uma cadeia de valor simplificada do setor de petróleo e gás, apresentada originalmente como na Figura 3.2.

FIGURA 6.1 Cadeia de valor simplificada do setor de petróleo e gás. Exploração das reservas de petróleo

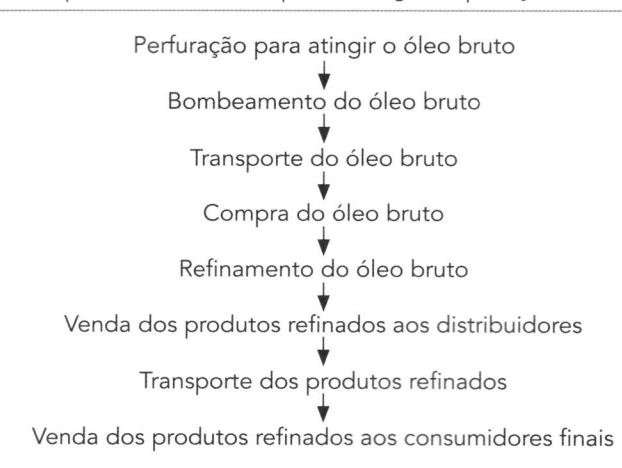

Perfuração para atingir o óleo bruto
↓
Bombeamento do óleo bruto
↓
Transporte do óleo bruto
↓
Compra do óleo bruto
↓
Refinamento do óleo bruto
↓
Venda dos produtos refinados aos distribuidores
↓
Transporte dos produtos refinados
↓
Venda dos produtos refinados aos consumidores finais

O nível de **integração vertical** de uma empresa é simplesmente o número de etapas nessa cadeia de valor que a empresa deve cumprir internamente. Empresas com maior integração vertical cumprem mais etapas de sua cadeia de valor internamente do que empresas com menos integração vertical. O quadro "Estratégia em detalhes" apresenta uma abordagem mais sofisticada para medir o nível de integração vertical de uma empresa.

Uma empresa promove uma **integração vertical para trás** quando incorpora mais estágios da cadeia de valor internamente, e tais estágios a deixam próxima do início da cadeia de valor, isto é, próxima de ganhar acesso às matérias-primas. Quando as empresas de computador desenvolveram todo o seu software próprio, estavam promovendo uma integração vertical para trás, porque essas ações estão próximas do começo da cadeia de valor. Quando começaram a usar empresas independentes operando na Índia para desenvolver esse software, tornaram-se menos verticalmente integradas para trás.

Uma empresa promove uma **integração vertical para a frente** quando incorpora mais estágios da cadeia de valor internamente, e tais estágios a deixam próxima do fim da cadeia de valor, isto é, próxima de interagir diretamente com o consumidor final. Quando as empresas tinham *call centers* próprios operados por uma equipe de seu quadro de funcionários nos Estados Unidos, elas estavam promovendo uma integração vertical para a frente, porque essas atividades as aproximavam do consumidor final. Quando começaram a utilizar empresas independentes na Índia para operar esses *call centers*, com uma equipe de funcionários contratados localmente, tornaram-se menos verticalmente integradas para a frente.

É claro que, ao escolher como organizar uma cadeia de valor, uma empresa tem mais opções do que simplesmente integrar verticalmente ou não. De fato, entre esses dois extremos, existe uma ampla variedade de opções intermediárias de integração vertical. Essas alternativas incluem vários tipos de aliança estratégica e *joint-venture*, o tema principal do Capítulo 9.

O VALOR DA INTEGRAÇÃO VERTICAL VRIO

A questão da integração vertical — quais estágios da cadeia de valor devem ser incluídos nas atividades internas de uma empresa e por quê — foi estudada por muitos especialistas nos últimos cem anos. A razão de essa questão ser de tanto interesse foi articulada pela primeira vez pelo economista Ronal Coase, ganhador do Prêmio Nobel. Em um artigo famoso publicado em 1937, Coase fez uma pergunta simples: considerando que mercados podem ser usados para organizar trocas econômicas entre milhares, e até centenas de milhares de indivíduos separadamente, o que faz que esses mercados, sendo um método para gerenciar trocas econômicas, sejam substituídos pelas empresas? Nos mercados, quase que por um passe de mágica, a 'mão invisível' de Adam Smith coordena a quantidade e a qualidade de bens e serviços produzidos com a quantidade e a qualidade de bens e serviços demandados por meio do ajuste de preços — tudo sem uma autoridade controladora centralizada. Nas empresas, de outro lado, burocratas centralizados monitoram e controlam subordinados que, por sua vez, lutam entre si pelo domínio e controle de 'feudos' internacionais ineficientes. Por que a 'beleza' da mão invisível deveria ser substituída pela grosseira 'mão visível' das corporações modernas?[1]

ESTRATÉGIA EM DETALHES

Medindo a integração vertical

Às vezes, é possível observar diretamente em quais estágios da cadeia de valor uma empresa está atuando e qual é seu nível de integração vertical. Outras vezes, entretanto, é mais difícil observar diretamente o nível de integração vertical de uma empresa. Isso ocorre especialmente quando uma empresa acredita que seu nível de integração vertical é uma fonte potencial de vantagem competitiva e, portanto, é pouco provável que revele essa informação abertamente para os concorrentes.

Nessa situação, é possível ter uma ideia do nível de integração vertical — embora não uma lista completa dos estágios da cadeia de valor integrados pela empresa — com base em um exame minucioso do **valor agregado como porcentagem de vendas** da empresa. Esse valor mede a porcentagem das vendas de uma empresa, gerada pelas atividades realizadas internamente. Uma empresa com uma proporção alta entre valor agregado e vendas levou muito das atividades criadoras de valor associadas a seu negócio para dentro da empresa, consistente com um nível alto de integração vertical. Uma empresa com proporção baixa entre valor agregado e vendas não tem, em média, um nível alto de integração vertical.

O valor agregado como percentual de vendas é calculado utilizando-se a equação apresentada no Quadro A.

A soma da renda líquida e da tributação sobre renda é subtraída no numerador e no denominador da equação para controlar a inflação e as mudanças no código da receita ao longo do tempo. Dados sobre renda líquida, tributação sobre renda e vendas podem ser obtidos diretamente do demonstrativo financeiro e do balanço patrimonial da empresa. O valor agregado pode ser calculado utilizando-se a equação apresentada no Quadro B.

Novamente, a maioria dos números necessários para se calcular o valor agregado pode ser obtida no demonstrativo financeiro ou no balanço patrimonial da empresa.

Fontes: A. Laffer, "Vertical integration by corporations: 1929-1965", *Review of Economics and Statistics*, n. 51, p. 91-93, 1969; I. Tucker e R. P. Wilder, "Trends in vertical integration in the U.S. manufacturing sector", *Journal of Industrial Economics*, n. 26, p. 81-94, 1977; K. Harrigan, "Matching vertical integration strategies to competitive conditions", *Strategic Management Journal*, n. 7, p. 535-555, 1986.

QUADRO A

$$\text{Integração vertical}_i = \frac{\text{Valor agregado}_i - (\text{Renda líquida}_i + \text{Tributação sobre renda}_i)}{\text{Vendas}_i - (\text{Renda líquida}_i + \text{Tributação sobre renda}_i)}$$

em que:

Integração vertical$_i$ = nível de integração vertical de uma empresa

Valor agregado$_i$ = nível de valor agregado para uma empresa

Renda líquida$_i$ = nível de renda líquida de uma empresa

Tributação sobre renda$_i$ = tributação sobre renda de uma empresa

Vendas$_i$ = vendas de uma empresa

QUADRO B

Valor agregado = Depreciação + Amortização + Custos fixos + Despesas com juros + Despesas com mão de obra e encargos relacionados + Despesas com pensão e aposentadoria + Tributação sobre renda + Renda líquida (depois dos impostos) + Despesas com locação

---

Coase começou a responder a própria pergunta quando observou que, às vezes, o custo de usar um mercado para gerenciar a troca econômica deve ser maior do que o custo de usar a integração vertical e trazer uma troca para o ambiente interno de uma empresa. Ao longo dos anos, os esforços focaram a identificação das condições sob as quais isso ocorreria. O trabalho resultante descreveu várias situações diferentes em que a integração vertical pode tanto aumentar a receita de uma empresa como reduzir seus custos, em comparação com empresas sem integração vertical, isto é, várias situações em que a integração vertical pode ser valiosa. Discutimos aqui três das mais influentes dessas explicações de quando a integração vertical pode criar valor.

Integração vertical e a ameaça do oportunismo

Uma das explicações mais conhecidas de quando uma integração vertical pode ser valiosa focaliza seu uso para reduzir a ameaça do oportunismo.[2] O **oportunismo** existe quando uma empresa é explorada desonestamente em uma troca. Exemplos de oportunismo incluem situações nas quais uma das partes de uma troca espera que um produto que está adquirindo seja de alta qualidade e descobre que recebeu uma qualidade inferior ao que esperava; situações nas quais uma das partes em uma troca espera receber um serviço em um determinado momento e esse serviço é entregue depois (ou antes); e situações nas quais uma das partes em uma troca espera pagar um preço para concluir essa troca e seu parceiro na troca exige um preço maior do que havia sido acordado anteriormente.

Obviamente, quando uma das partes da troca age de forma oportunista, isso reduz o valor econômico de uma empresa. Uma maneira de reduzir a ameaça do oportunismo é levar a troca para os limites internos da empresa, isto é, fazer uma integração vertical nessa troca. Assim, os gerentes de uma empresa podem monitorar e controlar essa troca diretamente, em vez de deixar que o mercado a controle. Se a troca que foi levada para dentro da empresa deixa-a mais próxima de seus fornecedores finais, trata-se de um exemplo de integração vertical para trás. Mas se essa troca deixa-a mais próxima de seus consumidores finais, trata-se de um exemplo de integração vertical para a frente.

É claro que as empresas só devem levar trocas de mercado para seus limites internos quando o custo da integração vertical for menor do que o custo do oportunismo. Se o custo da integração vertical for maior do que o custo do oportunismo, então as empresas não deverão se integrar verticalmente em uma troca. Isso se aplica às decisões de integração vertical para a frente e para trás.

Então, quando a ameaça do oportunismo é grande o bastante para permitir uma integração vertical? Pesquisas mostram que a ameaça do oportunismo é maior quando uma parte em uma troca faz o que chamamos de investimentos em transação específica. Um **investimento em transação específica** constitui qualquer investimento em uma troca que tem um valor significativamente maior na troca atual do que em quaisquer trocas alternativas. Talvez a maneira mais fácil de entender esse conceito seja por meio de um exemplo.

Considere a troca econômica entre uma refinaria de petróleo e uma empresa que constrói oleodutos, ilustrada na Figura 6.2. Como a figura mostra, a refinaria foi construída às margens de uma baía de águas profundas. Por causa disso, ela recebe suprimentos de petróleo de grandes navios petroleiros. Existe um campo de exploração de

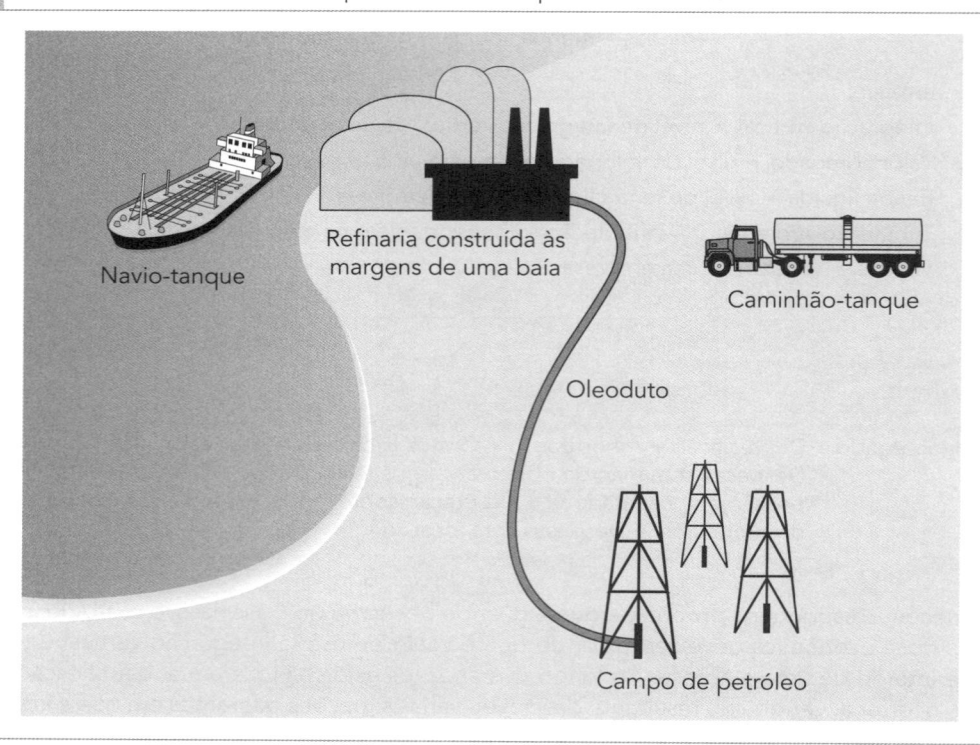

FIGURA 6.2 A troca entre uma refinaria de petróleo e uma empresa do oleoduto

petróleo a vários quilômetros de distância da refinaria, mas a única maneira de transportar o petróleo do campo para lá é por caminhão-tanque — uma maneira muito cara de transportar petróleo, especialmente se comparada aos grandes petroleiros. No entanto, se a refinaria conseguisse encontrar uma maneira barata de receber o petróleo desse campo, isso provavelmente aumentaria o valor da refinação.

Então, entra a empresa do oleoduto. Suponha que essa empresa se ofereça à refinaria para construir um oleoduto entre ela e o campo. Em troca, tudo o que a empresa do oleoduto espera é que a refinaria prometa comprar dela um determinado número de barris de petróleo a um preço acordado por certo período, digamos, de cinco anos. Se for possível negociar preços aceitáveis, a refinaria poderá achar a oferta atrativa, já que o custo do petróleo transportado pelo oleoduto tende a ser menor que o custo do petróleo vindo por navio ou por caminhão. Com base nessa análise, até agora, a refinaria e a empresa do oleoduto devem cooperar entre si, e o oleoduto deve ser construído.

Agora, cinco anos depois, é hora de renegociar o contrato. Qual dessas duas empresas fez o maior investimento em transação específica? Lembre-se de que investimento em transação específica é qualquer investimento em uma troca que seja mais valioso nessa transação do que em trocas alternativas.

Quais investimentos específicos a refinaria fez? Quanto valerá essa refinaria, se a troca com a empresa do oleoduto não for renovada? Seu valor provavelmente cairá um pouco — lembre-se de que transportar petróleo por oleoduto provavelmente é mais barato do que por navio ou caminhão. Portanto, se a refinaria não usar mais o oleoduto, terá de recorrer a esses suprimentos alternativos. Isso reduzirá seu valor, digamos de $ 1 milhão para $ 900 mil. Essa diferença de $ 100 mil é o tamanho do investimento em transação específica feito pela refinaria.

No entanto, o investimento em transação específica feito pela empresa do oleoduto provavelmente foi muito maior. Suponha que o valor do oleoduto seja $ 750 mil, contanto que esteja bombeando petróleo para a refinaria. Mas se não estiver bombeando, quanto vale? Não muito. Um oleoduto inativo tem usos alternativos limitados. Tem valor ou como refugo ou (talvez) como o maior escorregador fechado do mundo para parque aquático. Se o valor do oleoduto for apenas de $ 10 mil e se não estiver bombeando petróleo para a refinaria, então o nível de investimento em transação específica feito por sua empresa é substancialmente maior do que o feito pela empresa dona da refinaria: $750 mil – $ 10 mil, ou $ 740 mil feito pela empresa do oleoduto, contra os $ 100 mil da refinaria.

Então, quem sofrerá maior risco de oportunismo quando o contrato entre a refinaria e o oleoduto for renegociado — a refinaria ou a empresa do oleoduto? Obviamente, a dona do oleoduto tem mais a perder. Se não conseguir chegar a um acordo com a refinaria, perderá $ 740 mil. Se a refinaria não chegar a um acordo com a empresa do oleoduto, perderá $ 100 mil. Sabendo disso, a refinaria pode 'espremer' a empresa do oleoduto durante a negociação, insistindo em preços menores ou mais pontualidade nas entregas de petróleo de melhor qualidade, e a empresa do oleoduto não pode fazer muito quanto a isso.

Naturalmente, os administradores da empresa do oleoduto não são tolos. Sabem que, depois dos cinco primeiros anos de sua troca com a refinaria, estarão em uma posição de barganha muito difícil. Portanto, prevendo isso, insistirão, antes de tudo, em preços mais altos para construir o oleoduto do que de outra forma pediriam. Isso aumentará o custo de construção do oleoduto, talvez a ponto de não ser mais barato do que receber o petróleo por navio. Se isso ocorrer, o oleoduto não será mais construído, embora, se fosse possível construí-lo e eliminar a ameaça de oportunismo, ambas — refinaria e empresa do oleoduto – saíssem ganhando.

Uma maneira de resolver esse problema é a refinaria comprar a empresa do oleoduto – isto é, a refinaria fazer uma integração vertical para trás.[3] Quando isso acontece, o incentivo para que a refinaria explore a vulnerabilidade da empresa do oleoduto é reduzido. Afinal, se a refinaria tenta extorquir o negócio do oleoduto, só vai se prejudicar, uma vez que é dona da empresa do oleoduto.

Essa, então, é a essência das explicações baseadas em oportunismo sobre quando a integração vertical cria valor: investimentos em transação específica tornam as partes de uma troca vulneráveis ao oportunismo, e a integração vertical resolve esse problema de vulnerabilidade. Utilizando a linguagem desenvolvida no Capítulo 3, essa abordagem sugere que a integração vertical é valiosa quando reduz as ameaças dos fornecedores e dos compradores de uma empresa devido a quaisquer investimentos em transação específica que ela tenha feito.

Integração vertical e capacidades da empresa

Uma segunda abordagem para decisões de integração vertical tem foco nas capacidades de uma empresa e em sua habilidade de gerar vantagens competitivas sustentáveis.[4] Essa abordagem tem duas implicações amplas. Primeiro, sugere que as empresas devem fazer uma integração vertical nas atividades de negócio em que possuem recursos valiosos, raros e custosos de imitar. Dessa forma, as empresas podem realizar ao menos parte dos lucros criados pelo uso dessas capacidades para explorar oportunidades ambientais. Segundo, essa abordagem também sugere que as empresas não devem fazer uma integração vertical nas atividades de negócio em que não possuem os recursos necessários para ganhar vantagens competitivas. Tais decisões de vantagem competitiva não seriam uma fonte de lucro para uma empresa que não possui os recursos valiosos, raros e custosos de imitar necessários para conquistar vantagens competitivas nessas atividades de negócio. Com efeito, na medida em que outras empresas desfrutam de vantagens competitivas nessas atividades de negócio, a integração vertical de uma empresa sem esses recursos pode deixá-la em desvantagem competitiva.

Essa, então, é a essência da abordagem de capacidades para a integração vertical: se uma empresa possui recursos valiosos, raros e custosos de imitar em uma atividade de negócio, deve empreender uma integração vertical nessa atividade; caso contrário, nada de integração vertical. Essa perspectiva, às vezes, pode levar a decisões de integração vertical que conflitam com decisões derivadas de explicações baseadas em oportunismo da integração vertical.

Considere, por exemplo, empresas que atuam como fornecedoras do Walmart, detentor de uma vantagem competitiva imensa no setor de varejo de desconto. Em princípio, empresas que vendem para o Walmart poderiam fazer uma integração vertical para a frente no mercado varejista de descontos para vender seus próprios produtos. Isto é, essas empresas poderiam começar a competir com o Walmart. No entanto, é pouco provável que tais esforços sejam uma fonte de vantagem competitiva para elas. Os recursos e as capacidades do Walmart são extensos demais e custosos de imitar para esses fornecedores. Portanto, em vez de empreender uma integração vertical para a frente, a maioria dessas empresas vende seus produtos pelo Walmart.

Naturalmente, o problema é que, ao depender tanto do Walmart, essas empresas estão fazendo significativos investimentos em transação específica. Se pararem de vender para esse cliente, poderão falir. No entanto, essa decisão terá um impacto limitado sobre o Walmart, que pode ir para quaisquer fornecedores ao redor do mundo dispostos a substituir essa empresa falida. Portanto, os fornecedores do Walmart correm o risco do oportunismo nessa troca, e, na verdade, é de amplo conhecimento que o Walmart pode espremer seus fornecedores no tocante à qualidade dos produtos que compra, do preço pelo qual os compra e da maneira como são entregues.

Portanto, a tensão entre essas duas abordagens de integração vertical fica clara. Preocupações quanto a um oportunismo sugerem que os fornecedores do Walmart deveriam empreender uma integração vertical para a frente. Preocupações quanto a uma desvantagem competitiva no caso de uma integração vertical para a frente sugerem que os fornecedores do Walmart não deveriam fazer uma integração vertical. Então, eles devem ou não fazê-la?

Poucos fornecedores conseguiram solucionar esse difícil problema. Muitos não estão verticalmente integrados no setor de varejo de descontos. No entanto, procuram diminuir o nível de investimento em transação específica que fazem com o Walmart fornecendo produtos para outros varejistas de descontos, tanto nos Estados Unidos como no exterior. Esses fornecedores também procuram usar suas capacidades especiais para diferenciar seus produtos de tal forma que os clientes do Walmart insistam que ele venda tais produtos. E essas empresas buscam constantemente maneiras mais baratas de produzir e distribuir produtos de maior qualidade.

Integração vertical e flexibilidade

Uma terceira perspectiva na integração vertical focaliza o impacto dessa decisão sobre a flexibilidade de uma empresa. **Flexibilidade** diz respeito a quão custoso é para uma empresa mudar suas decisões estratégicas e organizacionais. A flexibilidade será alta quando o custo de mudar de opções estratégicas for baixo e será baixa quando o custo de mudar de opções estratégicas for alto.

Assim, o que é menos flexível: estar ou não verticalmente integrado? Pesquisas sugerem que, em geral, estar verticalmente integrado proporciona menos flexibilidade do que não estar.[5] Isso porque, uma vez que uma empresa empreenda uma integração vertical, cria um compromisso de sua estrutura organizacional, seus controles de gerenciamento e sua política de remuneração com uma maneira verticalmente integrada de fazer negócio. Desfazer essa decisão frequentemente significa mudar esses aspectos de uma organização.

Suponha, por exemplo, que uma empresa com integração vertical decida sair de determinado negócio. Para fazer isso, essa empresa terá de vender ou fechar suas fábricas (ações que podem afetar negativamente tanto os empregados que precisarão ser demitidos como os que permanecerem), alterar seus relacionamentos com fornecedores, desapontar consumidores que confiaram nela como parceira e mudar sua estrutura interna de reporte. De outro lado, se uma empresa sem integração vertical decide sair de um negócio, ela simplesmente suspende as atividades. Ela cancela todos os contratos que possivelmente tenha firmado e encerra suas operações nesse negócio. O custo de sair de um negócio sem integração vertical geralmente é muito menor do que sair de um negócio verticalmente integrado.

É claro que a flexibilidade nem sempre é valiosa. Na verdade, ela só é valiosa quando o cenário de tomada de decisão que uma empresa está enfrentando é incerto. Um cenário de tomada de decisão é **incerto** quando o valor futuro de uma troca não pode ser conhecido no momento em que os investimentos nessa troca estão sendo feitos. Em tais cenários, menos integração vertical é melhor do que mais. Isso porque empreender uma integração vertical em uma troca é menos flexível do que não empreender. Se uma troca acaba não sendo valiosa, costuma ser mais custoso para empresas que empreenderam uma integração vertical nessa troca sair dessa parceria do que para empresas que não empreenderam.

Considere, por exemplo, uma empresa farmacêutica que faz investimentos em biotecnologia. O resultado de uma pesquisa em biotecnologia é muito incerto. Se a empresa farmacêutica empreende uma integração vertical em um determinado tipo de pesquisa em biotecnologia contratando determinados tipos de cientista, construindo um laboratório caro e desenvolvendo outras competências necessárias para fazer essa pesquisa, ela realizou um investimento muito grande. Agora, suponha que essa pesquisa não se mostre lucrativa. Essa empresa fez grandes investimentos que agora têm pouco valor. Igualmente importante: ela deixou de investir em outras áreas da biotecnologia que poderiam ser valiosas.

Uma abordagem baseada em flexibilidade da integração vertical sugere que, em vez de fazer uma integração vertical em uma atividade de negócio cujo valor é altamente incerto, as empresas deveriam deixar de fazê-la e estabelecer uma aliança estratégica para gerenciar essa troca. Uma aliança estratégica é mais flexível do que a integração vertical, mas mesmo assim dá a uma empresa informação suficiente para estimar o valor de uma troca ao longo do tempo.

Uma aliança estratégica tem uma segunda vantagem nesse cenário. Os riscos associados a investir em uma aliança estratégica são conhecidos e determinados. Eles equivalem ao custo de criar e manter a aliança. Se um investimento incerto se mostra pouco valioso, as partes dessa aliança conhecem o montante máximo que podem perder — um montante igual ao custo de criar e manter a aliança. De outro lado, se a troca se mostra muito valiosa, então manter uma aliança pode proporcionar a uma empresa acesso a esse imenso potencial vantajoso. Esses aspectos das alianças estratégicas serão discutidos em mais detalhes no Capítulo 9.

Cada uma dessas explicações sobre integração vertical recebeu uma atenção empírica significativa na literatura acadêmica. Alguns desses estudos estão descritos no quadro "Pesquisa em foco".

PESQUISA EM FOCO

Testes empíricos das teorias de integração vertical

Das três explicações sobre integração vertical discutidas aqui, a mais antiga é a baseada em oportunismo e, portanto, é a que recebeu maior suporte empírico. Uma análise desse trabalho empírico, feita pelo professor Joe Mahoney, da Universidade de Illinois, observa que a afirmação principal dessa abordagem — que altos níveis de investimento em transação específica levam a níveis mais altos de integração vertical — recebe suporte empírico consistente.

Trabalhos empíricos mais recentes começaram a examinar o 'toma lá, dá cá' entre essas três explicações examinando seus efeitos sobre a integração vertical simultaneamente. Por exemplo, o professor Tim Folta, da Purdue University, examinou as abordagens de oportunismo e flexibilidade para a integração vertical simultaneamente. Seus resultados mostram que a afirmação básica da abordagem de oportunismo se mantém válida. No entanto, quando acrescenta incerteza à sua análise empírica, constata que as empresas empreendem menos integração vertical do que fariam em um contexto diferente. Em outras palavras, as empresas aparentemente se preocupam não apenas com investimentos em transação específica, quando fazem opções sobre integração vertical, mas também com o custo de reverter tais investimentos diante de uma incerteza alta.

Um estudo ainda mais recente, conduzido por Michael Leiblein, da The Ohio State University, e Doug Miller, da University of Illinois, examina essas três explicações de integração vertical simultaneamente. Esses autores estudaram as decisões sobre integração vertical no setor de fabricação de semicondutores e constataram que todas as três são válidas. Isto é, as empresas nesse setor preocupam-se com investimentos em transação específica, com as capacidades que possuem, com as capacidades que gostariam de possuir e com a incerteza dos mercados em que operam, quando fazem escolhas de integração vertical.

Fontes: J. Mahoney, "The choice of organizational form: Vertical financial ownership *versus* other methods of vertical integration", *Strategic Management Journal*, n. 13, p. 559-584, 1992; T. Folta, "Governance and uncertainty: The trade-off between administrative control and commitment", *Strategic Management Journal*, n. 19, p. 1007-1028, 1998; M. Leiblein e D. Miller, "An empirical examination of transaction and firm-level influences on the vertical boundaries of the firm", *Strategic Management Journal*, v. 24, n. 9, p. 839-859, 2003.

Aplicando as teorias ao gerenciamento de *call centers*

Uma das funções de negócios mais comumente terceirizada, até no exterior, são as atividades de *call center* de uma empresa. Então, o que essas três teorias dizem sobre como os *call centers* deveriam ser gerenciados? Quando eles devem ser internalizados e quando devem ser terceirizados? Cada uma delas será discutida separadamente.

Investimentos em transação específica e gerenciamento de *call centers*

Ao aplicar explicações baseadas em oportunismo à integração vertical, comece procurando investimentos em transação específica, verdadeiros ou potenciais, que deveriam ser feitos para concretizar uma troca. Altos níveis de tais investimentos sugerem a necessidade de integração vertical; baixos níveis sugerem que não há necessidade de integração vertical.

No contexto dos *call centers*, quando essa abordagem de atendimento ao consumidor foi desenvolvida, nos anos 1980, ela requeria níveis elevados de investimento em transação específica. Primeiro, muitos equipamentos específicos para a atividade precisavam ser adquiridos. E, embora pudessem ser utilizados em qualquer *call center*, tinham pouco valor, exceto para um *call center*. Portanto, esses equipamentos eram um exemplo de investimento específico.

Mais importante, a fim de oferecer atendimento nos *call centers*, os funcionários deviam estar plenamente cientes dos problemas que poderiam surgir com o uso dos produtos de uma empresa. Isso exigia que ela estudasse seus produtos minuciosamente e então treinasse os funcionários de atendimento para serem capazes de responder a qualquer problema que os consumidores tivessem. Esse treinamento podia ser muito complexo e demorado e representava um substancial investimento em transação específica por parte dos funcionários do *call center*. Somente aqueles que trabalhavam em tempo integral para uma grande corporação — situação em que a segurança quanto à permanência no trabalho era geralmente alta para quem fosse produtivo — estariam dispostos a fazer esse tipo de investimento específico. Portanto, a integração vertical no gerenciamento de *call centers* fazia muito sentido.

No entanto, à medida que a tecnologia da informação evoluiu, as empresas descobriram que era possível treinar atendentes de *call centers* muito mais rapidamente. Agora, tudo o que eles tinham de fazer era seguir roteiros previamente escritos e carregados em seus computadores. Fazendo apenas algumas perguntas padronizadas, podiam diagnosticar a maioria dos problemas. E as soluções para esses problemas também já estavam inseridas em seus computadores. Trabalhando com esses roteiros no computador, somente problemas realmente incomuns não podiam ser solucionados pelos atendentes. Como o nível de investimento específico necessário para usar esses roteiros era muito menor, os funcionários estavam dispostos a trabalhar para empresas sem a segurança no trabalho normalmente associada às grandes corporações. Na realidade, os *call centers* tornaram-se boas oportunidades de emprego de meio período e temporário. Uma vez que o nível de investimento específico requerido para trabalhar nesse tipo de atividade era muito menor, não empreender uma integração vertical na operação de *call centers* fazia muito sentido.

Capacidades e gerenciamento de *call centers*

Nas explicações sobre integração vertical baseadas em oportunismo, você começa procurando investimentos em transação específica e então toma decisões de integração vertical com base nesses investimentos. Nas abordagens baseadas em capacidades, você começa procurando recursos e capacidades valiosos, raros e custosos de imitar e só então toma as decisões de integração vertical apropriadas.

Nos primórdios da operação de *call centers*, a eficiência com que uma empresa gerenciava suas atividades podia ser uma fonte de vantagem competitiva. Nessa época, a tecnologia era nova, e o treinamento necessário para responder a uma pergunta do consumidor era extenso. As empresas que desenvolvessem capacidades especiais no gerenciamento desse processo podiam obter vantagem competitiva e, portanto, empreenderiam uma integração vertical na operação de *call centers*.

No entanto, com o tempo, à medida que um número crescente de fornecedores de gestão de *call centers* foi criado e que a tecnologia e o treinamento necessários para operá-los se tornaram mais disponíveis, diminuiu a capacidade de um *call center* em ser uma fonte de vantagem competitiva para uma empresa. Isto é, a habilidade de operar um *call center* ainda era valiosa, mas já não era rara nem custosa de imitar. Nesse cenário, não surpreende ver empresas saindo do negócio de gerenciamento de *call centers*, terceirizando a operação para empresas especializadas de baixo custo e focando as funções do negócio em que podem conquistar uma vantagem competitiva sustentável.

Flexibilidade e gerenciamento de *call centers*

A lógica do oportunismo sugere começar com uma busca por investimentos em transação específica; a lógica das capacidades sugere começar com uma busca por recursos e capacidades valiosos, raros e custosos de imitar. A lógica da flexibilidade sugere que se comece procurando fontes de incerteza em uma troca.

Uma das maiores incertezas ao se proporcionar atendimento ao consumidor por meio de *call centers* é a questão: "As pessoas que atendem às ligações conseguem realmente ajudar os clientes de uma empresa?" Trata-se de uma questão particularmente preocupante para empresas que vendem produtos complexos que podem apresentar diversos tipos de problema. Várias soluções tecnológicas foram desenvolvidas para tentar lidar com essa incerteza. Mas, se uma empresa se integra verticalmente ao negócio de operação de *call center*, cria um compromisso com determinada solução tecnológica. Essa solução pode não funcionar ou pode não funcionar tão bem quanto outras.

Diante dessa incerteza, manter um relacionamento com diversas empresas de *call center* — cada qual adotando soluções tecnológicas diferentes para o problema de como usar seus atendentes para auxiliar os consumidores de produtos complexos — proporciona para a empresa uma flexibilidade tecnológica que de outra forma ela não teria. Uma vez que seja identificada uma solução superior, a empresa então não precisa mais dessa flexibilidade e pode decidir se quer ou não uma integração vertical com a operação de um *call center* — dependendo das considerações de oportunismo e capacidades.

Integrando diferentes teorias de integração vertical

À primeira vista, parece problemático termos três explicações diferentes sobre como a integração vertical pode criar valor. Afinal, essas explicações não são, às vezes, contraditórias?

A resposta para essa pergunta é 'sim'. Já vimos tal contradição no caso de explicações de oportunismo e capacidades sobre se os fornecedores do Walmart deveriam empreender uma integração vertical para a frente no setor de varejo de descontos.

No entanto, quase sempre, essas explicações são complementares por natureza. Isto é, aplicar essas três abordagens geralmente leva às mesmas conclusões sobre como uma empresa deve integrar-se verticalmente, e não a conclusões diferentes. Além disso, em alguns casos, é simplesmente mais fácil aplicar uma dessas abordagens para avaliar as escolhas de integração vertical de uma empresa do que as outras duas. Ter um 'kit de ferramentas' que inclua três explicações de integração vertical permite ao analista escolher a abordagem com maior probabilidade de ser uma fonte de *insight* em determinada situação.

Mesmo quando essas três explicações fazem afirmações contraditórias sobre a integração vertical, ter múltiplas abordagens pode ser útil. Nesse contexto, ter múltiplas explicações pode destacar as opções que uma empresa tem ao escolher uma estratégia de integração vertical. Assim, por exemplo, se explicações baseadas no oportunismo sugerem que a integração vertical é necessária devido a altos investimentos em transação específica, explicações baseadas em capacidade advertem sobre o custo de desenvolver os recursos e as capacidades necessárias para uma integração vertical, e explicações de flexibilidade advertem sobre os riscos que uma integração vertical implica. Além disso, os custos e benefícios resultantes de qualquer decisão sobre integração vertical que seja tomada podem ser claramente entendidos.

De modo geral, ter três explicações sobre integração vertical traz diversas vantagens para aqueles que buscam analisar as opções de integração vertical de empresas reais. É claro que aplicar essas explicações pode criar dilemas éticos importantes para uma empresa, especialmente quando fica claro que ela precisa se tornar menos integrada verticalmente do que tem sido historicamente. Alguns desses dilemas são discutidos no quadro "Ética e estratégia".

INTEGRAÇÃO VERTICAL E VANTAGEM COMPETITIVA SUSTENTÁVEL VRIO

Naturalmente, para que a integração vertical seja uma fonte de vantagem competitiva sustentável, ela não só deve ser valiosa (porque responde a ameaças de oportunismo, ou permite que uma empresa explore recursos valiosos, raros e custosos de imitar próprios e os de outras empresas, ou porque proporciona flexibilidade a uma empresa), ela deve também ser rara e custosa de imitar, e uma empresa deve estar organizada para implementá-la corretamente.

A raridade da integração vertical

A estratégia de integração vertical de uma empresa é rara quando poucas empresas conseguem criar valor integrando-se verticalmente da mesma forma. Essa estratégia pode ser rara porque é uma dentre um número peque-

> ## ÉTICA E ESTRATÉGIA
>
> ### A ética da terceirização
>
> Imagine uma empresa que operou com sucesso de uma forma verticalmente integrada durante décadas. Os funcionários vão para a empresa, sabem o que fazer, sabem como trabalhar juntos de maneira eficaz, sabem onde estacionar. Seu trabalho não é apenas o centro econômico de suas vidas; tornou-se também seu centro social. A maioria de seus amigos trabalha na mesma empresa, na mesma função. O futuro se parece muito com o passado — emprego estável e trabalho eficiente, tudo visando a uma aposentadoria confortável e bem planejada. Então a empresa adota uma nova estratégia de terceirização. Muda sua estratégia de integração vertical, tornando-se menos integrada verticalmente e adquirindo serviços de fornecedores externos que costumava obter internamente.
>
> O princípio econômico da terceirização pode ser atrativo. A terceirização pode ajudar as empresas a reduzir custos e focar seus esforços naquelas funções de negócio importantes para sua vantagem competitiva. Quando bem feita, a terceirização cria valor — valor que as empresas podem compartilhar com seus proprietários, seus acionistas.
>
> Na realidade, a terceirização está se tornando uma tendência nos negócios. Alguns observadores estimam que, em 2015, mais 3,3 milhões de empregos nos Estados Unidos serão terceirizados, muitos deles para operações no exterior.
>
> Mas o que será dos empregados cujas funções foram eliminadas? O que será de seu compromisso para a vida inteira, seu emprego estável e confiável? De sua aposentadoria estável e segura? Via de regra, a terceirização devasta vidas, mesmo quando cria valor econômico. É claro que algumas empresas fazem de tudo para amenizar o impacto da terceirização sobre seus empregados. Aqueles que estão próximos da aposentadoria geralmente têm a oportunidade de se aposentar antes. Outros recebem indenizações por dispensa, em reconhecimento por seus anos de serviço. Algumas empresas contratam empresas de 'recolocação', especializadas em recolocar pessoas que perdem seu emprego repentinamente em novos trabalhos ou carreiras.
>
> Contudo, todos esses esforços para amenizar o impacto não o eliminam. Muitos trabalhadores pressupõem que têm um contrato implícito com as empresas para as quais trabalham. Esse contrato é: "Contanto que faça meu trabalho bem, terei um emprego." Esse contrato está sendo substituído por: "Contanto que uma empresa queira me empregar, terei um trabalho." Nesse mundo, não é de surpreender que muitos empregados agora busquem primeiro manter sua empregabilidade em seu trabalho atual — recebendo treinamento adicional e experiências que possam ser valiosos em diversas outras empresas — e estejam menos preocupados com o que podem fazer para melhorar o desempenho da empresa em que trabalham.
>
> *Fontes*: S. Steele-Carlin, "Outsourcing poised for growth in 2002", *Freelance Jobs News.com*, 4 mar. 2002. Disponível em: <freelancejobsnews.com>. Acesso em: 22 jan. 2011; V. Agrawal e D. Farrell, "Who wins in offshoring?", *McKinseyQuarterly.com*, dez. 2003. Disponível em: <http://www.mckinseyquarterly.com/Who_wins_in_offshoring_1363>. Acesso em: 22 jan. 2011.

no de empresas que são capazes de integrar verticalmente com eficiência ou porque é uma dentre um número pequeno de empresas que são capazes de não adotar uma abordagem de integração vertical para gerenciar uma troca.

Integração vertical rara

Uma empresa pode ser capaz de criar valor por meio da integração vertical quando a maioria de seus concorrentes não o consegue, por pelo menos três razões. Não surpreende que essas razões sejam análogas às três explicações sobre integração vertical apresentadas neste capítulo.

Investimento em transação específica rara e integração vertical

Primeiro, uma empresa pode ter desenvolvido uma nova tecnologia, ou uma nova forma de fazer negócio, que requer que seus parceiros de negócios façam substanciais investimentos em transação específica. Empresas que se envolvem nessas atividades considerarão de seu interesse integrar verticalmente, enquanto as que não se envolvem nessas atividades não considerarão de seu interesse integrar verticalmente. Se essas atividades forem raras e custosas de imitar, poderão representar uma fonte de vantagem competitiva para uma empresa integrada verticalmente.

Por exemplo, o caso de abertura deste capítulo sugere que muitas empresas no setor de informática estão terceirizando seus *call centers* para a Índia. No entanto, uma delas — a Dell Computers — recentemente trouxe de volta uma dessas funções — seus *call centers* técnicos para clientes corporativos — desse país e reintegrou-a verticalmente em sua empresa nos Estados Unidos.[6] Os problemas enfrentados por clientes corporativos normalmente são muito mais complicados do que aqueles enfrentados por clientes individuais. Portanto, é muito mais difícil dar aos atendentes de *call center* o treinamento de que precisam para solucionar os problemas de clientes corporativos. Além disso, como as tecnologias corporativas mudam mais rapidamente do que muitas tecnologias de consumo, manter os funcionários de *call center* atualizados sobre como atender clientes corporativos também é mais complicado do que o atendimento desses funcionários a clientes não corporativos. Como a Dell precisa que as pessoas que trabalham em seus *call centers* corporativos façam substanciais investimentos específicos em sua tecnologia e na compreensão de seus clientes, ela considerou necessário trazer esse pessoal para dentro dos limites da empresa e reintegrar verticalmente a operação desse tipo de central de atendimento.

Se, por meio de sua decisão de integração vertical, a Dell for capaz de satisfazer seus clientes de maneira mais eficaz do que seus concorrentes e se o custo de operar esse *call center* não for muito alto, então sua decisão de integração vertical será valiosa e rara e, portanto, pelo menos uma fonte de vantagem competitiva temporária para a empresa.

Capacidades raras e integração vertical

Uma empresa como a Dell pode também concluir que suas competências são incomuns, seja na operação de um *call center* ou em fornecer o treinamento necessário para habilitar funcionários para determinados tipos de *call center*. Se essas capacidades forem valiosas e raras, integrar-se verticalmente a negócios que exploram essas capacidades poderá, então, permitir que uma empresa ganhe ao menos vantagem competitiva temporária. Na realidade, a convicção de que uma empresa possui capacidades valiosas e raras frequentemente é uma justificativa para decisões de integração vertical em um setor.

Incerteza rara e integração vertical

Por fim, uma empresa pode ser capaz de obter uma vantagem com integração vertical quando soluciona algumas incertezas que enfrenta antes de seus concorrentes. Suponha, por exemplo, que várias empresas em um setor comecem a investir em uma tecnologia muito incerta. A lógica da flexibilidade sugere que, o quanto for possível, essas empresas preferirão não se integrar verticalmente na produção dessa tecnologia enquanto seus *design* e suas características não se estabilizarem e a demanda do mercado por essa tecnologia não estiver consolidada.

Entretanto, imagine que uma dessas empresas seja capaz de resolver essas incertezas antes de qualquer outra. Ela não precisa mais manter a flexibilidade que é tão valiosa sob condições de incerteza. Em vez disso, pode ser capaz de, digamos, projetar máquinas para um fim específico, capazes de produzir essa tecnologia de maneira eficiente. Tais máquinas não são flexíveis, mas podem ser muito eficientes.

Naturalmente, para que fornecedores externos usem essas máquinas, precisam ser feitos investimentos substanciais em transação específica. Fornecedores externos podem relutar em fazer esses investimentos. Nesse cenário, essa empresa pode achar necessária uma integração vertical para ser capaz de usar suas máquinas na produção dessa tecnologia. Portanto, ao solucionar a incerteza mais rápido do que seus concorrentes, essa empresa pode conquistar algumas das vantagens da integração vertical mais cedo do que eles. Enquanto a concorrência ainda está focando a flexibilidade diante da incerteza, essa empresa passa a focar a eficiência da produção para atender às demandas de produto pelo consumidor. Isso, evidentemente, pode ser uma fonte de vantagem competitiva.

Desintegração vertical rara

Cada um dos exemplos de integração vertical e vantagem competitiva descritos até agora focaliza a estabilidade de uma empresa ao integrar-se verticalmente para criar uma vantagem competitiva. No entanto, as empresas também podem obter vantagens competitivas por meio de suas decisões de desintegração vertical, isto é, a decisão de terceirizar uma atividade que costumava ser desempenhada internamente. Sempre que uma empresa está entre as primeiras de seu setor e conclui que o nível de investimento específico necessário para gerenciar uma troca econômica deixou de ser alto, ou que essa troca em particular deixou de ser rara ou custosa de imitar, ou que o nível de incerteza sobre o valor de uma troca aumentou, ela pode ser uma das primeiras em seu setor a desintegrar verticalmente essa troca. Tais atividades, se forem valiosas, serão raras e, portanto, uma fonte de vantagem competitiva ao menos temporária.

Imitabilidade da integração vertical

Até que ponto essas decisões de integração vertical rara podem ser fontes de vantagem competitiva sustentável depende, como sempre, da imitabilidade dos recursos raros de proporcionar a uma empresa uma vantagem competitiva ao menos temporária. Tanto a duplicação direta como a substituição podem ser usadas para imitar as escolhas raras e valiosas de integração vertical rara de outra empresa.

Duplicação direta de integração vertical

A duplicação direta ocorre quando os competidores desenvolvem ou obtêm os recursos e as capacidades que permitem a outra empresa implementar uma estratégia de integração vertical valiosa e rara. Tendo em vista que esses recursos e essas capacidades são dependentes de um caminho, socialmente complexo ou causalmente ambíguo, podem ser imunes à duplicação direta e, portanto, uma fonte de vantagem competitiva sustentável.

Em relação à terceirização de operações a fornecedores no exterior, parece que a grande popularidade dessa estratégia sugere que ela é altamente imitável. Na verdade, ela está se tornando tão comum que começam a virar notícia as empresas que avançam na direção oposta, integrando verticalmente um *call center* e operando nos Estados Unidos (como a Dell).

Mas o fato de muitas empresas estarem implementando essa estratégia não significa que sejam igualmente bem-sucedidas em fazer isso. Essas diferenças de desempenho podem refletir algumas capacidades sutis e complexas que algumas dessas empresas terceirizadas possuem e outras não. Esses são os tipos de recurso e capacidade que podem constituir fontes de vantagem competitiva sustentável.

Alguns dos recursos que podem permitir a uma empresa implementar uma estratégia de integração vertical valiosa e rara podem não ser suscetíveis à duplicação direta. Eles podem incluir a habilidade da empresa de analisar os atributos de suas trocas econômicas e sua habilidade de desenvolver e implementar estratégias de integração vertical. Ambas as capacidades podem ser socialmente complexas e dependentes de caminho — construídas ao longo de anos de experiência.

Substitutos para a integração vertical

O principal substituto para a integração vertical — alianças estratégicas — é o tema central do Capítulo 9. Assim, a análise de como alianças estratégicas podem substituir a integração vertical será postergada até lá.

ORGANIZANDO PARA IMPLEMENTAR A INTEGRAÇÃO VERTICAL VRIO

Organizar-se para implementar uma integração vertical envolve as mesmas ferramentas usadas para implementar qualquer estratégia de negócio ou corporativa: estrutura organizacional, controles de gerenciamento e políticas de remuneração.

Estrutura organizacional e implementação de integração vertical

A estrutura organizacional utilizada para implementar uma estratégia de liderança em custo e diferenciação de produto — a estrutura funcional ou em U — também é usada para implementar uma estratégia de integração vertical. Na realidade, cada uma das trocas internalizadas por uma empresa como resultado de uma decisão de integração vertical é incorporada a uma das funções da estrutura organizacional funcional. Decisões sobre quais atividades de produção devem ser integradas verticalmente determinam a abrangência e a responsabilidade da função de produção de uma estrutura organizacional funcional; decisões sobre quais atividades de marketing devem ser integradas verticalmente determinam a abrangência e a responsabilidade da função de marketing de uma estrutura organizacional funcional, e assim por diante. Portanto, as decisões de integração vertical tomadas por uma empresa determinam a estrutura de sua organização funcional.

O CEO dessa empresa integrada verticalmente, organizada funcionalmente, tem as mesmas duas responsabilidades mencionadas no Capítulo 4: formulação e implementação de estratégia. No entanto, essas duas responsabilidades assumem dimensões maiores ao se implementarem decisões de integração vertical. Embora o CEO seja responsável por decidir se uma função deve ou não ser integrada verticalmente em uma empresa, também é responsável por solucionar conflitos que normalmente surgem entre funções integradas verticalmente. O quadro "Estratégia na empresa emergente" descreve a abordagem de um CEO resistente a esse desafio gerencial.

Solucionando conflitos funcionais em uma empresa com integração vertical

Sob a perspectiva de um CEO, coordenar especialistas funcionais para implementar uma estratégia de integração vertical quase sempre envolve a solução de conflitos. Conflitos entre gerentes funcionais em uma organização em forma de U são normais e esperados. Na realidade, se não existem conflitos entre determinados gerentes funcionais em uma organização em forma de U, então alguns deles provavelmente não estão fazendo seu trabalho. A tarefa desse CEO não é fingir que não existe conflito ou ignorá-lo, mas gerenciá-lo de uma maneira que a implementação de estratégias seja facilitada.

Considere, por exemplo, a relação entre gerentes de produção e vendas. Comumente, os gerentes de produção preferem fabricar um único produto em grandes lotes, enquanto os de vendas preferem vender diversos

ESTRATÉGIA NA EMPRESA EMERGENTE

Oprah, Inc.

Com uma receita anual perto de $ 1 bilhão, Oprah Winfrey dirige uma das empresas de mídia mais bem-sucedidas dos Estados Unidos. Um dos negócios que ela possui — a Harpo, Inc. — produz um dos mais bem-sucedidos programas vespertinos da TV (com uma receita de $ 300 milhões ao ano), uma das revistas mais bem-sucedidas atualmente, com 2,5 milhões de assinantes (mais do que a Vogue ou a Fortune), e uma produtora cinematográfica. Um analista de investimentos estima que, se a Harpo fosse uma empresa de capital aberto, valeria $ 570 milhões. Outros bens que Oprah possui — incluindo investimentos, imóveis, uma participação acionária no canal de televisão a cabo Oxygen e opções de ações na Viacom — geram $ 468 milhões em receitas por ano.

E Oprah Winfrey não se considera uma CEO.

Certamente, seu estilo de tomada de decisão não é comum à maioria dos CEOs. Já foi dito que ela descreve sua tomada de decisão de negócios com a expressão 'saltos de fé' e a frase: "Se eu convocasse uma reunião de planejamento estratégico, haveria um silêncio mortal, e depois as pessoas cairiam da cadeira de tanto rir."

De outro lado, Oprah tomou decisões que lhe permitem controlar firmemente seu império. Por exemplo, em 1987, ela contratou Jeff Jacobs — um advogado durão de Chicago do ramo de entretenimento — como presidente da Harpo. Enquanto as decisões de negócio de Oprah são tomadas por seu instinto e coração, Jacobs assegura que os números somem em mais receita e lucro para a Harpo. Ela também não se mostra favorável a licenciar seu nome para outras empresas, ao contrário de Martha Stewart, que licenciou seu nome para o Kmart. Oprah fez alianças estratégicas com a King World (para distribuir seu programa de TV), com a ABC (para veicular seus filmes), com a Hearst (para distribuir sua revista) e com a Oxygen (para distribuir seus outros programas de TV). Mas nunca abriu mão do controle de seu negócio. E não abriu o capital de sua empresa. Atualmente, ela detém 90 por cento das ações da Harpo. Certa vez, ela teria dito: "Se eu perdesse o controle de meu negócio, eu me perderia — ou, no mínimo, perderia a habilidade de ser eu mesma."

Para ajudar a controlar esse negócio em crescimento, Oprah e Jacobs contrataram um diretor executivo de operações (do inglês, *chief operating officer* — COO), Tim Bennett, que criou diversos departamentos funcionais, incluindo contabilidade, jurídico e recursos humanos, para ajudar a gerenciar a empresa. Com 221 empregados, um escritório e uma organização de verdade, a Harpo é uma empresa de verdade, e Oprah é uma CEO de verdade — embora uma CEO com uma abordagem ligeiramente diferente de tomar decisões de negócio.

Fontes: P. Sellers, "The business of being Oprah", *Fortune*, p. 50+, 1º abr. 2002; Oprah Winfrey's Official Website. Disponível em: <oprah.com>. Acesso em: 22 jan. 2011; *Hoovers*. Disponível em: <hoovers.com>. Acesso em: 22 jan. 2011; e *Harpo Inc*. Disponível em: <harpocreativeworks.tv>. Acesso em: 22 jan. 2011.

produtos personalizados. Geralmente, os gerentes de produção não gostam de estoques grandes de produtos acabados, enquanto os de vendas gostam de grandes estoques de produtos acabados que facilitam a entrega rápida aos clientes. Se esses vários interesses dos gerentes de produção e de vendas não entram em conflito, ao menos algumas vezes, em uma organização em forma de U verticalmente integrada, então ou o gerente de produção não está focando o suficiente na redução de custo e na melhoria da qualidade ou o gerente de vendas não está focando o suficiente no atendimento das necessidades do cliente de maneira oportuna, ou ambos.

Diversos outros conflitos surgem entre gerentes funcionais da organização em U verticalmente integrada. Contadores geralmente focam a maximização da responsabilidade gerencial por gastos e a análise minuciosa de custos; gerentes de P&D podem temer que tais práticas de contabilidade interfiram na inovação e na criatividade. Gerentes financeiros geralmente focam a relação entre uma empresa e seus mercados de capital externos; gerentes de recursos humanos estão mais preocupados com a relação entre uma empresa e os mercados de mão de obra externos.

Nesse contexto, o trabalho do CEO é ajudar a solucionar conflitos de maneira a facilitar a implementação da estratégia da empresa. Gerentes funcionais não precisam 'gostar' uns dos outros. No entanto, se a estratégia de integração vertical de uma empresa estiver correta, a razão pela qual uma função será incluída em suas atividades é que essa decisão cria valor para a empresa. Permitir que conflitos funcionais impeçam que se obtenha vantagem em cada uma das funções internas de uma empresa pode destruir esse valor.

Controles de gerenciamento e implementação de integração vertical

Embora ter a estrutura organizacional correta seja importante para empresas que implementam suas estratégias de integração vertical, essa estrutura deve ter o suporte de diversos controles de gerenciamento. Dentre os mais importantes desses processos estão o de orçamento e o do comitê gerencial de supervisão, que também podem ajudar o CEO a resolver conflitos funcionais comuns em empresas com integração vertical.

O processo de orçamento

O orçamento é um dos mecanismos de controle mais importantes disponíveis para os CEOs de organizações em forma de U verticalmente integradas. Na realidade, na maioria das empresas em forma de U, imensos esforços de gerenciamento vão para a criação de orçamentos e para a avaliação do desempenho relativo a esses orçamentos. Orçamentos são desenvolvidos para custos, para receitas e para diversas outras atividades desempenhadas pelos gerentes funcionais de uma empresa. Com frequência, a remuneração da gerência e as oportunidades de promoção dependem da capacidade de um gerente em atingir as expectativas orçamentárias.

Embora um orçamento seja uma ferramenta de controle importante, também pode ter consequências negativas não intencionais. Por exemplo, seu uso pode levar gerentes funcionais a enfatizar de modo exagerado um comportamento de curto prazo, que é fácil de mensurar, e negligenciar um comportamento de longo prazo e, portanto, mais difícil de mensurar. Assim, por exemplo, a ação estrategicamente correta para um gerente funcional adotar pode ser a de aumentar despesas com treinamento gerencial e de manutenção, assegurando, dessa forma, que a função terá tanto a tecnologia como as pessoas competentes necessárias para executar o trabalho no futuro. Entretanto, uma ênfase exagerada em atender aos requisitos atuais do orçamento pode levar esse gerente a postergar despesas com treinamento e manutenção. Ao atender demandas orçamentárias de curto prazo, esse gerente pode sacrificar a viabilidade de longo prazo dessa função e, portanto, comprometer a viabilidade de longo prazo da empresa.

Os CEOs podem tomar diversas atitudes para combater os efeitos do 'curto-prazismo' dos orçamentos. Por exemplo, pesquisas sugerem que avaliar o desempenho de um gerente funcional relativo a orçamentos pode ser um dispositivo de controle eficaz quando: (1) o processo usado no desenvolvimento de orçamentos é aberto e participativo; (2) o processo reflete a realidade econômica enfrentada pelos gerentes funcionais e pela empresa; e (3) avaliações quantitativas do desempenho de um gerente funcional são aumentadas por avaliações qualitativas desse desempenho. Adotar um processo aberto e participativo para definir orçamentos ajuda a assegurar que as metas do orçamento sejam realistas e que os gerentes funcionais as entendam e aceitem. Incluir critérios qualitativos na avaliação reduz as chances de que os gerentes funcionais se empenhem em comportamentos muito prejudiciais no longo prazo, mas que lhes permitam atingir o orçamento no curto prazo.[7]

Processo de comitê gerencial de supervisão

Além dos orçamentos, organizações em U verticalmente integradas podem usar vários comitês gerenciais internos como dispositivos de controle da gestão. Dois tipos bastante comuns são o **comitê executivo** e o **comitê de operações** (embora possam receber nomes diferentes nas diversas organizações).

O comitê executivo em uma organização em U consiste tipicamente do CEO e de dois ou três gerentes funcionais seniores principais. Esse comitê normalmente realiza reuniões semanais e examina o desempenho da empresa baseado no curto prazo. As funções representadas nesse comitê geralmente incluem contabilidade, jurídico e outras funções (como produção e vendas) que são mais importantes para o sucesso de curto prazo da empresa. O propósito fundamental do comitê executivo é avaliar o desempenho de curto prazo da empresa, observar e corrigir quaisquer variações no orçamento para os gerentes funcionais e responder a quaisquer crises que possam surgir. Certamente, o comitê executivo pode ajudar a evitar muitos dos conflitos funcionais em uma empresa com integração vertical.

Além do comitê executivo, outro grupo de gerentes reúne-se regularmente para ajudar a controlar as operações de uma empresa. Frequentemente chamado de *comitê de operações*, ele costuma se reunir mensalmente e, em geral, consiste do CEO e de cada um dos chefes das áreas funcionais incluídas na empresa. O comitê executivo é um subconjunto do comitê de operações.

O principal objetivo do comitê de operações é avaliar o desempenho da empresa em intervalos de tempo ligeiramente maiores do que o intervalo semanal de principal interesse para o comitê executivo, além de monitorar os investimentos estratégicos e as atividades em um prazo mais longo. Tais investimentos podem incluir expansões, o lançamento de novos produtos e a implementação de programas de redução de custos ou de melhoria de qualidade. O comitê de operações proporciona um fórum no qual gerentes funcionais seniores podem se reunir para compartilhar problemas e oportunidades e coordenar esforços para implementar estratégias. Obviamente, esse comitê pode ajudar a solucionar conflitos funcionais em empresas com integração vertical.

Além desses dois comitês, vários outros comitês e forças-tarefa podem ser formados em uma organização em forma de U para gerenciar projetos e tarefas específicos. Esses grupos adicionais geralmente são presididos por um membro do comitê executivo ou de operações e se reportam a um desses comitês ou a ambos, conforme estabelecido.

Remuneração na implementação de estratégias de integração vertical

A estrutura organizacional e os sistemas de controle gerencial podem ter um impacto importante na habilidade de uma empresa em implementar sua estratégia de integração vertical. No entanto, as políticas de remuneração de uma empresa também podem ser importantes.

Já vimos como a remuneração pode desempenhar um papel na implementação de estratégias de liderança em custo e diferenciação de produto, e como a remuneração pode ser atrelada ao orçamento para ajudar a implementar a integração vertical. No entanto, as três explicações de integração vertical apresentadas neste capítulo têm implicações importantes quanto à remuneração. Primeiro, discutiremos os desafios de remuneração que elas sugerem e, depois, a maneira como esses desafios podem ser solucionados.

Integração vertical baseada em oportunismo e política de remuneração

As abordagens de integração vertical baseada em oportunismo sugerem que os empregados que fazem investimentos em uma empresa específica em seu trabalho geralmente serão capazes de criar mais valor para a empresa do que os que não fazem esses investimentos específicos. Investimentos em empresa específica são um tipo de investimento em transação específica. Enquanto investimentos em transação específica são aqueles que têm mais valor em uma determinada troca do que em trocas alternativas, **investimentos em empresa específica** são aqueles feitos por empregados que têm mais valor em uma determinada empresa do que em empresas alternativas.[8]

Exemplos de investimentos em empresa específica incluem o entendimento do funcionário sobre a cultura da empresa, seu relacionamento com outros colegas da empresa e seu conhecimento sobre os processos únicos do negócio. Todo esse conhecimento pode ser usado por ele para criar muito valor em uma empresa. No entanto, esse conhecimento praticamente não tem valor para outras empresas. Sendo assim, o esforço para criá-lo é um investimento em empresa específica.

Apesar do valor que os investimentos do funcionário em uma empresa específica podem criar, explicações da integração vertical baseadas em oportunismo sugerem que os funcionários costumam relutar em fazer tais investimentos porque, uma vez que o fazem, se tornam vulneráveis em sua troca com essa empresa. Por exemplo, um empregado que fez um investimento muito significativo em uma empresa específica talvez não consiga deixar o emprego e ir trabalhar em outro lugar, mesmo que seja preterido em uma promoção, não receba um aumento ou seja ativamente discriminado. Isso ocorre porque, ao deixar essa empresa, ele perde todos os investimentos que fez nela. Como tem poucas opções de emprego fora da empresa em que trabalha, ela pode tratá-lo mal e ele tem pouco a fazer quanto a isso. É por isso que os empregados frequentemente relutam em fazer investimentos em uma empresa específica.

Mas a empresa precisa que seus funcionários façam tais investimentos se quiser realizar todo o seu potencial econômico. Portanto, uma das tarefas da política de remuneração é criar incentivos para que empregados, cujos investimentos em empresa específica possam criar um grande valor, realmente realizem esses investimentos.

Capacidades e remuneração

Explicações de capacidade da integração vertical também reconhecem a importância dos investimentos na empresa específica, na criação de valor para ela. De fato, muitos recursos e muitas capacidades valiosos, raros e custosos de imitar que podem existir em uma empresa são uma manifestação dos investimentos dos empregados em uma empresa específica. No entanto, enquanto as explicações de oportunismo da integração vertical tendem a focar os investimentos em empresa específica feitos por cada funcionário, as explicações de capacidade focam os investimentos específicos feitos por grupos deles.[9]

No Capítulo 3, sugeriu-se que uma das razões pelas quais os recursos valiosos e raros de uma empresa podem ser custosos de imitar é que eles são socialmente complexos por natureza. Recursos socialmente complexos refletem o trabalho em equipe, a cooperação e a cultura que foram desenvolvidos em uma empresa — capacidades que podem aumentar significativamente o valor dela, mas que outras empresas frequentemente acharão custosas de imitar, ao menos no curto e no médio prazo. Além disso, são capacidades que existem porque vários funcionários — não um único — fizeram investimentos específicos em uma empresa.

Do ponto de vista do desenvolvimento de uma política de remuneração, a análise de capacidades sugere que a política de remuneração de uma empresa não só deve estimular os empregados — cujos investimentos em empresa específica possam criar valor — a realmente realizar esses investimentos, como também reconhece que tais investimentos frequentemente serão de natureza coletiva — por exemplo, até que todos os membros de uma equipe gerencial crítica assumam compromissos específicos de empresa com essa equipe, a habilidade dessa equipe em criar e manter uma vantagem competitiva ficará significativamente limitada.

Flexibilidade e remuneração

Explicações de flexibilidade da integração vertical também têm algumas implicações importantes para a remuneração. Em particular, como a criação de flexibilidade em uma empresa depende da disposição dos empregados em se envolver em atividades que possuem riscos adversos determinados e conhecidos e um potencial favorável significativo, segue-se que a remuneração que tem essas características estimularia os empregados a escolher e implementar estratégias de integração vertical flexíveis.

Alternativas de remuneração

O Quadro 6.1 lista várias alternativas de remuneração e como elas estão relacionadas com cada uma das três explicações de integração vertical discutidas neste capítulo. Não surpreendentemente, a explicação baseada em oportunismo sugere que a remuneração com foco individual nos empregados e em como eles podem fazer investimentos em empresa específica será importante para empresas que estão implementando estratégias de integração vertical. Tal remuneração individual inclui o salário do funcionário, bônus em dinheiro com base no desempenho individual e *stock grants* — isto é, pagamento aos empregados na forma de ações da empresa — com base no desempenho individual.

Explicações de capacidade da integração vertical sugerem que a remuneração com foco em grupos de empregados que fazem investimentos específicos em recursos e capacidades valiosos, raros e custosos de imitar será particularmente importante para empresas que implementam estratégias de integração vertical. Tal remuneração coletiva inclui bônus em dinheiro e *stock grants*, ambos com base no desempenho geral da empresa.

Finalmente, a lógica da flexibilidade sugere que a remuneração que possui riscos adversos determinados e conhecidos e um potencial favorável significativo é importante para empresas que implementam estratégias de integração vertical. As **opções de ações**, em que os empregados têm o direito, mas não a obrigação de adquirir ações da empresa a um preço predeterminado, são uma forma de remuneração com essas características. Opções de ações podem ser concedidas com base no desempenho individual dos empregados ou no desempenho da empresa como um todo.

A tarefa enfrentada por CEOs que buscam implementar uma estratégia de integração vertical por meio de política de remuneração é determinar que tipos de comportamento funcional são necessários para que essa estratégia crie vantagens competitivas sustentáveis e, então, usar a política de remuneração apropriada. Não é de surpreender que a maioria dos CEOs considere as três explicações de integração vertical importantes para a tomada de decisão, e, assim sendo, não é de surpreender que muitas empresas adotem políticas de remuneração que utilizam uma combinação das políticas listadas no Quadro 6.1. Portanto, a maioria das empresas usa tanto o esquema de remuneração individual como o de remuneração corporativa, juntamente com salários, bônus em dinheiro, *stock grants* e opções de ações para empregados que têm maior impacto no desempenho de uma empresa como um todo.

QUADRO 6.1 Tipos de remuneração e abordagem para decisões de integração vertical

Explicações de oportunismo
Salário
Bônus em dinheiro por desempenho individual
Stock grants por desempenho individual

Explicações de capacidades
Bônus em dinheiro por desempenho corporativo ou de grupo
Stock grants por desempenho corporativo ou de grupo

Explicações de flexibilidade
Stock grants por desempenho individual, corporativo ou de grupo

RESUMO

A integração vertical é definida como o número de estágios na cadeia de valor de um setor que a empresa internalizou. A integração vertical para a frente é aquela que aproxima a empresa do consumidor final; a integração vertical para trás é aquela que aproxima a empresa das fontes de matéria-prima. Ao tomar suas decisões de integração vertical para determinada atividade de negócio, as empresas podem optar por uma integração vertical parcial, por uma integração vertical total ou por não integrar verticalmente.

A integração vertical pode criar valor de três maneiras. Primeira: reduzindo ameaças oportunistas dos compradores e fornecedores de uma empresa em qualquer investimento em transação específica que ela possa fazer. Um investimento em transação específica é aquele que tem mais valor em uma troca em particular do que em trocas alternativas. Segunda: a integração vertical pode criar valor permitindo que uma empresa explore seus recursos e suas capacidades valiosos, raros e custosos de imitar. As empresas devem integrar-se verticalmente em atividades nas quais desfrutam de tais vantagens. Terceira: a integração vertical normalmente só cria valor sob condições de baixa incerteza. Sob alta incerteza, a integração vertical pode comprometer uma empresa a um curso de ação custoso de reverter, e a flexibilidade de uma abordagem sem integração vertical pode ser preferível.

De modo geral, essas três abordagens diferentes de integração vertical geram conclusões semelhantes. No entanto, mesmo quando sugerem estratégias de integração vertical diferentes, podem ser úteis para os administradores.

A habilidade de estratégias de integração vertical valiosas para gerar uma vantagem competitiva sustentável depende de quão raras e custosas de imitar essas estratégias são. As estratégias de integração vertical podem ser raras de duas maneiras: (1) quando uma empresa está verticalmente integrada e a maioria das concorrentes não está; e (2) quando uma empresa não está verticalmente integrada e a maioria das concorrentes está. Essas estratégias de integração vertical raras são possíveis quando as empresas variam à medida que as estratégias que perseguem requerem investimentos em transação específica, quando variam nos recursos e nas capacidades que controlam ou no nível de incerteza que enfrentam.

A habilidade de duplicar diretamente as estratégias de integração de uma empresa depende de quão custoso é duplicar diretamente os recursos e as capacidades que lhe permitem perseguir essas estratégias. O substituto mais próximo da integração vertical — alianças estratégicas — é discutido em mais detalhes no Capítulo 9.

A organização para implementar a integração vertical depende da estrutura organizacional de uma empresa, de seus controles gerenciais e de suas políticas de remuneração. A estrutura organizacional mais comumente usada para implementar a integração vertical é a organização funcional ou em forma de U, que envolve estratégias de liderança em custo e de diferenciação de produto. Em uma organização verticalmente integrada em forma de U, o CEO deve manter o foco não só em decidir quais funções vai integrar verticalmente, mas também em como solucionar conflitos que inevitavelmente surgem em uma empresa verticalmente integrada com organização funcional. Dois controles de gerenciamento podem ser usados para ajudar na implementação de estratégias de integração vertical e solucionar esses conflitos funcionais; são eles: o processo de orçamento e os comitês gerenciais de supervisão.

Cada uma das três explicações da integração vertical sugere diferentes tipos de política de remuneração que uma empresa que busca integração vertical pode utilizar. Explicações baseadas em oportunismo sugerem uma remuneração baseada no indivíduo — incluindo salário, bônus em dinheiro e *stock grants* com base no desempenho individual; já explicações baseadas em capacidade sugerem remuneração baseada em grupo — incluindo bônus em dinheiro e *stock grants* com base no desempenho corporativo ou de grupo; e explicações baseadas em flexibilidade sugerem uma remuneração flexível — opções de ações baseadas no desempenho individual, de grupo ou corporativo. Como as três abordagens da integração vertical quase sempre são utilizadas em uma empresa, não é de surpreender que muitas delas empreguem todos esses dispositivos ao remunerar empregados cujas ações tendam a causar um impacto significativo no desempenho corporativo.

QUESTÕES

1. Algumas empresas têm utilizado estratégias de integração vertical para trás para realizar lucros econômicos que seriam ganhos por seus fornecedores. Como essa motivação por integração vertical para trás está relacionada com a lógica do oportunismo descrita neste capítulo? (*Dica*: Compare as condições competitivas sob as quais as empresas podem ganhar lucros econômicos com as condições competitivas sob as quais estarão motivadas a evitar oportunismo por meio da integração vertical.)

2. Você está prestes a comprar um carro usado. Que tipos de ameaça você enfrenta nessa compra? O que pode fazer para se proteger dessas ameaças? Como se compara a compra de um carro com decisões de integrar ou não integrar verticalmente?

3. Quais são as implicações competitivas para as empresas, se elas assumem que todos os parceiros potenciais de troca não são confiáveis?

4. Conflitos comuns entre vendas e produção são mencionados no texto. Quais conflitos podem exis-

tir entre P&D e produção? Entre financeiro e produção? Entre marketing e vendas? Entre contabilidade e todos os demais? O que um CEO poderia fazer para solucionar esses conflitos?

5. Sob quais condições você aceitaria um trabalho com baixa remuneração em vez de um trabalho com alta remuneração? Que implicações sua resposta tem para a política de remuneração de seu empregador potencial?

IIII PROBLEMAS IIII

1. Qual das duas empresas a seguir está mais integrada verticalmente? Como é possível saber?
   (a) A Empresa A mantém produção, vendas, financeiro e recursos humanos internamente e terceirizou o jurídico e o atendimento ao cliente.
   (b) A Empresa B mantém produção, vendas, jurídico e atendimento ao cliente internamente e terceirizou financeiro e recursos humanos.

2. Qual é o nível de investimento em transação específica para cada empresa nas transações descritas a seguir? Quem nessas transações corre maior risco de oportunismo?
   (a) A Empresa I construiu uma fábrica ao lado da Empresa II. A fábrica da Empresa I valerá $ 5 milhões, se suprir a Empresa II, e valerá $ 200 mil, se não suprir a Empresa II. A Empresa II tem três fornecedores alternativos. Se ela receber suprimentos da Empresa I, valerá $ 10 milhões. Se não receber esses suprimentos, valerá $ 9,8 milhões.
   (b) A Empresa A acabou de adquirir um novo sistema de computador somente disponível na Empresa B. A Empresa A redesenhou todo o seu processo de produção em torno desse novo sistema de computador. O processo antigo de produção vale $ 1 milhão, enquanto o processo novo vale $ 12 milhões. A Empresa B tem centenas de clientes para seu novo sistema de computador.
   (c) A Empresa Alfa, do ramo de *fast-food*, tem um contrato com a Empresa Beta, um estúdio cinematográfico. Após negociar com vários outros parceiros potenciais, a Empresa Alfa concordou com um contrato que exige que a Empresa Alfa pague à Empresa Beta $ 5 milhões ao ano pelo direito de usar personagens dos filmes da Empresa Beta em seus lanches para crianças. A demanda por filmes infantis caiu recentemente.
   (d) A Empresa I possui e opera uma gráfica. A Empresa J usa os serviços de uma gráfica. Historicamente, a Empresa I vendeu seus serviços para muitos clientes. No entanto, recebeu recentemente uma proposta da Empresa J para se tornar seu fornecedor exclusivo de serviços gráficos. Atualmente, a Empresa I vale $ 1 milhão. Caso ela se torne o único fornecedor da Empresa J, valerá $ 8 milhões. Para fechar esse acordo, a Empresa I precisará deixar de fornecer serviços a seus clientes atuais e modificar seu maquinário para atender às necessidades da Empresa J. Nenhuma outra empresa precisa dos mesmos serviços que a Empresa J. Esta contatou vários outros fornecedores que se mostraram interessados em se tornar exclusivos dela, antes de decidir fazer essa proposta para a Empresa I.

3. Que recomendação você faria em cada uma dessas situações: implementar integração vertical ou não? Por quê?
   (a) A Empresa A necessita de uma tecnologia nova e única para sua linha de produtos. Não existem tecnologias substitutas. A Empresa A deve produzir essa tecnologia ou comprá-la?
   (b) A Empresa I tem vendido seus produtos por meio de um distribuidor há algum tempo. Tornou-se líder de mercado. Infelizmente, esse distribuidor não foi capaz de acompanhar a evolução tecnológica, e os clientes estão reclamando. Não existem distribuidores alternativos disponíveis. A Empresa I deve manter seu distribuidor atual ou iniciar a distribuição por conta própria?
   (c) A Empresa Alfa fabrica seus produtos há anos. Entretanto, um desses produtos passou a ser visto cada vez mais como uma *commodity*. Várias empresas já são capazes de fabricá-lo pelo mesmo preço e qualidade da Empresa Alfa. Mas não possuem a reputação de marca da Empresa Alfa no mercado. A Empresa Alfa deve continuar a fabricar esse produto ou terceirizá-lo a uma dessas outras empresas?
   (d) A Empresa I está convencida de que certo tipo de tecnologia possui um potencial econômico real. No entanto, não sabe com certeza qual versão dessa tecnologia dominará o mercado. Atualmente, existem oito versões concorrentes dessa tecnologia, mas apenas uma dominará o mercado de maneira definitiva. A Empresa I deve investir sozinha nessas oito tecnologias? Deve investir em apenas uma delas? Deve firmar parcerias com outras empresas que estão investindo nessas diferentes tecnologias?

IIII **NOTAS** IIII

1. R. Coase, "The nature of the firm", *Economica*, n. 4, p. 386-405, 1937.
2. Essa explicação de integração vertical é conhecida na literatura acadêmica como economia do custo das transações. Veja O. Williamson, *Markets and hierarchies*: Analysis and antitrust implications, Nova York: Free Press, 1975; O. Williamson, *The economic institutions of capitalism*, Nova York: Free Press, 1985; B. Klein, R. Crawford e A. Alchian, "Vertical integration, appropriable rents, and the competitive contracting process, *Journal of Law and Economics*, n. 21, p. 297-326, 1978.
3. Outra opção — formar uma aliança entre essas duas empresas — é discutida em mais detalhes no Capítulo 9.
4. Essa explicação de integração vertical é conhecida na literatura acadêmica como teoria baseada em capacidades. É muito semelhante à visão baseada em recursos descrita no Capítulo 3. Veja J. B. Barney, "Firm resources and sustained competitive advantage", *Journal of Management*, n. 17, p. 99-120, 1991; J. B. Barney, "How a firm's capabilities affect boundary decisions", *Sloan Management Review*, v. 40, n. 3, 1999; K. R. Conner e C. K. Prahalad, "A resource based theory of the firm: knowledge *versus* opportunism", *Organization Science*, n. 7, p. 477-501, 1996.
5. Essa explicação de integração vertical é conhecida na literatura acadêmica como teoria das opções reais. Veja B. Kogut, "Joint ventures and the option to expand and acquire", *Management Science*, n. 37, p. 19-33, 1991.
6. M. Kripalani e P. Engardio, "The rise of India", *BusinessWeek*, p. 66+, 8 dez. 2003.
7. Veja A. K. Gupta, "SBU strategies, corporate-SBU relations and SBU effectiveness in strategy implementation", *Academy of Management Journal*, v. 30, n. 3, p. 477-500, 1987.
8. G. S. Becker, *Human capital*: A theoretical and empirical analysis, with special reference to education, Chicago: University of Chicago Press, 1993.
9. J. B. Barney, "Firm resources and sustained competitive advantage", *Journal of Management*, n. 17, p. 99-120, 1991.

PANORAMA BRASILEIRO

A Hering e a cadeia de valor do setor de vestuário

Introdução

Como prega em seus valores, a Hering se reinventou algumas vezes nos seus 130 anos de trajetória. De uma pequena tecelagem em Blumenau, no interior de Santa Catarina, transformou-se em uma conceituada empresa de design de vestuário do Brasil, responsável pela construção e gestão de marcas sólidas.

O nome da marca é patronímico — o fundador foi Hermann Hering. O símbolo da marca foi inspirado no significado da palavra Hering em alemão: "arenque", um tipo de peixe parecido com a sardinha. Os dois peixinhos representam os irmãos Bruno e Hermann Hering.

Durante décadas a Hering foi uma empresa orientada para a produção, procurando o crescimento via aumento de capacidade e eficiência produtiva. A abertura econômica no início da década de 1990 alterou profundamente o cenário ambiental e competitivo. Contar exclusivamente com produção própria e uma indústria totalmente integrada, desde a plantação do algodão até o produto final, deixou de ser um fator competitivo.

Em determinado momento, os dirigentes da empresa compreenderam que seus principais ativos eram as marcas e os canais de distribuição que poderiam ser construídos. A empresa mudou sua postura para uma orientação para o mercado, em um processo gradual que culminou em 2007, quando a Hering colocou grande parte de suas ações no mercado, embora mantendo o controle nas mãos da família fundadora.

A visão atual da Hering é "ser reconhecida como a mais rentável e melhor gestora de marcas de vestuário". Sua missão é "desenvolver marcas, criar e comercializar produtos e serviços de vestuário com valor percebido e foco no cliente". Atualmente, investe nas marcas Hering, PUC, Hering Kids e Dzarm.

A marca Hering é a mais antiga e mais importante, respondendo por cerca de 85 por cento das vendas da empresa. Tornou-se sinônimo de um produto: a camiseta. Se por um lado é positivo que o consumidor pense na marca ao pensar em um produto, por outro isso aprisionou a marca durante um tempo. Após anos de investimento em seu reposicionamento, a marca é reconhecida como sinônimo de moda democrática, "o básico do Brasil", com design despojado.

A Hering Kids acompanha o posicionamento da marca Hering, ou seja, moda infantil básica "para brincar e passear". A PUC é uma marca também focada no público infantil e, assim como a Hering, pode ser encontrada na rede de franquias, em lojas multimarcas em todo o Brasil e na loja virtual. A Dzarm é a marca que foca o público jovem e não conta com lojas próprias, sendo vendida no varejo multimarcas.

Com marcas fortes, a Hering decidiu crescer por meio de parcerias sólidas, investindo no sistema de franquias, a partir de 1993. Para tal, desenvolveu ferramentas de gestão eficazes e buscou excelência em logística.

Apesar da mudança radical de rumo, a Hering mantém-se nas três etapas do setor:
1. Produção, com fabricação própria e terceirizada.
2. Desenvolvimento de marca e design da coleção.
3. Varejo, por meio de lojas Hering Store e PUC, com lojas próprias e franqueadas, canais multimarcas e loja virtual.

O setor têxtil no Brasil

O Brasil conta com o quinto maior parque têxtil do mundo. São 9 bilhões de peças de confecção produzidas por ano. É o segundo maior produtor mundial de denim e o terceiro maior de malha. São 30 mil empresas que empregam 1,7 milhão de pessoas, dos quais 75 por cento são mulheres. O setor é o segundo maior empregador da indústria de transformação, representando 5,5 por cento do PIB dessa indústria e 3,5 por cento do PIB nacional.

Nos segmentos de tecelagem e confecção, o cenário dos últimos anos foi marcado pela desregulamentação e pela invasão no mercado internacional de produtos de baixo custo provenientes de países asiáticos, especialmente da China.

A abertura da economia brasileira no início da década de 1990 foi um susto para as empresas nacionais do setor têxtil. Sem concorrência externa, elas não precisavam se preocupar tanto com custos e qualidade. Além disso, a inflação mascarava resultados, e muitas empresas tinham lucro financeiro apesar do prejuízo operacional. Essa acomodação resultou em um parque industrial obsoleto, em processos de produção arcaicos e, portanto, em custos altos e qualidade mediana.

Apesar do aumento de consumo provocado pela estabilidade econômica após o Plano Real, muitas empresas quebraram. Foi preciso alto investimento e perspicácia nos negócios para reerguer o setor: foram investidos $ 13 bilhões nos últimos dez anos. No curto prazo, o investimento foi de $ 867 milhões em 2009 e $ 2 bilhões em 2010.

As empresas que conseguiram sobreviver vivem, agora, uma situação positiva, pois o setor têxtil tem experimentado expressivo crescimento. O faturamento do setor foi de $ 47,4 bilhões em 2009, e a Associação Brasileira da Indústria Têxtil e de Confecção (Abit) previa faturamento de $ 52 bilhões em 2010, com expectativa de chegar a $ 54 bilhões em 2011.

Do faturamento de 2010, 97 por cento se devem ao mercado interno, e apenas 3 por cento, ao mercado externo. Apesar de serem ainda pouco representativas para o setor, as exportações cresceram 19,6 por cento em 2010, chegando a $ 1.443 milhão (excluída a fibra de algodão). Os principais destinos das exportações brasileiras de produtos têxteis e confeccionados são Argentina, Estados Unidos, Paraguai, Uruguai e México.

A importação de tecidos cresceu seis vezes em valor entre 2003 e 2010 e a importação de vestuário cresceu 11 vezes em valor no mesmo período. Apenas em 2010, as importações cresceram 43,6 por cento, chegando a $ 4.968 milhões (excluída a fibra de algodão). Os principais fornecedores são China, Índia, Indonésia, Argentina e Estados Unidos.

O aumento da importação é devido, principalmente, ao aumento do consumo interno, como mostra o gráfico a seguir.

O setor varejista de vestuário no Brasil é altamente fragmentado. Os cinco maiores varejistas detêm apenas cerca de 5 por cento do mercado. O setor é tipicamente conhecido por sua sazonalidade, tanto em razão da necessidade de renovar as coleções de produtos ao longo das estações do ano como da concentração de demanda na segunda metade do ano e, em especial, no último trimestre, em função do Natal e recebimento do décimo terceiro salário. Assim, como o segmento produtivo, o setor varejista de vestuário tem experimentado um crescimento maior do que o PIB brasileiro na última década.

Trikotwaren Fabrik Gebrüder Hering

Com esse nome quase impossível de ser pronunciado por brasileiros, a Cia. Hering iniciou sua história em 1880. A produção se concentrava em uma casa de comércio que funcionava no centro de Blumenau, fundada por Hermann Hering, que imigrou para o Brasil em busca de melhores condições de vida. Como sua família era de tecelões, ao chegar à colônia de alemães no Brasil, comprou um tear circular e um caixote de fios. Logo, trouxe a família para ajudar nos negócios e começou a produção de camisetas de malha de algodão, produto pelo qual a marca ficou conhecida durante décadas. A qualidade das camisetas costuradas foi reconhecida, já em 1882, com uma medalha em uma exposição no Rio Grande do Sul.

A história da Hering é marcada desde o início por forte investimento no crescimento da empresa: busca por força motriz hidráulica, aquisição de áreas para preservação ambiental, importação de equipamento para fiação, fiação com 2.600 fusos, entre outros. Fatores externos também impulsionaram os negócios: o principal produto da empresa — a camiseta — tornou-se símbolo da geração pós-segunda guerra mundial, em 1950.

A Hering foi a primeira empresa têxtil brasileira a exportar seus produtos, começando em 1964. Nessa década, modernizou e ampliou todo seu parque fabril e transformou-se na maior malharia da América Latina. Em 1970, a marca PUC foi lançada visando ao público infantil.

Na década de 1980, a empresa atingiu sua capacidade máxima, produzindo 1 milhão de dúzias por mês e contando com mais de 20 mil colaboradores. Nessa época, a Hering investia fortemente em mídia de massa.

Apesar de toda a sua experiência, a Hering não passou ilesa pela desregulamentação do mercado brasileiro. Até então, era uma empresa orientada para a produção, mas, vislumbrando a impossibilidade de competir com concorrentes estrangeiros que conseguiam produzir com custos mais baixos e entregando a qualidade esperada, os dirigentes repensaram seu modelo de negócios e se reorientaram para o mercado.

A nova Hering

Em 1994, começou o ciclo de mudanças na Hering. Nessa época, foi introduzido um novo posicionamento estratégico, representado pelo investimento em franquias, ou seja, a mudança de foco da produção para o varejo e para a marca. A loja-piloto foi batizada de Hering Family Store e foi aberta no Shopping Via Parque, no Rio de janeiro.

Apesar de tentar desvincular a imagem da marca das camisetas, não é possível negar o sucesso da empresa nesse produto. Em 1997, alcançou a fabricação e distribuição de 5 bilhões de camisetas. Eram 30 camisetas para cada brasileiro, ou seja, dificilmente alguém com algum poder de compra, no Brasil, não tinha uma camiseta Hering na gaveta.

No fim do século XX, a empresa acredita ter conseguido consolidar o conceito de marca de vestuário, com produtos focados nas últimas tendências da moda. Segundo pesquisa realizada, a marca Hering é reconhecida por 88 por cento dos consumidores brasileiros, e a marca PUC é a quarta maior na classe A, em termos de receita bruta.

Uma estratégia interessante para a marca foi a associação com o Instituto Brasileiro de Controle do Câncer, na campanha "O câncer de mama no alvo da moda", que a empresa apoia até os dias de hoje.

FIGURA A

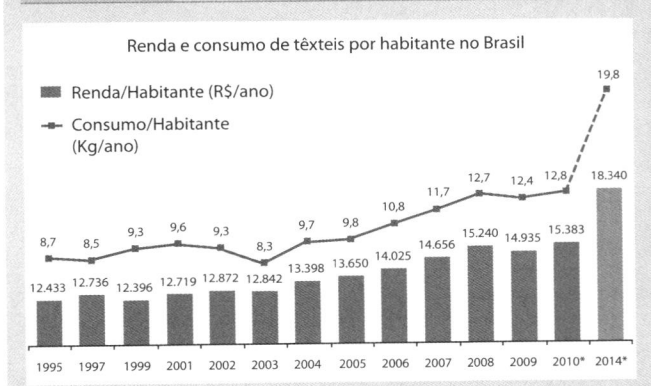

Renda e consumo de têxteis por habitante no Brasil

- Renda/Habitante (R$/ano)
- Consumo/Habitante (Kg/ano)

Ano	Renda/Habitante	Consumo/Habitante
1995	12.433	8,7
1997	12.736	8,5
1999	12.396	9,3
2001	12.719	9,6
2002	12.872	9,3
2003	12.842	8,3
2004	13.398	9,7
2005	13.650	9,8
2006	14.025	10,8
2007	14.656	11,7
2008	15.240	12,7
2009	14.935	12,4
2010*	15.383	12,8
2014*	18.340	19,8

Fonte: Associação Brasileira da Indústria Têxtil e de Confecção (Abit).

Além da questão social (estima-se que as vendas das camisetas contribuíram para o tratamento de mais de 800 mil mulheres), essa associação secundária é muito positiva para a marca Hering.

Em 1998, a empresa investiu na marca Dzarm. Em 2004, foi lançado o Cartão Hering Store, para ampliar o crédito ao consumidor e a aproximação com a marca, e, a partir de 2006, a Hering vem investindo em novo *layout* de lojas Hering Store com o conceito de *flagship*.

Em 2007, a Cia. Hering ingressou no novo mercado da Bovespa e passou a integrar a carteira do Índice de Ações com Governança Corporativa Diferenciada. Em apenas três anos, o valor da empresa saltou de $ 600 milhões para $ 4 bilhões (out. 2010). Em 2010, a empresa foi eleita a "Empresa do Ano" pela 37ª edição de Melhores e Maiores da revista *Exame*.

O modelo de negócios e as vantagens competitivas

O modelo de negócios da Hering combina os três processos da cadeia de valor do setor de vestuário:
- Cadeia de suprimentos: produção própria e terceirizada.
- Gestão de marcas: marcas fortes e desenvolvimento de produtos.
- Gestão de varejo: 276 Hering Stores, 74 lojas PUC, mais de 15.300 clientes multimarcas e loja virtual, além da exportação de produtos com marca, especialmente para países da América Latina.

Em relação à cadeia de suprimentos, a Hering combina produção própria, terceirizada e *outsourcing* para obter flexibilidade, velocidade e eficiência. De seu faturamento, 75 por cento é oriundo de produção própria ou terceirizada. Desse, 52 por cento é de produção própria, e 48 por cento, terceirizada. A produção inclui as seguintes etapas: malharia, beneficiamento, talharia, confecção, acabamento e tecido plano. A empresa possui oito unidades de produção: cinco em Santa Catarina, duas em Goiás e uma no Rio Grande do Norte, além de dois centros de distribuição em Santa Catarina e Goiás.

A abertura da economia evidenciou a importância de se abandonar a forte verticalização dos negócios que era adotada pela Hering, desde a fiação até a peça pronta. Não seria possível ser o mais eficiente em todas as etapas.

O que a empresa chama de *outsourcing* é a compra de produto acabado de terceiros, o que representa 25 por cento de seu faturamento. Desse volume, 37 por cento é comprado no mercado interno, e 63 por cento, no mercado externo. Os principais fornecedores estão localizados na Ásia e na América Latina. Atualmente, o produto importado da Ásia, especialmente da China, faz parte do modelo de negócios da Hering, compondo seu *mix* de produtos. Se não é possível vencer o inimigo, junte-se a ele!

Quanto à gestão do varejo, o objetivo é a abertura de lojas em cidades com mais de 200 mil habitantes e complementar a distribuição nas lojas multimarcas.

A venda direta via loja virtual visa principalmente estreitar o vínculo com os clientes. A empresa espera chegar a 405 lojas em 2012, apostando em estudos realizados com base em dados estatísticos de potencial de consumo, divulgados pelo Instituto Brasileiro de Geografia e Estatística (IBGE) e pelo Instituto Target, que mostram haver potencial para mais de 600 lojas Hering Store no Brasil.

Em 2009, 57 por cento das vendas brutas no mercado interno foram efetuadas no varejo multimarcas, enquanto 43 por cento foram realizadas nas lojas próprias e franqueadas. Seguem dados operacionais relativos à Rede Hering Store, em 30 de setembro de 2009:

Esse modelo de negócios como um tripé — com rede de varejo abrangente, marcas fortes e características híbridas de produção, logística e distribuição — é um diferencial da Hering no mercado brasileiro.

Segundo a própria empresa, suas vantagens competitivas são:

1. Marcas fortes: a Hering é uma das marcas mais conhecidas do Brasil no setor de vestuário, sinônimo de moda casual. Foi reconhecida por 94 por cento dos entrevistados nas classes A e B1 e 85 por cento nas classes B2 e C. Ela conta com alta aceitação em várias categorias de produto, faixas etárias, especialmente acima de 20 anos, e nas classes sociais A, B e C. Por outro lado, as marcas PUC e Dzarm são marcas de nicho, sendo que a PUC é uma das marcas líderes em moda infantil para a classe A e a marca Dzarm foi reposicionada em 2008 — "uma marca voltada ao público jovem, com atitude de vestir e antenado às tendências mundiais da moda" — visando aumentar a distribuição em pontos de venda qualificados e expandir a marca.

TABELA A

Desempenho Hering Store	2008	2009	Var.
Número de lojas	230	276	20,0%
Franquias	193	236	22,3%
Próprias	37	40	8,1
Faturamento da rede ($ mil)	438.844	645.999	47,2%
Área de vendas (m²)	29.791	35.415	18,9%
Faturamento ($/m²)	16.256	19.864	22,2%
Atendimentos	5.225.865	7.391.080	41,4%
Peças	12.222.332	16.851.285	37,9%
Ticket médio ($)	83,98	87,40	4,1%

Fonte: Relatório da empresa.

1. Experiência de compra diferenciada nas lojas Hering Store e lojas PUC em relação a lojas de departamento — o modelo de atendimento assistido (com suporte de vendedores) é combinado com o autosserviço. A fidelidade à marca é 63 por cento maior entre os clientes que costumam comprar nas lojas Hering Store em relação aos clientes do varejo multimarcas, segundo a pesquisa Synovate.

2. Estrutura de varejo capilar: presença em todo o território nacional, com lojas próprias e franqueadas de distintos formatos e tamanhos, complementadas pelo varejo multimarcas, o que permite à empresa estar presente em cidades cujo potencial de mercado não justifica o investimento na abertura de lojas.

3. Desenvolvimento de coleções e modelo de suprimento ágeis: a empresa adotou o modelo de *fast fashion*, capacitando a equipe de desenvolvimento de produto e a estrutura de suprimento a disponibilizar, à rede de lojas e ao varejo multimarcas, seis coleções ao longo do ano, entregues em ciclos a cada duas ou três semanas, o que garante que sempre haja novidades na loja e estimula a frequência de visita dos consumidores. Essa operação é viabilizada porque o design das coleções é feito internamente e porque a empresa adotou um modelo de fornecimento de produto híbrido, em que se optou por produzir internamente ou comprar de fornecedores nacionais ou estrangeiros, sempre com a escolha da alternativa mais eficiente e rentável.

O futuro da Hering

A estratégia de crescimento tem foco na marca Hering, que é o principal vetor de crescimento, e na estrutura de varejo. O objetivo é levar a empresa a um nível de participação de mercado nacional mais próximo à participação que alcançou no estado de São Paulo.

O crescimento deve vir da marca Hering, que ainda tem possibilidade de aumentar sua penetração, a qual é hoje de 22 por cento na classe A, 24 por cento na classe B1, 16 por cento na classe B2 e apenas 4 por cento na classe C (segundo pesquisa, em São Paulo). Para aumentar a penetração nas classes B e C, a empresa pretende reposicionar a marca Hering como "moda acessível", aumentando a oferta de produtos com preços mais baixos e intensificando os investimentos em comunicação.

A empresa também almeja expandir a operação do Cartão Hering, além de continuar a expandir e fortalecer a rede Hering Store, já que a participação de mercado da empresa é maior em cidades onde há lojas Hering Store. Foi divulgado um mapeamento detalhado dos shopping centers, corredores comerciais e bairros residenciais de 135 cidades segundo o qual ainda há espaço para pelo menos dobrar o número de lojas Hering Store.

Ainda nesse ponto da gestão do varejo, a empresa pretende aumentar o número de lojas próprias, que têm, geralmente, maior tamanho (por volta de 200 m²) e demandam maior investimento inicial. O foco é aumentar a visibilidade em cidades onde a presença da marca ainda é baixa, como Rio de Janeiro. Com isso, pretende-se também fortalecer a marca.

Mantendo-se no quesito distribuição, a empresa também vislumbra a oportunidade de voltar a incrementar as lojas no varejo multimarcas, em que a Hering tinha forte presença até a década de 1990, antes das mudanças estruturais do negócio. O reposicionamento da marca Hering para "moda acessível" deve ajudar nesse sentido.

As atuais condições macroeconômicas no Brasil são favoráveis ao setor varejista de vestuário. A Hering acredita que, nesse contexto macroeconômico, haverá, portanto, oportunidade para crescer.

QUESTÕES

1. Defina o modelo de integração vertical da Hering no passado e nos dias de hoje.
2. Discuta como a integração vertical criou valor durante a trajetória da Hering, permitindo a exploração de seus recursos e capacidades valiosos.
3. Discuta o modelo híbrido adotado pela Hering. Você acredita que ele criou mais valor para a empresa do que a 'completa' integração vertical? Por quê?
4. Considerando o macroambiente, os objetivos e as estratégias da Hering fazem sentido? Se você fosse entrevistado pelo presidente da empresa, Fábio Hering, quais sugestões você daria?

REFERÊNCIAS

Cia. Hering. Disponível em: <http://www.ciahering.com.br>. Acesso em: 18 fev. 2011.
Companhia Henring Relações com Investidores. Disponível em: <http://ciahering.investor-relations.com.br>. Acesso em: 18 fev. 2011.
Tex Brasil. Disponível em: <http://www.texbrasil.com.br>. Acesso em: 18 fev. 2011.
Associação Brasileira da Indústria Têxtil e de Confecção (Abit). Disponível em: <http://www.abit.org.br>. Acesso em: 18 fev. 2011.
Revista Exame. Disponível em: <http://www.exame.abril.com.br>. Acesso em: 18 fev. 2011.
Jornal Brasil Econômico. Disponível em: <http://www.brasileconomico.com.br>. Acesso em: 18 fev. 2011.
Revista Meio & Mensagem. Disponível em: <http://www.meioemensagem.com.br>. Acesso em: 18 fev. 2011.

Caso elaborado pela professora doutora Daniela M. R. Khauaja, consultora e pesquisadora nas áreas de marketing e *branding*, professora e coordenadora da área de marketing da pós-graduação da Escola Superior de Propaganda e Marketing (ESPM). A proposta deste caso é servir como referência para reflexão e discussão sobre o tema, e não para avaliar as estratégias adotadas.

Diversificação corporativa

OBJETIVOS DE APRENDIZAGEM

Após a leitura deste capítulo, você estará apto a:

1. Definir a diversificação corporativa e descrever cinco tipos dela.
2. Especificar as duas condições que uma estratégia de diversificação corporativa deve seguir para criar valor econômico.
3. Definir o conceito de 'economias de escopo' e identificar oito economias de escopo potenciais que uma empresa diversificada pode explorar.
4. Identificar quais dessas economias de escopo os investidores externos de uma empresa podem realizar a baixo custo.
5. Especificar sob quais circunstâncias a estratégia de diversificação de uma empresa será rara.
6. Indicar quais das economias de escopo identificadas neste capítulo têm maior probabilidade de estar sujeitas à imitação de baixo custo e quais têm menor probabilidade.
7. Identificar dois substitutos potenciais para a diversificação corporativa.

O líder mundial

A amplitude da diversificação da ESPN chamou a atenção até dos roteiristas de Hollywood. No filme de 2004, *Dodgeball: a true underdog story* (no Brasil, intitulado *Com a bola toda*), o jogo do campeonato entre o injustiçado Average Joe e o vilão Purple Cobras é transmitido pelo canal a cabo fictício ESPN8. Também conhecido como 'the Ocho', o *slogan* da ESPN8 é "Se é quase um esporte, nós transmitimos!".

Eis a ironia: a ESPN tem bem mais de oito redes atualmente em operação.

A ESPN foi fundada em 1979 por Bill e Scott Rasmussen após a dupla de pai e filho ser demitida de seus cargos no New England Whalers, um time da Liga Nacional de Hóquei que agora joga em Raleigh, no estado da Carolina do Norte. Sua ideia inicial era alugar espaço de satélite para transmitir esportes de Connecticut — os jogos de beisebol da Universidade de Connecticut, os jogos de hóquei do Whalers etc. Mas eles descobriram que era mais econômico alugar espaço de satélite por 24 horas diretas do que por algumas horas durante a semana, e assim nascia um canal de esportes 24 horas no ar.

A ESPN foi ao ar em 7 de setembro de 1979. O primeiro evento transmitido foi um jogo de *softbol* de arremesso lento (*slow-pitch*). Inicialmente, a rede transmitia esportes que, na época, não eram amplamente conhecidos do público norte-americano — futebol australiano, tênis da Copa Davis, luta romana profissional, boliche de ligas secundárias. Logo, a ESPN também conquistou os direitos de transmissão das rodadas iniciais do torneio de basquetebol da National Collegiate Athletic Association (NCAA). Na época, as grandes redes não transmitiam esses jogos da primeira rodada, embora agora se saiba que esses jogos iniciais estão entre os mais empolgantes de todo o torneio.

O programa mais antigo da ESPN é, obviamente, o *Sports Center*. Embora o primeiro deles não apresentasse nenhum destaque e uma entrevista programada com o técnico de futebol da Universidade do Colorado fosse interrompida por dificuldades técnicas, o *Sports Center* e seu tema familiar tornaram-se ícones da cultura popular norte-americana. O episódio de número 25 mil do programa foi transmitido em 25 de agosto de 2002.

A ESPN foi 'admitida' no mundo dos esportes mais populares em 1987, quando assinou com a National Football League (NFL) para transmitir os jogos das noites de domingo. Desde então, a ESPN passou a transmitir jogos da Major League Baseball (MLB), da National Basketball Association (NBA) e, em várias ocasiões, do National Hockey League (NHL). A esses esportes profissionais foram acrescentados os jogos universitários de futebol americano, basquetebol e beisebol.

A primeira expansão da ESPN foi modesta — em 1993, foi lançada a ESPN2. Originalmente, esse canal tocava somente rock e passava na tela o resultado dos jogos. Em alguns meses, porém, a ESPN2 estava transmitindo um programa completo de esportes.

Após essa expansão inicial lenta, a ESPN começou a diversificar seus negócios rapidamente. Em 1996, acrescentou a ESPN News (um canal de notícias de todos os esportes); em 1997, adquiriu uma empresa e lançou a ESPN Classics (esse canal apresenta eventos esportivos antigos); e, em 2005, deu início à ESPNU (um canal dedicado a atletas universitários).

Entretanto, esses cinco canais ESPN representam apenas uma fração dos diversos interesses comerciais da ESPN. Em 1998, ela abriu seu primeiro restaurante, o ESPN Zone. Essa cadeia tem-se expandido continuamente pelo mundo. Também em 1998, lançou uma revista para concorrer com a então dominante *Sports Illustrated*. Chamada *ESPN Magazine*, possui mais de 2 milhões de assinantes. Em 2001, a ESPN voltou-se para o negócio de produção de entretenimento quando fundou a ESPN Original Entertainment. Em 2005, foi lançado o ESPN Deportes, um canal de esportes 24 horas em língua espanhola. E, em 2006, foi fundada a ESPN on ABC, uma empresa que gerencia grande parte do conteúdo esportivo transmitido pela rede de televisão ABC. (Em 1984, a ABC comprou a ESPN. Posteriormente, a ABC foi comprada pela Capital Cities Entertainment e a maior parte da Capital Cities Entertainment foi então vendida para a Walt Disney Corporation. Atualmente, a ESPN é uma divisão da Disney.)

Isso sem contar a ESPN HD, ESPN2 HD, ESPN Pay Per View, ESPN Radio e as operações de comércio eletrônico — ESPN.com.

De todos os projetos de expansão e diversificação, até agora a ESPN tropeçou somente em um. Em 2006, ela fundou o Mobile ESPN, um serviço de telefonia celular. Não só esse serviço ofereceria a seus clientes o serviço de telefonia móvel, como também lhes ofereceria atualizações minuto a minuto de placares e uma variedade de outras informações esportivas. A ESPN gastou mais de $ 40 milhões em publicidade de seu novo serviço e mais de $ 150 milhões na tecnologia necessária para disponibilizá-lo. Infelizmente, nunca atingiu mais de 30 mil assinantes, e o ponto de equilíbrio era estimado em 500 mil assinantes.

Apesar desse contratempo, a ESPN deixou de ser aquele pequeno e estranho canal que passava pequenos e estranhos jogos para se transformar em uma empresa de $ 5 bilhões com operações em todo o mundo em TV a cabo e aberta, rádio, restaurantes, revistas, livros e produção de cinema e televisão. Quais desses inúmeros negócios poderiam ser classificados como 'the Ocho' é difícil dizer.

Fontes: T. Lowry, "ESPN's cell-phone fumble", *BusinessWeek*, p. 26+, 30 out. 2006; ESPN [verbete]. Wikipedia. Disponível em: <http://en.wikipedia.org/wiki/ESPN>. Acesso em: 30 jan. 2011; AP Wide World Photos.

A ESPN é como a maioria das grandes empresas nos Estados Unidos e no mundo: possui operações diversificadas. Na realidade, praticamente todas as 500 maiores empresas dos Estados Unidos e as 500 maiores empresas do mundo são diversificadas, seja por produto ou geograficamente. Grandes corporações com um único negócio são muito incomuns. No entanto, assim como a maioria dessas empresas diversificadas, a ESPN diversificou em algumas dimensões, mas não em outras.

O QUE É DIVERSIFICAÇÃO CORPORATIVA?

Uma empresa implementa uma **estratégia de diversificação corporativa** quando opera em múltiplos setores ou mercados simultaneamente. Quando uma empresa opera em múltiplos setores simultaneamente, diz-se que está implementando uma **estratégia de diversificação de produto**; quando opera em múltiplos mercados geográficos simultaneamente, diz-se que está implementando uma **estratégia de diversificação de mercado geográfico**. Quando uma empresa implementa esses dois tipos de diversificação simultaneamente, diz-se que está implementando uma **estratégia de diversificação produto-mercado**.

Já tivemos uma noção dessas estratégias de diversificação e discutimos sobre estratégias de integração vertical, no Capítulo 6. Às vezes, quando uma empresa faz uma integração vertical para a frente ou para trás, ela inicia operações em um novo produto ou mercado. Isso aconteceu com empresas de software quando começaram a gerenciar seus próprios *call centers*. Essas empresas passaram do negócio de 'desenvolvimento de software' para o negócio de 'gerenciamento de *call centers*' quando fizeram a integração vertical para a frente. Nesse sentido, quando as empresas fazem uma integração vertical, podem também estar implementando uma estratégia de diversificação. No entanto, a diferença fundamental entre as estratégias de diversificação estudadas aqui e a integração vertical (estudada no Capítulo 6) é que, neste capítulo, a diversificação produto-mercado é o objetivo principal dessas estratégias, enquanto no Capítulo 6 essa diversificação geralmente era uma consequência secundária do uso de uma estratégia de integração vertical.

Tipos de diversificação corporativa

As empresas variam conforme diversificam o *mix* de negócios que operam. Talvez a maneira mais simples de caracterizar as diferenças no nível de diversificação corporativa esteja na relação entre os negócios operados por uma empresa. Conforme mostra a Figura 7.1, as empresas podem adotar uma estratégia de **diversificação corporativa limitada**, de **diversificação corporativa relacionada** ou de **diversificação corporativa não relacionada**.

Diversificação corporativa limitada

Uma empresa implementa uma estratégia de **diversificação corporativa limitada** quando todas ou a maior parte de suas atividades de negócio se enquadram em um único setor ou mercado geográfico (veja o painel A da Figura 7.1). Dois tipos de empresa estão incluídos nessa categoria de diversificação corporativa: **empresas de negócio único** (aquelas com mais de 95 por cento de suas vendas totais em um único mercado de produto) e **empresas de negócio dominante** (aquelas com 70 a 95 por cento de suas vendas totais em um único mercado de produto).

FIGURA 7.1 Níveis e tipos de diversificação

A. Diversificação limitada

- **Negócio único:** 95% ou mais da receita da empresa vem de um único negócio.
- **Negócio dominante:** entre 70 e 95% da receita da empresa vem de um único negócio.

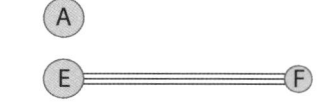

B. Diversificação relacionada

- **Relacionada restrita:** menos de 70% da receita da empresa vem de um único negócio, e diferentes negócios compartilham numerosos vínculos e atributos comuns.
- **Relacionada vinculada:** menos de 70% da receita da empresa vem de um único negócio, e diferentes negócios compartilham apenas alguns vínculos e atributos comuns ou diferentes vínculos e atributos comuns.

C. Diversificação não relacionada

- Menos de 70% da receita da empresa vem de um único negócio, e existem poucos, se houver algum, vínculos e atributos comuns entre negócios.

As diferenças entre empresas com negócio único e com negócio dominante estão representadas no painel A da Figura 7.1. A empresa que adota uma estratégia de diversificação corporativa de negócio único opera um único negócio, o Negócio A. Um exemplo de empresa com negócio único é a WD-40 Company de San Diego, na Califórnia. Essa empresa fabrica e distribui apenas um produto — o lubrificante em spray WD-40. A empresa com negócio dominante opera dois negócios, o Negócio E e o Negócio F, que é um pouco menor e está estreitamente vinculado ao Negócio E. Um exemplo de empresa com negócio dominante é a Donato's Pizza, que tem como maior parte de seu negócio um único produto — pizza —, em um mercado único — os Estados Unidos. No entanto, a Donato's também possui uma subsidiária que produz uma máquina que fatia e coloca automaticamente pepperoni nas pizzas. A empresa não só usa essa máquina em suas pizzarias como também a vende para fabricantes de alimentos que produzem pizzas congeladas de pepperoni.

Em um importante sentido, uma empresa que adota uma estratégia de diversificação corporativa limitada não está alavancando seus recursos e suas capacidades para além de um único produto ou mercado. Portanto, a análise da diversificação corporativa limitada é logicamente equivalente à análise de estratégias no nível de negócio (discutida na Parte 2 deste livro). Como esses tipos de estratégia já foram discutidos, o restante deste capítulo focaliza as estratégias corporativas que envolvem níveis mais altos de diversificação.

Diversificação corporativa relacionada

À medida que uma empresa começa a atuar em negócios em mais de um mercado ou com mais de um produto, passa de uma empresa de negócio único ou dominante para adotar níveis mais altos de diversificação corporativa. Quando menos de 70 por cento da receita da empresa vem de um único negócio, e os diferentes negócios possuem vínculos, a empresa tem implementada uma estratégia de **diversificação corporativa relacionada**.

Os múltiplos negócios que uma empresa diversificada adota podem ser relacionados de duas maneiras (veja o painel B da Figura 7.1). Se todos os negócios em que uma empresa opera compartilham um número significativo de insumos, tecnologias de produção, canais de distribuição, clientes semelhantes, e assim por diante, essa estratégia de diversificação corporativa é chamada de **relacionada restrita**. Essa estratégia é qualificada como 'restrita' porque os gerentes corporativos buscam oportunidades de negócios em novos mercados ou setores, somente se tais mercados ou setores possuem inúmeros requisitos de recursos e capacidades em comum com o negócio atual da empresa. Requisitos comuns entre negócios em uma estratégia de diversificação relacionada restrita estão representados pelos vínculos entre os Negócios K, L, M e N, na seção relacionada restrita da Figura 7.1.

A PepsiCo é um exemplo de empresa com diversificação relacionada restrita. Embora ela opere em múltiplos negócios ao redor do mundo, todos têm foco na oferta de produtos do tipo aperitivo, sejam alimentos ou bebidas. A PepsiCo não está no negócio de produção ou venda de tipos mais tradicionais de alimento — como massas, queijos ou cereais matinais. Além disso, procura usar uma única capacidade geral da empresa para ganhar vantagem competitiva em cada um de seus negócios — sua habilidade de desenvolver e explorar nomes de marcas famosas. Seja Pepsi, Doritos, Mountain Dew ou Big Red, a PepsiCo preocupa-se muito com nomes de marcas. Na verdade, ela tem 16 marcas que geram uma receita anual de cerca de $ 1 bilhão, mais do que as chamadas 'marcas poderosas' Nestlé, Procter & Gamble ou Coca-Cola![1]

Se os diferentes negócios que uma única empresa opera estão vinculados em apenas um par de dimensões, ou se diferentes conjuntos de negócios estão vinculados em várias dimensões, essa estratégia de diversificação corporativa é chamada de **relacionada vinculada**. Por exemplo, o Negócio Q e o Negócio R podem compartilhar uma tecnologia de produção semelhante, o Negócio R e o Negócio S podem compartilhar consumidores semelhantes, o Negócio S e o Negócio T podem compartilhar fornecedores semelhantes e o Negócio Q e o Negócio T podem não ter nenhum atributo em comum. Essa estratégia está representada na seção relacionada vinculada da Figura 7.1 por negócios com relativamente poucos vínculos entre si e com diferentes tipos de vínculo (isto é, linhas retas e linhas curvas).

A Disney é um exemplo de empresa com diversificação relacionada vinculada. Ela evoluiu de uma empresa com negócio único (quando não fazia nada além de produzir filmes de desenho animado) para uma empresa de negócio dominante (quando produzia filmes voltados para a família e operava um parque temático) e depois para uma empresa com diversificação relacionada restrita (quando produzia filmes voltados para a família, operava vários parques temáticos e vendia produtos em suas Disney Stores). Recentemente, ela se tornou tão diversificada que assumiu os atributos da diversificação relacionada vinculada. Embora grande parte do império Disney ainda seja baseada nos personagens de seus filmes de animação, ela também possui e opera negócios que não têm um vínculo direto com seus personagens — incluindo um estúdio de cinema que produz filmes mais apropriados para um público adulto, hotéis e resorts que têm pouco ou nada a ver com os personagens Disney e uma rede de TV (ABC) que veicula conteúdo não produzido pela Disney. Isso não sugere que a Disney adote uma estratégia de diversificação não relacionada. Afinal, a maioria de seus negócios está no setor de entretenimento, em uma definição ampla. Ao contrário, isso só sugere que não é possível mais encontrar uma linha única — como Mickey Mouse ou Rei Leão — que conecte todos os empreendimentos Disney. Nesse sentido, a Disney tornou-se uma empresa com diversificação relacionada vinculada.[2]

Diversificação corporativa não relacionada

Empresas que adotam uma estratégia de diversificação corporativa relacionada apresentam algum tipo de vínculo entre a maioria dos diferentes negócios que operam (se não em todos). No entanto, é possível que uma empresa opere diversos negócios sem *nenhum* vínculo entre eles (veja o painel C da Figura 7.1). Quando menos de 70 por cento da receita da empresa vem de um único mercado de produto e seus negócios possuem poucos atributos em comum (ou mesmo nenhum), diz-se que essa empresa adota uma estratégia de **diversificação corporativa não relacionada**.

A General Electric (GE) é um exemplo de empresa que adota uma estratégia de diversificação não relacionada. O *mix* de negócios da GE inclui produtos de aviação ($ 16,8 bilhões de receita em 2007), serviços financeiros em aviação ($ 4,6 bilhões de receita em 2007), produtos relacionados a energia ($ 21,8 bilhões de receita em 2007), serviços financeiros em energia ($ 2,4 bilhões de receita em 2007), produtos de petróleo e gás ($ 6,8 bilhões de receita em 2007), transporte ($ 4,5 bilhões de receita em 2007), soluções de capital ($ 14,3 bilhões de receita em 2007), imóveis ($ 7 bilhões de receita em 2007), GE Money ($ 25,1 bilhões de receita em 2007), saúde ($ 17 bilhões de receita em 2007), produtos de consumo e industriais ($ 13,3 bilhões de receita em 2007), soluções empresariais ($ 4,5 bilhões de receita em 2007) e a NBC Universal ($ 16 bilhões de receita em 2007). É difícil encontrar uma relação estreita entre quaisquer desses negócios. Na realidade, a GE tende a gerenciar cada um de seus negócios como se fossem entidades independentes — uma abordagem de gerenciamento consistente com a adoção de uma estratégia de diversificação corporativa não relacionada.[3]

O VALOR DA DIVERSIFICAÇÃO CORPORATIVA VRIO

Para que uma diversificação corporativa seja economicamente valiosa, duas condições devem ser atendidas. Primeiro, deve existir alguma economia de escopo valiosa entre os múltiplos negócios em que uma empresa opera. Segundo, deve ser menos custoso para os gerentes de uma empresa realizar essas economias de escopo do que para os próprios acionistas. Se investidores externos puderem realizar o valor de determinada economia de escopo por conta própria e a um custo baixo, então terão pouco incentivo para 'contratar gerentes' que realizem essa economia de escopo para eles. Cada um desses requisitos da diversificação corporativa para adicionar valor para uma empresa será discutido a seguir.

Economias de escopo valiosas

Existem **economias de escopo** em uma empresa quando o valor dos produtos e serviços que ela vende aumenta como uma função do número de negócios que ela opera. O termo *escopo*, nessa definição, refere-se à variedade de negócios que uma empresa diversificada opera. Por essa razão, somente empresas diversificadas podem, por definição, explorar economias de escopo. Essas economias de escopo são valiosas uma vez que aumentam a receita de uma empresa ou diminuem seus custos, em comparação com o que ocorreria caso essas economias não fossem exploradas.

Uma ampla variedade de fontes de economia de escopo potencialmente valiosas foi identificada na literatura. Algumas das mais importantes estão listadas no Quadro 7.1 e são discutidas a seguir. O valor real das economias de escopo, em geral, tem sido tema de muitas pesquisas, como vemos no quadro "Pesquisa em foco".

Diversificação para explorar economias de escopo operacionais

Às vezes, as economias de escopo podem refletir vínculos operacionais entre os negócios que uma empresa opera. **Economias de escopo operacionais** geralmente assumem uma de duas formas: atividades compartilhadas e competências centrais compartilhadas.

Atividades compartilhadas

No Capítulo 3, foi sugerido que a análise da cadeia de valor pode ser usada para descrever as atividades específicas de negócio de uma empresa. Essa mesma análise também pode ser usada para descrever atividades de negócio que podem ser compartilhadas entre vários negócios diferentes em uma empresa diversificada.

QUADRO 7.1 — Diferentes tipos de economia de escopo

1. **Economias de escopo operacionais**
   Atividades compartilhadas
   Competências centrais
2. **Economias de escopo financeiras**
   Alocação de capital interno
   Redução de risco
   Vantagens fiscais
3. **Economias de escopo anticompetitivas**
   Competição em múltiplos pontos
   Explorar poder de mercado
4. **Incentivos para diversificação de empregados e *stakeholders***
   Maximizar remuneração da gerência

PESQUISA EM FOCO

Em média, quão valiosas são as economias de escopo?

Em 1994, Lang e Stulz publicaram um artigo sensacionalista sugerindo que, de modo geral, quando uma empresa começava a implementar uma estratégia de diferenciação, ela destruía cerca de 25 por cento de seu valor de mercado. Lang e Stulz chegaram a essa conclusão comparando o desempenho de mercado de empresas que adotavam uma estratégia de diversificação com portfólios de empresas que adotavam estratégias de diversificação limitada. Quando comparados, o desempenho de mercado de um portfólio de empresas que utilizasse uma estratégia de diversificação limitada era 25 por cento mais alto do que o desempenho de mercado de uma única empresa diversificada que operasse em todos os negócios incluídos nesse portfólio. Esses resultados sugeriam não só que as economias de escopo não eram valiosas, mas também que, em média, os esforços para perceber essas economias na verdade destruíam o valor econômico. Resultados semelhantes foram publicados por Comment e Jarrell utilizando diferentes medidas de desempenho para empresas.

Não é de surpreender que esses resultados tenham causado um grande rebuliço. Se Lang e Stulz estivessem certos, então as empresas diversificadas — independentemente do tipo de estratégia de diversificação que adotassem — destruiriam uma enorme quantia de valor econômico. Isso poderia levar a uma reestruturação fundamental da economia norte-americana.

No entanto, diversos pesquisadores questionaram as conclusões de Lang e Stulz. Duas novas descobertas sugerem que, mesmo que haja um desconto de 25 por cento, a diversificação ainda pode adicionar valor. Primeiro, Villalonga e outros descobriram que empresas que utilizam estratégias de diversificação geralmente tinham desempenho pior antes de começar a diversificar do que empresas que nunca tentaram essas estratégias. Portanto, embora possa parecer que a diversificação leve a uma perda significativa de valor econômico, essa perda de valor na verdade ocorreu antes de essas empresas começarem a implementar uma estratégia de diversificação. De fato, uma pesquisa mais recente sugere que essas empresas com desempenho fraco podem, na realidade, aumentar seu valor de mercado acima do que teria ocorrido caso não diversificassem.

Segundo, Miller descobriu que empresas que decidem diversificar o fazem de maneira bastante previsível. Essas empresas tendem a diversificar primeiro para o novo negócio mais lucrativo, depois para o segundo mais lucrativo, e assim por diante. Não é de surpreender que a quinquagésima tentativa realizada por essas empresas possa não gerar enormes lucros adicionais. No entanto, esses lucros — como se observou — ainda são, em média, positivos. Como múltiplas rodadas de diversificação aumentam os lucros em uma taxa decrescente, a lucratividade média total das empresas diversificadas geralmente será menor do que a lucratividade geral média das empresas que não adotam estratégias de diversificação — assim, pode haver uma diferença substancial entre o valor de mercado de empresas diversificadas e não diversificadas. Porém, esse desconto, por si só, não significa que a empresa diversificada esteja destruindo valor econômico. Ao contrário, pode significar apenas que uma empresa que diversifica está criando valor em menores incrementos enquanto continua a se diversificar.

Contudo, ainda, outras pesquisas sugerem que a conclusão original de 'desconto de diversificação' de

> Lang e Stulz possa estar ressurgindo. Ocorre que toda a papelada que demonstra que a diversificação, em média, não destrói valor, e que, às vezes, pode adicionar valor, deixa de levar em conta todas as opções de investimento disponíveis às empresas. Em particular, empresas que estão gerando fluxo de caixa livre, mas apresentam limitadas oportunidades de crescimento nos negócios em que operam — isto é, os tipos de empresa que Villalonga e Miller sugerem que criarão valor por meio da diversificação —, possuem outras opções de investimento, além da diversificação. Em especial, essas empresas retornam seu caixa livre a seus acionistas por meio de dividendos de caixa diretos ou por meio de recompra de ações.
>
> Mackey e Barney revelam que as empresas que não pagam aos acionistas destroem valor, se comparadas com aquelas que o fazem. Particularmente, as empresas que usam seu fluxo de caixa livre para pagar dividendos e recomprar ações criam valor; as empresas que pagam e diversificam destroem algum valor; e as empresas que apenas diversificam destroem significativo valor.
>
> É claro que esses resultados são 'em média'. É possível identificar empresas que realmente criam valor a partir da diversificação — cerca de 17 por cento das empresas diversificadas nos Estados Unidos criam valor com diversificação. O que distingue as empresas que destroem das que criam valor com a diversificação provavelmente será objeto de pesquisa por um bom tempo ainda.
>
> *Fontes*: H. P. Lang e R. Stulz, "Tobin's *q*, corporate diversification, and firm performance", *Journal of Political Economy*, n. 102, p. 1248-1280, 1994; R. Comment e G. Jarrell, "Corporate focus and stock returns", *Journal of Financial Economics*, n. 37, p. 67-87, 1995; D. Miller, "Technological diversity, related diversification and firm performance", *Strategic Management Journal*, v. 27, n. 7, p. 601-602, 2006; B. Villalonga, "Does diversification cause the 'diversification discount'?", *Financial Management*, v. 33, n. 2, p. 5-28, 2004; T. Mackey e J. Barney, "Is there a diversification discount — really?", Department of Management and Human Resources, The Ohio State University (não publicado).

Essas **atividades compartilhadas** são fontes potenciais de economias de escopo operacionais para empresas diversificadas.

Considere, por exemplo, a empresa hipotética apresentada na Figura 7.2. Essa empresa diversificada opera três negócios: A, B e C. No entanto, esses três negócios compartilham diversas atividades ao longo de suas cadeias de valor. Por exemplo, todos se baseiam na mesma operação de desenvolvimento de tecnologia. O design de

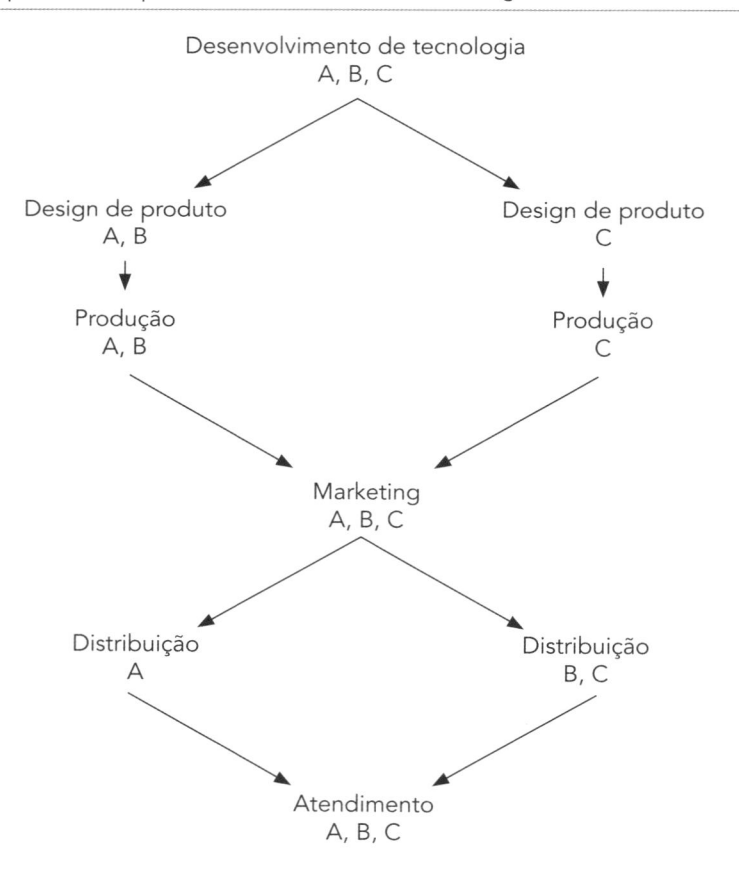

FIGURA 7.2 Empresa hipotética compartilhando atividades entre três negócios

produto e a produção são compartilhados nos negócios A e B e separados no negócio C. Os três negócios compartilham uma operação de marketing e atendimento. O negócio A tem um sistema de distribuição próprio.

Esses tipos de atividade compartilhada são bastante comuns, tanto entre empresas diversificadas do tipo relacionada restrita como entre as do tipo relacionada vinculada. Na Texas Instruments, por exemplo, diversos negócios de eletrônicos compartilham algumas atividades de pesquisa e desenvolvimento e frequentemente compartilham localidades de produção. Os diversos negócios de produtos de consumo da Procter & Gamble frequentemente compartilham localidades de produção e utilizam uma rede de distribuição comum (por meio de redes de supermercados).[4] Algumas das atividades mais comumente compartilhadas nas empresas diversificadas e o lugar que ocupam na cadeia de valor estão resumidos na Tabela 7.1.

Muitas das atividades compartilhadas resumidas na Tabela 7.1 podem ter como efeito a redução dos custos de uma empresa diversificada. Por exemplo, se uma empresa diversificada possui uma função de compra que é comum a vários de seus negócios, pode obter descontos por volume em suas compras, que de outra forma não seriam possíveis. Além disso, ao fabricar produtos que são usados como insumos para diversos negócios de uma

TABELA 7.1 Atividades compartilhadas possíveis e seu lugar na cadeia de valor

Atividade da cadeia de valor	Atividades compartilhadas
Atividades de insumo	Compras
	Sistema de controle de estoque
	Instalações de armazenagem
	Sistema de entrega de estoque
	Garantia de qualidade
	Sistema de requisitos de estoque
	Fornecedores
Atividades de produção	Componentes de produto
	Fabricação de componentes de produto
	Instalações de montagem
	Sistema de controle de qualidade
	Operação de manutenção
	Sistema de controle de estoque
Armazenagem e distribuição	Instalações de armazenagem
	Sistema de entrega de produto
Vendas e marketing	Ações de publicidade
	Atividades promocionais
	Venda cruzada de produtos
	Sistemas de precificação
	Departamentos de marketing
	Canais de distribuição
	Forças de vendas
	Escritórios de vendas
	Serviços de processamento de pedidos
Atendimento e suporte técnico dos revendedores	Rede de serviços
	Garantias
	Sistemas de gerenciamento de contas a receber
	Treinamento de revendedores
	Suporte técnico dos revendedores

Fontes: M. E. Porter, *Competitive advantage*, Nova York: Free Press, 1985; R. P. Rumelt, *Strategy, structure, and economic performance*, Cambridge, MA: Harvard University Press, 1974; H. I. Ansoff, *Corporate strategy*, Nova York: McGraw-Hill, 1965.

empresa diversificada, o custo total de fabricar esses produtos pode ser reduzido. Uma única força de vendas representando os produtos ou serviços de vários negócios diferentes em uma empresa diversificada pode reduzir o custo de venda desses produtos ou serviços. Empresas como International Business Machine (IBM), Hewllet-Packard (HP) e a General Motors (GM) usaram atividades compartilhadas para reduzir seus custos dessa forma.

Deixar de explorar atividades compartilhadas entre negócios pode levar à perda de controle dos custos. Por exemplo, a Kentucky Fried Chicken (KFC), quando era uma divisão da PepsiCo, estimulava cada uma de suas operações regionais na América do Norte a desenvolver seus próprios planos de melhoria de qualidade. O resultado foi uma redundância enorme e no mínimo três esforços de qualidade conflitantes — todos levando a custos maiores do que o necessário. De forma semelhante, a relutância da Levi Strauss (Levi's) em centralizar e coordenar o processamento de pedidos levou a uma situação em que seis sistemas de computador diferentes de processamento de pedidos operavam simultaneamente. Essa redundância custosa acabou sendo substituída por um sistema integrado de pedidos compartilhado por toda a corporação.[5]

Atividades compartilhadas também podem aumentar as receitas dos negócios de empresas diversificadas. Isso pode acontecer ao menos de duas maneiras. Primeira: atividades compartilhadas de desenvolvimento de produto e vendas podem permitir que dois ou mais negócios em uma empresa diversificada ofereçam um pacote de produtos ao consumidor. Às vezes, o valor desses 'pacotes de produtos' é maior do que o valor de cada produto separadamente. Esse valor adicional para o cliente pode gerar receitas maiores do que aquelas que seriam geradas caso os negócios não estivessem juntos nem compartilhando atividades em uma empresa diversificada.

No setor de telecomunicações, por exemplo, empresas diferentes vendem telefones, acesso a linhas telefônicas, equipamentos para direcionar chamadas em escritórios, telefones celulares e serviços de *pager*. Um cliente que precisa de todos esses serviços poderia contatar cinco empresas diferentes, cada uma das quais provavelmente possui seu próprio padrão de tecnologia e software, o que torna o desenvolvimento de um sistema de telecomunicações integrado para o cliente, na melhor das hipóteses, difícil. Como alternativa, uma única empresa diversificada que compartilhe atividades de vendas entre esses negócios poderia reduzir significativamente os custos de busca por clientes potenciais. Essa compra em um só lugar (*one-stop shopping*) tende a ser valiosa para os clientes, que podem estar dispostos a pagar um preço ligeiramente maior por essa conveniência do que pagariam se comprassem esses serviços de cinco empresas em separado. Além disso, se essa empresa diversificada também compartilhar algumas atividades de desenvolvimento de tecnologia entre seus negócios, ela poderá oferecer uma rede de telecomunicações integrada para clientes potenciais. O valor extra dessa rede integrada tem grandes chances de se refletir nos preços, que são maiores do que seria possível se cada um desses negócios fosse independente ou se as atividades não fossem compartilhadas entre eles. A maior parte das operadoras de telefonia regional nos Estados Unidos está tentando obter essas economias de escopo.[6]

Esses pacotes de produtos são importantes para outras empresas também. Muitos supermercados agora vendem alimentos preparados juntamente com produtos tradicionais de mercado, acreditando que consumidores ocupados querem ter acesso a todos os tipos de produto alimentício — no mesmo local.[7]

Segunda maneira: atividades compartilhadas podem aumentar as receitas dos negócios explorando a forte reputação positiva de alguns dos negócios de uma empresa em outros de seus negócios. Por exemplo, se um dos negócios tem uma forte reputação positiva por produção de alta qualidade, outros negócios que compartilham essa atividade de produção ganharão algumas das vantagens dessa reputação. E, se um dos negócios tem uma forte reputação positiva por venda de produtos, outros negócios que compartilham atividades de vendas e marketing ganharão algumas das vantagens dessa reputação. Em ambos os casos, negócios que se baseiam na forte reputação positiva de outros negócios com os quais compartilham atividades terão receitas maiores do que teriam se estivessem operando independentemente.

Limites do compartilhamento de atividades

Apesar do potencial do compartilhamento de atividades como base de uma estratégia de diversificação corporativa valiosa, essa abordagem tem três limites importantes.[8] Primeiro, problemas organizacionais substanciais estão frequentemente associados à aprendizagem de uma empresa diversificada sobre como administrar relacionamentos entre negócios. Administrar tais relacionamentos de maneira eficaz pode ser muito difícil, e falhas podem levar a excesso de burocracia, ineficiência e pane organizacional. Esses problemas são discutidos em detalhes no Capítulo 8.

Segundo, compartilhar atividades pode limitar a habilidade de determinado negócio em atender às necessidades de seus clientes específicos. Por exemplo, se dois negócios compartilham atividades de produção, podem reduzir seus custos de produção. No entanto, para obter essas vantagens de custo, esses negócios talvez precisem montar produtos usando componentes relativamente padronizados que não atendem plenamente às necessidades de clientes individuais. Negócios que compartilham atividades de distribuição podem ter custos totais de distribuição menores, mas não ser capazes de distribuir seus produtos para todos os clientes. Já os negócios que compartilham atividades de vendas podem ter custos totais de venda menores, mas não ser capazes de proporcionar a venda especializada requerida em cada negócio.

Uma empresa diversificada que enfrentou problemas com a habilidade de atender às necessidades especializadas dos clientes em suas diferentes divisões foi a GM. Para explorar economias de escopo no projeto de automóveis novos, a GM compartilhou o processo de design entre suas várias divisões de automóveis. O resultado, durante grande parte da década de 1990, foram carros com a aparência 'saídos-da-mesma-forma'. A tradicional distinção das várias divisões da GM, incluindo o Oldsmobile e o Cadillac, foi toda perdida.[9]

Terceiro, se um dos negócios de uma empresa diversificada tem reputação fraca, compartilhar atividades com esse negócio pode diminuir a qualidade da reputação dos outros negócios da empresa.

Juntos, esses limites do compartilhamento de atividades podem neutralizar quaisquer ganhos possíveis. De fato, ao longo da última década, um número cada vez maior de empresas diversificadas vem abandonando os esforços de compartilhamento de atividades em favor do gerenciamento independente das atividades de um negócio. Por exemplo, a ABB Inc. (uma empresa de engenharia suíça) e a Ciba-Geigy (uma empresa farmacêutica suíça) adotaram políticas corporativas explícitas que restringem praticamente todo compartilhamento de atividades entre seus negócios.[10] Outras empresas diversificadas, incluindo a Nestlé e a GE, limitam o compartilhamento de atividades a apenas uma ou duas atividades (como pesquisa e desenvolvimento e treinamento gerencial). No entanto, se uma empresa diversificada puder explorar atividades compartilhadas evitando esses problemas, essas atividades poderão adicionar valor.

Competências centrais

Recentemente, foi descrito um segundo vínculo operacional entre os negócios de uma empresa diversificada. Ao contrário das atividades compartilhadas, esse vínculo baseia-se em diferentes negócios de uma empresa diversificada compartilhando recursos menos tangíveis, tais como conhecimento gerencial e técnico, experiência e sabedoria. Essa fonte de economia de escopo operacional foi chamada de competência central de uma empresa.[11] **Competência central** foi definida por Prahalad e Hamel como a "aprendizagem coletiva na organização, especialmente de como coordenar diversas habilidades de produção e integrar muitas correntes de tecnologia". Competências centrais são conjuntos complexos de recursos e capacidades que conectam diferentes negócios em uma empresa diversificada por meio de conhecimento gerencial e técnico, experiência e sabedoria.[12]

Duas empresas que desenvolveram bem suas competências centrais foram a 3M e a Johnson & Johnson (J&J). A 3M tem uma competência central em substratos, adesivos e revestimentos. Coletivamente, seus funcionários sabem mais sobre desenvolver e aplicar adesivos e revestimentos em diferentes tipos de substratos do que os de qualquer outra organização. Ao longo dos anos, a 3M aplicou esses recursos e essas capacidades em uma ampla variedade de produtos, como as notas autocolantes Post-it, a fita magnética, o filme fotográfico, a fita adesiva e os abrasivos revestidos. À primeira vista, esses produtos amplamente diversificados têm pouco ou nada em comum. No entanto, todos se baseiam em um único conjunto central de recursos e capacidades em substratos, adesivos e revestimentos.

A J&J tem uma competência central no desenvolvimento ou na aquisição de produtos farmacêuticos e médicos e em sua comercialização para o público. Muitos dos produtos da empresa dominam seus segmentos de mercado — a J&J em talco para bebês, a Ethicon em fios de sutura cirúrgica, e o Tylenol em analgésicos. E, embora a gama de produtos varie amplamente — desde aqueles vendidos diretamente para o consumidor (por exemplo, a marca BandAid para curativos adesivos) até as tecnologias médicas altamente sofisticadas vendidas apenas para médicos e hospitais (como os fios de sutura Ethicon) —, todos os produtos da J&J baseiam-se na mesma habilidade para identificar, desenvolver, adquirir e comercializar produtos no setor farmacêutico e médico.

Para entender como as competências centrais podem reduzir os custos de uma empresa ou aumentar suas receitas, considere como essas competências surgem ao longo do tempo. A maior parte das empresas inicia suas operações em um único negócio. Imagine que uma empresa avaliou cuidadosamente todas as oportunidades de negócio atuais e a financiou com um valor presente líquido positivo. Quaisquer retornos acima do normal que uma empresa tenha acumulado após financiar todas as oportunidades atuais com valor presente líquido positivo podem ser considerados **fluxo de caixa livre**.[13] As empresas utilizam esse caixa livre de diversas maneiras: em benefícios para gerentes, dando retorno aos acionistas por meio de dividendos ou recomprando as ações da empresa, usando para investir em novos negócios etc.

Suponha que uma empresa decida usar esse caixa para investir em um novo negócio. Em outras palavras, suponha que essa empresa decida implementar uma estratégia de diversificação. Se ela almeja maximizar o retorno da implementação dessa estratégia de diversificação, em quais dos negócios em que pode investir ela deve fazê-lo? Obviamente, uma empresa voltada para a maximização de lucro decidirá iniciar operações em um negócio no qual tenha uma vantagem competitiva. Que tipo de negócio tende a gerar essa vantagem competitiva para a empresa? A resposta óbvia é: naquele negócio em que os mesmos recursos e as mesmas capacidades fundamentais que proporcionaram a essa empresa uma vantagem competitiva em seu negócio original continuem sendo valiosos, raros e custosos de imitar. Consequentemente, essa primeira iniciativa de diversificação vê a empresa investindo em um negócio estreitamente relacionado a seu negócio original, de modo que ambos os negócios se baseiem no mesmo conjunto comum de recursos e capacidades fundamentais em que a empresa já conta com vantagem competitiva.

Dito de outro modo, uma empresa que diversifica ao explorar as vantagens dos recursos e das capacidades de seu negócio original terá custos menores do que empresas que iniciam um negócio novo sem essas vantagens, ou receitas maiores do que empresas sem essas vantagens, ou ambos. Contanto que essa empresa se organize para aproveitar essas vantagens dos recursos e das capacidades em seu novo negócio, deve obter lucros altos em seu novo negócio, juntamente com os lucros que continua obtendo em seu negócio original.[14] Isso pode ser verdadeiro inclusive para empresas relativamente pequenas, conforme descrito no quadro "Estratégia na empresa emergente".

É claro que, com o tempo, essa empresa diversificada tende a desenvolver novos recursos e novas capacidades por meio das operações nos negócios novos. Esses novos recursos e novas capacidades aumentam o conjunto de competências que ela pode levar para mais um negócio. Utilizando os lucros que obteve em seus negócios anteriores, essa empresa provavelmente entrará em novos negócios. Novamente, ao escolher entre todos os negócios novos em que pode entrar, a empresa tende a iniciar operações naquele em que pode explorar suas vantagens de recursos e capacidades, agora expandidos, para obter uma vantagem competitiva, e assim por diante.

ESTRATÉGIA NA EMPRESA EMERGENTE

Gore-Tex e as cordas de violão

A W. L. Gore & Associates é mais conhecida por fabricar um tecido resistente à água e ao vento, mas arejado, usado como material impermeabilizante em casacos, botas de caminhada e uma variedade de outros artigos de vestuário para ambientes externos. Esse tecido — conhecido como Gore-Tex — tem um nome de marca tão forte quanto qualquer outro controlado pela PepsiCo ou pela Procter & Gamble em seu nicho de mercado. A etiqueta 'Gore-Tex' costurada a qualquer artigo de vestuário promete o conforto da impermeabilidade até mesmo nas condições mais adversas.

Mas a W. L. Gore & Associates não começou no negócio de tecidos impermeabilizados. Na verdade, nos dez primeiros anos de sua existência, ela vendia isolantes para fiações e produtos industriais semelhantes utilizando uma tecnologia molecular originalmente desenvolvida pela Du-Pont — uma tecnologia que a maioria de nós conhece como Teflon. Só dez anos após sua fundação, o filho do fundador, Bob Gore, descobriu que era possível esticar a molécula de Teflon para criar um material forte e poroso que é quimicamente inerte, com baixo coeficiente de fricção, funciona em uma gama ampla de temperaturas, não envelhece e é extremamente resistente. Esse é o material chamado de Gore-Tex.

Estendendo sua tecnologia básica, a W. L. Gore & Associates conseguiu diversificar seu negócio original para muito além do isolamento de fiações. Com mais de 8 mil funcionários e receita superior a $ 2 bilhões, a empresa atualmente tem operações nos seguintes segmentos: produtos médicos (incluindo vasos sanguíneos sintéticos e enxertos para regeneração de tecidos moles); produtos eletrônicos (incluindo placas de circuito impresso e *chips* de computador); produtos industriais (incluindo filtros para proteção do meio ambiente e vedações para fabricação de produtos químicos); e tecidos (incluindo o Gore-Tex e o Wind-Stopper, além dos filtros CleanStream).

Além disso, a Gore continua a descobrir novas maneiras de explorar sua competência na molécula Teflon. Em 1997, uma equipe de engenheiros da Gore desenvolveu um fio feito da molécula Teflon para o controle de marionetes nos parques temáticos da Disney. Infelizmente, esses fios não tiveram o desempenho esperado e não foram vendidos para a Disney. Porém, alguns violonistas descobriram esses fios e começaram a usá-los como cordas para seus violões. Eles descobriram que essas cordas 'Gore-Tex' produziam um ótimo som e duravam cinco vezes mais do que cordas alternativas. Então, a Gore entrou em mais um mercado — o negócio de cordas para instrumentos musicais, de $ 100 milhões — com sua marca Elixir de cordas para violão. Atualmente, a W. L. Gore é a segunda maior fabricante desse mercado.

A flexibilidade da molécula de Teflon — e a habilidade da W. L. Gore para explorar e desenvolver essa flexibilidade — criou uma empresa diversificada cujo objetivo original era simplesmente vender isolantes para fios.

Fontes: *Gore*. Disponível em: <www.gore.com>. Acesso em: 30 jan. 2011; D. Sacks, "The Gore-Tex of guitar strings", *Fast Times*, p. 46, dez. 2003.

Após adotar essa estratégia de diversificação várias vezes, os recursos e as capacidades que permitem a uma empresa operar com sucesso em diversos negócios serão suas competências centrais. Uma empresa desenvolve essas competências transferindo o conhecimento técnico e gerencial, a experiência e a sabedoria que desenvolveu em negócios anteriores a seus novos negócios. Uma empresa que acaba de iniciar seu processo de diversificação implementou uma estratégia de negócio dominante. Se todos os seus negócios compartilham as mesmas competências centrais, então a empresa implementou uma estratégia de diversificação relacionada restrita. Se negócios diferentes exploram grupos diferentes de recursos e capacidades, essa empresa implementou uma estratégia de diversificação relacionada vinculada. Em qualquer um dos casos, essas competências centrais permitem que as empresas tenham custos menores ou receitas maiores à medida que incluem mais negócios em seu portfólio diversificado, em comparação com empresas sem essas competências.

É claro que nem todas as empresas desenvolvem competências centrais dessa maneira lógica e racional. Às vezes, as competências centrais de uma empresa são exemplos das estratégias emergentes descritas no Capítulo 1. Realmente, conforme vimos nesse capítulo, a J&J é um exemplo de empresa que possui uma competência central que surgiu com o tempo. No entanto, independentemente de como uma empresa tenha desenvolvido competências centrais, uma vez que elas lhe permitem reduzir custos ou aumentar receitas em suas operações, essas competências podem ser consideradas fontes de economia de escopo.

Algumas empresas diversificadas realizam o valor desses tipos de competência central por meio de atividades compartilhadas. Por exemplo, conforme sugerido anteriormente, a 3M tem uma competência central em substratos, adesivos e revestimentos. Para explorar isso, adotou um processo de inovação de produto de múltiplos níveis. Além das inovações de produto em cada unidade de negócio separadamente, a 3M também possui um laboratório de pesquisa e desenvolvimento corporativo que busca explorar e expandir sua competência central em substratos, adesivos e revestimentos. Como esse laboratório é compartilhado por todos os diferentes negócios da 3M, pode ser considerado uma atividade compartilhada.

No entanto, outras empresas realizam o valor de suas competências centrais sem atividades compartilhadas. Embora a J&J possua uma competência central no desenvolvimento, na compra e na comercialização de produtos farmacêuticos e médicos, ela não realiza essa competência central por meio de atividades compartilhadas. Na verdade, cada um dos negócios da J&J é conduzido de maneira muito independente. Por exemplo, embora um de seus produtos de maior sucesso seja o Tylenol, o fato de a empresa que fabrica e distribui o Tylenol — a McNeil — ser na realidade uma divisão da J&J não aparece impresso nas embalagens do medicamento. Se você não soubesse que o Tylenol é um produto da J&J, não o saberia pela embalagem do produto.

Embora a J&J não utilize atividades compartilhadas para realizar o valor de sua competência central, ela usa outras atividades para realizar esse valor. Por exemplo, não é incomum que membros da alta gerência de cada um dos negócios da J&J tenham adquirido experiência gerencial em algum outro negócio da empresa. Isto é, a J&J identifica gerentes com alto potencial em um de seus negócios e usa esse conhecimento dando a esses gerentes responsabilidades adicionais em outros de seus negócios. A habilidade de alavancar seus talentos gerenciais entre múltiplos negócios é um exemplo de competência central de uma empresa, embora a realização do valor dessa competência não dependa da existência de uma atividade compartilhada.

Em alguns casos, como a competência central de uma empresa não está refletida em atividades compartilhadas específicas, é fácil concluir que ela não está explorando nenhuma economia de escopo em sua estratégia de diversificação. Empresas diversificadas que estão explorando competências centrais são, às vezes, chamadas de **empresas diversificadas aparentemente não relacionadas**. Elas podem parecer empresas não relacionadas, mas, na verdade, são empresas relacionadas sem atividades compartilhadas.

Um exemplo de empresa diversificada aparentemente não relacionada é a britânica Virgin Group. Operando em uma ampla variedade de negócios — tudo, desde gravadora, varejista de música, viagens aéreas e ferroviárias, refrigerantes, bebidas alcoólicas, telefones celulares, cosméticos, lojas para noivas, serviços financeiros, fornecimento de gás e eletricidade, até balões de ar quente —, o Virgin Group é claramente diversificado. Existem também poucas (se é que realmente existem) atividades compartilhadas nessa empresa. No entanto, há ao menos duas competências centrais que abrangem todas as atividades de negócio do grupo: o nome de marca 'Virgin' e a abordagem excêntrica de marketing e gestão de seu fundador, Richard Branson. Ele é o CEO que desfilou em uma passarela usando um vestido de noiva, a fim de ajudar a divulgar o lançamento da Virgin Brides — a linha de lojas para noivas do grupo. Branson também é o CEO que mandou pintar a bandeira britânica em todas as aeronaves da Virgin Air com o slogan "A empresa aérea real da Inglaterra" quando a British Airways eliminou a bandeira de seus aviões. Se essas duas competências centrais criam ou não valor suficiente para justificar a existência contínua do Virgin Group, e se elas perdurarão com ou sem a filiação de Brenson com o grupo, ainda é uma incógnita.

Limites das competências centrais

Assim como existem limites para o valor das atividades compartilhadas como fontes de economias de escopo, também existem limites para as competências centrais como fontes dessas economias. A primeira dessas limitações tem origem em questões organizacionais importantes, que serão discutidas no Capítulo 8. A forma como uma empresa diversificada está organizada pode tanto facilitar como impedir a exploração de competências centrais.

Uma segunda limitação das competências centrais é resultante da natureza intangível dessas economias de escopo. Enquanto as atividades compartilhadas estão refletidas nas operações tangíveis de uma empresa diversificada, as competências centrais podem estar refletidas apenas em conhecimento, experiência e sabedoria compartilhados entre negócios. O caráter intangível desses relacionamentos é enfatizado quando são descritos como **lógica dominante** em uma empresa, ou uma maneira comum de pensar sobre estratégia entre diferentes negócios.[15]

A intangibilidade das competências centrais pode levar empresas diversificadas a cometer dois tipos de erro ao gerenciar o relacionamento. Primeiro, competências centrais intangíveis podem ser invenções ilusórias de gerentes criativos que vinculam até mesmo negócios totalmente sem relação e, assim, justificam sua estratégia de diversificação. Uma empresa que produz aviões e tênis de corrida pode racionalizar essa diversificação alegando ter uma competência central na gestão de negócios de transporte. Uma empresa que atua no negócio de futebol profissional e no negócio de cinema pode racionalizar essa diversificação alegando ter uma competência central na gestão de negócios de entretenimento. Tais **competências inventadas** não são fontes reais de economias de escopo.

Segundo, os negócios de uma empresa diversificada podem estar vinculados por uma competência central, mas essa competência pode afetar os custos ou as receitas desses negócios de maneira insignificante. Assim, por exemplo, todos os negócios de uma empresa podem ser afetados por ações do governo, mas o impacto dessas ações nos custos e nas receitas dos diferentes negócios pode ser bastante pequeno. Uma empresa pode ter uma competência central na gestão de relacionamentos com o governo, mas essa competência não reduzirá os custos ou aumentará as receitas da empresa significativamente. Além disso, cada negócio de uma empresa diversificada pode usar algum tipo de publicidade. No entanto, se a publicidade não tiver um impacto considerável nas receitas desses negócios, é pouco provável que as competências centrais em publicidade reduzam seus custos ou aumentem suas receitas significativamente. Nesse caso, uma competência central pode ser uma fonte de economias de escopo, mas o valor dessas economias pode ser muito pequeno.

Diversificação para explorar economias de escopo financeiras

Uma segunda classe de motivos para a diversificação muda o foco dos vínculos operacionais entre os negócios de uma empresa para as vantagens financeiras associadas à diversificação. Foram estudadas três implicações financeiras da diversificação: diversificação e alocação de capital, diversificação e redução de risco e vantagens fiscais da diversificação.

Diversificação e alocação de capital

É possível alocar capital para negócios de duas maneiras. Primeiro, negócios que operam como entidades independentes podem competir por capital no mercado de capital externo. Elas fazem isso de várias formas, entre elas: oferecendo um retorno suficientemente alto para induzir os investidores a adquirir frações de seu patrimônio; tendo um fluxo de caixa suficientemente alto para pagar de volta o principal e os juros da dívida etc. Como alternativa, um negócio pode ser parte de uma empresa diversificada. Essa empresa compete no mercado de capital externo e aloca capital entre seus vários negócios. Em certo sentido, a diversificação cria um **mercado de capital interno**, no qual os negócios de uma empresa diversificada competem por capital corporativo.[16]

Para que um mercado de capital interno crie valor para uma empresa diversificada, ele deve oferecer algumas vantagens de eficiência em relação a um capital externo. Foi sugerido que um ganho potencial de eficiência de mercados de capital interno depende da quantidade e da qualidade da informação que uma empresa diversificada possui sobre seus negócios, comparada com a informação que fornecedores externos de capital possuem. Possuir um negócio oferece a uma empresa diversificada o acesso a informações detalhadas e precisas sobre o real desempenho do negócio, suas verdadeiras perspectivas futuras e, portanto, o verdadeiro montante e custo do capital que deve ser alocado para ele. Fontes de capital externo, de outro lado, possuem acesso relativamente limitado à informação e, portanto, uma habilidade limitada de julgar o verdadeiro desempenho e as verdadeiras perspectivas futuras do negócio.

Alguns já questionaram se uma empresa diversificada, como uma fonte de capital, tem, realmente, mais e melhores informações sobre um negócio, se comparada a fontes externas de capital. Afinal, negócios independentes que buscam capital têm um forte incentivo para oferecer informações suficientes para fornecedores externos de capital, a fim de obter os fundos requeridos. No entanto, uma empresa que possui um negócio pode ter no mínimo duas vantagens de informação em relação a fontes externas de capital.

Primeiro, embora um negócio independente possua um incentivo para oferecer informações a fontes externas de capital, também tem um incentivo para amenizar ou até mesmo não divulgar qualquer informação negativa sobre seu desempenho e suas perspectivas. Tais informações negativas elevariam o custo de capital de uma empresa independente. Fontes externas de capital têm uma habilidade limitada de forçar um negócio a revelar todas as informações sobre seu desempenho e perspectivas e, portanto, podem fornecer capital a um custo menor do que se tivessem uma informação completa. A posse dá a uma empresa o direito de exigir uma divulgação mais completa, embora mesmo essa divulgação não seja garantida. Com uma informação mais completa, uma empresa diversificada pode alocar apenas o montante certo de capital, ao custo apropriado, para cada negócio.

Segundo, um negócio independente pode ter um incentivo para não revelar todas as informações positivas sobre seu desempenho e suas perspectivas. No Capítulo 3, foi demonstrado que a capacidade de uma empresa de obter lucros econômicos depende da imitabilidade de seus recursos e suas capacidades. Um negócio independente que dá informações a fontes externas de capital sobre todas as suas fontes de vantagem competitiva também está informando seus concorrentes potenciais. Esse compartilhamento de informação aumenta a probabilidade de que essas fontes de vantagem competitiva sejam imitadas. Devido às implicações competitivas de compartilhar tais informações, as empresas podem optar por não as compartilhar, e fontes externas de capital podem subestimar o verdadeiro desempenho e as verdadeiras perspectivas de um negócio.

Uma empresa diversificada, no entanto, pode ganhar acesso a essa informação adicional sobre seus negócios e não revelar seus concorrentes potenciais. Essa informação permite que a empresa diversificada tome decisões mais informadas sobre quanto capital alocar para um negócio e sobre o custo de capital, tudo isso em relação ao mercado de capital externo.[17]

Com o tempo, deve haver menos erros no financiamento de negócios por meio de mercados de capital internos em comparação com o financiamento de negócios por meio de mercados externos. Menos erros de financiamento, com o passar do tempo, sugerem uma ligeira vantagem de alocação de capital para uma empresa diversificada em relação a um mercado de capital externo. Essa vantagem deve ser refletida em taxas mais altas de retorno do capital investido para a empresa diversificada, em comparação com as taxas de retorno do capital investido para as fontes externas.

No entanto, os negócios de uma empresa diversificada nem sempre ganham vantagens de custo de capital pelo fato de serem parte do portfólio dela. Vários autores argumentaram que, como uma empresa diversificada tem um risco geral menor (veja a discussão a seguir), ela terá um custo menor de capital, que poderá repassar para os negócios de seu portfólio. Embora os riscos menores associados a empresas diversificadas possam diminuir seu custo de capital, o custo de capital apropriado para os negócios depende do desempenho e das perspectivas de cada um desses negócios. As vantagens da empresa em avaliar o desempenho e as perspectivas de seus negócios resultam em uma alocação de capital mais apropriada, e não apenas no custo menor de capital para esses negócios. Na realidade, o custo de capital de um negócio pode ser menor do que seria no mercado externo de capital (porque a empresa é capaz de avaliar melhor os aspectos positivos do negócio) ou pode ser maior do que obteria no mercado externo de capital (porque é capaz de avaliar melhor os aspectos negativos do negócio).

É claro que se esses negócios também têm expectativas de custo menor ou receita maior porque são parte de uma empresa diversificada, então essas vantagens de custo/receita serão refletidas no custo de capital apropriado para esses negócios. Nesse sentido, quaisquer economias de escopo operacionais para os negócios de uma empresa diversificada podem ser reconhecidas pela exploração de economias de escopo financeiras por parte da empresa.

Limites dos mercados de capital interno

Embora a alocação de capital interno apresente diversas vantagens potenciais para uma empresa diversificada, também existem muitos limites para esse processo. Primeiro, o nível e o tipo de diversificação que uma empresa adota podem afetar a eficiência desse processo. Uma empresa que implementa uma estratégia de diversificação não relacionada, em que os gerentes devem avaliar o desempenho e as perspectivas de vários negócios diferentes, exige mais habilidades de alocação de capital de seus gerentes do que uma empresa que implementa uma estratégia de diversificação relacionada. Na verdade, no máximo, a eficiência da alocação de capital para uma empresa que implementa uma estratégia de diversificação ampla não relacionada provavelmente não será superior à eficiência da alocação de capital do mercado de capital externo.

Segundo, uma maior eficiência de alocação de capital interno depende de os gerentes de uma empresa diversificada terem melhores informações sobre alocação de capital do que aquelas disponíveis para fontes externas. No entanto, essas informações de melhor qualidade não são garantidas. Os incentivos que podem levar os gerentes a exagerar seu desempenho e perspectivas para fontes de capital externo também podem levar a esse comportamento em empresas diversificadas. Na realidade, foram relatados vários exemplos de gerentes que falsificaram registros de desempenho para ganhar acesso a mais capital interno.[18] Pesquisas sugerem que pedidos de alocação de capital feitos pelos gerentes geralmente sofrem um desconto nas empresas diversificadas para corrigir essas estimativas infladas sobre desempenho e perspectivas de seu negócio.[19]

Finalmente, não só os gerentes têm um incentivo para inflar o desempenho e as perspectivas de seus negócios em uma empresa diversificada, como também os gerentes responsáveis pela alocação de capital nessas empresas podem ter um incentivo para continuar investindo em um negócio, apesar de um desempenho e uma perspectiva fracos. A reputação e o *status* desses gerentes frequentemente dependem do sucesso desses investimentos em negócios, porque, em geral, foram eles que os aprovaram inicialmente. Esses gerentes normalmente continuam jogando dinheiro nesses negócios na esperança de que algum dia eles melhorem, justificando, assim, sua decisão original. Psicólogos organizacionais chamaram esse processo de **escalada do comprometimento** e apresentaram inúmeros exemplos de gerentes que se tornaram irracionalmente comprometidos com um investimento em particular.[20]

Na realidade, pesquisas sobre o valor de mercados de capital interno em empresas diversificadas sugerem que, em média, as limitações desses mercados geralmente excedem suas vantagens. Por exemplo, mesmo no controle do tamanho da empresa, um investimento excessivo em negócios com desempenho fraco em uma empresa diversificada reduz o valor de mercado médio da empresa.[21] No entanto, o fato de muitas empresas não obterem as vantagens associadas aos mercados de capital interno não implica necessariamente que nenhuma empresa as obtenha. Se apenas poucas empresas conseguem obter as vantagens de mercado de capital interno e evitar suas limitações com sucesso, essa economia de escopo financeira pode ser uma fonte de vantagem competitiva ao menos temporária.

Diversificação e redução de risco

Outra economia de escopo financeira possível para uma empresa diversificada já foi brevemente mencionada — isto é, o risco dos fluxos de caixa de empresas diversificadas é menor do que o risco dos fluxos de caixa de empresas não diversificadas. Considere, por exemplo, o risco de dois negócios que operam separadamente em relação ao risco de uma empresa diversificada operando nesses mesmos dois negócios simultaneamente. Se os dois negócios forem muito arriscados individualmente, e os fluxos de caixa deles não forem altamente correlacionados ao longo do tempo, então combinar esses dois negócios em uma única empresa vai gerar um nível menor de risco para a empresa diversificada do que para cada negócio em separado.

Esse nível menor de risco deve-se à pequena correlação entre os fluxos de caixa associados aos dois negócios. Se o Negócio I está tendo um ano ruim, o Negócio II pode estar tendo um ano bom, e uma empresa que opera em ambos simultaneamente pode ter níveis moderados de desempenho. Em outro ano, o Negócio I pode ter um desempenho bom e o Negócio II, um desempenho ruim. Novamente, uma empresa que opera em ambos pode ter níveis moderados de desempenho. Empresas que diversificam para reduzir riscos obtêm retornos relativamente estáveis ao longo do tempo, especialmente à medida que diversificam em muitos negócios diferentes, com fluxos de caixa que não são altamente correlacionados ao longo do tempo.

Vantagens fiscais da diversificação

Outra economia de escopo financeira da diversificação provém de possíveis vantagens fiscais dessa estratégia corporativa. Essas possíveis vantagens fiscais refletem um efeito ou então uma combinação de dois efeitos. Primeiro, uma empresa diversificada pode usar perdas em alguns de seus negócios para compensar os lucros em outros, reduzindo, assim, sua obrigação fiscal como um todo. É claro que prejuízos substanciais em alguns negócios podem suprimir o lucro de outros, forçando negócios que seriam viáveis caso fossem independentes a encerrar suas operações. Porém, contanto que os prejuízos dos negócios não sejam muito grandes, a obrigação fiscal de uma empresa diversificada pode ser reduzida. A pesquisa empírica sugere que empresas diversificadas às vezes compensam perdas em alguns negócios com lucros em outros, embora as economias fiscais dessas atividades geralmente sejam pequenas.[22]

Segundo, como a diversificação pode reduzir o risco do fluxo de caixa de uma empresa, também pode reduzir a probabilidade de que ela declare falência. Isso pode aumentar a capacidade de endividamento de uma empresa. Esse efeito sobre a capacidade de endividamento é maior quando os fluxos de caixa dos negócios de uma empresa diversificada são perfeita e negativamente correlacionados. No entanto, mesmo quando isso acontece, pode haver um aumento (modesto) na capacidade de endividamento.

A capacidade de endividamento é particularmente importante em ambientes fiscais nos quais o pagamento de juros sobre dívida é dedutível do imposto. Nesse contexto, empresas diversificadas podem aumentar sua 'alavancagem' até sua capacidade de débito e reduzir, consequentemente, sua obrigação fiscal. Logo, se o pagamento de juros não for dedutível ou se a alíquota tributária corporativa for relativamente pequena, então as vantagens fiscais da diversificação poderão ser bastante pequenas. Um estudo empírico recente sugere que empresas diversificadas realmente possuem maior capacidade de endividamento do que as não diversificadas. No entanto, alíquotas tributárias baixas, ao menos nos Estados Unidos, tornam a economia fiscal associada, em média, relativamente pequena.[23]

Diversificação para explorar economias de escopo anticompetitivas

Um terceiro grupo de motivos para a diversificação baseia-se na relação entre estratégias de diversificação e as várias atividades anticompetitivas de uma empresa. Dois exemplos específicos dessas atividades são: (1) competição em múltiplos pontos para facilitar a complacência mútua ou o conluio tácito e (2) exploração do poder de mercado.

Competição em múltiplos pontos

A competição em múltiplos pontos existe quando duas ou mais empresas diversificadas competem simultaneamente em múltiplos mercados. Por exemplo, a HP e a Dell competem nos dois mercados — de computadores pessoais e impressoras. A Michelin e a Goodyear competem no mercado de pneus tanto nos Estados Unidos como na Europa. A Disney e a AOL/Time Warner competem nos negócios de produção de filmes e no mercado editorial.

A competição em múltiplos pontos pode facilitar um tipo especial de conluio tácito chamado **complacência mútua**. As empresas utilizam o **conluio tácito** quando cooperam para reduzir a rivalidade abaixo do nível esperado sob competição perfeita. Considere a situação enfrentada por duas empresas diversificadas, A e B. Essas empresas operam nos mesmos negócios: I, II, III e IV (veja a Figura 7.3). Nesse contexto, quaisquer decisões que a Empresa A tome para competir agressivamente nos negócios I e III devem considerar a possibilidade de que a Empresa B responderá competindo agressivamente nos negócios II e IV, e vice-versa. A perda potencial que cada uma dessas empresas pode experimentar em alguns de seus negócios deve ser comparada com o ganho potencial que cada uma poderá obter, se explorar vantagens competitivas em outros de seus negócios. Se o valor presente dos ganhos não exceder o valor presente das perdas com retaliação, então ambas as empresas evitarão a atividade competitiva. Evitar a competição é complacência mútua.[24]

A complacência mútua como resultado da competição em múltiplos pontos ocorre em diversos setores. Por exemplo, essa forma de conluio tácito foi descrita como existente entre a Michelin e a Goodyear, a Maxwell House e a Folger's, a Caterpillar e a John Deere, a BIC e a Gillette.[25] Outro exemplo claro desse tipo de cooperação pode ser encontrado no setor de transporte aéreo. Por exemplo, a America West começou a operar no Aeroporto Intercontinental de Houston com tarifas iniciais muito baixas. A Continental Airlines, empresa dominante nesse aeroporto, respondeu rapidamente às tarifas baixas da America West em Houston, reduzindo o preço das passagens de Phoenix, no Arizona, para diversas cidades dos Estados Unidos. Phoenix é o aeroporto-base da America West. Em poucas semanas, a America West retirou suas tarifas baixas iniciais do mercado de Houston, e a Continental retirou suas tarifas baixas do mercado de Phoenix. A ameaça de retaliação entre mercados aparentemente levou a America West e a Continental a um conluio tácito nos preços.[26]

No entanto, nem sempre a competição em múltiplos pontos leva à complacência mútua. Considere, por exemplo, o conflito entre a Walt Disney Company e a Time Warner no início da década de 1990. Conforme mencionado anteriormente, a Disney opera nos setores de parque temático, produção para cinema e televisão e emissoras de TV. A Time Warner opera nos setores de parque temático, produção para cinema e televisão e também em um

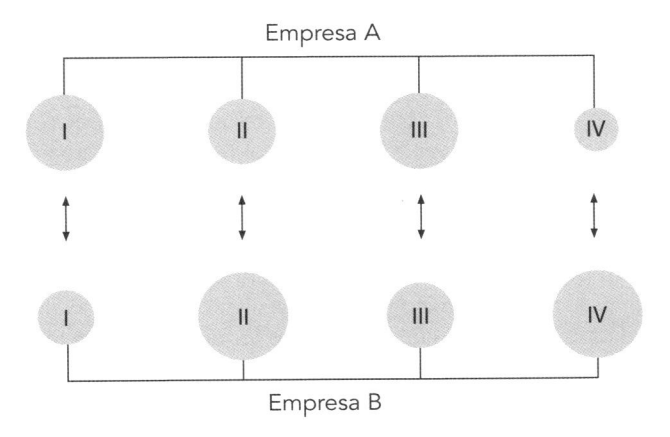

FIGURA 7.3 Competição em múltiplos pontos entre as empresas hipotéticas A e B

grande negócio de revistas (*Time*, *People*, *Sports Illustrated*, dentre outras). De 1988 até 1993, a Disney gastou mais de $ 40 milhões anunciando seus parques temáticos nas revistas da Time Warner. Apesar dessa receita substancial, a Time Warner iniciou uma campanha publicitária agressiva voltada para atrair clientes dos parques da Disney para seus próprios. A Disney retaliou, cancelando todos os seus anúncios nas revistas da Time Warner, a qual respondeu às ações da Disney, cancelando uma reunião corporativa que seria realizada na Disney World (na Flórida). A Disney respondeu ao cancelamento da reunião recusando-se a veicular os anúncios do parque temático da Warner em sua estação de TV de Los Angeles.[27]

Uma pesquisa recente investiga as condições sob as quais as estratégias de complacência mútua são implementadas, assim como as condições sob as quais a competição em múltiplos pontos não leva à complacência mútua.[28] Em geral, o valor da ameaça de retaliação deve ser substancial para que a competição em múltiplos pontos leve à complacência mútua. No entanto, a complacência mútua não só deve ser significativamente compensadora, como também as empresas que adotam essa estratégia devem ter vínculos estratégicos fortes entre seus negócios diversificados. Isso sugere que as empresas que adotam uma estratégia de complacência mútua baseadas na competição em múltiplos pontos geralmente estão adotando uma forma de diversificação relacionada.

Diversificação e poder de mercado

Alocações internas de capital entre os negócios de uma empresa diversificada podem permitir que ela explore em alguns deles as vantagens do poder de mercado que desfruta em outros de seus mercados. Por exemplo, suponha que uma empresa esteja ganhando lucros de monopólio em um determinado negócio. Essa empresa pode utilizar parte desses lucros para subsidiar operações em outro de seus negócios. Esse subsídio cruzado pode assumir diversas formas, incluindo a **precificação predatória** — isto é, definir preços de forma que eles sejam menores do que os custos subsidiados do negócio. O efeito desse subsídio cruzado pode ser tirar do mercado os concorrentes do negócio subsidiado e então obter os lucros de monopólio nesse negócio subsidiado. Em certo sentido, a diversificação permite a uma empresa aplicar seu poder de monopólio em diversos negócios diferentes. Os economistas chamam isso de modelo de diversificação ***deep pockets***.[29]

Empresas diversificadas com operações em monopólios regulados têm sido criticadas por esse tipo de subsídio cruzado. Por exemplo, a maioria das companhias telefônicas regionais nos Estados Unidos está adotando estratégias de diversificação. O decreto que forçou a divisão da AT&T proibiu expressamente subsídios cruzados entre o monopólio na telefonia dessas empresas regionais e outras atividades de negócio, sob a alegação de que tais subsídios proporcionariam a essas empresas uma vantagem competitiva desleal em suas atividades de negócio diversificadas.[30]

Embora essas economias de escopo de poder de mercado, em princípio, possam existir, relativamente poucos estudos empíricos documentam sua existência. Na verdade, pesquisas sobre serviços de utilidade pública regulamentados diversificando para negócios não regulados na década de 1980 sugerem que essas empresas não usam seus lucros de monopólio em seus negócios regulados para subsidiar deslealmente negócios não regulados, mas que as habilidades ineficientes de gestão desenvolvidas nos negócios regulados tendem a tornar a diversificação menos lucrativa do que mais lucrativa.[31] Entretanto, o potencial que empresas grandes diversificadas têm de exercer poder de mercado e agir de forma socialmente irresponsável levou alguns observadores a exigir medidas para restringir o poder econômico e político dessas empresas. Essas questões são discutidas no quadro "Ética e estratégia".

Tamanho da empresa e incentivos aos empregados para diversificar

Os empregados podem receber incentivos para diversificar que sejam independentes de quaisquer outros benefícios vindos de outras fontes de economia de escopo. Isso ocorre especialmente no caso de funcionários em cargos de alta gerência e que trabalham há muito tempo em uma determinada empresa. Esses incentivos refletem o interesse dos empregados em diversificar devido à relação entre o tamanho da empresa e a remuneração da gerência.

Pesquisas ao longo dos anos demonstram conclusivamente que o principal determinante da remuneração da alta gerência de uma empresa não é o desempenho econômico, mas, sim, o tamanho dessa empresa, geralmente medido em vendas.[32] Dessa forma, os gerentes que buscam maximizar seus proventos devem procurar fazer sua empresa crescer. Uma das maneiras mais fáceis de promover esse crescimento é a diversificação, principalmente a não relacionada, por meio de fusões e aquisições. Fazendo grandes aquisições, uma empresa diversificada pode crescer substancialmente em um período curto de tempo, levando a alta gerência a aumentar seus rendimentos. Tudo isso independe de qualquer lucro econômico que a diversificação possa ou não gerar. A alta gerência só precisa se preocupar com o lucro econômico se o nível desse lucro for tão baixo que uma aquisição hostil se torne uma ameaça ou force o conselho de administração a substituir esses executivos.

Recentemente, a relação tradicional entre o tamanho da empresa e a remuneração da gerência começou a ruir. Cada vez mais, a remuneração da alta gerência está sendo associada ao desempenho econômico das em-

ÉTICA E ESTRATÉGIA

A globalização e a ameaça da empresa multinacional

Em 1999, uma coalizão informal entre membros sindicais, ambientalistas, jovens, índios, ativistas dos direitos humanos e pequenos agricultores foi para as ruas de Seattle, no estado de Washington, para protestar contra uma reunião da Organização Mundial de Comércio (OMC) e para combater o crescente poder global das corporações. Tanto políticos como representantes das corporações ficaram confusos com esses protestos. Afinal, o comércio mundial não havia aumentado 19 vezes de 1950 a 1995 (de $ 0,4 trilhão para $ 7,6 trilhões, em valores de 2003) e toda a oferta econômica mundial não havia crescido de $ 6,4 trilhões em 1950 para $ 60,7 trilhões em 2005 (novamente em valores de 2003)? Por que protestar contra um sistema global — um sistema que aumentava o nível de mercado livre e facilitava a eficiência da economia global — que estava melhorando tão claramente o bem-estar econômico da população mundial?

A mensagem dos manifestantes para o governo e para as corporações era de que esses números agregados de crescimento mais mascaravam a verdade do que a contavam. Sim, houve crescimento econômico. Mas esse crescimento beneficiou apenas uma pequena porcentagem da população mundial. A maior parte da população ainda luta para sobreviver. O valor líquido combinado de 358 bilionários norte-americanos no começo da década de 1990 ($ 760 bilhões) era igual ao valor líquido combinado de 2,5 bilhões das pessoas mais pobres do planeta! Oitenta e três por cento da receita mundial vai para um quinto mais rico da população, enquanto um quinto mais pobre recebe apenas 1,4 por cento da renda total mundial. Atualmente, entre 45 e 70 milhões de pessoas ao redor do mundo tiveram de deixar sua terra natal para procurar emprego em outros países, e aproximadamente 1,4 bilhão de pessoas ao redor do mundo vive com menos de $ 1 por dia. Até mesmo em sociedades afluentes como os Estados Unidos, as pessoas estão achando cada vez mais difícil pagar suas dívidas. Salários reais decrescentes, insegurança econômica e diminuição dos empregos levaram muitas pessoas a assumir jornadas mais longas de trabalho ou a ter dois ou três empregos. Enquanto o número de bilionários no mundo continua a crescer, o contingente de pessoas enfrentando uma pobreza assoladora cresce ainda mais rápido.

As causas dessa aparente contradição — crescimento econômico global associado a uma crescente deterioração econômica mundial — são inúmeras e complexas. Porém, uma explicação focaliza o crescente poder econômico das corporações multinacionais diversificadas. O tamanho dessas instituições pode ser imenso — muitas empresas com diversificação internacional são maiores do que toda a economia de muitas nações. E essas instituições enormes, que visam unicamente à maximização de seu desempenho, podem tomar decisões de lucratividade que afetam adversamente seus fornecedores, clientes, empregados e o meio ambiente, todas com relativa impunidade. Munidas do mantra silencioso de que 'ganância é bom', essas corporações podem justificar praticamente qualquer ação, desde que aumentem o patrimônio de seus acionistas.

Naturalmente, mesmo que alguém aceite essa hipótese — e ela está longe de ser universalmente aceita —, as soluções para o poder crescente das empresas internacionalmente diversificadas não são óbvias. O problema é que uma maneira pela qual as empresas se tornam grandes e poderosas é sendo capazes de atender às demandas dos consumidores efetivamente. Portanto, o tamanho da empresa, por si só, não é necessariamente uma indicação de que ela está agindo de maneira inconsistente com o bem-estar público. Os esforços governamentais para restringir o tamanho das empresas simplesmente porque elas são grandes poderiam facilmente ter o efeito de piorar a vida dos cidadãos. Contudo, uma vez que as empresas se tornam grandes e poderosas, elas podem se sentir tentadas a exercer esse poder, de maneira a se beneficiarem em detrimento da sociedade.

Quaisquer que sejam as causas e as soluções para esses problemas, os protestos em 1999 em Seattle e em cada encontro da OMC desde então têm pelo menos uma mensagem clara: o crescimento global somente com o intuito de crescer não é universalmente aceito como objetivo correto da política econômica internacional.

Fontes: D. C. Korten, *When corporations rule the world*, 2.ed., Bloomfield, CT: Kumarian Press, 2001; H. Demsetz, "Industry structure, market rivalry, and public policy", *Journal of Law and Economics*, n. 16, p. 1-9, 1973.

---

presas. Especificamente, o uso de ações e outras formas de remuneração diferida faz com que a preocupação dos gerentes com o desempenho econômico da empresa seja de seu maior interesse. Essas mudanças na remuneração não implicam necessariamente que as empresas abandonarão todas as formas de diversificação. Entretanto, efetivamente, sugerem que as empresas abandonem as formas de diversificação que não geram economias de escopo reais.

Os próprios acionistas podem realizar essas economias de escopo?

Anteriormente, neste capítulo, sugeriu-se que, para que as estratégias de diversificação de uma empresa criem valor, são necessárias duas condições. Primeiro, essas estratégias devem explorar economias de escopo valiosas. Economias de escopo potencialmente valiosas foram apresentadas no Quadro 7.1 e discutidas na seção anterior. Segundo, deve ser menos custoso para os gerentes de uma empresa realizar economias de escopo do que para o acionista externo, por conta própria. Se os próprios acionistas externos puderem realizar economias de escopo sem os gerentes da empresa, a um custo baixo, por que irão querer contratar gerentes que façam isso por eles, investindo em uma empresa e proporcionando capital para os gerentes explorarem uma economia de escopo?

A Tabela 7.2 resume a discussão sobre o valor potencial das diferentes economias de escopo listadas no Quadro 7.1. Ela também sugere quais dessas economias de escopo serão difíceis para o acionista explorar por conta própria e, consequentemente, quais bases de diversificação têm maior probabilidade de criar retornos positivos para os acionistas de uma empresa.

A maioria das economias de escopo listadas na Tabela 7.2 não pode ser realizada pelo próprio acionista. Isso porque a maior parte delas requer atividades que o acionista não pode desempenhar ou informações que não possui. Por exemplo, atividades compartilhadas, competências centrais, competição em múltiplos pontos e exploração de poder de mercado requerem uma coordenação detalhada entre as atividades dos múltiplos negócios de uma empresa. Embora os acionistas possam ser donos de um portfólio de ações, eles não estão em posição de coordenar atividades de negócios nesse portfólio. De maneira semelhante, a alocação de capital interno requer informações sobre as perspectivas de um negócio que simplesmente não estão disponíveis para o acionista.

Na verdade, as duas únicas economias de escopo listadas na Tabela 7.2 que não têm potencial para gerar retornos positivos para os acionistas de uma empresa são: diversificação para maximizar o tamanho de uma empresa — pois o tamanho, em si, não é valioso — e diversificação para reduzir risco — pois os acionistas podem fazer isso por conta própria a um custo muito baixo simplesmente investindo em um portfólio diversificado de ações. De fato, embora a redução de risco seja uma justificativa comum para muitas iniciativas de diversificação, essa justificativa, por si, não é diretamente consistente com os interesses dos acionistas de uma empresa. No entanto, alguns estudiosos sugeriram que essa estratégia pode beneficiar diretamente outros *stakeholders* (partes interessadas) de uma empresa e, dessa forma, beneficiar indiretamente os acionistas. Essa possibilidade é discutida no quadro "Estratégia em detalhes".

De modo geral, essa análise de possíveis bases de diversificação sugere que a diversificação relacionada tende a ser mais consistente com os interesses dos acionistas de uma empresa do que a diversificação não relacionada. Isso porque a economia de escopo mais fácil para o acionista duplicar — a redução de risco — é a única economia de escopo não relacionada que uma empresa diversificada pode tentar realizar. Todas as outras economias de escopo listadas na Tabela 7.2 requerem a coordenação e o compartilhamento de informações entre negócios de uma empresa diversificada que são muito difíceis de realizar em empresas diversificadas não relacionadas. Na verdade,

TABELA 7.2 Implicações competitivas de diferentes economias de escopo

Tipo de economia de escopo	São valiosas?	Podem ser realizadas pelo próprio acionista?	Retornos positivos para o acionista?
1. Economias de escopo operacionais			
Atividades compartilhadas	Possível	Não	Possível
Competências centrais	Possível	Não	Possível
2. Economias de escopo financeiras			
Alocação de capital interno	Possível	Não	Possível
Redução de risco	Possível	Sim	Não
Vantagens fiscais	Possível — pouco	Não	Possível — pouco
3. Economias de escopo anticompetitivas			
Competição em múltiplos pontos	Possível	Não	Possível
Exploração de poder de mercado	Possível	Não	Possível
4. Incentivos para diversificação			
Maximização da remuneração da gerência	Não	Não	Não

a preponderância da pesquisa empírica sugere que empresas diversificadas relacionadas superam em desempenho empresas diversificadas não relacionadas.[33]

DIVERSIFICAÇÃO CORPORATIVA E VANTAGEM COMPETITIVA SUSTENTÁVEL VRIO

A Tabela 7.2 descreve as economias de escopo que podem criar valor econômico real para empresas diversificadas. Ela também sugere que a diversificação relacionada pode ser valiosa, enquanto a diversificação não relacionada geralmente não o é. No entanto, como vimos em todas as outras estratégias discutidas neste livro, o fato de uma estratégia ser valiosa não implica, necessariamente, que será uma fonte de vantagem competitiva sustentável. Para que a diversificação seja uma fonte de vantagem competitiva sustentável, deve não apenas ser valiosa, mas também rara e custosa de imitar, e a empresa deve estar organizada para implementá-la. A raridade e a imitabilidade da diversificação são discutidas nesta seção; questões organizacionais ficam para a próxima.

ESTRATÉGIA EM DETALHES

Os outros *stakeholders* da empresa e a diversificação para reduzir riscos

Embora diversificar para reduzir risco geralmente não beneficie diretamente os acionistas de uma empresa, pode beneficiar *indiretamente* esses investidores com seu impacto sobre a disposição de outros *stakeholders* (outras partes interessadas) de fazer investimentos em uma empresa específica. Os **stakeholders** de uma empresa incluem todos os grupos e indivíduos que têm interesse no desempenho dela. Assim, os acionistas de uma empresa são um de seus *stakeholders*; outras partes interessadas incluem empregados, fornecedores e clientes.

Os *stakeholders* de uma empresa fazem **investimentos em empresa específica** quando o valor de seus investimentos em uma determinada empresa é muito maior do que o valor que os mesmos investimentos teriam em outras empresas. Por exemplo, considere os empregados de uma empresa. Um empregado com muitos anos em uma empresa específica provavelmente realizou substanciais **investimentos em capital humano na empresa específica**. Esses investimentos incluem: entender a cultura, as políticas e os procedimentos específicos da empresa; saber quem são as pessoas 'certas' a se contatar para cumprir uma tarefa, e assim por diante. Tais investimentos têm um valor significativo para a empresa em que são feitos. De fato, esse conhecimento da empresa específica é geralmente necessário para que um empregado seja capaz de ajudar a empresa a desenvolver e implementar estratégias valiosas. Porém, os investimentos específicos que um empregado realiza em uma empresa específica praticamente não têm valor em outras empresas. Se uma empresa encerrasse suas operações, os empregados perderiam imediatamente quase todo o valor de quaisquer investimentos que tivessem feito em uma empresa específica.

Fornecedores e clientes também podem fazer investimentos em empresa específica. Fornecedores fazem esses investimentos quando personalizam seus produtos ou serviços para as exigências específicas de determinado cliente. Eles também fazem esses investimentos quando abandonam oportunidades de vender para outras empresas para atender a determinada empresa. Clientes fazem investimentos em empresa específica quando personalizam suas operações para utilizar somente os produtos ou serviços de determinada empresa. Além disso, ao desenvolver uma relação estreita com uma empresa específica, os clientes podem desistir da oportunidade de desenvolver relações com outras empresas. Esses também são investimentos em empresa específica realizados por consumidores. Se uma empresa encerrasse suas operações, fornecedores e clientes perderiam imediatamente quase todo o valor dos investimentos feitos nessa empresa específica.

Embora os investimentos em empresa específica realizados por empregados, fornecedores e clientes sejam arriscados — no sentido de quase todo o valor ser perdido se a empresa específica encerrar suas operações —, são extremamente importantes se uma empresa quiser ser capaz de gerar lucro econômico. Conforme sugerido no Capítulo 3, recursos e capacidades valiosos, raros e custosos de imitar são fontes mais prováveis de vantagem competitiva sustentável do que recursos e capacidades sem essas características. Investimentos em empresa específica costumam ter mais esses atributos do que investimentos em empresa não específica. Estes são investimentos que podem gerar valor em muitas empresas diferentes.

Portanto, investimentos em empresa específica valiosos, raros e custosos de imitar, feitos por empregados, fornecedores e clientes, podem ser fontes de lucro econômico. E como os acionistas de uma empresa são requerentes residuais dos fluxos de caixa gerados pela empresa, esses lucros econômicos beneficiam os acionistas. Portanto, os acionistas de uma empresa geralmente querem que seus empregados, fornecedores e clientes façam investimentos em empresa específica porque esses investimentos são prováveis fontes de retorno econômico para o acionista.

Entretanto, dado o risco desses investimentos, os empregados, fornecedores e clientes geralmente só estarão dispostos a realizá-los se parte do risco associado a esse investimento puder ser reduzido. Os acionistas têm pouca dificuldade em gerenciar os riscos associados ao investimento em uma empresa específica, porque sempre podem criar um portfólio de ações que diversifica plenamente esse risco a um custo muito baixo. Por isso, a diversificação que diminui os riscos dos fluxos de caixa de uma empresa geralmente não beneficia diretamente os acionistas dela. No entanto, os funcionários, fornecedores e clientes de uma empresa normalmente não contam com essas oportunidades de diversificação de baixo custo. Por exemplo, funcionários raramente conseguem fazer investimentos em capital humano na empresa específica em um número grande o suficiente de empresas para diversificar totalmente os riscos associados a esses investimentos. E, embora fornecedores e clientes possam diversificar muito mais seus investimentos em empresa específica do que os funcionários — por meio da venda para múltiplos clientes e compra de múltiplos fornecedores —, o custo dessa diversificação para fornecedores e clientes costuma ser mais alto do que os custos criados pela diversificação do risco dos acionistas.

Como normalmente é muito custoso para funcionários, fornecedores e clientes diversificar por conta própria os riscos associados a investimentos em uma empresa específica, esses *stakeholders* muitas vezes preferem que os gerentes da empresa os ajudem a gerenciar os riscos. Os gerentes podem fazer isso diversificando o portfólio de negócios nos quais a empresa opera. Se uma empresa não está disposta a diversificar seu portfólio de negócios, então seus funcionários, fornecedores e clientes provavelmente não estarão dispostos a fazer investimentos nessa empresa específica. Além disso, como esses investimentos podem gerar lucros econômicos e como os lucros econômicos podem beneficiar diretamente os acionistas da empresa, esses investidores têm um incentivo indireto para estimular a empresa a adotar uma estratégia de diversificação, embora essa estratégia não os beneficie diretamente.

Posto de outra forma, a estratégia de diversificação de uma empresa pode ser vista como a compensação pelos investimentos que os funcionários, fornecedores e clientes realizam na empresa específica. Os acionistas têm um incentivo para estimular essa compensação em troca de parte dos lucros econômicos que esses investimentos podem gerar. Em geral, quanto maior o impacto desses investimentos, realizados por funcionários, fornecedores e clientes, sobre a habilidade da empresa de gerar lucros econômicos, maior a probabilidade de a busca por uma diversificação corporativa ser consistente com os interesses dos acionistas da empresa. Além disso, quanto mais limitada a habilidade dos funcionários, fornecedores e clientes de uma empresa de diversificar com baixo custo os riscos associados à realização de investimentos em empresa específica, maior a consistência dessa diversificação com os interesses dos acionistas.

Fontes: J. B. Barney, "Firm resources and sustained competitive advantage", *Journal of Management*, n. 17, p. 99-120, 1991; R. M. Stulz, "Rethinking risk management", *Journal of Applied Corporate Finance*, p. 8-24, 1996; K. Miller, "Economic exposure and integrated risk management", *Strategic Management Journal*, n. 33, p. 756-779, 1998; R. Amit e B. Wernerfelt, "Why do firms reduce business risk?", *Academy of Management Journal*, n. 33, p. 520-533, 1990; H. Wang e J. Barney, "Employee incentives to make firm specific investments: implications for resource-based theories of diversification", *Academy of Management Review*, v. 31, n. 2, p. 466-476, 2006.

Raridade da diversificação

À primeira vista, parece claro que a diversificação em si geralmente não é uma estratégia corporativa rara. A maioria das grandes empresas adotou uma forma de diversificação, mesmo que apenas a diversificação limitada de negócio dominante. Muitas empresas de médio e pequeno porte, inclusive, adotaram diversos níveis de estratégia de diversificação.

No entanto, a raridade da diversificação não depende da diversificação em si, mas de quão raras são as economias de escopo associadas a ela. Se apenas algumas empresas exploraram determinada economia de escopo, essa economia, então, pode ser rara. Se inúmeras empresas fizeram isso, será algo comum, não uma fonte de vantagem competitiva.

Imitabilidade da diversificação

As duas formas de imitação — duplicação direta e substituição — são relevantes na avaliação da habilidade das estratégias de diversificação em gerar vantagem competitiva sustentável, mesmo que as economias de escopo que criam sejam raras.

Duplicação direta da diversificação

O modo como uma estratégia de diversificação corporativa valiosa e rara é imune à duplicação direta depende de quão custoso é para as empresas competidoras realizar a mesma economia de escopo. Conforme sugerido na Tabela 7.3, algumas economias de escopo são, em geral, mais custosas de duplicar do que outras.

Atividades compartilhadas, redução de risco, vantagens fiscais e remuneração de empregados como bases para a diversificação corporativa costumam ser relativamente fáceis de duplicar. Como atividades compartilhadas são ativos fixos que uma empresa explora entre múltiplos negócios, tais como laboratórios de P&D, forças de vendas e produção em comum, são geralmente fáceis de duplicar. A única dificuldade em relação à duplicação de atividades compartilhadas diz respeito ao desenvolvimento de relacionamentos cooperativos entre negócios, que geralmente facilitam o uso de atividades compartilhadas — o que será discutido no próximo capítulo. Além disso, como os motivos para diversificação — como redução de risco, vantagens fiscais e remuneração de empregados — podem ser alcançados por meio de diversificação relacionada e de diversificação não relacionada, esses motivos tendem a ser relativamente fáceis de duplicar.

Outras economias de escopo, contudo, são muito mais difíceis de duplicar. Tais economias incluem competências centrais, alocação de capital interno, competição em múltiplos pontos e exploração de poder de mercado. Como competências centrais são mais intangíveis, sua duplicação direta é geralmente mais difícil. A realização de economias de escopo por alocação de capital interno requer capacidades substanciais de processamento de informações. Essas capacidades são normalmente muito difíceis de desenvolver. A competição em múltiplos pontos requer uma coordenação estrita entre os diferentes negócios que uma empresa opera. Esse tipo de coordenação é socialmente complexo, portanto pode estar imune à duplicação direta. Por fim, a exploração de poder de mercado pode ser custosa de duplicar porque requer que uma empresa possua um poder de mercado significativo em uma de suas linhas de negócio. Uma empresa que não tem essa vantagem de poder de mercado teria de adquiri-la e, o custo de fazer isso, na maioria das situações, é proibitivo.

Substitutos da diversificação

Existem dois substitutos óbvios da diversificação. Primeiro, em vez de obter vantagens de custo ou receita da exploração de economias de escopo entre negócios de uma empresa diversificada, a empresa pode decidir simplesmente crescer e desenvolver cada um de seus negócios separadamente. Nesse sentido, uma empresa que implementa com sucesso uma estratégia de liderança em custo ou de diferenciação de produto em um único negócio pode obter as mesmas vantagens de custo ou receita que obteria explorando economias de escopo, mas sem ter de desenvolver relações entre negócios. Expandir negócios independentes em uma empresa diversificada pode ser um substituto para a exploração de economias de escopo em uma estratégia de diversificação.

Uma empresa que escolheu essa estratégia é a Nestlé. Essa empresa explora poucas economias de escopo (se é que explora alguma) entre seus diferentes negócios. Em vez disso, concentrou seus esforços no crescimento de suas operações internacionais até o ponto de obter vantagens de custo ou receita que poderiam ser obtidas por alguma forma de diversificação relacionada. Assim, por exemplo, a operação da Nestlé nos Estados Unidos é suficientemente grande para explorar economias de escala na produção, venda e publicidade, sem depender de economias de escopo entre as operações nos Estados Unidos e as operações em outros países.[34]

Um segundo substituto para economias de escopo na diversificação podem ser as alianças estratégicas. Ao usar alianças estratégicas, uma empresa pode ser capaz de obter as economias de escopo que obteria se explorasse cuidadosamente economias de escopo entre negócios que possui. Assim, por exemplo, em vez de explorar economias de escopo de pesquisa e desenvolvimento entre dois de seus negócios, uma empresa pode formar uma aliança estratégica com uma empresa diferente e criar um laboratório de pesquisa e desenvolvimento conjunto. Em vez de explorar economias de escopo de vendas vinculando negócios por meio de uma força de vendas comum, uma empresa pode desenvolver um acordo de vendas com outra empresa e, dessa forma, obter vantagens de custo ou receita.

TABELA 7.3 Economias de escopo custosas de duplicar

Economias de escopo menos custosas de duplicar	Economias de escopo custosas de duplicar
Atividades compartilhadas	Competências centrais
Redução de risco	Alocação de capital interno
Vantagens fiscais	Competição em múltiplos pontos
Remuneração de empregados	Exploração de poder de mercado

RESUMO

As empresas implementam estratégias de diversificação que variam da diversificação limitada (negócio único, negócio dominante) à diversificação relacionada (relacionada restrita, relacionada vinculada) e também à diversificação não relacionada. Para serem valiosas, as estratégias de diversificação corporativa devem reduzir custos e aumentar receitas explorando as economias de escopo que os acionistas não conseguem realizar por conta própria a um custo baixo.

Existem vários motivos para implementar estratégias de diversificação, incluindo: exploração de economias de escopo operacionais (atividades compartilhadas, competências centrais), exploração de economias de escopo financeiras (alocação de capital interno, redução de risco, obtenção de vantagens fiscais), exploração de economias de escopo anticompetitivas (competição em múltiplos pontos, vantagens de poder de mercado) e incentivos aos empregados para diversificação (maximizar a remuneração da gerência). Exceto por esta última, todas essas razões para a diversificação têm potencial para criar valor econômico para uma empresa. Além disso, os acionistas de uma empresa considerarão custoso realizar todas essas bases de diversificação, com exceção da redução de risco. Portanto, nem a diversificação para maximizar a remuneração da gerência nem a diversificação para reduzir risco são diretamente consistentes com o interesse de maximização de riqueza dos acionistas de uma empresa. Essa análise também sugere que, em média, empresas que adotam uma diversificação relacionada têm um desempenho melhor do que aquelas que adotam uma diversificação não relacionada.

A habilidade de uma estratégia de diversificação para criar vantagem competitiva sustentável depende não só do valor dessa estratégia como também de sua raridade e imitabilidade. A raridade de uma estratégia de diversificação depende do número de empresas concorrentes que exploram as mesmas economias de escopo por meio da diversificação. A imitação pode ocorrer por duplicação direta ou substituição. Economias de escopo custosas de imitar incluem competências centrais, alocação de capital interno, competição em múltiplos pontos e exploração de poder de mercado. Outras economias de escopo são geralmente menos custosas de duplicar. Substitutos importantes da diversificação surgem quando são obtidas economias relevantes por meio de ações independentes de negócios dentro de uma empresa e quando são obtidas economias relevantes por intermédio de alianças estratégicas.

Essa discussão não envolveu questões organizacionais importantes sobre a implementação de estratégias de diversificação, que serão examinadas em detalhes no próximo capítulo.

QUESTÕES

1. Uma maneira simples de pensar sobre relações é examinar os produtos ou serviços que uma empresa produz. Quanto mais semelhantes forem esses produtos ou serviços, mais relacionada será a estratégia de diversificação da empresa. Porém, as empresas que exploram competências centrais em suas estratégias de diversificação sempre produzirão produtos ou serviços semelhantes entre si? Por quê?
2. Uma empresa que implementa uma estratégia de diferenciação acabou de comprar o que diz ser uma empresa estrategicamente relacionada, mas anuncia que não implementará nenhuma mudança nessa empresa recém-adquirida. Esse tipo de aquisição diversificada permitirá que a empresa realize qualquer economia de escala valiosa que não possa ser duplicada pelos próprios acionistas? Por quê?
3. Uma das razões pelas quais mercados de capital interno podem ser mais eficientes do que mercados de capital externo é que as empresas podem não querer revelar informações completas sobre suas fontes de vantagem competitiva para mercados de capital externo, reduzindo assim a ameaça de imitação competitiva. Isso sugere que mercados de capital externo podem subavaliar sistematicamente as empresas com vantagens competitivas que são passíveis de imitação. Você concorda com essa análise? Caso concorde, como poderia trocar essa informação em suas próprias atividades de investimento? Se não concorda, por que não?
4. Determinada empresa é de propriedade de membros de uma mesma família. A maior parte do patrimônio dessa família provém das operações dessa empresa, e a família não quer 'abrir seu capital' vendendo participação na empresa para investidores externos. Essa empresa visa a uma estratégia de diversificação altamente relacionada ou menos relacionada? Por quê?
5. Sob quais condições uma estratégia de diversificação relacionada não será uma fonte de vantagem competitiva para uma empresa?

PROBLEMAS

1. Visite os sites das empresas a seguir. Como você caracterizaria as estratégias corporativas delas? Elas estão seguindo uma estratégia de diversificação limitada, diversificação relacionada ou diversificação não relacionada?
   (a) ExxonMobil.

(b) Google.
(c) General Motors.
(d) Jet Blue.
(e) Citigroup.
(f) Entertainment Arts.
(g) IBM.
(h) Dell.
(i) Berkshire Hathaway.

2. Considere a lista de estratégias a seguir. Em sua opinião, quais dessas estratégias são exemplos de economias de escopo potenciais que embasam uma estratégia de diversificação corporativa? De que tipo de economia de escopo são as estratégias que foram consideradas como tal? No caso das estratégias que não são economias de escopo, qual é a razão para isso?
   (a) A Coca-Cola Corporation substitui seu antigo refrigerante *diet* (Tab) por um novo refrigerante *diet* chamado Coca Light.
   (b) A Apple Computer introduz um tocador de MP3 iPod com uma memória maior.
   (c) A PepsiCo distribui a batata frita Lay's para as mesmas lojas em que vende a Pepsi.
   (d) O Kmart estende sua licença de exploração de imagem com a Martha Stewart por quatro anos.
   (e) O Walmart usa o mesmo sistema de distribuição para suprir suas lojas Walmart, seus Walmart Supercenters (lojas do Walmart com supermercado) e seus Sam's Clubs.
   (f) A Head Ski Company introduz uma linha de raquetes de tênis.
   (g) A General Electric toma dinheiro emprestado do BankAmerica a juros de 3 por cento e disponibiliza esse capital para sua subsidiária de motores a jato a uma taxa de juros de 8 por cento.
   (h) O McDonald's adquire o Boston Market e o Chipotle (dois restaurantes de *fast-food* nos quais muitos clientes permanecem para fazer suas refeições).
   (i) Uma empresa de capital de risco investe em uma empresa no setor de biotecnologia e em uma empresa no setor de entretenimento.
   (j) Outra empresa de capital de risco investe em duas empresas no setor de biotecnologia.

3. Considere os seguintes fatos. O desvio-padrão dos fluxos de caixa associados ao Negócio I é 0,8. Quanto maior esse desvio-padrão, maior o risco dos fluxos de caixa do negócio. O desvio-padrão dos fluxos de caixa associados ao Negócio II é 1,3. Isto é, o Negócio II é mais arriscado do que o Negócio I. Finalmente, a correlação entre os fluxos de caixa desses dois negócios ao longo do tempo é 0,8. Isso significa que, quando o Negócio I está indo bem, o Negócio II tende a ir mal, e vice-versa. Suponha que uma empresa seja dona desses dois negócios.
   (a) Supondo que o Negócio I constitui 40 por cento da receita dessa empresa e o Negócio II consiste de 60 por cento de sua receita, calcule o risco da receita total dessa empresa utilizando a seguinte equação: $sd_{I,II} \sqrt{w^2 sd_I^2 + (1-w)^2 sd_{II}^2 + 2w(1+w)(r_{I,II} sd_I sd_{II})}$ em que: $w = 0,40$, $sd_I = 0,8$, $sd_{II} = 1,3$ e $r_{I,II} = -8$.
   (b) Dado esse resultado, faz sentido que essa empresa seja dona tanto do Negócio I como do Negócio II? Por quê?

NOTAS

1. Veja P. Sellers, "The brand king's challenge", *Fortune*, p. 192+, 5 abr. 2004.
2. The Walt Disney Company, *Harvard Business School*, caso n. 1-388-147, 1995.
3. J. Useem, "Another boss, another revolution", *Fortune*, p. 112+, 5 abr. 2004.
4. Veja P. Burrows, "Now, TI means 'taking initiative'", *BusinessWeek*, p. 120-121, 15 mai. 1995; A. Rogers, "It's the execution that counts", *Fortune*, p. 80-83, 30 nov. 1992; J. Wallas e J. Erickson, *Hard drive: Bill Gates and the making of the Microsoft empire*, Nova York: Harper Business, 1993; M. E. Porter, "Disposable diaper industry in 1974", *Harvard Business School*, caso n. 9-380-175, 1981. Se a Microsoft continua ou não a compartilhar atividades por meio de sistemas operacionais e aplicativos de software foi um dos principais temas do processo antitruste da Microsoft. Uma discussão mais generalizada do valor das atividades compartilhadas pode ser encontrada em St. C. H. John e J. Harrison, "Manufacturing-based relatedness, synergy, and coordination", *Strategic Management Journal*, n. 20, p. 129-145, 1999.
5. Veja G. Fuchsberg, "Decentralized management can have its drawbacks", *Wall Street Journal*, p. B1, 9 dez. 1992.
6. Veja R. Crockett, "A Baby Bell's growth formula", *BusinessWeek*, p. 50-52, 6 mar. 2000; R. Crockett, "The last monopolist", *BusinessWeek*, p. 76, 12 abr. 2000.
7. E. de Lisser, "Catering to cooking-phobic customers, supermarkets stress carryout", *The Wall Street Journal*, p. B1, 5 abr. 1993.
8. Veja, por exemplo, P. Davis, R. Robinson, Pearce e S. Park, "Business unit relatedness and performance: a look at the pulp and paper industry", *Strategic Management Journal*, n. 13, p. 349-361, 1992.
9. J. Loomis, "Dinosaurs?", *Fortune*, p. 36-42, 3 mai. 1993.
10. C. J. Rapoport, "A tough Swede invades the U. S.", *Fortune*, p. 776-779, 29 jun. 1992.
11. C. K. Prahalad e G. Hamel, "The core competence of the organization", *Harvard Business Review*, n. 90, p. 82, 1990.
12. Veja também R. M. Grant, "On 'dominant logic' relatedness and the link between diversity and performance", *Strategic Management Journal*, n. 9, p. 639-642, 1998; S. Chatterjee e B. Wernerfelt, "The link between resources and type at diversification: theory and evidence", *Strategic Management Journal*, n. 12, p. 33-48, 1991; C. Markides e P. J. Williamson, "Related diversification, core competencies, and corporate performance", *Strategic Management Journal*, n. 15, p.149-165, 1994; C. A. Montgomery e B. Wernerfelt, "Sources of superior performance: market share *versus* industry effects in the U.S. brewing industry", *Management Science*, n. 37, p. 954-959, 1991; J. M. Liedtka, "Collaborating across lines of business for competitive advantage", *Academy of Management Executive*, v. 10, n. 2, p. 20-37, 1996; M. Farjoun, "The independent and joint effects of the skill and physical bases of relatedness in diversification", *Strategic Management Journal*, n. 19, p. 611-630, 1998.
13. M. C. Jensen, "Agency costs of free cash flow, corporate finance, and takeovers", *American Economic Review*, n. 76, p. 323-329, 1986.
14. Veja P. Nayyar, "Information asymmetries: A source of competitive advantage for diversified service firms", *Strategic Management Journal*, n. 11, p. 513-519, 1990; J. Robins e M. Wiersema, "A resource-based approach to the multibusiness firm: Empirical analysis of portfolio interrelationships and corporate financial performance", *Strategic Management Journal*, n. 16, p. 277-299, 1995, para uma discussão sobre a evolução das competências centrais.

15. C. K. Prahalad e R. A. Bettis, "The dominant logic: A new linkage between diversity and performance", *Strategic Management Journal*, v. 7, n. 6, p. 485-501, 1986.
16. Veja O. E. Williamson, *Markets and hierarchies*: Analysis and antitrust implications, Nova York: Free Press, 1975.
17. Veja J. P. Liebeskind, "Knowledge, strategy, and the theory of the firm", *Strategic Management Journal*, n. 17, p. 93-107, 1996, edição especial de inverno.
18. L. T. Perry e J. B. Barney, "Performance lies are hazardous to organizational health", *Organizational Dynamics*, v. 9, n. 3, p. 68-80, 1981.
19. J. E. Bethel, *The capital allocation process and managerial mobility*: A theoretical and empirical investigation. 1990. Tese (Doutorado) — Universidade da Califórnia, Los Angeles, 1990.
20. B. M. Staw, "The escalation of commitment to a course of action", *Academy of Management Review*, n. 6, p. 577-587, 1981.
21. Veja R. Comment e G. Jarrell, "Corporate focus and stock returns." *Journal of Financial Economics*, n. 37, p. 67-87, 1995; P. G. Berger e E. Otek, "Diversification's effect on firm value", *Journal of Financial Economics*. n. 37, p. 39-65, 1995; V. Maksimovic e G. Phillips, "Do conglomerate firms allocate resources inefficiently?", Universidade de Maryland, 1999 (artigo científico); J. G. Matsusaka e V. Nanda, "Internal capital markets and corporate refocusing", Universidade da Califórnia do Sul, 1998 (artigo científico); D. Palia, "Division-level overinvestment and agency conflicts in diversified firms", Columbia University, 1998 (artigo científico); R. Rajan, H. Servaes e L. Zingales "The cost of diversity: The diversification discount and inefficient investment", Universidade de Chicago, 1997 (artigo científico); D. S. Scharfstein, "The dark side of internal capital markets II: evidence from diversified conglomerates", NBER [National Bureau of Economic Research], 1997 (artigo científico); H. H. Shin e R. M. Stulz, "Are internal capital markets efficient?, *The Quarterly Journal of Economics*, p. 551-552, maio 1998. Mas Houston e James mostram que mercados de capital interno podem criar vantagens competitivas para empresas: J. Houston e C. James, "Some evidence that banks use internal capital markets to lower capital costs", *Journal of Applied Corporate Finance*, v. 11, n. 2, p. 70-78, 1998.
22. J. H. Scott, "On the theory of conglomerate mergers", *Journal of Finance*, n. 32, p. 1235-1250, 1977.
23. Veja M. Brennan, "The pricing of contingent claims in discrete time models", *Journal of Finance*, n. 34, p. 53-68, 1979; J. Cox, S. Ross e M. Rubinstein, "Option pricing: A simplified approach", *Journal of Financial Economics*, n. 7, p. 229-263, 1979; R. C. Stapleton. "Mergers, debt capacity, and the valuation of corporate loans", In: M. Keenan e L. J. White (eds.), *Mergers and acquisitions*, Lexington, MA: D. C. Heath, 1982, cap. 2; D. Galai e R. W. Masulis, "The option pricing model and the risk factor of stock", *Journal of Financial Economics*, n. 3, p. 53-82, 1982.
24. Veja A. Karnani e B. Wernerfelt, "Multiple point competition", *Strategic Management Journal*, n. 6, p. 87-96, 1985; R. D. Bernheim e M. D. Whinston, "Multimarket contact and collusive behavior", *Rand Journal of Economics*, n. 12, p. 605-617, 1990; J. Tirole, *The theory of industrial organization*, Cambridge, MA: MIT Press, 1988; J. Gimeno e C.Y. Woo, "Multimarket contact, economies of scope, and firm performance", *Academy of Management Journal*, v. 43, n. 3, p. 239-259, 1990; H. J. Korn e J. A. C. Baum, "Chance, imitative, and strategic antecedents to multimarket Contact", *Academy of Management Journal*, v. 42, n. 2, p. 171-193, 1999; J. A. Baum e H. J. Korn "Dynamics of dyadic competitive interaction", *Strategic Management Journal*, n. 20, p. 251-278, 1999; J. Gimeno, "Reciprocal threats in multimarket rivalry: Staking our 'spheres of influence' in the U.S. airline industry", *Strategic Management Journal*, n. 20, p. 101-128, 1999; J. Gimeno e C. Y. Woo, "Hypercompetition in a multimarket environment: The role of strategic similarity and multimarket contact in competitive de-escalation", *Organization Science*, v. 7, n. 3, p. 322-341, 1996; H. Ma, "Mutual forbearance in international business", *Journal of International Management*, v. 4, n. 2, p. 129-147, 1998; R. G. McGrath e M. J. Chen, "Multimarket maneuvering in uncertain spheres of influence: Resource diversion strategies", *Academy of Management Review*, v. 23, n. 4, p. 724-740, 1998; M. J. Chen, "Competitor analysis and interfirm rivalry: Toward a theoretical integration", *Academy of Management Review*, v. 21, n. 1, p. 100-134, 1996; M. J. Chen e K. Stucker, "Multinational management and multimarket rivalry: Toward a theoretical development of global competition", *Academy of Management Proceedings 1997*, p. 2-6, 1997; G. Young, K. G. Smith e C. M. Grimm, "Multimarket contact, resource heterogeneity, and rivalrous firm behavior", *Academy of Management Proceedings 1997*, p. 55-59, 1997. Essa ideia foi originalmente proposta por C. D. Edwards, "Conglomerate bigness as a source of power", *Business concentration and price policy*. NBER Relatório da Conferência. Princeton, NJ: Princeton University Press, 1955.
25. Veja A. Karnani e B. Wernerfelt, "Multiple point competition", *Strategic Management Journal*, n. 6, p. 87-96, 1985.
26. Isso é documentado por J. Gimeno, *Multipoint competition, market rivalry and firm performance*: A test of the mutual forbearance hypothesis in the United States airline industry, 1984-1988. 1994. Tese (Doutorado) — Purdue University, 1994.
27. Veja L. Landro, P. M. Reilly e R. Turner, "Cartoon clash: Disney relationship with Time Warner is a strained one", *Wall Street Journal*, p. A1, 14 abr. 1993; P. M. Reilly e R. Turner, "Disney pulls ads in tiff with Time", *Wall Street Journal*, p. B1, 2 abr. 1993. O crescimento e a consolidação do setor de entretenimento desde o começo da década de 1990 transformaram a Disney e a Time Warner (especialmente após sua fusão com a AOL) em grandes conglomerados do entretenimento. Será interessante ver se essas duas grandes empresas conseguirão entrar em conluio tácito ou se continuarão a competição que começou no início da década de 1990.
28. O melhor estudo nessa área foi realizado por J. Gimeno, *Multipoint competition, market rivalry and firm performance*: A test of the mutual forbearance hypothesis in the United States airline industry, 1984-1988. 1994. Tese (Doutorado) — Purdue University, 1994. Veja também F. Smith e R. Wilson, "The predictive validity of the Karnani and Wernerfelt model of multipoint competition", *Strategic Management Journal*, n. 16, p. 143-160, 1995.
29. Veja J. Tirole, *The theory of industrial organization*, Cambridge, MA: MIT Press, 1988.
30. M. L. Carnevale, "Ring in the new: telephone service seems on the brink of huge innovations", *Wall Street Journal*, p. A1, 10 fev. 1993.
31. Veja M. V. Russo, "Power plays: Regulation, diversification, and backward integration in the electric utility industry", *Strategic Management Journal*, n. 13, p. 13-27, 1992. Trabalhos recentes realizados por Jandik e Makhija indicam que, quando uma empresa de serviços de utilidade pública regulamentada diversifica para fora de um setor regulamentado, ela normalmente obtém maior retorno positivo do que quando uma empresa não regulamentada faz isso. [T. Jandik e A. K. Makhija, "An empirical examination of the atypical diversification practices of electric utilities: Internal capital markets and regulation", Fisher College of Business, Ohio State University, set. 1999 (artigo científico)]. Esse trabalho mostra que reguladores têm o efeito de tornar o mercado de capital interno de uma empresa regulamentada mais eficiente. Diferenças entre as conclusões de Russo (1992), Jandik e Makhija (1999) podem estar relacionadas a quando esse trabalho foi realizado. A pesquisa de Russo (1992) pode ter focalizado um período anterior a quando as agências reguladoras aprenderam a melhorar o mercado de capital interno de uma empresa. Porém, apesar de Jandik e Makhija relatarem retornos positivos de empresas regulamentadas que diversificam, esses retornos não refletem as vantagens de poder de mercado dessas empresas.
32. S. Finkelstein e D. C. Hambrick, "Chief executive compensation: A study of the intersection of markets and political processes", *Strategic Management Journal*, n. 10, p. 121-134, 1989.
33. Veja J. William, B. L. Paez e L. Sanders, "Conglomerates revisited", *Strategic Management Journal*, n. 9, p. 403-414, 1988; J. M. Geringer, S. Tallman e D. M. Olsen, "Product and international diversification among Japanese multinational firms", *Strategic Management Journal*, n. 21, p. 51-80, 2000; L. A. Nail, W. L. Megginson e C. Maquieira, "How stock-swap mergers affect shareholder (and bondholder) wealth: More evidence of the value of corporate 'focus'", *Journal of Applied Corporate Finance*, v. 11, n. 2, p. 95-106, 1998; G. R. Carroll, L. S. Bigelow, M. D. L. Seidel e L. B.Tsai, "The fates of De Novo and De Alio producers in the American automobile industry 18851981", *Strategic Management Journal*, n. 17, p. 117-138, 1966, edição especial de verão; Y. H. Nguyen, A. Seror e T. M. Devinney, "Diversification strategy and performance in Canadian manufacturing firms", *Strategic Management Journal*, n. 11, p. 411-418, 1990; R. Amit e J. Livnat, "Diversification strategies, business cycles and economic performance", *Strategic Management Journal*, n. 9, p. 99-110, 1988, para uma discussão sobre diversificação corporativa na economia ao longo do tempo.
34. A história da Nestlé está sintetizada em J. Templeman, "Nestlé: A giant in a hurry", *BusinessWeek*, p. 50-54, 22 mar. 1993.

PANORAMA BRASILEIRO

Hypermarcas: a Procter & Gamble brasileira

Introdução

A Hypermarcas foi fundada em 2002 e, por meio de uma agressiva política de aquisições, tornou-se em menos de dez anos, uma das maiores companhias brasileiras de bens de consumo — e talvez a maior proprietária de marcas desse setor.

Ela atua em quatro linhas de negócios, produzindo e comercializando marcas amplamente conhecidas pelos brasileiros, dentre elas:
- Higiene e limpeza doméstica: Assolan e Mat Inset.
- Alimentos: Finn, Zero-Cal e Salsaretti.
- Beleza e higiene pessoal: Monange, Risqué, Bozzano, Jontex, Olla e Cenoura & Bronze.
- Medicamentos isentos de prescrição médica, medicamentos com prescrição e genéricos: Benegrip, Engov, Rinosoro, Doril, Tamarine, Atroveran e Virilon.

A estratégia de crescimento da empresa tem sido claramente focada nas aquisições, que foram cerca de 30 até o momento, embora seja quase impossível manter esse número atualizado, pois mais alguma empresa ou marca pode estar sendo adquirida pela Hypermarcas neste instante.

O setor farmacêutico responde por 50 por cento da receita da empresa, que já é a maior indústria farmacêutica de capital nacional do Brasil e a segunda no ranking geral da indústria farmacêutica, atrás da Sanofi. Primeiro, adquiriu a DM e a Farmasa, que deram à empresa uma importante parcela do mercado de medicamentos sem prescrição. As últimas aquisições foram Neo Química e Mantecorp, que tinham pretendentes estrangeiros — Pfizer e Laboratórios Aché, respectivamente —, mas terminaram compradas pela Hypermarcas. Com isso, a empresa ampliou sua atuação nos mercados de produtos com prescrição e genéricos. O CEO da empresa declara que atualmente os esforços da empresa estão em tornar-se líder no setor de saúde; portanto, os negócios de alimentos e cuidado doméstico tornam-se secundários.

A empresa anunciou um crescimento de 61 por cento em 2010, atingindo receita líquida de $ 3,2 bilhões e EBITDA — lucro antes de juros, impostos, depreciação e amortização, na sigla em inglês — de $ 734,5 milhões. Boa parte desse sucesso veio das nove aquisições executadas apenas nesse ano, sem descuidar do crescimento orgânico: a empresa teve um crescimento de 17 por cento nas marcas-chave e de 26 por cento nas duas unidades de negócios prioritárias. Os dirigentes defendem que o crescimento orgânico ocorreu graças a uma bem-sucedida estratégia de relançamentos de 'marcas adormecidas', suportados pelos lançamentos de produtos inovadores, campanhas publicitárias de impacto e melhoria de distribuição.

O processo de expansão por meio de aquisições

A Hypermarcas S.A. iniciou suas atividades no ano de 2002, sob o nome de Prátika Industrial Ltda., quando o antigo dono da Arisco, João Alves de Queiroz Filho — conhecido como Júnior —, readquiriu a empresa, que havia sido vendida à Bestfoods, em 2000, como parte da Arisco. Logo depois, a Bestfoods foi adquirida pela Unilever, que não tinha interesse no negócio de esponjas de aço e decidiu vender as marcas Assolan e Fácil, sem prever que isso seria o início de um conglomerado concorrente.

Ainda no primeiro ano, Júnior adquiriu novas empresas a fim de expandir a produção e inaugurou um novo centro de distribuição em Goiânia para ampliar sua rede de distribuição. Nos anos seguintes, foram adquiridas outras empresas que ampliaram sua participação no mercado de higiene e limpeza doméstica: Fisibra (2003), Distribuidora Clean (2005) e Quimivale Industrial (2005). Em 2006, a empresa ingressou em alimentos e cosméticos por meio da aquisição da Etti e de uma aliança estratégica com a empresária Cristiana Arcangeli, com a marca Éh Cosméticos, que posteriormente foi também adquirida.

Em 2007, começou a investida no mercado de medicamentos, com a aquisição da DM Farmacêutica, da Sulquímica Ltda. e da Finn Administradora de Marcas — detentora da marca de adoçantes Finn, que era do laboratório farmacêutico Boehringer-Ingelheim. Nesse ano, a empresa foi batizada de Hypermarcas Industrial Ltda., assumindo sua condição de conglomerado.

Em 2008, foi dado um passo muito importante, quando a Hypermarcas abriu seu capital, tornando-se Hypermarcas S.A. e realizando oferta pública de suas ações no Novo Mercado da Bovespa. Ao mesmo tempo, continuou sua expansão nos setores farmacêutico e de cosméticos com a aquisição da Farmasa, da Ceil — controladora da Revlon no Brasil —, da Brasil Global Cosméticos e da Niasi.

Depois disso, intensificou ainda mais seu processo de aquisição de empresas. Em 2009, a Hypermarcas adquiriu a Hydrogen Cosméticos — a linha para o segmento infantil da SS Cosméticos, do Grupo Silvio Santos, a Inal (Indústria Nacional de Artefatos de Látex) — fabricante dos preservativos Olla e Lovetex —, a Jontex — marca de preservativos da Johnson & Johnson, a fabricante de fraldas e absorventes Pom-Pom — líder em fraldas geriátricas com a marca Bigfral —, e a Neo Química.

Nesse momento, foi feita uma cisão parcial, criando-se assim a Cosmed Indústria de Medicamentos e

Cosméticos, unidade de negócios da Hypermarcas responsável pela fabricação dos produtos farmacêuticos e cosméticos, demostrando a prioridade dada a essas linhas de negócios.

Em 2010, a Hypermarcas adquiriu a Luper — laboratório farmacêutico —, a York — fabricante de produtos hospitalares e de higiene pessoal —, a Facilit Odontológica — marca Sanifill —, as fraldas Sapeka, a Mabesa do Brasil — fabricante das fraldas e dos lenços umedecidos com as marcas Cremer e Plim-Plim, entre outras —, as controladoras da empresa de produtos odontológicos Bitufo, a marca Pom Pom Sabonetes — que pertencia à Colgate-Palmolive — e a Mantecorp. Apenas em 2010 as aquisições realizadas pela Hypermarcas somaram mais de $ 4 bilhões.

A última aquisição foi de três marcas de medicamentos de venda sob prescrição da Sanofi-Medley nos primeiros meses de 2011. O Quadro A apresenta boa parte das marcas das empresa.

A estrutura da Hypermarcas

Os acionistas controladores são: Igarapava Participações S.A. (20,34 por cento) Maiorem S.A. de C.V. (14,92 por cento), Marcelo Henrique Limírio Gonçalves (5,53 por cento), Nelson José de Mello (0,24 por cento), Claudio Bergamo (0,24 por cento) e outros membros da família Limírio Gonçalves (aproximadamente 0,07 por cento). A empresa conta com 53,13 por cento de suas ações em circulação e tem como demais acionistas o Fundo de Investimento em Participações Votorantim AGEM (5,51 por cento) e os administradores (0,02 por cento).

A Hypermarcas opera 19 fábricas em nove complexos industriais, localizados nos estados de Goiás, Santa Catarina e São Paulo. Ela procura manter uma estrutura administrativa horizontal, com poucos escalões para garantir a agilidade na tomada de decisão.

A companhia realiza a distribuição de seus produtos por meio dos canais de varejo alimentar e farmacêutico. Cada um dos negócios conta com uma força de vendas dedicada e especializada, composta por vendedores suportados por uma rede de promotores, bem como por uma equipe de visitação médica para a promoção de medicamentos.

Em um mesmo setor, como o farmacêutico, a Hypermarcas busca múltiplas sinergias operacionais em várias frentes, entre as quais equipes de vendas a farmácias e de visitas a médicos, ao realizar suas aquisições. Além disso, a companhia pretende lançar produtos da Neo Química — laboratório comprado no fim de 2009 — com a marca da Mantecorp, adquirida no fim de 2010.

A empresa conta com times de aquisição e de integração. Quando os compradores de marcas e em-

QUADRO A — Marcas da empresa

Beleza e higiene pessoal	Medicamentos	Higiene e limpeza	Alimentos
Avanço	Anapyon	Assim	Adocyl
Bigfral	Atroveran	Assolan	Cajamar
Biocolor	Biotônico Fontoura	Fluss	Etti
Bozzano	Coristina	Gato	Finn
Cenoura & Bronze	Doril	Help	Zero-Cal
Hydrogen	Episol	MatInset	Salsaretti
Jontex	Epocler	Rasp	Supra Sumo
Leite de Colônia	Escabin	Sim	
Lovetex	Estomazil		
Microtex	Gelol		
Monange	Hemovirtus		
Olla	Lacto-Purga		
Pom Pom	Lucretin		
Risqué	Maracugina		
Très Marchand	Melhoral		
New Care	Merthiolate		
Coppertone	Mirador		
Fraldas Cremer	Rinosoro		
Sabonetes Pom Pom	Tiratosse		
Sanifill	Vitasay		
York			
Sapeka			

presas encerram o trabalho, a equipe de integração inicia o seu, sendo dez profissionais encarregados por avaliar as sinergias entre as companhias.

Para cada aquisição, a Hypermarcas planejou detalhadamente o processo de captura de sinergias ao longo de três fases:

1. Ganhos rápidos: aumento de produtividade nas fábricas nos primeiros 12 meses.
2. Ajustes operacionais: reestruturação das fábricas, redução dos custos de matéria-prima, de empacotamento e de custos de logística.
3. Estratégias de mercado dos produtos: investimento em marketing, aumento de participação de mercado e de distribuição e lançamentos de novos produtos e extensão de marcas.

A empresa conta com um cronograma de implantação das sinergias, considerando o ano de aquisição de cada empresa ou marca. Assim, as aquisições do ano de 2008 já estão quase todas com as fases 1 e 2 concluídas.

As vantagens competitivas da Hypermarcas

Os controladores adotaram a estratégia de adquirir um portfólio de marcas fortes e produtos com demanda já estabelecida. Apesar da agressividade nas aquisições, esse fato proporcionou à empresa um sólido fluxo de caixa. Além disso, o número de aquisições já realizadas resultou em larga experiência na identificação, atração, aquisição e integração de negócios no setor de bens de consumo, na implementação de políticas de crescimento e na realização de investimentos em marketing. Outro ponto importante é que quanto maior fica a empresa no setor de bens de consumo, maior é seu poder de barganha em negociações com varejistas.

Apesar de parecer que 'atiram para todos os lados', os executivos da Hypermarcas garantem que as aquisições são planejadas e que as empresas são profundamente analisadas antes de serem adquiridas. Uma característica marcante é a compra de marcas nacionais populares que foram rejeitadas pelas multinacionais com foco em marcas globais ou que eram pouco trabalhadas por empresas nacionais. Algumas dessas marcas são sinônimos de categoria, como os adoçantes Finn, Zero-Cal e Adocyl. Dessa forma, o potencial de crescimento das marcas adquiridas é muito grande.

O estilo agressivo da Hypermarcas inflacionou os ativos de empresas farmacêuticas no Brasil. Segundo importante jornal de negócios, a referência de aquisição por um ativo no exterior gira em torno de 12 a 14 vezes o EBITDA de uma companhia. A aquisição da Mantecorp empurrou para 20 a 22 vezes o EBITDA.

A Hypermarcas conta com administradores e acionistas com experiência e conhecimento na indústria de bens de consumo. Além disso, o grupo tem recebido forte apoio financeiro do Banco Nacional do Desenvolvimento Econômico e Social (BNDES) nas transações financeiras. No fim de 2010, a companhia emitiu cerca de $ 1,1 bilhão em debêntures simples — a operação tem a garantia de compra total pelo BNDES Participações (BNDESPar), braço de participações do BNDES. Acredita-se que o governo considere a Hypermarcas como consolidadora do setor farmacêutico, que é considerado estratégico, bem como capaz de conter o avanço das empresas multinacionais.

Outro ponto positivo é o fato de a Hypermarcas estar listada na bolsa, o que lhe permite maior acesso a capital, utilizando suas ações como parte do pagamento pelas empresas adquiridas. Além disso, há o benefício do ágio das incorporações, o que a torna mais rápida e capacitada a oferecer mais que os concorrentes pelas empresas que deseja adquirir.

O ágio é a diferença entre o valor contábil de incorporação de uma companhia e o montante efetivamente desembolsado na aquisição. Por lei, se uma empresa paga por outra um montante superior ao seu valor contábil, pode amortizar essa diferença no prazo de 5 a 10 anos. Ao fazer isso, a empresa reduz seu lucro tributável, que é a base de contribuição do imposto, e acaba pagando menos ao fisco, o que é uma operação legal no país.

Ao anunciar lucro e excelente desempenho operacional no segundo trimestre de 2009, período afetado pela crise financeira mundial, o CEO da Hypermarcas declarou que "o sucesso dos resultados da Hypermarcas advém da contínua captura de sinergias e de melhorias operacionais implementadas pela companhia, aliadas à força de suas marcas, que se mostraram bastante resilientes nos momentos de crise. A combinação disso, aliada a nossa estratégia de aquisições e de relançamento de marcas adormecidas, permite alcançarmos um crescimento acelerado com rentabilidade".

Considerações finais

A Hypermarcas tem alguns desafios pela frente. O primeiro deles é, sem dúvida, a integração de todos os negócios adquiridos — 30 em apenas nove anos. Há quem duvide da capacidade da empresa em administrar um portfólio de quase 200 marcas mantendo o ritmo de crescimento e a saúde financeira da companhia. Em dado momento, será preciso, de fato, buscar maior crescimento orgânico, e não mais por meio de aquisições, pois, ainda que o apetite da Hypermarcas seja grande — o CEO declarou que tem ao menos dez empresas em sua mira —, o número de empresas disponíveis nos setores de atuação no Brasil um dia ficará restrito.

Outro desafio seria aumentar o investimento em inovação, especialmente nas empresas do setor farmacêutico, subindo o investimento em pesquisa e desenvolvimento do patamar atual de 1,5 por cento do faturamento para algo menos distante do percentual (10 a 20 por cento) investido por grandes corporações que desenvolvem novas moléculas. Até agora, a estratégia foi adquirir empresas e marcas consagradas para expandir e diversificar a empresa, mas para manter essas marcas e torná-las mais fortes será preciso mais investimento.

Entretanto, oportunidades não faltam. Espera-se que, até 2013, a venda de medicamentos no Brasil cresça entre 8 e 11 por cento, comparado a um aumento de 4 a 7 por cento em economias mais desenvolvidas, como Estados Unidos e Europa. Como os laboratórios multinacionais precisam de mercado e de produtos para continuar crescendo, os ativos brasileiros tendem a ficar mais caros. Para piorar, as multinacionais estão perdendo as patentes de medicamentos que consumiram anos e bilhões de dólares em pesquisa e desenvolvimento, como Viagra e Lípitor, da Pfizer. Segundo a Associação da Indústria Farmacêutica de Pesquisa (Interfarma), as multinacionais respondem por 60 por cento do faturamento do setor no Brasil, mas essa participação tende a diminuir.

A Hypermarcas não tem planos de se internacionalizar enquanto não consolidar totalmente seus negócios no Brasil. A meta do fundador é transformá-la na Procter & Gamble brasileira.

|||| QUESTÕES ||||

1. Qual é o tipo de diversificação corporativa da Hypermarcas?
2. Discuta se a Hypermarcas atendeu às duas condições para criar valor econômico.
3. Quais economias de escopo a Hypermarcas explorou?
4. Dessas economias, quais estão menos sujeitas à imitação de baixo custo? Justifique sua resposta.
5. Discuta os substitutos potenciais para a diversificação corporativa no caso da Hypermarcas. Considerando o histórico da empresa, você recomendaria aos controladores o desenvolvimento de negócios separadamente ou a formação de alianças estratégicas? Justifique sua resposta.

|||| REFERÊNCIAS ||||

Hypermarcas. Disponível em: <http://www.hypermarcas.com.br>. Acesso em: 15 mar. 2011.
Hypermarcas Relações com Investidores. Disponível em: <http://hypermarcas.infoinvest.com.br>. Acesso em: 15 mar. 2011.
Hypermarcas golpeia concorrentes e avança. *Valor Econômico*, São Paulo, 10 fev. 2011. Disponível em: <http://www.valoronline.com.br>. Acesso em: 15 mar. 2011.
A alquimia da Hypermarcas. *Isto É Dinheiro*, São Paulo, 23 dez. 2010. Disponível em: <http://www.istoedinheiro.com.br>. Acesso em: 15 mar. 2011.
Hypermarcas compra por US$ 221 mi preservativos Jontex e Olla — 7 out. 2009; Hypermarcas fecha acordo para comprar a Pom Pom por R$ 300 mi; Hypermarcas compra linha infantil de cosméticos de Silvio Santos; Dona da Assolan e Bozzano tem alta de 215% no lucro; Hypermarcas anuncia mais uma aquisição, no setor farmacêutico, por R$ 52 mi. *Folha de S.Paulo*. São Paulo, 11 ago. 2009, 1º out. 2009, 7 out. 2009, 8 mar. 2010. Disponível em: <http://www1.folha.uol.com.br>. Acesso em: 15 mar. 2011.
A. Alegiri Jr. Hypermarcas compra Mantecorp por R$2,5 bilhões. *Yahoo Notícias*, [S.l.]; Yahoo; Reuters, 20 dez. 2010. Economia. Disponível em: < http://br.noticias.yahoo.com/s/reuters/101220/economia/negocios_empresas_hypermarcas_mantecorp>. Acesso em: 15 mar. 2011.
Hypermarcas compra fabricante de fraldas Mabesa. *O Estado de São Paulo*, São Paulo, 7 ago. 2010. Economia. Disponível em: <http://economia.estadao.com.br/noticias/economia+geral,hypermarcas-compra-fabricante-de-fraldas-mabesa,30674,0.htm>. Acesso em: 15 mar. 2011.

Caso elaborado pela professora doutora Daniela M. R. Khauaja, consultora e pesquisadora nas áreas de marketing e *branding*, professora e coordenadora da área de marketing da pós-graduação da Escola Superior de Propaganda e Marketing (ESPM). A proposta deste caso é servir como referência para reflexão e discussão sobre o tema, e não para avaliar as estratégias adotadas.

Organizando para implementar a diversificação corporativa

OBJETIVOS DE APRENDIZAGEM

Após a leitura deste capítulo, você estará apto a:

1. Descrever a estrutura multidivisional, ou em forma de M, e como é utilizada para implementar uma estratégia de diversificação corporativa.
2. Descrever os papéis do conselho de administração, dos investidores institucionais, dos altos executivos, do *staff* corporativo, dos gerentes gerais de divisão e dos gerentes de atividades compartilhadas na estrutura de trabalho em forma de M.
3. Descrever como os três processos de controle gerencial — medir o desempenho divisional, alocar capital corporativo e transferir produtos intermediários — são usados para ajudar a implementar uma estratégia de diversificação corporativa.
4. Descrever o papel da remuneração gerencial na implementação de uma estratégia de diversificação corporativa.

A Tyco em dez anos

Por quase dez anos, a Tyco International foi o símbolo da irresponsabilidade e da fraude gerencial. Aquisições desenfreadas, festas corporativas decadentes em exóticas ilhas italianas, milhões em empréstimos antiéticos, tudo isso levou a um dos mais notórios processos judiciais por fraude corporativa na última década. Após um julgamento sem que o júri chegasse a uma decisão unânime, um segundo julgamento considerou o ex-CEO (do inglês, *chief executive officer*) da Tyco, Dennis Kozlowski, culpado de fraude e sentenciou-o a uma pena de 8 a 25 anos em uma prisão federal.

Mas, como empresa, a Tyco permaneceu. Muitos de seus negócios continuaram a operar — apesar da prevaricação contábil e da criatividade no nível corporativo — em grande parte intactos. Consumidores ainda compravam seus produtos, esses produtos ainda demandavam serviços, e o dinheiro ainda tinha de ser contado.

Entretanto, como administrar a confusão na qual a Tyco — a corporação — havia se transformado, sem colocar os negócios que ela ainda possuía — muitos dos quais bastante viáveis — em risco? Esse era o dilema que Edward Breen, o novo CEO da empresa, tinha de enfrentar.

No curto prazo, Breen concentrou a maior parte de suas energias em limpar a bagunça deixada por Kozlowski. Isso incluía substituir todo o conselho de administração da Tyco e a maior parte de sua equipe gerencial sênior, liquidar ações judiciais pendentes com acionistas e reduzir seu nível de endividamento em três quartos. Esses primeiros socorros emergenciais permitiram à Tyco conquistar alguma credibilidade entre seus acionistas, credores e até seus próprios funcionários.

Com essas mudanças implementadas, Breen então voltou sua atenção à racionalização da mixórdia de carteira de empresas que Kozlowski — por meio de cerca de 600 aquisições — havia costurado. Passo um: dividir a empresa em três partes — a primeira, focalizando atividades relacionadas com a saúde; a segunda, em peças e produtos eletrônicos; a terceira, nos negócios de gestão de segurança e incêndio. Passo dois: vender as primeiras duas partes do negócio — a primeira, conhecida como Covidien; a segunda, como Tyco Electronics —, de modo que a administração pudesse focar os negócios remanescentes. Esse trabalho de reestruturação foi executado no fim de 2007.

Embora não estejam perto de ser tão diversificadas quanto antes, essas ações ainda deixaram a Tyco com uma ampla gama de negócios, incluindo sistemas de monitoramento de segurança residencial ADT; fabricação de válvulas e tubulações para os setores de petróleo, gás e água; serviços de proteção contra incêndios; fabricação de materiais para tubulações, fiações e arame farpado; e vídeos de segurança e produtos correlatos. Agora um 'miniconglomerado', a Tyco encolheu de uma receita de $ 40 bilhões — nos tempos de Kozlowski — para modestos $ 18 bilhões.

No entanto, mesmo como um 'miniconglomerado', Breen ainda necessita explicar como sua empresa está administrando esse *mix* de negócios de modo a criar valor excedente em relação ao que seria o caso, se cada um desses negócios fosse administrado separadamente. Até agora, o mercado não parece convencido pelos esforços gerenciais de Breen — as ações da Tyco caíram 22 por cento nos últimos meses. Isso não se compara favoravelmente ao preço das ações de outros conglomerados no mesmo período, incluindo a Danaher, cujas ações subiram 6 por cento. Administrar um portfólio diversificado de negócios de modo a criar valor é uma tarefa difícil, mesmo quando sua empresa não é mais assolada por fraudes e mesmo quando seu portfólio não é tão diversificado quanto costumava ser.

Fonte: B. Hindo, "Solving Tyco's identity crisis", *BusinessWeek*, p. 62-63, 18 fev. 2008.

Este capítulo aborda como empresas grandes e diversificadas — como a Tyco — são gerenciadas e governadas de maneira eficiente. O capítulo explica como esse tipo de empresa é administrado de forma consistente com os interesses de seus donos — os acionistas —, assim como o de seus outros stakeholders. Os três componentes da organização para implementar qualquer estratégia, identificados no Capítulo 3 — estrutura organizacional, controles gerenciais e política de remuneração —, também são importantes na implementação da estratégia de diversificação.

ESTRUTURA ORGANIZACIONAL E IMPLEMENTAÇÃO DE DIVERSIFICAÇÃO CORPORATIVA V R I O

A estrutura organizacional mais comum para implementar uma estratégia de diversificação corporativa é a estrutura **multidivisional** ou em **forma de M**. A Figura 8.1 mostra uma estrutura típica em forma de M, tal como seria apresentada no relatório anual de uma empresa. Essa mesma estrutura está redesenhada na Figura 8.2 para enfatizar os papéis e as responsabilidades de cada um dos principais componentes da organização em forma de M.[1]

Na estrutura multidivisional, cada negócio que a empresa opera é gerenciado por uma **divisão**. As empresas dão nomes diferentes para essas divisões — unidades estratégicas de negócio (UEN, do inglês *strategic business units* — UEN), grupos de negócio, companhias. Qualquer que seja o nome, as divisões em uma organização em forma de M são seus verdadeiros **centros de lucros e perdas**, que são calculados no nível de divisão nessas empresas.

As empresas usam critérios diferentes para definir os limites dos centros de lucros e perdas. Por exemplo, a General Electric (GE) define suas divisões em relação aos tipos de produto que cada um fabrica e vende (por exemplo, infraestrutura de energia, infraestrutura de tecnologia, GE Capital e NBC Universal). A Nestlé define suas divisões com referência ao escopo geográfico de cada um de seus negócios (América do Norte, América do Sul etc.). A General Motors (GM) define suas divisões quanto ao nome de marca de seus produtos (Cadillac, Chevrolet e assim por diante). Independentemente de como sejam definidas, as divisões em uma organização em forma de M devem ser grandes o suficiente para representar entidades de negócio identificáveis, mas pequenas o suficiente para que cada uma possa ser administrada eficientemente por um gerente geral de divisão. Na realidade, cada divisão em uma organização em forma de M caracteriza-se por adotar uma estrutura em forma de U (veja a discussão sobre isso nos capítulos 4, 5 e 6), e o gerente geral de divisão assume o papel de um executivo sênior de uma estrutura em forma de U.

FIGURA 8.1 Um exemplo de estrutura organizacional em forma de M, conforme ilustrada no relatório anual de uma empresa

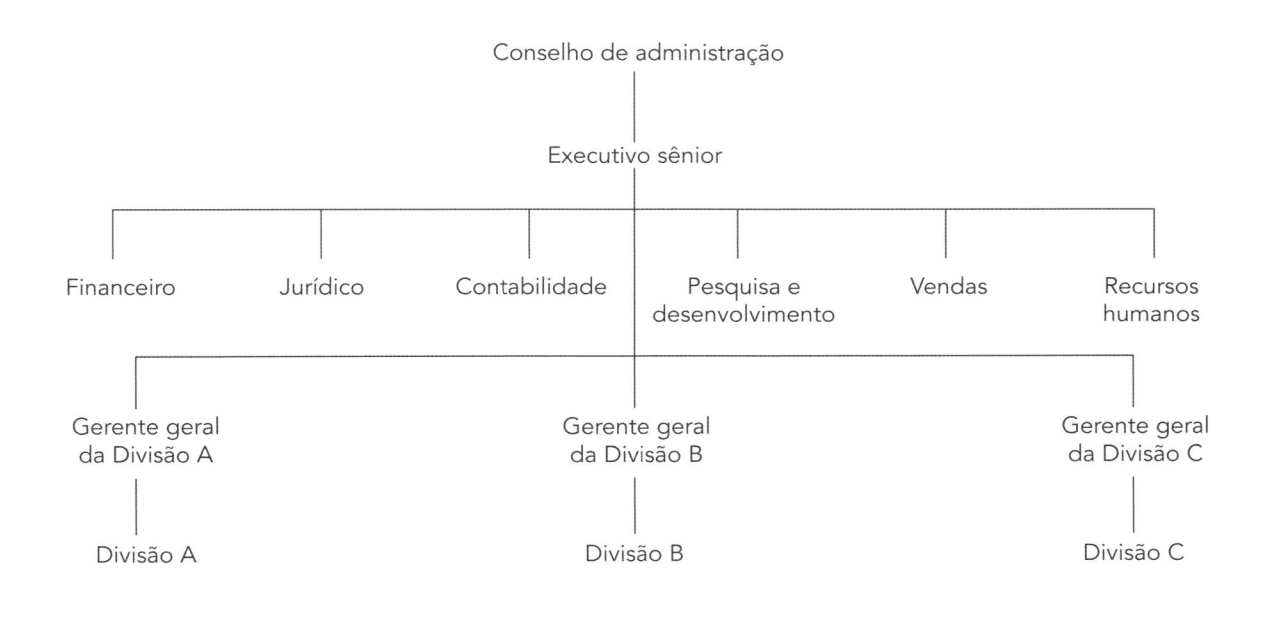

```
                          Conselho de administração
                                    |
                             Executivo sênior
   ┌──────────┬──────────┬──────────┬──────────┬──────────┐
Financeiro  Jurídico  Contabilidade  Pesquisa e  Vendas  Recursos
                                    desenvolvimento      humanos

   ┌────────────────────┬────────────────────┐
Gerente geral       Gerente geral       Gerente geral
da Divisão A        da Divisão B        da Divisão C
     |                    |                    |
  Divisão A            Divisão B            Divisão C
```

FIGURA 8.2 Estrutura em forma de M redesenhada para enfatizar papéis e responsabilidades

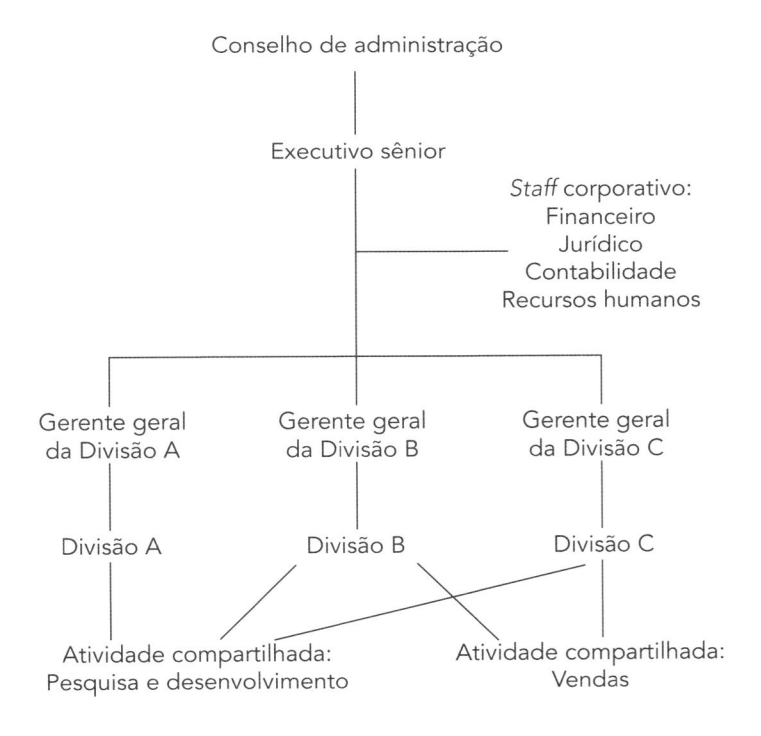

```
              Conselho de administração
                        |
                 Executivo sênior
                                Staff corporativo:
                                   Financeiro
                                   Jurídico
                                   Contabilidade
                                   Recursos humanos

   ┌────────────────┬────────────────┐
Gerente geral   Gerente geral   Gerente geral
da Divisão A    da Divisão B    da Divisão C
     |               |               |
  Divisão A       Divisão B       Divisão C

     Atividade compartilhada:        Atividade compartilhada:
     Pesquisa e desenvolvimento              Vendas
```

A estrutura em forma de M é desenhada para criar sistemas de controle e equilíbrio de poder dos gerentes, aumentando a probabilidade de que uma empresa diversificada seja administrada de maneira consistente com os interesses dos acionistas. Os papéis de cada um dos principais componentes da estrutura em forma de M para atingir esse objetivo estão resumidos na Tabela 8.1 e são discutidos a seguir. Alguns dos conflitos de interesse que podem surgir entre os acionistas de uma empresa e seus gerentes estão descritos no quadro "Estratégia em detalhes".

Conselho de administração

Um dos principais componentes da organização em forma de M é o **conselho de administração** de uma empresa. Em princípio, todos os gerentes seniores estão subordinados ao conselho, cuja principal responsabilidade consiste em monitorar a tomada de decisão em uma empresa para assegurar que seja consistente com os interesses dos acionistas.

Um conselho de administração normalmente consiste de 10 a 15 indivíduos selecionados entre os membros da alta gerência e pessoas de fora da empresa. O **executivo sênior** (geralmente, identificado pelo título de presidente, diretor executivo ou CEO), o diretor executivo financeiro (do inglês, *chief financial officer* — **CFO**) e alguns outros gerentes seniores costumam fazer parte do conselho — embora este geralmente tenha menos executivos da empresa entre seus membros do que pessoas de fora. O executivo sênior de uma empresa é frequentemente, mas não necessariamente, o **presidente do conselho** (um termo usado aqui para denotar tanto homens como mulheres). A tarefa dos membros do conselho da alta gerência — inclusive o presidente — é proporcionar aos outros membros do conselho informações e *insights* sobre as decisões críticas que estão sendo tomadas na empresa e sobre que efeito essas decisões devem ter para os acionistas. A tarefa dos membros do conselho de fora da empresa é avaliar o desempenho passado, atual e futuro da empresa e de seus gerentes seniores, para assegurar que as decisões tomadas na empresa sejam consistentes com os interesses dos acionistas.[2]

O conselho de administração é tipicamente organizado em vários comitês. Um **comitê de auditoria** é responsável por garantir a exatidão dos demonstrativos financeiro e contábil. Um **comitê financeiro** mantém a relação entre a empresa e os mercados de capital externo. Um **comitê de nomeação** nomeia novos membros do conselho.

TABELA 8.1 Papéis e responsabilidades dos principais componentes da estrutura em forma de M

Componente	Atividade
Conselho de administração	Monitorar a tomada de decisão em uma empresa para assegurar que seja consistente com os interesses dos acionistas
Investidores institucionais	Monitorar a tomada de decisão em uma empresa para assegurar que seja consistente com os interesses dos principais acionistas institucionais
Executivos seniores	Formular estratégias corporativas consistentes com os interesses dos acionistas e assegurar a implementação das estratégias Formulação de estratégia: • Decidir em que negócios a empresa operará • Decidir como a empresa deverá competir nesses negócios • Especificar as economias de escopo em torno das quais a empresa diversificada operará Implementação de estratégia: • Estimular a cooperação entre divisões para explorar economias de escopo • Avaliar o desempenho das divisões • Alocar capital entre divisões
Staff corporativo	Fornecer informações aos executivos seniores sobre os ambientes interno e externo para formulação e implementação de estratégia
Gerentes gerais de divisão	Formular estratégias divisionais consistentes com as estratégias corporativas e assegurar a implementação de estratégia Formulação de estratégia: • Decidir como as divisões competirão em seus negócios, dada a estratégia Implementação de estratégia: • Coordenar as decisões e ações dos gerentes funcionais que se reportam ao gerente geral da divisão para implementar a estratégia da divisão • Competir por alocações de capital corporativo • Cooperar com outras divisões para explorar economias de escopo corporativas
Gerentes de atividade compartilhada	Dar suporte às operações das várias divisões

ESTRATÉGIA EM DETALHES

Conflitos de agência entre gerentes e acionistas

No Capítulo 7, foi sugerido que em alguns casos o melhor para os acionistas é delegar aos gerentes a administração do dia a dia de seus investimentos em uma empresa. Isso ocorre quando os investidores não conseguem realizar uma economia de escopo valiosa por conta própria, enquanto os gerentes *conseguem*.

Diversos autores sugerem que, em uma troca, sempre que uma das partes delega autoridade de tomada de decisão para uma segunda parte, uma **relação de agência** tem sido criada entre essas partes. A parte que delega essa autoridade de tomada de decisão é chamada de **principal**; a parte que recebe essa autoridade é chamada de **agente**. No contexto da diversificação corporativa, existe uma relação de agência entre os acionistas externos da empresa (como principais) e seus gerentes (como agentes), na medida em que esses acionistas delegam a administração rotineira de seus investimentos para esses gerentes.

A relação de agência entre os acionistas e os gerentes pode ser muito eficaz, desde que os gerentes tomem decisões de investimentos que sejam condizentes com os interesses dos acionistas. Portanto, se estes estão interessados em maximizar a taxa de retorno sobre seu investimento em uma empresa e se os gerentes tomam suas decisões de investimento com esse objetivo em mente, então os acionistas terão pouco receio em delegar a administração rotineira de seus investimentos para os gerentes. Infelizmente, em muitas situações, os interesses dos acionistas externos de uma empresa e de seus gerentes não coincidem. Quando as partes em uma relação de agência diferem em seus objetivos de tomada de decisão, surgem **problemas de agência**. Dois dos mais comuns deles foram identificados: investimento em benefícios gerenciais e aversão ao risco da gerência.

Os gerentes de uma empresa podem decidir usar parte do capital da empresa para investir em **benefícios gerenciais** que não acrescentam valor econômico para a empresa, mas favorecem diretamente esses gerentes. Exemplos de tais investimentos incluem escritórios suntuosos, frotas de jatos e casas de veraneio da empresa. Dennis Kozlowski, ex-CEO da Tyco International, foi acusado de 'roubar' $ 600 milhões de sua empresa nesses tipos de benefício gerencial. A lista de bens e serviços que Kozlowski proporcionou generosamente a si mesmo e a outros próximos a ele é realmente impressionante — uma festa de aniversário de milhões para sua esposa, uma lixeira de $ 6 mil, um toldo de $ 15 mil, um empréstimo de $ 144 mil para um membro do conselho de administração, garçons fantasiados de romanos em um evento, e assim por diante.

Por mais ultrajantes que sejam esses benefícios gerenciais, a segunda fonte de problemas de agência — **aversão ao risco da gerência** — é provavelmente mais importante na maioria das empresas diversificadas. Conforme discutido no Capítulo 7, os acionistas podem diversificar seus portfólios de investimento com custos muito baixos. Por meio de seus esforços de diversificação, podem eliminar de seus portfólios todo o risco específico à empresa. Nesse cenário, os acionistas prefeririam que os gerentes realizassem investimentos mais arriscados do que menos arriscados, sendo que os retornos esperados sobre investimentos arriscados são normalmente maiores do que os retornos esperados sobre investimentos de menor risco.

Os gerentes, em contrapartida, têm capacidade limitada para diversificar seus investimentos em capital humano em suas empresas. Parte desses investimentos é específica para determinada empresa e tem valor limitado em usos alternativos. O valor do investimento em capital humano de um gerente depende criticamente da continuidade da existência da empresa. Assim, os gerentes *não* são indiferentes aos riscos das oportunidades de investimento de uma empresa. Investimentos muito arriscados podem prejudicar a sobrevivência da empresa, e dessa forma eliminar o valor dos investimentos em capital humano dos gerentes. Esses incentivos podem levá-los a ser mais avessos ao risco do que os acionistas gostariam.

Um dos propósitos da estrutura em forma de M, e, na verdade, de todos os aspectos da organização para implementar a diversificação empresarial, é reduzir esses problemas de agência.

Fontes: M. C. Jensen e W. H. Meckling, "Theory of the firm: Managerial behavior, agency costs, and ownership structure", *Journal of Financial Economics*, n. 3, p. 305-360, 1976; J. Useem, "The biggest show", *Fortune*, p. 157+, 8 dez. 2003; R. Lambert, "Executive effort and selection of risky projects", *Rand Journal of Economics*, v. 13, n. 2, p. 369-378, 1986.

Um **comitê de pessoal e remuneração** avalia e remunera o desempenho do executivo sênior e de outros gerentes seniores de uma empresa. Frequentemente, a participação como membro desses comitês permanentes é reservada a pessoas de fora da empresa. Outros comitês permanentes refletem questões específicas de uma empresa em particular e geralmente são abertos a membros internos e externos.[3]

Ao longo dos anos, foram conduzidas diversas pesquisas sobre a eficiência dos conselhos de administração em assegurar que os gerentes de uma empresa tomem decisões consistentes com os interesses dos acionistas. Alguns desses trabalhos estão resumidos no quadro "Pesquisa em foco".

Investidores institucionais

Historicamente, na corporação grande e diversificada mais comum, milhões de investidores individuais são donos de pequenos blocos do patrimônio da empresa. A exceção a essa regra geral são as empresas familiares ou dominadas por famílias, um fenômeno que é relativamente mais comum fora dos Estados Unidos. Quando o patrimônio de uma empresa está espalhado entre milhões de pequenos investidores, é difícil para qualquer um desses investidores ter uma posição de posse grande o suficiente para influenciar diretamente as decisões gerenciais. A única atitude que podem tomar se discordarem das decisões é vender suas ações.

No entanto, o crescimento de investidores institucionais mudou a estrutura de propriedade de muitas empresas diversificadas de grande porte ao longo dos últimos anos. **Investidores institucionais** são, geralmente, fundos de pensão, fundos mútuos, seguradoras ou outros grupos de investidores institucionais que se reuniram para gerir seus investimentos. Em 1970, as instituições possuíam 32 por cento das ações negociadas nos Estados Unidos. Em 1990, as instituições possuíam 48 por cento dessas ações. Em 2005, possuíam 69 por cento das ações das mil maiores empresas nos Estados Unidos.[4]

Os investidores institucionais podem usar sua influência de investimento para insistir que a gerência de uma empresa atue de maneira consistente com os interesses dos acionistas. Observadores que supõem que os investidores institucionais estão mais interessados em maximizar o valor de curto prazo de seus portfólios do que no desempenho de longo prazo das empresas que compõem esses portfólios temem que esse poder forçará as empresas a fazer apenas investimentos de curto prazo. Uma pesquisa recente nos Estados Unidos e no Japão, no entanto, sugere que os investidores institucionais não são exageradamente míopes. Pelo contrário, conforme se sugeriu anteriormente, esses investidores usam aproximadamente a mesma lógica que os acionistas utilizam quando avaliam o desempenho de uma empresa. Por exemplo, um grupo de pesquisadores examinou o impacto dos investidores institucionais no investimento em pesquisa e desenvolvimento nos setores intensivos em P&D. Os investimentos em P&D costumam ter uma orientação de longo prazo. Se os investidores institucionais forem míopes, deverão influenciar as empresas a investir relativamente menos em P&D, em favor de investimentos que geram lucro no curto prazo. Essa pesquisa mostrou que altos níveis de investimento institucional não afetavam adversamente o nível de P&D de uma empresa. Essas conclusões são consistentes com a noção de que os investidores institucionais não se preocupam exageradamente com o curto prazo em suas atividades de monitoramento.[5]

Generalizando, outros pesquisadores mostraram que níveis altos de investimento institucional levam empresas a vender negócios estrategicamente não relacionados. Esse efeito de investidores institucionais é aumentado quando, adicionalmente, membros do conselho de fora da empresa possuem investimentos substanciais em ações da empresa. Dada a discussão sobre o valor da diversificação não relacionada do Capítulo 7, parece claro que essas ações de alienação são tipicamente consistentes com a maximização do valor presente de uma empresa.[6]

Executivos seniores

Conforme sugerido na Tabela 8.1, o executivo sênior (o presidente ou CEO) de uma organização em forma de M tem duas responsabilidades: formulação e implementação de estratégia. A *formulação de estratégia* diz respeito a decidir em que conjunto de negócios uma empresa vai operar, e a *implementação de estratégia* concentra-se em estimular um comportamento consistente com ela. Cada uma dessas responsabilidades do executivo sênior é discutida a seguir.

Formulação de estratégia

Em um nível geral, decidir em que negócios uma empresa deve operar equivale a descobrir e desenvolver economias de escopo valiosas entre os negócios atuais e potenciais da empresa. Se essas economias de escopo também são raras e custosas de imitar, podem ser uma fonte de vantagem competitiva sustentável para uma empresa diversificada.

O executivo sênior está em uma posição única para descobrir, desenvolver e estimular economias de escopo valiosas na empresa diversificada. Cada gerente nesse tipo de empresa ou tem uma visão divisional (por exemplo, gerentes gerais de divisão ou gerentes de atividades compartilhadas) ou é um especialista funcional (por exemplo, *staff* corporativo e gerentes funcionais nas divisões). Somente o executivo sênior tem uma perspectiva verdadeiramente corporativa. No entanto, o executivo sênior de uma organização em forma de M deve envolver diversos outros gerentes divisionais e funcionais na formulação de estratégia para assegurar informações completas

PESQUISA EM FOCO

A eficácia do conselho de administração

Há muita pesquisa sobre quando os conselhos de administração são mais ou menos eficazes para garantir que as empresas sejam administradas de maneira consistente com os interesses dos acionistas. Três questões receberam atenção especial: (1) os papéis dos membros internos (por exemplo, gerentes seniores) e externos do conselho; (2) se o presidente do conselho e o executivo sênior devem ser a mesma pessoa; e (3) se o conselho deve ser ativo ou passivo.

No que diz respeito aos membros internos e externos do conselho, parece tratar-se, de certa forma, de um problema simples. Como o papel principal do conselho é monitorar as decisões administrativas para garantir que sejam consistentes com os interesses dos acionistas, é razoável que o conselho seja composto principalmente por membros externos, porque eles não enfrentam conflitos de interesse na avaliação do desempenho gerencial. Obviamente, os gerentes seniores, como membros internos do conselho, enfrentam significativos conflitos de interesse ao avaliar seu próprio desempenho.

Pesquisas sobre membros externos dos conselhos de administração tendem a apoiar esse ponto de vista. Diretores externos, quando comparados com os internos, são mais propensos a manter o foco no monitoramento do desempenho econômico da empresa do que em outras medidas de desempenho empresarial. Certamente, o desempenho econômico de uma empresa é mais importante para seus investidores. Comparativamente, é mais provável que membros externos do conselho demitam CEOs após um desempenho ruim. Fora isso, membros externos do conselho têm incentivo mais forte do que os internos para manter sua reputação como monitores eficientes. Esse incentivo, por si só, pode levar ao monitoramento mais eficiente por membros externos. E a eficiência do monitoramento dos membros externos parece ser maior quando eles são donos de uma parcela substancial do patrimônio da empresa.

Entretanto, o fato de os membros externos enfrentarem menos conflitos de interesse ao avaliar o desempenho gerencial, em comparação aos membros internos do conselho, não significa que não há um papel apropriado para estes últimos. Os gerentes seniores trazem algo para o conselho que não pode ser facilmente duplicado por membros externos — informações detalhadas sobre atividades relacionadas à tomada de decisão na empresa. Esta é precisamente a informação de que os membros externos necessitam para monitorar de maneira eficiente as atividades da empresa — uma informação que só estará disponível caso trabalhem em proximidade com os membros internos (gerentes seniores). Uma maneira de obter acesso a essa informação é incluindo os gerentes como membros do conselho de administração. Portanto, enquanto a maior parte dos trabalhos teóricos sugere que um conselho de administração deveria ser composto principalmente por membros externos, há um papel importante que os colaboradores internos podem desempenhar como membros do conselho.

Atualmente se discute se os papéis do presidente do conselho e do CEO devem ser combinados ou separados e, se separados, que tipos de pessoa devem ocupar essas posições. Algumas pessoas argumentam que os papéis de CEO e de presidente do conselho devem, definitivamente, ser separados, e que o papel de presidente do conselho deve ser preenchido por um membro externo (não um gerente sênior) do conselho de administração. Esses argumentos são baseados na suposição de que apenas um membro externo do conselho pode garantir o monitoramento independente do processo de tomada de decisão gerencial. Outros dizem que o monitoramento eficaz muitas vezes exige informação além da que está disponível para colaboradores externos e que, portanto, os papéis de presidente do conselho e de CEO devem ser combinados e representados por um gerente sênior da empresa.

Pesquisas empíricas sobre esse assunto sugerem que combinar ou não os papéis de CEO e de presidente do conselho depende da complexidade da análise da informação e das tarefas de monitoramento a cargo do CEO e do presidente do conselho. Brian Boyd constatou que combinar os papéis de CEO e presidente do conselho tem uma correlação positiva com o desempenho empresarial quando as empresas operam em ambientes de crescimento lento e competitividade simples — ambientes que não sobrecarregam a capacidade cognitiva de um único indivíduo. Essa conclusão sugere que combinar esses papéis não aumenta necessariamente os conflitos entre uma empresa e seus acionistas. Essa pesquisa também concluiu que separar os papéis de CEO e de presidente do conselho está positivamente correlacionado com o desempenho empresarial quando as empresas atuam em ambientes de alto crescimento e complexidade. Nesses ambientes, um único indivíduo não consegue desempenhar todas as responsabilidades de CEO e de presidente do conselho, e, portanto, os dois papéis precisam ser preenchidos por pessoas diferentes.

Por fim, com relação a conselhos ativos ou passivos, historicamente, os conselhos de grandes empresas têm sido relativamente passivos e tomado medidas drásticas — tais como demitir o executivo sênior — apenas se o desempenho da empresa estiver significativamente abaixo das expectativas por longos períodos de tempo. No entanto, recentemente, os conselhos têm-se tornado defensores mais ativos dos interesses dos acionistas. Essa tendência recente na atividade dos conselhos reflete uma nova realidade econômica: se um conselho não se torna mais ativo no monitoramento do desempenho da empresa, então outros mecanismos de monitoramento o farão. Consequentemente, o conselho de administração tornou-se progressivamente mais influente na representação dos interesses dos acionistas da empresa.

Porém, a atividade do conselho pode ir longe demais. Se o conselho começa a atuar no dia a dia de um negócio, está indo além de suas capacidades. Os conselhos raramente têm informações detalhadas suficientes para gerenciar uma empresa diretamente. Quando é necessário substituir o gerente sênior de uma empresa, os conselhos geralmente não assumem as responsabilidades desse executivo, mas rapidamente identificam um indivíduo — podendo ser alguém interno ou externo — para ocupar essa posição.

Fontes: E. Zajac e J. Westphal, "The costs and benefits of managerial incentives and monitoring in large U.S. corporations: When is more not better?", *Strategic Management Journal*, n. 15, p.121-142, 1994; P. Rechner e D. Dalton, "CEO duality and organizational performance: A longitudinal analysis", *Strategic Management Journal*, n. 12, p. 155-160, 1991; S. Finkelstein e R. D'Aveni, "CEO duality as a double-edged sword: How boards of directors balance entrenchment avoidance and unity of command", *Academy of Management Journal*, n. 37, p. 1079-1108, 1994; B. K. Boyd, "CEO duality and firm performance: A contingency model", *Strategic Management Journal*, n. 16, p. 301-312, 1995; F. Kesner e R. B. Johnson, "An investigation of the relationship between board composition and stockholder suits", *Strategic Management Journal*, n. 11, p. 327-336, 1990.

e precisas, como um insumo para o processo e um amplo entendimento e compromisso com essa estratégia, uma vez que tenha sido formulada.

Implementação de estratégia

Assim como ocorre com os executivos seniores em uma estrutura em forma de U, a implementação da estratégia em uma estrutura em forma de M quase sempre envolve a solução de conflitos entre grupos de gerentes. No entanto, em vez de simplesmente resolver conflitos entre gerentes funcionais (como acontece na estrutura em U), o executivo sênior na organização em M deve envolver inúmeros outros gerentes divisionais e funcionais da estrutura: o *staff* corporativo, os gerentes gerais de divisão e os gerentes de atividades compartilhadas. Vários gerentes do *staff* corporativo podem discordar quanto à relevância econômica de suas funções, os gerentes do *staff* corporativo podem entrar em conflito com gerentes gerais de divisão quanto a vários programas e atividades corporativos, gerentes gerais de divisão podem discordar sobre como o capital é alocado entre divisões, gerentes gerais de divisão podem entrar em conflito com gerentes de atividades compartilhadas sobre como estas devem ser gerenciadas, gerentes de atividades compartilhadas podem discordar do *staff* corporativo quanto a seus papéis e responsabilidades mútuos, e assim por diante.

Obviamente, os inúmeros e às vezes conflitantes relacionamentos entre grupos de gerentes de uma organização em forma de M podem impor dificuldades consideráveis para o executivo sênior na implementação da estratégia.[7] Enquanto soluciona todos esses conflitos, ele deve ter em mente, antes de tudo, as razões pelas quais a empresa buscou uma estratégia de diversificação: explorar economias de escopo que investidores externos não podem realizar sozinhos. Quaisquer decisões de implementação de estratégia que prejudiquem a realização dessas economias de escopo são inconsistentes com os objetivos estratégicos de uma empresa diversificada. Essas questões são analisadas com detalhes adiante neste capítulo, na discussão sobre sistemas de controle de gerenciamento na organização em forma de M.

A presidência: presidente do conselho, CEO e COO

Frequentemente, os papéis e as responsabilidades do executivo sênior de uma organização em forma de M são maiores do que uma pessoa sozinha consegue administrar. Isso ocorre especialmente em empresas extensamente diversificadas, que abrangem inúmeros produtos e mercados complexos. Nessa situação, não é incomum que as tarefas do executivo sênior sejam divididas entre duas ou três pessoas: o **presidente do conselho**, o **diretor executivo (CEO)** e o **diretor executivo de operações** (do inglês, *chief operating officer* — **COO**). As principais responsabilidades de cada um desses papéis em uma organização em forma de M estão listadas na Tabela 8.2. Jun-

TABELA 8.2 Responsabilidades de três papéis diferentes da presidência

Presidente do conselho	Supervisão do conselho de administração em seu papel de monitoramento
CEO (diretor executivo)	Formulação de estratégia
COO (diretor executivo de operações)	Implementação de estratégia

tos, esses papéis são conhecidos como **presidência**. Em geral, conforme as tarefas da presidência se tornam mais exigentes e complexas, aumenta a probabilidade de que esses papéis e essas responsabilidades sejam divididos entre duas ou três pessoas.

Staff corporativo

A principal responsabilidade do ***staff* corporativo** é fornecer informações sobre os ambientes internos e externos da empresa ao executivo sênior. Essa informação é vital tanto para a formulação como para a implementação da estratégia. As funções de *staff* corporativo que proporcionam informações sobre o ambiente externo de uma empresa incluem financeiro, relações com os investidores, jurídico, assuntos de regulamentação e marketing. Funções de *staff* corporativo que proporcionam informações sobre o ambiente interno de uma empresa incluem contabilidade e recursos humanos. Essas funções estão diretamente subordinadas a um executivo sênior da empresa e são um canal de informação para ele.

Staff corporativo e divisional

Muitas organizações recriam algumas funções de *staff* corporativo dentro de cada uma de suas divisões. Isso se aplica particularmente a funções corporativas voltadas para o ambiente interno, como contabilidade e recursos humanos. No nível de divisão, os gerentes divisionais normalmente têm uma relação de subordinação direta e de 'linha contínua' (um para um) com seus respectivos diretores funcionais e uma relação de subordinação menos formal e de 'linha pontilhada' (muitos para um) com seu gerente geral de divisão. A relação de comunicação entre o gerente de *staff* divisional e o gerente de *staff* corporativo é o elo que permite ao diretor coletar as informações que o executivo sênior requer para a formulação e a implementação de estratégia. Este também pode usar essa relação entre diretor e gerente de divisão para comunicar políticas e procedimentos corporativos às divisões, embora essas políticas também possam ser comunicadas diretamente pelo executivo sênior para os gerentes gerais de divisão.

Embora gerentes de *staff* divisional geralmente tenham uma relação menos formal com seus gerentes gerais de divisão, na prática, estes últimos podem ter influência nas atividades do *staff* divisional. Afinal, todos os gerentes de *staff* divisional podem reportar-se formalmente aos gerentes de *staff* corporativo, mas passam a maior parte do tempo interagindo com seus gerentes gerais de divisão e com os outros gerentes funcionais que se reportam a seus gerentes gerais de divisão. Essas lealdades divididas podem, às vezes, afetar a precisão das informações transmitidas dos gerentes de *staff* divisional para os gerentes de *staff* corporativo e, assim, afetar as informações que o executivo usa para formulação e implementação de estratégia, em termos de obsolescência e precisão.

Essas lealdades divididas são potencialmente mais problemáticas nas funções de contabilidade. Obviamente, é de importância vital que o executivo sênior de uma organização em forma de M receba informações atualizadas e precisas sobre o desempenho divisional. Se os gerentes gerais de divisão afetam a precisão e a atualidade dessas informações, a eficácia do executivo sênior pode ser prejudicada. Além disso, em algumas situações, os gerentes gerais de divisão podem ter incentivos muito fortes para afetar a precisão e a atualidade dessas informações de desempenho divisional, sobretudo se a remuneração do gerente geral de divisão ou se o capital alocado dependerem dessa informação.

Um monitoramento eficiente por parte do executivo sênior requer que o *staff* corporativo e, especialmente, a função corporativa de contabilidade permaneçam organizacionalmente independentes dos gerentes gerais de divisão — daí a importância de uma relação de linha contínua entre gerentes gerais de divisão e gerentes de *staff* corporativo. Mesmo assim, a habilidade do *staff* corporativo em obter informações de desempenho precisas das divisões também depende de estreitas relações de trabalho cooperativo entre o *staff* corporativo, o *staff* divisional e os gerentes gerais de divisão — por isso a importância de uma relação de linha pontilhada entre os gerentes divisionais e os gerentes gerais de divisão. A forma como se mantém um equilíbrio entre, de um lado, a distância e a objetividade necessárias para avaliar o desempenho de uma divisão e, de outro lado, a cooperação e o trabalho em equipe requeridos para ganhar acesso à informação necessária para avaliar o desempenho de uma divisão distingue gerentes de *staff* corporativo excelentes de medíocres.

Envolvimento exagerado no gerenciamento de operações de divisão

Além do fracasso em manter um equilíbrio entre objetividade e cooperação na avaliação do desempenho divisional, outra falha do *staff* corporativo em uma empresa multidivisional é envolver-se demais nas operações cotidianas das divisões. Na estrutura em forma de M, o gerenciamento de tais operações cotidianas é delegado aos gerentes gerais de divisão e aos gerentes funcionais que se reportam aos gerentes gerais de divisão. Os gerentes de *staff* corporativo coletam e transmitem a informação; eles não gerenciam as operações divisionais.

Uma maneira de assegurar que o *staff* corporativo não se envolva demasiadamente no gerenciamento das operações cotidianas das divisões é manter essa equipe pequena. Isso é certamente verdadeiro para algumas das empresas diversificadas mais bem administradas do mundo. Por exemplo, apenas 1,5 por cento dos 82.700 empregados da Johnson & Johnson trabalham no escritório central da empresa, e apenas alguns desses indivíduos são membros do *staff* corporativo. A Hanson Industries tem em sua sede norte-americana 120 pessoas que ajudam a gerenciar uma empresa diversificada com uma receita de $ 8 bilhões. A Clayton, Dubilier, and Rice, uma empresa de gerenciamento de aquisições, tem apenas 11 membros do *staff* corporativo supervisionando oito negócios com um total de vendas acima de $ 6 bilhões.[8]

Gerentes gerais de divisão

Os gerentes gerais de divisão em uma organização em forma de M têm como principal responsabilidade gerenciar os negócios do dia a dia. Esses gerentes são totalmente responsáveis pelos lucros e pelas perdas e, normalmente, têm diversos gerentes funcionais se reportando a eles. Como gerentes gerais, são responsáveis tanto pela formulação como pela implementação da estratégia. No que se refere à formulação de estratégia, os gerentes gerais de divisão escolhem estratégias para suas divisões, dentro do contexto estratégico amplo estabelecido pelo executivo sênior da empresa. Muitas das ferramentas analíticas descritas nas partes 1 e 2 deste livro podem ser usadas por gerentes gerais de divisão para tomar decisões de formulação de estratégia.

As responsabilidades de implementação de estratégia dos gerentes gerais de divisão em uma organização em forma de M são semelhantes às dos executivos seniores de uma organização em forma de U. Em particular, gerentes gerais de divisão devem ser capazes de coordenar as atividades dos gerentes funcionais em constante conflito, a fim de implementar as estratégias de divisão.

Além de suas responsabilidades como executivos seniores de uma organização em forma de U, os gerentes gerais de divisão em uma organização em forma de M têm duas responsabilidades adicionais: competir por capital corporativo e cooperar com outras divisões para explorar economias de escopo corporativas. Gerentes gerais de divisão competem por capital corporativo prometendo altas taxas de retorno sobre o capital investido pela corporação em seu negócio. Na maioria das empresas, as divisões que demonstram sua habilidade em gerar altas taxas de retorno em investimentos de capital anteriores ganham acesso a mais capital ou a capital de menor custo, em relação a divisões que não demonstram tal desempenho.

Gerentes gerais de divisão cooperam para explorar economias de escopo trabalhando com gerentes de atividade compartilhada, gerentes de *staff* e o executivo sênior na empresa, para isolar, entender e usar economias de escopo em torno das quais a empresa diversificada foi organizada originalmente. Os gerentes gerais de divisão podem, inclusive, envolver-se na descoberta de novas economias de escopo que não foram previstas quando a estratégia de diversificação da empresa foi implementada, mas podem ser tanto valiosas como custosas para que investidores externos as criem por conta própria.

Naturalmente, um leitor atento reconhecerá um conflito fundamental entre as últimas duas responsabilidades dos gerentes gerais de divisão em uma organização em forma de M. Esses gerentes precisam competir por capital corporativo e cooperar para explorar economias de escopo ao mesmo tempo. A competição é importante, pois leva os gerentes gerais de divisão a focalizar a geração de altos níveis de desempenho econômico em suas divisões. Se cada divisão gerar altos níveis de desempenho econômico, então a empresa diversificada como um todo também tenderá a ir bem. No entanto, a cooperação é importante para explorar economias de escopo, que são a justificativa econômica para a implementação de uma estratégia de diversificação antes de tudo. Se as divisões não cooperam na exploração dessas economias, existem poucas (se é que há alguma) justificativas para implementar uma estratégia de diversificação corporativa, e a empresa diversificada deve ser dividida em múltiplas entidades independentes. A necessidade de competir e cooperar simultaneamente impõe uma pressão significativa nos gerentes gerais de divisão. Essa habilidade tende a ser rara e custosa de imitar entre a maioria das empresas diversificadas.[9]

Gerentes de atividade compartilhada

Uma das economias de escopo potenciais identificadas no Capítulo 7 foram as atividades compartilhadas. As divisões em uma organização em forma de M exploram essa economia de escopo quando um ou mais dos estágios de sua cadeia de valor são gerenciados em comum. Os exemplos mais comuns de atividades compartilhadas entre duas ou mais divisões de uma empresa multidivisional incluem forças de vendas, sistemas de distribuição, instalações de produção e esforços de pesquisa e desenvolvimento em comum (veja a Tabela 7.2). A principal responsabilidade dos indivíduos que gerenciam atividades compartilhadas é dar suporte às operações das divisões que compartilham a atividade.

A maneira como uma estrutura em forma de M costuma ser apresentada no relatório anual de uma empresa (como na Figura 8.1) tende a obscurecer o papel operacional das atividades compartilhadas. Nessa versão do organograma organizacional em forma de M não existe distinção entre as funções de *staff* corporativo e de atividade compartilhada. Além disso, parece que os gerentes de atividades compartilhadas se reportam diretamente ao executivo sênior de uma empresa, assim como o *staff* corporativo. Essas ambiguidades são solucionadas redesenhando-se o organograma organizacional em forma de M para enfatizar os papéis e as responsabilidades de diferentes unidades dentro da estrutura (como na Figura 8.2). Nessa representação mais precisa de como uma organização em M efetivamente funciona, grupos de *staff* corporativo são separados de gerentes de atividade compartilhada, e cada um aparece se reportando a seu principal 'cliente interno'. Esse cliente interno é o executivo sênior para grupos de *staff* corporativo e dois gerentes gerais de divisão adicionais para gerentes de atividade compartilhada.

Atividades compartilhadas como centros de custo

Atividades compartilhadas frequentemente são gerenciadas como centros de custo em uma estrutura em forma de M. Isto é, em vez de ter uma responsabilidade por lucros e perdas, os **centros de custo** recebem um orçamento e devem gerenciar suas operações de acordo com esse orçamento. Nesse caso, os gerentes de atividades compartilhadas não buscam obter lucro quando fornecem serviços às divisões para as quais dão suporte. Em vez disso, os serviços são precificados para os clientes internos de uma forma que a atividade compartilhada apenas cubra seu custo operacional.

Como atividades compartilhadas de centros de custo não precisam gerar lucro a partir de suas operações, o custo dos serviços que fornecem para as divisões pode ser menor que o custo de serviços semelhantes fornecidos tanto por uma divisão como por fornecedores externos. Se uma atividade compartilhada é gerenciada como centro de custo, e o custo dos serviços dessa atividade compartilhada é *maior do que* o custo de serviços semelhantes fornecidos por fontes alternativas, então ou essa atividade compartilhada está mal gerenciada ou não era realmente uma economia de escopo. No entanto, quando o custo dos serviços de uma atividade compartilhada é *menor do que* o custo de serviços semelhantes oferecidos por uma divisão ou por fornecedores externos, então os gerentes gerais de divisão têm um forte incentivo para usar os serviços de atividades compartilhadas, explorando dessa forma uma economia de escopo que pode ter sido uma das razões pelas quais uma empresa implementou uma estratégia de diversificação corporativa.

Atividades compartilhadas como centros de lucro

Algumas empresas diversificadas estão começando a gerenciar atividades compartilhadas como centros de lucro, em vez de como centros de custo. Além disso, em vez de requerer que as divisões usem os serviços de atividades compartilhadas, elas retêm o direito de adquirir serviços de atividades compartilhadas internas ou de fornecedores externos, ou de ser suas próprias fornecedoras de serviços. Nesse cenário, os gerentes de atividades compartilhadas devem competir por seus clientes internos com base no preço e na qualidade dos serviços que fornecem.[10]

Uma empresa que adotou essa abordagem de centro de lucro no gerenciamento de atividades compartilhadas é a ABB, Inc., uma empresa de engenharia suíça. A ABB eliminou praticamente todo o *staff* corporativo e reorganizou suas funções remanescentes em atividades compartilhadas. Essas atividades na ABB competem para fornecer serviços para as divisões da ABB. Não só algumas atividades compartilhadas tradicionais — tais como pesquisa e desenvolvimento e vendas — competem por clientes internos, como também muitas das funções tradicionais de *staff* corporativo — tais como recursos humanos, marketing e finanças — fazem o mesmo. A abordagem da ABB para gerenciar atividades compartilhadas resultou em um *staff* corporativo relativamente pequeno e em atividades compartilhadas crescentemente especializadas e personalizadas.[11]

Naturalmente, o maior risco associado a tratar atividades compartilhadas como centros de lucro e deixá-las competir por clientes divisionais é que as divisões podem decidir não obter nenhum serviço ou suporte dessas atividades. Embora essa atitude possa ser a mais interessante para cada divisão, pode não ser a mais interessante para a corporação como um todo se as atividades compartilhadas forem, de fato, uma economia de escopo importante em torno da qual uma empresa diversificada está organizada.

Em última análise, seja uma atividade compartilhada gerenciada como centro de custo ou como centro de lucro, a tarefa dos gerentes de atividade compartilhada é a mesma: proporcionar aos clientes divisionais serviços com personalização, qualidade e preço razoável, capazes de desestimular esses clientes internos a buscar fornecedores alternativos fora da empresa ou fornecer esses serviços a si próprios. Em uma organização em forma de M, a melhor maneira de assegurar que economias de escopo de atividade compartilhada sejam realizadas é fazer com que os gerentes dessas atividades satisfaçam seus clientes internos.

CONTROLES DE GERENCIAMENTO E IMPLEMENTAÇÃO DE DIVERSIFICAÇÃO CORPORATIVA

A estrutura em forma de M apresentada nas figuras 8.1 e 8.2 é complexa e multifacetada. No entanto, nenhuma estrutura organizacional por si só é capaz de implementar plenamente uma estratégia de diversificação corporativa. A estrutura em forma de M deve ser suplementada por diversos controles de gerenciamento. Três dos controles de gerenciamento mais importantes nessa estrutura — sistemas para avaliar o desempenho divisional, para alocar capital entre divisões e para transferir produtos imediatos entre divisões — são discutidos nesta seção.[12]

Avaliando o desempenho divisional

Como as divisões em uma estrutura em forma de M são centros de lucros e perdas, a avaliação do desempenho divisional deve, em princípio, ser objetiva: divisões que são muito lucrativas devem ser avaliadas mais positivamente do que divisões menos lucrativas. Na prática, essa tarefa aparentemente simples é surpreendentemente complexa. Existem dois problemas comuns: (1) como deve ser medida a lucratividade de uma divisão e (2) como vínculos de economia de escopo entre divisões devem ser incluídos nas medidas de desempenho divisional.

Medindo o desempenho divisional

O desempenho divisional pode ser medido de, pelo menos, duas maneiras. A primeira focaliza o desempenho contábil da empresa; a segunda, o desempenho econômico.

Medidas contábeis de desempenho divisional

Tanto a medida contábil como a medida econômica podem ser usadas para medir o desempenho de divisões de uma empresa diversificada. Medidas contábeis comuns de desempenho divisional incluem o retorno sobre os ativos controlados por uma divisão, o retorno sobre as vendas de uma divisão e o crescimento das vendas de uma divisão. Essas medidas contábeis de desempenho divisional são, então, comparadas com algum padrão, para se verificar se o desempenho de uma divisão supera ou está abaixo do padrão. Empresas diversificadas usam três padrões diferentes ao avaliar o desempenho de uma divisão: (1) a taxa mínima de rentabilidade comum às diferentes unidades de negócio de uma empresa; (2) o nível de desempenho de uma divisão com base no orçamento (que pode variar por divisão); e (3) o nível médio de lucratividade das empresas no setor de uma divisão.

Cada um desses padrões de comparação tem seus pontos fortes e fracos. Por exemplo, se uma corporação tem uma única taxa mínima de lucratividade que todas as divisões devem atingir ou exceder, existe pouca ambiguidade quanto aos objetivos de desempenho das divisões. Contudo, esse padrão único ignora diferenças de desempenho importantes que possam existir entre divisões.

Comparar o desempenho real de uma divisão com o desempenho previsto no orçamento permite que as expectativas de desempenho das diferentes divisões variem, mas o processo de definição de orçamento consome tempo e está cercado de intrigas políticas. Um estudo mostrou que gerentes corporativos dão um desconto nas projeções de vendas e nas solicitações de capital dos gerentes de divisão, supondo que estes tentam 'manipular' o sistema de orçamento.[13] Além disso, os orçamentos de divisão usualmente se baseiam em um conjunto único de suposições sobre como a economia deve evoluir, como a competição no setor de uma divisão deve evoluir e que ações essa divisão vai empreender nesse setor. Quando essas suposições não se aplicam mais, os orçamentos são refeitos — um processo custoso e demorado que tem pouco a ver com a geração de valor em uma empresa.

Por fim, embora comparar o desempenho de uma divisão com o nível médio de lucratividade das empresas no setor de uma divisão também permita que as expectativas de desempenho variem entre divisões de uma empresa diversificada, essa abordagem possibilita que outras empresas determinem o que é e o que não é um desempenho excelente para uma divisão de uma empresa diversificada. Essa abordagem também pode ser manipulada: ao se escolherem apenas as empresas 'certas' com as quais comparar o desempenho de uma divisão, é possível fazer com que praticamente qualquer divisão pareça ter um desempenho melhor do que a média de seu setor.[14]

Independentemente de qual seja o padrão de comparação usado para avaliar o desempenho contábil de uma divisão, a maioria das medidas de desempenho contábil tem uma limitação comum. Todas elas têm um viés de curto prazo, que reflete o fato de que todas as medidas tratam investimentos em recursos e capacidades com potencial para gerar valor no longo prazo como custos durante determinado ano. Para reduzir os custos em um dado ano, os gerentes de divisão podem, eventualmente, deixar de investir nesses recursos e nessas capacidades, mesmo que no longo prazo, estes possam ser uma fonte de vantagem competitiva sustentável para uma divisão.

Medidas econômicas de desempenho divisional

Dadas as limitações das medidas contábeis de desempenho divisional, várias empresas começaram a adotar métodos econômicos para avaliar esse desempenho. Métodos econômicos baseiam-se em métodos contábeis, mas os ajustam para incorporar investimentos de curto prazo que podem gerar benefícios de longo prazo. Métodos econômicos também comparam o desempenho de uma divisão com o custo de capital de uma empresa (veja o Capítulo 1). Isso evita algumas das manipulações que caracterizam o uso de outros padrões de comparação ao se aplicarem medidas contábeis de desempenho divisional.

Talvez a mais popular dessas medidas econômicas de desempenho divisional seja o **economic value added** (valor econômico agregado) (**EVA**).[15] O EVA é calculado subtraindo-se o custo do capital empregado por uma divisão do lucro dessa divisão, da seguinte maneira:

EVA = lucro contábil ajustado

(média ponderada do custo de capital × capital total empregado por uma divisão)

Vários termos da equação do EVA requerem alguma discussão. Por exemplo, o cálculo do EVA começa com o lucro contábil 'ajustado' de uma divisão. Esse é o lucro contábil tradicional de uma divisão ajustado para que se aproxime do lucro econômico dela. Vários ajustes feitos aos demonstrativos contábeis de uma divisão foram descritos na literatura. Por exemplo, práticas contábeis tradicionais requerem que despesas de P&D sejam deduzidas a cada ano do lucro da divisão. Isso pode levar os gerentes gerais de divisão a investir menos em esforços de P&D de longo prazo. No indicador EVA de desempenho divisional, os gastos com P&D são adicionados de volta no desempenho de uma divisão e, assim, P&D é tratado como um ativo e depreciado ao longo de um período.

Uma empresa de consultoria (Stern Stewart), especializada na implementação de sistemas de avaliação baseados em EVA em empresas com múltiplas divisões, faz até 40 'ajustes' ao lucro contábil padrão de uma empresa para que ele se aproxime ao máximo do lucro econômico. Muitos desses ajustes são proprietários dessa empresa de consultoria. No entanto, os ajustes mais importantes — por exemplo, como P&D deve ser tratado — são amplamente conhecidos.

Os termos entre parênteses na equação do EVA refletem o custo de se investir em uma divisão. Em vez de usar um padrão alternativo de comparação, o EVA aplica a teoria financeira e multiplica o montante de dinheiro investido em uma divisão pela média ponderada do custo de capital, que é a quantia de dinheiro que uma empresa poderia ganhar se investisse em qualquer outra de suas divisões. Nesse sentido, a média ponderada do custo de capital de uma empresa pode ser considerada como o custo da oportunidade de investir em uma determinada divisão comparado ao investimento em qualquer outra divisão.

Ao ajustar os lucros de uma divisão e contabilizar o custo de investir nela, o sistema EVA é uma estimativa muito mais precisa do desempenho econômico de uma divisão do que as medidas contábeis tradicionais de desempenho. O número de empresas diversificadas que avaliam suas divisões com o sistema EVA é substancial e crescente. Entre essas empresas estão AT&T, Coca-Cola, Quaker Oats, CSX, Briggs and Stratton e Allied Signal. Na Allied Signal, as divisões que não ganham seu custo de capital recebem o prêmio 'balde furado'. Se esse desempenho não melhora, o gerente geral da divisão é substituído. O uso do EVA tem sido aclamado como a chave para a criação de riqueza econômica em corporações diversificadas. Até mesmo o serviço postal norte-americano está explorando a aplicação do EVA em suas operações.[16]

Economias de escopo e a ambiguidade do desempenho divisional

Independentemente do que uma empresa usa para avaliar o desempenho divisional, sejam medidas contábeis ou medidas econômicas como o EVA, o desempenho divisional na empresa diversificada bem administrada nunca pode ser avaliado sem ambiguidade. Considere um exemplo simples.

Suponha que em uma determinada empresa multidivisional existam apenas duas divisões (Divisão A e Divisão B) e uma atividade compartilhada (pesquisa e desenvolvimento). Suponha também que as duas divisões sejam gerenciadas como centros de lucros e perdas e que a atividade de P&D seja gerenciada como um centro de custo. Para dar suporte a esse esforço de P&D, cada divisão paga $ 10 milhões por ano e vem fazendo isso há dez anos. Por fim, suponha que após dez anos de esforço (e investimento) o grupo de P&D desenvolva uma nova tecnologia valiosa que atende perfeitamente às necessidades de negócio da Divisão A.

Certamente, não importa como o desempenho divisional seja medido, é provável que o desempenho da Divisão A aumente em relação ao desempenho da Divisão B. Nessa situação, que porcentagem do desempenho aprimorado da Divisão A deve ser alocada para essa divisão, que porcentagem deve ser alocada para o grupo de P&D e que porcentagem deve ser alocada para a Divisão B?

Os gerentes de cada parte dessa empresa diversificada podem ter argumentos convincentes a seu favor. O gerente geral da Divisão A pode argumentar, com razão, que, sem os esforços da sua divisão em explorar a nova tecnologia, o valor dessa tecnologia não teria sido explorado plenamente. O gerente de P&D pode argumentar, com razão, que, antes de tudo, sem o esforço de P&D, não haveria uma tecnologia para ser explorada. Finalmente, o gerente geral da Divisão B pode argumentar, com razão, que, sem o investimento dedicado de longo prazo da Divisão B em P&D, não haveria uma nova tecnologia e tampouco um aumento de desempenho para a Divisão A.

O fato de todas essas três argumentações serem válidas sugere que, se uma empresa explorar verdadeiras economias de escopo na implementação de uma estratégia de diversificação, não será possível avaliar o desempenho das divisões individualmente sem ambiguidade. A existência de economias de escopo em uma empresa diversificada significa que todos os negócios que ela opera são mais valiosos quando em conjunto do que seriam se mantidos separados uns dos outros. Esforços para avaliar o desempenho desses negócios como se fossem entidades separadas são inúteis.

Uma solução para esse problema é forçar os negócios de uma empresa diversificada a operar de forma independente. Se cada negócio operar independentemente, então será possível avaliar o desempenho sem ambiguidade. É claro que, se essa independência for imposta, a empresa diversificada tenderá a perder a capacidade de realizar justamente as economias de escopo que eram, antes de tudo, a justificativa para a estratégia de diversificação.

A ambiguidade no desempenho divisional é muito ruim quando a principal economia de escopo que uma empresa diversificada busca explorar são atividades compartilhadas. Essa ambiguidade aumenta drasticamente quando a economia de escopo baseia-se em competências centrais intangíveis. Nessa situação, são a experiência e a aprendizagem compartilhadas que justificam os esforços de diversificação de uma empresa. É a natureza intangível dessas economias de escopo que multiplica a dificuldade da tarefa de avaliação divisional.

Até empresas que aplicam medidas de EVA rigorosas de desempenho divisional não conseguem solucionar por completo esses problemas de ambiguidade de desempenho. Por exemplo, a divisão Coca-Cola da Coca-Cola Company fez investimentos substanciais na marca Coca ao longo dos anos, e a divisão Coca Diet explorou parte desse capital de nome de marca em seus próprios esforços de marketing. Naturalmente, não está claro se todo o sucesso da Coca Diet pode ser atribuído ao nome de marca Coca. Afinal, a Coca Diet desenvolveu sua própria publicidade criativa, seu próprio grupo de clientes fiéis, e assim por diante. Quanto do sucesso da Coca Diet — medido por meio do EVA — deve ser alocado para o nome de marca Coca (um investimento feito muito antes de a Coca Diet ser criada) e quanto deve ser alocado para os esforços da Coca Diet? O indicador EVA de desempenho divisional não soluciona ambiguidades criadas quando existem economias de escopo entre divisões.[17]

Por fim, a avaliação quantitativa do desempenho divisional — seja com medidas contábeis ou econômicas — deve ser suplementada pela experiência e pelo julgamento dos executivos seniores de uma empresa diversificada. Somente avaliando os números de desempenho inseridos no contexto de uma avaliação mais ampla e subjetiva do desempenho de uma divisão é possível desenvolver um retrato mais claro do desempenho divisional.

Alocando capital corporativo

Outra economia de escopo potencialmente valiosa, citada no Capítulo 7 (além de atividades compartilhadas e competências centrais), é a alocação de capital interno. Nessa discussão, foi sugerido que, para que a alocação de capital interno fosse uma justificativa de diversificação, a informação disponibilizada para os executivos seniores responsáveis pela alocação de capital de uma empresa diversificada deveria ser superior, tanto em quantidade como em qualidade, à informação disponível para fontes externas de capital no mercado de capital externo. Tanto a quantidade como a qualidade da informação disponível em um mercado de capital interno dependem da organização da empresa diversificada.

Uma das principais limitações dos mercados de capital interno é que os gerentes gerais de divisão têm um forte incentivo para exagerar nas perspectivas de suas divisões e subestimar seus problemas, para ganhar mais acesso a um capital de baixo custo. A existência de uma função contábil corporativa independente em uma empresa diversificada pode ajudar a solucionar esse problema. No entanto, dadas as ambiguidades inerentes à avaliação do desempenho divisional em uma empresa diversificada bem administrada, contadores corporativos independentes não resolvem todos esses problemas de informação.

Diante de todos esses desafios, algumas empresas usam um processo chamado **orçamento base-zero** para ajudar a alocar capital. No orçamento base-zero, os executivos corporativos criam uma lista de pedidos de alocação de capital das divisões de uma empresa, classificam esses pedidos do 'mais importante' para o 'menos importante' e, então, financiam todos os projetos que uma empresa consegue bancar, dada a quantidade de capital disponível. Em princípio, com o orçamento base-zero, nenhum projeto recebe financiamento para o futuro simplesmente porque foi financiado no passado. Pelo contrário, cada projeto deve manter seu mérito a cada ano para ser incluído na lista de projetos importantes que uma empresa pode financiar.

Embora o orçamento base-zero tenha algumas características atraentes, também possui algumas limitações importantes. Por exemplo, avaliar e classificar os projetos de uma empresa diversificada do 'mais importante' para o 'menos importante' é uma tarefa muito difícil. Requer que os executivos corporativos entendam plenamente o papel estratégico de cada projeto proposto por uma divisão, assim como a influência desses projetos sobre o desempenho de curto prazo das divisões.

No fim, independentemente do processo que as empresas usam, alocar capital dentro da empresa de maneira mais eficiente do que por meio de mercados de capital externos requer o uso de informações que não estão disponíveis a esses mercados. Em geral, essa informação será intangível, tácita e complexa. Gerentes corporativos que buscam realizar essa economia de escopo devem encontrar uma maneira de usar esse tipo de informação de modo eficiente.[18] A dificuldade de administrar esse processo com eficiência pode ser uma das razões pelas quais a alocação de capital interno frequentemente não se qualifica como uma economia de escopo valiosa nas empresas diversificadas.[19]

Transferindo produtos intermediários

Com frequência, a existência de economias de escopo entre as múltiplas divisões de uma empresa diversificada significa que produtos ou serviços produzidos em uma divisão são usados como insumos para produtos ou serviços produzidos em outra divisão. Tais produtos ou serviços são chamados de **produtos ou serviços intermediários**. Estes podem ser transferidos entre quaisquer das unidades de uma organização em forma de M. Essa transferência é, talvez, mais importante e problemática quando ocorre entre divisões que são centros de lucro.

A transferência de produtos ou serviços intermediários entre divisões costuma ser administrada por meio de um **sistema de preço de transferência**: uma divisão 'vende' seu produto ou serviço para outra divisão por um preço de transferência. Ao contrário de um preço de mercado, que se caracteriza por ser determinado por forças de mercado de oferta e demanda, os preços de transferência são determinados pela gerência corporativa, para atingir objetivos corporativos.

Determinando preços de transferência ótimos

Do ponto de vista econômico, a regra para estabelecer o preço de transferência ótimo em uma empresa diversificada é bastante simples: o preço de transferência deve ser o valor da oportunidade que foi renunciada quando o produto ou serviço de uma divisão foi transferido para outra divisão. Considere o seguinte exemplo: o custo marginal de produção na Divisão A é de $ 5 por unidade, mas essa divisão pode vender toda a sua produção para clientes externos a $ 6 a unidade. Se a Divisão A conseguir vender toda a produção para clientes externos por $ 6 a unidade, o valor da oportunidade abdicada ao transferir uma unidade de produção da Divisão A para a Divisão B é $ 6 — a quantia de dinheiro a que a Divisão A abdica ao transferir sua produção para a Divisão B em vez de vender para o mercado.

No entanto, se a Divisão A está vendendo todas as unidades que pode para clientes externos a $ 6 por unidade e, mesmo assim, ainda tem um excedente de capacidade de manufatura, o valor da oportunidade que foi renunciada na transferência da produção da Divisão A para a Divisão B é de apenas $ 5 por unidade — o custo marginal de produção da Divisão A. Como o mercado externo não pode mais absorver o produto da Divisão A a $ 6 por unidade, o valor da oportunidade que foi renunciada quando a Divisão A transfere unidades de produção para a Divisão B não é de $ 6 por unidade (a Divisão A não consegue obter esse preço), mas de apenas $ 5.[20]

Quando os preços de transferência são definidos em um valor igual ao do custo de oportunidade, divisões vendedoras aumentarão a produção até o ponto em que o custo marginal da última unidade produzida seja igual ao preço de transferência. Além disso, divisões compradoras adquirirão unidades de outras divisões da empresa contanto que a receita líquida de fazer isso apenas cubra o preço de transferência. Esse preço levará as divisões voltadas para a maximização de lucro a otimizar os lucros da empresa diversificada.

Dificuldades na determinação de preços de transferência ótimos

Determinar preços de transferência iguais aos custos de oportunidade parece bastante simples, mas é muito difícil em empresas realmente diversificadas. Estabelecer preços de transferência ótimos requer informações sobre o valor das oportunidades a que a divisão 'vendedora' renunciou. Isso, por sua vez, requer informações sobre o custo marginal dessa divisão, sua capacidade de produção, demanda externa por seus produtos, e assim por diante. Muito dessa informação é difícil de obter. Além disso, raramente é estável. Conforme as condições de mercado mudam, a demanda pelos produtos de uma divisão pode mudar, os custos marginais podem mudar e o valor das oportunidades que foram renunciadas pode mudar. Ademais, à medida que uma divisão vendedora personaliza os produtos e serviços que transfere para outras divisões de uma empresa diversificada, o valor das oportunidades que foram renunciadas por essa divisão perdedora tornam-se ainda mais difíceis de calcular.

Mesmo que essa informação pudesse ser obtida e atualizada rapidamente, os gerentes gerais de divisões vendedoras têm fortes incentivos para manipular a informação de maneira a aumentar o valor percebido das oportunidades que foram renunciadas por sua divisão. Esses gerentes podem, assim, aumentar o preço de transferência dos produtos e serviços que vendem para clientes internos e, portanto, apropriar para sua divisão os lucros que deveriam ser alocados para as divisões compradoras.

Determinando preços de transferência na prática

Como raramente é possível às empresas estabelecerem um esquema ótimo de determinação de preço de transferência, a maioria das empresas diversificadas deve adotar alguma forma de preço de transferência que busque se aproximar dos preços ótimos. Vários desses esquemas de preço de transferência estão descritos na Tabela 8.3. Entretanto, independentemente do esquema que uma empresa usa, os preços de transferência que ela gera vão, algumas vezes, criar conflitos e ineficiências em uma empresa diversificada. Alguns desses conflitos e ineficiências estão descritos no Quadro 8.1.[21]

Os conflitos e ineficiências criados por esquemas de preço de transferência que apenas tornam preços ótimos mais próximos significam que poucas empresas diversificadas ficam plenamente satisfeitas com a maneira como transferem preços. Na realidade, um estudo concluiu que, à medida que o nível de compartilhamento de recursos em uma empresa diversificada aumenta (e, portanto, aumenta a importância dos mecanismos de determinação do preço de transferência), diminui o nível de satisfação no trabalho dos gerentes gerais de divisão.[22]

Não é incomum que uma empresa diversificada mude seus mecanismos de determinação do preço de transferência de tempos em tempos, em uma tentativa de encontrar o mecanismo de preço de transferência 'certo'. A teoria econômica nos diz qual é o mecanismo de preço de transferência 'certo': os preços de transferência devem ser iguais ao custo da oportunidade. No entanto, esse mecanismo de determinação do preço de transferência 'certo' não pode ser implementado na maioria das empresas. Empresas que mudam constantemente seus mecanismos de determinação do preço de transferência geralmente descobrem que todos esses sistemas têm alguns pontos fracos. Ao escolher que sistema usar, uma empresa deve se preocupar menos em encontrar o mecanismo certo de determinação de preço de transferência e mais em escolher uma política de preço de transferência que crie o menor número de problemas de gestão possível — ou, ao menos, os tipos de problema que a empresa consegue administrar de maneira eficaz. Na verdade, alguns estudiosos sugeriram que a busca por preços de transferência ótimos deve ser abandonada em favor de que a questão do preço de transferência seja tratada como um processo de resolução de conflito. Visto dessa forma, o preço de transferência ressalta as diferenças entre divisões, permitindo, assim, que se solucionem essas incompatibilidades de uma maneira mutuamente benéfica.[23]

De modo geral, os três processos de controle de gestão descritos aqui — medir o desempenho divisional, alocar capital corporativo e transferir produtos intermediários — sugerem que a implementação de uma diversificação corporativa requer considerável capacidade e experiência administrativa. Sugerem também que, às vezes, empresas diversificadas podem operar negócios que não são mais adequados à estratégia corporativa como um todo. O que acontece quando uma divisão não é mais adequada à estratégia corporativa está descrito no quadro "Estratégia na empresa emergente".

TABELA 8.3 Esquemas alternativos de preço de transferência

Autonomia de troca	• Gerentes gerais de divisões vendedoras e compradoras têm liberdade para negociar preços de transferência sem o envolvimento corporativo. • O preço de transferência é definido em um valor igual ao preço da divisão vendedora para clientes externos.
Custo total requerido	• O preço de transferência é definido em um valor igual ao custo real de produção da divisão vendedora. • O preço de transferência é definido em um valor igual ao custo-padrão de produção da divisão vendedora (isto é, o custo de produção caso a divisão vendedora estivesse operando na eficiência máxima).
Base de mercado requerida	• O preço de transferência é definido em um valor igual ao preço de mercado no segmento da divisão vendedora.
Precificação dupla	• O preço de transferência para a divisão compradora é definido em um valor igual ao custo real ou padrão da divisão vendedora. • O preço de transferência para a divisão vendedora é definido em um valor igual ao preço para clientes externos ou ao preço de mercado no segmento da divisão vendedora.

Fonte: R. Eccles, *The transfer pricing problem*: A theory for practice, Lexintogn, MA: Lexington Books, 1985. Utilizado com permissão de Rowman and Littlefield Publishing Group.

QUADRO 8.1 — Pontos fracos de esquemas alternativos de preço de transferência

1. Divisões vendedoras e compradoras negociam preço de transferência
   - E quanto à negociação e barganha dos custos?
   - A corporação arrisca não explorar economias de escopo se o preço de transferência certo não puder ser negociado.
2. O preço de transferência para a divisão vendedora é definido em um valor igual ao preço para clientes externos
   - Quais clientes? Os clientes das diferentes divisões vendedoras podem ter preços diferentes.
   - O volume gerado pela divisão compradora para a divisão vendedora deve ser refletido em um preço de transferência menor?
   - A divisão vendedora não tem despesas de marketing quando vende para outra divisão. Isso não deve ser refletido em um preço de transferência menor?
3. O preço de transferência é definido em um valor igual aos custos reais da divisão vendedora
   - Quais são esses custos reais e quem os determina?
   - Todos os custos da divisão vendedora ou apenas os custos relevantes aos produtos adquiridos pela divisão compradora?
4. O preço de transferência é definido em um valor igual aos custos-padrão da divisão vendedora
   - Os custos-padrão são aqueles em que a divisão vendedora incorreria se estivesse operando na eficiência máxima. Essa capacidade hipotética subsidia a divisão compradora.
5. O preço de transferência é definido em um valor igual ao preço de mercado
   - Se o produto em questão é altamente diferenciado, não existe um 'preço de mercado' simples.
   - O volume gerado pela divisão compradora para a divisão vendedora deve ser refletido em um preço de transferência menor?
   - A divisão vendedora não tem despesas de marketing quando vende para outra divisão. Isso não deve ser refletido em um preço de transferência menor?
6. O preço de transferência é definido em um valor igual aos custos reais para a divisão vendedora e ao preço de mercado para a divisão compradora
   - Essa combinação de esquemas simplesmente combina outros problemas da determinação de preços de transferência.

ESTRATÉGIA NA EMPRESA EMERGENTE

Transformando grandes negócios em empreendedorismo

Um **spin-off corporativo** (desmembramento, cisão) ocorre quando uma grande empresa diversificada aliena um negócio no qual tem operado historicamente e o negócio alienado continua a operar como uma entidade independente. Portanto, os *spin-offs* corporativos são diferentes das alienações de ativos, em que uma empresa vende alguns de seus bens, incluindo, talvez, um negócio em particular, para outra empresa. *Spin-offs* são uma maneira de novas empresas entrarem na economia.

Os *spin-offs* podem ocorrer de vários modos. Por exemplo, um negócio pode ser vendido para seus gerentes e empregados, os quais passam a administrar e trabalhar nessa empresa independente. Como alternativa, uma unidade de negócio de uma empresa diversificada pode ser vendida ao público por meio de uma **oferta pública inicial** (do inglês, *initial public offering* — **IPO**). Em alguns casos, a corporação que está fazendo o 'spinning' de uma unidade de negócio reterá participação na empresa *spin-off*. Em outros, essa corporação cortará todos os laços financeiros com a nova empresa.

Em geral, existem três grandes razões pelas quais grandes empresas diversificadas realizam o *spin-off* de negócios que possuem. Primeira: o gerenciamento eficiente desse negócio pode exigir habilidades muito específicas que não estão disponíveis em uma empresa diversificada. Por exemplo, suponha que uma empresa diversificada de manufatura esteja operando em um setor P&D intensivo. As habilidades de gerenciamento necessárias para administrar de modo eficiente a manufatura podem ser muito diferentes das habilidades de gerenciamento necessárias para administrar P&D. Se as habilidades de uma empresa diversificada não condizem com as habilidades requeridas em um determinado negócio, ela pode decidir fazer o *spin-off* desse negócio.

Segunda: economias de escopo previstas entre

um negócio e o restante de uma empresa diversificada podem não se mostrar valiosas. Por exemplo, a PepsiCo adquiriu as redes Kentucky Fried Chicken (KFC), Pizza Hut e Taco Bell, prevendo uma importante sinergia de marketing entre esses restaurantes de *fast-food* e o negócio de refrigerantes da PepsiCo. A despeito de inúmeros esforços para realizar essas sinergias, elas não ocorreram. Na verdade, vários desses restaurantes de *fast-food* começaram a perder participação de mercado porque foram forçados a vender produtos da Pepsi, em vez de produtos da Coca-Cola. Após alguns anos, a PepsiCo realizou um *spin-off* de seus restaurantes, tornando-os um negócio separado.

Terceira: pode ser necessário fazer o *spin-off* de um negócio para financiar outro negócio da empresa. Grandes empresas diversificadas podem enfrentar limitações de capital devido, entre outras coisas, a seu alto nível de endividamento. Nesse cenário, empresas podem precisar realizar o *spin-off* de um negócio a fim de levantar o capital para investir em outras partes da empresa. Além disso, realizar o *spin-off* de um negócio que é particularmente custoso em termos do capital que consome pode não só ser uma fonte de capital para outros negócios da empresa, como também pode reduzir a demanda por esse capital dentro da empresa.

Pesquisas em finanças corporativas sugerem que as corporações tendem a realizar o *spin-off* de negócios sem relação com a estratégia de diversificação da empresa, daqueles com um desempenho inferior ao de outros negócios que a empresa opera e dos negócios relativamente pequenos. Ademais, o volume de fusões e aquisições de um setor em particular determinará quais negócios serão desligados da empresa. Quanto maior o nível dessas atividades em um setor, maior a probabilidade de que um negócio de propriedade de uma corporação nesse setor seja desligado. Isso porque o nível de atividade em fusões e aquisições em um setor é um indicador do número de pessoas e empresas que podem estar interessadas em comprar um negócio *spin-off*. De outro lado, quando não há muita atividade em um setor, há menos chances de desligamento de negócios nesse setor — mesmo que não estejam relacionados com a estratégia de diversificação da empresa, tenham um desempenho fraco ou sejam pequenos. Nesses cenários, grandes empresas provavelmente não receberão o valor total associado ao *spin-off* de um negócio e, portanto, ficarão relutantes em fazê-lo.

Quaisquer que sejam as condições que levam uma grande empresa diversificada a realizar o *spin-off* de um de seus negócios, esse processo é importante para a criação de novas empresas na economia.

Fontes: F. Schlingemann, R. Stulz e R. Walkling, "Divestitures and the liquidity of the market for corporate assets", *Journal of Financial Economics*, n. 64, p. 117-144, 2002; G. Hite, J. Owens e R. Rogers, "The market for inter-firm asset sales: Partial sell-offs and total liquidations", *Journal of Financial Economics*, n. 18, p. 229-252, 1987; P. Berger e E. Ofek, "Causes and consequences of corporate focusing programs", *Review of Financial Studies*, n. 12, p. 311-345, 1999.

POLÍTICAS DE REMUNERAÇÃO E IMPLEMENTAÇÃO DE DIVERSIFICAÇÃO CORPORATIVA

A política de remuneração de uma empresa constitui o último conjunto de ferramentas para a implementação da diversificação corporativa. Tradicionalmente, a remuneração dos gerentes corporativos de uma empresa diversificada tem uma conexão vaga com o desempenho econômico. Um estudo importante examinou a relação entre a remuneração dos executivos e o desempenho corporativo e constatou que as diferenças na remuneração monetária (salário mais bônus em dinheiro) do CEO não respondem muito a diferenças no desempenho da empresa.[24] Em particular, esse estudo mostrou que o CEO de uma empresa cujos acionistas perderam, juntos, $ 400 milhões em um ano teve uma remuneração média de $ 800 mil, enquanto o CEO de uma empresa cujos acionistas ganharam, juntos, $ 400 milhões em um ano teve uma remuneração média de $ 1,04 milhão. Portanto, uma diferença de $ 800 milhões no desempenho de uma empresa teve apenas, em média, um impacto de $ 204 mil no salário e bônus de um CEO. Em outras palavras, para cada $ 1 milhão de melhoria no desempenho, os CEOs têm um aumento médio de $ 255 em seus proventos. Descontados os impostos, o aumento de $ 1 milhão no desempenho de uma empresa tem valor praticamente igual a um bom jantar em um agradável restaurante.

No entanto, esse mesmo estudo mostrou que, se uma parcela substancial da remuneração de um CEO viesse na forma de ações ou opções de ações da empresa, as mudanças na remuneração estariam estreitamente associadas a mudanças no desempenho da empresa. Em particular, a diferença de $ 800 milhões no desempenho descrita acima estaria associada a uma diferença de $ 1,2 milhão no valor da remuneração do CEO, se esta incluísse ações ou opções de ações além da remuneração em dinheiro. Nesse cenário, $ 1 milhão adicional de desempenho aumenta o salário de um CEO em $ 667.

Essa e outras conclusões semelhantes publicadas em outros trabalhos levaram a um número cada vez maior de empresas diversificadas a incluir ações ou opções de ações como parte do pacote de remuneração do CEO. Não menos importante é que muitas empresas agora estendem essa remuneração não monetária a outros gerentes seniores de uma empresa diversificada, incluindo gerentes gerais de divisão. Por exemplo, os principais 1.300 gerentes da General Dynamics recebem ações ou opções de ações como parte de seu pacote de remuneração. Além disso, os bônus em dinheiro desses gestores também dependem do desempenho da empresa no mercado de ações. Na Johnson & Johnson (J&J), todos os gerentes gerais de divisão recebem um pacote de remuneração formado por cinco componentes. O nível de apenas um desses componentes, o salário, não varia com o lucro econômico do negócio presidido por um gerente geral de divisão. O nível dos outros quatro componentes — bônus em dinheiro, ações, opções de ações e pacote de renda diferida — varia com o desempenho econômico de determinada divisão. Além disso, o valor de alguns desses componentes variáveis da remuneração também depende do desempenho econômico de longo prazo da J&J.[25]

Uma vez que a remuneração nas empresas diversificadas proporciona incentivos aos gerentes para tomar decisões consistentes com os interesses dos acionistas, eles podem ser uma parte importante do processo de implementação da diversificação corporativa. No entanto, o simples tamanho da remuneração de alguns CEOs suscita questões éticas para algumas pessoas. Essas questões são discutidas no quadro "Ética e estratégia".

ÉTICA E ESTRATÉGIA

A remuneração de executivos e a crise de crédito de 2008

Nada recebe uma divulgação mais negativa na imprensa do que os salários dos CEOs. E os números *são* espantosos. Em 2007, o CEO da Countrywide Financial, Angelo Mozilo, recebeu $ 103 milhões; Lloyd Blankfein, CEO da Goldman Sachs, $ 74 milhões; Richard Fuld, CEO da Lehman Brothers, $ 72 milhões; e John Mack, CEO do Morgan Stanley, $ 41 milhões.

É claro que o que interessa nesses exemplos específicos de remuneração é que, apesar da enorme quantia paga a esses CEOs em 2007, no fim de 2008, todas essas empresas estavam em séria dificuldade financeira — ou enfrentando uma falência, ou sendo adquirida para evitar a falência ou se reorganizando para reduzir o impacto de graves perdas econômicas. Portanto, como pode um CEO 'valer' milhões em 2007 e comandar uma empresa em depressão econômica — quase falência — menos de 12 meses depois?

Parte da explicação para essa incoerência entre remuneração de CEOs e desempenho corporativo tem a ver com a natureza inesperada e radical do revés econômico associado à crise de crédito de 2008. Todos esses CEOs estavam trabalhando em empresas de serviços financeiros em 2007 e 2008, um segmento da economia que foi extremamente prejudicado pela escassez de crédito de 2008. Pode-se argumentar que a remuneração que esses altos executivos receberam em 2007 refletia o valor que eles criaram naquele ano e que tinha pouca relação com o desempenho dessas organizações em 2008, um nível de desempenho que — muitos sugeriram — não se podia prever no ano anterior.

Entretanto, outra visão dessa situação é que a remuneração recebida por esses CEOs em 2007 foi parcialmente responsável pela crise de crédito em 2008. Sob essa perspectiva, a remuneração de CEOs não é apenas o resultado benigno das forças de mercado no mercado de altos executivos, mas, sobretudo, pode modelar estratégias e ações corporativas de modo a favorecer — ou prejudicar — a atividade econômica no longo prazo. Considere o seguinte.

A maioria dos CEOs recebe pacotes de remuneração que consistem de um salário-base, um bônus em dinheiro e várias ações e opções de ações. Quando recebem opções de ações, eles obtêm o direito, mas não a obrigação, de comprar ações da empresa a um preço específico — geralmente, o preço pelo qual estão sendo negociadas quando as opções são oferecidas. Se as ações de uma empresa sobem consideravelmente, então os CEOs podem cobrar suas opções de ações — estão '*in the money*' — e comprar suas ações da empresa em alguns casos com descontos significativos. Isso pode representar uma grande quantidade de dinheiro para o CEO — geralmente, milhões, e até centenas de milhões, ao longo do tempo.

Diante desse enorme potencial vantajoso, os CEOs têm um forte incentivo para aumentar o preço das ações de sua empresa. De modo geral, são medidas compatíveis com os interesses dos acionistas de uma empresa. Entretanto, em alguns casos os CEOs podem envolver-se em atividades de alto risco para elevar o preço de suas ações. Os investidores dessas empresas podem não compreender plenamente a natureza desses riscos e, dessa forma, podem não estar totalmente protegidos desses riscos por meio da diversificação e de outras estratégias de investimento.

Em particular, muitas empresas de serviços financeiros parecem ter adotado essas atividades de alto risco no início da década de 2000 — vendendo hipotecas a pessoas que não tinham condições de pagá-las; atrelando essas hipotecas a instrumentos financeiros que eram então vendidos a instituições financeiras que não tinham plena consciência dos riscos que estavam assumindo; comprando apólices de 'seguro' contra quaisquer efeitos colaterais associados a esses investimentos, muito embora a natureza desses riscos não fosse bem compreendida e as empresas que vendiam esse seguro não possuíssem o capital necessário para compensar quaisquer perdas futuras. Em suma, no esforço de girar a manivela para elevar o preço das ações o mais alto possível — e assim embolsar enormes ganhos com o resgate de opções de ações — os CEOs de algumas empresas de serviços financeiros colocam todo o setor financeiro em risco. E não só nos Estados Unidos, mas ao redor do mundo.

Em outras palavras, a remuneração de CEOs no setor financeiro em 2005, 2006 e 2007 pode ter exercido um impacto negativo — aquilo que os economistas chamam de externalidade negativa — sobre a economia como um todo em 2008. Uma medida do tamanho dessa externalidade negativa é o tamanho do socorro financeiro utilizado para escorar o sistema financeiro durante 2008 — fundos emergenciais e subsídios que totalizam vários trilhões em todo o mundo.

Diante de tão substanciais externalidades negativas, alguns se perguntam se a remuneração de CEOs deve ou não ser regulamentada — para evitar que futuros executivos se envolvam em atividades que não só prejudicam suas empresas, mas também colocam todo o sistema financeiro em risco.

Fontes: Disponível em: <www.nytimes.com/interactive/2008/05/05/business/20080405_EXECCOMP>. Acesso em: 11 fev. 2011; Disponível em: <www.forbes.com/lists/2008/12/lead_bestbosses08_CEO-Compensation_Rank>. Acesso em: 11 fev. 2011; Disponível em: <www.forbes.com/leadership/2008/08/13/yahoo-memc-nvidia-lead-comp-cz_mk_0813>. Acesso em: 11 fev. 2011.

|||| RESUMO ||||

Para serem valiosas, as estratégias de diversificação devem explorar economias de escopo valiosas que não podem ser duplicadas por investidores externos a um custo baixo. No entanto, para realizar o valor dessas economias de escopo, as empresas devem se organizar de maneira apropriada. A estrutura organizacional de uma empresa, seus processos de controle gerencial e suas políticas de remuneração são relevantes na implementação de uma estratégia de diversificação corporativa.

A melhor estrutura organizacional para implementar uma estratégia de diversificação é a estrutura multidivisional ou em forma de M. Esta estrutura possui vários componentes fundamentais, incluindo o conselho de administração, investidores institucionais, o executivo sênior, o *staff* corporativo, os gerentes gerais de divisão e os gerentes de atividades compartilhadas.

Essa estrutura organizacional tem o suporte de diversos processos de controle gerencial. Três desses processos que são críticos para empresas que implementam estratégias de diversificação são: (1) avaliação do desempenho das divisões, (2) alocação de capital entre divisões e (3) transferência de produtos intermediários entre divisões. A existência de economias de escopo nas empresas que implementam estratégias de diversificação corporativa complica significativamente o gerenciamento desses processos.

Por fim, as políticas de remuneração também são importantes para empresas que implementam estratégias de diversificação. Historicamente, a remuneração da gerência tem uma conexão apenas vaga com o desempenho econômico de uma empresa, mas os últimos anos presenciaram um crescimento da popularidade do uso de ações e opções de ações para auxiliar na remuneração de executivos. Esses esquemas de remuneração ajudam a reduzir os conflitos entre gerentes e investidores externos, mas o nível absoluto da remuneração do CEO ainda é muito alto, ao menos nos Estados Unidos.

|||| QUESTÕES ||||

1. A teoria de agência tem sido criticada por supor que os gerentes, se tiverem autonomia total, terão comportamentos que reduzem o patrimônio de investidores externos quando, na verdade, a maioria dos gerentes é de administradores altamente responsáveis pelos ativos que controlam. Essa visão alternativa dos gerentes é chamada de *stewardship theory*. Você concorda com essa crítica sobre a teoria de agência? Por quê?

2. Suponha que o conceito de *stewardship theory* esteja correto e que a maioria dos gerentes, na maior parte do tempo, se comporte de maneira responsável e tome decisões que maximizam o valor presente dos ativos que controlam. Quais implicações, caso haja alguma, essa suposição teria sobre a organização para a implementação de estratégias de diversificação?

3. A estrutura em forma de M permite que as empresas adotem estratégias de diversificação corporativas complexas por meio da delegação de diferentes responsabilidades gerenciais para diferentes indivíduos e grupos na empresa. É possível que a empresa chegue a ser grande e complexa demais para ser administrada até mesmo por meio de uma estrutura em forma de M? Em outras palavras, existe um limite natural para o tamanho eficiente de uma empresa diversificada?

4. A maioria dos observadores concorda que economias com planejamento centralizado fracassam porque é impossível que os burocratas em grandes hierarquias governamentais coordenem diferentes setores de uma economia com tanta eficiência quanto os mecanismos de mercado. Entretanto, muitas empresas diversificadas são tão grandes quanto algumas economias e utilizam hierarquias do setor privado para coordenar diversas atividades de negócio. Essas grandes hierarquias do setor privado são

de alguma forma diferentes das hierarquias governamentais de economias com planejamento centralizado? Caso sejam, de que forma? Caso não sejam, por que essas grandes hierarquias do setor privado continuam a existir?

5. Suponha que o preço de transferência ótimo entre um negócio e todas as outras atividades de negócio em uma empresa seja o preço de mercado. Com base nessa condição, a empresa deve manter esse negócio?

|||| PROBLEMAS ||||

1. Quais elementos da estrutura em forma de M (conselho de administração, equipe do CEO, *staff* corporativo, gerentes gerais das divisões, gerentes das atividades com partilhadas) deveriam estar envolvidos nas atividades de negócio a seguir? Se mais de um desses grupos deve estar envolvido, indique seu nível relativo de envolvimento (por exemplo, 20 por cento, equipe do CEO; 10 por cento, gerentes das atividades compartilhadas; 70 por cento, gerentes gerais das divisões). Justifique suas respostas.
   (a) Determinar a remuneração do CEO.
   (b) Determinar a remuneração do vice-presidente de recursos humanos.
   (c) Determinar a remuneração de um vice-presidente de recursos humanos em uma divisão de negócios específica.
   (d) Decidir vender uma divisão de negócios.
   (e) Decidir comprar uma empresa relativamente pequena cujas atividades têm relação estreita com as atividades atuais das divisões da empresa.
   (f) Decidir comprar uma empresa maior cujas atividades não são diretamente relacionadas a nenhuma das atividades das divisões da empresa.
   (g) Avaliar o desempenho do vice-presidente de vendas, um administrador cuja equipe de vendas comercializa os produtos de três divisões da empresa.
   (h) Avaliar o desempenho do vice-presidente de vendas, um administrador cuja equipe de vendas comercializa os produtos de apenas uma divisão da empresa.
   (i) Determinar quanto dinheiro investir em uma função de P&D.
   (j) Quanto dinheiro investir em uma função de P&D que dá suporte às operações de duas divisões dentro da empresa.
   (k) Demitir ou não um cientista de P&D.
   (l) Demitir ou não o vice-presidente de contabilidade em uma divisão específica.
   (m) Demitir ou não o vice-presidente de contabilidade da organização.
   (n) Abrir o capital da empresa com a venda de ações para o público em geral pela primeira vez.

2. Considere os seguintes fatos. A Divisão A de uma empresa gerou $ 847 mil em lucros sobre $ 24 milhões em vendas, usando $ 32 milhões em ativos dedicados. O custo de capital para essa empresa é de 9 por cento, e a empresa investiu $ 7,3 milhões nessa divisão.
   (a) Calcule o retorno sobre vendas (do inglês, *Return on Sales* — ROS) e o retorno sobre ativos (do inglês, *Return on Total Assets* — ROA) da Divisão A. Se a taxa mínima de rentabilidade para o ROS e o ROA nessa empresa é 0,04, essa divisão teve um bom desempenho?
   (b) Calcule o EVA da Divisão A (supondo que os lucros relatados já tenham sido ajustados). Baseado nesse EVA, essa divisão teve um bom desempenho?
   (c) Suponha que você é o CEO dessa empresa. Como escolheria entre ROA e EVA para avaliar essa divisão?

3. Suponha que a Divisão A venda um produto intermediário para a Divisão B. Escolha uma das maneiras para determinar preços de transferência descritas neste capítulo (não determinando os preços de transferência como iguais ao custo de oportunidade da empresa vendedora) e mostre como o gerente da Divisão A pode usar esse mecanismo para justificar um preço de transferência mais alto, enquanto o gerente da Divisão B pode usar esse mecanismo para justificar um preço de transferência mais baixo. Repita esse exercício com outra abordagem de determinação de preços de transferência descritas neste capítulo.

|||| NOTAS ||||

1. A estrutura e a função da empresa multidimensional foram descritas originalmente por A. Chandler, *Strategy and structure*: Chapters in the history of the industrial enterprise, Cambridge, MA: MIT Press, 1962. A lógica econômica por trás da empresa multidimensional foi descrita originalmente por O. E. Williamson, *Markets and hierarchies*: Analysis and antitrust implications, Nova York: Free Press, 1975. Exames empíricos do impacto da forma M ou desempenho empresarial incluem H. O. Armour e D. J. Teece, "Vertical integration and technological innovation", *Review of Economics and Statistics*, n. 60, p. 470-474, 1980. Ainda há algum debate sobre a eficiência da estrutura em forma de M. Veja R. F. Freeland, "The myth of the M-form? Governance, consent, and organizational change", *American Journal of Sociology*, v. 102, n. 2, p. 483-626, 1966; e M. Shanley, "Straw men and M-form myths: Comment on Freeland", *American Journal of Sociology*, v. 102, n. 2, p. 527-536, 1996.

2. Veja S. Finkelstein e R. D'Aveni, "CEO duality as a doubleedged sword: How boards of directors balance entrenchment avoidance and unity of command", *Academy of Management Journal*, n. 37, p. 1079-1108, 1994.

3. I. F. Kesner, "Director's characteristics and committee membership: An investigation of type, occupation, tenure and gender", *Academy of Management Journal*, n. 31, p. 66-84, 1988; S. A. Zahra e J. A. Pearce II, "Boards of directors and corporate financial performance: Are view and integrative model", *Journal of Management*, n. 15, p. 291-334, 1989.
4. Investor Relations Business. "Reversal of fortune: Institutional ownership is declining", *Investor Relations Business*, p. 8-9, 1 mai. 2000; Federal Reserve Board, "Flow of funds report", 2006. Disponível em: <www.corpgov.net>. Acesso em: 11 fev. 2011.
5. Veja G. S. Hansen e C. W. L. Hill, "Are institutional investors myopic? A time-series study of four technology-driven industries", *Strategic Management Journal*, n. 12, p. 1-16, 1991.
6. Veja D. Bergh, "Size and relatedness of units sold: An agency theory and resource-based perspective", *Strategic Management Journal*, n. 16, p. 221-239, 1995; J. Bethel e J. Liebeskind, "The effects of ownership structure on corporate restructuring", *Strategic Management Journal*, n. 14, p. 15-31, 1993.
7. Fardos que são bem descritos por F. Westley e H. Mintzberg, "Visionary leadership and strategic management", *Strategic Management Journal*, n. 10, p. 17-32, 1989.
8. Veja B. Dumaine, "Is big still good?", *Fortune*, p. 50-60, 20 abr. 1992.
9. Veja B. Golden, "SBU strategy and performance: The moderating effects of the corporate–SBU relationship", *Strategic Management Journal*, n. 13, p. 145-158, 1992; P. Berger e E. Ofek, "Diversification effect on firm value", *Journal of Financial Economics*, n. 37, p. 36-65, 1995; H. P. Lang e R. Stulz, "Tobin's q, corporate diversification, and firm performance", *Journal of Political Economy*, n. 102, p. 1248-1280, 1994; R. Rumelt, "How much does industry matter?", *Strategic Management Journal*, n. 12, p. 167-185, 1991.
10. Veja W. Halal, "From hierarchy to enterprise: Internal markets are the new foundation of management", *The Academy of Management Executive*, v. 8, n. 4, p. 69-83, 1994.
11. C. Bartlett e S. Ghoshal, "Beyond the M-form: toward a managerial theory of the firm", *Strategic Management Journal*, n. 14, p. 23-46, 1993.
12. Veja R. Simons, "How new top managers use control systems as levers of strategic renewal", *Strategic Management Journal*, n. 15, p. 169-189, 1994.
13. J. E. Bethel, "The capital allocation process and managerial mobility. A theoretical and empirical investigation". 1990. Tese (Doutorado) – UCLA, 1990.
14. Algumas dessas estão descritas em M. Duffy, "ZBB, MBO, PPB, and their effectiveness within the planning/marketing process", *Strategic Management Journal*, n. 12, p. 155-160, 1989.
15. Veja J. Stern, B. Stewart e D. Chew, "The EVA financial management system", Journal of Applied Corporate Finance, n. 8, p. 32-46, 1995; S. Tully, "The real key to creating wealth", Fortune, p. 38-50, 20 set. 1993.
16. Aplicações de EVA estão descritas em S. Tully, "The real key to creating wealth", *Fortune*, p. 38-50, 20 set. 1993; S. Tully, "So, Mr. Bossidy, we know you can cut. Now show us how to grow", *Fortune*, p. 70-80, 21 ago. 1995; e S. Tully, "Can EVA deliver profits to the post office?", *Fortune*, p. 22, 10 jul. 1995.
17. Uma edição especial do *Journal of Applied Corporate Finance* em 1994 tratou de muitas dessas questões.
18. Veja R. Priem, "Top management team group factors, consensus, and firm performance", *Strategic Management Journal*, n. 11, p. 469-478, 1990; e B. Wooldridge e S. Floyd, "The strategy process, middle management involvement, and organizational performance", *Strategic Management Journal*, n. 11, p. 231-241, 1990.
19. Relatado por F. Westley, "Middle managers and strategy: Microdynamics of inclusion", *Strategic Management Journal*, n. 11, p. 337-351, 1900; O. Lamont, "Cash flow and investment: Evidence from internal capital markets", *The Journal of Finance*, v. 52, n. 1, p. 83-109, 1997; H. H. Shin e R. M. Stulz, "Are internal capital markets efficient?", *Quarterly Journal of Economics*, p. 531-552, maio 1998; e J. C. Stein, "Internal capital markets and the competition for corporate resources", *The Journal of Finance*, v. 52, n. 1, p. 111-133, 1997.
20. Veja J. Brickley, C. Smith e J. Zimmerman, *Organizational architecture and managerial economics approach*, Homewood, IL: Irwin, 1996; R. Eccles, *The transfer pricing problem*: A theory for practice, Lexington, MA: Lexington Books, 1985.
21. Veja R. Cyert e J. G. March, *A behavioral theory of the firm*, Upper Saddle River, NJ: Prentice Hall, 1963; R. J. Swieringa e J. H. Waterhouse, "Organizational views of transfer pricing", *Accounting, Organizations & Society*, v. 7, n. 2, p. 149-165, 1982; e R. Eccles, *The transfer pricing problem*: A theory for practice, Lexington, MA: Lexington Books, 1982.
22. A. K. Gupta e V. Govindarajan, "Resource sharing among SBUs: Strategic antecedents and administrative implications", *Academy of Management Journal*, n. 29, p. 695-714, 1986.
23. Um ponto relatado por R. J. Swieringa e J. H. Waterhouse, "Organizational views of transfer pricing", *Accounting, Organizations and Society*, v. 7, n. 2, p. 149-165, 1982.
24. M. C. Jensen e K. J. Murphy, "Performance pay and top management incentives", *Journal of Political Economy*, n. 98, p. 225-264, 1990.
25. Veja J. Dial e K. J. Murphy, "Incentive, downsizing, and value creation at General Dynamics", Journal of Financial Economics, n. 37, p. 261-314, 1995, sobre o esquema de compensação da General Dynamics; e F. J. Aguilar e A. Bhambri, "Johnson & Johnson (A)", Harvard Business School, caso n. 384053, 1983, sobre o esquema de compensação da Johnson & Johnson.

PANORAMA BRASILEIRO

Camargo Corrêa, um grupo desafiante global

Introdução

Em 1939, na cidade de Jaú, no interior de São Paulo, o Grupo Camargo Corrêa foi fundado por Sebastião Camargo e Sylvio Brand Corrêa, que se afastou da empresa na década de 1960. A empresa cresceu no mercado de engenharia e construção, principalmente nos anos 1970, período do chamado 'milagre econômico'. O fundador acreditava que "não basta amar o Brasil, é preciso construir o Brasil do futuro". A empresa foi responsável pela construção da ponte Rio-Niterói, da rodovia dos Imigrantes, da primeira linha de metrô de São Paulo e do aeroporto de Cumbica, entre tantas outras obras importantes para o país.

Atualmente, é um grupo diversificado presente em 20 países, com 58 mil funcionários diretos. Os administradores acreditam que a diversificação que caracteriza o portfólio de negócios do Grupo Camargo Corrêa proporciona flexibilidade para explorar oportunidades em diferentes setores, reduzindo o impacto de oscilações na economia e dificuldades em mercados específicos.

Suas áreas de atuação são: engenharia e construção, cimento, calçados, têxteis, siderurgia, concessões rodoviárias, meio ambiente e instalações aeroportuárias. A receita bruta do grupo foi de $ 16,2 bilhões em 2009. Os quatro negócios de infraestrutura do grupo — engenharia e construção, cimento, concessões de energia e transporte — representam 72 por cento da receita líquida da empresa.

Até hoje, o Grupo Camargo Corrêa permanece como um grupo privado de controle familiar. Ele é controlado pelas três filhas de Sebastião Camargo — Rosana, Renata e Regina —, que são representadas por seus maridos, os quais, por sua vez, exercem diretamente cargos de vice-presidência ou indicam executivos para representá-los. O atual presidente do grupo é Vitor Sarquis Hallack, que sucedeu Raphael Antonio Nogueira de Freitas, em 2006.

Os seguintes negócios respondem pela maior parte da receita do Grupo:
• Cimento: presente no Brasil com a marca Cauê e na Argentina com a Loma Negra, líder de mercado, além de ser acionista da portuguesa CIMPOR, presente em 13 países.
• Concessões de energia: detém a maior participação privada no controle da CPFL Energia, que gera, distribui e comercializa energia elétrica.
• Concessões rodoviárias: participa do controle da Companhia de Concessões Rodoviárias (CCR).
• Engenharia e construção: atua em construção, projetos e gestão de obras de infraestrutura, presente na América do Sul e na África, sendo líder na construção de hidrelétricas.

O Grupo Camargo Corrêa tem ainda participação nos seguintes negócios:
• Calçados: o Grupo controla a Alpargatas, detentora de marcas como Havaianas, Topper e Rainha.
• Concessão ferroviária: a Loma Negra controla a Ferrosur Roca, concessionária de transporte ferroviário de cargas na Argentina.
• Meio ambiente: a CAVO Serviços e Saneamento, detentora de participações em outras empresas, realiza a gestão ambiental de resíduos, águas e afluentes.
• Siderurgia: participa do grupo de controle da Usiminas, maior produtora de aços planos do Brasil.

Os demais negócios da empresa, que preveem investimento de longo prazo, são:
• Incorporação: atua na incorporação de imóveis residenciais e comerciais e controla empresa focada no segmento de baixa renda.
• Naval: acionista do Estaleiro Atlântico Sul, maior empresa do setor de construção naval do hemisfério sul, e da QUIP S.A., empresa especialista em implantar projetos de plataforma de petróleo *offshore*.
• Óleo e gás: unidade dedicada ao setor de serviços em exploração e produção de petróleo e gás.
• Operações aeroportuárias: operações, investimentos e administração aeroportuárias na América Latina e no Caribe.

A Camargo Corrêa está entre as cem empresas de países emergentes que mais se consolidam no mercado global, caracterizando-se como desafiadoras das multinacionais já consagradas, de países desenvolvidos, segundo estudo da Boston Consulting Group (BCG).

A estrutura organizacional

A Camargo Corrêa S.A. é a *holding* do Grupo, criada em 1996 para comandar o ciclo de expansão dos investimentos e a diversificação do portfólio de negócios. Essa *holding* pertence às Participações Morro Vermelho S.A., empresa que reúne as três famílias de acionistas.

A estrutura de governança do Grupo é liderada pelo Conselho de Administração, composto pelo presidente, Vitor Sarquis Hallack, e três vice-presidentes, A. C. Reuter, Carlos Pires Oliveira Dias e Luiz Roberto Ortiz Nascimento — maridos e representantes das filhas do fundador, conforme já mencionado.

O presidente do Conselho é também o presidente do comitê executivo, que conta com outros quatro membros, um diretor superintendente e 11 diretores.

A estrutura organizacional utilizada pelo Grupo para implementar sua estratégia de diversificação corporativa é a estrutura multidivisional, como pode ser visto na Figura A, a seguir.

Divisão Engenharia e Construção

A divisão organiza-se em quatro segmentos de negócio — energia; óleo e gás; montagens industriais; e infraestrutura. A Construções e Comércio Camargo Corrêa S.A. realiza obras de infraestrutura no Brasil, na América Latina e na África. Além de líder mundial na construção de usinas hidrelétricas, atua em construção civil, gerenciamento de projetos, montagem eletromecânica e operação de plantas industriais.

Divisão Concessões de Energia e Rodoviárias e Investimento em Infraestrutura

A CPFL Energia é líder do mercado de distribuição no Brasil, com 13 por cento de participação, e líder do mercado de comercialização, com 22 por cento. O Grupo Camargo Corrêa é o acionista privado de referência do bloco de controle da empresa, a qual está listada no Novo Mercado da Bolsa de Valores, Mercadorias & Futuros de São Paulo (BM&F Bovespa) e na Bolsa de Nova York (NYSE).

A Companhia de Concessões Rodoviárias (CCR), listada no Novo Mercado da BM&FBovespa, é a maior empresa de concessões desse segmento na América Latina e atua nos segmentos de operação de rodovias, transportes urbanos e negócios relacionados, no Brasil.

Divisão Cimentos e Calçados

A Camargo Corrêa Cimentos controla o terceiro maior complexo cimenteiro da América Latina, com capacidade para produzir mais de 10 milhões de toneladas de cimento ao ano. São sete fábricas no Brasil, onde a empresa ocupa o terceiro lugar do setor, com as marcas Cauê e Cimento Brasil. Na Argentina, sua controlada Loma Negra é líder de mercado e opera nove fábricas. As empresas também estão entre as líderes no segmento de concreto. O Grupo detém cerca de 33 por cento do capital da cimenteira portuguesa CIMPOR.

A Ferrosur Roca S.A. é uma empresa de transporte de carga (cimento, pedra, produtos químicos, combustíveis, entre outros), que opera, por concessão, na Argentina. Os serviços ferroviários da Ferrosur representam diferencial competitivo para a Loma Negra, por realizarem a ligação direta entre as suas unidades produtoras de cimento e os mercados consumidores.

Em calçados, o Grupo está em todos os continentes com as marcas da São Paulo Alpargatas.

Divisão Incorporação e Meio ambiente

A Camargo Corrêa Desenvolvimento Imobiliário (CCDI) atua em três grandes segmentos de mercado. O segmento de baixa renda, que reúne unidades de até $ 130 mil e é desenvolvido por intermédio da HM Engenharia; o segmento tradicional, composto de unidades residenciais com preços que variam de $ 130 mil a mais de $ 1 milhão e por pequenas salas comerciais; e o desenvolvimento de lajes corporativas no padrão Triple A.

A CAVO Serviços e Saneamento e suas coligadas atuam em projetos para soluções ambientais sustentáveis, na gestão ambiental de companhias de grande porte e de municípios, no tratamento de resíduos de serviços de saúde e na implantação e operação de aterros sanitários. Atuam, ainda, em remediação

FIGURA A Estrutura organizacional

```
                    Conselho de Administração
                         Vitor Hallack
                          A.C. Reuter
                     Luiz R. O. Nascimento
                      Carlos Pires O. Dias

     Corporação ─────────────────────── Comitê Executivo
Comitê de Recursos Humanos ─────────── Comitê Financeiro de Auditoria

   Divisão              Divisão               Divisão              Divisão
Engenharia e      Concessões de Energia e  Cimentos e Calçados  incorporação e
 Construção         Rodoviárias e         José Édison Barros    Meio Ambiente
Antorio Miguel    investimento em             Franco             José Diniz
  Marques           infraestrutura
                 Francisco Caprino Neto
```

Fonte: Relatório anual 2009.

de áreas contaminadas, na destinação de resíduos industriais, como coprocessamento e incineração, em projetos de Mecanismo de Desenvolvimento Limpo (MDL) e em auditorias ambientais.

As funções de cada componente da estrutura

O Conselho de Administração da Camargo Corrêa S.A. determina a estratégia e a governança corporativa, além de privilegiar o foco na gestão das Divisões de Negócios e assegurar o aproveitamento de sinergias por meio dos comitês de assessoramento ao Conselho de Administração e das funções corporativas.

O comitê executivo é responsável pelos resultados de todo o Grupo e pelas funções corporativas.

Cada uma das divisões conta com um presidente que dirige as empresas de seu setor. Essas empresas contam com diretores, e, em alguns casos, um diretor superintendente comandando a diretoria.

A Divisão Engenharia e Construção tem um presidente, cinco diretores corporativos e um vice-presidente de Relações Institutcionais. Eles são responsáveis pelas seguintes unidades de negócios:
- Unidade de Negócio Engenharia e Construção, dividida nas áreas Operação, Desenvolvimento Comercial e Camargo Corrêa Angola. Cada uma tem o seu quadro de diretores.
- Unidade de Negócio Naval, que tem um diretor superintendente.

A Divisão Concessões conta com um presidente, responsável pela Camargo Corrêa Investimentos em Infraestrutura S.A., que conta com quatro diretores, e pela Unidade de Negócio Operações Aeroportuárias: empresa A-port S.A., com três diretores.

Na Divisão Cimentos e Calçados, há um presidente e três diretores executivos, que cuidam das seguintes unidades de negócios:
- Unidade de Negócio Cimento Brasil Cauê, com um diretor superintendente e quatro diretores.
- Unidade de Negócio Crescimento, com dois diretores responsáveis pela Camargo Corrêa S.A.
- Unidade de Negócio Argentina Loma Negra, com um diretor geral e seis diretores-executivos responsáveis pela Loma Negra C I A S A.
- Unidade de Negócio Concessionária Ferroviária, com um gerente geral responsável pela Ferrosur Roca S.A.
- Unidade de Negócio Calçados, formada pela São Paulo Alpargatas S.A. e pela Alpargatas S.A.I.C. Argentina.

A Divisão Incorporação e Meio Ambiente tem um presidente responsável pelas seguintes áreas:
- Unidade de Negócio Incorporação formada pela Camargo Corrêa Desenvolvimento Imobiliário S.A. — CCDI e pela HM Engenharia e Construções Ltda., cada uma com seu próprio corpo diretivo.
- Unidade de Negócio Meio Ambiente, empresa CAVO Serviços e Snaeamento S.A., que conta com dois diretores, sendo um superintendente.
- Centro de Soluções Compartilhadas, com um diretor e um superintendente.
- Outros negócios: Arrossensal Agropecuária e Industrial S.A. com dois diretores e Morro Vermelho Táxi Aéreo Ltda. (MVTA) com dois administradores.

QUESTÕES

1. Discuta como a estrutura organizacional do Grupo Camargo Corrêa é utilizada para implementar sua estratégia de diversificação?
2. O Grupo Camargo Corrêa têm economias de escopo? Quais seriam?
3. Quais atividades compartilhadas você imagina que o Grupo Camargo Corrêa poderia desenvolver para gerar mais economias de escopo?
4. Com base no capítulo, quais controles de gerenciamento você sugeriria para a Camargo Corrêa?

REFERÊNCIAS

Camargo Correa. Disponível em: <www.camargocorrea.com.br>. Acesso em: 15 mar. 2011.
Relatório anual 2009. São Paulo: Camargo Corrêa S.A., 2009. Disponível em: <http://www.camargocorrea.com.br/pdf_ra/RELATORIO_ANUAL_2009_baixa_edit.pdf>. Acesso em: 15 mar. 2011.
Código de conduta empresarial. São Paulo: Camargo Corrêa S.A., 2008. Disponível em: <http://www.camargocorrea.com.br/pdf/codigo_de_conduta_empresarial.pdf>. Acesso em: 15 mar. 2011.

Caso elaborado pela professora doutora Daniela M. R. Khauaja, consultora e pesquisadora nas áreas de marketing e *branding*, professora e coordenadora da área de marketing da pós-graduação da Escola Superior de Propaganda e Marketing (ESPM). A proposta deste caso é servir como referência para reflexão e discussão sobre o tema, e não para avaliar as estratégias adotadas.

Alianças estratégicas

OBJETIVOS DE APRENDIZAGEM

Após a leitura deste capítulo, você estará apto a:

1. Definir aliança estratégica e dar três exemplos específicos dela.
2. Descrever nove maneiras diferentes por meio das quais essas alianças podem criar valor para empresas e como essas nove fontes de valor podem ser agrupadas em três grandes categorias.
3. Descrever como a seleção adversa, os danos morais e a apropriação podem ameaçar a capacidade das alianças de gerar valor.
4. Descrever as condições sob as quais uma aliança estratégica pode ser rara e custosa de duplicar.
5. Descrever as condições sob as quais operar independentemente e fazer aquisições não são substitutos prováveis para alianças.
6. Descrever como contratos, investimentos, reputação das empresas, *joint-ventures* e relações de confiança podem reduzir a ameaça de trapaça em alianças estratégicas.

Quem fabrica video games?

O mercado de video games é grande e está crescendo. Alguns deles — *Madden, FIFA, Soccer, NBA Live* — são desenvolvidos em torno de franquias esportivas estabelecidas. Outros — *Sims, Guitar Hero, Rock Band* — são desenvolvidos a partir de seus próprios conceitos únicos. E ainda outros — *James Bond, Harry Potter, Toy Story* — são desenvolvidos com base em personagens e situações originalmente criados para o cinema.

Essa última categoria de video games — aqueles criados a partir de conteúdo do cinema — pode estar em vias de mudar radicalmente a maneira como todos os video games são feitos.

No início da década de 1990, vários estúdios de cinema tentaram desenvolver seus próprios video games com base no conteúdo de seus filmes. Mas a maioria dessas empresas logo descobriu que as habilidades técnicas exigidas para desenvolver os jogos eram na verdade mais importantes para seu sucesso do que as habilidades de inventar histórias criativas ou desenvolver personagens que elas possuíssem por serem estúdios de cinema. Por isso, após várias tentativas fracassadas, a maioria dos estúdios de cinema terceirizou o desenvolvimento de video games para especialistas no ramo, empresas como Electronic Arts, Activision e THQ, para desenvolver jogos baseados em personagens e situações do cinema. A THQ, por exemplo, fez parceria com a Pixar — antes de esta ser adquirida pela Disney — e desenvolveu todos os video games com personagens animados da Pixar. Esses jogos eram, então, vendidos, e a Disney/Pixar receberia uma taxa de licenciamento por unidade vendida.

Formar alianças com empresas de video games parecia fazer todo sentido. Mas alguns problemas começaram a surgir. Primeiro, alguns estúdios cinematográficos acreditavam que as empresas de video games não estavam investindo qualidade suficiente em seus jogos, e, em vez disso, investiam todo seu talento técnico e criativo em seus títulos proprietários. Isto é, alguns estúdios pensavam que os video games do Toy Story simplesmente não estavam obtendo o suporte que, digamos, Guitar Hero ou Halo obtinham.

Em segundo lugar, algumas empresas de video games começaram a reclamar de cronogramas de desenvolvimento irreais — cronogramas que exigiam que os jogos fossem lançados ao mesmo tempo que os próprios filmes. Esses cronogramas apertados, argumentavam as empresas de video games, aumentavam seus custos de desenvolvimento e reduziam os lucros da venda de jogos.

Agora, apesar de as alianças terem durado por mais de uma década, algumas grandes empresas de mídia estão pensando em voltar ao negócio de produção de video games. Um modo de fazer isso seria comprar produtoras independentes de video games e incorporá-las a essas empresas de mídia. Entretanto, no decorrer de 2007 e início de 2008, o preço dessas produtoras independentes era muito alto — o suficiente para desestimular a maioria das aquisições. As aquisições que acabavam acontecendo eram relativamente pequenas. Por exemplo, a Warner Brother's comprou a TT Games — produtora dos jogos *Lego Star Wars* — e a Viacom adquiriu a Harmonix Music Systems — desenvolvedora do *Rock Band* — por $ 175 milhões.

Outras empresas, tais como Disney e Time Warner — estão tentando criar suas próprias habilidades de desenvolvimento de video games, dentro de casa, sem o benefício de uma aquisição. A Disney, por exemplo, possui 800 funcionários trabalhando na Disney Interactive Studios. Entretanto, até que essas empresas consigam criar o estado da arte em habilidades de desenvolvimento de video games, elas ainda serão obrigadas a formar alianças com especialistas do ramo, sobretudo no desenvolvimento de jogos tecnicamente mais sofisticados. Por exemplo, embora a Disney decidisse desenvolver internamente o jogo para o *Toy Story 3*, ela optou por usar uma aliança com uma empresa canadense para desenvolver o jogo para o *High School Musical*. O jogo do *Toy Story 3* é uma extensão direta dos jogos da série, ao passo que o *High School Musical* exigia uma tecnologia de "cantoria em grupo" mais sofisticada.

No longo prazo, independentemente de adquirirem essas competências ou criá-las internamente, as grandes empresas de mídia estão, em última análise, interessadas em mais do que apenas produzir video games baseados em seu conteúdo cinematográfico. Enquanto as receitas das bilheterias permanecem estáveis (com aumento de apenas 4 por cento em 2007) e a comercialização de *home videos* efetivamente cai (com queda de 3,2 por cento em 2007), as vendas de video games continuam a crescer (com aumento de 34 por cento em 2007). Portanto, muitas empresas de mídia consideram o desenvolvimento de todos os tipos de video games, não apenas aqueles baseados em filmes, como uma importante oportunidade em crescimento.

Entretanto, resta saber se as empresas de mídia possuem as habilidades criativas ou técnicas necessárias para desenvolver video games não baseados em filmes. Pode ser que essas incertezas levem as empresas de mídia a manter alianças com empresas especializadas em video games por algum tempo ainda.

Fontes: M. Marr e N. Wingfield, "Big media companies want back in the game", *The Wall Street Journal*, p. B1, 19 fev. 2008; C. Salter, "Playing to win", *Fast Company*, p. 80+, dez. 2002.

O uso de alianças estratégicas para administrar trocas econômicas cresceu substancialmente nos últimos anos. No início da década de 1990, as alianças estratégicas eram relativamente raras, exceto em alguns setores — incluindo o de entretenimento. No entanto, no fim daquela década, tornaram-se muito mais comuns em uma grande variedade de setores. Na realidade, mais de 20 mil alianças foram criadas no mundo todo em 2000 e 2001. Nas indústrias baseadas em tecnologia da computação, mais de 2.200 alianças foram criadas entre 2001 e 2005. E, em 2006, tanto a General Motors (GM) como a Ford estavam considerando as alianças como um meio de ajudar a solucionar seus problemas econômicos.[1]

O QUE É UMA ALIANÇA ESTRATÉGICA?

Uma **aliança estratégica** existe sempre que duas ou mais organizações independentes cooperam no desenvolvimento, na produção ou na venda de produtos ou serviços. Conforme mostra a Figura 9.1, as alianças estratégicas podem ser agrupadas em três categorias amplas: alianças sem participação acionária, alianças com participação acionária e *joint-ventures*.

FIGURA 9.1 Tipos de aliança estratégica

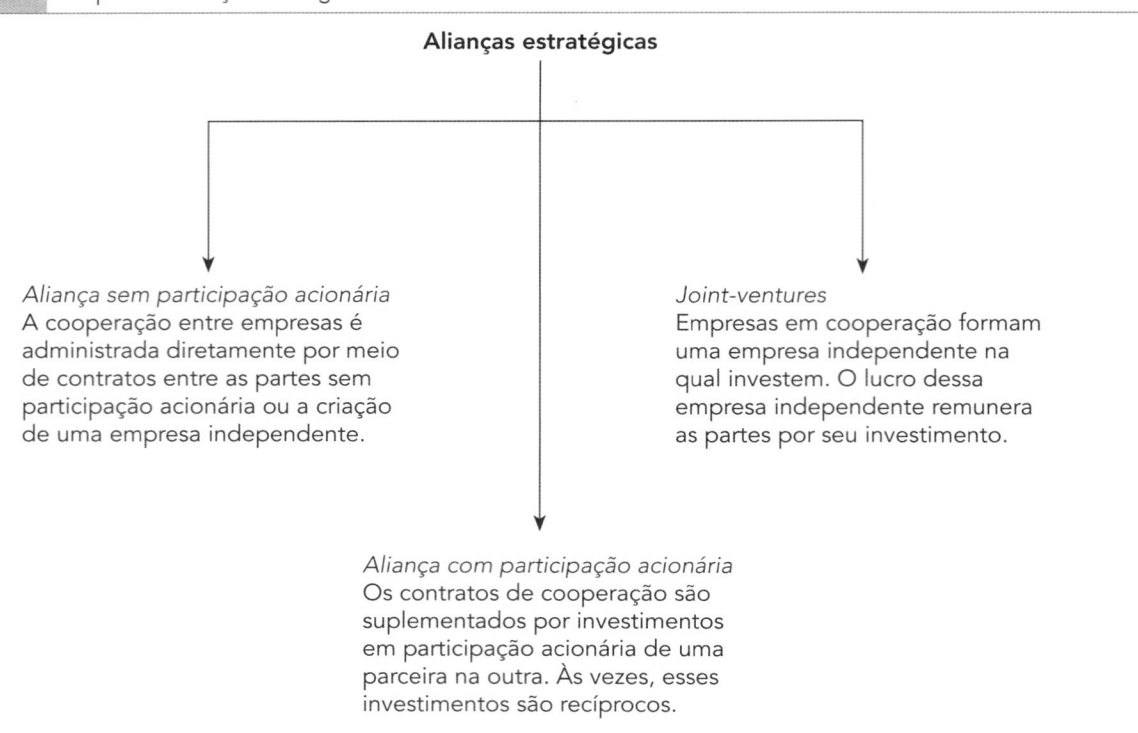

Alianças estratégicas

Aliança sem participação acionária
A cooperação entre empresas é administrada diretamente por meio de contratos entre as partes sem participação acionária ou a criação de uma empresa independente.

Aliança com participação acionária
Os contratos de cooperação são suplementados por investimentos em participação acionária de uma parceira na outra. Às vezes, esses investimentos são recíprocos.

Joint-ventures
Empresas em cooperação formam uma empresa independente na qual investem. O lucro dessa empresa independente remunera as partes por seu investimento.

Em uma **aliança sem participação acionária**, empresas parceiras concordam em trabalhar juntas para desenvolver, produzir ou vender produtos ou serviços, mas não assumem posições de participação acionária uma da outra nem formam uma unidade organizacional independente para administrar seus esforços cooperativos. Em vez disso, essas relações de cooperação são administradas por meio de diversas formas de acordos. **Acordos de licenciamento** (nos quais uma empresa permite que outras usem seu nome de marca para vender produtos), **acordos de fornecimento** (nos quais uma empresa concorda em ser o fornecedor de outras) e **acordos de distribuição** (nos quais uma empresa concorda em distribuir os produtos de outras) são exemplos de alianças estratégicas sem participação acionária. A maior parte das alianças entre a Tony Hawk e seus parceiros ocorre sob a forma de acordos de licenciamento sem participação acionária.

Em uma aliança **com participação acionária**, empresas parceiras suplementam os acordos com participação acionária uma da outra. Por exemplo, quando a GM começou a importar carros pequenos fabricados pela Isuzu, essas empresas parceiras não só firmaram um acordo de fornecimento, como também a GM adquiriu 34,2 por cento das ações da Isuzu. A Ford teve uma relação semelhante com a Mazda, e a Chrysler, com a Mitsubishi.[2] Alianças com participação acionária também são muito comuns no setor de biotecnologia. Grandes empresas farmacêuticas como a Pfizer e a Merck possuem participação acionária em várias empresas *start-up* de biotecnologia.

Em uma *joint-venture*, as empresas parceiras criam uma empresa legalmente independente na qual investem e da qual compartilham quaisquer lucros que sejam gerados. Algumas dessas *joint-ventures* podem ser muito grandes. Por exemplo, a Dow-Corning, *joint-venture* entre a Dow e a Corning, é, por si só, uma das 500 maiores empresas da *Fortune*. A AT&T e a BellSouth são parceiras na *joint-venture* Cingular, uma das maiores empresas de telefonia celular dos Estados Unidos. E a CFM — uma *joint-venture* entre a General Electric (GE) e a SNECMA (uma empresa de produtos aeroespaciais francesa) — é uma das líderes mundiais na fabricação de motores a jato para aeronaves comerciais. Se você já voou em um Boeing 737, então provavelmente pôs sua vida nas mãos dessa *joint-venture*, porque ela fabrica motores para praticamente todos esses aviões.

COMO ALIANÇAS ESTRATÉGICAS CRIAM VALOR?

Assim como todas as estratégias discutidas neste livro, as alianças estratégicas criam valor ao explorar as oportunidades e neutralizar as ameaças com que uma empresa se depara. O Quadro 9.1 lista algumas das mais importantes oportunidades que podem ser exploradas por alianças estratégicas. As ameaças a alianças estratégicas são discutidas mais adiante neste capítulo.

QUADRO 9.1 Maneiras pelas quais as alianças estratégicas podem criar valor econômico

Ajudando as empresas a melhorar o desempenho de suas operações atuais
1. Explorando economias de escala.
2. Aprendendo com os concorrentes.
3. Gerenciando o risco e compartilhando os custos.
4. Criando um ambiente competitivo favorável a um desempenho superior.
5. Facilitando o desenvolvimento de padrões tecnológicos.
6. Facilitando o conluio tácito.
7. Facilitando a entrada ou a saída.
8. Entrada de baixo custo em novos setores e novos segmentos de setor.
9. Saída de baixo custo em novos setores e novos segmentos de setor.
10. Gerenciando a incerteza.
11. Entrada de baixo custo em novos mercados.

Oportunidades em alianças estratégicas

As oportunidades associadas a alianças estratégicas enquadram-se em três grandes categorias. Primeiro, essas alianças podem ser usadas pelas empresas para melhorar o desempenho de suas operações atuais. Segundo, podem ser usadas para criar um ambiente competitivo favorável a um desempenho superior. Por fim, podem ser usadas para facilitar a entrada ou a saída de uma empresa de novos mercados ou setores.

Melhorando operações atuais

Uma maneira pela qual as empresas podem empregar alianças estratégicas para melhorar o desempenho de suas operações atuais é usá-las para realizar economias de escala (conceito apresentado no Capítulo 2). **Economias de escala** existem quando o custo unitário de produção cai à medida que o volume de produção aumenta. Assim, por exemplo, embora o custo unitário para produzir uma caneta Bic seja muito alto, o custo unitário para produzir 50 milhões de Bics pode ser muito baixo.

Para realizar economias de escala, as empresas devem ter grandes volumes de produção ou, ao menos, um volume de produção grande o suficiente para que as vantagens de custo associadas à escala possam ser realizadas. Às vezes — conforme descrito nos capítulos 2 e 4 — uma empresa pode realizar economias de escala sozinha, outras vezes, não. Quando uma empresa não consegue realizar sozinha a economia de custos das economias de escala, pode associar-se a outras empresas em uma aliança estratégica. Juntas, essas empresas podem ter o volume suficiente para conseguir as vantagens de custo das economias de escala.

Mas por que uma empresa não conseguiria realizar essas economias sozinha? Existem várias razões pelas quais uma empresa pode precisar recorrer a parceiros em uma aliança para obter economias de escala. Por exemplo, se o volume de produção necessário para realizar essas economias for muito grande, uma única empresa talvez precise dominar todo um setor para obter essas vantagens. Geralmente, é muito difícil para uma única empresa alcançar tal posição de domínio em um setor. E, mesmo que consiga, pode ficar sujeita a leis governamentais antimonopólio. Além disso, embora determinada peça ou tecnologia possa ser muito importante para várias empresas, talvez nenhuma delas possa gerar uma demanda suficiente dessa peça ou tecnologia para gerar economias de escala em seu desenvolvimento ou produção. Nesse cenário, empresas independentes podem formar uma aliança para realizar economias de escala no desenvolvimento ou na produção dessa peça ou tecnologia.

As empresas também podem usar alianças para melhorar suas operações atuais aprendendo com os concorrentes. Conforme sugerido no Capítulo 3, as diversas empresas de um setor podem ter recursos e capacidades diferentes. Esses recursos podem proporcionar a algumas empresas vantagens competitivas em relação a outras. As empresas que estão em desvantagem competitiva podem querer formar alianças com empresas que têm uma vantagem, a fim de aprender sobre seus recursos e suas capacidades.

A GM formou esse tipo de aliança com a Toyota. No início da década de 1990, a GM e a Toyota investiram juntas em uma fábrica (que havia sido fechada) da GM em Fremont, na Califórnia. Essa *joint-venture* — chamada de NUMI — devia produzir carros compactos que seriam distribuídos pela rede de distribuição da GM. Mas por que a GM decidiu produzir esses carros em aliança com a Toyota? Certamente, ela poderia tê-los montado em qualquer uma de suas fábricas. Entretanto, a GM estava muito interessada em aprender como a Toyota conseguia fabricar carros pequenos de alta qualidade com lucro. De fato, na fábrica da NUMI, a Toyota concordou em assumir toda a responsabilidade pelo processo de fabricação, usando ex-funcionários da GM para instalar e operar o sistema de 'produção enxuta', que permitiu à Toyota tornar-se líder em qualidade no segmento de carros pequenos do setor automobilístico. Mas a Toyota também concordou em deixar que os gerentes da GM trabalhassem na fábrica e observassem como a Toyota administrava esse processo de produção. Desde sua implementação, milhares de gerentes de outras fábricas da GM já passaram pela NUMI para conhecer os métodos de produção enxuta da Toyota.

Está claro porque a GM desejava essa aliança com a Toyota. Mas por que a Toyota quis essa aliança com a GM? Certamente, a Toyota não buscava aprender sobre a produção em si. No entanto, como estava contemplando a entrada no mercado norte-americano com a construção de uma fábrica própria, precisava aprender como implementar a produção enxuta nos Estados Unidos, com empregados norte-americanos. Portanto, a Toyota também tinha algo a aprender com essa aliança.

Quando ambas as partes desejam aprender algo com uma aliança, pode-se desenvolver uma dinâmica interessante chamada *corrida de aprendizagem*. Essa dinâmica está descrita em detalhes no quadro "Estratégia em detalhes".

Finalmente, as empresas podem usar alianças para melhorar suas operações atuais compartilhando riscos e custos. Por exemplo, a HBO produz a maioria de seus programas originais em alianças com produtoras independentes, e a maioria delas é criada para compartilhar riscos e custos. Produzir novos programas de TV pode ser caro. Os custos de desenvolvimento e produção podem chegar a centenas de milhões de dólares, especialmente para minisséries longas e complexas como *Deadwood*, *Entourage* e *The Sopranos*. E, a despeito dos testes de audiência e de cuidadosas análises de mercado, a produção desses programas também é muito arriscada. Até atores do porte de Dustin Hoffman, Warren Beatty, Ben Affleck e Jennifer Lopez — lembra-se de *Gigli*? — não podem garantir o sucesso.

Nesse contexto, não surpreende que a HBO decida não empreender 'sozinha' seus esforços de produção. Se ela fosse a única produtora de sua programação original, teria não só de absorver todos os custos de produção, como também assumir todo o risco, caso a produção não tivesse sucesso. É claro que, ao envolver outras empresas no esforço de produção, a HBO também deve compartilhar qualquer lucro que o empreendimento possa gerar. Aparentemente, ela concluiu que compartilhar esse potencial positivo compensa em muito o compartilhamento dos custos e riscos.

Criando um ambiente competitivo favorável

As empresas também podem usar alianças estratégicas para criar um ambiente competitivo que leve a um desempenho superior. Isso pode ser feito pelo menos de duas maneiras. Primeiro, as empresas podem usar alianças para ajudar a definir padrões em determinado setor. Com esses padrões definidos, é possível desenvolver produtos baseados em tecnologia, e os consumidores podem sentir-se confiantes de que os produtos que compram serão úteis por um período razoável.

Esses padrões tecnológicos são particularmente importantes nos chamados **setores de rede**. Tais setores são caracterizados por **retornos crescentes de escala**. Considere, por exemplo, os aparelhos de fax. Quão valioso é um aparelho de fax sozinho? Obviamente, não muito. Dois aparelhos de fax que podem se comunicar são um pouco mais valiosos, três aparelhos que podem se comunicar são ainda mais valiosos, e assim por diante. O valor de cada aparelho de fax individual depende do total de equipamentos capazes de se comunicar uns com os outros em operação. É isso o que significa retornos crescentes de escala — o valor (ou retornos) sobre cada produto aumenta conforme o número desses produtos (ou escala) aumenta.

No entanto, se existem cem milhões desses aparelhos de fax em operação, mas nenhum deles consegue se comunicar, eles não têm valor — a não ser o de um grande peso de papel. Para que todo seu valor possa ser realizado, eles devem ser capazes de se comunicar. E, para isso, devem adotar o mesmo padrão de comunicação — ou ao menos um que seja compatível. É por isso que definir padrões de tecnologia é tão importante em setores de rede.

Existem duas maneiras de definir esses padrões. Primeiro, empresas diferentes podem introduzir padrões diferentes e os consumidores podem decidir qual preferem. Essa foi a maneira como o padrão dos aparelhos de videocassete foi definido. A Sony lançou o padrão Betamax, e a Matsushita, o VHS. Essas duas tecnologias eram incompatíveis. Alguns consumidores preferiram o Beta e compraram a tecnologia da Sony. Outros preferiram o VHS e compraram a tecnologia da Matsushita. No entanto, como a Matsushita licenciou sua tecnologia para várias outras empresas — enquanto a Sony se recusou a fazer isso —, um número cada vez maior de consumidores começou a comprar aparelhos VHS, até que este acabou se tornando o padrão definitivo. Isso ocorreu apesar de a maioria dos observadores concordar que o padrão Beta era superior ao VHS em vários aspectos.

Naturalmente, o maior problema de deixar que os consumidores e a concorrência definam padrões de tecnologia é que os consumidores podem acabar adquirindo tecnologias que são incompatíveis com o padrão definitivo do setor. O que aconteceu com todos os consumidores que compraram produtos Beta? Por esse motivo, eles podem relutar em investir em uma tecnologia nova até que seu padrão seja estabelecido em definitivo.

ESTRATÉGIA EM DETALHES

Vencendo corridas de aprendizagem

Uma **corrida de aprendizagem** existe em uma aliança estratégica quando ambas as partes procuram aprender uma com a outra, mas quando o ritmo em que essas empresas aprendem varia. Nesse cenário, a primeira empresa a aprender o que quer aprender com uma aliança tem a opção de começar a desinvestir na aliança e talvez até sair dela. Dessa forma, a empresa que aprende mais rápido pode impedir que a empresa mais lenta aprenda tudo o que deseja. Se fora dessa aliança essas empresas são concorrentes, ganhar uma corrida de aprendizagem pode criar uma vantagem competitiva sustentável para a empresa que aprende mais rápido, em relação à mais lenta.

Há muitas razões para que empresas em uma aliança tenham ritmos diferentes de aprendizagem. Primeiro, elas podem estar buscando aprender coisas diferentes, e algumas dessas coisas podem ser mais fáceis de aprender do que outras. Por exemplo, no caso GM-Toyota, a GM queria aprender a utilizar 'linhas de produção enxutas' para construir carros pequenos de alta qualidade de modo rentável. A Toyota queria aprender como aplicar nos Estados Unidos as habilidades de 'linhas de produção enxutas' que já possuía. O que é mais fácil — aprender sobre 'linhas de produção enxutas' ou sobre como aplicar 'linhas de produção enxutas' nos Estados Unidos?

Pode-se dizer que a tarefa de aprendizado da GM era muito mais complicada do que a da Toyota. No mínimo, para a GM conseguir aplicar os conhecimentos sobre 'linhas de produção enxutas' obtidos da Toyota, ela teria de transferir esse conhecimento para muitas de suas fábricas em operação. Para utilizar esse conhecimento as fábricas precisariam mudar seu modo de operação atual — um processo difícil e demorado. A Toyota, por sua vez, tinha apenas de transferir seu conhecimento sobre como conduzir uma operação com 'linhas de produção enxutas' nos Estados Unidos para suas outras fábricas naquele país — fábricas que na época da formação dessa aliança ainda precisavam ser construídas. Como a tarefa de aprendizagem da GM era mais complicada do que a da Toyota, é provável que o ritmo de aprendizagem desta fosse maior do que o da GM.

Segundo, empresas podem-se diferenciar em suas habilidades para aprender. Essa habilidade foi chamada de **capacidade de absorção** de uma empresa. Empresas com altos níveis de capacidade de absorção aprenderão mais rápido do que outras com níveis mais baixos, mesmo se essas duas empresas estiverem tentando aprender exatamente a mesma coisa em uma aliança. A capacidade de absorção tem-se mostrado uma importante habilidade organizacional em uma ampla variedade de cenários.

Terceiro, as empresas podem engajar-se em atividades para tentar diminuir o ritmo de aprendizagem de seus parceiros em alianças. Por exemplo, apesar de as empresas disponibilizarem suas tecnologias para seus parceiros — cumprindo, assim, o acordo da aliança —, elas podem não fornecer todo o *know-how* necessário para explorar essa tecnologia. Isso pode retardar a aprendizagem de um parceiro. Além disso, uma empresa pode não disponibilizar funcionários cruciais para uma aliança, retardando a aprendizagem de um parceiro de aliança. Todas essas ações, uma vez que diminuem o ritmo de aprendizagem de um parceiro sem diminuir também o ritmo de aprendizagem da empresa que as empreendeu, podem ajudar essa empresa a ganhar a corrida de aprendizagem.

Embora a dinâmica das corridas de aprendizagem tenha sido descrita em uma grande variedade de cenários, elas são particularmente comuns em relações entre empresas empreendedoras e grandes corporações. Nessas alianças, empresas empreendedoras estão, muitas vezes, procurando aprender sobre todas as funções gerenciais necessárias para levar um produto ao mercado, incluindo produção, vendas, distribuição e assim por diante. Essa é uma tarefa de aprendizagem difícil. De outro lado, grandes empresas parceiras nessas alianças frequentemente estão procurando aprender sobre a tecnologia das empresas empreendedoras. Essa é uma tarefa de aprendizagem mais fácil. Como a tarefa de aprendizagem enfrentada por empresas empreendedoras é mais desafiadora do que a enfrentada por suas parceiras grandes, estas normalmente ganham a corrida de aprendizagem. Uma vez que essas empresas grandes tanham aprendido o que queriam de suas parceiras de aliança, elas normalmente desinvestem ou saem dessas alianças. É por isso que, segundo um estudo, quase 80 por cento dos gerentes em empresas empreendedoras sentem-se injustamente explorados por suas parceiras de grande porte.

Fontes: S. A. Alvarez e J. B. Barney, "How entrepreneurial firms can benefit from alliances with large partners", *Academy of Management Executive*, n. 15, p. 139-148, 2001; G. Hamel, "Competition for competence and interpartner learning within international alliances", *Strategic Management Journal*, n. 12, p. 83-103, 1991; W. Cohen e D. Levinthal, "Absorptive capacity: A new perspective on learning and innovation", *Administrative Science Quarterly*, n. 35, p. 128-152, 1990.

É aí que entram as alianças estratégicas. Às vezes, as empresas formam alianças estratégicas com o propósito único de avaliar e depois escolher um padrão de tecnologia para o setor. Uma vez estabelecido um padrão, as tecnologias podem ser transformadas em produtos que os consumidores estarão mais propensos a comprar, pois sabem que são produtos compatíveis com o padrão do setor, ao menos por algum tempo. Portanto, nesse cenário — setor com retornos crescentes em escala, em que os padrões são importantes —, as alianças estratégicas podem ser usadas para criar um ambiente competitivo mais favorável.

Outro incentivo para a cooperação em alianças estratégicas é que tais atividades podem facilitar o desenvolvimento de conluio tácito. Conforme explicado no Capítulo 3, um **conluio** existe quando duas ou mais empresas de um setor coordenam suas escolhas estratégicas para reduzir a competição. Essa redução geralmente torna mais fácil para essas empresas atingir altos níveis de desempenho. Um exemplo comum de conluio ocorre quando empresas cooperam para reduzir a quantidade de produtos produzidos em um setor, a fim de elevar seu preço. O **conluio explícito** existe quando as empresas se comunicam diretamente para coordenar seus níveis de produção, preços etc. Esse tipo de conluio é ilegal na maioria dos países.

Como os gerentes que se envolvem em conluio explícito podem acabar na cadeia, grande parte do conluio existente na economia assume uma forma tácita. O **conluio tácito** existe quando as empresas coordenam suas decisões de produção e precificação não por uma comunicação direta entre si, mas trocando sinais de sua intenção de cooperar. Exemplos desses sinais incluem anúncios públicos sobre aumento de preços, sobre cortes no volume de produção, sobre a decisão de não adotar uma nova tecnologia e assim por diante.

Às vezes, contudo, os sinais de intenção de conluio são ambíguos. Por exemplo, quando empresas de um setor não reduzem seus preços em resposta a uma diminuição na demanda, talvez estejam mandando um sinal de que querem estabelecer um conluio, ou talvez estejam tentando explorar a diferenciação de seu produto para manter margens altas de lucro. Quando as empresas não reduzem seus preços em resposta a custos menores de oferta, talvez estejam mandando um sinal de que querem estabelecer um conluio ou talvez estejam maximizando seu desempenho econômico. Em ambos os casos, a intenção de uma empresa em estabelecer ou não um conluio, conforme inferido por suas atividades, é, no mínimo, ambígua.

Nesse contexto, as alianças estratégicas podem facilitar o conluio tácito. Empresas diferentes, mesmo pertencendo ao mesmo setor, podem formar alianças estratégicas. Embora a comunicação entre essas empresas não possa incluir legalmente o compartilhamento de informações sobre preços e custos de produtos ou serviços produzidos fora da aliança, tal interação certamente ajuda a criar o ambiente social no qual o conluio tácito pode se desenvolver.[3] Conforme sugerido no quadro "Pesquisa em foco", os primeiros estudos sobre alianças estratégicas focalizaram as implicações do conluio tácito. Estudos mais recentes sugerem que as alianças geralmente não facilitam o conluio tácito.

Facilitando a entrada ou a saída

Uma última maneira como alianças estratégicas podem ser usadas para criar valor é facilitando a entrada ou a saída de uma empresa em um novo mercado ou setor. Essas alianças são particularmente valiosas nesse contexto quando o valor da entrada ou saída no mercado é incerto. A entrada em um setor pode exigir competências, habilidades e produtos que um entrante potencial não possui. Alianças estratégicas podem ajudar uma empresa a ingressar em um novo setor evitando os altos custos de criar essas competências, habilidades e produtos.

Por exemplo, recentemente, a DuPont quis entrar no setor de eletrônicos. No entanto, adquirir as competências e habilidades necessárias para desenvolver produtos competitivos nesse setor pode ser muito difícil e custoso. Em vez de absorver esses custos, a DuPont desenvolveu uma aliança estratégica (DuPont/Philips Optical) com uma empresa estabelecida de eletrônicos, a Philips, para distribuir alguns dos produtos desta nos Estados Unidos. Dessa maneira, a DuPont conseguiu entrar em um novo setor (eletrônicos) sem ter de absorver todos os custos de criar recursos e habilidades do zero.

Certamente, para que essa *joint-venture* tivesse sucesso, a Philips precisou ter um incentivo para cooperar com a DuPont. Enquanto a DuPont procurava reduzir seu custo de entrada em um novo setor, a Philips procurava reduzir seu custo de entrada contínua em um novo mercado: os Estados Unidos. A Philips usou sua aliança com a DuPont para vender nos Estados Unidos os tocadores de CD que já vendia na Europa.[4] O papel das alianças na facilitação da entrada em novos mercados geográficos será discutido em detalhes adiante neste capítulo.

Alianças para facilitar a entrada em novos setores podem ser valiosas, mesmo quando as competências necessárias nesses setores não são tão complexas e difíceis de aprender como aquelas do setor de eletrônicos. Por exemplo, em lugar de desenvolver seus próprios alimentos congelados, a Welch Foods, Inc. e a Leaf, Inc. (fabricante das barras Heath) pediram à Eskimo Pie para criar produtos para esse setor. A Eskimo Pie desenvolveu o picolé de uva da Welch e o picolé Heath de caramelo. Essas empresas então dividiram o lucro derivado desses produtos.[5] Desde que o custo de usar uma aliança para ingressar em um novo setor seja menor do que o custo de aprender novas competências ou habilidades, esta pode ser uma oportunidade estratégica valiosa.

PESQUISA EM FOCO

Alianças estratégicas facilitam o conluio tácito?

Diversos autores concluíram que *joint-ventures*, como uma forma de aliança, aumentam a probabilidade de conluio tácito em um setor. Conforme revisto nos livros de Scherer e Barney, um estudo concluiu que *joint-ventures* criaram dois grupos industriais, além da U.S. Steel, no setor norte-americano de produção de ferro e aço, no começo do século XX. Nesse caso, as *joint-ventures* no setor siderúrgico foram um substituto para a integração vertical da U.S. Steel e tiveram o efeito de criar um oligopólio no que (sem as *joint-ventures*) seria um mercado mais competitivo. Outros estudos constataram que mais de 50 por cento das matrizes de *joint-venture* pertencem ao mesmo setor. Após examinar 885 licitações para formação de *joint-ventures* para exploração de petróleo e gás, esse estudo também mostrou que em apenas 16 ocasiões os parceiros de *joint-venture* competiam entre si em outro ramo do mesmo negócio. Esses resultados sugerem que *joint-ventures* podem encorajar conluio tácito subsequente entre empresas em um mesmo setor.

Em um importante estudo, Pfeffer e Nowak constataram que *joint-ventures* eram mais comuns em setores com concentração moderada. Esses autores argumentaram que, em setores muito concentrados — nos quais havia apenas um pequeno número de empresas concorrentes —, as *joint-ventures* não eram necessárias para criar condições que levariam ao conluio. Em setores altamente fragmentados, os altos níveis de concentração que conduziriam ao conluio tácito não podiam ser criados por *joint-ventures*. Apenas quando a formação de *joint-ventures* conseguia criar setores concentrados eficientes, isto é, apenas quando os setores eram moderadamente concentrados, é que havia maior probabilidade do surgimento delas.

Scherer e Barney também discutem trabalhos mais recentes que se opõem a essas conclusões. *Joint-ventures* entre empresas do mesmo setor podem ser valiosas por uma variedade de razões que têm pouco ou nada a ver com conluio. Além disso, utilizando um nível mais baixo de agregação, diversos autores disputam a constatação de que *joint-ventures* são mais prováveis em setores moderadamente concentrados. O estudo original definia setores utilizando categorias de setor bastante amplas — 'o setor de eletrônicos', 'o setor automobilístico', e assim por diante. Definindo setores com uma amplitude menor — 'eletrônicos de consumo' e 'fornecedores de peças automobilísticas' —, trabalhos subsequentes descobriram que 73 por cento das *joint-ventures* tinham matrizes originárias de diferentes setores. Embora *joint-ventures* entre empresas do mesmo setor (definidas nesse nível de agregação mais baixo) possam ter implicações de conluio, pesquisas posteriores mostraram que esses tipos de *joint-venture* são relativamente raros.

Fontes: F. M. Scherer, *Industrial market structure and economic performance*, Boston: Houghton Mifflin, 1980; J. B. Barney, *Gaining and sustaining competitive advantage*, 3. ed., Upper Saddle River, NJ: Prentice Hall, 2006; J. Pfeffer e P. Nowak, "Patterns of joint venture activity: implications for anti-trust research", *Antitrust Bulletin*, n. 21, p. 315-339, 1976.

Algumas empresas usam alianças estratégicas como um mecanismo para sair de setores ou de segmentos de setor de uma maneira que implique baixo custo. As empresas sentem-se motivadas a sair de um setor ou um segmento de setor quando seu nível de desempenho nesse negócio é inferior ao esperado e há poucas perspectivas de melhora. Frequentemente, quando uma empresa deseja sair de um setor ou de um segmento de setor, ela precisa se desfazer dos ativos que desenvolveu para competir naquele setor ou segmento de setor. Esses ativos geralmente incluem recursos e capacidades tangíveis, como fábricas, centros de distribuição e tecnologias de produto, assim como recursos e capacidades intangíveis, como nome de marca, relacionamentos com fornecedores e clientes, uma força de trabalho leal e engajada, entre outros.

Frequentemente, as empresas têm dificuldade de obter o valor econômico total desses ativos tangíveis e intangíveis quando saem de um setor ou segmento de setor. Isso reflete uma importante discrepância de informação que existe entre empresas que atualmente possuem esses ativos e aquelas que podem estar interessadas em adquiri-los. Ao firmar uma aliança com uma empresa que está interessada em adquirir seus ativos, uma empresa está dando à sua parceira uma oportunidade de observar diretamente quão valiosos eles são. Se os ativos forem realmente valiosos, essa 'visualização prévia' pode fazer com que possam ser precificados de maneira mais apropriada e, assim, facilitar a saída da empresa que deseja vender seus ativos. Essas questões serão discutidas em detalhes no Capítulo 10, na seção sobre fusões e aquisições.

Uma empresa que usou alianças estratégicas para facilitar a saída de um setor ou um segmento de setor foi a Corning. No fim dos anos de 1980, a Corning entrou no setor de diagnóstico médico. Após vários anos, no entanto, ela concluiu que seus recursos e suas capacidades poderiam ser usados de forma mais produtiva em outros negócios. Por esse motivo, começou a sair do negócio de diagnóstico médico. No entanto, a fim de assegurar que receberia o valor total dos ativos que criou nesse negócio, para sair formou uma aliança estratégica com a empresa suíça de produtos químicos Ciba-Geigy. Essa empresa pagou $ 75 milhões para adquirir metade do negócio de diagnóstico médico da Corning. Dois anos mais tarde, a Corning finalizou sua saída do negócio de diagnóstico médico vendendo seus ativos remanescentes nesse setor para a Ciba-Geigy. No entanto, embora a Ciba-Geigy tivesse pago $ 75 milhões pela primeira metade dos ativos da Corning, desembolsou $ 150 milhões pela segunda metade. A aliança da Corning com a Ciba-Geigy possibilitou que esta avaliasse por completo as capacidades de diagnóstico médico da Corning. Quaisquer discrepâncias de informação que pudessem existir foram reduzidas, e a Corning conseguiu obter mais do valor total de seus ativos ao sair do setor.[6]

Por último, as empresas podem usar alianças estratégicas para gerenciar a **incerteza**. Sob condições de grande incerteza, as empresas podem não ser capazes de saber, em determinado momento no tempo, qual dentre várias estratégias devem adotar. Empresas nesse cenário têm um incentivo para reter a flexibilidade de entrar rapidamente em determinado mercado ou setor, uma vez que o valor total dessa estratégia seja revelado. Nesse sentido, alianças permitem a uma empresa manter um ponto de entrada em um mercado ou setor, sem incorrer nos custos associados a uma entrada em escala plena.

Com base nessa lógica, alianças estratégicas foram analisadas como **opções reais**.[7] Nesse aspecto, uma *joint-venture* é uma opção que uma empresa aceita, sob condições de incerteza, para manter a habilidade de entrar rapidamente em um mercado ou setor, caso existam oportunidades valiosas. Uma maneira pela qual as empresas podem entrar rapidamente em um mercado é simplesmente comprando sua parceira na *joint-venture*. Além disso, ao investir em uma *joint-venture*, uma empresa pode ganhar acesso a informações de que precisa para avaliar a entrada completa em um mercado. Nessa abordagem de análise de alianças estratégicas, as empresas que investem em alianças como opção vão adquirir seus parceiros de aliança somente depois que o mercado sinalizar um aumento inesperado no valor do empreendimento — isto é, somente depois que a incerteza diminuir e o verdadeiro valor positivo de entrar em um mercado for conhecido. Estudos empíricos são consistentes com essas expectativas.[8]

Dadas essas observações, não surpreende que empresas em ambientes novos e incertos desenvolvam inúmeras alianças estratégicas. Essa é uma das razões pelas quais alianças estratégicas são tão comuns no setor de biotecnologia. Embora haja relativamente pouca incerteza de que ao menos algumas drogas criadas por meio da biotecnologia acabarão se mostrando valiosas, quais drogas específicas serão as mais valiosas é muito incerto. Em vez de investir sozinhas em um número pequeno de drogas da biotecnologia, empresas farmacêuticas investiram em inúmeras alianças estratégicas com pequenas empresas do segmento. Cada uma dessas empresas menores representa uma 'aposta' em particular sobre o valor da biotecnologia em uma classe de drogas em particular. Se uma dessas 'apostas' mostrar-se valiosa, então a empresa farmacêutica grande que investiu na empresa pequena de biotecnologia terá o direito, mas não a obrigação, de adquirir o resto dessa empresa. Nesse sentido, do ponto de vista das empresas farmacêuticas, alianças entre grandes empresas farmacêuticas e pequenas empresas de biotecnologia podem ser consideradas como opções reais.

AMEAÇAS DE ALIANÇA: INCENTIVOS PARA TRAPACEAR EM ALIANÇAS ESTRATÉGICAS

Assim como existem incentivos para cooperar em alianças estratégicas, também existem incentivos para trapacear nesses acordos de cooperação. Na verdade, pesquisas mostram que cerca de um terço de todas as alianças estratégicas não atendem às expectativas de ao menos um dos parceiros da aliança.[9] Embora alguns desses 'fracassos' possam ser atribuídos a empresas que formam alianças sem potencial para criar valor, alguns também são atribuídos a trapaças na aliança — isto é, deixar de cooperar de uma maneira que maximize o valor da aliança. A trapaça pode ocorrer de pelo menos três maneiras, apresentadas no Quadro 9.2: seleção adversa, dano moral e apropriação.[10]

QUADRO 9.2 Maneiras de trapacear em alianças estratégicas

- Seleção adversa: Parceiros potenciais distorcem o valor das competências e habilidades que trazem para a aliança.
- Dano moral: Parceiros potenciais trazem para a aliança competências e habilidades com qualidade inferior à que prometeram.
- Apropriação: Parceiros exploram os investimentos específicos em transação feitos por outros da aliança.

Seleção adversa

Potenciais parceiros de cooperação podem distorcer as competências, as habilidades e outros recursos que trarão para uma aliança. Essa forma de trapaça, chamada **seleção adversa**, existe quando um parceiro de aliança promete trazer para uma aliança determinados recursos que não detém ou não pode adquirir. Por exemplo, uma empresa local pratica seleção adversa quando promete disponibilizar para os parceiros na aliança uma rede de distribuição local que não existe no momento. Empresas que se envolvem em seleção adversa não são parceiros de aliança competentes.

A seleção adversa é plausível em uma aliança estratégica apenas quando é difícil ou custoso observar os recursos ou as capacidades que um parceiro traz para a aliança. Se os parceiros potenciais podem ver facilmente que uma empresa está distorcendo os recursos ou as capacidades que possui, eles não criarão uma aliança com essa empresa. Munidos de tal entendimento, eles buscarão um parceiro diferente, desenvolverão internamente os recursos ou as capacidades necessários, ou, talvez, desistirão dessa oportunidade de negócio.

No entanto, averiguar a veracidade das alegações de parceiros potenciais geralmente não é fácil. A habilidade de avaliar essas alegações depende das informações que uma empresa pode não possuir. Para avaliar a fundo alegações sobre os contatos políticos de um parceiro potencial, por exemplo, uma empresa precisa ter seus próprios contatos políticos. Para avaliar a fundo alegações sobre o conhecimento do mercado de parceiros potenciais, uma empresa precisa ter um conhecimento significativo do mercado. Uma empresa que pode avaliar totalmente, e a baixo custo, os recursos e as capacidades de parceiros potenciais provavelmente não precisa desses parceiros em uma aliança estratégica. O fato de uma empresa buscar um parceiro para uma aliança é, de certo modo, uma indicação de que ela tem habilidades limitadas para avaliar parceiros potenciais.

Em geral, quanto menos tangíveis são os recursos e as capacidades trazidos para uma aliança estratégica, mais custoso será estimar seu valor antes que a aliança seja criada, e mais provável será que ocorra uma seleção adversa. Empresas que consideram alianças com parceiros que trazem recursos intangíveis como 'conhecimento das condições locais' ou 'contatos com autoridades políticas importantes' precisarão se precaver contra essa forma de trapaça.

Dano moral

Parceiros de uma aliança podem ter recursos e capacidades de alta qualidade valiosos para a aliança, mas não os oferecer às outras partes. Essa forma de trapaça é chamada **dano moral**. Por exemplo, um parceiro em uma aliança estratégica de engenharia pode concordar em enviar apenas seus engenheiros mais talentosos e experientes para trabalhar na aliança, mas na verdade manda aqueles com menos talento e qualificação. Esses engenheiros menos qualificados podem não ser capazes de contribuir substancialmente para tornar a aliança bem-sucedida, mas podem aprender muito com os outros engenheiros qualificados proporcionados pelos outros parceiros da aliança. Dessa maneira, os engenheiros menos qualificados efetivamente transferem riqueza dos outros parceiros da aliança para sua própria empresa.[11]

Com frequência, as partes de uma aliança fracassada acusam-se mutuamente por danos morais. Foi isso que aconteceu na recente aliança desfeita entre a Disney e a Pixar, descrita no quadro "Estratégia na empresa emergente".

A existência de dano moral em uma aliança estratégica não significa necessariamente que alguma das partes dessa aliança seja maliciosa ou desonesta. Pelo contrário, o que normalmente acontece é que as condições de mercado mudam depois que a aliança é formada, exigindo que um ou mais parceiros mudem suas estratégias.

Por exemplo, nos primórdios da indústria da computação, a Compaq Computer Corporation confiou a uma rede de distribuidores independentes a venda de seus computadores. No entanto, à medida que a competição no setor aumentou, a Internet, a venda por correio e os grandes varejistas de informática tornaram-se redes de distribuição muito mais valiosas, e as alianças entre a Compaq e seus distribuidores tradicionais ficaram desgastadas. Com o tempo, os distribuidores tradicionais da Compaq não conseguiam obter todo o estoque que queriam no prazo necessário. Na realidade, para satisfazer às necessidades de contas grandes, alguns distribuidores tradicionais compravam computadores Compaq dos grandes varejistas locais e os despachavam para seus clientes. A mudança da Compaq dos revendedores independentes para distribuidores alternativos pareceu ser um dano moral — pelo menos sob o ponto de vista dos revendedores independentes. No entanto, sob a perspectiva da Compaq, essa mudança refletiu simplesmente realidades econômicas no setor de computadores pessoais.[12]

Apropriação

Mesmo que não haja uma seleção adversa ou um dano moral entre os parceiros de uma aliança, pode ocorrer uma terceira forma de trapaça. Uma vez criada uma aliança estratégica, empresas parceiras podem fazer investi-

ESTRATÉGIA NA EMPRESA EMERGENTE

Disney e Pixar

Em 1994, a Pixar era uma empresa emergente batalhadora do norte da Califórnia que tentava competir em um setor que realmente ainda não existia — o setor de filmes de animação gráfica gerada por computador. Liderada pelo fundador da Apple Computer, Steven Jobs, a Pixar estava desesperadamente procurando por um parceiro que ajudasse a financiar e distribuir sua nova marca de filmes de animação. Quem melhor, a Pixar pensou, do que a líder mundial em filmes de animação longa-metragem — a Disney? E, assim, uma aliança estratégica entre a Pixar e a Disney foi formada.

Nessa aliança, a Disney concordou em ajudar a financiar e distribuir os filmes da Pixar. Em troca, eles compartilhariam quaisquer lucros que esses filmes gerassem. Fora isso, a Disney reteria o direito de produzir qualquer sequência para filmes da Pixar — depois de oferecer esse direito à própria Pixar. Esse acordo deu à Disney um grande nível de controle sobre todos os personagens que a Pixar criasse nos filmes distribuídos pela sua aliança com a Disney. É claro que, na época em que a aliança foi formada, esses personagens ainda não existiam. A Pixar ainda tinha de produzir filmes. Portanto, como a Pixar era um parceiro de aliança fraco, a Disney conseguiu ganhar o controle sobre quaisquer personagens que a Pixar desenvolvesse no futuro. A Disney, afinal, tinha um histórico de sucessos.

Uma coisa engraçada aconteceu nos dez anos seguintes. A Pixar produziu animações campeãs de bilheteria, como *Toy Story* (faturamento total de $ 419,9 milhões); *Vida de inseto* (faturamento total de $ 358 milhões); *Toy Story 2* (faturamento total de $ 629,9 milhões); *Monstros, S.A.* (faturamento total de $ 903,1 milhões), *Procurando Nemo* (faturamento total de $ 1.281,4 milhão), *Os Incríveis* (faturamento total de $ 946,6 milhões) e *Carros* (faturamento total de $ 331,9 milhões). E essas cifras não incluem vendas de mercadorias associadas a esses filmes. Durante esse mesmo período, a animação tradicional da Disney teve um desempenho muito pior — *Treasure Planet* gerou um faturamento de apenas $ 112 milhões, *A nova onda do imperador*, apenas $ 169 milhões e *Irmão Urso*, apenas $ 126 milhões. O grande acerto da Disney nesse período foi *Lilo & Stitch*, com faturamento de $ 269 milhões de dólares — menor do que qualquer um dos filmes produzidos pela Pixar.

Opa! A empresa com o 'histórico comprovado' na produção de sucessos de animação — Disney — tropeçava, e a novata sem histórico — Pixar — conseguia todo o sucesso. Como a Disney não tinha muitos personagens próprios para basear sequências, começou a cobiçar os personagens da Pixar.

Passemos ao ano de 2004. É hora de renovar essa aliança. Mas agora a Pixar tem a supremacia, por seu histórico de sucessos. A Disney vem bater à porta pedindo para que a Pixar renove a aliança. A Pixar diz: "Tudo bem, mas... queremos o controle sobre nossos personagens; queremos que a Disney atue somente como distribuidora" — em outras palavras: "Queremos a Disney fora de nossos negócios!" A Disney reclama das exigências, e a Pixar — bem, a Pixar simplesmente cancelou a aliança.

Mas a Pixar ainda precisava de um parceiro de distribuição. Ela simplesmente não produz filmes suficientes para justificar o gasto de desenvolver seu próprio sistema de distribuição. Após vários meses de busca, a Pixar encontrou o que considerava ser seu melhor parceiro de distribuição. O único problema era que — era a Disney.

Restabelecer a aliança entre Pixar e Disney parecia fora de questão. Afinal, tal aliança teria todos os desafios da aliança anterior.

Em vez disso, a Disney decidiu comprar a Pixar. Em 25 de janeiro de 2006, a Disney anunciou que estava adquirindo a Pixar em um negócio de $ 7,4 bilhões. Steve Jobs tornou-se o maior investidor da Disney e membro do conselho de administração. John Lasseter — a força criativa por trás do sucesso da Pixar — tornou-se diretor executivo de criação da Disney.

Fontes: S. Levy e D. Jefferson, "Hey Mickey, buzz off!", *BusinessWeek*, p. 4, 9 fev. 2004; T. Lowry et al., "Megamedia mergers: how dangerous?", *BusinessWeek*, p. 34+, 23 fev. 2004.

---

mentos que têm valor apenas no contexto dessa aliança, mas em nenhuma outra troca econômica. Esses são os investimentos específicos de transação, mencionados no Capítulo 6. Por exemplo, gerentes de um parceiro da aliança podem ter de desenvolver relacionamentos estreitos e confiáveis com gerentes de outros parceiros. Esses relacionamentos estreitos são muito valiosos no contexto da aliança, mas têm valor econômico limitado em outras trocas econômicas. Além disso, um parceiro pode ter de personalizar seus equipamentos de manufatura, rede de distribuição e principais políticas organizacionais para cooperar com outros parceiros. Essas modificações têm valor significativo no contexto da aliança, mas não ajudam a empresa, e podem até prejudicá-la em trocas econômicas fora da aliança. Conforme mencionado no Capítulo 6, sempre que o valor de um investimento em seu primeiro melhor uso (nesse caso, dentro da aliança) é muito maior do que seu valor em seu segundo melhor uso (nesse caso, fora da aliança), diz-se que é um **investimento em transação específica**.[13]

Quando uma empresa faz mais investimentos em transação específica em determinada aliança estratégica do que as outras empresas parceiras, essa empresa pode estar sujeita ao tipo de trapaça chamado **apropriação**. A apropriação ocorre quando uma empresa que não fez investimentos significativos em transação específica exige retornos de uma aliança que são maiores do que aqueles que os parceiros concordaram em fazer quando a criaram.

Por exemplo, suponha que dois parceiros de aliança concordem com uma divisão meio a meio dos custos e lucros associados a uma aliança. Para fazer a aliança dar certo, a Empresa A precisa personalizar seu processo de produção. A Empresa B, no entanto, não precisa implementar modificações para cooperar com a Empresa A. Para a Empresa A, o valor desse processo de produção personalizado, se for usado na aliança estratégica, é de $ 5 mil. No entanto, fora da aliança, esse processo personalizado vale $ 200 (como sucata).

Obviamente, a Empresa A fez um investimento em transação específica significativo nessa aliança, e a Empresa B não. Consequentemente, a Empresa A pode estar sujeita à apropriação pela Empresa B. Em especial, a Empresa B pode ameaçar deixar a aliança, a menos que a Empresa A concorde em lhe dar parte do valor dos $ 5 mil que obtém usando o processo de produção modificado na aliança. Em vez de perder todo o valor que poderia ser gerado por esse investimento, a Empresa A pode estar disposta a dar parte dos seus $ 5 mil para evitar ganhar apenas $ 200. Na verdade, se a Empresa B obtiver até o valor do processo de produção da Empresa A em seu segundo melhor uso (aqui, $ 200), continuará sendo melhor para a Empresa A manter esse relacionamento do que dissolvê-lo. Portanto, embora a Empresa A e a Empresa B concordem com uma divisão meio a meio nessa aliança estratégica, o acordo pode ser modificado se uma parte da aliança fizer um investimento em transação específica significativo. Pesquisas sobre *joint-ventures* internacionais sugerem que a existência de investimentos em transação específica nesses relacionamentos frequentemente leva a problemas de apropriação.[14]

Embora a apropriação seja uma forma de trapaça em alianças estratégicas, a ameaça de apropriação também pode ser uma motivação para criar uma aliança. Fundições que processam bauxita costumam associar-se a mineradoras em *joint-ventures* para explorar economias de escala na extração. No entanto, essas empresas têm outra opção: elas podem decidir operar minas grandes e eficientes por conta própria e então vender o excesso de bauxita (acima das necessidades de suas próprias fundições) no mercado aberto. Infelizmente, a bauxita não é uma *commodity* homogênea. Além disso, diferentes tipos de bauxita requerem diferentes tecnologias de fundição. Para que uma empresa venda seu excesso de bauxita no mercado, outras fundições teriam de fazer investimentos enormes, com o único propósito de refinar a bauxita daquela empresa em particular. Estes seriam investimentos em transação específica e sujeitariam essas outras empresas a problemas de apropriação.

Nesse contexto, uma aliança estratégica pode ser considerada como uma maneira de reduzir a ameaça de apropriação, ao criar uma estrutura explícita de gerenciamento para resolver problemas de apropriação. Em outras palavras, embora possam existir problemas de apropriação nessas alianças estratégicas, a estrutura da aliança pode ser uma maneira melhor de lidar com esses problemas do que tentar gerenciá-los em relacionamentos de mercado independentes (*arm's length*). Algumas das dimensões éticas da seleção adversa, do dano moral e da apropriação são discutidas no quadro "Ética e estratégia".

ALIANÇAS ESTRATÉGICAS E VANTAGEM COMPETITIVA SUSTENTÁVEL VRIO

A habilidade das alianças estratégicas em ser fonte de vantagem competitiva sustentável, assim como todas as outras estratégias discutidas neste livro, podem ser analisadas utilizando-se o modelo VRIO apresentado no Capítulo 3. Uma aliança é economicamente valiosa quando explora quaisquer das oportunidades listadas no Quadro 9.1, mas evita as ameaças descritas no Quadro 9.2. Além disso, para que uma aliança estratégica seja uma fonte de vantagem competitiva sustentável, deve ser rara e custosa de imitar.

Raridade das alianças estratégicas

A raridade de uma aliança estratégica depende não só do número de empresas concorrentes que já a implementaram, como também do fato de os benefícios que essas empresas obtêm com sua aliança serem ou não comuns entre empresas concorrentes em um setor.

Considere, por exemplo, o setor automobilístico nos Estados Unidos. Ao longo dos últimos anos, as alianças estratégicas tornaram-se muito comuns nesse setor, especialmente com as montadoras japonesas. A GM desenvolveu uma aliança com a Toyota, que já foi descrita; a Ford desenvolveu uma aliança com a Mazda antes de a

ÉTICA E ESTRATÉGIA

Quando o assunto é aliança, 'o crime compensa'?

Empresas em alianças estratégicas podem trapacear seus parceiros utilizando seleção adversa, danos morais ou apropriação. Essas três atividades têm pelo menos uma coisa em comum — todas elas envolvem um parceiro de uma aliança mentindo para o outro. E essas mentiras geralmente podem trazer altas recompensas, na forma de apropriação, por parte da empresa que mentiu, de mais do que sua 'parcela justa' no valor criado na aliança. Seriam as alianças uma situação na economia em que o ditado 'o crime não compensa' não é válido?

Há pouca dúvida acerca de que, no curto prazo, empresas que enganam seus parceiros de aliança podem ganhar algumas vantagens. No entanto, pesquisas sugerem que trapacear não compensa no longo prazo, porque empresas que enganam suas parceiras de aliança terão dificuldades para formar alianças com novos parceiros e, assim, perderão muitas oportunidades valiosas de trocas.

Um estudo que examinou o retorno no longo prazo para 'trapaceiros' em alianças estratégicas analisou as alianças usando um jogo simples chamado 'dilema do prisioneiro'. Nesse jogo, as empresas têm duas opções: continuar cooperando em uma aliança estratégica, ou 'trapacear' nessa aliança por meio de seleção adversa, danos morais ou apropriação. Os resultados nesse jogo dependem das decisões tomadas por ambas as empresas. Como mostra a Tabela A, se ambas decidem cooperar, ambas obtêm um retorno considerável da aliança ($ 3.000 na Tabela A); se ambas decidem trapacear na aliança, cada uma obtém um retorno pequeno ($ 1.000 na Tabela A); e se uma decide trapacear enquanto a outra decide cooperar, então a empresa que trapaceia consegue um retorno enorme ($ 5.000 na Tabela A), enquanto a empresa que cooperou obtém um retorno muito pequeno ($ 0 na Tabela A).

Se as empresas 1 e 2 nesse jogo pretendem participar de apenas uma aliança estratégica, então elas têm um forte incentivo para 'trapacear'. Na pior das hipóteses, se trapacearem, terão um retorno de $ 1.000; mas há a possibilidade de um retorno de $ 5.000. Entretanto, pesquisas mostraram que, se uma empresa pretende realizar múltiplas alianças estratégicas ao longo do tempo, então a melhor estratégia é cooperar em todas as suas alianças. Isso se aplica mesmo que todas essas alianças não sejam com a mesma empresa parceira.

A estratégia 'vitoriosa' em repetidos jogos de 'dilema do prisioneiro' é chamada de estratégia 'olho por olho'. Isso significa que a Empresa 1 cooperará em uma aliança desde que a Empresa 2 coopere também. No entanto, assim que a Empresa 2 trapacear na aliança, a Empresa 1 também trapaceará. 'Olho por olho' funciona bem nesse cenário, porque adotar uma postura cooperativa em uma aliança garante que, na maior parte do tempo, a aliança gerará um alto retorno (de $ 3.000, como vemos na Tabela A). Porém, ao responder imediatamente aos trapaceiros com uma trapaça, a empresa que implementa uma estratégia 'olho por olho' também minimiza as vezes em que obterá o menor retorno na tabela ($ 0). Portanto, 'olho por olho' maximiza o potencial positivo de uma aliança, enquanto minimiza seu lado negativo.

Toda essa análise sugere que, embora trapacear em uma aliança possa proporcionar vantagens competitivas no curto e no médio prazos, no longo prazo, 'o crime não compensa'.

Fontes: R. M. Axelrod, *The evolution of cooperation*, Nova York: Basic Books, 1984; D. Ernst e J. Bleeke, *Collaborating to compete*, Nova York: Wiley, 1993.

TABELA A Retornos por cooperar e trapacear em um 'dilema do prisioneiro'

		Aliança estratégica	
		Coopera	Trapaceia
Empresa 1	Coopera	I: $ 3.000 II: $ 3.000	I: $ 5.000 II: $ 0
Empresa 2	Trapaceia	I: $ 0 II $ 5.000	I: $ 1.000 II: $ 1.000

adquirir totalmente; e a Chrysler desenvolveu uma aliança com a Mitsubishi. Dada a frequência com que as alianças se desenvolveram nesse setor, é tentador concluir que alianças estratégicas não são raras e, portanto, não são uma fonte de vantagem competitiva.

Um exame mais detalhado, entretanto, sugere que essas alianças podem ter sido criadas por diferentes razões. Por exemplo, até recentemente, a GM e a Toyota cooperaram apenas na construção de uma única linha de carros, o Chevrolet Nova. A GM mostrou-se menos interessada em aprender habilidades de design com a Toyota e mais interessada em aprender a produzir carros pequenos de alta qualidade de maneira rentável. A Ford e a Mazda, de outro lado, trabalharam juntas no design de novos carros e possuem operações de manufatura conjuntas. Na realidade, a Ford e a Mazda trabalharam tão próximas que a Ford acabou comprando a Mazda. A Mitsubishi atua sobretudo como fornecedor da Chrysler, e (até recentemente) houve relativamente pouco desenvolvimento ou produção em conjunto. Portanto, embora as três empresas norte-americanas tenham alianças estratégicas, essas alianças servem a diferentes propósitos e, assim, cada uma pode ser rara.[15]

Uma das razões pelas quais os benefícios resultantes de determinada aliança estratégica podem ser raros é que um número relativamente pequeno de empresas tem os recursos e as habilidades complementares necessários para formar uma aliança. Isso é particularmente provável quando uma aliança é formada para a entrada em um novo mercado, sobretudo um mercado estrangeiro. Em economias menos desenvolvidas, pode existir apenas uma empresa local, ou muito poucas, com o conhecimento, os contatos e a rede de distribuição necessários para facilitar a entrada nesse mercado. Além disso, às vezes, o governo limita o número dessas empresas locais. Embora muitas empresas busquem entrar nesse mercado, apenas um pequeno número delas conseguirá formar uma aliança estratégica com a entidade local, e, assim, os benefícios resultantes para as empresas aliadas tendem a ser raros.

Imitabilidade das alianças estratégicas

Conforme discutido no Capítulo 3, os recursos e as capacidades que permitem às empresas criar e implementar estratégias valiosas podem ser imitados de duas maneiras: duplicação direta e substituição. Ambas são considerações importantes na análise da imitabilidade de alianças estratégicas.

Duplicação direta de alianças estratégicas

Pesquisas recentes sugerem que alianças estratégicas bem-sucedidas frequentemente se baseiam em relações socialmente complexas entre os parceiros de uma aliança.[16] Nesse sentido, alianças estratégicas bem-sucedidas geralmente vão muito além de simples contratos legais e são caracterizadas por fenômenos socialmente complexos, tais como relacionamentos de confiança entre os parceiros de uma aliança, amizade e, inclusive (talvez), o abandono de interesses próprios mais estritos pela preservação de um relacionamento de longo prazo.

Alguns estudos mostraram que o desenvolvimento de relações de confiança entre parceiros de uma aliança é tão difícil quanto essencial para o sucesso de alianças estratégicas. Em um dos estudos, a razão mais comum para o fracasso de alianças em atender às expectativas das empresas parceiras foi a inabilidade dessas empresas em confiar uma na outra. Comunicação interpessoal, tolerância por diferenças culturais, paciência e disposição para sacrificar lucros no curto prazo pelo sucesso no longo prazo foram determinantes importantes do nível de confiança entre parceiros de uma aliança.[17]

Naturalmente, nem todas as empresas de um setor terão as competências organizacionais e de construção de relacionamentos necessárias para a criação de uma aliança de sucesso. Se essas competências e habilidades forem custosas de desenvolver e raras entre um grupo de empresas concorrentes, então as empresas capazes de explorá-las criando alianças poderão ganhar vantagens competitivas. Exemplos de empresas que desenvolveram essas competências especiais incluem a Corning e a Cisco, cada qual com várias centenas de alianças estratégicas.[18]

Substitutos para alianças estratégicas

Mesmo que o propósito e os objetivos de uma aliança estratégica sejam valiosos e raros, e mesmo que os relacionamentos sobre os quais uma aliança é criada sejam socialmente complexos e custosos de imitar, essa aliança, ainda assim, não gerará uma vantagem competitiva sustentável caso haja substitutos de baixo custo disponíveis. Existem ao menos dois substitutos possíveis para alianças estratégicas: 'fazer sozinho' e aquisições.[19]

'Fazer sozinho'

As empresas 'fazem sozinhas' quando buscam desenvolver todos os recursos e capacidades de que precisam para explorar oportunidades de mercado e neutralizar ameaças de mercado por conta própria. Em alguns casos, isso pode criar os mesmos — ou até mais — valores do que usar alianças para explorar oportunidades e neutralizar ameaças. Nesses cenários, 'fazer sozinho' é um substituto para uma aliança estratégica. No entanto, em outras circunstâncias, usar uma aliança pode criar consideravelmente mais valor do que atuar por conta própria. Nesses cenários, 'fazer sozinho' não é um substituto para uma aliança estratégica.

Então, quando as empresas preferem uma aliança em relação a 'fazer sozinho'? Não surpreende que as três explicações de integração vertical, discutidas no Capítulo 6, sejam relevantes aqui também. Essas três explicações focalizaram a ameaça de oportunismo, o impacto dos recursos e das capacidades da empresa e o papel da incerteza. Se você precisar rever essas três explicações, elas estão descritas em detalhes no Capítulo 6. Elas são relevantes aqui porque 'fazer sozinho' — como substituto potencial para uma aliança estratégica — é um exemplo de integração vertical. As implicações dessas três explicações para situações em que alianças estratégicas são preferíveis a 'fazer sozinho' estão resumidas no Quadro 9.3. Se qualquer uma das condições listadas nesse quadro existir, então 'fazer sozinho' não será um substituto para uma aliança estratégica.

De acordo com o que já foi exposto no Capítulo 6, lembre-se de que explicações de integração vertical baseadas em oportunismo sugerem que as empresas desejarão integrar verticalmente uma troca econômica quando tiverem empreendido altos níveis de investimento em transação específica nessa troca. Isto é, usando a linguagem desenvolvida neste capítulo, as empresas desejarão integrar verticalmente uma troca econômica quando usar uma aliança para gerenciar essa troca puder sujeitá-las a uma apropriação. Estender essa lógica para alianças estratégicas sugere que elas serão preferíveis a 'fazer sozinho' e a outras alternativas, quando o nível de investimento em transação específica requerido para concluir a troca for moderado. Se o nível desse investimento for baixo, então trocas de mercado são preferíveis; se for alto, 'fazer sozinho' de forma verticalmente integrada será preferível; se for moderado, então alguma forma de aliança estratégica será preferível. Assim, quando o nível de troca específica de uma transação for moderado, 'fazer sozinho' não será um substituto para alianças estratégicas.

Explicações de capacidade sugerem que uma aliança será preferível em relação a 'fazer sozinho' quando um parceiro de troca possuir recursos e capacidades valiosos, raros e custosos de imitar. Uma empresa sem essas capacidades pode considerá-las muito custosas de desenvolver sozinha. Se uma empresa precisa ter acesso a capacidades que não consegue desenvolver sozinha, deve usar uma aliança como meio de obter acesso a elas. Nesse cenário, 'fazer você mesmo' não será um substituto para alianças estratégicas.[20]

Por fim, já foi sugerido que, sob condições de grande incerteza, as empresas podem não estar dispostas a se comprometer com determinada ação empreendendo uma troca dentro de uma empresa. Nesse cenário, as empresas podem optar pela flexibilidade estratégica associada a alianças. Conforme sugerido anteriormente neste capítulo, alianças podem ser consideradas como opções reais que dão a uma empresa o direito, mas não a obrigação, de investir adicionalmente em uma troca — talvez integrando-a — caso essa troca se mostre valiosa em algum momento no futuro. Portanto, sob condições de grande incerteza, 'fazer sozinho' não será um substituto para alianças estratégicas.

Aquisições

A aquisição de outras empresas também pode ser um substituto para alianças. Nesse caso, em lugar de desenvolver uma aliança estratégica ou tentar desenvolver ou explorar os recursos relevantes 'atuando por conta própria', uma empresa que busca explorar as oportunidades listadas no Quadro 9.1 pode simplesmente adquirir outra empresa que já possui esses recursos e capacidades. No entanto, tais aquisições têm quatro características que frequentemente limitam a extensão em que podem atuar como substitutos para alianças estratégicas. Elas estão resumidas no Quadro 9.4.[21]

Primeiro, podem existir restrições legais para aquisições. Elas são especialmente prováveis, se as empresas estão buscando vantagens ao unir-se a outras empresas de um setor. Portanto, por exemplo, usar aquisições como substituto para alianças estratégicas no setor de alumínio levaria a um setor muito concentrado e sujeitaria algumas dessas empresas a sérios processos antitrustes. Essas empresas estão impedidas de realizar aquisições e devem buscar ganhar vantagens a partir de outras formas de cooperação com seus concorrentes.

Segundo, como foi sugerido, alianças estratégicas permitem que uma empresa mantenha sua flexibilidade, tanto para entrar como para não entrar em novos negócios. As aquisições limitam essa flexibilidade, porque representam um forte compromisso em engajar-se em determinada atividade de negócio. Consequentemente, sob

QUADRO 9.3 Quando alianças serão preferíveis a 'fazer sozinho'

Alianças serão preferíveis a 'fazer sozinho' quando
1. O nível de investimento em transação específica requerido para concluir a troca for moderado.
2. Um parceiro de troca possuir recursos e capacidades valiosos, raros e custosos de imitar.
3. Houver grande incerteza sobre o valor futuro de uma troca.

> **QUADRO 9.4** Razões pelas quais alianças estratégicas podem ser mais atraentes do que aquisições para realizar oportunidades de troca
>
> Alianças serão preferíveis a aquisições quando
> 1. Existirem restrições legais à aquisição.
> 2. Aquisições limitarem a flexibilidade de uma empresa sob condições de grande incerteza.
> 3. Existir uma 'bagagem' organizacional indesejada substancial em uma empresa adquirida.
> 4. O valor dos recursos e das capacidades de uma empresa depender de sua independência.

condições de grande incerteza, as empresas podem optar por alianças estratégicas em vez de aquisições, como uma maneira de explorar oportunidades mantendo a flexibilidade que as alianças criam.

Terceiro, as empresas podem optar por alianças estratégicas em vez de aquisições por causa da bagagem organizacional indesejada que geralmente acompanha uma aquisição. Às vezes, o valor criado pela união de empresas depende da combinação de determinadas funções, de divisões e de outros ativos das empresas. Uma aliança estratégica pode focar a exploração do valor de combinar apenas as partes dessas empresas que criam mais valor. As aquisições, em contrapartida, geralmente incluem a organização inteira, tanto as partes de uma empresa que tendem a criar valor como aquelas que não apresentam essa tendência.

Sob o ponto de vista da empresa adquirente, partes de uma empresa que não criam valor são essencialmente uma bagagem indesejada. Essas partes da empresa podem ser vendidas após uma aquisição. No entanto, a venda pode ser custosa e demorada. Caso exista muita bagagem, as empresas podem decidir que a aquisição não é uma opção viável, embora um valor econômico importante pudesse ser criado entre uma empresa e um alvo de aquisição potencial. Para ganhar esse valor, uma abordagem alternativa — uma aliança estratégica — pode ser preferível. Essas questões serão exploradas em detalhes no Capítulo 10.

Por fim, às vezes, os recursos e as capacidades são valiosos porque essa empresa é independente. Nesse cenário, o ato de adquirir uma empresa pode de fato reduzir o valor dela. Nessa situação, qualquer valor entre duas empresas é mais bem realizado por meio de uma aliança, não de uma aquisição. Por exemplo, o crescimento internacional de inúmeras empresas voltadas para o marketing na década de 1980 levou a uma forte pressão para que as agências de publicidade desenvolvessem capacidades de marketing globais. Durante a década de 1990, muitas agências domésticas adquiriram agências em outros países para formar algumas grandes agências de publicidade internacionais. No entanto, uma empresa que relutou em ser adquirida para se tornar parte de um conglomerado internacional foi a agência de publicidade francesa Publicis. Acima dos interesses pessoais de seus donos em reter o controle da empresa, a Publicis queria permanecer como uma agência independente para reter seu grupo de clientes franceses ou de língua francesa — incluindo a Renault e a Nestlé. Essas empresas indicaram que prefeririam trabalhar com uma agência de publicidade francesa e que buscariam fornecedores alternativos caso a Publicis fosse adquirida por uma empresa estrangeira. Como muito do valor que a Publicis criava em uma aquisição potencial dependia de obter acesso a seu grupo de clientes, o ato de adquiri-la teria o efeito de destruir exatamente o que tornava a aquisição atraente. Por essa razão, em vez de aceitar ser adquirida por uma empresa estrangeira, a Publicis desenvolveu uma aliança estratégica acionária complexa e uma *joint-venture* com uma agência de publicidade norte-americana, a Foote, Coyne, and Belding. Embora, em última análise, essa aliança não tenha obtido sucesso em proporcionar uma rede internacional para as empresas parceiras, uma aquisição da Publicis pela Foote, Coyne, and Belding certamente teria destruído parte do valor econômico de que ela desfrutava como empresa independente.

ORGANIZANDO PARA IMPLEMENTAR ALIANÇAS ESTRATÉGICAS   VRIO

Um dos determinantes mais importantes do sucesso de alianças estratégicas é sua organização. A principal finalidade de organizar uma aliança estratégica é permitir que os parceiros de uma aliança obtenham todos os benefícios associados à cooperação, minimizando a probabilidade de que essas empresas venham a lograr seus acordos de cooperação. As competências organizacionais requeridas para gerenciar alianças são, sob vários aspectos, únicas. Com frequência, é necessário algum tempo para que as empresas aprendam essas competências e assim realizem todo o potencial de suas alianças. É por isso que algumas empresas conseguem ganhar vantagens competitivas com o gerenciamento mais eficiente de suas alianças do que os concorrentes. Na realidade, às vezes, as empresas precisam escolher alternativas para alianças — incluindo 'fazer sozinho' e aquisições — mesmo quando essas alternativas não são preferíveis simplesmente porque não possuem as competências requeridas para organizar e gerenciar alianças.

Existem diversos mecanismos e ferramentas que ajudam a realizar o valor e minimizar a ameaça de trapaça em alianças. Eles incluem: contratos, investimentos em participação acionária, reputação da empresa, *joint-ventures* e confiança.

Contratos explícitos e sanções legais

Uma maneira para evitar a trapaça em alianças estratégicas é que as partes de uma aliança prevejam as maneiras como uma trapaça pode acontecer (incluindo seleção adversa, danos morais e apropriação) e redijam contratos explícitos que definam responsabilidades legais, caso ocorram trapaças. A redação desses contratos, juntamente com um monitoramento rígido da obediência contratual e a ameaça de sanções legais, podem reduzir a ameaça de trapaça. Anteriormente, neste capítulo, tais alianças estratégicas foram chamadas de *alianças sem participação acionária*.

No entanto, os contratos às vezes falham em prever todas as formas de trapaça que podem ocorrer em um relacionamento — e as empresas podem trapacear acordos cooperativos de maneiras sutis, difíceis de avaliar em termos de exigências contratuais. Assim, por exemplo, um contrato pode exigir que as partes em uma aliança estratégica disponibilizem certas tecnologias ou processos proprietários para os parceiros. No entanto, pode ser muito difícil comunicar as sutilezas dessas tecnologias ou processos para os parceiros de uma aliança. Essa falha na comunicação representa uma clara violação das exigências contratuais ou representa um esforço de boa-fé entre os parceiros de uma aliança? Além disso, como um parceiro pode saber se está obtendo todas as informações necessárias sobre uma tecnologia ou processo quando não tem conhecimento de toda a informação existente em outra empresa? Portanto, embora o contrato seja um componente importante da maior parte das alianças estratégicas, ele não resolve todos os problemas associados à trapaça.

Embora a maioria dos contratos associados a alianças estratégicas seja altamente personalizada, eles têm algumas características. Essas características estão descritas no Quadro 9.5. Em geral, as empresas que contemplam uma aliança estratégica que será regida ao menos parcialmente por um contrato deverão incluir cláusulas que tratam das questões apresentadas nesse quadro.

Investimentos em participação acionária

A eficácia dos contratos pode ser aumentada, fazendo com que os parceiros de uma aliança façam investimentos de participação acionária entre si. Quando a Empresa A adquire uma posição acionária substancial sobre seu parceiro de aliança, a Empresa B, o valor de mercado da Empresa A passa a depender, até certo ponto, do desempenho econômico desse parceiro. O incentivo da Empresa A em trapacear a Empresa B diminui, porque fazer isso seria reduzir o desempenho econômico da Empresa B e, portanto, o investimento da Empresa A em seu parceiro. Esses tipos de aliança estratégica são chamados de *alianças com participação acionária*.

Muitas empresas usam investimentos em participação cruzados para ajudar a gerenciar suas alianças estratégicas. Esses arranjos são particularmente comuns no Japão, onde os maiores acionistas de uma empresa frequentemente abrangem vários de seus principais fornecedores, inclusive seus principais bancos. Como esses investimentos em participação acionária reduzem a ameaça de trapaça em alianças com fornecedores, podem reduzir os custos de fornecimento. Por sua vez, não só as empresas têm participação acionária em seus fornecedores, mas estes também têm participação acionária nas empresas para as quais vendem.[22]

Reputação da empresa

Uma terceira desmotivação para trapacear em alianças estratégicas diz respeito ao efeito que uma reputação de trapaça tem sobre as oportunidades futuras de uma empresa. Embora frequentemente seja difícil prever todas as diferentes maneiras como um parceiro de aliança pode trapacear, em geral é mais fácil descrever depois do acontecido. Informações sobre um parceiro de aliança que tenha cometido uma trapaça tendem a ser amplamente conhecidas. Uma empresa com reputação de trapaceira tem pouca probabilidade de conseguir desenvolver alianças estratégicas com outros parceiros no futuro, a despeito de quaisquer recursos ou capacidades que possa trazer para uma aliança. Dessa forma, trapacear em uma aliança atual pode destruir as oportunidades de desenvolver outras alianças valiosas. Por essa razão, as empresas podem decidir não trapacear em suas alianças atuais.[23]

Existe evidência substancial de que o efeito da reputação sobre oportunidades de negócios futuros é importante. As empresas empenham grandes esforços para não desenvolver essa reputação negativa. No entanto, esse controle de reputação para impedir a trapaça em alianças estratégicas tem várias limitações.[24]

Primeiro, uma trapaça sutil em uma aliança estratégica pode não vir a público, e, caso venha, a responsabilidade pelo fracasso da aliança pode ser muito ambígua. Em uma *joint-venture* que busca aperfeiçoar o design de uma nova turbina para geração de energia elétrica, problemas financeiros deixaram um dos parceiros conside-

QUADRO 9.5 — Cláusulas comuns em contratos que regem alianças estratégicas

Questões de constituição

Controle acionário
　Porcentagem do patrimônio que cada empresa envolvida na aliança vai adquirir caso seja formada uma aliança com participação acionária ou uma *joint-venture*.

Direito a voto
　O número de votos designados a cada parceiro de uma aliança. Pode ou não ser igual à participação acionária.

Porcentagem de dividendos
　Como os lucros de uma aliança serão alocados entre empresas em cooperação. Pode ou não ser igual à participação acionária.

Proteção ao minoritário
　Descrição dos tipos de decisão que podem ser vetados por empresas com participação minoritária em uma aliança.

Conselho de administração
　Conselho de administração inicial, somado a mecanismos para desligar e indicar membros do conselho.

Contrato social/estatuto
　Procedimento para aprovação de resoluções, emissão de ações, venda de ações etc.

Local da constituição
　Caso seja uma *joint-venture*, a localização geográfica da constituição.

Consultores
　Advogados, contadores e outros consultores da aliança.

Identificação das partes
　Entidades legais diretamente envolvidas na aliança.

Questões operacionais

Cláusulas de desempenho
　Deveres e obrigações dos parceiros da aliança, incluindo garantias e níveis mínimos de desempenho esperados.

Cláusulas de não concorrência
　Os parceiros são impedidos de atuar nos negócios principais da aliança.

Cláusulas de não recrutamento
　Os parceiros são impedidos de recrutar empregados uns dos outros.

Cláusulas de confidencialidade
　Informações proprietárias dos parceiros ou da aliança não podem ser compartilhadas fora da aliança.

Direitos de licenciamento de propriedade intelectual
　Quem detém a propriedade intelectual criada por uma aliança e como essa propriedade será licenciada para outras empresas.

Obrigações
　Obrigações da aliança e obrigações dos parceiros.

Mudanças no contrato
　Processo pelo qual o contrato pode ser modificado.

Solução de disputas
　Processo pelo qual disputas entre os parceiros serão resolvidas.

Questões de extinção

Direitos de preempção
　Se um parceiro desejar vender suas ações, deve oferecê-las primeiro ao outro parceiro.

Variações nos direitos de preempção
Os parceiros estão proibidos de discutir a venda de suas ações com alguém de fora sem primeiro informar à outra parte sua intenção de fazer isso.

Opção de compra
Quando um parceiro pode forçar a outra parte a vender suas ações para ele. Inclui a discussão sobre como essas ações serão avaliadas e as circunstâncias em que uma opção de compra pode ser exercida.

Opção de venda
Um parceiro tem direito de forçar outro parceiro a comprar suas ações na aliança.

Direitos de *drag-along*
Um parceiro pode acertar uma venda com uma empresa de fora e forçar a outra parte a vender suas ações também.

Direitos de *tag-along*
Um parceiro pode impedir a venda das ações do outro parceiro para uma empresa de fora, a menos que essa empresa também compre as ações do primeiro parceiro.

Oferta pública inicial (IPO, do inglês *initial public offering*)
Circunstâncias sob as quais ocorrerá uma IPO.

Extinção
Condições sob as quais um contrato pode ser extinto e as consequências dessa extinção para as partes.

Fonte: Adaptado de E. Campbell e J. Reuer, "Note on the legal negotiation of strategic alliance agreements", *Business Horizons*, v. 44, n. 1, p. 19-26, 2001.

---

ravelmente mais ansioso do que o outro para concluir o desenvolvimento do produto. O parceiro com situação financeira saudável e, portanto, mais paciente, acreditava que, se a aliança necessitasse de um aporte adicional de capital, o parceiro com problemas financeiros teria de abandonar a aliança e vender sua parte a um preço relativamente baixo. O parceiro paciente então estimulou os engenheiros da aliança a trabalhar de forma lenta e cuidadosa no desenvolvimento da tecnologia para atingir todo seu potencial. O parceiro com problemas financeiros e impaciente estimulou os engenheiros da aliança a trabalhar rápido, talvez sacrificando um pouco da qualidade para desenvolver a tecnologia rapidamente. Por fim, o parceiro impaciente não podia mais financiar o projeto, vendeu sua parte da aliança para o parceiro paciente a um preço reduzido e o acusou de não agir de boa-fé para facilitar o desenvolvimento rápido da nova tecnologia. O parceiro paciente acusou a outra empresa de apressar o desenvolvimento da tecnologia, sacrificando, assim, a qualidade e, talvez, a segurança dos funcionários. De certo modo, as duas empresas estavam trapaceando em seu acordo de desenvolver cooperativamente uma nova tecnologia. No entanto, essa trapaça era sutil, difícil de identificar e teve relativamente pouco impacto na reputação das empresas ou de sua habilidade em estabelecer alianças no futuro. É provável que a maioria dos observadores concluísse simplesmente que o parceiro paciente levou vantagem por causa da falta de sorte do parceiro impaciente.[25]

Segundo, embora um parceiro de uma aliança possa estar indubitavelmente trapaceando o relacionamento, uma ou ambas as empresas podem não estar suficientemente conectadas em rede com outras empresas para tornar essa informação pública. Quando a informação sobre trapaça permanece em âmbito privado, a reputação pública não é manchada, e oportunidades futuras não são perdidas. Isso é especialmente passível de acontecer se um ou ambos os parceiros de uma aliança operam em economias menos desenvolvidas, em que a informação sobre o comportamento das partes não é difundida rapidamente para outras empresas ou países.

Terceiro, o efeito de uma reputação manchada, desde que a trapaça em uma aliança seja evidente e conhecida publicamente, pode prejudicar oportunidades futuras para uma empresa, mas faz pouco para remediar as perdas presentes experimentadas pela empresa trapaceada. Além disso, quaisquer das formas de trapaça discutidas anteriormente — seleção adversa, danos morais ou apropriação — podem resultar em perdas substanciais para uma empresa que seja parte de uma aliança. Na verdade, a riqueza criada pela trapaça em uma aliança pode ser grande o suficiente para fazer uma empresa desistir de formar alianças futuras. Nesse caso, uma reputação manchada pode ter poucas consequências para uma empresa trapaceira.[26]

Joint-ventures

Uma quarta maneira de reduzir a ameaça de trapaça é pelo investimento, pelos parceiros de uma aliança estratégica, em uma *joint-venture*. Criar uma entidade legal separada, na qual os parceiros de uma aliança investem e da qual os lucros que auferem são retornos sobre seu investimento, reduz parte dos riscos de trapaça em uma aliança estratégica. Quando uma *joint-venture* é criada, a habilidade dos parceiros em obter retornos sobre seu investimento depende do sucesso econômico da aliança. Parceiros de uma *joint-venture* têm interesse limitado em se comportar de maneiras que prejudiquem o desempenho dela, porque tais comportamentos acabam prejudicando a si próprios. Além disso, ao contrário das consequências da trapaça sobre a reputação, trapacear em uma *joint-venture* não só impede oportunidades de alianças futuras, como também pode prejudicar a empresa trapaceira no presente.

Dadas as vantagens das *joint-ventures* no controle da trapaça, não surpreende que, quando a probabilidade de trapaça em um relacionamento cooperativo é maior, uma *joint-venture* geralmente é a forma preferida de cooperação. Existem algumas economias de escala claras na mineração da bauxita, por exemplo. No entanto, investimentos específicos de transação levariam a problemas significativos de apropriação na venda do excedente de bauxita no mercado aberto, e restrições legais impediriam a aquisição de outras fundições para criar uma demanda intraorganizacional pelo excesso de bauxita. Problemas de apropriação continuariam a existir em qualquer aliança estratégica de mineração que viesse a ser criada. Alianças sem participação acionária, alianças com participação acionária e efeitos de reputação têm pouca probabilidade de impedir a trapaça nessa situação, porque os retornos sobre a apropriação, uma vez que tenham sido feitos investimentos em transação específica, podem ser muito grandes. Portanto, a maior parte das alianças estratégicas criadas para explorar bauxita assume a forma de *joint--venture*. Apenas essa forma de aliança estratégica tem chance de criar incentivos fortes o suficiente para reduzir significativamente a probabilidade de trapaça.[27]

A despeito dessas vantagens, as *joint-ventures* não conseguem eliminar sem custos toda a trapaça em uma aliança. Às vezes, o valor da trapaça em uma *joint-venture* é suficientemente grande para que uma empresa o faça, mesmo que com isso prejudique a *joint-venture* e impeça oportunidades futuras. Por exemplo, por meio de uma *joint-venture*, determinada empresa pode ganhar acesso a uma tecnologia que seria valiosa se utilizada em outras linhas de negócio. Essa empresa pode ficar tentada a transferir essa tecnologia para outra linha de negócio, mesmo tendo concordado em não fazer isso e mesmo que, ao fazê-lo, acabasse limitando o desempenho da aliança. Como os lucros obtidos na outra linha de negócio podem ter um valor maior do que os retornos que poderiam ser obtidos na *joint-venture* e no futuro com outras alianças estratégicas, a *joint-venture* fica suscetível à trapaça.

Confiança

Às vezes, os parceiros de uma aliança confiam apenas em abordagens legais e estritamente econômicas para gerenciar sua aliança. No entanto, trabalhos recentes parecem sugerir que, embora os parceiros de uma aliança bem-sucedida não ignorem os desincentivos econômicos e legais à trapaça, defendem fortemente a associação mais estreita a um rico conjunto de relações interpessoais e de confiança. A confiança, combinada a contratos, pode ajudar a reduzir a ameaça de trapaça. Mais importante, pode permitir que os parceiros explorem oportunidades de troca que não conseguiriam se utilizassem apenas mecanismos legais e econômicos.[28]

A princípio, esse argumento pode parecer duvidoso. No entanto, a pesquisa respalda essa abordagem no gerenciamento de alianças estratégicas, sugerindo que parceiros de uma aliança bem-sucedida tipicamente não especificam todos os termos e condições de seu relacionamento em um contrato legal nem especificam todas as formas possíveis de trapaça e suas consequências. Além disso, quando se formam *joint-ventures*, as partes nem sempre insistem na simples divisão meio a meio da participação acionária e dos lucros. Ao contrário, alianças bem--sucedidas envolvem confiança, disposição de ser flexível, disposição de aprender e disposição de deixar que a aliança se desenvolva de maneiras que não podem ser previstas.[29]

Compromisso, coordenação e confiança são determinantes importantes do sucesso da aliança. Posto de outra forma, uma aliança estratégica é um relacionamento que evolui com o tempo. Permitir que advogados e economistas definam com extremo rigor, *a priori*, as fronteiras desse relacionamento pode limitar e prejudicar seu desenvolvimento.[30]

Essa abordagem de 'confiança' também tem implicações, uma vez que alianças estratégicas podem ser fonte de vantagem competitiva sustentável para as empresas. A habilidade de formar uma aliança estratégica com base nessa abordagem de confiança pode ser muito valiosa no longo prazo. Existe uma forte razão para acreditar que essa habilidade não está uniformemente distribuída entre todas as empresas que possam ter interesse em formar alianças estratégicas, e que tal habilidade pode depender da história das empresas e ser socialmente complexa e, portanto, custosa de imitar. Empresas com essas competências podem ser capazes de ganhar vantagens competitivas sustentáveis a partir de seus relacionamentos estratégicos. A observação de que apenas algumas empresas, incluindo a Corning e a Cisco, são famosas pelo sucesso de suas alianças estratégicas é consistente com a observação de que essas competências de gestão de alianças podem ser valiosas, raras e custosas de imitar.

RESUMO

Alianças estratégicas existem sempre que duas ou mais organizações cooperam no desenvolvimento, na produção ou na venda de produtos e serviços. As alianças estratégicas podem ser agrupadas em três categorias: alianças sem participação acionária, alianças com participação acionária e *joint-ventures*.

Existem três razões gerais pelas quais as empresas formam alianças estratégicas: melhorar o desempenho de suas operações atuais; melhorar o ambiente competitivo no qual operam; e facilitar a entrada (ou a saída) em mercados ou setores. Assim como existem incentivos para cooperar em alianças estratégicas, também existem incentivos para trapacear. A trapaça geralmente assume uma das seguintes formas ou a combinação das três: seleção adversa, dano moral ou apropriação.

Alianças estratégicas podem ser uma fonte de vantagem competitiva sustentável. A raridade das alianças depende não apenas do número de empresas concorrentes que desenvolveram uma aliança, como também dos benefícios que as empresas obtêm com essas alianças.

A imitação por meio da duplicação direta de uma aliança pode ser custosa por causa das relações socialmente complexas subjacentes à aliança. No entanto, a imitação por meio da substituição é mais comum. Dois substitutos para alianças podem ser 'fazer sozinho' — em que as empresas desenvolvem e exploram os recursos e as capacidades relevantes por conta própria — e aquisições. Se 'fazer sozinho' será ou não um substituto para uma aliança estratégica depende de fatores como oportunismo, capacidade e incerteza. Aquisições podem ser substitutos para alianças estratégicas quando não existem restrições legais para sua efetivação, quando a flexibilidade não é uma consideração importante, quando a empresa adquirida tem relativamente pouca 'bagagem indesejável' e quando o valor dos recursos e das capacidades de uma empresa não depende de que ela permaneça independente. No entanto, quando essas condições não existem, as aquisições não são um substituto para alianças.

A principal dificuldade que as empresas enfrentam ao organizar suas alianças é facilitar a cooperação, mas evitando a ameaça de trapaça. Contratos, confiança e investimentos em participação acionária podem diminuir a ameaça de trapaça em diferentes contextos.

QUESTÕES

1. Uma razão pela qual as empresas podem querer usar uma estratégia de aliança estratégica é para explorar economias de escala. Explorar economias de escala deve reduzir os custos de uma empresa. Isso significa que uma empresa que usa uma estratégia de aliança para explorar economias de escala está, na verdade, utilizando uma estratégia de liderança em custo? Por quê?
2. Considere a *joint-venture* entre a GM e a Toyota. A GM tem interesse em aprender, nessa aliança com a Toyota, como produzir lucrativamente carros compactos de alta qualidade. A Toyota tem interesse em obter acesso à rede de distribuição norte-americana da GM e em reduzir o risco político associado a leis locais. Em sua opinião, qual dessas empresas tem mais probabilidade de atingir seus objetivos, e por quê? Que implicações, caso haja alguma, sua resposta tem para uma possível 'corrida de aprendizagem' nessa aliança?
3. Algumas pessoas argumentam que alianças estratégicas são uma maneira pela qual as empresas podem facilitar o desenvolvimento de uma estratégia de conluio tácito. Em sua opinião, quais são as diferenças críticas entre estratégias de conluio tácito e estratégias de aliança estratégica? Como uma pessoa pode saber se duas empresas estão entrando em uma aliança para facilitar o conluio ou por outros motivos?
4. Alguns pesquisadores argumentam que alianças podem ser utilizadas para ajudar as empresas a avaliar o potencial econômico de entrar em um novo setor ou mercado. Sob quais condições uma empresa que busca avaliar essas oportunidades precisa investir em uma aliança para realizar essa avaliação? Por que essa empresa não poderia simplesmente contratar alguns gerentes inteligentes, consultores e especialistas do setor para avaliar o potencial econômico de entrar em um novo setor? Que características de uma aliança fazem dela uma maneira melhor de avaliar oportunidades de entrada, em comparação com as alternativas?
5. Se seleção adversa, danos morais e apropriação são problemas tão significativos para empresas que usam estratégias de aliança, por que as empresas se preocupam em formar alianças? Por que, em vez disso, elas não adotam uma estratégia de 'fazer sozinho' para substituir alianças estratégicas?

|||| PROBLEMAS ||||

1. Qual das seguintes empresas enfrenta a maior ameaça de 'trapaça' nas alianças descritas? Por quê?
   (a) A Empresa I e a Empresa II formam uma aliança estratégica. Como parte da aliança, a Empresa I concorda em construir uma nova fábrica ao lado da fábrica principal da Empresa II. Em troca, a Empresa II promete comprar a maior parte da produção dessa nova fábrica. Qual está sob risco, a Empresa I ou a Empresa II?
   (b) A Empresa A e a Empresa B formam uma aliança estratégica. Como parte da aliança, a Empresa A promete começar a vender os produtos que já vende ao redor do mundo no país da Empresa B. Em troca, esta promete fornecer à Empresa A contatos importantes no governo de seu país. Esses contatos são essenciais se a Empresa A deseja vender no país da Empresa B. Qual está sob risco, a Empresa A ou a Empresa B?
   (c) A Empresa 1 e a Empresa 2 formam uma aliança estratégica. Como parte da aliança, a Empresa 1 promete fornecer à Empresa 2 acesso a uma tecnologia nova e ainda não testada, que esta última usará em seus produtos. Em troca, a Empresa 2 compartilhará parte dos lucros de suas vendas com a Empresa 1. Qual está sob risco, a Empresa 1 ou a Empresa 2?
2. Para cada uma das alianças estratégicas descritas na questão anterior, quais medidas poderiam ser tomadas para diminuir a probabilidade de que empresas parceiras 'trapaceiem' nessas alianças?
3. Examine os sites das seguintes alianças estratégicas e determine quais das fontes de valor apresentadas no Quadro 9.1 estão presentes:
   (a) Dow-Corning (uma aliança entre a Dow Chemical e a Corning).
   (b) CFM (uma aliança entre a GE e a SNE-CMA).
   (c) Cingular (uma aliança entre a SBC e a BellSouth).
   (d) NCAA (uma aliança entre faculdades e universidades nos Estados Unidos).
   (e) Visa (uma aliança entre bancos nos Estados Unidos).
   (f) A aliança entre a United, a Delta, a Singapore Airlines, a AeroMexico, a Alitalia e a Korean Air.

|||| NOTAS ||||

1. Veja J. McCracken, "Ford doubles reported loss for second quarter", *The Wall Street Journal*, p. A3, 3 ago. 2006; e "GM to consider alliance with 'open mind'". *Msnbc.com*, 7 set. 2006. Disponível em: <www.msnbc.msn.com/id/13753688>. Acesso em: 17 fev. 2011.
2. Veja J. L. Badaracco e N. Hasegawa, "General Motors' Asian alliances", Harvard Business School, caso n. 9-388-094,1988.
3. Veja W. P. Burgers, C. W. L. Hill e W. C. Kim, "A theory of global strategic alliances: The case of the global auto industry", *Strategic Management Journal*, n. 14, p. 419-432, 1993.
4. Veja A. Freeman e R. Hudson, "Dupont and Philips plan joint venture to make, market laser disc products", *Wall Street Journal*, p. 10, 22 dez. 1980.
5. R. S. Teitelbaum, "Eskimo pie", *Fortune*, p. 123, 15 jun. 1992.
6. A. Nanda e C. A. Bartlett, "Corning incorporated: A network of alliances", Harvard Business School, caso n. 9-391-102, 1990.
7. Veja F. H. Knight, *Risk, uncertainty, and profit*, Nova York: John Wiley & Sons, Inc., 1965, sobre incerteza; B. Kogut, "Joint ventures and the option to expand and acquire", *Management Science*, n. 37, p. 19-33, 1991; W. P. Burgers, C. W. L. Hill e W. C. Kim, "A theory of global strategic alliances: The case of the global auto industry", *Strategic Management Journal*, n. 14, p. 419-432, 1993; G. Noldeke e K. M. Schmidt, "Sequential investments and options to own", *Rand Journal of Economics*, v. 29, n. 4, p. 633-653, 1998; e T. B. Folta, "Governance and uncertainty: The tradeoff between administrative control and commitment", *Strategic Management Journal*, n. 19, p. 1007-1028, 1998.
8. Veja B. Kogut, "Joint ventures and the option to expand and acquire", *Management Science*, n. 37, p. 19-33, 1991; S. Balakrishnan e M. Koza, "Information asymmetry, adverse selection and joint ventures", *Journal of Economic Behavior& Organization*, n. 20, p. 99-117, 1993.
9. Veja, por exemplo, D. Ernst e J. Bleeke, *Collaborating to compete*: Using strategic alliances and acquisition in the global marketplace, Nova York: John Wiley & Sons, Inc., 1993.
10. Esses termos estão definidos em J. B. Barney e W. G. Ouchi, *Organizational economics*, São Francisco: Jossey-Bass, 1986; B. Holmstrom, "Moral hazard and observability", *Bell Journal of Economics*, v. 10, n. 1, p. 74-91, 1979. Problemas resultantes de trapacear em trocas econômicas, em geral, e em alianças, em particular, são discutidos por R. Gulati e H. Singh, "The architecture of cooperation: Managing coordination costs and appropriation concerns in strategic alliances", *Administrative Science Quarterly*, n. 43, p. 781-814, 1998; O. E. Williamson, "Comparative economic organization: The analysis of discrete structural alternatives", *Administrative Science Quarterly*, n. 36, p. 269-296, 1991; R. N. Osborn e C. C. Baughn, "Forms of interorganizational governance for multinational alliances", *Academy of Management Journal*, v. 33, n. 3, p. 503-519, 1990; J. Hagedorn e R. Narula, "Choosing organizational mo des of strategic technology partnering: International and sectoral differences", *Journal of International Business Studies*, p. 265-284, segundo trimestre, 1996; J. Hagedorn, "Trends and patterns in strategic technology partnering since the early seventies", *Review of Industrial Organization*, n. 11, p. 601-616, 1996; D. H. Kent, "Joint ventures vs. non-joint ventures: An empirical investigation", *Strategic Management Journal*, n. 12, p. 387-393, 1991; e S. A. Shane, "Making new franchise systems work", *Strategic Management Journal*, n. 19, p. 697-707, 1998.
11. Tais dificuldades de alianças estão descritas em W. G. Ouchi, *The Mform society*: How American teamwork can capture the competitive edge, Reading, MA: Addison-Wesley, 1984; e R. K. Bresser, "Cooperative strategy", *Strategic Management Journal*, n. 9, p. 475-492, 1988.
12. K. Pope, "Dealers accuse Compaq of jilting them", *Wall Street Journal*, p. 8, B1+, 26 fev. 1993.
13. O. E. Williamson, *Markets and hierarchies*: Analysis and antitrust implications, Nova York: Free Press, 1975; B. Klein, R. Craw ford e A. Alchian, "Vertical integration, appropriable rents, and the competitive contracting process", *Journal of Law and Economics*, n. 21, p. 297-326, 1978.
14. Veja, por exemplo, A. Yan, e B. Gray, "Bargaining power, management control, and performance in United States-China joint ventures: a comparative case study", *Academy of Management Journal*, n. 37, p. 1478-1517, 1994.
15. Veja J. L. Badaracco e N. Hasegawa, "General Motors' Asian alliances", Harvard Business School, caso nº 9-388-094, 1988, sobre a GM e a Toyota; G. A. Patterson, "Mazda hopes to crack Japan's top tier", *Wall Street Journal*, p. B1+, 20 set. 1991; e M. Williams e M. Kanabayashi, "Mazda and Ford drop proposal to build cars together in Europe", *Wall Street Journal*, p. A14, 4 mar. 1993, sobre a Ford e a Mazda; e P. Ennis, "Mitsubishi group wary of deeper ties to Chrysler", *Tokyo Business Today*, n. 59, p. 10, jul. 1991, sobre a DaimlerChrysler e a Mitsubishi.
16. Veja, por exemplo, D. Ernst e J. Bleeke, *Collaborating to compete*:

Using strategic alliances and acquisition in the global marketplace, Nova York: John Wiley & Sons, Inc., 1993; e J. B. Barney e M. H. Hansen, "Trustworthiness as a source of competitive advantage", *Strategic Management Journal*, n. 15, p. 175-190, 1994, edição especial.

17. D. Ernst e J. Bleeke, *Collaborating to compete*: Using strategic alliances and acquisition in the global marketplace, Nova York: John Wiley & Sons, Inc., 1993.
18. C. Bartlett e S. Ghoshal, "Beyond the M-form: Toward a managerial theory of the firm", *Strategic Management Journal*, n. 14, p. 23-46, 1993.
19. Veja A. Nagarajan e W. Mitchell, "Evolutionary diffusion: Internal and external methods used to acquire encompassing, complementary, and incremental technological changes in the lithotripsy industry", *Strategic Management Journal*, n. 19, p. 1063-1077, 1998; J. Hagedoorn e B. Sadowski, "The transition from strategic technology alliances to mergers and acquisitions: An exploratory study", *Journal of Management Studies*, v. 36, n. 1, p. 8-107, 1999; e W. Newburry e Y. Zeira, "Generic differences between equity international joint ventures (EIJVs), international acquisitions (IAs) and international greenfield investments (IGIs): Implications for parent companies", *Journal of World Business*, v. 32, n. 2, p. 87-102, 1997, sobre substitutos para alianças.
20. J. B. Barney, "How a firm's capabilities affect boundary decisions", *Sloan Management Review*, v. 40, n. 3, p. 137-145, 1999.
21. Veja J. F. Hennart, "A transaction cost theory of equity joint ventures", *Strategic Management Journal*, n. 9, p. 361-374, 1988; B. Kogut, "Joint ventures: Theoretical and empirical perspectives", *Strategic Management Journal*, n. 9, p. 319-332, 1988; e J. B. Barney, "How a firm's capabilities affect boundary decisions", *Sloan Management Review*, v. 40, n. 3, p. 137-145, 1999, para uma discussão sobre essas limitações.
22. Veja W. G. Ouchi, *The Mform society*: How American teamwork can capture the competitive edge, Reading, MA: Addison-Wesley, 1984; e J. B. Barney, "Profit sharing bonuses and the cost of debt: Business finance and compensation policy in Japanese electronics firms", *Asia Pacific Journal of Management*, n. 7, p. 49-64, 1990.
23. Esse é um argumento desenvolvido por J. B. Barney e M. H. Hansen, "Trustworthiness as a source of competitive advantage", *Strategic Management Journal*, n. 15, p. 175-190, 1994, edição especial; K. Weigelt e C. Camerer, "Reputation and corporate strategy: A review of recent theory and applications", *Strategic Management Journal*, n. 9, p. 443-454, 1988; e M. Granovetter, "Economic action and social structure: The problem of embeddedness", *American Journal of Sociology*, n. 3, p. 481-510, 1985.
24. Veja, por exemplo, J. Eichenseher e D. Shields, "Reputation and corporate strategy: A review of recent theory and applications", *Strategic Management Journal*, n. 9, p. 443-454, 1985; R. Beatty e R. Ritter, "Investment banking, reputation, and the underpricing of initial public offerings", *Journal of Financial Economics*, n. 15, p. 213-232, 1986; A. L. Kalleberg e T. Reve, "Contracts and commitment: Economic and sociological perspectives on employment relations", *Human Relations*, v. 45, n. 9, p. 1103-1132, 1992; A. Larson, "Network dyads in entrepreneurial settings: A study of the governance of exchange relationships", *Administrative Science Quarterly*, p. 76-104, mar. 1992; T. E. Stuart, H. Hoang e R. C. Hybels "Interorganizational endorsements and the performance of entrepreneurial ventures", *Administrative Science Quarterly*, n. 44, p. 315-349, 1999; T. E. Stuart, "Network positions and propensities to collaborate: An investigation of strategic alliance formation in a high-technology industry", *Administrative Science Quarterly*, v. 43, n. 3, p. 668-698, 1998; e R. Gulati, "Alliances and networks", *Strategic Management Journal*, n. 19, p. 293-317, 1998.
25. Comunicação pessoal, 8 abr. 1986.
26. Essa mesma abordagem teórica sobre a reputação empresarial é discutida em J. Tirole, *The theory of industrial organization*, Cambridge, MA: MIT Press, 1988.
27. F. M. Scherer, *Industrial market structure and economic performance*, Boston: Houghton Mifflin, 1980.
28. Veja novamente D. Ernst e J. Bleeke, *Collaborating to compete*: Using strategic alliances and acquisition in the global marketplace, Nova York: John Wiley & Sons, Inc., 1993; e J. B. Barney e M. H. Hansen, "Trustworthiness as a source of competitive advantage", *Strategic Management Journal*, n. 15, p. 175-190, 1994, edição especial. Na verdade, há bastante literatura sobre o papel da confiança em alianças estratégicas. Algumas partes mais interessantes desse trabalho podem ser encontradas em D. B. Holm, K. Eriksson e J. Johanson, "Creating value through mutual commitment to business network relationships", *Strategic Management Journal*, n. 20, p. 467-486, 1999; G. Lorenzoni e A. Lipparini, "The leveraging of interfirm relationships as a distinctive organizational capability: A longitudinal study", *Strategic Management Journal*, v. 20, n. 4, p. 317-338, 1999; K. J. Blois, "Trust in business to business relationships: An evaluation of its status", *Journal of Management Studies*, v. 36, n. 2, p. 197-215, 1999; T. H. Chiles e J. F. McMackin, "Integrating variable risk preferences, trust, and transaction cost economics", *Academy of Management Review*, v. 21, n. 1, p. 73-99, 1996; R. E. Larzelere e T. L. Huston, "The dyadic trust scale: Toward understanding interpersonal trust in close relationships", *Journal of Marriage and the Family*, p. 595-604, ago. 1980; J. K. Butler Jr., "Reciprocity of trust between professionals and their secretaries", *Psychological Reports*, n. 53, p. 411-416, 1983; A. Zaheer e N. Venkatraman, "Relational governance as an interorganizational strategy: An empirical test of the role of trust in economic exchange", *Strategic Management Journal*, n. 16, p. 373-392, 1995; J. K. Butler Jr. e R. S. Cantrell, "A behavioral decision theory approach to modeling dyadic trust in superiors and subordinates", *Psychological Reports*, n. 55, p. 19-28, 1984; M. Carney, "The competitiveness of networked production: The role of trust and asset specificity", *Journal of Management Studies*, v. 35, n. 4, p. 457-479, 1998.
29. D. Ernst e J. Bleeke, *Collaborating to compete*: Using strategic alliances and acquisition in the global marketplace, Nova York: John Wiley & Sons, Inc., 1993.
30. Veja J. Mohr e R. Spekman, "Characteristics of partnership success: Partnership attributes, communication behavior, and conflict resolution techniques", *Strategic Management Journal*, n. 15, p. 135-152, 1994; e A. Zaheer e N. Venkatraman, "Relational governance as an interorganizational strategy: An empirical test of the role of trust in economic exchange", *Strategic Management Journal*, n. 16, p. 373-392, 1995.

PANORAMA BRASILEIRO

Raízen: aliança estratégica na área de energia sustentável

Introdução

Por causa da crise mundial do petróleo, o governo brasileiro decidiu criar o Programa Nacional do Álcool (Proálcool) em 14 de novembro de 1975 pelo Decreto n. 76.5931975, com a finalidade de diminuir a dependência energética do País. Esse programa teve apoio do Banco Mundial. A ideia era que a produção do álcool de origem da cana-de-açúcar, da mandioca ou de qualquer outro insumo fosse ampliada, bem como a expansão das destilarias existentes e a implantação de novas unidades produtoras. Com esse Programa, houve maior distribuição do etanol em postos de combustíveis, imposição da mistura de etanol na gasolina e carros movidos apenas a etanol.

Em 1984, os veículos movidos à etanol correspondiam a 94,4% da produção das montadoras no Brasil. Entretanto, os planos econômicos brasileiros no combate à inflação e à redução das consequências da crise do petróleo desestimularam a produção dos carros à etanol, que caiu para 1 por cento em 2001. Vale ressaltar que, por todo esse tempo, o Brasil continuou investindo no uso do álcool em larga escala, desenvolvendo tecnologia de motores. Em 2003, houve o lançamento do carro Flex-Fuel, em meio ao aumento da preocupação com o meio ambiente e dos preços dos combustíveis fósseis. O carro Flex-Fuel é movido a etanol, gasolina ou qualquer mistura entre os dois, iniciando, assim, uma nova fase de crescimento do setor. A maioria dos carros no Brasil tem a opção Flex-Fuel, e esses bicombustíveis ultrapassaram pela primeira vez os movidos a gasolina no mercado interno. Hoje, existem cerca de 10 milhões de carros Flex-Fuel nas ruas. Logo, o etanol é uma alternativa renovável na produção de combustível e bioeletricidade de baixo carbono, fruto do bagaço da cana-de-açúcar.

Outro ponto a ser ressaltado é que a produção mundial de açúcar em 2000 foi de 131 milhões de toneladas. A participação do Brasil corresponde a cerca de 13 por cento. Já no que se refere à produção nacional, cerca de 2 por cento de toda a terra arável produz atualmente cana-de-açúcar. As regiões cultivadas são: Sudeste, Centro-Oeste, Sul e Nordeste, permitindo duas safras por ano, atendendo ao mercado interno e externo com açúcar e etanol. O processo produtivo do açúcar e do etanol é igual até a obtenção do suco, que pode ser fermentado para a produção de álcool ou tratado para a de açúcar.

Para os fazendeiros, a cana-de-açúcar é a matéria-prima que tem o mais alto retorno por hectare plantado. O término da regulamentação governamental fez com que o preço do açúcar e do etanol oscilasse conforme a lei da oferta e da procura. Com isso, o preço da cana passou a depender de sua própria qualidade e da sua participação porcentual nos produtos finais, deixando o mercado extremamente volátil com grandes oscilações de preços.

Em vista disso, pode-se afirmar que o que era uma iniciativa do governo nos anos 1970 é hoje uma decisão das empresas — produzir cana-de-açúcar como combustível alternativo em larga escala para o Brasil e para o mundo. Além disso, o etanol brasileiro de cana-de-açúcar ser produzido de forma sustentável, no que diz respeito às questões sociais, econômicos e ambientais. Houve, então, uma importante mudança na postura da indústria automobilística mundial com o surgimento de novos tipos de veículos e tecnologia de motores.

Raízen

Em fevereiro de 2011, nasceu a Raízen, uma *joint venture* formada pela Cosan S.A., maior produtora de etanol, e a anglo-holandesa Royal Dutch Shell, maior produtora privada de petróleo do País. A nova empresa, com valor estimado de R$ 20 bilhões e com 40 mil funcionários, incorporou dívida de US$ 2,5 bilhões, ao unir as operações de combustíveis e de açúcar e etanol produzidos a partir da cana-de-açúcar. Acredita-se que esta será a terceira maior distribuidora de combustíveis do Brasil, com faturamento anual de R$ 50 bilhões, atrás da BR Distribuidora, da Petrobras e do grupo Ultra. Inicia-se com 24 usinas processadoras de cana-de-açúcar e 4,5 mil postos. O ex-presidente da Shell no Brasil e presidente da Raízen, Vasco Dias, disse: "já iniciamos em uma posição de liderança. Seremos a quinta maior empresa do País em faturamento, com a ordem de crescer forte".

O nome da nova companhia, Raízen, deu-se a partir das palavras 'raiz' e 'energia'. Esse nome será utilizado nas comunicações corporativas. A nova empresa manterá a marca Shell, uma vez que as pesquisas apontam que esse nome é forte e o preferido entre os consumidores. "A credibilidade do nome Shell nos postos é muito importante", comentou Rubens Ometto, presidente do conselho de administração da Raízen. Além disso, a empresa deve focar seus esforços na empresa que ocupa a segunda posição, o grupo Ultra, que detém as marcas Ipiranga e Texaco. A marca Esso, que pertence à Cosan, deve desaparecer em 36 meses. Já o nome Cosan continuará em outros segmentos de atuação do grupo.

As metas da Raízen para daqui a cinco anos são apresentadas na Tabela A, adiante.

TABELA A Metas da Raízen

	Hoje	Em cinco anos
Produção de álcool	2,4 bilhões de litros por ano	5 bilhões de litros por ano
Processamento de cana-de-açucar	62 milhões de toneladas por safra	100 milhões de toneladas por safra
Produção de açúcar	4 milhões de toneladas anuais	6 milhões de toneladas anuais
Cogeração de energia elétrica	geração de 900 MW de energia elétrica a partir do bagaço da cana-de-açucar	geração de 1.300 MW de energia elétrica a partir do bagaço da cana-de-açucar

Para isso, três empresas serão criadas: uma de açúcar e etanol, da qual a Cosan terá 51 por cento das ações com direito a voto, e a Shell, 49 por cento; outra de distribuição de combustíveis, com 51 por cento da Shell e 49 por cento da Cosan, e a empresa de administração, com 50 por cento de ações com direito a voto para cada uma. "O nosso plano é consolidar o etanol de cana-de-açúcar como *commodity* internacional", comentou Dias.

Cosan

A Cosan produz, comercializa e exporta açúcar e etanol, além de ser a maior geradora mundial de energia elétrica a partir do bagaço da cana-de-açúcar. A empresa detém todos os elos da cadeia sucroenergética desde a colheita ao seu processamento, ou seja, é a primeira produtora de energia renovável integrada verticalmente. Possui um contrato de 20 anos com a Raízen para oferecer serviços logísticos.

Atua com duas marcas no varejo brasileiro, Da Barra e União. Desde 2002, atua com a marca Da Barra, que possui produtos matinais como achocolatados, refresco em pó, mistura para bolos, amido de milho e os açúcares (açúcar refinado amorfo e refinado granulado, açúcar cristal, açúcar demerara e açúcar orgânico bio doce), além de atuar para o mercado industrial e *foodservice*, e desde 2009, também com a marca União, líder no mercado brasileiro, de grande prestígio. A marca União possui, além do açúcar convencional, açúcar *light* e açúcar dietético. Vale ressaltar que foi uma das pioneiras a produzir os açúcares orgânicos e líquidos no Brasil.

Além disso, a Cosan opera em outros negócios: (1) aquisição de terras agrícolas (Radar Propriedades Agrícolas), visto que há uma valorização das propriedades agrícolas, além da falta de espaço para plantar alimentos e bicombustíveis; (2) distribuição dos lubrificantes Mobil presentes na Fórmula 1 e na Nascar (Associação Nacional de Stock Car Auto Racing); e (3) distribuição de combustíveis por meio da marca Esso com suas lojas de conveniência Stop&Shop e Hungry Tiger em todo o território brasileiro.

Shell

A Shell é uma empresa global de energia que atua em mais de 90 países e está no Brasil há quase cem anos fornecendo combustível de alta tecnologia e de forma inovadora, sempre se preocupando com o meio ambiente. Busca reduzir a todo momento o impacto ambiental, possui preocupação em preservar a biodiversidade e preza pelo uso consciente da água, além de prevenir derramamentos e a poluição atmosférica. A Shell possui, desde 2008, um projeto chamado "Pesquisa e Desenvolvimento em Biocombustíveis Avançados (de segunda geração)", cuja ideia central é produzir biocombustíveis a partir dos resíduos da cana-de-açúcar com a Universidade Estadual de Campinas (Unicamp) e a Agência Nacional do Petróleo, Gás Natural e Biocombustíveis (ANP).

A Shell atua também em outros segmentos, como aviação, lubrificantes e comércio, atendendo cerca de 1.450 clientes de várias áreas da indústria.

Considerações finais

Pode-se afirmar que o Brasil, hoje, é o maior laboratório mundial de desenvolvimento de motores bicombustíveis, uma vez que apresenta ótimas condições climáticas e econômicas.

Atualmente, mais de 30 países buscam novas soluções energéticas utilizando o etanol, pois não querem depender da alta dos preços dos combustíveis fósseis. Procuram combustíveis de fontes renováveis e menos poluentes, a fim de minimizar o efeito do aquecimento global.

Marcos Sawaya Jank, presidente da UNICA (União da Indústria de Cana-de-açúcar) afirma que a "Agência de Proteção Ambiental dos EUA (EPA) classificou o etanol de cana-de-açúcar como 'biocombustível avançado', com 61 por cento de redução comprovada nos gases de efeito estufa em relação à gasolina, um valor três vezes superior ao obtido pelo etanol de milho, que ficou com apenas 21 por cento de redução".

Diante disso, o Brasil assume uma posição estratégica de liderança na produção mundial de uma nova matriz energética, etanol, uma vez que esse produto fará parte do portfólio global de uma nova empresa, Raízen, sinérgica entre a Cosan e a Shell.

QUESTÕES

1. Quais são as oportunidades criadas pela aliança estratégica entre a Cosan e a Shell?
2. Explique, utilizando o modelo VRIO, como a Raízen pode ser fonte de vantagem competitiva sustentável.
3. Por que a Cosan, que era a maior produtora de álcool do Brasil, precisou unir-se à Shell? Da mesma forma, por que a Shell, que é a maior produtora privada de petróleo do País, não podia produzir etanol sozinha?

REFERÊNCIAS

Disponível em: http://www.unica.com.br. Acesso em: 22 fev. 2011.
Disponível em: http://www.valoronline.com.br. Acesso em: 22 fev. 2011.
Disponível em: http://www.google.com.br. Acesso em: 25 fev. 2011.
Disponível em: http://www.diariodecanoas.com.br. Acesso em 25 fev. 2011.
Disponível em: http://www.estadao.com.br. Acesso em 25 fev. 2011.
Disponível em: http://www.cosan.com.br. Acesso em 25 fev. 2011.
Disponível em: http://www.shell.com/home/content/bra. Acesso em 28 fev. 2011.
Disponível em: http://www.dabarra.com.br/dabarra/Portugues. Acesso em 28 fev. 2011.
Disponível em: http://www.ciauniao.com.br. Acesso em 28 fev. 2011.

Caso elaborado pela professora doutora Karen Perrotta Lopes de Almeida Prado. Professora da Universidade Presbiteriana Mackenzie — CCSA/NEMA.

Fusões e aquisições

OBJETIVOS DE APRENDIZAGEM

Após a leitura deste capítulo, você estará apto a:

1. Descrever diferentes tipos de fusão e aquisição.
2. Estimar o retorno para os acionistas das empresas compradoras e das empresas-alvo, quando não existe uma relação estratégica entre elas.
3. Descrever diferentes fontes de relação entre empresas compradoras e das empresas-alvo.
4. Estimar o retorno para os acionistas das empresas compradoras e das empresas-alvo, quando existe uma relação estratégica entre elas.
5. Descrever cinco razões pelas quais as empresas compradoras ainda empreendem uma aquisição, mesmo quando, em média, elas não criam valor para seus acionistas.
6. Descrever três maneiras como as empresas compradoras podem conseguir gerar altos retornos para seus acionistas por meio de fusões e aquisições.
7. Descrever os principais desafios que podem ser enfrentados pelas empresas que realizam aquisições.

Uma fusão misteriosa

Tem toda a intriga e difamação de um episódio de *Survivor*, toda a tensão e incerteza da final do *American Idol* e toda a mentira e ganância de uma temporada de *The Bachelor*. E nem foi criado para a televisão.

Trata-se da tentativa de aquisição do Yahoo pela Microsoft.

De certa forma, o Yahoo devia ter previsto isso. Há anos, a Microsoft esforçava-se para se estabelecer na Internet. Ela desenvolveu o MSN, adquiriu o Hotmail, ofereceu muitos de seus serviços gratuitamente e baixou tarifas para seus anunciantes. Ainda assim, apesar de todo esse esforço, a Microsoft dominava somente 5 por cento da receita proveniente do mercado de busca nos Estados Unidos em 2007 (os anúncios listados nos resultados de buscas pela Internet). A empresa ocupa uma posição mais forte no mercado de mídia gráfica (*display ad* — anúncios exibidos em sites na Internet), mas captura apenas uma pequena fatia desse mercado. Na realidade, de 2005 a 2008, a Microsoft perdeu $ 1,5 bilhão em seus negócios on-line.

E presença na Internet era muito importante para a Microsoft. Seus principais negócios — os sistemas operacionais e os softwares de aplicativos — estavam sob ameaça do software livre on-line que executava as mesmas funções dos produtos Microsoft. Se, no longo prazo, a Microsoft não pudesse mais cobrar diretamente por seus programas, ela precisaria gerar receita indireta a partir deles, por meio de publicidade associada à venda de seu software. Mas a Microsoft possuía limitada experiência nesse modelo de negócio e necessitava aprender a respeito em uma área da Internet já dominada por faturamento gerado por anúncios — as buscas on-line.

O atual líder desse nicho de mercado é o Google, com 77 por cento de participação de mercado. Na realidade, sua presença no mercado de busca tornou-se tão disseminada que sua marca — um nome próprio — foi rapidamente transformada em um verbo — 'googlar', que significa buscar uma informação em um cenário complexo, como em "Eu o googlei para verificar se ele tinha registro criminal".

E o dinheiro envolvido nesse caso não é desprezível. Espera-se que a receita de anúncios proveniente do mercado de busca atinja $ 17,6 bilhões até 2012. Cinco por cento de $ 17 bilhões ainda representa uma grande parte, embora seja desprezível em comparação aos 77 por cento do Google. O mercado de mídia on-line apresenta expectativa de atingir $ 15,1 bilhões no mesmo ano.

Entra em cena o Yahoo, a segunda maior presença no mercado de busca. Ele possui mais visitantes virtuais do que a Microsoft, fatura o dobro que a Microsoft em anúncios on-line e continua a desenvolver uma série de aplicativos de fácil uso e eficazes — pergunte à eBay sobre o site de leilão eletrônico do Yahoo. Se a Microsoft não conseguiu desenvolver sua própria presença lucrativa na Internet, bem, ela teria de comprá-la.

Em 1º de fevereiro de 2008, a Microsoft anunciou uma oferta de $ 44 bilhões para comprar o Yahoo. O CEO do Yahoo, Jerry Yang, respondeu imediatamente, sugerindo que a proposta da Microsoft desvalorizava o Yahoo — apesar do fato de que, a $ 31 por ação, a oferta da Microsoft representava um ágio de 62 por cento das ações do Yahoo. Mais tarde, a Microsoft elevou a oferta para $ 47,5 bilhões, ou $ 33 por ação. Ainda assim, o Yahoo resistiu.

Na verdade, Yang e o Yahoo adotaram uma 'pílula de veneno' — política destinada a aumentar o custo de aquisição do Yahoo a tal ponto que a Microsoft retiraria a oferta. A pílula de veneno adotada pelo Yahoo pagava altos pacotes de indenização trabalhista a qualquer funcionário da empresa que fosse demitido em decorrência de uma aquisição. Estimativas acerca do custo desse pacote variavam de $ 757 milhões a $ 2,4 bilhões, dependendo dos detalhes de qualquer aquisição que fosse realizada.

Entra em cena Carl Icahn — o famoso especulador de empresas e especialista em arbitragem. Assim que a Microsoft anunciou sua oferta e o Yahoo, sua resistência, Icahn começou a comprar ações da empresa. Assim que estabeleceu sua posição como um grande acionista do Yahoo, ele começou a pressionar a empresa a aceitar a proposta da Microsoft. Em carta aberta a outros acionistas do Yahoo e a seus executivos, Icahn exigiu a renúncia de Yang e do conselho de administração, bem como a retomada das negociações com a Microsoft, alegando que eles não estavam mais agindo de acordo com os interesses dos acionistas do Yahoo.

Ainda assim, Yang resistiu. No final das contas, a Microsoft retirou sua oferta, e os acionistas do Yahoo viram suas ações caírem da faixa dos 20 à faixa dos 10. A maioria dos observadores argumenta que tanto a Microsoft como o Yahoo saíram perdendo com a não consumação do negócio — a deficiência da Microsoft em publicidade on-line continua não solucionada e, agora, amplamente conhecida; a administração do Yahoo perdeu credibilidade e a fragilidade de seu modelo de negócio atual também é agora amplamente conhecida.

Mas, assim como as novelas na televisão, a história continua. Em 17 de novembro de 2008, Jerry Yang anunciou que deixaria o cargo de CEO do Yahoo.

Fontes: Jay Greene, "Inside Microsoft's war against Google", *BusinessWeek*, p. 36-40, 19 mai. 2008; "Icahn writes Yahoo again", *BusinessWeek* Online, 9 jun. 2008; Robert Hof, "Why Yahoo's Yang keeps holding out", *BusinessWeek*, p. 30, 16 jun. 2008; Robert Hof, "Yahoo, Microsoft left searching", *BusinessWeek* Online, 5 mai. 2008; Adam Ostrow, "Jerry Yang out as Yahoo CEO", Mashable, 17 nov. 2008. Disponível em: <http//mashable.com/2008/11/17/jerry-yang-out-as-yahoo-ceo>. Acesso em: 22 fev. 2011.

Fusões e aquisições são uma maneira muito comum de uma empresa alcançar seus objetivos de integração vertical e diversificação. No entanto, embora uma empresa possa ser capaz de atingir tais objetivos por meio de fusões e aquisições, em alguns casos é difícil gerar lucros econômicos reais com isso. Na verdade, uma das mais fortes conclusões empíricas no campo da administração estratégica e finanças é que, em média, os acionistas de empresas-alvo nas fusões e aquisições ganham dinheiro, enquanto os acionistas das empresas compradoras nessas mesmas fusões e aquisições normalmente ficam 'no empate'.

O QUE SÃO FUSÕES E AQUISIÇÕES?

Os termos *fusões* e *aquisições* são geralmente usados de maneira intercambiável, embora não sejam sinônimos. Uma empresa faz uma **aquisição** quando compra uma segunda empresa. A forma dessa compra pode variar. Por exemplo, para adquirir uma empresa-alvo, uma empresa compradora pode usar o caixa gerado pela operação de seu negócio, pode fazer um empréstimo, pode usar suas próprias ações ou pode usar uma combinação desses mecanismos. Além disso, uma empresa compradora pode adquirir a totalidade dos ativos da empresa-alvo, pode adquirir uma participação majoritária desses ativos (maior que 51 por cento) ou pode adquirir uma **participação controladora** dos ativos (isto é, ativos suficientes para assumir toda a administração e tomar todas as decisões estratégicas na empresa-alvo).

As aquisições também variam em muitas outras dimensões. Por exemplo, **aquisições amigáveis** ocorrem quando a gerência da empresa-alvo quer que a empresa seja adquirida. **Aquisições não amigáveis** ocorrem quando a gerência da empresa-alvo não quer que a empresa seja adquirida. Algumas aquisições não amigáveis também são conhecidas como **tomadas hostis**. Algumas aquisições são realizadas por meio da negociação direta entre a gerência da empresa compradora e a gerência da empresa-alvo. Isso é especialmente comum quando a empresa-alvo é de **capital fechado** (isto é, quando não fez uma oferta pública de suas ações) ou *closely held* (isto é, quando ofereceu poucas de suas ações ao público). Outras aquisições são realizadas com a empresa compradora anunciando publicamente sua intenção de adquirir as ações emitidas em circulação de uma empresa-alvo potencial por determinado preço. Esse preço é geralmente maior do que o preço atual de mercado das ações da empresa-alvo. A diferença entre o preço atual de mercado das ações de uma empresa-alvo e o preço que um comprador potencial propõe pagar por essas ações é conhecida como **prêmio de aquisição**. Essa abordagem de compra é chamada de *tender offer* (oferta de aquisição). Ofertas de aquisição podem ser feitas com ou sem o apoio da gerência da empresa-alvo. Obviamente, aquelas feitas com o apoio da gerência da empresa-alvo costumam ser amigáveis. Já aquelas feitas sem o apoio da gerência da empresa-alvo costumam não ser amigáveis.

Comumente, empresas grandes — em termos de vendas ou ativos — adquirem empresas menores. Por exemplo, a Microsoft é muito maior do que seu alvo de aquisição, o Yahoo. De outro lado, quando os ativos de duas empresas com tamanho semelhante são combinados, essa transação é chamada de **fusão**. Assim como no caso das aquisições, as fusões podem ser realizadas usando caixa ou ações para comprar uma porcentagem dos ativos de outra empresa. Entretanto, normalmente, as fusões não são amigáveis. Em uma fusão, uma empresa adquire certa porcentagem dos ativos de uma segunda empresa, enquanto esta adquire simultaneamente certa porcentagem dos ativos da primeira. Por exemplo, a DaimlerChrysler foi criada pela fusão da Daimler-Benz (fabricante do Mercedes-Benz) com a Chrysler. A Daimler-Benz investiu parte de seu capital na Chrysler, e esta investiu parte de seu capital na Daimler-Benz. Recentemente, as duas empresas fundidas dividiram-se em duas novamente.

Embora fusões geralmente comecem como uma transação entre iguais, isto é, entre empresas de tamanho e rentabilidade iguais, elas sempre evoluem para uma condição em que uma empresa é mais dominante na administração da empresa resultante do que a outra. Por exemplo, a maioria dos observadores acredita que a Daimler (a parte alemã da DaimlerChrysler) se tornou mais dominante na administração da empresa combinada do que a Chrysler (a parte norte-americana).[1] Em outras palavras, embora fusões geralmente comecem como algo diferente de aquisições, acabam assemelhando-se mais a aquisições do que a fusões propriamente ditas.

O VALOR DAS FUSÕES E AQUISIÇÕES

Dificilmente podemos contestar o fato de que as estratégias de fusão e aquisição são uma opção importante para empresas em busca de diversificação e integração vertical. Ao longo dos últimos anos, o número de empresas que usaram estratégias de fusão e aquisição para se tornar diversificadas é surpreendente. Isso ocorreu muito embora a crise de crédito de 2008 tenha reduzido a atividade de fusões e aquisições. Nos primeiros meses de 2008, havia 8.190 aquisições ou fusões realizadas nos Estados Unidos, totalizando $ 1,1 trilhão. Nesse mesmo período em 2007, houve mais de 10 mil transações naquele país, avaliadas em $ 1,7 trilhão.[2]

A lista de empresas que realizaram fusões e aquisições recentemente é longa e variada. Por exemplo, a AT&T (recentemente adquirida pela SBC) adquiriu a BellSouth por $ 85,6 bilhões, a ConocoPhilips adquiriu a Burlington Resources por $ 35 bilhões, a Boston Scientific comprou a Guidant por $ 25,1 bilhões, a Wachovia comprou a Golden West Financial por $ 24,2 bilhões, a Thermo Electron comprou a Fisher Scientific por $ 11,1 bilhões, a Duke Energy comprou a Cinergy por $ 9 bilhões, a Basf comprou a Englehard por $ 4,8 bilhões e a Oshkosh Trucks comprou a JLG Industries por $ 2,9 bilhões. E a lista continua.[3]

Pelo que vimos, está claro que fusões e aquisições são comuns. O que está menos claro é se elas realmente geram valor para as empresas que implementam essas estratégias. Dois casos serão examinados aqui: fusões e aquisições entre empresas estrategicamente não relacionadas e fusões e aquisições entre empresas estrategicamente relacionadas.

Fusões e aquisições: o caso não relacionado

Imagine o seguinte cenário: uma empresa (a empresa-alvo) é objeto de um esforço de aquisição, e dez empresas (as compradoras) estão interessadas em fazer essa aquisição. Suponha que o **valor de mercado atual** da empresa-alvo seja de $ 10 mil — isto é, o preço de cada uma das ações dessa empresa multiplicado pelo número de ações emitidas em circulação é igual a $ 10 mil. Além disso, suponha que o valor de mercado atual de cada uma das empresas compradoras seja $ 15 mil.[4] Por fim, suponha que não exista uma relação estratégica entre as empresas compradoras e a empresa-alvo. Isso significa que o valor de qualquer uma dessas empresas compradoras, quando combinado com o da empresa-alvo, é igual à soma do valor dessas empresas como entidades separadas. Nesse exemplo, como o valor atual de mercado da empresa-alvo é $ 10 mil e o valor de mercado atual das empresas compradoras é $ 15 mil, o valor dessa empresa-alvo, quando combinado com o de qualquer uma das empresas compradoras, será $ 25 mil ($ 10 mil + $ 15 mil). Dada essa informação, a que preço essa empresa-alvo será adquirida, e quais são as implicações desse preço, em termos de desempenho econômico, para as empresas compradoras e alvo?

Nessa e em todas as situações de aquisição, as empresas compradoras estarão dispostas a pagar um preço pela empresa-alvo que não ultrapasse o valor que esta acrescenta à compradora, uma vez adquirida. Esse preço é simplesmente a diferença entre o valor das duas empresas juntas (nesse caso, $ 25 mil) e o preço da empresa compradora (neste caso, $ 15 mil). Note que esse preço não depende da empresa-alvo atuando como um negócio independente, mas do valor que cria quando combinada com a empresa compradora. Qualquer preço para uma empresa-alvo menor do que esse valor (isto é, menor que $ 10 mil) será uma fonte de lucro econômico para uma empresa compradora; qualquer preço igual a esse valor (isto é, igual a $ 10 mil) será uma fonte de lucro econômico zero; e qualquer preço maior do que esse valor (isto é, maior que $ 10 mil) será uma fonte de prejuízo econômico para a empresa compradora que adquirir a empresa-alvo.

Não é difícil perceber que o preço dessa aquisição subirá rapidamente para $ 10 mil e que, a esse preço, a empresa compradora que adquirir a empresa-alvo terá lucro econômico zero. O preço dessa aquisição subirá rapidamente para $ 10 mil, porque qualquer oferta inferior a esse valor gerará lucro econômico para uma compradora bem-sucedida. Esses lucros potenciais, por sua vez, estimularão uma competição pela aquisição da empresa-alvo. Como é muito provável que haja uma competição pela aquisição, o preço de compra subirá rapidamente para seu valor, e lucros econômicos não serão gerados.

Além disso, ao preço de $ 10 mil, os acionistas da empresa-alvo também terão lucro econômico zero. De fato, para eles, o valor de mercado da empresa-alvo simplesmente foi capitalizado na forma de um pagamento à vista da empresa compradora para a empresa-alvo. A empresa-alvo valia $ 10 mil, e é exatamente isso o que os acionistas receberão.

Fusões e aquisições: o caso relacionado

A conclusão de que a aquisição de empresas-alvo estrategicamente não relacionadas gerará apenas lucro econômico zero para a empresa compradora e para a empresa-alvo não surpreende. É muito consistente com a discussão das consequências econômicas da diversificação não relacionada, do Capítulo 7. Naquele capítulo, argumentou-se que não existe justificativa econômica para uma estratégia de diversificação corporativa que não se baseia em algum tipo de economia de escopo entre os negócios em que uma empresa opera e, portanto, que a diversificação não relacionada não é uma estratégia corporativa economicamente viável. Assim, se existe alguma esperança de que fusões e aquisições serão uma fonte de desempenho superior para empresas compradoras, deve ser porque existe algum tipo de relação ou economia de escopo entre as empresas compradoras e das empresas-alvo.

Tipos de relação estratégica

Naturalmente, as empresas compradoras e as empresas-alvo podem ser estrategicamente relacionadas de diversas maneiras. Três categorias particularmente importantes dessas relações potenciais são descritas aqui.[5]

As categorias da FTC (*Comissão Federal de Comércio*)

Como fusões e aquisições podem ter o efeito de aumentar (ou diminuir) o nível de concentração em um setor, a Comissão Federal de Comércio (**FTC**, do inglês *Federal Trade Commission*) é a agência federal norte-americana responsável por avaliar as implicações competitivas de fusões e aquisições propostas. Em princípio, a FTC impedirá qualquer aquisição envolvendo empresas com sede nos Estados Unidos com potencial para gerar lucros de um monopólio (ou oligopólio) em um setor. Para ajudar em seu esforço regulatório, a FTC desenvolveu uma tipologia de fusões e aquisições (veja a Tabela 10.1). Cada categoria nessa tipologia pode ser considerada como uma maneira diferente de uma empresa compradora e uma empresa-alvo se relacionarem na fusão e na aquisição.

Segundo a FTC, uma empresa realiza uma **fusão vertical** quando se integra verticalmente, seja para a frente ou para trás, por meio de seus esforços de aquisição. Fusões verticais podem incluir a aquisição de fornecedores críticos de matéria-prima (integração vertical para trás) ou de clientes e redes de distribuição (integração vertical para a frente). A aquisição da Skype pela eBay é um exemplo de integração vertical para trás, visto que a eBay tenta reunir todos os recursos para competir no setor de telefonia pela Internet. A aquisição da Capital Cities/ABC pela Disney pode ser considerada uma tentativa de a Disney se integrar verticalmente para a frente no setor de distribuição de entretenimento, enquanto a compra da ESPN pode ser vista como uma integração vertical para trás no negócio de produção de entretenimento.[6]

Uma empresa realiza uma **fusão horizontal** quando adquire um ex-concorrente; a aquisição da Reebok pela Adidas é um exemplo de fusão horizontal, em que os fabricantes número 2 e número 3 de tênis no mundo juntaram seus esforços. Obviamente, a FTC está particularmente preocupada com as implicações competitivas das fusões horizontais porque essas estratégias podem ter os impactos mais diretos e evidentes em um setor. Por exemplo, a FTC levantou questionamentos antitruste na fusão de $ 10 bilhões entre a Oracle e a PeopleSoft, porque essas empresas, juntas, dominavam o mercado de software empresarial. Questionamentos semelhantes foram levantados na fusão de $ 16,4 bilhões entre a ChevronTexaco e a Unocal e na fusão entre a Mobil e a Exxon.

O terceiro tipo de fusão identificada pela FTC é uma **fusão de extensão de produto**. Nesse tipo de fusão, as empresas adquirem produtos complementares por meio de suas atividades de fusão e aquisição. Exemplos incluem a aquisição da AT&T pela SBC e da MCI pela Verizon.

O quarto tipo é a **fusão de extensão de mercado**. Neste caso, o principal objetivo é ganhar acesso a novos mercados geográficos. Exemplos incluem a aquisição da Bavaria Brewery Company pela SABMiller na Colômbia, América do Sul.

O último tipo de fusão identificado pela FTC é a **fusão de conglomerado**. Para a FTC, fusão de conglomerado é uma categoria residual. Se não existem vínculos verticais, horizontais, de extensão de produto ou de extensão de mercado entre as empresas, a FTC define a atividade de fusão ou aquisição como uma fusão de conglomerado. Dada nossa conclusão anterior de que as fusões ou as aquisições entre empresas estrategicamente *não relacionadas* não gerarão lucros econômicos nem para empresas compradoras nem para empresas-alvo, não surpreende que haja relativamente poucos exemplos de fusões ou aquisições de conglomerado hoje em dia; no entanto, em vários momentos da história elas foram bastante comuns. Na década de 1960, por exemplo, muitas aquisições assumiram a forma de fusões de conglomerado. Pesquisas mostraram que, na *Fortune 500*, a fração de empresas com um único negócio caiu de 22,8 por cento, em 1959, para 14,8 por cento, em 1969, enquanto a fração de empresas que utilizam estratégias de diversificação não relacionada aumentou de 7,3 por cento para 18,7 por cento, durante o mesmo período. Essas conclusões são consistentes com um aumento no número de fusões e aquisições de conglomerado durante os anos 1960.[7]

Apesar da popularidade das fusões e aquisições de conglomerado na década de 1960, muitas fusões ou aquisições entre empresas estrategicamente não relacionadas são alienadas logo depois de serem concluídas. Um estudo estimou que mais de um terço das fusões de conglomerado da década de 1960 foi alienado no início da década de 1980. Outro estudo mostrou que mais de 50 por cento dessas aquisições foram alienadas subsequentemente. Todos os resultados são consistentes com nossa conclusão anterior de que fusões ou aquisições entre empresas estrategicamente não relacionadas não são uma fonte de lucro econômico.[8]

TABELA 10.1 Categorias FTC de fusões e aquisições

Fusão vertical	Uma empresa adquire antigos fornecedores ou clientes.
Fusão horizontal	Uma empresa adquire um antigo concorrente.
Fusão de extensão de produto	Uma empresa ganha acesso a produtos complementares por meio de uma aquisição.
Fusão de extensão de mercado	Uma empresa ganha acesso a mercados complementares por meio de uma aquisição.
Fusão de conglomerado	Não existe relação estratégica entre uma empresa compradora e uma empresa-alvo.

Outros tipos de relação estratégica

Embora as categorias da FTC de fusões e aquisições proporcionem alguma informação sobre possíveis motivos que embasam essas estratégias corporativas, elas não capturam toda a complexidade dos vínculos que podem existir entre as empresas compradoras e as empresas-alvo. Vários autores tentaram desenvolver listas mais completas de possíveis fontes de relação entre empresas compradoras e empresas-alvo. Uma dessas listas, desenvolvida pelo professor Michael Lubatkin, está resumida na Tabela 10.2. Ela inclui **economias técnicas** (em marketing, produção e formas similares de relação), **economias pecuniárias** (poder de mercado) e **economias de diversificação** (na gestão de portfólio e na redução de risco) como bases possíveis de relação estratégica entre empresas compradoras e empresas-alvo.

Uma segunda lista importante de possíveis fontes de relação estratégica entre empresas compradoras e alvo foi desenvolvida por Michael Jensen e Richard Ruback após uma revisão abrangente da pesquisa empírica sobre os retornos econômicos de fusões e aquisições. Essa lista está resumida no Quadro 10.1 e inclui os seguintes fatores como possíveis fontes de ganho econômico em fusões e aquisições: redução potencial nos custos de produção e distribuição (com economias de escala, integração vertical, redução em custos de agência etc.); realização de oportunidades financeiras (tais como ganhar acesso a benefícios fiscais subutilizados, evitar custos de falência); criação de poder de mercado e habilidade de eliminar gerências ineficientes na empresa.

Para serem economicamente viáveis, vínculos entre empresas compradoras e alvo devem atender aos mesmos critérios das estratégias de diversificação (veja o Capítulo 7). Primeiro, esses vínculos devem basear-se em eco-

TABELA 10.2 Lista de Lubatkin das fontes potenciais de relação entre empresas compradoras e alvo

Economias técnicas	Economias de escala ocorrem quando os processos físicos dentro de uma empresa são alterados de forma que a mesma quantidade de insumos produz uma quantidade maior de produtos. Fontes de economias técnica incluem marketing, produção, experiência, organograma, financiamento e remuneração.
Economias pecuniárias	Economias obtidas pela habilidade das empresas em ditar preços exercendo poder de mercado.
Economias de diversificação	Economias obtidas pela melhoria do desempenho de uma empresa em relação a seus atributos de risco ou pela diminuição de seus atributos de risco em relação a seu desempenho. Fontes de economias de diversificação incluem gestão de portfólio e redução de risco.

Fonte: M. Lubatkin, "Mergers and the performance of the acquiring firm", *Academy of Management Review*, n. 8, p. 218-225, 1983.
© 1983 Academy of Management. Reproduzido com permissão.

QUADRO 10.1 Lista de Jensen e Ruback das razões pelas quais empresas compradoras podem querer realizar estratégias de fusões e aquisições

Reduzir custos de produção ou distribuição por meio de:

1. Economias de escala.
2. Integração vertical.
3. Adoção de tecnologia mais eficiente de produção ou organizacional.
4. Maior utilização da equipe gerencial da empresa compradora.
5. Redução de custos de agência trazendo ativos específicos da organização para propriedade comum.

Motivos financeiros:

1. Ganhar acesso a benefícios fiscais subutilizados.
2. Evitar custos de falência.
3. Aumentar oportunidades de alavancagem.
4. Ganhar outras vantagens fiscais.
5. Ganhar poder de mercado em mercados de produto.
6. Eliminar gerências ineficientes na empresa-alvo.

Fonte: M. C. Jensen e R. S. Ruback, "The market for corporate control: The scientific evidence", *Journal of Financial Economics*, v. II, n. 11, p. 5-50, 1983. © 1983, com permissão da Elsevier.

nomias de escopo reais entre a empresa compradora e a empresa-alvo. Essas economias de escopo podem refletir tanto economias de custo como aumento de receita, criados pelas empresas combinadas. Segundo, essa economia de escopo deve não só existir, como também deve ser menos custosa para a empresa resultante da fusão realizar do que para os acionistas realizarem por conta própria. Como ocorre nas estratégias de diversificação corporativa, ao investir em um portfólio diversificado de ações, investidores externos podem ganhar, por conta própria, muitas das economias associadas a uma fusão ou aquisição. Além disso, os investidores podem realizar algumas dessas economias de escopo a um custo praticamente zero. Nessa situação, faz pouco sentido para os investidores 'contratar' gerentes nas empresas para realizar essas economias de escopo para eles por meio de uma fusão ou aquisição. Em vez disso, as empresas devem buscar estratégias de fusão e aquisição somente para obter economias de escopo valiosas, que investidores externos acham custoso criar por conta própria.

Lucros econômicos relativos a aquisições

Se as empresas compradoras e alvo são estrategicamente relacionadas, então o valor econômico dessas duas empresas combinadas é maior do que seu valor econômico como entidades separadas. Para perceber como isso muda os retornos para estratégias de fusão e aquisição, considere o seguinte cenário: como antes, há uma empresa-alvo e dez empresas compradoras. O valor de mercado da empresa-alvo como entidade separada é $ 10 mil e o valor de mercado atual de cada uma das empresas compradoras como entidades separadas é $ 15 mil. No entanto, diferentemente do cenário anterior, as empresas compradoras e alvo são estrategicamente relacionadas. Quaisquer tipos de relação identificados nas tabelas 10.1 e 10.2 ou no Quadro 10.1 podem ser fontes de economias de escopo. Elas subentendem que, quando qualquer uma das empresas compradoras e a empresa-alvo são combinadas, o valor de mercado dessa entidade combinada será $ 32 mil — note que $ 32 mil é maior do que a soma de $ 10 mil e $ 15 mil. A que preço essa empresa-alvo será adquirida e quais são as implicações de lucro econômico para as empresas compradoras e alvo, a esse preço?

Como antes, as empresas compradoras estarão dispostas a pagar um preço pela empresa-alvo até o valor que esta criará, uma vez adquirida. Portanto, o preço máximo que as empresas compradoras estarão dispostas a pagar continua sendo a diferença entre o valor da entidade combinada (aqui, $ 32 mil) e o valor da empresa compradora sozinha (aqui, $ 15 mil), ou seja, $ 17 mil.

Assim como na aquisição estrategicamente não relacionada, não é difícil verificar que o preço para adquirir de fato a empresa-alvo nesse cenário subirá rapidamente para $ 17 mil, porque qualquer oferta abaixo desse valor tem o potencial de gerar lucros para uma empresa compradora. Suponha que uma empresa compradora ofereça $ 13 mil pela empresa-alvo. Com esses $ 13 mil, a empresa compradora ganha acesso a uma empresa-alvo que gerará $ 17 mil de valor, uma vez adquirida. Portanto, para essa empresa compradora, a empresa-alvo vale $ 17 mil, e uma oferta de $ 13 mil gerará um lucro econômico de $ 4 mil. É claro que esse lucro potencial motivará a entrada no processo de licitação. A entrada continuará até que o preço dessa empresa-alvo atinja $ 17 mil. Qualquer preço acima de $ 17 mil significa que uma empresa compradora está na verdade perdendo dinheiro nessa aquisição.[9]

Ao preço de $ 17 mil, a empresa compradora bem-sucedida terá lucro econômico zero. Afinal, essa empresa adquiriu um ativo que gerará $ 17 mil de valor e pagou $ 17 mil para isso. No entanto, os donos da empresa-alvo ganharão um lucro econômico de $ 7 mil. Como uma empresa independente, a alvo vale $ 10 mil; quando combinada com uma empresa compradora, vale $ 17 mil. A diferença entre o valor da empresa-alvo como uma entidade independente e seu valor em combinação com uma empresa compradora é o valor do lucro econômico de que a empresa pode se apropriar.

Portanto, a existência de relação estratégica entre a empresa compradora e a alvo não é uma condição suficiente para os acionistas da empresa compradora ganharem lucro econômico com sua estratégia de aquisição. Se o potencial econômico de adquirir determinada empresa-alvo for amplamente conhecido e se várias empresas compradoras potenciais puderem obter esse valor ao adquirir a empresa-alvo, os acionistas da empresa compradora obterão, no máximo, apenas lucro econômico zero ao implementar uma estratégia de aquisição. Nesse cenário, uma fusão ou aquisição 'estrategicamente relacionada' criará valor econômico, mas esse valor será distribuído na forma de lucros econômicos aos acionistas da empresa-alvo adquirida.

Como uma grande parcela do valor criado em uma fusão ou aquisição é apropriada pelos acionistas da empresa-alvo, não surpreende que muitas empresas pequenas e iniciantes busquem ser adquiridas como uma maneira de compensar seus donos por assumirem o risco de fundá-las. Esse fenômeno é discutido em detalhes no quadro "Estratégia na empresa emergente".

ESTRATÉGIA NA EMPRESA EMERGENTE

Retirando o retorno sobre o investimento

Imagine que você é um empreendedor. Você hipotecou sua casa, fez empréstimos, estourou o limite de seus cartões de crédito e colocou tudo o que possui em risco para ajudar a expandir uma pequena empresa. Finalmente, após anos de esforço, as coisas estão começando a dar certo. Seu produto ou serviço começa a vender, os clientes passam a perceber sua proposta única de valor e você até começa a se pagar um salário razoável. O que você deve fazer em seguida para ajudar sua empresa a crescer?

Alguns empreendedores nessa situação decidem que manter o controle sobre suas empresas é muito importante. Esses empreendedores podem remunerar alguns funcionários essenciais com participação na empresa, mas normalmente limitam o número de pessoas de fora que investem em ações da empresa. Para expandir essas empresas de capital fechado, esses empreendedores dependem do capital gerado em suas próprias operações (chamado de **lucros retidos**) e do capital de dívida tomado de bancos, clientes e fornecedores. Empreendedores que decidem manter o controle sobre suas empresas são remunerados por assumir os riscos associados a abrir uma empresa por meio dos salários que pagam a si mesmos.

Outros empreendedores conseguem envolver mais investidores externos para prover o capital necessário para a empresa crescer. Esses investidores externos podem incluir indivíduos ricos — chamados de **anjos dos negócios** — buscando investir em novos empreendimentos, ou **empresas de investimento de capital de risco**. Estas se caracterizam por obter dinheiro de inúmeros investidores menores, que depois investem em um portfólio de empresas empreendedoras. Com o tempo, muitas dessas empresas decidem 'abrir seu capital' por intermédio de uma **oferta pública inicial** (**IPO**, do inglês *initial public offering*). Em uma IPO, a empresa, normalmente trabalhando com um banco de investimentos, vende suas ações para o público em geral. Empreendedores que decidem vender ações de suas empresas são compensados por assumir os riscos associados a iniciar uma empresa por meio da venda dessas ações em mercados públicos, utilizando para isso uma IPO. Um empreendedor que é remunerado por assumir risco dessa maneira está **retirando o retorno sobre o investimento**.

Por fim, outros empreendedores podem decidir não utilizar uma IPO para retirar os retornos sobre seus investimentos e preferir que sua empresa seja comprada por outra empresa, geralmente maior. Nesse cenário, os empreendedores são remunerados pela empresa compradora por assumir os riscos associados à abertura de uma empresa. Na realidade, como a demanda por IPOs tem sido volátil desde o estouro da bolha de tecnologia em 2000, um número cada vez maior de empresas pequenas e empreendedoras procura ser comprada, como forma de seus fundadores receberem o retorno sobre seus investimentos. Além disso, considerando que os acionistas de empresas-alvo costumam se apropriar de grande parte do valor criado pela aquisição e que os fundadores dessas empresas empreendedoras normalmente são os acionistas majoritários, ser adquirido é, muitas vezes, uma grande fonte de riqueza para os fundadores de uma empresa empreendedora.

A escolha entre manter uma firma com capital fechado, abrir o capital ao público ou ser adquirido é difícil e multidimensional. Diversas questões têm influência importante, incluindo as preferências pessoais dos fundadores, demanda por IPOs, quanto capital uma empresa precisará para continuar a expandir seus negócios e de que outros recursos — além de capital — ela precisará para criar valor adicional. Em geral, empresas que não necessitam de uma grande quantia de dinheiro ou outros recursos para crescer escolherão IPOs, enquanto aquelas que necessitam de recursos gerenciais ou técnicos controlados por outra empresa para crescer normalmente optarão pela aquisição. Naturalmente, tudo isso poderá mudar se os empreendedores decidirem manter o controle sobre suas empresas por vontade pessoal.

Fontes: R. Hennessey, "Underwriters cut prices on IPOs as market softens", *Wall Street Journal*, p. C4, 27 mai. 2004; F. Vogelstein, "Can Google grow up?", *Fortune*, p. 102+, 8 dez. 2004.

O QUE A PESQUISA DIZ SOBRE RETORNOS EM FUSÕES E AQUISIÇÕES?

As implicações empíricas dessa discussão sobre retornos para empresas compradoras e alvo em fusões e aquisições estrategicamente relacionadas e não relacionadas foi examinada amplamente na literatura acadêmica. Um estudo reviu mais de 40 trabalhos empíricos sobre fusão e aquisição na literatura financeira. Esse estudo concluiu que as aquisições, em média, aumentaram o valor de mercado das empresas-alvo em cerca de 25 por cento e não alteraram o valor das empresas compradoras. Os autores desse trabalho concluíram que "aquisições corporativas geram ganhos positivos, [...] os acionistas da empresa-alvo se beneficiam e [...] os acionistas da empresa compradora não perdem".[10] A forma como esses estudos avaliam o retorno para estratégias de aquisição é discutida no quadro "Estratégia em detalhes".

Pesquisadores sobre estratégia também buscaram examinar em detalhes as fontes de criação de valor em fusões e aquisições e se essas fontes de criação de valor afetam quem se apropriará, comprador ou alvo, desse valor. Por exemplo, dois renomados estudos examinaram o impacto do tipo e do grau de relação estratégica (usando a tipologia da FTC resumida na Tabela 10.1) entre empresas compradoras e alvo sobre as consequências econômicas das fusões e aquisições.[11] Esses estudos concluíram que, quanto mais relacionadas são as empresas compradoras e alvo, mais valor econômico as fusões e aquisições criam. No entanto, assim como os estudos financeiros, esse tra-

ESTRATÉGIA EM DETALHES

Avaliando os efeitos das aquisições sobre o desempenho

A maneira mais comum de avaliar os efeitos de aquisições sobre o desempenho de empresas compradoras é chamada de **análise do estudo de eventos**. Originada no campo da economia financeira, a análise do estudo de eventos compara o desempenho real de uma ação após uma aquisição ter sido anunciada com o desempenho esperado dessa ação, caso nenhuma compra tenha sido anunciada. Qualquer desempenho maior (ou menor) do que o esperado em um curto período após o anúncio de uma aquisição é atribuído a essa aquisição. O **retorno anormal cumulativo** (ou **CAR**, do inglês *cumulative abnormal return*) pode ser positivo ou negativo, dependendo de a ação em questão ter desempenho melhor ou pior do que era esperado sem uma aquisição.

O CAR criado por uma aquisição é calculado em diversos estágios. Primeiro, o desempenho esperado de uma ação, sem a aquisição, é estimado por meio da seguinte equação de regressão:

$$E(R_{j,t}) = a_j + b_j R_{m,t} + e_{j,t}$$

onde $E(R_{j,t})$ é o retorno esperado da ação j durante o tempo t, a_j é uma constante (aproximadamente igual à taxa de retorno de ações livres de risco), b_j é uma estimativa empírica do parâmetro financeiro β (igual à covariância entre o retorno da ação de uma empresa específica e o retorno médio de todas as ações no mercado, no período), $R_{m,t}$ é a taxa de média de retorno real de todas as ações no mercado, no período, e $e_{j,t}$ é um coeficiente de erro. A forma dessa equação é derivada do modelo de determinação do preço dos ativos fixos (CAPM) em finanças. Nesse modelo, $E(R_{j,t})$ é simplesmente o desempenho esperado de uma ação, dada a relação histórica entre essa ação e o desempenho geral do mercado de ações.

Para calcular o desempenho imprevisto de uma ação, esse nível esperado de desempenho é simplesmente subtraído do nível real de desempenho da ação. Isso é feito na equação a seguir:

$$XR_{j,t} = R_{j,t} - (a_j + b_j R_{m,t})$$

onde $R_{j,t}$ é o desempenho real da ação j no período de tempo t e $XR_{j,t}$ é o desempenho imprevisto da ação j no período de tempo t.

Ao calcular o CAR para determinada aquisição, é necessário somar os retornos imprevistos ($XR_{j,t}$) para uma ação nos períodos t, quando o mercado de ações está respondendo às notícias sobre essa aquisição. A maior parte das análises de aquisição examina a reação do mercado no período entre o dia anterior ao anúncio formal até três dias após esse anúncio. A soma desses retornos imprevistos sobre esse período é o CAR atribuível a essa aquisição.

Essa metodologia tem sido aplicada para milhares de aquisições. Por exemplo, quando a Manulife Financial comprou a John Hancock Financial, o CAR da Manulife era de –10 por cento, enquanto o CAR da John Hancock era de +6 por cento. Quando a Anthem adquiriu a Wellpoint, o CAR da Anthem era de –10 por cento e o da Wellpoint era de +7 por cento. Quando o Bank of America comprou o FleetBoston Financial, o CAR do Bank of America era de –9 por cento e o do FleetBoston, de +24 por cento. E quando a UnitedHealth adquiriu a Mid Atlantic Medical, seu CAR era de –4 por cento e o da Mid Atlantic Medical era de +11 por cento.

Embora o método de estudo de eventos tenha sido amplamente usado, ele possui algumas limitações importantes. Primeiro, é baseado inteiramente no modelo de determinação do preço dos ativos fixos e há razões para crer que esse modelo não é uma previsão particularmente boa do preço esperado da ação de uma empresa. Segundo, ele assume que os acionistas de uma empresa podem antecipar todos os benefícios associados com a realização de uma aquisição no período em que ela é concretizada. Alguns estudiosos argumentaram que a criação de valor continua por muito tempo depois que uma aquisição é anunciada, conforme as partes dessa aquisição descobrem oportunidades de geração de valor que não poderiam ter sido antecipadas.

Fontes: A. Arikan, "Long-term returns to acquisitions: The case of purchasing tangible and intangible assets", Fisher College of Business, Ohio State University, 2004; S. J. Brown e J. B. Warner, "Using daily stock returns: The case of event studies", *Journal of Financial Economics*, n. 14, p. 3-31, 1985; D. Henry, M. Der Hovanseian e D. Foust, "M&A deals: Show me", *BusinessWeek*, p. 38+, 10 nov. 2003.

balho concluiu que esse valor econômico era apropriado pelos donos das empresas-alvo, independentemente do tipo ou grau de relação entre empresas compradoras e alvo. As empresas compradoras — mesmo quando tentam adquirir alvos estrategicamente relacionados — ganham, em média, lucros econômicos zero de suas estratégias de fusão e aquisição.

Por que existem tantas fusões e aquisições?

Dada a significativa evidência empírica de que a maior parte do valor econômico criado nas fusões e aquisições é, na maior parte das vezes, apropriada pelos donos da empresa-alvo, uma pergunta importante é: "Por que gerentes de empresas compradoras continuam a utilizar estratégias de fusão e aquisição?" Algumas explicações possíveis estão resumidas no Quadro 10.2 e serão discutidas nesta seção.

Garantir a sobrevivência

Mesmo que fusões e aquisições, em média, criem apenas lucro econômico zero para empresas compradoras, talvez seja necessário que essas empresas se engajem nessas atividades para garantir sua sobrevivência. Em particular, se todos os concorrentes de uma empresa compradora conseguirem melhorar sua eficiência e eficácia por meio de determinado tipo de aquisição, deixar de fazer tal aquisição pode deixar uma empresa em desvantagem competitiva. Aqui, a finalidade de uma fusão ou aquisição não é ganhar vantagens competitivas, mas paridade competitiva.

Muitas fusões recentes entre bancos nos Estados Unidos parecem ter como objetivo a paridade competitiva e lucros econômicos normais. A maioria dos gerentes de banco reconhece que a mudança das regulamentações dos bancos, o aumento da competição de instituições financeiras não bancárias e uma demanda moderada devem levar à consolidação do setor bancário norte-americano. Para sobreviver nesse setor consolidado, muitos bancos norte-americanos terão de se fundir. À medida que o número de bancos envolvidos em fusões e aquisições aumenta, a habilidade de obter lucros superiores diminui. Esses retornos menores resultantes de aquisições já reduziram o valor econômico de alguns dos bancos mais agressivos em aquisições. Apesar desses retornos menores, as aquisições tendem a continuar no futuro próximo, uma vez que os bancos buscam oportunidades de sobrevivência em um setor consolidado.[12]

Fluxo de caixa livre

Outra razão para que empresas continuem a investir em estratégias de fusão e aquisição é que as empresas compradoras esperam que essas estratégias, em geral, permitam que surja no mínimo uma paridade competitiva. Esse lucro econômico zero pode ser um investimento mais atraente para algumas empresas do que investimentos estratégicos alternativos. Esse é especialmente o caso de empresas que geram fluxo de caixa livre.[13]

Fluxo de caixa livre é simplesmente a quantia de dinheiro que uma empresa tem para investir depois que todos os investimentos de valor presente líquido positivo nos negócios atuais dela foram financiados. O fluxo de caixa livre é criado quando as operações da empresa são muito rentáveis, mas oferecem poucas oportunidades para investimentos adicionais. Uma empresa que parece ter gerado um volume substancial de fluxo de caixa livre nos últimos anos é a Philip Morris. As operações no varejo de cigarros da Philip Morris são extremamente lucrativas. No entanto, restrições regulatórias, problemas de saúde e um crescimento lento na demanda limitam as oportunidades de investimento no setor de fumo. Portanto, o volume de caixa gerado pela Philip Morris em seu negócio de cigarros provavelmente tem sido maior do que a soma de seus investimentos de valor presente líquido positivo nesse negócio. Essa diferença representa um fluxo de caixa livre para a Philip Morris.[14]

Uma empresa que gera um volume substancial de fluxo de caixa livre deve decidir o que fazer com esse dinheiro. Uma alternativa óbvia seria dá-lo aos acionistas na forma de dividendos ou recompra de ações. No entanto, em algumas situações (por exemplo, quando os acionistas enfrentam altas alíquotas tributárias), os acionistas

QUADRO 10.2 Possíveis motivações para realizar fusões e aquisições mesmo que elas normalmente não gerem lucros para empresas compradoras

1. Garantir a sobrevivência.
2. Fluxo de caixa livre.
3. Problemas de agência.
4. Arrogância gerencial.
5. Potencial para lucros superiores.

podem preferir que a empresa retenha esse fluxo de caixa e o invista para elas. Quando isso acontece, como uma empresa deve investir o fluxo de caixa livre?

Como (por definição) não existem oportunidades de investimento de valor presente líquido positivo nas operações do negócio atual da empresa, restam apenas duas opções de investimento: investir seu fluxo de caixa livre em estratégias que geram paridade competitiva ou em estratégias que geram desvantagens competitivas. Nesse contexto, estratégias de fusão e aquisição são uma opção viável, pois empresas compradoras, em geral, esperam gerar ao menos paridade competitiva. Posto de maneira diferente, embora fusões e aquisições possam não ser uma fonte de lucros superiores, existem coisas piores para fazer com seu fluxo de caixa livre.

Problemas de agência

Outra razão pela qual empresas podem continuar a se envolver em fusões e aquisições, a despeito de ganhar apenas paridade competitiva com isso, é que fusões e aquisições beneficiam os gerentes diretamente, independentemente de qualquer valor que possam ou não criar para os acionistas da empresa compradora. Conforme sugerido no Capítulo 8, esses conflitos de interesse são uma manifestação de problemas de agência entre os gerentes de uma empresa e seus acionistas.

Estratégias de fusão e aquisição podem beneficiar os gerentes ao menos de duas maneiras — mesmo que não beneficiem diretamente os acionistas de uma empresa. Primeiro, os gerentes podem usar fusões e aquisições para ajudar a diversificar seus investimentos em capital humano na empresa. Conforme discutido no Capítulo 7, os gerentes têm dificuldade em gerenciar seus investimentos em capital humano na empresa específica quando ela opera em uma pequena gama de negócios. Ao adquirir empresas com fluxos de caixa que não são perfeitamente correlacionados com os fluxos de caixa dos negócios atuais de uma empresa, os gerentes podem reduzir a probabilidade de falência em sua empresa e assim diversificar parcialmente seus investimentos em capital humano nela.

Segundo, os gerentes podem usar fusões e aquisições para aumentar rapidamente o tamanho da empresa, medido em vendas e ativos. Se a remuneração estiver estreitamente associada ao tamanho da empresa, os gerentes que aumentam o tamanho da empresa conseguem aumentar sua remuneração. Dentre todas as maneiras de aumentar o tamanho de uma empresa rapidamente, o crescimento por meio de fusões e aquisições talvez seja o mais fácil. Mesmo que não haja economias de escopo entre uma empresa compradora e uma alvo, uma aquisição garante que a empresa compradora crescerá o correspondente ao tamanho da empresa-alvo (medido em vendas ou ativos). Se houver economias de escopo entre uma empresa compradora e a empresa-alvo, o tamanho da empresa compradora poderá aumentar ainda mais rápido, assim como a remuneração da gerência, embora, em média, as aquisições não gerem riqueza para os donos da empresa compradora.

Arrogância gerencial

Outra razão pela qual os gerentes podem decidir continuar a investir em fusões e aquisições — apesar de, em média, não obterem lucros com isso — é a existência do que tem sido chamado de **arrogância gerencial**.[15] É a convicção ilusória, mantida por gerentes de empresas compradoras, de que podem administrar os ativos de uma empresa-alvo com mais eficiência que a gerência atual dela. Essa noção pode levar empresas compradoras a adotar estratégias de aquisição mesmo que isso não resulte em lucros econômicos positivos.

A existência de arrogância gerencial sugere que o valor econômico das empresas compradoras cairá assim que anunciarem uma estratégia de fusão ou aquisição. Embora os gerentes de empresas compradoras possam de fato acreditar que conseguem administrar os ativos da empresa-alvo com mais eficiência do que os gerentes desta empresa, os investidores em mercados de capital não costumam compartilhar dessa arrogância. Nesse contexto, um comprometimento com uma estratégia de fusão ou aquisição é um forte sinal de que a gerência da empresa compradora está iludida quanto a suas habilidades de administrar os ativos de uma empresa-alvo. Essa ilusão certamente afetará de maneira negativa o valor econômico da empresa compradora.

Os trabalhos empíricos sobre fusões e aquisições discutidos neste capítulo concluíram que, embora empresas compradoras não obtenham lucros com suas estratégias de fusão e aquisição, em geral elas também não reduzem seu valor econômico com a implementação dessas estratégias. Isso é inconsistente com a 'hipótese de arrogância'. No entanto, o fato de, em média, as empresas compradoras não perderem valor econômico não significa que algumas não percam. Portanto, embora seja improvável que todas as estratégias de fusão e aquisição sejam motivadas por arrogância gerencial, ao menos algumas delas são.[16]

Potencial para lucros econômicos

Uma última razão pela qual gerentes podem continuar buscando estratégias de fusão e aquisição é o potencial que essas estratégias têm de gerar lucros ao menos para algumas empresas compradoras. A pesquisa empírica sobre retornos para empresas compradoras em fusões e aquisições é muito forte. Em geral, empresas compradoras não obtêm lucros com suas estratégias de fusão e aquisição. No entanto, o fato de essas empresas, *em geral*, não obterem lucros com suas estratégias de fusão e aquisição não significa que *todas* as empresas compradoras *sempre* deixarão de obter lucros. Em algumas situações, empresas compradoras conseguirão obter vantagens competitivas com atividades de fusão e aquisição. Essas situações são discutidas na próxima seção.

FUSÕES E AQUISIÇÕES E VANTAGEM COMPETITIVA SUSTENTÁVEL

Já vimos que economias de escopo que motivam fusões e aquisições entre empresas compradoras e alvo estrategicamente relacionadas podem ser valiosas. No entanto, a habilidade dessas economias de gerar lucros e vantagens competitivas para as empresas compradoras depende não só de seu valor econômico, mas também do ambiente competitivo do mercado para controle corporativo por meio do qual essas economias valiosas são realizadas. O **mercado para controle corporativo** é aquele criado quando diversas empresas buscam ativamente adquirir uma ou várias empresas. Somente quando o mercado para controle corporativo é imperfeitamente competitivo é que se torna possível para empresas compradoras obter lucros com a implementação de uma estratégia de fusão ou aquisição. Para verificar como a competitividade do mercado para controle corporativo pode afetar o retorno de estratégias de fusão e aquisição, consideraremos três cenários envolvendo empresas compradoras e alvo e examinaremos suas implicações para os gerentes dessas empresas.[17]

Economias de escopo valiosas, raras e particulares

Um mercado para controle corporativo imperfeitamente competitivo pode existir quando uma empresa-alvo vale mais para uma empresa compradora do que para todas as outras, e quando nenhuma outra empresa — incluindo compradoras e alvo — tem conhecimento desse valor adicional. Nesse cenário, o preço de uma empresa-alvo subirá, refletindo as expectativas públicas sobre seu valor. No entanto, uma vez que a empresa-alvo é adquirida, o desempenho da empresa que a adquiriu será maior do que o supostamente esperado, e esse nível de desempenho gerará lucros para os acionistas da empresa compradora.

Considere um caso simples. Suponha que o valor de mercado da empresa compradora A juntamente com as empresas-alvo seja $ 12 mil, e que o valor de mercado de todas as outras empresas compradoras combinadas com as empresas-alvo seja $ 10 mil. Nenhuma outra empresa (compradora ou alvo) sabe da relação singular da Empresa A com essas empresas-alvo, mas sabe o valor de todas as outras empresas compradoras combinadas com as empresas-alvo (isto é, $ 10 mil). Suponha também que o valor de mercado de todas as empresas compradoras, como entidades independentes, seja $ 7 mil. Nesse cenário, a Empresa A estará disposta a pagar até $ 5 mil para adquirir uma empresa-alvo ($ 12 mil – $ 7 mil), e todas as outras empresas compradoras só estarão dispostas a pagar $ 3 mil ($ 10 mil – $ 7 mil).

Como as informações publicamente disponíveis sugerem que adquirir a empresa-alvo vale $ 3 mil a mais que o preço da empresa sozinha, o preço das empresas-alvo subirá rapidamente para esse nível, assegurando que, se as empresas compradoras — com exceção da Empresa A — adquirirem uma empresa-alvo, não terão lucro. Se houver apenas uma empresa-alvo nesse mercado para controle corporativo, então a Empresa A poderá oferecer um pouco mais que $ 3 mil (talvez $ 3.001) por ela. Nenhuma outra empresa compradora oferecerá mais que a Empresa A porque, do ponto de vista delas, a aquisição simplesmente não vale mais que $ 3 mil. Nesse preço de $ 3.001, a Empresa A obterá um lucro de $ 1.999 — ela teve de gastar apenas $ 3.001 em uma empresa que traz $ 5 mil de valor acima de seu valor de mercado isoladamente. Como alternativa, se houver muitas empresas-alvo, então várias empresas compradoras, incluindo a Empresa A, pagarão $ 3 mil por suas empresas-alvo. A esse preço, todas essas empresas compradoras ganharão lucros econômicos iguais a zero, exceto a Empresa A, que ganhará um lucro econômico de $ 2 mil. Isto é, apenas a Empresa A obterá vantagem competitiva da aquisição de uma empresa-alvo nesse mercado.

Para que a Empresa A obtenha esse lucro, seu valor de economia de escopo com empresas-alvo deve ser maior do que o valor de qualquer outra empresa compradora com essa empresa-alvo. De modo geral, esse valor especial refletirá recursos e capacidades incomuns que a Empresa A possui — recursos e capacidades que são mais valiosos em combinação com empresas-alvo do que recursos e capacidades que outras empresas compradoras possuem. Em outras palavras, para ser uma fonte de lucros econômicos e vantagem competitiva, o vínculo da Empresa A com empresas-alvo deve ser baseado em recursos e capacidades que são raros entre as empresas que competem nesse mercado para controle corporativo.

No entanto, a Empresa A deve ter vínculos raros e valiosos com empresas compradoras para obter lucros econômicos e vantagem competitiva com suas estratégias de aquisição. Além disso, as informações sobre essas economias de escopo especiais não devem ser conhecidas por outras empresas. Se outras empresas compradoras souberem o valor adicional associado à aquisição de uma empresa-alvo, poderão tentar copiar esse valor para si. Normalmente, conseguem isso imitando o tipo de relação existente entre a Empresa A e suas empresas-alvo, desenvolvendo recursos e capacidades que permitiram à Empresa A ter essas economias de escopo valiosas com empresas-alvo. Uma vez que outras empresas compradoras tenham desenvolvido recursos e capacidades necessários para obter essa economia de escopo mais valiosa, elas poderão entrar na concorrência, aumentando assim a probabilidade de que os acionistas de empresas compradoras bem-sucedidas não obtenham lucros econômicos.

As empresas-alvo também não devem saber dos recursos e das capacidades especiais da Empresa A caso esta queira obter vantagens competitivas com essa aquisição. Se as empresas-alvo souberem da existência desse valor extra disponível para a Empresa A (além da origem desse valor), poderão informar às outras empresas compradoras, as quais poderão, por sua vez, ajustar suas ofertas para refletir esse valor superior, e a competição pela compra reduziria o lucro das empresas compradoras. Existe a probabilidade de as empresas-alvo passarem informações às empresas compradoras, já que aumentar o número de potenciais compradoras com economias de escopo mais valiosas aumenta também a chance de que empresas-alvo extraiam todo o valor econômico criado em uma fusão ou aquisição.[18]

Economias de escopo valiosas, raras e custosas de imitar

A existência de empresas que possuem economias de escopo valiosas, raras e particulares com empresas-alvo não é a única maneira pela qual o mercado para controle corporativo pode ser imperfeitamente competitivo. Se outras empresas compradoras não conseguirem imitar as economias valiosas e raras de uma empresa compradora com empresas-alvo, então a competição nesse mercado para controle corporativo será imperfeita, e os acionistas dessa empresa compradora especial obterão lucros econômicos. Nesse caso, as economias valiosas e raras não precisam ser particulares, porque outras empresas compradoras não conseguem imitá-las; portanto, ofertas que reduzam substancialmente os lucros para os acionistas da empresa compradora especial serão pouco prováveis.

Normalmente, outras empresas compradoras não conseguem imitar economias de escopo valiosas e raras de uma empresa compradora com empresas-alvo quando a relação estratégica entre a empresa compradora especial e as empresas-alvo provém de recursos e capacidades raros e custosos de imitar controlados por essa empresa especial. Qualquer dos recursos e capacidades raros e custosos de imitar discutidos no Capítulo 3 pode criar economias de escopo custosas de imitar entre uma empresa compradora e uma empresa-alvo. Se, além disso, essas economias forem valiosas e raras, poderão ser uma fonte de lucros para os acionistas da empresa compradora especial. Isso pode acontecer mesmo que todas as empresas no mercado para controle corporativo saibam das economias de escopo mais valiosas disponíveis para essa empresa e suas fontes. Embora informações sobre essa economia de escopo especial estejam disponíveis ao público, os acionistas das empresas compradoras especiais obterão lucro quando a aquisição ocorrer. Os acionistas das empresas-alvo não obterão todo esse lucro, porque a dinâmica da concorrência competitiva não pode revelar quando as fontes de uma economia de escopo mais valiosa são custosas de imitar.

É claro que uma economia de escopo valiosa, rara e custosa de imitar entre uma empresa compradora e uma alvo também pode ser particular. Na realidade, aqueles atributos de uma empresa custosos de imitar geralmente também são difíceis de descrever e, portanto, mantidos como informações proprietárias. Nesse caso, é aplicável a análise dos lucros associados a economias de escopo valiosas, raras e particulares, apresentada anteriormente.

Inesperadas economias de escopo valiosas entre empresas compradoras e alvo

Até agora, esta discussão adotou, por conveniência, a forte suposição de que o valor presente da relação estratégica entre empresas compradoras e empresas-alvo é conhecido pelas compradoras individuais. Isso, em princípio, é possível, mas certamente improvável. A maioria das fusões e aquisições modernas é extremamente complexa, envolvendo inúmeras relações desconhecidas e complicadas entre empresas. Nesses cenários, eventos inesperados após a concretização de uma aquisição podem tornar uma fusão ou aquisição mais valiosa do que compradoras e alvos previram. O preço que as empresas compradoras pagarão para adquirir uma empresa-alvo será igual ao valor esperado quando a empresa-alvo estiver combinada com a compradora. A diferença entre o valor inesperado de uma aquisição e o preço que a compradora pagou é um lucro para os acionistas da compradora.

Naturalmente, por definição, empresas compradoras não podem esperar obter um valor inesperado de uma aquisição. Valor inesperado, nesse contexto, é uma surpresa, uma manifestação da sorte de uma empresa compradora, não de sua competência em adquirir empresas-alvo. Por exemplo, quando a empresa de publicidade inglesa WPP adquiriu a J. Walter Thompson por $ 550 milhões, descobriu que esta possuía uma propriedade em Tóquio. Ninguém tinha conhecimento dessa propriedade quando a empresa foi adquirida. Descobriu-se que ela valia mais de $ 100 milhões após os impostos, um golpe de sorte financeiro que ajudou a compensar o alto custo da aquisição.

Quando perguntado, Martin Sorrel, presidente da WPP e arquiteto dessa aquisição, admitiu que esse bônus de $ 100 milhões foi apenas um golpe de sorte.[19]

Implicações para gerentes de empresas compradoras

A existência de economias de escopo valiosas, raras e particulares entre empresas compradoras e empresas-alvo, e de economias de escopo valiosas, raras e custosas de imitar entre empresas compradoras e empresas-alvo sugere que, embora, em geral, a maioria das empresas compradoras não obtenha vantagens competitivas a partir de suas estratégias de aquisição, em algumas circunstâncias especiais pode ser possível conseguir isso. Portanto, a tarefa enfrentada por gerentes de empresas que contemplam estratégias de fusão e aquisição é escolher estratégias com maior probabilidade de gerar lucros para seus acionistas. Várias regras gerenciais importantes podem derivar dessa descrição. Essas 'regras' para gerentes de empresas compradoras estão resumidas no Quadro 10.3.

Buscar economias de escopo raras

Uma das principais razões pelas quais empresas compradoras não obtêm vantagens competitivas com a aquisição de empresas-alvo estrategicamente relacionadas é que várias outras empresas compradoras valorizam a empresa-alvo da mesma maneira. Quando várias empresas compradoras valorizam a empresa-alvo da mesma maneira, há probabilidade de oferta competitiva. A oferta competitiva, por sua vez, elimina o potencial de desempenho superior. Para evitar esse problema, as empresas compradoras devem buscar adquirir empresas-alvo com as quais desfrutem de vínculos valiosos e raros.

Operacionalmente, a busca por economias de escopo raras sugere que gerentes de empresas compradoras devem considerar não só o valor de uma empresa-alvo quando combinada com sua própria empresa, mas também o valor da empresa-alvo quando combinada com outras compradoras potenciais. Isso é importante porque é a diferença entre o valor da relação de determinada empresa compradora com uma empresa-alvo e o valor das relações de outras empresas compradoras com essa empresa-alvo que define o tamanho dos lucros econômicos potenciais em uma aquisição.

Na prática, a busca por economias de escopo raras tende a se tornar uma busca por recursos raros e valiosos já controlados por uma empresa que tem uma relação sinérgica com uma empresa-alvo. Por exemplo, se uma empresa compradora possui uma reputação singular em seu mercado de produto, e os produtos da empresa-alvo podem se beneficiar de uma associação com essa reputação, então a empresa-alvo pode ser mais valiosa para essa compradora em particular do que para outras compradoras (empresas que não possuem essa reputação especial). Além disso, se determinada compradora detém a maior fatia de mercado, o melhor sistema de distribuição ou acesso restrito a determinadas matérias-primas essenciais em seu setor, e se a empresa-alvo se beneficiar por estar associada a esses recursos valiosos e raros, então sua aquisição poderá ser fonte de lucros econômicos.

A busca por economias de escopo valiosas e raras como base para fusões e aquisições tende a impossibilitar que alguns vínculos interempresariais sejam fontes de lucros econômicos. Por exemplo, a maioria das aquisições pode levar à redução de custos fixos, porque muito desses custos associados à empresa-alvo podem ser eliminados após a aquisição. No entanto, a habilidade de eliminar esses custos fixos não é exclusiva de determinada compradora e, portanto, o valor criado por essa redução de custos provavelmente será capturado pelos acionistas da empresa-alvo.

Omitir informações para outros compradores

Uma das chaves para se obter um desempenho superior em uma estratégia de aquisição é evitar múltiplos compradores para um único alvo. Uma maneira de conseguir isso é manter o mais privadas possível as informações sobre o processo de concorrência e sobre as fontes de economia de escopo entre um comprador e um alvo que embasam esse processo. Para que outras empresas se envolvam nesse processo de concorrência por uma empresa-alvo, elas devem conhecer o valor das economias de escopo entre elas e aquela empresa-alvo. Se apenas uma empresa compradora conhecer essa informação, e se essa empresa compradora puder fechar o negócio antes que todo o valor da empresa-alvo seja conhecido, então ela poderá ganhar uma vantagem competitiva por concretizar a aquisição.

QUADRO 10.3 Regras para gerentes de empresas compradoras

1. Buscar economias de escopo valiosas e raras.
2. Omitir informações para outros compradores.
3. Omitir informações para empresas-alvo.
4. Evitar vencer guerras de oferta.
5. Fechar o negócio rapidamente.
6. Operar em mercados de aquisição *thinly traded*.

É claro que, em muitas circunstâncias, manter todas essas informações no âmbito privado é difícil. Com frequência, é ilegal. Por exemplo, ao buscar adquirir uma empresa de capital aberto, compradores potenciais devem atender a exigências de divulgação que efetivamente reduzem a quantidade de informações privadas que um comprador pode reter. Nessas circunstâncias, a menos que uma empresa compradora tenha alguma economia de escopo valiosa, rara e custosa de imitar com uma empresa-alvo, a possibilidade de lucros econômicos originados de uma aquisição é muito pequena. Não surpreende que a pesquisa conduzida sobre fusões e aquisições de empresas com ações negociadas na bolsa de valores governada pelas leis de divulgação da Comissão de Valores Mobiliários dos Estados Unidos (**SEC**, do inglês *U.S. Securities and Exchange Commission*) sugira que, na maioria das vezes, as empresas compradoras não obtêm lucros econômicos com a implementação de suas estratégias de aquisição.

No entanto, nem todas as empresas-alvo potenciais são de capital aberto. Empresas de capital fechado podem ser adquiridas em um ambiente de informação capaz de criar oportunidades para um desempenho acima do normal para empresas compradoras. Além disso, mesmo ao adquirir uma empresa de capital aberto, um comprador não precisa divulgar todas as informações que possui sobre o valor potencial de sua combinação com essa empresa-alvo. Na verdade, se parte desse valor reflete os ativos 'invisíveis' dados como certos por uma empresa compradora, talvez não seja possível comunicar essa informação. Nesse caso, também, talvez existam oportunidades para vantagens competitivas para empresas compradoras.

Omitir informações para empresas-alvo

As empresas compradoras devem omitir informações sobre sua economia de escopo com uma empresa-alvo não só dos outros compradores como também das empresas-alvo. Suponha que o valor de uma empresa-alvo para um comprador seja $ 8 mil, mas, na tentativa de obter lucros econômicos, ele ofereceu apenas $ 5 mil. Se a empresa-alvo souber que vale $ 8 mil, é muito provável que aguarde uma oferta maior. Na verdade, a empresa-alvo pode contatar outras empresas compradoras potenciais e contar-lhes sobre a oportunidade criada pela oferta de $ 5 mil. À medida que o número de compradores aumenta, a possibilidade de um desempenho superior para os compradores diminui. Portanto, para manter a possibilidade desses lucros, as empresas compradoras não devem revelar todo o valor de suas economias de escopo com uma empresa-alvo. Novamente, em certas circunstâncias, é muito difícil, ou mesmo ilegal, tentar restringir o fluxo de informação para empresas-alvo. Nesses cenários, um desempenho econômico superior para empresas compradoras é muito improvável.

Limitar a quantidade de informação que chega à empresa-alvo pode ter algumas outras consequências. Por exemplo, foi demonstrado que um compartilhamento total de informações, percepções e perspectivas antes de uma aquisição ser concluída aumenta a probabilidade de que economias de escopo sejam efetivamente realizadas após a aquisição.[20] Ao limitar o fluxo de informações para a empresa-alvo, uma empresa compradora pode estar, realmente, aumentando o custo de integrar a empresa-alvo em seu negócio atual, prejudicando, ao menos em parte, o desempenho econômico superior que um fluxo de informação limitado deve criar. As empresas compradoras devem pesar cuidadosamente os benefícios econômicos que surgem ao limitar as informações que compartilham com a empresa-alvo em relação aos custos que a limitação do fluxo de informações pode gerar.

Evitar vencer guerras de oferta

Deve estar razoavelmente claro que, se várias empresas disputarem a mesma empresa-alvo, será muito pequena a probabilidade de a empresa que obtiver sucesso na aquisição ganhar vantagem competitiva. Na verdade, para assegurar que haja uma concorrência competitiva, as empresas-alvo podem estimular outras empresas compradoras a entrar no processo. As implicações desses argumentos são claras: as empresas compradoras devem, de modo geral, evitar uma guerra de ofertas. Para 'vencer' uma guerra de ofertas, uma empresa compradora geralmente terá de pagar um preço no mínimo igual ao valor total da empresa-alvo. Muitas vezes, dada a emoção envolvida em um processo de concorrência acirrado, o lance vencedor pode ser, de fato, maior do que o valor real da empresa-alvo. Concretizar esse tipo de aquisição certamente reduzirá o desempenho econômico da empresa compradora.

A única situação em que talvez faça sentido 'vencer' uma guerra de ofertas é quando a empresa vendedora possui uma economia de escopo rara e particular — ou rara e custosa de imitar — com uma empresa-alvo que é mais valiosa do que a relação estratégica que existe entre qualquer outro comprador e a empresa-alvo. Nesse cenário, a empresa vencedora pode obter lucro se conseguir realizar todo o valor de sua relação com a empresa-alvo.

Fechar o negócio rapidamente

Outra regra prática para obter um desempenho superior com a implementação de uma estratégia de fusão e aquisição é fechar o negócio rapidamente. O desenrolar de todo o processo econômico que torna difícil para um comprador obter lucros econômicos com a aquisição de uma empresa-alvo estrategicamente relacionada leva tempo. Leva tempo para que outros compradores se conscientizem do valor econômico associado à aquisição de uma empresa-alvo; leva tempo para que a empresa-alvo recrute outros compradores; o vazamento de informações torna-se um problema crescente com o passar do tempo, e assim por diante. Uma empresa compradora que inicia e finaliza o processo de compra rapidamente pode evitar alguns desses processos, e assim reter algum desempenho superior para si.

A advertência para fechar um negócio rapidamente não significa que as empresas compradoras devam tomar suas decisões de aquisição apressadamente. Na realidade, a busca por economias de escopo raras e valiosas deve ser feita com grande cuidado. Não deve haver pressa na seleção e avaliação de candidatos à aquisição. No entanto, uma vez que uma empresa-alvo tenha sido identificada e avaliada, as empresas compradoras têm um forte incentivo para reduzir o período de tempo entre a primeira oferta e o fechamento do negócio. Quanto maior o período de negociação, menor a probabilidade de que a empresa compradora obtenha lucros econômicos com a aquisição.

Operar em mercados de aquisição *thinly traded*

Por fim, uma estratégia de aquisição poderá ser uma fonte de lucros econômicos para empresas compradoras se elas implementarem essa estratégia corporativa no que pode ser descrito como 'mercados *thinly traded*'. Em linhas gerais, um **mercado *thinly traded*** é aquele no qual há apenas um pequeno número de compradores e vendedores, em que a informação sobre oportunidades nesse mercado não é amplamente conhecida e há, em alguns casos, interesses que vão além de puramente maximizar o valor de uma empresa. No contexto das fusões e aquisições, mercados *thinly traded* são aqueles em que apenas poucas empresas (frequentemente apenas uma) estão implementando estratégias de aquisição. Essas poucas empresas podem ser as únicas que entendem todo o valor das oportunidades econômicas nesses mercados. Até mesmo os gerentes das empresas-alvo podem não entender completamente o valor das oportunidades econômicas nesses mercados, e talvez tenham outros interesses além de maximizar o valor de sua empresa no caso de ela se tornar objeto de uma aquisição.

Em geral, mercados de fusão e aquisição *thinly traded* são altamente fragmentados. A competição nesses mercados ocorre no nível local, pois uma pequena empresa local compete com outras pequenas empresas locais por um grupo comum de clientes geograficamente definidos. A maioria dessas pequenas empresas é de capital fechado. Muitas são de um único dono. Exemplos desses mercados *thinly traded* incluíram, em vários momentos da história, os setores gráfico, de *fast-food*, de carros usados, de lavanderias e de cabeleireiros/barbeiros.

Conforme sugerido no Capítulo 2, a principal oportunidade em todos os setores altamente fragmentados é a consolidação. No contexto das fusões e aquisições, a consolidação pode ocorrer com uma empresa (ou um pequeno número de empresas) comprando várias empresas independentes para realizar economias de escopo nesses setores. Frequentemente, essas economias de escopo refletem economias de escala nesses setores — economias de escala que não foram realizadas em um cenário altamente fragmentado. Contanto que o número de empresas que implementa essa estratégia de consolidação seja pequeno, o mercado para controle corporativo nesses mercados provavelmente não será perfeitamente competitivo, e oportunidades de lucro com a implementação de uma estratégia de aquisição serão possíveis.

Generalizando, se uma concorrência para fusão e aquisição for divulgada com um anúncio de página inteira no *Wall Street Journal*, a habilidade das empresas compradoras em ganhar vantagem competitiva com suas aquisições será limitada. Essas aquisições altamente públicas costumam levar a mercados para controle corporativo altamente competitivos, e esses mercados, por sua vez, asseguram que os acionistas da empresa-alvo se apropriarão de qualquer valor que possa ser criado por uma aquisição. No entanto, se essas concorrências ocorrem em setores obscuros, incomuns, é mais provável que empresas compradoras consigam ganhar lucros com suas aquisições.

Service Corporation International: um exemplo

A pesquisa empírica sobre fusões e aquisições sugere que não é fácil para empresas compradoras ganhar lucros econômicos com suas estratégias de aquisição. No entanto, é possível para algumas empresas compradoras, algumas vezes, conseguir isso. Uma empresa que alcançou sucesso em obter vantagem competitiva com suas estratégias de fusão e aquisição é a Service Corporation International (SCI). A SCI é um negócio de casas funerárias e cemitérios. Cresceu de uma empresa de cinco casas funerárias, em 1967, para tornar-se a maior proprietária de cemitérios e casas funerárias dos Estados Unidos, atualmente. Conseguiu isso por intermédio de um agressivo — e, até recentemente, bastante lucrativo — programa de aquisição nesse setor historicamente fragmentado.

A economia de escopo valiosa e rara que a SCI trouxe para o setor de casas funerárias é a aplicação de práticas tradicionais de negócios em um setor altamente fragmentado e frequentemente não administrado de modo profissional. As casas funerárias da SCI operam com margens brutas de lucro em torno de 30 por cento, aproximadamente três vezes a margem bruta das casas funerárias independentes. Entre outras coisas, margens maiores refletem economias com serviços de compra centralizados, serviços de embalsamento e profissionais centralizados e compartilhamento de recursos subutilizados (incluindo carros funerários) entre as casas funerárias de uma região geográfica. As vantagens de escala da SCI tornavam determinada casa funerária mais valiosa para a empresa do que para um de seus concorrentes menores, e mais valiosa do que se determinada casa funerária permanecesse como um negócio independente.

Além disso, as casas funerárias visadas pela SCI para aquisição eram, tipicamente, empresas familiares que não possuíam herdeiros para dar continuidade ao negócio. Muitos dos donos ou operadores dessas casas funerárias não tinham pleno conhecimento do valor de suas operações para a SCI (eles são agentes funerários mais do que gerentes de negócios), tampouco estavam interessados em maximizar o preço de venda de suas casas funerárias. Pelo contrário, frequentemente, estavam buscando manter o serviço em uma comunidade, garantir emprego para seus funcionários e assegurar uma aposentadoria confortável (senão abonada) para si. Ser comprado pela SCI provavelmente era a única alternativa para fechar uma casa funerária quando o proprietário ou operador se aposentasse. Extrair menos do que o valor total do negócio vendendo para a SCI costumava parecer preferível a outras alternativas.

Como a aquisição de casas funerárias pela SCI explorava economias de escopo reais e valiosas, essa estratégia tinha o potencial de gerar desempenho econômico superior. Como a SCI foi, por muitos anos, a única empresa a implementar essa estratégia no setor de casas funerárias, como as casas funerárias que a SCI adquiriu eram, em geral, de capital fechado, e, como os donos ou operadores dessas casas funerárias frequentemente tinham outros interesses além de simplesmente maximizar o preço de sua operação ao vendê-la, parece que a estratégia de aquisição da SCI gerou um desempenho econômico superior por muitos anos. No entanto, nos últimos anos, informações sobre a estratégia de aquisição da SCI tornaram-se amplamente conhecidas. Isso levou outras casas funerárias a começar a competir para adquirir casas funerárias anteriormente independentes. Além disso, os donos de casas funerárias independentes estão mais cientes de seu valor para a SCI. Embora a economia de escopo da SCI com casas funerárias independentes ainda seja valiosa, deixou de ser rara e, portanto, não é mais uma fonte de lucros econômicos para a SCI. Em outras palavras, o mercado para controle corporativo competitivamente imperfeito que a SCI conseguiu explorar durante quase dez anos tornou-se mais competitivamente perfeito. Aquisições futuras feitas pela SCI provavelmente não serão fontes de vantagem competitiva sustentável e de lucro econômico. Por essas razões, a SCI está, atualmente, reavaliando sua estratégia corporativa, tentando descobrir uma nova maneira de gerar lucros superiores.[21]

Implicações para gerentes de empresas-alvo

Embora gerentes de empresas compradoras possam fazer várias coisas para aumentar a probabilidade de obter lucros econômicos com suas estratégias de fusão e aquisição, os gerentes de empresas-alvo podem tentar reagir a esses esforços, para assegurar que os donos da empresa-alvo se apropriem de qualquer valor criado por uma fusão ou aquisição. Essas 'regras' para os gerentes de empresas-alvo estão resumidas no Quadro 10.4.

Buscar informações sobre os compradores

Para obter um desempenho superior com a implementação de uma estratégia de aquisição, um comprador pode manter privadas informações sobre a fonte e o valor da relação estratégica que existe entre ele e a empresa-alvo. Se esse relacionamento realmente vale $ 12 mil, mas as empresas-alvo acreditam que vale apenas $ 8 mil, então uma empresa-alvo pode estar disposta a fechar uma oferta de $ 8 mil e, assim, privar-se dos $ 4 mil extras que poderia ter extraído do comprador. Quando a empresa-alvo sabe que seu verdadeiro valor para o comprador é $ 12 mil, está em posição muito melhor para obter todo seu valor quando a aquisição tiver sido concluída. Portanto, não só uma empresa compradora deve informar-se sobre o valor de uma empresa-alvo, como também deve informar-se sobre seu valor para compradores potenciais. Dessa forma, pode conseguir obter todo o valor de seus ativos.

Convidar outros compradores para participar da concorrência

Uma vez que uma empresa-alvo tenha pleno conhecimento da natureza e do valor das economias de escopo existentes entre ela e suas compradoras atuais, pode explorar essa informação, buscando outras empresas que possam ter o mesmo relacionamento com ela e informando-as sobre uma oportunidade potencial de aquisição. Ao convidar outras empresas para o processo de concorrência, a empresa-alvo aumenta a competitividade do mercado para controle corporativo, aumentando assim a probabilidade de que o valor criado por uma aquisição seja totalmente capturado por ela.

QUADRO 10.4 Regras para os gerentes de empresas-alvo

1. Buscar informações sobre os compradores.
2. Convidar outros compradores para participar da concorrência.
3. Retardar, mas não interromper a aquisição.

Retardar, mas não interromper a aquisição

Conforme sugerido anteriormente, empresas compradoras têm um forte incentivo para acelerar o processo de aquisição, a fim de impedir que outros compradores se envolvam no processo. É claro que a empresa-alvo quer que outros compradores entrem no processo. Para aumentar a probabilidade de receber mais de uma oferta, as empresas-alvo, por sua vez, têm um forte incentivo para retardar uma aquisição.

Entretanto, o objetivo deve ser retardar uma aquisição para criar um mercado mais competitivo para controle corporativo, e não o interromper. Se existir uma economia de escopo valiosa entre uma empresa compradora e uma alvo, a fusão dessas duas empresas criará valor econômico. Se o mercado para controle corporativo em que essa fusão ocorre for competitivo, então os acionistas da empresa-alvo se apropriarão de todo o valor dessa economia de escopo. Impedir uma aquisição nesse cenário pode ser muito custoso para os acionistas da empresa-alvo.

Gerentes de empresas-alvo podem envolver-se em uma variedade de atividades para retardar a conclusão de uma aquisição. Algumas respostas comuns da gerência de empresas-alvo a esforços de aquisição, juntamente com suas implicações para os acionistas dessas empresas, são discutidas no quadro "Pesquisa em foco".

PESQUISA EM FOCO

Os efeitos da resposta da gerência sobre o patrimônio, em uma aquisição hostil

Gerentes de empresas-alvo potenciais podem responder de diferentes maneiras a tentativas de compra. Conforme sugerido no Quadro A, algumas dessas respostas aumentam o patrimônio dos acionistas da empresa-alvo, algumas não têm impacto sobre eles e outras reduzem o valor de seus patrimônios.

Respostas gerenciais que têm o efeito de reduzir o valor de empresas-alvo incluem *greenmail* (pagamento antiaquisição), acordos de paralisação (ou cláusula *stand still*) e 'pílulas de veneno' (*poison pills*). Cada uma delas é uma ação anticompra hostil que os gerentes podem empreender, reduzindo, assim, o patrimônio dos acionistas da empresa-alvo. **Greenmail** é uma manobra pela qual os gerentes da empresa-alvo compram quaisquer ações dela em posse dos compradores por um preço acima do valor de mercado atual dessas ações. O *greenmail* efetivamente acaba com o esforço de uma empresa compradora de adquirir uma empresa-alvo específica e faz isso de uma forma que pode reduzir drasticamente o patrimônio dos acionistas da empresa-alvo. Esses acionistas não só deixam de se apropriar de qualquer valor econômico que poderia ser criado caso uma aquisição fosse concretizada, como também devem assumir o custo do preço extra que a gerência paga para recomprar as ações da empresa compradora.

Não é de surpreender que empresas-alvo que utilizam *greenmail* reduzem substancialmente a riqueza econômica de seus acionistas. Um estudo concluiu que o valor de empresas-alvo que pagam *greenmail* cai, em média, 1,76 por cento. Outro estudo relatou uma queda de 2,85 por cento no valor dessas empresas. Essas reduções são maiores quando o *greenmail* leva ao cancelamento de uma tentativa de aquisição hostil. Na verdade, esse segundo estudo constatou que nesses casos há uma redução de 5,5 por cento no valor das empresas-alvo. Essas reduções no valor como resposta a atividades de *greenmail* contrastam fortemente com a resposta geralmente positiva do mercado aos esforços de uma empresa para recomprar suas ações em situações sem *greenmail*.

Acordos de paralisação (ou cláusulas de *stand still*) são muitas vezes negociados em conjunto com o *greenmail*. Um acordo de paralisação é um contrato entre uma empresa-alvo e uma compradora, no qual a empresa compradora concorda em não tentar comprar a alvo por um período de tempo. Quando uma empresa-alvo negocia um acordo de paralisação, ela impede que o esforço atual de aquisição seja concluído e reduz o número de compradoras que poderiam se envolver em tentativas de compra futuras. Dessa forma, os acionistas da empresa-alvo abrem mão de qualquer valor que poderia ser gerado, caso a atual aquisição acontecesse, e também perdem parte do valor que poderiam apropriar em futuros esforços de aquisição convidando várias compradoras a competir em um mercado para controle corporativo.

Acordos de paralisação, isolados ou acompanhados de *greenmail*, reduzem o valor da empresa-alvo. Um estudo concluiu que acordos de paralisação que não estavam acompanhados de acordos para recompra de ações reduziram o valor da empresa-alvo em 4,05 por cento. Tais acordos, combinados com recompra de ações, reduzem o valor da empresa-alvo em 4,52 por cento.

As chamadas **pílulas de veneno** (*poison pills*) incluem qualquer uma dentre diversas atitudes que os gerentes da empresa-alvo podem tomar para tornar sua aquisição proibitivamente cara. Em uma manobra comum de pílulas de veneno, uma empresa-alvo emite direitos a seus acionistas atuais indicando que, se a empresa for comprada em uma aquisição hostil, distribuirá dividendos especiais em dinheiro aos acionistas. Esses dividendos em dinheiro efetivamente aumentam o custo da aquisição da alvo e podem desestimular empresas compradoras que, caso contrário, estariam interessadas em adquiri-la. Outra tática de pílula de veneno substitui a distribuição de cotas adicionais das ações da empresa-alvo, com preços bastante baixos, pelo dividendo monetário especial. Emitir ações de baixo valor para os acionistas atuais efetivamente desvaloriza o investimento da empresa compradora no patrimônio da empresa-alvo e, assim, aumenta o custo de aquisição. Outras pílulas de veneno envolvem conceder aos acionistas atuais outros direitos — direitos que efetivamente aumentam o custo de uma aquisição hostil.

Embora as pílulas de veneno sejam um dispositivo criativo que empresas-alvo podem utilizar para impedir uma aquisição, em geral elas não têm sido muito eficientes. Se uma empresa-alvo e uma empresa compradora são estrategicamente relacionadas, o valor possivelmente criado em uma aquisição pode ser substancial, e a maior parte desse valor será apropriada pelos acionistas da empresa-alvo. Assim, os acionistas dessa empresa têm um forte incentivo para garantir que ela seja adquirida e estão abertos a ofertas de uma empresa compradora feitas diretamente a eles como investidores individuais; essas ofertas são chamadas de **ofertas de aquisição**. Entretanto, uma vez que as pílulas de veneno realmente impedem fusões e aquisições, elas costumam ser nocivas aos acionistas de empresas-alvo.

A gerência de empresas-alvo pode empreender ações que têm pouco ou nenhum impacto sobre o patrimônio de seus acionistas. Um tipo dessas respostas é conhecido como repelentes de tubarão (*shark repellents*). **Repelentes de tubarão** incluem uma variedade de mudanças corporativas relativamente pequenas que, em princípio, deveriam tornar a aquisição da empresa-alvo mais difícil. Exemplos comuns de repelentes de tubarão incluem **regras de votação de maioria absoluta** (que especificam que mais de 50 por cento da banca diretora da empresa-alvo deve aprovar uma aquisição hostil) e leis estaduais de incorporação (em alguns estados norte-americanos, por exemplo, as leis de incorporação dificultam a aquisição de uma empresa incorporada nesses estados). No entanto, se o valor criado por uma aquisição for suficientemente grande, esses repelentes de tubarão não retardarão uma aquisição de maneira significativa nem impedirão sua concretização.

Outra resposta que não afeta o patrimônio dos acionistas da empresa-alvo é conhecida como a **defesa Pac Man**. Empresas-alvo que utilizam essa tática impedem uma aquisição tomando posse da empresa ou empresas que querem comprá-las. Tal como no antigo *videogame*, a caça torna-se o caçador; a empresa-alvo vira o jogo dos compradores atuais ou potenciais. Não é de surpreender que a defesa Pac Man, em geral, não prejudique nem beneficie os acionistas da empresa-alvo. Nessa defesa, empresas-alvo tornam-se compradoras, e, com base na literatura empírica, sabemos que, em geral, empresas compradoras obtêm lucros econômicos iguais a zero de seus esforços de aquisição. Assim, é de se esperar que, em média, a defesa Pac Man não gere lucros econômicos para os acionistas da empresa-alvo que a implementam.

Outra resposta ineficiente e inócua é chamada de **venda das joias da coroa**. A ideia por trás dessa resposta é que, às vezes, uma empresa compradora está interessada em apenas alguns dos negócios operados pela empresa-alvo. Esses negócios são as 'joias da coroa' da empresa-alvo. Para impedir uma aquisição, a empresa-alvo pode vender essas joias diretamente para a empresa compradora ou criar uma empresa separada para gerenciá-las. Dessa forma, a empresa compradora provavelmente estará menos interessada em comprar a empresa-alvo.

Uma última defesa relativamente ineficiente que a maioria dos gerentes de empresas-alvo utiliza são processos judiciais contra as empresas compradoras.

QUADRO A — Os efeitos da resposta da gerência da empresa-alvo com relação ao patrimônio em uma aquisição hostil

1. Respostas que reduzem o patrimônio dos investidores da empresa-alvo:
   - *Greenmail*
   - Acordos de paralisação
   - Pílulas de veneno
2. Respostas que não afetam o patrimônio dos acionistas da empresa-alvo:
   - Repelentes de tubarão
   - Defesa Pac Man
   - Venda das joias da coroa
   - Processos jurídicos
3. Respostas que aumentam o patrimônio dos investidores da empresa-alvo:
   - Procura pelos cavaleiros brancos
   - Criação de leilões de compra
   - Paraquedas dourados

Na realidade, ao menos nos Estados Unidos, processos têm sido quase automáticos tão logo uma tentativa de aquisição é anunciada. No entanto, esses processos normalmente não retardam nem impedem uma aquisição ou fusão.

Finalmente, conforme sugerido no Quadro A, algumas das medidas que os gerentes de empresas-alvo podem tomar para retardar (mas não impedir) uma aquisição acabam, na verdade, beneficiando os acionistas da empresa-alvo. A primeira delas é a busca por um **cavaleiro branco** (*white knight*) — isto é, outra empresa compradora que concorde em adquirir uma empresa-alvo específica, substituindo a compradora original. A gerência da empresa-alvo pode preferir a aquisição por certas empresas a outras. Por exemplo, algumas empresas compradoras podem ter economias de escopo muito mais valiosas com uma empresa-alvo do que outras empresas compradoras. Além disso, algumas empresas compradoras podem ter uma visão de longo prazo maior no gerenciamento dos ativos da empresa-alvo do que outras empresas. Em ambos os casos, os gerentes da empresa-alvo provavelmente preferirão algumas empresas compradoras a outras.

Qualquer que seja a motivação da gerência de uma empresa-alvo, convidar um cavaleiro branco para fazer uma proposta de compra tem o efeito de aumentar em pelo menos um o número de empresas compradoras. Se no momento houver apenas uma empresa compradora, convidar um cavaleiro branco para a concorrência dobrará o número de empresas que competem pela empresa-alvo. À medida que o número de compradores potenciais aumenta, também aumenta a competitividade do mercado para controle corporativo e a probabilidade de que os acionistas da empresa-alvo se apropriem de todo o valor gerado por uma aquisição. Em média, a entrada de um cavaleiro branco em uma concorrência de compra de uma empresa-alvo aumenta o patrimônio dos acionistas dessa empresa-alvo em 17 por cento.

Se adicionar uma empresa ao processo competitivo aumenta o patrimônio dos acionistas da empresa-alvo, então adicionar outras empresas ao processo provavelmente aumentará esse patrimônio ainda mais. Empresas-alvo podem atingir esse resultado criando um **leilão** entre as compradoras. Em geral, a criação de um leilão entre múltiplas compradoras aumenta o patrimônio dos acionistas da empresa-alvo em 20 por cento.

Uma terceira ação que gerentes de uma empresa-alvo podem empreender para aumentar o patrimônio dos seus acionistas em uma aquisição é instituir **paraquedas dourados**, isto é, um acordo de remuneração entre a empresa e sua gerência executiva que promete a esses indivíduos uma remuneração substancial, caso sua empresa seja adquirida e eles percam seus empregos no processo. Essa remuneração parece ser bastante grande, mas é realmente bem pequena em comparação com o valor total que pode ser criado, caso uma fusão ou aquisição seja concretizada. Nesse sentido, paraquedas dourados são um preço pequeno a pagar para dar aos executivos de uma empresa-alvo potencial incentivo para que não atrapalhem uma aquisição hostil de sua empresa. Em outras palavras, paraquedas dourados reduzem os problemas de agência para os acionistas de uma empresa-alvo potencial, ao alinhar os interesses da gerência executiva com os dos acionistas da empresa. Em geral, quando uma empresa anuncia pacotes paraquedas dourados de remuneração para seus executivos, o valor do patrimônio dessa empresa-alvo potencial aumenta em 7 por cento.

De modo geral, há evidências substanciais de que retardar uma aquisição por um tempo longo o bastante para garantir que surja um mercado competitivo para controle corporativo da empresa-alvo pode beneficiar significativamente seus acionistas. Um estudo concluiu que, quando empresas-alvo não retardavam a consumação de uma aquisição, seus acionistas experimentavam, em média, um aumento de 36 por cento no valor de suas ações, uma vez concluída a aquisição. Se, por outro lado, as empresas-alvo retardavam a aquisição, esse aumento médio no valor saltava para 65 por cento.

Naturalmente, é possível que os gerentes da empresa-alvo retardem demais. Isso pode gerar custos de oportunidade para os acionistas, pois eles não recebem a consumação do retorno de uma aquisição até que ela esteja concluída. Além disso, retardar demasiadamente pode pôr em risco a finalização de uma aquisição, e, nesse caso, os, acionistas da empresa-alvo não obterão nenhum retorno da aquisição.

Fontes: R. Walkling e M. Long, "Agency theory, managerial welfare, and takeover bid resistance", *Rand Journal of Economics*, v. 15, n. 1, p. 54-68, 1984; R. D. Kosnik, "Greenmail: A study of board performance in corporate governance", *Administrative Science Quarterly*, v. 32, p. 163-185, 1987; J. Walsh, "Doing a deal: Merger and acquisition negotiations and their impact upon target company top management turnover", *Strategic Management Journal*, n. 10, p. 307-322, 1989; L.Y. Dann e H. DeAngelo, "Standstill agreements, privately negotiated stock repurchases, and the market for corporate control", *Journal of Financial Economics*, n. 11, p. 275-300, 1983; M. Bradey e L. Wakeman, "The wealth effects of targeted share repurchases", *Journal of Financial Economics*, n. 11, p. 301-328, 1983; H. Singh e F. Haricento, "Top management tenure, corporate ownership and the magnitude of golden parachutes", *Strategic Management Journal*, n. 10, p.143-156, 1989; T. A. Turk, *The determinants of management responses to interfirm tender offers and their effect on shareholder wealth*. 1987. Tese (Ddoutorado) — Graduate School of Management, University of California, Irvine, 1987.

ORGANIZANDO PARA IMPLEMENTAR UMA FUSÃO OU AQUISIÇÃO VRIO

Para realizar todo o valor de qualquer relação estratégica existente entre uma empresa compradora e uma empresa-alvo, as organizações unidas devem estar organizadas apropriadamente. A realização de cada um dos tipos de relação estratégica discutidos neste capítulo requer um mínimo de coordenação e integração entre a empresa compradora e a empresa-alvo, após a conclusão da aquisição. Por exemplo, para realizar economias de escala a partir de uma aquisição, as empresas compradoras e alvo devem coordenar na empresa combinada as funções que são sensíveis a economias de escala. Para realizar o valor de qualquer tecnologia que uma empresa compradora adquire de uma empresa-alvo, a empresa combinada deve usar essa tecnologia no desenvolvimento, na produção e na venda de seus produtos. Para explorar uma capacidade de alavancagem subutilizada na empresa-alvo, os balanços das empresas compradoras e alvo devem ser consolidados, e a empresa resultante deve então buscar um financiamento adicional de dívida. Para realizar a oportunidade de substituir a gerência ineficiente da empresa-alvo pela gerência mais eficiente da empresa compradora, essas mudanças gerenciais devem efetivamente ocorrer.

A coordenação e a integração pós-aquisição é essencial, se as empresas compradoras e alvo desejam realizar todo o potencial da relação estratégica que motivou a aquisição. Se uma empresa compradora decide não coordenar ou integrar quaisquer de suas atividades de negócio com as atividades da empresa-alvo, então por que essa empresa-alvo foi adquirida? Assim como a diversificação corporativa requer a administração ativa dos vínculos entre as diferentes partes de uma empresa, fusões e aquisições (como uma das formas pelas quais estratégias de diversificação corporativa podem ser criadas) requerem a administração ativa dos vínculos entre uma empresa compradora e uma empresa-alvo.

Integração pós-fusão e implementação de uma estratégia de diversificação

Considerando que a maioria das estratégias de fusão e aquisição é usada para criar estratégias de diversificação corporativa, as abordagens organizacionais descritas anteriormente para implementar a diversificação são relevantes para implementar estratégias de fusão e aquisição. Portanto, fusões e aquisições destinadas a criar estratégias de diversificação corporativa devem ser gerenciadas por meio da estrutura em forma de M. Os sistemas de controle gerencial e as políticas de remuneração associados à implementação de estratégias de diversificação também devem ser aplicados na organização, para implementar estratégias de fusão e aquisição. De outro lado, fusões e aquisições designadas para criar estratégias de integração vertical devem ser gerenciadas por meio da estrutura em forma de U, com sistemas de controle gerencial e políticas de remuneração consistentes com essa estratégia.

Desafios especiais na integração pós-fusão

Embora a organização para implementar estratégias de fusão e aquisição possa geralmente ser vista como um caso especial de organização para implementar estratégias de diversificação corporativa ou de integração vertical, implementar estratégias de fusão e aquisição pode criar problemas especiais. A maior parte desses problemas reflete o fato de as diferenças operacionais, funcionais, estratégicas e culturais entre as empresas compradoras e alvo envolvidas em uma fusão ou aquisição tenderem a ser muito maiores do que essas mesmas diferenças entre as diversas partes de uma empresa diversificada ou verticalmente integrada que não foi criada por uma aquisição. A razão para essa diferença é que as empresas envolvidas em fusão ou aquisição tiveram uma existência separada, histórias separadas, filosofias de gestão separadas e estratégias separadas.

As diferenças entre empresas compradoras e empresas-alvo podem manifestar-se de várias maneiras. Por exemplo, podem possuir e operar sistemas de computador diferentes, sistemas de telefonia diferentes e outras tecnologias conflitantes; podem ter políticas e práticas de recursos humanos muito diferentes; uma delas pode ter um programa de aposentadoria e assistência médica muito generoso, enquanto a outra, um programa menos generoso; o sistema de remuneração de uma empresa pode ter foco em altos salários, ao passo que o da outra, em grandes bônus e opções de ações. Além disso, essas empresas podem ter relacionamentos muito diferentes com os clientes; em uma empresa, os clientes podem ser considerados parceiros de negócios e, em outra, o relacionamento pode ser mais independente. Integrar empresas compradoras e alvo pode requerer a resolução de inúmeras diferenças.

Talvez o desafio mais significativo na integração das empresas compradoras e alvo diga respeito a diferenças culturais.[22] No Capítulo 3, foi sugerido que costuma ser difícil mudar a cultura organizacional de uma empresa. O fato de uma empresa ter sido adquirida não significa que a cultura dela mudará rapidamente para tornar-se mais parecida com a cultura da empresa compradora. Conflitos culturais podem durar longos períodos. Por exemplo, a diferença entre o relativo sucesso da aquisição da Nissan pela Renault e a aquisição da Mitsubishi pela Daimler-Chrysler tem sido amplamente atribuída à inabilidade da Mitsubishi de modificar sua cultura gerencial tradicional.

Diferenças culturais foram claramente uma parte importante dos desafios da integração pós-fusão entre o Bank One e o First Chicago Bank. O Bank One tinha diversas operações e escritórios em cidades pequenas e de médio porte no Centro-Oeste dos Estados Unidos. O First Chicago, por sua vez, era um banco mais urbano. Essas empresas atraíam funcionários com perfis distintos, levando a significativos choques culturais à medida que buscavam racionalizar suas operações combinadas.[23] Muitos relatos sugerem que os funcionários do First Chicago acabaram dominando essa 'fusão'. Diferentemente da fusão entre o Bank One e o First Chicago, o J. P. Morgan claramente adquiriu o Bank One em 2004.

Diferenças operacionais, funcionais, estratégicas e culturais entre empresas compradoras e alvo podem ser exacerbadas pelo processo de fusão e aquisição — especialmente se esse processo foi hostil. Aquisições hostis podem gerar, na gerência da empresa-alvo, raiva e animosidade em relação à gerência da empresa compradora. Uma pesquisa mostrou que o giro da alta administração é muito maior em empresas que passaram por uma aquisição hostil do que em empresas que não foram submetidas a isso, refletindo uma abordagem para solucionar esses conflitos gerenciais.[24]

As dificuldades comumente associadas à organização para implementar uma estratégia de fusão e aquisição podem ser consideradas como um custo adicional do processo de aquisição. As empresas compradoras, além de estimarem o valor da relação estratégica entre elas e a empresa-alvo, também devem estimar o custo da organização para implementar uma aquisição. O valor que uma empresa-alvo traz para uma empresa compradora por meio de uma aquisição deve ser descontado do custo da organização para implementar essa estratégia. Em algumas circunstâncias, é possível que o custo da organização para realizar o valor da relação estratégica entre uma empresa compradora e uma alvo seja maior do que o valor dessa relação estratégica, e nesse caso a aquisição não deve ocorrer. Por essa razão, muitos observadores argumentam que economias de escopo potenciais entre empresas compradoras e alvo geralmente não são plenamente realizadas. Por exemplo, apesar das inúmeras fusões no segmento de multimídia na década de 1990 (Time Warner, Turner Broadcasting e AOL; The Walt Disney Company, Capital Cities/ABC e ESPN; GE e NBC; Westinghouse e CBS), poucas parecem ter conseguido realizar economias de escopo importantes.[25]

Embora a organização para implementar uma estratégia de fusão e aquisição possa ser uma fonte significativa de custo, também pode ser uma fonte de valor e oportunidade. Alguns estudiosos sugeriram que a criação de valor pode continuar a ocorrer em uma fusão ou aquisição muito tempo depois de a aquisição formal ter sido concluída.[26] Conforme as empresas compradoras e alvo avançam na coordenação e integração de suas operações, oportunidades não antecipadas de criação de valor podem ser descobertas. Essas fontes de valor não poderiam ter sido previstas na época em que a empresa foi adquirida (portanto são, ao menos em parte, uma manifestação da sorte da empresa compradora), mas as empresas compradoras podem influenciar a probabilidade da descoberta dessas fontes não antecipadas de valor aprendendo a cooperar efetivamente com empresas-alvo enquanto se organizam para implementar uma estratégia de fusão e aquisição.

‖‖‖‖ RESUMO ‖‖‖‖

As empresas podem usar fusões e aquisições para criar estratégias de diversificação corporativa e de integração vertical. Fusões ou aquisições entre empresas estrategicamente não relacionadas tendem a gerar apenas paridade competitiva para empresas compradoras e alvo. Portanto, empresas que analisam estratégias de fusão e aquisição devem procurar empresas-alvo estrategicamente relacionadas.

Várias fontes de relação estratégica foram discutidas na literatura da área. Em geral, a aquisição de empresas-alvo estrategicamente relacionadas cria realmente valor econômico, mas grande parte desse valor é capturado pelos acionistas dessas empresas. Os acionistas das empresas compradoras geralmente ganham paridade competitiva quando suas empresas adquirem empresas-alvo estrategicamente relacionadas. Pesquisas empíricas sobre fusões e aquisições são consistentes com essas expectativas.

Em média, as aquisições criam valor, mas esse valor é capturado pelos acionistas das empresas-alvo, e as aquisições não prejudicam as empresas compradoras.

Considerando-se que a maioria das fusões e aquisições gera lucros econômicos iguais a zero para as empresas compradoras, surge uma pergunta importante: "Por que existem tantas fusões e aquisições?" As explicações podem ser: (1) o desejo de garantir a sobrevivência da empresa, (2) a existência de fluxo de caixa livre, (3) problemas de agência entre os gerentes e os acionistas da empresa compradora, (4) arrogância gerencial e (5) a possibilidade de que algumas empresas compradoras obtenham lucros econômicos com a implementação de estratégias de fusão e aquisição.

Para ganhar vantagens competitivas e lucros econômicos com fusões ou aquisições, essas estratégias devem ser valiosas, raras e particulares ou valiosas, raras e custosas de imitar. Além disso, uma empresa compradora pode explorar fontes de relação estratégica não previstas com uma empresa-alvo. Essas fontes também podem ser fontes de lucros econômicos para uma empresa compradora. Essas observações têm várias implicações para os gerentes de empresas compradoras e alvo.

Organizar-se para implementar uma estratégia de fusão e aquisição pode ser visto como um caso especial de organização para implementar uma estratégia de diversificação corporativa ou de integração vertical. No entanto, diferenças históricas entre empresas compradoras e empresas-alvo podem tornar a integração de diferentes partes de uma empresa criada por meio de uma aquisição mais difícil do que em uma empresa que não resultou de uma aquisição. Diferenças culturais entre empresas compradoras e alvo são particularmente problemáticas. Empresas compradoras precisam estimar o custo de organizar-se para implementar uma estratégia de fusão e aquisição e descontar esse custo do valor de uma empresa-alvo. No entanto, organizar-se para implementar uma estratégia de fusão e aquisição também pode ser uma maneira pela qual as empresas compradoras e alvo podem descobrir economias de escopo não previstas.

|||| QUESTÕES ||||

1. Considere o seguinte cenário: uma empresa adquire uma empresa-alvo estrategicamente relacionada após rechaçar com sucesso outras quatro compradoras. Sob quais condições, caso haja alguma, a empresa compradora que adquiriu essa empresa-alvo pode esperar obter algum lucro econômico com a compra?
2. Considere o seguinte cenário: uma empresa adquire uma empresa-alvo estrategicamente relacionada; não havia outras compradoras. Essa situação é necessariamente diferente da descrita na Questão 1? Sob quais condições, caso haja alguma, a empresa compradora que adquiriu essa empresa-alvo pode esperar obter algum lucro econômico com essa compra?
3. Alguns pesquisadores argumentam que a existência de um fluxo de caixa livre pode levar gerentes em uma empresa a tomar decisões inadequadas de aquisição. Para evitar esses problemas, os autores dizem que as empresas deveriam aumentar seu coeficiente de endividamento e 'absorver' o fluxo de caixa livre por meio do pagamento de juros e do principal. O fluxo de caixa livre é um problema significativo para muitas empresas? Quais são os pontos fortes e fracos do uso de aumento na alavancagem como uma resposta para problemas de fluxo de caixa livre em uma empresa?
4. A hipótese de arrogância sugere que os gerentes continuam a realizar aquisições, mesmo que, em geral, elas não gerem lucros econômicos, por causa da crença irreal desses gerentes de que podem administrar os ativos das empresas-alvo de maneira mais eficiente do que a atual gerência delas. Esse tipo de irracionalidade sistemática normalmente não dura muito em condições de mercados competitivos: empresas lideradas por gerentes com essas crenças irreais mudam, são compradas ou se tornam insolventes no longo prazo. Há atributos do mercado para controle corporativo que sugeriram que a arrogância gerencial poderia existir nesse mercado, apesar de suas implicações na diminuição do desempenho para as empresas compradoras? Caso haja, quais são esses atributos? Caso não haja, a hipótese de arrogância pode ser uma explicação legítima para continuar atividades de aquisição?
5. Foi demonstrado que as chamadas pílulas de veneno raramente impedem uma aquisição hostil. Na verdade, em alguns casos, quando uma empresa anuncia que está instituindo uma pílula de veneno, o preço de suas ações sobe. Por que isso poderia ocorrer?

|||| PROBLEMAS ||||

1. Para cada um dos seguintes cenários, estime quanto valor uma aquisição vai gerar, quanto desse valor será apropriado pela empresa compradora e quanto será apropriado pela empresa-alvo. Em cada um desses cenários, suponha que as empresas não enfrentam restrições significativas de capital.
   (a) Uma empresa compradora A vale $ 27 mil como uma entidade independente. Uma empresa-alvo B vale $ 12 mil como uma entidade independente, mas passará a valer $ 18 mil se for comprada pela Empresa A e integrada a ela. Muitas outras empresas estão interessadas em comprar a Empresa B, e esta também valerá $ 18 mil se for comprada por essas outras empresas. Se A adquirir B, essa aquisição criará valor? Caso crie, de quanto será? Quanto desse valor seria recebido pelos acionistas de A? Quanto desse valor seria recebido pelos acionistas de B?
   (b) O mesmo cenário de (a), exceto que o valor de B, caso seja adquirida pelas outras empresas interessadas, é de apenas $ 12 mil.
   (c) O mesmo cenário de (a), exceto que o valor de B, caso seja adquirida pelas outras empresas interessadas, é de $ 16 mil.
   (d) O mesmo cenário de (b), exceto que a Empresa B contata diversas outras empresas e explica como elas podem criar com ela o mesmo valor que a Empresa A teria.
   (e) O mesmo cenário de (b), exceto que a Empresa B processa a Empresa A. Após esse processo,

a Empresa B implementa uma regra de maioria absoluta para a forma como seu conselho de administração opera. Após implementar essa nova regra, a Empresa B oferece recomprar qualquer ação adquirida pela Empresa A por 20 por cento acima do preço atual de mercado.

|||| NOTAS ||||

1. Veja David Welch e Gail Edmondson, "A shaky automotive menage à trois", *BusinessWeek*, p. 40-41, 10 mai. 2004.
2. Disponível em: <http://www.streetinsider.com/Press+Release/PricewaterhouseCoopers+outlook>. Acesso em: 22 fev. 2011.
3. Disponível em: <http://money.cnn.com/maganizes/fortune/fortune500/2007>. Acesso em: 22 fev. 2011.
4. Aqui, e ao longo deste capítulo, pressupõe-se que mercados de capital tenham eficiência semiforte, isto é, toda informação disponível ao público sobre o valor dos ativos de uma empresa está refletida no preço de mercado desses ativos. Uma implicação da eficiência semiforte é que as empresas terão acesso ao capital de que precisam para aplicar qualquer estratégia que gere valor presente positivo. Veja E. F. Fama, "Efficient capital markets: A review of theory and empirical work", *Journal of Finance*, n. 25, p. 383-417, 1970.
5. Veja I. Trautwein, "Merger motives and merger prescriptions", *Strategic Management Journal*, n. 11, p. 283-295, 1990; e G. Walter e J. B. Barney, "Management objectives in mergers and acquisition", *Strategic Management Journal*, n. 11, p. 79-86, 1990. As três listas de vínculos potenciais entre empresas compradoras e empresas-alvo foram desenvolvidas pela Federal Trade Commission; M. Lubatkin, "Mergers and the performance of the acquiring firm", *Academy of Management Review*, n. 8, p. 218-225, 1983; e M. C. Jensen e R. S. Ruback, "The market for corporate control: The scientific evidence", *Journal of Financial Economics*, n. 11, p. 5-50, 1983.
6. Veja J. Huey, "Eisner explains everything", *Fortune*, p. 44-68, 17 abr. 1995; e T. Lefton, "Fitting ABC and ESPN into Disney: Hands in glove", *Brandweek*, v. 37, n. 18, p. 30-40, 29 abr. 1996.
7. Veja R. Rumelt, *Strategy, structure, and economic performance*, Cambridge, MA: Harvard University Press, 1974.
8. O primeiro estudo foi realizado por D. J. Ravenscraft e F. M. Scherer, *Mergers, sell-offs, and economic efficiency*, Washington, DC: Brookings Institution, 1987. O segundo estudo foi realizado por M. E. Porter, "From competitive advantage to corporate strategy", *Harvard Business Review*, n. 3, p. 43-59, 1987.
9. Isso ocorre porque, se a empresa combinada vale $ 32 mil, a empresa compradora vale $ 15 mil sozinha. Se uma compradora pagar, digamos, $ 20 mil por essa empresa-alvo, pagará $ 20 mil por uma empresa que só poderá adicionar $ 17 mil em valor. Então, uma proposta de $ 20 mil levaria a uma perda econômica de $ 3 mil.
10. M. C. Jensen e R. S. Ruback, "The market for corporate control: The scientific evidence", *Journal of Financial Economics*, n. 11, p. 5-50, 1983.
11. Veja M. Lubatkin, "Merger strategies and stockholder value", *Strategic Management Journal*, n. 8, p. 39-53, 1987; e H. Singh e C. A. Montgomery, "Corporate acquisition strategies and economic performance", *Strategic Management Journal*, n. 8, p. 377-386, 1987.
12. Veja L. Grant, "Here comes Hugh", *Fortune*, p. 43-52, 21 ago. 1987; A. E. Serwer, "Why bank mergers are good for your savings account", *Fortune*, p. 2, 2 out. 1995; e N. Deogun, "Europe catches merger fever as global volume sets record", *The Wall Street Journal*, p. R8, 3 jan. 2000.
13. O conceito de fluxo de caixa livre foi enfatizado em M. C. Jensen, "Agency costs of free cash flow, corporate finance, and takeovers", *American Economic Review*, n. 76, p. 323-329, 1986; e M. Jensen, "Takeovers: Their causes and consequences", *Journal of Economic Perspectives*, n. 2, p. 21-48, 1988.
14. Veja R. H. Miles e K. S. Cameron, *Coffin nails and corporate strategies*, Upper Saddle River, NJ: Prentice Hall, 1982.
15. R. Roll, "The hubris hypothesis of corporate takeovers", *Journal of Business*, n. 59, p. 205-216, 1986.
16. Veja P. Dodd, "Merger proposals, managerial discretion and stockholder wealth", *Journal of Financial Economics*, n. 8, p. 105-138, 1980; C. E. Eger, "An empirical test of the redistribution effect in pure ex-change mergers", *Journal of Financial and Quantitative Analysis*, n. 18, p. 547-572, 1983; M. Firth, "Takeovers, shareholder returns, and the theory of the firm", *Quarterly Journal of Economics*, n. 94, p. 235-260, 1980; N. Varaiya, "A test of Roll's hubris hypothesis of corporate takeovers", Working Paper, Southern Methodist University, School of Business, 1985; R. S. Ruback e W. H. Mikkelson, "Corporate investments in common stock", Working Paper, Massachusetts Institute of Technology, Sloan School of Business, 1984; e R. S. Ruback, "The Conoco takeover and stockholder returns", *Sloan Management Review*, n. 14, p. 13-33, 1982.
17. Essa seção do capítulo cita J. B. Barney, "Returns to bidding firms in mergers and acquisitions: Reconsidering the relatedness hypothesis", *Strategic Management Journal*, n. 9, p. 71-78, 1988.
18. Veja T. A.Turk, *The determinants of management responses to interfirm tender offers and their effect on shareholder wealth*. 1987. Tese (Doutorado) — Graduate School of Management, University of California at Irvine, 1987. Na verdade, esse é um exemplo de uma ação antiaquisição hostil que pode aumentar o valor de uma empresa-alvo. Essas ações antiaquisição hostil são discutidas posteriormente neste capítulo.
19. Veja J. Bower, "WPP-integrating icons", Harvard Business School, caso n. 9-396-249, 1996.
20. Veja B. B. Jemison e S. B. Sitkin, "Corporate acquisitions: A process perspective", *Academy of Management Review*, n. 11, p. 145-163, 1986.
21. R. D. Blackwell, "Service Corporation International", em *The Cullman Symposium*, Columbus, OH, out. 1998.
22. S. Cartwright e C. Cooper, "The role of culture compatibility in successful organizational marriage", *The Academy of Management Executive*, 7(2), 1993, p. 57-70; S. Chatterjee M. Lubatkin, D. Schweiger e Y.Weber, "Cultural differences and shareholder value in related mergers: linking equity and human capital", *Strategic Management Journal*, 13, p. 319-334, 1992.
23. Veja N. Deogun, "Europe catches merger fever as global volume sets record", *The Wall Street Journal*, p. R8, 3 jan. 2000.
24. Veja J. Walsh e J. Ellwood, "Mergers, acquisitions, and the pruning of managerial deadwood", *Strategic Management Journal*, 12, p. 201-217, 1991; J. Walsh, "Top management turnover following mergers and acquisitions", *Strategic Management Journal*, 9, p. 173-183, 1988.
25. L. Landro, "Giants talk synergy but few make it work", *The Wall Street Journal*, p. B1+, 25 set. 1995.
26. Veja P. Haspeslagh e D. Jemison, *Managing acquisitions*: creating value through corporate renewal. Nova York: Free Press, 1991.

PANORAMA BRASILEIRO

Mercado brasileiro de móveis e eletrodomésticos em transformação: o caso Ricardo Eletro e Insinuante

Introdução

No Brasil, as empresas varejistas do setor de móveis e eletrodomésticos estão passando por grandes modificações devidas à globalização e à transformação das economias, o que leva muitas organizações a precisar lidar com processos de fusão e/ou aquisição. Com o acelerado ritmo de consolidação no cenário brasileiro, as grandes redes passam a assumir um papel extremamente importante na hora da negociação com os fornecedores. Vale lembrar que a partir do Plano Real essa relação começa a favorecer mais os varejistas que começam a formar enormes grupos antes pulverizados pelo mercado brasileiro.

Além disso, pode-se destacar que o aumento do poder aquisitivo das famílias de baixa renda no Brasil vem transformando esse público em um mercado atraente para as empresas de vários segmentos. No mercado nacional, esses consumidores representam cerca de 87 milhões de pessoas. Com isso, as grandes redes varejistas, principalmente as atuantes na região Nordeste, estão ávidas por esse consumidor que ainda carece de muitos produtos para o seu lar. Além disso, querem fortalecer-se para competir com o megaconglomerado formado em dezembro de 2009 pelo Grupo Pão de Açúcar e pela Casas Bahia, por meio da nova *holding* chamada Globex, totalizando cerca de mil lojas e $ 40,2 bilhões de faturamento, de acordo com dados de 2009 (com a formação do megaconglomerado, o Pão de Açúcar tornou-se a quinta maior empresa do país). As marcas do setor de móveis e eletrodomésticos são: Ponto Frio, Casas Bahia e Extra Eletro. Logo, essa consolidação no mercado de móveis e eletrodomésticos estimulou a fusão e a aquisição de outras redes menores pelo Brasil.

Com o *slogan* "Dedicação total a você", no que se refere ao cliente e aos colaboradores, vale destacar que a Casas Bahia, uma das varejistas de maior destaque no cenário brasileiro, sempre teve foco no público de baixa renda. Ela soube interpretar os hábitos de compra do segmento viabilizando não só o consumo, mas o sonho de ter produtos (Tabela A) por meio do acesso ao crédito. Esse crédito é dado para pessoas que possuem fluxo de renda baixo e imprevisível, o que garante a oportunidade de compra de eletrodomésticos e móveis. Isso resultou em um modelo de negócios de sucesso.

A Casas Bahia aparece em um estudo cujo tema é "Poderosos globais do varejo", realizado pela Deloitte Touch, na 131ª posição entre as 250 maiores empresas varejistas do mundo. Ela foi fundada por Samuel Klein e atua em 11 estados brasileiros (SP, RJ, MG, GO, PR, SC, MS, MT, ES, BA, SE), mais o Distrito Federal. Possui frota própria para entrega de seus produtos e oito centros de distribuição: Jundiaí (SP), Duque de Caxias (RJ), Ribeirão Preto (SP), Betim (MG), São Bernardo do Campo (SP), Campo Grande (MS), São José dos Pinhais (PR) e Camaçari (BA).

Observa-se que a Pesquisa Nacional por Amostra de Domicílios de 2010 do Instituto Brasileiro de Geo-

TABELA A Presença dos produtos eletroeletrônicos e eletrodomésticos e índice de penetração nos domicílios brasileiros

Produto	2006	2007	2008	2009
Fogões	53.348 milhões (99,9%)	55.282 milhões (99,9%)	56.541 milhões (98,2%)	57.638 milhões (98,4%)
Televisores	50.800 milhões (95,2%)	53.218 milhões (96,2%)	54.753 milhões (95,1%)	56.043 milhões (95,70%)
Refrigeradores	48.711 milhões (91,0%)	51.158 milhões (92,4%)	52.989 milhões (92,1%)	54.716 milhões (93,40%)
Rádio	47.987 milhões (89,9%)	49.641 milhões (89,7%)	51.173 milhões (88,9%)	51.466 milhões (87,9%)
Máquina de lavar	20.942 milhões (39,3%)	22.259 milhões (40,2%)	23.899 milhões (41,5%)	25.968 milhões (44,3%)
Freezer	8.980 milhões (16,0%)	9.188 milhões (16,6%)	9.236 milhões (16,0%)	8.919 milhões (15,2%)

Fonte: IBGE PNAD.

grafia e Estatísticas (IBGE) apresenta o número de residências que contam com alguns dos produtos fabricados pelo setor de eletrodomésticos e ainda mostra que houve uma ampliação desses produtos nos lares brasileiros a cada ano.

Ricardo Nunes, da Ricardo Eletro, afirma que "A fusão entre Casas Bahia e Pão de Açúcar criou uma oportunidade de negócios interessante. Seguir o modelo do que foi feito era a única forma de manter nosso sonho". Isso mostra que outras aquisições e fusões estavam não só nos planos do grupo, mas dos concorrentes também. Veremos a seguir alguns exemplos importantes do setor.

Magazine Luiza e Lojas Maia

Em 16 de julho de 2010, a Lojas Maia, rede paraibana de eletrodomésticos e móveis com 141 unidades, frota própria e uma empresa de crédito pessoal e de consórcios, foi adquirida pela rede Magazine Luiza. O valor da transação ficou em torno de $ 300 milhões. Segundo Luiza Trajano, presidente da rede, o foco do Magazine Luiza, cujo *slogan* é "Vem ser feliz", é fazer aquisição e não fusão ao longo do tempo. Além disso, os planos são de atuar em todo o mercado nacional até 2015. Atualmente, a rede marca presença em sete estados com o nome Magazine Luiza (SP, MG, SC, RS, PR, MS, GO) e, no mercado nordestino, onde é conhecida como Lojas Maia, atua em mais nove estados (PB, BA, PE, SE, MA, AL, CE, RN, PI).

Ricardo Eletro e Insinuante

Fundada em Divinópolis (MG) pelos irmãos Ricardo e Rodrigo Nunes, a Ricardo Eletro, que recebe o nome de um de seus sócios. Começou em 1989, com uma loja de apenas 20 metros quadrados, mas hoje possui três formas diferentes de atuar — lojas de rua, lojas de shopping e megastores — além de cinco centros de distribuição. A maneira como Ricardo Nunes trabalha é pautada por ousadia e pioneirismo. Nunes acredita que é importante ter preço baixo para ganhar no volume; daí o *slogan* "Preço é tudo".

A rede Insinuante, conhecida como Casas Bahia do Nordeste brasileiro, foi fundada em 1959 por Antenor Batista, em Vitória da Conquista (BA). Ela tem uma cultura de não contratar consultores ou *headhunters*, pois acredita na formação do profissional que se desenvolve na própria empresa, ou seja, os diretores são membros da família ou funcionários que iniciaram a carreira como vendedores atrás do balcões das lojas. "Não recrutamos ninguém em faculdade. Fazemos as pessoas crescerem aqui. Elas começam de baixo", comenta Rodolfo França Júnior, diretor comercial e sobrinho de seu Antenor.

A *holding* Máquina de Vendas nasceu em 29 de março de 2010 como resultado da fusão entre a rede mineira Ricardo Eletroe rede baiana Insinuante. Oriunda de duas empresas de capital fechado, ela começou com $ 5,2 bilhões de faturamento, cerca de 750 lojas distribuídas por 200 cidades em 23 estados, mais o Distrito Federal. A Máquina de Vendas espera para os próximos quatro anos ter cerca de mil lojas e faturar $ 10 bilhões. Luiz Carlos Batista, da Insinuante e membro do conselho consultivo da *holding*, afirma que a empresa "nasce com musculatura, agilidade e sinergia para aumentar ainda mais sua competitividade em preços e abrangência nacional. Juntos, teremos mais força, agilidade e sinergia para aumentar nossa competitividade em preços". Ricardo Nunes, presidente da Ricardo Eletro e da nova empresa, complementa: "Estamos criando a segunda maior rede varejista do país, e a maior em capilaridade e alcance geográfico". Ambos acreditam que conseguiram atingir esses números por meio de fusões e aquisições.

O último acordo de fusão firmado pela nova empresa, por exemplo, foi com a rede de eletrodomésticos City Lar, empresa que teve início em 1979, na cidade de Mirassol D'Oeste (MT). Sua incorporação resultou na criação da Máquina de Vendas Norte S/A. Embora seja da região Centro-Oeste, a fusão com a City Lar foi importante, pois ela possui forte presença nas regiões Norte e Nordeste do país.

Como as duas grandes redes possuíam quase o mesmo tamanho, não houve transação monetária, o que permitiu a utilização do próprio caixa para dar suporte ao crescimento da empresa sem endividamento. Além disso, o controle da *holding* é compartilhado: 50 por cento de participação é de Ricardo Nunes e 50 por cento é de Luiz Carlos Batista.

Outro ponto que deve ser destacado é a forma de as duas redes administrarem o negócio. Enquanto Ricardo Nunes possui um estilo centralizador — contam que, algumas vezes, os vendedores ligam para o celular dele para pedir autorização para dar desconto no momento de uma compra —, na Insinuante, a administração é descentralizada.

A nova empresa trará ganhos para a rede Ricardo Eletro no que se refere ao *mix* de produtos, uma vez que possuía uma pequena fatia do faturamento (cerca de 10 por cento) de origem na comercialização de móveis, que traz, assim, maior rentabilidade para a empresa. Isso foi muito importante, pois, na área de eletroeletrônicos, os consumidores comparam mais os produtos na hora da compra, além de se tratar de *commodities*. Já a Insinuante tinha uma boa parcela de venda na comercialização de móveis e competia de forma muito feroz com a Ricardo Eletro no Nordeste.

Logo, a bandeira City Lar continua na região Norte e nos estados de Mato Grosso e Mato Grosso do Sul, e a marca Insinuante predomina no Nordeste, enquanto a Ricardo Eletro é mais atuante na região Sudeste, em Goiás e no Distrito Federal. Os fundadores da nova empresa acreditam que terão dificuldade em trabalhar no mercado paulista e querem ganhar mais mercado no Rio de Janeiro. Pretendem abrir uma financeira a fim de criar um cartão com foco nas classes econômicas C e D.

Para o especialista em varejo, Cláudio Felisoni, presidente do Conselho do Programa de Administração de Varejo (Provar): "Esse negócio é uma reação à compra da Casas Bahia pelo Pão de Açúcar. E faz sentido porque o varejo de eletroeletrônico é um mercado muito competitivo, com um grande número de redes regionais que precisam se expandir".

Considerações finais

A formação do conglomerado Pão de Açúcar e Casas Bahia despertou nas empresas varejistas concorrentes a necessidade de iniciar o processo de concentração do setor de móveis e eletrodomésticos no mercado brasileiro. Para o analista de consumo da Ágora Corretora, Alan Cardoso, as fusões nesse momento histórico brasileiro são fruto de uma estabilidade na economia em que as empresas podem não só ter escala, mas também poder de barganha na negociação com a indústria, além de ganhar na redução dos custos operacionais. Os fornecedores são extremamente contrários a esse processo, uma vez que perdem poder durante a negociação. Para Cardoso, "Especialmente no setor de eletroeletrônicos, a concorrência é muito grande. Qualquer ganho que a empresa possa ter em negociação de preços com fornecedores e de logística é favorável". Luiz Góes, sócio sênior da consultoria GS&MD Gouvêa de Souza, complementa ao dizer que, com tudo isso, os varejistas brasileiros também se protegem da entrada de grupos estrangeiros no Brasil, que muitas vezes estão atuando em mercados estagnados.

Diante disso, hoje, o conglomerado Pão de Açúcar e Casas Bahia lidera como a maior rede de varejo do país, com faturamento de $ 18,5 bilhões, seguido da Máquina de Vendas, com faturamento anual de $ 6 bilhões, e do Magazine Luiza, com $ 5 bilhões.

QUESTÕES

1. O que as empresas buscam ao realizar uma fusão ou aquisição?
2. Tanto a Insinuante como a Ricardo Eletro são empresas familiares administradas por seus fundadores. Qual é o risco que a nova empresa corre em um eventual processo sucessório?
3. Qual deve ser a estratégia mais adequada para a Máquina de Vendas: fortalecer regionalmente e blindar contra o avanço do megaconglomerado ou entrar e contra-atacar no mercado paulista?

REFERÊNCIAS

Economia & Negócios (*Estado de São Paulo*). Disponível em: <http://economia.estadao.com.br>. Acesso em: 15 mar. 2011.
Uol Economia. Disponível em: <http://economia.uol.com.br>. Acesso em: 15 mar. 2011.
Exame. Disponível em: <http://exame.abril.com.br>. Acesso em: 15 mar. 2011.
G1. Disponível em: <http://g1.globo.com>. Acesso em: 15 mar. 2011.
Móveis Ponto Frio. Disponível em: <http://moveis.pontofrio.com.br>. Acesso em: 15 mar. 2011.
O Globo. Disponível em: <http://oglobo.globo.com>. Acesso em: 15 mar. 2011.
Casas Bahia. Disponível em: <http://site.casasbahia.com.br>. Acesso em: 15 mar. 2011.
Bolsa Valores. Disponível em: <http://www.bolsavalores.net>. Acesso em: 15 mar. 2011.
City Lar. Disponível em: <http://www.citylar.com.br>. Acesso em: 15 mar. 2011.
Associação Nacional de Fabricantes de Produtos Eletroeletrônicos (Eletros). Disponível em: <http://www.eletros.org.br/site/estat.php>. Acesso em: 15 mar. 2011.
O Estado de São Paulo. Disponível em: <http://www.estadao.com.br>. Acesso em: 15 mar. 2011.
Móveis Extra. Disponível em: <http://www.extra.com.br/Moveis>. Acesso em: 15 mar. 2011.
Isto É Dinheiro. Disponível em: <http://www.istoedinheiro.com.br>. Acesso em: 15 mar. 2011.
Ricardo Eletro. Disponível em: <http://www.ricardoeletro.com.br>. Acesso em: 15 mar. 2011.
Lojas Maia. Disponível em: <http://www.lojasmaia.com.br/site>. Acesso em: 15 mar. 2011.
Magazine Luiza. Disponível em: <http://www.magazineluiza.com.br>. Acesso em: 15 mar. 2011.
Supermercado Moderno. Disponível em: <http://www.sm.com.br>. Acesso em: 15 mar. 2011.
Folha de S.Paulo. Disponível em: <http://www1.folha.uol.com.br>. Acesso em: 15 mar. 2011.
IBGE. *Pesquisa de orçamentos familiares 2002-2003*. Rio de Janeiro: IBGE, [s.d.]. Disponível em: <http://www.ibge.gov.br/home/estatistica/populacao/condicaodevida/pof/2002/tab211.pdf>. Acesso em: 15 mar. 2007.
J. Parente. *Varejo no Brasil*. São Paulo: Atlas, 2007.
J. Parente, T. M. Limeira e E. Barki *Varejo para a baixa renda*. Porto Alegre: Bookman, 2008.
C. K. Prahalad. *A riqueza na base da pirâmide*. Porto Alegre: Bookman, 2005.

Caso elaborado pela professora doutora Karen Perrotta Lopes de Almeida Prado, professora do Núcleo de Estudos de Marketing Aplicado do Centro de Ciências Sociais e Aplicadas (NEMA-CCSA) da Universidade Presbiteriana Mackenzie. A proposta deste caso é servir como referência para reflexão e discussão sobre o tema, e não para avaliar as estratégias adotadas.

Estratégias internacionais

11

OBJETIVOS DE APRENDIZAGEM

Após a leitura deste capítulo, você estará apto a:

1. Definir estratégia internacional.
2. Descrever a relação entre estratégia internacional e outras estratégias corporativas, incluindo integração vertical e diversificação.
3. Descrever cinco maneiras como as estratégias internacionais podem criar valor econômico.
4. Discutir o *trade-off* entre responsividade local e integração internacional e discutir as estratégias transnacionais como um meio de administrar essa escolha.
5. Discutir os riscos políticos associados às estratégias internacionais e como medi-los.
6. Discutir a raridade e a imitabilidade das estratégias internacionais.
7. Descrever quatro maneiras de organizar-se para implementar estratégias internacionais.

Os russos vêm aí

Nas profundezas da Guerra Fria, alguns dos combates mais monumentais entre o comunismo e o capitalismo não ocorreram no Vietnã ou no Afeganistão ou na Nicarágua ou, ainda, em Cuba, mas nos campos desportivos de variados formatos e tamanhos ao redor do mundo, como na quadra de basquetebol nas Olimpíadas de Munique em 1972, em que o time masculino da União Soviética venceu o dos Estados Unidos em três prorrogações — em circunstâncias tão controversas que os atletas norte-americanos nem sequer apareceram para receber suas medalhas, ou, como nas Olimpíadas de Inverno de Lake Placid em 1980, quando a equipe masculina de hóquei no gelo dos Estados Unidos irritou o francamente favorito time da União Soviética, na briga pela medalha de ouro sob as aclamações de "Estados Unidos, Estados Unidos, Estados Unidos" ecoando pelo ringue, ou como nas Olimpíadas de Verão de Moscou em 1980, boicotada por grande parte do Ocidente em protesto pela invasão soviética ao Afeganistão, e nas Olimpíadas de Verão de Los Angeles em 1984, boicotada por grande parte do bloco soviético em retaliação ao boicote aos jogos de Moscou.

E assim foi até a queda do império soviético no início da década de 1990. Desde então, times e atletas da Rússia não têm se saído bem em competições internacionais — fato exemplificado, talvez, pelo embaraçoso placar de 7 a 0 na Copa do Mundo pelo qual a Rússia perdeu para Portugal em 2004. O aparato governamental que identificava, abrigava e treinava atletas de classe mundial em ascensão na época da União Soviética simplesmente não sobreviveu à sua queda. No início da década de 2000, os melhores atletas russos — incluindo, por exemplo, a campeã de tênis de Wimbledon Maria Sharapova — estavam deixando a Rússia para viver no Ocidente, geralmente na Flórida.

Tudo isso está começando a mudar. Os atuais líderes do governo russo estão aparentemente comprometidos com a revitalização da pujança atlética daquele país. Dessa vez, contudo, esses esforços não serão patrocinados pelo Estado, mas por cidadãos abastados, que são amantes do esporte — e não sabem o que fazer com o dinheiro que têm.

Quando a União Soviética caiu, um pequeno número de homens foi capaz de usar o caos resultante para obter o controle de vários setores essenciais. Mais tarde, quando a Rússia estava à beira de um colapso financeiro, esses 'oligarcas' resgataram o Estado com empréstimos, os quais, em última instância, aumentaram ainda mais suas fortunas. Atualmente, 22 homens controlam mais de 40 por cento da economia russa. Sob o *slogan* político "A União da Rússia é uma Rússia atlética", o governo russo — sob a liderança de seu atual primeiro-ministro (e ex-campeão de judô da cidade de Leningrado) Vladimir Putin — pediu a esses homens abastados que reconstruíssem o sistema atlético russo. Em parte por um senso de patriotismo, por um interesse pelo esporte e por uma relutância em deixar de atender ao pedido do governo russo, esses homens têm cooperado.

Os resultados iniciais sugerem que a Rússia pode voltar a despontar no mundo dos esportes. Por exemplo, alguns empresários russos começaram a adquirir participação em clubes desportivos de todo o mundo, como o Chelsea e o Arsenal, ambos membros da Liga Inglesa de Futebol. Vários empresários russos uniram esforços para criar o Kontinental Hockey League (KHL) e conseguiram contratar o ex-capitão do New York Rangers, Jaromir Jagr — por $ 14 milhões em dois anos, livre de impostos —, para jogar em uma liga destinada a competir com a National Hockey League, a Liga Norte-americana de Hóquei sobre o Gelo. Kobe Bryant, quando perguntado se estaria disposto a jogar em uma liga europeia de basquetebol, brincou dizendo "$ 40 milhões por ano, e estou lá". Em questão de dias, vários russos elaboraram uma proposta com essa quantia — a qual Kobe aparentemente recusou de modo polido. No basquete feminino, alguns empresários russos montaram, discutivelmente, os times mais fortes do mundo. As mulheres que jogam na WNBA, a Associação Norte-americana de Basquetebol Feminino, podem aumentar seus salários em até dez vezes jogando fora da temporada da WNBA na Rússia para times como o Spartak Moscow Region. E a seleção russa de futebol? Passou do 34º lugar no mundo em novembro de 2004 para o sétimo em novembro de 2008.

Esses resultados, associados a investimentos contínuos em treinamento de juniores em futebol, basquetebol e inúmeros outros esportes, sugerem que a Rússia pode ser um importante competidor no cenário esportivo mundial dentro de alguns anos.

Fontes: A. Wolff, "To Russia with love", *Sports Illustrated*, p.58-67, 15 dez. 2008; D. Pond, *Inside the Olympics*, Nova York: Wiley, 2006.

Assim como nos esportes internacionais, a competição no mundo dos negócios pode advir de inúmeras fontes em âmbito mundial. Antecipando-se a esses desafios, muitas empresas engajam-se de modo proativo em estratégias internacionais.

Empresas que operam em vários países simultaneamente estão implementando **estratégias internacionais**, as quais representam efetivamente um caso especial das estratégias corporativas já discutidas na Parte 3 deste livro. Isto é, as empresas podem integrar-se verticalmente, diversificar, formar alianças estratégicas e implementar fusões e aquisições, tudo isso cruzando fronteiras nacionais. Dessa forma, as razões pelas quais as empresas podem vir a querer adotar essas estratégias corporativas identificadas entre os capítulos 6 e 10 também se aplicam a empresas que buscam estratégias internacionais. Por isso, este capítulo enfatiza as caraterísticas singulares das estratégias internacionais.

De certo modo, as estratégias internacionais existem desde antes do início do registro dos tempos. Certamente, o comércio entre países tem sido um fator determinante da riqueza de indivíduos, empresas e países ao longo de toda a história. A busca por oportunidades e rotas comerciais foi a principal motivação para a exploração de grande parte do mundo. Portanto, não seria apropriado alegar que as estratégias internacionais são uma invenção do século XX.

Entretanto, no passado, a implementação de estratégias internacionais limitava-se a um número relativamente pequeno de indivíduos e empresas que assumiam riscos. Hoje em dia, essas empresas estão se tornando notavelmente comuns. Por exemplo, em 2008, 24,2 por cento do faturamento de vendas do Walmart veio de fora dos Estados Unidos; apenas cerca de um terço dos lucros da Exxon Mobile resultou de suas operações norte-americanas; 42 por cento das vendas de automóveis da General Motors (GM) foram registradas fora dos Estados Unidos; e aproximacamente metade da receita da General Electric (GE) adveio de operações fora dos Estados Unidos. E não somente empresas baseadas nos Estados Unidos investiram em negócios não norte-americanos. Inúmeras empresas não norte-americanas investiram pelo mundo também. Por exemplo, o mercado norte-americano gera o maior percentual de vendas de empresas como Nestlé (indústria alimentícia suíça), Toyota (montadora de automóveis japonesa) e Royal Dutch/Shell Group (empresa no setor de energia com sede no Reino Unido e na Holanda). Além disso, como está descrito no quadro "Estratégia na empresa emergente", estratégias internacionais não se restringem a grandes empresas multinacionais.

O crescente uso de estratégias internacionais tanto por grandes empresas como pelas pequenas sugere que as oportunidades econômicas associadas à operação de múltiplos mercados geográficos podem ser substanciais. Entretanto, para ser uma fonte de vantagens competitivas sustentáveis às empresas, essas estratégias devem explorar recursos e capacidades corporativos que sejam valiosos, raros e custosos de imitar. Além disso, uma empresa deve estar adequadamente organizada para realizar o pleno potencial competitivo desses recursos e capacidades. Este capítulo examina as condições sob as quais as estratégias internacionais podem criar valor econômico, assim como as condições sob as quais elas podem constituir fontes de vantagens competitivas sustentáveis.

O VALOR DAS ESTRATÉGIAS INTERNACIONAIS   V R I O

Como já foi sugerido, as estratégias internacionais são um exemplo de estratégia corporativa. Portanto, para serem economicamente viáveis, elas devem atender aos dois critérios de valor, originalmente apresentados no Capítulo 7: elas devem explorar economias de escopo reais e estas devem ser custosas de serem imitadas por investidores de fora. Muitas das economias de escopo discutidas no contexto da integração vertical, diversificação corporativa, alianças estratégicas e estratégias de fusão e aquisição podem ser criadas quando as empresas operam em múltiplos negócios. Essas mesmas economias podem ser criadas quando as empresas operam em múltiplos mercados geográficos.

ESTRATÉGIA NA EMPRESA EMERGENTE

Empresas empreendedoras internacionais: o caso da Logitech

A Logitech é líder em periféricos para computadores pessoais e tecnologia digital correlata. Com vendas de $ 2,4 bilhões e lucros de $ 286 milhões em 2008, a Logitech vende dispositivos de cursor (como mouses e *trackballs*), teclados com e sem fio, *webcams*, *headsets* e aparelhos de telefonia VoIP (protocolo de voz pela Internet), controladores de jogos, caixas acústicas e fones de ouvido para PCs em praticamente todos os países do mundo. Com sede na Suíça e escritórios na Califórnia, na China, em Hong Kong, em Taiwan e no Japão, a Logitech é um exemplo clássico de empresa que adota uma estratégia internacional.

E sempre foi assim. Não que a Logitech tenha atingido vendas de $ 2,4 bilhões no ano de sua fundação, mas ela foi uma das primeiras empresas empreendedoras que iniciaram operações — nos idos de 1981 — seguindo uma estratégia internacional. Quando foi fundada, por exemplo, a Logitech tinha escritórios na Suíça e nos Estados Unidos. Dois anos depois, a empresa possuía operações de pesquisa e desenvolvimento e manufatura em Taiwan e na Irlanda. Em suma, a Logitech 'nasceu global'.

Naturalmente, nem todas as empresas empreendedoras adotam estratégias internacionais desde sua concepção. Mas isso é menos incomum no setor de alta tecnologia, em que os padrões técnicos globais permitem que produtos fabricados em um mercado possam ser vendidos como produtos '*plug and play*' (ligar e usar) em outros mercados pelo mundo. Como os dispositivos de cursor e outros periféricos podiam ser conectados a qualquer computador pessoal no mundo, seu mercado — desde o primeiro dia — era global em escopo. Na verdade, em um estudo sobre empresas 'nascidas globais', a maioria delas atuava em mercados de alta tecnologia com padrões técnicos bem desenvolvidos.

Recentemente, empresas empreendedoras passaram a explorar oportunidades internacionais em suprir a manufatura de seus produtos. A expansão da manufatura de baixo custo em países como China, Vietnã e Filipinas, entre outros, tem levado um crescente número de empresas, incluindo muitas de pequeno porte, a terceirizar suas operações de produção a esses países. Nesse ambiente global, até as menores empresas devem conhecer e administrar os desafios associados à implementação das estratégias internacionais discutidas neste capítulo.

Fontes: Logitech. Disponível em: <http://www.logitech.com>. Acesso em: 3 mar. 2011; Logitech 10 K Report, 2008; B. Oviatt e P. McDougall, "Global start-ups: Entrepreneurs on a worldwide stage", *Academy of Management Executive*, 9, p. 30-44, 1995.

Em termos mais abrangentes, assim como todas as estratégias discutidas neste livro, para serem valiosas, as estratégias internacionais devem habilitar uma empresa a explorar oportunidades ambientais ou neutralizar ameaças ambientais. Ao habilitarem uma empresa a interagir com seu ambiente, as estratégias internacionais também a habilitam a reduzir seus custos ou aumentar a propensão de seus clientes a pagar, em comparação com o cenário no qual esta empresa não adotasse tais estratégias. O Quadro 11.1 apresenta um resumo de várias economias de escopo potencialmente valiosas e particularmente relevantes às empresas que implementam estratégias internacionais.

OBTER ACESSO A NOVOS CLIENTES PARA PRODUTOS OU SERVIÇOS EXISTENTES

A economia de escopo mais óbvia que pode motivar as empresas a adotarem uma estratégia internacional é o potencial de novos clientes para seus produtos ou serviços que tal estratégia pode gerar. Se os consumidores fora do mercado doméstico de uma empresa estão dispostos e capacitados a comprar os produtos e serviços de uma empresa, implementar uma estratégia internacional pode aumentar diretamente seu faturamento.

Internacionalização e faturamento

Se consumidores fora do mercado doméstico de uma empresa estão dispostos e capacitados a comprar seus produtos ou serviços, então vender para esses mercados aumentará seu faturamento. Entretanto, nem sempre é claro quais dos produtos e serviços vendidos no mercado local também venderão nos mercados internacionais.

Os consumidores fora do mercado doméstico estão dispostos a comprar?

Pode ser que as preferências dos consumidores variem significativamente entre os mercados doméstico e internacional de uma empresa. Essas diferenças podem exigir que as empresas que pretendem internacionalizar suas operações mudem substancialmente seus produtos ou serviços para que os consumidores não locais fiquem propensos a comprá-los.

Muitos fabricantes de eletrodomésticos norte-americanos enfrentaram esse desafio quando tentaram expandir suas operações para a Europa e a Ásia. Nos Estados Unidos, o tamanho da maioria dos eletrodomésticos (lavadoras de roupas, secadoras, refrigeradores, lavadoras de louça etc.) foi padronizado, e esses tamanhos padronizados são incorporados a novas casas, condomínios e apartamentos. Tamanhos padronizados também surgiram na Europa e na Ásia, mas são muito menores do que os padrões nos Estados Unidos, o que exigiu que os fabricantes norte-americanos reequipassem substancialmente suas operações de manufatura para fabricar produtos que fossem atrativos aos consumidores asiáticos e europeus.[1]

Padrões físicos diferentes podem exigir que uma empresa que busca oportunidades internacionais modifique seus produtos ou serviços para vendê-los em um mercado não doméstico. Entretanto, padrões físicos podem ser facilmente medidos e descritos. Diferenças em preferências podem ser bem mais desafiadoras para empresas que pretendem vender seus produtos ou serviços fora do mercado local.

A incapacidade de prever diferenças em preferências ao redor do mundo já levou a tropeços de marketing muito infelizes, e frequentemente engraçados. Por exemplo, a GM certa vez lançou o Chevrolet Nova na América do Sul, embora "No vaya" em espanhol signifique "não anda". Quando a Coca-Cola foi lançada na China, a marca foi traduzida como Ke-kou-ke-la, que, por sua vez, pode significar "morder o girino de cera" ou "égua empalhada com cera", dependendo do dialeto falado. A Coca-Cola relançou seu produto com o nome Ke-kou-ko-le, que pode ser traduzido, grosso modo, como "felicidade na boca".

A Coca-Cola não foi a única fabricante de refrigerantes a enfrentar problemas internacionais. O *slogan* da Pepsi "Come alive with the Pepsi generation" (literalmente, 'ganhe vida com a geração Pepsi') foi traduzido como "Pepsi traz seus antepassados do além" em Taiwan. Na Itália, uma campanha de marketing para a água tônica Schweppes foi traduzida como água de colônia Schweppes — uma bebida não muito apetitosa. A Baccardi de-

QUADRO 11.1 Potenciais fontes de economias de escopo para empresas que implementam estratégias internacionais

1. Obter acesso a novos clientes para produtos ou serviços existentes.
2. Obter acesso a fatores de produção de baixo custo.
3. Desenvolver novas competências centrais.
4. Alavancar as competências centrais existentes de novas maneiras.
5 Administrar o risco corporativo.

senvolveu uma bebida frutada chamada Pavian. Infelizmente, isso significa babuíno em alemão. A Coors usou seu *slogan* "Turn it loose" (literalmente, 'solte-se') para vender cerveja na Espanha e na América Latina. Infelizmente, isso foi traduzido como "estar com diarreia".

Empresas no setor alimentício também enfrentam problemas semelhantes. O *slogan* da Kentucky Fried Chicken (KFC) "Finger-lickin'good" (literalmente, 'bom de lamber os dedos') traduz-se em chinês como "coma seus dedos". Em árabe, "Jolly Green Giant" (literalmente, 'Gigante Verde Feliz') significa "Ogro Verde Intimidador". A famosa frase de efeito de Frank Perdue — "It takes a tough man to make a tender chicken" (literalmente, 'é preciso ser um machão para preparar um frango tenro') — assume um significado ligeiramente diferente quando traduzida para o espanhol — "É preciso um homem excitado para fazer uma galinha se apaixonar". E a Gerber descobriu que não conseguia vender na África seus alimentos para bebê — com fotos de belos bebês nos potes — porque a tradição nesse país é colocar no rótulo a imagem daquilo que o recipiente contém. Já pensou?

Outra gafe de marketing foi a decisão da Colgate de lançar a pasta de dente Cue na França, embora esse fosse o nome de uma revista pornográfica francesa; um fabricante norte-americano de camisetas queria gravar camisetas com os dizeres em espanhol "Eu vi o Papa" (*el Papa*), mas em vez disso gravou "Eu vi a batata" (*la papa*); e os cigarros Salem, cujo *slogan* "Salem — feeling free" ("Salem, sentindo-se livre") foi traduzido em japonês como "Quando você fuma Salem, sente-se tão refrescado que sua mente parece livre e vazia". O que eles estavam fumando, afinal?

Entretanto, de todos esses tropeços, talvez nenhum supere o da Electrolux — um fabricante escandinavo de aspiradores de pó. Embora seu *slogan* para o mercado norte-americano incorpore realmente uma rima — "Nothing sucks like an Electrolux"* —, ele não comunica bem o que a empresa tinha em mente.[2]

Não são só essas falhas de marketing que podem limitar as vendas em mercados não domésticos. Por exemplo, a Yugo tinha dificuldade em vender seus automóveis nos Estados Unidos. Aparentemente, os consumidores norte-americanos não estavam dispostos a aceitar automóveis de fraco desempenho e má qualidade, apesar de seu preço baixo. A Sony, apesar de seu sucesso no Japão, não conseguiu estabelecer uma participação de mercado significativa no mercado de vídeo dos Estados Unidos com sua tecnologia Betamax. A maioria dos observadores culpa a resistência da Sony em licenciar essa tecnologia a outros fabricantes, além do tempo curto de gravação disponível em Betamax, pelo fracasso do produto. Os esforços da gigante britânica do varejo, Marks and Spencer, para entrar nos mercados canadense e norte-americano com seu tradicional *mix* de lojas de roupas e alimentos, também encontrou rígida resistência dos consumidores.[3]

Para que a base de uma estratégia internacional atraia novos clientes, esses produtos ou serviços devem atender a necessidades, desejos e preferências dos consumidores em mercados estrangeiros pelo menos tão bem quanto, se não melhor do que, os concorrentes. Empresas que buscam oportunidades internacionais podem ter que implementar muitas das estratégias de liderança em custo e de diferenciação de produto discutidas nos capítulos 4 e 5, modificadas para atender às necessidades específicas de um mercado não doméstico. Só então os consumidores desse mercado estarão propensos a comprar os produtos ou serviços que uma empresa oferece.

Os consumidores fora do mercado doméstico estão capacitados a comprar?

Os consumidores de mercados internacionais podem estar dispostos a comprar os produtos ou serviços de uma empresa, mas não capacitados a fazê-lo. Isso pode ocorrer por pelo menos três razões: canais de distribuição inadequados, barreiras ao comércio e falta de recursos financeiros para fazer compras.

Canais de distribuição inadequados podem tornar difícil, ou mesmo impossível, para uma empresa disponibilizar seus produtos ou serviços fora do mercado nacional. Em alguns mercados internacionais, existem redes de distribuição adequadas, mas elas estão atreladas a empresas que já operam nesses mercados. Muitas empresas europeias enfrentam essa situação quando tentam ingressar no mercado norte-americano. Nessa situação, as empresas que buscam oportunidades internacionais devem desenvolver suas próprias redes de distribuição a partir do zero (um esforço muito dispendioso) ou trabalhar com um parceiro local para utilizar as redes que já estão ativas.

Entretanto, o problema enfrentado por algumas empresas que buscam oportunidades internacionais não é o fato de que as redes de distribuição estão atreladas a empresas que já operam no mercado. Em vez disso, o problema é que as redes de distribuição não existem ou atuam de um modo muito diferente dos sistemas de distribuição no mercado doméstico da empresa. Esse problema pode ser sério quando as empresas pretendem expandir suas operações para economias em desenvolvimento. A inadequação em transportes, armazenagem e instalações de varejo pode dificultar a distribuição de produtos ou serviços de uma empresa em um novo mercado geográfico. Esses tipos de problema obstruíram investimentos em países como Rússia, China e Índia. Por exemplo, quando a Nestlé entrou no mercado chinês de laticínios, ela teve que desenvolver uma rede de estradas de cascalho ligando as vilas de produção do leite aos pontos de coleta da fábrica. A obtenção da licença para construir essa rede de estradas levou 13 anos de negociações com as autoridades governamentais chinesas.[4]

---

* Embora essa frase signifique "Nada aspira tanto quanto um Electrolux", também pode ser interpretada como "nada é tão ruim quanto Electrolux". (N. RT.)

Esses problemas de distribuição não se restringem a economias em desenvolvimento. Por exemplo, a distribuição co varejo japonês caracteriza-se por ser historicamente muito mais fragmentada e bem menos eficiente do que o sistema existente nos Estados Unidos ou na Europa Ocidental. Em vez de ser dominada por grandes lojas de supermercado, operações de varejo de desconto e superlojas de varejo, a rede de distribuição japonesa tem sido dominada por inúmeras operações de pequeno porte, 'caseiras'. Muitas empresas ocidentais consideram esse tipo de distribuição difícil de usar porque seus princípios operacionais diferem muito daqueles que elas conhecem em seus mercados nacionais. No entanto, a Procter & Gamble e algumas outras empresas conseguiram romper esse sistema de distribuição japonês e explorar significativas oportunidades de vendas no Japão.[5]

Mesmo que existam redes de distribuição em mercados não domésticos e ainda que empresas internacionais possam operar por essas redes, se tiverem acesso a elas, a entrada nesses mercados talvez seja restringida por várias barreiras tarifárias e não tarifárias ao comércio. Uma lista dessas barreiras é apresentada na Tabela 11.1. Barreiras comerciais, seja qual for seu tipo, exercem o efeito de aumentar o custo de venda de produtos ou serviços de uma empresa em um novo mercado geográfico e, dessa forma, dificultar que a empresa atinja economia de escopo a partir de sua estratégia internacional.

Apesar de um movimento mundial em prol do livre comércio e da redução de barreiras comerciais, estas ainda constituem um importante fenômeno econômico para muitas empresas que buscam implementar uma estratégia internacional. Os fabricantes japoneses de automóveis enfrentaram quotas voluntárias e vários outros tipos de barreira comercial quando tentaram expandir sua presença nos Estados Unidos; as montadoras norte-americanas alegavam que o Japão havia aplicado uma série de barreiras tarifárias e não tarifárias para restringir sua entrada no mercado japonês. Certa vez, a Kodak pediu a intervenção do governo norte-americano nas negociações para facilitar a entrada da empresa no mercado fotográfico japonês — um mercado que a Kodak alegava ser controlado, por meio de um monopólio sancionado pelo governo, pela Fuji. Quem quisesse iniciar operações na Índia sofreria a obstrução de uma variedade de barreiras tarifárias e não tarifárias; a média das tarifas naquele País chegava a 80 por cento, empresas estrangeiras eram restritas a um direito de posse de 40 por cento de suas operações no País e importações exigiam aprovações e licenças do governo, que poderiam levar até três anos para serem obtidas. No decorrer dos últimos anos, muitas dessas barreiras comerciais na Índia foram reduzidas, embora não eliminadas. O mesmo acontece nos Estados Unidos, onde a tarifa sobre bens e serviços importados imposta pelo governo atingiu o ápice de 60 por cento em 1932, teve média de 12 a 15 por cento após a Segunda Guerra e atualmente está em cerca de 5 por cento para a maioria das importações que entram no país. Ou seja, também nos Estados Unidos as barreiras comerciais foram reduzidas, mas não eliminadas.[6]

São várias as razões por que os governos criam barreiras ao comércio: para aumentar a receita governamental, para proteger o emprego local, para estimular a produção local a substituir as importações, para proteger da concorrência setores nascentes, para desencorajar investimento estrangeiro direto e para promover a atividade de exportação. Entretanto, para empresas que buscam implementar estratégias internacionais, as barreiras comerciais, não importa por que foram instituídas, elas têm o efeito de aumentar o custo de implementação dessas estratégias. Na realidade, as barreiras comerciais podem ser consideradas um caso especial de barreiras artificiais à entrada, como foi discutido no Capítulo 2. Tais barreiras à entrada podem transformar o que poderiam ser estratégias economicamente viáveis em estratégias inviáveis.

TABELA 11.1 Tarifas, cotas e barreiras comerciais não tarifárias

Tarifas: tributos cobrados sobre bens e serviços importados	Cotas: limites de número de bens ou serviços que podem ser importados	Barreiras não tarifárias: leis, regulamentações e políticas que aumentam o custo de importação de bens e serviços
Taxas de importação Taxas suplementares Taxação variável Subsídios Taxas aduaneiras Taxas compensatórias	Cotas voluntárias Cotas involuntárias Licenças restritas de importação Limites mínimos de importação Embargos	Políticas governamentais Políticas de compras governamentais Exportação subsidiada pelo governo Programas de assistência doméstica Políticas alfandegárias Sistemas de avaliação Classificações tarifárias Documentação exigida Taxas Padrões de qualidade Padrões de embalagem Padrões de rotulagem

Por fim, os consumidores podem estar propensos a comprar os produtos ou serviços de uma empresa, mas não ser capacitados a isso, mesmo que redes de distribuição estejam ativas e barreiras comerciais não estejam encarecendo demais os esforços de internacionalização. Se esses consumidores não possuírem recursos financeiros ou moeda forte, para realizar essas compras, então o valor potencial dessa economia de escopo poderá não ser realizado.

Uma condição financeira insuficiente dos consumidores limita a capacidade das empresas de vender produtos em inúmeros mercados. Por exemplo, o produto nacional bruto *per capita* em Bangladesh é $ 270, em Chad é $ 240 e no Congo é $ 110. Nesses países, é improvável que exista demanda significativa por muitos produtos ou serviços originalmente desenhados para as economias ocidentais abastadas. Essa situação também ocorre na Índia. A classe média indiana é grande e está em crescimento (164 milhões de pessoas detinham os 20 por cento de renda mais alta em 1998), mas a renda dessa classe média é consideravelmente inferior à da classe média em outras economias. Esses níveis de renda são suficientes para criar demanda por alguns produtos de consumo. Por exemplo, a Gillette estima que o mercado indiano para seus produtos de barbear poderia abranger 240 milhões de consumidores, e a Nestlé acredita que o mercado indiano para seus produtos de macarrão, catchup e café instantâneo possa abranger mais de 100 milhões de pessoas. Entretanto, o mercado potencial para produtos mais sofisticados na Índia é um tanto menor. Por exemplo, a Bausch & Lomb crê que somente cerca de 30 milhões de consumidores indianos têm condições de comprar seus óculos de sol e lentes de contato. O nível de riqueza dos consumidores é um fator determinante tão importante do potencial econômico de iniciar operações em um novo país que o McDonald's ajusta o número de restaurantes que espera construir em um novo mercado pela renda *per capita* de seus habitantes.[7]

Ainda que haja suficiente riqueza em um país para criar demanda de mercado, a falta de moeda forte pode impedir esforços de internacionalização. **Moedas fortes** são moedas comercializadas e, portanto, têm valor em mercados monetários internacionais. Quando uma empresa internacional faz negócios em um país com moeda forte ela pode converter todo o lucro após impostos obtido nesse país em outras moedas fortes — incluindo a moeda do país onde a empresa está sediada. Além disso, como o valor das moedas fortes pode flutuar na economia mundial, as empresas também podem administrar seu risco monetário adotando várias estratégias de *hedging* em mercados monetários mundiais.

Quando as empresas iniciam operações em países sem moeda forte, podem obter poucas dessas vantagens. Na realidade, sem moeda forte, os pagamentos em dinheiro a essas empresas são feitos com uma moeda que essencialmente não tem nenhum valor fora do país em que os pagamentos são efetuados. Embora esses pagamentos possam ser usados para investimentos adicionais dentro desse país, uma empresa internacional possui limitada capacidade de extrair lucro de países sem moeda forte e até menos capacidade de minimizar os riscos de flutuação da moeda nesse contexto. A inexistência de moeda forte desencorajou empresas a entrar em diversos países em vários momentos, apesar da substancial demanda por produtos e serviços nesses países.[8] Uma solução para esse problema, denominada **countertrade**, é discutida no quadro "Estratégia em detalhes".

Internacionalização e ciclos de vida de produto

Ter acesso a novos clientes pode não só aumentar diretamente o faturamento de uma empresa, mas também permitir que ela administre seus produtos ou serviços ao longo de seu ciclo de vida. Um **ciclo de vida de produto** característico é descrito na Figura 11.1. Diferentes estágios nesse ciclo de vida são definidos por diferentes taxas de crescimento em demanda por um produto. Por conseguinte, no primeiro estágio de surgimento (chamado **introdução** na figura), relativamente poucas empresas estão produzindo um produto, existem relativamente poucos clientes e a taxa de crescimento em demanda pelo produto é relativamente baixa. No segundo estágio (**crescimento**), a demanda cresce rapidamente, e muitas novas empresas entram para começar a produzir o produto ou serviço. Na terceira fase do ciclo de vida do produto (**maturidade**), o número de empresas que produzem um produto ou serviço permanece estável, o crescimento da demanda estabiliza-se, as empresas direcionam seus esforços de investimento ao refinamento do processo pelo qual um produto ou serviço é criado e retraem-se do desenvolvimento de produtos inteiramente novos. Na fase final do ciclo de vida do produto (**declínio**), a demanda cai quando um produto ou serviço tecnologicamente superior é lançado.[9]

Sob a perspectiva de uma estratégia internacional, a observação crucial sobre os ciclos de vida de produto é que um produto ou serviço pode estar em diferentes estágios de seu ciclo de vida em diferentes países. Desse modo, uma empresa pode usar os recursos e as capacidades que desenvolveu durante um estágio em particular em seu mercado doméstico durante esse mesmo estágio do ciclo de vida em um mercado não doméstico. Isso pode aumentar substancialmente o desempenho econômico de uma empresa.

ESTRATÉGIA EM DETALHES

Countertrade

Quando empresas internacionais adotam o *countertrade*, elas recebem pagamento pelos produtos ou serviços que vendem em um país, mas não sob a forma de moeda. Elas são pagas com outros produtos ou serviços que podem vender no mercado mundial. O *countertrade* tem sido uma maneira particularmente importante pela qual as empresas têm tentado obter acesso aos mercados na antiga União Soviética. Por exemplo, Marc Rich and Company (uma *trading* suíça de *commodities*), certa vez operou o seguinte negócio: a Marc Rich adquiriu 70 mil toneladas de açúcar bruto do Brasil no mercado aberto; embarcou esse açúcar para a Ucrânia, onde foi refinado; e depois transportou 30 mil toneladas de açúcar refinado (após usar parte dos lucros para pagar as refinarias) para a Sibéria, onde este produto foi trocado por 130 mil toneladas de produtos derivados de petróleo, os quais, por sua vez, foram embarcados para a Mongólia por 35 mil toneladas de concentrado de cobre, que foi transferido para o Cazaquistão, onde foi refinado em cobre e, por fim, vendido no mercado mundial para obtenção de moeda forte. Essa complexa negociação de *countertrade* é característica dos tipos de ação que as empresas internacionais precisam tomar, se pretendem fazer negócios em países sem moeda forte e se desejam obter lucros nesses países. Na verdade, o *countertrade* sob diversas formas é de fato bastante comum. Uma estimativa sugere que o *countertrade* responde por 10 a 20 por cento do comércio mundial.

Embora o *countertrade* possibilite a uma empresa iniciar operações em países sem moeda forte, ele também pode criar dificuldades. Em particular, para fazer negócios, uma empresa deve estar disposta a aceitar pagamento sob a forma de algum bem ou *commodity* que ela deverá vender em troca de moeda. Isso não parece ser um problema para uma empresa especializada na compra e venda de *commodities*. Entretanto, uma empresa sem essa experiência pode ter de aceitar gás natural, sementes de gergelim ou *rattan* para vender seus produtos ou serviços em um país. Se essa empresa tiver limitada experiência em comercializar esse tipo de mercadoria, poderá precisar usar corretores e outros intermediários para fechar essas transações. Isso, é claro, aumenta o custo de se usar o *countertrade* como forma de viabilizar operações internacionais.

Fontes: Ver A. Ignatius, "Commodity giant: Marc Rich & Co. does big deals at big risk in former U.S.S.R", *The Wall Street Journal*, p. A1, 13 maio 1993,; e D. Marin, "Tying in trade: Evidence on countertrade", *World Economy*, v. 13, n. 3, p. 445, 1990.

FIGURA 11.1 O ciclo de vida do produto

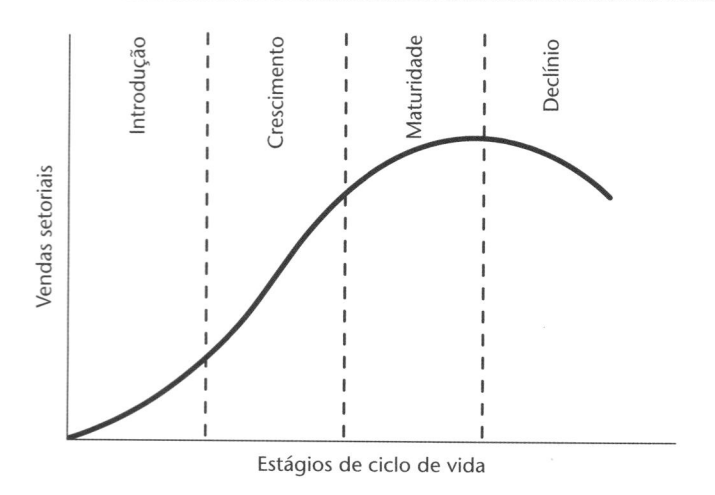

Uma empresa muito bem-sucedida na administração de seus ciclos de vida de produto entre seus esforços internacionais é a Crown Cork & Seal. Essa empresa detinha uma força tradicional na fabricação de recipientes metálicos de três peças, quando o lançamento das latas de duas peças no mercado norte-americano rapidamente tornou as de três peças obsoletas. Entretanto, em vez de abandonar a tecnologia de manufatura de três peças, a

Crown Cork & Seal transferiu muitas das operações desse tipo de manufatura para o exterior, a países em desenvolvimento, onde a demanda por esse tipo de lata estava apenas começando. Dessa maneira, a Crown Cork & Seal pôde estender a efetiva vida de suas operações de manufatura de três peças e substancialmente melhorar seu desempenho econômico.[10]

Internacionalização e redução de risco

Ter acesso a novos clientes para os produtos ou serviços de uma empresa pode aumentar suas vendas. Se alguns aspectos do processo produtivo de uma empresa são sensíveis a economias de escala, esse volume maior de vendas pode também reduzir os custos da empresa e permitir que ela conquiste vantagens de custo tanto no mercado não doméstico como no doméstico.

Muitas empresas no setor automobilístico mundial têm procurado realizar economias de escala em manufatura por meio de operações internacionais. De acordo com uma estimativa, a escala de eficiência mínima de uma única fábrica de carros compactos é de 400 mil unidades por ano.[11] Tal fábrica produziria aproximadamente 20 por cento de todos os automóveis vendidos na Grã-Bretanha, Itália ou França. Obviamente, para explorar essa eficiência em manufatura de 400 mil carros ao ano, as indústrias automobilísticas europeias tiveram de vender carros em mais de um mercado nacional apenas. Assim, a implementação de uma estratégia internacional possibilitou a essas empresas realizar uma importante economia de escala em manufatura.[12]

|||| OBTER ACESSO A FATORES DE PRODUÇÃO DE BAIXO CUSTO

Assim como o acesso a novos clientes, também o acesso a fatores de produção de baixo custo, tais como matéria-prima, mão de obra e tecnologia, pode ser uma importante economia de escala para empresas que buscam oportunidades internacionais.

Matérias-primas

Obter acesso a matérias-primas de baixo custo é, talvez, a razão mais tradicional que leva as empresas a iniciar operações internacionais. Por exemplo, em 1600, a British East India Company foi fundada com um investimento inicial de $ 70 mil para administrar o comércio entre Inglaterra e o Extremo Oriente, incluindo a Índia. Em 1601, a terceira frota da British East India Company zarpava para as Índias para comprar cravo, pimenta, seda, café, salitre e outros produtos. Essa frota gerou um retorno sobre o investimento de 234 por cento. Esse lucro levou à formação da Dutch East India Company, em 1602, e da French East India Company, em 1664. Empresas semelhantes foram organizadas para administrar o comércio no Novo Mundo. A Hudson Bay Company foi estabelecida em 1670 para administrar o comércio de peles, e a rival North West Company foi organizada em 1784 para o mesmo propósito. Todas essas organizações foram criadas para a obtenção de acesso a matérias-primas de baixo custo que estavam disponíveis somente em mercados não domésticos.[13]

Mão de obra

Além do acesso a matérias-primas de baixo custo, as empresas também começaram a iniciar operações internacionais pelo acesso a mão de obra de baixo custo. Após a Segunda Guerra Mundial, o Japão tinha um dos custos de mão de obra mais baixos do mundo, associado a uma das mais altas produtividade. Com o tempo, porém, a melhoria da economia japonesa e a valorização do iene tiveram o efeito de elevar os custos da força de trabalho no país, e Coreia do Sul, Taiwan, Cingapura e Malásia emergiram como regiões geográficas com mão de obra barata e altamente produtiva. Recentemente, China, México e Vietnã assumiram esse papel na economia mundial.[14]

Inúmeras empresas tentaram conquistar as vantagens dos custos baixos de mão de obra transferindo suas operações de manufatura. Por exemplo, a Mineba, fabricante japonesa de rolamentos e semicondutores, tentou explorar custos baixos de mão de obra fabricando rolamentos no Japão na década de 1950 e início da década de 1960, em Cingapura na década de 1970 e desde 1980 na Tailândia. A Hewlett-Packard (HP) mantém operações de manufatura e montagem na Malásia e no México, a japonesa Mitsubishi Motors recentemente inaugurou uma unidade de montagem de automóveis no Vietnã, a GM opera unidades de montagem no México e a Motorola iniciou operações na China. Todos esses investimentos foram motivados, ao menos em parte, pela disponibilidade de mão de obra de baixo custo nesses países.[15] Algumas das questões éticas associadas à busca por mão de obra barata são discutidas no quadro "Ética e estratégia".

ÉTICA E ESTRATÉGIA

A corrida pelo menor custo

Um dos insumos produtivos mais importantes em quase todas as empresas é a mão de obra. Obter acesso diferenciado à força de trabalho de baixo custo pode proporcionar a uma empresa uma vantagem de custo.

Essa busca por custos baixos de mão de obra levou algumas empresas a se engajarem em uma 'corrida pelo menor custo'. Sabe-se bem que os salários da maioria dos trabalhadores nos Estados Unidos e na Europa Ocidental são muito mais altos do que os dos trabalhadores em outras partes menos desenvolvidas do mundo. Enquanto uma empresa pode ter de pagar a seus operários $ 20 por hora (em salários e benefícios) para fabricar tênis nos Estados Unidos, essa mesma empresa pode pagar apenas $ 2 por dia a um operário nas Filipinas, Malásia ou China, para fabricar o mesmo tênis — tênis este que a empresa pode vir a vender por $ 150 o par no mercado norte-americano ou europeu. Por isso, muitas empresas recorrem à manufatura no exterior como meio de manter baixo seu custo de mão de obra.

Mas essa busca por custo baixo de mão de obra acarreta algumas importantes consequências imprevistas. Primeiro, a localização dos índices mais baixos de custo de mão de obra no mundo muda com o tempo. Costumava ser no México, depois, foi na Coreia e nas Filipinas, então, mudou para a Malásia e agora está na China. Quando a infraestrutura desses países evolui ao ponto de eles poderem sustentar a manufatura mundial, as empresas abandonam seus relacionamentos com fornecedores nesses países em busca de custos ainda mais baixos em novos países. A única forma de os 'centros de baixo custo' antecedentes conseguirem competir é baixando ainda mais seus custos.

Às vezes, isso leva a uma segunda consequência imprevista da 'corrida pelo menor custo': condições de trabalho lastimáveis e salários baixos nesses cenários de manufatura de baixo custo. Empregados que recebem $ 1 por um dia de trabalho de dez horas, seis dias por semana, podem parecer algo bom na última linha do balanço de uma empresa, mas muitos observadores estão profundamente preocupados com as questões morais e éticas associadas a essa estratégia. Na realidade, diversas empresas — como Nike e Kmart — foram forçadas a aumentar os salários e melhorar as condições de trabalho de muitos de seus funcionários no exterior.

Um resultado ainda mais horrendo dessa 'corrida pelo menor custo' foi o ressurgimento do que beira a escravidão em alguns países da Europa Ocidental e algumas regiões dos Estados Unidos. Em busca da promessa de uma vida melhor, imigrantes ilegais são, em alguns casos, levados a países da Europa Ocidental ou aos Estados Unidos e forçados a trabalhar em fábricas ilegais, que atuam no submundo. Esses imigrantes ilegais são, às vezes, forçados a trabalhar até 20 horas por dia, por pouco ou nenhum pagamento — supostamente para 'compensar' o gasto de terem sido tirados de seus países menos desenvolvidos. E, por causa de seu *status* ilegal e de barreiras de idioma, eles com frequência não se sentem em condições de recorrer às autoridades locais.

Naturalmente, as pessoas que criam e administram essas instalações são criminosas e merecem desprezo. Mas e as empresas que compram os serviços dessas operações ilegais e imorais? Não são também censuráveis, tanto legal como moralmente?

Fontes: R. DeGeorge, "Ethics in international business – a contradiction in terms?", *Business Credit*, n. 102, p. 50+, 2000; G. Edmondson, K. Carlisle, I. Resch, K. Nickel Anhalt e H. Dawley, "Workers in bondage", *BusinessWeek*, p.146+, 27 nov. 2000; D. Winter, "Facing globalization", *Ward's Auto World*, n. 36, p. 7+, 2000.

Embora obter acesso à mão de obra de baixo custo possa ser um importante fator determinante dos esforços internacionais de uma empresa, isso não costuma ser por si só suficiente para motivar o ingresso em determinados países. Afinal, os custos relativos de mão de obra podem mudar ao longo do tempo. Por exemplo, a Coreia do Sul costumava ser o país onde mais se fabricavam tênis. Em 1990, esses fabricantes empregavam 130 mil trabalhadores em 302 fábricas. Entretanto, em 1993, somente 80 mil coreanos estavam empregados nessas indústrias, e somente 244 fábricas (a maioria empregando menos de cem pessoas) permaneciam ativas. Uma parcela significativa dos fabricantes de tênis nesse país havia se mudado para a China por causa das vantagens de custo de mão de obra chinesa (aproximadamente $ 40 por operário por mês) em comparação com a coreana (aproximadamente $ 800 por operário por mês).[16]

Além disso, custos baixos de mão de obra não serão úteis se a força de trabalho de um país não for capaz de produzir produtos de alta qualidade com eficiência. No setor de calçados esportivos, o acesso da China a uma parte da tecnologia de manufatura e setores de suporte (por exemplo, tecidos sintéticos) para produzir eficientemente calçados esportivos sofisticados e botas de alta tecnologia para trilhas foi postergado por vários anos. Em consequência, a Coreia conseguiu manter presença no setor de manufatura de calçados — muito embora a maior parte dele tivesse sido terceirizada à China.

Um exemplo interessante de empresas que obtêm acesso a mão de obra barata por meio de estratégias internacionais são as *maquiladoras* — fábricas de propriedade de não mexicanos, as quais são operadas no México, próximo à fronteira com os Estados Unidos. O principal fator impulsionador por trás dos investimentos em *maquiladoras* é o custo de mão de obra inferior ao de fábricas semelhantes localizadas em território norte-americano. Além disso, as empresas que exportam das *maquiladoras* para os Estados Unidos pagam impostos somente sobre o valor agregado que foi criado no México, as *maquiladoras* não precisam pagar impostos mexicanos sobre os bens processados nesse País, e o custo do terreno onde as fábricas são construídas no México é consideravelmente menor do que seria o caso nos Estados Unidos. Entretanto, um estudo realizado pelo Banco de Mexico sugere que, sem a vantagem de 20 por cento em custo de mão de obra, a maioria das *maquiladoras* não seria lucrativa.[17]

Tecnologia

Outro fator de produção ao qual as empresas podem conquistar acesso por meio de operações é a tecnologia. Historicamente, as empresas japonesas têm tentado obter acesso a tecnologias estabelecendo parcerias com empresas não japonesas. Embora estas com frequência procurem acesso a novos clientes para seus produtos ou serviços em operação no Japão, as empresas japonesas têm usado essa entrada no mercado japonês para ter acesso a tecnologias estrangeiras.[18]

DESENVOLVER NOVAS COMPETÊNCIAS CENTRAIS

Uma das razões mais atrativas que levam as empresas a iniciar operações fora de seus mercados domésticos é a de refinar suas principais competências centrais e desenvolver novas. Ao iniciar operações fora de seus mercados nacionais, as empresas podem alcançar uma compreensão maior das forças e fraquezas de suas competências centrais. Ao expor essas competências a novos contextos competitivos, competências tradicionais podem ser modificadas, e novas podem ser desenvolvidas.

Certamente, para que operações internacionais afetem as competências centrais de uma empresa, esta deve aprender com suas próprias experiências em mercados não domésticos. Além disso, assim que essas novas competências são desenvolvidas, elas devem ser exploradas em outras operações da empresa, para que seu pleno potencial econômico seja realizado.

Aprendendo com operações internacionais

Aprender a partir de operações internacionais definitivamente não é algo automático. Muitas empresas que iniciam operações fora de seu mercado doméstico encontram desafios e dificuldades e logo abandonam seus esforços internacionais. Outras continuam a tentar operando internacionalmente, mas são incapazes de aprender a modificar suas competências centrais.

Um estudo examinou diversas alianças estratégicas visando compreender por que algumas empresas nessas alianças foram capazes de aprender com suas operações internacionais, modificar suas competências centrais e desenvolver novas competências centrais, enquanto outras não. Esse estudo identificou o firme propósito de aprende-ende, a transparência dos parceiros de negócios e a receptividade à aprendizagem como fatores determinantes da capacidade de uma empresa em aprender com suas operações internacionais (veja Quadro 11.2).

O propósito de aprender

Uma empresa que possua uma forte intenção de aprender com suas operações internacionais tem maior chance de aprender do que outra sem esse propósito. Além disso, esse propósito deve ser comunicado a todos aqueles envolvidos nas atividades internacionais da empresa. Compare, por exemplo, a citação de um gerente cuja empresa falhou em aprender com suas operações internacionais com a citação de um gerente cuja empresa foi capaz de aprender com essas operações.[19]

Nossos engenheiros eram tão bons quanto [os de nosso parceiro]. Na realidade, os dele eram tecnicamente mais limitados, mas eles possuíam melhor compreensão daquilo que a empresa estava tentando realizar. Eles sabiam que estavam lá para aprender; nosso pessoal não.

Queríamos fazer da aprendizagem uma disciplina automática. Perguntávamos à equipe todos os dias: "O que vocês aprenderam [com nossos parceiros] hoje?" A aprendizagem era cuidadosamente monitorada e registrada.

QUADRO 11.2 — Fatores determinantes da capacidade de uma empresa para aprender com suas operações internacionais

1. O propósito de aprender.
2. A transparência dos parceiros de negócios.
3. Receptividade à aprendizagem.

Fonte: G. Hamel, "Competition for competence and inter-partner learning within international strategic alliances", *Strategic Management Journal*, n. 12, p. 83-103, 1991.

Obviamente, a segunda empresa estava em melhor posição do que a primeira para aprender com suas operações internacionais e modificar as competências centrais que possuía e desenvolver novas. Aprender a partir de operações internacionais ocorre por desígnio, não por descuido.

Transparência e aprendizagem

Também já se tem demonstrado que as empresas apresentavam mais chances de aprender com suas operações internacionais quando interagiam com o que se tem denominado **parceiros de negócios transparentes**. Alguns parceiros de negócios internacionais são mais abertos e acessíveis do que outros. Essa variação de acessibilidade pode refletir diferentes filosofias, práticas e procedimentos organizacionais, bem como diferenças na cultura nacional de uma empresa. Por exemplo, o conhecimento na cultura japonesa e na maioria das outras culturas asiáticas tende a ser contextual e profundamente arraigado no sistema social como um todo. Isso torna difícil para muitos gerentes ocidentais compreenderem e avaliarem a sutileza das práticas comerciais e da cultura japonesas. Isso, por sua vez, limita a capacidade dos gerentes ocidentais de aprender com suas operações naquele mercado ou de seus parceiros japoneses.[20]

De outro lado, o conhecimento na maioria das culturas ocidentais tende a ser menos contextual, menos arraigado no sistema social como um todo. Tal conhecimento pode ser escrito, pode ser ensinado em salas de aula e pode ser transmitido, tudo isso a um custo relativamente baixo. Gerentes japoneses que trabalham em economias ocidentais têm mais chances de ser capazes de avaliar e compreender as práticas comerciais ocidentais e dessa forma conseguir aprender com suas operações no Ocidente e com seus parceiros ocidentais.

Receptividade à aprendizagem

As empresas também variam quanto à receptividade à aprendizagem. Essa receptividade é afetada por suas culturas, seus procedimentos operacionais e suas histórias. Pesquisas sobre aprendizagem organizacional sugerem que, antes de as empresas serem capazes de aprender com suas operações internacionais, elas devem estar preparadas para **desaprender**. Isso requer que uma empresa modifique ou abandone formas tradicionais de conduzir negócios. Desaprender pode parecer difícil, em especial se uma empresa possuir um longo histórico de sucesso usando velhos padrões de comportamento e, se esses velhos padrões de comportamento estiverem refletidos em sua estrutura organizacional, seus sistemas de controle gerencial e suas políticas de remuneração.[21]

Mesmo que seja possível desaprender, uma empresa pode não ter os recursos necessários para aprender. Se uma empresa está usando tudo o que dispõe em termos de tempo gerencial, talento, capital e tecnologia apenas para competir em um negócio rotineiro, a tarefa adicional de aprender com operações internacionais pode ser inviável. Embora gerentes nessa situação geralmente reconheçam a importância de aprender com suas operações internacionais a fim de modificar suas competências centrais ou desenvolver novas, eles simplesmente podem não ter tempo nem energia para fazê-lo.[22]

A capacidade de aprender com as operações pode também ser obstruída, se os gerentes perceberem que há coisas demais a aprender. Costuma ser difícil para uma empresa compreender como ela pode evoluir de seu estado atual para uma posição em que ela opere com competências centrais novas e mais valiosas. Essa dificuldade é exacerbada quando é grande a distância entre onde uma empresa está e onde ela necessita chegar. A um gerente ocidental que percebeu esse grande abismo de aprendizagem após visitar uma fábrica de alto nível de excelência operada por um parceiro japonês foi atribuída a seguinte citação:[23]

> *De nada adianta simplesmente observarmos onde eles estão hoje; o que precisamos descobrir é como eles passaram de onde nós estamos para onde eles estão. Precisamos experimentar e aprender com tecnologias intermediárias antes de reproduzir o que eles fizeram.*

Alavancar novas competências centrais em outros mercados

Após aprender com suas operações internacionais e modificar suas competências centrais ou desenvolver novas, uma empresa deve alavancar essas competências por meio de suas operações, tanto domésticas como internacionais, a fim de realizar seu pleno valor. Deixar de alavancar essas 'lições aprendidas' pode reduzir drasticamente o retorno associado à implementação de uma estratégia internacional.

ALAVANCAR AS COMPETÊNCIAS CENTRAIS EXISTENTES DE NOVAS MANEIRAS

Operações internacionais também podem criar oportunidades para empresas alavancarem suas competências centrais tradicionais de novas maneiras. Essa habilidade está relacionada, embora seja diferente, com o uso de operações internacionais para obter acesso a novos clientes para os produtos ou serviços de uma empresa. Quando as empresas obtêm acesso a novos clientes para seus produtos, com frequência elas alavancam suas competências centrais domésticas através das fronteiras nacionais. Quando elas alavancam competências centrais de *novas* maneiras, elas não só estendem as operações para além das fronteiras de seu país como também alavancam suas competências por meio de produtos e serviços de um modo que não seria economicamente viável em seu mercado doméstico.

Considere, por exemplo, a Honda. Existe um amplo consenso de que a Honda desenvolveu competências centrais no projeto e na fabricação de motores de propulsão. A empresa usou sua competência central para facilitar a entrada em uma variedade de mercados de produto — como motocicletas, automóveis e removedores de neve — tanto no mercado japonês como nos mercados internacionais, como os Estados Unidos. Entretanto, começou a explorar algumas oportunidades de alavancagem de competências nos Estados Unidos que não estavam disponíveis no mercado japonês. Por exemplo, a Honda começou a projetar e fabricar cortadores de grama de vários tamanhos para residências norte-americanas — os cortadores de grama claramente se valeram da tradicional competência da Honda em motores de propulsão. No entanto, dadas as condições de superlotação da vida no Japão, a demanda dos consumidores por cortadores de grama nesse país nunca foi grande. Os gramados nos Estados Unidos, por sua vez, podem ser bem amplos, e a demanda de consumo por cortadores de alta qualidade nesse mercado é substancial. A oportunidade para a Honda começar a alavancar suas competências em motores de propulsão na venda de cortadores de grama a residentes norte-americanos existe somente porque a empresa opera fora de seu mercado doméstico.

ADMINISTRAR O RISCO CORPORATIVO

Já avaliamos o valor da redução de risco para empresas que seguem uma estratégia de diversificação corporativa. Foi sugerido que, embora operações diversificadas entre negócios com fluxos de caixa imperfeitamente relacionados possam reduzir o risco de uma empresa, acionistas externos podem administrar esse risco de maneira mais eficiente por conta própria ao investir em um portfólio diversificado de ações. Consequentemente, os acionistas têm pouco interesse direto na contratação de gerentes para operar um portfólio diversificado de negócios, cujo único propósito é a diversificação de risco.

Conclusões semelhantes aplicam-se a empresas que adotam estratégias internacionais — com duas qualificações. Primeiro, sob algumas circunstâncias, pode ser difícil para acionistas em um mercado diversificar seu portfólio de investimentos por múltiplos mercados. Uma vez que essas barreiras à diversificação existam para acionistas individuais, mas não para empresas que adotam estratégias internacionais, a redução de risco pode beneficiar diretamente os acionistas. De modo geral, sempre que houver barreiras ao fluxo de capital internacional, investidores individuais podem não conseguir diversificar otimamente seus portfólios através de fronteiras nacionais. Nesse contexto, investidores individuais podem diversificar indiretamente sua carteira de investimentos comprando ações de multinacionais diversificadas.[24]

Segundo, grandes empresas de capital fechado podem achar que é de interesse da maximização de suas riquezas diversificar amplamente para reduzir o risco. Para obter as vantagens de redução de risco resultantes da diversificação de seus investimentos por meio de um portfólio de ações, os proprietários dessas empresas teriam que 'retirar o retorno sobre o investimento' (*cash out*) de sua posição de propriedade na empresa — por exemplo, abrindo o capital da empresa — e depois usar esse caixa para investir em uma carteira de ações. Entretanto, esses indivíduos podem obter outras vantagens inerentes ao controle de suas empresas e podem não querer *cash out*. Nesse cenário, a única maneira pela qual os proprietários conseguem obter vantagens de redução de risco a partir de uma ampla diversificação é a empresa que eles possuem diversificar amplamente.

Essa justificativa de diversificar para fins de redução de risco é particularmente relevante no contexto internacional porque, conforme foi descrito no quadro "Pesquisa em foco", muitas das economias mundiais são dominadas por empresas privadas controladas por grandes famílias. Não surpreende que essas empresas familiares tendam a ser muito mais diversificadas do que as de capital aberto que predominam nos Estados Unidos e no Reino Unido.

PESQUISA EM FOCO

Empresas familiares na economia global

Empresas controladas por uma única família são surpreendentemente comuns ao redor do mundo. Nos Estados Unidos, por exemplo, Marriott, Walgreens, Wrigley, Alberto-Culver, Campbell Soup, Dell e Walmart são empresas controladas por famílias. No entanto, apenas 4 das 20 maiores empresas nos Estados Unidos e apenas 1 das 20 maiores empresas no Reino Unido são familiares.

Embora não sejam comuns nos Estados Unidos e no Reino Unido, empresas familiares são a regra — não a exceção — na maioria dos países ao redor do mundo. Por exemplo, na Nova Zelândia, 9 das 20 das maiores empresas na economia são controladas por famílias; na Argentina, isso ocorre com 13 das 20 maiores empresas; no México, as 20 maiores empresas na economia são familiares. Em muitos países — incluindo Bélgica, Canadá, Dinamarca, Grécia, Hong Kong, Israel, Portugal, Cingapura, Coreia do Sul, Suécia e Suíça — mais de um terço das 20 maiores empresas é controlado por famílias.

Há uma série de explicações para o fato de empresas familiares continuarem a representar uma parcela importante da economia mundial. Por exemplo, alguns pesquisadores argumentam que as famílias obtêm benefícios privados de propriedade — além dos benefícios financeiros que venham a receber, inclusive alto *status* social em seus países. Outros pesquisadores sustentam que o controle familiar ajuda a garantir que os membros da família serão capazes de controlar suas posses em países com direitos à propriedade privada menos desenvolvidos. Há também os que defendem que a propriedade concentrada em famílias contribui para que uma empresa detenha força política em suas negociações com o governo.

Do lado positivo, a propriedade familiar pode reduzir conflitos que de outra forma poderiam surgir entre os gerentes de uma empresa e seus investidores externos — os problemas de agência discutidos no quadro "Estratégia em detalhes" do Capítulo 8. Os administradores de empresas familiares estão 'apostando' o dinheiro de suas próprias famílias, não 'o dinheiro alheio'; portanto, é menos provável que sigam estratégias que beneficiem a eles próprios, mas prejudiquem os donos da empresa, já que eles são os donos da empresa.

Do lado negativo, empresas familiares podem ficar privadas de capital, sobretudo capital acionário. Normalmente, membros que não pertencem à família relutam em investir em empresas familiares, já que os interesses familiares costumam ter precedência sobre os interesses dos investidores externos. Além disso, empresas familiares podem limitar sua busca por liderança sênior a membros da família. Pode bem ser o caso de que os melhores líderes de uma empresa familiar não sejam membros da família, mas o controle familiar pode impedir que uma empresa tenha acesso a todo o mercado de trabalho. Por fim, por razões explicadas no texto, empresas familiares podem necessitar adotar uma ampla estratégia de diversificação para reduzir o risco assumido por seus proprietários familiares. Como foi sugerido no Capítulo 8, tais estratégias de diversificação não relacionada podem ser, às vezes, difíceis de administrar.

De um ponto de vista mais amplo, a importância de empresas de domínio familiar pelo mundo sugere que o modelo 'padrão' de governança corporativa — com inúmeros acionistas anônimos, um conselho de administração independente e executivos sêniores contratados por sua capacidade de liderar e de criar valor econômico — pode não ser tão amplamente aplicável. Esse enfoque à governança corporativa, tão dominante nos Estados Unidos e no Reino Unido, pode, na verdade, ser a exceção, e não a regra.

Fontes: R. Morck e B.Yeung, "Family control and the rent-seeking society", *Entrepreneurship: Theory and Practice*, p. 391-409, 2004; R. LaPorta, F.Lopez-de-Salinas, A. Shleifer e R. Vishny, "Corporate ownership around the world", *Journal of Finance*, n. 54, p. 471-520, 1999; J. Weber, L. Lavelle, T. Lowry, W. Zellner e A. Barrett, "Family, Inc", *BusinessWeek*, p.100+, 10 nov. 2003.

O *TRADE-OFF* ENTRE RESPONSIVIDADE LOCAL E INTEGRAÇÃO INTERNACIONAL

À medida que as empresas buscam as economias de escopo listadas no Quadro 11.1, elas constantemente se veem diante do dilema de optar entre as vantagens de responder às condições mercadológicas em seus mercados não domésticos e as vantagens de integrar suas operações entre os múltiplos mercados em que operam.

De um lado, a **responsividade local** permite a uma empresa atender bem às necessidades locais de consumidores fora do mercado doméstico, dessa forma aumentando a demanda para os produtos ou serviços que ela oferece. Além disso, a responsividade local permite a uma empresa expor suas competências centrais tradicionais a novas situações competitivas, desse modo ampliando as chances de essas competências centrais serem aprimoradas ou intensificadas por novas competências. Por fim, um conhecimento local detalhado é essencial para que as empresas alavanquem suas competências tradicionais de novas maneiras em seus mercados não domésticos. A Honda foi capaz de passar a explorar suas competências em motores a propulsão no mercado norte-americano de cortadores de grama somente por causa de seu conhecimento detalhado desse mercado e sua responsividade a ele.

De outro lado, a exploração plena das economias de escala passíveis de serem criadas pela venda de produtos ou serviços de uma empresa em um mercado não doméstico frequentemente só ocorre se houver uma estreita integração entre todos os mercados em que a empresa atua. Obter acesso a fatores de produção de baixo custo pode não somente contribuir para o sucesso de uma empresa em um mercado internacional, mas também ajudá-la a se sair bem em todos os seus mercados — contanto que esses fatores de produção sejam usados por muitas divisões da empresa internacional. Desenvolver novas competências e usar as competências centrais tradicionais de novas maneiras certamente podem ser úteis em um mercado doméstico em particular. Entretanto, o pleno valor dessas economias de escopo é realizado somente quando elas são transferidas de um determinado mercado doméstico para as operações de uma empresa em todos os seus outros mercados.

Tradicionalmente, acreditava-se que as empresas deveriam optar entre responsividade local e integração internacional. Por exemplo, empresas como a CIBA-Geigy (um laboratório farmacêutico suíço), a Nestlé (uma empresa alimentícia suíça) e a Philips (uma empresa de eletrônicos de consumo holandesa) haviam optado por enfatizar a responsividade local. A Nestlé, por exemplo, possui mais de 8 mil nomes de marca no mundo inteiro. No entanto, dessas 8 mil marcas, apenas 750 estão registradas em mais de um país, e somente 80 estão registradas em mais de dez países. A Nestlé ajusta os atributos de seus produtos às necessidades dos consumidores locais, adota nomes de marca que fazem sentido para esses consumidores e constrói marcas para proporcionar lucros de longo prazo em cada país. Por exemplo, nos Estados Unidos, o leite condensado da Nestlé tem o nome Carnation (obtido por meio da aquisição da empresa Carnation Company); na Ásia, esse mesmo produto tem o nome de marca Bear Brand. A Nestlé delega o poder de gestão de marca aos gerentes de país, que podem (e o fazem) ajustar estratégias tradicionais de marketing e produção às preferências locais. Por exemplo, o grupo de gestão da Nestlé na Tailândia abandonou os esforços tradicionais de marketing de café que focavam o paladar, o aroma e o estímulo e começou a vender café como uma bebida relaxante e romântica. Essa estratégia de marketing estava em consonância com a vida urbana agitada dos tailandeses e fez com que as vendas de café no país saltassem de $ 25 milhões para $ 100 milhões em quatro anos.[25]

É claro que essa responsividade local tem um preço. Empresas que enfatizam a responsividade local frequentemente não conseguem realizar todo o valor das economias de escopo e escala que seria possível se suas operações entre países fossem mais integradas. Diversas empresas focaram acumular esse valor econômico e perseguiram uma estratégia internacional mais integrada. Exemplos de tais empresas incluem a International Business Machines (IBM), a GE, a Toyota Motor Corporation e a maioria dos laboratórios farmacêuticos, para citar apenas algumas.

Empresas integradas internacionalmente localizam suas funções e atividades em países que possuem uma vantagem comparativa nessas funções ou atividades. Por exemplo, a fabricação de componentes para a maior parte dos eletrônicos de consumo exige pesquisa e capital intensivos e está sujeita a economias de escala significativas. Para gerenciar a produção de componentes com sucesso, a maioria dos fabricantes de componentes integrados internacionalmente localizou suas operações em países tecnologicamente avançados como Estados Unidos e Japão. No entanto, como a montagem desses componentes em produtos de consumo requer mão de obra intensiva, a maioria das empresas de eletrônicos de consumo integradas internacionalmente localizou suas operações de montagem em países com custos de mão de obra relativamente baixos, incluindo México e China.

Naturalmente, um dos custos de localizar funções e atividades em diferentes áreas geográficas é que tais funções e atividades devem ser coordenadas e integradas. Operações em um país podem produzir com muita eficiência determinados componentes; no entanto, se os componentes errados forem despachados para o local de montagem, ou se os componentes certos forem despachados na hora errada, qualquer vantagem que poderia ser obtida da exploração da vantagem comparativa de diferentes países será perdida. Custos de expedição também podem reduzir os retornos sobre a integração internacional.

Para assegurar que diferentes operações em empresas internacionalmente integradas sejam coordenadas apropriadamente, essas empresas normalmente fabricam produtos mais padronizados, usando componentes mais padronizados, do que empresas que respondem mais localmente. A padronização permite que essas empresas realizem economias de escala substanciais e outras vantagens, mas pode limitar sua habilidade de responder a necessidades específicas de mercados individuais. Quando existem padrões internacionais de produto, como no setor de computadores pessoais e de semicondutores, essa padronização não é problemática. Além disso, quando a responsividade local requer apenas algumas modificações do produto padronizado (por exemplo, mudar o formato do plugue de tomada ou a cor de um produto), a integração internacional pode ser muito eficaz. Porém, quando a responsividade local requer muito conhecimento local e modificação de produto, a integração internacional pode criar problemas para uma empresa que busca uma estratégia internacional de diferenciação de produto.

ESTRATÉGIA TRANSNACIONAL

Recentemente, foi sugerido que a negociação entre integração internacional e responsividade local pode ser substituída por uma estratégia transnacional, que explora as vantagens de ambas.[26] Empresas que implementam uma estratégia transnacional tratam suas operações internacionais como uma rede integrada de recursos e capacidades distribuídos e interdependentes. Nesse contexto, as operações de uma empresa em cada país não são simplesmente atividades independentes tentando responder às necessidades do mercado local; são também repositórios de ideias, tecnologias e abordagens de gerenciamento que a empresa pode usar e aplicar em suas outras operações internacionais. Posto de outra forma, operações em diferentes países podem ser consideradas 'experimentos' na criação de novos recursos e novas capacidades. Alguns desses experimentos funcionarão e gerarão novos recursos e novas capacidades importantes; outros fracassarão em gerar tais benefícios para uma empresa.

Quando a operação em determinado país desenvolve uma competência em produzir um produto, fornecer um serviço ou empreender uma atividade que pode ser usada por operações em outros países, a operação com essa competência pode atingir economias de escala internacionais ao se tornar o principal fornecedor desse produto, serviço ou atividade. Dessa forma, a responsividade local é mantida pelos gerentes de um país, que buscam constantemente novas competências que lhes permitam maximizar lucros em seus mercados específicos, e integração internacional e economias são realizadas na medida em que operações de países que desenvolveram competências únicas se tornam fornecedores para as operações em todos os outros países.

Gerenciar uma empresa que esteja tentando ser tanto localmente responsiva como internacionalmente integrada não é tarefa fácil. Alguns desses desafios organizacionais serão discutidos mais adiante neste capítulo.

RISCOS FINANCEIRO E POLÍTICO EM ESTRATÉGIAS INTERNACIONAIS

Existe pouca dúvida acerca de que a realização das economias de escopo relacionadas no Quadro 11.1 possa ser uma fonte de valor econômico para empresas que seguem estratégias internacionais. No entanto, a natureza das estratégias internacionais pode criar riscos significativos de que essas economias de escopo nunca sejam realizadas. Além dos problemas de implementação (que discutiremos mais adiante neste capítulo), tanto circunstâncias financeiras como eventos políticos podem reduzir significativamente o valor de estratégias internacionais.

Riscos financeiros: flutuação de câmbio e inflação

À medida que adotam uma estratégia internacional, as empresas podem expor-se a riscos financeiros que são menos óbvios em um dado mercado doméstico. Em particular, flutuações do câmbio podem afetar significativamente o valor dos investimentos internacionais de uma empresa. Tais flutuações podem transformar o que era um investimento com prejuízo em um investimento lucrativo (essa é a boa notícia). Também podem transformar o que era um investimento lucrativo em um investimento com prejuízo (essa é a má notícia). Além das flutuações de câmbio, diferentes taxas de inflação entre países podem requerer diferentes abordagens gerenciais, estratégias de negócios e práticas contábeis. Certamente, quando uma empresa inicia operações internacionais, esses riscos financeiros podem parecer intimidadores.

Felizmente, agora as empresas podem minimizar esses riscos, usando uma variedade de estratégias e instrumentos financeiros. O desenvolvimento de *money markets* (mercados financeiros de curto prazo), juntamente com a crescente experiência de operação em economias com inflação alta, reduziu substancialmente a ameaça desses riscos financeiros para empresas que buscam estratégias internacionais. É claro que os benefícios dessas ferramentas financeiras e a experiência em ambientes com inflação alta não são acumulados automaticamente. As empresas que visam a implementar uma estratégia internacional devem desenvolver os recursos e as capacidades de que precisarão para gerenciar esses riscos financeiros. Além disso, essas estratégias de minimização não podem reduzir os riscos de negócios que as empresas assumem quando entram em mercados externos. Por exemplo, é possível que os consumidores em um mercado externo simplesmente não queiram adquirir os produtos e serviços de uma empresa — caso em que a economia de escopo não pode ser realizada. Além disso, essas estratégias financeiras não conseguem gerenciar riscos políticos que empresas visando a uma estratégia internacional podem enfrentar.

Riscos políticos

O ambiente político é uma consideração importante em todas as decisões estratégicas. Mudanças nas regras do jogo político podem ter como efeito o aumento de algumas ameaças ambientais, a redução de outras e, dessa forma, a mudança do valor dos recursos e das capacidades de uma empresa. No entanto, o ambiente político pode ser ainda mais problemático para empresas que adotam estratégias internacionais.

Tipos de risco político

A política pode afetar o valor das estratégias internacionais de uma empresa nos níveis macro e microeconômico. No nível macro, mudanças profundas na situação política de um país podem mudar o valor de um investimento. Por exemplo, após a Segunda Guerra Mundial, governos nacionalistas subiram ao poder em muitos países do Oriente Médio. Esses países expropriaram, por uma indenização mínima, ou até nenhuma, muitos dos bens das empresas de gás e petróleo que lá operavam. A expropriação de bens de empresas estrangeiras também ocorreu quando o xá do Irã foi destronado, quando um governo comunista foi eleito no Chile e quando novos governos subiram ao poder em países como Angola, Etiópia, Peru e Zâmbia.[27]

Reviravoltas políticas e os consequentes riscos para empresas internacionais são fatos comuns em alguns países. Considere, por exemplo, a Nigéria, rica em petróleo. Desde sua independência, em 1960, a Nigéria vivenciou diversos golpes de estado bem-sucedidos, uma guerra civil, dois governos civis e seis regimes militares.[28] Uma atitude prudente para as empresas que operam negócios nesse país é esperar que o governo vigente mude e se preparar para isso.

Quantificando riscos políticos

Cientistas políticos tentaram quantificar o risco político que empresas que buscam implementar estratégias internacionais estão sujeitas a enfrentar em diferentes países. Embora diversos estudos variem em detalhes, os atributos de cada país listados na Tabela 11.2 resumem os determinantes mais importantes do risco político para empresas que visam a estratégias internacionais.[29] As empresas podem aplicar os critérios listados na tabela avaliando as condições políticas e econômicas em um país e somando os pontos associados a essas condições. Por exemplo, um país que tenha um sistema político muito instável (14 pontos), alto grau de controle do sistema econômico (9 pontos) e significativas restrições a importações (10 pontos) representa mais risco político do que um país que não tenha esses atributos.

Gerenciando o risco político

Ao contrário dos riscos financeiros, existem relativamente poucas ferramentas para gerenciar riscos políticos associados à adoção de uma estratégia internacional. Obviamente, uma opção seria buscar oportunidades internacionais apenas em países nos quais o risco político seja muito pequeno. No entanto, as oportunidades significativas de negócio geralmente estão nos países politicamente arriscados, exatamente porque eles apresentam esse risco. Como alternativa, as empresas podem limitar seus investimentos em ambientes politicamente arriscados. No entanto, essas limitações podem impedi-las de aproveitar ao máximo quaisquer economias de escopo que possam existir ao operar um negócio nesse país.

Uma abordagem para gerenciar o risco político é considerar cada um dos determinantes do risco político, listados na Tabela 11.2, como pontos de negociação conforme uma empresa se estabelece no mercado de um novo país. Em muitas circunstâncias, as empresas que estão em um mercado não doméstico têm tanto interesse que outra empresa faça negócios em um mercado novo quanto tem a empresa que contempla a entrada. Empresas multinacionais às vezes podem usar esse poder de barganha para negociar condições de entrada que reduzem, ou até mesmo neutralizam, algumas das fontes de risco político em um país. Evidentemente, por mais hábil que uma empresa seja em negociar essas condições de entrada, uma mudança de governo ou nas leis pode rapidamente anular quaisquer acordos.

Uma terceira abordagem ao gerenciamento de risco político é transformar uma ameaça em oportunidade. Uma empresa que tem obtido sucesso dessa forma é a Schlumberger, uma multinacional de serviços de petróleo. A Schlumberger tem escritórios em Nova York, em Paris e no Caribe; é uma verdadeira multinacional. A gerência da

TABELA 11.2 Quantificando riscos políticos de operações internacionais

Risco, se fator de risco for:	Baixo	Alto
O ambiente político-econômico		
1. Estabilidade no sistema político	3	14
2. Conflitos internos iminentes	0	14
3. Ameaças externas à estabilidade	0	12
4. Grau de controle do sistema econômico	5	9
5. Confiabilidade de um país como parceiro comercial	4	12
6. Garantias constitucionais	2	12
7. Eficiência da administração pública	3	12
8. Relações trabalhistas e paz social	3	15
Condições econômicas internas		
1. Tamanho da população	4	8
2. Renda *per capita*	2	10
3. Crescimento econômico nos últimos cinco anos	2	7
4. Potencial de crescimento nos próximos três anos	3	10
5. Inflação nos últimos dois anos	2	10
6. Disponibilidade de mercados de capital internos para investidores externos	3	7
7. Disponibilidade de mão de obra local de alta qualidade	2	8
8. Possibilidade de empregar estrangeiros	2	8
9. Disponibilidade de recursos energéticos	2	14
10. Exigências legais sobre poluição ambiental	4	8
11. Infraestrutura de transporte e comunicações	2	14
Relações econômicas externas		
1. Restrições a importação	2	10
2. Restrições a exportação	2	10
3. Restrições a investimentos externos	3	9
4. Liberdade para criar ou entrar em parcerias	3	9
5. Proteção legal para marcas e produtos	3	9
6. Restrições a transferências monetárias	2	8
7. Reavaliação da moeda nos últimos cinco anos	2	7
8. Situação da balança de pagamentos	2	9
9. Utilização de moeda forte na importação de energia	3	14
10. *Status* financeiro	3	8
11. Restrições à troca de moeda local e estrangeira	2	8

Fonte: Adaptado de E. Dichtl e H. G Koeglmayr, "Country Risk Ratings", *Management Review*, v. 26, n. 4, p. 2-10, 1986. Reproduzido com permissão.

empresa adotou uma política de neutralidade estrita nas interações com governos de países emergentes. Por causa dessa política, ela tem conseguido evitar problemas políticos e continua a fazer negócios onde muitas empresas consideram o risco político muito alto. Posto de outra forma, a Schlumberger desenvolveu recursos e capacidades valiosos, raros e custosos de imitar no gerenciamento de riscos políticos e usa esses recursos para gerar altos níveis de desempenho econômico.[30]

PESQUISAS SOBRE O VALOR DAS ESTRATÉGIAS INTERNACIONAIS

De modo geral, as pesquisas sobre as consequências econômicas da implementação de estratégias internacionais são variadas. Algumas constataram que o desempenho de empresas que se internacionalizam é superior ao desempenho de outras que operam somente em mercados domésticos.[31] Entretanto, a maior parte desse trabalho não examinou as economias de escopo específicas que uma empresa tenta realizar por meio de seus esforços de internacionalização. Além disso, vários desses estudos tentaram avaliar o impacto de estratégias internacionais sobre o desempenho corporativo utilizando indicadores contábeis. Outras pesquisas identificaram que o desempenho ajustado ao risco de empresas que adotam estratégias internacionais não difere do desempenho ajustado ao risco de empresas que adotam estratégias puramente domésticas.[32]

Essas descobertas ambivalentes não surpreendem, visto que o valor econômico das estratégias internacionais depende do fato de uma empresa buscar economias de escopo valiosas ao implementar essa estratégia. A maior parte desse trabalho empírico deixa de examinar as economias de escopo sobre as quais a estratégia internacional de uma empresa pode estar baseada. Ademais, ainda que uma empresa seja capaz de realizar reais economias de escopo a partir de suas estratégias internacionais, para ser uma fonte de vantagem competitiva sustentável, essa economia de escopo também deve ser rara e custosa de imitar, e a empresa deve estar organizada para realizá-la plenamente.

Estratégias internacionais e vantagem competitiva sustentável

Como já foi sugerido neste capítulo, grande parte da discussão sobre raridade e imitabilidade em aliança estratégica, diversificação e estratégias de fusão e aquisição também se aplica às estratégias internacionais. Entretanto, alguns aspectos de raridade e imitabilidade são exclusivos de estratégias internacionais.

A raridade de estratégias internacionais   VRIO

De muitas maneiras, parece provável que as estratégias internacionais estejam se tornando menos raras entre a maioria das empresas concorrentes. Considere, por exemplo, as estratégias cada vez mais internacionais de muitas empresas de telecomunicações ao redor do mundo. Durante grande parte da década de 1980, o setor de telecomunicações permaneceu altamente regulamentado. As empresas de telefonia raramente se aventuravam além das fronteiras nacionais e, quando o faziam, suas aspirações internacionais eram limitadas. Porém, à medida que as restrições governamentais às empresas de telecomunicações ao redor do mundo começaram a ser suspensas, essas empresas começaram a explorar novas alternativas de negócios. Para muitas delas, isso significou, inicialmente, explorar novos negócios de telecomunicações em seus mercados domésticos. Desse modo, por exemplo, muitas empresas de telecomunicações antes regulamentas nos Estados Unidos passaram a explorar oportunidades de negócios em segmentos menos regulamentados do mercado norte-americano de telecomunicações, como telefonia celular e *pagers*. Ao longo do tempo, essas mesmas empresas começaram a explorar oportunidades de negócios no exterior.

Nos últimos anos, o setor de telecomunicações iniciou sua consolidação em bases mundiais. Por exemplo, no início da década de 1990, a Southwestern Bell (atualmente AT&T) adquiriu participação controladora na estatal mexicana de telecomunicações. Ameritech (atualmente uma divisão da AT&T), Bell Atlantic, U.S. West, BellSouth e Pacific Telesis (agora uma divisão da AT&T) também se envolveram em várias operações internacionais. No fim da década de 1990, a norte-americana MCI fundiu-se com a britânica British Telecom. Em 1999, o Vodafone Group (empresa de telecomunicações sediada na Grã-Bretanha) comprou a AirTouch Cellular (norte-americana) por $ 60,29 bilhões, formou uma aliança estratégica com a U.S. West (também norte-americana), adquiriu a Mannesman (empresa de telecomunicações alemã) por $ 127,76 bilhões e aumentou sua participação em várias empresas menores do setor ao redor do mundo. Também em 1999, a Olivetti (empresa italiana de eletrônicos) obteve êxito em rechaçar o esforço da Deutsche Telephone em adquirir a Italia Telecom (empresa de telefonia italiana). Obviamente, as estratégias internacionais não são mais raras entre as empresas de telecomunicações.[33]

Naturalmente, existem várias razões para o aumento na popularidade das estratégias internacionais. Não menos importante dentre elas são as substanciais economias de escopo que a internacionalização pode trazer às empresas. Além disso, várias mudanças na organização da economia mundial facilitaram a crescente popularidade das estratégias internacionais. Por exemplo, o Acordo Geral sobre Tarifas e Comércio (do inglês, *General Agreement on Tariffs and Trade* — Gatt), em conjunto com o desenvolvimento da Comunidade Europeia (CE), do Mercado Comum Andino (do inglês, *Andean Commom Market* — Ancom), da Associação de Nações do Sudeste Asiático (do inglês, *Association of Southeast Asian Nations* — Asean), do Tratado Norte-Americano de Livre Comércio (do inglês, North American Free Trade Agreement — Nafta) e de outras zonas de livre comércio, reduziu consideravelmente tarifas e barreiras não tarifárias ao comércio. Essas mudanças contribuíram para facilitar o comércio entre os países participantes de um acordo; elas também serviram de estímulo às empresas que pretendiam tirar proveito dessas oportunidades para expandir suas operações a esses países.

Melhorias na infraestrutura tecnológica dos negócios também são importantes fatores de contribuição ao crescimento no número de empresas que se internacionalizam. Transportes (em especial, o aéreo) e comunicações (via computador, fax, telefone, *pager*, celular etc.) evoluíram ao ponto de atualmente ser mais fácil para as empresas monitorar e integrar suas operações internacionais do que era há apenas alguns anos. Essa infraestrutura permite reduzir o custo de implementar uma estratégia internacional e, por conseguinte, aumenta a probabilidade de que as empresas persigam essas oportunidades.

Finalmente, o surgimento de vários padrões de comunicações, técnicos e contábeis está facilitando as estratégias internacionais. Por exemplo, existe nos dias atuais um padrão mundial em prática para computadores pessoais. Além disso, a maioria dos programas que rodam nesses computadores é flexível e intercambiável. Uma pessoa pode redigir um relatório em um PC na Índia e imprimi-lo por um PC na França sem nenhuma dificuldade. Há também um padrão no idioma dos negócios — o inglês. Embora a plena compreensão de uma cultura que não fale inglês exija que os gerentes aprendam a língua nativa, é, contudo, possível administrar negócios internacionais usando o inglês.

Embora aparentemente mais e mais empresas estejam adotando estratégias internacionais, não se pode inferir que essas estratégias jamais serão raras entre um conjunto de empresas concorrentes. Pode haver pelo menos duas formas de estratégia internacional rara. Dada a enorme gama de oportunidades comerciais existentes em âmbito global, pode ocorrer que uma enorme quantidade de empresas implemente estratégias internacionais e, ainda assim, não concorra diretamente ao implementá-las.

Ainda que várias empresas estejam concorrendo para explorar a mesma oportunidade internacional, o critério de raridade pode ser atendido, se os recursos e as capacidades que uma determinada empresa traz para essa concorrência internacional forem por si sós raros. Exemplos desses recursos e capacidades raros podem incluir habilidades mercadológicas incomuns, produtos altamente diferenciados, tecnologia especial, talento gerencial superior e economias de escala.[34] Se uma empresa adotar uma das economias de escopo relacionadas no Quadro 11.1, usando recursos e capacidades que são raros entre as empresas concorrentes, essa empresa poderá obter uma vantagem competitiva ao menos temporária, mesmo que sua estratégia internacional, em si, não seja rara.

A imitabilidade das estratégias internacionais   V R I O

Assim como as demais estratégias discutidas neste livro, tanto a duplicação direta como a substituição de estratégias internacionais são importantes na avaliação da imitabilidade dessas ações.

Duplicação direta de estratégias internacionais

Ao avaliar a possibilidade de duplicação direta de estratégias internacionais, duas perguntas devem ser feitas: (1) as empresas tentarão duplicar estratégias internacionais valiosas e raras? E (2) as empresas serão capazes de duplicar essas estratégias valiosas e raras?

Parece haver pouca dúvida de que, na ausência de barreiras artificiais, os lucros gerados pelas estratégias internacionais valiosas e raras de uma empresa motivarão outras empresas a tentar imitar os recursos e as capacidades exigidos para implementar tais estratégias. Essa corrida para a internacionalização ocorreu em inúmeros outros setores também. Por exemplo, o setor de alimentos processados teve, em certo momento histórico, uma forte orientação ao mercado interno. Entretanto, inspirada pelo sucesso mundial da Nestlé e da Procter & Gamble, a maioria das indústrias de alimentos processados atualmente se engaja em pelo menos alguma operação internacional.

Mas o simples fato de que empresas concorrentes geralmente tentam duplicar uma estratégia internacional bem-sucedida não quer dizer que elas sejam sempre capazes de fazê-lo. Uma empresa de sucesso pode explorar recursos ou capacidades que são dependentes de caminho, incertos ou socialmente complexos em seus esforços de internacionalização, cuja duplicação direta seja custosa demais; portanto, estratégias internacionais podem ser uma fonte de vantagem competitiva sustentável. Na realidade, existe razão para crer que ao menos alguns dos recursos e algumas das capacidades que habilitam uma empresa a seguir uma estratégia internacional sejam provavelmente custosos de imitar.

Por exemplo, a capacidade de desenvolver conhecimento local detalhado de mercados não domésticos pode exigir que as empresas mantenham equipes gerenciais com grande experiência internacional. Algumas empresas podem ter esse tipo de experiência em sua alta gerência; e outras não. Um estudo de 433 diretores executivos de todo o mundo relatou que 14 por cento dos CEOs norte-americanos não tinham experiência internacional e que a experiência internacional de 56 por cento desses profissionais se limitava a viagens de férias. Outro levantamento demonstrou que somente 22 por cento dos CEOs de empresas multinacionais possuem larga experiência internacional.[35] Naturalmente, pode levar muito tempo para uma empresa que não tem muita experiência internacional em sua equipe gerencial desenvolver tal capacidade. As empresas que carecem desse tipo de experiência terão de trazer gerentes de fora da organização, investir no desenvolvimento dessa experiência internamente, ou ambos. Evidentemente, essas atividades são onerosas. O custo de se criar essa base de experiência na equipe gerencial de uma empresa pode ser considerado como um dos custos da duplicação direta.

Substituição de estratégias internacionais

Ainda que a duplicação direta das estratégias internacionais de uma empresa seja onerosa, podem existir substitutos que limitem a possibilidade de essa estratégia gerar vantagem competitiva sustentável. Em particular, visto que as estratégias internacionais são apenas um caso especial de estratégias corporativas em geral, qualquer das outras estratégias corporativas discutidas neste livro — como alguns tipos de aliança estratégia, diversificação e fusão e aquisição — podem ser substitutas ao menos parciais de estratégias internacionais.

Por exemplo, pode ser possível para uma empresa obter pelo menos algumas das economias de escopo relacionadas no Quadro 11.1 por meio da implementação de uma estratégia de diversificação corporativa no âmbito de um único mercado nacional, sobretudo se esse mercado for grande e geograficamente diverso. Um mercado como esse é, naturalmente, os Estados Unidos. Uma empresa que originalmente conduza negócios no nordeste dos Estados Unidos pode obter muitos dos benefícios da internacionalização iniciando operações comerciais no sul do país, na costa Oeste ou no noroeste do Pacífico. Nesse sentido, a diversificação geográfica dentro dos Estados Unidos é um substituto no mínimo parcial para a internacionalização e uma razão por que muitas empresas norte-americanas ficaram atrás de empresas europeias e asiáticas em seus esforços internacionais.

Existem, contudo, algumas economias de escopo listadas no Quadro 11.1 que só podem ser obtidas por meio de operações internacionais. Por exemplo, como geralmente há poucas restrições ao fluxo de capital na maioria dos países, a gestão de risco é diretamente valiosa aos acionistas de uma empresa somente no caso de empresas que busquem oportunidades através de países nos quais haja barreiras ao fluxo de capital.

A ORGANIZAÇÃO DE ESTRATÉGIAS INTERNACIONAIS V R I O

Para realizar o pleno potencial econômico de uma estratégia internacional valiosa, rara e custosa de imitar, as empresas devem estar adequadamente organizadas.

Internacionalizar-se: opções organizacionais

Uma empresa implementa uma estratégia internacional quando diversifica suas operações através das fronteiras de um país. Entretanto, as empresas podem organizar suas operações comerciais internacionais de uma ampla variedade de formas. A Tabela 11.3 apresenta algumas das mais comuns, variando de formas de governança de mercado e administração de simples operações de exportação ao uso de subsidiárias totalmente próprias e a gestão de **investimento estrangeiro direto**.

TABELA 11.3 Opções de organização para empresas em busca de estratégias internacionais

Governança de mercado	Governança de mercado intermediária	Governança hierárquica
Exportação	Licenciamento Alianças sem participação acionária Alianças com participação acionária *Joint-ventures*	Fusões Aquisições Subsidiárias totalmente próprias

Intercâmbios de mercado e estratégias internacionais

As empresas podem manter relações comerciais tradicionais entre si e com seus clientes no exterior segundo o princípio *arm's length* (à distância) e, ainda assim, implementar estratégias internacionais. Elas fazem isso simplesmente por meio da importação de suprimentos de fontes externas ou da exportação de seus produtos ou serviços para um mercado externo. É claro que as empresas que exportam geralmente precisam trabalhar com um ou mais parceiros para receber, comercializar e distribuir seus produtos em um mercado não doméstico. No entanto, empresas exportadoras podem usar contratos para administrar suas relações com esses parceiros internacionais e, assim, manter uma relação do tipo *arm's length* com eles — sem deixar de se envolverem em operações internacionais.

As vantagens de se adotar a exportação como um meio de administrar uma estratégia internacional são seu baixo custo e o risco limitado de exposição enfrentado por empresas que buscam oportunidades internacionais dessa forma. Empresas que estão apenas começando a considerar estratégias internacionais podem usar a exportação baseada em mercados para testar mares distantes — e descobrir se existe demanda para seus produtos e serviços atuais, adquirir alguma experiência em operar em mercados internacionais ou começar a desenvolver relacionamentos que poderão ser valiosos em esforços subsequentes de estratégia internacional. Se as empresas descobrem que não existe muita demanda externa para seus produtos e serviços ou se descobrem que não têm os recursos e as capacidades para competir de maneira eficaz nesses mercados, podem simplesmente encerrar suas operações de exportação. O custo direto de encerrar esse tipo de operação pode ser bastante baixo, especialmente se o volume de exportações for pequeno e a empresa não tiver investido em instalações e equipamentos destinados a facilitar as exportações. Certamente, se uma empresa limitou seu investimento estrangeiro direto, não corre o risco de perder esse investimento, no caso de encerrar suas operações de exportação.

Contudo, os custos de oportunidade associados a restringir as operações internacionais de uma empresa às exportações podem ser significativos. Das economias de escopo relacionadas no Quadro 11.1, somente a de ganhar acesso a novos clientes para produtos ou serviços atuais de uma empresa pode ser realizada por meio da exportação. Outras economias de escopo que detêm algum potencial para empresas que exploram operações de negócios internacionais estão fora do alcance das empresas que restringem suas operações internacionais às exportações. Para algumas empresas, realizar economias a partir do acesso a novos clientes é suficiente, e exportar é uma estratégia viável de longo prazo. Entretanto, como outras economias de escopo podem existir em uma empresa, limitar as operações internacionais à exportação pode limitar o lucro econômico de um negócio.

Intercâmbios de mercado intermediários e estratégias internacionais

Se uma empresa quiser ir além da atividade de exportação na implementação de estratégias internacionais, existe uma ampla variedade de **alianças estratégicas**. Essas alianças variam de simples contratos de licenciamento, nos quais uma empresa concede a outra no exterior o direito de usar seus produtos e nomes de marca para vender produtos nesse mercado externo, a *joint-ventures*, nas quais uma empresa doméstica e uma empresa externa criam uma entidade organizacional independente para gerenciar esforços internacionais. Conforme foi sugerido no Capítulo 9, o recente crescimento no número de empresas que adotam estratégias de aliança estratégica é o resultado direto da crescente popularidade das estratégias internacionais. Alianças estratégicas representam uma das formas mais comuns pelas quais as empresas administram seus esforços internacionais.

A maior parte da discussão sobre o valor, a raridade, a imitabilidade e a organização de alianças estratégicas no Capítulo 9 aplica-se à análise de alianças estratégicas para a implementação de uma estratégia internacional. Entretanto, muitas das oportunidades e dos desafios de se administrar alianças estratégicas como as estratégias cooperativas, discutidas no Capítulo 9, são exacerbadas no contexto de alianças estratégicas internacionais.

Por exemplo, foi sugerido que o comportamento oportunista (sob a forma de seleção adversa, dano moral ou apropriação) pode ameaçar a estabilidade de alianças estratégicas no âmbito doméstico. O comportamento oportunista é um problema porque os participantes de uma aliança estratégia consideram oneroso observar e avaliar o desempenho de seus parceiros. Obviamente, os custos e a dificuldade de avaliar o desempenho de um parceiro de aliança em um acordo internacional são maiores do que os custos e a dificuldade de avaliar o desempenho de um parceiro de aliança em um acordo puramente doméstico. Distância geográfica, diferenças em práticas tradicionais de negócios, barreiras linguísticas e diferenças culturais podem tornar difícil para as empresas avaliar com precisão o desempenho e as intenções de parceiros de alianças internacionais.

Esses desafios podem manifestar-se em múltiplos níveis de uma aliança estratégica internacional. Por exemplo, um estudo demonstrou que os gerentes de organizações dos Estados Unidos têm, em média, um estilo de negociação muito diferente daquele de gerentes de organizações da China. Estes tendem a interromper uns aos outros e fazer muito mais perguntas durante as negociações do que os norte-americanos. À medida que empresas norte-americanas e chinesas começam a negociar acordos de colaboração, será difícil para os gerentes norte-americanos julgarem se o estilo de negociação chinês reflete uma desconfiança fundamental dos gerentes chineses em relação aos norte-americanos ou se é simplesmente uma manifestação das práticas comerciais tradicionais e da cultura da China.[36]

Diferenças de estilos gerenciais semelhantes foram identificadas entre gerentes ocidentais e japoneses. Segundo um gerente ocidental:[37]

> Sempre que eu fazia uma apresentação [a nosso parceiro], eu era 1 contra 10 ou 12. Eles me colocavam na frente de um flip-chart e me interrompiam para conversarem em japonês por dez minutos. Se eu lhes fazia uma pergunta, eles discutiam em japonês para primeiro descobrir o que eu queria saber e depois discutiam as opções a respeito do que eles queriam me dizer, antes de finalmente dar uma resposta.

Durante esses intervalos de dez minutos de conversa, era muito difícil para esse gerente saber se os gerentes japoneses estavam tentando elaborar uma resposta completa e acurada à pergunta dele ou combinando uma resposta incompleta e enganosa. Nesse cenário ambíguo, para evitar o potencial de oportunismo, os gerentes ocidentais poderiam demandar níveis de governança maiores do que os realmente necessários. Na realidade, um estudo revelou que as diferenças de percepção e confiança entre parceiros internacionais exercem impacto sobre os tipos de mecanismo de governança a serem implementados quando as empresas iniciam operações internacionais. Se os parceiros não são percebidos como confiáveis, criam-se dispositivos complexos de governança, como *joint-ventures* — mesmo que os parceiros sejam, na verdade, confiáveis.[38]

Conflitos culturais e de estilo que levam a problemas de oportunismo não se restringem a alianças entre organizações asiáticas e ocidentais. Empresas norte-americanas que operam com parceiros mexicanos costumam descobrir inúmeras diferenças culturais sutis e complexas. Por exemplo, uma empresa norte-americana que operava uma fábrica de transportadoras de aço em Puebla, no México, implementou uma política de queixas de funcionários em três etapas. Um funcionário que tivesse uma reclamação devia, primeiramente, dirigir-se ao supervisor imediato e, então, prosseguir pela cadeia de comando, até a reclamação ser resolvida de um jeito ou de outro. Os gerentes norte-americanos ficaram satisfeitos com esse sistema e contentes por nenhuma queixa ter sido registrada — até o dia em que toda a fábrica entrou em greve. Ocorre que havia inúmeras reclamações, mas os operários mexicanos sentiam-se constrangidos de confrontar diretamente seus supervisores com esses problemas. Tais confrontos eram considerados antissociais na cultura mexicana.[39]

Embora desafios consideráveis sejam associados à administração de alianças estratégicas entre países, também existem consideráveis oportunidades. As alianças estratégicas podem habilitar uma empresa a adotar uma estratégia internacional para realizar qualquer das economias de escopo listadas no Quadro 11.1. Ademais, se uma empresa for capaz de desenvolver recursos e capacidades valiosos, raros e custosos de imitar ao gerenciar alianças estratégicas, o usos de alianças em um contexto internacional pode ser uma fonte de vantagem competitiva sustentável.

Governança hierárquica e estratégias internacionais

As empresas podem decidir integrar suas operações internacionais a suas hierarquias organizacionais adquirindo uma empresa em um mercado externo ou criando uma subsidiária de sua propriedade (*wholly owned*) para gerenciar suas operações em um mercado externo. Obviamente, esses dois investimentos internacionais envolvem substanciais investimentos estrangeiros diretos durante longos períodos. Esses investimentos estão sujeitos a riscos políticos e econômicos e só devem ser empreendidos se a economia de escopo passível de ser realizada por meio de operações internacionais for significativa e outros meios de realizar essa economia de escopo não forem eficazes ou eficientes.

Embora a integração vertical em operações internacionais possa ser dispendiosa e arriscada, pode ter algumas vantagens importantes para a internacionalização de empresas. Primeiro, assim como as alianças estratégicas, essa abordagem para a internacionalização pode permitir a uma empresa realizar qualquer das economias de escopo listadas no Quadro 11.1. Além disso, a integração permite aos gerentes usar uma ampla variedade de controles organizacionais para limitar a ameaça de oportunismo, que não costumam estar disponíveis em formas de governança de mercado internacional ou formas de governança de mercado intermediária. Por fim, ao contrário das alianças estratégicas, nas quais os lucros de operações internacionais devem ser compartilhados com parceiros internacionais, integrar operações internacionais permite às empresas capturar todos os lucros econômicos de suas operações internacionais.

Administração de empresa internacionalmente diversificada

Não surpreende que a administração de operações internacionais possa ser considerada um caso especial de administração de uma empresa diversificada. Portanto, muitas das questões discutidas no Capítulo 8 são aplicáveis aqui. Entretanto, administrar uma empresa internacionalmente diversificada realmente cria alguns desafios e oportunidades singulares.

Estrutura organizacional

Empresas que seguem uma estratégia internacional têm quatro alternativas básicas de estrutura organizacional, que estão relacionadas na Tabela 11.4 e serão discutidas mais adiante. Embora cada estrutura tenha algumas características específicas, todas elas são casos especiais da estrutura multidivisional primeiramente introduzida no Capítulo 8.[40]

Algumas empresas organizam suas operações internacionais como uma **federação descentralizada**. Nessa estrutura organizacional, cada país em que uma empresa opera está organizado como uma divisão totalmente separada de lucros e perdas, chefiada por um gerente geral de divisão que usualmente é o presidente da companhia naquele país em particular. Em uma federação descentralizada, existem muito poucas atividades compartilhadas ou outros relacionamentos entre diferentes divisões/subsidiárias, e a matriz corporativa desempenha um papel estratégico limitado. As funções de *staff* corporativo geralmente se restringem à coleta de informações contábeis e de outros aspectos de desempenho das divisões e subsidiárias e ao reporte dessa informação agregada às autoridades governamentais apropriadas e aos mercados financeiros. As tomadas de decisão estratégica e operacional são delegadas aos gerentes gerais de divisão ou aos presidentes de subsidiária em uma estrutura organizacional de federação descentralizada. Existem relativamente poucos exemplos de estruturas puramente de federação descentralizada na economia mundial atual, mas empresas como Nestlé, Ciba-Geigy e Electrolux possuem muitos dos atributos desse tipo de estrutura.[41]

Uma segunda opção estrutural para empresas internacionais é a **federação coordenada**. Nela, cada subsidiária está organizada como um centro completo de lucros e perdas, e os gerentes gerais de divisão podem ser presidentes dessas operações. No entanto, ao contrário da federação descentralizada, as decisões estratégicas e operacionais não são inteiramente delegadas aos gerentes gerais de divisão. As decisões operacionais são delegadas aos gerentes gerais de divisão ou presidentes das subsidiárias, mas as decisões estratégicas mais abrangentes são tomadas pela matriz. Além disso, federações coordenadas buscam explorar várias atividades compartilhadas e outras economias de escopo entre suas divisões ou subsidiárias. Não é incomum que federações coordenadas tenham laboratórios de pesquisa e desenvolvimento centralizados, bem como iniciativas de produção e tecnologia e operações de desenvolvimento e de treinamento gerencial financiadas pela matriz. Há inúmeros exemplos de federações coordenadas na economia mundial atual, incluindo a GE, a GM, a IBM e a Coca-Cola.

Uma terceira opção estrutural para empresas multinacionais é o **núcleo centralizado**. Nesse núcleo, as operações em diferentes subsidiárias podem estar organizadas em centros de lucro, e os gerentes gerais de divisão podem ser presidentes de subsidiária. No entanto, a maior parte das decisões estratégicas e operacionais ocorre na matriz corporativa. O papel das divisões ou subsidiárias nos núcleos centralizados é simplesmente a implementação de estratégias, táticas e políticas escolhidas pela matriz. É claro que as divisões ou subsidiárias também são uma fonte de informações para o *staff* da matriz quando essas decisões estão sendo tomadas. No entanto, nos núcleos centralizados, os direitos de decisões estratégicas e operacionais são retidos pela matriz. Muitas empresas japonesas e coreanas são administradas como núcleos centralizados, incluindo Toyota, Mitsubishi e NEC (no Japão) e Goldstar, Daewoo e Hyundai (na Coreia).[42]

Uma quarta opção estrutural para empresas multinacionais é a **estrutura transnacional**. Essa estrutura é mais apropriada para a implementação da estratégia transnacional descrita nos capítulos anteriores. Sob muitos aspectos, a estrutura transnacional é semelhante à federação coordenada. Em ambas, a responsabilidade das decisões estratégicas é largamente retida na matriz corporativa, e a tomada de decisão operacional é em grande parte delegada aos gerentes gerais de divisão e aos presidentes de subsidiária. No entanto, também existem diferenças importantes.

Em uma estrutura de federação coordenada, atividades compartilhadas e outras economias de escopo interdivisionais e intersubsidiárias são administradas pelo centro corporativo. Sendo assim, para muitas dessas empresas, se a pesquisa e o desenvolvimento são vistos como uma economia de escopo potencialmente valiosa, um

---

TABELA 11.4 Opções estruturais para empresas que buscam estratégias internacionais

Federação descentralizada	Decisões estratégicas e operacionais são delegadas às divisões ou subsidiárias.
Federação coordenada	Decisões operacionais são delegadas às divisões ou subsidiárias; decisões estratégicas são tomadas na matriz corporativa.
Núcleo centralizado	Decisões estratégicas e operacionais são tomadas na matriz corporativa.
Estrutura transnacional	Decisões estratégicas e operacionais são delegadas àquelas entidades operacionais que maximizam a responsividade a condições locais e integração internacional.

Fonte: C. A. Bartlett e S. Ghoshal, *Managing across borders*: The transnational solution, Boston: Harvard Business School Press, 1989.

laboratório central de pesquisa e desenvolvimento é criado e administrado pela matriz. Na estrutura transnacional, esses centros de economias de escopo podem ser administrados pela matriz. No entanto, eles costumam ser administrados por divisões ou subsidiárias específicas da corporação. Assim, por exemplo, se uma divisão ou subsidiária desenvolver capacidades de pesquisa e desenvolvimento valiosas, raras ou custosas de imitar em suas atividades habituais de negócio em um determinado país, essa divisão ou subsidiária pode vir a tornar-se o centro de pesquisa e desenvolvimento para toda a corporação. Se uma divisão ou subsidiária desenvolver habilidades valiosas, raras ou custosas de imitar com relação ao desenvolvimento de tecnologia de produção em suas atividades habituais de negócio em um determinado país, essa divisão ou subsidiária poderá tornar-se o centro de desenvolvimento de tecnologia de produção para toda a corporação.

O papel da matriz em uma estrutura transnacional é examinar constantemente as operações de negócios nos diferentes países em busca de recursos e capacidades que possam ser uma fonte de vantagem competitiva para outras divisões ou subsidiárias da empresa. Uma vez que essas habilidades especiais são identificadas, o *staff* corporativo deve determinar a melhor maneira de explorar essas economias de escopo: se elas devem ser desenvolvidas em uma única divisão ou subsidiária (para ganhar economias de escala) e então ser transferidas para outras divisões ou subsidiárias; ou se devem ser desenvolvidas em uma aliança entre duas ou mais divisões ou subsidiárias (para ganhar economias de escala) e então ser transferidas para outras divisões ou subsidiárias; ou se devem ser desenvolvidas para a empresa inteira na matriz. Essas opções não estão disponíveis para federações descentralizadas (que sempre permitem que divisões e subsidiárias desenvolvam individualmente suas competências), federações coordenadas ou núcleos centralizados (que sempre desenvolvem economias de escopo que abrangem a empresa inteira no nível corporativo). Empresas que obtiveram sucesso na adoção dessa estrutura transnacional incluem a Ford (a Ford Europa tornou-se líder em design de automóveis em toda a Ford Motor Company) e a Ericsson (a subsidiária da Ericsson na Austrália desenvolveu o primeiro comutador eletrônico de telecomunicações dessa empresa sueca, e a matriz ajudou a transferir essa tecnologia para as outras subsidiárias).[43]

Estrutura organizacional, responsividade local e integração internacional

Deve ficar claro que a escolha entre essas quatro abordagens de gestão de estratégias internacionais depende do quanto as empresas estão dispostas a barganhar entre responsividade local e integração internacional (veja a Figura 11.2). As empresas que buscam maximizar sua responsividade local tendem a escolher uma estrutura de federação descentralizada. As empresas que buscam maximizar sua integração internacional tipicamente escolherão federações centralizadas. As empresas que buscam equilibrar a necessidade de responsividade local e integração internacional também devem escolher as federações centralizadas. E as empresas que buscam otimizar ambas — responsividade local e integração internacional — provavelmente escolherão uma estrutura de organização transnacional.

Sistemas de controle gerencial e políticas de remuneração

Assim como a estrutura multidivisional discutida no Capítulo 8, nenhuma das estruturas organizacionais descritas na Tabela 11.3 pode manter-se sem o suporte de diversos sistemas de controle de gestão e políticas de remuneração gerencial. Todos os processos de controle de gestão discutidos no Capítulo 8, incluindo avaliação do desempenho das divisões, alocação de capital e gerenciamento da troca de produtos intermediários entre divisões, também são importantes para empresas que estão se organizando para implementar uma estratégia internacional. Além disso, os mesmos problemas de remuneração gerencial e oportunidades discutidos anteriormente também se aplicam na organização de uma estratégia internacional.

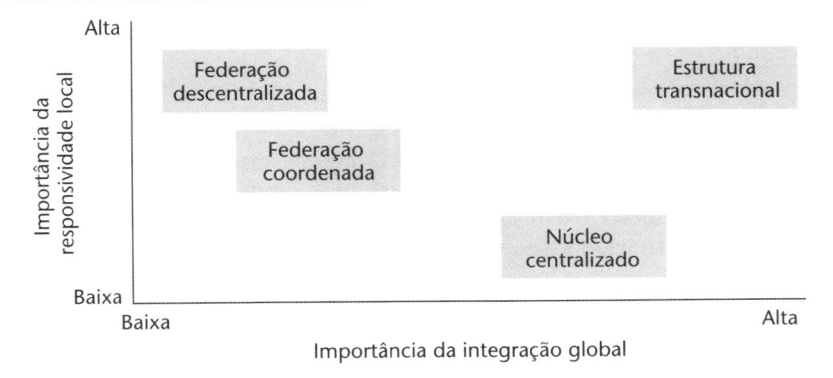

FIGURA 11.2 Responsividade local, integração internacional e estrutura organizacional

Fonte: Adaptado de R. Grant, *Contemporary strategy analysis*, Cambridge, MA: Basil Blackwell, 1991. Reproduzido com permissão.

No entanto, como ocorre frequentemente quando processos de organização desenvolvidos originalmente para administrar a diversificação em um mercado doméstico são estendidos para administrar a diversificação internacional, muitos dos problemas de gestão ressaltados anteriormente neste capítulo são exacerbados no contexto internacional. Isso impõe uma carga ainda maior aos gerentes seniores de empresas com diversificação internacional, na escolha de sistemas de controle e políticas de remuneração que criem incentivos para que gerentes gerais de divisão ou presidentes de subsidiárias cooperem apropriadamente para a realização de economias de escopo que originalmente motivaram a implementação de uma estratégia internacional.

RESUMO

Estratégias internacionais podem ser consideradas um caso especial de estratégias de diversificação. Empresas implementam estratégias internacionais quando buscam oportunidades de negócios que atravessam fronteiras de países. Como todas as estratégias de diversificação, as estratégias internacionais devem explorar economias de escopo reais, consideradas por investidores externos como custosas demais para explorar por conta própria por serem valiosas. Cinco economias de escopo potencialmente valiosas em estratégias internacionais são: (1) obter acesso a novos clientes para produtos ou serviços existentes; (2) obter acesso a fatores de produção de baixo custo; (3) desenvolver novas competências centrais; (4) alavancar as competências centrais existentes de novas maneiras; e (5) administrar o risco corporativo.

Ao perseguir economias de escopo, as empresas devem avaliar até que ponto podem ser responsivas às necessidades do mercado local e obter as vantagens da integração internacional. Diz-se que as empresas que tentam realizar esses dois objetivos estão implementando uma estratégia transnacional. Riscos financeiros e políticos podem afetar o valor das estratégias internacionais de uma empresa.

Para ser uma fonte de vantagem competitiva sustentável, as estratégias internacionais de uma empresa devem ser valiosas, raras e custosas de imitar, e a empresa deve ser organizada para realizar o pleno potencial de suas estratégias internacionais. Embora cada vez mais empresas estejam seguindo estratégias internacionais, estas ainda podem ser raras por pelo menos duas razões: (1) dada a enorme gama de oportunidades internacionais, as empresas podem não competir diretamente com outras empresas que seguem as mesmas estratégias internacionais que elas estão seguindo; e (2) empresas devem trazer recursos e capacidades valiosos e raros para as estratégias internacionais que adotam. Tanto a duplicação direta como a substituição podem afetar a imitabilidade da estratégia internacional de uma empresa. A duplicação direta não é viável quando as empresas trazem recursos e capacidades valiosos, raros e custosos de imitar para sustentar suas estratégias internacionais. Existem vários substitutos para estratégias internacionais, incluindo algumas alianças estratégicas, integração vertical, diversificação e fusões e aquisições, em especial se essas estratégias são implementadas em um único mercado nacional de grande porte e diverso. Entretanto, algumas potenciais economias de escopo resultantes de estratégias internacionais podem ser exploradas somente por operações por múltiplos países.

As empresas contam com várias opções organizacionais ao adotarem estratégias internacionais, incluindo formas de intercâmbio de mercado (por exemplo, exportações), alianças estratégicas e integração vertical (por exemplo, subsidiárias totalmente próprias). Quatro alternativas de estrutura — todas elas casos especiais da estrutura multidivisional introduzida no Capítulo 8 — podem ser usadas para administrar essas operações internacionais: uma estrutura de federação descentralizada, uma estrutura de federação coordenada, uma estrutura de núcleo centralizado e uma estrutura transnacional. Essas estruturas precisam ser consistentes com a ênfase de uma empresa em ser responsiva a mercados locais, em explorar oportunidades de integração internacional, ou em ambos.

QUESTÕES

1. Estratégias internacionais podem ser sempre consideradas um caso especial de estratégias de diversificação que uma empresa deve adotar? Existe alguma diferença entre estratégias internacionais e estratégias de diversificação?
2. Em sua opinião, obter acesso à mão de obra de baixo custo é razão suficiente para uma empresa internacionalizar-se? Por quê? Em sua opinião, ganhar acesso a isenções tributárias é razão suficiente para uma empresa internacionalizar-se? Por quê?
3. A estratégia transnacional é frequentemente tida como um meio pelo qual as empresas podem evitar as limitações inerentes ao *trade-off* entre responsividade local e integração internacional. Entretanto, dadas as evidentes vantagens de ser tanto localmente responsivo como internacionalmente integrado, por que

aparentemente apenas poucas empresas implementam estratégia transnacional? Quais implicações sua análise apresenta para a capacidade de uma estratégia transnacional ser fonte de vantagem competitiva sustentável para uma empresa?

4. Em média, a ameaça de seleção adversa e dano moral em alianças estratégicas é maior para empresas que seguem uma estratégia internacional ou uma estratégia doméstica? Por quê?

5. Como as opções organizacionais de implementação de uma estratégia internacional estão relacionadas com a estrutura em forma de M descrita no Capítulo 8? Essas opções organizacionais internacionais são apenas casos especiais da estrutura em forma de M, com ênfases ligeiramente diferentes, ou opções são fundamentalmente diferentes da estrutura em forma de M?

IIII PROBLEMAS IIII

1. Em que país é mais arriscado iniciar operações internacionais: México, Argentina ou Polônia? Justifique suas conclusões.
2. Sua empresa decidiu iniciar a venda de maquinário para mineração em Gana. Infelizmente, não há um mercado de câmbio muito desenvolvido nesse país. Entretanto, Gana possui consideráveis exportações de cacau. Descreva um processo pelo qual você poderia vender suas máquinas em Gana e ainda converter seus ganhos em uma moeda comercializável (como dólar ou euro).
3. Associe as ações dessas empresas a suas fontes de valor potencial.
   (a) Tata Motors (Índia) adquire a Jaguar (Reino Unido).
   (b) Microsoft (Estados Unidos) abre quatro centros de pesquisa e desenvolvimento na Europa.
   (c) Disney inaugura a Disney Hong-Kong.
   (d) A Merck forma uma aliança de pesquisa e desenvolvimento com uma indústria farmacêutica indiana.
   (e) Lenovo compra o negócio de notebooks da IBM.
   (f) A Honda Motor Company abre uma fábrica de automóveis no sul da China. A maioria dos carros que ela produz é vendida naquele país.
   (g) A Honda inicia a exportação de carros fabricados em sua planta na China para o Japão.
   (h) Uma empresa canadense de mineração de ouro adquire uma mineradora australiana de opala.
   1. Gestão de risco corporativo.
   2. Novas competências centrais.
   3. Alavancagem de competências centrais existentes de novas formas.
   4. Acesso a fatores de produção de baixo custo.
   5. Novos clientes para produtos ou serviços existentes.

IIII NOTAS IIII

1. Veja M. Yoshino, S. Hall e T. Malnight, "Whirlpool Corp.", *Harvard Business School Case*, n. 9-391-089.
2. C. Mitchell, Bad Ads: Nothing sucks like Electrolux, 25-8 Marketing Inc. [Blog], 27 fev. 2008. Disponível em: <http://258marketing.wordpress.com/2008/02/27/bad-ads-nothing-sucks-like-an-electrolux/>. Acesso em: 4 mar. 2011.
3. Veja N. J. Perry, "Will Sony make it in Hollywood?", *Fortune*, p. 158-166, 9 set. 1991; e C. Montgomery, "Marks and Spencer Ltd. (A)", *Harvard Business School Case*, n. 9-391-089.
4. Veja C. Rapoport, "Nestlé's brand building machine", *Fortune*, p. 147-156, 19 set. 1994.
5. Veja M. Y. Yoshino e P. Stoneham, "Procter & Gamble Japan (A)", *Harvard Business School Case*, n. 9-793-035.
6. Veja B. Davis, "U.S. expects goals in pact with Japan to be met even without overt backing", *The Wall Street Journal*, p. A3, 30 jun. 1995; R. Jacob, "India is opening for business", *Fortune*, p. 128-130, 16 nov. 1992; e A. Rugman e R. Hodgetts, *Business*: A strategic management approach, Nova York: McGraw-Hill, 1995.
7. Veja R. Jacob, "India is opening for business", *Fortune*, p. 128-130, 16 nov. 1992; A. E. Serwer, "McDonald's conquers the world", *Fortune*, p. 103-116, 17 out. 1994; e Banco Mundial, *World Development Report*, Oxford: Oxford University Press, 1999.
8. Veja R. Jacob, "India is opening for business", *Fortune*, p. 128-130, 16 nov. 1992; A. Ignatius, "Commodity giant: Marc Rich & Co. does big deals at big risk in former U.S.S.R.", *The Wall Street Journal*, p. A1, 13 mai. 1993; e L. Kraar, "The risks are rising in China", *Fortune*, p. 179-180, 6 mar. 1995.
9. O ciclo de vida é descrito em J. M. Utterback e W. J. Abernathy, "A dynamic model of process and product innovation", *Omega*, n. 3, p. 639-656, 1975; W. J. Abernathy e J. M. Utterback, "Patterns of technological innovation", *Technology Review*, n. 80, p. 40-47, 1978; e R. M. Grant, *Contemporary strategy analysis*, Cambridge, MA: Basil Blackwell, 1991a.
10. Veja S. P. Bradley e S. Cavanaugh, "Crown Cork and Seal in 1989", *Harvard Business School Case*, n. 9-793-035; e R. G. Hamermesh e R. S. Rosembloom, "Crown Cork and Seal Co., Inc.", *Harvard Business School Case*, n. 9-388-096. Evidentemente, essa estratégia funciona somente até que os mercados externos amadureçam. Isso ocorreu com a Crown Cork and Seal na década de 1990. Desde então, eles tiveram que procurar em outras partes por oportunidades de crescimento.
11. M. E. Porter, "Competition in international industries: A conceptual framework". In: M. E. Porter (ed.), *Competition in international industries*, Boston: Harvard Business School Press, 1986, p. 43; e S. Ghoshal, "Global strategy: An organizing framework", *Strategic Management Journal*, n. 8, p. 436, 1987.
12. Veja S. Kobrin, "An empirical analysis of the determinants of global integration", *Strategic Management Journal*, n. 12, p. 17-31, 1991.
13. Veja J. Trager, *The people's chronology*, Nova York: Henry Holt, 1992.
14. L. Kraar, "Korea's tigers keep roaring", *Fortune*, p. 108-110, 4 mai. 1992.
15. Veja D. J. Collis, "A resource-based analysis of international competition: The case of the bearing industry", *Strategic*

Management Journal, n. 12, p. 49-68, 1991, edição especial de verão; P. Engardio, "Motorola in China: A great leap forward", *BusinessWeek*, p. 58-59, 17 mai. 1993.
16. S. Gain, "Korea is overthrown as sneaker champ", *The Wall Street Journal*, p. A14, 7 out. 1993.
17. Veja L. Reibstein e M. Levinson, "A Mexican miracle?", *Newsweek*, p. 42, 20 mai. 1991; e de M. E. Forest, "Thinking of a plant in Mexico?", *Academy of Management Executive*, v. 8, n. 1, p. 33-40, 1994.
18. Veja M. Zimmerman, *How to do business with the Japanese*, Nova York: Random House, 1985; e R. N. Osborn e C. C. Baughn, "New patterns in the formation of US/Japan cooperative ventures: The role of technology", *Columbia Journal of World Business*, n. 22, p. 57-65, 1987.
19. Ibidem.
20. Veja R. Benedict, *The chrysanthemum and the sword*, Nova York: New American Library, 1946; R. B. Peterson e H. F. Schwind, "A comparative study of personnel problems in companies and joint ventures in Japan", *Journal of Business Studies*, v. 8, n. 1, p. 45-55, 1977; R. B. Peterson e J. Y. Shimada, "Sources of management problems in Japanese-American joint ventures", *Academy of Management Review*, n. 3, p. 796-804, 1978; e G. Hamel, "Competition for competence and inter-partner learning within strategic alliances", *Strategic Management Journal*, n. 12, p. 83-103, 1991.
21. Veja R. A. Burgleman, "A process model of internal corporate venturing in the diversified major firm", *Administrative Science Quarterly*, v. 28, n. 2, p. 223-244, 1983; B. L. T. Hedberg, "How organizations learn and unlearn", In: P. C. Nystrom e W. H. Starbuck (eds.), *Handbook of organizational design*, Londres: Oxford University Press, 1981; P. C. Nystrom e W. H. Starbuck.,"To avoid organizational crisis, unlearn", *Organizational learning*, Reading, MA: Addison-Wesley, 1984.
22. Um problema descrito em R. A. Burgleman, "A process model of internal corporate venturing in the diversified major firm", *Administrative Science Quarterly*, v. 28, n. 2, p. 223-244, 1983b.
23. Citado em G. Hamel, "Competition for competence and inter-partner learning within strategic alliances", *Strategic Management Journal*, n. 12, p. 97, 1991.
24. Veja T. Agmon e D. R. Lessard, "Investor recognition of corporate diversification", *The Journal of Finance*, n. 32, p. 1049-1056, 1977.
25. C. Rapoport, "Nestlé's brand building machine", *Fortune*, p. 147-156, 19 set. 1994.
26. Veja C. A. Bartlett e S. Ghoshal, *Managing across borders*: The transnational solution, Boston, MA: Harvard Business School Press, 1989.
27. Veja A. Rugman e R. Hodgetts, *International business*: A strategic management approach, Nova York: McGraw-Hill, 1995.
28. M. A. Glynn, "Strategic planning in Nigeria versus U.S.: A case of anticipating the (next) coup", *Academy of Management Executive*, v. 7, n. 3, p. 82-83, 1993.
29. E. Dichtl e H. G. Koeglmayr, "Country risk ratings", *Management Review*, v. 26, n. 4, p. 2-10, 1986.
30. Veja K. Auletta, "A certain poetry — Parts I and II", *The New Yorker*, p. 46-109, 6 jun. 1983; p. 50-91, 13 jun. 1983.
31. Veja, por exemplo, R. B. Leftiwich, "U.S. multinational companies: Profitability, financial leverage and effective income tax rates", *Survey of Current Business*, n. 54, p. 27-36, mai. 1974; J. H. Dunning, "The determinants of production", *Oxford Economic Papers*, p. 289-336, 25 nov. 1973; V. Errunza e L. W. Senbet, "The effects of international operations on the market value of the firm: Theory and evidence", *The Journal of Finance*, n. 36, p. 401-418, 1981; R. M. Grant, "Multinationality and performance among British manufacturing companies", *Journal of International Business Studies*, n. 18, p. 78-89, 1987; e A. Rugman, *International diversification and the multinational enterprise*, Lexington, MA: Lexington Books, 1979.
32. Veja, por exemplo, H. L. Brewer, "Investor benefits from corporate international diversification", *Journal of Financial and Quantitative Analysis*, p. 113-126, 16 mar. 1981; e A. Michel e I. Shaked. "Multinational corporations vs. domestic corporations: Financial performance and characteristics", *Journal of Business*, n. 17, p. 89-100, 1986.
33. D. Kirkpatrick, "Could AT&T rule the world?", *Fortune*, p. 54-56, 17 mai. 1993; N. Deogun, "Europe catches merger fever as international volume sets record", *The Wall Street Journal*, p. R8, 3 jan. 2000.
34. Veja R. E. Caves, "International corporations: The industrial economics of foreign investment", *Economica*, n. 38, p. 1-28, fev. 1971; J. H. Dunning, "The determinants of production", *Oxford Economic Papers*, p. 289-336, 25 nov. 1973; S. Hymer, *The international operations of national firms*: A study of direct foreign investment, Cambridge, MA: The MIT Press, 1976; e V. Errunza e L. W. Senbet, "The effects of international operations on the market value of the firm: Theory and evidence", *The Journal of Finance*, n. 36, p. 401-418, 1981.
35. G. Anders, "Going global: Vision vs. reality", *The Wall Street Journal*, p. R21, 22 set. 1989; e M. Carpenter, G. Sanders e H. Gregerson, "Building human capital with organizational context: The impact of assignment experience on multinational firm performance and CEO Pay", *Academy of Management Journal*, não publicado.
36. N. Adler, J. R. Brahm e J. L. Graham, "Strategy implementation: A comparison of face-to-face negotiations in the People's Republic of China and the United States", *Strategic Management Journal*, n. 13, p. 449-466, 1982.
37. G. Hamel, "Competition for competence and inter-partner learning within international strategic alliances", *Strategic Management Journal*, n. 12, p. 95, 1991.
38. S. Shane, "The effect of national culture on the choice between licensing and direct foreign investment", *Strategic Management Journal*, n. 15, p. 627-642, 1994.
39. Veja de M. E. Forest, "Thinking of a plant in Mexico?", *Academy of Management Executive*, v. 8, n. 1, p. 33-40, 1994.
40. Veja C. A. Bartlett, "Building and managing the transnational: The new organization challenge", In: M. E. Porter (ed.), *Competition in international industries*, Boston: Harvard Business School Press, 1986, p. 367-401; e C. A. Bartlett e S. Ghoshal, *Managing across borders*: The transnational solution, Boston, MA: Harvard Business School Press, 1989.
41. "The case of white goods", *Strategic Management Journal*, n. 12, p. 493-507, 1991.
42. L. Kraar, "Korea's tigers keep roaring", *Fortune*, p. 108-110, 4 mai. 1992.
43. C. A. Bartlett e S. Ghoshal, *Managing across borders*: The transnational solution, Boston, MA: Harvard Business School Press, 1989; e R. M. Grant, *Contemporary strategy analysis*, Cambridge, MA: Basil Blackwell, 1991a.

PANORAMA BRASILEIRO

TOTVS: o software brasileiro é bom

Introdução

As empresas brasileiras são entrantes tardias no processo de globalização, mesmo em comparação com as empresas de outros países emergentes, inclusive da América Latina, e sua participação em mercados internacionais é ainda muito limitada.

Estudos revelaram que grande parte das empresas brasileiras se encontra nos estágios iniciais de internacionalização e tem adotado uma abordagem gradual, com investimento inicial em opções de menor risco por exigirem menor investimento de recursos — o modo de entrada mais usual é a exportação direta ou indireta. O baixo grau de internacionalização das grandes empresas brasileiras deve-se ao nosso modelo de desenvolvimento econômico fundamentado na substituição das importações, em vigor até a década de 1990, bem como ao tamanho do mercado interno, às dificuldades provenientes da excessiva carga tributária, ao chamado custo Brasil e à política cambial.

As empresas 'retardatárias' costumam sofrer de falta de confiança na própria capacidade para competir em âmbito global. Foi realizada uma pesquisa no Brasil sobre a competitividade das exportações de tecnologia e o medo de concorrer. Segundo as conclusões desse estudo, muitas empresas brasileiras concebem bons softwares, mas encontram resistência no momento de exportar. Muitas razões de ordem administrativa ou econômica dificultam as exportações, mas, no caso da alta tecnologia, uma razão encontrada foi a baixa autoestima, uma sensação de inferioridade quanto ao trabalho intelectual, como se produtos desse nível não pudessem ser brasileiros.

Outros pesquisadores, porém, discordam da ideia de que o problema da pouca internacionalização de empresas brasileiras seja o complexo de inferioridade ou a falta de ousadia do empresariado brasileiro. Ao analisar as razões pelas quais as empresas brasileiras não se internacionalizam, concluiu-se que isso ocorre em razão de quatro fatores: (a) geográfico, caracterizado por fronteiras demarcadas por intransponíveis obstáculos naturais; (b) ambiental, em que predominam as questões relativas aos macroambientes político e econômico; (c) motivacional, em razão da existência de um grande mercado doméstico que inibe a motivação para internacionalizar-se; e (d) cultural, uma vez que a orientação dos brasileiros, de forma geral, tende a ser predominantemente local.

Os dirigentes da TOTVS pensaram diferente e transformaram a empresa de software, inovação, relacionamento e suporte à gestão na maior empresa de softwares aplicativos sediada em países emergentes e a sétima maior do mundo no setor. A empresa é líder absoluta no Brasil, com 49,1 por cento de participação de mercado, e na América Latina, com 31,2 por cento.

A TOTVS fornece soluções em dez segmentos para todos os portes e tipos de empresa. Ela foi a primeira do setor na América Latina a abrir capital e atualmente conta com mais de 25,2 mil clientes ativos, 9 mil participantes e está presente em 23 países.

TOTVS com "V"

A origem da TOTVS remonta a um *bureau* de serviços, criado em 1969, para prestar serviços na área de informática, com um sistema cuja finalidade era a automação de processos administrativos. Em 1983, esse *bureau* foi transformado na empresa Microsiga Software S.A., que tinha o objetivo inicial de desenvolver softwares para microcomputadores e, mais tarde, softwares de gestão empresarial integrada.

Em 1990, foi aberta a primeira franquia. Após algumas aquisições e fusões com empresas desse ramo (Logocenter e Datasul, entre outras), foi constituída, em 2005, a TOTVS, com a intenção de unificar todas as empresas.

A ideia do nome TOTVS surgiu no dia do cerimonial do funeral do papa João Paulo II. A insígnia latina do papa era *totvs tvvs*, que significa tudo é de todos, ou seja, a noção de totalidade. O fundador acreditou que essa era a ideia da criação da TOTVS: diversas empresas mantendo seus legados e seus nomes em forma de marcas de produtos (Microsiga, Protheus, Logix, Datasul, RM, BCS, First, Proxima, Softteam e Vitrine) e unidas sob uma empresa maior, com o mesmo nome.

A marca é registrada no Brasil e posiciona-se como "uma empresa de software de gestão" para empresas de todos os portes, com um portfólio variado de produtos, que se adaptam facilmente às empresas. Ela se posiciona como uma empresa dinâmica, que toma decisões rápidas e desenvolve constantemente novos serviços para atender à demanda de seus clientes.

Em 2009, passou a investir na divulgação da marca, inclusive em mídia de massa, com o objetivo de transformá-la em referência global.

Internacionalizou-se em 1997, ainda como Microsiga, com sua primeira unidade na Argentina. Em 2003, adquiriu ativos da empresa Sipros no México e abriu a Microsiga México. A marca TOTVS já nasceu global, e a empresa começou a estruturar sua área internacional em 2006. No ano seguinte, constituiu a EuroTOTVS, baseada em Portugal.

Hoje, a TOTVS possui 226 canais, entre unidades próprias e franquias, na América Central, na América do Sul e na Europa, com escritórios no México, no Brasil, na Argentina e em Portugal, além de presença em 23 países.

O processo de internacionalização

Para analisar a TOTVS é preciso começar com a Microsiga, sua empresa de origem. A internacionalização da Microsiga começou, em 1997, motivada pela necessidade dos clientes que demandavam apoio em suas unidades no exterior. Além disso, os dirigentes tinham a intenção de abrir capital e, para tanto, era importante que se estabelecessem como empresa internacional. Nessa primeira fase da internacionalização, a atitude foi passiva, embora o modo de entrada tenha sido de alta complexidade, com a abertura de uma filial própria na Argentina e a aquisição de uma empresa no México. Os países foram escolhidos claramente por proximidade psíquica (idioma e costumes similares aos brasileiros).

A segunda fase da internacionalização começou, em 2006, já com a marca TOTVS, quando a empresa se estruturou, criando uma diretoria de mercado internacional que elaborou um plano estratégico. A partir de então, a escolha dos países passou a ser também consequência de oportunidades comerciais, percebidas em análises que consideram o PIB dos países, a população e as taxas de crescimento econômico.

A proximidade psíquica, contudo, não foi deixada de lado, e a empresa expandiu-se para outros países na América do Sul e na América Central e para Portugal, em razão da facilidade do idioma. Nessa segunda fase, o modo de entrada continuou a ser de alta complexidade com a abertura de filial em Portugal, aquisição na Argentina e franquias em diversos países.

Como motivação para a internacionalização, houve razões relacionadas ao ambiente interno, não necessariamente sua saturação, mas o fato de a TOTVS já ser suficientemente grande no Brasil, sendo natural a expansão para outros mercados. Na verdade, seu porte no país fomentou o desejo de crescimento na organização. A valorização da marca no Brasil também foi um fator motivador importante porque os clientes valorizam o fato de a empresa ser internacionalizada.

A TOTVS contou com o apoio da Associação Brasileira de Franchising (ABF) para a participação em eventos e a compreensão das legislações dos demais países a respeito do setor de franquias. Apesar de ter sido estruturada para se expandir internacionalmente de forma planejada, as oportunidades inesperadas não deixaram de surgir, pois a empresa tem sido assediada por interessados em abrir franquias fora do Brasil.

A principal dificuldade encontrada pela TOTVS, no seu processo de internacionalização, refere-se às diferenças culturais entre os países, mesmo em países que são psiquicamente próximos do Brasil. Surgiram problemas relacionados ao idioma, que levaram à criação de células específicas para atender aos clientes em outros idiomas, como um *help desk* em espanhol e células de fabricação de software em inglês e em espanhol. As dificuldades operacionais também estão relacionadas aos fatores culturais.

Nos primeiros anos de internacionalização, a empresa enviou brasileiros para gerenciar os negócios no exterior e, com o tempo, aprendeu que era adequado ter também funcionários locais nas filiais para lidar melhor com os franqueados de cada região específica, e mesmo com os clientes. As questões culturais foram tão críticas que a empresa admite que se pudesse recomeçar, "dedicaria mais tempo de estudo para a cultura local do país".

O desconhecimento da marca no exterior é também uma dificuldade para a TOTVS, que precisa construir uma imagem de credibilidade junto aos clientes. Por isso, é importante buscar parceiros locais capazes de transmitir credibilidade para a marca. A empresa desenvolveu uma metodologia para a seleção e habilitação de canal, buscando franqueados alinhados com o posicionamento da marca.

Pontos críticos para a construção da marca no exterior

A marca TOTVS foi criada para ser global; portanto, é utilizada nos diversos países em que a empresa atua. As filiais têm os seguintes nomes: Unidade TOTVS São Paulo, Unidade TOTVS Argentina, Unidade TOTVS México e Unidade TOTVS Portugal. As marcas dos produtos também são as mesmas. É importante lembrar que diversos clientes da TOTVS têm operações internacionais; então, seria confuso adotar marcas diferentes. Além disso, as marcas dos produtos já eram conhecidas em alguns mercados, como na Argentina, onde a Microsiga já estava sendo construída. Era, dessa maneira, importante aproveitar esse legado.

A organização declara-se orientada para a marca como recurso estratégico, com foco no longo prazo, tendo, por exemplo, a própria iniciativa de criação de uma marca institucional única — TOTVS. Apenas quatro anos após a criação da marca, cerca de 80 por cento dos franqueados no mundo apresentam-se como TOTVS, deixando as marcas antigas para a denominação dos produtos, conforme estratégia da empresa. A marca deve ser construída "de dentro para fora" da empresa, e o franqueado precisa compreender que faz parte disso.

Se considerarmos o nascimento da marca TOTVS, criada para ser global, a partir do ano seguinte à sua fundação, a empresa criou uma diretoria internacional, que definiu uma estratégia global para a marca. Essa diretoria internacional faz análises para a seleção dos países-alvo, considerando fatores macroeconômicos, mas também se atém à seleção dos setores em que deve atuar em cada país. Por exemplo, o Chile é um país voltado para o setor de serviços; portanto, nesse mercado, a empresa posiciona-se por meio dos produtos apropriados para empresas prestadoras de serviços.

Quanto ao composto de marketing, a TOTVS faz adaptações aos seus produtos — o idioma, mencionado anteriormente — e desenvolve produtos personalizados para seus clientes, tanto no Brasil como no exterior. A estratégia de preços também é adaptada para cada mercado, em função do cenário competitivo e do desconhecimento da marca nos novos mercados. Os canais de distribuição são adaptados, pois há casos de aquisição, abertura de filiais e franquias, ou seja, países diferentes com estratégias diferentes. Além disso, há a adaptação do perfil dos parceiros: pois, em alguns países, a TOTVS seleciona franqueados com perfil voltado para empresas prestadoras de serviços (no Chile, por exemplo); em outros, para o setor agrícola (na Argentina, por exemplo), e assim por diante.

As estratégias de comunicação são adaptadas porque a marca está em estágios diferentes nos diversos países; logo, o investimento é proporcional à penetração da marca e à estrutura da empresa nos países. No Brasil, a empresa investiu em mídia de massa, mas isso não faz sentido no exterior. Lá o investimento é mais focado em mídia impressa, eventos e assessoria de imprensa. A marca deve ser construída aos poucos pelo relacionamento com os clientes.

Há um processo de comunicação entre os países, mas a empresa assume que ele precisa passar por melhorias, por ser muito centralizado na matriz. Muitos comunicados, por exemplo, foram escritos apenas em português, desconsiderando os funcionários de língua espanhola.

O departamento corporativo é responsável pela marca e por desenvolver programas de construção para serem executados nos diversos países. Há responsáveis pela área de marketing nas filiais da Argentina e do México, que fazem adaptações para os mercados locais, oferecem sugestões e contribuem para a equipe global, organizando os eventos, por exemplo.

A TOTVS menciona ser uma empresa brasileira no mercado externo: "empresa estruturada, forte, de capital aberto, multinacional brasileira".

Considerações finais

Ao longo de sua trajetória, a TOTVS adotou diversas estratégias corporativas: alianças estratégicas, fusões e aquisições, cruzando fronteiras nacionais.

Apesar de estar presente em 23 países, a posição estratégica da empresa no mercado global ainda não é considerada forte, pois ela não construiu uma posição de liderança global. Isso porque a comparação se dá com empresas gigantes do setor, como SAP e Oracle. Entretanto, na América Latina, a empresa já conquistou posição de destaque.

Embora seja uma entrante tardia, a TOTVS procura recuperar parte do atraso, inerente a empresas oriundas de países emergentes, buscando a adoção de estratégia transnacional. Ela explora as vantagens da responsividade local, entendendo que a necessidade de cada cliente é única, mas busca maior integração internacional.

Atualmente, a empresa pratica as estratégias que caracterizam o estágio de marketing multinacional, ou seja, consolida as atividades em base regional e adapta o composto de marketing. Mas é latente o esforço pelo desenvolvimento de uma visão global e da transferência de experiências, produtos e pequisas entre os diversos países onde a empresa atua.

QUESTÕES

1. Quais são as fontes de valor potencial da internacionalização da TOTVS?
2. Discuta a importância do sistema de franquias para a expansão internacional da TOTVS.
3. Como a TOTVS pode administrar os ciclos de vida de seus produtos entre seus esforços internacionais?
5. Como a TOTVS pode conquistar vantagens de custo por meio da internacionalização?
6. Como a TOTVS pode desenvolver novas competências centrais por meio de seu processo de internacionalização?

REFERÊNCIAS

TOTVS. Disponível em: <www.totvs.com>. Acesso em: 14 mar. 2011.
C. A. Bartlett; S. Ghoshal. Going global: lessons from late movers. *Harvard Business Review*. Boston, p. 132-42, mar.-abr. 2000.
A. Fleury; M. T. Fleury. Internacionalização das empresas brasileiras: em busca de uma abordagem teórica para os late movers. In: A. Fleury; M. T. Fleury, (Orgs.). *Internacionalização e os países emergentes*. São Paulo: Atlas, 2007.
D. M. R. Khauaja, *Gestão de marcas na estratégia de internacionalização de empresas*: estudo com franqueadoras brasileiras. 2009. Tese (Doutorado em Administração) — Programa de Pós-graduação em Administração da Faculdade de Economia, Administração e Contabilidade da Universidade de São Paulo (PPGA-FEA-USP), São Paulo, 2009.
E. P. Kovacs; B. R. B. Oliveira, Imbricamento entre os conceitos de estratégia e teorias de internacionalização: proposição de um framework sobre o processo de formação de estratégias internacionais. In: Encontro Anual da Associação Nacional dos Programas de Pós-graduação em Administração — ENANPAD, 32., 2008, Rio de Janeiro. *Anais...* Rio de Janeiro: ANPAD, 2008.
ROCHA, A. da. Por que as empresas brasileiras não se internacionalizam? In: A. da. Rocha, (Org.) *As novas fronteiras*: a multinacionalização das empresas brasileiras. Rio de Janeiro: Mauad, 2003.

Caso elaborado pela professora doutora Daniela M. R. Khauaja, consultora e pesquisadora nas áreas de marketing e branding, professora e coordenadora da área de marketing da pós-graduação da Escola Superior de Propaganda e Marketing (ESPM). A proposta deste caso é servir como referência para reflexão e discussão sobre o tema e não para avaliar as estratégias adotadas.

CASO 3: TERCEIRIZAÇÃO DO ATENDIMENTO AO CLIENTE DA EBAY*

"Se a ideia é continuar terceirizando, e até pensar em expandir isso, por que continuar pagando outra pessoa para fazer o que nós mesmos podemos fazer?"

Kathy Dalton inclinou-se para a frente na cadeira. Ela leu a mensagem na tela do computador e deixou as palavras assentarem gradualmente. Como ela não havia previsto isso? Afinal de contas, ela era hábil em fazer perguntas criteriosas. Seu coração acelerou.

Ela teria deixado o olhar vagar pela janela do escritório enquanto ponderava sobre essa questão, mas ela não tinha um escritório. Seguindo uma tradição bem estabelecida no Vale do Silício, todos na eBay, inclusive a CEO Meg Whitman, ocupavam um cubículo. Kathy, uma bonita executiva com 38 anos de idade, estava na empresa desde o fim de 2002, após muitos anos de experiência em *call centers* de operadoras de telefonia de longa distância. Agora, quase dois anos depois, ela não conseguia pensar em fazer negócios de outro jeito. Ela gostava de estar no centro da ação. Sentar-se em um pequeno compartimento transparente, cercada por centenas de representantes de vendas, intensificava seu já alto nível de adrenalina e a mantinha em contato com os clientes internos e externos da eBay.

Kathy refletiu sobre o e-mail que acabara de receber de sua chefe, Wendy Moss, vice-presidente de Suporte ao Cliente Global. Ela sabia que logo pegaria o telefone, ligaria para Wendy e lhe pediria esclarecimentos sobre o e-mail. A mente de Kathy repassava rapidamente os detalhes da proposta de estratégia de terceirização que ela havia submetido à aprovação de Wendy na semana anterior. Ela se perguntava:

- "Será que minha equipe e eu justificamos suficientemente bem a proposta de um aumento de quase 100 por cento na quantidade de capacidade a ser terceirizada?"
- "Será que a gerência da eBay concordará com nossa recomendação de começar a terceirizar pela primeira vez consultas potencialmente sensíveis, relacionadas a risco?"
- "Como a alta gerência reagirá à contratação de um segundo fornecedor terceirizado?"
- "Será que nós cobrimos adequadamente os tipos de capacidade-alvo proposta e como isso seria transferido aos fornecedores terceirizados?"
- "Em caso de um sério problema com um fornecedor, uma falha de sistema ou um desastre natural, até que ponto nosso plano de contingência é executável?"
- "Os dados de nossa proposta aplacarão de uma vez por todas as crescentes preocupações entre os executivos sobre a terceirização no exterior?"

Ela se perguntava: "Como a alta gerência de eBay reagiria à nossa proposta de reorganizar e expandir a terceirização em uma nova abordagem de três níveis?" "Será que eles levariam em consideração uma expansão à luz das recentes manchetes sobre empresas reduzindo a quantidade de trabalho terceirizado à Índia por causa de questões de qualidade?"

Essa última questão a afligia há vários meses. Não se tratava apenas de uma questão pessoal para Kathy — ela sentia que a manutenção de seu emprego na eBay dependia em grande parte de a empresa manter seu comprometimento com a terceirização *offshore* —, mas era também uma questão que ela considerava como uma prática de negócio, talvez, obsoleta. Vários consultores renomados sustentavam que a terceirização havia perdido muito de seu diferencial nos últimos anos, à medida que as empresas conseguiam desvendar os reais custos, a logística, o comprometimento gerencial e a qualidade de serviço associados aos parceiros terceirizados na Índia, Filipinas e outras regiões. Em sua proposta, Kathy reforçara os benefícios à eBay de continuar a terceirizar serviços fora dos Estados Unidos e incorporar a essa nova estratégia mais alternativas de terceirização a países vizinhos também.

Kathy estava agendada para viajar a San José em apenas duas semanas para apresentar sua estratégia de terceirização a Meg Whitman e à sua diretoria executiva. E eis que chega o e-mail de Wendy Moss, questionando por que ela não havia considerado a opção de cortar o intermediário e desenvolver serviços terceirizados da própria e-Bay em outros países.

Um pouco de história

A e-Bay chamava a si mesma de "The World's Online Marketplace" (o mercado on-line mundial). Para a venda de bens e serviços por uma comunidade diversificada de indivíduos e pequenos negócios, nenhum

---

* Os professores Scott Newman, Gary Grikscheit e Rohit Verma, com o apoio de Vivek Malapati, assistente de pesquisa, prepararam este caso unicamente como base para discussão em sala de aula. As informações apresentadas neste caso baseiam-se em dados públicos e percepções obtidas por meio de inúmeras interações entre os alunos de MBA da Universidade de Utah, seus orientadores e os gerentes locais da eBay, durante um projeto de estudo de campo (patrocinado pela Universidade de Utah e aprovado pelo eBay Salt Lake City Service Center). O caso contém dados compilados pelos autores e informações veladas, que não visam endossar e/ou ilustrar práticas gerenciais eficazes ou eficientes em serviços. Certas seções do estudo de caso foram criadas com base na literatura atual sobre gestão de serviços e serviços ao cliente, para promover uma experiência em classe que fosse realista e estimulante. Os números apresentados podem ser de domínio público, ou estimativas, ou, ainda, fictícios. Este caso foi o vencedor do CIBER--Production and Operations Management Society International Case Competition.

local era mais apropriado. A missão da eBay era proporcionar uma plataforma comercial robusta, em que praticamente todos poderiam comercializar praticamente tudo. Do lado dos vendedores estavam colecionadores individuais do que é raro e eclético, bem como grandes corporações como Microsoft e IBM. Os itens vendidos na e-Bay variavam de peças colecionáveis, como jogos de cartas, antiguidades, bonecas e louça até artigos de uso diário, como carros usados, roupas, livros, CDs e produtos eletrônicos. Com mais de 11 milhões de itens disponíveis a qualquer momento, a eBay era a maior e mais popular comunidade de comércio entre pessoas na Internet.

A eBay seguiu um longo caminho desde seu início como um projeto pessoal para o fundador Pierre Omidyar até a realização de seu primeiro leilão no Dia do Trabalho, nos Estados Unidos, em setembro de 1995. Omidyar desenvolveu um programa e lançou-o em um site chamado Auction Web (leilão Web). Diz a lenda que ele estava tentando ajudar a esposa a encontrar outras pessoas com quem ela pudesse trocar embalagens antigas de pastilhas. Omidyar viu-se constantemente aumentando espaço de armazenagem para lidar com a quantidade de e-mails gerados, revelando a demanda reprimida por um ponto de encontro on-line para vendedores e compradores. O site logo começou a extrapolar sua conta pessoal de Internet.

Percebendo o potencial que esse serviço poderia ter, ele deixou o emprego como engenheiro de desenvolvimento de serviços na General Magic, uma empresa de software sediada em San José, para dedicar-se integralmente à administração da Auction Web. À medida que o tráfego aumentou, ele também passou a cobrar uma taxa de $ 0,25 por oferta, para compensar o custo envolvido na manutenção de uma conta corporativa na Internet.

Em 1996, Jeff Skoll, um amigo de Omidyar formado pela Stanford Business School, juntou-se a ele para aprimorar a Auction Web. Eles mudaram o nome para eBay, forma abreviada de East Bay Technologies. Em meados de 1997, uma empresa de *venture capital* (capital de risco) baseada na cidade de Menlo Park, na Califórnia, investiu $ 5 milhões por uma participação de 22 por cento na eBay. Omidyar sabia que o capital de risco seria crucial para desenvolver infraestrutura e contratar gerentes de alto nível para a empresa.

No início de 1998, Omidyar e Skoll perceberam que a eBay precisava de um CEO experiente para liderar e desenvolver uma equipe gerencial eficaz, bem como para solidificar a posição financeira da empresa com uma IPO. Em março daquele ano, Meg Whitman aceitou o cargo de presidente e CEO. Formada pela Harvard Business School, Meg aprendera sobre a importância da gestão de marca em empresas como Hasbro e Walt Disney. Ela contratou altos executivos de empresas como Pepsico e Disney, formou uma equipe gerencial em que cada um tinha em média 20 anos de experiência no negócio e desenvolveu uma forte visão para a empresa. Meg compreendeu imediatamente que a comunidade de usuários da eBay era a base do modelo de negócio da empresa. O princípio central da cultura da eBay foi capturado na frase: "A comunidade não foi formada para a eBay, mas a eBay foi formada pela comunidade e para ela". Não era só uma questão de vender coisas pela Internet; tratava-se de conectar as pessoas por meio da Internet.

Modelo de negócio e participação de mercado

Diferentemente de muitas empresas que nasceram antes do advento da Internet e depois tiveram dificuldade para operar on-line, a eBay nasceu na rede. Seu modelo de negócio baseado em transações era perfeitamente adequado ao ambiente da Internet. Vendedores 'listavam' itens para venda na Internet. Compradores interessados podiam oferecer um lance mais alto do que o anterior em um formato de leilão ou, então, selecionar a opção "Buy It Now" (compre agora) e pagar um preço predeterminado. Vendedor e comprador combinavam o meio de envio. O pagamento era geralmente feito pela PayPal, a maior empresa de pagamentos on-line do mundo, que a eBay adquiriu em 2002. Como não manipulava os itens à venda, a eBay não incorria em custos de armazenagem e, obviamente, não mantinha nenhum estoque. Para uma empresa com quase $ 8 bilhões em ativos, nem um único dólar foi investido em estoque (Tabela 1).

Em 2004, a eBay divulgou uma receita de quase $ 3,3 bilhões, que advinha principalmente de duas categorias. A primeira, chamada Listing Fee, envolvia uma taxa nominal paga pelo vendedor ao listar um item para venda. Essa taxa variava de $ 0,25 a $ 2,00. A segunda, o Final Value Fee, era cobrada do vendedor sob a forma de uma porcentagem do preço final quando uma venda era efetuada. Isso girava entre 1,25 por cento e 5 por cento do preço de venda, dependendo o valor do item. O Final Value Fee sobre um boneco de pelúcia Beanie Baby de $ 4,00 seria $ 0,20, representando uma taxa de 5 por cento. A mesma taxa sobre um computador *mainframe* à venda por $ 400 mil seria 1,25 por cento, ou $ 5 mil.

Ser o pioneiro no mundo do comércio eletrônico costumava ser uma vantagem competitiva insuperável. A eBay capitalizou por ser a primeira casa de leilão on-line. Seus primeiros concorrentes foram empresas como OnSale, Auction Universe, Amazon, Yahoo! e Classified2000. Essas empresas enfrentaram a eBay em inúmeras frentes, sobretudo preço, publicidade on-line e na tentativa de atrair funcionários-chave da eBay para si. A maior e mais temível ameaça competitiva veio da Amazon.com, quando ela gastou mais de $ 12 milhões no lançamento de seu serviço de leilão pessoa a pessoa em 1999. A eBay resistiu a todos esses desafios. Os es-

TABELA 1 Demonstração do resultado e balanço patrimonial, resumido

Demonstração do resultado da eBay (em milhares de dólares)	31/dez. 2004	31/fev. 2003	31/dez. 2002
Receita líquida	$ 3.271.309	$ 2.165.096	$ 1.214.100
Custo de receita líquida	614.415	416.058	213.876
Lucro bruto (prejuízo)	2.656.894	1.749.038	1.000.224
Despesas de vendas e marketing	857.874	567.565	349.650
Despesas de desenvolvimento de produto	240.647	159.315	104.636
Despesas gerais e administrativas	415.725	302.703	171.785
Despesa com litígio de patente		29.965	
Despesa de folha de pagamento com opções de ações a funcionários	17.479	9.590	4.015
Amortização de ativos intangíveis adquiridos	65.927	50.659	15.941
Despesas operacionais totais	1.597.652	1.119.797	646.027
Resultado (prejuízo) das operações	1.059.242	629.241	354.197
Juros e outros rendimentos, líquidos	77.867	37.803	49.209
Despesa com juros	8.879	4.314	1.492
Depreciação de certos investimentos em participação acionária		-1.230	-3.781
Rendimento antes de imposto de renda — nos Estados Unidos	820.892		
Rendimento antes de imposto de renda — internacional	307.338		
Resultado (prejuízo) líquido	778.223	441.771	249.891
Resultado (prejuízo) líquido por ação diluída	0,57	0,335	0,213
Resultado (prejuízo) líquido	778.223	441.771	249.891
Efeito cumulativo de mudança contábil		5.413	
Provisão para contas de cobrança duvidosa	90.942	46.049	25.455
Provisão para perdas em transações	50.459	36.401	7.832
Depreciação amortização	253.690	159.003	76.576
Remuneração baseada em ações		5.492	5.953
Amortização de compensações baseadas em ações não obtidas	5.832		
Benefício fiscal sobre o exercício de opções de ações de funcionários	261.983	130.638	91.237
Depreciação de certos investimentos em participação acionária		1.230	3.781
Participações minoritárias	6.122		
Participação minoritária e outros ajustes		7.784	1.324
Ganho (prejuízo) sobre venda de ativos			-21.378
Contas a receber	-105.540	-153.373	-54.583
Fundos a receber de clientes	-44.751	-38.879	-11.819
Outros ativos circulantes	-312.756	-13.133	10.716
Outros ativos não circulantes	-308	-4.111	-1.195
Ativos relativos a impostos postergados líquido		69.770	8.134
Passivos relativos a impostos postergados líquido	28.652		
Contas a pagar	-33.975	17.348	14.631
Fluxo de caixa líquido de atividades de investimento	-2.013.220	-1.319.542	-157.759
Renda de emissão de ações, líquida	650.638	700.817	252.181
Renda de obrigações de longo prazo	-2.969	-11.951	-64
Distribuições de sociedades			-50
Fluxos de caixa líquidos de atividades financeiras	647.669	688.866	252.067

Efeito de variação na taxa de câmbio sobre caixa e equivalentes de caixa	28.768	28.757	11.133
Aumento líquido (redução) em caixa e equivalentes de caixa	-51.468	272.200	585.344
Caixa e equivalentes de caixa, início do ano	1.381.513	1,109.313	523.969
Caixa e equivalentes de caixa, final do ano	1.330.045	1.381.513	1,109.313
Pagamento de juros	8.234	3.237	1.492

Fonte: Estimativas dos autores do caso, compilações e registros públicos.

forços da Amazon acabaram falhando porque ela não conseguiu gerar tráfego suficiente no site. Os compradores de leilões iam para onde havia mais itens disponíveis para venda, e os vendedores, para onde havia mais compradores para seus produtos. A eBay tinha mais compradores, mais vendedores e mais itens — mais de 1,4 bilhão de itens estavam listados no site em 2004! Esses números superavam o concorrente mais próximo por um fator acima de 50. A eBay contava com uma participação de mercado dominante de 92 por cento do negócio de leilão on-line nacional e de 74 por cento no mercado internacional (Tabela 2).

Divisão de Atendimento ao Cliente da eBay

Em dezembro de 2004, Kathy era diretora de operações na divisão de Atendimento ao Cliente da eBay. Entre diversas responsabilidades importantes, a mais crítica era a terceirização do atendimento ao cliente, tanto em nível local como internacional (Figura 1). Essa função tomava aproximadamente 80 por cento de seu tempo. Ao entrar na empresa, ela havia se mudado para Salt Lake City, no estado de Utah, onde estava localizado o Centro de Atendimento ao Cliente da eBay. As quatro estações do ano bem definidas e o solo montanhoso convinham a ela, que adorava esquiar no inverno e percorrer trilhas na floresta com sua *mountain bike* no verão. Embora o início da temporada de esqui tivesse passado por sua mente, ela na verdade passara os três últimos fins de semana em seu cubículo e em salas de conferência com seus gerentes, revisando a estratégia que passara para a chefe.

Em âmbito mundial, a equipe de Atendimento ao Cliente da eBay consistia em estimados 3 mil FTEs (do inglês, *full time equivalent*, que corresponde a um empregado em tempo integral) compreendendo aproximadamente dois terços da força de trabalho corporativa. A eBay operava grandes centros de atendimento em Salt Lake City, Omaha, Vancouver, Berlim e Dublin. Grupos de Atendimento ao Cliente de menor porte de propriedade da empresa localizavam-se em Sydney, Hong Kong, Londres e Seul. A maioria desses funcionários passava seus dias de trabalho respondendo a e-mails de clientes. Em 2004, a eBay respondeu a mais de 30 milhões de consultas de clientes, abrangendo tudo, desde perguntas sobre como vender, como dar lances, categorias de produto, faturamento e preços até questões mais espinhosas envolvendo ofertas ilegais ou proibidas e segurança de leilões (Tabela 3).

A divisão de Atendimento ao Cliente era composta de duas unidades principais: (1) Suporte Geral e (2) Confiabilidade e Segurança. Historicamente, a maioria dos contatos de clientes era tratada pela unidade de Suporte Geral. As comunicações consistiam em perguntas referentes a dar lances em leilões, listar e vender itens e ajustes contábeis. Em meados de 2004, entretanto, aproximadamente 45 por cento de consultas eram direcionados à função de Confiabilidade e Segurança. Nessa unidade, centenas de funcionários eram responsáveis por assegurar que os itens listados na eBay eram legítimos, legais, não infringiam direitos autorais, paten-

TABELA 2 Participação de mercado de leilões on-line

	2001		2002		2003		2004	
	U.S.	Int'l	U.S.	Int'l	U.S.	Int'l	U.S.	Int'l
eBay	83%	41%	87%	50%	90%	65%	92%	74%
Yahoo	7%	28%	6%	25%	4%	16%	3%	11%
Amazon	6%	10%	4%	8%	2%	5%	1%	2%
Overstock	N/A	N/A	1%	1%	2%	2%	2%	2%
uBid	1%	1%	1%	1%	1%	N/A	1%	N/A
Todos os demais	3%	20%	1%	15%	1%	12%	1%	11%

Fonte: Estimativas dos autores do caso, compilações e registros públicos.

FIGURA 1 — Organograma da eBay

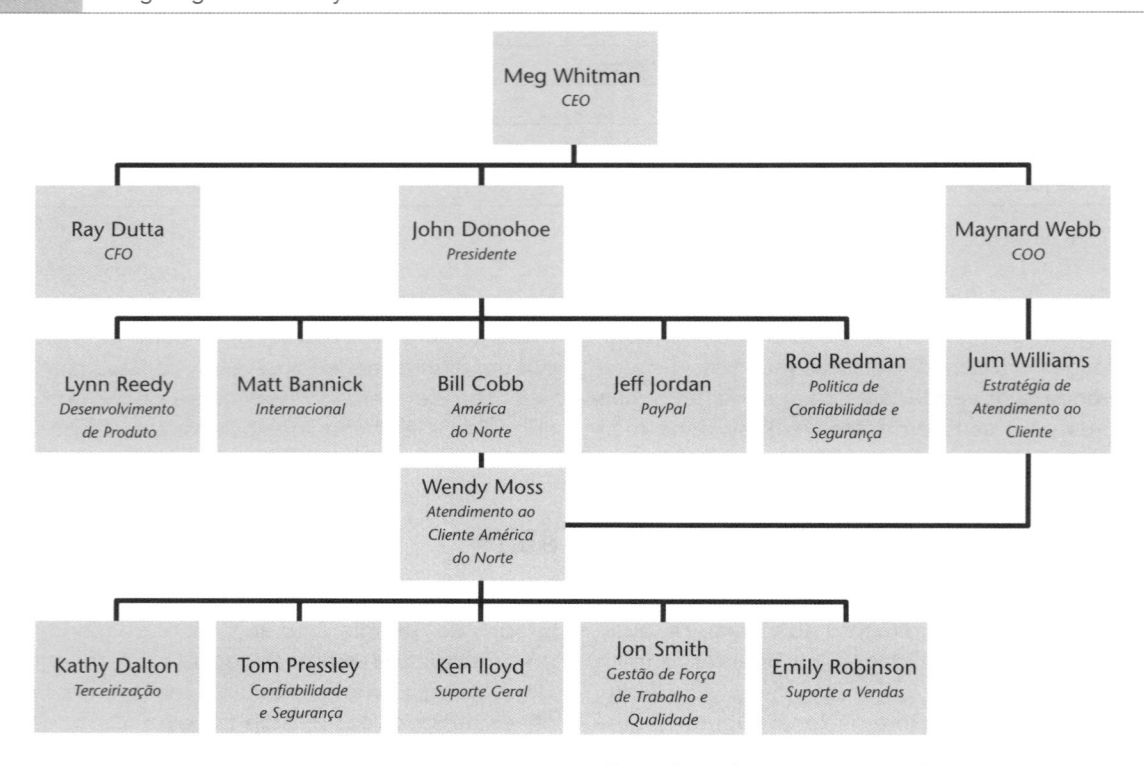

- **Meg Whitman** — CEO
  - **Ray Dutta** — CFO
  - **John Donohoe** — Presidente
    - **Lynn Reedy** — Desenvolvimento de Produto
    - **Matt Bannick** — Internacional
    - **Bill Cobb** — América do Norte
      - **Wendy Moss** — Atendimento ao Cliente América do Norte
        - **Kathy Dalton** — Terceirização
        - **Tom Pressley** — Confiabilidade e Segurança
        - **Ken lloyd** — Suporte Geral
        - **Jon Smith** — Gestão de Força de Trabalho e Qualidade
        - **Emily Robinson** — Suporte a Vendas
    - **Jeff Jordan** — PayPal
    - **Rod Redman** — Política de Confiabilidade e Segurança
  - **Maynard Webb** — COO
    - **Jum Williams** — Estratégia de Atendimento ao Cliente

Fonte: Compilações dos autores do caso e registros públicos.

TABELA 3 — Volumes de atendimento ao cliente da eBay, por canal

	2001	2002	2003	2004
Suporte Geral				
e-mail	8,1	12,1	14,6	16,1
telefone	0,1	0,3	0,4	0,8
chat	NA	NA	0,4	0,4
total	8,2	12,4	15,4	17,3
Confiabilidade e Segurança				
e-mail	4	6,8	9,8	12,6
telefone	0	0	0	0
chat	NA	NA	0,1	0,6
total	4	6,8	9,9	13,2
Ambos combinados				
e-mail	12,1	18,9	24,4	28,7
telefone	0,1	0,3	0,4	0,8
chat	NA	NA	0,5	1
total	12,2	19,2	25,3	30,5

Fonte: Estimativas dos autores do caso, compilações e registros públicos.

tes ou material original e se adequavam às políticas da empresa (que proibia armas de fogo, fumo ou bebidas alcoólicas, órgãos do corpo humano etc.). Ela também fazia cumprir as diretrizes da eBay para o comportamento adequado de seus membros, policiando atividades como a prática de dar lance em seus próprios produtos (chamada de *shill bidding*), apresentação enganosa de mercadorias e fraude.

Os *PowerSellers*

Aproximadamente 94 por cento do volume de atendimento ao cliente da eBay eram baseados em e-mails. Entretanto, *chats* ao vivo e contatos por telefone aumentavam à medida que a empresa abria esses canais a mais clientes, com base em sua lucratividade. Estimava-se que o volume de *chats* ao vivo aumentaria para 1,5 milhão de comunicações em 2005, representando 50 por cento a mais em relação a 2004. Quanto às chamadas telefônicas atendidas em 2005, previa-se que atingiriam 1,4 milhão, quase o dobro do número no ano anterior. Esse volume de telefonemas era esperado principalmente dos '*PowerSellers*', que representavam menos de 7 por cento dos usuários da eBay, mas, devido ao volume de mercadorias que comercializavam no site, respondiam por quase 90 por cento do lucro da empresa.

O acesso por telefone e *chat* ao vivo para o atendimento ao cliente visava aumentar a base de *PowerSellers*. Representantes de vendas exclusivos recebiam treinamento adicional em vendas, *upsell* (venda de atualizações de produto), *cross-sell* (vendas cruzadas) e técnicas de leilão para compartilhar com vendedores de modo a aumentar o número de itens que eles vendiam e qualificá-los para os limites mais altos de volume de vendas mensais do *PowerSeller* (Bronze, Prata, Ouro, Platina, Titânio). Uma vez atingidos, esses limites qualificavam os vendedores a um atendimento exclusivo por telefone e *chat*, bem como ao ambicionado *status* de *PowerSeller* (Quadro 1).

Confiabilidade e Segurança

Nenhuma outra empresa foi capaz de aproveitar a ubiquidade da Internet e casá-la com o conceito de leilão tão bem quanto a eBay. Ao mesmo tempo, a empresa teve de enfrentar desafios inéditos, particularmente na arena da segurança de leilões e da prevenção a fraudes. *Caveat emptor*, "o risco é do comprador", era uma regra no mundo dos leilões desde a Idade Média. Com o advento da eBay, os compradores tiveram de lidar com vendedores desconhecidos pela Internet, sem a possibilidade de examinar pessoalmente os bens e com pouca informação sobre o vendedor, exceto algum *feedback* por escrito de outros compradores que haviam negociado previamente com a mesma pessoa. Era absolutamente crucial para a sobrevivência da eBay criar e fomentar um ambiente de confiança em que milhões de pessoas ao redor do mundo pudessem sentir-se seguras em fazer compras on-line. O Departamento de Confiabilidade e Segurança recebeu essa missão. A complexidade de procedimentos, a diferença de ambientes legais e alfandegários entre países e a sofisticação dos esquemas de roubo de identidade on-line combinadas tornavam a unidade de negócio de Confiabilidade e Segurança um desafio de administração.

Kathy debateu-se com uma série de questões relacionadas ao departamento de Confiabilidade e Segurança e seu potencial de terceirização:
- "Que volume de confiabilidade e segurança poderia ser terceirizado sem risco?"
- "Que volume de confiabilidade e segurança não poderia ser terceirizado?"
- "Como ela e a eBay poderiam determinar a credibilidade e a qualidade dos potenciais fornecedores de serviço terceirizado?"
- "Como ela poderia garantir a capacidade do fornecedor de salvaguardar as informações que a eBay lhe confiaria?"

Alguns executivos da eBay haviam expressado apreensão e franca hostilidade à ideia de terceirizar qualquer volume de confiabilidade e segurança. Rob Redman chefiava o grupo de Confiabilidade e Segurança em San José. Ele e outros executivos preocupavam-se com o fato de que fornecedores externos tratariam contatos de clientes de perfil sensível, comuns a essa unidade, em especial quando dados pessoais como números de seguro social e de cartões de crédito poderiam ser acessados. Além disso, muitas das funções pertinentes a esse departamento exigiam contato direto e contínuo com órgãos de aplicação de leis locais, nacionais e internacionais durante a caça aos fraudadores e para a instauração de um processo judicial. Redman acreditava que fornecedores terceirizados jamais poderiam ser tão hábeis em desenvolver e fomentar essas conexões fundamentais quanto o próprio pessoal da eBay. E ele deixara sua opinião clara a Meg Whitman, Wendy Moss e Kathy Dalton em diversas ocasiões.

Apesar de aparentar confiança, Kathy também se preocupava com essas questões. Ela não tinha experiência operacional na área de confiabilidade e segurança. Ainda assim, estava intrigada com a possibilidade de que várias categorias de consulta ao departamento poderiam ser terceirizadas sem risco desmedido.

O início da terceirização

No fim de 1999, a eBay havia registrado 4 milhões de membros, praticamente todos nos Estados Unidos. Cinco anos depois, a comunidade eBay havia crescido para mais de 135 milhões de membros, residentes em todos os países do mundo. Se a eBay fosse um país, ficaria em nono lugar no mundo, atrás da Rússia.

- Para poder acompanhar o crescimento de sua base de clientes, a eBay aumentou significativamente os

QUADRO 1 — Critérios do *PowerSeller*

Para qualificar-se, os membros devem:

- Sustentar os valores da comunidade eBay, incluindo honestidade, pontualidade e respeito mútuo.
- Atingir uma média mínima de $ 1 mil em vendas por mês, por três meses consecutivos.
- Obter uma avaliação geral de *feedback* de 100, dos quais 98 por cento ou mais sejam positivos.
- Ser membro efetivo há 90 dias.
- Ter uma conta em boa condição financeira.
- Não violar quaisquer políticas austeras em um período de 60 dias.
- Não violar três ou mais de **qualquer** das políticas da eBay em um período de 60 dias.
- Manter um mínimo de quatro itens listados em média por mês, nos últimos três meses.

A elegibilidade ao programa *PowerSeller* é reavaliada mensalmente. Para permanecer como um *PowerSeller*, os membros devem:

- Sustentar os valores da comunidade eBay, incluindo honestidade, pontualidade e respeito mútuo.
- Manter a quantia mínima média de vendas mensais para seu nível de *PowerSeller*.
- Manter uma avaliação de *feedback* total positivo de 98 por cento.
- Manter uma conta em boa condição financeira.
- Seguir todas as *políticas* eBay de listagem de itens e mercado — Não violar quaisquer políticas austeras em um período de 60 dias e não violar três ou mais de qualquer das políticas da eBay em um período de 60 dias.

Níveis de *PowerSeller*

Existem cinco categorias que distinguem os *PowerSellers*, com base em suas vendas mensais brutas. Alguns benefícios e serviços variam de acordo com a categoria. A eBay calcula automaticamente a elegibilidade todo mês e notifica os vendedores qualificados por e-mail.

Critérios de vendas brutas por categoria de *PowerSeller*

Bronze	Prata	Ouro	Platina	Titânio
$ 1.000	$ 3.000	$ 10.000	$ 25.000	$ 150.000

Fontes: Site da eBay, estimativas dos autores do caso, compilações e registros públicos.

---

recursos dedicados a seu grupo de atendimento ao cliente. Nos idos de 1995-1996, seu fundador, Omidyar, reservava parte das tardes de sábado em um parque de San José para responder pessoalmente às perguntas dos associados. Logo ele não conseguia mais lidar com o volume sozinho e por isso a primeira equipe de atendimento ao cliente foi organizada. Uma medida do poder da comunidade eBay era o fato de que esses primeiros atendentes não eram funcionários propriamente ditos, mas associados que haviam revelado uma inclinação para ajudar outros eBayers. Essas pessoas trabalhavam por contrato e respondiam aos e-mails de suas próprias casas. Em um dado momento, havia quase 75 desses contratados, chamados 'remotos', vivendo em 17 estados diferentes por todo o país, respondendo a uma média de cinco e-mails por hora, todas as horas do dia e da noite, não raro vestindo seus pijamas!

No início de 1998, o atendimento ao cliente da eBay deu outro passo para simplificar a administração e melhorar a consistência e a qualidade do serviço. A empresa contratou um pequeno corpo de atendentes 'internos' em sua sede em San José, Califórnia, para reforçar o pessoal contratado remotamente. Por algum tempo, os 'remotos' foram uma solução criativa, mas não podiam ganhar escala à medida que os requisitos de tecnologia, logística e treinamento do grupo de atendimento ao cliente ficavam mais complexos.

Kana

Um desses avanços tecnológicos ocorreu quando a eBay comprou o sistema de gerenciamento de e-mails Kana, no fim daquele ano, para oferecer ao pessoal de atendimento uma variedade de respostas 'enlatadas' e estatísticas de desempenho semelhantes às de um distribuidor automático de chamadas. O sistema Kana permitia que os representantes respondessem a perguntas comuns, tais como "Como faço para listar um item para venda?", "Como posso deixar um *feedback*?" ou "O que eu faço com um item que chegou danificado na remessa?", com alguns rápidos toques no teclado para inserir o número de código de uma resposta de e-mail pré-redigida. Então, os representantes dedicavam um momento para personalizar a mensagem com seu nome e o do destinatário.

A tecnologia Kana possibilitou que funcionários de atendimento fossem treinados mais rápida e eficazmente. E o mais importante era que seu uso reduzia o tempo de resposta às consultas de clientes e aumentava a exatidão da informação fornecida. O sistema dobrou a produtividade dos atendentes, que passou de cinco respostas por hora para dez e até mais. Sem o Kana, a eBay jamais poderia ter cogitado terceirizar, ainda que fosse uma pequena parcela de seu volume total de atendimento ao cliente, e muito menos, como Kathy propunha, aumentá-la em mais de 50 por cento.

No início de 1999, foi contratado quase o dobro de representantes internos em relação aos 'remotos'. Essa estratégia de contratação de pessoal compensava no tocante à melhoria de produtividade e do nível de satisfação do cliente constatado nas centenas de pesquisas por e-mail enviadas mensalmente aos clientes (Tabela 4). Mais equipes internas eram necessárias, e foi iniciada uma prospecção para a construção de um centro exclusivo de atendimento ao cliente fora da Califórnia, em um local que fosse mais eficiente em custos. Três candidatos foram analisados — Salt Lake City, Tucson e Albuquerque. A localização de Utah acabou sendo a escolhida por causa da disponibilidade de uma instalação pronta, bem como a existência de uma infraestrutura de comunicação, a concessão de generosos incentivos pelo Estado e o nível educacional, de ética profissional e de conhecimento de língua estrangeira da força de trabalho.

Inicialmente projetada para cerca de 300 funcionários, a instalação de Salt Lake City foi ampliada para acomodar mais de mil no fim do ano 2000. Além disso, uma equipe de 125 foi agregada tanto à unidade recém-aberta de Berlim como à de Sydney, para tratar contatos de atendimento ao cliente. Ainda assim, com a popularidade mundial da eBay crescendo a uma taxa de 250 mil novos associados por mês, era evidente em 2001 que, mesmo que continuasse contratando atendentes próprios e construindo centros de atendimento físicos, a eBay não conseguiria suprir a demanda (Figura 2). Alternativas como a terceirização tinham de ser exploradas.

Piloto de terceirização

Há anos a eBay é manchete por sua inovação no segmento de leilões on-line, sua liderança de mercado, sua engenhosidade em produto e tecnologia, tais como o *feedback* de associados, a opção "Buy-it-Now", a capacidade de busca de itens e o Kana, bem como por seu irresistível ritmo e sua atitude realizadora. A eBay não se administrou por instinto, ao contrário do que alguns possam considerar ser a marca registrada das pontocom. Longe disso, a empresa foi cuidadosamente conduzida, financeiramente disciplinada e extremamente atenta aos clientes. Esses foram os sustentáculos de seu tremendo sucesso. A eBay deixava que os outros servissem de camundongos de laboratório, experimentassem e sangrassem, dessem topadas e desenvolvessem rugas. Então, só então, dava um passo adiante e adotava as práticas comerciais 'mais recentes e grandiosas'.

Foi esse o caso da terceirização de parcelas elementares de sua operação de atendimento ao cliente. Empresas líderes como American Express (Amex), General Electric (GE) e Citibank estavam terceirizando algumas de suas funções de atendimento ao cliente há 10 ou 15 anos em nível local e por pelo menos metade desse tempo no exterior, antes de a eBay se sentir segura em pensar em terceirizar. Em meados de 2001, a terceirização emergiu como uma forma viável para o Atendimento ao Cliente da eBay ganhar escala em relação à demanda, evitar desembolso de capital, reduzir custos unitários e alavancar seus investimentos em tecnologia e talento gerencial.

Mas a alta gerência em San José, incluindo Meg Whitman, preocupava-se com a possível reação da comunidade eBay. Quem comercializava pela eBay não era um cliente. Era um membro de uma comunidade passional e franca de usuários, que tinha convicção (e com razão) de que o sucesso da eBay era diretamente imputável mais a eles do que a qualquer perspicácia dos executivos na matriz da empresa. Como essa comunidade reagiria ao saber que parte das consultas dirigidas à área de atendimento ao cliente era respondida por funcionários não contratados pela eBay ou que nem residiam nos Estados Unidos?

Outra preocupação na matriz era a falta de talento interno que tivesse experiência em terceirização. Para sustentar sua filosofia de "adoção prudente", a eBay necessitava de uma equipe gerencial que pudesse investigar minuciosamente como outras empresas haviam terceirizado com sucesso para, então, efetivamente, administrar as operações diárias.

TABELA 4 Produtividade e qualidade do Atendimento ao Cliente da eBay

	1998	1999	2000	2001	2002	2003	2004
Produtividade/hora de e-mails	4,7	9,5	11,1	13,8	15,3	16	16,1
E-mails por FTE/mês	571	1254	1475	1980	2078	2225	2280
Qualidade de e-mails em %	N/A	83%	89%	91%	94%	95%	94%
Satisfação dos clientes em %	N/A	N/A	84%	86%	87%	88%	88%

Fonte: Estimativas dos autores do caso, compilações e registros públicos.

FIGURA 2 Crescimento em usuários e receitas da eBay

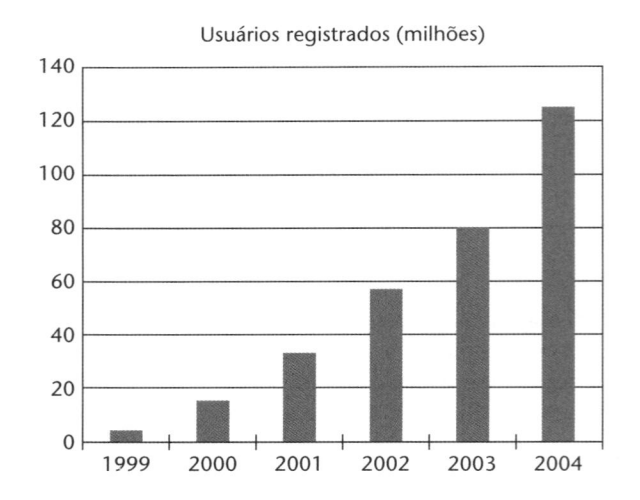

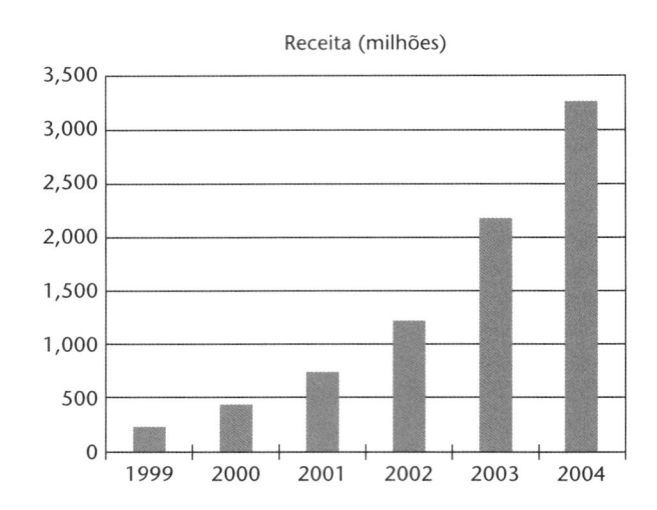

Usuários registrados (milhões) — 1999, 2000, 2001, 2002, 2003, 2004

Receita (milhões) — 1999, 2000, 2001, 2002, 2003, 2004

Em dezembro de 2001, a eBay contratou Jim Williams, vice-presidente executivo da Precision Response Corporation (PRC), um dos fornecedores de serviços terceirizados de alto escalão do país, e designou-lhe a responsabilidade global pelo atendimento ao cliente. Ele trouxe credibilidade instantânea à iniciativa de terceirização. Seu conhecimento do setor sob o ponto de vista dos provedores reforçava a pesquisa já compilada sobre outras empresas bem-sucedidas na terceirização de elementos do atendimento ao cliente na Índia e nas Filipinas há anos. Além disso, sua relação próxima com a PRC, sua equipe gerencial e suas competências de treinamento e tecnológicas deixaram Meg Whitman e seus executivos seguros em utilizar a PRC como o primeiro parceiro de terceirização global da eBay.

Em relação a como a comunidade eBay reagiria ao novo empreendimento, Williams tinha uma resposta para isso também. Ele propôs que, em vez de lançar um projeto piloto na Índia, começassem com um pequeno teste nas proximidades da sede da PRC em Fort Lauderdale. Ele basicamente selecionou os representantes de atendimento ao cliente mais talentosos da PRC para cuidar do negócio da eBay. Em fevereiro de 2002, todos os preparativos para o piloto estavam finalizados, e a primeira iniciativa de terceirização da eBay foi lançada (Figura 3).

Expansão da terceirização

Kathy refletiu sobre o progresso feito em terceirização nos últimos anos. O projeto piloto iniciado em Fort Lauderdale em 2002 transcorrera com relativa tranquilidade. O plano era conduzir o piloto por seis meses, antes de tentar direcionar as consultas para o exterior a um dos centros de atendimento da PRC em Bangalore, na Índia. Entretanto, os resultados em qualidade de serviço e produtividade de e-mails apresentados pelo fornecedor estavam em consonância com os da própria equipe da eBay após somente três meses. Williams e sua equipe de atendimento ao cliente decidiram encurtar a vigência do piloto e enviaram os primeiros e-mails à Índia em junho de 2002.

A reação da comunidade da eBay à terceirização de pequena parcela de seu atendimento ao cliente foi essencialmente irrisória. Houve alguma ressalva ao inglês escrito pelos atendentes na Índia. Um punhado de reclamações chegou à mesa de Meg Whitman. Ainda assim, os indicadores de qualidade de serviço e produtividade dos fornecedores terceirizados, tanto domésticos como estrangeiros, equiparavam-se e com frequência superavam os dos funcionários da eBay (Tabela 5).

E quem poderia questionar o diferencial de custo? Embora a eBay prezasse sua comunidade, ela também era uma empresa de capital aberto com acionistas acostumados a uma taxa de crescimento anual acima de 65 por cento. O custo por contato de terceirização nacional para o volume atendido em Fort Lauderdale não era muito menor do que os resultados da equipe própria da eBay. Mas isso era perfeitamente aceitável, porque um significativo fator impulsionador da terceirização para outras localidades dentro dos Estados Unidos era evitar o desembolso de capital exigido à aquisição de mais instalações e equipamentos para atendimento ao cliente, além de ser um teste preliminar ao modelo de terceirização.

O custo unitário para o volume de e-mails enviado à Índia era outra história. Era literalmente a metade do custo por contato atendido nos Estados Unidos. Uma ocasional reclamação enviada à CEO da empresa sobre

FIGURA 3 — Cronologia do Atendimento ao Cliente da eBay

1995: Início do leilão eletrônico.

1996: Primeiro representante de atendimento remoto contratado.

1997: Lançamento do nome eBay.

1998: 'Número de remotos' supera 75. Primeiros representantes internos contratados em San José. Introdução do sistema Kana. eBay abre seu capital.

1999: Criação da área de Confiabilidade e Segurança. Inauguração do centro de atendimento de Salt Lake City. Equipe de atendimento ao cliente supera 200 funcionários.

2000: Centro de atendimento de San José é incorporado ao de Salt Lake City. Centro de atendimento de Salt Lake City supera 800 funcionários.

2001: Elaboração da primeira estratégia de terceirização. Contratação de Jim Williams.

2002: Piloto de terceirização em nível nacional na PRC, na Flórida. Envio dos primeiros e-mails a serem respondidos na Índia. Kathy Dalton ingressa na eBay. Equipe de atendimento ao cliente supera 1.200 funcionários com a aquisição da PayPal.

2003: Volume mensal terceirizado supera 250 mil e-mails. Piloto de terceirização lançado nas Filipinas para atendimento a consultas telefônicas.

2004: Volume terceirizado supera 30 por cento do total de contatos. Equipe de atendimento ao cliente supera 3 mil funcionários em 19 países. Kathy Dalton propõe expandir terceirização a 50 por cento do volume total de contatos.

Fonte: Estimativas dos autores do caso, compilações e registros públicos.

TABELA 5 — Comparação métrica entre equipe interna eBay e fornecedores terceirizados (comparação para tipos semelhantes de volume)

	Jul. 2002		Dez. 2002		Jul. 2003		Dez. 2003		Jul. 2004		Dez. 2004	
	In	Out	In	Out	In	Out	In	Out	In	Out	In	Out
Produtividade/ hora de e-mails	14,8	13,1	15,2	14,7	15,5	15,4	15,7	16,1	15,8	16,3	15,8	16,3
E-mails por FTE/mês	2.050	1.963	2.181	2.095	2.202	2.189	2.240	2.255	2.250	2.291	2.250	2.285
Qualidade de e-mails em %	94	88	95	94	95	95	94	95	93	95	93	96
Satisfação dos clientes em %	87	83	87	86	87	88	88	88	87	88	87	89
Custo unitário de e-mail ($)	1,59	0,87	1,55	0,86	1,56	0,85	1,49	0,82	1,48	0,81	1,48	0,81

Fonte: Estimativas dos autores do caso, compilações e registros públicos.

a redação de um e-mail respondido por um dos representantes de atendimento na Índia não era desprezada, mas considerada um preço baixo a pagar em comparação com o nível de economias operacionais. Sem dúvida, após o desempenho dos serviços terceirizados tanto nacional como internacional em 2002, os executivos da eBay estavam satisfeitos com o fato de que a terceirização continuaria a ser um componente de sua estratégia de atendimento ao cliente. Kathy se perguntava: "Até onde podemos chegar?".

No decorrer de 2003 e na maior parte de 2004, a eBay aumentou o volume de atendimento ao cliente repassado para o exterior. Com base em análises de complexidade de e-mails e disponibilidade de respostas pré-formatadas pelo sistema Kana, cerca de 40 por cento do volume de Suporte Geral, que representava aproximadamente 500 mil e-mails por mês, havia sido classificado como 'terceirizável'. À medida que mais atendentes eram contratados e treinados na Índia, mais e-mails eram direcionados para atendimento fora do país.

Kathy apanhou a cópia impressa do plano estratégico que enviara à chefe na semana anterior. Ela se concentrou nas várias páginas que ressaltavam a expansão da terceirização desde sua chegada à empresa. Em um negócio tão fluido quanto o da eBay, era realista esperar que a estratégia de terceirização originalmente elaborada em 2002 mudaria ao longo do tempo. Realmente, apesar da preferência da empresa por aprender com os erros alheios antes de agir, a estratégia em três níveis proposta por Kathy só havia evoluído após alguns percalços operacionais e muita análise de resultados de testes.

Gerenciamento do relacionamento com o cliente

Um desses percalços ocorreu no fim de 2003, quando a eBay conduzia um projeto piloto de terceirização nas Filipinas para contatos por telefone. Menos de dois por cento das consultas à eBay chegavam por esse canal, mas era uma parcela onerosa. A expectativa era reduzir o custo unitário de contatos telefônicos pela metade, para cerca de $ 2. Na realidade, não funcionou tão bem assim. Durante o piloto, tanto o sotaque dos atendentes filipinos como sua compreensão da língua inglesa despontaram como problemas. Questões logísticas relativas a linhas telefônicas e servidores de dados conturbaram o início das operações. A maior preocupação, contudo, era a de que, ao mesmo tempo, a eBay dava seus primeiros importantes passos em Gerenciamento do Relacionamento com o Cliente (CRM, do inglês Customer Relationship Management).

O grupo de marketing da empresa havia acabado de concluir uma análise completa de segmentação dos membros de sua comunidade e identificou oportunidades potenciais de desenvolver relacionamentos mais próximos com seus segmentos de clientes mais rentáveis. Mais de 40 segmentos de clientes foram identificados, e estratégias para incremento de produtividade foram preparadas para cada segmento. Uma das estratégias propostas era oferecer suporte telefônico exclusivo a certos segmentos, particularmente o de *PowerSellers* existentes e potenciais.

Com o foco na otimização do ponto de contato por telefone para gerar receita, a alta gerência pretendia manter seu grupo de atendimento telefônico internamente, em vez de terceirizá-lo a fornecedores no exterior. A gerência argumentava que isso não só permitia uma implementação mais eficiente de programas de marketing intensificadoras de lucro, mas também oferecia enriquecimento profissional e novas trajetórias de carreira aos funcionários da eBay. Alinhado com a estratégia de tornar-se mais acessível por telefone a clientes de alto valor, o departamento de Atendimento ao Cliente encerrou seu piloto de terceirização de contatos telefônicos nas Filipinas no início de 2004. Se o piloto teria obtido sucesso com o tempo, era incerto.

A mesma lógica foi utilizada para o canal de *chat* ao vivo da eBay, que representava 2 por cento do volume total, ou cerca de 45 mil sessões de *chat* por mês. O plano original era terceirizar também esse volume a fornecedores no exterior. Entretanto, com a perspectiva de usar o canal de *chat* para realizar vendas cruzadas de produtos e aumentar o volume de vendas, foi determinado que os clientes do canal de *chat* também seriam atendidos internamente. Essas restrições impostas pelo CRM aos canais de telefone e *chat* contribuíram para modelar a nova estratégia de terceirização que Kathy havia proposto à chefe na semana anterior e que ela devia apresentar à CEO da empresa.

A nova estratégia de terceirização

Ao receber a responsabilidade pela terceirização em julho de 2004, Kathy aprofundou-se na operação existente, a fim de compreender as questões envolvidas e também as oportunidades e ameaças enfrentadas pelo departamento. Ela identificou três importantes oportunidades de melhoria e precisava descobrir como analisar cada uma e implementar programas dentro de 12 meses, que era o prazo que ela e sua chefe concordaram ser viável.

A primeira oportunidade que ela identificou foi aumentar a porcentagem de terceirização de 30 por cento do volume total para, no mínimo, 50 por cento. Ela calculava que isso resultaria em uma economia adicional de $ 3,9 milhões por ano. Entretanto, o que dificultava sobremaneira esse esforço era o programa de CRM que exigia que ela mantivesse o volume crescente de telefone e *chat* somente com representantes de atendimento interno.

A segunda oportunidade ajudaria Kathy a realizar a primeira. Tratava-se de especificar pela primeira vez os tipos de contato dirigidos à área de Confiabilidade e Segurança e demonstrar que eles poderiam ser tratados com sucesso por um fornecedor terceirizado. Vários membros da equipe executiva de Meg Whitman acreditava fortemente que era arriscado demais terceirizar qualquer parcela desse volume, e ela sabia que teria uma boa briga pela frente. Ela considerava essa briga válida porque, de acordo com sua análise, entre 20 e 25 por cento do volume mensal atendido pela área de Confiabilidade e Segurança era objetivo o bastante para ser incluído no rol de terceirizáveis.

A terceira área de oportunidade consistia em buscar um parceiro de terceirização além da PRC com quem firmar contrato. Kathy preocupava-se com o fato de que a eBay usava um único fornecedor terceirizado havia dois anos. Em sua opinião, ter uma alternativa beneficiaria a eBay ao instigar a competição em preço e indicadores de desempenho entre os dois fornecedores, além de prover uma medida de redundância na ocorrência de falhas de sistema.

Ela e sua equipe dedicaram-se a essas três questões nos meses que se seguiram. Selecionar um segundo fornecedor que atendesse aos critérios da eBay revelou-se desafiador. A empresa candidata devia ter uma presença nacional e internacional, um histórico comprovado em atender grande volume de consultas por telefone, *chat* e e-mail e estar disposta a concorrer com o já atrativo preço unitário da PRC. Encontrar um fornecedor que tivesse suficiente experiência em tratar e-mails foi o desafio mais difícil. Kathy e sua equipe finalmente optaram pela I-Sky, um fornecedor de médio porte, mas capaz de apresentar resultados impressionantes no atendimento por e-mail em seus diversos centros de atendimento localizados em regiões rurais do Canadá.

Três níveis

Para aumentar a terceirização para 50 por cento do volume total e, ao mesmo tempo, tirar proveito da oportunidade de incluir as consultas dirigidas à área de Confiabilidade e Segurança no pacote, Kathy elaborou uma estratégia composta de três níveis ou camadas. Cada nível representava um tipo de trabalho progressivamente mais complexo, tanto no tocante à natureza da consulta do cliente como ao canal pelo qual se acessava o Suporte ao Cliente (Tabela 6).

- NÍVEL UM — Composto somente de contatos por e-mail, envolvendo as questões mais básicas de Suporte Geral. Tratava-se usualmente de consultas sobre oferta de lances e vendas, que podiam ser respondidas por meio de um gabarito de respostas provido pelo sistema Kana. Como eram perguntas menos complexas de clientes, o treinamento dos representantes de atendimento era menos exigente e podia ser conduzido em um período de três semanas. A maior parte dos contatos de Nível Um da eBay já era atendida pelos dois escritórios de serviços terceirizados da PRC na Índia. Kathy analisou todos os tipos remanescentes de consulta e identificou mais de 260 mil e-mails mensais que também poderiam ser seguramente repassados à Índia. Se esses contatos podiam ser encontrados, ela achou que poderia negociar com o fornecedor uma redução de preço de $ 0,81 para $ 0,72 por e-mail.
- NÍVEL DOIS — Destinado aos contatos por e-mail para o Suporte Geral considerados um pouco mais complexos do que o trabalho do Nível Um. Tratava-se de questões mais relacionadas com faturamento e conta, que requeriam treinamento mais aprofundado para os representantes de atendimento. A eBay havia terceirizado uma parcela pequena desse volume, mas somente para o centro da PRC na Flórida, onde o inglês era a língua nativa. Com a contratação das instalações da I-Sky no Canadá, Kathy propôs outra opção para lidar

TABELA 6 Volume terceirizado proposto e custo unitário por níveis

	Corrente (dez. 2004)			Proposto (dez. 2004)		
	Volume mensal	% do volume total	Custo unitário	Volume mensal	% do volume total	Custo unitário
Nível Um						
Suporte Geral	510.000	21,30%	$ 0,81	775.000	32,40	$ 0,72
Nível Dois						
Suporte Geral	68.000	2,80	$ 1,45	186.000	7,80	$ 1,15
Nível Três						
Suporte Geral	20.000	0,80%	$ 1,48	25.000	1,04	$ 1,33
Confiabilidade e Segurança	NA	NA	NA	210.000	8,80	$ 1,33
Total	598.000	24,20		1.196.000	50,00	

Fonte: Estimativas dos autores do caso, compilações e registros públicos.

com esse volume de contatos. Essas instalações poderiam satisfazer o requisito do inglês nativo e revelar-se muito eficaz do ponto de vista de custo. Embora seu custo não fosse tão baixo quanto o da Índia, as localidades de Nível Dois do Canadá eram em média 22 por cento mais econômicas em custo por e-mail do que os escritórios locais da PRC e dos centros de atendimento próprios da eBay.

- NÍVEL TRÊS — Reservado às questões mais complexas de Suporte Geral, aquelas que requeriam flexibilidade e discernimento da parte dos atendentes. Além disso, era nesse nível que Kathy propunha que algumas consultas simples pertinentes a Confiabilidade e Segurança fossem tratadas. Ela teve o cuidado de não selecionar uma atividade que fosse demasiadamente delicada quanto a dados pessoais de clientes ou que necessitasse de um trabalho investigativo detalhado. Os tipos de contato que se enquadravam abrangiam relatos de usuários da eBay sobre casos confirmados ou suspeitos de *spam* e sobre violações de listagem de ofertas ou ainda mal comportamento de associados, tal como o não pagamento por itens recebidos e a prática de dar lance em seus próprios produtos. Esse nível consistia principalmente em contatos por e-mail, mas Kathy desenvolveu-o de modo que algumas consultas simples por telefone e *chat* fossem incluídas também. Embora isso contrariasse a filosofia de CRM da eBay, segundo a qual telefonemas e sessões de *chat* deviam ser tratados internamente por atendentes experientes da eBay, ela assegurou que representantes de alto nível tanto na PRC como na I-Sky poderiam ser treinados a atender a esses contatos tão bem quanto o próprio pessoal da eBay.

O Nível Três devia ser tratado por centros terceirizados exclusivamente nos Estados Unidos, localizados em áreas próximas aos centros da própria eBay. Esse arranjo por 'proximidade' assegurava que não houvesse nenhuma barreira linguística e que Kathy e seus gerentes estariam por perto, caso o fornecedor necessitasse de suporte e treinamento adicionais.

Em sua recomendação à chefe, Wendy Moss, na semana anterior, Kathy havia tomado o cuidado de deixar claro que o arranjo para contatos de Nível Três pouparia à empresa somente cerca de $ 500 mil ao ano do ponto de vista puramente de redução de custo, mas que isso compensava por evitar que o Suporte ao Cliente tivesse de investir em instalações e equipamentos extras, além de reduzir o risco de sobrecarregar seus talentos gerenciais. Ademais, abria a possibilidade de terceirizar aproximadamente 20 por cento dos tipos de atividade de Confiabilidade e Segurança, que era essencial ao objetivo de transferir para o exterior até 50 por cento de todo o volume de contatos da eBay.

Wendy havia aceitado prontamente a explicação de Kathy sobre a estratégia de sua equipe por trás da lógica dos níveis Dois e Três. Ela, contudo, havia questionado mais o fato de o Nível Um ser atendido na Índia. Ali a compensação em termos de redução de despesa operacional era impressionante, economizando para a empresa quase $ 3 milhões anualmente, e Kathy percebera de imediato o interesse da chefe nos dólares a mais no resultado financeiro. Wendy a havia questionado detalhadamente na semana anterior sobre as operações da PRC baseadas na Índia e sobre a I-Sky. Qual era o nível de experiência, solidez financeira, administração, posicionamento competitivo e agilidade mercadológica dessas duas empresas? Que tipo de presença o Suporte ao Cliente tinha nesses centros? Gerentes da eBay estavam sempre presentes na Índia treinando novos funcionários, testando e-mails e advertindo sobre o 'estilo eBay'?

Enquanto recordava essas perguntas feitas na reunião da semana anterior, Kathy admitiu que a pergunta que sua chefe fizera no e-mail não era realmente nenhuma surpresa. O Suporte ao Cliente estava fortemente orientado a tornar a operação indiana um serviço de longo prazo e êxito financeiro. Mas por que mexer no bolso de alguém para isso? O que Wendy queria saber, e o que Kathy supunha que a CEO da empresa e seus diretores também iriam querer saber, era a possibilidade de fazer exatamente o que o grupo terceirizado estava fazendo na Índia, mas sem o intermediário. "Imagine, se o Suporte ao Cliente estava economizando aproximadamente 45 por cento por e-mail tratado por um fornecedor terceirizado no exterior, quanto mais poderia ser economizado se administrássemos nossos próprios escritórios na Índia?", o e-mail de Wendy concluía.

BOT ou não BOT

Felizmente, Kathy havia pesquisado sobre o desenvolvimento de escritórios próprios da eBay no exterior, embora não em profundidade. Ela havia constatado que ainda havia brechas para ela e sua equipe solucionar pequenos nós na atual estratégia de terceirização. "Mais um ponto para o estimulante ritmo eBay", ela pensou consigo mesma.

Ela queria telefonar para a chefe em San José para discutir sobre o e-mail dela e os próximos preparativos para a apresentação à Meg Whitman. Mas, antes, ela abriu seu arquivo e tirou uma pasta com uma etiqueta que trazia as letras "BOT". Fazia muitos meses que ela coletara os dados. Quando se deu conta, fazia uma hora que estava concentrada em examinar minuciosamente a pilha de informações, parando de vez em quando para traçar vários cenários em uma planilha Excel.

Após mais 45 minutos de análise, ela estava pronta. Imprimiu a planilha e rapidamente verificou se estava suficientemente clara. Não estava tão detalhada quanto necessitaria estar nos próximos dias, mas ajudaria a estruturar sua conversa com a chefe sobre a pergunta que ela lhe fizera no e-mail, aquela que ela fizera em nome da CEO:

TABELA 7 A planilha de Kathy

		Custo/hora/assento (250 assentos)	Custo/hora/assento (500 assentos)	Custo/hora/assento (mil assentos)	Investimento inicial médio/assento (custo por vez)	Custo médio de transferência/assento (custo por vez)
Cenário número 1						
Terceirização para fornecedores contratados	e-mail, telefone, chat somente e-mail	$ 10,17 $ 6,24	$ 9,56 $ 5,38	$ 8,60 $ 4,66	N/A N/A	N/A N/A
Cenário número 2:						
Construir centro próprio eBay	e-mail, telefone, chat somente e-mail	$ 9,73 $ 5,30	$ 8,85 $ 4,68	$ 7,77 $ 4,14	$ 12.000 $ 11.000	N/A N/A
Cenário número 3:						
Construir, Operar, Transferir (BOT, do inglês Build, Operate, Transfer)	e-mail, telefone, chat somente e-mail	$ 9,88 $ 5,34	$ 9,03 $ 4,96	$ 8,10 $ 4,40	N/A N/A	$ 3.500 $ 2.900

Fonte: Estimativas dos autores do caso, compilações e registros públicos.

"Por que continuar pagando outra pessoa para fazer o que nós mesmos podemos fazer?"

Na planilha, Kathy esboçou e quantificou três alternativas (Tabela 7). A primeira era o Nível Um de sua proposta de estratégia em três níveis — manter o relacionamento com os parceiros de terceirização da eBay no exterior, continuar a aprimorar a operação na Índia e identificar volume incremental a terceirizar para reduzir mais os custos de e-mail. Ela considerava esse cenário o menos arriscado das três alternativas.

A segunda alternativa consistia em eliminar totalmente os fornecedores terceirizados. Nessa opção, ela propunha que o Suporte ao Cliente não renovasse seu contrato com os fornecedores e, em vez disso, comprasse ou alugasse um terreno ou uma instalação já estabelecida na Índia e desenvolvesse sua própria operação. Kathy sabia que essa alternativa apresentava os maiores riscos à eBay, incluindo desembolso de capital, contratos imobiliários, adequação a exigências governamentais, infraestrutura de comunicação e recursos gerenciais no país. Entretanto, de acordo com as hipóteses de sua planilha, essa alternativa prometia o maior potencial de compensação no longo prazo em redução do custo unitário, algo que os executivos da eBay prezavam muito.

Ela acreditava que a terceira alternativa, chamada "Construir, Operar, Transferir", ou BOT (do inglês *Build,* *Operate, Transfer*), era a mais criativa e representava um híbrido das duas primeiras. Ela recomendava que a eBay contratasse um fornecedor que adquirisse ou construísse um centro de operações, recrutasse o pessoal necessário, cuidasse de sua administração e, após um período predeterminado, de talvez um ano ou dois, transferisse a posse integral para a eBay. Essa opção agradava mais a Kathy do que a segunda porque o fornecedor assumiria os riscos iniciais da fase de operacionalização, que ela considerava a mais desafiadora e onerosa. A eBay poderia limitar sua exposição inicial aos custos até que a operação estivesse montada e operante. Ela planejava dizer à chefe que os pontos mais críticos da alternativa BOT eram negociar o nível adequado de taxas de gerenciamento com o fornecedor terceirizado e solucionar a complexidade da efetiva transferência de posse mais adiante.

Entretanto, a maior preocupação de Kathy era o fato de que até aquele momento ela não conseguira encontrar um exemplo de uma empresa nacional que utilizasse uma abordagem BOT com um fornecedor na Índia. Pelo que ela sabia, a eBay seria a primeira operação de atendimento ao cliente a experimentar tal estratégia. Enquanto se preparava para pegar o telefone e ligar para a chefe, ela foi assombrada pelo mantra bem arraigado da eBay de não 'se aventurar' em quaisquer novas experiências não comprovadas.

CASO 4: EM BUSCA DE SINERGIAS NA INDÚSTRIA GLOBAL DO LUXO*

Bernard Arnault, variadamente aclamado como o "Imperador do Luxo", "Papa da Moda" e "Lorde das Logomarcas" ocupava uma luxuosa suíte executiva sobre a elegante sede da LVMH Moët Hennessy Louis Vuitton S.A., localizada na moderna 8ème arrondissement. Os visitantes tinham que ser revistados pelos guarda-costas particulares dele antes que as portas de vidro à prova de bala se retraíssem silenciosamente para dar-lhes acesso ao santuário do império da moda global construído por Arnault. Acomodado em um cenário de suntuosidade, Arnault era provavelmente o embaixador perfeito dos produtos de sua empresa. Ele havia sido repetidas vezes escolhido como o CEO mais bem-vestido por vários dos principais jornais de negócios. Entretanto, era chegado o tempo de refletir, repensar e talvez redesenhar as estratégias que sua empresa devia seguir, ao ingressar em um período desafiador de sua jovem existência. A LVMH seria capaz de cumprir a promessa de dobrar suas vendas e lucros nos próximos cinco anos?

O ano de 2001 havia sido como uma montanha-russa para a LVMH. Sob a liderança de Arnault, a empresa claramente seguia firmemente pelo caminho de executar uma estratégia que demandava uma carteira diversificada de marcas de luxo e a simultânea expansão para múltiplas regiões geográficas, onde a empresa estivesse mal representada. Não foi uma tarefa nada fácil. Muitas das aquisições de marca e extensões de linha haviam custado caro, e a maioria desses negócios ainda estava por gerar lucros substanciais (veja o Apêndice I). Uma grande parcela da lucratividade do grupo ainda pegava carona nas linhas de negócios estabelecidos — a saber, vinhos e bebidas alcoólicas e artigos de couro. Por isso, os analistas questionavam o valor de formar uma carteira de marcas globais que abrangia mercados de produtos que iam de vinhos e bebidas alcoólicas a artigos de couro, perfumes, artes e comércio eletrônico. Arnault orgulhava-se de ressaltar que "somos o único grupo que tem a habilidade de administrar diversas atividades que cobrem toda a gama de negócios de luxo". Ele estava profundamente convencido de que essa coleção de marcas globais era a pedra fundamental para realizar sinergias lucrativas no negócio da moda, sinergias que alavancariam o resultado financeiro. Era óbvio que essas 'sinergias' possuíam para os analistas um significado diferente do que para Arnault.

Será que a expansão para múltiplas marcas e negócios se justificava? E a marca guarda-chuva LVMH agregava algum valor a marcas individuais, tais como Givenchy, Guerlain, Château d'Yquem e DKNY, que eram por si sós bem estabelecidas? Havia alguma lógica estratégica irrefutável na expansão para casas de leilão de obras de arte, empresas de Internet e empreendimentos de mídia? Quais sinergias poderiam ser exploradas entre esses negócios de modo a aumentar o valor ao acionista? Onde a LVMH deveria concentrar geograficamente seus esforços a fim de se posicionar para seu futuro crescimento? Essas eram algumas das questões cruciais que Arnault se sentara para ponderar enquanto olhava para a multidão que se aglomerava em torno do Arco do Triunfo no horário de rush.

A indústria de artigos de luxo

O negócio do luxo abrangia um amplo leque de produtos e serviços. Relatava-se que esse setor gerava aproximadamente $ 80 bilhões ao ano (incluindo joias, relógios, artigos de couro, vinhos e champanhes, fragrâncias e acessórios). Amplamente focados na elite da população detentora de considerável renda disponível, os fornecedores de luxo e moda precisavam oferecer produtos de vanguarda, inovadores e de excepcional qualidade e estavam constantemente em busca de meios de distinguir suas ofertas das de seus concorrentes.

O mercado-alvo: *bon chic bon genre*

As maiores empresas do setor estavam bastante equiparadas na busca por clientes-alvo, simplesmente definidos como "indivíduos de alto valor líquido". Uma pesquisa recente realizada pela Cap Gemini Ernst & Young relatou que em 2000 mais de 7,2 milhões de indivíduos no mundo detinham mais de $ 1 milhão cada em ativos financeiros, representando um aumento de 3 por cento em relação ao ano anterior (veja Tabela 1). Acreditava-se que esses indivíduos respondiam por cerca de $ 27 trilhões da riqueza mundial. Esperava-se que a adesão a esse grupo apresentasse um crescimento médio de 8 por cento ao ano, nos próximos

---

* Copyright © 2003 Thunderbird, The American Graduate School of International Management. Todos os direitos reservados. Este estudo de caso foi preparado pelo professor Kannan Ramaswamy, com assessoria em pesquisa de Marty Ostermiller, MBA 2002, e Philip Antonie Kendis, MBA 2002, para fins exclusivos de discussão em classe, e não com o propósito de indicar estilos de administração eficazes ou não.

TABELA 1 Indivíduos que possuem mais de $ 1 milhão em ativos financeiros (em milhões)

	1998	1999	2000
América do Norte	2,06	2,48	2,54
Europa	1,84	2,17	2,31
Ásia	1,33	1,71	1,70
América Latina	0,19	0,19	0,19
Oriente Médio	0,22	0,22	0,22
Bloco Oriental	0,20	0,20	0,20
África	0,04	0,04	0,04

Fonte: Cap Gemini Ernst & Young, 2001.

cinco anos. Em relação à distribuição geográfica, a América do Norte abrigava cerca de um terço desses indivíduos de alto valor líquido, seguida de perto por Europa e Ásia.

O público-alvo característico tinha um forte interesse por moda e tendências. Eles pertenciam a um grupo refinado que não hesitava em pagar $ 12 mil por uma mala de viagem customizada da Louis Vuitton, $ 7.500 por uma garrafa de Château d'Yquem *premier grand cru* ou $ 500 mil por um relógio de pulso Silver Tourbillon da Patek Phillipe. A maioria das renomadas empresas de artigos de luxo mantinha longas listas de espera de clientes que desejavam comprar uma bolsa, um relógio de pulso ou algum outro produto exclusivo que tivesse oferta limitada. O *The Wall Street Journal* certa vez divulgou uma corrida por bolsas Louis Vuitton por compradoras que cruzavam continentes para comprar nas lojas da empresa na França.

Em bases globais, o Japão era provavelmente o mercado mais visado pelos fabricantes de artigos de luxo. Acreditava-se que os japoneses respondiam por cerca de 30 por cento do mercado global de artigos de luxo (incluindo as compras por turistas japoneses no exterior, que representavam aproximadamente 15 por cento), tornando-os o segmento mais importante de consumidores. Atraídos por esse lucrativo mercado, muitos dos líderes de mercado haviam virtualmente saturado o Japão com suas lojas, apesar da recente turbulência econômica, e não havia indícios de qualquer desaceleração em seus planos de expansão. Era precisamente essa confiança no consumidor japonês que ameaçava o sucesso das principais casas de design. A Tabela 2 mostra as vendas de marcas de luxo por região geográfica das principais empresas do setor.

Varejo de luxo: vantagem competitiva específica de um país

Fatores específicos de um país estavam inexoravelmente ligados ao poder de uma marca e sua herança; portanto, estabelecer-se em um país reconhecido por uma linha de produto em particular era de suprema importância. Acesso a artesãos locais, matéria-prima local e a capacidade de explorar a base de conhecimento local eram todos aspectos extremamente cruciais no desenvolvimento de uma reputação nesse negócio. Embora isso significasse que os custos de mão de obra eram na maioria dos casos proibitivos, dado o baixo volume fabricado, tratava-se de um elemento essencial para a definição da reputação da marca. Acreditava-se, por exemplo, que a Itália era líder na manufatura de artigos de couro. Ali estavam algumas das melhores casas de design em couro, os melhores fabricantes de equipamento de processamento de couro e algumas das melhores lojas de varejo de artigos de couro. Complementada pelo florescente negócio de confecção de moda em Milão, a indústria de couro em Florença podia desenvolver vantagens sinérgicas. Ao longo dos anos, o consumidor italiano desenvolvera uma percepção muito sofisticada dos produtos de moda em couro. Por conseguinte, para competir com sucesso nessa região as empresas tinham de se esforçar muito para atrair os consumidores italianos, que eram exigentes e bem informados. Bottega Veneta, Salvatore Ferragamo e Tod's eram algumas das empresas italianas na vanguarda em artigos de couro. Dessa forma, o selo "Made in Italy" era considerado um importante elemento do qual consumidores perspicazes no mundo inteiro não abriam mão ao adquirir artigos de luxo em couro.

A França era universalmente reconhecida como o celeiro da criatividade no negócio de moda *prêt-à-porter*. Seguindo sua linhagem da corte francesa em Versalhes e da pompa e circunstância que cercava a realeza francesa, o país havia criado algumas das mais renomadas casas de design. As maiores empresas de *perfumaria* e cosméticos tinham raízes semelhantes. A

TABELA 2 Vendas de marcas de luxo por região geográfica, em 2000

	Japão	Ásia	Europa	América do Norte	Resto do mundo
Bulgari	21,0%	17,0%	37,0%	21,0%	4,0%
Gucci	22,5%	17,9%	30,4%	26,4%	2,8%
Hermès	26,0%	12,0%	42,0%	15,0%	5,0%
LVMH	15,0%	17,0%	34,0%	26,0%	8,0%
Richemont	20,0%	19,0%	40,9%	20,1%	N/A

Fonte: Bear, Steams & Co. Inc.

lendária região dos campos de flores de Provença fornecia grande parte da matéria-prima essencial a essas indústrias. A França também dominava o setor de vinhos, que se baseava em vantagens de localização, tais como acesso a terras férteis, e na tradição de fabricar vinhos. Há muito tempo a vinicultura fazia parte da cultura e contribuíra para colocar regiões como a Borgonha e o vale do Loire no mapa da enofilia. O apoio do governo francês e o cuidadoso controle da indústria por meio do sistema de denominação de origem também ajudaram as vinícolas a conquistar uma posição segura nos mercados do vinho.

A Suíça havia desenvolvido uma reputação global por suas joias e seus relógios. Muitos dos principais concorrentes nesses segmentos tinham origem nos mestres artesãos e joalheiros que haviam fugido de perseguições religiosas na França e se firmado na região de Genebra para estabelecer as tradições da arte suíça. Com o tempo, a Suíça tornou-se sinônimo de qualidade e precisão.

Embora cada uma das principais casas de design tivesse se originado de um foco em um conjunto distinto de produtos que tinham raízes na arte local, elas haviam desde então se ramificado por meio de aquisições além das fronteiras para construir impérios que abrangiam vinhos e champanhes, roupas, relógios e joias. O suprassumo da empresa de artigo de luxo global era resultante de tal expansão agressiva.

Os principais competidores

Os principais competidores na indústria de artigos de luxo — LVMH, Gucci, Richemont, Bulgari e Hermès — controlavam aproximadamente 22 por cento das vendas mundiais do setor. Todas essas empresas competiam em múltiplas linhas de produto e múltiplos mercados geográficos. LVMH e Bulgari dominavam a região do Pacífico Asiático, enquanto Richemont e Hermès eram forte competidores na Europa. A Gucci estava bem estabelecida tanto na Europa como na América do Norte e desenvolvia forte presença também no Japão. A Tabela 3 apresenta um resumo das principais linhas de produto dos principais competidores.

- **Gucci**

Em 1923, Guccio Gucci abriu uma pequena loja para vender artigos de couro em Florença, na Itália. Originalmente um revendedor de malas de viagem importadas da Alemanha, Gucci beneficiou-se da expansão econômica após a Primeira Guerra Mundial. Desde sua concepção, a empresa demonstrou um veio inovador, improvisando opções em couro durante os magros anos na Itália sob o jugo de Benito Mussolini. Após a Segunda Guerra Mundial, Gucci começou a executar sua estratégia de expansão global com uma loja em Nova York em 1953, a primeira fora da Itália. Infelizmente, a empresa sofreu grandes contratempos nas décadas de 1970 e 1980, ao se ver envolvida em escândalos, conspirações e assassinatos da máfia, que a lançaram para as manchetes dos jornais pelas razões erradas. Houve intensas brigas familiares pelo controle da Gucci, que resultaram em má estratégia e na involuntária diluição do valor de sua marca. No fim da década de 1980, um grupo de investidores do Oriente Médio, a Investcorp,

TABELA 3 Linhas de negócios das maiores casas de moda

	Bulgari	Gucci	Hermés	LVMH	Richemont
Artigos de couro	X	X	X	X	X
Sapatos		X	X	X	
Relógios	X	X	X	X	X
Joias	X	X	X	X	X
Prêt-à-porter		X		X	
Perfumes/cosméticos	X	X	X	X	
Seda	X	X	X	X	X
Artigos de mesa	X		X	X	X
Instrumentos de escrita			X	X	X
Vinhos e bebidas alcoólicas				X	
Varejo de especialidades				X	
Leilões				X	

Fonte: Bear, Stearns & Co. Inc. e relatórios de empresas.

comprou 50 por cento da empresa. Naquela época, a marca já estava muito debilitada, tendo sido afixada em mais de 22 mil itens, desde relógios e perfumes a calçados vendidos até em lojas de departamento. Uma marca aristocrática havia-se tornado decididamente plebeia. O renascimento da Gucci teve início com a nomeação de Domenico De Sole como seu CEO após a Investcorp adquirir os outros 50 por cento da empresa. O novo CEO contratou Tom Ford, um designer de renome, que remodelou inteiramente o design dos produtos Gucci. A empresa iniciou um processo de *buyback* (compra das próprias ações no mercado de ações) e de suspensão de licenças para tomar controle mais firme da marca, seus produtos e sua distribuição. A Investcorp vendeu suas ações por meio de uma oferta pública inicial em 1996, obtendo um retorno de cinco vezes sobre seu investimento original.

Recentemente, a Gucci adotou um modelo de multimarcas. Ela adquiriu o perfume e a linha de roupas *prêt-à-porter* da Yves Saint Laurent (YSL) e acrescentou o famoso criador de sapatos, Sergio Rossi, a seu guarda-chuva de marcas. Esperava-se que a estratégia de multimarcas gerasse importantes sinergias. O fabricante de artigos e sapatos de couro sob várias grifes estava sendo centralizado. Centralização semelhante foi iniciada em suas múltiplas linhas de itens de relojoaria, tais como YSL, Boucheron e Bedat & Co. A empresa confiava em uma densa rede de subcontratados para fabricar a maioria de seus produtos. As lojas de varejo da Gucci costumavam carregar todas as linhas de produto, permitindo alguma sinergia de distribuição. Em 2001, o grupo Gucci divulgou vendas consolidadas de $ 2,26 bilhões.

- **Richemont**

A Richemont, segunda maior empresa de artigos de luxo do mundo, estava sediada em Zug, na Suíça. Era controlada pela Rembrandt, uma empresa sul-africana de propriedade da família Rupert, que originalmente fizera fortuna no ramo de tabaco. Em 1988, alguns dos ativos de tabaco foram desmembrados, dando origem à Richemont. Essa empresa ainda controlava as famosas marcas Rothmans International e Dunhill. A Richemont era amplamente diversificada, com interesses em negócios como o Canal +, uma empresa de mídia francesa, e a Vivendi, um conglomerado também francês de água e mídia.

O ponto forte da Richemont era, tradicionalmente, joias e relógios, em que dominava o cenário mundial com marcas célebres como Cartier, Van Cleef & Arpels e Piaget. Juntas, as vendas de relógios e joias representavam quase 70 por cento do total de vendas de artigos de luxo da empresa no ano 2000. Ela também detinha posições menores em vestuário e acessórios de moda por meio de marcas como Dunhill, Sulka, Shanghai Tang e Chloe.

Em termos geográficos, no ano 2000, a empresa gerava 38 por cento de suas vendas no mercado do Pacífico Asiático (sendo 21 por cento no Japão) e 39 por cento na Europa. O mercado das Américas respondia por 21 por cento. Diferentemente dos modelos de negócio da Gucci e da LVM, que giravam em torno de uma família de marcas sob um guarda-chuva, a Richemont enfatizava a natureza independente de cada marca e não parecia interessada em qualquer sinergia entre as marcas de seu portfólio. Na maioria dos casos, a matriz atuava nos bastidores e oferecia plena autonomia de gestão de marca com importantes advertências para evitar a diluição da marca. Richemont operava uma rede de 720 lojas exclusivas, 452 das quais eram de sua propriedade.

- **Hermés**

Thierry Hermès fundou a empresa em 1837, com foco inicial na fabricação e venda de arreios de couro para cavalos. Embora ainda fosse predominantemente familiar (> 80 por cento), a empresa desfrutava de uma reputação mundial por qualidade e liderança no mundo da moda. No início de 2001, 78 por cento de suas vendas foram geradas fora da França, na maior parte por meio de sua rede de mais de 200 lojas exclusivas em importantes centros de luxo pelo mundo. Ela adotara uma estratégia de marca única para suas múltiplas linhas de produto, que abrangia diversos artigos de luxo, variando de roupas a perfumes e acessórios de couro. O Japão era claramente um mercado importante para a empresa e havia contribuído com cerca de 25 por cento das vendas no ano 2000. A Hermés havia-se posicionado entre os fornecedores *superpremium* de artigos de luxo, oferecendo bolsas de couro de crocodilo por $ 8.800 e camisas de popeline de algodão por $ 340. Em relação ao posicionamento de preço dos artigos de couro, praticamente não enfrentava nenhuma concorrência, mesmo de outros concorrentes bem conhecidos, tais como Gucci e LVMH, cujas peças eram comparativamente inferiores. Somente a Bulgari e a marca da Richemont, Cartier, provavelmente se aproximavam em termos comparativos de faixa de preço.

A Hermès construiu sua reputação de excelência integrando uma grande parcela de suas operações de produção e varejo. Mais de 75 por cento das peças que vendia era fabricada pela própria empresa. Ela estava disposta até a assumir o controle de fornecedores-chaves, tais como de couro fino e pele de crocodilo, apenas para assegurar qualidade superior na ponta dos insumos. Operava 23 unidades de produção na Europa, das quais 21 se situavam na França. Na ponta da produção, a empresa combinava lojas próprias com operações de franquia seletiva, frequentemente recomprando franquias, caso a necessidade estratégica exigisse tais ações. No ano 2000, a Hermès adquiriu 31,5 por cento da Leica Camera A.G., uma empresa especializada em equipamento fotográfico avançado.

- **Bulgari**

A Bulgari tinha origem em uma pequena vila na Grécia, chamada Epirius, conhecida pelo artesanato em prata. Sotirio emigrou de Epirius para a Itália e abriu sua primeira joalheria em Roma. A empresa estava listada nas bolsas de valores de Milão e Londres, embora a família ainda mantivesse participação majoritária e exercesse controle estratégico e gerencial sobre toda a gama de operações. A Bulgari cresceu tanto em alcance geográfico quanto em variedade de produtos por meio de uma intensa fase de expansão que começou no início da década de 1990. Ela operava em sete segmentos de luxo, os quais incluíam relógios, joias, perfumes, acessórios de moda, sedas, artigos de mesa e óculos. No início de 2001, formou uma *joint-venture* com a Marriott International, que visava focalizar a alavancagem da marca Bulgari na construção de resorts de luxo. Ela era conhecida no negócio do luxo pela sensibilidade de seu design 'chic clássico' que agradava tanto aos tradicionalistas como à clientela mais moderna, com tendências a ser largamente composta por consumidores que compravam pela primeira vez. A ampla atratividade era um ingrediente essencial à história de sucesso da Bulgari.

A Bulgari contava com uma rede de franquias e lojas próprias para alcançar seus clientes. De sua rede de 99 lojas, 72 eram próprias. A empresa também distribuía seus produtos por meio de outros canais, como lojas *duty-free* em aeroportos. Embora tivesse participações em um amplo espectro de artigos de luxo, uma parcela significativa de sua renda era atribuída a relógios (46 por cento das vendas da empresa no ano 2000) e joias (33 por cento das vendas em 2000). Em relação à distribuição geográfica, Japão e Estados Unidos eram os principais mercados, enquanto a região do Pacífico Asiático como um todo representava 36 por cento das vendas totais da empresa. Refletindo sua localização italiana, a empresa preferia usar uma rede de fornecedores para muitas de suas funções de produção. Embora fabricasse todo o leque de relógios e perfumes internamente, ela subcontratava a manufatura de outras linhas de produto, como joias e acessórios de moda. A empresa divulgou vendas de $ 595 milhões e EBIT de $ 101 milhões no ano 2000.

A ascensão da LVMH

"Um coquetel sem precedentes de talento, audácia e eficácia na busca pela excelência" foi a maneira como a empresa se descreveu em um recente relatório anual. Louis Vuitton Moët Hennessy foi em grande parte um reflexo de Arnault, seu carismático CEO, que não só projetou a criação do grupo por meio de uma série de aquisições, mas também definiu a direção estratégica fundamental que a empresa tomaria em sua evolução para tornar-se um competidor global. Arnault formou-se pela renomada Polytechnique e mudou para os Estados Unidos para dirigir uma construtora fundada pelo pai. Ao retornar à França em 1984, ele teve a oportunidade de ingressar no negócio de tecidos e roupas de marca pela aquisição da tecelagem falida Boussac, por $ 80 milhões. A compra incluiu a Christian Dior, casa de alta costura que estava em declínio na época. Logo depois, Arnault desmantelou os ativos da Boussac (com exceção da Dior) e obteve um lucro líquido de $ 810 milhões para lançar sua visão de varejo de moda de luxo.

Em julho de 1988, em colaboração com a fabricante britânica de cervejas Guinness, ele adquiriu 24 por cento da LVMH, um grupo formado pela fusão entre a Louis Vuitton e a Moët Hennessy. Na época, a Louis Vuitton já havia estabelecido alianças com Veuve Clicquot, Canard Duchêne e Henriot — marcas estabelecidas de vinho e champanhe — e com a Givenchy, um poderoso negócio de perfumes. A participação acionária de 24 por cento de Arnault superava as ações individuais das famílias Louis Vuitton e Moët Chandon, e em 1990 ele se tornou o CEO do grupo LVMH. Em menos de uma década, ele transformou a empresa por meio de uma onda de aquisições e expansão oportunistas para mercados no exterior (o Apêndice II mostra a estrutura de propriedade e os principais investimentos da LVMH). No início de 2001, a empresa reorganizou-se em torno de cinco divisões que abrangiam desde vinhos e bebidas alcoólicas, artigos de moda e couro, relógios e joias e 'varejo seletivo'. As vendas do grupo atingiram $ 10,7 bilhões em 2001. O Apêndice III mostra as principais marcas mantidas pelos principais concorrentes no mercado de artigos de luxo.

A LVMH controlava mais de 50 marcas de luxo entre suas linhas de produto, abrangendo marcas de prestígio como Louis Vuitton, cuja origem datava de 1854, Château d'Yquem (1593), Veuve Clicquot (1772) e Guerlain (1828); marcas sofisticadas como Givenchy e Kenzo; e marcas mais jovens e ousadas como Urban Decay e Hard Candy. Em uma entrevista publicada na *Harvard Business Review*, Arnault observou que uma "marca estrela é atemporal, moderna, rápida em crescimento e altamente lucrativa". Por esses critérios, ele conseguiu reunir uma constelação de marcas para sua empresa. Foi o poder da marca que impulsionou a empresa a posições de liderança em quase todos os seus segmentos de atuação. A LVMH foi classificada como a número 1 em champanhe e conhaque, artigos de moda e couro e 'varejo seletivo'. Ficou em terceiro lugar em relógios e joias e perfumes e cosméticos (www.lvmh.com). O Apêndice IV apresenta estatísticas financeiras e operacionais da LVMH.

Os negócios da LVMH

Em nome da transparência, a LVMH foi organizada em um formato de cinco divisões, cada uma delas funcionando como uma unidade estratégica de negócio (SBU, do inglês *strategic business unity*) com seu próprio gerente-geral e equipe de executivos. Essas divisões também administravam as vendas no exterior de suas respectivas linhas. A Tabela 4 provê uma discriminação de receitas por produto e região geográfica.

Vinhos e bebidas alcoólicas

A LVMH era claramente líder de mercado no negócio de vinho e bebidas alcoólicas. Pela Hennessy, ela detinha 40 por cento do mercado de conhaque e de 20 a 25 por cento do mercado geral de champanhe. No segmento de champanhe *premium*, a LVMH detinha uma participação dominante de 50 por cento resultante de marcas exclusivas como Moët Chandon e Veuve Clicquot. Ela também havia se aventurado fora dos tradicionais cinturões de vinho na França e Itália, adquirindo produtores de vinhos sofisticados em Napa Valley, na Califórnia (Newton Vineyards) e na Austrália (Mount Adam). Dada a crescente proeminência tanto da Califórnia como da Austrália no negócio de vinhos, acreditava-se que esses movimentos permitiriam à empresa comercializar uma seleção verdadeiramente global de vinhos e champanhes. Essa divisão contribuía com 20 por cento das vendas do grupo e tinha margem operacional de aproximadamente 30 por cento no ano 2000. Em 2001, a empresa sofreu um declínio de 4 por cento nas vendas da divisão, por causa do mau desempenho das marcas de conhaque em um tradicional mercado forte, o Japão. Coletivamente, os vinhos e outras bebidas alcoólicas atingiram vendas de $ 1,92 bilhão em 2001.

Artigos de moda e couro

A LVMH possuía um conjunto estável e bem estabelecido de marcas nesse segmento, que representava 30 por cento (€ 3,61 bilhões) das vendas do grupo em 2001. Muito das vendas dessa divisão carro-chefe estava concentrado na região do Pacífico Asiático, particularmente no Japão. A empresa havia realizado importantes aquisições internacionais nessa área para fortificar sua presença e herança. Ela adquiriu participação majoritária na Fendi, líder italiana no design em couro, e na Donna Karan, uma designer líder nos Estados Unidos; e firmou uma *joint-venture* com a Prada, outra renomada empresa italiana de produtos de couro e vestuário. Grande parte das vendas nesse segmento era diretamente atribuída à marca Louis Vuitton, especializada em artigos de couro. Essa grife havia crescido aceleradamente sob a liderança de seu legendário designer, Marc Jacobs. Com frequência, a demanda por produtos Louis Vuitton superava a oferta, fazendo com que os clientes ficassem em uma lista de espera que geralmente levava meses para ser atendida. Um caso de destaque foi o lançamento da linha Graffiti, que se tornou um sucesso instantâneo e gerou uma lista de espera que levou um ano para ser atendida.

A empresa conseguiu alavancar sinergias entre suas marcas de moda. Por exemplo, sua unidade de produção da Kenzo foi transformada em uma plataforma logística para roupa masculina, que atendia a outras marcas como Givenchy e Christian Lacroix. Dadas as margens de lucro historicamente mais baixas desse mercado, sinergias resultantes de economias de custo poderiam impulsionar a lucratividade. A grife Louis Vuitton, combinada com a força do grupo LVMH, propiciava oportunidades de expansão para novas marcas e produtos. Usando essa plataforma de lançamento, a empresa dedicou consideráveis esforços de expansão da marca para atingir um público mais amplo. Esses esforços eram bem recebidos pelos compradores de moda. Como Muriel Zingraff, diretora de moda e bele-

TABELA 4 Composição de vendas por região geográfica das linhas de produto LVMH

Linhas de negócio	% de receita LVMH	Américas	Japão	Ásia	Europa	França	Restante do mundo
Vinho e bebidas alcoólicas	17,85	38	10	12	26	12	2
Artigos de moda e couro	33,04	24	33	15	16	10	2
Perfumes e cosméticos	18,40	25	7	8	35	20	5
Outros itens de 'varejo seletivo'	26,29	37	N/A	23*	9	26	5
Relógios e joias	4,35	28	14	12	29	8	9
Outros	0,07						
Total	100,00	27	15	15	20	17	6

Fonte: Deutsche Bank, A.G.

za da Harrod's, observou: "O que eu diria é que temos mais paciência com marcas menores quando elas são de propriedade de uma empresa-mãe, como a LVMH ou o Grupo Gucci."[1]

Perfumes e cosméticos

A divisão de perfumes e cosméticos, responsável por 18 por cento das vendas da empresa no ano 2000, possuía uma poderosa coleção de marcas que disputavam um lugar de destaque com os artigos de moda e couro. Essa divisão administrava marcas campeãs de vendas, tais como Christian Dior, Guerlain, Kenzo e Givenchy. A empresa também havia adquirido recentemente marcas populares norte-americanas, como Bliss, Hard Candy, Urban Decay e Fresh, que se destinavam a um público mais jovem. A Europa era o maior mercado para perfumes, talvez por causa da herança das marcas que a empresa oferecia. As recentes aquisições nos Estados Unidos faziam parte integral do esforço de internacionalizar as ofertas de perfume e cosméticos da LVMH. Essa divisão conseguiu alavancar sinergias de pesquisa e desenvolvimento (P&D) entre as marcas. Desse modo, embora seu gasto em P&D estivesse alinhado com o padrão do setor, a LVMH conseguiu gerar o dobro da taxa de crescimento média. Acreditava-se que essa capacidade de P&D contribuiria para impulsionar as vendas das empresas adquiridas. Como parte de um impulso maior para consolidar as margens nessa divisão, a empresa integrou P&D, produção, distribuição, suprimento e outras operações de retaguarda entre as marcas. Esses movimentos foram bastante benéficos. Por exemplo, integrar a função de compras entre as marcas resultou em economias de custo de matérias-primas de 20 por cento.[2] Analistas creem que a divisão de perfumes também foi posicionada para colher os benefícios excedentes decorrentes da estratégia de *co-branding* sob a qual muitas das marcas eram diretamente associadas às marcas de roupas, uma avenida única de diferenciação na LVMH.

Relógios e joias

A mais recente inclusão ao portfólio da LVMH, relógios e joias, contribuiu com somente 5 por cento das vendas no ano 2000 e teve margem operacional de aproximadamente 10 por cento. Em relógios, a empresa possuía marcas de prestígio como Tag Heuer, Ebel e Zenith; em joias, Fred Joallier e Chaumet. Diferentemente de sua constelação de marcas em outras divisões, muitos pensavam que a empresa não tinha o mesmo poder estelar em relógios e joias. Concorrentes como Richemont, Hermès e Bulgari pareciam ter marcas mais reconhecidas e produtos mais sofisticados nessa categoria. Entretanto, sinergias tangíveis pareciam uma possibilidade real porque a divisão poderia centralizar a manufatura de mecanismos e também utilizar a experiência da Tag Heuer na distribuição no varejo de todas as marcas. O negócio de joias também era extremamente competitivo por causa da presença de marcas líderes, tais como Cartier e Van Cleef & Arpels. Apesar da origem na Place Vendôme, nem a Chaumet nem a Fred Joallier eram lucrativas.

Varejo seletivo

A estratégia de integração vertical da LVMH vingou quando o braço de 'varejo seletivo' foi estabelecido. Essa divisão administrava os investimentos da LVMH na Sephora, DFS Galleria e Miami Cruiseline Services. Embora essa divisão contribuísse com 28 por cento das vendas da empresa no ano 2000, não gerara lucro nos três anos anteriores. A DFS Galleria com 150 lojas *duty-free* e de mercadorias em geral era o maior varejista mundial do setor de viagens. Adquirida em 1996, esse negócio foi vítima de circunstâncias adversas, já que a crise financeira asiática estourou logo depois. Desde então, a LVMH instituiu várias boas práticas de administração, incluindo a implementação de uma estratégia que reduziria a dependência da DFS dos aeroportos asiáticos, o fechamento seletivo de lojas com baixo desempenho e a criação das lojas DFS Galleria em grandes áreas metropolitanas. Apesar dessas mudanças, os turistas japoneses eram seus clientes mais importantes e leais, e qualquer desenvolvimento anacrônico que prejudicasse as viagens dos japoneses invariavelmente impactaria os resultados financeiros da DFS.

A Miami Cruiseline Services (MSC) foi adquirida em janeiro de 2000. A empresa oferecia serviços de varejo a bordo de navios de cruzeiro e tinha 76 por cento das maiores linhas de cruzeiro do mundo (mais de cem navios) como seus clientes. Concebida como uma extensão do conceito da DFS, a Miami Cruiseline focava principalmente (90 por cento) passageiros norte-americanos, dessa forma contrabalançando a dependência dos turistas japoneses que assombrava a DFS. Ela também gerenciava as operações *duty-free* no Aeroporto Internacional de Miami, o portão de entrada para a América Latina, abrindo possibilidades de fortalecer as marcas LVMH em uma região do mundo onde não tinham representatividade.

Além desses ativos de distribuição, a LVMH havia recentemente adquirido a La Samaritane, uma prestigiosa loja de departamentos de Paris. A empresa também ingressara na ponta de varejo do negócio de alfaiataria sob encomenda com a aquisição da Thomas Pink, a lendária alfaiataria do sofisticado bairro londrino de Mayfair que tinha reputação mundial pela excelência de suas camisas. A Thomas Pink também mantinha lojas de varejo nos Estados Unidos. Além disso, a LVMH assumira uma posição minoritária em um varejista de moda britânico de 200 anos, a Asprey & Garrard, que tinha aspirações globais próprias.

Casas de leilão

Casas de leilão especializadas em arte e antiguidades eram outra nova linha de negócio da LVMH. Em 1999, o grupo gastou entre $ 60 milhões e $ 100 milhões para adquirir a Philips, "uma das eternas retardatárias no mundo dos leilões"³. Em seguida, a LVMH adquiriu a Gallery de Pury & Luxembourg, sediada em Genebra, e a casa de leilões parisiense L'Étude Tajan. Recentemente, também havia engendrado uma fusão com a Bonham & Brooks, o maior leiloeiro de automóveis. O negócio de leilões de alto nível apresentava margens irrisórias, por causa da concorrência entre os pesos pesados, Christie's e Sotheby's. As aquisições da LVMH visavam principalmente a leilões do mercado médio e, por isso, consideradas mais economicamente viáveis. Também havia rumores de que Arnault estava examinando atentamente a Sotheby's, e, se tivesse êxito em comprar o nome Sotheby's, ele então poderia associar a linha de leilões a algumas das outras marcas de alta costura para conquistar mais clientes. A revista Forbes observou: "Ele poderia usar champanhes, vinhos raros, joias e moda, além do prestígio de seus parceiros e lançamentos de produtos, para atrair novos clientes. No tocante à sinergia, tudo se encaixaria muito bem".[4]

A abordagem de estratégia competitiva da LVMH

Inovação, diferenciação e posicionamento constituíam os pilares fundamentais da estratégia competitiva seguida pela LVMH. Ela dominava a arte de diferenciar-se em cada segmento de mercado em que atuava. A empresa valorizava o desempenho de longo prazo e estava disposta a investir em novas marcas de produto e a oferecer suporte à marca por longos períodos sem esperar lucros tangíveis. Infelizmente, embora essa orientação de longo prazo e o reinvestimento dos lucros melhorasse sua participação de mercado no longo prazo, isso não condizia com as aspirações do público investidor, especialmente nos grandes mercados de capital, como os Estados Unidos. O sucesso, às vezes, levava algum tempo para surtir efeito positivo nos resultados financeiros.

Administração do modelo de negócio

Criatividade e inovação eram sinônimos de sucesso no mundo da moda. Como dois analistas recentemente observaram, "As marcas de luxo devem fomentar uma apreciação (e tolerância) pela criatividade que não seja cerceada por restrições comerciais ou de produção".[5] Na LVMH, a autonomia criativa era um princípio preservado com zelo. Em quase todas as aquisições, a LVMH mantinha o talento criativo como uma fonte independente, sem tentar gerar sinergias entre linhas ou marcas de produto. Quando John Galiano, o guru do design na Christian Dior, surgiu com vestidos feitos de jornal, Arnault não o impediu de mostrar suas criações nos desfiles de moda. Embora os vestidos não visassem propriamente ao sucesso comercial, eles geraram uma extraordinária cobertura da mídia especializada. Esse tipo de exposição permitia à LVMH capitalizar suas criações de outras maneiras. Arnault acreditava que, "Se você pensar e agir como um gerente comum cercado por pessoas criativas — com regras, políticas, dados sobre as preferências dos consumidores e assim por diante —, rapidamente matará seu talento".[6] Por isso, a empresa era descentralizada em relação ao design e mantinha uma estrutura enxuta de gerentes. No ano 2000, os novos produtos contribuíram com 15 por cento das receitas do grupo em artigos de couro e 20 por cento das vendas de perfumes e cosméticos.

Integração da produção

Clientes dispostos a pagar o alto valor de produtos de marcas de luxo exigiam níveis igualmente altos de qualidade e perícia. Por exemplo, alguns dos acessórios em couro, como as bolsas da marca Louis Vuitton, passavam por várias centenas de fases, cuidadosamente projetadas por seus talentosos artesãos. O nível de zelo que o processo de produção requeria provavelmente justificava em parte por que muitos dos produtos Louis Vuitton impunham astronômicos acréscimos de preço da ordem de 70 por cento, amplamente especulados como entre os mais elevados do setor. A LVMH acreditava em integração vertical e internalizava grande parte de sua produção entre linhas de produto para fins de controle de qualidade. Um dos benefícios dessa abordagem de internalização era o impulso que ele dava às margens. Alguns analistas estimavam que a empresa economizava 19,5 por cento dos custos com materiais por meio da centralização de algumas atividades de compras no segmento de perfumes.[7] Combinadas com algumas atividades de cadeia de suprimentos, esses analistas acreditavam que a empresa conseguia impulsionar a margem operacional de 6,7 para 8,9 por cento. Entretanto, outros expressavam opinião oposta. Por exemplo, analistas do Deutsche Bank observaram: "A margem bruta gerada por uma marca de luxo com produção interna não parece ser mais alta do que a de uma marca que terceiriza".[8] De acordo com suas análises, as casas de design integradas conseguiam obter somente uma tênue vantagem (menor que 1 por cento) em margens brutas em relação a seus concorrentes desagregados. Segundo eles, a integração da cadeia de distribuição era bem mais lucrativa do que a integração do processo produtivo.

Distribuição e posicionamento

A LVMH possuía a maior rede de lojas próprias no ramo (> 1.275) e recentemente havia lançado um novo conceito de loja global. Essas lojas de conceito global tinham de 400 m² a 1.000 m² de espaço e promoviam todas as marcas sob o guarda-chuva LVMH. Desde o ano

2000, a empresa operava 26 dessas lojas e identificou um efeito halo nas vendas de lojas LVMH de menor porte situadas nas proximidades de uma loja global. Apesar de seu controle sobre a distribuição, a LVMH enfrentava desafios em determinação de preços. Por exemplo, suas bolsas Louis Vuitton custavam 40 por cento a mais no Japão do que na França. Esse desnível estimulou um negócio de arbitragem cambial administrado por grupos japoneses que viajavam para a França com o único propósito de comprar bolsas Louis Vuitton para revendê-las em canais paralelos no Japão.[9] A empresa tentou controlar esse mercado paralelo mantendo um banco de dados, identificando clientes por meio de seus números de passaporte e, dessa forma, dificultando os arbitradores. Bolsas e acessórios falsificados também representavam outro grande problema de longa data. Nos centros de moda, como Milão, Veneza e Florença, não era incomum ver vendedores ambulantes mascateando mercadoria falsificada nas mesmas zonas comerciais exclusivas onde os designers tinham suas butiques.

Nas operações de linha de frente em contato direto com os clientes, considerava-se que os negócios de 'varejo seletivo', como Sephora e DFS Galleria, desempenhavam um papel crucial. Esses pontos de venda ajudaram a LVMH a reunir informações competitivas vitais e uma melhor compreensão do consumidor de artigos de luxo. Por exemplo, suas lojas DFS Galleria carregavam uma variedade de produtos da LVMH bem como de seus concorrentes, desse modo oferecendo um ambiente ideal para compreender as necessidades atuais dos consumidores e como a concorrência estava se saindo no atendimento a essas necessidades. A aquisição da Sephora, um sofisticado varejista de perfumes e cosméticos, abriu rotas de integração vertical para a LVMH. A Sephora havia-se expandido para mercados importantes, como Reino Unido, Japão, Itália e, mais recentemente, Estados Unidos. Embora a empresa considerasse esse braço de varejo crucial, a Sephora vinha perdendo dinheiro.

De um lado, estavam o design e a fabricação de produtos inovadores; do outro lado, havia as questões de levar a mensagem aos consumidores em potencial e organizar os pontos de distribuição. Desfiles e revistas de moda eram importantes vitrines do negócio, e suas opiniões exercem particular influência na determinação do sucesso de pacotes de produtos. Apesar da aparente objetividade, alguns editores de moda e, consequentemente, jornalistas eram cerceados pelo poder das grandes casas de design que representavam a chave do sucesso das revistas de moda. Como um ex-editor observou, "Fui coagido a dar destaque a produtos. Se o gasto publicitário de uma empresa for alto, ela demandará menções editoriais compatíveis com o dinheiro que está investindo na revista".[10] Um anúncio-padrão em uma grande revista de moda custava mais de $ 50 mil e, portanto, requeria a atenção dos editores. Quando a Louis Vuitton anunciou o lançamento de sua linha Graffiti, suas lojas geraram longas listas de espera por causa do pico de demanda criado pela propaganda. O porte das operações comandadas por um designer parecia produzir benefícios importantes. Assim como a influência disseminada aos compradores que adquiriam as coleções para as cadeias de lojas de departamento. Esses compradores não precisavam ser cortejados. Eles automaticamente migravam para a casa de design que tinha o maior poder de fogo, um efeito colateral benéfico do porte da casa. Esses compradores estavam mais dispostos a experimentar até as marcas menores que uma casa de design poderia promover porque tal suporte tinha suas recompensas, tal como alocação preferencial em caso de falta de estoque.

O futuro

Arnault caminhou até a janela para espiar a fila sinuosa que se formava do lado de fora da loja Louis Vuitton. Entusiasmou-se em ver a multidão de clientes fiéis. Era um bom presságio para a parceria que a LVMH havia formado com a De Beers para comercializar diamantes de marca — um mercado estimado em mais de $ 25 bilhões. Esperava-se que a De Beers compartilhasse seu conhecimento e fontes de suprimento de diamantes, enquanto a LMVH contribuiria com o nome da marca e a experiência em gestão do luxo.

Alguns dias antes, a LVMH anunciara a venda de 70 por cento de sua participação acionária no negócio de leilões Phillips de Pury and Luxembourg, reduzindo-a para 27,5 por cento. Os analistas interpretaram isso como um recuo inglório para Arnault, que havia jurado vencer a concorrência contra a Christie's, a casa de leilões de propriedade de Pinault, que tomou à força uma significativa parcela da Gucci quando a LVMH preparou uma oferta hostil por essa empresa. Os mercados estavam bastante esperançosos de que esse movimento de venda do negócio de leilão ajudaria a impulsionar os lucros, em especial pelo tanto que ele havia consumido por um bom tempo. As ações da LVMH subiram mais de 3 por cento após o anúncio. Havia indício de mais desinvestimentos por vir? Será que Arnault havia mudado de opinião sobre o crescimento sinérgico da LVMH como um império da moda com múltiplas linhas? Agora que a LVMH se retirava do setor de leilões, os empreendimentos de varejo de especialidades que consistentemente geravam prejuízo seriam desmembrados? Talvez o mais crucial fosse saber se os pesados desinvestimentos que redirecionariam o foco do grupo em torno da Louis Vuitton fariam sentido estratégico e econômico no ambiente do setor em que a empresa operava. Havia sido realmente uma trajetória emocionante, e havia muito sobre o que Arnault refletir enquanto folheava os *clippings* da imprensa sobre a venda da Phillips de Pury and Luxembourg.

APÊNDICE I — Reações do mercado de ações às aquisições e alienação de ativos da LVMH

Evento	Desempenho das ações LVMH (% variação)				Desempenho do índice CAC 40 (% variação)			
	3 dias antes[1]	Dia do anúncio [A]	3 dias após[1] [B]	Variação total [A+B]	3 dias antes	Dia do anúncio	3 dias após	Variação total após
29/out./1996 Compra da DFS	-0,87	-1,59	+6,25	+4,66	-0,56	-1,15	+0,77	-0,38
19/abr./1996 Compra da Château d'Yquem	-6,58	+10,00	-3,59	+6,41	-	1,82	-1,97	
21/jul./1899 Compra da Sephora	-2,16	-0,90	-1,09	-1,99	-2,35	-1,03	-1,35	-2,38
13/set./1999 Compra da Tag Heuer	-0,79	-1,43	-0,25	-1,68	+0,50	-0,60	-1,16	-1,76
21/nov./2000 Compra da La Samaritane	-2,88	+2,30	-3,50	-1,20	-4,20	0,98	-0,40	+0,58
17/dez./2000 Compra da Phillips	-9,49	+4,87	-5,62	-0,75	-3,48	+0,82	-2,00	-1,18
24/nov./2001 Compra da Fendi	-1,85	+2,20	-8,30	-6,10	-0,41	-0,21	-2,61	-2,82
27/nov./2001 Compra da DKNY	+0,73	-2,80	-5,50	-8,30	-0,76	-1,72	-0,89	-2,61
19/fev./2002 Venda de participação na Phillips	-1,65	-3,54	+6,21	+2,67	-1,28	-2,09	-0,41	-2,50

[1] Período de tempo pode ser inferior a três dias, em caso de ocorrência de feriados.

Fonte: Preços do mercado de ações informados pela Bloomberg e Big Charts.

APÊNDICE II — Estrutura de propriedade da LVMH e seus investimentos

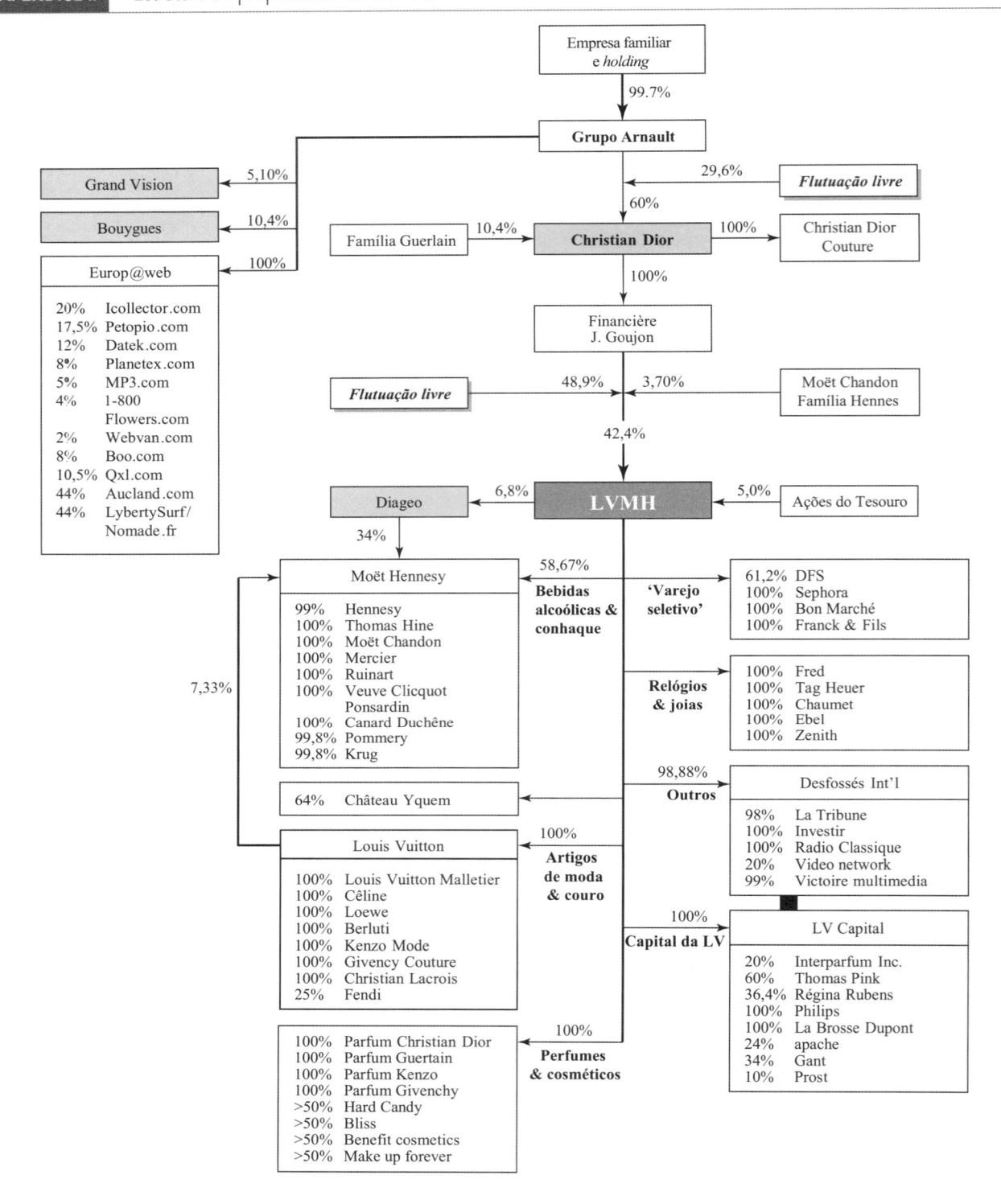

```
                          Empresa familiar
                             e holding
                                │
                              99,7%
                                ▼
                          Grupo Arnault
     ┌──────5,10%─────────┘     │      └──────29,6%──────► Flutuação livre
     │                          60%
Grand Vision                    │                100%
                                ▼             ┌───────► Christian Dior
     ┌──────10,4%──► Família Guerlain──10,4%──► Christian Dior         Couture
Bouygues                        │
                              100%
     ┌──────100%─────►          ▼
Europ@web                  Financière
                           J. Goujon
20%   Icollector.com            │
17,5% Petopio.com     48,9%     │      3,70%      Moët Chandon
12%   Datek.com    ◄──Flutuação livre──┼──────►   Família Hennes
8%    Planetex.com              │
5%    MP3.com                 42,4%
4%    1-800 Flowers.com         ▼
2%    Webvan.com         6,8%                5,0%
8%    Boo.com     Diageo ────► LVMH ◄──── Ações do Tesouro
10,5% Qxl.com            34%   │
44%   Aucland.com              │ 58,67%
44%   LybertySurf/             │
      Nomade.fr                │
```

Moët Hennessy — Bebidas alcoólicas & conhaque

99%	Hennessy
100%	Thomas Hine
100%	Moët Chandon
100%	Mercier
100%	Ruinart
100%	Veuve Clicquot Ponsardin
100%	Canard Duchêne
99,8%	Pommery
99,8%	Krug

7,33%

64% Château Yquem

Louis Vuitton — Artigos de moda & couro (100%)

100%	Louis Vuitton Malletier
100%	Cêline
100%	Loewe
100%	Berluti
100%	Kenzo Mode
100%	Givency Couture
100%	Christian Lacroix
25%	Fendi

Perfumes & cosméticos (100%)

100%	Parfum Christian Dior
100%	Parfum Guertain
100%	Parfum Kenzo
100%	Parfum Givenchy
>50%	Hard Candy
>50%	Bliss
>50%	Benefit cosmetics
>50%	Make up forever

'Varejo seletivo'

61,2%	DFS
100%	Sephora
100%	Bon Marché
100%	Franck & Fils

Relógios & joias

100%	Fred
100%	Tag Heuer
100%	Chaumet
100%	Ebel
100%	Zenith

Outros (98,88%) — Desfossés Int'l

98%	La Tribune
100%	Investir
100%	Radio Classique
20%	Video network
99%	Victoire multimedia

Capital da LV (100%) — LV Capital

20%	Interparfum Inc.
60%	Thomas Pink
36,4%	Régina Rubens
100%	Philips
100%	La Brosse Dupont
24%	apache
34%	Gant
10%	Prost

Fonte: BNP Equities.

APÊNDICE III — Líderes multimarcas de artigos de luxo[1]

Gucci	**LVMH**[2]	**Richemont**	**Bulgari**
Alexander McQueen	Art & Auction	A. Lange & Sohne	Bulgari
Bedat & Co	Benefit	Alfred Dunhill	Logomania
Bottega Venetta	Bliss	Baume et Mercier	Lucea
Boucheron	Canard Duchene	Cartier	Rosenthal
Gucci	Celine	Chloe	
Sergio Rossi	Chandon Estates	Hackett	
Stella McCartney	Chateau d'Yquem	IWC	
YSL Beaute	Chaumet	Jaeger-LeCoultre	
Yves St. Laurent	Christian Lacroix	Lancel	
	DFS Group	Montblanc	
	Dom Perignon	Montegrappa	
	Donna Karan	Officine Panerai	
	Ebel	Old England	
	eLuxury.com	Piaget	
	Etude Tajan	Purdey	
	Fendi	Seeger	
	Fred Joaillier	Shanghai Tang	
	Givenchy	Sulka	
	Guerlain	Vacheron Constantin	
	Hard Candy	Van Cleef & Arpels	
	Hennessy		
	Hine		
	Kenzo		
	Krug		
	La Samaritane		
	La Tribune		
	Le Bon marche		
	Loewe		
	Louis Vuitton		
	Marc Jacobs		
	Mercier		
	Miami Cruiseline Services		
	Moët & Chandon		
	Parfums Christian Dior		
	Phillips de Pury & Luxembourg		
	Pucci		
	Sephora		
	Solistice		
	Tag Heuer		
	Thomas Pink		
	Tod's		
	Veuve Cliquot		
	Zenith		

[1] A Hermès vende sob um único nome de marca, "Hermès".
[2] Lista parcial de marcas da LVMH.

APÊNDICE IV — Estatísticas operacionais e financeiras da LVMH

Métrica ($ milhões)	Vinhos e bebidas alcoólicas				Moda e couro				Perfumes e cosméticos				Relógios e joias				'Varejo seletivo'			
	1999	2000	2001	2002	1999	2000	2001	2002	1999	2000	2001	2002	1999	2000	2001	2002	1999	2000	2001	2002
Vendas líquidas	1972	2057	1965	1994	2021	2819	3180	3691	1499	1824	1964	2056	119	541	483	486	1904	2894	3060	2937
Resultado operacional	577	630	595	660	727	1029	1122	1141	128	162	131	142	4	52	24	(11)	(2)	(2)	(171)	18
Margem operacional	29%	31%	30%	33%	36%	37%	35%	31%	9%	9%	7%	7%	3%	10%	5%	-2%	-0.1%	-0.1%	-6%	1%

Nota: Os números para 'varejo seletivo' em 2000 e 2001 são repetidos no relatório anual de 2002 considerando-se a reclassificação feita em 2002. A LVMH faz *hedge* parcial de sua exposição cambial. Em 2001, 2002 e 2003, a cobertura de *hedge* foi 0,92, 0,89 e 0,86 USD/Euro. Variações, se houver, devem-se a arredondamentos.

Fonte: Relatório anual da LVMH para 2000 e 2002 Disponível em: <http://www.lvmh.com>. Acesso em: 5 mar. 2011; finanças da empresa, Disponível em: <http://www.mergentonline.com>. Acesso em: 5 mar. 2011.

NOTAS

1. J. Sherwood, "Battling it out in style", *Theage.com*, mar. 2001.
2. J. Hurley e D. L. Telsey, *Luxury goods*: Value in the magnetism of brands. Bear Stearns, [S.l: s.n.], 2001.
3. A. Rohleder, "The auction business waits for the hammer to fall". *Forbes.com*, 14 nov. 2001.
4. Ibidem.
5. J. Hurley e D. L. Telsey. *Luxury goods*: Value in the magnetism of brands. [S.l.]: Bear Stearns, 2001.
6. "Bernard Arnault of LVMH: The perfect paradox of star brands", *Harvard Business Review*, p. 116-123, out. 2001.
7. E. Mills, "LVMH", *Credit Suisse First Boston*, 9 mar. 2001.
8. D. Bank, "A. G. luxury goods sector: Traversing the twilight zone", 9 out. 2001.
9. *Economist*, 14 jul. 2001.
10. J. Sherwood, "Battling it out in style", *Theage.com*, mar. 2001.

CASO 5: A FUSÃO ACTIVISION BLIZZARD*

Em 2007, a Activision Inc., principal empresa de desenvolvimento e publicação de software de *video game* para plataformas como Xbox, PlayStation e Nintendo bem como para PCs, estava analisando uma fusão com a Vivendi Games. A Activision era líder de mercado em jogos de console, como *Guitar Hero* e *Call of Duty*, enquanto a Vivendi Games era a criadora do *World of Warcraft*, o maior jogo on-line para múltiplos jogadores (MMOG, do inglês *massive multiplayer online game*) do mundo. À primeira vista, uma fusão entre líderes de dois segmentos diferentes do mercado parecia atrativa. Entretanto, alguns observadores questionavam a prudência dessa fusão. As empresas adotavam modelos de negócios substancialmente diferentes, com a Vivendi focada na receita de assinantes e a Activision, na produção de *hit sequels* (séries de sucesso). Existiam também outras questões sobre a fusão. Será que a fusão proposta produziria sinergias suficientes que justificassem seu custo? A estrutura proposta de governança ajudaria as duas empresas a maximizar seu valor?

O setor

O primeiro *video game* foi criado em 1958 e consistia de pouco mais do que linhas e pontos verdes em uma tela de TV. Desde então, a indústria de softwares de *video game* atingiu vendas domésticas de $ 9,5 bilhões em 2007, tornando-se o setor de crescimento mais acelerado no setor de entretenimento. Os *video games* eram jogados principalmente em dois tipos de plataforma de hardware: consoles, como Xbox, Nintendo e PlayStation, e computadores. Em 2007, a 'próxima geração' de consoles formada por Xbox 360, Nintendo Wii e PlayStation 3 redefiniu a indústria do *video game* ao lançar controladores mais fáceis de usar e manipular. Os *video games* também eram jogados em computadores de mão, portáteis, como o Nintendo DS e o PlayStation Portable (PSP). Dos $ 9,5 bilhões gastos em software para *video game* em 2007, $ 6,6 bilhões (153,9 milhões de unidades) foram gastos em software para console de *video game*, $ 0,91 bilhão (36,4 milhões de unidades) em jogos para PCs e $ 2 bilhões (77,5 milhões de unidades) em software para computadores portáteis.

O software para *video game* era inicialmente desenvolvido por empresas que escreviam o complexo código dos jogos. Essas empresas eram conhecidas como desenvolvedoras e, com frequência, atuavam em parceria com empresas publicadoras, para vender e distribuir seus jogos. A maioria das empresas publicadoras, além de firmar parcerias com desenvolvedores terceirizados, possuía sua própria divisão de desenvolvimento. Alguns publicadores dependiam muito de suas parcerias com desenvolvedores terceirizados, enquanto outros contavam principalmente com seus próprios desenvolvedores.

As empresas publicadoras contavam com diversas fontes de receita. Tradicionalmente, elas obtinham receita da venda de jogos para serem jogados de modo independente. Esses jogos podiam ser carregados em uma plataforma de hardware e jogados sem qualquer custo adicional ao jogador. Com o advento dos consoles de jogos, que podiam ser conectados à Internet, porém, os jogadores passaram a poder comprar dispositivos adicionais para serem jogados on-line. Eles podiam baixar ambientes adicionais para seus personagens, adquirir os últimos lançamentos de músicas para tocar durante os jogos ou até comprar atualizações de jogos. Em anos recentes, haviam sido desenvolvidos *video games* como o *World of Warcraft*, que se baseavam inteiramente em uma experiência de jogo on-line. Esses jogos eram chamados de MMOGs e principalmente jogados em plataformas de computador. Aqueles que desejavam jogá-los deviam antes pagar pelo jogo em si e depois pagar uma taxa de adesão mensal recorrente para continuar a jogar. Além disso, esses jogos também angariavam receita da venda de pacotes de expansão que jogadores mais aficionados consideravam uma compra necessária para dar continuidade à sua experiência de jogo.

Com vendas de $ 9,5 bilhões no fim de 2007, o setor atingiu um crescimento de 28 por cento em relação ao ano anterior. A indústria de software para *video games* rapidamente se tornava uma parcela significativa do setor de entretenimento. Comparativamente, a indústria cinematográfica cresceu somente 1,8 por cento desde 2006, e a indústria fonográfica encolheu 10 por cento. Vários fatores contribuíram para esse crescimento explosivo. Dois grupos de jogadores, mulheres e indivíduos com mais de 35 anos de idade, passaram a comprar jogos em proporções mais elevadas do que nunca. As mulheres representavam 38 por cento do universo de jogadores, e a idade média do jogador havia aumentado para 33 anos em 2008. Isso configurava uma mudança significativa do estereótipo do jogador adolescente para o profissional de meia-idade com renda disponível mais

---

* Este estudo de caso foi adaptado de um relatório preparado por Dane Falkner, Melinda Keng, Armando Lujan, Kota Mineshima, Nathan Page, Brittney Sinquefield e Christian Timothy para o Fundo de Investimento da Universidade de Utah, sob a supervisão da professora Elizabeth Tashjian.

alta. Além disso, inovações nas práticas de jogo, tal como o desenvolvimento do Nintendo Wii de fácil aprendizagem, contribuiu para esse crescimento em usuários não tradicionais de jogos. Ademais, jogos orientados para famílias cresceram de 9,1 por cento da venda de jogos em 2006 para 17,2 por cento em 2007. Jogos com classificação etária 'Livre' ou 'Acima de 10 anos' dominavam as vendas (56 por cento), ao passo que aqueles classificados para 'Adolescentes' detinham 28 por cento das vendas de jogos. Somente 15 por cento das vendas de jogos eram atribuídos a jogos para o público 'Maduro'. Essas tendências claramente contradiziam a imagem de que o setor era dominado por conteúdo gráfico controverso.[1]

As expectativas de crescimento eram fortes para a indústria de software para *video games*. Em nível nacional, esperava-se que o setor crescesse em média 6,7 por cento nos próximos cinco anos, de $ 9,5 bilhões em 2007 para aproximadamente $ 12,5 bilhões em 2011. Contudo, a maior parte do crescimento era atribuída aos mercados internacionais, com forte ênfase em países asiáticos. As projeções eram para um crescimento médio internacional de 9,1 por cento nos próximos cinco anos, passando de $ 37,5 bilhões a $ 48,9 bilhões. Especificamente para os mercados asiáticos, esperava-se um aumento médio de 10 por cento ao ano.[2]

A concorrência

Muitas empresas de vários portes e estratégias competiam no setor de software para *video game*. Alguns conglomerados, tais como Sony e Microsoft, possuíam uma divisão interna de desenvolvimento de programas que produzia jogos exclusivamente para seus consoles. Embora esses jogos competissem diretamente com os da Activision e Vivendi, as empresas não eram comparáveis entre si por causa das drásticas diferenças em porte e estratégia de negócio. Entretanto, algumas empresas eram de certa forma comparáveis, tais como THQ, EA Games e Take-Two (veja Apêndice A).

THQ Inc. (THQI)

A THQ era uma empresa de $ 1,48 bilhão, com distribuição principalmente para a América do Norte, a Europa e a região do Pacífico Asiático, por meio de varejistas de massa e redes de varejo terceirizadas. A temática de seus jogos abrange ação, aventura, luta, corrida, esporte e estratégia. A empresa foi fundada em 1989 e está sediada em Agoura Hills, na Califórnia.[3]

A THQ colaborou com o estúdio Pixar da Disney para produzir *video games* inspirados em títulos de filmes como *Toy Story* e *A Bug's Life* (*Vida de Inseto*). Embora esses jogos tenham gerado uma receita razoável, as limitações dos direitos de licenciamento da THQ restringiram seu universo de jogadores a um público-alvo primordialmente mais jovem. A empresa não pôde comercializá-los a jogadores mais maduros, e mais lucrativos, como a Activision fazia. Além disso, os jogos simples da THQ não eram tão atrativos ao mercado asiático, que preferia jogos mais difíceis e complicados de jogar.

Electronic Arts Inc. (ERTS)

A EA comercializava seus produtos sob diversas marcas, com destaque para EA Sports, marca líder do setor no segmento de jogos de temática esportiva. A empresa também obtinha receita com a venda de espaço publicitário em seus jogos e com a distribuição de software de jogos desenvolvidos e publicados por outras empresas. A EA foi fundada em 1982 e estava sediada em Redwood City, na Califórnia.[4]

Embora a EA tivesse forte presença no gênero de jogos esportivos, o catálogo de jogos da Activision Blizzard tinha força em uma variedade de segmentos, em particular no de MMOG com o *World of Warcraft* e no altamente interativo *Guitar Hero*. A EA, com seu foco no gênero esportivo, carecia da ampla diversidade e do apelo dos produtos da Activision Blizzard.

Take-Two Interactive Software Inc. (TTWO)

A Take-Two era formada por dois segmentos principais, publicação e distribuição. Fundada em 1993, localizava-se na cidade de Nova York. Os produtos do segmento de publicação consistiam em diversas marcas, notadamente Rockstar Games, 2K Games e 2K Sports. O título mais popular da Rockstar Games era a série *Grand Theft Auto*, com a quarta versão lançada em 2008. A 2K Sports, apesar de não ser tão popular quanto a marca EA Sports, era sua concorrente mais direta e forte no mercado de jogos esportivos. O segmento de distribuição operava principalmente na América do Norte e Europa e contava com o crescimento de receita na distribuição de software e hardware de terceiros (além dos títulos de softwares proprietários da TTWO). A empresa atendia a "varejistas de massa; lojas de vídeo, produtos eletrônicos e brinquedos; drogarias nacionais e regionais; supermercados e redes de atacado; e lojas especializadas".[5]

Embora a Take-Two possuísse um dos jogos mais fortes do setor (*Grand Theft Auto*), a Activision Blizzard possuía diversos jogos fortes próprios (*Starcraft*, *Diablo*, *Call of Duty*, *World of Warcraft* e *Guitar Hero*). Além disso, a Activision tinha forte presença nos mercados asiáticos em acelerado crescimento, ao contrário da Take-Two que dependia maciçamente das vendas norte-americanas para gerar a maior parte de sua receita. Esses pontos fracos, somados ao fato de que a Activision tinha mais jogos campeões de vendas do que a Take-Two, indicavam que a Activision seria um concorrente mais forte (veja o Apêndice B).

Activision, Inc. (NASDAQ: ATVI)

Histórico da empresa

A Activision, Inc. era líder no desenvolvimento e na publicação de software interativo para várias plataformas de *video game*, como PlayStation 3, Nintendo Wii, Xbox 360 e diversos computadores de mão. Iniciou atividades em 1979 e foi influente na popularização do conceito de *video games* com o desenvolvimento de títulos de sucesso como o Atari 2600. Em 2007, havia-se tornado uma empresa de $ 8 bilhões, publicando e distribuindo alguns dos títulos de *video game* mais populares do mercado, tais como *Guitar Hero*, *Call of Duty* e *Tony Hawk*. Seu maior sucesso foi com os jogos desenvolvidos para consoles, enquanto seu pior desempenho se deu com os jogos desenvolvidos para computador.

Em 2007, a Activision gerou um faturamento de $ 1,51 bilhão, registrando aumento de 3,4 por cento em relação ao $ 1,46 bilhão de 2006. Embora fosse um acréscimo pequeno em receita, o resultado líquido aumentou 115 por cento no mesmo período, de $ 40 milhões em 2006 para $ 86 milhões em 2007. Isso se deveu, em grande parte, à capacidade da Activision de produzir séries de sucesso com custos mais baixos de desenvolvimento.

Em nível nacional, os produtos da Activision eram primordialmente vendidos em bases diretas a varejistas de massa, lojas de produtos eletrônicos e lojas especializadas em jogos. O Walmart e a GameStop eram seus dois maiores clientes, representando 22 por cento e 8 por cento das vendas, respectivamente. No âmbito internacional, os produtos da empresa eram vendidos a varejistas e diretamente aos consumidores por meio de subsidiárias próprias europeias e de acordos terceirizados de distribuição.

Em março de 2007, a Activision empregava 2.125 funcionários. Desse quadro, aproximadamente 1.300 atuavam em desenvolvimento de produto, 200 em publicação na América do Norte, 175 em publicação internacional, 150 em operações e administração, e 300, nas atividades de distribuição na Europa.[6] Para obter informações detalhadas sobre a gestão da empresa, consulte o Apêndice C.

A Activision tinha sede em Santa Monica, na Califórnia, e divisões operacionais nos Estados Unidos, Canadá, Reino Unido, França, Alemanha, Itália, Japão, Austrália, Suécia, Espanha, Holanda e Coreia do Sul.

Estratégia

A Activision seguia a estratégia de adquirir marcas fortes com oportunidades sustentáveis de franquia e desenvolvimento de alianças estratégicas com empresas detentoras de propriedade intelectual lucrativa. Ao selecionar sua linha de produto, ela aplicava um rigoroso controle de qualidade para desenvolver jogos de alta qualidade visando a altas vendas unitárias. A Activision também se empenhava em criar uma linha de produto diversificada que agradasse a todo perfil de jogador e que pudesse ser jogado em qualquer plataforma de console. Essa estratégia contribuiu para que a empresa atingisse seu objetivo de "ser líder mundial em desenvolvimento, publicação e distribuição de software de entretenimento interativo de qualidade e produtos periféricos que proporcionem uma experiência de lazer altamente satisfatória aos consumidores".[7]

Aquisições

A estratégia da Activision previa adquirir e manter marcas fortes que "tenham o potencial de se tornar propriedades de franquia com apelo ao consumidor e reconhecimento de marca sustentáveis".[8] Marcas duráveis de franquia têm potencial para sequências, *prequels* e novos produtos correlacionados que possam ser lançados por um período prolongado e gerem receitas previsíveis e recorrentes. Desde sua concepção, a Activision adquiriu inúmeros desenvolvedores de software e distribuidores de produto de entretenimento interativo. Sua aquisição mais bem-sucedida recentemente foi concluída em maio de 2006, com a aquisição da Red Octane Inc., publicadora da popular franquia *Guitar Hero* (o Apêndice D apresenta a cronologia das principais aquisições da Activision).

Parcerias

A Activision também buscava promover e manter relacionamentos estratégicos com donos e desenvolvedores de propriedade intelectual significativa por meio de acordos de licenciamento. As licenças permitiam à Activision criar e publicar *video games* baseados em franquias bem conhecidas. Alguns dos títulos mais populares da empresa incluíam marcas famosas de propriedade da Marvel, tais como *Spider-Man* e *X-Men*, e títulos de filmes lançados pela DreamWorks Animation, incluindo *Shrek 2*, *A Shark's Tail*, *Madagascar* e *Over the Hedge*. A empresa também mantinha um acordo de exclusividade com o skatista profissional Tony Hawk para publicar *video games* até 2015. Desde 31 de dezembro de 2007, a Activision publicou nove títulos Tony Hawks que geraram faturamento líquido de $ 1,3 bilhão (Citação: 10Q, 11 fev. 2008). A empresa também mantinha parcerias com a MGM Interactive e a EON Productions Ltd. pelos direitos da franquia James Bond, com a Hasbro Properties Group pelos direitos da marca Transformers, e com a Harrah's Entertainment, Inc., pelos direitos de desenvolver *video games* baseados na famosa World Series of Poker Tournament.

Controle de qualidade

Historicamente, a Activision colocava forte ênfase no desenvolvimento de jogos de alta qualidade. Ela utilizava um rigoroso processo "Greenlight" (luz verde) para examinar minuciosamente cada processo de desenvolvimento. Com isso, a empresa assegurava que cada produto geraria uma experiência de alta qualidade ao usuário, estimulando altos volumes de venda para cada jogo lançado. Além disso, a Activision empenhava-

-se em criar potencial para jogos sequenciais que pudessem gerar vendas futuras.

Diversidade de produto

A Activision buscava criar e manter um *mix* diversificado de produtos, visando à redução dos riscos inerentes ao desenvolvimento de software para *video game*. A empresa mantinha um *mix* diversificado de produtos publicando jogos de uma ampla gama de gêneros, como ação/aventura, esportes radicais, corrida, interpretação de papéis, simulação, ação em primeira pessoa e estratégia. Esse *mix* de produtos destinava-se a atrair uma ampla faixa de perfil de jogadores, variando de crianças a adultos e de jogadores esporádicos a aficionados. Além disso, a Activision publicava jogos compatíveis com uma série de plataformas de hardware, tais como Sony PlayStation 3, PlayStation 2, Microsoft Xbox 360, Nintendo Wii, diversos computadores de mão e o PC (veja Apêndice E).

Lucratividade

Tony Hawk

Este era um jogo em primeira pessoa que permitia aos jogadores manipular e vivenciar as emoções de um skatista. A Activision firmou parceria com o famoso skatista Tony Hawk para obter exclusividade de direitos de licenciamento de seu nome. A Neversoft, desenvolvedora da franquia *Tony Hawk*, foi adquirida pela Activision em 1999 por meio da emissão de 698.835 ações da Activision.[9] Com base no preço de fechamento, a Neversoft foi avaliada em aproximadamente $ 1,7 milhão. A franquia *Tony Hawk* era líder de jogos de skate desde 1999. Desde o lançamento, ela havia gerado mais de $ 1 bilhão de vendas mundiais, e a décima versão do jogo seria lançada no outono de 2008.[10]

Call of Duty

Tratava-se de um jogo de tiro em primeira pessoa que permitia aos jogadores simularem as ações e estratégias de combates em uma guerra. A Infinity Ward foi a desenvolvedora original desse jogo, e a Activision detinha 30 por cento de participação acionária desde 2002. Após o lançamento bem-sucedido do *Call of Duty*, a Activision adquiriu o restante da empresa por $ 3,5 milhões.[11] O lançamento mais recente da franquia, o *Call of Duty 4*, vendeu mais de 7 milhões de cópias nos primeiros três meses. A $ 59,99 por cópia, isso se traduziu em aproximadamente $ 420 milhões em vendas no varejo.

Guitar Hero

Esse jogo envolvia a simulação de um ambiente de concerto, no qual os jogadores tocavam uma guitarra sem fio para acompanhar as canções que apareciam na tela. O *Guitar Hero* foi originalmente desenvolvido pela Harmonix Music Systems e publicado pela RedOctane, Inc., e foi lançado em 2005. A RedOctane foi adquirida pela Activision em 2006 e, com ela, a série *Guitar Hero*, por $ 99,9 milhões. A transação incluiu $ 30,9 milhões em dinheiro, $ 30 milhões em ações da Activision e um adicional de $ 39 milhões em ações a serem "emitidas em um prazo de dois anos a partir da data de fechamento".[12] O *Guitar Hero* lançou quatro jogos adicionais da série, e mais estavam para ser liberados em 2008, incluindo o *Guitar Hero: Aerosmith*, *Guitar Hero IV* e *Guitar Hero: On Tour* para o Nintendo DS.

A fusão Activision Blizzard prometia impulsionar a criação de versões para PC do *Guitar Hero*. Esse jogo foi considerado um "fenômeno cultural"; bares promoviam as "noites *Guitar Hero*", e turnês de concertos promoviam concursos *Guitar Hero*. Ele contribuiu para dar nova vida à indústria da música, ajudando bandas a conquistar ou reconquistar popularidade e levando a um aumento na demanda por *downloads* digitais. A Activision e o iTunes estabeleceram uma parceria para oferecer aos consumidores mais de 1.300 músicas relacionadas ao *Guitar Hero*, visando a capitalizar esse mercado potencial. Além disso, o *Guitar Hero* ajudou a vender mais de 5 milhões de músicas que podiam ser baixadas pelo Xbox Live, o portal on-line da Microsoft para seu console Xbox.[13] O *Guitar Hero III: Legends of Rock* superou $ 1 bilhão em vendas em 2007.[14]

Em conjunto, essas aquisições deram à Activision uma posição de liderança em jogos de tiro na primeira pessoa, jogos de *skateboarding* e os emergentes jogos voltados para a música. A administração da Activision pretendia dar continuidade à estratégia de crescimento por aquisições ao avaliar uma fusão com a subdivisão de *video games* da Vivendi, a Vivendi Games. Se o negócio fosse fechado, essa fusão criaria a maior empresa da indústria de *video games*.

Vivendi Games

A Vivendi era um conglomerado francês, listado na bolsa de valores de Paris e envolvido em vários segmentos do setor de entretenimento. Ela possuía subdivisões em música, TV, telefonia móvel e *video games*. A Vivendi Games, subdivisão do conglomerado que criava e publicava software para *video games*, foi formada em 1998, quando a Vivendi adquiriu a Sierra e a Blizzard, ambas desenvolvedoras de *video game*. Em 2007, era composta por quatro divisões: Sierra Entertainment, Sierra Online, Vivendi Game Mobile e Blizzard Entertainment.[15] A Vivendi empregava aproximadamente 4 mil funcionários.

A Blizzard Entertainment desenvolvia e publicava as franquias campeãs de vendas *Warcraft*, *Starcraft*, *Diablo* e *World of Warcraft*. Em 2007, a Vivendi Games divulgou recorde de receita de € 1 bilhão, crescimento do EBITA de 57,4 por cento em 2006 a € 181 milhões e margens operacionais de 17,8 por cento. Sierra Entertainment, Vivendi Games Mobile e Sierra Online terminaram o ano com um prejuízo de € 80 milhões. Entretanto, o sucesso fenomenal da Blizzard mais do que compensou as perdas das outras divisões, por uma ampla margem. Em 2007, esperava-se que a Blizzard gerasse receita de € 702,2 milhões e divulgasse desempenho real do EBITA de € 345 milhões, mais de 37 por cento em comparação com 2006, além de margens operacionais superiores a 40 por cento.[16]

Blizzard

A Blizzard Entertainment foi criada em 1991 por três formandos da Universidade da Califórnia, Los Angeles (UCLA) como Silicon & Synapse. Após passar por uma série de mudanças de nome e aquisições, foi finalmente adquirida pela Vivendi Games. O principal foco da Blizzard era o desenvolvimento de jogos para PC. Ela era amplamente tida como a 'joia da coroa' do líder do setor de jogos para PC, com margens operacionais excedentes de 40 por cento. Atribuiu-se à Blizzard Entertainment o desenvolvimento e a publicação de quatro dos cinco jogos para PC mais vendidos de todos os tempos: *Diablo*, *Warcraft*, *Starcraft* e *World of Warcraft*.

World of Warcraft

O *World of Warcraft* teve sucesso mundial fenomenal como o líder em jogos para PC no setor de MMORPG (*role playing*, game para múltiplos usuários) atingindo 10 milhões de jogadores registrados e uma participação de mercado geral de 62 por cento. Em 2005 e 2006, foi o jogo para PC mais vendido no mundo; em 2007, ficou em segundo lugar em vendas somente por causa da popularidade do lançamento de seu primeiro pacote de expansão. Esse pacote de expansão, intitulado *World of Warcraft: The Burning Crusades*, foi o jogo de computador mais rapidamente vendido de todos os tempos; foram 2,4 milhões de cópias, ou $ 143,8 milhões de faturamento, em 24 horas.[17]

O *World of Warcraft* foi lançado em 2004 após muitos anos de desenvolvimento e divulgação de marketing. O jogo foi projetado como uma versão on-line, na primeira pessoa, dos famosos jogos *Warcraft*, utilizando os mesmos personagens, sinopse e qualidade gráfica. Os jogadores tinham de pagar uma taxa de adesão mensal para continuar a jogar. Por seu lançamento estratégico e componentes atrativos, ele logo se tornou, indiscutivelmente, o MMOG mais popular do mundo. Em 2007, possuía 2,5 milhões de jogadores registrados na América do Norte, 2 milhões na Europa e 5,5 milhões na Ásia. O *World of Warcraft* foi o único jogo criado por um desenvolvedor norte-americano ou europeu a fazer sucesso no mercado asiático. O modelo de receita baseada em taxas de adesão gerou aproximadamente $ 1 bilhão em 2007, gerando margens operacionais superiores a 40 por cento.[18] Nesse ano, a Blizzard tinha uma série de produtos promissores em desenvolvimento para lançamento futuro, dentre eles o *StarCraft 2*, o *World of Warcraft: Wrath of the Lich King* e um filme do *Warcraft* com ação ao vivo.[19]

Activision Blizzard: detalhes da transação

A expectativa era de que a Activision, Inc., e a Vivendi Games concluíssem a fusão das duas empresas no primeiro semestre de 2008. De acordo com os termos da proposta, a Vivendi subscreveria sua divisão de jogos, a Vivendi Games, para a Activision Inc. em troca de 295,3 milhões de ações recém-emitidas da ATVI. A recém-formada Activision Blizzard reteria suas ações originais da ATVI. Além disso, a Vivendi contribuiria com $ 1,7 bilhão em dinheiro por um adicional de 62,9 milhões de ações recém-emitidas. No total, a Vivendi ficaria com 358,2 milhões de ações da ATVI, representando uma participação de 52 por cento na Activision Blizzard. Ambas as empresas concordaram com o valor de $ 27,50 para as ações da ATVI, o que representava um prêmio de 31 por cento sobre a média de 20 dias desde a data do anúncio. A Activision Blizzard comprometeu-se a iniciar uma oferta pública de $ 4 bilhões integralmente em dinheiro para a compra de 146,5 milhões de ações ordinárias diluídas da Activision Blizzard por $ 27,50 em um prazo de cinco dias após o fechamento. No momento da oferta pública, a Vivendi concordou em adquirir ações recém-emitidas adicionais no valor de $ 700 milhões (ao preço de $ 27,50). Se a oferta pública fosse inteiramente subscrita, a Vivendi possuiria 68 por cento da Activision Blizzard. A oferta pública seria financiada com dinheiro em caixa da Activision (cerca de $ 0,9 bilhão), mais $ 1,7 bilhão da Vivendi, $ 0,7 bilhão da compra adicional da Vivendi e empréstimo de curto prazo que não excedesse $ 0,8 bilhão. Esperava-se que a transação fosse imediatamente acretiva no primeiro ano pós-fechamento para os acionistas da Activision ($ 0,20 por ação).

Se as ações da Activision excedessem o preço de $ 27,50 no momento da oferta pública, a Activision Blizzard buscaria usos estratégicos alternativos para a grande quantidade de dinheiro em caixa. Uma das alternativas consistia em oferecer mais de $ 2 bilhões para a compra de ações em circulação da Take-Two, um desenvolvedor de software que havia recentemente recebido uma oferta de aquisição hostil de $ 2 bilhões da Electronic Arts. Se não houvesse alternativas atrativas, a administração deixou claro que maximizaria o valor para o acionista retornando excedente de caixa de até $ 2,8 bilhões aos acionistas.[20] Se a gerência decidisse pagar todo o ativo em caixa, cada ação receberia um dividendo de $ 3,79. Vários cenários diferentes foram analisados para assegurar que esse investimento criasse valor presente líquido positivo.

Governança da Activision Blizzard

O conselho de administração da Activision Blizzard seria composto por 11 membros — seis diretores a serem nomeados pela Vivendi, dois diretores executivos da Activision e três diretores independentes que haviam ocupado o conselho da Activision no passado. A nova equipe executiva incluiria: Robert Kotick, *chairman* e CEO da Activision, como presidente da Activision Blizzard; Rene Penisson da Vivendi, como *chairman* do conselho; Bruce Hack, CEO da Vivendi Games como vice-*chairman* e *chief corporate officer*; Brian Kelly da Activision, como co-*chairman*; Thomas Tippl da Activision como *chief financial officer* da Activision Blizzard; Jean-François Grollemund da Vivendi Games como *chief accounting officer*; Mike Griffith da Activision como CEO e presidente da Activision Publishing; e Michael Morhaime, da Vivendi Games, como CEO e presidente da Blizzard Entertainment. (Uma lista dos executivos está no Apêndice C.) Acreditava-se que a nova gerência alinharia os interesses da Vivendi aos dos acionistas da Activision. Além disso, esperava-se que a separação das funções de *chairman* e CEO promovesse melhor governança corporativa.

Análise racional da Activision Blizzard

A mais importante justificativa racional apresentada para a criação da Activision Blizzard foi a natureza complementar resultante de seu portfólio de jogos. O conteúdo licenciado da Activision, com seu potencial de sequências de sucesso, e o *World of Warcraft* da Blizzard com sua base de adesões, gerariam faturamentos consistentes ano a ano. O conteúdo licenciado era vulnerável à concorrência e, expandindo seu portfólio, a Activision Blizzard reduziria sua dependência dos donos de conteúdo. Além disso, os publicadores ocidentais, dentre eles a Activision, há muito tempo se esforçavam para vender jogos na Ásia. A Activision Blizzard poderia tirar proveito da experiência da Blizzard nesse mercado. Seu modelo à base de adesões e sua experiência de penetração nos mercados asiáticos combinados com as franquias campeãs de vendas da Activision criariam um concorrente dominante no setor. A Activision Blizzard deteria posições de liderança no mercado em todas as áreas da indústria de entretenimento interativo.

Estratégias transacionais

A expectativa era de que a Activision, Inc., isoladamente, obteria entre $ 1,00 e $ 1,14 de LPA no ano fiscal (AF) de 2009.[21] A recém-criada Activision Blizzard previa um LPA AF 2009 de $ 1,20 — um aumento devido às receitas combinadas e algumas sinergias operacionais. Analistas esperavam que essas sinergias ficassem entre $ 50 milhões e $ 100 milhões ao ano, o que supostamente melhoraria as margens operacionais da casa dos dez em 2008 para a casa dos 20 até 2012, e as margens de lucro bruto da Activision do nível corrente de 35 para 45 por cento.[22] Essas expectativas baseavam-se na suposição de custos mais baixos de manufatura e distribuição e na natureza mais lucrativa do negócio por adesão do *World of Warcraft* e dos *Call of Duty* e *Guitar Hero* desenvolvidos pela Activision.[23] Além disso, a Activision Blizzard planejava aplicar o estilo de administração focado da Activision (ou o processo 'Greenlight') aos jogos *Sierra* da Vivendi a fim de reduzir perdas operacionais. Nesse processo, a Activision Blizzard buscava as mesmas qualidades competitivas que esperava de seus próprios jogos: apelo global, compatibilidade com múltiplas plataformas e potencial de altas margens.

APÊNDICE A Quocientes (ratio analysis) dos concorrentes em video games

	Activision $ 7,8 bilhões			Electronic Arts $ 15,81 bilhões			THQ Interactive $ 1,45 bilhão			Take-Two Interactive $ 1,95 bilhão		
	9 meses 31/dez./2007	Ano fiscal terminado em 31/mar./2007	Ano fiscal terminado em 31/mar./2006	9 meses 31/dez./2007	Ano fiscal terminado em 31/mar./2007	Ano fiscal terminado em 31/mar./2006	9 meses 31/dez./2007	Ano fiscal terminado em 31/mar./2007	Ano fiscal terminado em 31/mar./2006	9 meses 31/dez./2007	Ano fiscal terminado em 31/mar./2007	Ano fiscal terminado em 31/mar./2006
Cap de mercado												
Lucratividade												
Margem bruta	43%	35%	36%	47%	61%	60%	32%	40%	40%	24%	25%	20%
Margem operacional	18%	5%	1%	-17%	1%	11%	-4%	8%	4%	-11%	-12%	-18%
Retorno sobre patrimônio líquido	15%	7%	3%	-9%	2%	7%	1%	10%	5%	-22%	-27%	-29%
Liquidez												
Corrente	4,52	4,10	5,75	3,54	3,51	3,47	3,21	3,85	4,07	1,75	1,59	2,06
Seca	3,24	3,83	5,43	3,45	3,45	3,40	3,07	3,71	3,88	1,30	1,27	1,70
Giro												
Giro de estoque*	12,21	12,81	17,17	15,13	19,70	19,20	18,94	22,01	18,49	7,05	7,13	7,17
Valor de mercado												
P/L**	32,52	67,64	98,50	N/A	186,52	65,93	97,20	29,99	39,83	N/A	N/A	N/A

*Estoque médio nos quatro últimos trimestres.
**Preço final.

APÊNDICE B — Análise de uma potencial fusão entre a Electronic Arts e a Take-Two Interactive

A indústria do *video game*, que tivera início com o lançamento do *Pong* da Atari em 1972, existe há quase 40 anos. Alguns observadores acreditavam que os *video games* estavam em uma fase relativamente madura do setor.[24] Não obstante, ainda havia inúmeras empresas independentes que criavam, fabricavam e distribuíam *video games*. Além disso, para um setor considerado maduro, ele apresentava uma extraordinária projeção de crescimento — entre 12 e 17 por cento. A fusão da EA com a Take-Two prometia à EA maiores economias de escala e escopo.

A EA, por meio de sua marca EA Sports, detinha uma parcela muito grande do mercado de jogos esportivos, incluindo títulos com licença oficial das maiores ligas esportivas do mundo, tais como National Basketball Association (NBA), National Football League (NFL), National Hockey League (NHL), Major League Baseball (MLB), Fédération Internationale de Football Association (FIFA) e National Collegiate Athletic Association (NCAA). Mais importante ainda, a EA possuía direitos exclusivos da NFL, por meio de um contrato com o NFL Player's Union (sindicato dos jogadores) e, portanto, era o único fabricante de *video games* que podia usar jogadores reais da NFL em seus jogos. Outros fabricantes, como a Take-Two, tinham de usar nomes e jogadores fictícios em seus títulos com temática de futebol. Essa exclusividade, associada à produção de um jogo sólido, havia permitido à EA capitalizar o grande sucesso da série *Madden Football (NFL)*. De outro lado, a Take-Two, com sua marca *Rockstar Games*, possuía um dos *video games* de ação mais lucrativos do setor, o *Grand Theft Auto (GTA)*. Com a quarta versão prestes a ser lançada, os executivos da Take-Two estavam otimistas quanto ao faturamento que o *GTA IV* traria. Com mais de 60 milhões de cópias do *GTA III* e *GTA: Vice City* vendidos desde 2001, a Take-Two tinha razões para tanto otimismo.

Além da maior participação de mercado que a Take-Two traria à EA, a empresa teria acesso a mais canais de distribuição pelo mundo e seria potencialmente capaz de consolidar produção e manufatura de modo a criar vastas economias de escala. Uma união entre EA e Take-Two representaria uma ameaça à Activision e a outros concorrentes.

Apesar dos potenciais riscos que uma aquisição da Take-Two acarretaria à Activision, a possibilidade de essa aquisição ocorrer era considerada ínfima, a menos que a EA aumentasse sua oferta pela Take-Two por uma margem significativa.

APÊNDICE C — Gerência executiva da Activision

Robert Kotick, *chairman* do conselho e CEO da Activision, Inc.

Robert Kotick havia sido diretor, *chairman* e CEO da Activision, Inc. desde fevereiro de 1991. A partir de março de 2003, atuou no conselho de administração da Yahoo! Inc. como provedor de conteúdo e serviço para Internet e como membro do comitê de nomeação e governança corporativa desse conselho. Também era membro do conselho de curadores do The Center for Early Education e é *chairman* do comitê de curadores no Los Angeles County Museum of Art.

Michael Griffith, presidente e CEO da Activision Publishing, Inc.

Michael J. Griffith era presidente e CEO da Activision Publishing Inc. e principal executivo da Activision, Inc. desde junho de 2005. Antes de se juntar à Activision, Griffith ocupou uma série de cargos executivos na Procter and Gamble, um fabricante de produtos de consumo, de 1981 a 2005, incluindo a presidência da Divisão Global de Bebidas da empresa, de 2002 a 2005. Bacharel pelo Albion College, tem MBA pela University of Michigan.

Thomas Tippl, CFO da Activision Publishing, Inc.

Thomas Tippl era *chief financial officer* da Activision Publishing Inc. desde outubro de 2005 e principal executivo financeiro e contábil da Activision, Inc. desde janeiro de 2006. Antes de ingressar na Activision, Tippl serviu como chefe de Relações com Investidores e Atendimento aos Acionistas da Procter and Gamble, de 2004 a 2005. Tem mestrado em economia e ciências sociais pela Vienna University of Economics and Business Administration.

Ronald Doornick, diretor e conselheiro sênior da Activision, Inc.

Ronald Doornick atuava como diretor da empresa desde abril de 2003 e como conselheiro sênior desde 31 de dezembro de 2005. Foi presidente da empresa de 1998 a 31 de dezembro de 2005. Também foi *chairman* da Activision Publishing Inc., a única subsidiária operacional direta da empresa e a *holding* para todas as outras subsidiárias ativas, de 15 de junho de 2005 a 31 de dezembro de 2005, e CEO da Activision Publishing Inc., de 28 de março de 2002 a 14 de junho de 2005. Donnick ingressou na Activision em 1998, proveniente da ConAgra Foods, Inc., onde atuou como presidente da divisão dos salgadinhos Hunt-Wesson por três anos. Formado em economia, tem MBA pela Columbia University.

Brian Kelly, *co-chairman* e diretor da Activision Publishing, Inc.

Brian Kelly havia passado por vários cargos de responsabilidade na Activision, Inc. desde 1991, incluindo a função de diretor da empresa desde julho de 1995 e *co-chairman* desde outubro de 1998. Bacharel em contabilidade pela Rutgers University, é JD (*juris doctor*) pela Fordham University School of Law.

APÊNDICE D — Cronologia da Activision

1979: Fundada em 1º de outubro, a Activision produz jogos para o console Atari 2600.

1982: Activision tem seu primeiro grande sucesso com o lançamento do *Pitfall*.

1983: Activision conclui um IPO.

1988: Diversificação em outras áreas leva a empresa a mudar seu nome para Mediagenic.

1992: Mediagenic entra com pedido de falência pelo Capítulo 11 e muda o nome de volta para Activision.

1997: Activision adquire *Raven Software*, *HeXen II*, *Heretic II*, *Soldier of Fortune 1 e 2* e *Quake 4*.

1998: Activision assina vários acordos com grandes nomes, como Marvel, Disney e Tony Hawk. O ano de 1998 marcou o início de um relacionamento de longo prazo com a Marvel; com o tempo, essa aliança rendeu à Activision os direitos de criar jogos baseados em *X-Men*, *Spider-Man*, *Blade*, *Fantastic Four*, *Iron Man* e *Spider-Man 3*. A Disney assinou um acordo permitindo à Activision publicar jogos baseados em seus filmes animados. Tony Hawk assinou um acordo permitindo à Activision criar uma série de jogos baseados em sua carreira de skatista campeão.

1999: Activision adquire a Neversoft Entertainment, o desenvolvedor da franquia *Tony Hawk*.

2000: Activision faz um investimento acionário na Gray Matter Ineractive para desenvolver o *Return to Castle Wolfenstein*, a sequência do sucesso *Wolfenstein 3D*. A Activision adquiriu a Gray Matter em 2002.

2001: Activision adquire os direitos de criar um jogo baseado no sucesso de bilheteria da Columbia Pictures, *Spider-Man*.

2002: Activision faz um investimento acionário na Infinity Ward, o desenvolvedor do *Medal of Honor Allied Assault* e da franquia *Call of Duty*. A Activision adquiriu a Infinity Ward em 2003. Ela também adquiriu a Luxoflux, desenvolvedora do *Star Wars Demolition*, e a Z-Axis Ltd., criadora da franquia *Dave Mirra Freestyle BMX*.

2003: Uma parceria de vários anos entre a Activision e a DreamWorks SKG é estabelecida inicialmente concedendo à Activision os direitos de publicar jogos baseados em *Sharkslayer*, *Madagascar* e *Over the Hedge*. À medida que a parceria progrediu, mais direitos foram concedidos para a criação de jogos inspirados em *Shrek 2*, *Kung Fu Panda*, *Rex Havoc* e *How to Train Your Dragon*.

2006: Activision adquire os direitos de desenvolver jogos inspirados nos *TRANSFORMERS* da Hasbro, e a MGM Interactive e a EON Productions Ltd. concederam à Activision os direitos de criar jogos com o personagem James Bond até 2014. O maior acontecimento de 2006 ocorreu com a aquisição da RedOctane, Inc., publicadora da franquia *Guitar Hero*.

2007: A fusão entre Activision e Vivendi Games é anunciada em dezembro. A Vivendi Games era composta por Sierra, Sierra Online, Vivendi Games Mobile e Blizzard Entertainment. Sierra era conhecida por seus jogos *King's Quest*, *Space Quest*, *Gabriel Knight* e *Leisure Suit Larry*, enquanto a Blizzard era famosa por *Warcraft*, *Starcraft*, *Diablo* e *World of Warcraft*. Esperava-se que o acordo fosse fechado no primeiro semestre de 2008, e a nova empresa se chamaria Activision Blizzard.

APÊNDICE E — Vendas da Activision por console de *video game*

Receita líquida de publicação	Ano encerrado em 31/mar./2007	% de rec. líq. publicação	Ano encerrado em 31/mar./2006	% de rec. líq. publicação	Aumento (redução)	Variação percentual
PC	$ 78.886	7	$ 183.457	16	$ (104.571)	(57)
Console						
Sony PlayStation 3	53.842	5	—	—	53.842	n/a
Sony PlayStation 2	500.927	45	422.239	36	78.688	19
Microsoft Xbox360	200.394	18	102.809	9	97.585	95
Microsoft Xbox	54.232	5	205.864	18	(151.632)	(74)
Nintendo Wii	54.636	5	—	—	54.636	n/a
Nintendo GameCube	22.761	2	80.964	7	(58.203)	(72)
Outros	3	—	469	—	(466)	(99)
Total de consoles	886.795	80	812.345	70	74.450	9
Computadores de mão						
Game Boy Advance	48.478	4	79.738	7	(31.260)	(39)

Receita líquida de publicação	Ano encerrado em 31/mar./2007	% de rec. líq. publicação	Ano encerrado em 31/mar./2006	% de rec. líq. publicação	Aumento (redução)	Variação percentual
PlayStation Portable	49.931	4	52.016	5	(2.085)	(4)
Nintendo Dual Screen	54.948	5	27.107	2	27.841)	103
Total de computadores de mão	153.357	13	158.861	14	(5.504)	(3)
Total de receita líquida de publicação	1.119.038	100	1.154.663	100	(35.625)	(3)

APÊNDICE F Balanço patrimonial consolidado da Activision, Inc. e suas subsidiárias

	31/dez./2007	31/mar./2007
Ativos		
Ativos circulantes:		
Caixa e equivalentes de caixa	$ 648.659	$ 384.409
Investimentos de curto prazo	539.914	570.440
Contas a receber, de $ 177.533 e $ 91.418 em 31 dez. 2007 e 31 mar. 2007, respectivamente	704.075	148.694
Estoques	153.423	91.231
Desenvolvimento de software	68.240	107.779
Licenças de propriedade intelectual	16.686	27.784
Imposto de renda diferido	20.552	51.564
Outros ativos circulantes	25.812	19.332
Total de ativos circulantes	2.177.361	1.401.233
Desenvolvimento de software	31.555	23.143
Licenças de propriedade intelectual	60.940	72.490
Propriedades e equipamentos, líq.	54.203	46.540
Imposto de renda diferido	119	48.791
Outros ativos	9.639	6.376
Goodwill	279.297	195.374
Total de ativos	$ 2.613.114	$ 1.793.947
Passivos e patrimônio líquido		
Passivo circulante		
Contas a pagar	$ 243.338	$ 136.517
Despesas a pagar e outros passivos	482.367	204.652
Total de passivo circulante	725.705	341.169
Outros passivos	21.009	41.246
Total de passivos	746.714	382.415
Compromissos e contingências		
Patrimônio líquido:		
Ações preferenciais, valor nominal $ 0,000001, 3.750.000 ações autorizadas, nenhuma emissão de ações em 31 dez. 2007 e 31 mar. 2007	—	—

	31/dez./2007	31/mar./2007
Ações preferenciais Série A Júnior, valor nominal $ 0,000001, 1.250.000 ações autorizadas, nenhuma emissão de ações em 31 dez. 2007 e 31 mar. 2007	—	—
Ações ordinárias, valor nominal $ 0,000001, 450.000.000 ações autorizadas, 293.720.682 e 283.310.734 ações emitidas e em circulação em 31 dez. 2007 e 31 mar. 2007, respectivamente	—	—
Ágio adicional	1.113.963	963.553
Lucros retidos	728.497	427.777
Outra receita abrangente acumulada	23.940	20.202
Total do patrimônio líquido	1.866.400	1.411.532
Total do passivo e patrimônio líquido	$ 2.613.114	$ 1.793.947

APÊNDICE G — Declaração de operações consolidada da Activision, Inc. e suas subsidiárias

(Não auditada) (em milhares, exceto dados por ação) para o período trimestral encerrado em 31 dez. 2007

	Para os três meses encerrados em 31 dez.		Para os nove meses encerrados em 31 dez.	
	2007	2006	2007	2006
Receita líquida	$ 1.482.484	$ 824.259	$ 2.295.685	$ 1.200.500
Custos e despesas:				
Custo de vendas — custos de produto	597.046	382.165	966.271	618.162
Custo de vendas — *royalties* de software e amortização	125.614	77.449	242.293	106.058
Custo de vendas — licenças de propriedade intelectual	39.630	23.566	86.642	37.838
Desenvolvimento de produto	124.501	37.162	190.483	88.395
Vendas e marketing	120.090	87.410	240.670	156.139
Geral e administrativos	71.069	43.387	144.245	91.647
Total de custos e despesas	1.077.950	651.139	1.870.604	1.098.239
Rendimento operacional	404.534	173.120	425.081	102.261
Rendimento de investimentos, líq.	12.018	9.724	35.712	26.031
Rendimento antes de provisão de imposto de renda	416.552	182.844	460.793	128.292
	144.356	40.024	160.073	28.083
Rendimento líquido	$ 272.196	$ 142.820	$ 300.720	$ 100.209
Lucro por ação básico	$ 0,93	$ 0,51	$ 1,05	$ 0,36
Média ponderada de ações ordinárias em circulação	291.176	282.512	287.439	280.499
Lucro por ação diluído	$ 0,86	$ 0,46	$ 0,96	$ 0,33
Média ponderada de ações ordinárias em circulação assumindo diluição	316.472	307.175	313.546	304.317

IIII NOTAS IIII

1. Disponível em: <www.theesa.com>. Acesso em: 5 mar. 2011.
2. Disponível em: <http://www.businessandgames.com/blog/2007/06/serious_games_a_sizeable_marke.html>. Acesso em: 5 mar. 2011.
3. THQ Inc., Profile, Yahoo! Finance. Disponível em: <http://finance.yahoo.com/q/pr?s=THQI>. Acesso em: 5 mar. 2011.
4. Electronic Arts, Inc., Profile, Yahoo! Finance. Disponível em: <http://finance.yahoo.com/q/pr?s=ERTS>. Acesso em: 5 mar. 2011.
5. Take-Two Interactive Software Inc., Profile, Yahoo! Finance. Disponível em: <http://finance.yahoo.com/q/pr?s=TTWO>. Acesso em: 5 mar. 2011.
6. Activision 10-K Annual Report 2007.
7. Disponível em: <http://investor.activision.com/background.cfm>. Acesso em: 5 mar. 2011.
8. Disponível em: <http://investor.activision.com/background.cfm>. Acesso em: 5 mar. 2011.
9. Disponível em: <http://files.shareholder.com/downloads/ACTI/276273427x0x25716/C585BB17-26EA-4F0A-A026-5F3B43CE1A1A/ar_2000.pdf>. Acesso em: 5 mar. 2011.
10. Disponível em: <http://videogames.yahoo.com/celebrity-byte/tony-hawk/522182>. Acesso em: 5 mar. 2011.
11. Disponível em: <http://files.shareholder.com/downloads/ACTI/276273427x0x25716/FA04C4A7-7347-47E3-9D7A-D3DD1B54F31A/ar_2004.pdf 2004 annual report p. 36>. Acesso em: 5 mar. 2011.
12. Disponível em: <http://www.joystiq.com/2006/08/09/activision-paid-nearly-100-miilion-for-redoctane>. Acesso em: 5 mar. 2011.
13. Disponível em: <http://www.kotaku.com.au/games/2008/02/activision_take_money_money_make_money_money-Money-2.html>. Acesso em: 5 mar. 2011.
14. "Guitar Hero" [verbete]. Wikipedia. Disponível em: <http://en.wikipedia.org/wiki/Guitar_Hero_%28series%29>. Acesso em: 5 mar. 2011.
15. "Vivendi Games". Wikipedia. Disponível em: <http://en.wikipedia.org/wiki/Vivendi_Games>. Acesso em: 5 mar. 2011.
16. Disponível em: <http://www.foxbusiness.com/markets/indsutries/media/article/vivendi-announces-excellent-2007-results_500851_15.html>. Acesso em: 5 mar. 2011.
17. Disponível em: <http://www.gamespot.com/news/6164555.html>. Acesso em: 5 mar. 2011.
18. Disponível em: <http://www.activisionblizzard.com/webcastsPresentations/Activision_Blizzard_Final.pdf p. 9>. Acesso em: 5 mar. 2011.
19. Disponível em: <http://www.activisionblizzard.com/webcastsPresentations/Activision_Blizzard_Final.pdf p. 8>. Acesso em: 5 mar. 2011.
20. Disponível em: <http://investor.activision.com>. Acesso em: 5 mar. 2011; Activision Q3 2008 Earnings Release Conference Call.
21. LPA de $ 1,00 no AF 2009 é conservador. Muitos analistas revisaram as expectativas de lucro para o AF 2009 para cerca de $ 1,14. Isso está de acordo com a Standard and Poor's e a Argus Research Company.
22. Veja Activision, Inc. Analyst Research Reports from Morningstar and Standard and Poor's.
23. As margens de lucro bruto inferiores da Activision são em grande parte devidas às taxas de licenciamento que ela deve pagar aos donos de conteúdo.
24. "Video Game" [verbete], Wikipedia. Disponível em: <http://en.wikipedia.org/wiki/Video_games>. Acesso em: 5 mar. 2011.

Apêndice

COMO ANALISAR ESTUDOS DE CASO E PREPARAR AS DISCUSSÕES EM CLASSE

Este livro, devidamente compreendido, trata, na realidade, de como analisar estudos de caso. Entretanto, a mera leitura do livro será capaz de desenvolver as habilidades de um indivíduo como estrategista tanto quanto a leitura de um livro sobre golfe pode tornar alguém um golfista. A prática na aplicação dos conceitos e das ferramentas é essencial. Os estudos de caso proporcionam oportunidade para essa prática necessária.

POR QUE O MÉTODO DE ESTUDO DE CASOS?

A essência de muitos cursos de gerenciamento estratégico é o método de instrução baseado em estudos de caso. Por esse método, pode-se estudar e discutir os desafios e dilemas enfrentados pelos gerentes de empresas. Os estudos de caso caracterizam-se como relatos de situações que uma empresa ou um gerente enfrentou em um dado momento. Por força da necessidade, os casos não possuem o mesmo grau de complexidade que um gerente enfrenta no mundo real, mas eles efetivamente fornecem um conjunto concreto de fatos que indicam desafios e oportunidades enfrentados por gerentes reais. Poucos casos têm respostas claras. O método de estudo de casos estimula o leitor a abordar os problemas de modo direto e propõe soluções ou estratégias mediante informações incompletas. Para tirar o melhor proveito dessa metodologia, é preciso desenvolver a capacidade de analisar e sintetizar dados que são por vezes ambíguos e conflitantes. Deve-se saber priorizar questões e oportunidades e tomar decisões em face de informações ambíguas e incompletas. Por fim, deve-se saber persuadir outros a adotar um ponto de vista individual.

Em um campo aplicado como o gerenciamento estratégico, o verdadeiro teste de aprendizagem é até que ponto se pode aplicar o conhecimento a situações do mundo real. Os estudos de casos de gerenciamento estratégico oferecem a oportunidade de desenvolver capacidade de discernimento e sabedoria na aplicação do conhecimento conceitual adquirido. Ao aplicar os conceitos aprendidos às informações relativamente desestruturadas de um caso, desenvolve-se o bom-senso para aplicá-los. Alfred North Whitehead discutiu a importância da aplicação do conhecimento:

> Esta discussão rejeita a doutrina de que os alunos primeiro aprendem passivamente e depois, após terem aprendido, devem aplicar o conhecimento... Pois o próprio significado das coisas que conhecemos está enredado nas relações que as transcendem. Conhecimento não aplicado é conhecimento ceifado de significado.

(A. N. Whitehead, *Essays in science and philosophy*, Nova York: Philosophical Library, Inc., 1947, p. 218-219.)

Em suma, adquirimos conhecimento ao aplicar conceitos. Utilizando o método de estudo de casos, não assimilamos passivamente o conhecimento adquirido de um instrutor, mas o desenvolvemos ativamente ao lidar com as situações do mundo real descritas nos casos.

COMO ANALISAR ESTUDOS DE CASO

Antes de discutir como analisar um caso, pode ser útil comentar sobre como *não* se deve preparar um caso. Vemos duas falhas comuns na preparação de casos que geralmente andam juntas. Primeiro, os alunos frequentemente não aplicam as estruturas conceituais de maneira rigorosa e sistemática. Segundo, muitos alunos não dedicam tempo suficiente para ler, analisar e discutir um estudo de caso antes da aula. Muitos deles sucumbem à tentação de ler rapidamente um caso e agarrar-se às questões que se apresentam à primeira vista. Por conseguinte, vão à aula preparados para fazer observações meramente superficiais sobre um caso. Normalmente, eles deixam passar por completo as questões mais profundas a respeito das razões por que uma empresa está na situação em que está e como ela pode melhorar seu desempenho. Aplicar as estruturas de modo sistemático pode tomar mais tempo e esforço no início, mas geralmente leva a percepções mais aprofundadas sobre os casos e uma compreensão mais ampla dos conceitos abordados nos capítulos. Ao ganhar experiência nessa metodologia sistemática de análise de casos, muitos percebem que seu tempo de preparação diminui. Este apêndice oferece uma estrutura que visa auxiliar a análise de casos. A estrutura é importante, mas nenhuma delas substitui o trabalho árduo. Não há grandes atalhos quando se trata de análise casos, e não há um único método certo de preparação de casos. Entretanto, a abordagem a seguir pode contribuir para o desenvolvimento das habilidades necessárias a uma boa análise de casos.

1. Dê uma olhada rápida no estudo de caso. Preste atenção especial às figuras. O objetivo desta etapa é ganhar familiaridade com os fatos gerais do caso. Que aparentes desafios ou oportunidades a empresa enfrenta? Quais informações são fornecidas? Você pode achar particularmente útil concentrar-se no primeiro e no último parágrafos do caso nessa etapa.

2. Leia o caso mais atentamente e tome notas, sublinhe etc. Quais parecem ser os atos importantes? As estruturas conceituais dos capítulos serão essenciais para auxiliar na identificação dos principais fatos. Ao longo do curso, você provavelmente abordará questões fundamentais, como:

- Qual é o desempenho da empresa?
- Qual é a missão da empresa? Sua estratégia? Suas metas?
- Quais são os recursos envolvidos na cadeia de valor da empresa? Como eles se comparam aos da concorrência em relação a custo e diferenciação?
- A empresa possui uma vantagem competitiva?
- As vantagens e desvantagens da empresa são temporárias ou sustentáveis?
- Qual é o valor dos recursos da empresa?
- Os recursos da empresa são raros?
- Os recursos da empresa são custosos de imitar?
- A empresa está suficientemente organizada para explorar seus recursos?

Dependendo do caso, você também pode querer considerar outras estruturas e questões, quando necessário.

Cada capítulo apresenta conceitos e estruturas que podem ser úteis. Por exemplo:

- Quais são as cinco forças? Como elas influenciam as oportunidades e ameaças do setor? (Capítulo 2)
- Quais são as fontes de diferença de custo em um setor? (Capítulo 4)
- Quais são as bases existentes e as potenciais para diferenciação de produto em um setor? (Capítulo 5)

Cada capítulo sugere questões e conceitos mais específicos do que esses mencionados. Eles podem ser examinados em detalhes. Em alguns casos, o instrutor pode orientar sobre quais conceitos aplicar a um determinado estudo. Em outros, pode-se deixar a critério do aluno escolher em quais conceitos focar ao analisar um caso.

3. Defina as questões básicas. Essa é provavelmente a etapa mais importante e também a etapa de análise que requer mais sabedoria e capacidade de discernimento. Não é comum que estudos de caso sejam conjuntos ordenados de questões nos quais os problemas são explicitamente apresentados e as ferramentas necessárias para tratar essas questões são prescritas. Geralmente, você tem de determinar quais são as principais questões. Ao fazer isso, pode ser-lhe útil começar perguntando: "Quais são as questões fundamentais do estudo de caso?" "Quais conceitos mais importam para fornecer *insight* a essas questões?" Uma armadilha a ser evitada quando se definem questões básicas é fazer o que alguns estudiosos de processos decisórios chamam de '*plunging-in*' (mergulhar de cabeça), que consiste em tirar conclusões sem antes refletir sobre o pronto crucial das questões envolvidas em uma decisão.[1] Muitos alunos tendem a tomar as primeiras questões mencionadas com destaque em um caso. Como um antídoto para essa armadilha, pode ser útil analisar um caso sob a perspectiva de diferentes estruturas conceituais.

4. Desenvolva e elabore sua análise das principais questões. Como em todas as demais etapas, não há outra opção senão trabalhar com afinco nesta. Você deve tomar as principais questões definidas na Etapa 3, examinar as anotações feitas na Etapa 2 e avaliar quais são os principais fatos. O que a análise quantitativa revela? Aqui não se trata apenas de análise de quociente. Assim como a temperatura corporal, a pressão sanguínea e a frequência cardíaca podem revelar algo sobre a saúde de uma pessoa, mas pouco sobre as causas de uma doença, a análise de quociente caracteriza-se por nos revelar mais sobre a saúde de uma empresa do que sobre as causas de seu desempenho. Você deve reunir fatos e análises para sustentar seu ponto de vista. Opiniões não fundamentadas por evidências factuais não costumam ser persuasivas. Essa etapa de análise envolve a organização dos fatos no estudo de caso. Você pode desenvolver hipóteses específicas sobre quais fatores estão relacionados com o sucesso em um dado cenário. Com frequência, será proveitoso recorrer a diagramas para clarear o raciocínio.

5. Tire conclusões e formule um conjunto de recomendações. Você pode não ficar à vontade em tirar conclusões e fazer recomendações porque não possui informações completas. Esse é um eterno dilema dos gerentes. Entretanto, aqueles que aguardam ter informações completas antes de fazer alguma coisa geralmente agem tarde demais. Apesar disso, você deve se esforçar para realizar a análise mais completa possível dentro de limitações razoáveis de tempo. As recomendações também devem fluir naturalmente de sua análise. Com demasiada frequência, os alunos formulam suas recomendações de um modo *ad hoc*. Ao formular recomendações, você deve deixar claras as prioridades e a sequência de ações desejável.

6. Prepare-se para as discussões em classe. Os alunos que se dedicam com afinco às cinco primeiras etapas e examinam rigorosamente um caso devem estar bem preparados para discussões em classe. Pode ser útil fazer algumas anotações e levá-las à aula. Ao longo dos anos, observamos que muitos dos alunos que participam pouco das discussões em sala de aula trazem pouca ou nenhuma anotação à aula. Em classe, a discussão de um caso geralmente se inicia com uma questão provocativa do instrutor.

Muitos professores farão uma '*cold call*' — dirigir uma pergunta a um aluno sem aviso prévio. Alunos que analisaram e discutiram plenamente o estudo de caso antes de ir à aula estarão bem mais preparados para essas chamadas de surpresa. Eles também estarão mais bem preparados para contribuir com a análise, a argumentação e a persuasão da discussão em classe. Essas discussões podem evoluir rapidamente. Você ouvirá novos *insights* de seus colegas. A preparação ajuda a assimilar, aprender e contribuir com as percepções que resultam da discussão em sala de aula.

|||| RESUMO ||||

Os alunos que se envolvem com o método de estudo de caso logo aprendem que analisar casos é um processo complexo. Seguir uma metodologia conceitual clara, tal como a estrutura VRIO, não elimina a complexidade. Essa abordagem sistemática, porém, sem dúvida, permite ao analista administrar a complexidade das situações empresariais do mundo real. No fim das análises, nem os estudos de caso nem os negócios do mundo real contam com soluções ordenadas que resolvem todas as incertezas e ambiguidades enfrentadas por uma empresa. No entanto, o método de estudo de casos combinado com uma boa teoria, como a metodologia VRIO, e o trabalho árduo efetivamente tornam mais provável que você gere *insights* valiosos em relação aos desafios estratégicos das empresas e desenvolva as habilidades estratégicas necessárias para liderar uma empresa.

---

[1] J. E. Russo e P. J. H. Schoemaker, *Decision traps*: the ten barriers to brilliant decision-making and how to overcome them, Nova York: Fireside, 1989.

Glossário

acordos de distribuição quando uma empresa concorda em distribuir os produtos de outras.

acordos de fornecimento quando uma empresa concorda em suprir outras.

acordos de licenciamento quando uma empresa permite que outros usem seu nome de marca para vender produtos em troca de uma taxa ou uma porcentagem do lucro.

acordos de paralisação (ou cláusulas *standstill*) um contrato entre uma empresa-alvo e uma compradora em que a segunda concorda em não adquirir a primeira por determinado período.

agente a parte para quem a autoridade de tomada de decisão foi delegada.

ágio de aquisição diferença entre o preço de mercado atual das ações de uma empresa-alvo e o preço que um comprador potencial oferece pagar por essas ações.

aliança com participação acionária quando empresas parceiras suplementam contratos com participação acionária uma da outra.

aliança estratégica existe sempre que duas ou mais organizações independentes cooperam no desenvolvimento, na produção ou na venda de produtos ou serviços.

aliança sem participação acionária quando empresas parceiras concordam em trabalhar juntas para desenvolver, produzir ou vender produtos ou serviços, mas não assumem posições patrimoniais uma na outra ou constituem uma unidade organizacional independente para administrar seus esforços cooperativos.

alienação vender um negócio em que uma empresa operava.

ambiente geral tendências amplas no contexto em que uma empresa opera e que podem ter um impacto sobre suas escolhas estratégicas.

ameaça ambiental qualquer indivíduo, grupo ou organização de fora de uma empresa que busca reduzir o nível de desempenho dela.

análise do estudo de evento uma maneira de avaliar o efeito das aquisições sobre o desempenho para empresas compradoras.

análise externa identificação e exame de ameaças e oportunidades críticas no ambiente competitivo de uma empresa.

análise interna identificação das forças e fraquezas organizacionais de uma empresa e dos recursos e das capacidades que tendem a ser fontes de vantagem competitiva.

anjos dos negócios indivíduos ricos que atuam como investidores externos em uma empresa tipicamente empreendedora.

apropriação (*holdup*) quando uma empresa faz mais investimentos em transação específica em uma troca do que sua parceira, e a empresa que não fez esses investimentos tenta explorar aquela que os fez.

aquisição quando uma empresa compra outra empresa.

aquisição amigável quando a gerência de uma empresa-alvo quer que ela seja adquirida.

aquisição hostil quando a gerência da empresa-alvo não quer que ela seja comprada.

aquisição não amigável quando a gerência de uma empresa-alvo não quer que seja adquirida.

arrogância gerencial crença ilusória dos gerentes de empresas compradoras de que podem administrar os ativos de uma empresa-alvo com mais eficiência do que a gerência atual dessa empresa.

atividades compartilhadas fontes potenciais de economias de escopo operacionais para empresas diversificadas.

ativos estrategicamente valiosos os recursos necessários para competir com sucesso em um setor, incluindo acesso a matérias-primas, localizações geográficas particularmente favoráveis e posições de mercado de produto particularmente valiosas.

aversão ao risco gerencial gerentes incapazes de diversificar seus investimentos em capital humano de empresa específica podem engajar-se em decisões de negócios menos arriscadas do que o desejado pelos acionistas.

barreiras à entrada atributos da estrutura de um setor que aumentam o custo de entrada.

bem-estar social o bem geral da sociedade.

cadeia de valor conjunto de atividades que devem ser realizadas para levar um produto ou serviço da matéria-prima ao ponto em que pode ser vendido para um consumidor final.

capacidade de absorção habilidade das empresas de aprender.

capacidades subconjunto dos recursos de uma empresa, definidos como ativos tangíveis e intangíveis, que lhe permitem aproveitar ao máximo outros recursos que controla.

capital fechado empresa cujas ações não são negociadas no mercado de ações e que não é uma divisão de uma organização maior.

cashing out a remuneração paga a um empreendedor pelo risco associado a iniciar uma empresa.

causalmente ambíguo quando empresas imitadoras não entendem a relação entre os recursos e as capacidades controladas por uma empresa e a vantagem competitiva dela.

cavaleiro branco empresa compradora que concorda em adquirir a empresa-alvo no lugar da empresa compradora original.

centros de custo quando um orçamento é alocado a uma divisão, a qual deve administrar suas operações de acordo com esse orçamento.

centros de lucro e perda quando lucros e perdas são calculados no nível de divisão de uma empresa.

CEO ou diretor-presidente pessoa a quem todos os gerentes funcionais se reportam em uma organização em forma de U; pessoa a quem todo o pessoal divisional e o *staff* corporativo se reportam em uma organização em forma de M.

CEO ou diretor-presidente (obrigações do) formulação e implementação de estratégia.

ciclo de negócios padrão alternado de prosperidade seguido de recessão seguida de prosperidade.

ciclo de vida do produto processo natural que ocorre quando as empresas começam a oferecer um produto ou serviço; as fases consistem de introdução, crescimento, maturidade e declínio.

clima econômico saúde geral dos sistemas econômicos em que uma empresa opera.

comitê de auditoria subgrupo do conselho de administração responsável por garantir a precisão dos demonstrativos financeiro e contábil.

comitê de nomeação subgrupo do conselho de administração que nomeia novos membros para o conselho.

comitê de operações em geral, reúne-se mensalmente e é formado pelo CEO e por todos os chefes das áreas funcionais da empresa.

comitê de pessoal e remuneração subgrupo do conselho de administração que avalia e remunera o desempenho do executivo sênior e de outros gerentes seniores de uma empresa.

comitê executivo formado tipicamente pelo CEO e dois ou três gerentes seniores.

comitê financeiro subgrupo do conselho de administração que mantém o relacionamento entre a empresa e os mercados de capital externo.

competência arquitetural habilidade de uma empresa de usar a estrutura organizacional e outros mecanismos organizacionais para facilitar a coordenação entre disciplinas científicas para conduzir pesquisas.

competência central aprendizado coletivo em uma organização, especialmente sobre como coordenar diversas habilidades de produção e integrar diversas tecnologias.

competência diferencial recurso ou capacidade valiosa ou rara.

competências diferenciadas sustentáveis recursos e capacidades valiosos, raros e custosos de imitar.

competências inventadas invenções ilusórias de gerentes criativos para justificar iniciativas de diversificação ineficientes, associando competências essenciais intangíveis a negócios totalmente não relacionados.

complementador quando o valor dos produtos de uma empresa aumenta na presença dos produtos de outra empresa.

compradores aqueles que adquirem os produtos ou serviços de uma empresa.

concorrência monopolística uma estrutura de mercado em que, no âmbito do nicho de mercado definido pelo produto diferenciado de uma empresa, esta detém o monopólio.

concorrente qualquer empresa, grupo ou indivíduo tentando reduzir a vantagem competitiva de uma empresa.

condições legais e políticas as leis e o impacto do sistema judiciário sobre um negócio, associado à natureza geral do relacionamento entre governo e empresa.

conluio quando duas ou mais empresas em um setor coordenam suas opções estratégicas para reduzir a competição nesse setor.

conluio explícito existe quando as empresas se comunicam diretamente entre si para coordenar seus níveis de produção, preços etc. (ilegal na maioria dos países).

conluio tácito existe quando empresas coordenam suas decisões de produção e determinação de preço com outras empresas, sem se comunicar diretamente, mas trocando sinais sobre sua intenção de cooperar; caso especial de cooperação tácita.

conselho de administração grupo de 10 a 15 pessoas, selecionadas na alta gerência e de fora da empresa, cujas principais responsabilidades são monitorar as decisões tomadas na empresa e garantir que sejam consistentes com os interesses dos acionistas.

controle acionário quando uma empresa compradora adquire uma parcela suficiente dos ativos de uma empresa-alvo para poder tomar todas as decisões administrativas e estratégicas nessa empresa.

controles gerenciais formais incluem as atividades de orçamento e reporte de uma empresa que mantêm seu alto escalão informado sobre as ações realizadas por aqueles nos níveis hierárquicos mais baixos.

controles gerenciais informais incluem a cultura de uma empresa e a disposição dos empregados em monitorar o comportamento uns dos outros.

COO ou diretor executivo operacional (obrigações do) implementação de estratégia.

cooperação tácita atitudes que uma empresa toma com o objetivo de reduzir o nível de rivalidade em um setor e que não requerem comunicação direta ou negociação com outras empresas do setor.

corrida de aprendizagem quando ambas as partes de uma aliança buscam aprender entre si, mas a velocidade em que isso ocorre varia; a primeira parte a aprender 'vence' a corrida e pode retirar-se da aliança.

countertrade empresas internacionais que recebem pagamento pelos produtos e serviços que vendem em um país, não em troca de moeda, mas sob a forma de outros produtos ou serviços que elas podem vender no mercado mundial.

crescimento a segunda fase do ciclo de vida do produto, durante a qual a demanda cresce rapidamente e muitas novas empresas ingressam para começar a produzir o produto ou serviço.

cultura valores, crenças e normas que guiam o comportamento em uma sociedade e em uma empresa.

curva de aprendizagem conceito que formaliza o relacionamento entre volumes cumulativos de produção e custos decrescentes por unidade.

custo de capital taxa de retorno que uma empresa promete pagar a seus provedores de capital para estimulá-los a investir nela.

custo de endividamento corresponde aos juros que uma empresa deve pagar a seus detentores de dívida para estimulá-los a emprestar-lhe dinheiro.

custo do patrimônio corresponde à taxa de retorno que uma empresa deve prometer a seus acionistas para estimulá-los a investir nela.

custos de troca para o consumidor existem quando o consumidor faz um investimento para usar os produtos ou serviços de determinada empresa e quando esse investimento não é útil no uso dos produtos de outra empresa.

dano moral quando os parceiros de uma troca possuem recursos e capacidades de alta qualidade e valor significativo para a troca, mas não os disponibilizam para os outros parceiros.

declaração de missão declaração escrita definindo tanto as aspirações de uma empresa no longo prazo como o que ela deseja evitar nesse período.

declínio a fase final do ciclo de vida do produto durante a qual a demanda cai quando um produto ou serviço tecnologicamente superior é lançado.

defesa Pac Man empresas-alvo que utilizam essa tática impedem uma aquisição tomando posse da empresa ou empresas que querem comprá-las.

demografia distribuição dos indivíduos em uma sociedade em termos de idade, sexo, estado civil, renda, etnia e outros atributos pessoais que podem determinar seus padrões de compra.

dependência de caminho quando eventos no início da evolução de um processo têm efeitos significativos sobre eventos subsequentes.

depressão recessão severa que dura muitos anos.

deseconomias de escala quando os custos de uma empresa começam a subir em função do volume de sua produção.

desempenho contábil uma medida da vantagem competitiva de uma empresa calculada usando-se informações de seus demonstrativos financeiros e de perdas e lucros publicados.

desempenho contábil abaixo da média quando o desempenho econômico de uma empresa é inferior à média do setor.

desempenho contábil acima da média quando o desempenho econômico de uma empresa é superior à média do setor.

desempenho contábil médio quando o desempenho econômico de uma empresa é igual ao da média do setor.

desempenho econômico abaixo do normal quando uma empresa ganha menos que seu custo de capital.

desempenho econômico acima do normal quando uma empresa ganha mais que seu custo de capital.

desempenho econômico normal quando uma empresa ganha seu custo de capital.

desvantagem competitiva quando uma empresa gera menos valor econômico do que suas rivais.

determinação de preços predatória quando se determinam preços de modo que sejam menores do que os custos de produção.

diferenciação de produto estratégia de negócio em que uma empresa busca ganhar uma vantagem competitiva aumentando o valor percebido de seus produtos ou serviços em relação ao valor percebido dos produtos ou serviços de outra empresa.

dinâmica competitiva como uma empresa responde às ações estratégicas de empresas concorrentes.

diversificação aparentemente não relacionada empresas diversificadas que exploram competências essenciais como uma economia de escopo, mas não estão fazendo isso com atividades compartilhadas.

diversificação corporativa limitada coeficientes contábeis que têm foco na habilidade de uma empresa de cumprir suas obrigações financeiras de curto prazo.

diversificação corporativa não relacionada quando menos de 70 por cento das receitas de uma empresa são geradas em um único mercado de produtos e os negócios de uma empresa compartilham poucos, se algum, atributos comuns.

diversificação corporativa relacionada quando menos de 70 por cento das receitas de uma empresa provêm de um mercado de produto único e suas múltiplas linhas de negócios são relacionadas.

diversificação relacionada restrita uma estratégia na qual todos os negócios em que uma empresa opera compartilham um número significativo de insumos, tecnologias de produto, canais de distribuição, clientes semelhantes etc.

diversificação relacionada vinculada uma estratégia na qual os diferentes negócios que uma única empresa busca estão vinculados em apenas um par de dimensões, ou em que os diferentes grupos de negócios estão vinculados ao longo de dimensões muito diferentes.

dívida capital de bancos e detentores de títulos.

divisão cada negócio em que uma empresa se envolve, também chamada de unidades de negócios estratégicos (SBUs, do inglês, *strategic business units*) ou grupo de negócios.

donos institucionais fundos de pensão, corporações e outros que investem o dinheiro de outras pessoas no patrimônio/ações de uma empresa.

duplicação direta tentativa de imitar outras empresas desenvolvendo recursos que têm o mesmo efeito estratégico que os recursos controlados por essas outras empresas.

economias de diversificação fontes de relação em uma empresa diversificada.

economias de escala quando o custo por unidade de produção cai à medida que o volume de produção aumenta.

economias de escopo existem em uma empresa quando o valor dos produtos ou serviços que ela vende aumenta como uma função do número de diferentes negócios em que opera.

economias de escopo operacionais atividades e competências essenciais compartilhadas em uma empresa diversificada.

economias pecuniárias fontes de relação no poder de mercado entre empresas compradora e alvo.

economias técnicas fontes de relação em marketing, produção e atividades similares entre empresas compradora e empresas-alvo.

economic value added **(EVA)** calculado subtraindo-se o custo do capital empregado em uma divisão dos ganhos dessa divisão.

empresa *closely held* uma empresa que não vendeu muitas de suas ações no mercado de ações.

empresas de capital de risco fundos de investidores externos buscando investir em negócios de risco.

empresas de negócio dominante empresas com 70 a 95 por cento das vendas totais em um único mercado de produto.

empresas de negócio único empresas com mais de 95 por cento de suas vendas totais em um único mercado de produto.

empresas visionárias empresas cuja missão é central para tudo o que fazem.

equipes gambá equipes temporárias cujos esforços criativos são intensos e com foco único.

escalada de compromisso comprometimento crescente dos gerentes com um curso de ação incorreto, mesmo à medida que suas limitações se tornam claras.

escolhas políticas escolhas que uma empresa faz sobre os tipos de produto ou serviço que vai vender — escolhas que têm um impacto no custo relativo e na diferenciação de produto.

estratégia teoria de uma empresa sobre como ganhar vantagem competitiva.

estratégia corporativa teoria de uma empresa sobre como ganhar vantagem competitiva operando em vários negócios simultaneamente.

estratégia de colheita quando empresas empreendem uma saída longa, sistemática e gradual de um setor em declínio, extraindo o máximo de valor possível.

estratégia de consolidação estratégia que reduz o número de empresas em um setor por meio da exploração de economias de escala.

estratégia de diferenciação de produto quando uma empresa opera em vários setores simultaneamente.

estratégia de diversificação corporativa quando uma empresa opera em diversos setores ou mercados simultaneamente.

estratégia de diversificação de mercado geográfico quando uma empresa opera em múltiplos mercados simultaneamente.

estratégia de diversificação mercado-produto quando uma empresa implementa tanto a diversificação de produto como a diversificação geográfica, simultaneamente.

estratégia de liderança em tecnologia quando empresas investem cedo em tecnologias específicas em um setor.

estratégia de negócio de liderança em custo focaliza o ganho de vantagens reduzindo custos abaixo daqueles dos concorrentes.

estratégia de negócio teoria de uma empresa sobre como ganhar vantagem competitiva em um negócio ou setor único.

estratégia de nicho quando uma empresa reduz o escopo de suas operações e focaliza segmentos mais estritos de um setor em declínio.

estratégia de nível corporativo ações tomadas por uma empresa para obter vantagem competitiva operando em vários mercados ou negócios simultaneamente.

estratégia no nível de negócio ações tomadas por uma empresa para obter vantagem competitiva em um negócio ou setor único.

estratégia tecnológica em uma estratégia internacional, a capacidade de uma empresa de responder às preferências do consumidor em um determinado mercado geográfico.

estratégia transnacional ações em que uma empresa se envolve para obter vantagens competitivas investindo em tecnologia através de fronteiras.

estratégias emergentes teorias sobre como ganhar vantagens competitivas em um setor que surge com o tempo ou que seja radicalmente remodelado uma vez que as estratégias sejam implementadas.

estratégias genéricas de negócios outro nome para estratégias no nível de negócio, que são liderança em custo e diferenciação de produto.

estratégias internacionais operações em múltiplos mercados geográficos: integração vertical, diversificação, formação de alianças estratégicas ou implementação de fusões e aquisições, todas através de fronteiras nacionais.

estrutura de cinco forças identifica as cinco ameaças mais comuns enfrentadas pelas empresas em seu ambiente competitivo local e as condições sob as quais essas ameaças têm maior ou menor probabilidade de surgir.

estrutura de reporte formal descrição sobre quem se reporta a quem na empresa.

estrutura em forma de M estrutura organizacional para implementar uma estratégia corporativa de diversificação, em que cada negócio que uma empresa opera é administrado por meio de uma divisão lucro e perda separada.

estrutura em forma de U organização em que diferentes chefes funcionais se reportam diretamente ao CEO; usada para implementar estratégias no nível de negócio.

estrutura funcional organizacional estrutura que uma empresa usa para implementar estratégias no nível de negócios que almeja; nela, cada função da empresa se reporta ao CEO.

estrutura matricial quando um empregado se reporta a uma ou mais pessoas.

estrutura transnacional quando cada país em que uma empresa opera está organizado como uma divisão lucro e perda completa chefiada por um gerente geral de divisão e as decisões estratégicas e operacionais são delegadas a entidades operacionais que maximizam a responsividade local e a integração internacional.

estrutura VRIO quatro questões que devem ser perguntadas sobre um recurso ou uma capacidade para determinar sua competitividade potencial.

eventos internacionais específicos acontecimentos como guerras civis, golpes políticos, terrorismo, guerras entre países, fome e recessões econômicas de um país ou uma região, todos os quais podem exercer enorme impacto sobre a capacidade estratégica de uma empresa de gerar vantagem competitiva.

executivo sênior presidente ou CEO de uma empresa.

federação coordenada quando cada país em que uma empresa opera está organizado como uma divisão lucro e perda completa chefiada por um gerente geral de divisão e as decisões operacionais são delegadas a essas divisões ou esses países, mas decisões estratégicas são mantidas na matriz.

federação descentralizada quando cada país em que uma empresa opera está organizado como uma divisão lucro e perda completa chefiada por um gerente geral de divisão e as decisões operacionais são delegadas a essas divisões ou países, mas decisões estratégicas são delegadas a esses gerentes de país.

flexibilidade quão custoso é para uma empresa mudar suas decisões estratégicas e organizacionais.

fluxo de caixa livre quantidade de caixa que uma empresa tem para investir depois que todos os investimentos de valor presente líquido positivo em seu negócio atual foram financiados.

fornecedores aqueles que disponibilizam uma ampla variedade de matérias-primas, mão de obra e outros ativos críticos para as empresas.

fusão quando os ativos de duas empresas de tamanho semelhante são combinados.

fusão de conglomerado fusão ou aquisição em que não existem vínculos verticais, horizontais, de extensão de produto ou de mercado entre empresas.

fusão de extensão de mercado quando empresas fazem aquisições em novos mercados geográficos.

fusão de extensão de produto quando empresas adquirem produtos complementares por intermédio de suas atividades de fusão e aquisição.

fusão horizontal quando uma empresa adquire um ex-concorrente.

fusão vertical quando uma empresa se integra verticalmente, seja para a frente ou para trás, por meio de esforços de aquisição.

ganhos retidos capital gerado pelas operações presentes de uma empresa e retidos por ela.

gerente funcional gerente que chefia determinada função em uma empresa, tal como produção, marketing, finanças, contabilidade ou vendas.

greenmail manobra em que a gerência de uma empresa-alvo adquire todas as ações da empresa detidas por uma empresa compradora por um preço maior que seu valor presente de mercado.

hard currencies moedas que são comercializadas globalmente e, por conseguinte, possuem valor nos mercados monetários internacionais.

hardware tecnológico máquinas e outros equipamentos usados pelas empresas.

heterogeneidade de recurso implica que, para dada atividade de negócio, algumas empresas podem ter mais habilidade em realizá-la do que outras.

imobilidade de recursos recursos controlados por algumas empresas podem não ser difundidos para outras.

imperfeitamente imitável recursos e capacidades mais custosos para outras empresas imitarem, em comparação com empresas que já os possuem.

implementação de estratégia ocorre quando uma empresa adota políticas e práticas organizacionais consistentes com sua estratégia.

incerteza quando o valor futuro de uma troca não pode ser conhecido enquanto os investimentos nessa troca estiverem sendo feitos.

índices contábeis números tirados dos demonstrativos financeiros de uma empresa que são manipulados de formas que descrevem vários aspectos do desempenho da empresa.

índices de alavancagem coeficientes contábeis que focalizam o nível da flexibilidade financeira de uma empresa.

índices de atividade coeficientes contábeis que focalizam o nível de atividade do negócio de uma empresa.

índices de liquidez índices contábeis que focam a habilidade de uma empresa em saldar suas obrigações financeiras de curto prazo.

índices de lucratividade coeficientes contábeis com algumas medidas de lucro no numerador e algumas medidas de tamanho ou ativos no denominador.

inovação de processo esforços de uma empresa para refinar e aprimorar seus processos atuais.

insumos produtivos quaisquer suprimentos usados por uma empresa na condução de suas atividades de negócio, tais como mão de obra, capital, terras e matérias-primas, entre outros.

integração vertical número de passos na cadeia de valor que uma empresa realiza internamente.

integração vertical para a frente quando uma empresa incorpora mais estágios da cadeia de valor em suas operações internas e esses estágios a deixam mais próxima de interagir diretamente com o consumidor final.

integração vertical para trás quando uma empresa incorpora mais estágios da cadeia de valor a sua operação interna e esses estágios a aproximam de obter acesso a matérias-primas.

introdução a primeira fase do ciclo de vida do produto quando relativamente poucas empresas estão fabricando um produto, existem relativamente poucos clientes e a taxa de crescimento na demanda para o produto é relativamente baixa.

investimento em transação específica quando o valor de um investimento em seu primeiro melhor uso é muito maior do que seu valor em seu segundo melhor uso; qualquer investimento em uma troca que tem significativamente mais valor na troca atual do que em trocas alternativas.

investimento estrangeiro direto investimento em operações localizadas em um país estrangeiro.

investimentos em capital humano em empresa específica investimentos feitos pelos empregados em uma determinada empresa ao longo do tempo, incluindo entender a cultura, as políticas e os procedimentos e conhecer as pessoas a quem contatar para se concluir uma tarefa, que têm valor limitado em outras empresas.

investimentos em empresa específica quando o valor dos investimentos dos *stakeholders* em uma determinada empresa é muito maior do que seria em outras empresas.

joint-venture quando empresas parceiras criam uma empresa legalmente independente na qual investem e da qual compartilham os lucros gerados.

know-how **gerencial** conhecimento e informação, geralmente essenciais, necessários para competir em um setor em bases diárias.

leilão mecanismo para estabelecer o preço de um ativo, em fusões e aquisições, quando diversas empresas fazem ofertas por uma única empresa-alvo.

líder de mercado empresa com maior participação de mercado em um setor.

lógica dominante uma maneira comum de pensar sobre estratégia entre diferentes negócios de uma empresa diversificada.

maturidade a terceira fase do ciclo de vida do produto durante a qual o número de empresas que produzem um produto ou serviço permanece estável, o crescimento da demanda se estabiliza e as empresas direcionam seus esforços de investimento para o refinamento do processo pelo qual um produto ou serviço é criado, deixando de desenvolver produtos inteiramente novos.

média ponderada do custo de capital (WACC) porcentagem de capital total devido de uma empresa, multiplicado pelo custo da dívida, somado à porcentagem do capital total patrimonial e multiplicado pelo custo do patrimônio.

medidas econômicas de vantagem competitiva medidas que comparam o nível de retorno de uma empresa com seu custo de capital, em vez de com o nível médio de retorno no setor.

mercado de capital interno quando os negócios de uma empresa diversificada competem por capital corporativo.

mercado para controle corporativo mercado criado quando diversas empresas buscam ativamente adquirir uma ou várias empresas.

mercado *thinly traded* mercado em que existe apenas um pequeno número de empresas, em que as informações sobre oportunidades não são amplamente conhecidas e no qual interesses além de unicamente maximizar o valor de uma empresa podem ser importantes.

missão finalidade de longo prazo de uma empresa.

modelo *deep pockets* quando uma empresa tira proveito de seu poder de monopólio em um negócio para subsidiar diversos negócios diferentes.

modelo estrutura-conduta-desempenho (E-C-D) teoria que sugere que a estrutura do setor determina a conduta de uma empresa que, por sua vez, determina seu desempenho.

novos entrantes empresas que iniciaram operações recentemente em um setor ou que ameaçam iniciar operações em um setor em breve.

núcleo centralizado quando cada país em que uma empresa opera está organizado como uma divisão lucro e perda chefiada por um gerente geral, e decisões estratégicas e operacionais são tomadas na matriz.

objetivos metas específicas, mensuráveis, que uma empresa pode usar para avaliar a extensão em que está cumprindo sua missão.

oferta de aquisição quando uma empresa compradora se oferece para comprar as ações de uma empresa-alvo, oferecendo diretamente um preço mais alto do que o de mercado a seus acionistas atuais.

oferta inelástica quando a quantidade de oferta é fixa e não responde a aumentos de preço, tal como a oferta total de terras, que é relativamente fixa e não pode ser aumentada significativamente em resposta a uma demanda ou preços maiores.

oferta pública inicial (IPO, do inglês, *initial public offering*) quando as ações de uma empresa de capital fechado, ou da divisão de uma corporação, são vendidas pela primeira vez para o público em geral.

oligopólios setores caracterizados por um pequeno número de empresas concorrentes, produtos homogêneos e entrada e saída custosos.

opções de ações quando empregados têm o direito, mas não são obrigados a comprar ações da empresa a um preço predeterminado.

opções reais investimentos em ativos reais que criam a oportunidade para investimentos adicionais no futuro.

oportunidades multinacionais oportunidades para uma empresa operar simultaneamente em diversos mercados nacionais e regionais, mas essas operações são independentes umas das outras.

oportunismo quando uma empresa é injustamente explorada em uma troca.

orçamento base-zero quando executivos corporativos criam uma lista de todas as solicitações de alocação de capital das divisões de uma empresa, classificam-nas por ordem de importância, e em seguida financiam todos os projetos que ela pode bancar, dado o montante de capital disponível.

organograma tabela que resume a estrutura formal de reporte em uma empresa.

paraíso fiscal um país que cobra pouco ou nenhum imposto das empresas.

paraquedas de ouro remuneração de incentivo para gerentes seniores, caso a empresa que administram seja adquirida.

parceiros de negócios transparentes parceiros de negócios internacionais que são receptivos e acessíveis.

paridade competitiva quando uma empresa cria o mesmo valor econômico de suas rivais.

participação patrimonial (*equity*) capital de pessoas ou instituições que adquirem as ações de uma empresa.

período de *shakeout* quando a oferta total em um setor é reduzida por insolvências, aquisições e fechamento de negócios.

pílulas de veneno diversas medidas que os gerentes de uma empresa-alvo podem tomar para tornar a aquisição da empresa proibitivamente cara.

plano de negócio um documento que resume como um empreendedor organizará uma empresa de modo a explorar uma oportunidade, acompanhado das implicações econômicas de explorar tal oportunidade.

política de experimentação existe quando empresas se comprometem a empreender vários esforços de diferenciação de produto relacionados simultaneamente.

políticas de remuneração maneiras como as empresas pagam os empregados.

preço hedônico parte do preço de um produto ou serviço atribuído a uma característica específica desse produto ou serviço.

pré-requisitos gerenciais atividades que não adicionam valor econômico para a empresa, mas beneficiam diretamente os gerentes que as realizam.

presidência papéis do presidente do conselho, do CEO e do COO juntos.

presidente do conselho pessoa que preside o conselho de administração; pode ou não ser a mesma pessoa que o executivo sênior da empresa.

principal a parte que delega a autoridade de tomada de decisão.

problemas de agência quando as partes em um relacionamento de agência diferem em seus objetivos de tomada de decisão.

processo de administração estratégica conjunto sequencial de análises que podem aumentar a probabilidade de uma empresa escolher uma estratégia que crie vantagens competitivas.

processos atividades em que uma empresa se envolve para planejar, produzir e vender seus produtos e serviços.

produção por processo quando a produção é realizada em um sistema contínuo; exemplos incluem setor de produtos químicos, refinamento de petróleo e papel e celulose.

produtos ou serviços intermediários produtos ou serviços produzidos em uma divisão usados como insumos para produtos ou serviços produzidos em uma segunda divisão.

questão da imitabilidade "As empresas sem um recurso ou uma capacidade enfrentam uma desvantagem de custo em sua obtenção ou em seu desenvolvimento em relação a empresas que já os possuem?"

questão de organização "Uma empresa está organizada para explorar todo o potencial competitivo de seus recursos e suas capacidades?"

questão de raridade "Quantas empresas concorrentes já possuem recursos e capacidades próprios valiosos?"

questão de valor "Um recurso permite a uma empresa explorar uma oportunidade externa ou neutralizar uma ameaça externa?"

recessão um período de relativamente pouca prosperidade, quando a demanda por bens e serviços é baixa e o desemprego é alto.

recursos ativos tangíveis e intangíveis que uma empresa controla e que pode usar para conceber e implementar suas estratégias.

recursos de capital humano treinamento, experiência, julgamento, inteligência, relacionamentos e visão individuais dos gerentes e empregados de uma empresa.

recursos e capacidades complementares recursos e capacidades com habilidade limitada de gerar vantagem competitiva isoladamente, mas que em combinação com outros recursos podem permitir a uma empresa realizar todo seu potencial de vantagem competitiva.

recursos financeiros incluem todo o dinheiro, independentemente da fonte, que as empresas usam para conceber e implementar estratégias.

recursos físicos toda tecnologia física usada em uma empresa.

recursos humanos incluem treinamento, experiência, julgamento, inteligência, relacionamentos e visão *individuais* de gerente e empregados e uma empresa.

recursos organizacionais estrutura formal de reporte em uma empresa, seu planejamento formal e informal, controle e sistemas de coordenação; sua cultura e reputação, bem como relações informais entre grupos dentro da empresa e entre uma empresa e aqueles em seu ambiente.

regras de votação de maioria absoluta um exemplo de repelente de tubarão que especifica que mais de 50 por cento do conselho de administração deve aprovar a aquisição.

relacionamento de agência quando uma parte, em uma troca, delega a autoridade de tomada de decisão a outra parte.

repelentes de tubarão uma variedade de mudanças menores de governança corporativa que, em princípio, devem dificultar a aquisição de uma empresa-alvo.

reputação crenças que os clientes têm sobre uma empresa.

responsividade local em uma estratégia internacional, a capacidade de uma empresa de responder às preferências do consumidor em um determinado mercado geográfico.

retorno cumulativo anormal (CAR) desempenho maior (ou menor) do que o esperado durante um período curto próximo ao anúncio de uma aquisição.

retornos de escala crescentes em setores de rede, o valor de um produto ou serviço aumenta conforme o número de pessoas que o utiliza aumenta.

rivalidade intensidade da concorrência entre os competidores diretos de uma empresa.

seleção adversa quando um parceiro de aliança promete trazer para uma aliança determinados recursos que ela ou não controla ou não pode adquirir.

setor em declínio setor que experimentou um declínio absoluto no volume de vendas ao longo de um período sustentado.

setor perfeitamente competitivo quando existe um número grande de empresas concorrentes, os produtos vendidos são homogêneos em termos de custo e atributos e a entrada e a saída são de baixo custo.

setores em rede setores nos quais padrões técnicos únicos e retornos crescentes de escala tendem a dominar; a concorrência nesses setores tende a focar qual dos diversos padrões será escolhido.

setores emergentes setores recém-criados ou recriados formados por inovações tecnológicas, mudança na demanda ou surgimento de novas necessidades dos clientes.

setores fragmentados setores em que grande número de empresas pequenas e de médio porte opera e nenhum grupo de empresas pequenas tem participação de mercado dominante ou cria tecnologias dominantes.

setores maduros setores em que, com o tempo, a maneira de fazer negócios se tornou amplamente conhecida, as tecnologias se difundiram entre os concorrentes e a taxa de inovação em novos produtos e tecnologias cai.

setores monopolistas setores que consistem de uma única empresa.

setores monopolisticamente competitivos quando há um número grande de empresas concorrentes e um custo baixo de entrada e saída, mas os produtos nesses setores não são homogêneos com respeito ao custo ou atributos de produto, diz-se que as empresas desfrutam de um 'monopólio' na parte do mercado que dominam.

sistema de preço de transferência (*transfer-pricing system*) o uso interno de 'preços' administrados para gerenciar a movimentação de produtos ou serviços intermediários entre as divisões de uma empresa.

sistemas de controle gerencial incluem uma variedade de mecanismos formais e informais para assegurar que os gerentes se comportem de maneira consistente com as estratégias de uma empresa.

socialmente complexos recursos e capacidades que envolvem vínculos interpessoais, sociais ou culturais entre indivíduos.

software tecnológico qualidade das relações entre mão de obra e gerência, a cultura de uma organização e a qualidade de seus controles gerenciais.

***spin-off* corporativo** existe quando uma empresa grande e diversificada aliena ou desmembra um negócio no qual operava historicamente, e o negócio desmembrado passa a operar como uma entidade independente.

***staff* corporativo** gerentes seniores que fornecem informações sobre os ambientes internos e externos de uma empresa para seu executivo sênior.

stakeholders todos os grupos e indivíduos que possuem interesse no desempenho da empresa.

stock grants pagamento dos empregados com ações da empresa.

substituição ação de desenvolver ou adquirir recursos estrategicamente equivalentes, porém diferentes, aos de uma empresa concorrente.

substitutos produtos ou serviços que atendem aproximadamente as mesmas necessidades do cliente, mas de maneiras diferentes.

tarifas específicas quando uma tarifa é calculada como uma porcentagem do peso ou do volume de bens importados.

tática ações específicas de uma empresa para implementar suas estratégias.

tecnologia proprietária tecnologia secreta ou patenteada que proporciona às empresas vantagens importantes sobre potenciais entrantes.

tolerância mútua forma de conluio tácito em que as empresas concordam tacitamente em não competir em um setor.

tomadores de preço quando o preço dos produtos ou serviços que uma empresa vende é determinado pelas condições do mercado, não pelas decisões da empresa.

valor agregado como porcentagem das vendas medida da porcentagem de vendas de uma empresa geradas por atividades realizadas internamente nela; uma medida de integração vertical.

valor de mercado atual preço da ação de uma empresa multiplicado pelo número de ações emitidas e em circulação.

valor econômico diferença entre os benefícios percebidos ganhos por um cliente que adquire os produtos ou serviços de uma empresa e o custo econômico total desses produtos ou serviços.

vantagem competitiva quando uma empresa cria mais valor econômico do que suas rivais.

vantagem competitiva sustentável vantagem competitiva que dura por um longo período; vantagem que não é afetada por competição estratégica.

vantagem competitiva temporária vantagem competitiva que dura por um período curto.

vantagens do pioneiro vantagens desfrutadas por empresas que tomam decisões estratégicas e tecnológicas importantes logo no início do desenvolvimento de um setor.

venda de joias da coroa quando uma empresa compradora está interessada em apenas alguns dos negócios operados pela empresa-alvo, conhecidos como *joias da coroa*, e esta última vende esses negócios.

visão baseada em recurso (RBV, do inglês, *resource-based view*) modelo de desempenho que tem foco nos recursos e nas capacidades controlados por uma empresa como fontes de vantagem competitiva.

Índice de assuntos

Nas referências de página, o número após "n" refere-se ao número da nota em que o nome foi citado.

3M
    equilíbrio entre caos e controle e, 151
    diversificação corporativa, 198, 199, 200
    princípios inovadores, 151, 152
    declaração de valor, 5
    empresas visionárias, 6

A

Acesso a matérias-primas, 42, 43, 59
    de baixo custo, 311
Acesso diferenciado a insumos produtivos de baixo custo, 121, 123
Acesso favorável a matérias-primas, 33, 34
Ações judiciais, 226
Acordo Geral sobre Tarifas e Comércio (GATT), 322
Acordos de cooperação tácita, fraude e, 76
Acordos de distribuição, 252
Acordos de licenciamento, 252, 364
Acordos. *Ver também* Contratos e sanções legais
    de distribuição, 252
    de fornecimento, 252
    de licenciamento, 252, 364
    de paralisação, 293, 294
    de cooperação tácita, 76
Administração estratégica de recursos humanos, 70
Administrar o risco corporativo, 306, 315-316, 328
Aeroporto Intercontinental de Houston, 211
Afeganistão, 28, 303
África do Sul, 64
África
    seus alimentos para bebê, 307
    do Sul, 64

Afro-americanos, 96
Agência
    problemas de, 229, 285, 286, 295, 297, 316
    relação de, 229
    teoria de, 244
Agente, 59, 229
Álcool. *Ver* Indústria da cerveja
Alemanha, 27, 102, 159, 160, 350, 364
Alianças com participação acionária, 251, 252, 266, 269, 323
Alianças estratégicas
    aquisições *versus*, 264
    Apple Computer, 260
    automobilística, 257, 273, 311
    categorias de, 251, 253
    diversificação corporativa, 198
    definição de, 251
    flexibilidade, 178
    Ford Motor Company, 327
    General Electric, 252, 304, 341
    General Motors e, 251, 271, 304
    por conta própria, 261, 263, 70
    imitabilidade de, 263
    estratégias internacionais e, 321
    Mitsubishi Motors e, 311
    Nestlé e, 265
    raridade e, 261, 270
    opções reais e, 258, 264
    Sony, 254
    substitutos para, 263, 264, 270
    conluio tácito, 257
    Toyota Motor Corporation, 2317
    confiança, 269
    incerteza, 264, 265
    integração vertical *versus*, 171, 173
Alianças sem participação acionária, 251, 266, 269, 270, 323. *Ver também* Contratos e sanções legais

Alinhamentos comuns entre a estratégia de liderança em custo, 125

Alocação de capital interno, 201, 209, 214, 217, 238, 239

Alocações de capital corporativo, 228

Altura de barreiras à entrada, 50 n. 14

Ambiente competitivo, 7, 25, 46, 47, 48, 253, 254, 256, 270, 287
    favorável, 47, 253, 254

Ambiente externo, 24-56, 233
    McDonald's, 35, 42, 44, 45, 54
    Microsoft29, 34, 37, 44, 50
    Nissan, 26, 45
    Procter & Gamble, 27, 42, 44
    WalMart, 38, 43

Ambiente geral, 24, 25-28, 48
    elementos inter-relacionados, 25

Ambientes. *Ver* Ambiente competitivo; Ambiente externo; Ambiente geral

Ambiguidade causal, 68, 69, 70, 73, 81

Ameaça de ambiente. *Ver* Ameaças ambientais; Estrutura de cinco forças

Ameaça de fornecedores, 31, 36, 38, 39
    liderança em custo e, 116, 117

Ameaça de fraude. *Ver* Fraude

Ameaça de oportunismo, 177, 264, 325. *Ver também* Oportunismo

Ameaça de rivalidade, 31, 35, 38, 39

Ameaça de substitutos. *Ver* Substitutos

Ameaças ambientais, 29, 31, 72, 133, 144, 155, 306, 319. *Ver também* Estrutura de cinco forças
    diferenciação de produto e, 140-142

América do Sul, 226, 247, 280, 306, 332

América Latina, 162, 193, 194, 247, 248, 307, 331, 333, 349, 354

Análise de cadeia de valor, 63

Análise de oportunidades, 41, 48, 49, 50

Análise externa, 4, 7, 11, 21, 25, 41

Análise interna, 4, 7, 11, 61

Análise. *Ver também* Competências; Ambiente externo; Processo de gestão estratégica
    externa, 4, 7, 11, 21, 25, 41
    interna, 4, 7, 11, 61
    de oportunidades, 41, 48, 49, 50
    de cadeia de valor, 63-66, 88

ANCOM (Mercado Comum Andino), 322

Angola, 249, 319

Anjos dos negócios, 283

Aparelhos de fax, 254

Aparelhos de videocassete, 254

Apartheid, 64

Apple Computer
    desempenho da, 12

Aprendizagem coletiva, 205

Apropriação, 250, 258, 259, 261, 262, 264, 266, 268, 269, 270, 324

Aquisições amigáveis, 278

Aquisições hostis, 297

Aquisições hostis, 297. *Ver também* Takeover

Aquisições. *Ver também* Fusões e aquisições
    definição de, 278
    amigáveis, 278
    fusões e, 11, 139, 173, 212, 242, 257, 276-302, 304, 328, 333
    hostis, 297

Arábia Saudita, 89

Áreas de camping, 42

Argentina, 102, 103, 193, 247, 248, 249, 316, 329, 331, 332, 333

Arsenal, 304

ASEAN (Associação de Nações do Sudeste Asiático), 322

Ásia
    Associação de Nações do Sudeste Asiático, 322
    terceirizada para a, 172

Associação de Nações do Sudeste Asiático (ASEAN), 322

Ataques de 11 de setembro, 28

Ataques terroristas, 28

Atividade primárias, 65

Atividades compartilhadas, 200, 202
    como centros de custo, 235 Serviços
    empresa hipotética, 202
    Microsoft e, 219 n, 4
    como centros de lucro, 235
    cadeia de valor e, 192

Ativos estrategicamente valiosos, 42

Ativos intangíveis, 336

Ativos tangíveis, 58, 59, 60

Ativos. *Ver também* Competências
    intangíveis, 336
    estrategicamente valiosos, 42-43, 49, 137, 142
    tangíveis, 58, 59, 80, 257

B

Baby boomers (do pós-guerra), 26, 162, 163
    definição de, 26

Baixos custos. *Ver* Redução de custo

Balanços, 296

Barreiras à entrada, 31, 32, 33, 34, 37, 38, 41, 48, 50 n. 14, 76, 116, 119, 132, 308. *Ver também* Diferenciação de produto
    definição de, 31
    altura de, 50 n. 14
    barreiras comerciais, 308

Barreiras não tarifárias, 308, 322

Bases da liderança em custo, 106, 132

Bases de diferenciação de produto, 135, 136, 138, 140
    duplicação de, 144
    atributos de produtos, 136
    raras, 144
    substitutos para, 148

Basquete
    Bryant, 304
    Jordan, 37, 338
    National Basketball Association, 187, 369
    Russos, 303, 304

Beisebol
    Major League Baseball, 197, 369
    Oakland A´s, 121, 122

Bélgica, 33, 103, 316

Bem-estar social, 29

Beta, 16, 190, 254

Bônus em dinheiro, 151, 188, 189, 242, 243

Brasil, 27

Bryant, Kobe, 304

Build to last (Feitas para durar), 6

C

Caça-níqueis, 107

Cadeia de valor de Porter, 65

Cadeias de valor genéricas. *Ver* Cadeias de valor

Cadeias de valor. *Ver também* Integração vertical
    McKinsey, 65, 871
    empresa petrolífera, 43, 114
    atividades compartilhadas e, 200

Canadá, 25, 102, 129, 139, 140, 160, 162, 163, 132, 345, 364

Canais de cistribuição, 135, 139, 144, 145, 147, 148, 192, 199, 203, 307, 333, 369

Capacidade de absorção, 255

Capital corporativo, alocações de, 228

Capital humano, 83 n. 3, 215, 216, 229, 286

Capital. *Ver também* Investimentos em capital humano
    alocação de , interno, 201, 209, 214, 217, 218, 238, 239
    custo de, 209, 237, 245
    humano, 83 n. 3, 215, 216, 229, 286

CAPM, modelo de precificação de ativos de capital, 16

CAR (retorno anormal cumulativo), 284

Caribe, 247, 319

Carros compactos, 253, 270, 311

Carros. *Ver* Indústria automobilística

Casas funerárias, 41, 291, 292

Cavaleiro branco, 295

Caveat emptor, 339

CE (Comunidade Europeia), 322

Centros de campos comerciais, 139, 146

Centros de lucro como atividades compartilhadas, 235

Centros de lucros e perdas, 226

CEOs (do inglês, *chief executive officer*). *Ver também* Escritório da presidência
    Remuneração de, e a crise de crédito, 243-244
    definição de, 186
    responsabilidades de, 231
    formulação de estratégia, 125, 232
    implementação de estratégia, 230, 232
    implementação de integração vertical, 184, 186

Cervejarias. *Ver* Indústria da cerveja

Cervejas artesanais, 135, 159

Charter schools, 35

Chelsea, 304

Chile, 319, 332, 333

China, 27, 99, 102, 103, 115, 159, 172, 192, 193, 194, 305, 306, 307, 311, 312, 317, 324, 325, 329

Ciclo de negócios, 27

Ciclos de vida de produto e internacionalização, 309, 310

Cingapura, 311, 316

Cláusulas, 266, 267, 293

Clientes
    empresas e, 148
    fidelidade de, 2, 40, 142
    novos, 54, 306-311, 313, 315, 324, 328, 329, 355
    potenciais, 26, 104, 144, 154, 204

Clima econômico, 26, 27, 48

Coca-Cola Company
    federação coordenada, 326, 328
    implementação de diversificação corporativa, 226, 236, 242
    estratégia internacional, 306
    e PepsiCo, 139

Comércio
    countertrade, 309, 310
    zonas de livre comércio e, 322
    barreiras não tarifárias e, 308, 322
    barreiras comerciais e, 308, 309

Comitê
    de auditoria, 228
    de nomeação, 228
    de pessoal e remuneração, 229
    financeiro, 228, 248
    de operações, 186

Compartilhamento de atividades. *Ver* Atividades compartilhadas

Competência arquitetural, 138, 147

Competência distintiva, 72

Competência/Competências
    arquitetural, 138, 147
    distintiva, 72
    inventada, 208

Competências internas. *Ver* Competências

Competências inventadas, 208

Competências. *Ver também* Recursos e capacidades
    Apple Computer, 12, 14, 219, 260
    gerenciamento de *call centers*, 180, 181, 198
    políticas de remuneração, 9, 151, 156, 184
    definição de, 183
    modelo VBR, 58
    Toyota Motor Corporation, 317

Competição em múltiplos pontos, 201, 211, 212, 214, 217, 218

Competição. *Ver também* Rivalidade
    monopolista, 30
    em múltiplos pontos, 201, 211, 212, 214, 217, 218
    entre canais esportivos na televisão, 66
    tipos de, 30

Complacência mútua, 211, 212

Complementadores, 39-41, 48, 49, 50. *Ver também* Principais competidores

Complexidade social, 68, 69, 70

Complexidade. *Ver também* Complexidade social
    de procedimentos, 339
    de produto, 137, 145, 146, 148

Compradores
    caveat emptor, 339
    definição de, 37
    mercados não domésticos, 307, 308, 311, 313, 317, 323
    ameaça de, 31, 37-38, 39, 48, 116, 118

Comprometimento, escalada do, 120, 210

Comunicações, 152, 320, 322, 339

Comunidade Europeia (CE), 322

Concorrência monopolista, 30

Concorrência perfeita, 66, 81

Condições históricas únicas, 68-69, 73, 81

Condições legais e políticas, 25, 26, 27, 48

Conduta (modelo E-C-D), 28, 29, 48

Confiança, 8, 68, 108, 146, 147, 263, 266, 269, 270, 325, 331, 339, 349. *Ver também* Fraude

Conluio explícito, 256. *Ver também* Conluio tácito

Conluio tácito, 46, 75, 211
    conluio explícito e, 256

Conluio, 256, 257, 270. *Ver também* Conluio tácito

Conselho de administração, 160, 212, 226, 227, 228-230, 231-232, 244, 245, 247, 248, 249, 260, 267, 273, 277, 299, 316, 366, 369
    definição de, 228

    a eficácia do, 231-232
    papéis e responsabilidades, 227

Consumidores. *Ver também* Compradores; Clientes
    caveat emptor, 339

Contradições organizacionais, 154

Contradições
    organizacionais, 154-155

Contratos de franquia, 42

Contratos e sanções legais, 267-268. *Ver também* Acordos
    cláusulas comuns em, 267
    alianças sem participação acionária, 251, 266, 269, 270, 323

Controle acionário, 267

Controle corporativo, mercado para, 287, 288, 291, 292, 293, 298

Controles gerenciais formais, 71, 75, 106

Controles gerenciais informais, 71

COO (do inglês, *chief operating officer*), 232, 338. *Ver também* CEOs

Cooperação tácita, 75, 76, 81, 84

Cordas de violão, Gore-Tex e as, 206

Coreia do Sul, 311, 312, 316

Corrida pelo menor custo, 312

Corridas de aprendizagem, 255

Cotas, 308

Countertrade, 309, 310

Criação de gado, 69

Criatividade
    diferenciação de produto e, 140
    recompensas a, 63

Crise de crédito de 2008, 243, 278. *Ver também* Políticas de remuneração

CTM (custo total médio), 117

Cuba, 303

Culturas
    conflitos culturais, 296, 325
    diferenças culturais, 263, 296, 297, 298, 324, 325, 332
    tendências culturais, 25, 26, 27, 48
    definição de, 27

Curva de aprendizagem
    e vantagem competitiva, 112
    e vantagens de custo, 34, 112
    definição de, 111
    economias de, 106, 108, 111, 118, 120
    diferenças de experiência e economias de, 108, 111

Custo(s). *Ver também* Redução de custo
    de capital, 209, 237, 245
    da dívida, 15, 16
    baixos de mão de obra, 311, 312
    marginal, 60, 117, 141, 142, 239

indiretos, 93
de instalações e equipamentos, 119
Custo da participação acionária, 15
Custo médio ponderado de capital (WACC, do inglês, *weighted average cost of capital*), 15, 16
Custo total médio (CTM), 117
Custo, redução de. *Ver* Redução de custo
Custos da empresa, 10, 32, 72, 73, 74, 110, 148, 166, 311
Custos da fábrica e dos equipamentos, volume de produção e, 109
Custos marginais (CM), 60, 61, 117, 141, 239

D

Dano moral, 258-259
Declaração de valor, 3M, 5
Declarações de missão, 4, 5, 20
    Dell Computer, 5
    IBM, 4, 5
    Johnson & Johnson, 5, 6
Dell Computer
    vantagem competitiva, 75
    propriedade familiar, 316
    declaração de missão, 5, 7, 8, 20, 21
Demonstrações financeiras, 12, 14
Dependência de caminho, 68
Depressão, 27, 92, 243
Deseconomias de escala
    definição de, 32
    diferenças de tamanho e, 108, 110, 126
    fontes de, 111
Deseconomias gerenciais, 110, 111
Desempenho contábil acima da média, 12
Desempenho contábil médio, 12
Desempenho contábil, 10, 12, 236. *Ver também* Desempenho econômico
    acima da média, 12
    médio, 12
Desempenho da empresa
    vantagem competitiva e o, 15
    características do setor e da empresa no, 40
    algumas missões podem não afetar o, 4-6
    recursos valiosos e o, 62-63
Desempenho divisional
    indicadores contábeis, 12, 14, 15
    staff corporativo, 233
    avaliação de, 233, 236
    desempenho e, 38
Desempenho econômico abaixo da média, 17

Desempenho econômico acima do normal, 15, 142
Desempenho econômico nacional, 15, 67, 69. *Ver também* Desempenho econômico acima do normal; Desempenho econômico abaixo do normal
Desempenho econômico
    acima do normal, 15, 22, 142
    abaixo do normal, 15, 21, 22, 119
Desempenho médio no setor, modelo de cinco forças e, 38-39
Desempenho. *Ver também* Desempenho divisional; Desempenho econômico
    efeitos de aquisições, 284
    no modelo E-C-P, 28, 29, 58
Desenho animado, 18, 199
Desenvolvimento de centros comerciais, 139, 149
Desenvolvimento tecnológico (cadeia de valor), 65
Design da lâmpada, 42
Desintegração vertical rara, 183
Desintegração vertical, 183
Desinvestimento, 356
Desmotivação dos funcionários, 110
Desvantagens competitivas temporárias, 10
Desvantagens competitivas, 10, 59, 73, 82, 286
    definição de, 10
    sustentáveis, 10
    temporárias, 10
Desvantagens dos pioneiros, 43
Diferenças de experiência e economias de curva de aprendizagem, 111
Diferenciação de produto é uma estratégia no nível de negócios, 134
    como barreira à entrada, 32
    Coca-Cola Company, 238
    marketing de consumo, 135
    implementação de liderança em custo *versus*, 123, 126
    criatividade e, 140
    percepções de clientes e, 138
    definição de, 33
    Dell Computer e, 182
    oportunidades ambientais e, 142, 144
    ameaças ambientais e, 140, 144
    desempenho corporativo e, 242
    General Electric e, 140
    General Motors e, 137
    IBM e, 137, 146, 148, 157, 204
    imitabilidade de, 144, 155
    liderança em baixo custo e, 154
    participação de mercado e, 154
    McDonald's e, 139, 147, 154, 157 n. 26
    Microsoft, 137, 150
    Nissan e, 137, 145

atendimento e suporte, 140
vantagem competitiva sustentável, 144, 145

Dilema do prisioneiro, 262

Dinamarca, 316

Dinâmica competitiva. *Ver também* Imitabilidade
definição de, 75
imitação e, 75

Diretor executivo de operações (COO, do inglês, *chief operating officer*), 185, 232

Disney. *Ver* Walt Disney Company

Distância de mercados e fornecedores, 110, 111
distância de mercados e, 11

Distrito de Columbia, 25

Diversificação corporativa limitada, 198-199

Diversificação corporativa não relacionada, 189

Diversificação corporativa relacionada, 198, 199, 200

Diversificação corporativa. *Ver também* Economias de escopo
deep pockets, 212
definição de, 226
General Electric, 200, 226
imitabilidade da, 215, 216-217
limitada, 198-199
poder de mercado e, 212
raridade da, 216
relacionada, 198, 199-200
e redução de risco, 208, 210
aparentemente não relacionada, 207
estratégias de, 218, 244, 282, 296, 297
vantagens fiscais, 210
tipos de, 198
não relacionada, 198, 200
valor da, 200, 230

Diversificação. *Ver* Diversificação corporativa

Dívida, 12, 15

Divisões. *Ver também* estrutura em forma de M
definição de, 226
Duell, 26

Duplicação (duplicação direta), 77, 95, 118-121. *Ver também* Imitabilidade
de diversificação, 217
da liderança em custo, 120
de estratégias internacionais, 322
de alianças estratégicas, 263
de integração vertical, 184
de diferenciação de produto, 144

E

Economia global, empresas familiares na, 316

Economias de diversificação, 281

Economias de escala
definição de, 108, 253
curva de aprendizagem e, 111-112
diferenças de tamanho e, 108-109, 126

Economias de escopo anticompetitivas, 201, 211-212, 214, 218

Economias de escopo financeiras, 208, 209, 214, 218

Economias de escopo operacionais, 200, 202, 209, 214, 218

Economias de escopo valiosas. *Ver* Economias de escopo

Economias de escopo. *Ver também* Diversificação corporativa
anticompetitivas, 201, 211-214, 218
definição de, 200
financeiras, 208-211, 214, 218
operacionais, 200-207, 209, 214, 218
tipos de, 201

Economias pecuniárias, 281

Economias técnicas, 281

Economias
de diversificação, 281
pecuniárias, 281
técnicas, 281

Educação. *Ver também* Aprendizagem coletiva; Curva de aprendizagem
Massachusetts Institute of Technology, 70, 154
University of Phoenix Stadium, 25

Efeitos da visão de curto prazo, 294

Empreendedorismo
grandes negócios em, 241
estratégias emergentes e, 20
empresas empreendedoras internacionais, 305

Empresa hipotética compartilhando atividades, 202

Empresa multinacional, 213

Empresas de capital fechado, 12, 283, 290, 301, 315

Empresas de domínio familiar, 316

Empresas de investimento de capital de risco, 283

Empresas de negócio dominante, 198, 199

Empresas de negócio único, 198

Empresas de recolocação, 182

Empresas empreendedoras internacionais, 305

Empresas não relacionadas, 207

Empresas privadas, 316

Empresas socialmente responsáveis, 64

Empresas visionárias, 6

Empresas. *Ver também* Competências; Ambiente externo; Gerentes de empresas-alvo
capacidade de absorção de uma, 255
de capital fechado, 12, 19, 283, 290, 301, 315
e seus clientes, relacionamento entre a, 147
de negócio dominante, 198, 199

lógica dominante dêem uma, 208
empreendedoras, 20, 69, 255, 283, 305
de domínio familiar, 316
hipotéticas, 211
empreendedoras internacionais, 305
multinacionais, 223, 305, 319, 323, 326
privadas, 316
aparentemente não relacionadas, diversificadas, 207
de negócio único, 198, 199
socialmente responsáveis, 64
forças da, 61
hardware tecnológico, 114
não relacionadas, 207
de capital de risco, 219
visionárias, 6
fraquezas, 58, 61, 66, 81, 108

Engenharia reversa, 70, 77, 173

Equilíbrio entre caos e controle (3M), 151

Equilíbrio entre caos e controle (3M), 151

Equipe-gambá, 149, 155

Equipes interfuncionais e interdivisionais de desenvolvimento de produto, 149, 153

Escolas. *Ver* Educação

Escolhas estratégicas, 7, 8, 17, 19, 25, 75, 80, 108, 125, 256. *Ver também* Estratégias no nível corporativo
lógica de, 8

Escolhas operacionais da Southwest, 73, 74

Escolhas. *Ver* Escolhas estratégicas

Escopo, 193. *Ver também* Economias de escopo

Escravidão, 312

Espanha, 307

ESPN
diversificação da, 197
fusões e aquisições, 280, 297

Esportes radicais, 66, 67, 68, 71, 138, 146, 365

Esportes. *Ver também* Beisebol; ESPN; Futebol

Estados Unidos. *Ver também* Terceirização
imigrantes ilegais e, 115, 312
população e, 26

Estágio de declínio (ciclo de vida do produto), 309

Estouro da bolha tecnológica, 27, 283

Estouro da bolha, 27, 283

Estratégia fácil de implementar, 80

Estratégia de colheita, 47

Estratégia de consolidação, 41, 42, 291

Estratégia de diversificação de mercado, 59, 267

Estratégia de diversificação de produto, 198

Estratégia de diversificação de produto-mercado, 198

Estratégia de liderança tecnológica, 42

Estratégia de nicho, 47

Estratégia deliberada, 18

Estratégia em detalhes
problemas de agência, 229
diversificação corporativa e *stakeholders*, 214, 215
countertrade, 309, 310
economia de diferenciação de produto, 141
estrutura de cinco forças e modelo E-C-D, 24
corridas de aprendizagem, 255
teoria VBR, 58, 59
WACC, 15

Estratégia em empresa emergente
transformando grandes negócios e empreendedorismo, 241
Disney e Pixar, 260
empreendedorismo e, 20
Gore-Tex e as cordas de violão, 206
empresas empreendedoras internacionais, 305
Microsoft e, 59
Oakland A's e, 121, 122
Oprah Inc., 185

Estratégia olho por olho, 262

Estratégia transnacional, 318, 326, 328

Estratégia(s). *Ver também* Estratégias no nível dos negócios; Estratégias no nível corporativo; Estratégias emergentes; Implementação; Estratégias internacionais;
diversificação corporativa, 198
deliberada, 18
difícil de implementar, 79
fácil de implementar, 79, 80
intencional, 18
realizada, 18
razões para estudar, 18, 19
transnacional, 318
não realizada, 18

Estratégias de negócios genéricas, 108. *Ver também* Liderança em custo; Diferenciação de produto

Estratégias difíceis de implementar, 78, 79-80

Estratégias emergentes. *Ver também* Estratégia em empresa emergente
e empreendedorismo e, 20
versus estratégias intencionais *versus*, 20-23

Estratégias globais. *Ver* Estratégias internacionais

Estratégias intencionais, 17-19. *Ver também* Estratégias emergentes.

Estratégias internacionais
duplicação direta de, 322-323
riscos financeiros e políticos em, 318-321
governança hierárquica e, 325
imitabilidade das, 303, 322-323
governança de mercado intermediária, 323, 325
Logitech, 305

intercâmbios de mercado e, 324
governança de mercado, 323
organização de, 323-328
riscos políticos e econômicos, 325
popularidade das, 322, 324
raridade de, 321-322
pesquisa sobre o valor das, 321-323
substituição de, 323
vantagem competitiva sustentável, 321
valor das, 305-306

Estratégias no nível corporativo. *Ver também* Estratégias no nível de negócios; Diversificação corporativa; Estratégias internacionais; Fusões e aquisições; Alianças estratégicas; Integração vertical
estratégias no nível de negócios e, 7, 108
definição de, 7, 108

Estratégias no nível de negócios. *Ver também* Estratégias no nível corporativo; Liderança em custo; Diferenciação de produto
estratégias no nível corporativo, 7, 9, 21, 108
definição de, 7
genéricas, 108

Estrutura de cinco forças, 29, 30, 31, 35, 36, 37, 39, 48. *Ver também* Modelo de estrutura-conduta-desempenho
complementadores, 39, 48, 49
indústria farmacêutica, 11, 71, 138, 173, 221, 224, 329
e o modelo E-C-D, 30
indústria têxtil, 192, 193

Estrutura em forma de M, 227, 229
conselho de administração, 228, 231
staff corporativo, 227, 230
definição de, 227
diagramas de, 227, 228
gerente geral de divisão, 226, 233
elementos de, 245
proprietários institucionais, 230, 244
propósito de, 229
executivo sênior, 229, 230
gerentes de atividade compartilhada, 234, 235

Estrutura em forma de U, 124, 126, 127
implementação de liderança em custo e, 148, 226
comitês de administração interna em, 186
implementação de diferenciação de produto e, 148, 149
implementação de integração vertical e, 184, 186
estrutura organizacional e integração internacional, 327

Estrutura organizacional funcional, 106, 123, 148, 172, 184. *Ver também* Estrutura em forma de U

Estrutura organizacional multidivisional. *Ver* estrutura em forma de M

Estrutura transnacional, 326, 327

Estruturas matriciais, 124, 149

Estruturas organizacionais. *Ver também* Políticas de remuneração; Sistemas de controle gerencial; Estrutura em forma de M; Estrutura em forma de U
implementação de diversificação corporativa, 226, 236, 242
implementação de liderança em custo, 123, 126, 156
funcionais, 125
estratégias internacionais, 303
implementação de diferenciação de produto, 148, 149
implementação de integração vertical, 184, 186

Estruturas. *Ver* Estrutura de cinco forças; modelo VRIO

Estruturas. *Ver* Estruturas organizacionais

Ética e estratégia (quadro)
afirmações sobre produtos e os dilemas éticos na assistência à saúde, 143
é bom para a sociedade que uma vantagem competitiva?, 29
a remuneração de executivos e a crise de crédito de 2008, 243
quando o assunto é aliança, 'o crime compensa'?, 262
a corrida pelo menor custo, 312
as externalidades e as consequências mais amplas da maximização do lucro, 63
a globalização e a ameaça da empresa multinacional, 213
a ética da terceirização, 182
a corrida para a base, 115
acionistas *versus stakeholders*, 17

Etiópia, 319

EVA (*economic value added*), 237

Executivos sêniores,. *Ver também* CEOs

Exemplo de estratégia, 305

Exemplos de tática, 76

Experimentação, política de, 149, 151, 153

Exportação, 87, 162, 194, 308, 320, 323, 324, 329, 331

Externalidades, 64, 100, 244
negativas, 64, 244

F

Fabricação de semicondutores, 179

Fabricante japonesa de rolamentos, 311

Fabricantes de eletrodomésticos, 37, 306

Fabricantes de latas, 37

Faculdades. *Ver* Educação

FairPlay, 3

Falência, 35, 73, 93, 132, 210, 243, 281, 286, 370

Falhas de marketing, 307

Fatores de produção de baixo custo, 306, 311, 317

FDA (Federal Drug Administration), 143

Federação descentralizada, 326, 327, 328

Federações coordenadas, 326, 327
definição de, 326

Federal Drug Administration (FDA), 143

Federal Trade Commission (FTC)
 Categorias da, 279

Ferramentas de análise estratégica. *Ver* Competências; Ambiente externo; Processo de gestão estratégica

Ferramentas para análise estratégica. *Ver* Competências; Ambiente externo

Fertilidade de suas terras, 60

Fidelidade de clientes, 5

Filipinas, 115, 172, 305, 312, 334, 342, 344

Filmes de desenho animado, 199

Flexibilidade
 e gerenciamento de *call center*, 181
 e remuneração, 188
 definição de, 178
 da molécula de Teflon, 206
 integração vertical e, 178-179

Fluxo de caixa livre, 202, 205, 285, 286, 297, 298

Fluxo de caixa por ação, 13

Fontes de vantagem de custos fáceis de duplicar, 119-120

Fontes de vantagens de custo, 114, 118
 duplicação, 118, 121
 imitabilidade de, 119, 120
 raridade de, 118
 substitutos para as, 122

Forças de uma empresa, 81

Ford Motor Company, 327

Formulação de estratégia
 CEOs, 125, 185
 executivos sêniores, 228

Fracasse rápido e sem gastar muito, 173

França, 27, 33, 85, 307, 311, 322, 349, 350, 351, 352, 353, 356, 364

Fraquezas organizacionais, 72

Fraude. *Ver também* Contratos e sanções legais; Joint ventures; Reputação das empresas
 seleção adversa e, 329
 reputação da empresa, 266-268
 apropriação, 259-261
 dano moral, 259
 acordos de cooperação tácita, 76

FTC (Federal Trade Commission)

Funcionários
 desmotivação dos, 110, 111
 especializados, 53

Fundador. *Ver* CEOs

Fundidoras de alumínio, 122

Fusões de conglomerado, 280

Fusões de extensão de produto, 280

Fusões e aquisições. *Ver também* Aquisições; *Takeovers*; Gerentes de empresas-alvo
 definição, 276
 economias de escopo, 287, 288
 ESPN, 280, 297, 299
 categorias FTC de, 280
 General Electric, 304
 Microsoft, 276, 277, 278
 Mitsubishi Motors, 311
 Nissan, 296
 integração pós-fusão, 296, 297
 empresas relacionadas, 207
 SCI, 41
 vantagem competitiva sustentável
 mercados de aquisição de *thinly traded*, 291
 empresas não relacionadas, 207
 valor das, 287-283
 Walt Disney Company, 297

Fusões horizontais, 280

Fusões verticais, 280

Fusões
 conglomerado, 280
 definição de, 276
 horizontal, 280
 de extensão de produto, 280
 vertical, 280

Futebol
 Arsenal, 304
 Chelsea, 304
 Oakland Raiders, 4
 National Football League (NFL), 24, 197, 369
 University of Phoenix Stadium, 25

G

Ganância é bom, 213

GATT (General Agreement on Tariff and Trade), 322

General Electric
 diversificação corporativa, 200
 implementação de diversificação corporativa, 226

General Motors
 implementação de diversificação corporativa, 226
 estratégia internacional, 304
 inovação de processo, 45
 alianças estratégicas, 251

Geração de energia elétrica, 266

Geração X, 26

Gerenciamento de *call center*, 180, 181, 198
 flexibilidade e, 181
 investimentos em transação específica e, 180

Gerentes de atividade compartilhada, 234, 235
 papéis e responsabilidades, 227, 228, 232

Gerentes de empresas compradoras, 285, 286, 289-292, 298. *Ver também* Gerentes de empresas-alvo
    integração pós-fusão, 296, 296-297
        regras para, 289
        SCI, 292

Gerentes de empresas-alvo, 292-295

Gerentes funcionais, 123, 125, 184, 185, 186, 228, 230, 232, 233, 234

Gerentes gerais de divisão, 228, 230, 232, 233, 234, 235, 237, 238, 240, 242, 243, 244, 326, 328

Gerentes. *Ver também* Gerentes de empresas-alvo
    gerais de divisão, 225, 228, 230, 232, 233, 234, 235, 237, 238, 240, 242, 243, 244, 326, 328
        funcionais, 123, 125, 184, 185, 186, 228, 230, 232, 233, 234
        atividade compartilhada, 234, 235, 237

Gestão de marca, 192, 194, 317, 333, 335, 351

Gestão de recursos humanos, 110

Giro de estoque, 13, 164, 368

Giro total do contas a receber, 13

Globalização, 17, 213, 300, 331. *Ver também* Internacionalização
    e a ameaça da empresa multinacional, 213

Googlar, 277

Gore-Tex e as cordas de violão, 206

Governança corporativa, 194, 249, 316, 367, 369

Governança de mercado intermediária, 323, 325

Governança de mercado, 323, 325

Governança hierárquica, 323, 324

Grandes lojas de supermercados, 308

Grandes negócios em empreendedorismo, 241-242

Gravity Games, 67. *Ver também* X-Games

Grécia, 316, 351

Greenmail, 293, 294

Guerras de oferta, 289, 290

H

Hardware tecnológico, 114, 118, 119, 120, 121

Heterogeneidade de recursos, 59, 80

Holanda, 25, 36, 305

Hong Kong, 102, 103, 305, 316, 329, 337

Hóquei
    Jagr, 304
    KHL, 304
    National Hockey League, 304

Hotéis, 42, 137, 147, 160, 199

I

IBM
    declaração de missão, 5
    diferenciação de produto, 146, 148

Identificação de marca, 33

Ilegais, imigrantes, 115, 247, 312

Imigrantes ilegais, 115, 312

Imitabilidade. *Ver também* Duplicação; Substitutos
    de diversificação, 216-217
    de fontes de vantagem de custo, 119-123
    das estratégias internacionais, 322-323
    de diferenciação de produto, 144-148
    questão da, 61, 67-71
    das alianças estratégicas, 263-265
    da integração vertical, 183-184

Imitação
    e dinâmica competitiva, 75-78
    custosa, 68
    formas de, 67, 119

Imobilidade de recursos, 59

Imperfeitamente imitável, 76

Implementação de alianças estratégicas
    Contratos e sanções legais, 266
    investimentos em participação acionária e, 252, 266, 270

Implementação de diferenciação de produto, 148-149
    políticas de remuneração e, 149, 151, 153, 155
    liderança em custo simultaneamente, 153
    sistemas de controle gerencial e, 149, 153, 187
    estrutura organizacional e, 123, 148
    estrutura em forma de U, 148

Implementação de diversificação corporativa, 226, 236, 242
    Coca-Cola Company, 238
    General Electric, 226
    General Motors, 226
    sistemas de controle gerencial, 296
    Nestlé, 226
    estrutura organizacional e, 226

Implementação de integração vertical
    CEOs e, 186, 188
    políticas de remuneração e, 184, 187, 188
    sistemas de controle gerencial e, 187
    estrutura organizacional e, 184

Implementação de liderança em custo
    controles gerenciais, 126
    estrutura organizacional na, 123-125
    diferenciação de produto simultânea, 133
    estrutura em forma de U, 124, 126, 127

Incentivos à fraude. *Ver* Fraude

Incerteza (em cenário de tomada de decisão). *Ver também* Alianças estratégicas; Integração vertical

Incerteza rara e integração vertical, 183

Índia, terceirização de pesquisas, 172

Índice de cobertura de juros, 13

Índice de liquidez corrente, 12, 13, 14

Índice de liquidez seca, 13

Índice de preço/lucro (P/L), 13

Índices contábeis, 12, 14, 15

Índices de alavancagem, 12, 13

Índices de atividade, 12, 13

Índices de liquidez, 12, 13

Índices de lucratividade, 12, 13

Índices, 12, 13, 14,15, 21, 164, 312

Indústria alimentícia, 305. *Ver também* Indústria de *fast-food*; Setor de restaurantes
    alimentos enlatados, 38
    alimentos de conveniência, 45
    alimentos processados, 322

Indústria automobilística mundial, 273

Indústria automobilística. *Ver também* General Motors; Mitsubishi Motors; N ssan
    corrida de automóveis, 137
    carros compactos, 254, 270, 311
    corridas de aprendizagem, 255
    carros de baixo custo e alta qualidade, 154
    NASCAR, 274
    inovação de processo, 45
    carros usados, 136, 291, 335
    mundial, 273

Indústria bélica, 28

Indústria da cerveja
    consolidação de, 42
    cervejas artesanais, 135, 159
    campanhas de marketing, 146
    na Espanha e na América Latina, 307

Indústria da televisão. *Ver também* ESPN
    a cabo, 36
    programação da MTV, 138
    por satélite, 40
    Sports Center, 197
    canais de esportes, concorrência entre, 67

Indústria de *download* de música, 2-3

Indústria de medicamentos. *Ver* Indústria farmacêutica

Indústria de software
    software para leilões e, 58
    software de planejamento financeiro, 36
    Microsoft, 44
    downloads de música e, 2

recursos físicos e, 58
software tecnológico, 114, 118, 120, 126

Indústria do tabaco, 64

Indústria farmacêutica
    tratamento com ervas, 143
    tratamentos alternativos, 143
    erros médicos, 114

Indústria farmacêutica
    Fracasse rápido e sem gastar muito, 173
    estrutura de cinco forças, 48
    padrão de ouro para a aprovação de medicamentos, 143
    integração vertical, 172

Indústria petroquímica europeia, 46

Inelástico na oferta, 60

Inovações de processo, 45
    Ford Motor Company, 327
    General Motors, 59
    Toyota, 59

Inovações tecnológicas, 42, 45, 71

Inovações. *Ver também* Inovações de processo; Inovações tecnológicas
    tecnológicas, 42, 45, 71
    farmacêuticas, 21
    de processo, 45

Insumos de produção
    definição de, 113
    acesso diferenciado a, 115, 121, 123, 126

Integração internacional
    responsividade local e, *trade-off* entre, 317-318
    estrutura organizacional, responsividade local e, 327
    integração internacional, *trade-off* entre, 317-318
    integração pós-fusão e, 296, 297

Integração pós-fusão, 296, 297

Integração vertical para a frente, 36, 37, 48, 172, 174, 176, 178, 181, 189, 198, 280
    definição de, 37
    fusões verticais, 280

Integração vertical rara, 182

Integração vertical. *Ver também* Integração vertical para frente; Alianças estratégicas
    definição de, 173, 174
    Dell Computer e, 182
    flexibilidade e, 178
    imitabilidade , 183
    oportunismo e remuneração e, 179, 181
    laboratório farmacêutico e, 221
    rara, 183
    investimento em transação específica e, 176
    incerteza rara e, 183
    vantagem competitiva sustentável, 173

teorias de, 173
estrutura em forma de U e, 124, 148
incerteza e, 181, 183
valor de, 173, 174, 179, 183

Intercâmbios de mercado, intercâmbios internacionais e, 324

Internacionalização. *Ver também* Globalização
e redução de custo, 311
e faturamento, 306-309
e ciclos de vida de produto, 309-311

Internet
leilões on-line, 57, 58, 337, 341

Investidores institucionais, 14, 228, 230, 244

Investimentos em capital humano na empresa específica, 215, 216, 286

Investimentos em capital humano, 215, 216, 286

Investimentos em empresa específica, 187, 188, 215, 216. *Ver também* investimentos em transação específica

Investimentos em participação acionária, 252, 266, 270, 336

Investimentos em transação específica, 176, 177, 178
gerenciamento de *call center* e, 180, 181, 198
refinaria de petróleo, 176
raros e custosos, 177, 178

Investimentos estrangeiros diretos, 325

iPods, 3

IPOs (*initial public offerings*), 283

Irã, 44, 319

Itália, 306, 311, 321, 349, 350, 351, 353, 356, 364

J

Jagr, Jaromir, 304

Japão, 27, 45, 159, 230, 266, 305, 307, 308, 311, 313, 315, 317, 326, 329, 349, 350, 351, 352, 353, 356, 364

Joint ventures, 102, 147, 250, 251, 252, 257, 261, 266, 26-269, 270, 323, 324, 325

Jordan, Michael, 37

K

Kampgrounds of America (KOA), 42

Know-how gerencial, 33, 34

Kontinental Hockey League (KHL), 304

L

Leilões, 58, 337, 339, 340, 355, 356

Leilões
lances em, 337
on-line, 57, 58, 337, 341

Leilões on-line, 57, 58, 337, 341

Liderança de mercado, 46, 49, 341. *Ver também* Conluio tácito

Liderança em custo
definição de, 108-115
e desempenho econômico, 117
funções de negócios e estratégia de, 125
e ameaça de compradores, 37, 116-118
e ameaça à entrada, 116
e ameaça de rivalidade, 31, 35, 116
e ameaça de substitutos, 116
e ameaça de fornecedores, 116
valor de, 116

Limites físicos para o tamanho eficiente, 110, 111

Lista de Jensen e Ruback, 281

Lista de Lubatkin, 281

Livrarias, 52, 54

Localização de uma empresa, 121, 147

Localização geográfica, 59, 267

Lógica dominante, 208

Logitech, 305

LPA. *Ver* Lucro por ação

Lucro econômico zero, 117, 142, 279, 282, 285

Lucro por ação (LPA), 13

Lucros retidos, 59

M

Major League Baseball, 197

Malásia, 115, 311, 312

Manufatura por processamento, 110

Manufatura
por processamento, 110
custos de, 45

Mão de obra de baixo custo, 114, 115, 311, 312, 328

Mão invisível de Adam Smith, 174

Mão invisível, 175

Maquiladoras, 313

Maquinário especializado, volume de produção e, 109, 110

Margem de lucro bruto, 12, 13, 14

Marketing de consumo
falhas de, 307

Marketing. *Ver* Marketing de consumo

Massachusetts Institute of Technology, 70, 154, 299

Matérias-primas
acesso diferenciado a, 115, 121, 126
acesso favorável a, 33, 34
operações internacionais e, 311
de baixo custo, 311

Maturidade (ciclo de vida do produto), 309

Maximização de lucro
    externalidades e, 64
    empresas visionárias e, 6
McDonald's
    diferenciação de produto, 154
McKinsey, cadeia de valor, 65, 81
Medalha de ouro, 68, 303
Medidas econômicas de desempenho divisional, 236-237
Medidores contábeis de desempenho divisional, 236, 237
Mercado Comum Andino (ANCOM), 322
Mercado fotográfico japonês, 308
Mercado internacional, 102, 129, 192, 317, 325, 332, 337
Mercado para controle corporativo, 287
Mercados de aquisição de *thinly traded*, 291
Mercados de capital interno, 208, 209, 210, 218, 238, 320
    definição de, 208
    limites dos, 209
Mercados de capital. *Ver* Mercados de capital interno
Mercados não domésticos, 307, 311
Mercados
    e fornecedores, distância de, 111
    de aquisição de *thinly traded*, 289, 291
México, 25, 102, 115, 311, 329, 331, 332
Microcervejarias, 135, 158
Microsoft
    estratégia emergente, 18
    ambiente externo, 24
    recursos humanos, 59
    fusões e aquisições, 276, 278, 279
    diferenciação de produto, 133, 134
    atividades compartilhadas, 208
    Yahoo, 276, 277
Miniconglomerado, 226
Missões, 4, 6, 7
    definição de, 6
    desempenho corporativo e, 6
Mitsubishi Motors
    estratégias internacionais, 303
    fusões e aquisições, 311
    alianças estratégicas, 250, 251, 256
    Mobile ESPN, 197
Modelo de diversificação *deep pockets*, 212
Modelo de estrutura-conduta-desempenho (E-C-D), 24, 28, 29, 30, 31
Modelo de precificação de ativos de capital, 16
Modelo E-C-D. *Ver* Modelo de estrutura-conduta-desempenho
Modelo VRIO, 61, 72
    aplicação, 72, 73
    questão de imitabilidade, 67
    questão de organização, 71
    questão de raridade, 66
    VBR, 58, 59
    Southwest Airlines, 73, 75, 83
    vantagem competitiva temporária e, 79, 81
Modelos. *Ver também* Estrutura de cinco forças; Modelo de estrutura-conduta-desempenho; modelo VRIO
Moeda forte, 309
Moedas
    Flutuação de câmbio e inflação, 318-319
    moeda forte, 309, 310
Molécula de teflon, 206
Monopólios, 30
Mudança tecnológica, 26, 48
Mundo dos esportes, Rússia e, 304

N

NAFTA (North American Free Trade Agreement), 322
NASCAR, 139
National Basketball Association, 197
National Hockey League, 197, 304
Nestlé
    diversificação corporativa, 199
    implementação de diversificação corporativa, 226
    estratégias internacionais, 305, 322
    alianças estratégicas, 250
New York Rangers, 304
Nicarágua, 303
Nicho de mercado, 47, 54
Nigéria, 319
Nissan
    ambiente externo, 24
    fusões e aquisições, 296
    diferenciação de produto, 133
Nova Zelândia, 316
Novos clientes (estratégias internacionais), 306
Núcleo centralizado, 326, 327, 328

O

Oakland A's, 121, 122, 123
Oakland Raiders, 4, 5
Objetivos, 4, 7, 8, 11, 15, 17, 21, 85, 87, 125, 150, 156, 195, 229, 232, 236, 239, 263, 270, 277, 328
Oferta de compra (*Tender offer*), 278, 295, 299
Oferta pública inicial (IPO, do inglês, *initial public offering*), 97, 241, 268, 283, 351

Ofertas. *Ver* IPOs
    offshoring e, 182

Oligopólios, 30

Olímpiadas de Inverno de Lake Placid, 303

Olímpiadas de Verão de Los Angeles, 303

Olimpíadas de Verão de Montreal, 303

Olimpíadas de Verão de Moscou, 303

Olimpíadas, 67, 68, 130, 303

OMC (Organização Mundial do Comércio), 213

Opções de ações, 185

Opções. *Ver* Opções de ações

Operações internacionais
    aprender com, 313-315

Oportunidades ambientais. *Ver* Oportunidades

Oportunidades
    estrutura setorial, 46
    diferenciação de produto, 134, 135, 136
    aliança estratégica, 251, 252, 255

Oportunismo
    Remuneração na implementação de estratégias de integração vertical, 187
    definição de, 172
    estratégias internacionais, 321, 322
    ameaça de, 177
    integração vertical, 173

Oprah, Inc., 185

Orçamento base zero, 238

Organização da empresa
    definição de, 71
    questão de (modelo VRIO), 72, 73
    papel da, 78, 80

Organização de estratégias internacionais, 323

Organização Mundial do Comércio (OMC), 213

Organização para implementação
    implementação de diversificação corporativa, 226, 236, 242
    implementação de liderança em custo, 123, 126, 156
    para fusões e aquisições, 289
    implementação de diferenciação de produto, 148, 149
    para implementar alianças estratégicas, 265
    para implementar a integração vertical, 184, 186

Organograma, 71, 235, 338

Oriente Médio, 319

P

Pac Man, 294

Padrão ouro para a aprovação de medicamento, 143

Padrões tecnológicos, 40

Palo Alto Research Center (PARC), 71

Papéis. *Ver* Responsabilidades e papéis

PARC (Palo Alto Research Center), 71

Parceiros de negócios transparentes, 314

Paridade competitiva, 10, 11, 12, 15, 21, 28, 30, 31, 66, 67, 69, 72, 73, 76, 77, 78, 79-80, 81, 82, 285, 286, 297
    vantagem competitiva e, 15, 78, 79-80
    definição de, 10

Paris, 107, 134, 319, 354, 365

Participação acionária, 15, 91, 185, 251, 252, 266, 267, 269, 270, 323, 336, 352, 356, 365

Participação de mercado
    desempenho corporativo, 113
    diferenciação de produto, 134, 140

Participação. *Ver* Participação de mercado

Patente de tecnologias, 34

Pebble Beach, 121

Percepções de clientes atuais ou potenciais, 138

Perdas, 126

Período de crescimento, 27

Peso de papel, 254

Pesquisa em foco
    eficácia do conselho de administração, 225, 229, 244, 245, 247, 277
    economias de escopo, 196, 201
    empresas familiares na economia global, 316
    participação de mercado e desempenho corporativo, 113
    bases de diferenciação de produto, 133
    administração estratégica de recursos humanos, 70
    vantagens competitivas sustentáveis, 10
    conluio tácito e estratégias de alianças estratégicas, 270
    tentativas de *takeover*, 299 n. 13
    teorias de integração vertical, 179

Pesquisa
    fabricação de automóveis, 154
    estratégias internacionais, 328
    fusões e aquisições, 283
    terceirização de pesquisa, 172
    Palo Alto Research Center, 71
    Setores intensivos em P&D, 230

Pez Candy, 18

Pixar, 251, 259, 260, 363. *Ver também* Walt Disney Company

Planos de negócios
    definição de, 62

Poder de mercado
    diversificação e, 212
    economias pecuniárias, 281

Poison pills, 293

Política governamental como barreira à entrada, 35

Políticas de remuneração, 9, 71, 74, 75, 80, 106, 123, 124, 126, 127, 133, 148, 149, 151, 153, 155, 156, 172, 184, 187, 188, 189, 244, 299, 314, 327, 328. *Ver também* Sistemas de controle gerencial; Estruturas organizacionais; Recompensas
    e implementação de diversificação corporativa, 242-244
    na implementação de liderança em custo, 126
    oportunismo e, 187
    e implementação de estratégia, 151

Políticas. *Ver também* Políticas de remuneração
    escolhas, 121
    de experimentação, 149, 151, 153

População hispânica, 26, 27

População mundial, 213

População
    grupos demográficos, 26
    Estados Unidos, 30
    mundial, 213

Por conta própria, 122, 152, 173, 190, 200, 214, 218, 229, 234, 261, 263, 264, 270, 282, 315, 328. *Ver também* Alianças estratégicas

Porte da empresa. *Ver* Tamanho da empresa

Porto Rico, 25

Portugal, 304, 316, 331, 332

Prazo médio de recebimento, 13

Precificação predatória, 212

Prêmio de aquisição, 278

Presidente do conselho
    definição de, 231

Presidente. *Ver* CEOs

Prevenção a fraudes, 339

Principais competidores, 350

Principais executivos. *Ver* CEOs

Princípio econômico
    da terra, 61
    de terceirização, 182

Processo de gestão estratégica, 3, 25
    Apple Computer, 12, 14
    definição de, 4
    General Electric, 6, 42
    IBM, 4
    Procter & Gamble, 77
    revisitado, 10
    Sony, 3
    estratégias, 3

Processo orçamentário
    implementação de integração vertical, 184, 186
    base zero, 238

Processos judiciais, 2, , 225, 294

Procter & Gamble
    diversificação corporativa, 199
    ambiente externo, 27

Produção enxuta, 254

Produção, volume de. *Ver* Volume de produção

Produtos ou serviços intermediários, 239

Produtos
    atributos de, 136
    complexidade, 137
    mix de, 139
    refinamento, 41

Programação da MTV, 138

Propósito de aprender, 313, 314

Q

Quadros. *Ver* Ética e estratégia

Questão de imitabilidade. *Ver* Imitabilidade

Questão de organização. *Ver* Organização da empresa

Questão de raridade. *Ver* Raridade

Questão de valor. *Ver* Valor

Questões de valor, 72

R

Ramo de turbina elétrica, 47

Raridade
    fontes de vantagem em custo e, 126
    estratégias internacionais e, 321
    bases de diferenciação de produto e, 135, 137
    questão (modelo VRIO), 72
    alianças estratégicas e, 258, 261
    integração vertical e, 181, 215

Receptividade à aprendizagem, 313

Recessão, 27

Recompensas. *Ver também* Políticas de remuneração
    redução de custo e, 126
    talento criativo e, 355
    reconhecimento e, 152

Recursos e capacidades complementares, 71

Recursos e capacidades socialmente complexos, 70, 80, 81

Recursos e capacidades valiosos, 59, 66, 73, 75, 78
    análise de cadeia de valor e, 57, 63, 88

Recursos financeiros, 58, 63, 65, 307, 309

Recursos físicos, 58

Recursos humanos, 6, 59, 70, 110, 124, 137, 185, 190, 227, 233, 235, 245, 248, 296

Recursos organizacionais, 58, 59, 63, 67, 70

Recursos e capacidades (VBR). *Ver também* competências; Recursos humanos

complementares, 71
   onerosos de imitar, 74
   financeiros, 58
   humanos, 65, 66, 70
   organizacionais, 70
   raros, 67
   socialmente complexos, 69, 78, 80, 84 n. 21, 119
Redução de custo. *Ver também* Terceirização
   internacionalização e, 311
   carros de baixo custo e alta qualidade, 154
   fatores de produção de baixo custo, 311-313
Redução de risco, diversificação corporativa e, 201, 208, 210
Refinar a bauxita, 261
Refrigerante. *Ver* Setor de refrigerantes
Regras de votação por maioria absoluta, 294
Reino Unido, 305, 316, 329, 356, 364
Relógios, 75
Repelentes de tubarão, 294
Reputação das empresas, 250, 268
Research Triangle, 114
Responsabilidades e papéis
   conselho de administração, 226, 228
   CEOs, 125, 185, 186, 188
   staff corporativo, 225, 227, 228
   gerentes gerais de divisão, 225, 228, 230
   executivos sêniores, 228, 230, 232
   gerentes de atividade compartilhada, 234, 235
   empresas socialmente responsáveis, 64
Responsividade local
Restaurantes de *fast-food*, 219, 242
Retorno anormal cumulativo (CAR, do inglês, *cumulative abnormal return*), 284
Retorno do ativo total. *Ver* ROA (do inglês, *return on total assets*)
Retorno sobre patrimônio líquido. *Ver* ROE (do inglês, *return on equity*)
Retornos crescentes de escala, 254
Riscos financeiros, 318, 319, 328
Riscos políticos que empresas visando a uma estratégia internacional, 319
   quantificar, 319
   tipos de, 319
Rivalidade. *Ver também* Ameaça de rivalidade
ROA (*return on total assets*), 12
Robôs, 59, 70, 114, 155
ROE (*return on equity*), 12
Rússia, mundo dos esportes e, 304, 307
Ryanair, 107, 108, 121, 122

S

Sanções legais. *Ver* Contratos e sanções legais
SCI. *Ver* Service Corporation International
Segmento demográfico, 27
Seguidores, 79
Segunda Guerra Mundial, 89, 112, 193, 311, 319, 350
Seleção adversa, 258, 259, 261, 262, 266, 268, 324
Senso de comprometimento, 73
Service Corporation International (SCI), 41, 291. *Ver também* Fusões e aquisições
Serviço de telefonia celular, 197, 252, 321
Setor agrícola, 333
Setor de alimentos de conveniência, 45
Setor de alimentos enlatados, 38
Setor de alimentos processados, 322
Setor de bens de consumo, 223
Setor de bicicletas, 138
Setor de biotecnologia, 219, 252, 258
Setor de computadores. *Ver também* Indústria de software
   vendas pela internet, 54
   declarações de missão, 4, 5, 6, 20, 21
   setores de rede, 254
   recursos físicos, 58, 59
   padrão mundial, 322
Setor de detergentes domésticos, 45
Setor de eletrodomésticos, 45, 301
Setor de eletroeletrônicos, 302
Setor de ensino superior, 25
Setor de *fast-food*. *Ver também* McDonald's
   contratos de franquia, 42
   maturidade de um, 45
   rivalidade em um, 35
   serviços em um, 48
Setor de refrigerantes, 138, 139
Setor de supermercados, 43
Setor de telecomunicações, 204, 321
Setor de transporte aéreo. *Ver também* Southwest Airlines
   Aeroporto Intercontinental de Houston, 211
   ataques terroristas, 28
   Ryanair, 107, 108, 115, 121, 122, 127, 131
Setor de válvulas eletrônicas, 47
Setor de varejo de desconto, 89, 96, 178, 181
Setor de vestuário, 163, 192, 194
Setor maduro, 46
Setor varejista
   grandes varejistas, 36
   de desconto, 90

fragmentado, 41
Japão e, 326
grandes cadeias, 38

Setores em declínio, 41, 46-48, 49

Setores fragmentados, 41-42, 49, 142

Setores intensivos em P&D (Pesquisa e Desenvolvimento), 230

Setores ou estrutura do setor
e oportunidades ambientais, 41-43
modelo E-C-D, 28, 30
tipos de, 49
pouco atrativos, 75

Setores pouco atrativos, 75

Siderúrgica
fabricantes de latas, 37
estratégia de colheita, 47
Nucor Steel, 33, 75, 124
oligopólio, 30
avanços tecnológicos, 114

Sistemas de controle gerencial, 71, 124, 126, 127, 149, 153, 187, 296, 314, 327. *Ver também* Políticas de remuneração; Estruturas organizacionais
implementar estratégias de liderança em custo e, 153
menos formais, 126
implementar estratégias de diferenciação de produto e, 149, 153

Soccer, 250

Software de planejamento financeiro, 36

Software tecnológico, 114, 118, 120, 121, 126

Solucionando conflitos funcionais, 184-185

Sony
alianças estratégicas, 254
processo de gestão estratégica, 3

Southwest Airlines. *Ver também* Setor de transporte aéreo
escolhas operacionais e, 73, 74
modelo VRIO, 73

Spin-offs corporativos, 241. *Ver também* Desinvestimento

Spin-offs, 241. *Ver também* Desinvestimento

Sports Center, 197

Staff corporativo
definição de, 233
e divisional, 233
Johnson & Johnson, 234
Papéis e responsabilidades, 227, 228

Staff divisional, 233

Staff. *Ver Staff* corporativo

Stakeholders
diversificação corporativa, 198, 199
definição de, 215
acionistas, 17

Stewardship theory, 244. *Ver também* Agência

Substitutos, 36, 38
outras fontes de vantagem de custo, 126
para estratégias internacionais, 328
para bases de diferenciação de produto, 148
para alianças estratégicas, 263, 264, 270

Suécia, 316

Suíça, 305, 310, 317

Suporte ao cliente, 148, 334, 345, 346, 347

Suporte. *Ver também* Serviços
atividades de, 65
diferenciação de produto e, 134

T

Tailândia, 311, 317

Taiwan, 305, 311

Takeovers. *Ver também* Fusões e aquisições
hostis, 278
respostas gerenciais a, 293

Tamanho da empresa. *Ver também* Volume de produção
e deseconomias de escala, 108, 110, 126
e economias de escala, 108, 126
limites físicos, 110, 111
índices de lucratividade, 12, 13

Tamanho eficiente, limites físicos para o, 111

Taxa de retorno de mercado, 16

Taxa livre de risco, 16

Tecnologia física, 59, 70, 114

Tecnologia proprietária, 33, 34

Tecnologias da informação, 164

Tecnologias digitais, 26

Tecnologias estrangeiras, 313

Tecnologias.
estrangeiras, Japão e, 313
da informação, 96, 99, 102, 139, 167, 180
físicas, 54, 65, 70, 111, 114

Telefones celulares. *Ver* Setor de telefonia celular

Televisão a cabo, 66, 185

Televisão por satélite, 40

Teoria baseada em capacidades, 191 n. 4

Teorias. *Ver também* Visão baseada em recursos

Terceirização
Ásia, 172

Terras férteis, 60, 350

Terras
férteis, 60, 350
menos férteis, 60
mais férteis, 60
agrícolas, 274

The Wall Street Journal, 310

Timing do lançamento, 135, 137, 155

Tocadores de MP3, 3, 107

Toyota Motor Corporation
    estratégias internacionais, 303, 304, 305
    inovação de processo, 41

Trapaceiros, 262

Tratado Norte-americano de Livre Comércio (NAFTA, do inglês, North American Free Trade Agreement), 322

Tratamentos com ervas, 143

Tyco International, 225, 229

U

União Soviética, 3303

Universidades. *Ver* Educação

University of Phoenix Stadium, 25

V

Vale do Silício, 83 n. 16, 114, 121

Valor agregado como porcentagem de vendas, 175

Valor de mercado, 16, 201, 210, 266, 279, 282, 283, 287, 293, 368

Valor econômico agregado (EVA, do inglês, *economic value added*), 237

Valor econômico
    definição de, 9

Valor. *Ver também* Valor econômico
    de diversificação corporativa, 198, 199, 200, 204
    de liderança em custo, 108, 115, 116
    de estratégias internacionais, 304, 315, 318, 321
    de fusões e aquisições, 278, 279
    de diferenciação de produto, 139, 140, 142
    de alianças estratégicas, 251, 258
    de integração vertical, 173, 174

Vantagem competitiva sustentável, 28
    diversificação corporativa e, 215
    liderança em custo e, 108
    definição de, 9, 10, 12
    organização de estratégias internacionais e, 323, 324
    fusões e aquisições e, 278, 279
    diferenciação de produto e, 148
    alianças estratégicas e, 251, 252, 253, 254
    integração vertical e, 173, 174, 175
    modelo VRIO e, 57, 61, 72

Vantagem competitiva temporária, 10, 28, 72, 73, 74, 77, 79, 81
    modelo VRIO e, 61

Vantagem competitiva. *Ver também* Vantagem competitiva sustentável; Vantagem competitiva temporária
    paridade competitiva e, 78, 79
    definição de, 9

Dell Computer, 75
    valor econômico, 9, 10, 79
    curva de aprendizagem e, 112-113
    indústria de *download* de música, 2-3
    fontes de, 9, 58, 66, 67, 69, 70, 75, 77, 78, 80, 81, 82, 83 n. 17, 121, 123, 139, 144, 145, 146, 148, 156, 183, 184, 209, 218, 292
    Southwest Airlines, 59, 73, 75, 107, 148
    tipos de, 10
    em setores pouco atrativos, 75

Vantagens de custo
    independentes de escala, 126
    curva de aprendizagem e, 112
    fontes de, 122, 126
    substitutos para fontes de, 122
    baseadas em tecnologia, 114

Vantagens dos pioneiros, 42, 43

Vantagens fiscais, da diversificação, 208

Vantagens tecnológicas, independentes de escala, 108, 114, 126

VBR. *Ver* Visão baseada em recurso

Venda das joias da coroa, 294

Vendas
    joia da coroa, 366
    valor agregado como porcentagem de, 175

Viagra, 139

Vietnã, 303, 305, 311

Visão (princípio inovador na 3M), 152

Visão baseada em recursos (VBR), 57, 60, 70, 78, 80. *Ver também* Recursos e capacidades
    premissas fundamentais da, 59
    definição de, 80
    implicações de, 78
    raízes teóricas da, 60
    modelo VRIO e, 61

Volume de produção cumulativo, 111, 112, 118, 120

Volume de produção
    custo de instalações e equipamentos e, 119
    especialização de pessoal e, 110
    custos indiretos e, 93
    manufatura especializadas, 110

W

WACC. *Ver* Custo médio ponderado de capital

WalMart, 103 n. 1
    empresa de domínio familiar, 316
    diferenciação de produto, 134
    processo de gestão estratégica, 3

Walt Disney Company
    diversificação corporativa, 197, 219 n. 2
    fusões e aquisições, 297

Pixar e, 251, 259, 260
empresas visionárias, 6
Winfrey, Oprah, 37, 185

X
Xá do Irã, 319
X-Games, 66, 67, 68, 138, 156

Y
Yahoo!, 50, 335, 369. *Ver também* Microsoft
Yuppies, 26

Z
Zâmbia, 319
Zonas de livre comércio, 322

Sobre os autores

JAY B. BARNEY

Jay B. Barney ocupa a cátedra Chase de Excelência em Estratégia Corporativa do Max M. Fisher College of Business, na The Ohio State University. Tem doutorado pela Universidade de Yale e foi professor na UCLA e na Texas A&M. Publicou mais de cem artigos em periódicos e livros; fez parte dos conselhos editoriais da *Academy of Management Review*, do *Strategic Management Journal* e do *Organization Science* e atuou como coeditor no *The Journal of Management* e como editor sênior no *Organization Science*; atualmente, é coeditor no *Strategic Entrepreneurship Journal*. Recebeu o título de doutor honorário da University of Lund (Suécia) e da Copenhagen Business School (Dinamarca) e foi eleito membro da Academy of Management Fellows e da Strategic Management Society Fellows. Atualmente, é professor visitante honorário na Waikato University (Nova Zelândia), Sun Yat-Sen University (China), Brunel University (Reino Unido) e Peking University (China). Leciona política e estratégia de negócios e ministrou programas executivos na UCLA, na Texas A&M, na Ohio State, na Michigan, na Southern Methodist University, na Texas Christian University, na Bocconi University (Milão, Itália) e para a McKinsey and Company. Prestou consultoria a uma ampla variedade de organizações públicas e privadas, como Hewlett-Packard (HP), Texas Instruments, Arco, Koch Industries e Nationwide Insurance, com foco na implementação de mudança organizacional em grande escala e análise estratégica. Recebeu prêmios de excelência como professor na UCLA, na Texas A&M e na Ohio State. Foi eleito para o comitê executivo da Business Policy and Strategy Division da Academy of Management em 1989 e, posteriormente, atuou como assistente-chefe de programa, chefe de programa, chefe eleito e chefe da BPS Division. Em 2005, recebeu o Irwin Outstanding Educator Award na Business Policy and Strategy Division da Academy of Management e, em 2008, tornou-se presidente eleito da Strategic Management Society.

WILLIAM S. HESTERLY

William S. Hesterly é Reitor Associado de Pesquisa da Faculdade e professor de administração da cátedra Zeke and Katherine Dumke na David Eccles School of Business, da Universidade de Utah. Após estudar na Louisiana State University, obteve bacharelado e mestrado na Brigham Young University e doutorado na UCLA. Foi diversas vezes reconhecido por sua excelência como professor no programa de MBA da David Eccles School of Business e também recebeu o Student's Choice Award. Lecionou em uma variedade de programas executivos para grandes e pequenas empresas. Suas pesquisas sobre princípios econômicos organizacionais, integração vertical, formatos organizacionais e redes empreendedoras foram publicadas nos principais periódicos acadêmicos, como *Academy Management Review, Organization Science, Strategic Management Journal, Journal of Management* e *Journal of Economic Behavior and Organization*. Atualmente, dedica-se ao estudo das fontes de criação de valor nas empresas e também dos fatores determinantes de quem captura o valor da vantagem competitiva em uma empresa. Artigos recentes nesse campo foram publicados na *Academy Management Review* e no *Managerial and Decision Economics*. Sua pesquisa foi reconhecida com o Western Academy of Management's Ascendant Scholar Award em 1999. Também recebeu o prêmio de melhor artigo da Western Academy of Management e da Academy of Management. Atuou nos conselhos editoriais do *Strategic Organization, Organization Science* e *Journal of Management*. Foi chefe de departamento, vice-presidente e presidente do corpo docente da David Eccles School of Business, da Universidade de Utah.